The Earth and Its Peoples: A Global History

大地与人

一部全球史

— 上 册 —

〔美〕理查德·W.布利特　〔美〕帕梅拉·凯尔·克罗斯利
〔美〕丹尼尔·R.黑德里克　〔美〕史蒂文·W.赫希　著
〔美〕莱　曼·L.约翰逊　〔美〕大　卫·诺思拉普

刘文明　邢　科　田汝英　译

商务印书馆
The Commercial Press

2020年·北京

Bulliet, Richard W.　Crossley, Pamela Kyle

Headrick, Daniel R.　Hirsch, Steven W.

Johnson, Lyman L.　Northrup, David

THE EARTH AND ITS PEOPLES: A GLOBAL HISTORY, 5TH EDITION

本书地图系原书地图

审图号：GS（2020）220号

作者简介

理查德 · W. 布利特（Richard W. Bulliet）：哥伦比亚大学中东史教授，从哈佛大学获得博士学位。他撰写的学术著作涉及的话题有：中世纪伊朗的社会和经济史（《尼沙普尔的贵族》和《早期伊斯兰伊朗的棉花、气候和骆驼》），人与动物的关系史（《骆驼与车轮》和《猎人、牧人和汉堡包》），皈依伊斯兰教的过程（《中世纪时期皈依伊斯兰教》），全面的伊斯兰社会史（《伊斯兰教：来自边缘的观点》和《伊斯兰—基督教文明的个案》）。他是《20世纪哥伦比亚历史学》的编者。他出版了4本小说，合编了《现代中东百科全书》，主持了关于中东的教育电视系列节目。他曾获得约翰 · 西蒙 · 古根海姆纪念基金会学者奖和卡内基基金会学者奖。

帕梅拉 · 凯尔 · 克罗斯利（Pamela Kyle Crossley）：达特茅斯学院的历史学教授和罗森沃德文理研究教授，从耶鲁大学获得中国现代史的博士学位。她的著作包括《半透明之镜：清帝国意识形态中的"历史"与"身份"》《满族》《孤军：满洲三代家族与清世界的灭亡》《什么是全球史》，还有《全球社会：1900年以来的世界》（与林恩 · 荷伦 · 李斯和约翰 · W. 塞沃斯合著）。她的研究集中在中国、亚洲内陆和中亚的文化史，曾获得约翰 · 西蒙 · 古根海姆纪念基金会和国家人文学科基金的资助。

丹尼尔 · R. 黑德里克（Daniel R. Headrick）：芝加哥罗斯福大学的历史学与社会科学教授（荣誉退休），从普林斯顿大学获得历史学的博士学位。他撰写了几本关于科技史、帝国主义史、国际关系史方面的著作，包括《帝国的工具：19世纪的科技与欧洲帝国主义》《进步的触角：帝国主义时代的技术转让》《无形的武器：电讯与国际政治》《科技：一部世界史》《超越人类的力量：科技、环境和西方帝国主义（1400年至今）》《当信息变得发达：理性和革命时代的科技知识

（1700—1850年）》。他曾在《世界历史杂志》《现代史杂志》上发表论文，曾获得国家人文学科基金、约翰·西蒙·古根海姆纪念基金会、阿尔佛雷德·P. 斯隆基金会等学者奖。

史蒂文·W. 赫希（Steven W. Hirsch）：塔夫茨大学古典学和历史学副教授，从斯坦福大学获得古典学的博士学位。他曾获得国家人文学科基金、马萨诸塞人文学科与公共政策基金会的资助。他的著作有《野蛮人的友谊：色诺芬与波斯帝国》，在《古典学杂志》《美国哲学杂志》《跨学科历史杂志》上发表了一些论文和书评。他目前正在从事古代地中海与中国文明的比较研究。

莱曼·L. 约翰逊（Lyman L. Johnson）：北卡罗来纳大学夏洛特分校历史学教授，从康涅狄格大学获得拉丁美洲史的博士学位。他曾两次获得高级富布莱特海斯讲师，也获得过汀克（Tinker）基金会、社会科学研究理事会、国家人文学科基金、美国哲学协会的资助。他最近的著作包括《死亡、肢解和记忆》《名誉的面孔》（与桑娅·利普塞特里韦拉合著）《社会变革中的秩序问题》《18世纪拉丁美洲价格史论文集》（与恩里克·坦德特合著）《殖民地时期的拉丁美洲》（与马克·A.伯克霍尔德合著）。他在《西班牙美洲史评论》《拉丁美洲研究杂志》《社会史国际评论》《社会史》《经济发展》等杂志发表过论文。他最近担任了拉丁美洲史会议主席。

大卫·诺思拉普（David Northrup）：波士顿学院历史学教授，从加州大学洛杉矶分校获得非洲史和欧洲史的博士学位。他早前曾随和平队在尼日利亚教书并执教于塔斯克基学院。他的研究获得过富布莱特海斯基金会、国家人文学科基金、社会科学研究理事会的支持，发表的成果涉及前殖民时期的尼日利亚、刚果（1870—1940年）和大西洋奴隶贸易，以及19世纪亚洲、非洲和太平洋岛民的契约劳动。他是《牛津大英帝国史》和《大英帝国中的黑人》的作者之一，其最新著作是《非洲对欧洲的发现（1450—1850年）》。2004—2005年，他曾担任世界历史学会主席。

译者简介

刘文明：历史学博士，首都师范大学历史学院教授、全球史研究中心主任、文明区划研究中心（教育部国别和区域研究基地）副主任、博士生导师。主要研究领域为全球史理论、世界近现代史、性别史。出版专著《全球史理论与文明互动研究》《文化变迁中的罗马女性》《上帝与女性——传统基督教文化视野中的西方女性》等，译著《什么是全球史》，主编《外国法制史》《西方人亲历和讲述的甲午战争》，共同主编“文明与世界译丛”。在《历史研究》、《世界历史》、《史学理论研究》、《人民日报》（理论版）、《光明日报》（理论版）等发表论文70余篇，主持完成多项国家社科基金和省部级项目。

邢科：历史学博士，中国社会科学院副研究员。研究领域为全球史和中国近代史学史，研究方向主要包括晚清至民国时期“世界历史”的输入和兴起，马克思主义史学在近代中国的传播和发展等。在《史学理论研究》《学术研究》《北京师范大学学报（社会科学版）》《清史研究》等核心期刊发表多篇学术论文，部分成果被《新华文摘》和《中国社会科学文摘》做论点摘编或转载。译有《BBC世界史》及多篇论文。

田汝英：历史学博士，西北师范大学历史文化学院副教授，主要研究方向为西欧中世纪史、全球史，在CSSCI期刊发表论文多篇，主持国家社科基金项目1项。

总序

“人文”是人类普遍的自我关怀，表现为对教化、德行、情操的关切，对人的尊严、价值、命运的维护，对理想人格的塑造，对崇高境界的追慕。人文关注人类自身的精神层面，审视自我，认识自我。人之所以是万物之灵，就在于其有人文，有自己特有的智慧风貌。

“时代”孕育“人文”，“人文”引领“时代”。

古希腊的德尔斐神谕“认识你自己”揭示了人文的核心内涵。一部浩瀚无穷的人类发展史，就是一部人类不断“认识自己”的人文史。不同的时代散发着不同的人文气息。古代以降，人文在同自然与神道的相生相克中，留下了不同的历史发展印痕，并把高蹈而超迈的一面引向二十世纪。

二十世纪是科技昌明的时代，科技是“立世之基”，而人文为“处世之本”，两者互动互补，相协相生，共同推动着人类文明的发展。科技在实证的基础上，通过计算、测量来研究整个自然界。它揭示一切现象与过程的实质及规律，为人类利用和改造自然（包括人的自然生命）提供工具理性。人文则立足于“人”的视角，思考人无法被工具理性所规范的生命体验和精神超越。它引导人在面对无孔不入的科技时审视内心，保持自身的主体地位，防止科技被滥用，确保精神世界不被侵蚀与物化。

回首二十世纪，战争与革命、和平与发展这两对时代主题深刻地影响了人文领域的发展。两次工业革命所积累的矛盾以两次世界大战的惨烈方式得以缓解。空前的灾难促使西方学者严肃而痛苦地反思工业文明。受第三次科技革命的刺激，科学技术飞速发展，科技与人文之互相渗透也走向了全新的高度，伴随着高速和高效发展而来的，既有欣喜和振奋，也有担忧和悲伤；而这种审视也考问着所有人的心灵，日益尖锐的全球性问题成了人文研究领域的共同课题。在此大背景下，西方学界在人文领域取得了举世瞩目的成就，并以其特有的方式影响和干预了这一时代，进而为新世纪的到来奠定了极具启发性、开创性的契机。

为使读者系统、方便地感受和探究其中的杰出成果，我们精心遴选汇编了这套“二十世纪人文译丛”。如同西方学术界因工业革命、政治革命、帝国主义所带来的巨大影响而提出的“漫长的十八世纪”“漫长的十九世纪”等概念，此处所说的“二十世纪”也是一个“漫长的二十世纪”，包含了从十九世纪晚期到二十一世纪早期的漫长岁月。希望以这套丛书为契机，通过借鉴“漫长的二十世纪”的优秀人文学科著作，帮助读者更深刻地理解“人文”本身，并为当今的中国社会注入更多人文气息、滋养更多人文关怀、传扬更多“仁以为己任”的人文精神。

本丛书拟涵盖人文各学科、各领域的理论探讨与实证研究，既注重学术性与专业性，又强调普适性和可读性，意在尽可能多地展现人文领域的多彩魅力。我们的理想是把现代知识人的专业知识和社会责任感紧密结合，不仅为高校师生、社会大众提供深入了解人文的通道，也为人文交流提供重要平台，成为传承人文精神的工具，从而为推动建设一个高度文明与和谐的社会贡献自己的一份力量。因此，我们殷切希望有志于此项事业的学界同行参与其中，同时也希望读者们不吝指正，让我们携手共同努力把这套丛书做好。

“二十世纪人文译丛”编委会

2015年6月26日于光启编译馆

中文版序言

刘新成　2012年2月

本书英文名为*The Earth and Its Peoples: A Global History*，意为“大地与人：一部全球史”或“地球与人类：一部全球史”，题目之大令人瞠目。但受全球史观影响，近年来在西方特别是美国的历史出版物中，这类宏大标题并不鲜见，仅以近些年中译本来看，同类书名就有《全球通史》《世界：一部历史》《全球文明史》《新全球史》《时间地图：大历史导论》《人类之网：鸟瞰世界历史》等等。按说，西方流行一时的后现代主义是反对宏大叙事的，历史学甚至还曾因之“碎片化”，那为什么这么宏观的历史叙事还能“大行其道”呢？这里兼有时代需要和学术传承两方面的原因。

人类历史漫远悠长，而当下正进入一个瞬息万变的时代。在这种形势下，人们自会产生“如何理解世界变迁”，“当下为什么变化如此之快”，“人类应该怎样应对”之类的问题，而要回答这些问题，不管在当今功利主义盛行的形势下历史学显得多么“无用”，恐怕还要首先回顾历史。所以，探讨“人类常规”，追究“人类社会变迁的方式和原因”，“认识、描述、理解世界范围的变化”，构成上述“大历史”论著的共同宗旨。

从学术传统来看，如果说把本族、本区域的历史与异族、异地历史并为一体、互为参照是宏观世界史之基本性质的话，那么应该说欧洲向有撰述“世界史”的传统。这可能与欧洲史上大一统局面较少，习俗不同、语言各异的各族群体长期杂处有关，也可能与“基督教世界”观念曾深入人心有关。不管怎样，欧洲从古代的希罗多德、中世纪的奥古斯丁，到近代的伏尔泰、现代的汤因比，具有世界眼光的史家，可谓代不乏人。而康德更有言称：“如果不用编纂世界历史的方式认识杂乱无章的历史现象，我们就只能走向绝望。”只是19世纪末叶以后，伴随欧洲近代学科体系的建立，民族国家史学被尊为“正统”（详见下文），超越国家之上的“世界史”几为“世界观”的同义词，属于哲学范畴，世界史才淡出史学领域。因此，当20世纪中叶英国史学家巴勒克拉夫倡导宏观史学时，他用的词是“回归”，而不是“开创”。

“回归”并不等于“复旧”。“回归”后的宏观史学较之以往，判然有别。

首先，反对“欧洲中心论”。各族在撰写历史时，较之旁族，难免以本族为中心，这不足为怪。问题在于，19世纪以来，欧洲人把“欧洲中心”提升为一种理论。根据这种理论，欧洲是世界的典范、人类的楷模。按康德或黑格尔的解释，人类的宿命在于其理性潜能的充分挖掘，而世界历史则是人类将不同发展阶段的理性潜能作用于物质世界的进步过程。他们认为，到19世纪，欧洲人的理性已经发展到极致，因之欧洲社会已经兑现人类文明理想，进步过程就此结束，余下的任务只是把欧洲文明向世界各地传播。这样，书写人类历史当然应以欧洲为中心，因为其他民族或因社会停滞根本没有“进步”意义上的“历史”，或仅在欧洲人后面“学步”。进入20世纪以后，两次以欧洲为“中心”的世界大战彻底击碎了“欧洲理性至尊”的神话，而伴随后来西方人文社会科学的“语言学转向”，既往理论受到空前质疑：理论自身失去客观本质，其意义或价值完全依附于认识主体（读者）的建构，所谓“公认真理”被视为权力的症候。这样西方长期以来自我标榜的种种“理性优势”和“文化特质”就失去支点，还原为西方政治、经济霸权的语言符号。西方的典范和榜样意义既被颠覆——如亨廷顿所言，“西方仅是特例，而非常例”——其“历史中心”地位自然动摇。宏观史学的“回归”及其倡导的全球视野，本身就是对西方中心的否定，全球史学家对西方中心论的纠正则采取“平等对待各种文明”，“揭示文明的混成性质，淡化单一文明的纯粹性”，“在不同的历史阶段，凸显非西方文明的中心地位”，“去中心论”等多种形式。

其次，转换视角。按照黑格尔的历史哲学理论，15—16世纪西欧出现的民族国家是个体意志与普遍精神的统一，是绝对精神最高体现的特征之一，嗣后人类文明进程都只能在民族国家框架内展开。因此19世纪末叶历史学科一建立，以兰克为代表的西方“专业”史学家就以民族国家史作为史学研究的唯一对象，兰克编纂的多卷本《世界史》也以民族国家作为基本的叙述单位。这一传统一直延续到20世纪，至今余风犹存。而全球史学家认为，在影响世界历史进程的诸多因素中，无论是气候、地形、资源、天灾等自然现象，还是商业往来、宗教传布、物种交流、瘟疫传播等人为现象，都具有跨国别、超民族的性质，如果仅从民族国家角度考察，忽略这些有时具有决定性作用的跨国现象，势必造成对人类历史的误读。全球史学家反对"国家本位"并不意味着他们忽略世界各地之间的差异，也不意味着他们拒绝分区叙述人类故事的方法，只是他们认为应该用更能体现世界发展动因的单位来取代民族国家。目前大多数全球史学家选择的单位是"文明"（或"文化共同体"）。他们所说的文明并不是19世纪欧洲文明史观意义上标识"进步"的文明，而是年鉴学派所定义的文明，即"长时段的，历经一系列经济和社会变动而持续下来的，处于人类社会结构最深层的文化共同体"。在全球史学家看来，民族国家是随政治而变动的区划，文明则是超稳定体系，民族国家只代表某个部分，文明则体现整体，而世界历史，正如布罗代尔所言，描述的是"整体的整体"。需要特别指出的是，全球史学家在处理世界的多样性与一体性之间的关系方面，与以往的世界史作者有一个显著区别，即他们不满足于——更非侧重于——罗列各种文明的特点及命运，而是更深入一步，揭示不同文明之间的联系与交往，并把这种文明之间的互动视为全球发展的动力之一。全球史学家认为，每个人类群体都不是孤立存在的，他们总会与其他群体发生联系，而在接触过程中，或出于学习的愿望，或迫于竞争的压力，或主动，或被动，自身总会发生不同程度的变化，这就叫"互动"。这种互动无时无刻不在进行，全球性变化乃是这无数互动性变化的累积，所谓世界性重大事件不过是这种累积达到一定程度的总爆发而已。

再次，环境变迁受到高度重视。环境史兴起于20世纪晚期，发展迅速，当下几成显学。这当然与当前环境危机令人不禁怀想早期人类对大自然的"敬畏"有关，也与西方，特别是近代以来，史学研究比较重视地理因素有关。但是，全球史学家在环境问题上与传统的"地理因素决定论"迥然不同。这体现在两个方面。第一，"地理因素决定论"单方面强调地理环境对人类社会的影响，而全球史学家关注人类行为与自然环境的双向互动，即他们不仅说明自然环境对人类活动的影响，也描述人类活动对自然环境的影响，并指出两者之间的制约关系。第二，许多全球史学家所说的环境，不仅包括自然环境，还包括社会环境，即把社会关系也纳入"客观"范畴，并指出两种不同类型的环境变迁之间存有密切关联度。

总之，全球史观提出思考人类历史的新视角，具有启发性，也引起争论。我国学者对全球史观的看法，赞同与质疑者兼而有之。但不管取何种态度，他们都呼吁我国加强宏观世界史研究，述说"中华民族的世界记忆"。这种呼吁和渴望是可以理解的，特别是在当今中国独特的现代化实践正在为人类社会发展创造新经验的时代。但是撰写全球史和开展相关研究是需要一定条件的。以全球史在美国发展为例，我以为，它得益于三个条件。第一，活跃的交叉学科研究。无论全球史专题研究还是全球通史著作，都广泛吸收经济学、社会学、地理学、生物学等许多社会科学和自然科学的科研新成果，而且采用人类学、语言学、传播学、文化研究等传统与新兴学科的研究方法。从某种意义上来说，全球史学本身就是一个具有交叉学科性质的学问。而在我国，历史学与其他学科的交叉，目前最多也就是起步阶段。第二，历史教育的推动。学术固有清高品质，但不容否认，社会需求也是推动学术发展的重要因素。20世纪六七十年代，美国中学和大学对域外历史教学只讲西方不及其余状况的激烈批评，是全球史勃兴的直接背景。如今，在美国学校中，全球史基本取代西方文明史，成为与美国史并列的两门史学必修课之一。全球史教材层出不穷，以中学和大学全球史教师为主体的"世界历史学会"自1982年成立以来日趋活跃。反观我国，世界历史教学在应试教育的总体氛围下，初中阶段为"主科（语、数、外）"主动出让课时的现象极为普遍，高中阶段因文理分科，半数以上理科学生接触很少，文科考生亦因其在高考中所占分值甚小而不予重视（况且，为考试而学，即使重视，又有何益?）。在大学里，除历史专业学生外，世界史均非必修，修读世界史的学生人数自然寥寥。世界历史的教育、教学状况如此"惨淡"，我国世界通史教材种类既少，编者群又匮乏，也就不足为怪了。第三，宽松的学术环境。全球史著，跨越时空，包罗万象，无论是切入角度、框架安排，还是议论点评、史实描述，都难免偏颇或疏漏，因此我国近代以来，在世界史学科内，素有为"安全"起见远离通史撰述，以免名声受损的风气。这大概也是我国极少有人独立撰写通史的原因。但是在美国，编写全球史，并不求完美无缺、千真万确。许多作者在前言中都坦然承认作品的缺失与不足。特别是晚近的全球通史刻意强调各地之间横向联系或跨文化交流，作者往往在序言中主动说明本书存在"忽视社会内部发展"的问题。追求特色而不求全，勇于创新而不囿成见，这也是繁荣宏观世界史学所需要的精神气质。有人说，真正的科学工作者，对本人科研成果的最大期盼是最终被否定，因为无可穷尽的真理总是在对现成结论的不断否定中被逐步接近的。如此看来，一个完好的学术环境，一个健康的学术社会心态对学术发展也是非常重要的。

译者序

刘文明

全球史是近年来新兴的一种史学观念和历史学分支学科，它在某种意义上是历史学对全球化浪潮的一种反应，在20世纪下半叶首先兴起于美国，然后扩展到世界各国，在当今中国正处于方兴未艾的发展阶段。“全球史”这个概念对于国内读者来说，最难理解的是它与“世界史”的关系。要理解什么是“全球史”以及它与“世界史”的异同，就必须对欧美及中国的史学传统有一个大致的了解。

无论在欧洲还是中国，历史叙述最初出现的时候，都主要是对本土（本国或本地区、本民族、本文化）历史的描述，域外历史处于边缘地位，古希腊希罗多德的《历史》和西汉司马迁的《史记》均是如此。此后的历史叙述基本上沿着这一轨迹发展。当然，在欧洲史学发展进程中，英国、法国、德国等国学者的研究对象并不局限于本国，而时常涉及欧洲其他国家或整个欧洲，但从文化地理来说，这些研究大多仍局限于具有共同文化传统的欧洲（基督教）国家，对于古代希腊罗马史，也被视为共同的文化遗产来研究。因此可以说，本文化的历史在欧洲史学中始终是主流。中国的情况则更加明显，域外志在中国古代正史中只是一点花边而已。20世纪初，当欧美客观主义史学传入中国之时，与中国重考据的本土史传统相结合，使得历史学作为一个独立学科在中国发展起来的时候，中国史研究和教学在中国史学中稳居主流正统地位。

但是，在欧洲和中国的史学史上，自古以来对域外历史的描述从来没有中断过，尤其在欧洲，超越欧洲范围着眼于“人类”的宏观历史著作，从基督教史学发展到当代全球史，存在一条有线可循的脉络。中世纪欧洲的基督教史学从上帝造人的神话出发，试图描述整个人类的“历史”。文艺复兴后期，整体史观念在欧洲出现。18世纪至20世纪初，欧洲出现了一些“普适史”（universal history）、“世界史”（world history）、“通史”（general history）、“文明史”（history of civilization）等宏观世界史著作，其中许多著述作为通俗读物或教材而受到欢迎。20世纪上半叶，汤因比的12卷本巨著《历史研究》陆续出版，它标志着此类著作发展到了一个新的水平。然而，这些历史编纂大多存在两个局限：一是以欧洲史为中心，二是将各地历史简单地罗列在一起，缺乏相互联系。1963年，威廉·H.麦克尼尔出版《西方的兴起》，该书被普遍认为是“全球史”兴起的一个重要标志，因为它试图克服上述两个局限。麦克尼尔这种从全球视野和相互联系的视角来考察历史的做法，在全球化浪潮和后现代思潮的推动下逐渐得到主流史学界的认可。于是，20世纪70年代以后，“全球史”在美国的教学和研究领域发展起来。由于这种历史不同于过去那种简单地把世界各地罗列到一起的“世界史”，因此一些美国史学家又称它为“新世界史”，其主要特点是强调各地历史从分散到整体的发展及其相互联系，作为一个研究领域，则以跨国家/跨地区/跨民族/跨文化的历史现象为研究对象（它可以是宏大主题，也可以是微观个案），从广阔的视野和互动的视角来理解这些历史现象。在全球史教学和研究的推动下，20世纪80年代以后，“世界史”在美国发展成为大学中一个培养人才的学科。这个新兴学科虽被称为“世界史”，但实为“全球史”，因此欧美史学界基本上将它等同于“全球史”。这样，在当今欧美，“世界史”“新世界史”“全球史”三个概念，名称虽异，但作为全球化背景下的历史学新兴分支领域，都排除了外国历史中的国别史和地区史，在史学观念和研究方法上也没有多大差别。为了表述的统一和方便，同时也体现其新史学的特征，中国史学界一般称之为“全球史”。

在中国古代，史学主流之外的传统蕃志类著述没能发展成为“世界史”。中国的“世界史”教学和研究是20世纪初在西学影响下发展起来的。20世纪上半叶，“西洋史”成为中国“世界史”中的主要领域。中华人民共和国成立之后，中国的历史学学科建设借鉴了苏联的经验，“世界史”与“中国史”并列成为历史学分支学科，这极大地推动了中国“世界史”的发展。然而，这种并列设计带来的副产品是：“世界史”中没有“中国史”。这就造成了中国的“世界史”不是世界历史，而是外国历史，其中地区史和国别史是主要内容。这种将“世界史”等同于“外国史”的状况，在中国已经成为一种习惯，一直维持至今。因此，我们常说的“世界史”不能等同于欧美语境中的“世界史”或“全球史”。中国语境中“世界史”的主要内容，恰恰是欧美语境中“世界史”所不包含的内容，即外国历史中的国别史和地区史。然而，进入21世纪，当中国置身于全球化浪潮之时，当中国日益成为一个世界大国之时，从世界历史来理解中国的发展，从中国视角来理解世界的变迁，已经变得极为必要和非常重要。这样，我们需要一种包括中国史在内、超越国别史的视野，从互动来理解世界变迁的“全球史”，并将其建设成为一门不同于中国传统意义上的“世界史”，但又具有中国特色的历史学新兴分支学科。本书的翻译，希望有助于增加国内读者对全球史的了解。

本书是美国最畅销的全球史教材之一，在美国大学中受到普遍欢迎，从1997年出版以来，至今已出了第五版。与其他同类教材相比，它具有以下几个特点：

首先，强调文明演进中环境与人的互动。在人类文明变迁过程中，各国民族为了适应当地环境而创造了各种生存技术和制度，于是科技得到发展，而科技发展反过来又改变了人们所生活的环境。人类从采集和狩猎生活走向农耕生活，是一次技术大变革，同时也大规模地改变了环境，因为它极大地改变了地表的植被状况，以及农耕区中植物和动物的物种平衡。工业革命也推动了人类的重大技术进步，但工业社会对资源的需求极大地破坏了自然环境。另一方面，在世界历史进程中，人类的活动范围不断扩大，扩张与移民造成了不同区域之间的生物交流，最典型的是欧洲人向美洲殖民，造成了美洲生态环境的变化，而这种变化有利于欧洲殖民者对美洲环境的适应。因此，人类文明演进的过程也就是人与环境互动的过程。人与环境的互动及其技术进步，成为本书的一个重要主题。在本书每一章的扩展阅读中，都有一篇“环境与技术”的主题文章，以增强读者对这一问题的认识。

其次，尊重人类文明进程中文化的多样性。一方面，本书的结构安排力图做到对各种文明发展的平衡叙述，避免过去一些世界史教材中存在的“欧洲中心论”倾向，因此，除了欧洲文明之外，对伊斯兰、中国、印度、非洲、美洲等其他文明也给予了高度重视。另一方面，在叙述各个文明演进之时，除了主流的政治、经济及文化制度之外，也适当照顾到社会生活的其他方面，如人口、性别、妇女、疾病等。因此，无论在整个人类文明还是各个文明的内部，都存在着主流与多样性的关系，都应该尊重主流之外的多样性选择。这就是本书设计“多样性与主流”的阅读文章所体现出来的基本思想，也是贯穿全书的一个重要主题。

再次，该书的编纂较好地体现了全球史的基本理念，即世界的变迁是从分散走向整体的过程，在这一过程中，不同地区、不同文明之间的交流推动了世界一体化发展。作者将本书的34章分类为八篇，这八篇的主题演变体现了人类社会纵向发展与横向交流之间的交织。这种编排正如作者在前言中所说，能够使读者形成一种关于人类社会的广阔视野：“人类社会在其开端之时，是许多分散和缺乏联系的共同体，它们创造性地对当地环境做出反应；后来经历了一些相互联系、相互渗透、文化扩张与融合的汇聚阶段；到21世纪，人们越来越感受到人类社会是一个单一的全球共同体。”

最后，本书的版式设计颇具特色，受到读者的欢迎。大量页边注提供的段落主题和术语解释，大大便利了读者的阅读和检索。书中的大量地图，对于学习全球史时空观念的形成颇有帮助。丰富的插图也使本书中的一些内容更直观、更生动。

也许正是由于上述几个特点，本书在整个英语世界颇受欢迎。作为中译者，我们希望它也能受到国内读者的欢迎。因此，对于本书的翻译，我们力求准确流畅，对一些术语的翻译尽量体现其专业性，例如对complex society这个概念的翻译就是如此。这个概念所表达的意思，在20世纪80年代之前的中文著作中极为少见，之后随着翻译作品的增多，才有一些学者将它译为“复杂社会”。从字面来理解，这种译法无可厚非。然而，我们没有采用这种译法，而是将它译成了“繁序社会”，主要理由是：这个概念是一个专业术语，主要用于人类学、考古学和历史学，它指的是一种以专业劳动分工和大规模人口集中为基础的早期社会形态，在这种社会中，出现了政治权威及复杂的社会组织、不平等的社会分层、相对繁荣的城市和文化等。与它相对应的是simple society这个概念，即以血缘家族为基础、社会分化不明显、组织结构简单、具有高度同质性的社会。因此，complex society和simple society的差异主要表现在社会组织的复杂程度。如果分别用“繁序社会”和“简序社会”来表述，可能比较恰当，同时也能体现出术语的专业性。如果用口语化的“复杂社会”一词来翻译complex society，容易与日常用语中“复杂的社会”相混淆，进而造成误解。我在教学过程中就曾有同学提出：“复杂社会”有多“复杂”才算“复杂”？如果数千年前的社会是“复杂社会”，那么该用什么概念来表述我们这个更“复杂”的现代社会呢？显然，“复杂”一词在此被误解了。

在本书的翻译过程中，邢科承担了大部分内容的翻译，具体分工如下：

刘文明（首都师范大学历史学院教授）：前言，第1—4章，第9、10章，全书校对和统稿。

邢科（中国社会科学院副研究员）：第13—34章。

田汝英（西北师范大学历史文化学院副教授）：第5—8章，第11、12章。

本书的翻译通过一年的努力才得以完成。由于本书的篇幅较大，而翻译时间又较紧，译文中无疑会存在不足之处，敬请广大读者批评指正。

·简明目录·

目　录

第四篇 文化与联系的区际模式（1200—1550年）

第13章 蒙古人横跨欧亚大陆及其后果（1200—1500年）

第14章 热带的非洲和亚洲（1200—1500年）

第五篇 全球走向一体化（1500—1750年）

第八篇 全球共同体面临的危险及其承诺（1945年至今）

地图目录

专题目录

环境与技术：

多样性与主流：

物质文化：

世界历史上的问题：

前言

在本书出第四版的时候，我们觉得有理由认为我们的工作是成功的。本书第一版包含了一个基本理念。出第二版的时候，我们采纳了由教师和评论家提出的大量有价值的意见，对第一版中所含理念的表达做了重大调整。第三版又进一步吸收了新的批评和建议，这些批评和建议旨在弥补书中的不足，并且使阐述更为流畅。在第四版中，我们侧重于作品的进一步完善，更新了参考书目，吸收了当时最新的学术成果。在前面的每一版本中，不断扩展的主题文章和不断改进的辅助教学设计在修改过程中都占有重要地位。

在第五版中，我们重新设计了本书的感观，以使这一教材对于今天的世界史学生来说更具吸引力和更易于接受。从两卷本到一卷本的改变并非易事。我们在不损害重要内容的情况下，对文本的主要叙述进行了语句的删节和修改。每位作者在完成这一任务之时，都不禁叹了一口气，但大家都明白，任何作品（无论是文学作品还是非文学作品）都能从旨在表达流畅和精确的进一步修改中受益。大家也意识到了，修改后的页面不仅易于阅读，而且还雅致悦目，因为页边添加了丰富的辅助性旁注、术语解释和其他有助于教学的内容。本书新增加的重要内容，还有许多重新绘制的地图，这些地图与过去的地图相比，既更加生动清晰，又包含更多信息。

然而，本书的总体目标并没有改变：它是一本既叙述过去也面向当今学生和教师的教材。学生和教师应该从本书中获得一种关于人类社会的宽广视野：人类社会在其开端之时，是许多分散和缺乏联系的共同体，它们创造性地对当地环境做出反应；后来经历了一些相互联系、相互渗透、文化扩张与融合的汇聚阶段；到21世纪，人们越来越感受到人类社会是一个单一的全球共同体。

本书的基调是“过程”而非“进步”：一个随时间推移而持续变迁的过程，这个过程最初在不同的地区而经历不同，但最终把全球各地的民族及其传统联系了起来。读者可能会从本书中获得这样一种认识：现实世界中的问题和展望根植于过去的历史；在历史上，世界各地各民族面临着相似的难题，他们竭尽全力应对这些难题。我们相信，我们的努力将有助于读者理解这个世界来自何处，并由此学会一些对他们自身的生活来说有用的东西。

主题与目标

我们称本书为“全球史”，因为本书探讨了把人类历史联合成一个整体的共同挑战与经验。虽然，早期人类散布到每一个适于居住的环境中，由此产生了各种不同的经济、社会、政治和文化制度，但是，所有的社会在满足需要和利用环境方面都表现出了相似的模式。我们所遇到的挑战是，选择特定的资料与事件来最好地阐明这些人类经验的全球模式。

为了应对这一挑战，我们在本书中采用了两个主题：“环境与技术”和“多样性与主流”。第一个主题描述了各个历史时期一切人类社会的一般物质基础。但它没有给予任何文化群体以特别的关注，而是它包含的主题在论题、年代和地理方面，范围都非常广泛。第二个主题表达了每一个社会所创立或继承下来的主流结构的事实。我们考察了多种实践和制度：军事的、经济的、社会的、政治的、宗教的和文化的，以及以血缘关系、性别、文化程度为基础的那些实践与制度。同时，我们也承认，其他可选择的生活方式和社会组织设想，也一直在主流结构之内以及在与每一主流结构的对话中显现出来。

xxiv 关于第一个主题，最为重要的是要让读者理解，从关于物质世界的经验知识来说，技术构成了一切人类活动的基础。文字是一种技术，关于医学和有毒植物的代代相传的口头知识也是技术；有磁性的罗盘是航海技术，但波利尼西亚水手那些关于风向、海流、潮汐的得之不易的知识也是技术，这些技术使得太平洋诸岛上的殖民成为可能。

一切技术的发展都来自人与环境（包括物质环境和人文环境）的互动，反过来，技术发展又影响环境。关于人类如何改变地表的历史，是我们第一个主题的重要组成部分。然而，环境与技术并不能解释人类经历中的一切重大事件。“多样性与主流”这一主题阐述了我们关于政治、文化和社会的全部观点。因此，在叙述帝国的历史之时，我们描述了帝国境内外广泛的人类经历，而没有把帝国的制度当作是比游牧民族的经济和社会组织，或是比乡村妇女的生活更适合讨论的话题。当我们叙述宗教与文化时，不仅关注主流传统，也关注其他可选择的信仰和习俗的多样性。

结 构

本书按年代顺序分为八篇，以阐明全球历史发展过程中不同的概念主题。

在第一篇“人类社群的出现（至公元前500年）”中，我们考察了东西半球人类社群组织中的重要模式。依靠狩猎采集为生的小规模、分散的人类社群，在经历许多万年之后散布到了世界的大部分地区。他们在不同的时期以不同的方式，面对极为不同的环境条件做出反应，学会了如何栽培植物和利用驯养的动物。以这种新的谋生方式为基础，人口获得了增长，出现了永久性城市，政治及宗教权威也在对农业剩余产品收集和控制的基础上扩大到广阔的地区。

第二篇“新文化共同体的形成（公元前1000—公元400年）”，从有关特定人类社群的活动与象征符号的连续模式的角度，介绍了“文化共同体”这一概念。当一个人类社群发展出独特的文化（包括第一篇中所讨论的那些），全球历史在这一时期的发展使得一些文化的影响比其他文化更持久，影响更大。在地理上邻近的非洲—欧洲大陆地区，其被证明具有持久影响力的文化，可以追溯到公元前2千纪到公元前1千纪。

第三篇“文化共同体的发展和互动（公元前300—公元1200年）”，涉及早期技术、社会、文化的交流和互动中发生的事件，这些事件发生在整个大陆范围，既在帝国扩张的框架之内，也在帝国扩张的框架之外。它们与较早时期的互动颇为不同（较早时期的互动产生于小范围的征服或政治边界的扩展），因此它们构成了世界历史上一个独特的时代，这个时代使世界走上了全球互动和相互依赖日益增加的轨道，并且从那时起至今仍在沿着这一轨道前进。

第四篇“文化与联系的区际模式（1200—1550年）”，我们考察了世界在3个半世纪中日益增强的文化联系和商业联系，以及在欧洲、亚洲和非洲的文化共同体中日益强化的、充满自信的自我认知。蒙古人的征服建立起一个从太平洋到东欧的庞大帝国，极大地刺激了贸易和互动。在西方，得到加强的欧洲王国开始了在大西洋的海上扩张，与撒哈拉以南的非洲建立了直接联系，并且开始了对西半球文明的征服。

第五篇“全球走向一体化（1500—1750年）”，探讨了一个欧洲扩张及其持续经济增长所产生的全球影响占主导地位的时代。欧洲船只占据并扩大了在印度洋、非洲沿岸和太平洋亚洲海岸的海上贸易。在美洲和新的大西洋贸易体系中，
xxv 欧洲殖民帝国同样也控制了海上商业活动。传统陆上帝国与新海上帝国之间对比强烈的实力和命运，以及东西半球之间栽培作物和驯养动物的交流，增强了这个时期科技和环境方面的真正全球互动。

第六篇“革命重塑世界（1750—1870年）”，所谓“革命”是从以下几个方面来说的：政治意义上的推翻政府，如在法国和美洲的情况；比喻意义上的急剧变革，如工业革命；广义上在环境与世界观方面观念的深刻变化。科技和环境在这些发展中处于核心地位。西方认为科学和技术能够战胜一切挑战——环境及其他任何挑战，随着这种信仰迅速占据主导地位，科技不仅成为变革的工具，而且也成了控制的工具，甚至威胁到非工业国家文化传统的完整与自主。

第七篇“全球差异和全球统治（1850—1945年）”，考察了一个世界区域的发展，在这个区域中，人们构想了全球规模的许多事件。帝国主义、世界大战、国际经济联系、世界范围内的意识形态倾向（如民族主义和社会主义），这些都呈现出一幅全球联系日益紧密的图景。欧洲在全世界范围内占有优势，有时候由于使其他文明长期从属于欧洲价值与哲学，似乎威胁到人类文化经验的多样性，但有时也会引发强烈的政治和文化抵抗。

第八篇“全球共同体面临的危险及其承诺（1945年至今）”，这个自第二次世界大战结束以来的时期，我们将它分为三个阶段：1945—1975年，1975—1991年，1991年至今。冷战的挑战和后殖民国家的建立在这一时期占主导地位，也释放出了全球的经济、科技和政治力量，这些力量在人类生活中变得越来越重要。科技由于它在全球共同体发展中的整合作用，也由于它在改进生活质量方面的诸多好处，成为这一篇中一个重要主题。但是，由于它现实的和潜在的对环境的负面影响，这似乎使它失去了光彩。在这一篇中，战争的残酷现实和21世纪头10年中发生的经济危机，也受到了高度关注。

主题文章和新的教学辅助设计

第五版也像以前其他版本那样，提供了许多有价值的主题文章和教学辅助设计，以更激发读者对世界历史某一特定话题的兴趣，帮助他们理解和记住关键信息。这八篇中每篇后面称为“世界历史上的问题”的历史文章在前一版中就已经有了，这一特别的设计是为了提醒读者关注更广泛的观念问题，这些是当今历史学家们非常感兴趣的问题；这一主题文章被证明具有引导作用，也深受学生欢迎。四篇关于“物质文化”的章内文章，也是前一版中新增加的，希望唤起读者对理解历史多种方式的特别注意，在这些方式中，物质对象和日常生活过程在广泛地理解人类历史中具有重要作用。因此，像“古代世界的葡萄酒和啤酒”“快餐”这些文章，不仅引起读者对它们本身的兴趣，而且提示读者，今天的世界史学者如何从平凡的人类生活中发现意义。“环境与技术”中的主题文章是本书以前各版中一直存在的一个有价值的栏目，通过展示各个时期一切人类社会共有的物质基础来说明本书的重要主题。最后，“多样性与主流”也是本书主题的核心，它是原始资料摘录，给争取权力和自主的共同努力提供了活生生的大量真实的历史声音。

教学辅助设计包括下面几个方面。

每章开头的重点问题：这些问题对于各章中的每个主要部分都很重要，它们有助于读者关注各章中的核心概念。

新的小节回顾：此版中增加了简短的要点回顾，以便对每章中的每一小节进行概括，提醒读者一些重要信息。

新的章末结语：现在每一章都用一篇比较性的结语取代了旧版中的总结，以帮助读者更好地对各章材料进行综合，理解它如何置于更大的图景中。

新的段落标题：每一章中都附加了段落标题，以利于将材料组织到更小的分类单位之中，便于学生和教师查找讨论的关键部分。

新的重要术语注释：读者将不必再翻到本书的后面去查找不熟悉的术语。

新版中的变化

xxvi

除了上述新的教学辅助设计外，各章还有一些小变化，包括新插图、新地图、文本论述的流畅性，以及许多主题文章的更新。主要如下：

★ 第1章中的更新，包括以最新观点为基础的时间顺序编排和一些新讨论，这些讨论涉及遗传证据等现代手段如何加深了对人类起源的理解。

★ 第7章中增加了关于早期东南亚文明外来影响的延伸讨论。

★ 第10章更新的部分，包括对被包围的拜占庭帝国的讨论、对阿拉伯人入侵和宗教分裂等因素促使其灭亡的讨论。

★ 在第10章中增加了一小节，标题为“不安全的年代”，讨论了穆斯林的入侵和中世纪欧洲加洛林帝国的兴起。

★ 第15章修改了黑死病之后的社会动乱部分。

★ 第17章新增了“反宗教改革与宗教政策”这一小节，包括对宗教和国王野心的讨论。

★ 第22章的引言部分做了修改。

★ 第32章包含了关于东西方之间冷战对峙的最新讨论，对有关种族隔离和南非争取独立的斗争，也进行了修改。

★ 第33章“环境与技术”中的主题文章，完全改成了关于最新技术的讨论和图片。

★ 第34章以2008年美国总统选举和经济危机的新材料为特色。另外，本章“多样性与主流”中的主题文章“文明与冲突”也是新增的。

xxix

致 谢

在第五版的修订过程中，我们从许多同行的评论中受益匪浅。我们尤其要对以下教师表达诚挚的谢意：中皮德蒙特社区学院的苏珊·奥特里（Susan Autry），阿肯色理工大学的安娜·柯林斯（Anna Collins），克里斯多弗·纽波特大学的威廉·康奈尔（William Connell），温斯罗普大学的格雷戈里·克赖德（Gregory Crider），奥克兰社区学院的肖恩·德里（Shawn Dry），加州州立大学富尔顿分校的南希·菲奇（Nancy Fitch），北卡罗来纳大学夏洛特分校的克莉丝汀·海恩斯（Christine Haynes），爱迪生学院的马克·赫曼（Mark Herman），阿肯色理工大学的埃伦·J. 詹金斯（Ellen J. Jenkins），塞特多大学的弗兰克·卡普尔

（Frank Karpiel），弗吉尼亚军事学院的肯恩·孔斯（Ken Koons），贝勒大学的戴维·朗费罗（David Longfellow），佐治亚普莱弥特学院的海瑟·卢卡斯（Heather Lucas），甘尼斯维尔州立大学的杰夫·帕杜（Jeff Pardue），阿拉巴马农工大学的克雷格·巴顿（Craig Patton），默瑟县社区学院的琳达·谢尔（Linda Scherr），佐治亚军事学院的罗伯特·舍伍德（Robert Sherwood），科派亚林肯社区学院的布雷特·舒费尔特（Brett Shufelt），索尔兹伯里大学的克里斯汀·沃尔顿（Kristen Walton），克莱顿州立大学的克里斯多夫·沃德（Christopher Ward），波音特洛玛基督大学的威廉·伍德（William Wood）。

本书作者在着手编纂出版之时，他们认为工作的90%应该由自己来完成，只有10%的事情由编辑和出版社的专业人员来做。多么天真的想法！如果没有一个伟大专业团队的大量劳动将作者们的文字变成美丽的印刷品，这本书不可能问世。第五版的出版，我们仍然要一如既往地感谢圣智学习（Cengage Learning）集团沃兹沃思（Wadsworth）的员工。在整个修订过程中，高级策划编辑南希·布莱恩（Nancy Blaine）为我们提供了坚定的支持和指导。当作者们将许多新想法和主题融入本书之中时，高级项目编辑汤娅·洛巴托（Tonya Lobato）给予了机敏而热情的协助。高级项目经理卡罗尔·纽曼（Carol Newman）出色地搜寻了大量图片。苏珊·佐恩（Susan Zorn）再一次表现出了她从事文字编辑的娴熟技巧。

我们还要感谢许多对本书（无论是直接的还是通过他们的老师）表达疑问和关心的同学，这一版的修订吸收了他们的许多意见。我们继续欢迎读者对本书提出建议、质疑和批评。

第一篇

人类社群的出现（至公元前500年）

巴比伦的世界地图
（约公元前600年）

此图绘于泥板上，带有用阿卡德楔形文字书写的标识，展示了一个以巴比伦城为中心的平面圆形世界。附近美索不达米亚的地貌特征包括幼发拉底河、山脉、沼泽和城市。远处巨大的环形咸海中有7个岛屿。像任何古代民族那样，巴比伦人相信，遥远的地方是传说中的野兽、奇异民族和神秘自然现象的所在地。

3 人类由非洲的灵长类经过数百万年的进化而成。早期人类能够直立行走，拥有较大的脑容量，手的拇指可以与其他四指相对应，能够使用语言，在各种环境中依靠协作劳动和使用人造工具而生存。他们较快地散布到世界上几乎每个适于居住的地区，以狩猎和采集野果为生。大约1万年前，一些群体开始栽培植物，驯养动物，制作用于储物的陶器。这就导致了永久的定居——最初是小村庄，后来也出现了较大的城镇。

最早的繁序社会（complex society）出现于美索不达米亚、埃及、巴基斯坦和中国北部的大河谷。在这些干旱地区，农业依靠河水灌溉，而挖掘和维修灌溉渠需要组织劳动力，于是出现了政治权力中心。国王与祭司居住在城镇中心，在官吏、文书、士兵、商人、手工业者和其他有专门技艺者的支持下控制着这些早期社会。这些群体的活动由乡村依附农民提供剩余食物来维持。

某些中心为获取原料尤其是金属，开始控制更广泛的区域。这一发展也促进了主要政权之间的远距离贸易和外交关系。工匠们用青铜制造武器、工具和礼器。文化与技术传播到附近地区，如中国南部、努比亚、叙利亚、巴勒斯坦、安纳托利亚和爱琴海地区。

在西半球，墨西哥南部和南美洲安第斯山区的早期文明中，不同的地理环境造成了明显不同的技术与文化反应模式。

第1章

自然、人文与历史
（至公元前3500年）

本章纲要

思考

在我们对人类起源的理解中，根据科学进化原理，关于人与地球及其他物种的关系，我们知道些什么？

人类是如何在身体与智力上逐渐进化，使他们在大冰期能够调整生活方式以适应新环境的？

人类社群在经历近200万年的物质与文化发展之后，在世界各地是怎样学会利用自然的？

哪些文化成就使新石器时代的生活具有显著特色？

5 早期人类在数万年前创作于岩石上的绘画与雕刻，在每个大陆都有发现。在中非，当撒哈拉还不是沙漠，而是无数野生物种可以生存的青翠热带稀树草原时，有人在大约公元前5000年雕刻了牛的形象。雕刻这些形象的原因及其原初含义，也许仍将是一个谜。但在我们看来，它是一件显示了人类祖先大量信息的漂亮艺术品。

早在文字发明之前，每个社会都有关于人类与自然世界是如何被创造出来的故事。一些民族，如西非的约鲁巴人（Yoruba），说最初的人是从天上下来的；也有一些民族，如北美西南部的霍皮人（Hopi），说最初的人是从地下的洞里钻出来的。这种创世神话的原初目的不是要追求现代意义的历史精确性，但它们典型地反映了一个民族的生活方式、社会文明和文化制度是如何产生的。例如，希伯来圣经中关于亚当和夏娃的故事，其目的是要阐明道德的原则，即人的思想应该控制其行为——对待超自然的世界、对待他人及自然界中其余部分的行为。

19世纪时，逐渐积累的证据表明人类具有极为不同的起源。自然科学家找到了与类人猿相似的早期人类的遗迹。另一些发现也表明，以农耕和游牧为基础的习以为常的生活方式，并非如许多神话所表明的那样是在创世中的一两代人之内就确立起来，而是在人类出现数万年之后。这些证据有助于深入了解人类的同一性，这种同一性与创世神话中提出的相似性具有同样的意义。

1.1 源于非洲

19世纪中叶，对似人似猿双重特征的古代生物的发现引发了人们的兴奋与争论。许多人对这些发现感到不安，因为它们挑战了关于人类起源的宗教信仰。另一些人则乐见这些新证据证明了一些人长期以来的疑问：现代人类身体特征的进化经历了令人难以置信的漫长岁月。

1.1.1 解读证据 6

1856年，在德国的尼安德峡谷（Neander Valley），劳动者发现了一种生物骨骼化石，其身体酷似现代人类，但面部眉骨粗大而前额较低，有点像猿。今天我们知道这些“尼安德特人”是4万年前遍布欧洲的一种人，但在19世纪中叶，如果设想一种外貌不同于现代人的人类，这种观念会因太过新奇而使一些学者认定这些人是来自近期的畸变个体。

在发现尼安德特人的遗迹3年之后，年轻的英国博物学家（自然史学者）查尔斯·达尔文（Charles Darwin）发表了《物种起源》，他在书中提出，所有生物的形成时限比一般的猜想更漫长。达尔文的结论，是基于前人的研究和他自己在拉丁美洲对化石、活的植物和动物种类的调查研究而得出的。他提出，生物种类的多样性和它们在时世推移中发生的巨大变化，可以用**进化**来解释。进化是一个过程，在这一过程中，使种群生存能力得以强化的生物变种逐渐在该物种中占据优势。他提出一套理论，认为在经历漫长岁月之后，因进化而发生的改变可能导致出现不同的新物种。

进化：生物学理论，认为随着时世推移，植物和动物发生变化，主要是自然选择和基因突变的结果，由此导致新物种的出现。

达尔文在《人类的由来》（1871年）中将话题转向了人类进化这一敏感主题，对博物学家日益增长的共识进行概括，提出人类的形成也经历了同样的自然选择过程。由于人类在身体上与非洲猿有太多的相似之处，他由此认为非洲是人类最初的故乡，尽管当时没有化石证据支撑他的假说。

化石的发现和对人类起源的争论

接下来的重大发现将最初人类居住地指向了亚洲而不是非洲。1891年，尤金·杜波依斯（Eugene Dubois）在印度尼西亚的爪哇岛发掘出一具旋即被称为“爪哇人”的远古头盖骨。1929年，裴文中（W. C. Pei）在中国北京附近发现了一具类似的被称为“北京人”的头盖骨。

至此，甚至更古老的化石也在非洲南部被发现了。1924年，雷蒙德·达特（Raymond Dart）发现了一具他称之为“非洲南方古猿”（Australopithecus africanus）的生物颅骨，他声称这是古猿与早期人类之间的过渡。许多专家对达特的观点争论了很多年，因为，虽然非洲南方古猿能像人一样直立行走，但其脑容量大小只相当于猿的脑容量。

1950年以来，路易斯（Louis）和玛丽·李基（Mary Leakey）及其子理查德（Richard），还有许多其他考古学家，在东非大峡谷的露天沉积物中发现了大量早期人类化石。这些发现有力地证明了达特的假说和达尔文的猜想，即非洲古猿所生活的热带地区是人类的摇篮。

现代研究手段

现代考古技术的发展增加了我们的研究方法。研究者不再孤立地搜集骨骼，而是转向从附近土壤中选取当时存在的其他生物、种子甚至花粉的化石遗物，以探寻早期人类的生活环境。他们还能够根据熔岩流中钾的原子变化，或者木材和骨骼中的碳原子变化来测定大多数遗物的年代。

2003年，通过对人类基因密码的完全破解，一种重要的新方法成为可能。研究者从当代人类种群中的基因差异来回推，以回答诸如下列问题：语言最初在何时出现；居住在非洲东北部作为人类祖先的种群的大致规模和地点，以及他们中的一些成员在何时离开了非洲大陆；当人类最终散布到地球大部分地方时，迁徙群体所走的路线；不同人类种群的肤色是何时形成的。

研究者通过这些形式的证据，结合对其他物种如何适应自然环境的进一步理解，可以描绘出现代人类在形成过程中经历数百万年的进化变迁。

南方古猿：类人猿中几支灭绝了的种，生活在大约450万—140万年前。

人科：生物学上的科，包括人类和类人猿。

1.1.2 人类进化

生物学家把**南方古猿**（australopithecines）和人类都归类到被称为**人科**（hominids）的灵长类家族的成员。灵长类是大约在6 500万年前开始占显著地位的一种温血、四肢、群居的哺乳动物中的成员。最早的人科可以追溯到大约700万年以前。

7

明显的人类特征

在现有的灵长类动物中，与人类关系最近的是非洲猿——黑猩猩和大猩猩。自达尔文时代以来，人们普遍（也存在着争论）说我们是类人猿的后代。事实上，类人猿与人类拥有共同的祖先。人类DNA（基本的基因图）的90%与

大事年表

	地质年代	物种与迁徙	技术进步
公元前700万年		公元前700万年，最早的人科	
公元前400万年		公元前450万年，南方古猿	
			公元前260万年，最早的石器；狩猎和采集社会
公元前200万年	公元前200万—前9000年，更新世（大冰期）	公元前230万年，早期能人	公元前200万—前8000年，旧石器时代
公元前100万年		公元前180万—前35万年，直立人	公元前50万年，用火
		公元前40万—前10万年，古老的智人	
		公元前10万年，非洲出现解剖学上的现代智人	
		公元前5万年，行为上的现代智人，拥有语言。迁徙到欧亚大陆	
		公元前4.6万年，澳大利亚出现现代人类	公元前3万年，最早的洞穴画
公元前1万年	公元前9000年至今，全新世	公元前1.8万年，美洲出现现代人类	公元前8000—前2000年，新石器时代，最早的农业

类人猿的相一致。然而，有三个特征将人类与类人猿和其他灵长类动物区别开来。其中最早出现的一个特征是**两足性**（bipedalism，两足直立行走），这使得前肢不再承担任何爬行任务而获得解放，并且使灵长类动物一个已有的特性得到增强：带有较长大拇指的手能够灵活地控制物体而从事劳动。现代人类的第二个显著特征是拥有非常大的脑容量，这种大脑除了使人类能够抽象地思考、体验内心情感和构建复杂社会关系，还可以控制手和舌头的细微肌肉运动，由此增进人类使用工具的能力，促进语言的发展。当然，语言从生理上成为可能还要依赖人类第三个显著特征：喉（喉头）的位置。喉在人类颈部的位置非常低，超过其他任何灵长类动物。

两足性：两足直立行走的能力，这是人科的特点。

这些关键的生理特征应归功于自然选择，基因的不断改变增强了现代人类祖先生存和繁殖的能力。世界气候的巨大变化，导致了人类祖先和其他物种的

大冰期：处于约200万—1.1万年前的地质年代。

进化变迁。在**大冰期**或更新世，气温降至极低，从大约公元前200万年持续到公元前9000年（见“大事年表”）。气温变化及降雨量和植被的改变，极大地改变了植物和动物物种的生存环境。结果，大量新物种进化形成了。

南方古猿

大约从450万年前开始，在非洲南部和东部出现了几个南方古猿种群。1974年，唐纳德·约翰逊（Donald Johanson）在埃塞俄比亚北部发现了一具保存完
8
好的女性骨骼，他给这个25岁的妇女取绰号为“露西”。1977年玛丽·李基在坦桑尼亚对化石足迹的相关发现，为南方古猿两足行走提供了引人注目的直观证据。

两足行走不断进化，因为它能够使南方古猿具有一些生存优势。一些研究表明，两足行走和奔跑可以有效地增强生存能力。另一种理论表明，两足动物生存得更好，因为他们可以用手将大量食物带回给其配偶和孩子。

最早的人类

300万—200万年前的气候变化导致了一种新物种的形成，即与现代人类归为同一个种属（人类）的最早生物。20世纪60年代早期，路易斯·李基在坦桑尼亚北部的奥杜威峡谷（Olduvai Gorge）发现了一种生物的化石遗存，他称之为“**能人**”（手巧的人）。“能人”与南方古猿一个最大的区别就是其脑容量增加了将近50%。较高的智力使“能人”一年四季都能够找到食物。从远古“能人”遗址中发现的种子和其他化石遗物表明，新人种比南方古猿食用种类更多、更有营养的食物。

能人：最早的人种（现已灭绝）。大约230万年前在非洲进化而成。

到100万年前，“能人”和全部南方古猿都灭绝了。在他们的栖息地生活着

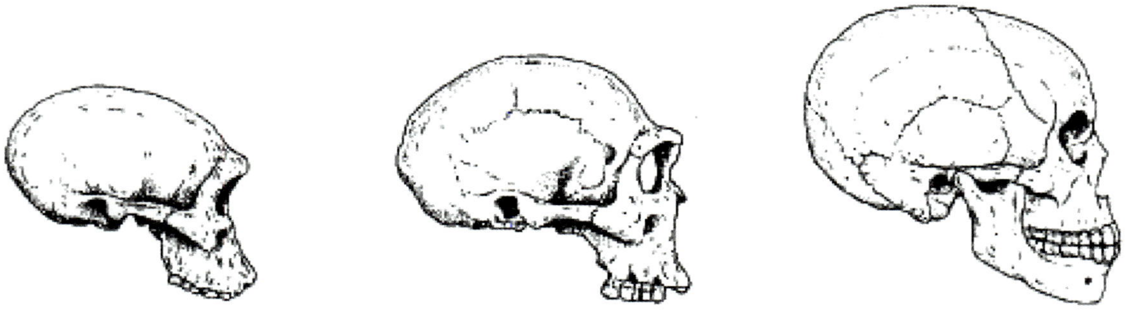

人类大脑的进化 这些头盖骨图示表明，在从“能人”到“智人”的300万年间，头盖骨的变大与脑容量的增加联系在一起。

一种新的人科成员“**直立人**”（能直立的人），他们大约于180万年前首先出现在东非。“直立人”的脑容量要比“能人”的大1/3，这可能说明了他们具有更强的生存能力。1980年，理查德·李基在肯尼亚的图尔卡纳（Turkana）湖畔发现了一具比较完整的12岁男性的“直立人”骨骼，表明“直立人”从颈部以下与现代人颇为相似。“直立人”非常成功地应对了不同的环境，在长达100多万年时间里几乎没有经历任何生物上的变化。

直立人：一种灭绝了的人种。大约180万年前在非洲进化而成。

在40万—10万年前的某一时期，出现了一个新人种——“**智人**”（有智慧的人）。他们的脑容量比“直立人”（他们逐渐被取代）大1/3。虽然，“智人”在解剖学上与今天的人颇为相似，但考古学和遗传学的证据表明，人类大约在5万年前又有了进一步发展，产生了在行为特征上最初的现代人，具备了我们所具有的智力和社会能力，这很可能与语言的出现联系在一起。

智人：当代人种。40万—10万年前的某一时期在非洲进化而成。

把人类与其他灵长类动物区别开来的生理进化过程缓慢而非凡，但只是进化过程的一部分，同样非凡的还有人类扩展其居住地的过程。

1.1.3 从非洲迁徙

人类最初的扩张范围在非洲东部和南部，然后他们冒险走出了非洲，也许是跟随着迁徙的动物群，或者在干旱时节去寻找更丰富的食物供应。虽然原因难以确定，但最终结果非常明确：人类成功地殖民到不同的环境中，包括沙漠和极为寒冷的地方（见地图1-1）。这种散居证明了早期人类的适应能力。 9

“直立人”是在非洲各地和非洲之外发现的最早的人种。爪哇人和北京人是这一人种的成员。那时，爪哇还不是一个岛屿，而是东南亚大陆的一部分。在更新世，大量冰河水从极地和高山流向各地。冰河最多时覆盖了地球表面的1/3，凝结了大量的冰水，以致海平面比现在要低450多英尺（140多米），使许多现在被水分隔开来的地方在那时都有可见的陆桥相连（见地图1-1）。

DNA和化石证据表明，“智人”也首先在非洲进化而成。所有现代人都来自一个祖先群，这个群体可能少到约5 000人。大约在5万年前，这一群体中的数百人开始离开非洲东北部，他们的子孙很快遍布全球（虽然，一些科学家坚持认为，“智人”可能是从非洲、欧洲、中国和东南亚的“直立人”种群分别进化而来）。

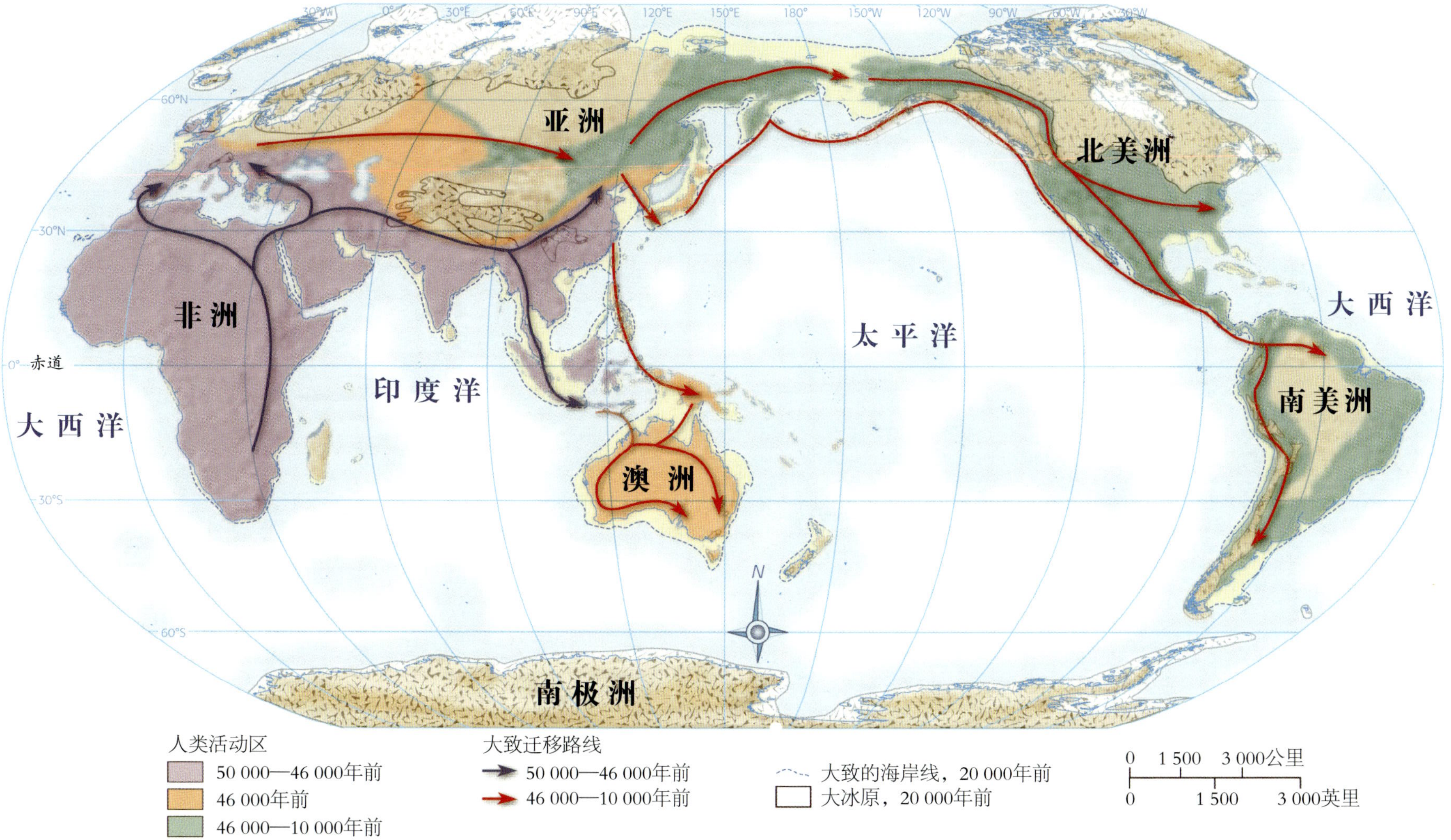

地图1-1　到1万年前的人类散居　从非洲进入欧亚大陆南部的早期迁徙之后，接着是冰河时期横跨陆桥的移民，此时巨大的冰层降低了海平面。也可能曾经乘船航行。

这一新的人种取代了诸如欧洲尼安德特人这些旧人类种群，并且第一次进入美洲、澳大利亚和北极地区。在冰河时期，可能从公元前1.8万年开始（尽管一些学者对这一时间的推断或较早或稍晚），人们很可能从东北亚跨过陆桥进入北美洲。最近一种假说认为，一些早期美洲殖民者也可能是沿着太平洋海岸乘船到达的。到公元前1.05万年，人们向南迁移，进入南美洲南部。大约4.6万年前，现代人乘船从爪哇向新几内亚和澳大利亚殖民，当时这两个地方同属一块大陆。另一些人则跨过那时存在于亚洲大陆与日本之间的陆桥进入日本。当冰河融化，海平面上升，美洲和澳大利亚由此经历了一个与其他人类群体相隔离的漫长时期。

肤色

在人类迁徙过程中，他们的进化经历了一些小小的变化，以便于他们适应极端的环境。变化之一就是肤色。今天，热带地区的原住民拥有深色皮肤（也许所有早期人类都如此），这可以减少灼热的阳光带来的伤害，如晒斑和皮肤癌。在2万—5 000年前的某个时候，生活在北纬地区的欧洲人，由于阳光较少 11
（在冬天尤其如此），白色皮肤成为他们的主要特点。色素的丧失使他们的皮肤能够通过阳光照射制造更多的维生素D。

尽管肤色看上去明显不同，但它只表示了极细微的生物学上的变化。更为显著的是，广泛散布到各地的人类种群之间差异很小。其他物种需要身体进化以适应新的环境，而现代人则已经能够通过改变饮食习惯，创造新的工具、服装和居所，从技术上适应新环境。结果，人类社群在文化上变得多种多样，而体质上仍然保留着同质性。

本节回顾

19—20世纪发现的人科化石遗物颠覆了关于人类起源的传统信念。

在查尔斯·达尔文的进化论中，对物种特性（促进物种生存与繁衍的特性）的自然选择，解释了现代人类如何从灵长类祖先逐渐发展而来。

两足行走、较大脑容量和较低位置的喉结，是人类优于其他灵长类动物之处。

非洲是大约700万年前最早人科成员的发源地，也是大约10万年前现代人的发源地。大约5万年前，现代人利用冰河期由于海平面较低而具有的陆桥，开始迁徙到其他大陆。

1.2 冰河时期的技术与文化

1940年，人们在法国南部的拉斯科（Lascaux）附近发现了早期人类具有杰出创造力的证据。一群青年偶然发现了一个巨大地下洞穴的入口，里面的洞壁上画满了许多种动物，其中许多动物已经灭绝数千年了。在西班牙、非洲国家、澳大利亚和其他地方，也发现了一些远古洞穴岩画。这些古老洞穴艺术的艺术性生动地证明：创造这一艺术的生物学意义上的现代人，在智力上也是现代的（见“多样性与主流：洞穴艺术”）。

文化：在社会中传播的行为与表达的模式。

相似的艺术品和专门化工具在大范围内长期存在，表明了技艺与观念在社会中的有意传播。这些习得的行为与表达模式构成**文化**。文化既包括物质的东西，如住所、服饰、工具和工艺品，也包括非物质的价值、信仰和语言。虽然，一些动物也能够学会新方法，但它们的活动主要由其内在的本能决定。在人类当中，每一代人从其长辈中习得的文化传统，比他们的本能重要得多。

1.2.1 食物采集与石制工具

石器时代

石器时代：以石头和其他非金属物质制造工具为特征的历史时期。

旧石器时代：与人类进化联系在一起的石器时期。

新石器时代：与远古农业革命联系在一起的石器时期。

考古学家在对古代人类遗址进行考察时，首先映入他们眼帘的是大量人造工具。由于这些保存下来的工具是用石头制作的，从大约260万年前人造石器首先出现至大约4 000年前金属工具出现，这一漫长的历史时期被称为**石器时代**。

这一名称可能产生误导，因为并非所有工具都用石头制作。早期人类也用骨头、兽皮、木头和其他物质而不是石头来制作有用的东西，以此度过艰难的岁月。早期学者公认石器时代分为两个阶段：**旧石器时代**（至公元前8000年）和**新石器时代**（与农业的兴起联系在一起）。现代科学家发现了新的证据，可以将石器时代细分为更多的阶段。

大部分早期人类活动都集中在采集食物。像南方古猿一样，早期人类高度依赖来自植物的食物，如叶子、果子和草。但在冰河时期，具有较高营养的动物肉的消费增加了。而且，人类不像南方古猿那样不能制造工具，而是经常制造工具。这两点变化——日益增加的肉食和工具制造——似乎紧密地联系在一起。

在东非大峡谷发现的早期粗制工具的样本表明，“能人”将火山岩的边缘砸碎成薄片来制作工具。这种薄片如刀刃般的边缘，对于剥皮和宰杀野生动物非常有效。

早期工具制造和食物采集技术

脑容量较小的“能人”由于缺乏狩猎和杀死大型动物的技巧，很可能靠食用由其他食肉动物杀死或意外死亡的动物来摄取动物蛋白质。这一人种很可能用大的石制“砍砸器”来劈开骨头以获取有营养的骨髓。这种工具在远离其火山岩开采地的地方被发现，表明人们将其携带到很远的捕猎和宿营地使用。

“直立人”的成员也是以腐肉为食者，但其较大的脑容量使他们更灵活。他们制作更有效的工具来屠杀大型动物，包括手斧，它的制造是将石器两边的碎片去掉而制成锋利的外缘。手斧是有效的多用途工具，可用于剥皮和宰杀动物，刮净兽皮以做服装或席子，削尖木制工具，以及挖掘可食用的根茎。由 12
于手斧也可以精确投掷近100英尺（30米），还可以当作投射器用来击倒动物。“直立人”甚至捕猎大象，办法是将它们驱赶到沼泽中，使它们陷入其中直至死亡。

多样性与主流

洞穴艺术

生活在数万年前的人与今天的人不同吗？从生物学上来说，“智人”成员在时世推移中并没有多大变化。然而，我们祖先的内心世界——思想、想象和情感是怎样的？他们喜欢悦目的美的事物吗？他们爱好悦耳的音乐吗？他们的大脑对其周围世界和其上天体的意义产生好奇吗？

除了洞穴岩画这种形式外，几乎没有证据回答这些问题。19世纪晚期在西班牙和法国首先发现的洞穴艺术，直接表明了那些绘画者是像我们一样思维缜密的人。就像10万年前的“智人”骨骸表明他们具有现代人的身体那样，他们所创造的洞穴艺术则表明了他们具有现代人的智力。

最古老的洞穴岩画发现于法国东南部，可追溯到3.2万年前，以人的寿命来 13
衡量是一段漫长的岁月，但却是人类存在时间的一小部分。最古老的可辨识的人类艺术是在南非开普敦东面的布隆波斯（Blombos）洞穴发现的一件具有精细双向影线的骨制品，距今超过7万年。

法国沙维（Chauvet）洞穴中的狮子块画（Lion Panel）

我们也许能感觉到这些洞穴艺术家与我们相同的人性，但却不容易理解其作品的含义和文化情境。他们为什么要将其所作所为描绘出来？为什么绘在洞穴中？考古学家布赖恩·费根（Brian Fagan）在其《从黑土地到第五颗太阳》（1998年）中提出了理解这些问题的三条途径。

他首先提出，艺术创作的情境告诉了我们丰富的内涵。在全世界范围内，早期艺术家在不同的表面描画、雕刻和彩绘，其中许多是颇难到达的地方。决定在黑暗的洞内（只能用粗糙的火把照明）创作并非偶然。隐蔽的洞穴保护和保存了其艺术长达数万年这一事实，可能并非他们的目的。相反，艺术家很可能深入地下"以感受地球的力量"。现代城市居民丧失了对大自然的精神力量的感觉，而洞穴画家则不是这样，他们可能相信野生动物和地球本身都充满了精神的活力。黑暗封闭的洞穴有可能提高对大自然的神秘及其力量的感觉，这种感觉被注入其绘画中。这样，艺术家很可能就是其社群的精神导师。

至于绘画本身的含义，费根认为，由于艺术家和最初的观赏者属于同一个社群，很可能他们所共享的文化使他们能够以相同的方式来理解艺术。费根通过引用非洲南部桑族（San）艺术家的岩石艺术传统（这一传统延续到了20世纪）为例，提出远古洞穴艺术也可能关注人类与其所猎动物之间的神秘关系。通过观看或触摸描绘在洞穴里的熊、羚羊、野牛或其他动物，人们可以从它们身上汲取某种力量。

最后，费根说，我们需要考虑这些洞穴是用来干什么的，为什么洞穴艺术家在许多世代之后又返回这里，画满了墙壁和顶壁。在一些地方，后来的艺术家甚至将画绘在早先的图画上面。费根将远古饰满绘画的洞穴与梵蒂冈的西斯廷教堂进行对比。教堂里漂亮地装饰着艺术家米开朗琪罗的绘画，许多宗教仪式在此举行，包括教皇的选举。饰满绘画的洞穴并不是人们前往参观的美术馆，而是举行宗教仪式的场所，那些参加者有可能从中获得强有力的宗教体验。

在法国沙维洞穴中有一组生动的狮子块画，它展示了沙维最古老的岩画洞窟中艺术的技巧、技术和多样性。在描绘狩猎的场面中，右边来了一群母狮奔向一群野牛，而野牛则转身迎向它们。在岩石裂缝另一边的块画又描绘了一群犀牛和左边远处的另一群狮子。

分析问题

在这些动物画中，是否有某种东西提示了艺术家的某种情感——敬畏动物、感觉优于动物，或者感觉与它们融为一体？

所有的动物都是人类猎取来食用的吗？费根的解释有多大的说服力？

你能对洞穴岩画和本章开端中的双牛雕刻图做怎样的比较？

12

作为狩猎者的人类

“智人”成员是有更多技巧的狩猎者。他们凭借其高超的智慧和大量精制的工具，追踪和捕杀大型动物。他们把由精心挑选的石芯（rock cores）制成的锋利石片，与其他材料合起来并用。把尖石附于木杆上制成矛。将几片锋利的石片安装在骨柄上制成锯子。

的确，“智人”成员是非常成功的狩猎者，以致他们的行为可能引起了一系列生态危机。在4万—1.3万年前，巨大的乳齿象和猛犸逐渐从非洲、东南亚和北欧消失了。在大约1.1万年前的北美洲，3/4的大型哺乳动物灭绝了，包括大野牛、骆驼、地懒、公驼鹿（stag-moose）、大猫（giant cats）、乳齿象和猛犸。在澳大利亚也发生了类似的情况。自从冰河时期晚期，许多动物都在地球上灭绝了。然而，我们很难将气候变化的影响和人类狩猎的影响区分开来。

野食者：依靠捕猎野生动物和采集野生可食用植物及昆虫为生的人。

狩猎—采集的食物

虽然存在狩猎的证据，但人类学家并不认为早期人类主要依赖肉类为食。非洲现存的极少数**野食者**（foragers，狩猎和采集食物的民族），从野生食用植物中获取大量每日所需食物，而肉类则储存起来用于宴会。石器时代的人可能

13 同样如此，即使他们制作了用于采集和加工食用植物的工具，也由于其材料容易腐烂而几乎没有留下遗迹。远古人类很可能用兽皮和叶子编织的席子来装水果、浆果和野生植物籽。他们很可能用木棍从地里挖掘可食用的根茎。

肉和蔬菜在经过煮熟之后变得更可口、更易消化。最初的熟食很可能发现于偶然发生的山火之后。人类很可能早在140万年前就开始有意识地用火，在大约50万年前就使用了炉火。然而，只有到了大约1.8万年前，随着用于煮食的陶罐在东亚的出现，才有了煮食的有力证据。

1.2.2 性别角色与社会生活

研究者为了寻找有关远古人类社会的线索，研究了非人类灵长类动物的组织。大猩猩和黑猩猩过着群体生活，包括数只成年雄猩猩和雌猩猩以及它们的子孙。猩猩的地位因年龄和性别而变化，但常常有一只雄猩猩居支配地位并领导这个群体。雄猩猩和雌猩猩之间的性结合一般不会导致长期的配偶。相反，最强有力的纽带存在于雌猩猩与其子女之间，以及兄弟姐妹之间。成年雄猩猩常常是从邻近群体中招募而来的。

双亲家庭

远古人类群体可能具有这些灵长类动物的某些特性，但在现代“智人”出现之前很久，双亲家庭就可能是普遍现象了。我们只能猜想这种变化是如何发
14 生的，但基本可以确定的是身体与社会的进化紧密相关。拥有大头颅和大脑容量的人类，不得不天生处于与其他哺乳动物相比较为不成熟的状态，以便出生时能够通过狭窄的产道。其他大型哺乳动物在两三岁时成熟，人类则在12—15岁之前都不能照顾自己。人类婴儿和儿童需要更长的成熟期，使得母亲、父亲和其他家庭成员的照看成为生物学意义上的责任。

人类的生育周期也是独一无二的。其他物种的性接触有生理上的限制，局限于一年中特定的交配季节，或者局限于雌性排卵周期中可繁殖的时间。而且，在其他灵长类动物中，配偶的选择通常不是一件需要长时间考虑的事。对于一只发情的雌狒狒来说，任何一只雄狒狒都行；而对于一只雄狒狒来说，任何接受它的雌狒狒都是合适的性伙伴。相反，成年人类在任何时候都可交媾，对性伴侣更挑剔。他们一旦交媾，频繁的性接触可以促进感情纽带的加深和长期的结合。

人类父母之间的持久结合，很容易使脆弱的后代在漫长的童年时代得到他们所需要的照顾。母亲与父亲共同劳动，可以同时抚养不同年龄的幼儿，不像其他大型哺乳动物那样，雌性必须喂养幼崽直到接近成熟才开始另一个生育周期。生育间隔很近也可能使人类比其他大型哺乳动物繁殖更快。

野食群

研究者通过对当今野食者的研究，推断冰河时期的妇女可能承担了大部分采集和烹饪的任务（这些事情在她们照看小孩的同时也可以做）。已过生育期的老年妇女可能是知识最丰富和最多产的食物采集者。男子有着更强健的臂力，可能比妇女更适合狩猎，尤其是捕猎大型动物之时。

最近的所有野食者都过着小群体的生活。其社群必须有足够的成员来保卫自身免于食肉动物的伤害，并且对采集和准备食物进行责任分工。然而，众多的成员有可能耗尽周边可获得的食物，群体不得不经常每隔一段时间就迁移，以追随迁徙的动物并享用不同地方季节性成熟的植物。考古学家从冰河时期人类宿营地获得的证据表明，早期人类也是以频繁迁移群体的方式而生活的。

1.2.3 居家与文化表达

由于频繁迁移是必要的，因此早期的狩猎—采集者并没有在居所方面耗

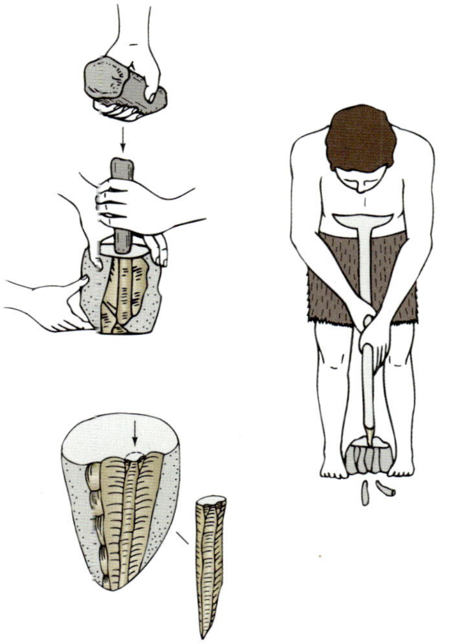

制造石器 大约在3.5万年前，制造石器变得高度专业化。从石芯碎裂而来的细小石刀被安装在骨柄或木柄上。这种复合工具不仅比早先多用途的石斧有更多的种类，而且小石刀也对石芯的需求大为减少——在合适的岩石非常稀少的地方，这是一个重要的考量因素。（引自Jacques Bordaz, *Tools of the Old and New Stone Age*。Copyright 1970 by Jacques Bordaz. Redrawn by the permission of Addison-Wesley Educational Publishers, Inc.）

费太多时间。垂悬岩石之下或洞穴之中的自然遮蔽处是人类群体喜爱的定期返回的宿营地。在气候恶劣或找不到自然遮蔽处的地方，人们用树枝、石头、骨头、兽皮和树叶搭建起茅屋。沿着河岸或湖岸发展起来的渔村，建筑普遍大而坚固，因为那里丰富的鱼资源可以让人们整年待在同一个地方。

居所与服装

用兽皮制作的蔽体物可能是衣服的早期形式。虽然，用天然纤维编织成的衣服可以追溯到约2.6万年前，但大约7万年前人们就开始穿贴身服装，这与虱
15 子在身体上的出现有密切联系。1991年，在欧洲阿尔卑斯山发现了一具5 300年前的“冰人”的冰冻遗体，这个“冰人”穿着许多不同的服装，这些服装是用植物纤维和生牛皮结成的绳子缝合起来的兽皮制成的（见“环境与技术：‘冰人’”）。

环境与技术

“冰人”

1991年，在欧洲阿尔卑斯山一条融化的冰河边缘，发现了一具保存完好的男子遗体，这为我们提供了有关公元前4000年前的日常技术的详细信息。保存完好的并不仅仅是这个“冰人”的尸体，他的服装和工具，甚至胃里面的食物也神奇般地完好保存了下来。

这个50岁的男子为防高山的寒冷天气而从头到脚穿得严严实实，头上的毛皮帽子用皮带紧系着下巴，身上穿着不同颜色的鹿皮背心，以皮革裹腿缠腰，还有一件用草织成的披肩外套。他的牛皮鞋里垫着草以图暖和舒适。衣服的各个部分是用纤维和皮革结成的绳子缝合起来的。他还带着一只用桦树皮做的饮杯。

在他的皮革胯包里，携有用于砍切、刮削和钻孔的细小石器，还有一些用于取火的引火物。他还带着一只皮箭囊，里面的箭带有燧石尖头，但他那6英尺（1.8米）长的弓因缺乏弓弦而尚未制成。另外，他有一把燧石刀和一件制作锋利燧石的工具。他最精致的工具是一把木柄铜刃斧，这预示了金属时代的来临。

“冰人”的死因是他的肩膀里有一支小箭头。在他的胃里，研究者发现了他死亡前不久吃下的东西——肉类丰富的饮食。

虽然，偶然事件、反常的天气和疾病可能对一个野食群造成重大损失，但日常生计也可能并非特别艰辛或令人沮丧。研究表明，在猎物丰富的地区，获得必要的食物、衣物和居处，可能只占一天中的3—5小时。这样就留下了大量时间从事艺术创作、制造工具和过社会生活。

科学、艺术与宗教

石器时代为科学、艺术和宗教奠定了基础。掌握大量有关自然环境的知识是人类生存的基本条件。采集者知道何处的植物最适于食用，以及它们在何时可以食用。成功的狩猎者要熟知猎物的习性。人们学习如何用植物和动物的某些部分来制作衣物、绳子、建筑材料和染料；用矿物来做绘画颜料，用石头来做各种工具；以及用有效的自然物来治病和改变观念。很可能，这些知识的传 16

一处新石器时代住房的内部　苏格兰附近奥克尼（Orkney）岛上的这处石结构建筑，展示了一处做熟食用的双层炉和中间的一个小窗口，还有用石头分割的空间。在其他地方，新石器时代的住房很少用石头建成，但奥克尼缺乏木头。

播包括口头交流，尽管只在较晚的时期才有语言出现的直接证据。

早期音乐和舞蹈没有留下任何遗迹，但彩绘和描绘却有大量的证据（见“多样性与主流：洞穴艺术”）。由于许多彩绘刻画的野生动物是那些猎取以食用的对象，一些人便认为这些画意味着对狩猎场景的记录，或者构成了确保狩猎成功的巫术或宗教仪式的一部分。然而，新近在法国南部发现的洞穴墙壁上，描画了犀牛、豹子、熊和其他不可能捕猎的动物。还有一些画中有穿着兽皮和用颜料涂抹的人。在许多洞穴中都有人的手印图案。难道这些是艺术家的签名或者是世界上最古老的涂鸦？一些学者怀疑，这一时期洞穴岩画中和骨制品上的其他标志符号，可能反映了人们力图记数和书写。另一理论提出，洞穴和岩画艺术表现了对人口繁殖的关心，对教育年轻人的努力，或者为计时而精心制作的机械装置。

由于没有文字材料，我们很难知道早期人类的宗教信仰。但是，大约10万年前人类有意埋葬遗体所留下的墓葬遗址为此提供了一些线索。一个成年人的墓葬中常有一些器具、食物、衣物和红色的赭石粉末，这表明早期人类尊敬长者，直至死后还给予其敬畏，并且可能暗示了他们相信死后仍有生活。

两个世纪以前，人们几乎没有想到一个石器时代的存在，而今天，我们承认石器时代是一个人类初步发展的阶段。它不仅本身非常重要，而且当人类社群从食物采集者向食物生产者过渡时，也为这一重大变迁事先奠定了基础。

本节回顾

与其他动物不同，人类运用所学的文化模式来适应和利用每个不同的环境。

早期人类制造工具、采集食物和狩猎。他们寻找自然遮蔽处或建造临时住房，并且自制服装。

在早期的狩猎—采集社会，妇女采集的植物食品为群体提供了大部分食物，而男子则从事狩猎。双亲家庭为幼儿提供保护和成熟前的长时间抚养。

这种生活方式使他们有闲暇时间来发展艺术与宗教。虽然他们的艺术与宗教遗迹难以解读，但很明显，早期现代人拥有像我们一样的思维能力。

1.3　农业革命

17

在人类存在的大部分时间，人们吃的只是野生动植物。但大约在1万年前，全球气候发生变化，这似乎促使一些社群用栽培植物和驯养动物的办法来增加其食物供应。在接下来的1 000多年，人们越来越成为食物生产者。虽然狩猎和采集并没有消失，但从觅食到食物生产的转变是历史上的重大转折点之一，因为它促使了人口的快速增长，极大地改变了人类与自然的关系（见地图1−2）。

由于农业的出现伴随着一种新石制工具的使用，考古学家便称这一时期为"新石器时代"，称农业的兴起为"新石器革命"。但这一名称可能是误导：首先，石器并非农业兴起中本质的组成部分；其次，它不是单一的事件，而是世界不同地区分别发生的一系列转变。一个更好的术语是**"农业革命"**，它强调变化的中心是食物生产，以及农业的出现单独发生于许多地方。在大多数情况下，农业包括动物的驯养和新粮食作物的栽培。

农业革命：发生于约公元前8000—前2000年由食物采集到食物产生的转变，又被称为新石器革命。

1.3.1　转向植物栽培

食物生产取代食物采集所经历的时间在数百代人以上。这一过程可能开始于野食群的半栽培行为，当他们每年在同一季节回到固定的宿营地，便故意将他们所想要的植物的种子撒播在易于生长的地方，并且通过清除来阻止竞争性植物的生长。这种半栽培可能为许多代人的食物采集提供了补充。最后，宁愿集中精力从事食物生产的家庭，便很可能永久地在其耕地附近定居下来。

新的、专业化的农业工具的出现，首先引起了考古学家对发生食物生产革命的注意。这些工具包括用来耕地的磨制石尖，安装在骨柄或木柄上用来收割庄稼的锋利石片，用来捣碎谷物的石臼。由于石斧在清除灌木和大树时并不十分有效，农耕者便用火来清除地上的无用植物（灰烬是一种天然的肥料）。

农业最初的中心及其传播

向农业过渡首先发生在中东。到公元前8000年，人类通过挑选产量最高的品系，将某些野草改造成培育的谷物——现在被称为双粒小麦和大麦。他们还发现，交替轮作谷物和豆类（可食用种子的植物，如小扁豆和豌豆）有助于保持土壤的肥力。妇女作为野生植物食品的主要采集者，可能在这一向植物栽培过渡的过程中起了主要作用，但整理土地这种重活可能落在男子肩上。

中东的植物栽培早在公元前6000年就传播到了希腊，公元前4000年之后很快又传播到了中欧的轻质土平原和多瑙河沿岸，然后在接下来的1 000年传播到欧洲其他地方（见地图1-2）。欧洲和其他地方的农耕者实行迁移农业（又被称为刀耕火种的农业）。耕地在耕种几个季节后，被休耕（抛荒让其自然长草）一段时间以便恢复其地力，而新的土地在旁边被开垦出来。从大约公元前2600年起，中欧的人们开始用牛拉木犁来耕种泥泞而肥沃的土壤。

小麦和大麦并没有向南传播得很远，因为非洲大部分地方的降雨模式不适合它们的生长。相反，在撒哈拉和撒哈拉以南的非洲发生了独立的农业革命，开始时间几乎与中东一样早。在公元前8000年之后一段特别潮湿的时期，在现今撒哈拉东部的人们开始耕种甜高粱——一种来自他们以前采集的野草谷物。在其后的3 000年间，撒哈拉农耕者培育出了珍珠粟、黑眼豆，还有花生、芝麻和葫芦。在埃塞俄比亚高原，农耕者培育出了指状粟（finger millet）和一种被称为特麸（tef）的谷物。大约公元前5000年干旱重新袭来，使许多撒哈拉农耕者迁移到了尼罗河谷，这里每年河水的泛滥为农耕提供了水资源。西非赤道雨林地区的人们培育出了薯蓣和水稻。

适于在湿热条件下生长的水稻，首先在中国南部、东南亚北部或印度北部培育出来，时间可能早在公元前1万年，但也很可能接近公元前5000年。在印度，约公元前2000年培育出来的几种豆类（包括扁豆、绿豆和黑豆）与水稻一起耕种。

19 到大约公元前5000年，美洲大陆的居民培育出了其他作物：墨西哥的玉米、巴西和巴拿马的树薯、中部美洲的豆类和南瓜。到公元前4000年，秘鲁居民培育出了马铃薯和奎奴亚藜（一种蛋白质丰富的种子谷物）。整个美洲的其他农耕社群，只要气候和土壤适宜，都种植这些作物，还有西红柿和胡椒。

1.3.2 驯养动物与放牧

动物驯养

在同样的数千年中，动物的驯养也迅速传播开来。最先驯养的动物很可能是狗，驯化的狗在西伯利亚用来帮助早期的狩猎者跟踪猎物。后来，喂养动物是为了提供肉、奶和畜力。

属于公元前7000年之后几个世纪的一些中东村庄之外的垃圾坑遗迹表明，绵羊骨和山羊骨逐渐取代了瞪羚骨。当野生绵羊和山羊在村庄附近觅食废弃食物时，这些温驯的动物接受了人类的控制与保护，以换取现成的食物供应。由

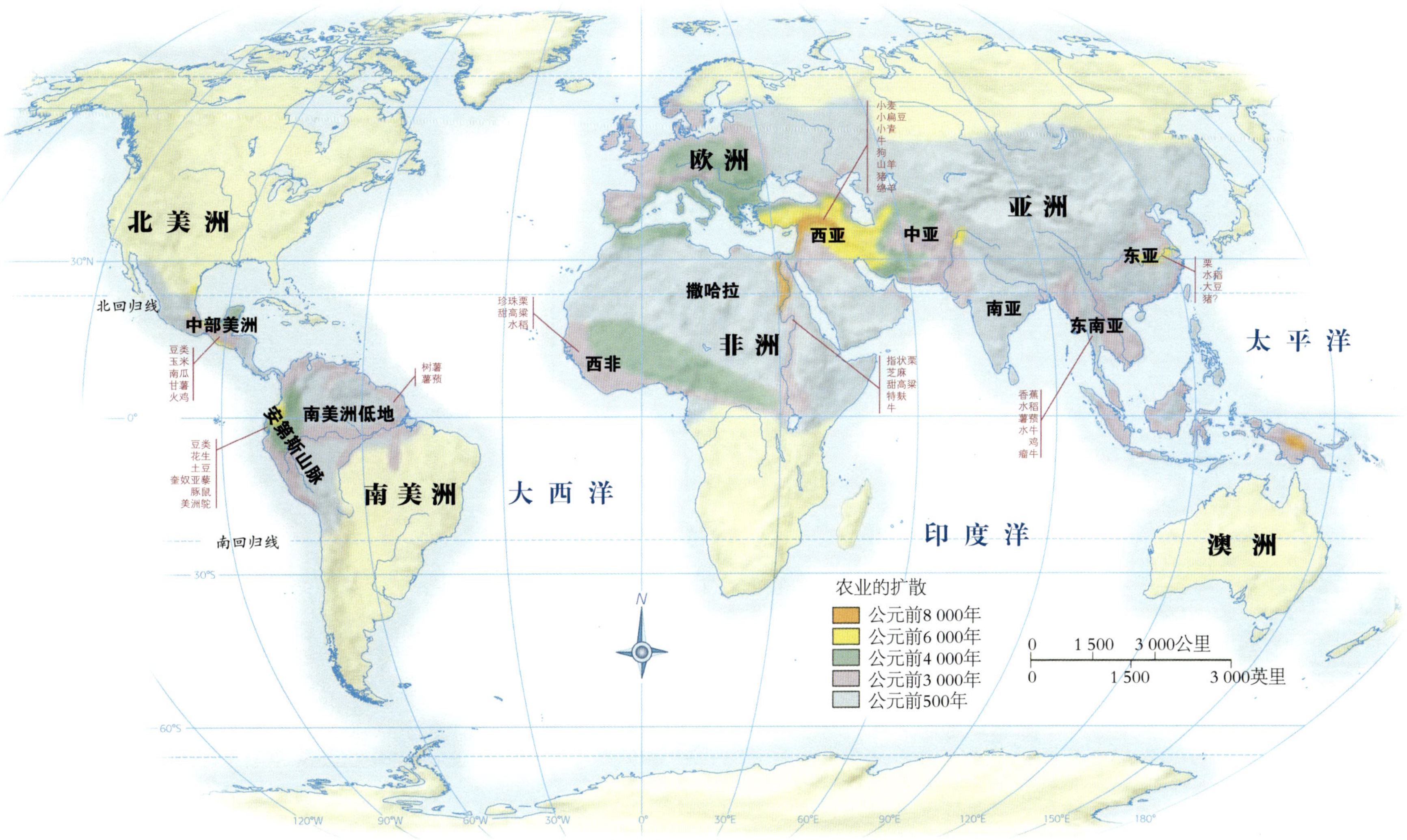

地图1-2 植物栽培与动物驯养的早期中心 在始于约1万年前的农业革命中，世界上许多地区对动植物培养做出了创造性的贡献。后来的相互交往有助于这些驯养和培育出来的动植物传播到新地方。在不太适合耕种庄稼的地方，放牧和狩猎仍然是很重要的食物来源。

于人类出于自身需要和根据动物特点（例如产奶多和毛层深）进行选择性喂养，最终导致了对绵羊和山羊的区别喂养。

在别的地方，人类在公元前3000年前的几个世纪间驯养出了其他动物：非洲北部和中东的野牛、非洲北部的驴子、中国的水牛和印度的瘤牛。各种不同的驯养动物从一个地区传播到另一个地区。

一旦牛被驯化到可以套轭耕地，它们就变得对粮食生产至关重要。另外，动物粪便提供了宝贵的肥料。在美洲，适于驯化的野生动物相对较少，而且已驯化的动物也不能从其他地方传来，因为通往亚洲的陆桥由于海平面上升而被淹没了。驯养的美洲驼可用于运输和剪毛，而豚鼠和火鸡则提供了肉类。对于印第安人来说，狩猎仍然是肉类最重要的来源。

放牧

在非洲和中亚那些更干旱的地区，放牧（依赖一大群大大小小的牲畜的生活方式）占了主导地位。大约在公元前2500年，当撒哈拉达到极度干旱时，放牧取代了农耕，农耕者向南迁移了（见第8章）。放牧者终年赶着畜群不断迁移到新的牧场和有水的地方，使他们几乎与野食者一样漂泊不定，这妨碍了对大宗财产的积累和基本住房的建设。早期放牧者很可能极度依赖奶而非肉，因为屠宰动物会减少它们的数量。在雨季，他们也可能匆匆地种一些庄稼，或者用肉和兽皮与附近的农耕社群交换一些植物食品。

动物的驯养 这一石灰岩上的浮雕约雕刻于公元前2380年的埃及，展示了两个劳动者牵引着一头捕获的公牛。此浮雕来自古王国时期（见第2章）的高级官吏普塔霍特普（Ptahhotep）的墓室。

1.3.3 农业与生态危机 20

为什么会发生农业革命？一些理论认为，由于食物生产具有显而易见的好处，人们便受此吸引。最近有人提出，中东的人们有可能定居了下来，所以他们能够种植足够的粮食来保证啤酒的及时供应。

气候变化

然而，大多数专家认为，气候变化促使了人们放弃狩猎和采集，转而从事农业和放牧。随着大冰期的结束，在公元前6000—前2000年，温带地区变得异常温暖，世界上许多地区的人在这一时期都采用农耕。危机的确切类型很可能在各地有所不同。在中东，由于旱期或人口增长引起的野生食物短缺，可能促使了人们从事食物生产。在其他地方，更温暖、更潮湿的气候可能将草地变成了森林，减少了猎物和野生食物的供应。

在世界上许多较干旱地区，野生食物仍然很丰富，人们便没有采用农耕。澳大利亚的居民一直只依赖野食，直到最近几个世纪才改变。在从阿拉斯加到墨西哥湾的干旱草原上，许多印第安人以猎取美洲野牛为食，而在太平洋西北岸，另一些人则以捕鲑鱼为生。丰富的鱼类、贝类和水生动物资源，使密西西比河东部的食物采集者兴旺发达起来。在非洲，热带雨林地区和大陆南部地区的条件有利于传统生活方式的保持。欧亚大陆北部以捕猎驯鹿为主的社会，也没有受到农耕传播的影响。

人口增长

无论何种原因，逐渐采用的食物生产改变了世界上的大多数地区。10万年前，世界人口不到200万，他们主要分布在非洲和欧亚大陆的温带及热带地区。在3.2万—1.3万年前的最后一次冰河期，人口数量甚至可能降至更低。然后，由于冰河退去，人们开始农耕，人口也随之增长。到公元前5000年，世界人口可能达到了1 000万，然后到公元前1000年的时候，快速增长到5 000万至1亿之间。[1]这种人口增长引起了社会与文化生活的重要变化。

本节回顾

大约1万年前，人类开始栽培植物（挑选那些有营养又高产的作物）和驯养动物。这些农业革命在世界不同地区发生。

最后一次冰河期结束时的气候变化，很可能是人类从食物采集向食物生产转变的主要原因。

本节回顾

农耕者逐渐散布到世界大多数地区。在某些自然环境中，人们依靠牧群为生，放牧占有主要地位。

农业使食物供应有更多保障成为可能，导致了人口的巨大增长。

1.4 新石器时代社群的生活

有人认为农耕者比野食者的生活过得更好，但一场生态危机驱使人们转向食物生产这一证据，促使了学者们对这种观点进行再思考。现代研究表明，食物生产者不得不承担比食物采集者更艰辛更长时间的劳动，需要整理和耕种土地，将牧群驱赶到牧场并保护它们不受食肉动物的伤害。

早期农耕者很少挨饿，因为他们会在两个收割季节之间储存食物，但是，他们的食物种类和营养都比野食者要少。骨骼遗存表明，新石器时代农耕者的平均高度，比较早的食物采集者要矮。由于农耕者在永久居住地易于感染各种疾病，他们也很可能在年轻时就夭亡了。他们的饮水受到人类垃圾的污染，携带病菌的寄生虫和昆虫在他们的身体和住宅中大量滋生，他们还可能从其驯养的动物身上感染新的疾病。

1.4.1 食物生产者的胜利

和平过渡

21

农耕者是怎样取代野食者的？一些研究者想象了一场两种生活方式实践者之间的暴力冲突，另一些人则提出了一种比较和平的过渡。在大多数情况下，农耕者取代野食者似乎是通过逐渐渗透而不是征服。

食物生产者扩张的关键可能是：他们的少量剩余食物保障了其在干旱或其他危机期间较高的生存率，从而使其人口长期保持增长。考古学家科林·伦弗鲁（Colin Renfrew）认为，欧洲的农耕人口密度经过几个世纪之后可能比原来增长50—100人。随着人口增长，不得不远离本村去从事耕作的人，有可能在其耕地附近形成新的定居地。在公元前6500—前3500年，每代人只扩展12—19英里（20—30公里），这种持续的、非暴力的扩张有可能使人口重新遍布整个欧洲。[2] 这样的渐进过程，不会引起与既存野食者之间的剧烈冲突，他们只是有可能远离农业拓荒者，或者他们自己也逐渐接受农业。描绘基因变化的新研究，也证明了欧洲农业人口从东南向西北的逐渐散布。[3]

日益扩大的农业社群围绕着血缘关系与婚姻关系组织起来。核心家庭（父母及其子女）很可能分别住在不同住处，但与那些来自共同祖先而具有亲属关系的人紧密联系在一起。这些血缘单位被称为家族（lineages）或氏族，家族中的人团结在一起以维护其共同利益和土地。一些社会按照双亲来平等地计算世系，但大多数是要么偏重母亲的血统（母系社会），要么偏重父亲的血统（父系社会）。按照母亲原则（母权制）而通过母亲（母系）来计算世系，不会产生混乱，这非常重要。

血缘关系

1.4.2 文化表达

亲属制度影响早期农业居民的世界观。长者的安葬可能是精心安排的仪式场合，以表达其后裔群体的团结。在巴基斯坦的古城杰里科（Jericho，见地图2-1）发现的石膏头颅，可能是这种早期祖先崇敬或崇拜的证据。

新石器时代的宗教

一个社会的宗教信仰常常会反映出人与自然的关系。食物采集者的宗教倾向于关注神圣的果树园、泉水和野生动物。放牧者崇拜掌管降雨和引导他们迁徙的天神。而许多农业社群的宗教，则关注大地母亲——一位被认为是一切新生命之源的女神。

对祖先、天上诸神、地上自然现象和丰产神的崇拜在各地不同，而且许多社会将这些不同成分交结在一起。最近在埃及沙漠发现的一处公元前5000年仍在使用的石结构建筑中就包括一些很可能是为祖先而设的墓室、一个日历周期表和一对代表夏至日升起的太阳的竖立石块。建立者很可能非常关心季节循环以及它与天体运行的关系。在其他地方也有竖立的**巨石**（megaliths，意思是“大石头”）。建于约公元前2000年的英国著名史前巨石阵（Stonehenge），非常明显地表现了对太阳的观测和崇拜。可追溯到公元前4000年的巨石墓室，是欧洲西部和南部举行祖先崇拜仪式的证据。较早那些墓室似乎是公社的墓室，由家族群体修建以标明其对耕地的权利。在中东、美洲和世界其他地区，巨大的土葬坟墩可能具有类似的功能。

巨石：新石器时代为仪式和宗教目的修建起来的巨大石结构建筑。

语系

新石器时期的另一重大贡献是大语系的扩散，这些语系构成了现今大多数语言的基础。庞大的印欧语系的根语言约出现于公元前5000年，可能是最初的农耕者将其向西传播到了整个欧洲。在这一缓慢扩张的过程中，凯尔特语、日耳曼语、斯拉夫语和罗曼语发展起来。同样，中东和非洲北部的亚非语系可能

爱尔兰纽格兰奇的通道墓 纽格兰奇（Newgrange）墓可追溯到公元前3200年，是最古老和最令人难忘的新石器时代建筑之一。一堵白色的石英石墙，竖立在入口两侧一排平整的巨石之上，一条通道从入口一直通向里面宽敞的墓室。在每年的冬至日，当太阳升起之时，一束阳光穿过入口上方的“顶口”照射到墓室，长达几分钟时间。

是食物生产者扩张的结果，东亚和东南亚的汉藏语系的传播可能也是如此。

1.4.3 早期城镇与专业者

城镇的出现

大多数早期农耕者住在小村庄，但在世界的一些地区，一小部分村庄发展成为人口比较稠密的城镇，成为贸易和专业化手工业的中心。这些城镇拥有宏大的住房和仪式建筑，以及用来储藏下一收割季节前的剩余食物的巨大仓库。

22

大部分建筑、工具和容器都可能是由农耕者在空闲时间做的，但在大社群中，一些专业工匠将其全部时间投入到生产不同寻常的复杂和精美之物。

杰里科和沙塔尔-休于

中东两个得到充分发掘的早期城镇，分别是约旦河西岸的杰里科和土耳其中部的沙塔尔-休于（Çatal Hüyük，地图2-1标明了其位置）。杰里科位于一眼自然泉水附近，是一处公元前8000年左右精心建造的较大农业定居点。圆形的泥砖住宅，可能是模仿狩猎者的帐篷而建造的。随后的1 000年中，矩形建筑的墙壁和地板是用灰泥精美粉刷和抹平的，宽大的门道通向中心庭院，一座巨大的石墙将这个10英亩（4公顷）的聚落围起来以防遭到攻击。

公元前7000—前5000年的沙塔尔-休于是一个更大的城镇，其遗址超过32

英亩（13公顷）。这里的居民也拥有灰泥粉刷且装饰精美的泥砖房屋，但沙塔尔-休于没有防卫墙。取而代之的是，城市住宅的墙壁形成了一道没有门和大窗的连续障碍物。居民靠梯子穿过屋顶的洞口而进入住宅。

沙塔尔-休于靠黑曜石的长途贸易而繁荣。黑曜石是一种坚硬的火山岩，工匠以此来制作工具、武器、镜子和装饰品。其他居民制作精美的陶器，编织篮子，纺毛织布，制作石珠和贝壳项链，加工皮革和木材。住房大小不一，但明显没有统治阶级或中央集权政治的建筑。城镇周围的耕地种植的作物有大麦、双粒小麦及蔬菜。居民将猪、山羊和绵羊聚在一起放牧。然而，野生食物——橡树果、野生谷物和猎取的动物——在居民的饮食中仍然起重要作用。

与早期洞穴岩画颇相类似的壁画，揭示了狩猎具有一如既往的重要性。绘画场面描述了人们以野豹皮作为装饰，男子入葬时带着战争和狩猎的武器而非农耕工具。 23

每两家人有一处宗教的神龛。许多房间中描画了带角的野公牛、妇女的乳房、女神、豹子和手印。宗教仪式包括焚烧谷物、豆类和献祭的肉类，但没有以活动物作祭品的证据。丰满女神的雕像数量要远远超过男神，这表明居民主要尊奉女神。根据遗址主要发掘者的推断，“女神崇拜主要由妇女掌握，这似乎极有可能”[4]。

新石器时代的女神 在沙塔尔-休于发现了许多种身体健壮的孕妇形象。这尊塑像，她由一对豹子托着，豹子的尾巴卷在她的肩膀上。对那些8 000年前居住在这个城镇的居民来说，这一雕像可能代表了生殖力和驾驭自然的力量。

冶金术

新石器时代晚期，金属加工成为一个重要的专业化职业。在沙塔尔-休于，铜和铅（天然的纯金属）制品可追溯到约公元前6400年。在世界其他地区，金银加工也比较早。由于这些金属稀少且硬度低，它们并没有取代石制工具和武器，而是主要用于制作装饰物和礼器。在墓葬中发现许多此类遗物，表明它们是地位与权力的象征。

城镇的出现以及个体从事手工业

和其他专业化职业，增加了农耕者的劳动量。他们不得不为祭司和工匠等非农人员生产额外的食物。修建永久住宅、城镇城墙和塔楼需要增加劳动力，更不用说宗教建筑和巨石建筑物了。我们不知道这些任务的完成是自愿的还是被强制的。

本节回顾

农耕者的生活在许多方面比狩猎—采集者的生活更艰辛更没有保障。

农耕者由于其人口增长力而扩张到全球大多数地方，这以狩猎—采集者的减少为代价，但这一过程是逐步的且在很大程度上是和平的。

巨石建筑和其他纪念性建筑物是不同宗教信仰的产物和新石器时代社会的习惯。

包括印欧语系在内的几大语系的传播，很可能与农业的传播密切相关。

在一些地方，一些小规模农业村庄发展成为城镇，成为贸易中心和富有经验的工匠及其他专门职业者的居住地。农耕者必须生产剩余食物来供应非农的专业者。

杰里科和沙塔尔-休于这两座发掘出来的遗址，为我们提供了早先新石器时代城镇的生动景观。

24 结语

有着大量证据支持的进化论得出了影响深远的结论。每一种生物都从其共同祖先进化而来。人类来源于约700万年前开始在非洲形成的较早人种。每一个现代人繁衍自5万年前在非洲形成的社群，因为一些群体后来迁徙到了其他可居住的大陆。无论他们的文化差异有多大，所有人类社群相互之间都直接相关，也与其他物种和地球有直接的关系。

200多万年前，早期人类制造的各种工具明显增加了，主要是用石头，但也用兽骨、兽皮、木头和植物纤维来制造。对旧石器时代的家庭来说，虽然其制造武器的技巧也能使他们有效地捕猎动物，但他们主要还是素食者。劳动按照性别进行分工，妇女负责食物采集、烹饪和照看小孩，男子负责狩猎等重体力活。人类需要大量有关自然世界的知识，以便帮助他们织造衣物、制造药物和其他有用之物。洞穴和岩画艺术为他们的创造力和精神生活打开了一扇诱人的窗口。

研究表明，气候变化驱使最初的人类社群放弃狩猎和采集，采用农耕和放牧。在公元前9000年左右，在大冰期之后较为温暖的时期，除澳大利亚外每个主要大陆上的民族，都经历了一个巨大转型——挑选高产的植物品种来栽培，饲养家畜以供肉食和乳制品消费。到公元前5000年，中东的小麦和大麦，非洲的甜高粱，印度和东南亚的稻米，中部美洲的玉米、豆类和南瓜等被培育了出来。在狗被驯化之后，紧接着的是绵羊、山羊和牛。生活在北方和南方较高纬度地区的许多民族，从来没有采用农耕，但他们所做的事情意义重大。在不到1万年的时间内，全球人口从200万增长到了1 000万。

新石器时代的农耕与定居生活，带来了源于动物疾病造成的瘟疫，以及更大劳动强度的生活方式，但也带来了城镇、贸易和专业化职业兴起成就的繁荣。人类与其祖先、地球、死亡与复活的季节性周期的亲密关系，从具有明显宗教意义的考古遗址（从北欧的巨石遗存到沙塔尔-休于的住宅神龛）中得到揭示。无论我们祖先的世界看起来多么陌生，但对史前史的科学研究大大促进了我们对它的理解。

进一步阅读文献

Bandi, Hans-Georg. *The Art of the Stone Age: Forty Thousand Years of Rock Art*. 1961.对早期人类艺术进行广泛和全球性介绍的入门读物。

Cavalli-Sforza, L.Luca, and Francesco Cavalli-Sforza. *The Great Human Diasporas: The History of Diversity and Evolution*. 1995.对人类进化进行基因证明的开创性研究，尽管它没有包括自人类基因组破解以来的新发现。

Curtis, Gregory. *The Cave Painters: Probing the Mysteries of the World's First Artists*. 2006. 25
对洞穴艺术的历史和关于这些艺术的解释理论进行了通俗易懂的介绍。

Ehrenberg, Margaret. *Women in Prehistory*. 1989. 提供了关于妇女早期历史的有趣（尽管必然令人好奇）的讨论。

Fagan, Brian. *People of the Earth: An Introduction to World Prehistory*, 12th ed. 2006.一本介绍人类史前史的可靠教材。

Johanson, Donald, Leorna Johanson, and Blake Edgar. *In Search of Human Origins*. 1994. 以同名的“新星”（Nova）电视系列为基础，由著名研究者为非专业人员而写，对早期人类遗迹做了描述。

Johnson, Allen W., and Timothy Earle. *The Evolution of Human Societies: From Foraging Group to Agrarian State*.1987.探讨了人类从狩猎和采集向食物生产的转变。

Jones, Steve, Robert Martin, and David Pilbeam, eds. *Cambridge Encyclopedia of Human Evolution*. 1992. 受到高度重视的一本参考书。

Kuper, Adam. *The Chosen Primate: Human Nature and Cultural Diversity*. 1994. 对人种的人类学分析。

Lewin, Roger, and Robert A.Foley. *Principles of Human Evolution*, 3rd ed. 2009. 在进化论的大框架中对考古学、遗传学、生物学、行为科学的证据的综合。

Mallory, J. P. *In Search of the Indo-Europeans: Language, Archaeology, and Myth*. 1989. 关于印欧语系起源与传播这种解释性问题及其证据的充分讨论。

Mellaart, James. *Çatal Hüyük: A Neolithic Town in Anatolia*. 1967. 对最早的城镇之一的描述，由主要发掘者为普通读者而写。

Mohen, Jean-Pierre. *The World of Megaliths*. 1990. 分析了早期的巨石建筑。

Wade, Nicholas. *Before the Dawn: Recovering the Lost History of Our Ancestors*. 2006. 对有关人类史前史的令人兴奋的新发现进行了充分描述，这些新发现因最近人类基因组的破解而成为可能。

Zimmer, Carl. *Smithsonian Intimate Guide to Human Origins*. 2005.带有许多插图的明白易懂的最新解释。

注 释

[1] Colin McEvedy and Richard Jones, *Atlas of World Population History* (New York: Penguin Books, 1978), 13−15.

[2] Colin Renfrew, *Archaeology and Language: The Puzzle of Indo-European Origins* (New York: Cambridge University Press, 1988), 125, 150.

[3] Luigi Cavalli-Sforza, L.Luca, Paolo Menozzi, and Alberto Piazza, *The History and Geography of Human Genes* (Princeton, NJ: Princeton University Press, 1994).

[4] James Mellaart, *Çatal Hüyük: A Neolithic Town in Anatolia* (New York: McGraw-Hill, 1967), 202.

第2章

最初的河谷文明
（公元前3500—前1500年）

本章纲要

● 思考

美索不达米亚文明是如何形成的？哪些技术促进了它的进步？

环境与宗教在埃及文明的演进中扮演了什么角色？

关于印度河流域文明的特性，实物史料告诉了我们什么？这一文明衰亡最有可能的原因是什么？

27 《吉尔伽美什》这部可追溯到公元前2000年以前的史诗，像古代美索不达米亚人所理解的那样来解释“文明”。国王吉尔伽美什送给恩启都（Enkidu）一个神妓，以驯服这个像动物般生活在草原上的野人。在一枚公元前7世纪的亚述圆柱图章上便刻画了吉尔伽美什和恩启都。神妓通过性诱惑而赢得了恩启都的信任，对他说：

> 来吧，随我去乌鲁克城，去安努（Anu）和女神伊什塔尔（Ishtar）的神庙……去乌鲁克，那里有祭典，我们一起穿过载歌载舞的人群，去吉尔伽美什主持祭典的宫殿。[1]

亚述圆柱图章 这枚公元前7世纪的亚述圆柱图章，刻画了恩启都（左）帮助美索不达米亚的乌鲁克国王吉尔伽美什，杀死了女神伊什塔尔派来的天牛（Bull of Heaven）。

地图2-1 河谷文明（公元前3500—前1500年） 最早的繁序社会出现于大河泛滥平原：公元前4000年美索不达米亚的底格里斯河和幼发拉底河流域、埃及的尼罗河流域，公元前3000年巴基斯坦的印度河流域，公元前2000年中国的黄河流域。

她给恩启都穿上衣服，教他吃熟食、喝饮料、洗澡和给身体涂油。她的言行象征了古代美索不达米亚文明生活的基本特征。

美索不达米亚人像历史上的其他民族一样，把文明等同于他们自己的生活方式，但“文明”是一个含义模糊的概念，对某一特定群体是“不文明的”指控，在人类历史上被用来证明许多事情的正当性。因此，对于许多人认同的观点——认为最早的先进文明出现在公元前3000年前的美索不达米亚和埃及——进行解释，就显得非常重要了。

文明：一个含糊的术语，常用来表示非常复杂的社会，但有时会被人类学家用来描述那些具有一系列文化特征的人类群体。

学者们认为，某些政治的、社会的、经济的和技术的特征表明了**文明**的出现：（1）作为行政中心的城市；（2）一种政治制度，它以控制一个确定疆界而非血缘联系为基础；（3）许多人从事专门的、非食物生产的活动；（4）地位差异主要以一些群体的物质财富积累为基础；（5）纪念性建筑；（6）一套用于保持长久记录的文字系统；（7）远距离贸易；（8）在科学和艺术上的重大进步。具有这些特征的最早的社会，都出现在大河泛滥的平原：伊拉克的底格里斯河和幼发拉底河，巴基斯坦的印度河，中国的黄河，埃及的尼罗河（见地图2-1）。河水的周期性泛滥沉积了肥沃的淤泥，为农业提供了水源，但它也威胁着生命和财产。为了保护自身、利用自然，居住在河边的人们发明了新技术，形成了政治和社会组织。

29 在本章中，我们将追溯大约公元前3500—前1500年美索不达米亚、埃及和印度河流域的繁序社会的兴起（稍后兴起的中国将在第3章中讨论）。我们的起始点大致与文字的出现相一致，这使我们对人类历史某些方面的考察，不再局限于考古资料的揭示。

2.1　美索不达米亚

“美索不达米亚”的希腊语意思是“两河之间的地方”。这一名称反映了底格里斯河和幼发拉底河在这一地区生活方式形成中的中心地位（见地图2-2）。底格里斯河和幼发拉底河发源于安纳托利亚（今土耳其）东部山区而流入波斯湾，在它们之间的平原形成了美索不达米亚文明。这里是一个由这两条河流经数千年泥沙淤积而形成的冲积平原，平坦、肥沃而辽阔。

美索不达米亚大部分位于现代伊拉克境内。在其北面和东面，一座弧形山脉从叙利亚北部和安纳托利亚东南部延伸到扎格罗斯山脉，将它与伊朗高原分

大事年表

	美索不达米亚	埃及	印度河流域
公元前3500年			
公元前3000年	公元前3000—前2350年，早期王朝（苏美尔人）	公元前3100—前2575年，早王朝	
			公元前2600年，印度河流域文明的开端
公元前2500年		公元前2575—前2134年，古王国	
	公元前2350—前2230年，阿卡德王国（闪族）	公元前2134—前2040年，第一中间期	
	公元前2112—前2004年，乌尔第三王朝（苏美尔人）	公元前2040—前1640年，中王国	
公元前2000年	公元前1900—前1600年，古巴比伦王国（闪族）	公元前1640—前1532年，第二中间期	公元前1900年，印度河流域文明的结束
公元前1500年	公元前1500—前1150年，加喜特王朝	公元前1532—前1070年，新王国	

隔开来。它的西面和西南是叙利亚和阿拉伯沙漠，东南是波斯湾。

2.1.1 多变环境中的定居农业

虽然，大约在公元前8000年，叙利亚北部和安纳托利亚东南部的“肥沃新月形”地带最先栽培植物和驯化动物，但直到大约公元前5000年，美索不达米亚才开始有了农业。由于降雨量不足（每年至少需要8英寸即200毫米），美索不达米亚南部地区炎热干燥，农耕只能依靠灌溉——给作物人工供水。最初，人们很可能利用偶然的河水泛滥来浇灌附近的土地，但是，洪水有时来得突然而猛烈，并且与农作物生长的季节不符，比如在作物成熟时的春季。而且，洪水有时引起河流突然改道，使耕地、居民点远离河流水源。公元前3000年后不久，美索不达米亚人学会了开挖沟渠来引水灌溉远处的耕地。

到公元前4000年，农耕者开始用牛拉犁翻地，犁上安装一个播种的漏斗，
播撒到犁沟里的种子的数量是经过精心测量的。大麦是主要的粮食作物，因为 30
它耐热、耐旱，而且能够抵御蒸发到表面的盐分。土地每年休耕以提高地力。海枣树提供了食物、纤维和木材。园地种植蔬菜。在河岸和南部潮湿三角洲生长的芦苇，可以用来编织席子和篮子、修建棚屋和制造小船。鱼成为主食。绵

地图2-2 美索不达米亚 在少雨的底格里斯河和幼发拉底河流域，为了组织劳动力修建和维持灌溉网络，美索不达米亚南部的苏美尔人发明了新技术，建立了复杂的政治制度、社会制度和具有特色的文化习俗。

羊和山羊在休耕地或远离耕地的地方放牧，为人们提供羊毛、羊奶和羊肉。驴子（最初在非洲东北部驯养成功）和牛用来运载重物；公元前2千纪，又引进了来自阿拉伯半岛的骆驼和来自周边山区的马。

2.1.2 苏美尔人和闪米特人

在“历史时期”（有文字记载的时期）之初生活于美索不达米亚的民族是**苏美尔人**。考古证据表明，他们于公元前5000年或更早的时候生活在美索不达米亚南部。在公元前4千纪到3千纪，苏美尔人在美索不达米亚占有主导地位并建立起了文明的基本构架。这时美索不达米亚还生活着其他民族。公元前2900

苏美尔人：公元前3千纪末期以前统治美索不达米亚南部的民族。

年北部城市的铭文中的个人姓名表明，这里曾出现过讲**闪米特语**的民族。（闪米特语是一个语系，西亚和北非的部分地区讲这种语言，包括古代希伯来语、阿拉米语、腓尼基语和现代阿拉伯语。）很可能，他们是从西边沙漠地区迁入美索不达米亚平原的游牧民族的后裔，这些闪米特人与苏美尔人和平共处，吸收苏美尔人的文化，有时也获得了一定的财富与权力。

到公元前2000年，闪米特民族取得了政治上的统治地位，从此，讲闪米特语的阿卡德人取代了苏美尔人，但苏美尔文化遗产保存了下来。有人编纂苏美尔—阿卡德语词典，苏美尔文学得到翻译。在这种文化融合的同时，通过联姻，苏美尔人与闪米特人也出现了生物学上的融合。在美索不达米亚历史上，加喜特人和埃兰人等山区民族，以及来自伊朗的波斯人，都起了重要作用。但是，美索不达米亚的苏美尔—闪米特文化传统最后被根本改变，是在公元前4世纪晚期希腊人来到之后。

31

闪米特语：西亚和北非的部分地区长期使用的相关语言构成的语系，包括古代的希伯来语、阿拉米语（Aramaic）和腓尼基语。闪米特语系分布最广的现代成员是阿拉伯语。

2.1.3 城市、国王与贸易

乡村与城市

美索不达米亚是一个乡村与城市并存的地方。在乡村中，农耕家庭结成群体以相互保护，在农忙季节共同劳动，共享工具、谷仓和打谷场。乡村社会中

伊拉克南部沼泽地的芦苇棚 波斯湾顶部沿着河岸和沼泽地生长着芦苇，这些芦苇在古代（至今仍然是）有多种用途，包括制作篮子、船只和修建住所。

还产生了友谊，并且有可供选择的婚姻伴侣。

城邦：由一个城市中心及其邻近农业区域构成的独立小国，是在早期美索不达米亚、古风和古典时期的希腊、腓尼基和早期意大利存在的一种特有的政治形式。

许多城市由乡村发展而来。当一个村庄发展壮大起来后，附近的小村庄也跟着发展起来，并最终融入大村庄而形成一个城市中心。历史学家用“**城邦**”这一术语来描述这些自治的城市中心及其控制的农业区域。城市需要粮食，因此美索不达米亚的许多城市居民每天出城去附近的耕地劳动。然而，也有一些城市居民不从事粮食生产，而是从事一些专门的手艺，制作陶器、艺术品、衣服，以及武器、工具和其他金属铸造品。还有一些人侍奉神灵和从事管理。这些城市专业人员依靠郊区乡村生产的剩余粮食而生活。反过来，城市给乡村提供军事保护以防抢掠，而且乡村居民在城市的市场中获得城市专业工匠生产的制造品。

大片的未耕地，无论沙漠还是沼泽，都成为早期美索不达米亚许多小城邦之间的缓冲地。不过，对土地、用水权和动产的争夺，时常引起邻近城邦之间的敌视，这促使许多城市修建用晒干泥砖构筑的保护墙。

美索不达米亚人通过修建和维护灌溉网络来增加新耕地。渠道把水输送到远离河流的耕地。而在河流上修建水坝，可以将水位抬高，使河水流进渠道。对于洪水形成的涝地，在对作物有害的盐分和矿物蒸发到表面之前，美索不达米亚人修建排水沟将水排掉。他们还在河岸旁修建防洪堤坝以保护耕地。由于河水带有大量泥沙，常造成渠道淤塞，因此他们还疏浚渠道。

32

宗教领袖和政治领袖

这些灌溉系统的成功运作，需要有能力的领导人来组织大批人员共同劳动。同样，收割、剪羊毛、修建防御墙和大型公共建筑、战争等大型活动，也需要协调合作。虽然有迹象表明，存在着由传统乡村议事会发展而来的市民会议，但我们对早期美索不达米亚城邦的政治制度知道得很少。文字材料证明当时存在的两个权力中心是神庙和王宫。

每个城市都有一座或多座中心神庙，用来祭祀（一套宗教仪式）庇护城邦共同体的神灵。神庙拥有大片土地，储藏着崇拜者捐献的物品。管理神殿和掌握神庙财富的大祭司，在早期城邦社会中具有重要的政治与经济作用。

在公元前3千纪，苏美尔城邦中出现了“卢伽尔”（lugal）或“大人”（我们称之为“王”）。一个似乎有道理的理论认为，战时由城邦共同体选出来统率军队的某些男子，把他们的权力扩展到了和平时期，在重大的司法与宗教仪式中发挥作用。神庙位于城市的中心，而王宫则在相对不显著的位置，这表明了王权出现在稍晚的时候。

祭司和神庙因其财富和宗教神秘性而具有影响力，但他们逐渐依附于王宫。通常，国王把自己描绘为神在人间的代表，负责神庙的维护和建造，督促符合神意的宗教仪式。另外，国王还负责修缮城墙和防御工事，扩展和维修灌溉渠，保护财产权，抵御外来攻击，建立司法体系、维护正义。

早期区域性帝国

一些城邦强大得足以控制其他城邦。大约公元前2350年，阿卡德城的统治者萨尔贡最先将许多城市统一起来纳入其统治之下。在120多年的时间里，萨尔贡及其家族的4位继任者以不同的方式巩固其权力。他们把被征服城市的城墙夷为平地，然后安排由阿卡德军队支持的地方长官来统治。他们把土地分给士兵以确保其忠诚。由于同样属于闪米特语系，他们采用苏美尔人所用的楔形文字体系来记录他们的语言。

阿卡德王国在大约公元前2230年衰落了，其原因至今尚不清楚。在乌尔第三王朝（公元前2112—前2004年）控制下的南部平原各城邦中，苏美尔语及其文化又再度取得了支配地位。通过征服和联姻，这个王朝在先后5个国王的统治下，经历了一个世纪的繁荣。他们控制的地区范围虽然比不上阿卡德王国，但他们通过迅速发展的官吏队伍和有效的记录，紧紧地控制着所辖地区。信使和维护良好的道路驿站保证了快速通信，官方历法、标准的度量衡和统一的文字，提高了中央政府的管理效率。

国王在西北边修建了一座长达125英里（201公里）的长城，以抵御游牧民族亚摩利人（Amorites），但游牧民最终与埃兰人联合起来从东南面进攻，推翻了乌尔第三王朝。闪米特语系的亚摩利人在离阿卡德城不远的地方建立了一座新城**巴比伦**。在**汉谟拉比**（公元前1792—前1750年在位）统治的晚期，他发动了一系列军事征服活动，巴比伦成为历史学家所称的“古巴比伦王国”的都城。公元前1900—前1600年，这个王国的统治远远超过了苏美尔人和阿卡德人的范围，延展到美索不达米亚的北部与西北部。汉谟拉比的著名法典，铭刻在一块磨光的黑色石柱上，以大量说明法律原则的判例，向我们展示了当时的司法审判（因此也向我们展示了一扇关于他们日常生活的迷人窗口）。许多罪犯都被处以严厉的体罚，经常有死刑。

巴比伦：美索不达米亚最大和最重要的城市。在公元前18世纪时，它作为亚摩利人汉谟拉比王在位时的首都，尤其显要。

汉谟拉比：巴比伦的亚摩利人统治者（公元前1792—前1750年在位）。他征服了美索不达米亚南部和北部许多城邦，以一部法典而著称，这部法典刻写在一块黑色石柱上，阐明了适用于司法案件的法律原则。

对一些遥远城邦的征服，其动机（至少部分）是为了获取重要资源。除征服外的另一办法是以贸易获取原料，因此在大多数时期，远程商业非常繁荣。

有证据表明，早在公元前5千纪就出现了内河和海上贸易的船只。美索不达米亚出口羊毛、大麦和植物油，以换取黎巴嫩和叙利亚的雪松木，安纳托利亚的白银，埃及的黄金，地中海东部和阿曼（在阿拉伯半岛）的铜，阿富汗的锡，还有来自伊朗、阿富汗和巴基斯坦的用作珠宝和小雕像的宝石。

贸易

在公元前3千纪，商人主要受雇于王宫和神庙，因为只有这两个机构有财
33 力并且同远方保持联系，由此得以组织货物的收集、运输和保护。商人们用原料和奢侈品从国王和祭司阶层那里换取多余的粮食。到公元前2千纪，越来越多的商业开始掌握在独立商人手中，行会（商人结成的合作协会）在美索不达米亚社会中成为一股强大的力量。商品可以实物交换（物物交换），也可以换取固定重量的贵金属、银锭或谷物。

2.1.4 美索不达米亚社会

社会阶级

城市文明导致社会分化——不同的群体拥有不同的地位、法律权利和政治特权。城市的兴起，劳动的专业化，权力的集中，文字的使用，这一切都使得一些群体聚集了空前的财富。神庙大祭司和国王控制了大量耕地，而且宫廷从臣民中征收税赋。这样，精英阶层获得了大量土地，士兵和神职人员也以他们的服务换取了小块土地。公元前18世纪巴比伦的《汉谟拉比法典》反映的社会分化，可能也适用于其他地方和其他时期。法典表明，社会分为三个阶级：（1）自由人，拥有土地的阶级，包括王室、高级官吏、战士、祭司、商人、一些工匠和店主；（2）依附的农民和工匠阶级，他们在法律上依附于王室、神庙或私人庄园，是乡村主要的劳动力；（3）奴隶阶级，主要用于家庭劳动。法典规定，对犯罪的处罚依据犯罪者的阶级而定，对社会下层的处罚最为严厉。

奴隶和农民

美索不达米亚的奴隶制在经济中并不像后来的希腊和罗马社会（见第5章和第6章）那样普遍和重要。许多奴隶来自山区部落，既有战争俘虏，也有奴隶贩子出售的人，还有一些是无力偿还债务的人。通常，奴隶不戴锁链，但有特定的发式作为标志。他们如果被释放获得自由，理发师就会将其标志剃去。古巴比伦王国时期，不依附于神庙或王室的阶级人数日益增加并逐步获得重要地位，私人拥有的土地和其他财产的数量也日益增多，因而对自由劳动力的雇
34 用也越来越普遍。奴隶、依附劳动者和雇工都能够获得报酬，比如食物和油这些日用品，所获得的数量根据他们的年龄、性别和所承担的劳动而不同。

美索不达米亚圆柱图章　图章用来表明一个人的身份，把印盖在湿泥或蜡上，以“签署”法律文件或标志对某物的所有权。这枚阿卡德帝国时期的图章，描绘了埃阿（右二）、伊什塔尔和沙玛什。埃阿是水神，其象征是从他肩膀发源的有鱼的河流。伊什塔尔是丰产和战争之神，她手里的海枣树束和翅膀上的尖头武器表明了这一点。沙玛什是太阳神，他用锯齿刀劈山开路，唤起了太阳的升起。

关于普通的美索不达米亚人，尤其是那些生活在乡村或乡村大庄园里的人的日常生活，几乎没有考古的或文字的材料遗留下来。农民用泥砖或芦苇修建住宅，这种房屋很快就瓦解消失了，而且农民几乎没有金属器具。他们也不识字，因此没有留下任何关于他们生活的记录。

妇女

同样，要揭示更多妇女的历史也很困难。文字资料都是由男性**书吏**（他们受到专业的适用于管理工作的读写技巧训练）记录下来的，大部分反映的是精英男性的活动。人类学理论认为，当农耕社会取代采集与狩猎社会之时，妇女丧失了社会地位和自由（见第1章）。在采集与狩猎社会中，妇女的采集活动为社群提供了大部分食物，这一工作受到高度尊重。然而，在美索不达米亚，粮食生产依赖繁重的体力劳动——耕种、收割、挖掘灌溉渠，这些工作时常由男性承担。由于剩余粮食可以使家庭养活更多儿童，生育和抚养幼儿成了许多妇女的主要职业，这妨碍了她们获得像书吏或工匠具有的那种专门技能。妇女可以拥有财产，保有她们的嫁妆（妇女的父亲给她的一笔钱，由她带到夫家），甚至从事贸易。一些妇女在户外的纺织厂、酿酒厂工作，或做妓女、酒馆管理员、面包师、算命者。待在家里的普通妇女，就帮做农活、种植蔬菜、做饭、

书吏：在许多古代社会的官府中由男性担任的专门职位，要经过长期的专业训练，要求能够读写楔形文字、象形文字或其他很难学会的文字体系。

打扫、取水、照看火炉、编织篮子和纺织。

妇女的地位在公元前2千纪似乎下降得更多了，大概是因为城市中产阶级的兴起和私有财产的增长。法律维护丈夫的权利。虽然，美索不达米亚社会一般来说是一夫一妻制，但如果妻子没有生育，一个男子可以娶第二个妻子，而且在后来美索不达米亚的历史中，国王和富有的男性都有多个妻子。家族之间的联姻安排，使妇女成了保持和增加家庭财富的工具。还有一种选择，那就是不让女儿出嫁（这样也可以节约一笔嫁妆），而是让她作为“神的新娘”去神庙侍奉神祇。对妇女生活的约束最终成了伊斯兰教传统的一部分，例如尽量把自己局限在家里，在公众场合戴面纱等（见第9章），这可能起源于公元前2千纪。

2.1.5 神祇、祭司和神庙

神祇

苏美尔人的神祇体现为自然的力量。当闪米特民族成为统治者之后，他们就把他们的神祇等同于苏美尔人的神祇。苏美尔诸神的神话，也移植到了闪米特诸神身上，而且许多相同的宗教仪式也保留了下来。人们把诸神想象为神与
35 人是同形同性的——具有人类的外形和行为。他们认为神有身体和感觉，寻求祭品作为食物，喜欢人类的崇拜和顺从，并且受到欲望、喜爱、憎恨、愤怒和忌妒的驱使。美索不达米亚人畏惧他们的神祇，相信诸神主宰着自然灾害，这些灾害不经预告便会在他们周围发生，因此他们设法满足诸神。

官方宗教

城邦组织的公共宗教在考古发现中是最为清晰可见的。城邦修建神庙并崇拜这些庇护他们的神祇。神庙建筑区由一面高墙围起来，里面有主神殿、露天广场、小神殿、居住和用膳设施、祭司和其他神庙工作人员的事务室、工艺品商店、储藏室，以及其他服务用的建筑。神庙建筑群中最醒目的部分是**塔庙**（Ziggurat）。塔庙是由泥砖修建而成的、多层级的金字塔形高塔，有坡道和台阶通往上层。学者们至今仍不能确定塔庙的功能及其象征意义。

塔庙：由泥砖修建而成的巨大的金字塔形梯状塔。它与古代美索不达米亚城邦宗教活动有密切关系，但其功能至今不清楚。

一座神庙被视为一位神的住所，神殿中的神像被看作神的生命力的体现。祭司要在每天重复的事情中满足神像的一切需要：起床、沐浴、穿衣、用膳、活动身体、献祭、颂神和礼拜。这些行为反映了巴比伦创世神话中的一个传说：诸神为了让人类侍奉他们，用被征服的反叛之神的血液创造了人类。一个

乌尔-纳姆塔庙（约公元前2100年） 由乌尔国王乌尔-纳姆（Ur-Nammu）为苏美尔月神南纳（Nana 建造的神庙。外面用烧制的砖块建成，第一层的三条斜道汇聚成一条通往二层的台阶。塔庙的功能尚不清楚。

大的神庙可能有数千祭司，巴比伦的主神马杜克的神庙就是如此。

祭司将他们的职位和宗教知识传给儿子，他们的家庭成员依靠神庙庄园提供的配给食物而生活。一个祭司的配给量，根据其在具有各种不同地位和专门职责的等级中的级别而定。高级祭司在重大仪式中扮演中心角色。一些祭司奏乐以愉悦诸神，另一些则负责驱魔。还有一些祭司则从事解梦，通过观察献祭动物的器官、解读烧香烟雾的形状或掷骰子来占卜未来。

私人宗教

我们很难弄清楚一般民众的日常信仰与宗教活动。虽然，人们将供奉的神像放在神堂中，相信通过这些小小神像的复制品能够不断求得神恩，但学者们不知道一般民众去城邦神庙建筑献祭的情况如何。许多遗留下来的**护身符**（旨在保护佩戴者免于厄运的小小咒符）和大量魔鬼雕像，表明了民众对巫术的广泛信仰。巫术是试图运用特定的语言和仪式来操控自然力量。例如，人们相信头痛是由病人身体内可以被驱走的魔鬼引起的。神祇在收到人们奉献的礼物和祭品后，作为回报，会为人们预示未来。社会精英和普通民众在重大的节日聚集在一起，如每年春天在巴比伦举办12天的新年节日，标志着一个新农业周期的开始（见“多样性与主流：巴比伦新年节日期间的暴力与秩序”）。

护身符： 旨在保护佩戴者免于厄运的小小咒符，常在美索不达米亚和埃及的考古发掘中发现，它反映了普通民众的宗教行为。

2.1.6 技术与科学

“技术”这一术语来自希腊的techne一词，意思是“技巧”或“专门知识”，通常指人类驾驭物质世界的工具和机械。现在，许多学者将这一术语广义地指称任何用于改变自然环境和人类社会的专门知识。

文字

广义技术形态的一个重要例子就是文字，它最早出现于公元前3300年以前的美索不达米亚。最早的刻写泥板发现于乌鲁克的主神庙，在这个神庙成为城邦共同体最重要的经济机构时，就有了这些泥板文书。根据最近一个似乎有道理的说法，文字起源于用来代表财产的象征符号体系。随着财富积累的日益增加和交易越来越复杂，人们的记忆负担加重了，于是就用一套象征物来代表绵羊、牛和马车等财产。人们把象征物做成其所代表的物品的形状，然后用黏土封套装起来，在封套的表面雕刻上象征物的图画，用来提示里面所装何物。最后，人们发现有这些图画就足够了，做象征物装入其中是多余的。这些图画就成了最初的文字系统。每一个符号代表一件物品，而且还可以代表那件物品名称的发音（这发音只是物品较长名称的一部分）。

书写的方法，通常是用一根芦苇秆削尖的一头按压在湿润的泥板上。由于芦苇秆的按压形成楔形的痕迹，早期的图画就由一笔一笔楔形痕迹组成，因此

36 被称为**楔形文字**。掌握这种文字需要几年的训练和练习。与字母体系中25个左右的符号相比，楔形文字同时要用几百个符号。书吏的声誉和经常使用文字的这一职位，可能使他们不愿意简化楔形文字体系。在古巴比伦王国时期，私人商业的发展使能读写的人也增加了，但识字者只是人口的一小部分。

楔形文字：一套书写体系，楔形符号代表词汇或音节，起源于美索不达米亚，最初由苏美尔人和阿卡德人使用，后来应用于西亚的其他语言。读写能力仅限于一小群官吏和书吏。

最早的美索不达米亚文献是关于经济的，但楔形文字的使用范围则非常广泛。书写文献上盖有当事人的印章，使文献成为法律行为的原始证据。书写的文本涉及政治、文学、宗教和科学的话题。楔形文字不是一种语言，而是一套书写体系。最初是为适用苏美尔语而发展起来的，后来应用于美索不达米亚闪米特人的阿卡德语，以及赫梯、埃兰和波斯等其他西亚语言。

其他技术

37 其他技术使美索不达米亚人能够适应自然环境的挑战。牛拉的轮车和雪橇似的平板在一些地方用来运输货物。在南部地区，水道纵横交错，船只是主要运输工具。在美索不达米亚北部，大约公元前1200年骆驼使用之前（见第8章），承担陆上运输的主要动物是驴子。

多样性与主流

巴比伦新年节日期间的暴力与秩序 36

12天的巴比伦新年节日是古代美索不达米亚最重要的宗教庆典之一。公元前3世纪（汉谟拉比之后的1 500年）的一些零星文献为我们提供了许多信息，因为文化经历数千年之后仍具有延续性，后来巴比伦的新年节日中保存了许多早期的信仰与仪式。

在节日的第一天，大多数活动在巴比伦的保护神马杜克的神庙内进行，仅由高级祭司参加。一项重要的典礼是国王先受到仪式化的羞辱，然后重新获得神授王权：

> 在尼散鲁（Nisannu）月的第5天……他们要给国王取水洗手，然后陪他去埃萨吉尔（Esagil）神庙。乌里伽鲁（urigallu）祭司离开神堂，去取走国王的权杖、花环和佩剑，把这些东西拿到贝尔（Bel，即马杜克［Marduk］）神面前，放在一张椅子上。他离开神堂去打国王的脸颊，然后陪同国王到贝尔神面前，扯国王的耳朵使他叩头。国王说道（只说一次）：“神啊，我没有犯罪。我没有忽视神的需要。我没有破坏巴比伦。我没有忘记埃萨吉尔神庙的典礼。我没有暴打臣民的脸颊。”……［乌里伽鲁祭司回答：］“贝尔神将听取您的祈祷。他将提高您的王权。贝尔神将永远保佑您。他将摧毁您的敌人，击倒您的对手。”在乌里伽鲁祭司说完之后，国王恢复镇定。权杖、花环和佩剑归还给国王。

同样在节日的最初几天，一个祭司对着马杜克神像诵读全部巴比伦创世史诗。神话中，诸神由两个原始生灵交配而来。一个是提阿玛特（Tiamat），咸海的女性化身；另一个是阿普苏（Apsu），淡水的男性化身。在叙述了诸神的起源之后，神话讲述了提阿玛特如何聚集一批年长的神祇和妖怪，并试图毁灭年轻一代的神。

> 所有的安努那基（Anunnaki，年轻的诸神），这一群神祇聚集在那说不出名字的地方。他们坐在那里，没有言语，只是在想：“什么神能对提阿玛

特开战？没有神能够面对她，也没有神能够生还。”……马杜克神非常高兴，……他怀着竞赛精神对众神之父说：“诸神的创造者，您决定诸神的命运，如果我必须成为您的复仇者，打败提阿玛特，挽救您的生命，就请召集诸神大会，给予我高于其他所有神的地位，……让我的话在现在和将来永远成为法律，是我而不是您，将决定世界的一切，决定未来发生的一切。我的法令永远不被改变，永远不被废除，但我的创造物将持续到世界的末日。”……他朝着提阿玛特愤怒的声音走去，其他诸神全部相随，众神之父也在他周围助阵，于是马杜克神逼近提阿玛特。……当提阿玛特听到马杜克来了，她的智慧便瓦解了，她疯狂地喊叫，两腿发抖，喋喋不休地念咒，还咕哝着骂人的话，而战争之神则准备好了他们的武器。马杜克神射出他的大网，缠住提阿玛特，跟在他后面的大风伊姆胡鲁（Imhullu）打向她的脸。当她张开嘴要把他吸下的时候，他把伊姆胡鲁赶了进去，这样她的嘴无法闭上，而风在她的肚子里狂吹，她的躯体被吹得胀了起来。她把嘴张得大大的。这时，他射出箭，劈开了她的腹部，刺穿了她的内脏，割断了她的子宫……

他把她劈开得像一只海扇，用上半部分建立起了弧形的天空，把它的边缘拉下，并在水面安置一个看守，这样它们就再也跑不掉了。他将伟大之神的位置投影到天空，放出光彩，犹如灿烂的群星。他测量一年的长度，安排一个开端、一个结尾，划分出12个月。……他穿过她的肋骨在东边和西边开了两扇门，门上安装坚固的门闩，并把提阿玛特腹部的最高处设置为天顶。他给月亮以宝石的光泽，分出白天与黑夜，月亮发出微光在每个月不断循环。马杜克将月亮送出后，他设置太阳在每年完成一个循环……

然而，马杜克想到了提阿玛特。他从咸海中撇去泡沫，把云团、湿气、
37 风和冷雨构成的飞沫，还有提阿玛特的唾沫堆积起来。他用手把云团从蒸汽轻雾中驱散开来，用力将水头按下去，在水的上面堆砌山脉，打开泉眼让水流出：幼发拉底河和底格里斯河从她的双眼流出，但他关闭了她的鼻孔。他在她的乳头堆积起巨大的山脉，并在上面钻水井通往深层的水源。他把她的发辫高高举起形成拱形，固定在天轮上。他的脚下是深渊，中间的胯部是天空的支点。这样，大地有了基础，天空有了覆盖物……

马杜克这才对聚集在场的诸神说：“你们以前居住在深渊之上的空间，而我按照天堂的样子创造了大地，加固了土壤作为基础，并将在此建立我的城市，我可爱的家园。为了迎接王的到来，一片具有神庙的神圣区域将建立

起来。当你们从深渊上来参加宗教会议，你们将会发现有住所和晚上睡觉之处。当其他神从天堂下来参加会议，也会发现有住所和晚上睡觉之处。众神的家园就是巴比伦。所有工匠的主人将按照我的计划修建它。”……既然马杜克听到了诸神对他说的话，他感动了，希望创造一项完美的艺术品。他把心底所想的话告诉了埃阿：

从血液到血液
我混合
从血液到骨骼
我形构
一个原创之物
它的名字叫“人”
土生土长的人
正是我的创造
“他的一切事务
就是忠实服务……”

埃阿审慎地做了回答，以便完成计划以令诸神满意。他对马杜克说：“只从家族中挑选一个神，只能让一个神为了新的创造而死亡。召集诸神大会，让罪犯死亡，其他诸神活着。”

马杜克把伟大之神叫来开会……，众神的首领对反叛的诸神说：“如果你们以前说过，就发誓吧，谁鼓动了反叛？谁怂恿了提阿玛特？谁领导了战斗？把战争的鼓动者交出来，对他处以惩罚，这样和平将永远属于你们。”

伟大之神回答宇宙之神（众神的首领和顾问）说：“是金古（Kingu）鼓动了反叛，他煽动了咸海，使诸神为她而战。”他们宣判他有罪，将他捆绑到埃阿面前，割断他的动脉，用他的血液创造出了人，然后埃阿使这个人顺从……

接下来节日的大部分活动是对创世神话中的事件的重演，在神庙的院子和街道上进行。节日在春天之初举行，此时谷物开始发芽，这象征着世界自然生命的归来。巴比伦人相信自然世界每年经历一个生命周期，包括出生、生长、成熟和死亡。到冬天，循环结束，但不能保证生命会重回世界。巴比伦人希望通过新年节日中的适当表演，促使诸神给予时间和生命的复苏，在本质上重新创造世界。

资料来源：Adapted from James B. Pritchard, ed., *Ancient Near Eastern Texts Relating to the Old Testament*, 3rd ed. with supplement (Princeton, NJ: Princeton University Press, 1969), 332–334. Copyright © 1950, 1955, 1969, renewed 1978 by Princeton University Press.

分析问题

根据创世史诗，当今宇宙的秩序是如何形成的？关于美索不达米亚人对物质世界和诸神的看法，这一创世的暴力性质告诉了我们什么？

带有仪式性诵读和创世神话故事重演的新年节日活动，其象征手法怎样使王权、巴比伦的首要地位、人类与神的关系等观念变得合法有效？

在神庙院内举行的“私人”仪式和在城市大街上举行的“公共”典礼之间的区别有何意义？关于不同社会群体与神的关系，节日告诉了我们什么？

美索不达米亚人需要进口金属，但他们掌握了熟练的冶炼技术，在铜矿石中添加砷或锡进行冶炼，制造出**青铜**。工匠们把熔化的青铜液倒进模具，生产工具和武器。冷却后坚硬的青铜比石器锋利，不易折断，也容易维修。但是，用不起青铜的穷人，仍然使用石器。

黏土广泛存在，可用来制造餐具和储藏器皿。到公元前4000年，陶轮（用手或脚转动的旋转台）的出现，使快速生产精致复杂的器皿成为可能。晒干或用炉火烧硬的耐用泥砖，是主要的建筑材料。修建城墙、神庙和宫殿需要建筑和工程方面的实用性知识。例如，美索不达米亚建筑工将芦苇垫置于砖层之间来修建塔庙，可以起到现代高层建筑的钢架那样的稳固作用。

38

青铜：一种铜和少量锡（有时是砷）的合金，比纯铜坚硬和耐用。“青铜时代”这一名称，就是指青铜成为主要金属工具和武器的时期，但它在世界各地出现的时间不同。

早期军队是由身体强壮的非专业的民兵组成，只有在需要的时候才被临时召集起来。公元前3千纪晚期至公元前2千纪，强大的国家开始建立起训练有素的军队，由待遇优厚的全职士兵组成。公元前2千纪早期，马开始在西亚出现，马拉战车也流行起来。步兵发现他们在快速的战车面前处于不利的地位，车上的驾驭手和弓箭手可以轻易将他们击倒。美索不达米亚的军队运用越来越有效的围城器械，可以爬上、破坏或拆毁保护敌方城市的城墙。

数学和科学

美索不达米亚人使用60进位制，数字都可以用60的分数或倍数来表达（与我们的10进位制不同，这是我们今天用秒和分计时的起源）。数学的进步和对天空的仔细观察，使美索不达米亚人成为经验丰富的天文学实践者。祭司把一系列地上和天空中的预兆、异象，与恰巧跟它们同时发生的事件记录编纂在一起。他们在重大时刻参考这些文本，因为他们相信这些现象的重复出现可以预示未来。这些观念的基本前提是，从微观到宏观的物质世界的各种因素，以神秘但不可否认的方式相互联系。

本节回顾

美索不达米亚是一个繁序文明的发源地，从公元前4千纪开始在底格里斯河和幼发拉底河平原发展起来。

文明的基本要素首先由苏美尔人创造出来，苏美尔人是已知最早生活在美索不达米亚的民族，后来被成为这一地区统治民族的闪米特人取代和改造。

由乡村汇合发展而来的城市中心加上它控制的农村地区形成城邦，它最初都是独立自主的。

神庙最初是政治和经济权力的中心，后来臣服于国王。

美索不达米亚社会分为三个阶级：自由的地主和城市职业者；乡村庄园中依附的农民和工匠；在家庭中服务的奴隶。

美索不达米人敬畏神，这些神体现了时常发威的自然力。

楔形文字由一套用于经济记录的象征物体系演变而来，后来发展为用途广泛的文字。

一系列技术（冶金术、制陶术、运输和工程技术）和科学（数学和天文学）使美索不达米亚人能够适应自然环境的挑战。

2.2 埃 及

自然环境对一个社会的历史和文化产生影响，在古代埃及体现得最为明

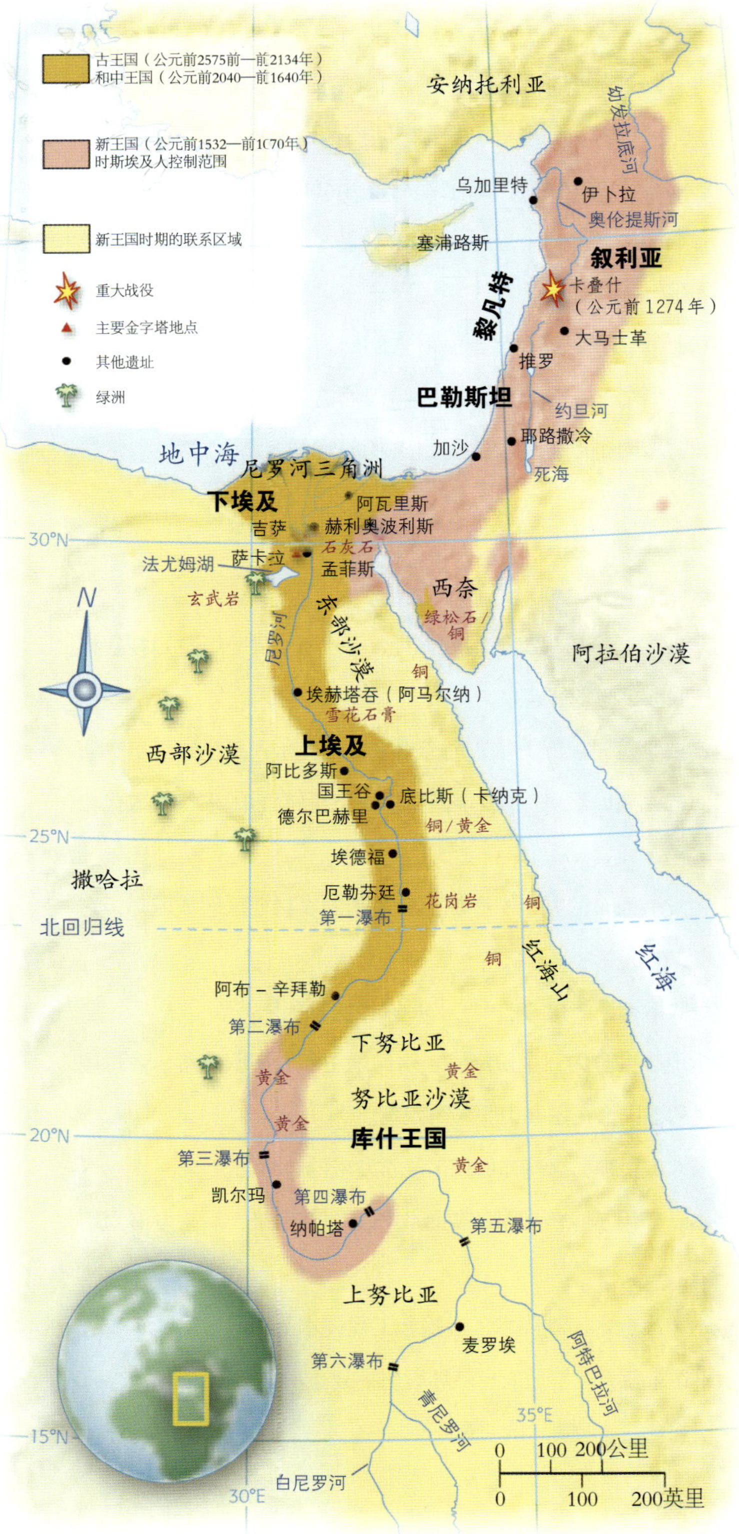

地图2-3 古代埃及 尼罗河从南流向北，从周围沙漠区冲凿一条狭长的绿色河谷，成为古代的人口聚居区。

显。埃及位于亚洲与非洲的交汇处，周边以沙漠和无港口的湿软海岸作为保护屏障。美索不达米亚则对移民和入侵者敞开，并且依赖资源进口。埃及因自然环境造成的隔离及其物质上的自给自足培育出了一种独一无二的文化，这种文化在很长一段时间内与其他文明联系较少。

2.2.1　埃及："尼罗河的赠礼"

河流与沙漠

公元前5世纪的希腊旅行者希罗多德恰当地称埃及为"尼罗河的赠礼"。尼罗河这条世界上最长的河流，由维多利亚湖和热带非洲高原的几条支流汇合而成，流向西北，在一系列高山之间切成一条峡谷，直奔地中海（见地图2-3）。尽管周边大部分区域是沙漠，河岸边却生长着青翠的植被。在离地中海大约100英里（160公里）处，尼罗河分成了几条水道，形成一个三角洲。大部分人口（那时也像今天一样）生活在弯曲而翠绿的沿河地带，或者生活在尼罗河三角洲。这个国家的大部分地区（90%或以上）是荒凉而不适合居住的荒山、岩石和沙丘。古代埃及人把沿河"黑地"和沙漠"红地"区别开来，黑地是地势低、可以维生的黑土，而红地是地势高、致命的沙漠。 39

由于大多数重要城市位于远离地中海的上游地区，河流也就成了主要的旅行和交通途径。尼罗河自南向北流淌，埃及人便称南部地区为"上埃及"，北部三角洲为"下埃及"。在大部分时期，埃及的南部边界在尼罗河的第一瀑布，位于阿斯旺下面一片不可逾越的岩石和急流的最北端（地中海南面约500英里［800公里］）。有时，埃及人的势力延伸到南边，控制了他们称为库什（Kush）的地方（后来的努比亚，今埃及南部和苏丹北部）。埃及人还在河流西边一些绿洲定居，这些地方是沙漠之中有植被和可居住的"岛屿"。

虽然炎热、阳光充足的气候有利于农业，但三角洲以南地区降雨很少，农业完全依靠河水灌溉。每年9月，河水溢出堤坝，流入附近的盆地，然后灌溉渠将水引入远处的谷地，使适于种植的土地增加。尼罗河与底格里斯河和幼发拉底河不同，它是正好在农作物种植合适的时节涨洪水。洪水退去后，留下一层湿润而富含矿物质的肥沃淤泥，有利于农民种植农作物。在埃及人的创世神话中，一般都描绘了从原始的潮湿洼地中出现维持生存的土丘。

尼罗河洪峰的高度决定了来年的丰收程度。埃及人用"水位计"来测量洪水的高度，它是沿着河边修筑的石阶梯，上面刻有度量单位。当洪水水位太高时，保护居民区的堤坝会被冲毁，造成巨大灾难。当洪水水位连续几年太低时，用于耕种的土地会减少，国家就会经历饥荒和衰退。这样，政权的兴衰似乎与洪水周期联系在了一起。不过，埃及的大多数时期都非常稳定，埃及人把世界看成一个有序和仁慈的地方。

与美索不达米亚相比，埃及拥有更多自然资源，更能够自给自足。埃及人用生长在沼泽地的纸草来制作船帆、绳子和一种纸。猎人在沼泽地和沙漠边捕获大量的野生动物和鸟类，渔民可以在河里用网捕鱼。建筑石料可以从埃及南部采取并沿河漂流而下。用于制作泥砖和陶器的黏土到处都是。国家可以组织全副武装的探险队和强制劳动力，去东边的西奈沙漠开采铜矿和绿松石矿，去南边的努比亚开采金矿。

自然环境和早期农业

早在公元前5500年出现的埃及农业村庄中所栽培的植物和驯养的动物品种来自数千年前的西亚。埃及作为一个文明中心的出现，至少在某种程度上起因于公元前5千纪到前3千纪气候的逐渐变化。那时，撒哈拉（现今世界上最大的沙漠地区）拥有相对温和、潮湿的气候，这里的湖泊和草原养活了各种植物和
40 动物，以及大量的狩猎—采集者（见第8章）。当撒哈拉变成沙漠之后，人们迁移到了尼罗河流域，在这里形成了定居的生活方式。

2.2.2　神圣王权

统一

人口增长导致了更为复杂的政治组织，包括地方王权的出现。美尼斯这个来自南部的统治者，征服了埃及的各个小政权，统一了埃及，后来埃及的一代代人都把它看作埃及历史上的关键事件。美尼斯作为埃及国王拥有“两地统治者”（上埃及和下埃及）的头衔，并且戴两个王冠，这象征着国家的统一。与美索不达米亚相比，埃及在历史上统一的时间更早。

历史学家用三十王朝体系（来自同一家族的国王的先后序列）来编写埃及历史，这个体系由公元前3世纪的埃及人马涅托（Manetho）首先使用。王朝的兴衰常常反映了对这个国家不同部分的控制。通常，学者们提到的“古王国”“中王国”和“新王国”，是三个具有中央集权的政治权力和辉煌文化成就的时期，其间被政治分裂和文化衰落的“中间期”中断。虽然，学者们对这些时期的具体日期有争议，但本章的大事年表反映了当前通行的看法。

法老：古代埃及国家的中心人物，被认为是神在人间的显现，他用绝对权力维护埃及的安全与繁荣。

埃及国家以国王为中心，而国王常以新王国时期的术语被称为“**法老**”，

埃及河船模型（约公元前1985年） 这只模型埋葬在中王国时期的官吏麦克特瑞（Meketre）的墓室中。模型表明麦克特瑞正坐在船舱的中间听音乐。船长站在船舱的前面，左边的舵手正在掌舵。右边的守望员正放出重力线以便测量河水的深度。这种配有帆和桨的轻便船适合于在平缓的尼罗河航行，有时也在地中海和红海航行。

这个词来自一个意为"宫殿"的埃及词语。从古王国起（如果不是更早的话），埃及人把国王看作是被派到人间的神，他负责维护由神创造的神圣宇宙秩序**玛特**（ma'at）。他是人民与诸神之间必不可少的联系中介，他仁慈的统治确保了国家的安宁与繁荣。

玛特：埃及术语，用来表达宇宙秩序由神创造并需神圣地维护的观念。神圣的统治者是这一秩序在人间的维护者。

国王对于国家是如此重要，因此在他们死后也需要努力地精心设计，以保证其灵魂在重归诸神的危险旅程中的安宁。王陵的修建，精心安排的葬礼仪式，以及在王陵附属的祭庙中不断提供祭品以维持国王死后灵魂的生计，这些都要花费大量资源。早期国王安葬于泥砖修建的矩形平顶墓中。大约在公元前2630年，第三王朝的一个国王左塞尔（Djoser）开始在孟菲斯附近的萨卡拉修建阶梯**金字塔**，这个金字塔由一系列石砌平台垒叠而成。第四王朝的统治者用平滑的侧面取代了阶梯，石灰石金字塔从此成了古代埃及最有纪念意义的象征物。在公元前2550—前2490年，法老胡夫（Khufu）和哈弗拉（Khafre）在萨卡拉以北几英里远的吉萨修建了巨大的金字塔。

王陵

金字塔：巨大的三角形石建筑，在埃及和努比亚用作国王的陵墓。最大的金字塔建于古王国时期的孟菲斯附近，反映了埃及人的一种观念——认为对神圣统治者体面而壮观的安葬会保佑国家的持续繁荣。

孟卡拉、哈弗拉和胡夫的金字塔（位于吉萨，约公元前2500年） 胡夫的大金字塔宽755英尺（230米），高480英尺（146米），是历史上最大的石建筑。修建这些巨大的摩天建筑，依靠的是比较简单的开凿、运输和抬升技术。石头沿着河流用船运来，然后用垫有滚筒的雪橇运到修建地，最后从金字塔表面的泥砖坡道将石头拖拉上去。然而，使平台保持水平，精确测量，将石块安稳地砌好，这些测量和工程技术却是非常精细，经受住了时间的考验。

埃及人使用石制工具（青铜仍然昂贵而稀少），而且除了简单的杠杆、滑轮和滚筒外没有机械设备，在这种情况下，埃及人完成了这些建筑的修建，使之成为可能的是几乎用不完的人力。据估算，在一个国王的有生之年内修建一座金字塔所需要的人力资源，是每年必须抽一段时间来服役的大部分人民。这段时间很可能是在洪水泛滥的季节，因为这时没有农活可干。虽然劳动是强制性的，但埃及民众可能把它看成一种有利于保证繁荣的宗教义务。修建大金字塔的时期大约只有一个世纪，但小规模金字塔的修建一直持续了2 000年。

41

孟菲斯：古王国埃及的首都，位于尼罗河三角洲顶端附近。早期统治者就埋葬在附近的金字塔里。

底比斯：中王国和新王国时期埃及的首都和统治王朝的家乡。国王安葬在河边的国王谷。

2.2.3 管理和交流

统治王朝通常把首都放在其具有原有权力基础的地区。靠近尼罗河三角洲顶端的**孟菲斯**（今埃及首都开罗近附近），在古王国时期就占据了这种中心地位。但远在南方的**底比斯**，在中王国和新王国时期取代了它的这种中心地位

（见地图2-3）。

广泛的管理体制最初是从乡村一级开始的，后来在国家形成几大区域时发展到地区层面，最后发展到全国都城的中央政府。官吏监控着土地、产品和人民，税收构成了国家年收入的大部分——有时高达50%。这些收入用来供养王宫、官吏和军队，以及用于修建、维修神庙和统治者用于庆典的大型纪念性建筑。官府还保持了对一些重要经济部门的垄断，控制着远程贸易。这不同于美索不达米亚，在那里，商业日益落入到一个贪婪的城市中产阶级手中。

象形文字：一种文字体系，用图画符号来代表声音、章节或概念。在古代埃及用于官方和纪念碑铭。由于掌握这种文字需要学习很长时间，因此识字者只限于一小群书吏和官吏。

文字

管理阶级的特点是识字。在早王朝的初期，一种文字体系就发展起来了。**象形文字**是这一体系的最早形式，这是一套代表词汇、音节或单一声音的图画符号。象形文字长期一直用在纪念碑和装饰性碑铭上面。然而，到公元前2500年出现了一种草书，最初那种符号的图画性质消失了，这种草书发展成了官吏和抄写员的日常需要。除了管理记录外，埃及人使用文字还有许多其他目的。他们的书面文学包括冒险和魔法故事、爱情诗、宗教赞美诗和有关技术主题的说明手册。书吏在附属于神庙的书坊中抄写传统的文本。他们用墨水在一种用**纸莎草**做的书写材料上抄写。这种植物只生长于埃及，但整个古代世界都对它有需求，因此被大量出口。

42

纸莎草：一种生长于埃及尼罗河畔的芦苇。古代埃及人和地中海及中东的一些人，用它生产出一种粗糙的、像纸一样的书写材料。

当君主政体强大的时候，国王根据能力和政绩来任命和提升官吏。国王还赐给他们大量地产，这些土地由依附农耕种。低级官吏被派往乡村和地区首府，高级官吏则任职于都城。在古王国时期，官吏去世后被埋葬在国王陵墓的周围，以便他们能像生前那样继续服侍国王。

国王与官吏的矛盾

在整个埃及历史上，一直存在着君主的中央集权与官吏集团的分权倾向之间的矛盾。在古王国晚期和第一中间期，王权衰落的一个表现，就是官吏的墓葬不再安置于王陵附近，而是在他们的家乡——他们度过大部分时间和多多少少独立行使过权力的地方。另一个表现就是官吏职位开始世袭的倾向。中王国早期的国王通过减少旧官僚精英的权力与特权，建立一个新的忠于王权的官吏阶层，由此恢复了中央集权控制。

城市

常有人说埃及缺少真正的城市，因为政治首都主要是王宫和中央官僚机构的扩展。与美索不达米亚相比，生活在乡村和从事农业的埃及人的百分比更高，而且埃及的财富在更大程度上来自土地和农产品。然而，古代埃及有许多小城镇，虽然它们不像美索不达米亚的都市中心那样对经济至关重要且成为国家的文化推动力。遗憾的是，考古学家在埃及一直未能发掘出许多古代城市遗址，因为它们位于现代社区下面。

对外关系和贸易

在古王国和中王国时期，埃及的对外政策在本质上是孤立主义的。在具体操作层面上，所有的外国人都被视为敌人。在有战争需要时候，他们的军事力量有地方民兵组织加上一小支由职业士兵组成的常规军队。东部及西部沙漠的游牧民族和西北的利比亚人只是骚扰者而非真正的威胁者，埃及军队很快就能将其制伏。埃及的对外兴趣集中于获取有价值的资源而不是领土。他们与黎凡特（今以色列、巴勒斯坦地区、黎巴嫩和叙利亚）沿海城镇进行贸易，进口雪松木，出口谷物、纸莎草和黄金。

在各个时期，埃及人都对来自南部的货物特别感兴趣。努比亚盛产黄金（第3章考察了努比亚文明的兴起，尽管受到埃及文明的很大影响，但努比亚人创建了一种具有活力的本土文化，并且延续了2 000多年），而且尼罗河南部的河道提供了通往撒哈拉以南非洲的便利通道。在古王国时期，埃及贵族带领驴子商队前往南方贸易，以获取黄金、熏香，热带非洲的象牙和黑檀木等产品，以及外国的丛林动物。沿南部边界的一排要塞，保护了埃及免于攻击。在公元前2千纪早期，埃及军队向南攻入了努比亚，把边界扩大到了尼罗河第三瀑布，占据了那里的金矿。埃及人还到了更远的南方，很可能是今天苏丹或厄立特里亚的沿海地区，这里有传说中的潘特国（land of Punt），盛产芳香的没药树脂，而这些树脂被用来在埃及诸神的祭坛上焚烧。

2.2.4 埃及的人民

埃及居民大约有100万—150万，包括从黑肤色民族（与撒哈拉以南的非洲的种群有关）到浅肤色民族（与北非和西亚的种群有关）的各色人种。虽然，埃及不像美索不达米亚那样经常有大规模的移民和入侵者，但有迁移者周期性地进入尼罗河流域，与早已住在那里的人们相融合。

在埃及，虽然一些人比另一些人具有更高的地位且更富有，但与美索不达米亚不同，它没有形成严格的阶级结构。在社会等级的最高处是国王和高级官吏。中间是低级官吏、地方领导人、祭司和其他专门人员、工匠和富裕农民。底层是农民，他们构成了人口的绝大多数。

农民生活

对埃及民众生活的任何描述，在很大程度上是推测，因为古代埃及的乡村，像美索不达米亚乡村那样，几乎没有留下考古材料或文字记录。在精英人物的墓室壁画中，艺术家用绘画的惯用手法表达了一些当时的状况，例如，把富裕而安逸的主人画得肥胖，而劳动阶级则是瘦骨嶙峋，甚至畸形。埃及诗人经常用比喻来描绘农耕和狩猎，保存在炎热干燥的沙土中的纸莎草文献，也讲述了普通民众之间的财产处理和法律争端。 43

生活在乡村的农民从事季节性变化的农活：耕地、播种、田间管理、催芽、收割、脱粒和储存粮食等。他们维修和拓展由渠道、水池和堤坝构成的灌溉网。他们的日常饮食主要是小麦或大麦、淡酒和蔬菜，还补充一些家畜肉（牛、绵羊、山羊和其他家禽）和鱼。村民们共享工具、畜力和储藏设施，在农忙时节和修建住房及其他建筑时相互帮助。在为本地神灵举行的庆典中，他们一起祈祷，共同宴饮。他们要定期为国家的建筑工程服劳役。如果赋税或强制服役太沉重，逃往沙漠是唯一的出路。

妇女生活

我们可以获得一些有关上层阶级妇女生活的信息，但这些信息经过了男性艺术家和书吏的过滤。墓室画展示了王室妇女和精英阶层的妇女同她们的丈夫在一起，以及从事典型的家庭活动的场面。她们被描绘得高贵而充满慈爱，但显然从属于丈夫。艺术家用暗红色来描画男子，用肤黄色调来描画妇女，这一惯用手法暗示了上层妇女的合适领域是室内，远离炙热的太阳。在新王国时期美丽的爱情诗歌中，恋人们明显是用平等的口吻来相互倾诉，表达浪漫的爱情。

法律文献表明，埃及妇女可以拥有财产和从父母那里继承财产，而且可以根据自己的意愿赠送财产。婚姻通常是一夫一妻制的，婚姻的认可无须法律或宗教的仪式，最重要的是男女双方达成一项共同组建家庭的决定。夫妻双方都可以提出解除关系，离婚后的妇女仍然保有她的嫁妆。有时，王后和王太后在宫廷政治中起着重要的幕后作用，而女祭司有时负责指导女神崇拜。总之，有限的材料表明，与美索不达米亚和其他古代社会中的妇女相比，古代埃及妇女受到更多尊敬，拥有更多法律权利和社会自由。

2.2.5 信仰与知识

神灵

埃及宗教植根于尼罗河流域的自然环境及其引发的宇宙秩序观。在埃及，太阳每天从晴朗无云的天空中升起，河流在每年固定的时期泛滥，还有确定的大丰收。这种环境的连贯稳定性使埃及人相信，自然世界是一个周而复始不断循环的地方。天空被想象成一片浩瀚的海洋，环绕着这个有人居住的世界。太阳神拉（Re）在白天乘坐小船航行在蓝色的水道上，然后在晚上穿过地下世界返回，期间打败魔鬼的进攻，使他在第二天早上可以得到新生。有一个非常流行的故事，说的是关于奥西里斯（Osiris）的神话。他是一个曾经统治埃及的神，但被忌妒他的兄弟塞特（Seth）杀死，被肢解并抛尸到各地。奥西里斯的忠诚姐妹和妻子伊西斯（Isis）找到了这些身体部位并将其重组。他的儿子荷鲁斯（Horus）对塞特进行了报仇。奥西里斯复活了，并且担任了阴间（Underworld）之王。这个故事给了人们一种希望——在现世之外的世界中有一种新生活。

这样，被看作荷鲁斯神和拉神儿子的国王不仅与死者的复活相联系，也与给予生命和自我重生的太阳神联系在一起。他是埃及最大的祭司，代表其土地和人民与诸神沟通。埃及国王热情地修建新神庙，翻修老神庙，举行奢侈豪华的献祭。国家的大部分财富用于宗教活动，不断祈求诸神的庇佑，以维持神圣王权的延续，确保维系世界的创造生命之力不断更新。

古代埃及诸神在起源和本性上具有多样性。一些神常被描绘成具有兽头，另一些神则常被赋予人形。关于这些神的起源与经历，几乎没有什么神话存留下来，但过去肯定曾经有过丰富的口头传说。许多城镇都有神庙，供奉本地著名的神灵。当一个城镇成为一个统治王朝的首都，这个城镇的主神也就成为全国的重要神灵。这样，孟菲斯的布塔（Ptah）、赫利奥波利斯的拉、底比斯的阿
44 蒙（Amon）成为全埃及的神，在统一国家和加强王权中起了重要作用。正如在美索不达米亚一样，一些神庙拥有由依附农民耕种的大量地产，管理着这些财富的祭司在当地（有时甚至在全国）有很大的影响力。

公共祭仪与私人祭仪

祭祀活动在神庙院内举行，除了去参拜神像向神献祭的祭司之外，所有人都禁止入内。在举行大型庆典时，祭司们列队用舟形舆抬着遮盖的神像和祭品绕城游行。这引来大批民众参加庆典，他们对神充满了热情与赞美。关于普通民众的日常信仰与宗教活动，我们知道得很少。家庭成员在家中举行小规模献祭，祭祀对象有贝斯（Bes）这个主管婚姻与家庭幸福的奇异之神，有本地神灵，有家族祖先。他们佩戴护身符和有魔力的小雕像，以保护携带者，避祸免灾。后来的希腊人和罗马人评论说，埃及人非常热衷于巫术。

埃及亡灵书中的场景（约公元前1300年） 一个名叫胡涅发（Hunefar）的王室书吏死后，在他的木乃伊下葬之前，他的家人正走近木乃伊。在他后面，有着豺头的阿努比斯（Anubis）神将引导亡灵通往阴世。亡灵书给埃及人提供指导，使他们完成这一艰辛旅程并获得阴世中的快乐生活。

葬礼与阴世

埃及人相信有阴世并为阴世做大量的准备，以便能够顺利到达阴世并在那里过得舒适。人们认为死亡是一段充满危险的旅程。在许多出土墓葬中发现的埃及亡灵书，就包含了一些仪式和符咒，用来保护旅程中的死者灵魂。这一旅程中的最后挑战，是阴间判官对死者心灵的权衡，以决定这个人是否能过幸福生活，是否值得神的最终保佑。

坚信阴世导致了对尸体状况的强烈关心。埃及人完善了制作木乃伊的技术以保存尸体。这种观念可能由早期实践发展而来，因为死者安葬在炎热干燥的沙漠附近，尸体腐烂较慢。精英阶层的木乃伊的制作最为昂贵，尸体重要器官被取出并保存下来，储藏在石罐中置于尸体周围，然后在体腔中填满各种材 45
料，把尸体浸入脱水和防腐的化学药品中很长一段时间，最后用亚麻布包裹起来。之后，把这种**木乃伊**放入一个或多个有装饰的木棺中埋入坟墓。

木乃伊：通过化学药品处理或在特殊自然环境下保存尸体的做法，通常是来源于相信死者在阴世还需要这具躯体的信念。

埋葬的形式反映了死者的财富与地位。一般民众挖一个简单的墓坑敷衍了事，或者建一个小小的泥砖墓室。特权阶级修建较大的坟墓。国王修建金字塔和其他大型建筑，使用诡计来掩藏那埋有尸体和珍宝的密封的墓室，还用诅咒和其他巫术机关来挫败盗墓贼。然而，他们很少能够成功，考古学家很少发现没有遭盗的王陵。陵墓常常修建在沙漠边，这样就不会占用有价值的耕地，但陵墓中充满了绘画和食物，以及死者在阴世可能需要的各种日常生活用品。墓葬中有叫作“夏瓦布提”（shawabtis）的小雕像充当仆人，如果在阴世有定期的强制劳役，这些仆人可以代替死者服役。精英阶层还在陵墓旁修建祭庙，捐赠财产以资助祭司的每日祭拜，捐献食物祭品以保持他们灵魂的永恒。

科学与技术

古代埃及人在许多知识领域取得了显著进步。制作木乃伊使他们获得了人体解剖的有关知识，埃及医生在西亚的宫廷中也很受欢迎。他们发明了数学，用来测量耕地面积，计算缴纳给国家的农产品数量。通过对星星的仔细观察，他们发明了当时世界上最精确的历法，而且知道如果在日出之前天狼星很快出现在地平线，就意味着尼罗河洪峰即将来临。金字塔、神庙建筑群和其他纪念性建筑工程，需要工程方面的精湛技术。他们挖掘长长的地下通道，把河边放置尸体的神庙与沙漠边的陵墓连接起来。好几次，埃及国王挖掘了一条超过50英里（80公里）长的运河，以便把尼罗河流域与红海连接起来，促进货物运输。

本节回顾

古代埃及人口的绝大多数生活在尼罗河沿岸或三角洲。

埃及拥有丰富的自然资源，在很大程度上自给自足。

由于国王是埃及人民与诸神之间的重要联系媒介，因此耗费大量资源用于修建金字塔和其他王陵。

象形文字和其他文字体系主要为官吏所用，但也出现了各种文学作品。

埃及人在种族上具有多样性，但没有形成正式的阶级体系。

埃及妇女的地位和权利高于美索不达米亚妇女，诗人表达了一种浪漫爱情的理想。

埃及人相信阴世，制作木乃伊以保存尸体，修建豪华的陵墓，用亡灵书引导灵魂通过前往阴世幸福的危险旅程。

埃及人获得了大量关于医学、数学、天文学和工程学方面的知识。

2.3 印度河流域文明

南亚文明的出现，几乎与美索不达米亚和埃及一样早。在印度河肥沃的泛滥平原，农业创造出的剩余粮食促使了城市社会的出现。

2.3.1　自然环境 46

一个100多万英亩（40万公顷）的平原，西起巴基斯坦西部山区，东至巴基斯坦信德地区的塔尔沙漠（见地图2-1）。经过几个世纪，印度河夹杂的大量泥沙不断沉积，河床逐渐抬高，最后河岸高出了平原。河水每年泛滥两次，淹没周边远达10英里（16公里）的土地。3月到4月，帕米尔高原和喜马拉雅山的融雪会造成第一次洪水。8月，强劲的季风饱含海水吹到西南，带来大量降雨，引起第二次洪水。这样，生活在这个少雨地区的农民也能够种植，一年收获两次。在古代，哈卡拉（Hakra）河（有时称作萨罗斯瓦蒂［Saraswati］河，后来干涸了）在印度河东边大约25英里（40公里）处与其并行流淌，为第二个耕作区提供水源。

邻近地区与这一核心区拥有共同文化特性。东北是旁遮普，五条小河在这里汇聚形成印度河的干流。旁遮普位于高耸的喜马拉雅山下面，比中心平原获得更丰沛的降雨，但不会老是洪水泛滥。印度河流域居民的分布，向东远达印度西北部的德里，向南到达印度河注入阿拉伯海入海处的大三角洲，东南到钩形的印度卡提瓦半岛，这里是一片冲积平原和沿海沼泽地。印度河流域文明覆盖的范围比美索不达米亚文明要大得多。

2.3.2　物质文化

城市中心

印度河流域文明在大约公元前2600—前1900年间颇为繁荣。尽管考古学家发现了数百个遗址，但其文化以80多年前首先发现的两处较大城市遗址最具代表性。由于不知道这两处遗址的古代地名，考古学家就以现代地名称之为**哈拉帕**和**摩亨佐-达罗**。遗憾的是，这两个地方较高的地下水位，使得对最早定居层的发掘几乎不可能。

哈拉帕：公元前3千纪印度河流域文明中较大城市的遗址之一。它位于农耕区的西北边境（今巴基斯坦境内）。

摩亨佐-达罗：印度河流域文明中的最大城市，位于今巴基斯坦印度河泛滥平原的中心。

这一地区的定居农业至少可以追溯到公元前5000年。印度河流域的文明与印度河流域及其西部丘陵地区早期文化群体之间的具体关系如何尚不清楚。是什么力量促使了公元前3千纪中期的城市化、人口增长和技术进步，也不清楚。不过，在早期文化的延续和因新民族的到来而突然改变文化这两种情况中，前者的可能性更大。

这一社会形成了主要的城市中心。哈拉帕方圆3.5英里（5.6公里），可能拥有3.5万居民。摩亨佐－达罗则比它大几倍，每座城市都由又高又厚的砖墙围绕，街道被设计成矩形格子，地下有排水管排泄污水。如果城市中的某个地方，街道的宽度、城市街区的长度整齐一致，建筑中所用泥砖大小相同，表明这个地方是一个强有力的权力中心。这种权威所在地很可能是城堡——一个建在高地、用墙围起来包括许多大建筑的混合体。学者们认为，附近通风良好的建筑是谷物仓库，粮食供养城市居民并用于出口。城市中还发现了多人共居的简陋房舍，这或许意味着存在一些被统一管理的技术工匠。

不同的城市中心可能具有不同的功能：摩亨佐－达罗管理着整个印度河泛滥平原；它北边将近500英里（805公里）远的哈拉帕，是一个处于耕地与牧地之间的边陲城市，可能充当着“入口”，由此获得西北的铜、锡和宝石；南边的沿海城镇则收集鱼和非常珍贵的海贝，与波斯湾沿岸进行海上贸易。

摩亨佐－达罗和哈拉帕得到了较全面的发掘，已发表的对印度河流域文明的解释，倾向于将它们当作典型。然而，许多人生活在较小的定居点，这里的出土器物在样式及形状上与大城市的器物采用的是同一标准。一些学者将这种标准化，理解为印度河流域文明区内商品广泛交换的结果，而不是城市中心对较小定居点控制的结果。

摩亨佐－达罗出土的男子雕像（约公元前2600—前1900年） 这尊穿披风戴头饰的坐着的雕像，是由一种叫“滑石”的松软石头雕刻而成的。它常被称为“祭司王”，因为一些学者认为它可能代表了某个宗教或世俗的权威，但此人真实的身份和地位并不清楚。

印度河流域比美索不达米亚和埃及拥有更多金属，大多数金属制品是工具 47
和其他日常用品。而在美索不达米亚和埃及，出土较多的是珠宝和其他金属饰物。显然，印度河流域中的各阶层都有可能获得金属品，而在中东却主要为精英阶层所有。

在技术上，印度河流域的居民擅长灌溉，使用陶轮，使用坚硬的烧制砖块来修建大型公共建筑的基脚（晒干的泥砖会在洪水中很快溶解）。他们有一套400多个符号的文字体系。考古学家恢复了数千个石制图章和铜板，但没人能够释读这些文献。

印度河流域的居民与外界有着广泛的贸易联系。他们获得了伊朗东部和阿富汗的金属和宝石，以及印度西部的矿藏，还有建筑石料和木材。在印度河流域文化区内，货物通过河流运输。在底格里斯河和幼发拉底河流域，发现了印度河流域的石制图章，这表明印度河流域的商人在远程贸易中充当了中介，他们从西北部获得原料后，将其海运到波斯湾地区。未被释读的图章文字，也许是给其商品盖印的商人的名字。

我们对印度河流域文明的政治、社会、经济及宗教制度知之甚少。在后来印度的历史中，有祭司占统治地位的世袭职业制度，有像在后来印度教寺庙中发现的浴池，有石制图章上描绘的诸神和神圣动物，还有对母神的崇拜，等等，把这些后来印度历史上的文化特征（见第7章）与早期古器物和雕像联系起来的尝试在很大程度上是推测。因此，对这一社会的进一步了解，还需要有更多的考古发现和对印度河流域文字的释读。

2.3.3 印度河流域文明的转型

大约在公元前1900年之后，印度河流域的城市荒废了。考古学家曾经认为是入侵者摧毁了它们，但现在他们相信这种文明是遭受了“系统故障”——政
治、社会和经济体系中脆弱的相互联系（它维持着秩序与繁荣）崩溃了。造成 48
崩溃的原因可能是一种或多种自然灾害，例如一次地震或巨大的洪水。缓慢的生态变化也可能起了一定的作用，比如哈卡拉河水系干涸了，土地盐化（土地盐分不断增加，抑制作物生长）和日益严重的侵蚀（见“环境与技术：印度河流域的环境压力”）。

环境与技术

印度河流域的环境压力

本章讨论的三大河谷文明都位于干旱或少雨的地区。这种地区面对环境变化都特别脆弱。关于印度河流域气候及地貌变化的发生与影响，学者们的争论揭示出了一些可能发挥作用的因素，以及证实和解释这种很久以前发生的变化的难点。

仍在争论的问题之一是气候变化。早期的学者认为，印度河流域的气候在其文明的鼎盛期比现在要潮湿得多。他们指出，用于建筑城市的数百万烧砖需要大量木材来烧制，分布广泛的人类定居点现在已不适于农耕，在装饰图章中有许多丛林和沼泽地的动物形象。他们坚持认为，公元前3千纪印度河流域中的人口增长、繁荣和文化复杂性要以潮湿的环境为条件，并得出结论说，在公元前2千纪早期，气候的更为干旱促使了这一文明的衰落。

另一些学者则怀疑气候急剧变化这种说法，提出了对所需木材数量的不同估算，以及耐旱作物的证据——尤其是大麦，这种作物能在干旱条件下生长。然而，最近对沙丘稳定性的研究表明，它是在降雨较多的时期形成的；对河流与大风造成的沉积物的分析，也支持了印度河流域曾经较为潮湿的观点，表明在公元前2千纪早期至中期，这里进入了一个相对干旱的时期，这种状况一直持续到现在。

一个说明变化的明显例证是，河流改道引起的地貌变化。在某些情况下，这些变化是由于地壳运动如地震造成的。干涸的河床可以从人造卫星照片中发现，也可现场察看。显然，有第二个主要河流水系，即哈卡拉河，曾经在印度河东边一段距离与之平行流淌。哈卡拉河畔曾经有许多城市和肥沃的耕地，似乎曾是这一文明的第二个轴心。无论是现在流入印度河的萨特累季河，还是现在流入恒河的亚穆纳河，在哈卡拉河改道之前都曾可能是它的主要水源。这一主要水道的干涸肯定造成了巨大后果——丧失大片耕地及其粮食产品，居民放弃城市和乡村而迁移，贸易路线改变，拼命争夺日益减少的资源。

至于印度河本身，自公元前4世纪晚期希腊征服者亚历山大大帝到达印度之后，下游的一段河道向西移动了100英里（161公里），而且沉积的大量淤泥把河口向南推进了50英里（80公里）。一种与河床改道和冲积物淤积相似的变化，也可能发生在公元前3千纪至前2千纪，对印度河文明的衰落产生了影响。

城镇不再位于河边，三角洲的港口因淤泥沉积而与海洋分离开来，肥沃的土地和水源丧失了，这些迫使人们迁移他处，留下来的人也不得不改变谋生手段。改变的原因和步伐可能各地不同。然而，城市中心最终被放弃了，基于乡村的农耕和放牧取而代之。随着地区间相互联系的减少，地区的多样性取代了先前技术与样式的标准化。应该记住的是，在大多数情况下，人口中的大部分像这种情况一样要适应新的环境。但是，他们中以前依靠城市中心和复杂的政治经济结构的精英人物，现在就丧失了其权威的基础，湮没在整个民众之中。 49

本节回顾

印度河流域文明占有大片地域，包括肥沃的印度河泛滥平原和邻近地区。

主要城市中心和较小定居点在产品技术及样式上表现出一致性，这既表明了城市中心的强有力控制，又表明了两个地区之间的广泛交流。

印度河流域居民在灌溉、制陶和建筑方面掌握了先进的技术，比美索不达米亚和埃及拥有更多金属。文字尚未释读出来。

印度河流域有广泛的贸易联系，远达美索不达米亚。

公元前1900年之后，城市荒废了，文明衰落了，很可能是自然灾害或环境变化的结果。

结　语

最初的文明在政治中央集权化、城市化和技术方面发展出较高水平，这并非偶然。因为这些文明都位于大河流域，降雨充沛，适于农耕。美索不达米亚、埃及和印度河流域的文明，由于依靠河水灌溉他们赖以生活的耕地，因此投入了大量人力来修建和维修水渠、水坝和堤坝。这要求建立政治中心，以便能够组织所需要的人力。

在埃及和美索不达米亚，王权都作为占统治地位的政治形式出现。埃及国王的神圣起源及其与重生力量的象征性联系，使他对于整个国家的幸福安宁至关重要，并赋予他胜过神庙和祭司的宗教权威。埃及国王耗费国家大量财富用于修建他们的陵墓，认为一个体面的葬礼可以保证王权的延续并且获得神对国家及人民的庇佑。美索不达米亚的统治者一般没有被当作神，但仍然控制着宗教机构，修建新城、高墙、壮丽的宫殿和宗教建筑，这是他们权力的持久证明。

底格里斯河和幼发拉底河盆地那不可预知和凶猛的洪水，使美索不达米亚居民要常年保持警惕。相反，可预知的、合时宜的和缓慢上涨的尼罗河洪水，在埃及是人们热切期盼的事件。人与自然的关系给两个地方人民的宗教观打上了烙印，因为他们信奉的诸神从自然环境的力量中体现出来。美索不达米亚人惴惴不安地力图平息他们那粗暴的神灵，以求得在这个危险世界中的生存。埃及人则极为信任和供奉超自然的力量，他们认为它们可以保证秩序和繁荣。埃及人还相信，虽然前往阴世的旅程充满了危险，但战胜危险的正义精神能够使他们看到一种得到神灵保佑的幸福生活。相反，美索不达米亚史诗中的英雄吉尔伽美什则为阴世可怕的景象所折磨：死者没有躯体的灵魂一直在阴间的黑暗中游荡，吃的是尘土，要伺候阴间无情的诸神。

虽然美索不达米亚和埃及的居民在种族上属于不同的种类，但两个地区都形成了程度较高的文化共同体。新来的移民迅速地被当地文明的官方语言、信仰体系和生活方式同化。美索不达米亚出现了严重的社会分化，这反映出了《汉谟拉比法典》中记载的以阶级为依据进行处罚。而埃及社会城市化程度则要低些，也没有严格的社会分层。公元前2千纪美索不达米亚的妇女明显没有自由和法律权利，也可能与这一社会中高度城市化和阶级分层化有关。相反，埃及的图画文献、爱情诗歌和法律档案都表明尼罗河流域对妇女的尊敬和更多的平等。

由于缺乏可阅读的文本，我们对印度河流域居民的政治制度、社会组织和宗教信仰了解得很少。然而，毫无疑问，他们拥有与美索不达米亚和埃及同等的科学技术。为了改变自然环境和人类社会，三个文明都发展出了文字体系、灌溉、青铜铸造以及修建纪念性建筑的技术。各地城镇的设计与修建、器物的形态与样式，都具有明显的一致性，这证明了印度河流域散布于各地的居民之间便利的交流和一定程度的相互依赖。这一文明的快速崩溃，是生态变化的结果。

50

进一步阅读文献

Black, Jeremy, and Anthony Green. *Gods, Demons and Symbols of Ancient Mesopotamia.*

1992. 一本关于神话、宗教、宗教象征主义的便捷的百科全书，带插图。

Capel, Anne K., and Glenn E. Markoe, eds. *Mistress of the House, Mistress of Heaven: Women in Ancient Egypt*. 1996. 专家论文和博物馆展品目录。

Kenoyer, Jonathan Mark. *Ancient Cities of the Indus Valley Civilization*. 1998. 一流专家的最新论述。

Kuhrt, Amelie. *The Ancient Near East, c. 3000–330 b.c.*, 2 vols. 1995. 关于西亚和埃及的历史发展的最好入门书。

Lichtheim, Miriam. *Ancient Egyptian Literature: A Book of Readings*, vol. 1, *The Old and Middle Kingdoms*. 1973. 原始文本和文献的选译。

Possehl, Gregory L. *The Indus Civilization: A Contemporary Perspective*. 2002. 关于印度河流域文明的翔实论述。

Postgate, J. N. *Early Mesopotamia: Society and Economy at the Dawn of History*. 1992. 对美索不达米亚文明的政治、社会及经济动力具有深刻的洞见。

Pritchard, James B. *Ancient Near Eastern Texts Relating to the Old Testament*, 3rd ed. 1969. 一本古代西亚和埃及文明文献的翻译文集。

Redford, Donald B., ed. *The Oxford Encyclopedia of Ancient Egypt*, 3 vols. 2001. 一本内容丰富的资料。

Roaf, Michael. *Cultural Atlas of Mesopotamia and the Ancient Near East*. 1990. 一本关于古代西亚的地理、事件纪年、基本制度和文化概念的极好的入门书。

Romer, John. *People of the Nile: Everyday Life in Ancient Egypt*. 1982. 一本极具可读性的社会史论述。

Sasson, Jack M., ed. *Civilizations of the Ancient Near East*, 4 vols. 1993. 一本内容广泛的资料，附有专家们关于不同话题的论文。

Silverman, David P., ed. *Ancient Egypt*. 1997. 一本插图丰富的关于古代埃及文明多个方面的入门书。

Snell, Daniel C. *Life in the Ancient Near East 3100–322 b.c.e.* 1997. 一本关于社会和经济事 51
件的详细说明，适合那些对古代近东历史的主要架构已经熟悉的读者。

Vivante, Bella, ed. *Women's Roles in Ancient Civilizations: A Reference Guide*. 1999. 内容包括专家们关于美索不达米亚和埃及等许多古代社会的论文。

注 释

[1] David Ferry, *Gilgamesh: A New Rendering in English Verse* (New York: Noonday Press, 1992).

第3章

东西半球的新文明
（公元前2200—前250年）

本章纲要

- 思考

早期中国统治者如何利用宗教来证明其权力的正当性并增加其权力？

埃及的技术与文化如何影响了努比亚的形成？

凯尔特人扩散到了欧洲大陆大部分地区，后来凯尔特文化又退却到了欧洲大陆西部边缘，这种扩散与退却背后的原因是什么？

自然环境在早期美洲文明的发展中起了什么作用？

53 大约在公元前2200年，一个名叫哈胡夫（Harkhuf）的埃及官吏从埃及南部边境的阿斯旺出发，去一个叫亚姆（Yam）的地方，这个远离埃及南部的地方后来被称为努比亚。哈胡夫带去了埃及法老给亚姆统治者的礼物，返回时带回了300头驴驮载的熏香、黑檀木、象牙和其他热带非洲的珍异产品。虽然这些被虚构为外交上的礼物交换，但我们可以把哈胡夫看作一个勇敢而野心勃勃的商人。他带回的一些东西非常特别，因此当时只有8岁的法老培比二世（Pepi II）掩饰不住自己的兴奋。他写道：

> 立即北来王宫！赶快带着这名你从极远居民之地运回来的侏儒，让他安全、健康地前来，以便跳“神之舞”来娱乐永生的国王奈弗尔卡拉（Neferkare，培比［Pepi］）的心。当他随你乘船前来时，在舱面上让可靠的人围着他，以防他落入水中！晚上睡觉时，让可靠的人躺在他帐篷中围着他。每晚检查10次！朕想要见这位侏儒，比见来自矿区和潘特的礼物更迫切。[1]

学者们认为亚姆就是凯尔玛（Kerma），即后来努比亚王国的首都，位于今苏丹境内的尼罗河上游。在埃及人看来，努比亚是一个野蛮和危险的地方。然而，那里发展出了一个更复杂的政治组织，上面这个例子表明，努比亚与埃及之间的商业及文化互动后来是多么活跃。

本章所考察的繁序社会，它们的形成比美索不达米亚、埃及和印度河流域的社会要晚，生态环境也更加多样化。它们有的是独立形成的，有的是在旧中

努比亚人带着金环和黄金袋到达埃及（公元前14世纪壁画） 一位努比亚的埃及官吏的墓室中装饰着这一图画。

心的影响下形成的。旧的河谷文明大多数是自给自足的，而本章及后面所讨论的新文明，大多数是在远程贸易网络中形成发展起来的。

公元前2千纪，一种基于灌溉农业的文明在中国北部黄河及其支流的流域发展起来。同一时期，在努比亚（埃及南部和苏丹北部），热带非洲第一个繁序社会继续得到发展，它起源于较早时期哈胡夫所观察到的社会。公元前1千纪，凯尔特民族扩散到了欧洲大陆大部分地区，同时西半球最早的繁序社会也繁荣起来，即中部美洲的奥尔梅克（Olmec）文化和南美洲安第斯山区的查文（Chavín）文化。这些社会相互之间没有联系，它们代表了人类对不同自然环境与历史状况做出的不同反应。不过，它们也具有某些共同的特征，在人类社会发展进程中共同走向一个明确的发展阶段。 54

3.1 早期中国（公元前2000—前221年）

在辽阔的欧亚大陆东边，早在公元前8000年就发展出了新石器文化。公元前2千纪至前1千纪，一个更复杂的文明在商朝和周朝的统治下形成了，古典中国文明的许多要素，也随之出现并传播到整个东亚。正像在美索不达米亚、埃及和印度河流域那样，城市的兴起、劳动的专门化、官府的形成、文字和其他先进技术的发明，都依赖于对一条大河水系——黄河及其支流——的开发和在此基础上的精耕细作。

3.1.1 地理与资源

一些巨大的自然屏障将中国与其他地区隔离开来：西南是喜马拉雅山，西边有帕米尔高原、天山和塔克拉玛干沙漠，西北边是戈壁滩，北边是没有树木的蒙古大草原，东面有太平洋。这使得中国的发展在许多方面与众不同。当然，这种隔离并不是完全的，贸易品、人民和思想在中国、印度和中亚之间有不断的交流。

东亚的自然环境

东亚大部分是山区，这使得陆上旅行和运输比较困难。然而，中国东部的大河水系——黄河和长江及其支流——有利于东西方向的交流。在东部的大河流域，人口稠密，实行精耕细作；在蒙古大草原、新疆的沙漠和绿洲、青藏高原，人口稀少，主要以放牧为生。东亚气候带的变化范围，从中国东北的干燥的亚寒带地区，到南方青翠的亚热带森林，使大量不同的植物和动物都能在这一区域生存。

在东部的农业地带，北方与南方有着极为不同的自然环境。每一地区都形成了独特的土地利用模式、作物种类和农业劳动组织。影响印度和东南亚的季风（见第2章），也在夏季给中国南部带来丰沛的降雨，这正是对农业最有利的时节。中国北方的降雨则很不稳定。像在美索不达米亚和印度河流域那样，中国文明是在北部平原相对不利的条件下发展起来的，环境的苛求促使了一些重要技术、政治传统、哲学思想和宗教观念发展起来，而这些成为中国文明的重要标志。然而，到公元3世纪，人口逐渐向温暖的南方迁移，导致了政治和文化中心的南移。

黄土：由大风和河水造成的一种精细、轻质的尘土沉积物。它成为中国北方黄河流域的肥沃土壤。

中国东部的大河流域和北部平原，都拥有木材、石料和散布的金属矿层，尤其是有潜在的生产性土地。来自中亚的大风带来一种叫“**黄土**”的黄褐色尘土。黄土沉积下来（这些黄色颗粒浮在水里，赋予了黄河独特的颜色和名称），经过许多年之后，堆积成了一层厚厚的土壤，这种土壤特别肥沃和松软，完全

大事年表

	中国	努比亚	凯尔特欧洲	美洲
	公元前8000—前2000年，新石器文化	公元前4500年，努比亚早期农业		公元前3500年，中部美洲和安第斯山区的早期农业
公元前2500年				公元前2600年，卡拉尔兴起
		公元前2200年，哈胡夫去亚姆		
公元前2000年	公元前2000年，青铜冶炼			
	公元前1750—前1045年，商朝	公元前1750年，以凯尔玛为基础的库什王国的兴起		
公元前1500年		公元前1500年，埃及征服努比亚		
	公元前1045—前221年，周朝			公元前1200—前900年，以圣洛伦佐为中心的奥尔梅克文明兴起
公元前1000年		公元前1000年，埃及对努比亚控制的减弱	公元前1000年，凯尔特文化在中欧出现	公元前900—前600年，拉文塔的奥尔梅克文明
	公元前600年，冶铁	公元前750年，以纳帕塔为基础的王国的兴起		公元前900—前250年，安第斯山区的查文文明
		公元前712—前660年，努比亚国王统治埃及		公元前600—前400年，特雷斯-萨波特斯为主时期和奥尔梅克文明衰落
	公元前551—前479年，孔子生活年代			
公元前500年			公元前500年，凯尔特精英获取地中海货物的贸易	公元前500年，安第斯山区早期冶金术
			公元前500—前300年，迁徙到整个欧洲	
			公元前390年，凯尔特人洗劫罗马	
	公元前356—前338年，秦国商鞅变法			
		公元前300年—公元350年，麦罗埃王国		

可以用木制工具来耕种。

精耕细作

在这种地理环境中，农业生产要求大量人口的协同努力：大量树木需要砍伐；需要修筑土坝以保护附近耕地不受黄河频发洪水的危害；为了对付周期性的旱灾，需要修建水库储存河水和雨水；在山坡上修建梯田需要垒护墙。

北方地区的主要作物是一种中国本土谷物——粟，还有从中东传到东亚的
55 小麦。水稻需要温暖的气候，主要在长江流域大量种植。水稻的栽培比较费力。稻田——种植水稻的耕地——必须平整，并在周围开挖水渠以便根据精确的时间安排来引水和排水。秧苗需要在苗床中培育，然后移栽到稻田中，并将稻田灌满水。灌溉可以除去杂草和其他竞争性植物，同时繁殖微生物以保持土壤肥沃。当水稻成熟的时候，稻田的水被排掉，然后用镰刀收割水稻，最后将稻子脱粒。这种努力获得的回报，就是每亩耕地的产量比其他任何谷物都能够养活更多人口，这也是为何南方人口最终超过北方的原因。

3.1.2 商朝（公元前1750—前1045年）

早期社会

考古材料表明，中国新石器时代的人们种植粟，养猪和鸡，使用石制工具。他们用陶轮制作陶器，并使用高温窑烧制。他们是最先织造丝织品的人，先用桑树叶养蚕，然后细心地拆开蚕茧，从中生产出丝线。他们砌墙的方法，
56 是将泥土填入临时的木制框架中，然后不断锤打夯实，直至墙体非常坚硬。到公元前2000年，他们开始制作青铜器（中东出现冶炼青铜之后的1 000年）。

在随后的时期，民间传说把中国早期的统治者描绘为太平盛世中理想的、仁慈的首领。他们之后是第一个朝代夏朝，继之而来的是**商**朝。由于学者们对夏朝的历史事实还不太确定，中国历史以商朝的兴起为真正的开端。

商：中国有文字记载的最早的朝代中占统治地位的民族（约公元前1750—前1045年）。

关于商朝在约公元前1750年如何兴起并取得统治地位，我们知道得很少，因为文字材料只是到商朝统治末期才出现。这些文字材料就是所谓的甲骨文，商朝统治者用这些兽骨和龟甲进行占卜，以获取祖先或神灵的提示（见“环境与技术：古代社会中的占卜”）。甲骨上的文字涉及王及其宫廷、宗教活动，很少有关于商朝社会其他方面的内容。考古材料也存在着这种局限，这些材料主要来自充满财宝的商朝统治阶级的陵墓。

甲骨文与商朝宗教

已知最早的甲骨文可追溯到公元前13世纪，然而，由于这一文字体系已经非常成熟，因此一些学者认为在中国出现文字的时间可能更早。商朝文字体系中的几百个汉字（书写符号）最初是实物图画，后来逐渐简化，每一个字符代表一个单音节字，表达一个物体或一个概念。很可能，只有少数在朝廷的人才会用这种文字。不过，商朝文字是今天中国和东亚仍在使用的文字的源头。后

商代青铜器 盛酒用的方彝，这种器皿用在商朝统治阶级祭祀祖先的仪式中。这些器皿作为统治者权威的证明，常常埋进商代墓葬中。复杂的形状和精致的装饰表明了工匠的技艺。

来的中国文字发展出了数千个更复杂的汉字，词的意思与声音表达更丰富。

学者们根据甲骨文重建了商朝宗教的主要面貌。最高神“帝”居于上天，有呼风唤雨的能力，冷漠而不关心人类命运，也不可直接接近。人死之后，其灵魂像帝和其他诸神那样活在超自然界。这些祖先的灵魂，被安排在上天的等级秩序中（这个秩序是地上社会秩序的反映），他们能够干预人间事务。商王可以直接与他最近的祖先沟通，而这祖先可以与其上一代沟通，依此类推，最早的祖先可以与帝沟通。因此，王是上天与人世之间至关重要的纽带，利用他独有的与更高权力的沟通，可以提高农业产量和保护臣民免于自然灾害。这种信仰贯穿整个中国历史，是对专制统治的一个极为有效的解释。

王与精英

王经常处在前往臣属之地的旅途中，这样做的目的是为了增强臣属地的忠诚度，但商王在华北平原地区究竟有效控制了多大地域，还不清楚。中国其他地方的考古发现表明，艺术和技术传统极为不同，它们有可能是独立社群的产品。由于缺乏早期中国其他地方的文字，也由于汉朝时的观念认为中国一直是统一的，所以我们对早期中国可能存在的民族、语言和文化多样性的认识有些

57

模糊不清。

商朝的精英是一个武士阶级（warrior class），他们沉迷于战争、狩猎、交换礼物、宴会和喝酒。他们用青铜武器作战，乘马拉战车（一种源于西亚的技术）参加战斗。通常，战争为这些武士提供了表现英勇行为的舞台，并且获得大量战利品。许多战争中的俘虏成为奴隶和献祭的牺牲品。

对商朝王室和精英家庭墓葬（主要是在安阳附近）的发掘，发现大量用金属、玉、骨、象牙、贝壳和石头制作的珍贵物品，包括乐器、珠宝、镜子、武器和青铜器。这些器皿是用来给祖先灵魂献祭的，器皿上杂乱地装饰着呆板的动物画，这些动物有些是真实的，有些是想象的。拥有青铜器是一个人地位与权力的象征。墓葬中还包含了家庭成员、仆人和战俘（他们在葬礼中被杀害）的尸体。这些随葬的物品与人，似乎是安排给墓室主人在阴间使用的。

城市

商代城市的考古遗址没有完好保存下来，既因为中国北方的气候，也因为其所用的建筑材料。由于石料不足，城市的巨大防御墙是泥土夯墙，建筑物用木柱和干泥修建。许多遗址似乎在不同的时期充当了政治统治和宗教的中心，有宫殿、衙门、仓库、王室墓葬、神庙、祠堂和贵族住宅。普通百姓生活在这些中心之外的农村。

58

3.1.3　周朝（公元前1045—前221年）

周：从商朝夺取并控制了中国北方地区的民族和王朝，创立了天命观以证明其统治的正当性。周代，特别是西周（公元前1045—前771年），在中国传统中常作为强盛和仁政的代表而提及。

公元前11世纪中叶，商王被周推翻。**周**位于渭河流域，发源地在商西边数百英里。虽然，周族的起源不是很清楚（传统认为其祖先数代人生活在西部“野蛮人”当中），但他们接受了商文化中的许多因素。在中国历史上，周王世系是历代王朝中延续时间最长和最受尊敬的。周朝的两个建立者是文王和武王。文王是商朝的一个方国统治者，曾被商王囚禁过一段时间，之后领导了反对商纣王的起义。他的儿子武王，成功攻占了商的都城，作为新王朝的第一位统治者登上了王位。

天命

武王以一种方式证明了他推翻商王而夺取政权的正当性，这种方式在后来的整个中国历史中成了范本。他声称，最后一位商王邪恶而残暴，亵渎神灵和祖先，凌辱臣民，于是他求助于周的最高神“天”，“天”比商冷酷的“帝”更仁慈。武王宣称，天授予一个统治者权力和正统性，只要他关心臣民疾苦；相

环境与技术

古代社会中的占卜

许多古代人相信神控制着自然力和主宰着命运。基于这种信仰，他们运用各种不同的占卜技术——把自然世界中的各种现象解释为神意的征兆。通过占卜，古代人寻求与神的沟通，并由此预见——甚至影响——未来。

中国商朝的统治阶级经常从其祖先和其他权力更高的神那里寻求启示。商王本人在巫师的帮助下时常充当神与人之间的中介，因为他能与其祖先沟通，而他的祖先在灵魂世界的等级中处于较高级别。占卜的主要工具是甲骨。先在牛的肩胛骨或龟的腹甲上钻出一些小坑，使之变得脆弱，然后用烧得灼热的尖棍来加热，引起兽骨和龟甲发出噼噼啪啪的爆裂声。巫师然后对爆裂声进行“解读”，代表被询问的祖先回答问题。提出的问题和回答的内容，以及有关预言被验证的情况，随后都被刻写在兽骨和龟甲上，为统治者提供重大事件的永久记录，这些事件包括未来的天气、农业收成、商王及其家人的身体康健状况、典仪中合适的行为、战争和狩猎的前景、王室祖先及其他神圣力量的心情。数以万计的甲骨保存了下来，成为了解有关商朝生活的主要资料来源。在公元前3000—前2000年的美索不达米亚，最重要的占卜方式是仔细观察献祭动物器官的形状、大小和上面的记号。考古学家发现了绵羊肝脏的模型，上面标注着对各种不同外形特征所含意思的解释。另外还有两种占卜技术，一种是观察燃烧熏香的烟雾形迹，另一种是察看油泼洒在水面形成的样式。

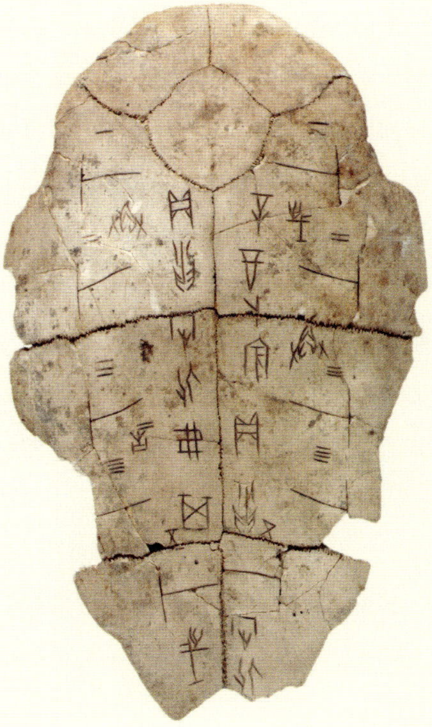

中国的占卜龟甲　在龟甲或兽骨上刻写问题后，占卜者用灼热的火点去加热，把听到的噼啪声解读为神的回答。

从大约公元前2000年起，美索不达米亚的占卜者也通过观察太阳、月亮、行星、恒星和星座的移动来预测未来。公元前1000年之后的几个世纪，观察天象成为最重要的预测未来的方法，占星专家留下了有关天文事件的精确记录。美索不达米亚的数学对于天体运动的计算至关重要，是古代中东最深奥的成就。占星术把天空划分为黄道十二宫，用恒星与行星的位置来预测个人的命运，这些技术是美索不达米亚人对天体运动长期关注而发展起来的。算命天宫图——以一个人的出生日期为基础进行计算和预测所绘制的图——在公元前400年以前就已发现。

希腊人和罗马人在做重大决定之前常进行占卜。在希腊众多的神谕地当中，最有名的是德尔菲（Delphi），这是一个吸引人的地方，可以俯瞰科林斯湾，人们从德尔菲神庙寻求阿波罗神的忠告。来自希腊城邦的个人或官方使节，在按照惯例奉献礼物给神之后进入神庙，把自己的问题告诉女祭司，然后女祭司进入一种神灵附体状态（最近的地质学研究发现，神庙正好建筑在一条裂沟之上，学者们怀疑可能有一股气体升起进入庙堂，使女祭司进入如醉如痴的状态），在癫狂中说出一些话，管理祭堂的祭司“翻译”出这些话并记录下来。在殖民的几个世
59 纪，来自德尔菲太阳神的信息和忠告帮助了希腊城邦在整个地中海和黑海地区选择何处作新殖民地，而德尔菲的祭司可能从许多旅行者那里收集了信息，然后将这些信息以神谕的形式告诉了人们。

希腊和罗马的史料记载了凯尔特人中也有占卜的行为。预言未来是德鲁伊德和专门的“预言家”群体具有的诸多宗教功能之一。仔细观察群鸟飞行的方式和祭品呈现的外貌，是他们占卜的重要方法。在爱尔兰，仪式中的巫师要吃刚杀死公牛的肉，躺在牛皮上睡觉，然后做有预兆的梦。凯尔特人占卜最令人吃惊的形式，是地理学家斯特拉波（Strabo）描绘的：

> 罗马人阻止了这种习俗……当他们处于我们这样的争斗时，把祭品与预言联系起来，例如，他们用剑从背后杀死那个被认为是神圣的用作祭品的人，根据他死亡时的抽搐来获取预兆。

罗马人用这样可怕的报告来证明他们征服凯尔特人的正当性，目的是为了使凯尔特人“文明”。

我们对早期美洲人的占卜行为知道得很少。奥尔梅克人制造出了磨光石镜，

从它的凹面获得的映像被认为是从超自然界发射出来的。在奥尔梅克人住宅中发现的彩盆，被比作后来中部美洲社群中的彩盆。在后者中，妇女将玉米粒抛进盛满水的盆里，观察玉米粒沉浮的模式。他们用这种办法来弄清对家庭有用的信息，例如生病的原因及其治愈，农事或婚姻的合适时间，以及对新生婴儿有利的名字。

这里将占卜当作一种技术形式，也许令人吃惊。大多数现代人将这种日常现象中的各种模式的解读，只看作是迷信。然而，对于古代人来说，他们相信诸神直接主宰着自然界中的事件，占卜就是将这些因果原则应用于获得关于未来的信息，这是有利于社会的事情。这些技术通常只由一个专门阶层掌握，他们的专门训练和相关知识，使他们在社会中拥有较高地位。

应地，统治者称为“天子”。获得神恩的证明就是王国的繁荣和太平。但是，如果统治者不能持续尽责，忽视洪水、饥荒、外敌入侵和其他灾难等警告性预兆，天将收回其“授权”，转交给一个更相称的统治者及其家族。这种“**天命**”（Mandate of Heaven）理论通过将宗教与政治领域联系起来，确立了君主制的合法性，成为此后中国三千年政治思想的基础。

天命：周朝发展起来的宗教与政治意识形态。根据这一观点，主神“天”有权将权力授予中国统治者，但如果统治者的行为失去正当性，违背臣民的根本利益，其权力也将被收回。

周朝统治早期（西周时期，公元前1045—前771年）的情况比前述的商朝更为人所知，因为有文本保存了下来，最重要的是《尚书》，这本书是诏令文书和其他历史文献的汇编，以及《诗经》，它是由305首反映国君、贵族、农民生活的民歌和乐歌构成的诗歌总集。另外，周朝的精英阶层用青铜铭文记录了他们的事迹和他们从周王那里获得的荣誉。

周王室

为了巩固统治，武王把领土分封给王室成员和功臣，他们只要保持对周王的忠诚，就可以管理其封地并获得利益。然后这些诸侯再将其领地分封给他们的支持者，这样就建立起了一个政治、社会和经济关系的金字塔形结构，借用欧洲中世纪的术语，常被称为“封建的”结构。

武王去世之后，他的儿子继位，是为成王。但成王年幼，无力亲政，于是一段时间由他的叔父们摄政，其中最重要的是周公。周公是早期中国历史上的著名人物之一，一个重要原因是哲学家孔子后来称赞他为理想的管理者，他作为摄政者在孱弱的新王朝建立之初无私地服务于年幼的侄儿，然后在合法统治者达到年龄之时忠实地将权力归还。 60

早期周朝统治者在其故乡（今西安附近）修建了一个新都，而随后的几个世纪，其他城市中心也发展起来。城市按照方格形设计，与北极星对齐，防御墙的大门朝着城市的中心方向，主要建筑面向南。这与古代早已存在的“风水”相一致，确定建筑布局的方向，使城市与地势、风向、水、阳光，以及流过自然界的看不见的能量，形成相互和谐的关系。

宗教与日常生活

随着周神“天”新的首要地位确立，加上对商代宗教实践的继承，形成了新的占卜形式。一种日益流行的方法是将一把长短不一的蓍草秆投扔，对其形成的图形样式进行解释。随着时间的推移，记录文本逐渐增多并被汇编起来，这就是《易经》，这本书详细解释了蓍草秆形成的标准六十四卦式中每一卦的意思。后来，这种占卦行为及其解释文本也被用作自测和推测世界的运行方式。

《诗经》展示了早期中国人——精英与民众、男性与女性、城市与乡村居民等不同社会层面的生活、活动和情感。我们可以从中采集到许多关于早期中国妇女地位的信息。一些诗歌描写了男女相互选择和从事婚外性活动。还有一些诗歌讲述了包办婚姻，年轻女子焦虑地离开自己的家庭，去一个陌生丈夫的新家庭。一首诗描述了新生男婴和女婴在贵族家庭中受欢迎的不同方式。男孩像一个小贵族那样被接纳：放在床上，用豪华襁褓包起来，给他一块璋玩耍，象征他未来拥有的权力。女孩被放在地上，把纺车上的瓦给她，表示她未来要承担的责任和家务劳动。

分裂与割据

从公元前11世纪至前8世纪，周王的权力逐渐衰微，主要是因为领地和权力被分割。公元前771年，周的都城遭受敌人的联合攻击，周王被迫迁都东边的洛阳。这一变化开启了东周时期（公元前771—前221年）。在这一时期，周王徒有虚名，遍布北方和中原的诸侯拥有实际独立地位，对周王只给予名义上的效忠。

东周前期因《春秋》这一幸存文本而被称为春秋时期（公元前771—前481年）。《春秋》简约地记载了东部小国鲁国的历史事件，后来一些作者为之作传，使这一梗概性记录得到充实。这一时期的诸侯国经常相互争斗，使用不同的策略来保护自己并获得更多利益，包括争取外交主动、改变联盟、突然袭击、暗杀和常规战争。其时总的趋势是逐渐合并成少数几个更强大的诸侯国。

战争是这一时期的常态，战争的特点与技术也发生了重要变化。在商朝和周的早期，战争主要由精英成员参加，他们乘上战车，把作战当作展示技巧和勇气的机会，坚持英雄行为的规则。但在东周时代高度危险的战斗中，军队的构成发生了变化，由征募农民组成人数众多的军队进行血腥搏击，不受贵族礼节的束缚，造成战争中大量伤亡。一些人对战争进行研究并写成手册，例如孙子的《孙子兵法》。孙子探讨战争的方法，是把战争当作棋弈，一个成功的将军会使用计谋、充分利用地形、对朋友和敌人进行心理操控。最好的胜利是不战而屈人之兵，将毫发未损的敌方资源吞并。

技术进步也影响战争。在周朝的最后几个世纪，中国人从北方游牧民族那里学会了骑马作战。到公元前600年，铁开始取代青铜成为主要的金属工具和武器。骑马的证据表明，冶铁也是从西北游牧民族传到中国的。中国的金属匠是 61
世界上最早铸造钢的人，他们在炼铁的过程中通过去掉碳的成分而制作成钢。

另一重大进步是管理各诸侯国的官府，规模日益扩大，也越来越复杂。诸侯下令详细登记人口、耕地和农产品，这样官府可以强制农民为公共建设工程（挖掘和维修灌溉渠，修建道路、防御城墙、宫殿）服劳役，征募他们当兵，向他们征税。富有经验的官吏管理着日益扩大的书吏、财务官和司土等官僚机构，他们在各种事务上向诸侯提建议。这样就出现了一个有文化和有作为的阶层，他们从一个诸侯国旅行到另一个诸侯国，为统治者服务，并提出理想政府的学说。

3.1.4　儒家、道家与中国社会

东周时代虽然遭受着政治分裂、经常战乱和焦虑不安，但也是一个文化大发展的时代。中国文明中最具影响的两大“哲学”体系——儒家和道家，便是起源于这一时期，后来它们得到进一步发展，并不断适应社会环境的变化。

儒家

孔子：中国哲学家（公元前551—前479年），他的忠孝和仁政学说对后来的中国影响很大，成为官吏的行为守则。

孔子以其名字的拉丁文形式“Confucius”为西方人所知。他曾试图在当时的诸侯国中谋得一官半职，但几次都没有成功，此后便从公共生活中隐退。他吸引了一群学生，向学生阐发他关于国君、道德行为和为政的思想。他的言语由其弟子口头流传了下来，经过几代之后汇编成了《论语》（见“多样性与主流:《论语》与《韩非子》论人性和仁政”）。这一著作和几部被认为经过孔子编订的早期著作——《尚书》《诗经》《易经》和《春秋》，成为儒家的核心文本。

孔子继承了传统的制度与价值并赋予它们新的形式和意义。他把早期周朝视为明君和仁政统治下的太平盛世，是他生活的那个“礼崩乐坏”的社会应该回归的楷模。他还强调“礼”或行为规范的重要性，因为它能在人们的日常互动中指导人们的行为，促进人际关系的和谐。

孔子认为，家庭是社会的基本元素，规范家庭成员行为的方式，是为他们成为社会成员做准备。每个人根据年龄和性别在等级秩序中都有其位置与义务。子女对父母的“孝”包括顺从、尊敬和爱，类似于臣民对君主的忠。孔子主张的另一个基本美德是“仁”，有时被翻译为“仁慈”，传统含义是家庭成员之间的感情，它被扩展为一种关于仁慈与同情的普遍理想，希望能够渗透到一切活动之中。儒家把道德价值渗透于使社会各个层面平稳运行的实践活动之中。它为人们提供了一个哲学的和伦理的框架，以引导个人的生活和理解其在世界中的位置。然而，它不是宗教。孔子敦促人们尊敬神灵、祖先和宗教传统，他认为这些超自然的事物是不可知的。

孔子的思想在当时几乎不为人所知，但他的教诲保存了下来，逐渐传播给了更多听众。一些弟子把儒家引向了新的方向。孟子（公元前371—前289年）在其生活的时代为传播孔子的思想付出了努力，他认为所有的人在本质上是善良的，如果人们由一位具有美德的人引导，示以正确的道路，他们就会自愿做正确的事情。但荀子（约公元前310—前210年）却得出不同的结论，认为人们被迫做出适当的选择。（这种看法导致了一个被称为“法家”的思想派别的发展，本章后面将予以讨论。）我们将在第6章中看到，在一些皇帝统治时期，儒家经阐发成为占统治地位的政治哲学和官吏教育体系的核心。

道家：中国的思想派别，由战国时期的老子创立。相对于儒家强调的社会等级和尽忠尽孝，道家为人们提供了另一选择。

道家

如果说儒家强调社会参与，那它的对手**道家**，则主张从空洞的礼节、严格的社会等级和中国社会的纷扰中逃避出来。老子被认为是道家的创始人，但事

多样性与主流

62

《论语》与《韩非子》论人性和仁政

尽管君主制（由一个人统治）是古代中国政治的标准形式，而且很少受到挑

战，但政治理论家和哲学家还是对理想君主的品质、君臣关系以及他控制臣民的手段，提出了许多思考。这些关于如何治理人民的思考，不可避免地要受到对人性的基本假设的影响。在战国时期，当大国为了生存和扩张而相互厮杀之时，这种讨论显得尤为紧迫，儒家和法家代表了两种有影响的、同时在很大程度上也是相互对立的观点。

《论语》是孔子的言论集，可能汇编于孔子之后的数代弟子，其中有些内容可能由后人做了增补。《论语》的内容涉及广泛，包括伦理、管理、教育、音乐、礼仪。总体来看，它是一本指导生活的手册，引导人们过一种受人尊敬的、有道德的、有益的、令人满意的生活。虽然，儒家思想随着时代的变化需要重新解释，但儒家原则从那以后对中国人的价值观和行为产生了巨大的影响。

具有讽刺意味的是，韩非（公元前280—前233年）曾是一个儒家学者的学生，却成了一个法家学者和野心勃勃的秦国国君的谋士。他最后在宫廷权力斗争中失败，被迫自杀。

下面文选表明了儒法两家在以下两个问题上的巨大分歧：一是关于根本人性的看法；一是关于国君为了最有效地治理臣民和捍卫国家该采取何种行为的观点。

孔子

4:5 子曰："富与贵，是人之所欲也，不以其道得之，不处也；贫与贱，是人之所恶也，不以其道得之，不去也。君子去仁，恶乎成名？君子无终食之间违仁，造次必于是，颠沛必于是 。"

16:8 子曰："君子有三畏：畏天命，畏大人，畏圣人之言。小人不知天命而不畏也，狎大人，侮圣人之言 。"

4:14 子曰："不患无位，患所以立；不患莫己知，求为可知也。"

7:15 子曰："饭疏食饮水，曲肱而枕之，乐亦在其中矣。不义而富且贵，于我如浮云。"

13:6 子曰："其身正，不令而行；其不正，虽令不从。"

12:2 仲弓问仁。子曰："出门如见大宾，使民如承大祭。己所不欲，勿施于人。在邦无怨，在家无怨。"

1:5 子曰："道千乘之国，敬事而信，节用而爱人，使民以时。"

2:3 子曰："道之以政，齐之以刑，民免而无耻；道之以德，齐之以礼，有耻且格。”

12:7 子贡问政。子曰：“足食。足兵。民信之矣 。”子贡曰：“必不得已而去，于斯三者何先？”曰：“去兵 。”子贡曰：“必不得已而去，于斯二者何先？”曰：“去食。自古皆有死，民无信不立。”

12:19 季康子问政于孔子曰：“如杀无道，以就有道，何如？”孔子对曰：“子为政，焉用杀？子欲善，而民善矣。君子之德风，小人之德草。草上之风，必偃。”

63 2:19 哀公问曰：“何为则民服？”孔子对曰：“举直错诸枉，则民服；举枉错诸直，则民不服。”

2:20 季康子问：“使民敬、忠以劝，如之何？”子曰：“临之以庄，则敬；孝慈，则忠；举善而教不能，则劝。”

韩非

夫古今异俗，新故异备。如欲以宽缓之政，治急世之民，犹无辔策而御駻马，此不知之患也……

夫垂泣不欲刑者，仁也；然而不可不刑者，法也。先王胜其法，不听其泣，则仁之不可以为治亦明矣……

是以赏莫如厚而信，使民利之；罚莫如重而必，使民畏之；法莫如一而固，使民知之……

今贞信之士不盈于十，而境内之官以百数……故明主之道，一法而不求智，固术而不慕信……

夫圣人之治国，不恃人之为吾善也，而用其不得为非也。恃人之为吾善也，境内不什数；用人不得为非，一国可使齐。为治者用众而舍寡，故不务德而务法。……

今世儒者之说人主，不言今之所以为治，而语已治之功……有度之主不受也。故明主举实事，去无用，不道仁义者故，不听学者之言。

今不知治者必曰：“得民之心。”……民智之不可用，犹婴儿之心也。夫婴儿不剔首则腹痛，不副痤则浸益。……婴儿子不知犯其所小苦致其所大利也。

今上急耕田垦草以厚民产也，而以上为酷；修刑重罚以为禁邪也，而以上为严……境内必知介而无私解，并力疾斗，所以禽虏也，而以上为暴。此四者，所以治安也，而民不知悦也。

资料来源：Confucius selections from "The Analects of Confucius," translated by A. Charles Muller, from http://www.acmuller.net/con-dao/analects.html. Reprinted by permission of Charles Muller. Han Fei selections from *Sources of Chinese Tradition*, Vol. 1 (paper) by De Bary, William T. Copyright 2000 by Columbia University Press. Reproduced with permission of Columbia University Press in the format Textbook via Copyright Clearance Center.

分析问题

孔子和韩非认为人性如何？是性本善还是性本恶？

孔子和韩非认为一个完美的君王的品质有哪些？

在儒家思想中，君王通过什么手段能够影响其臣民？在法家思想中，君主应该如何迫使百姓顺从？

关于历史为今人效法的价值，儒家和法家是如何看待的？

当政权的规模和权力不断增长时，孔子对官吏和君王道德行为的关注为什么也增加了？

实上人们对他的情况一无所知，一些学者怀疑他的存在。老子被认为撰写了道 64
家的基本文献《道德经》，这是一部含义模糊而充满悖论的晦涩难懂的文献，美丽的诗性比喻和对“道”可望而不可即的暗示，无法用言语来解释。它提出了这样的问题：我们所生活的物质世界是真实的，还是一种妨碍我们感知更高实在的幻觉？它认为，教育、知识和理性分析是理解的障碍，培养我们的感觉和相信我们的直觉可能会更好。遥远的元初世界在受文明与“知识”玷污以前是快乐和幸福的。老子通过从混乱社会的纷扰事务中退隐，力争过一种宁静生活。他反对无谓的争斗，使自己柔弱以对，这样对人的冲击力就可以不致伤害。他选择“无为”，因为无为而致有为。他不惧怕死亡，因为死亡也许只是转变成了另一种存在。最后，在一个变化多端和毫无道义的世界，最重要的是个体对“道”（自然法则）的根本理解，并与“道”同在。

道家与儒家一样，经历了几个世纪的持续演变，不断适应中国社会的变化，并且吸收了传统宗教、玄学和巫术中的许多因素。虽然，关于个人与社会的关系，道家和儒家看起来可能是完全对立的，但长期以来，许多中国人吸收了这两种传统，据说，典型的中国儒生官吏在工作和公共生活中是一个儒家学者，而其思想深处则是一个道家学者。

男性与女性角色

中国经典的家庭模式及其特性在周朝晚期初具雏形。商朝和周朝早期的亲属结构以氏族（一个由具有血缘关系的家庭组成的较大群体）为基础，但到晚期，由祖父母、父母和子女构成的三代家庭成为基本社会单位。父亲对妻子和子女具有绝对权威，他们安排子女的婚姻，并且能够出卖家庭成员的劳动。虽然妇女可以在家族祠堂中帮忙，但只有男子能够举行祭祀仪式和给祖先献祭。一个男子限于一个妻子，但允许拥有其他性伴侣，她们是地位较低的妾。一个男子在亡妻之后有义务再娶，以便有男嗣来维持家庭香火。相反，妇女禁止再嫁。

阴阳：中国人认为，互补因素有利于维持世界平衡。阳与男性、光明、主动的气质相联系，阴与女性、黑暗、被动的气质相联系。

在中国传统中，**阴阳**观念代表了男女角色在自然秩序中的互补性。男性气质（阳）等同于太阳：主动、明亮、发光；女性气质（阴）与月亮相对应：被动、阴暗、反射。许多男性气质被女性气质所平衡：女性的柔性对男性的刚性，女性的忍耐和需求对男性的行动和主动，女性的支持对男性的领导。在这种理论的早期形态中，把阴阳看作平等和交替地占主导地位，就像白天和黑夜一样，由此造成了世界的平衡。然而，随着周代妇女角色的变化，以及儒家意识形态的广泛影响，男性气质开始被认为优于女性气质。

3.1.5 战国时期（公元前481—前221年）

东周的第二阶段通常被称为战国时期（公元前481—前221年），因为诸侯国之间的竞争程度和战争规模都大大提高了。日益强大的诸侯国征服并吞并较小的对手，到公元前3世纪初，只剩下七个大国了。每个国家都采取一切办
65 法来寻求安全：修建城墙来保卫边境，尽可能保持最大规模的军队，对军队组织、战术和技术进行革新，进行管理技术创新以获取最大收入。一些战争是对抗中国边疆地区或者处于诸国之间的其他民族。除了自卫，战争的目的常常是为了扩大领土，获得更多农业土地，因为耕地最终是财富和人口增长的源泉。被征服的民族随着时间的推移而被吸收，在语言和文化上变成了华夏民族。

秦国与法家

这一时期所有国家中革新最大的是“中原国家”西边的秦国。秦国像以前的周一样，起源于渭河流域的边陲地区，易于遭受蛮族的影响和攻击，秦王掌握着一个由吃苦耐劳的农民组成的国家，这些农民组建了一支训练有素的庞大军队。公元前4—前3世纪秦国所处的不利环境，可能促使了秦王采取冒险措施，因为秦国最先采用法家学派的思想主张和方法。公元前4世纪中叶，商鞅主持了秦国变法运动。他声称，儒家从理想化的过去来寻找解决办法是错误的，他们认为国君应该倾听臣民的意见也是天真的。在他看来，国君应该相信他自己的判断，运用一切必要的手段来迫使臣民服从和具有良好行为。最后，法家乐于牺牲个人自由来保证国家的安宁和繁荣。为了加强国君的权力，商鞅开始削弱秦国贵族的势力，派遣中央任命的官吏担任地方官，废除了许多贵族特权，通过要求实行诸子析产来分割大地产。尽管他卷入了宫廷纠纷，于公元前338年被杀，但公元前3世纪的秦王继续重用法家学者，推行法家的政策，在第6章中我们将看到，秦国通过法家改革获得了优势，国力空前强大。

本节回顾

在东亚多变环境中从事农业的挑战导致了复杂的、等级制社会的形成。

早期中国商周的统治者发展出了宗教意识形态（甲骨占卜，天命理论）用来证明君主制的正当性。

西周封建制随着时间推移逐渐削弱了君主的权威，导致了许多实际上独立的诸侯国的兴起。

周朝晚期的诸侯争霸导致了官僚机构、管理专家和更残酷战争的出现。

这一时期出现了相互对立的主要哲学体系：儒家、道家和法家。

虽然阴阳理论把男女两性的气质看作是相互依赖的，但认为男性在家庭中占统治地位，儒家的影响造成了妇女地位和权利的下降。

3.2 努比亚（公元前3100—公元350年）

自公元前1世纪以来，“努比亚”这一名称用来指尼罗河流域阿斯旺至喀土穆之间绵延1 000英里（1 600公里）的地方，跨越今埃及南部和苏丹北部（见地图3-1）。努比亚是联结撒哈拉以南的非洲和北非之间，唯一一直有人居住的地区。长达数千年，它充当了热带非洲和地中海之间贸易的走廊。努比亚富有黄金、铜、次等宝石等自然资源。

努比亚的地理位置及其自然资源，以及埃及对努比亚黄金的渴求，使得一个具有复杂政治组织、社会分层、冶金术、纪念性建筑和文字的文明较早在努比亚兴起。传统观点认为，努比亚文明只是对埃及文明的模仿，但学者们现在放弃了这种观点，而是强调埃及与努比亚之间的互利性互动，而且越来越多的证据表明，努比亚文化也吸收了撒哈拉以南非洲文化的影响。

66 3.2.1 早期文化与埃及的统治（公元前2300—前1100年）

努比亚的主要地理特征与埃及一样，仍然是尼罗河。这一段尼罗河流经的地貌，有布满岩石的荒漠、草地和肥沃的平原。由于气候酷热，北部地区几乎毫无降雨。河水灌溉对于农业非常重要。六个大瀑布由大岩石和急流构成，是阻碍船只航行的障碍物。但瀑布之间的通航和沿着河边的商队，使旅行和贸易成为可能。

公元前5千纪，努比亚北部的民族开始从半游牧的狩猎和采集向定居生活转变，种植谷物和放牧牛群。从此以后，大部分人口生活在沿河的农业村庄。甚至在公元前3000年之前，埃及的工匠就加工象牙和黑檀木，这些热带非洲的物产来自努比亚。

努比亚进入历史记载大约是在公元前2300年，古王国时期的埃及人描述了去南方的贸易使团。当时，正好处于第一瀑布北面的阿斯旺，是埃及控制的最南端。正如本章开头所述哈胡夫的旅程，埃及官吏驻留于此，带着驴子商队向南寻找黄金、黑檀木、象牙、奴隶和其他来自热带非洲的珍异动物。这是一项危险的工作，需要与当地努比亚首领进行巧妙的谈判以获得保护，但是，冒险成功者能获得巨大回报。

埃及的统治

中王国时期（约公元前2040—前1640年），埃及对努比亚采取了挑衅的态度。埃及统治者试图控制尼罗河东部沙漠中的金矿以取代努比亚中间商，因为这些中间商抬高了来自热带的奢侈品的价格。埃及在第二瀑布南边的岛屿和河岸上修建了一排泥砖要塞。这些要塞管理贸易货物的通过，保护埃及南部边境

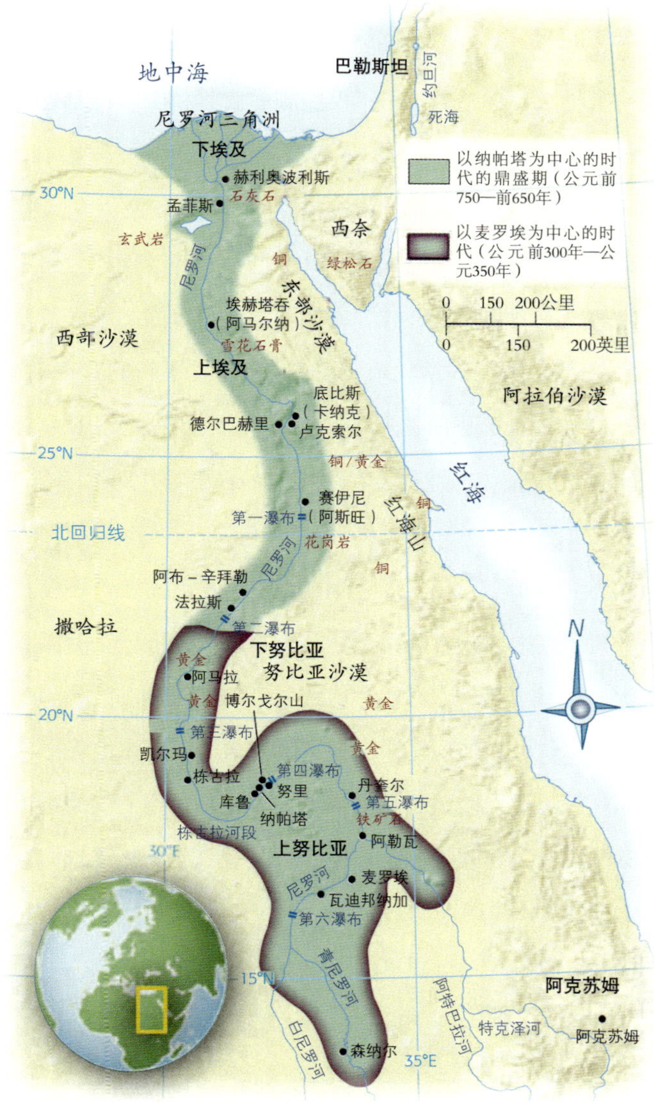

地图3-1　古代努比亚　一条陆路沿着流经努比亚的尼罗河，一直充当了连接撒哈拉以南的非洲和北非之间的走廊。被埃及占领了几个世纪，以及努比亚人对埃及一段时间的控制，加上雇佣兵和商人，给努比亚带来了埃及文化的显著影响。

不受努比亚人和沙漠游牧民族的袭击。这似乎是一种和平的关系，但埃及人驻地与北部努比亚本地居民之间几乎没有互动，这些努比亚人继续过着他们那古老的农耕和放牧生活。

在更南边，尼罗河在栋古拉河段这片肥沃的平原上形成了一个U形湾（见地图3-1）。在此，一个复杂的政治体于公元前3千纪由部落首领发展起来。埃及人称这个王国为“**库什**”，都城位于凯尔玛——热带非洲最早的城市中心之一。大约从公元前1750年起，库什国王用泥砖修建了防御城墙和纪念性建筑。

库什：努比亚的埃及名称，在埃及南面的尼罗河两岸区域，从公元前2千纪早期起兴起的一个带有自身独特制度和文化传统的本土王国。

数十甚至上百仆人和妻子为国王殉葬，还有从墓葬中发现的大量物品，证明了库什国王的富有和权力，也表明了相信阴世的存在，认为这些仆人和财产在阴世中是有用的。库什的工匠擅长金属加工，不仅能制成武器和珠宝，而且能生产出高质量的陶器。

67 在对外扩张的新王国时期（约公元前1532—前1070年），埃及人深入到了努比亚腹地（见第4章）。他们摧毁了库什王国及其都城，将其边境扩大到了第四瀑布。一个称为“南部国家的监督者”或“库什国王之子”的高级埃及官吏统治着努比亚，在博尔戈尔山附近的纳帕塔（Napata）建立了新的管理中心，博尔戈尔山被认为是一个本地神的居所，称为“圣山”。埃及人通过开采努比亚的矿山，向中东国家提供黄金。本地劳工在严酷的沙漠气候中死亡率很高，而且军队必须防范沙漠游牧民族的进攻。

埃及人在努比亚统治的500年，留下了明显的痕迹。埃及统治者将埃及文化强加给本地居民。精英家庭中的儿童被带到埃及王宫，以保证他在努比亚的亲属不会造反。他们吸收了埃及语言、文化和宗教，后来将这些带回了家乡。还有一些努比亚人在埃及军队中充当弓箭手。在努比亚人的坟墓中发现了从埃及带回努比亚的制造品。努比亚人按照埃及模式建立了城镇，还为埃及神祇特别是阿蒙神修建了石砌的神庙。阿蒙神经常被描绘成具有公羊头，这也许反映了这个埃及主神与努比亚公羊神的融合。

3.2.2　麦罗埃王国（公元前800—公元350年）

公元前1200年之后埃及的衰落导致了其权威在努比亚的崩溃。公元前8世纪，努比亚南部出现了一个强有力的本土王国。这一王国的历史可分为两个阶段：公元前8—前4世纪是早期，原先埃及人的总部纳帕塔是其主要中心；公元前4—公元4世纪是晚期，中心在更南边的**麦罗埃**，靠近第六瀑布。

麦罗埃：公元前4—公元4世纪努比亚南部一个繁荣王国的都城。这一时期的努比亚文化受埃及影响较少而受撒哈拉以南非洲影响较多。

大约从公元前712年到公元前660年半个世纪的时间，努比亚国王作为第二十五王朝国王统治了整个埃及。他们按照埃及统治者的古老方式来规范自己的行为。他们采用王室称号，穿传统服装，葬礼也按照埃及风俗。然而，他们保留了努比亚人的名字，仍然被描绘成具有撒哈拉以南非洲人的身体特征。他们开启了一场艺术与文化的复兴，在长达几个世纪第一次修建了大型纪念性建筑，复兴了埃及艺术、建筑和宗教。努比亚国王住在古王国时期的都城孟菲斯，而新王国时期的都城底比斯，则是独身的王室女性成员的居所，她们被称为“阿蒙神的妻子”。

努比亚人统治埃及

公元前701年，努比亚王朝犯了一个致命的错误，它支持巴勒斯坦的当地统治者反抗亚述帝国。亚述人以入侵埃及的方式来进行报复，并于公元前660
年把努比亚国王赶回到了其南部领地。纳帕塔又成了王室驻地和王国的宗教中 68
心。然而，埃及文化的影响深深地保留了下来。宫廷文献继续用埃及象形文字书写，统治者的遗体被制成木乃伊安葬于适当大小的砂岩金字塔，墓葬中还有数百个“夏瓦布提”小雕像。

南迁至麦罗埃

到公元前4世纪，王国的活动中心转移到了南部的麦罗埃，也许麦罗埃的位置更适合于农耕和贸易，这两项活动是努比亚王国的经济支柱。结果，撒哈拉以南非洲的文化模式逐渐取代了埃及文化模式。埃及的象形文字让位于一套新符号来书写麦罗埃语，这种文字基本上还未被释读。人们继续崇拜阿蒙神，以及与生殖力和性有关的埃及女神伊西斯。但是，他们同时也供奉努比亚神，例如狮神阿皮德马克（Apedemak）。麦罗埃艺术结合了埃及的、希腊罗马的和本地的传统。

王室妇女在麦罗埃政治中扮演了重要角色，这是撒哈拉以南的非洲影响的另一反映。在他们的母系制中，王位由国王姐妹的儿子继承。努比亚王后有时亲自统治，有时与丈夫一起统治。她们在战争、外交、修建神庙和金字塔陵墓等事务中发挥作用。在一些场景（在埃及肖像画中描绘男性统治者的地方）中，她们被描绘成在战争中痛击敌人和由母神伊西斯哺乳的人。

麦罗埃在当时来说是一个巨大的城市，面积超过一平方英里，控制着肥沃的草原和贸易路线的交汇处。修建了巨大的水库用来收集珍贵的雨水，同时这个城市也是一个主要的冶铁中心。虽然这座城市的大部分仍然掩埋在沙土之下，但在2002年，考古学家用磁力计探测被掩埋的建筑物，发现了一个巨大宫殿。通往阿蒙神庙的大街上排着石雕公羊，用墙围起来的“王城”区布满了宫殿、神庙和衙门建筑。被当作神的统治者由一个官吏、祭司和军队将领组成的职业阶层辅佐。

公元4世纪早期，麦罗埃王国衰落了。它受到了来自西面沙漠游牧民族的攻击，这些人由于拥有来自北非的骆驼而非常机动。在它衰落的同时，与罗马帝国之间有利可图的商业，也转向了红海和正在兴起的阿克苏姆王国（今埃塞俄比亚）。麦罗埃王国的终结与努比亚在远程商业贸易中的作用紧密相连，这就如同它的兴起一样。

本节回顾

努比亚的自然资源及其处于埃及与撒哈拉以南的非洲之间的贸易路线上的地理位置，加上埃及对努比亚黄金的渴求，这些都促使了一个复杂的文明在此较早兴起。

由于埃及人的长期统治，以及努比亚统治者控制了埃及一段时期，使努比亚的文化和技术受到埃及的强烈影响。

麦罗埃王国时期，努比亚文化受到来自撒哈拉以南的非洲的强烈影响，王后的重要作用就是见证。

麦罗埃城非常宏大，有不朽的王宫、神庙和林荫大道。它控制着农业和商业，也是冶金中心。

努比亚在公元4世纪早期的衰落，是由于贸易路线的转移和沙漠游牧民族的攻击。

3.3 凯尔特欧洲（公元前1000—前50年）

欧洲大陆

欧洲南部的半岛——今天的西班牙、意大利和希腊——共享着地中海地区的温和气候，高高的山脉（比利牛斯山和阿尔卑斯山）将其与北面“大陆的”欧洲相隔离。因此，古代南欧的历史主要与地中海及中东连接在一起，至少在罗马征服阿尔卑斯山以北之前是如此（见第4、5、6章）。

欧洲大陆（包括今法国、德国、瑞士、奥地利、捷克、斯洛伐克、匈牙利、波兰和罗马尼亚——见地图3-2）非常适于农耕和放牧。它拥有广阔的平原，土壤肥沃，气候适宜——有寒冷的冬天、温暖的夏天和充沛的降雨。它还富有自然资源，例如木材和金属，还有适于航行的大河，它促进了旅行和贸易。

69 人类在欧洲这一地区已居住了长达上万年（见第1章），但由于他们没有文字体系而极大限制了我们对这些早期居民的了解。大约在公元前500年，当凯尔特人从其发源地扩散至欧洲大部分地区时，他们开始与地中海地区的文字社

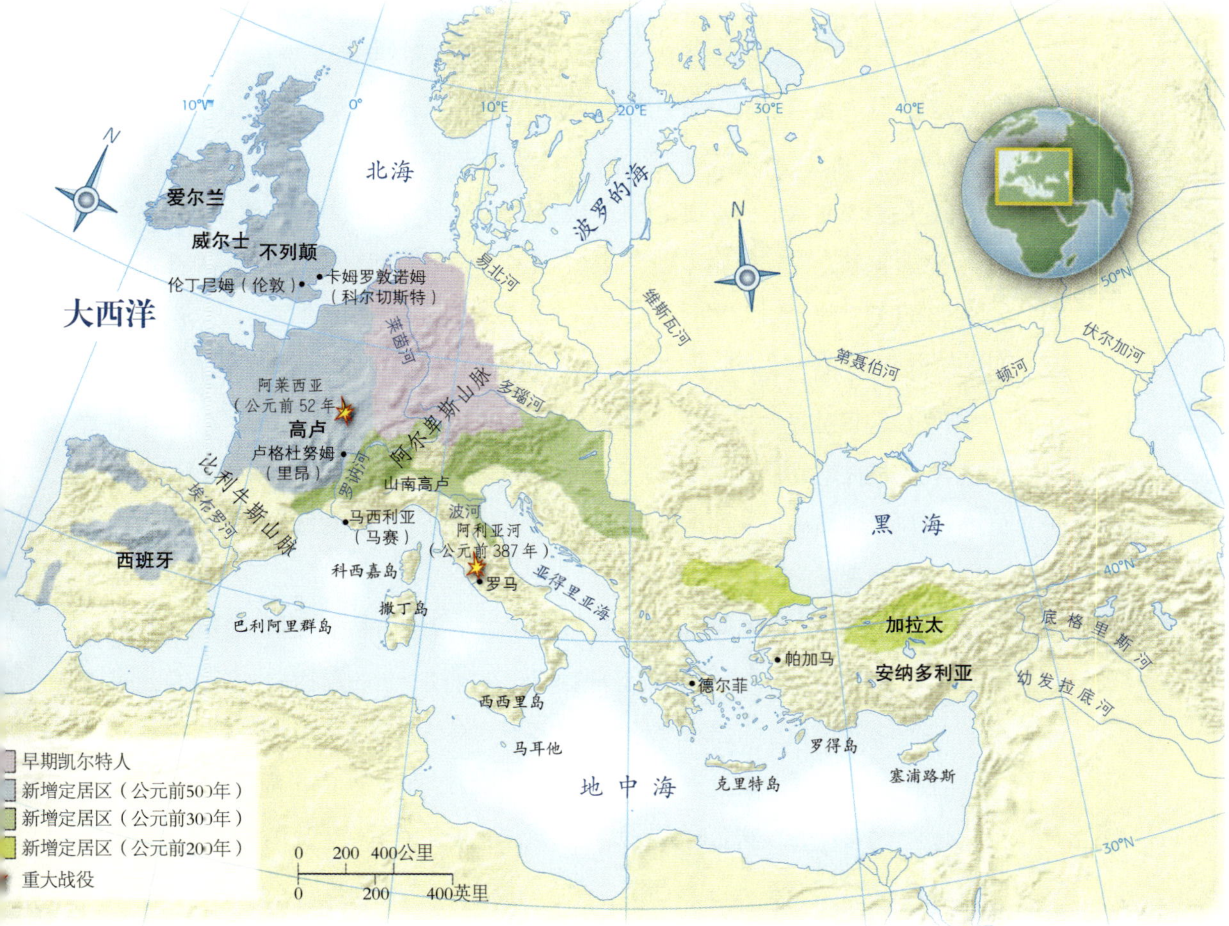

地图3-2　凯尔特民族　凯尔特文明于公元前1世纪上半叶起源于中欧。大约公元前500年，凯尔特民族开始迁徙，使凯尔特文明成为阿尔卑斯山以北的欧洲占主导地位的文化样式。凯尔特人与地中海地区民族（包括希腊人和罗马人）的互动，既有战争，也有贸易。

会接触，也由此进入了历史记载。关于早期**凯尔特人**的信息，主要来自考古发现、希腊和罗马旅行家及征服者的描述以及凯尔特人生活的威尔士和爱尔兰的口述传统（这些口述材料在欧洲中世纪被记录了下来）。

凯尔特人：公元前1千纪前半叶起源于中欧的、拥有共同语言和文化特征的民族。

3.3.1　凯尔特人的扩散

“凯尔特人”指整个欧洲、西亚和南亚的印欧语系当中的一支。学者们认为，首先在现今德国、奥地利和捷克发现的公元前1000年之后的考古踪迹，与凯尔特语族密切相关（见地图3-2）。早期凯尔特人大多生活在山丘堡垒之中或者附近，这些堡垒是在自然高地上用泥土修建而成的防御工事。到公元前500年，凯尔特人精英分子与地中海社会进行贸易，以获取工艺品和酒。这种接触可能促进了这一时期凯尔特制造品与艺术新样式的出现。

故乡与迁移

这些新文化特征的出现，恰好与凯尔特人社群迁移到欧洲其他地区的时间相一致。但是，民族迁移背后的动机、迁移的具体时间、迁移方式，都还没有完全弄清楚。凯尔特人占据了几乎整个法国、大部分不列颠和爱尔兰，与西班
70 牙北部的本地民族融合形成了凯尔特伊比利亚（Celtiberian）文化。还有一些凯尔特人社群越过意大利北部（他们于公元前490年洗劫了罗马），袭击了希腊中部，在安纳托利亚（今土耳其）中部定居下来。到公元前300年，凯尔特民族散布到了阿尔卑斯山以北的整个欧洲，从今天的匈牙利到西班牙和爱尔兰。他们的痕迹保留在今天欧洲的许多地名中。

地中海观察者

这些分布广泛的凯尔特人社群，拥有共同的语言和文化要素，但没有形成一个凯尔特“国家”，因为他们分成数百个小规模、组织松散的血缘社群。过去，有学者主要根据希腊和罗马作家的观察资料，建立了一个凯尔特社会的一般图式。现在的学术研究则关注凯尔特民族中的差异，这种差异与他们之间的相似性一样多。古代凯尔特人认同他们自己属于某种类似于我们现代概念中的“凯尔特文明”，是不太可能的。

希腊和罗马作家为凯尔特妇女的外貌所震惊：魁伟的身材，长长的红发，粗浓的胡须，洪亮而低沉的声音，还有陌生的衣服、裤子（通常意味着骑马的民族）和扭曲的金项圈。尤其可怕的是凯尔特武士，他们裸身参加战斗，砍下敌人的头作为战利品。幸存者描述说，凯尔特人疯狂好战，英勇无畏，幼稚冲动，感情用事，喜欢吹牛，但机智敏捷，热心学习。

3.3.2 凯尔特社会

武士、祭司和民众

关于凯尔特社会最好的原始资料之一是罗马大将盖乌斯·尤利乌斯·恺撒的描述。恺撒在公元前58—前51年征服了高卢（今法国）。高卢的许多凯尔特人社群曾经由国王统治，但在罗马入侵时期，他们定期推举公共官吏，这也许是受到了希腊和罗马的影响。

凯尔特社会分成三个阶层：武士精英阶层，祭司和吟游诗人职业群体，普

通民众。武士拥有土地和大群牛羊，垄断了财富和权力。普通民众负责种地。凯尔特人修建住房（通常在英国是圆形的，在法国是矩形的）是采用抹灰篱笆墙——在木制构架上填充泥土和麦秆，用茅草覆盖屋顶。属于亲戚家庭的几座房子，可能用木栅栏围起来以便起到保护作用。

威尔士和爱尔兰的武士传奇故事，反映了这里的政治与社会发展阶段，比高卢的凯尔特社会要简单。他们相互劫掠畜群，沉迷于酗酒宴饮，喜欢斗智斗力。在宴会上，武士可能会打架身亡，只是为了一块上等肉——“属于英雄的那份”。

高卢和不列颠的凯尔特祭司是**德鲁伊德**（Druids），这些祭司形成了一个组织良好的宗教团体，履行宗教、司法和教育的职能。新祭司要花数年时间来记忆祈祷文、秘密仪式、司法判例和其他传统。祭司职业是一个跨越部落界线的凯尔特制度。德鲁伊德有时候能阻止两个互斗社群之间的战争，充当凯尔特人不同社群之间的法官。在公元1世纪，罗马政府试图废除德鲁伊德，可能因为担心祭祀仪式会充当凯尔特人反抗罗马统治的号召者，也因为祭祀仪式涉及 71

德鲁伊德：专门从事宗教的阶级，在一些古代凯尔特民族中举行宗教仪式和传承神圣的知识。

刚德斯特尔普大锅　这只银制的器皿发现于丹麦的一片泥炭沼，但它肯定是外来的。其年代一般定位在公元前2世纪或公元前1世纪。内侧的左边是赤脚骑马的凯尔特武士，带着菱形的盾和长长的战斗号角。在内侧的右边，是一个长着角的神，很可能是科努诺斯。

人祭。

凯尔特人通过耕种欧洲大陆那泥泞但肥沃的土地，拥有了较大的人口规模。他们的冶金技术也可能超过地中海民族。在法国沿海地区的凯尔特人，建造了可在海上航行的坚固船只，并且沿着欧洲适于航行的大河发展起了广泛的贸易网络。一件有利可图的商品是锡，凯尔特商人将其从英格兰西南贩运到法国南部卖给希腊人。到公元前1世纪，一些山丘堡垒逐渐发展成城市中心。

凯尔特妇女

妇女的生活主要集中在抚养小孩、食物生产和一些手工活。她们的地位要高于中东和希腊罗马地中海地区的妇女。希腊和罗马的历史资料描述的凯尔特妇女强健而自豪。威尔士和爱尔兰传说故事对她们的描述是机灵、自信，与她们的丈夫同坐在宴席上，并且参加到机智诙谐的对话中。婚姻是一种双方都贡献财产的伙伴关系。如果一方亡故，另一方有权继承财产。凯尔特妇女也比南欧妇女有更多性关系上的自由。

精英阶层妇女的墓葬中有大量用于阴世的衣物、珠宝和家具。精英家庭的女儿通常被安排与另一部落的领导成员结婚，以便建立联盟。当公元1世纪罗马人入侵凯尔特人居住的不列颠时，他们有时遭到由王后领导的凯尔特部落的反抗，虽然一些学者认为这是由罗马入侵造成的不正常情况。

3.3.3 信仰与知识

凯尔特宗教

历史学家所知道的凯尔特神（包括女神）的名字有400多个，大多数是与特定的地方或血缘社群联系在一起。广受尊敬的神包括光之神鲁格（Lug，也掌管工艺和发明），牝马女神埃波娜（Epona），长着角的神科努诺斯（Cernunnos）。“三圣母”（The Mothers）是三位女神在一起，手持丰产符，可能在生殖崇拜中扮演重要角色。万圣节前夕和五朔节中保持了凯尔特人的节日萨温节（Samhain）和贝尔坦节（Beltaine），这两个节日分别在农业周期中的关键时候举行。

早期凯尔特人没有建立神庙，但他们在觉得有神灵存在的地方举行崇拜，
72 如泉眼、小树林、小山顶等。在法国塞纳河和马恩河的源头，考古学家发现了大量隐藏的木雕，是由崇拜者投入水中的。

早期凯尔特社会的精英成员的墓葬中有大量殉葬品，这说明他们有类似于阴世的信仰。在爱尔兰和威尔士的传奇故事中，英雄和神灵可以在自然世界和

超自然世界之间来回穿梭，这种行为比其他文化里神话故事中的描述更容易，神秘事情的发生极为平常。凯尔特祭司还提出了一种关于投胎（灵魂在一个新身体里重生）的教义。

征服与同化

公元前2—公元1世纪，罗马人对西班牙、不列颠南部、法国和中欧部分地区的征服，限制了凯尔特社会的发展。这些地方的人民在很大程度上被罗马文化同化了（见第6章）。这就是为什么现代西班牙和法国居民的语言是源于拉丁语的原因。公元3世纪以后，日耳曼入侵者进一步削弱了凯尔特人的力量，而且日耳曼语也成为英语的重要基础。只有在欧洲大陆的西部边缘——布列塔尼（法国西北部）、威尔士、苏格兰和爱尔兰，凯尔特民族才将其语言、艺术和文化保持到了现代。

本节回顾

约公元前500年，说凯尔特语的民族开始从中欧扩散到“大陆”欧洲的大部分地区。

我们对古代凯尔特人的了解，主要来自考古发现和希腊罗马观察者的记载，他们把凯尔特人描述为易冲动和好战的人。

凯尔特人生活在较小的血缘（部落）社群中，由武士精英领导。山丘堡垒是集合和避难的地方。

凯尔特人在自然界中的一些地方进行多神崇拜。德鲁伊德是高卢（法国）和不列颠的一个祭司阶层，在宗教、教育和部族间的法律事务中起着重要作用。

罗马帝国对凯尔特领土的征服，以及其后日耳曼人的入侵，把凯尔特语言和文化排挤到了欧洲大陆的边缘地区。

3.4　美洲最初的文明：奥尔梅克和查文（公元前1200—前250年）

关于人类到美洲居住的新理论认为，移民过程可能比原先猜想的要更复杂，很可能涉及海上旅行，以及艰苦跋涉跨越西伯利亚和阿拉斯加之间的陆桥。一般认为，人类从亚洲经过一系列的迁徙才到达西半球（见第1章）。一些学者提出，最早的移民发生于公元前3.5万—前2.5万年，但大多数学者认可一个较晚的时间，即公元前1.8万—前1.4万年。因此，西半球的居民实际上与世界其他地区的隔绝至少有1.5万年。

经历数千年之后，美洲人口增长起来并扩散到整个西半球，适应了那里的各种环境，包括极地、热带雨林、高山地区、荒漠、林地和大草原。早在公元前1000年以前，新植物品种的栽培、新技术的运用以及贸易在一定程度上的发展，导致几个地区出现了更严重的社会分化和城市化的开端。到公元前1000年，一些中心开始将其政治和文化的影响力扩展到更广阔的区域。西半球最有影响的两种文化传统在中部美洲（墨西哥和中美洲北部）和南美洲的安第斯山区发展起来。奥尔梅克和查文的文化传统可能持续了1 000多年。

3.4.1 中部美洲的奥尔梅克文明（公元前1200—前400年）

中部美洲是一个地理和气候具有多样性的地区。这里在地质上非常活跃，有过地震和火山爆发。山脉将这一地区划分成不同的小环境，包括墨西哥河谷和危地马拉高地的温和气候，佩滕和墨西哥湾沿岸的热带森林，尤卡坦南部和伯利兹的雨林，尤卡坦北部干旱的灌丛林（见地图3-3）。

在这些生态龛位中，美洲人发展出了专门的技术来利用本地动植物和黑曜石、石英、玉石等矿物。早期居民依靠这一地区丰富多样的植物和捕鱼为生。
73 到公元前3500年，中部美洲的主要粮食作物——玉米、豆子、南瓜——已经栽培出来，树薯这种含有大量卡路里的块根农作物，也开始在泛滥平原种植。农民能够生产稳定的剩余食物，为最初的工匠专业化和社会分层提供了条件。最后，不同环境地区之间的接触导致了贸易和文化交流。反过来，贸易的加强，农业产量的增加，人口的增长，又导致了城市化和有权威的政治及宗教精英的出现。随着宗教精英和政治精英的形成，他们利用其声望和权威来组织人们开挖灌溉渠和排水沟，在沼泽地修垒耕地以便能够精耕细作，还修建纪念性宗教建筑和民用建筑。

奥尔梅克文明：最早的中部美洲文明。大约在公元前1200—前400年，墨西哥中部的奥尔梅克人创立了一个充满活力的文明，包括精细农业、大范围贸易、仪式中心和纪念性建筑。

奥尔梅克文明的起源

最有影响的早期中部美洲文明是**奥尔梅克文明**，它在公元前1200—前400年处于繁荣时期（见地图3-3）。奥尔梅克文明的中心靠近现今墨西哥韦拉克鲁斯和塔巴斯科两州的热带大西洋沿岸地区。最早的主要中心是圣洛伦佐（San Lorenzo）、拉文塔（La Venta）和特雷斯-萨波特斯（Tres Zapotes）。这些早期

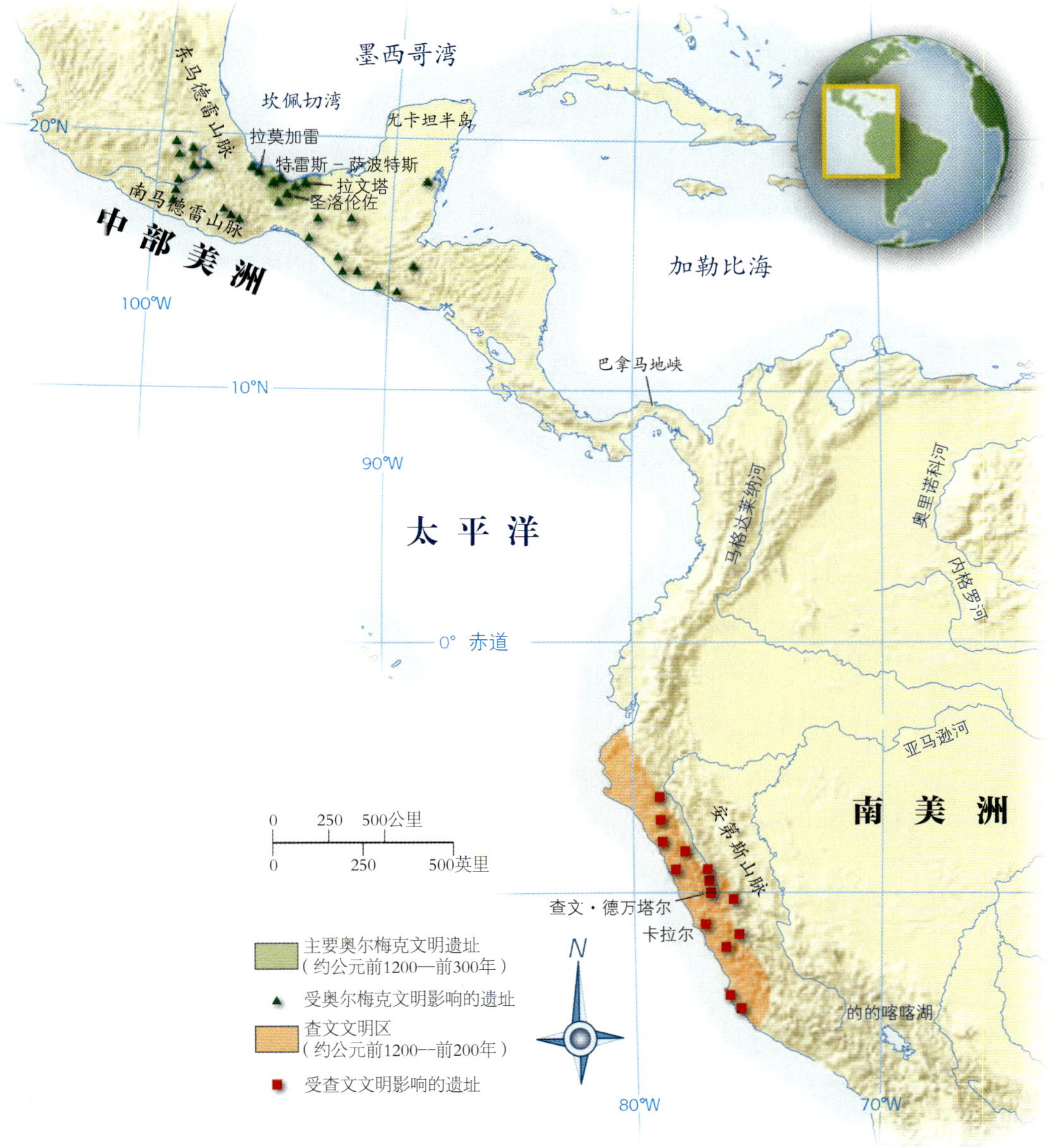

地图3-3 奥尔梅克文明和查文文明 中部美洲地区和南美洲安第斯山高地从很早时候起就出现了令人惊叹的文明。奥尔梅克和查文的文明是这两个地区的源头文明，为这两个地区奠定了建筑、城市规划和宗教的基础。

美洲遗址的名字是它们的现代名称，因为没有文字记载，古代名称不为人所知。以圣洛伦佐为中心的时期在公元前1200—前900年，与此同时拉文塔也发展起来，并在公元前900年圣洛伦佐被抛弃或被毁之后，成为最重要的奥尔梅克文明中心。特雷斯－萨波特斯是最后的统治中心，当拉文塔在大约公元前600年崩溃或被毁之后，它兴起发展成为中心。这些中心之间的关系至今还不清楚。学者们几乎没有发现什么证据能够说明它们是相互竞争的城邦，还是在一个中央政权之下相互依赖的城市中心。每个中心似乎是独立发展起来的，它们开发和
74 交换专门的产品，如盐、可可豆（巧克力豆）、陶器和石灰石。每个主要的奥尔梅克文明中心最终都被放弃了，其遗物都遭到破坏并被掩埋，建筑物被毁。考古学家对这些事件的解释不尽相同，一些人认为这是内部动乱或邻近民族军事攻击的证明，而另一些人则提出，这些是与统治者死亡密切相关的宗教仪式。

仪式中心

用泥土堆砌成的大平台和土墩在奥尔梅克城区中心占有显赫位置。由于缺少稠密的住宅区，学者们认为这些中心主要是用于集体仪式和政治活动，在一年当中的特定时间，乡村人口被召集到城里参加仪式和活动。一些平台也用作精英住宅的基地，这实际上把精英提高到高于民众的地位。因为这些中心常住人口较少，显然，奥尔梅克文明的精英能够要求和指挥住在周边成千上万人的劳动，完成一些不需要什么技术的任务，例如搬运泥土和石头等建筑材料。有技艺的工匠住在城里或城市中心附近，以雕刻和雕像来装饰建筑物。他们也生产高质量的工艺品，如精细的玉雕、项链、仪式性的刀和斧头。也有证据表明存在一个商人阶级，他们与远方的民族交换黑曜石、玉石和陶器。

精英穿戴优雅的服装珠宝，住在饰有精美工艺品的住宅里，而平民则住在用木棍和泥土修建的小陋室里。由奥尔梅克精英组织的集体劳动也对平民有益，因为这可以增加食物生产，生活更有保障。人们喜爱更丰富多样的饮食。在平民的住房里，也发现了实用的罐子，还有与宗教信仰相联系的小陶像和小石雕。这表明，至少城市化和精英阶层的繁荣所带来的一些好处，也在社会中得到广泛分享。

宗教与权力

关于奥尔梅克文明的政治结构，人们知道得很少，但其主要城市中心的兴起与宗教及世俗角色合一的王权的出现似乎是相一致的。统治者及其亲属集团的权威，从一系列巨大的石雕头像表现出来，一些头像高达11英尺（3.4米）。由于每个头像都是独一无二的，因此考古学家认为它们是用来纪念一个个统治者的雕像。这种说法由头像在主要城市中心（尤其是圣洛伦佐）附近的位置这一点得到佐证。这些杰出的石雕是奥尔梅克文化不朽的纪念碑。

奥尔梅克精英用精心安排的宗教仪式来控制这个繁序社会。成千上万的平

奥尔梅克文明中的头像

由玄武岩雕刻而成的巨大头像是广泛认可的奥尔梅克文化遗产。共发现了16个头像，最大的接近11英尺（3.4米）高。奥尔梅克文化的考古专家们认为，这些头像是单个统治者、武士或赛球手的肖像。

民从乡间被吸引到中心来参加令人敬畏的典礼。铺有石板的高台和土墩充作这些仪式的背景幕。统治者及其近亲通过放血和人祭而与神联系在一起，这种证据在所有城市中心都有发现。 75

奥尔梅克人是多神信仰，他们的大多数神同时具有男性和女性的特性。人类和动物的特征也被混合在一起。人类有能力把自己变形成为动物，如美洲虎、鳄鱼、蛇和鲨鱼，这些都是常见的装饰图案，统治者还与美洲虎有着密切关联。

萨满（声称有能力直接与超自然力量接触的个人）依附于精英，负责组织宗教生活和对定期的降雨（它对农业生活至关重要）提供实用的建议。他们通过对星星的仔细观察，制定出了一部历法，用于组织庆典生活和农业生产。他们将仪式中心设计成与某些星星的运行轨道成一直线的样式。他们很可能负责发展出了一种文字形式（但尚未被释读出来），这种文字可能影响了后来玛雅人的文字发明（见第12章）。奥尔梅克人也可能是一种仪式性球赛的始创者，这种仪式性球赛成为中部美洲庆典生活中一项持久不衰的活动。

文化遗产

几乎没有证据表明存在一个奥尔梅克帝国。如果这个社会在科技和农业上的能力有限，那么奥尔梅克政权也不可能将军事力量投放到很远的地方。然而，对奥尔梅克产品和雕像的发现，如饰有美洲虎神的玉雕，远达中美洲的太平洋沿岸和墨西哥中部高原，这表明奥尔梅克文化影响到了一个广阔的区域。这一影响可能持续了几百年。所有后来的中部美洲文明都共同拥有物质文化、技术、宗教信仰和仪式、政治组织、艺术、建筑和运动的基本元素。

3.4.2 早期南美洲文明：查文（公元前900—前250年）

在安第斯山区，地理和环境在人类社会的发展中起了关键作用。这一地区当中不同的环境——多山的中心区、干旱的滨海平原、稠密的内地丛林——对人们形成了挑战，促使了专门化的地区性产生，以及广泛的社会制度和文化价值的发展，这些制度和文化价值有利于区际交流和共同承担劳动责任。

贸易与查文的兴起

安第斯山区最早的城市中心是一些拥有数百人的村庄，它们建在滨海平原或海岸附近的丘陵地带。秘鲁沿海有丰富的鱼和软体动物，这为他们提供了可靠的食物来源，同时玉米种植从中部美洲引入，也增加了沿海和内地丘陵区的食物供应，促进了城市化的发展。滨海平原的居民用鱼、贝和装饰性贝壳能够换取丘陵地带生产的玉米和其他食物，后来还有纺织品。这两个地区之间还交流庆典仪式、宗教图案和审美观念。

最近的发现表明，早在公元前2600年，苏佩河谷的卡拉尔（Caral）这个巨大遗址曾经发展出了许多文明特征（现在被视为后来安第斯山区文明的标志），包括仪式广场、金字塔、高台和土墩、广泛的灌溉工程。在卡拉尔，巨大的公共工程表明这里有成千上万的居民，有一个能够组织大范围内海产品和农产品的生产和分配的政治组织。

查文：南美洲最初的主要城市文明（公元前900—前250年）。

查文（见地图3-3）继承了卡拉尔许多文化和经济的特征。查文的都城查文·德万塔尔（Chavín de Huantar）位于1.03万英尺（3 139米）高的安第斯山脉东部，处于现代利马城的北面。在公元前900—前250年，查文统治着一个人口稠密的区域，包括秘鲁滨海平原和安第斯山丘陵地带的大部分地区。查文·德万塔尔位于贸易路线的交叉点，使这座城市的统治者从不同生态区之间的贸易中获得生机与繁荣，并拥有了胜过这一地区其他竞争者的优势。随着查文的发展，它的贸易使沿海经济与下述生产者联系了起来：奎奴亚藜（一种当地谷物）、玉米、马铃薯的内陆生产者，山谷中美洲驼的牧人，以及（在较小程度上）安第斯山脉东侧热带低地的古柯（叶子用来咀嚼，产生一种温和的麻醉作用）和水果生产者。

这些贸易网络的发展导致了互惠的义务劳动，这使得修建和维修道路、桥梁、神庙、宫殿、大型灌溉和排水工程，以及纺织品生产成为可能。我们还不清楚查文的互惠义务劳动的具体性质。在后来的安第斯山文明中，人们共享公有地，出自一个共同祖先的亲族群体会组织这种义务劳动。群体中的成员认为他们都是兄弟姐妹，应该相互帮助，这为我们提供了一个安第斯山社会的劳动组织和物品分配的模型。 76

美洲驼最先在秘鲁内陆山区喂养，是美洲驯养出来的唯一的驮畜，它在安第斯山区的整合中起了重要作用。美洲驼提供肉和毛，并且可以减少运输货物所需要的劳动。一个人可以驱赶10—30只动物，每只最多可以驮70磅（32公斤），而一个搬运工只能扛大约50磅（22.5公斤）。通过将货物从一个生态区运输到另一个生态区，美洲驼促进了生产专门化和贸易的增长。因此，它们对查文的发展起了至关重要的作用，正像骆驼在促进跨撒哈拉沙漠贸易中的作用那样（见第8章）。

美洲驼：南美洲安第斯山区一种本土的有蹄动物，是美洲在欧洲人到来之前驯养出来的唯一的驮畜。

社会与技术

这一时期的阶级分化似乎日益加剧。现代学者发现，查文的政治由地方首领和一个更强有力的首领或国王共同掌握。宗教生活由一个祭司阶层管理。雕刻、陶器和纺织品中最常见的装饰图案是一个美洲虎模样的人，在观念上与奥尔梅克的象征物相似。在这两种文明和美洲其他许多文化中，这种威猛的食肉动物一直是宗教权威的象征。

查文包括一大片多层平台的综合体，平台由填充泥土、碎石和表面铺设的石块或土砖（用黏土和草秆做成然后晒干的砖）构成。用于宗教仪式或精英住宅的小建筑物修建在这些平台上。几乎所有的建筑物都装饰着浮雕，刻着大毒蛇、秃鹰、美洲虎或人形。查文·德万塔尔最大的建筑每边长250英尺（76米），高50英尺（15米）。它里面的空间包括狭窄的走廊和一些小房间，这些小房间可能是用来存放王室祖先遗体的。

西半球的冶金术于大约公元前500年首先在安第斯山区发展起来。冶金术后来传到中部美洲，就像安第斯山区的玉米种植来自中部美洲，这表明了这两个地区之间持续不断的贸易和文化接触。对查文·德万塔尔和一些小中心的考古研究，发现了引人注目的白银、黄金与合金装饰品，这反映了一种相较于早期技术的明显进步。纺织品的织造和饰纹都有改进，这也与查文的兴起联系在一起。墓葬中发现的高品质纺织品、金冠、胸甲和珠宝，很容易把统治者从平民中识别出来。这些贵重的物品，陶器的质量和数量，主要中心的纪念性建筑，都表明了具有高超技艺的工匠已经存在。查文制造品的高品质，为查文文化赢得了名誉和声望。

查文都城的巨大规模，它的陶器样式、宗教图案和建筑形式散布广泛，这使得一些学者得出结论：查文用军事力量对其邻近居民强加了某种形式的政治和经济控制。然而，大多数学者认为，就像奥尔梅克文明一样，查文的影响也更依赖于具有吸引力的宗教信仰体系及其相关仪式的发展。查文最有影响力的宗教象征物——美洲虎神——在一个广阔的区域传播，考古证据也表明查文·德万塔尔充当了朝圣之地。

衰落

77 没有令人信服的证据（比如损坏的建筑或打破的雕像）来证明查文的衰落（不像奥尔梅克中心那样）与征服或叛乱有关。然而，最近的研究表明，大约公元前200年在整个地区日益增加的战争中断了查文的贸易，动摇了统治精英的权威。不管是何原因导致了这一强有力文化的崩溃，查文的物质文化、治国方法、建筑和城市规划影响了安第斯山区几个世纪。

本节回顾

早在公元前1000年之前，新栽培出来的植物、新技术和贸易导致了中部美洲和南美洲安第斯山区更严重的社会分层和城市化的开端。

中部美洲的奥尔梅克文明（公元前1200—前400年）和安第斯山区的查文文明（公元前900—前250年）都进行不同生态区的物品交换。他们的方式得到广泛仿效并持续了后来很长一段时间。

统治精英住在城市中心，举行精心安排的宗教仪式以吸引臣民，提高他们的声望。

奥尔梅克社会很可能由国王统治，这些国王由巨大石雕头像体现出来。奥尔梅克萨满与精神世界进行交流，监制了历法，并且有可能创立了一套文字体系。

查文依靠美洲驼这种西半球驯养出来的唯一驮畜从事各地区之间的货物运输。

冶金术发源于安第斯山区，后来传播到中部美洲。

结 语

环境与组织

早期中国、努比亚、凯尔特人、奥尔梅克和查文的文明出现在地球上不同地区极为不同的生态环境中，他们发展起来的组织、技术、行为和信仰的模式，在很大程度上是对这些环境所提供的挑战和机遇的反映。

在华北平原，正如在美索不达米亚和埃及的河谷地区，易于泛滥的大河和可靠降雨的缺乏，导致了强大组织的形成，以便能够组织大量民众开挖和维护灌溉渠与修筑堤坝。一个具有权威的中央政府成为自商王朝以来中国历史上不断出现的特征。

在努比亚，形成一个强有力国家的最初动力是出于保护自身的需要，即防御沙漠游牧民族和觊觎努比亚黄金和其他资源的埃及统治者。对这些资源的控制，对撒哈拉沙漠以南非洲和北方之间贸易路线的控制，以及农业剩余产品供养了城市中心的统治者和专门人员，使得凯尔玛、纳帕塔和麦罗埃的统治者既富裕又强大。

欧洲大陆的凯尔特民族从来没有发展成为一个强大的国家。他们占据了适于农耕的降雨充沛的肥沃土地，用于放牧的牧草区，用作燃料和建筑材料的木材。由武士精英领导的血缘群体和对密集区域的控制，是凯尔特人组织通常的形式。中欧的凯尔特精英最初通过贸易从地中海区域获得奢侈品，到公元前500年后，当他们开始将领域扩张到西部和南部时，他们与地中海民族有了更紧密的联系。最后，许多凯尔特人社群并入了罗马帝国。

虽然，奥尔梅克文化、查文文化所在的中部美洲和南美洲的生态区完全不同，但两种社会都创建了贸易网络，把完全不同地区的资源和产品汇聚到一起。虽然我们对这两个社会的政治及社会组织几乎不了解，但考古证据清楚表明了统治精英的存在，他们聚集财富，组织劳动力修建了巨大的城市中心。

宗教与权力

在本章所述的所有社会中，精英阶层都用宗教来支撑他们的地位。中国商朝统治者是国家与强大而提供保护的祖先及神灵之间不可缺少的中介。青铜器用来给祖先灵魂献祭，甲骨用来占卜，以向统治者和王国传递有价值的信息。

后来的周朝发展出了国王是神圣“天子”的观念，君王遵照“天命”而统治国家。努比亚文明在其宗教仪式中，像在其他领域一样，通过与邻近的更复杂且技术更先进的埃及社会的互动而深深受到埃及的影响。努比亚统治者按照埃及模式修建了神庙和金字塔陵墓，但他们也将埃及和本土的神灵、信仰和仪式综合了起来。奥尔梅克和查文的城市中心是光彩夺目的仪式展示场所，它增强了住在其中的精英们的权威。奥尔梅克萨满依附于统治精英，与超自然力量沟通，组织宗教生活，负责设计仪式中心与某些星星成一直线的样式。在高卢和不列颠的凯尔特民族中，德鲁伊德构成了一个精英祭司阶层，他们履行重要的宗教、法律和教育功能。然而，凯尔特人不像本章中考察的其他文明，他们没有修建神庙和仪式中心，而是在自然环境（他们觉得有神存在的地方）中崇拜数百个男神和女神。

78 两个半球的故事

为什么强大的文明在西半球要比东半球晚出现几个世纪？学者们对此展开了争论。最近的理论关注环境的差异。东半球是大量野生动植物种类的故乡，这些物种特别易于栽培和驯养。而且，欧亚大陆的轴线是自然的东西向，可以使栽培出的植物和驯养出的动物沿着相同纬度的相似气候带迅速传播。定居农业导致了人口增长、更复杂的政治和社会组织及技术改进。相反，在美洲，可用于栽培和驯养的野生动植物的种类比较少，而且美洲大陆南北向的轴线，使得栽培出的植物和驯养出的动物，因不同纬度不同气候而传播比较困难。结果，使得繁序社会形成的进程有点慢。

进一步阅读文献

Blunden, Caroline, and Mark Elvin. *Cultural Atlas of China*. 1983. 关于中国历代的一般信息，包括地理的、民族分布的和历史的信息，还有许多地图和插图。

Burger, Richard L. *Chavín and the Origins of Andean Civilization*. 1992. 关于查文最新研究的最有用的概述。

Coe, Michael. *The Olmec World*. 1996. 深入探讨了中部美洲最早的繁序社会。

Coe, Michael, Elizabeth P. Benson, and Dean R. Snow. *Atlas of Ancient America*. 1986. 一本

关于西半球早期社会的地图与相关知识的纲要。

de Bary, Wm Theodore, and Irene Bloom. *Sources of Chinese Tradition*, vol. 1 (2nd ed.). 1999. 一本从大量原始资料翻译而来的极好的文集，配有富有见解的导言。

Diamond, Jared. *Guns, Germs, and Steel: The Fates of Human Societies*. 1997. 探讨这样的难题：为什么东西半球的技术发展具有不同的时间和不同的路径。

Di Cosmo, Nicola. *Ancient China and Its Enemies: The Rise of Nomadic Power in East Asian History*. 2002. 把中国文明的发展置于与周边游牧民族互动的广阔情景之中。

Fiedel, Stuart. *Prehistory of the Americas*. 1987. 关于西半球早期历史的极好概要。

Green, Miranda J. *The Celtic World*. 1995. 关于凯尔特文明许多方面的内容丰富的论文集。 79

Hansen, Valerie. *The Open Empire: A History of China to 1600*. 2000. 主要关注古代中国，强调中国与其他文化的联系。

James, Simon. *The World of the Celts*. 1993. 一本古代凯尔特文明导论，简明扼要，插图丰富。

O'Connor, David. *Ancient Nubia: Egypt's Rival in Africa*. 1993. 一本有教益和插图丰富的书，主要是努比亚古代文物的展示。

Schwartz, Benjamin I. *The World of Thought in Ancient China*. 1985. 对早期中国伦理和精神观念的入门介绍。

Taylor, John H. *Egypt and Nubia*. 1991. 强调了埃及与努比亚文化之间富有成效的互动。

Temple, Robert. *The Genius of China: 3,000 Years of Science, Discovery, and Invention*. 1986. 探讨了中国技术的许多方面，对总主题进行了分类，如农业、工程、医学等。

注 释

[1] 引自Miriam Lichtheim, ed., *Ancient Egyptian Literature: A Book of Readings* (Berkeley: University of California Press, 1978)。

第4章

地中海地区与中东
（公元前2000—前500年）

本章纲要

思考

青铜时代晚期，一种“世界主义”的文明是如何在中东发展起来的？它采取了何种形式？

在爱琴海世界出现了哪些文明？它们与东方的古老文明有什么关系？

亚述帝国是如何强大起来并最终控制古代中东大部分地区的？

以色列文明是怎样既遵循其他社会典型的文化模式，又沿着自身独特的道路发展起来的？

腓尼基人是怎样获得地中海世界大部分地区的商业优势地位的？

公元前750—前550年，哪些因素促使了古代中东的转型？

81 古代各民族的故事（即使它们并不精确的历史）使我们看到了这些民族是如何看待他们的起源和身份认同的。在当代突尼斯，一个著名的故事就是关于迦太基城的建立。迦太基位于当代突尼斯境内，曾经控制地中海西部商业几个世纪。传说狄多（Dido）及其支持者在她的丈夫被兄弟（国王）杀害之

古代迦太基的海港区 这两个军用和民用的海港，其中心位于市内，在迦太基的海军力量和商业力量中处于核心地位。

后，逃离了黎巴嫩南部的腓尼基城邦推罗（Tyre）。他们在北非海岸登陆，与当地人取得了联系。当地人答应给予他们一块可以大到用一张牛皮覆盖的土地。他们聪明地将牛皮切割成细条，用它丈量出一大片土地建立了“新城”迦太基（Kart Khadasht，罗马人称之为Carthago）。本章开头的照片展示了它的海港。

这个故事突出了文化模式从旧中心向新地区的传播，以及青铜时代晚期和铁器时代早期地中海地区和西亚的移民活动。贸易、外交联系、军事征服、大量人口的迁移，都传播了知识、信仰、习惯和技术。

到公元前1千纪早期，东半球的许多社会都进入了**铁器时代**，用铁而不是青铜来制作工具和武器。铁有几个优越之处。它是一种单一金属而非合金，而且存在大量铁矿资源。虽然，冶铁比冶炼青铜需要更高的温度，它的硬度也依赖于锻造过程中加入碳的数量，但一旦掌握了这一技术，铁器比青铜更硬、更锋利。

铁器时代：历史学术语，指铁器成为主要金属工具和武器的时期。冶铁技术开始的时间在世界各地不同。

本章第一部分将叙述公元前2千纪美索不达米亚和埃及的故事：他们与周边民族的关系、中东地区繁荣的“世界主义”国家网络的发展、开始于公元前1200年左右的衰败期。我们也将考察古老的中东中心如何在技术和文化模式方面给予了爱琴海的米诺斯文明和迈锡尼文明启迪，以及它们如何因参与远程贸易网络而获得繁荣。本章其余部分将探讨公元前1000—前500年早期铁器时代这一地区的复兴。主要集中在三个社会：美索不达米亚北部的亚述人、以色列的 82
以色列人、黎巴嫩的腓尼基人及其在西地中海的殖民地社会（主要是迦太基）。在公元前3千纪到前2千纪占统治地位的古代中心衰落之后，这些社会演变成了新的政治、文化和商业中心。

4.1 “世界主义”的中东（公元前1700—前1100年）

公元前17世纪，美索不达米亚和埃及都屈服于外来入侵者的统治。最终，外来者要么被驱逐，要么被同化，稳定与繁荣又得到恢复。在公元前1500—前1200年，一些大国统治了中东（见地图4-1），控制了较少的国家和血缘群体，当时这些小国或群体为了控制贵重商品和贸易路线正相互竞争（有时是战争）。

在中东，青铜时代晚期是一个文化与生活方式广泛共享的“世界主义”时代。国家之间的外交关系和商业联系促进了商品与观念的流动，精英群体具有相似的价值观，享有较高的生活水准。占人口大多数的乡村农民，生活水平也有一些改善，但从日益增长的交往和贸易中分享的好处相对较少。

地图4-1 公元前2千纪的中东 虽然战争是经常的，但用阿卡德楔形文字书写的条约、外交使命、往来书信，促进了国家之间的合作关系。通过以金属贸易为中心的广泛的交换网络，所有的国家都联系在一起，而且像努比亚和爱琴海这种边缘地区，也被拉入了这一商业网之中。

83

4.1.1 西亚

巴比伦尼亚和亚述

到公元前1500年，美索不达米亚分成两个明显不同的区域：南部的巴比伦尼亚和北部的亚述（见地图4-1）。公元前18—前17世纪，巴比伦城在汉谟拉比王朝的统治下，在整个南部平原获得了政治和文化上的优势（见第2章）。后来，来自东边扎格罗斯山脉的加喜特人迁移到了美索不达米亚南部，并于公元

84 前1460年在巴比伦建立了一个加喜特王朝。加喜特人保留了其本土语言来表达姓名，但采用了巴比伦的语言和文化，并与当地人通婚。在他们掌权的250年当中，巴比伦的加喜特统治者保卫了其核心地区，并通过贸易获取原材料，但没

大事年表

	西亚	埃及	叙利亚—巴勒斯坦	地中海
公元前2000年	公元前2000年，开始用马 公元前1700—前1200年，赫梯统治安纳托利亚	公元前2040—前1640年，中王国 公元前1640—前1532年，希克索斯人控制埃及北部 公元前1532年，新王国开始	公元前1800年，亚伯拉罕迁移至迦南	公元前2000年，米诺斯文明在克里特岛兴起，早期希腊人到达希腊 公元前1600年，迈锡尼文明在希腊兴起
公元前1500年	公元前1500年，赫梯人发展出冶铁术 公元前1460年，加喜特人控制了美索不达米亚南部 公元前1200年，赫梯王国灭亡	公元前1470年，女王哈特谢普苏特派遣探险队去潘特 公元前1353年，埃赫那吞发动改革 公元前1290—前1224年，拉美西斯二世统治时期 公元前1200—前1150年，海上民族进攻埃及 公元前1070年，新王国结束	公元前1500年，早期“字母”文字在乌加里特出现 公元前1250—前1200年，以色列人占领迦南 公元前1150年，腓力斯丁人在以色列南部海岸定居	公元前1450年，克里特岛的米诺斯王宫被毁 公元前1200—前1150年，希腊的迈锡尼文明中心被毁
公元前1000年	公元前1000年，冶铁在西亚开始 公元前911年，新亚述帝国兴起 公元前744—前727年，提格拉特帕拉萨尔改革 公元前668—前627年，亚述巴尼拔统治时期 公元前626—前539年，新巴伦王国 公元前612年，亚述衰落	公元前750年，库什国王控制埃及 公元前671年，亚述征服埃及	公元前1000年，耶路撒冷成为以色列都城 公元前969年，推罗的希兰掌权 公元前960年，所罗门建立第一圣殿 公元前920年，分裂成以色列和犹大两个王国 公元前721年，亚述征服北部的王国 公元前701年，亚述使推罗臣服	公元前1000年，冶铁 公元前814年，迦太基建立
公元前600年			公元前587年，耶路撒冷陷落 公元前515年，被放逐者从巴比伦回到耶路撒冷 公元前450年，希伯来圣经形成；腓尼基人从汉诺迁移到西非	公元前550—前300年，迦太基人和希腊人在西地中海竞争

有继续从事领土征服。

美索不达米亚北部的“古亚述”王国具有更大的野心。早在公元前20世纪，位于底格里斯河北部的阿舒尔（Ashur）城地处繁忙的贸易路线上，这条路线延伸到整个北部平原直至安纳托利亚高原。亚述商人家庭住在安纳托利亚城市的城墙之外，用纺织品和锡（一种青铜的成分）换取安纳托利亚的白银。公元前1400年之后，一个“中亚述”王国在对外征服中复兴，同时也扩展了其经济利益。

安纳托利亚的赫梯人

赫梯：来自安纳托利亚中部的一个民族于青铜时代晚期在安纳托利亚和叙利亚建立的一个帝国。依靠从金属贸易中获得的财富和以战车兵为基础的军事力量，赫梯与埃及新王国为了控制叙利亚巴勒斯坦地区进行了战争，赫梯国于大约公元前1200年之后衰落，攻击者的身份尚不清楚。

还有一些充满活力的国家出现在美索不达米亚中心地区的边缘地区，包括伊朗西南的埃兰与底格里斯河和幼发拉底河上游之间广阔平原上的米坦尼。但其中最强大的是**赫梯**，它大约在公元前1700—前1200年间成为安纳托利亚最重要的国家。赫梯人在都城哈图莎（Hattusha）（今土耳其中部安卡拉附近）布置了采用可怕新技术的马拉战车。他们利用安纳托利亚丰富的金属矿藏资源，在国际商业中起着关键性作用。

赫梯人也率先掌握了用铁制作工具和武器的技术。他们将矿石加热软化直到能够改变其形状，然后通过锤打去掉杂质，再投入冷水中使其变硬。他们对这一加工知识保密，因为它能够提供军事优势和经济利益。在公元前1200年之后的衰落时期，赫梯核心地区的铁匠可能出现了迁移，冶铁技术由此传播开来。

美索不达米亚文化的传播

公元前2千纪期间，美索不达米亚的政治和文化观念传播到了整个西亚。阿卡德语成为政府之间外交和通信的语言。其中，埃兰人和赫梯人用楔形文字来书写他们的语言。在叙利亚的沿海城邦乌加里特，用30个楔形文字符号来书写辅音字母，这是对字母原则的早期运用，对于传统楔形文字和象形文字需要数百个符号而言，是一个巨大进步。美索不达米亚的神话、传说、艺术和建筑风格，在西亚被广泛模仿。通过学习美索不达米亚文明并加以改进的新来移民，往往对旧的核心地区构成压力。公元前3千纪的小城邦，关心的只是美索
85 不达米亚南部紧挨着的邻邦。相反，公元前2千纪的大国在包括了西亚所有国家的地缘政治范围内进行政治、军事、经济上的互动。

4.1.2 新王国时期的埃及

埃及中王国在繁荣了将近400年之后（见第2章），于公元前17世纪走向衰落。当乡村的官吏变得日益独立，新社群迁移到尼罗河三角洲，中央权威崩溃

了，埃及进入到一个政治分裂和经济衰退的时期。大约在公元前1640年，埃及第一次处于外来统治之下，由希克索斯人（或“外国的国王”）所控制。

希克索斯人

历史学家并不清楚希克索斯人是一个什么样的民族，以及他们是如何强大起来的。在长达几个世纪的时间里，闪米特民族一直从叙利亚—巴勒斯坦地区（今叙利亚、约旦、黎巴嫩、以色列和巴基斯坦人的地域）迁移到尼罗河三角洲东部。在这一时期的混乱状况下，各种不同群体可能合作确立起对某一地区的控制，首先是在三角洲地区，然后在国家的中部。希克索斯人拥有先进的军事技术，例如马拉战车和复合弓（这种弓由木材和角制成，比简单木制弓具有更大的射程和更快的速度）。希克索斯人与埃及人通婚，使用埃及语言，保留了埃及的制度和文化。然而，与简单地同化外来者（如加喜特人在美索不达米亚）不同，埃及人具有强烈的民族认同，一直把希克索斯人当作“外来者”。

新王国的扩张

如同500年前中王国的形成那样，来自底比斯的本土王朝的国王完成了埃及的重新统一。经过30多年的战争，卡摩斯（Kamose）和阿赫摩斯（Ahmose）将希克索斯人从埃及驱逐出去，创建了新王国（约公元前1532—前1070年）。

一个世纪的外来统治伤害了埃及人的自尊心，打破了较早时期的孤立主义思想倾向。新王国时期的埃及成为一个具有侵略性和扩张性的国家。埃及把边疆控制扩展到了北方的叙利亚—巴勒斯坦地区和南方的努比亚，这样可以便利地获得木材、黄金、铜（埃及掌握青铜冶炼术大约是在公元前1500年），以及从被征服民族那里征收赋税和贡物。占领区也成为一个保护埃及免受外来攻击的缓冲地带。在努比亚，埃及实行直接控制，强迫当地人采用埃及语言和文化。而在叙利亚—巴勒斯坦地区，埃及人则驻扎在战略要塞里，支持与他们合作的当地统治者。

在这个变革的时期，埃及完全参与到了西亚国家间的外交与商业网络之中。埃及的士兵、官吏、使节和商人旅行范围很广，带回了新的水果和蔬菜、新乐器和新技术，例如一种改进的陶轮和织布机。

哈特谢普苏特：埃及女王（公元前1473—前1458年在位）。她派遣了一支海军去潘特（可能是苏丹东北或厄立特里亚）这遥远的没药树产地。有证据表明有人反对妇女当国王，在她死后，她的名字和形象经常遭到诋毁和破坏。

非传统的统治者

一位妇女曾经登上了埃及新王国的王位。女王**哈特谢普苏特**（Hatshepsut）在她丈夫去世后自己当了国王（公元前1473—前1458年在位）。在铭文中，她常用男性代词来指称她自己，绘画和雕刻也显示，她戴着埃及统治者那种长长的圆锥形胡须。

大约在公元前1470年，哈特谢普苏特派遣了一支海军探险队沿着红海去传

埃及德尔巴赫里哈特谢普苏特女王的祭庙（约公元前1460年） 这座由台屋、坡道和柱廊组成的美丽的综合建筑，饰有纪念著名的去潘特探险的浮雕和文字。哈特谢普苏特面对传统人士反对妇女统治埃及，试图通过宣扬她与珍贵没药的产地建立起了直接联系这一功绩来证明她的价值。

说中的潘特国（很可能是在苏丹东海岸附近或厄立特里亚），试图弄清没药的来源。没药是从当地一种树的树液凝固而成的红褐色树脂，埃及人在祭神时将它烧在祭坛上，也用作药物和化妆品。当探险队返回埃及时，带回了没药和撒哈拉以南非洲的奢侈品——黑檀木、象牙、化妆品、活的猴子和豹皮，哈特谢普苏特举行了一场盛大的公开展示来庆祝这一成就，并在德尔巴赫里她的祭庙的墙壁上书写和描画了这一场面。她可能利用了这次成功的探险来巩固她的王权。在她死后，她的肖（雕）像被损坏，她的名字被抹去，这些大概是一些反对妇女做国王的官吏所为。

埃赫那吞：埃及法老（公元前1353—前1335年在位），他在阿马尔纳建立了一个新都城，促进了一种新的自然主义艺术风格，进行宗教改革，推行对日轮的崇拜。

86

另一个登上王位的非传统统治者是阿蒙霍特普四世，但他很快开始自称为**埃赫那吞**（公元前1353—前1335年在位），意为“有益于阿吞”（日轮）。他推崇阿吞为最高神，改名是传播这一信仰的一种途径。他关闭了信仰其他神的神庙，挑战了古老的主神阿蒙神的至高地位，以及阿蒙神庙祭司的权力和影响。

一些学者把一神教（信仰唯一的神）的发明归功于埃赫那吞。然而，很可能埃赫那吞只是试图重新恢复国王高于祭司的权威，重新信仰国王的神性。对阿吞的崇拜只限于王室，埃及人民只能崇敬神圣的国王。

埃赫那吞在现今阿马尔纳这个地方建立了一座新都城，位于孟菲斯和底比斯的中间（见地图4-1）。他迁移了数千埃及人来修建新都和服侍统治精英。埃赫那吞和他的艺术家们打破了早期艺术的惯例，创建了一种新的艺术风格：国王、王后奈菲尔提提及其女儿都以一种流畅、自然的姿势被描绘出来，但头和四肢被奇怪地拉长，腹部隆起。

埃赫那吞的改革遭到了官吏和祭司的强烈抵触，因为他们的特权和财富与传统体制紧密联系在一起。在他死后，被关闭的神庙重新开放，阿蒙恢复成为主神，都城又迁回到了底比斯，王权机构被削弱以利于祭司。年幼的国王图坦卡蒙（公元前1333—前1323年在位）统治时，有两点表明了埃赫那吞改革的最终失败：一是他的名字（意为“阿蒙的活化身”），二是他的统治无关紧要。图坦卡蒙之所以著名，只因为他的陵墓是由考古学家发现唯一没有被盗的王室陵墓。

埃赫那吞在位时没有顾得上对外扩张，而新王朝的统治者拉美西斯家族又回到了征服与扩张的政策。这些国王中最强大的是**拉美西斯二世**，他在位66年

拉美西斯二世：埃及新王国一位长寿的统治者（公元前1290—前1224年在位）。他在叙利亚的卡叠什战役中与安纳托利亚的赫梯打成平手之后，与其达成了和解。他在整个埃及修建了大规模的建筑。

阿布-辛拜勒的拉美西斯二世巨大雕像 这些纪念建筑策略性地被建在尼罗河的一个拐弯处，以便面向南方边境，是埃及权力的展示。在这些巨大法老雕像后面的悬崖里开凿出一座神庙。神庙内，一条饰有军事胜利场面浮雕的通道通向更深处的神殿，神殿中有神圣统治者的雕像，他坐在三个主神旁边。当一座大坝修建起来之时，这些纪念物于20世纪60年代被移到了更高的地面，以保护它不受升高水位的影响，这是一项现代工程的奇迹。

（公元前1290—前1224年在位），主导了他所生活的那个时代。拉美西斯修建的
87 纪念性建筑遍及整个埃及。他活了90多岁，有众多妻子，可能有100多个孩子。因为在1990年，考古学家在底比斯附近一座山坡下面，发掘出了一个埋藏很深的由甬道和墓室构成的墓葬，这里埋葬着拉美西斯的许多儿子。

4.1.3 商业与交往

国际贸易

在拉美西斯二世统治的早期，他主要通过公元前1285年在叙利亚北部卡叠什的战役，与赫梯人打成平手。随后，双方通过外交谈判签订了一个条约，而且这一条约由于拉美西斯与赫梯公主的婚姻而得到巩固。双方争论的问题是对叙利亚—巴勒斯坦地区的控制。在战略上，这里处于中东大国之间，处于跨越亚洲的东西方贸易路线的终端。内陆城市（如幼发拉底河上游的马里和叙利亚西部的阿拉拉赫）接待东方来的陆上商队。沿海城市（特别是乌加里特和黎巴嫩海岸的腓尼基城镇）把商业扩张到整个环地中海地区。

任何国家要想寻求强大，都需要金属来制作工具、武器和装饰品。金属贸易促使了当时远程贸易的活跃。我们看到了叙利亚人换取来自安纳托利亚的白银，埃及人对努比亚的黄金充满热情（见第3章）。铜来自安纳托利亚和塞浦路斯，锡来自阿富汗和（很可能）不列颠群岛。这两种矿石在到达其最终目的地之前，需要运输很远的路程，中间经过许多商人之手。

马和骆驼

新运输方式加速了跨越遥远距离及荒凉地区的交往与商业。大约在公元前2000年，由中亚游牧民族驯养出来的马，穿过扎格罗斯山脉被带到美索不达米亚，并于公元前1600年之前传到埃及。快速的旅行和交往由于马的使用而成
88 为可能，这有利于大国或帝国的建立，使士兵和政府官吏能够很快完成很远的行程。快速而易操作的马拉战车成为主要的战争工具。由驾车手和弓箭手组成的一组士兵，可以快速赶上敌人并同时发射许多箭，也可以踩踏受惊的步兵。

公元前1500年之后的某个时间（但在埃及要晚1 000年），西亚民族开始普遍使用骆驼，尽管这种动物早在此前1 000年就在阿拉伯半岛南部驯养成功了。骆驼由于其强大体力和远程跋涉而不用饮水的能力，能够穿行于荒凉的地区。这最终导致了一种新的沙漠游牧民的出现，以及跨越沙漠贸易路线的开辟（见第8章）。

本节回顾

青铜时代晚期国家间的贸易和外交联系，促使了商品流通和观念传播，精英群体具有相似的生活方式和较高的生活水准。

外来移民群体曾经统治了巴比伦尼亚（加喜特人）和埃及（希克索斯人），但被巴比伦尼亚和埃及的言语和文化同化。

西亚的新民族学习和改进了美索不达米亚文明的技术和文化，对旧的核心地区形成了挑战。

赫梯人利用战车作战技术和冶铁术控制了安纳托利亚。

新王国时期的埃及放弃了传统的孤立主义，对外扩张并控制了叙利亚—巴勒斯坦地区和努比亚。这一时期的特点是出现了挑战传统的统治者——哈特谢普苏特、埃赫那吞、拉美西斯。

远程贸易网络以金属贸易为基础，由于马和骆驼的使用而得到发展。

4.2 爱琴海世界（公元前2000—前1100年）

美索不达米亚、叙利亚—巴勒斯坦地区和埃及的影响，在远达爱琴海（地中海东部的一个海湾）的地方也能感觉到。克里特岛米诺斯文明和希腊迈锡尼文明的出现，是旧中心对边远地区和民族产生哺育性影响的又一表现，这些民族之后走出了自己独特的文化演进之路。爱琴海地区的民族由于缺乏金属和木材资源，不得不从海外进口这些商品，以及进口食物。结果，米诺斯社会和迈锡尼社会的兴起、繁荣和最终衰落，与它们同这一地区其他民族的商业和政治关系有着紧密的联系。

4.2.1 克里特岛的米诺斯文明

到公元前2000年，克里特岛（见地图4-2）是第一个欧洲文明的发源地，这个文明拥有复杂的政治和社会结构、先进的技术，就像在西亚和非洲东北部所发现的那样。考古学家以国王米诺斯的名字称之为“**米诺斯文明**”。根据希腊传说，米诺斯国王在爱琴海地区统治着一个海上帝国，在迷宫中养了一头怪异的米诺牛（半人半牛），而迷宫是由天才发明家代达罗斯修建的。因此，据后来的希腊人回忆，曾经有一个时期，克里特岛是许多船只和技术工匠的故乡。

米诺斯文明：公元前2千纪在爱琴海克里特岛上繁荣的文明。米诺斯人在爱琴海地区从事广泛的商业活动，对早期希腊人产生了强有力的文化影响。

地图4-2 爱琴海地区的米诺斯文明和迈锡尼文明 欧洲最早的繁序文明出现在爱琴海。克里特岛的米诺斯文明形成于公元前3千纪晚期，对迈锡尼的希腊人产生了重要的文化影响。装饰有壁画的宫殿，中央控制的经济以及记事文字的运用，都是这些社会的显著特征。

米诺斯人的种族身份尚不清楚，他们的文字也尚未被释读出来。但是，克里特岛的陶器和文物遍布地中海和中东，这证明了他们具有广泛的贸易联系。从米诺斯王宫的设计、中央集权政府和文字体系，也可以看到埃及人、叙利亚人、美索不达米亚人的影响。然而，没有发现可辨认的克里特统治者的画像，这与中东地区国王宏伟的画像形成了鲜明对比，它表明了对待权威的不同观念。另外值得注意的是，宫殿遗址没有防御城堡，但有高质量的室内管道设施。

具有精致头饰和肢体上缠绕着蛇的妇女小雕像，可能代表着丰产女神。宫
89 殿里的彩色壁画（画在潮湿的灰泥墙壁上）上描绘了一群群穿着褶边裙子的妇

女正在谈话或观看表演。有一幅画描绘了年轻的杂技表演者跃过角状物，翻过一头狂奔公牛的背，我们不知道这是一种宗教活动还是纯粹的体育活动。花瓶上对自然景观的程式化描绘——带着摇晃叶子的植物和用触角缠住花瓶外表的顽皮章鱼——传达了对自然世界的美丽与秩序的欣赏。

除了克诺索斯（Cnossus）王宫之外，所有克里特人的宫殿，还有统治精英和乡村农民的住宅，都在公元前1450年左右被彻底毁灭了。由于迈锡尼的希腊人占领了克诺索斯，大多数历史学家都认为他们是肇事者。

4.2.2　希腊的迈锡尼文明

大约公元前2000年，希腊人的祖先、一个说印欧语系语言的民族迁移到了希腊半岛。通过联姻、语言的混合、文化习俗的融合，当地居民与新来移民共同建立了最初的希腊文化。在长达几个世纪的时间里，这个社会始终处于简单和停滞不前的状态。农耕者和牧人生活在石器时代，依靠土地勉强为生。然而，大约在公元前1600年，生活突然发生了改变。

迈锡尼：希腊南部一个设防的宫殿建筑遗址，它可能控制了一个青铜时代晚期的王国。在荷马史诗中，迈锡尼是国王阿伽门农的根据地，他指挥了希腊人围攻特洛伊。当代考古学家把这个公元前2千纪的希腊繁序社会称为“迈锡尼文明”。

90

突然兴起

竖井墓：公元前2千纪中叶希腊迈锡尼社会精英成员的墓葬。深深的竖井底部铺列着石板，尸体的旁边还有黄金和青铜首饰、用具、武器和面具。

1876年，一个德国商人海因里希·施里曼（Heinrich Schliemann）在希腊南部的**迈锡尼**当地发现了一圈墓葬。这些深深的矩形**竖井墓**中有男人、女人和小孩的尸体，还埋有黄金珠宝、装饰品、武器和器皿。显然，这个社会中的一些人获得了财富、权威和动员人类劳动的能力。随后，当地还发掘出了一座大宫殿建筑、厚实的墙壁、更多竖井墓和其他证据，表明在大约公元前1600—前1150年这段时间，这里存在一个富裕而技术先进的文明。

怎样解释迈锡尼和其他中心在希腊大陆的突然兴起？这些早期的希腊人显然受到了米诺斯文明的影响，包括米诺斯的宫殿、中央集权的经济、行政官僚机构和文字体系。他们采用了米诺斯建筑、陶器、壁画和花瓶画的风格。权力与财富的迅速集聚，可能是由贸易获利和海盗行为造成的，也可能由雇佣兵（士兵受雇于外国）带回的大量钱财和战利品促成。

迈锡尼宫殿

希腊这些最初的文明被称为“迈锡尼文明”，是因为迈锡尼是最先被发掘的遗址。其他遗址展示了相似的特征：位于小山顶上，有着又高又厚的防御石墙。这些石头如此巨大，以至于后来希腊人认为它们是由传说中的独眼巨人基克洛普斯（Cyclopes）提举上去砌成的。设防的城堡是在整个社群面临危险时的避难处，也是宫殿和政府建筑的所在地。一个带有平炉和柱廊的中央大厅的周围，是庭院、王室成员及其仆从的住宅、办公室、储藏室和作坊。宫殿墙壁上绘满了鲜明的壁画——描绘了战争、狩猎和日常生活的场景，以及一些取材于自然的装饰图案。

宫殿附近是统治者和主要家庭成员的墓葬：起初是竖井墓，后来是用石头修建的大蜂窝形结构、上面由一个土堆覆盖的坟墓。刚好位于宫墙外的较大房屋是贵族的住宅。农民住在较低的斜坡上或低洼的平原，靠近他们劳动的土地。

线形文字B：一套音节符号，由克里特岛米诺斯的文字体系演变而来，应用于青铜时代晚期的迈锡尼宫殿，用来书写一种早期形式的希腊语。主要用于宫廷记录，现存线形文字B泥板提供了大量有关迈锡尼经济组织的情况，但缺少关于政治、社会和宗教制度的信息。

了解迈锡尼的另一重要信息来源，是刻写有**线形文字B**的4 000多块烤干的泥板，这种文字用图画符号来代表音节，可识别出是一种早期形式的希腊语。宫殿管理者非常详细地记录了人口、动物和物品，列出了储藏室里战车车轮的数量、支付给工人的定量、献给不同神祇的祭品。政府对经济实行高度控制，组织粮食生产和从原料到成品的毛纺织业。然而，泥板几乎没有显示政治与法律制度、社会结构、性别关系、宗教信仰等有关内容。它们也没有记载历史人物（甚至没有一位迈锡尼国王的名字）、详细的历史事件，或者与其他迈锡尼文明中心或与异民族的关系。

国际商业与联系

米诺斯人和迈锡尼人的航海技巧，使得远程联系与贸易成为可能。商船主要依靠风和帆航行。通常，古代水手喜欢在白天航行，并且保持能够看得见陆地的距离。他们那轻巧、龙骨较低的木船，可以被拖曳到海滩上，让船员上岸吃饭和晚上睡觉。

克里特岛和希腊的陶器及工艺品，不仅在爱琴海地区有发现，而且在地中海和中东其他地区也有发现。最古老的器物是属于米诺斯的，然后发现了放在一起的米诺斯和迈锡尼的物品，最后，希腊的器物完全取代了克里特的物品。这种证据表明，克里特商人开辟了贸易路线，建立了贸易站，后来迈锡尼商人加入了进来，并且在公元前15世纪取代了克里特商人。

在地中海和中东地区发现的大量爱琴海陶罐，曾经装着葡萄酒和橄榄油等物品。其他可能的出口物品还包括纺织品、武器和其他工艺品，以及奴隶和雇佣兵。爱琴海的水手也可能运输其他民族的商品。

至于进口物品，爱琴海地区的遗址中发现了在叙利亚加工的象牙和来自北欧的琥珀（用来制作珠宝的一种半透明、黄褐色的化石树脂）。此外，希腊南部的大量人口可能依靠谷物进口维生。最重要的是，爱琴海地区需要金属，既需要黄金，也需要铜和锡来冶炼青铜。在地中海的海底，发现了几艘装有铜锭的沉船。只有精英阶层拥有金属品，这可能是他们优越地位的象征。

爱琴海锡拉岛上的壁画（约公元前1650年） 这幅画展示了一支舰队到达海港，人们站在城墙上观看。传说中，克里特岛的米诺斯文明以其海军闻名。壁画也揭示了青铜时代爱琴海的船只外貌和设计。公元前17世纪，锡拉岛毁于一场巨大的火山喷发，许多人认为这是阿特兰提斯岛（Atlantis）沉没于海底这个神话的起源。

迈锡尼人顽强、好战且贪婪。他们与强者贸易，掠夺弱者。这导致了公元前14—前13世纪与安纳托利亚赫梯国王的冲突。赫梯都城的文献提到 91
了“阿依雅瓦”（Ahhijawa）的国王和国家，这很可能是赫梯人对“亚该亚人”（Achaeans）的翻译，荷马用这个词来称呼希腊人。它们表明，双方关系有时是友好的，有时是紧张的，阿依雅瓦民族利用了赫梯的成见和弱点。在《伊利亚特》中，荷马讲述了亚该亚人用10年围攻并最终攻下特洛伊的故事。特洛伊城位于赫梯领土的边缘，控制着地中海与黑海之间的海路。这个故事应该放在迈锡尼人的好战本性与机会主义这个背景下来看待。考古学家证实，特洛伊大约在公元前1200年被毁灭。

4.2.3 青铜时代晚期文明的衰落

迁移与毁灭

赫梯与阿依雅瓦的对抗，以及希腊人对特洛伊的进攻，预示了中东和地中海地区出现了麻烦，这种麻烦大约在公元前1200年随着许多古老中心的毁灭而达到顶点。这一时期，不知什么原因，大量人口不断迁移。当移民涌入某一地区，他们便取代其他民族，后者便加入流民潮。

大约公元前1200年，身份不明的入侵者毁灭了赫梯的都城哈图莎，安纳托利亚的赫梯王国由此瓦解。这一毁灭潮向南移动进入叙利亚，重要的沿海城市乌加里特被消灭。埃及也设法打退两次进攻：一次大概是公元前1220年，“来自各地的利比亚人和北方人”对尼罗河三角洲的袭击；另一次是大约30年后“海上民族”的入侵。尽管埃及统治者宣称取得了巨大胜利，但腓力斯丁人（Philistines）占据了巴勒斯坦沿海地区（后来这一地区因腓力斯丁人而得名巴勒斯坦）。埃及很快失去了在叙利亚—巴勒斯坦地区的领土和与西亚其他地区的联
92 系。埃及人也失去了他们在努比亚的立足点，努比亚开始了以纳帕塔为中心的本土王国（见第3章）。

迈锡尼的衰落及其后果

在埃及碑铭中列举的入侵者当中有埃克威什人（Ekwesh），他们可能是亚该亚人，亦即希腊人。在这个动乱的年代，不难想象机会主义的迈锡尼人会掺和进来。迈锡尼的文明中心不久也遇到了麻烦，在一些地方，他们开始修建更大范围的防御工事，采取措施保证城堡中水的供应。但他们的努力都是徒劳，几乎所有的宫殿都在公元前12世纪上半叶被毁。

我们不清楚这些事件是如何发生的。考古学材料中并没有外来入侵者的迹象。一个具有吸引力的解释是外部与内部因素的共同作用，因为迈锡尼文明毁灭的时间大致与这一地区其他重要文明的衰落同时，这可能并非仅仅是巧合。由于迈锡尼统治阶级依赖重要物品的进口和从贸易中获利，主要贸易伙伴的毁灭和贸易路线的中断，可能会削弱他们的权力和地位。对有限资源的竞争可能导致内部的动荡，最终造成政治崩溃。

迈锡尼文明的终结表明了青铜时代晚期主要文明中心之间的相互依赖，也凸显了政治与经济崩溃造成的后果。宫殿被毁结束了统治阶级的统治。线形文字B泥板上显示的巨大政府机构消失了。书写技术也失传了，因为文字只由少数宫廷官吏所掌握，此后也不再使用。考古研究显示，希腊一些地区出现了人口锐减，人们迁移到没有遭受毁灭的地区。希腊人的语言保留了下来，而且一千多年后，人们仍然崇拜线形文字B泥板上提到的诸神。人们也继续生产他们熟悉的器皿和工具，但在一个更为贫穷的社会，艺术和工艺技术明显衰落了。迈锡尼时代的文化统一性让位于地区差异，形状、样式、技术上的不同反映了希腊各地日益增强的隔离状态。

这样，地中海和中东地区青铜时代晚期的“世界主义”世界消失了。通过贸易、外交和共享技术综合联结而成的社会曾经历了长期繁荣，现在面临外来暴力和内部虚弱而走向了崩溃，这一地区的人们进入了长达几个世纪贫穷、孤立和知识匮乏的“黑暗时代”。

本节回顾

克里特岛的米诺斯文明和希腊的迈锡尼文明受到了埃及、叙利亚和美索不达米亚这些旧文明中心的强烈影响，但他们遵循了一条独特的文化演进之路。

公元前2000年，克里特岛出现了复杂的政治和社会结构、先进的技术，成为最早的欧洲文明的发源地。

大约在公元前1600年，希腊大陆上迈锡尼和其他文明中心突然富裕和强大起来，是由于受到了克里特岛米诺斯文明的影响，也由于迈锡尼人加入到了贸易网络之中。

线形文字B泥板揭示了迈锡尼宫廷是怎样对经济进行集中控制的，而赫梯的文献表明了迈锡尼人具有侵略性和贪心。

青铜时代晚期各国之间在经济上的相互依赖，增加了它们在受到迁移民族进攻时（大约公元前1200年）的脆弱性。这一地区进入到一个长达几个世纪的“黑暗时代”。

4.3 亚述帝国（公元前911—前612年）

公元前1000年之后的几个世纪，在西亚和地中海东部地区出现了几个新文明中心。其中最强大和最繁荣的是**新亚述帝国**（公元前911—前612年）。与南方平坦、宽阔的巴比伦尼亚相比，美索不达米亚北部的亚述本土，是一个气候更温和、降雨更多的多山地区。

亚述农民面对来自东方和北方山区、西边干旱平原的袭击者，习惯于自卫反抗，正是他们为亚述的复兴提供了步兵。新亚述帝国的统治者发动了一系列扩张战争：向西越过平原和沙漠抵达地中海，向北进入多山的乌拉尔图（今亚美尼亚），向东跨过扎格罗斯山脉进入伊朗高原，向南沿着底格里斯河到达了

新亚述帝国：公元前10—前7世纪美索不达米亚北部的亚述人通过征服建立起来的帝国，范围包括从伊朗西部到叙利亚—巴勒斯坦地区。亚述人用暴力掠夺财富，剥削臣服者。他们也保持和延续了美索不达米亚文明的科学文化发展。

93

巴比伦尼亚。这些战争使亚述人获得了直接的战利品与潜在的贡品和税收，也确保了他们获取铁和白银等重要资源，使他们控制了国际商业。在傲慢、贪婪和宗教信念的驱动下，亚述人打败了当时所有的大国。帝国在鼎盛时期的疆域，从安纳托利亚、叙利亚—巴勒斯坦地区和埃及西部，延伸到亚美尼亚和美索不达米亚，甚至远达伊朗西部。亚述人建立起一种新式帝国，疆域范围空前（见地图4-3），以牺牲臣服的边缘地区为代价来促进帝国中心的富裕。

4.3.1 神灵与国王

国王是亚述世界真实的和象征的中心。全部土地归国王所有，所有的人甚至包括最上层的官吏，都是国王的仆人。亚述人相信，国王是诸神挑选出来的人间代表。通常，国王选择一个儿子来继承王位，这一选择要得到神谕和亚述精英的认可。在庄严的古代城市阿舒尔，高级祭司给新国王举行涂油礼，给予他权力的标志：王冠和权杖。国王死后也埋葬在阿舒尔。

信使和密探把从帝国各地探得的消息汇报给国王。国王任命官吏，听取申诉，向一群书吏口授信件，接待外国使节。他也是军事统帅，负责战争准备，时常在远离都城的野外指挥战斗。

宗教与宣传

国王要花许多时间来监督管理国家宗教，参加精心安排的公共和私人仪式，视察神庙的维持情况。他做出任何国事决定，都要通过占卜仪式征求神的指示。一切活动都以主神阿舒尔的名义进行。军事胜利被看作是证明了阿舒尔神优于被征服民族的神。

不断的官方宣传获得了民众对战争的支持，而这种战争主要有利于国王和贵族。国王的布告遍及帝国，上面列举了最近的胜利，颂扬了国王坚定不移的决心，并发誓对任何反抗者进行无情惩罚。描绘狩猎、战斗、围攻、处决、放逐的浮雕布满了王宫的墙壁。在许多画面场景中赫然耸现的是国王，他比任何人都高大、强健和凶猛。前往亚述宫廷的晋谒者，都不得不充满敬畏，甚至受到威吓。

4.3.2 征服与控制

军事力量与恐怖战术

高超的军事组织和技术为亚述的空前征服奠定了基础。早期军队是以回报土地为目的的服役者、农民和大土地所有者捐献的奴隶组成的。后来，国王提

地图4-3 亚述帝国 公元前10世纪至公元前7世纪，美索不达米亚北部的亚述人建立了到当时为止世界上最大的帝国，范围从伊朗高原到地中海西海岸，包括许多不同的民族。

格拉特帕拉萨尔（Tiglathpileser，公元前744—前727年在位）创建了一支由职业士兵构成的核心军队，他们由亚述人和最强悍的臣服民族组成。在亚述国家鼎
94 盛时期，可以动员50万军队，包括带轻武器的弓箭手和投石手（负责发射投石器），穿铠甲的长矛手，装备弓箭或长矛的骑兵，还有四人战车。

铁制武器使亚述军队在敌人面前具有优势，骑兵也具有很快的速度和机动性。亚述工程师发明了围攻设防城镇的机械和战术。他们在城墙下挖掘地道，为弓箭手建立移动的高塔，使用攻城槌打击薄弱之处。信使和狼烟提供了远距离的通信，同时间谍网也搜集了大量情报。

集体放逐：将大量人口或整个人口强制迁移重新定居他处。亚述帝国和波斯帝国实行的集体放逐，意味着一种可怕的警告——这就是反叛的后果。他们也把有技术和无技术的劳动者带到帝国的中心。

亚述人采取恐怖战术来威慑抵抗和反叛，对敌人处以严厉的惩罚，并且宣扬他们的残忍暴行：把平民投入火中，将战俘活活剥皮，把战败者首领的头挂在城墙上。**集体放逐**——强行将整个社群赶出家园重新安置到别处——消磨了反抗者的意志。虽然这种战术在古代中东已有很长的历史，但新亚述的国王规模空前地运用了这种战术，被迁移的人口可能高达400万人。放逐也把人力资源从边缘转移到了中心，在这里，被放逐者在王室和贵族的庄园中劳动，开垦新的耕地，修建宫殿和城市。

管理与剥削

亚述人从来没有找到一种有效的方法来管理如此辽阔、地形多样、民族复杂的帝国。紧紧控制的地方只是中心及靠近核心区的地带，对遥远地方的控制很弱。亚述国王曾经多次发动战争，目的是为了恢复对以前臣服地区的控制。行省官吏监管其辖区的贡物和赋税征收，维持法律与秩序，募集军队，从事公共工程，提供军队和官吏的给养。行省总督要经常接受国王派来的监督者的检查。

亚述人残酷地剥削其臣服者的财富与资源。军事战争和行政管理的费用主要来自战利品和贡赋。财富由边缘集中到中心，使中心的国王和贵族变得富有。获得胜利的国王对在阿舒尔的祖传都城和宗教中心进行了扩建，修建了一
95 座宏伟的新王城，它由高墙围绕，里面有装饰华丽的宫殿和神庙。杜尔-沙鲁金（Dur Sharrukin，意为“萨尔贡的城堡”）只花了10年时间就建成了，用了大量劳动力，包括战争俘虏和定期为国家服役的亚述公民。

然而，亚述帝国并非完全是寄生的。有证据表明，王室投资修建了行省的基础设施。城市和商人阶级因扩大了的远程商业而繁荣，而且一些臣民令人吃惊地忠诚于亚述统治者。

4.3.3 亚述社会与文化

精英与民众

精英阶层通过宣誓服从而向国王尽义务，他们害怕受到惩罚，也期望获得奖赏，如赐予土地或分享战利品和税收。拥有技术的职业人员——祭司、占卜者、书吏、医生和工匠——也同样要为国王尽义务。

现存资料主要揭示了国王和精英的行为。关于亚述数百万普通臣民的生活和活动，则只知道一点点。对于亚述本土的居民，官府并没有区分本地亚述人和日益增加的大量移民及被放逐者。所有的人都被称为“人类”，被赋予相同的法律保护、相同的劳役和兵役。随着时间的推移，外来移民改变了核心地区的民族构成。

绝大多数臣民在土地上劳动。他们产生的剩余粮食使大量人口——常备军、政府官吏、宗教专职人员、商人、工匠和其他城镇中的专业人员——能够从事专业活动。

城镇中的个体工匠和小作坊制造陶器、工具和服装，他们的产品交换大多发生在本地范围内。国家促进了远程贸易，因为进口奢侈品——金属、精良的纺织品、染料、宝石和象牙——可以带来巨额关税收入，而且这些也是王室和精英阶层需要的物品。白银是交换的基本媒介物，在铸币发明之前，人们为每桩交易称出白银的重量。

亚述巴尼拔图书馆：一个反映古代美索不达米亚的文学、宗教和科学传统的巨大的文献收藏。它由公元前7世纪的亚述统治者亚述巴尼拔收集而成。考古学家出土的许多泥板文书构成了今天了解美索不达米亚漫长文学传统的重要来源之一。

学术活动

亚述的学者保持了前人美索不达米亚的成就，并在此基础上有所创造。当考古学家在尼尼微发掘出亚述最后的国王之一亚述巴尼拔（Ashurbanipal，公元前668—前627年在位）的宫殿时，他们发现了超过2.5万块的书写泥板或碎片。这个**亚述巴尼拔图书馆**收藏了官方文件，也有文学和科学文本。其中一些是带到都城的原版，另一些是应国王要求而做的复制品。在一些文献中，“知识馆”可能指的是一个学术机构，它把有知识的人吸引到了帝国的中心。我们所知道的有关美索不达米亚的艺术、文学、科学和早期历史，大部分都来自亚述遗址中的考古发现。

本节回顾

美索不达米亚北部顽强的农民为新亚述帝国的兴起提供了步兵，这个帝国从公元前10世纪晚期到公元前7世纪控制了西亚。

不断的征服战争带来了战利品、贡品、税收和对国际商业及有价资源的控制。

本节回顾

全能的亚述国王声称得到了阿舒尔神的相助，使他处于政治和国家宗教的中心。

亚述人运用军事力量、宣传手段和国家恐怖主义来威吓他们的臣服者，但他们从来没有发展出一种有效的政治控制机制，不得不经常对领地进行再征服。

亚述人残酷地将臣服者的财富和资源聚敛到中心，使中心的国王和贵族变得富有。经常性的集体放逐为修建王城和耕种精英的土地提供了劳动力。

亚述的学者保持了美索不达米亚文明悠久的智识和科学传统，并有所发展。

96

4.4 以色列（公元前2000—前500年）

对于西亚的亚述统治者来说，以色列这块小地方可能无关紧要，但它在世界历史上却起了重要作用。大约在公元前2000—前500年，两场相互连接的戏剧曾在这里上演。第一场，一些从事放牧和商队贸易的散漫的游牧群体，变成了一个定居的农业民族，发展出复杂的政治和社会制度，并且融入到了中东的商业和外交网络之中。第二场，这些人把一个沙漠地区神的崇拜，改造成了一个单一的全知全能的神，并在这一过程中创立了伦理的和知识的传统，这一传统奠定了犹太教、基督教和伊斯兰教的信仰与价值观基础。

土地与居民

处于这个故事中心的土地与居民，曾经有过不同的名称：迦南、以色列、巴勒斯坦；希伯来人、以色列人、犹太人。为了叙述的一致性，把这里所提到的民族统称为“以色列人”（Israelites），把他们在古代所占据的这块土地称为**“以色列”**（Israel）。

以色列：在古代，指地中海东海岸到约旦河之间的地方，从公元前2千纪初期起由以色列人占据。以色列现代国家建立于1948年。

以色列位于交通要道上，连接着安纳托利亚、埃及、阿拉伯半岛、美索不达米亚（见地图4-4）。它的自然资源比较贫乏。南边是内盖夫沙漠和广阔的西奈半岛荒地。地中海沿岸平原经常被其他民族占据，尤其是腓力斯丁人，在这一时期的大部分时间占据了这里。北边的加利利以及同名的内海，是一个相对肥沃的地方，有绿色的丘陵和小平原。东边狭窄的约旦河流进死海，死海因其含有高盐分对生命有害而得名。

4.4.1 起源、出埃及和定居

关于古代以色列的信息，一部分来自考古发掘和埃及、亚述的王室年鉴等文献。最基本同时也是有疑问的材料，是保存在**“希伯来圣经”**（基督教称之为“旧约”）中的文本。它是由一些材料编辑成的文集，而这些材料源于不同群体和对以往事件的特定解释。关于以色列早期历史的传说通过口述流传了很久。直到公元前10世纪，它们才在借用腓尼基文字的基础上被记录下来。我们今天所见到的文本可以追溯到公元前5世纪，其中有一些后来增添的内容，反映了控制耶路撒冷圣殿的祭司的观点。圣经的希伯来语反映了大约公元前500年之前以色列人的语言，此后它被阿拉米语取代了。历史学家对这一文献所反映的以色列历史究竟存在了多久的准确性存在争议。不过，可以在考古发现的检验下批评性地使用它。

希伯来圣经：一部包括不同材料的圣书集，这些材料涉及以色列人的起源、经历、信仰和习俗。现存文本的大部分是由公元前5世纪祭司阶级中的成员编纂的，反映了这一群体的关注点与观点。

早期放牧者

古代以色列的历史遵循了类似古代中东的模式：在荒凉沙漠和定居农业区之间的边缘地区过游牧生活，有时从事贸易，有时抢劫定居民族的农庄，但他们最终定居下来过农耕生活，并随后发展成一个统一的国家。

希伯来圣经讲述了亚伯拉罕及其后裔的故事。亚伯拉罕生于美索不达米亚南部的吾珥城，他抛弃了家乡的偶像崇拜，带着他的家人与家畜，越过叙利亚沙漠，最终迁徙到了以色列，这里被认为是以色列人的神耶和华许诺给予他和他后裔的地方。

对亚伯拉罕（如果他是一个真实的人，那么很可能生活在大约公元前1800年）旅程的这些“回忆”，可能是从底格里斯河和幼发拉底河上游之间的放牧地到地中海沿岸平原的游牧民几代人经历的压缩。在干旱季节，他们长期宿营在有水源的地方，然后在这一年的其他时间，赶着羊群、牛群和驴子去一片确立了很久的放牧区。他们从动物身上获得奶、干酪、肉和衣物。

游牧的以色列人与定居民族之间相互猜疑。这种牧人和农民之间的摩擦渗透到了圣经故事当中，无辜的牧羊人亚伯被他的农夫兄弟该隐杀害了，所多玛和蛾摩拉城由于它们的罪恶而被耶和华毁灭了。

埃及和出埃及记

在希伯来圣经中，亚伯拉罕的儿子以撒及其孙子雅各成了游牧群体的领导人。在下一代人中，雅各的几个妻子所生的儿子相互争吵，把其中一个兄弟约

97 瑟卖给了路过去埃及的商人。由于约瑟的幸运与能力，他成了法老宫廷中的一名高级官吏。这样，他就有条件帮助他的民族。当时以色列遭遇干旱，以色列人被迫迁移到了埃及。然而，发展程度较高的埃及人瞧不起这些粗野的牧人，最后还奴役他们，要他们去修建王室建筑。

关于圣经中的这一描述，有几点需要指出。首先，以色列人迁移到埃及和后来的奴役可能与希克索斯人的兴衰有关系。其次，虽然现存的埃及资料没有提及以色列奴隶，但埃及人确实对“哈比奴”有抱怨。这是一个贬义词，用来指称商队的赶车人、被驱逐者、强盗和其他边缘群体。一些学者认为，在哈比奴（Apiru）和希伯来（Hebrew）这两个近音词之间可能存在着联系。最后，声称以色列人受到奴役的时期，正是新王国的几个法老修建大规模建筑工程的时期。不过，几乎没有考古证据表明以色列人到过埃及。

根据希伯来圣经的描述，以色列人在摩西的领导下摆脱了埃及人的控制。摩西是一个与埃及王室有关的以色列人。对以色列人离开埃及的叙述，即出埃及记，是由民间故事的母题多次修改而来，其中包括耶和华把十大灾难降临到埃及，以便说服法老释放以色列人；还有奇迹般地将红海水分开，使以色列难民能够逃亡过去。也许，确实发生过以色列人从埃及迁移出去，然后在西奈半岛的荒野上漂泊了许多年这样的史实，口述传统对真实移民的记忆起了润色作用。

希伯来圣经描述，在以色列人处于沙漠中的40多年间，他们与上帝耶和华订立了契约：如果他们承诺只崇拜上帝，他们就是上帝的“选民”。这一契约由摩西石板而得到强化。摩西从西奈山上带下来刻写着“十诫”的石板，宣示了犹太教信仰与实践的基本原则，训诫主要包括禁止杀人、奸淫、偷盗、说谎和忌妒，要求孝敬父母、以一周的第七天为安息日并不得工作。

定居迦南

圣经接着叙述了摩西的继承者约书亚，他如何带领以色列人从约旦河东边进入迦南之地（今以色列和巴勒斯坦人的地域），攻击并摧毁了迦南人的城市。考古学证据证实了在公元前1250—前1200年一些迦南城镇被毁了，虽然这些并非恰好是圣经中提到的城镇。此后不久，低地的原址被重建，而且在小山上建
98 立了新的住址。新定居者的物质文化虽然粗糙，但延续了迦南人的样式。许多学者提出怀疑，迦南人可能不是被一支统一的以色列军队征服的。在这个各个地区普遍动荡、民族迁移、城市衰落和毁灭的时期，更可能是以色列移民

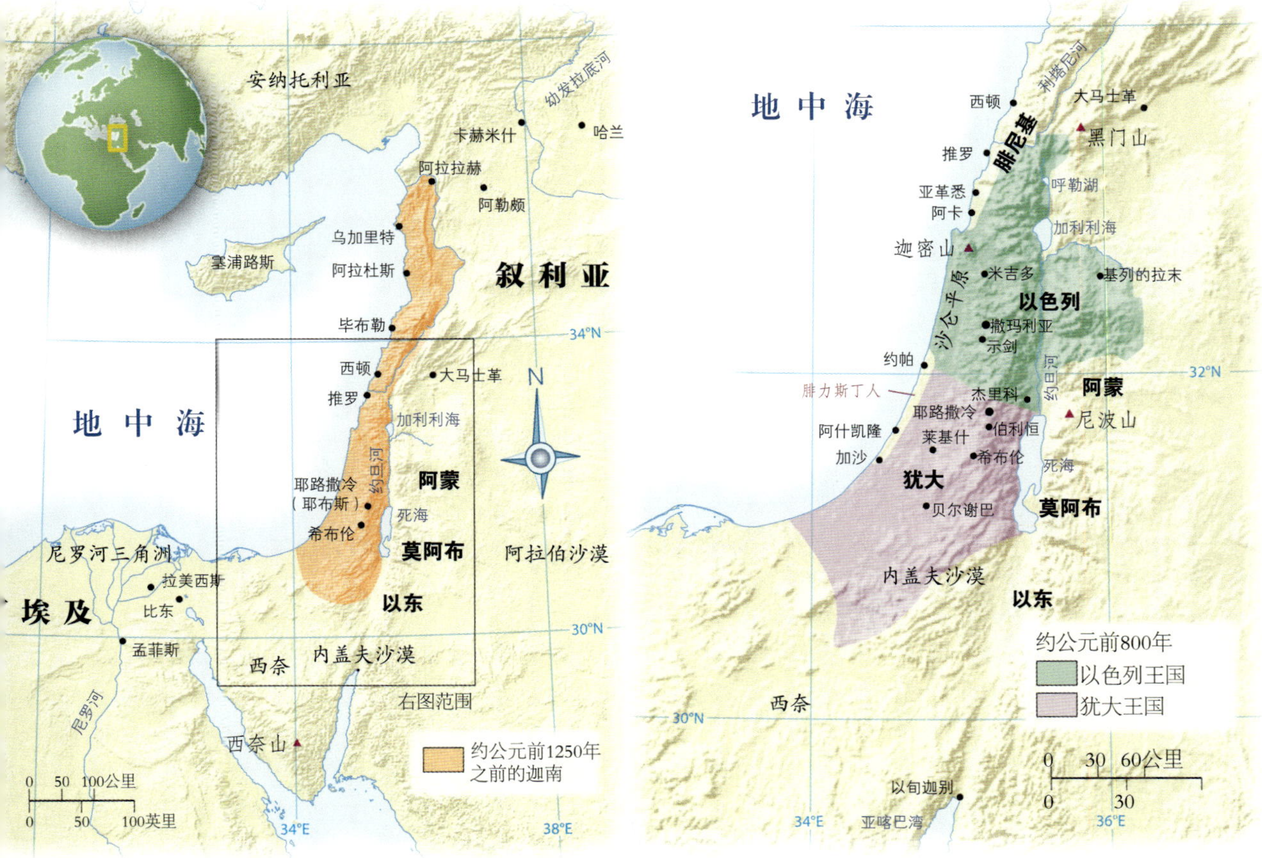

地图4-4　腓尼基和以色列　地中海东岸沿海地区（有时称为黎凡特或叙利亚—巴勒斯坦地区）一直是一个交通要冲，移民、游牧民、商人、军队穿梭于埃及、阿拉伯半岛、美索不达米亚和安纳托利亚之间，都要经过这里。

利用了这种混乱局面，同时还有其他民族，甚至迦南的城市难民也加入其中。

新的民族联合建构了共同的祖先。他们自称是“以色列之子”，分为12个部落，都把他们的祖先推算到雅各和约瑟的儿子们。每个部落被安置在国家中不同的地区，由一个或多个酋长领导。这些酋长通常只有有限的权力，主要负责仲裁争端、维持安宁和保护群体。某些有神授能力的人，因为战争中的勇敢和仲裁中的机智而出名，被称为“士师”，他们享有各个部落共同认可的特殊身份。各个部落还共同使用示罗山间的圣幕，里面供放着约柜——一只神圣的柜子，里面装着耶和华给摩西的石板。

4.4.2 君主制的兴起

大约公元前1200年困扰地中海东部地区的动乱，也促使腓力斯丁人来到以色列沿海平原，在这里，他们时常与以色列人发生冲突。圣经故事对这些战争做了记载，长发大力士参孙推倒了腓力斯丁人的神庙，牧羊人大卫用弹弓打倒了高大的武士歌利亚。一个名叫撒母耳的宗教领袖意识到需要建立一个强大的中央权威，于公元前1020年给扫罗施膏礼，使他成为以色列第一个国王。当扫罗在战争中阵亡时，大卫继承了王位（约公元前1000—前960年在位）。许多学者认为，圣经中对这一时期君主制的描述比早期部分具有更高的历史可信度，但也有一些人声称，考古材料仍然与这一叙述不是十分吻合，早期国王的财富与权力被极大地夸大了。

大卫和所罗门

大卫是一个天才的音乐家、武士和政治家，在他的领导下，以色列人实现了从部落联盟向君主制的过渡。他通过占领耶路撒冷这个山城并将其设为首都，加强了国王的权威。不久，大卫将约柜带到耶路撒冷，使这座城市成为王国宗教与政治的中心。他还进行了一次人口普查以利于收税，建立了一支常备军，士兵由国王付薪并忠于国王。这些改革使大卫不断取得军事胜利，扩张以色列的领土。

大卫之子所罗门的统治（约公元前960—前920年在位），标志着以色列的君主制达到了鼎盛。结盟和贸易使这一时期的以色列与远近各国联系了起来。所罗门与腓尼基推罗的国王希兰（Hiram）派遣了一支舰队驶入红海，带回了黄金、象牙、宝石、檀香木和珍禽异兽。示巴女王访问所罗门的故事也许是虚构的，但它反映了以色列与阿拉伯半岛南部示巴（今也门）或非洲之角（今索马里）的贸易事实。通过军事和商业冒险获得的财富，支持了奢华的宫廷生活、庞大的官僚机构和令人畏惧的战车部队，使以色列成为区域性大国。所罗门进行了一项耗费巨大的建筑工程，使用奴隶并强征市民劳动。为了加强宗教与世俗权威之间的联系，他在耶路撒冷修建了**第一圣殿**。这样，以色列人有了一个中心圣殿，可以举行一系列盛大的宗教仪式，从而能够与该地区其他宗教相匹敌。

第一圣殿：公元前10世纪由国王所罗门在耶路撒冷建立的一座巨大圣殿，是崇拜以色列的上帝耶和华的宗教中心。圣殿祭司集团举行献祭，收取什一税或按百分比获得农业收入，在经济和政治上都具有影响力。

圣殿祭司代表国家用动物向耶和华献祭，作为回报，他们获得每年收成的一半，这样他们成为有影响力和富有的阶级。耶路撒冷城的扩大，新的商业机会，圣殿祭司集团日益提高的声誉，这些都改变了以色列社会的构成。城市与乡村、富人与穷人之间的鸿沟，使以前相对比较均一的人群发生了两极分化。充满激情的先知声称获得耶和华的启示，谴责君主和贵族的腐败、渎神和蔑视穷人（见“多样性与主流：在以色列和巴比伦尼亚抗议统治阶级”）。

以色列社会

以色列人生活在大家庭中，几代人在一个男性家长的权威下居住在一起。男性继承人具有头等重要的地位，长子可以获得两份遗产。如果一对夫妻没有儿子，他们可以收养一个，或者丈夫可以与妻子的女奴生一个孩子。如果一个人死而无嗣，那么他的兄弟应该娶其遗孀，为他生一个后代。

在早期以色列，由于妇女提供了维持家庭的必需品和家务劳动，她们由此 99
受到了尊敬，并对丈夫有一定的影响。然而，她们不能像男子那样继承财产和提出离婚，如果一个妇女有婚外关系被抓住，可以被处死。农民家庭的妇女除了照看家庭和小孩外，还要与家人一起从事农业或放牧。随着社会的城市化，一些妇女在户外工作，充当厨师、卖香料者、奶妈、妓女、哭丧者。少数妇女获得了权力，例如士师底波拉曾率领军队与迦南人进行战斗。“有智慧的妇女”以诗歌和散文形式被编进经卷中。这种事实被弄得模糊不清，部分原因在于希伯来圣经的男性偏见，另外也因为随着以色列社会的城市化，妇女地位下降了。

4.4.3 国家分裂与人口流散

大约在公元前920年所罗门死后，国王对金钱与劳役的敛征，以及对部落特权的忽视，引起了人们的憎恨，导致君主国分裂成两个王国：北部的以色列，以撒玛利亚为都城；南部的犹大，以耶路撒冷为中心（见地图4-4）。两个王国有时相互战争，有时结成联盟。

一神教：信仰唯一存在的神。一些学者把埃及法老埃赫那吞对阿吞（日轮）的崇拜及对其他传统神的压制，看作一神教最早的例证。以色列人对耶和华的崇拜发展成为排他的一神信仰，这种观念传递给了基督教和伊斯兰教。

分裂与灾难

在这一时期，以色列人信仰耶和华为唯一的神，**一神教**最终形成了。然而，许多以色列人被崇拜迦南风暴之神巴力和生育女神亚舍拉的神秘仪式所吸引。先知们谴责外国仪式的采用，并且警告说耶和华将严厉惩罚以色列。

这两个以色列人的王国和该地区其他小国为了共同抵抗新亚述帝国，放弃了它们之间的敌对，但没有取得什么效果。公元前721年，亚述摧毁了北部的以
色列王国，把它的大部分人口放逐到了东部，然后从叙利亚、巴比伦、伊朗引 102
入新移民，这一地区的民族、文化和宗教特性也因此被改变了。犹大王国多存在了一个多世纪，它有时起来反抗，有时给亚述及其后继的新巴比伦王国（公

多样性与主流

100 在以色列和巴比伦尼亚抗议统治阶级

以色列社会在君主制时期发生了深刻变化，一些人有机会获得大量财富，导致了富人与穷人之间严重的不平等。一些先知公开指责以色列统治精英的行为。他们谴责以色列社会的变化腐蚀了人们，使人们脱离了早期美好时代的宗教虔诚和道德淳朴。先知们常常代表未受教育者、不善表达者、文盲和无权的下层阶级说话，因此他们提供的信息很有价值，因为这些信息涉及不同社会群体的经历。他们的叙述虽然有失客观，却具有非传统的个人愤世嫉俗的洞见。

下文摘录自希伯来圣经中的《阿摩司书》。阿摩司是分裂时期来自南部犹大王国的牧人，公元前8世纪中叶当亚述威胁叙利亚—巴勒斯坦地区时，他活跃于北部的以色列王国。

1:1 当犹大王乌西雅、以色列王约阿施的儿子耶罗波安在位的时候，大地震前二年，提哥亚牧人中的阿摩司得默示论以色列。

3:1 以色列人哪，你们全家是我从埃及地领上来的，当听耶和华攻击你们的话。

3:2 在地上万族中，我只认识你们。因此，我必追讨你们的一切罪孽。

3:9 要在亚实突的宫殿中和埃及地的宫殿里传扬说：你们要聚集在撒玛利亚的山上，就能看见城中有何等大的扰乱与欺压的事。

3:11 所以主耶和华如此说：敌人必来围攻这地，使你的势力衰微，抢掠你的家宅。

3:12 耶和华如此说：牧人怎样从狮子口中抢回两条羊腿或半个耳朵，住撒玛利亚的以色列人躺卧在床角上，或铺绣花毯的榻上，他们得救也不过如此。

4:1 你们住撒玛利亚山如巴珊母牛的啊，当听我的话你们欺负贫寒的，压碎穷乏的，对家主说：拿酒来，我们喝吧。

4:2 主耶和华指着自己的圣洁起誓说：日子快到，人必用钩子将你们钩去，用鱼钩将你们余剩的钩去。

4:3 你们各人必从破口直往前行，投入哈门。这是耶和华说的。

5:11 你们践踏贫民，向他们勒索麦子。你们用凿过的石头建造房屋，却不得住在其内；栽种美好的葡萄园，却不得喝所出的酒。

5:12 我知道你们的罪过何等多，你们的罪恶何等大。你们苦待义人，收受贿赂，在城门口屈枉穷乏人。

5:21 我厌恶你们的节期，也不喜悦你们的严肃会。

5:22 你们虽然向我献燔祭和素祭，我却不悦纳。也不顾你们用肥畜献的平安祭。

5:23 要使你们歌唱的声音远离我。因为我不听你们弹琴的响声。

6:4 你们躺卧在象牙床上，舒身在榻上，吃群中的羊羔、棚里的牛犊。

6:5 弹琴鼓瑟唱消闲的歌曲，为自己制造乐器，如同大卫所造的。

6:6 以大碗喝酒，用上等的油抹身。却不为约瑟的苦难担忧。

6:7 所以这些人必在被掳的人中首先被掳。舒身的人荒宴之乐必消灭了。

7:10 伯特利的祭司亚玛谢打发人到以色列王耶罗波安那里，说：阿摩司在以色列家中，图谋背叛你。他所说的一切话，这国担当不起。

7:11 因为阿摩司如此说：耶罗波安必被刀杀，以色列民定被掳去离开本地。

7:12 亚玛谢又对阿摩司说：你这先见哪，要逃往犹大地去，在那里糊口，在那里说预言。

7:13 却不要在伯特利再说预言。因为这里有王的圣所，有王的宫殿。

7:14 阿摩司对亚玛谢说：我原不是先知，也不是先知的门徒，我是牧人，又是修理桑树的。

7:15 耶和华选召我，使我不跟从羊群，对我说：你去向我民以色列说预言。

8:8 地岂不因这事震动？其上的居民不也悲哀么。地必全然像尼罗河涨起，如司埃及河涌上落下。

8:9 主耶和华说：到那日，我必使日头在午间落下，使地在白昼黑暗。

8:10 我必使你们的节期变为悲哀，歌曲变为哀歌。众人腰束麻布，头上光秃。使这场悲哀如丧独生子，至终如痛苦的日子一样。

9:8 主耶和华的眼目察看这有罪的国。必将这国从地上灭绝，却不将雅 101
各家灭绝净尽。这是耶和华说的。

9:9 我必出令，将以色列家分散在列国中，好像用筛子筛谷，连一粒也不落在地上。

9:11 到那日，我必建立大卫倒塌的帐幕，堵住其中的破口，把那破坏的建立起来，重新修造，像古时一样。

一份大约编写于公元前1000年的巴比伦文献，揭示了那个社会同样普遍存在不平等和欺凌现象。它以对话的形式呈现出来，对话者一方是一个受伤害的男子（尽管他声称地位低下，但他有文化，可能来自城市中产阶级），另一方是他富有同情心的朋友。

受害者：

我环顾世界，但世事颠倒了过来。
神没有阻止魔鬼之道。
一位父亲沿着运河拉船，
儿子却躺在床上睡懒觉。
大儿子狮子般自顾前行，
二儿子乐于做个赶驴人，
继承人沿街游荡如小贩，
小儿子（富裕）捐赠食物给穷人。
我敬奉神灵能得到啥？
我甚至要向地位比我低者鞠躬，
有钱人轻蔑地待我如小兄弟……

朋友：

啊，聪明的人，啊，拥有知识的博学者，
你的心变硬了，你竟然错误地指责神灵。
神意犹如天堂的中心，极为遥远；
人们对它难以理解，也无法知道。
在阿如孺（Aruru）创造的一切生灵之中，
为何大儿子如此……［原文不清楚］？

就像奶牛那样，生育第一只必定是矮小的动物，
后来出生的要大两倍。
第一个子女生来虚弱，
第二个才称得上强健的武士。
人们可能意识到神的旨意，却不知如何去做。

受害者：

我的朋友，注意理解我的意思，
留意我谨慎说出的话。
人们歌颂那些学会了杀戮的强人，
却打击那些没有犯错的无权者。
他们赞同邪恶者，这些邪恶之人把本该憎恶之事当作好事，
却打击诚实者，这些诚实之人遵从神的意志。
他们让压迫者的仓库装满了黄金，
却使穷人的贮藏室空空如也。
他们支持有权力的人，这些人……［原文不清楚］有罪，
却毁灭弱者，蹂躏无权的人。
就我而言，我是一个无足轻重的人，但一个显贵迫害我。

朋友：

众神之王纳努（Narru）创造了人类，
庄严的祖鲁马尔（Zulummar）修剪了他们的身材，
女神兼女王吗咪（Mami）塑造了他们的样子，
赐给人类宛转的言语。
他们总是赋予人类撒谎而不是讲真话。
他们庄严地说一些示好富人的话，
他们说“他是一位国王，财富应该属于他”。
但他们对待穷人如小偷，
他们只说他的坏话，密谋对他的谋杀，
使他像罪犯那样遭受一切不幸，因为他没有……［原文不清楚］。

他们可怕地结束他的生命，像浇灭炽热的木炭那样消灭他。

受害者：

你真友善，我的朋友；看到我的痛苦了吧，
帮帮我，看看我的不幸，了解我的不幸。
我虽地位卑下，但聪明而谦卑，
从未获得帮助，哪怕是一会儿的帮助。
我曾谦虚谨慎地在城市广场徘徊，
我不敢抬高嗓门，低声说话。
我低着头，只看着地面，
我没有拜神，哪怕作为一个奴隶与我的同伴一起参拜。
愿抛弃我的神给我帮助，
愿［抛弃我的］女神给我怜悯，
牧羊人，人们的太阳，像一个神应该做的那样放牧（他的羊群）。

资料来源：Excerpts from the *Hebrew Bible* quoted by permission. NETS Bible copyright. 1996−2006 by Biblical Studies Press, L.L.C. http://www.bible.org. All rights reserved. Excerpts from Babylonian document: James B.Pritchard, *Ancient Near Eastern Texts Relating to the Old Testament* (3rd edition with Supplement). © 1950, 1955, 1969, renewed 1978 by Princeton University Press. Reprinted by permission of Princeton University Press.

分析问题

阿摩司的预言主要想说给谁听？统治阶级是怎样对待阿摩司的先知活动，而他又是如何回应他们的策略的？

阿摩司看到了以色列社会中哪些不正当现象？谁应受到指责？为什么统治精英的宗教实践也受到了批评？

上帝惩罚以色列的手段是什么？上帝为什么要用这种方式惩罚以色列？还留有希望的根据是什么？

巴比伦尼亚受害者的主要抱怨是什么？他向何处寻求解决？巴比伦尼亚诸神似乎比以色列神较少直接卷入人类事务，是这样吗？

元前626—前539年）朝贡。公元前587年，新巴比伦国王尼布甲尼撒攻占了耶路撒冷，摧毁了圣殿，把王室、贵族和许多技术工匠（如铁匠和书吏）放逐到了巴比伦。 102

这些被放逐者在“临水而居的巴比伦”新家生活得很好，当半个世纪之后波斯国王居鲁士（见第5章）放他们返回本国时，他们后裔中的大多数人不愿回去。这是**离散社群**（Diaspora）的起源。“Diaspora”是一个希腊词汇，意思是“流散”或“散布”。许多犹太人（由于一个独立的以色列不再存在，我们现在可以称这些人为犹太人）流散到本国之外，一直持续至今。离散的社群为了维持其宗教与文化，发展出了类似犹太教会堂（希腊人称“集会”）的制度。犹太教会堂是一个社群聚会的场所，也承担宗教、教育和社会功能。

离散社群与身份认同

离散社群：一个意为“散布”的希腊词汇，用来描述生活在本国之外的某一特定族群中的社群。例如犹太人，在古代从以色列散布到西亚和地中海地区，今天仍可在全世界看到他们。

公元前6世纪末至公元前5世纪，巴比伦尼亚的几个犹太人群体经过长途跋涉回到了犹大王国。他们重建了一座朴实的圣殿，把希伯来圣经大致编成了今天所见到的形式。

政治独立的丧失和放逐经历，强化了犹太人的身份认同。犹太人以坚定的一神教作为他们的核心信仰，按照一套严格的教规来生活：饮食限制方面，禁食猪肉和贝类，肉和乳制品不能同时享用；举行仪式性的洗浴，以使精神纯洁；犹太人遵守安息日（星期六，一周的第七天），这天不能工作也不能作战，是以耶和华为榜样，因为根据圣经，神在创造世界之后的第七天休息了（这是星期与周末观念的起源）。这些戒律和其他规定，包括禁止与非犹太人通婚，倾向于将犹太人与其他民族隔离开来。然而，它们也培养起了一种强有力的社群观念，认为犹太人受到了一个密切关注他们的仁慈之神的保佑。

本节回顾

以色列只是一块小小的资源匮乏的土地，由于其战略位置而在世界历史上扮演了重要角色。

通过批评性地比较希伯来圣经和考古发现，可以重建古代以色列人的历史。

早期以色列人过着游牧生活，但最终作为农耕者和牧人在迦南定居下来。

与沿海的腓力斯丁人竞争的结果，是曾经组织松散的以色列部落统一成了一个君主国，定都耶路撒冷。

本节回顾

城市化、贸易带来的财富和圣殿祭司的地位造成了以色列社会内部的分化。满腔热情的先知谴责了统治精英的贪婪与腐败。

随着亚述帝国和新巴比伦王国的征服，许多以色列人被从本国放逐。离散社群建立了新的制度、一种独特的生活方式和一种强烈的犹太人身份认同。

4.5　腓尼基与地中海地区（公元前1200—前500年）

当以色列部落形成一个统一王国的时候，占据着地中海东岸北部地区的民族，也发展出了他们自己独特的文明。历史学家沿用了希腊人的称呼称他们为**腓尼基人**，而他们自称是“迦南人”。虽然几乎没有文字记载，考古踪迹也因频繁的移民和入侵而被搅乱，但部分历史仍可重建。

腓尼基人：说闪米特语的迦南人，公元前1千纪生活在今黎巴嫩和叙利亚沿海地区。腓尼基商人和水手从推罗、西顿等主要城市出发到地中海探险，从事广泛的商业活动，在地中海西部建立了迦太基和其他殖民地。

4.5.1　腓尼基城邦

大约在公元前1200年，当地中海西部因剧变和大规模移民而出现动荡之时，叙利亚—巴勒斯坦地区许多迦南人的定居点也遭到破坏。阿拉美亚人（Aramaeans，类似于早期以色列人的游牧民）迁移到了叙利亚的内陆。在更南边，以色列牧人和农民定居在今日以色列的内地。腓力斯丁人占据了南部沿海地区，给这里带来了以冶铁为基础的冶金术。

103

政治与经济发展

到公元前1100年，迦南人的领土缩小到了山区与海洋之间现今黎巴嫩的一条狭长地带（见地图4-4）。河流和黎巴嫩山多岩石的山嘴把沿海平原分割成一系列小城邦，主要有毕布勒、贝利图斯（Berytus）、西顿和推罗。这一人口稠密地区的居民采用了新的政治形式，转而依靠海上商业和新的制造业而生存。腓尼基人的贸易品包括原料（雪松和松木、金属、熏香、纸莎草）、食品（酒、香料、盐腌的鱼）、工艺奢侈品（雕刻的象牙、玻璃、用骨螺紫染成昂贵紫色的纺织品）。繁荣的贸易给腓尼基城邦带来了大量财富，也使得它们在国际政治中扮演了重要角色（见“环境与技术：古代的纺织品和染料”）。

腓尼基人把早期迦南语图画模式发展成了一种带有约24个符号的“字母”文字体系，每一个符号代表一个声音。（腓尼基人表达的只是辅音，把元音声

腓尼基的象牙板（公元前9—前8世纪）这一面板最初覆盖着金叶，镶嵌着红色的玛瑙和蓝色的天青石，描绘了一头母狮正在咬食一个男孩。它很可能是木制御座的一部分，这御座或许是腓尼基人制造并献给亚述国王的贡品。它在亚述都城尼姆鲁德（Nimrud）王宫区的一口井中被发现，那块地方在公元前7世纪末城市被毁时被遗弃了。

留给读者去推断。后来的希腊人增添了元音声符号，创立了第一种真正的字母文字体系。然而，几乎没有腓尼基文字存留下来，可能因为书写者用的是容易腐烂的纸莎草。

推罗的优势地位

公元前1000年之前，毕布勒是最重要的腓尼基城邦。这里是来自黎巴嫩山的雪松木和来自埃及的纸莎草的集散中心。公元前969年，国王希兰掌权，他使推罗发展成为著名城邦。根据希伯来圣经记载，他与以色列国王所罗门结成了紧密的联盟，向耶路撒冷圣殿的修建提供了腓尼基技术工匠和雪松木。作为回报，推罗获得了白银、食物和通往东方、南方的贸易路线。公元前9世纪，推罗控制了邻近的西顿和地中海沿岸的贸易。

推罗位于一个离开海岸的岛屿上，几乎无法攻占。它有两个用运河连接起来的海港、一个大市场、一座带有国库和档案室的宏伟的宫殿式综合建筑，还

环境与技术

古代的纺织品和染料

104

在整个人类历史上，纺织品的生产——织布用来制作衣物、毯子、地毯和各

种遮盖物——需要耗费大量人类劳动，这种劳动仅次于产生食物的必要劳动。然而，上古时代的纺织品生产几乎没有留下什么考古痕迹。用来制作衣物的植物纤维和动物毛发，除了在极少情况下，都腐烂了。在炎热干燥条件下的埃及，凉爽干旱的南美安第斯山区，以及北欧的泥炭沼地区，发现了一些纺织品的遗物。但我们对于古代纺织的了解，主要来自生产纺织品的设备的发现，如纺锤、织机、染缸等，以及绘画展示和文本描述。

织布通常是妇女的工作，原因简单却很重要。喂养孩子的责任限制了妇女对其他活动的参与，但她们也没有浪费时间和精力。在许多社会中，纺织是照看孩子的补充，因为它可以在家里从事，相对安全，不需要高度集中精力，工作中断也不会产生什么后果。棉花或亚麻（用于织造亚麻制品）等植物的种植与收获，从绵羊（在安第斯山区是骆驼）身上剪毛，这些都是户外工作，但接下来的生产阶段可以在家里进行。纺织的基本方法从上古早期直到18世纪晚期都没有多大改变，因为到18世纪晚期纺织品生产才开始转向工厂和大规模生产。

当纺织品生产被看作“妇女的工作”时，产品的大多数都是用于家庭消费。然而，大约在3 000年以前，秘鲁的女织工发展出了新原料、新技术和新装饰图案。她们除了用棉花之外，还开始用骆驼毛和羊驼毛。3个妇女并肩劳动传递纬纱，以便产生出更宽的织物。女织工还引入了刺绣，用新的宗教图案（如美洲虎神）来装饰服装。她们的高质量纺织品用作贡品献给统治者，也用来从事贸易换取奢侈品。

更典型的是，男子控制了商业生产。在古代腓尼基，带有鲜艳、持久染色的精美纺织品成为主要的出口品。最受欢迎的是被称为“推罗紫”的红紫色，因为推罗是其主要产地。波斯和希腊国王穿着染成这种颜色的长袍，带有紫色镶边的白色托加是罗马元老贵族的象征。

推罗紫的生产是一个极为费力的过程。带刺的染料骨螺生活在沙质的地中海底部深达30—500英尺（10—150米）的地方。生产1克（0.035盎司）染料需要9 000只螺。染料由骨螺鳃下腺中的无色液体制作出来，接着要摘取腺囊，然后碾碎，用盐水浸泡，在阳光和空气中吹晒几天，最后进行煮沸和加热。

在腓尼基海岸，由剥开的螺壳堆成的巨大堆积物是这一古代工业的证据。许多地方的骨螺可能几乎用光了，一些学者推测，腓尼基人在地中海殖民的一个动机，是为了寻找新的骨螺来源。

有麦勒卡特（Melqart）神庙和阿施塔特（Astarte）神庙。它的3万居民中，有些 105
人住在大陆郊区。但它有一个弱点，就是它要依赖大陆提供食物和淡水。

关于推罗和其他腓尼基城市的内部事务，我们知道得很少。一连串国王的名字保存了下来，零星的证据表明政治领域由最主要的商人家庭所控制。在公元前9世纪至公元前7世纪之间，腓尼基城邦抵抗了亚述的进攻；在接下来的公元前6世纪，抵抗了新巴比伦王国的扩张；后来又起来抗击波斯帝国（见第5章）。腓尼基城邦尽可能利用大国之间的相互争斗，并且在必要时依附一个遥远的宗主，接受一种从属关系，以这些手段来维持他们的自治。

4.5.2　向地中海扩张

西部殖民地

公元前900年之后，推罗将其注意力转向了西方，在塞浦路斯建立了殖民地。塞浦路斯是距推罗海岸100英里（161公里）远富有铜矿的一个岛屿（见地图4-4）。到公元前700年，在地中海西部的一系列殖民地形成了“腓尼基三角形”，它由以下地区组成：从利比亚西部到摩洛哥的北非海岸；西班牙的南部海岸和东南沿海地区，包括直布罗陀海峡附近的迦狄兹（Gades，今加的斯），控制了地中海与大西洋之间的通道；意大利沿海的撒丁岛、西西里岛和马耳他（见地图4-5）。许多殖民地位于海角或像推罗那样离岸的岛屿。腓尼基人的贸易网络覆盖整个地中海。

亚述对叙利亚—巴勒斯坦地区的频繁入侵和破坏，加上缺少耕地以供养日益膨胀的人口，可能是推罗对外扩张的动因。海外殖民地为过剩人口提供了
一条出路，也提供了新的贸易品来源和新的贸易伙伴。在公元前701年之前， 106
推罗通过向亚述国王朝贡，一直维持着自治。就在这一年，亚述军队最终攻下了推罗，夺取了它的大部分领土和人口，使西顿成为腓尼基居领导地位的城市。

迦太基：位于今突尼斯境内的城市，大约在公元前800年由腓尼基人建立。它成为地中海西部的一个商业中心和海上强国，直到公元前3世纪被罗马人打败。

4.5.3　迦太基商业帝国

迦太基城

历史学家对**迦太基**和其他腓尼基殖民地的了解，要远远超过对腓尼基本土的了解。这些了解大多来自希腊人和罗马人对他们与腓尼基西部殖民地社会之间战争的记载。例如，本章开头所述迦太基的起源，就是来自罗马史料，但它很可能源自迦太基。考古发掘大致证实了这座城市口头传说的建立时间，即

地图4-5　地中海地区的殖民　公元前9世纪，黎巴嫩的腓尼基人开始去地中海西部探险与殖民，包括北非海岸，西班牙南部和东部，西西里岛和撒丁岛。腓尼基人主要对获取贵重原料和贸易机会感兴趣。

公元前814年。这个新殖民地发展很快，不久就控制了西部其他腓尼基人的殖民地。

迦太基位于今突尼斯的突尼斯市城外，在一个伸入地中海的海角上，由一个最初的山丘城堡，发展到城堡与双海港之间的土地。它的内海港能够容纳220艘战船，一座瞭望塔可以监督周边地区，而高墙使得人们无法从外面看到里面。外面的商业海港则布满了用于停靠商船和修造船只的船坞。为了防止受到袭击，海港可以由一条巨大的铁链封锁起来。

政府衙门围绕一个中心大广场修建起来，在广场上，法官们在户外审理司法案件。内城是像迷宫一样狭窄而弯曲的街道、多层房屋建筑和圈起来的圣地。外面是散乱的郊区，有钱人在耕地和菜园间修建宽大的别墅。这整个市区由长达22英里（35公里）的墙围绕起来。在最重要的地方——连接海角与大陆的2.5英里（4公里）宽的地峡，城墙高度超过40英尺（13米），厚度达30英尺（10米），还有一些高高的瞭望塔。

迦太基拥有约40万人口，在公元前500年时是世界上最大的城市之一。这些人口由多种族构成，包括腓尼基血统的人、现今柏柏尔人祖先的本地人，以及从其他地中海国家及撒哈拉以南的非洲来的移民。腓尼基人很快就与其他民族相互通婚。

腓尼基人每年从上层家庭中选出两名“法官”来充任城邦领导人，履行行政和司法的职能。真正的权力在元老院，由具有影响力的商人家庭成员组成，他们终身任职，管理城邦事务。重大决定由30个左右元老组成的核心集团做出。领导阶层偶尔也召集公民大会，以选举官吏或投票表决重大事件，尤其是当他们发生分歧或想要为一些冒险挑起民众热情的时候。

社会与政治的动荡曾经困扰过希腊和罗马，但在迦太基，几乎没有证据表明发生过这种动荡。商人贵族（不同于世袭贵族）不是一个封闭的群体，他们在经济和政治上具有流动性，使得新成功的家庭和个人能够跻身于有影响公民的行列。只要每个人都能从帝国的富裕中获益，民众就会顺从那些能够使帝国繁荣的人。

海军力量与商业

迦太基的强大基于它的海军，这支军队控制了地中海西部长达几个世纪。腓尼基人的城镇为其提供了一个友好的港口网。迦太基舰队被认为是快速、灵活的桨船（由桨推动的战船）。每艘战船在前面安装了一个坚固、锋利的金属撞角，当水兵作战时，它可以在水下刺破敌人的船体。船中横坐板的位置和桨的改革，使船中最终可以容纳多达170个划手。腓尼基人及其对手希腊人给这一地区的军舰技术确立起了一个标准。

迦太基的外交政策反映了占统治地位的商人阶级的经济利益，主要集中在保护航道、获取原料和促进贸易几个方面。实际上，迦太基宣称地中海西部水域是属于它的。外国商人可以自由航行到迦太基买卖商品，但如果他们想要独立行事，就要冒船只被迦太基海军击沉的风险。迦太基与其他国家之间的条约包括了对这种海上商业垄断的正式承认。

关于迦太基人贸易的日用品，考古材料几乎没有提供什么线索。可能这些物品包括易腐货物（食品、纺织品、动物毛皮、奴隶）和金属原料。迦太基商
107 船运载其他地方制造的商品，也有外国商人把产品运到迦太基，然后再从这里出口。

还有迦太基与撒哈拉以南的非洲进行贸易的证据。公元前5世纪一个叫汉诺（Hanno）的迦太基船长，声称驶过直布罗陀海峡进入大西洋，并到达了西非海岸（见地图4-5）。还有一些迦太基人到了西班牙和法国的大西洋沿岸，并在“锡岛”——可能是英国西南部的康沃尔——获得了锡的一个重要来源。

4.5.4 战争与宗教

另类帝国

迦太基国家并非直接统治的一大片领土。在突尼斯东北部有一条狭长的沃土带，由迦太基人所有，但由当地农民和来自其他地区的奴隶耕种，以此保证食物供应。在这一核心区域之外，迦太基人还间接地统治了其“帝国”的大部分地区，允许地中海西部的其他腓尼基城邦保持独立。这些腓尼基城邦依靠迦太基的军事保护，在外交政策上服从迦太基的领导。只有撒丁岛和西西里岛南部处于迦太基总督和驻军的直接控制之下，大概是为了保护其农业、金属和人力的资源。

迦太基专注于贸易，可能正说明了迦太基不要求公民在军队中服役这个不同寻常的事实：他们从事的诸如贸易和海军这些活动更有价值。因为本土的北非居民在政治上和军事上都没有形成良好的组织，迦太基几乎没有来自周边的威胁。公元前5—前3世纪，当迦太基陷入与希腊人和罗马人的一系列战争之时，它依靠的是雇佣兵。这些士兵来自其控制地区或邻近地区最好战的民族，

迦太基的托非特　在此埋葬着公元前7—前2世纪用作献祭的儿童焚尸。考古发掘证实，古籍所载迦太基人在遇到危机时用儿童向神献祭。在装有骨灰和婴儿遗骨的陶瓮之上，立了石碑，碑上装饰有巫术标志、神灵的象征符号和姓氏。

能够获得很高的报酬，由迦太基军官指挥。与大多数古代国家不同的是，迦太基人把军事指挥与行政管理分开来。将军由元老院选出，他们的任期是：只要有需要，他们就一直任职。

迦太基宗教

迦太基人的神像美索不达米亚的神灵（见第2章）那样，主要的神是掌管暴风雨的男神巴力·哈蒙（Baal Hammon）和掌管生育的女神坦尼特（Tanit），这些神非常强大但反复无常，需要虔诚的崇拜者给予抚慰。据罗马史料记载，迦太基的统治精英成员在危机时刻会用他们的男童来献祭。通过对迦太基和其他西部腓尼基人城镇的考古发掘，发现了许多托非特（tophet），其中埋有数千个用墙围起来的密封的小陶瓮，陶瓮中装有焚烧过的儿童遗骨。用儿童献祭最初只是上层阶级的行为，但在公元前400年之后变得更普遍了，涉及的人口也更广泛。　108

生活于公元100年左右的希腊人普鲁塔克，在迦太基被毁很长一段时间之后，根据早期史料记载说：

> 迦太基是一个冷酷而忧郁的民族，对统治者顺从，对臣服者苛刻，在

> 害怕时极为怯懦，在愤怒时极为残忍；他们固执己见，艰苦朴素，毫不关心生活中的娱乐和悠闲。[1]

我们不应接受希腊和罗马史料中表面上带有敌意观点的价值观，但它明显反映了迦太基人被视为不同的人，并与记载者存在一种文化障碍，由此导致了误解和偏见，而这在古代地中海不同民族之间的冲突中扮演了非常重要的角色。第6章我们将探讨罗马和迦太基之间为了控制地中海西部而进行的漫长又血腥的争斗。

本节回顾

在大约公元前1200年剧变之后，黎巴嫩沿海的迦南人社群为了生存，采用了城邦的政治形式，转向海上商业和新的制造业。

推罗位于一个几乎无法攻占的离岸岛屿上，由一个国王和商业贵族领导。公元前10世纪，它成为占主导地位的腓尼基城市。

在地中海西部的一系列殖民地形成了“腓尼基三角形”，包括北非沿岸、西班牙沿岸和意大利附近的岛屿。

迦太基位于现今的突尼斯，建立于公元前800年之前不久，并在地中海西部领导了一个腓尼基人城邦的联盟。

迦太基的国力以海军为基础，海军使迦太基垄断了地中海西部的商业。对于在陆地上的战争，迦太基依靠雇佣兵，这些士兵来自这一地区最好战的民族，由迦太基军官指挥。

迦太基人的宗教包括在危急时刻用儿童献祭，这被敌对的希腊人和罗马人看作怪异的和卑劣的。

4.6 衰落与转型（公元前750—前550年）

亚述的压迫

亚述在整个中东的扩张对这一地区的各个民族都带来了巨大影响。公元前721年，亚述摧毁了北部的以色列王国，放逐了大部分居民，并对南部的犹大王国进行了长达一个多世纪的无情压迫。亚述的威胁和对贡物的索取刺激了腓尼基人向地中海西部进行探险和殖民。公元前701年，推罗被亚述攻陷，加速了腓尼基本土的衰落，但西部殖民地，特别是迦太基却非常繁荣。即使是埃及，长期以来因为沙漠屏障而难以入侵，也在公元前7世纪中叶被亚述入侵者攻占。美索不达米亚南部沦为保护国，巴比伦也随着亚述国王的不同处置而交替被夷为平地再重建。乌拉尔图和埃兰是亚述的近邻和对手，也被摧毁。

到公元前650年，亚述在西亚已没有对手。但是，与乌拉尔图的军事竞赛、频繁的扩张战争以及对漫长边界的保护逐渐消耗了亚述的资源。亚述人的残忍和剥削引起了被征服民族的憎恨。与此同时，军队中和本土人口中民族构成的变化，削弱了民众对亚述国家的支持。 109

新巴比伦王国

两股新的政治力量充当了反抗亚述的先锋。首先，巴比伦尼亚由新巴比伦（或迦勒底）王朝得到复兴（迦勒底人在大约公元前1000年渗透到美索不达米亚南部）。其次，米底人（一个伊朗民族）建立的王国于公元前7世纪在伊朗高原扩张。这两股力量对亚述本土发动了一系列进攻，到公元前612年摧毁了亚述的主要城市。胜利的进攻者造成的系统性毁灭，导致了美索不达米亚北部人口的减少。

新巴比伦王国：公元前7—前6世纪，巴比伦在迦勒底人（公元前1千纪初期定居在美索不达米亚南部的游牧血缘群体）的统治下，再度成为一个重要的政治和文化中心。在参与摧毁亚述帝国之后，国王那波帕拉萨尔和尼布甲尼撒占据了亚述领土的南部。

米底人占据了亚述本土和北部平原，甚至远达安纳托利亚东部，但亚述帝国的大部分疆域落入了**新巴比伦王国**（公元前626—前539年），这主要归功于国王那波帕拉萨尔（Nabopolassar，公元前625—前605年在位）和尼布甲尼撒（公元前604—前562年在位）的积极战争。巴比伦尼亚经历了一场文化复兴。巴比伦城被扩建了，并装饰一新，成为公元前6世纪最大的世界性都市。旧的崇拜仪式和宗教节日得到复兴，神庙被重建。对有关数学、天文学、占星术的追求，又达到了一个新的高度。

本节回顾

亚述在整个中东的扩张对这一地区各民族带来了巨大影响。

频繁军事战争的消耗，由于亚述的残忍而引起的被征服民族的憎恨以及军队和本土人口中民族构成的变化，这些都削弱了亚述帝国。

新巴比伦王国和伊朗西北部的米底，发动了一系列对亚述本土的进攻，到公元前612年摧毁了其主要城市，导致了美索不达米亚北部人口的减少。

新巴比伦王国占据了亚述帝国的大部分领土，并且促进了文化复兴。

结 语

中东在青铜时代晚期是一个共享生活方式与技术的“世界主义”时代。在很久以前起源于埃及和美索不达米亚的文化模式，持续到了这一时代。迁移到底格里斯河和幼发拉底河平原的民族，如亚摩利人、加喜特人和迦勒底人，在很大程度上都被同化到了苏美尔—闪米特文化传统之中，采用了其语言、宗教信仰、政治和社会制度、艺术表现形式。同样，迁移到尼罗河三角洲的希克索斯人，曾经一度控制了埃及的大部分地区，也采用了古代埃及的方式。新王国的建立者最终结束了希克索斯人的统治，他们重建了统一的君主国，恢复了早期的宗教与文化传统。

青铜时代晚期的商业与交通发展，促使了新文明的出现，包括爱琴海的米诺斯文明和迈锡尼希腊文明。这些新文明大量借鉴了美索不达米亚和埃及的技术及其文化实践，创造了由外来因素与本土因素相结合的充满活力的文明综合体。

最终，在公元前1200年左右，中东与地中海东部社会之间的高度依赖，造成了它们在面对这一时期的破坏与混乱时非常脆弱。整个地区陷入了长达几个世纪的孤立、停滞、衰退的“黑暗时代”。公元前1000年之后的最初几个世纪，政治组织、国际商业、技术和思想的传播都开始复苏。亚述人依靠其具有优势的组织和军事技术，创建了一个规模空前且具有多样性的帝国。他们用对臣服民族采取恐怖和放逐的手段来维持帝国统治。

以色列人最初是游牧民，后来在迦南定居下来。他们与腓力斯丁人的冲突，促使他们采用了一种更为复杂的政治结构。在君主制下，以色列社会的城市化得到了发展，同时在经济上的分层化也日益加剧。以色列人从游牧群体发展到以农耕为基础的君主国，经历了一个漫长而缓慢的过程，也遵循了古代西亚一种共同的模式，但在这一过程中形成的宗教与伦理观念却是独特的，对世界历史产生了深远的影响。

在青铜时代晚期的动荡之后，黎巴嫩沿海的腓尼基城邦繁荣起来。由于受到新巴比伦王国的压迫，以推罗为首的腓尼基人开始向西扩散，进入地中海地区。迦太基成为腓尼基本土之外最重要的城市。迦太基在大商人家族的统治下，将其商业帝国扩展到整个地中海西部地区，并通过其海军优势来维持它的势力。

古代中东社会转型中最重要的因素，是亚述帝国的大规模扩张。亚述人摧 110
毁了许多古老国家，直接或间接地迁移了大量人口。他们的残酷无情，以及由放逐而造成的人口迁移，切断了人们对这个国家的支持。迦勒底人和米底人领导了反抗亚述统治的斗争。在亚述迅速崩溃之后，迦勒底人扩展了新巴比伦王国，扩大了巴比伦城，促进了文化复兴。

进一步阅读文献

Barber, Elizabeth Wayland. *Women's Work: The First 20,000 Years: Women, Cloth, and Society in Early Times*. 1994. 对古代纺织业进行了有趣的描述，着重强调了妇女的社会意义和主要作用。

Bryce, Trevor. *The Kingdom of the Hittites*, new edition. 2005. 对赫梯史的最新论述。

Chadwick, John. *The Mycenaean World*. 1976. 一个学者对早期希腊史的有价值的重构，有助于释读线形文字B泥板。

Curtis, J.E., and J.E.Reade, eds. *Art and Empire: Treasures from Assyria in the British Museum*. 1995. 一份博物馆展品的目录，还有一些章节叙述了亚述生活的许多方面。

Hornung, Erik. *Akhenaten and the Religion of Light*. 1999. 主要关注宗教改革，但广泛涉及了埃赫那吞统治的许多方面。

Krzyszkowska, O., and L.Nixon. *Minoan Society*. 1983. 考察了克里特岛米诺斯文明的考古材料。

Kuhrt, Amelie.*The Ancient Near East, c. 3000–300 B.C.*, 2 vols. 1995. 关于西亚和埃及历史发展的最好导论。

Lancel, Serge. *Carthage: A History*. 1997. 广泛讨论了迦太基的历史与文明。

Lesko, Barbara, ed. *Women's Earliest Records: From Ancient Egypt and Western Asia*. 1989. 一本关于古代中东妇女经历的论文集。

Markoe, Glenn. *Phoenicians*. 2000. 一本关于本土腓尼基人的入门概论。

Pritchard, James B., ed. *Ancient Near Eastern Texts Relating to the Old Testament*, 3rd ed. 1969. 一部从古代中东和埃及文字翻译而来的原始文献集。

Saggs, H. F. W. *Babylonians*. 1995. 介绍了美索不达米亚南部历史上缺乏文字记载的历史 111
时期。

Sandars, N. K. *The Sea Peoples: Warriors of the Ancient Mediterranean*. 1978. 探讨了青铜时代晚期地中海东部的破坏与毁灭。

Sasson, Jack M., ed. *Civilizations of the Ancient Near East*, 4 vols. 1995.包括由当代专家撰写的近200篇论文和所涉主题广泛的参考文献目录，对探讨古代中东各个时期都很重要。

Shanks, Hershel, ed. *Ancient Israel: From Abraham to the Roman Destruction of the Temple* (revised and expanded edition). 1999. 一本关于古代以色列的历史总论，其中一些章节由一流专家撰写。

注 释

[1] Plutarch, *Moralia*, 799 D, trans. B. H. Warmington, *Carthage* (Harmondsworth, England: Penguin, 1960), 163.

世界历史上的问题

动物驯养 112

由于植物的栽培和动物的驯养都发生在有文字记载以前的很长一段时间，因此我们无法确定，人类最初是如何、在何时学会种植作物以及使用被驯服的动物的。历史学家时常把这两个过程看作新石器革命的一部分，但它们与新石器革命并不存在必然的联系。

植物栽培比动物驯养更容易理解。人类中的野食群体主要以野生植物籽、水果、块茎为生。最后，一些人尝试种植种子和块茎，尤其是他们喜欢的品种和在野生植物中稀有的品种。当这些品种满足了人类的需求（实现的途径通常是，通过拥有更多有价值的食物，或者通过更容易的作物种植），人们就停止了采集野生植物，依靠农耕和进一步培育新品种而生活。

至于动物的驯养，选择用来满足人类需要的基本动物就不太明显。专家们考察古代动物遗骨和画像，根据毛发颜色、角的形状和其他外在特征的变化，来判断所驯养的动物。但这些看得见的变化通常并不能说明它们已为人类所用。通常，人们猜想驯养动物的目的是为了吃肉，但这一点也值得怀疑。狗的驯养比其他动物要早数万年，但在大多数文明中不吃狗肉；猫的驯养要晚许多，通常也很少吃。至于使用最普遍的驯养动物，其中最重要的一些，例如，用于挤奶的奶牛、用来剪羊毛的绵羊、拉犁和车辆的牛和马，最初的出现都在动物驯化之后的数百年甚至数千年。

在中东和北非，牛、绵羊、山羊大约在1万年前成为驯化动物。基本上与此同时，小麦、大麦也大致在这一地区栽培出来。这是历史学家大致得出以下结论的主要原因，即认为植物栽培与动物驯养密切相关。然而，其他主要用作肉类的动物，如鸡，在东南亚是作为丛林家禽被驯养出来的；又如猪，很可能是在北非、欧洲、亚洲等不同地区分别被驯养出来，没有证据表明它与早期的植物栽培联系在一起。大约6 000年前，西亚地区马和骆驼的驯养，撒哈拉地区驴子的驯养，都与植物栽培没有关系。而且，虽然这些野生动物最初可能是用来吃的，但驯养出来之后通常不是用作肉食。

在中东，人类可能最初只是把野生的绵羊、山羊和牛保留下来以作食用，尽管牛又大又危险，很难控制。在早期，把捕获的动物保留下来以备食用，是否比狩猎更具有生产性，是值得怀疑的。更值得怀疑的是，那些把动物保留下来的人，是否想到了把动物圈养起来能够将动物驯化。

对动物从野生到驯养过程中的体质变化进行考察之后，人类驯养动物的动机就能够得到更好的评估。动物能够顺从人类，并将这种温顺遗传给后代，关键在于驯化过程。20世纪的科学家们分别对野生老鼠和狐狸做过两个实验，他们发现具有强烈“战斗或逃跑”倾向的野生个体，在圈养中繁殖力下降了，而具有较低肾上腺素水平的个体，在圈养中的繁殖力却较强。在野生状态中，兴奋性水平同样较低的动物易于受到食肉动物的攻击，也使它们的繁殖率较低。然而，早期人类可能更喜欢温顺的动物，而将最具野性的动物杀死。在老鼠和狐狸的实验中，大约在它们繁殖了20代之后，动物的肾上腺素就天生变少了，“战斗或逃跑”反应也极大地降低了。由于肾上腺素通常在向成年过渡时会产生更多，因此肾上腺素较低的动物，大多仍保留了幼雏的特点，比如下垂的耳朵、扁平的鼻子，这些都是驯化的表现。

关于动物驯养是一种有计划的行为，还是为其他目的保留动物而造成的意外后果，历史学家们存在不同的看法。一些人认为，驯养是一个可以理解和可以复制的过程。而另一些人则认为，由于牛或其他大型四足动物的20代的时间跨度相当于几代人，因此最后驯养出奶牛的人，不可能回想起这一过程是如何开始的。这也排除了这种可能性：人们无意间驯养出一种动物之后，会试图重复这一过程来驯养其他动物。因为他们不知道祖先们对变得温顺的动物做了些什么。

认为驯养是一个可理解和可复制过程的历史学家，倾向于得出这样的结论：
113 人类尽可能驯养每一种可以驯养的动物。但这不太可能。20世纪，人们试图驯养野牛、大羚羊和麋鹿，并没有完全取得成功。当然，对它们的驯化一般没有达到20代的时间。老鼠和狐狸具有很快的繁殖率，因此对它们的实验成功了。

动物驯养作为一种其他事情的意外后果，以具体情况为基础进行研究，可能会更好。在某些情况下，献祭可能起了一种关键作用。用动物献祭的宗教传统，很少利用甚至有时是禁止用野生动物来举行仪式中的宰杀。因此，把动物捕获后养起来用于献祭，这种行为最终导致了意外的驯养动物的出现，这种猜测是合理的。

马和骆驼的驯养相对较晚，而且很可能不是为了食肉。首先驯养出这些动物的社会，此前已经驯养出了绵羊、山羊和牛用来食用，并且用牛来运送重物、拉犁和车。马、骆驼和后来的驯鹿，可能象征着人们成功地驯化出了替代性的可役使动物，人们训练可用于乘骑或拉车的动物，结果意外地使之从野生动物分离出来成为驯化动物。

一旦人类社会广泛使用驯养动物——肉、蛋、奶、纤维、畜力和运输，驯化更多种类的可能性就减少了。由于不知道驯化具体是如何发生的，因此把已经驯化的牲畜迁移到一个新地方，比试图驯化出新动物更容易。人类无论走到哪里，驯养动物都与之相伴随，这种情况引导了巨大的环境变化，因为驯养的动物及其驯养者，与野生动物争夺食物和生存空间。

第二篇

新文化共同体的形成（公元前1000—公元400年）

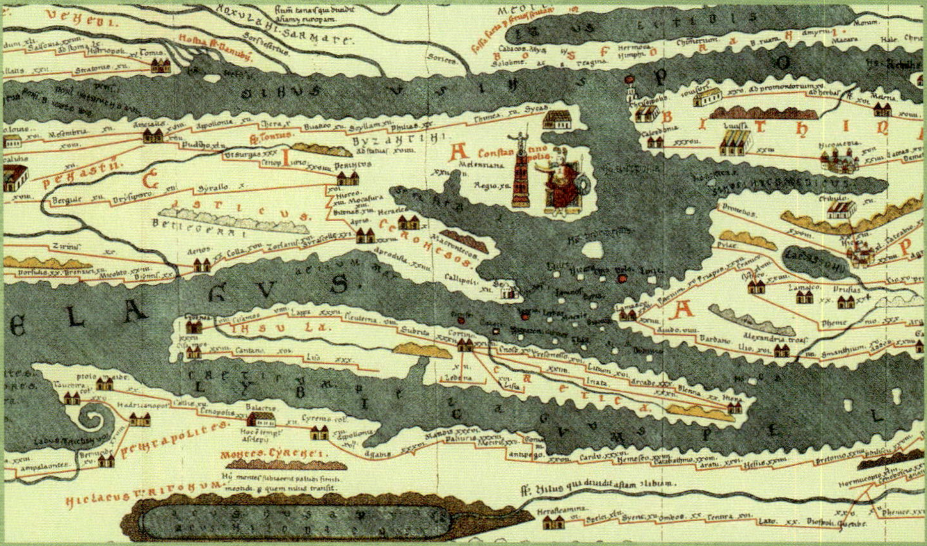

罗马世界的地图（约公元250年）

波伊廷格（Peutinger）地图画在12世纪的一卷22英尺长的手稿上，它由一幅罗马人的世界地图演变而来，这个世界是大约公元100年罗马帝国的居民所知的世界。此部分描述了（从上至下）俄国南部、左边的希腊、右边的安纳托利亚、克里特岛和非洲北部海岸。此图的主要目的似乎是标明道路和距离，许多地方的大小和彼此间的地理关系常被扭曲。

115 公元前1000—公元400年，此前两千年产生的河谷文明在生活方式上发生了重大变化，公共机构和人类活动的规模增加了。在地中海沿岸、伊朗、印度和东南亚，新的中心在那些靠雨水灌溉、靠自由农民耕作的土地上出现了。这些社会发展出了新的政治组织、社会组织和经济活动模式，并朝着智力、艺术、精神文化的新方向发展。

这一时期，各帝国的统治者修建了覆盖广泛的道路网，并促进了城市化进程。这些措施使通信更加快捷，贸易更加远程化，各种宗教思想、艺术风格和科学技术得以在更广的范围内传播。由共同传统维系的大文化圈开始形成，并对后世产生了重要影响，如伊朗文化圈、希腊文化圈、罗马文化圈、印度文化圈和中国文化圈。

农业、贸易的发展及科技的进步，促进了人口增长、城市扩展和安逸的中产阶级的成长。在许多地方，铁代替青铜成为制作武器、工具和器物的首选金属，而且，对大多数人来说获取金属比以前容易得多。在地中海沿岸、印度和中国东部，人们用铁制工具清除广阔的森林。铁制武器的使用对希腊、罗马和中华帝国的军队很有利。

新的文字体系更加简单易学，使知识的保存和传播摆脱了专业人士的控制，并且诞生了新的思维方式、新的文学流派和科学研究的新类型。

第5章

希腊和伊朗
（公元前1000—前30年）

本章纲要

▲ 古代伊朗（公元前1000—前500年）

▲ 希腊人的崛起（公元前1000—前500年）

▲ 波斯和希腊的斗争（公元前546—前323年）

▲ 希腊化综合体（公元前323—前30年）

▲ 结　语

多样性与主流：波斯人和希腊人对王权的理解

物质文化：古代世界的葡萄酒和啤酒

环境与技术：古代的天文学

思考

波斯帝国怎样从其故乡伊朗兴起并成功地控制了广阔的领土和多样的文明?

希腊文明最具特色的元素是什么? 这些元素在古风时代和古典时代是如何发展演变的? 为什么会发生演变?

波斯人的战争及其后果怎样影响了古代希腊和伊朗的政治和文化?

在希腊化时代，希腊人和非希腊人是如何互动并发展出新的文化综合体的?

117 希腊历史学家希罗多德（公元前485—前425年）描述了公元前7世纪发生在爱琴海锡拉岛上的一场饥荒。饥荒造成绝望的居民派出一些年轻人在北非海岸（今利比亚）建立了一个叫昔兰尼（Cyrene）的新殖民地。公元前8—前6世纪，希腊人带着他们的语言、技术和文化从其家园扩散到地中海和黑海地区的许多地方。昔兰尼的发展历程就是这一过程的缩影，昔兰尼后来成为一个繁荣的大城邦，这在很大程度上源于该城出口一种可入药的植物——串叶松香草

昔兰尼的阿西塞拉斯彩绘杯 这位在北非的希腊城邦的统治者，正在监督一种名贵的药用植物——串叶松香草——的称量和出口。

（silphium）。一只出土于昔兰尼的彩绘杯上的图画，就描绘了昔兰尼的统治者阿西塞拉斯（Arcesilas）正在监督这种产品的称量和出口。

当时希腊城邦同波斯帝国有过多次和平对抗，昔兰尼在其中一次与波斯和平遭遇之后，于公元前6世纪20年代平静地归顺了波斯国王冈比西斯（Cambyses）。这件事提醒我们，波斯帝国（以及继它之后的希腊化王国）把先前很少有直接联系的东欧、西亚和西北非的民族和文化体系联结在了一起，从而促进了新的文化综合体的形成。经常有人宣称，公元前6—前4世纪希腊人和波斯人之间的对抗和战争，是从那时起一直断断续续持续至今的一场戏剧的第一幕，即东西方文明的碰撞，两个民族和两种根本不同的生活方式之间的碰撞，而这种碰撞几乎注定要发生冲突。有人把当前美国和伊朗、伊拉克、阿富汗等中东国家之间的紧张状态，看作这种古老冲突的最新体现。

具有讽刺意味的是，希腊人和波斯人的共同之处远比这些人认识到的要多。他们的语言同属于印欧语系，属于此语系的语言在欧洲、西亚和南亚分布很广。许多学者认为，所有其语言属于印欧语系的古代民族，都从他们共同的历史中继承了基本相同的文化特性、社会组织形式和宗教思想。

5.1　古代伊朗（公元前1000—前500年） 118

伊朗（“雅利安人的土地”）把西亚同南亚、中亚连接在一起，这种居中的地理位置在其历史上打下了深深的烙印（见地图5-1）。公元前6世纪，强大的波斯人在伊朗西南部建立了当时世界上最大的帝国。他们是历史悠久的美索不达米亚文化遗产的继承人，他们将这种遗产引入到独特的伊朗文化元素之中，在西亚发展出了新型的政治和经济组织。

由于波斯帝国幸存的文字材料很少，我们不得不主要通过古希腊人的眼睛来了解波斯帝国。希腊人至多是无知的旁观者，而且常常怀有敌意，他们主要对影响自己的事件感兴趣。（伊朗群体和个人的名字多以与伊朗文相近的希腊文形式为西方世界所知，因此，这里采用这些人们熟知的形式，在括号内给出最初的伊朗名字。）希腊人的观察很少留给我们关于波斯帝国中部和东部地区的发展情况。不过，最新的考古学发现和对帝国内部有限的文字材料的深入分析，可以补充和纠正这种基于希腊资料的观点。

地图5-1 波斯帝国 公元前550—前522年，伊朗西南部的波斯人在他们的前两代国王居鲁士和冈比西斯的领导下，征服了西亚的所有重要王国——米底、巴比伦尼亚、吕底亚和埃及。第三代国王大流士一世把帝国边界向东扩展至印度河流域，向西扩展至欧洲的黑海沿岸。第一次重要挫折发生于第四代国王薛西斯（Xerxes）时，公元前480年，他入侵希腊失败了。波斯帝国比它之前的亚述帝国大得多。为统治帝国，波斯统治者创立了行省制、总督制、规范的贡赋制以及通过皇家大道和信使维系，高效运转达两个世纪的通信系统。

大事年表

	希腊和希腊化世界	波斯帝国
公元前1000年	公元前1150—前800年，希腊的“黑暗时代”	约公元前1000年，波斯人在伊朗西南部定居
公元前800年	约公元前800年，希腊同东地中海地区的联系恢复	
	公元前800—前480年，希腊的古风时代	
	约公元前750—前550年，殖民时代	
	约公元前700年，重装步兵战争的开始	
	约公元前650—前500年，僭主时代	
公元前600年	公元前594年，梭伦改革雅典法律	
		公元前550年，居鲁士推翻米底人的统治
公元前500年		公元前550—前530年，居鲁士的统治
	公元前546—前510年，庇西特拉图及其子在雅典实行僭主政治	公元前546年，居鲁士征服吕底亚
		公元前539年，居鲁士控制巴比伦尼亚
		公元前530—前522年，冈比西斯的统治；征服埃及
	公元前499—前494年，爱奥尼亚的希腊人反抗波斯统治	公元前522—前486年，大流士的统治
		公元前480—前479年，薛西斯入侵希腊
	公元前490年，雅典人在马拉松阻止波斯人的入侵	
	公元前480—前323年，希腊的古典时代	
	公元前477年，雅典成为提洛同盟的盟主	
	公元前461—前429年，伯里克利在雅典主政，雅典完成向民主政治的过渡	
	公元前431—前404年，伯罗奔尼撒战争	
公元前400年	公元前399年，苏格拉底受审并受死刑	
	公元前359年，菲利浦二世成为马其顿王国国王	公元前387年，国王的和平使波斯成为希腊人事务的仲裁者
	公元前338年，菲利浦控制希腊	
		公元前334—前323年，亚历山大大帝打败波斯并建立大帝国
公元前300年	约公元前300年，亚历山大里亚的博物院建立	公元前323—前30年，希腊化时代
公元前100年	公元前200年，罗马人首次干涉东部希腊化世界事务	
	公元前30年，罗马人吞并最后一个希腊化王国——埃及	

5.1.1　地理与资源

伊朗西邻扎格罗斯山，西北和北部是高加索山和里海，东部和东南邻阿富汗和俾路支（Baluchistan）沙漠，西南接波斯湾。其东北缺少自然边界的保护，因而暴露在中亚游牧民族的攻击之下。

119 伊朗地形的基本特点是四周是高山，内陆低洼处是含盐的沙漠，并且山上的河流流入内陆的咸水湖和沼泽。古代伊朗从未有过稠密的人口。这个国家水源最充足、人口最稠密的地区位于北部和西部，南部和东部比较干旱，人口较少。在内陆高原上，绿洲居民点出现在河流和泉水旁边。大盐沙漠（The Great Salt Desert）覆盖了伊朗东部的大部分地区，而东南角的俾路支沙漠极不适合人类居住。波斯湾旁边狭窄平原上分散的居民点和内陆高原被高山屏障隔开了。

公元前1千纪，灌溉技术使人们可以从山谷中搬到平原地区，并发展农业。为防止珍贵的水在炎热、干旱的气候条件下蒸发，他们发明了地下灌溉渠。修建和维护这些渠道以及为之提供通道的垂直井筒（shaft）需要大量劳动力。通
120 常，地方领导人监督每个地区灌溉网的建造，使之不断扩大。当一个强有力的中央政权组织大量的劳动力加入其中时，这项活动的进度就加快了。即便如此，人们的生存仍要取决于脆弱的生态平衡，有时土壤含盐量的增加或地下水位的下降会迫使人们放弃许多定居点。

古代伊朗开采矿产资源（铜、锡、铁、金、银）的规模有限。山坡上生长的树木比现在多，为建筑业和各种工艺制作提供了燃料和原材料。由于这片贫瘠的土地生产的农业产品没有大量的剩余，因此商业交换的产品往往是矿产和纺织品、地毯等工艺品。

5.1.2 波斯帝国的兴起

伊朗人、米底人和波斯人

历史学家把古代许多民族群体的人都称为“伊朗人”，因为他们说相近的语言并具有共同的文化特征。伊朗人分布的地域包括从西亚到中亚的广大地区，不仅包括现代伊朗国家，还包括现代的土库曼斯坦、阿富汗和巴基斯坦。公元前2千纪末期，伊朗人中的几个群体迁移到了伊朗西部。其中，第一个创立了复杂政治组织的是米底人（Medes，伊朗语称Mada）。他们在伊朗西北部定居下来，开始受到古老的文明中心美索不达米亚和乌拉尔图（今亚美尼亚和土耳其东北部）的影响。公元前7世纪末，米底人在灭亡亚述帝国的过程中扮演了主要角色。据希腊史料记载，米底国王不断扩张，西边的控制范围穿过亚述直达安纳托利亚（今土耳其），东南则直逼波斯湾，这里是另一个伊朗民族波斯人所占据的地区。然而，有些学者对希腊人的记述（一个组织完善的米底王国控制了如此广阔的领土）表示怀疑。

东阿黑门尼德帝国的金四马战车模型 这个模型是奥克斯（Oxus）珍宝的一部分。奥克斯珍宝是在塔吉克斯坦发现的一批金银宝藏。车上的主要人物坐在车夫旁边的一条长凳上，穿着一件长袍，戴着兜帽，脖子上戴着项圈，穿着波斯贵族的服装。这个模型是一件儿童玩具还是献给神的祭品尚不确定。

波斯统治者被称为阿黑门尼德家族，因为他们将自己的世系追溯到他们的祖先阿黑门尼斯（Achaemenes），他们还通过联姻巩固与米底宫廷的关系。**居鲁士**是一位波斯首领和一位米底公主之子，他统一了波斯各部落，并于公元前550年左右推翻了米底国王的统治。他的胜利也许应该被看作伊朗人各群体间关系的一次调整而非征服，因为居鲁士让米底人和波斯人都担当一定的职责，并保留了米底制度的基本框架。这两个伊朗族群的区别不大，希腊人要区分他们并不容易。

居鲁士：阿黑门尼德波斯帝国的建立者，公元前550—前530年在位。他征服了米底、吕底亚和巴比伦。他尊重伊朗和已臣服的各民族的传统，任命波斯人和米底人进行行政管理，尊重已臣服民族的制度和信仰。

伊朗西部的早期居民实行家长制家庭组织，男性家长对家庭成员几乎拥有绝对权威。根据社会地位和职业，社会成员被划分成为三个阶层：武士、神职人员和农民。武士是占统治地位的社会阶层。拥有土地的贵族通过狩猎、战斗和园艺取乐。国王是这个群体中最杰出的人。祭司是宗教仪式方面的专家，他们监督献祭仪式的正确进行。平民即农民，主要是乡村的自耕农和牧民。

121

早期统治者及其征服

精力充沛的居鲁士（公元前550—前530年在位）在20年时间里重画了西亚的地图。公元前546年，他打败了吕底亚王国，整个安纳托利亚地区（包括西海岸边的希腊人城邦）都被波斯人控制了。公元前539年，他扫荡了美索不达米亚，推翻了自亚述帝国灭亡（见第4章）后一直统治着这一地区的新巴比伦王国。居鲁士是一个善于宣传的人，对巴比伦教士和当地传统表现得很尊重。

公元前530年，居鲁士在同东北方游牧的伊朗人作战时丧生，此后，其子冈比西斯（公元前530—前522年在位）盯上了中东地区最后一个伟大的古老王国——埃及。波斯人在一系列血腥的战役中获胜，然后向南方的努比亚和西方的利比亚进行了探险远征。希腊史料把冈比西斯描绘成一个残忍的、不虔诚的疯子，但同一时期的埃及文献表明他与其父一样采用了实用的方式，扶植当地祭司和贵族，尊重当地传统。

大流士一世：波斯帝国的第三位统治者（公元前522—前486年在位）。他镇压了初期对其统治的普遍反抗，把所有的重要政府职位都给了波斯人而非米底人。他建立了行省制和贡赋制，开始建设波斯波利斯，并且把波斯帝国的控制范围向东方（巴基斯坦）和西方（希腊北部）扩展。

公元前522年，冈比西斯去世，一个与皇族有远亲关系的波斯贵族夺取了王位，他是**大流士一世**。他成功地击败了许多对其统治早期的挑战，证明了他的技巧、精力和无情。从他统治时期开始，米底人扮演的角色变得次要了，最重要的职位逐渐归向那些处于领导地位的波斯家族成员。大流士（公元前522—前486年在位）把波斯人控制的地区向东扩展至印度河流域，向西扩展至欧洲，并渡过多瑙河，追击黑海以北游牧的西徐亚人（Scythian）。波斯人在色雷斯地区（今希腊东北和保加利亚）建立了一系列军事要塞，到公元前500年，他们已到达希腊的门阶。大流士也注意促进海上路线的拓展。他派了一支舰队去探测印度河三角洲至红海间的水域，还开通了连接红海和尼罗河的运河。

5.1.3 帝国的组织

大流士重新组织帝国

大流士一世的帝国是迄当时为止世界上最大的帝国（见地图5-1）。它从东欧和利比亚延伸至巴基斯坦，从俄国南部延伸到苏丹，包含多个族群和多种形式的社会和政治组织。大流士可以被看作继居鲁士之后波斯帝国的第二奠基人，因为他创立了一套新的组织机构，这套组织机构在波斯帝国存在的最后两个世纪中一直维持运转。

总督：阿黑门尼德波斯帝国中行省的统治者常常是国王的亲戚。他负责保护行省并向中央政府进贡。边远行省的总督拥有相当大的自治权。

大流士把帝国分成了大概20个行省，每一行省由一位波斯**总督**（satrap）管理，总督的出身经常与皇室有关或与皇室联姻。总督的宫廷就是一个小的皇宫。总督职位世袭的趋势意味着总督的家族住在其首领统治的行省，掌握有关当地情况的知识，并与地方精英建立联系。一个行省距离帝国的中心越远，其总督拥有的自治权越大，因为通信速度缓慢，将大部分事件都报告中央政府是不现实的。

总督最重要的职责之一是替国王征收并进贡贡品。大流士规定了每个行省每年进贡贵重金属的数量。有些贵金属由于某些必要的花销被支出了，但是大部分被储藏起来。因为贵金属退出了流通领域，黄金和白银的价格上涨，各行省发现要运到规定的进贡数额更难了。来自巴比伦尼亚的证据表明，到公元前4世纪，经济开始逐渐衰落。不断增长的税收负担和官员腐败可能不经意间导致了经济的衰落。

得到良好维护和巡视的皇家大道连接了边远行省和帝国的心脏。路上每隔一段距离都建有站点，接待重要的旅行者和携带公函的信使。军队控制着有战略意义的地点，如山口、河流渡口以及重要的城市中心。

皇宫

国王的妻子和儿女众多。皇室妇女可能成为夺取权力的工具，大流士就是通过与居鲁士的两个女儿和一个孙女结婚而增强了他获得王位的资格。希腊史料把波斯的王后们描绘成恶毒的阴谋家，毒死与其竞争的王妃，密谋为自己的儿子夺取王位。然而，一项最新的研究表明，希腊人的旧说法未能如实反映出波斯妇女在保护其家族成员和调解冲突方面扮演的重要角色。[1] 希腊史料和帝国境内的文献都表明，波斯精英女性在政治上有影响力，拥有大量财产，经常旅行，在公共场合表现突出。 122

国王及其宫廷随季节迁移，在路上住在豪华的帐篷里，在美索不达米亚和伊朗的古老都城时则住在宫殿里。除了皇室成员，国王的庞大随从队伍还包括其他几个群体：（1）波斯贵族之子，他们在宫廷接受教育并作为人质服役以确保其父母表现良好；（2）许多贵族在没有其他事务时愿意服侍国王；（3）中央行政衙门的人，包括国库、秘书处和档案管理处的官员和职员；（4）禁卫军；（5）无数朝臣和奴隶。在普通日子里，当国王与其武士扈从打猎和狂欢时，总有大批人员相随。受美索不达米亚人君主政体观念的启示，波斯国王成了一个高高在上的权威显赫的人物：“大王，万王之王，波斯国王，万邦之王。”他把每个人（包括波斯贵族）都称为“我的奴隶”，任何接近他的人都必须向他躬身行礼。

国王在整个帝国拥有大面积的土地。他把其中一些赠给他的支持者。这些在巴比伦尼亚文献中称作“弓地”“马地”和“战车地”的土地，迫使接受土地者提供相应形式的兵役。在这些土地周边，零散地分布着国王和大贵族的花园、果园和禁猎区。“被围墙圈起来的土地”（paradayadam，这个词已经进入了英语，即乐园［paradise］）是一片干旱土地上青翠的绿洲，它被用来宣扬国王能为那些忠诚地为他服务的人带来繁荣。

行政管理

波斯本土保存下来的行政管理记录，揭示了复杂的行政管理任务是如何完成的。政府官吏向来自很多不同民族的工人发放食物和其他基本日用品。这些工人中的部分人可能是战俘，被带到帝国的中心地区，从事工程建设、维护和扩建灌溉网以及耕种皇家土地。工人们被分为男人组、妇女组和儿童组。妇女没有获得和男人同样的地位，但孕妇和带孩子的妇女获得了额外的照顾。从事技术工作的男人和妇女的地位，比从事简单劳动的同行高。行政官吏在因公旅行时，有权要求获得食物和其他必需品。

中央行政部门并未建在波斯本土，而是在更靠近帝国地理中心的埃兰和美索不达米亚，在这些古老文明地区可以雇到当地训练有素的行政官吏和书吏。帝国的行政中心在埃兰古都苏撒，它位于伊朗西南部，靠近今天伊朗与伊拉克的边境线。希腊人和其他带着请求和使命去面见国王的人，要去的地方正是苏撒。希腊大使一行人要完成这段旅程至少需要三个月，另外还要花时间等待波斯国王的接见，加上因天气耽误的时间和返程需要的时间，大使们可能要离家一年或更长时间。

波斯波利斯：波斯国王大流士一世和薛西斯在波斯本土修建的一系列宫殿、接见大厅和国库建筑的综合体。据认为，新年庆典以及波斯国王的加冕礼、婚礼和葬在附近峭壁坟墓中的国王的葬礼，都曾在这里举行。

然而，在某些特定的时刻，国王会回到故乡的一个特殊地方。大流士开始在**波斯波利斯**（Persepolis）建造一个礼仪性的都城。一个人造平台被搭建起来，其上建造了一系列宫殿、会见大厅、国库建筑和军营。也是在这儿，大流士与其子薛西斯（他完成了这项工程）受到了美索不达米亚传统的启发，因为伟大的亚述国王们曾建造了许多要塞城市，以彰显他们的财富和权力。

5.1.4 意识形态和宗教

波斯波利斯和帝国的景象

大流士的统治方法可以从大量浮雕看出来，这些浮雕雕刻在波斯波利斯建筑物的地基、墙壁和楼梯间。作品描绘了帝国内各个民族（这从他们各具特色的头发、胡须、服装、帽子和鞋可以看出来）的代表正向国王进献礼物。在这种我们今天大概可称之为公共关系或宣传的实践中，大流士勾勒出一种景象：在一个幅员辽阔、资源丰富的帝国内，所有臣服的民族都愿意与帝国合
123 作。大流士通过陵墓上的浮雕，巧妙地比较了他的统治与这块土地上波斯人的前辈——亚述帝国的统治（见第4章）的不同特色。亚述的雕刻表现的是国王们夸耀其权力，描绘臣民们在一个巨大平台的重压下步履蹒跚地支撑着平台之

波斯波利斯的接见大厅东侧面的外观（公元前500年） 波斯波利斯位于波斯本土，由大流士一世及其子薛西斯修建，主要用于对波斯国王及其民众有特殊重要意义的典礼，如加冕礼、皇室婚礼、葬礼和新年庆典。波斯波利斯的石头地基、墙壁和楼梯上满是朝臣和大使们进献礼物的浮雕，表现了一幅波斯帝国庄严和谐的情景。

上的王座。大流士的艺术家则展示了站立着的臣民们用肩膀负重，他们是自愿的，没有过度疲劳。

实际上在波斯波利斯发生了什么呢？波斯本土这块富饶的清静之地，是举行各种对国王及其臣民来说具有重要意义的仪式的所在地：新年庆典、加冕礼、婚礼、死亡和葬礼。从大流士开始，国王们被葬在纳克西－鲁斯塔姆（Naqsh-i Rustam）附近峭壁上精心修建的坟墓中。

关于波斯君主政体自称代表了什么，我们可以从现存的几十件皇室碑铭中获得另一种视野（见“多样性与主流：波斯人和希腊人对王权的理解”）。在纳克西－鲁斯塔姆铭文中，大流士这样宣称：

> 阿胡拉马兹达（Ahuramazda，主神）看到大地处于混乱之中，就把它赠给了我，使我成为国王……由于阿胡拉马兹达的庇佑，我使大地恢复了正常秩序……我是这样一种人：我是正义之友，不是邪恶之友。我不希望强者欺凌弱者，也不希望弱者欺凌强者。[2]

琐罗亚斯德教：一种起源于古代伊朗并成为阿黑门尼德王朝的官方宗教的宗教。该教主要崇拜一位仁爱的神——阿胡拉马兹达，他同邪恶势力斗争并获胜，重建了一个纯洁的世界。它强调说真话、纯洁及敬畏自然。

124

正如这一铭文清楚显示的那样，大流士及其帝国背后存在着神的意志。阿胡拉马兹达使大流士成为国王，命令他给一个处于混乱中的世界带来秩序，保证所有人都能被公正地对待。阿胡拉马兹达是**琐罗亚斯德教**中的伟大神祇，大流士及其继任者可能都是琐罗亚斯德教教徒。

多样性与主流

波斯人和希腊人对王权的理解

有关波斯帝国的一个重要的内在信息来源，是几位国王授权制作的碑铭。这些碑铭有助于我们理解波斯国王是如何看待帝国和他们作为君主的地位，以及他们宣称赞同的价值的。大流士在从美索不达米亚至伊朗西北的道路旁高高的贝希斯敦山崖上刻写了最长的铭文。

我是大流士，伟大的国王，万王之王，波斯国王，万邦之王，希斯塔斯普（Hystaspes）之子，阿尔撒美斯（Arsames）之孙，阿黑门尼德家族……从古代起我们就是贵族；从古代起我们的家族就是皇族……

国王大流士说：由于阿胡拉马兹达的仁慈，我成了国王；阿胡拉马兹达将王国赐予了我。

国王大流士说：这些是臣属于我的国家，由于阿胡拉马兹达的仁慈，我成了这些国家的国王：波斯、埃兰、巴比伦尼亚、亚述、阿拉比亚、埃及，靠海的国家吕底亚、希腊、米底、亚美尼亚、卡帕多西亚、帕提亚、德兰吉亚纳、阿利亚、花剌子模、巴克特里亚、索格底亚那、犍陀罗、西徐亚、撒塔巨提亚、阿拉科细亚、马卡，共23个地域。

国王大流士说：这些都是臣属于我的国家，由于阿胡拉马兹达的仁慈，它们向我屈服；它们向我进贡。无论夜晚或白天我给它们下达怎样的命令，它们都要执行。

国王大流士说：在这些地域内，任何友好的人，我必定要保护他；任何敌对的人，我会彻底毁灭他……

国王大流士说：至于这些叛乱的行省，谎言使他们叛乱，所以他们欺骗了人民。然后阿胡拉马兹达把他们交给了我，我按照自己的意志处置他们。

国王大流士说：今后将会成为国王的人，要下大气力防止你自己被谎言所欺骗，彻底惩处说谎者。如果这样做了，你将会想："愿我的国家平安！"

国王大流士说：由于这个缘故，阿胡拉马兹达帮助了我，其他所有存在的神亦如此，因为我并不邪恶，也不是一个说谎者、暴君，而且我家族的任何一个人都不是。我依照正义进行统治……

另一件在波斯波利斯发现的文献详述了一位模范的统治者的品质。虽然文献声明这是薛西斯的言语，但它几乎是大流士铭文的精确复制品，说明有些观念在几个后继的统治者中继续存在。

> 阿胡拉马兹达是一位伟大的神，他创造了这有目共睹的杰作，为人类创造了幸福，把智慧和能力赐予国王薛西斯……
>
> 正义是我所期望之物。我绝非谎言追随者的朋友。我脾气并不暴躁。在战斗中，无论在我身上发生什么，我都能牢牢地稳住。我能牢牢地控制自己的意志。
>
> 对于乐于合作的人，我根据其合作情况奖赏他。对于有危害的人，我会根据其危害行为惩处他。一个人有危害性行为不是我的愿望，甚至如果他有危害性行为却不受惩罚也不是我的愿望……
>
> 根据其能力，一个人的作为使我对他满意，且足够满足我的心愿，我会很高兴，我会给予忠诚的人很多……

皇帝的铭文当然是宣传性言论，但这并不意味着它不正确。为了更有效，宣传必须在一个社会熟悉并能接受的道德价值、政治原则和宗教信仰的基础上阐述，所以，它为我们提供了一扇关于这些方面观点的窗口。这些铭文也使我们得以一瞥大流士和薛西斯的人格以及他们希望被如何认识。

希腊历史学家希罗多德在其对公元前480年薛西斯入侵希腊的描述中塑造了一个生动的薛西斯形象。他运用的信息来源于成功抵御入侵的希腊诸城邦中流行的满怀自豪的传说，以及在波斯军队中服役的希腊人。

> 一个吕底亚人、阿杜斯（Atys）之子披提乌斯（Pythius）就在这个城市等候着他们；他极其隆重地款待了薛西斯本人及其全部军队，并且宣布他自己愿意为战争提供金钱……薛西斯对他的话深感满意，就对他说："我的吕底亚朋友，自我离开波斯，除了你，我还没有遇到过任何人自愿招待我的军队，
> 也没有遇到过任何一个人主动前来见我，并为这场战争提供资金。但你却高 125
> 尚地款待了我的军队，并且供给我大量资财。为了回报你，我给予你如下特权：我使你成为我的朋友……继续保有你现有的一切，并要留心永远让自己保持现在的样子；无论现在还是今后，你都不会为自己现在所做的事后悔。"

［一段时间以后］当薛西斯即将率军离去时，吕底亚人披提乌斯……被他接受的礼物所鼓舞，前来对薛西斯说："主公，我渴望您能够帮我一个忙，对您来说授之轻而易举，对我这个受者而言却弥足珍贵。"薛西斯以为披提乌斯不会提什么大不了的要求，于是回答说愿意答应他的请求，并命令他说出他想要的东西。披提乌斯听到此，便鼓起勇气说："主公，我有五个儿子，他们都不得不随您去远征希腊。国王啊，我恳求您可怜我年迈，免除我的一个儿子即长子的兵役，以便他照料我和我的财产。让我的其他四个儿子随您去吧，祝愿您能完成你的全部计划，胜利归来。"薛西斯大怒，因此回答说："你这恶棍！你看，我带着我的儿子、兄弟、亲戚和朋友亲征希腊；而你，我的奴隶，应当带着你的全家和妻子一同随我出征，怎么现在竟敢向我提起你的儿子？好好记住这一点，一个人的精神住在其耳朵里，当它听到好言好语时，整个身体都充满了喜悦，但当它听到相反的话时，全身便胀满了怒气。当你为我做好事并允诺做更多好事时，你将永远不能夸口你在恩惠方面超过了国王，现在你已转向不顾廉耻之路，那你将要得到的，就要少于你所应得的了。你的盛情款待挽救了你和你的四个儿子的性命，但是要杀了你最喜爱的那个人来惩罚你。"这样回答之后，他立刻命令专司此类事的人把披提乌斯的长子找来并将之劈成两半。然后，将其尸体在道路的右边和左边各放一半，以便军队可以从这两半尸体中间通过。

薛西斯曾命令建一座桥，以便把他的军队运过赫勒斯滂海峡。

担负架桥任务的人以阿比多斯（Abydos）为起点，把桥架到对面那个海岬上去；腓尼基人用亚麻索架了一座桥，而埃及人则用纸莎草架了另一座。

从阿比多斯到对岸的距离是七测杆（stadia）长。但是海峡上的桥刚刚架起，立刻便刮起一阵强烈的暴风，把一切都摧毁了。薛西斯闻讯大怒，下令把赫勒斯滂海峡鞭笞三百下，并把一副脚镣投到海里去。此前我就曾听说，他把烙印师派到那里去给赫勒斯滂海峡烙印。他命令那些被派去笞打海峡的人说野蛮和蛮横无理的话："你这毒辣的水！我们的主公如此惩罚你，因为你伤害了他，尽管他丝毫未曾伤害你。不管你愿意与否，国王薛西斯都要从你上面渡过去。依照正义，任何人不向你奉献牺牲，因为你是一条混浊而苦咸的河流。"他命令海洋接受这些惩罚，并把监督造桥的人斩首。

资料来源：First selection from Behistun inscription translated by L.W. King and R.C. Thompson, *The Sculptures and Inscription of Darius the Great on the Rock of Behistun in Persia* (London, 1907) (http://www.livius.org/be-bm/behistun03.html); second selection from Persepolis (http://www.livius.org); third selection reprinted by permission of the publishers and the Trustees of the Loeb Classical Library from *Herodotus*, Volume III, Loeb Classical Library Volume 119, translated by A.D. Godley, pp. 27–29, 34–35, 38–39, 44–46, Cambridge, Mass.: Harvard University Press, Copyright 1922 by the President and Fellows of Harvard College, The Loeb Classical Library® is a registered trademark of the President and Fellows of Harvard College.

分析问题

大流士在贝希斯敦铭文中是如何为自己夺取权力进行辩护的？他与琐罗亚斯德教的神阿胡拉马兹达是什么关系？神在人类事务中扮演了什么角色？

大流士是如何形成其帝国概念的（看看地图，观察他列出行省的顺序）？他列出的对臣民的期望和职责是什么？他把对手描绘为说谎者，这告诉我们他对人性的看法如何？

根据波斯波利斯的关于薛西斯的文献，一个理想的统治者需要什么品质（身体、精神和道德方面）？波斯人的正义概念是怎样的？

希罗多德笔下的故事怎样才能与皇帝的铭文中所表现出的波斯人关于帝国、王权和正义的观念协调一致？我们在哪里看到了愉快的希腊人对这种理想的颠覆？

关于琐罗亚斯德教的起源，史料中没有明确记载。《伽塔什》（*Gathas*）是 124
一种用古体伊朗方言写成的赞美诗，据说可能是公元前1700—前500年间某段时 **宗教思想**
间生活于伊朗东部的琐罗亚斯德（Zoroaster）所作。他解释说世界是由“智慧之神”阿胡拉马兹达创造的，但这种最初完美、统一的状态遭到了由许多魔鬼支持的“敌对神灵”安伽·迈尼乌（Angra Mainyu）的严重破坏。善良和邪恶之神之间的斗争进行了数千年，善良之神最终得到了注定的胜利。人类是这场宇 125
宙性斗争的参与者，根据其在尘世的作为，每个人都会在死后得到奖赏或惩罚。

大流士精明地把琐罗亚斯德教的道德神学加入到了政治思想体系中。实质上，他宣称神规定帝国的使命，就是将分散在世界各地的众多民族在一个正义的政权领导下再度聚集到一起，从而重建创世时的完美。

与琐罗亚斯德教的世界观相一致，波斯人对自然之美比较敏感，崇敬有益的元素，例如，水不会被人们的排泄物污染，火则在专门的祭坛被祭祀。尸体被
126 暴露在野兽和自然环境面前，以防止其在土中腐烂或玷污火的圣洁。波斯人也期望遵守诺言和讲真话。在其铭文中，大流士严厉谴责恶者是“谎言”的追随者。

琐罗亚斯德教的遗产

琐罗亚斯德教是古代世界的伟大宗教之一。它宣扬信仰一位至尊的神，使人们的伦理道德保持在一个较高的水准，并承诺救赎。随着波斯帝国的不断扩张，它传遍了西亚，而且可能对犹太教产生过较大影响，并因此间接影响到了基督教。神灵和魔鬼，天堂和地狱，奖赏和惩罚，弥赛亚和末日思想，似乎都是这个意义深远的信仰体系的遗产。由于历史的偶然——公元前4世纪后期阿黑门尼德波斯帝国的灭亡和公元7世纪伊斯兰势力对伊朗的征服（见第9章），琐罗亚斯德教几乎消失了，只在伊朗和印度的数量相当少的帕西人（Parsee，琐罗亚斯德教教徒现在被这样称呼）中间继续流传。

本节回顾

公元前7—前6世纪，米底人和伊朗西部的波斯人在美索不达米亚人的影响下创建了繁序社会。

阿黑门尼德波斯帝国的创建人居鲁士征服了西亚大部分地区，而其子冈比西斯征服了埃及。

大流士是帝国的第二创建者，他创立了新的行政管理系统和贡赋收取体系。

国王及其大批随从在帝国的几个中心之间迁移：苏撒是行政性首都，本土的波斯波利斯是举行皇室典礼的地方。

大流士是一个杰出的宣传者，他改编了琐罗亚斯德教的教义，创造了一种维护帝国的意识形态。

琐罗亚斯德教是古代世界最伟大的宗教之一，它使人们在伦理方面保持较高标准，并且可能影响了犹太教和基督教。

5.2 希腊人的崛起（公元前1000—前500年）

希腊是一个资源比较贫乏的地区。因为希腊人获得了原材料和国外市场，

才使其公元前1千纪的文化发展成为可能。希腊的商人、雇佣兵和旅行者与其他民族接触，并且把外国的商品和思想带回家乡。在人口、贫困、战争或政治危机的压力下，希腊人在地中海和黑海地区的其他地方定居，并带去了他们的语言和文化，影响了其他社会。与其他民族不同的习俗、信仰的相遇，促进了希腊人民族认同的形成，并激发了他们对地理学、民族志和历史学的兴趣。与波斯帝国长达两个世纪的敌对状态，对塑造希腊城邦的命运产生了影响。

5.2.1　地理与资源

希腊是地中海及其周围陆地（见地图4-5）所构成的生态区的一部分。这个地带西濒大西洋，北邻阿尔卑斯山的几条山脉，东接叙利亚沙漠，南到撒哈拉。该地域范围内有相似的气候、相似的季节更替及相似的动植物。在夏季，地中海入口附近的气象锋面阻拦了来自大西洋的暴风雨，撒哈拉沙漠干热的空气爬升至该地区上空。在冬季，锋面消失，于是海洋上的暴风雨夹着风浪和寒冷蜂拥而至。在这个生态区内，人们迁移到新家园相对而言比较容易，不必改变他们所熟悉的文化习俗和谋生手段。

希腊文明出现在与爱琴海接壤的土地上，包括希腊大陆、爱琴海诸岛和安纳托利亚地区的西海岸（见地图5-2）。南希腊是一片干旱和多岩石的土地，有一些由低矮山脉隔开的小块平原。没有可通航的河流以便旅行或货物运输。爱琴海上星罗棋布的诸多小岛很早就有了人类居住。人们从希腊航行到安纳托利亚，一路上几乎都能见着陆地。海往往是一个联系的媒介而非障碍。从大约公元前1000年起，希腊人开始在安纳托利亚西部海岸定居。海岸附近宽阔而肥沃的河谷使古希腊人所称的爱奥尼亚地区成为一个舒适的地方。

希腊农民依靠降雨灌溉庄稼。南部地区有限的耕地、贫瘠的表土以及稀少的降雨无法供养大量人口。农民在平坦的平原地区种谷物（主要是比小麦麸质含量高的大麦），在平原边缘种橄榄树，在丘陵地带坡度较小的山坡上开梯田种葡萄。在牧草生长季节，他们在山上放牧绵羊和山羊。希腊北部降雨量较大，土地延展开来形成较大的平原，牛马更多。这些地区几乎没有金属矿藏和木材，却都盛产建筑石材（包括精美的大理石）和制陶用的黏土。

希腊大陆深深凹陷的海岸线上有着许多天然港湾。在希腊，陆路运输的困

地图5-2 古代希腊 到公元前1千纪早期，讲希腊语的民族已遍布爱琴海地区，占据着希腊大陆、大部分岛屿以及安纳托利亚西部海岸。希腊中部和南部粗犷的地貌、被诸多山脉分隔开的小块平原以及爱琴海中的许多岛屿，促成了数以百计的独立小城邦的兴起。充足的降雨意味着农业生产是以自给自足的家庭农场为基础组织起来的。由于该地区的自然资源有限，希腊人不得不借助海上航行与地中海地区的其他地方进行贸易，以获取金属和其他重要的原材料。

难，可资利用的良好港湾停泊点，金属、木材和粮食的进口需求，这些情况综合在一起，把希腊人导向了海洋。他们从爱琴海北部地区获取木材，从安纳托利亚获取金和铁，从塞浦路斯获取铜，从西地中海地区获取锡，从黑海地区、埃及和西西里获取粮食。海上运输比陆路运输成本更低，也更快。因此，一些 127
希腊人勉强驾驶着他们并不结实的小船着手进行海上作业，尽可能地沿着海岸线或靠着岛屿航行。

5.2.2　城邦的出现

黑暗时代

第4章讲到希腊文化的第一次繁荣是在公元前2千纪的迈锡尼文明时期，这种繁荣在很大程度上是中东王室统治国家的制度输入到希腊环境中的一种适应。迈锡尼以宫殿为中心的国家被毁后的几个世纪，希腊坠入了一个“黑暗时代”（约公元前1150—前800年），一个人口减少、贫困、倒退的时代，在考古记录上几乎未留下痕迹。

在黑暗时代，希腊人与世界其他地方在很大程度上被隔绝了。原材料，特别是金属的进口，是迈锡尼文明繁荣的首要原因。缺乏获取原材料的途径造 128
成了黑暗时代的贫困。因为需要供养的人口减少，土地主要用来牧养动物。虽然在语言、宗教和文化的其他方面存在连续性，但同迈锡尼独裁的政治机构和集权化的经济控制相比，仍有一个明显的断层。这为植根于希腊环境的新的政治、社会和经济形式的发展开辟了道路。

来自东方的新思想

希腊的孤立状态结束于公元前800年。当腓尼基人的船只开始造访爱琴海（见第4章），学者所称的希腊历史上的“古风”时代（约公元前800—前480年）就开始了。很快，希腊船只也来往于地中海水域，以寻找原材料、贸易机会和肥沃的耕地。

新思想来自东方，如在彩色陶器上描绘自然的人物和动物形象，以及想象的神话中的野兽。腓尼基人带来的最吉祥的礼物是文字体系。腓尼基人用22个符号代表其语言中的辅音，元音的发音留给读者去推断。为了表示希腊语的元音发音，希腊人运用了某些希腊语中没有对等发音的腓尼基字母符号。这是第一个真正的字母系统，一个能充分表现口语发音的书写体系。同一些文字系统如楔形文字和象形文字相比,符号代表整个词或音节的字母文字具有巨大的优势。因为楔形文字和象形文字需要多年训练并熟记数百个符号，只有书吏阶层知晓，其崇高的社会地位即源于他们对这种技艺的掌握，而字母文字仅需掌握几十个符号，人们可以在相对较短的时间内学会读写。

有些学者认为希腊人使用字母文字最初是出于经济目的，如记录商人的商品目录。其他人则认为字母文字是为保存对希腊人而言非常重要的口头史诗才被创造出来的。不管它最初的用途是什么，希腊人很快便将这种新技艺应用于新型的文学、法典、宗教献辞和墓志铭。然而，这并不意味着希腊社会立刻变成现代意义上有文化的社会了。在长达数世纪的时间里，希腊主要保持着一种口头文化：人们通过讲故事、宗教仪式和表演保存和传递信息。希腊文明的许多别具特色的智力和艺术创造，如剧场戏剧、哲学对话以及政治和法庭演说，都源于说和写的动态互动。

城邦的性质

古风时代早期见证了一次真正的人口爆炸。对雅典附近公墓的研究显示，公元前8世纪出现了引人注目的人口增长（可能增长了5倍或更多）。人口增长的部分原因是对土地进行更加密集的利用，农业取代了牧业，所以很多家庭开始耕种平原边缘以前未利用的土地。同时发生的饮食变化，即以面包和蔬菜而不是肉为主食也许增强了生育能力，延长了寿命。另一个因素是基于粮食和原材料进口带来的日益繁荣。不断增加的人口密度导致许多村庄合并成为城市中心。由于从农耕中解放出来，一些社会成员能够在其他领域如工艺和商业方面发展专业技能。

此时的希腊由数百个独立的政治实体组成，反映了希腊地理状况的现实——一块块小平原被群山隔开。希腊**城邦**包括一个中心城市及其控制的农村地区。城邦的面积有大有小，人口少的只有几千人，人口多的如雅典有几十万。

城邦：指一个中心城市及其控制下的农村地区。这是古风时代和古典时代南希腊和中希腊别具特色的政治组织形式。希腊人在地中海和黑海地区建立的数百个城邦中，有的实行寡头政治，有的实行民主制，这取决于公民大会和民众议事会的权力。

大多数城邦有某些典型的特征。一个小山顶上的卫城（acropolis，城市的最高处）提供了发生紧急事件时的避难所。城镇在这设防的最高点的基地周围延展。阿哥拉（agora，集会的地方）是一个开阔地区，公民在此集会批准其首领的决定，或在作战出发之前带着武器在此聚集。政府建筑坐落在那里，但阿哥拉也发展成了一个市场，因为各地的卖主会在任何人们集会的地方展示其商品。防御墙围绕着城市中心，但是，随着人口的增加，新建筑建在了城墙外。

城市和农村的区别不像今天这样明显。城市中心依靠其农业腹地提供食物，许多居住在城墙内的人白天在附近的农场劳动。不同于美索不达米亚地区

雅典卫城 这个陡峭、可防御的高地突出在阿提卡平原上，在公元前2千纪时是迈锡尼的要塞，自那时起，雅典所在的地方就一直有人居住。公元前6世纪，僭主庇西特拉图为城邦的保护神雅典娜女神建造了一座神庙。它于公元前480年波斯人入侵希腊时被毁。卫城的废墟被保留了30年，以提示人们雅典人为保卫希腊自由做出的牺牲。但是，公元前5世纪40年代，伯里克利用雅典领导的海军帝国的资金，修建了一批建筑。这些建筑工程，包括为雅典娜建造一座新神庙——帕特农神庙，为这座城市带来了荣耀，为伯里克利和他所拥护的新生的民主政治带来了声望。

庄园的依附劳动者，希腊城邦的农村人口是城邦的自由人。

129

重装步兵战争

重装步兵：希腊古风时代和古典时代装备了铠甲等重装备的步兵，他们在密集的方阵编队中战斗。重装步兵——由中上层公民组成的、自备装备的民兵在几个世纪中一直优于其他所有军事力量。

每个城邦都非常警惕地保护自己的独立，并对其邻国充满了怀疑，导致冲突不断。到公元前7世纪初，希腊人发明了一种新型战争方式，由**重装步兵**去作战。重装步兵是指装备了铠甲等重装备、在密集的编队中战斗的步兵。由头盔、胸甲和护腿保护，每个重装步兵都在自己的左边、与他挨着的人的右边举着一个圆形盾牌，挥舞着一支锋利的长矛，带着一把剑备用。胜利的关键是维护己方编队的内聚性，同时破坏敌人的阵线。被击败的军队在逃跑时会有大量的人员伤亡。

重装步兵战争和农业之间有密切的关系。希腊城邦由危机时短期召集的公民兵（大部分是农民）而不是职业军队保卫。虽然这种战争要求具有负担武器和铠甲的能力，以及在战斗中守住阵地的勇气，但不需要专业训练。许多战役发生在主要农事活动的间歇期，正是农民空闲的时候。当一支重装步兵侵入另一个城邦的地域时，那个城邦的农民会被激怒，他们辛辛苦苦开发自己的土地，建设自己的家园，很少会拒绝挑战。虽然残酷和恐怖，但两支重装步兵的战斗很快会见分晓。战斗几乎不会持续几小时，幸存者能迅速回家照看他们的农场。

殖民

不断增长的人口很快超过了这些小平原的容纳限度，许多城邦把多余的人口送到海外遥远的土地上去建立独立的殖民地（见本章开头的故事）。并非每个殖民者都是自愿离开的。资料显示人选由抽签决定，并且禁止返回，违者以死亡论处。也有一些人则把它视作一个逃脱贫穷、脱离家庭限制或者冒险的机会，自愿到边远地区去寻找他们的时运。从德尔菲阿波罗神的圣殿获得他的认同以后，殖民者们带着从“母城”城邦的壁炉里取得的火种出发了，火种象征着联系两个城邦的血族关系和宗教纽带。他们在海边的小山或其他自然界中的安全地带附近定居下来。母邦的杰出成员、新城邦的奠基人分得一块块土地，并为新城邦起草法律。在某些情况下，原住人口被驱赶或降到半奴隶的状态；在其他时候，殖民者也与当地人通婚。

130 公元前8—前6世纪中叶的殖民浪潮把希腊文化传播到了远远超出其起源地的地方，爱琴海北部地区、黑海周围和北非利比亚海岸地区涌现了许多新城邦。在南意大利和西西里岛（见地图4-5），另一个希腊核心区建立起来。地中海诸岛的气候和生态具有相似性，所以希腊殖民者能够移植他们的整套生活方式。

希腊人开始使用“希腊人”（Hellenes）一词（Graeci是后来罗马人对他们的称呼）来区别自己与野蛮人（barbaroi，英语barbarian的词根来源于此）。与新民族的交往、互动以及与他们的不同习俗接触，使希腊人意识到了将他们联系在一起的因素：他们的语言、宗教和生活方式。殖民也为他们带来了新的思想和技术。首先出现于殖民地世界的发展成果——城市规划、新型政治组织和新的文化思潮——传回了希腊本土。

公元前6世纪早期出现了铸币，可能是在安纳托利亚西部的吕底亚发明的，很快传遍了希腊世界及其他地方。铸币是一块其重量和纯度由国家保证的金属，因而具有价值。银、金、青铜和其他金属是用作交换媒介的较好选择：它们十分稀有，因而自身具有价值；重量相对较轻，便于携带，几乎不会被损坏，因而可永久保存。在铸币发明之前，人们称量金属的重量以交换他们想买的东西。铸币使商品交换更加迅速，也使财富的记录和存储更加高效。它刺激了贸易并且增加了社会的总财富。即便如此，国际贸易可能仍然不太方便，因为不同的国家使用不同的货币重量标准，必须使之一致，正如人们今天旅行时必须兑换货币一样。

政治演变

对外殖民减少了多余的人口，帮助古风时代的希腊城邦减轻了压力。然而，这是一个政治不稳定的时代。荷马在《伊利亚特》和《奥德赛》中描绘了国王对黑暗时代的各个社会的统治，但是，在某些时候，由高贵家族的家长组成的议事会取代了国王。这个贵族政府的财富和权力源于它所占有的大片土地。农民家庭在这片土地上劳作，占用小块耕地，并且要把收成的一部分交给土地所有者。债务奴隶也在这片土地上劳动，他们曾经借了贵族的钱或种子，但无力还债，因此失去了自由。在一个典型城邦中生活的还有自由农民，他们拥有小块土地；也有生活在城市的工匠和商人，他们开始组成一个“中产阶级”。

僭主：希腊人用这个词来指称违背了城邦正常政治传统而夺取并掌握权力的人。公元前7—前6世纪，僭主出现在希腊的许多城邦，经常利用正在形成中的中产阶级的不满，削弱旧贵族的势力，无意中为民主政治的演进做出了贡献。

公元前7世纪中叶至公元前6世纪，**僭主**——违背了城邦的正常政治传统而夺取并掌握权力的人——在一个又一个城邦获得了权力。希腊僭主经常是贵族集团中失意的或雄心勃勃的人，获得正在形成的中产阶级的支持。经济发展的新机会和金属价格的下降意味着越来越多的人可能获得武器，像重装步兵战士一样在地方民兵中服役。这些人肯定会要求增加其政治权利，作为他们支持僭主的回报。

民主政治：一种所有公民（不管如何定义）都有平等的政治权利和法律权利、特权和获得保护的政府体制，就像公元前5—前4世纪的希腊城邦雅典那样。

最终，僭主无意中成为政治进程演进的催化剂。一些僭主把自己的位置传给儿子，但是，僭主家庭最终被驱逐了。社会的权力沿着下列两条路线中的一条发展：朝贵族寡头政治发展，政治特权由富裕的社会成员行使；或朝**民主政治**发展，政治权力由所有自由的成年男性行使。

宗教

希腊宗教包含一系列的祭仪和信仰。公元前3千纪末期，希腊人的祖先进入希腊半岛时带来了一系列天神。男神占了优势，但是几个女神也有重要地位。有些神代表自然的力量，如宙斯支配着风暴和闪电，波赛冬控制着海洋和地震。荷马的两部伟大史诗《伊利亚特》和《奥德赛》被希腊的学生记诵并被职业表演者吟诵，赋予了这些神别具特色的个性。荷马式的神是神、人同形同性的，即神的外貌被想象得很像人（尽管比凡人更高、更美、更强大），情感表现也很像人。事实上，他们和人之间的主要区别是人会死亡。

在政府倡议的节日期间，对神的崇拜既是一种个人虔诚的表达，也是一种公民身份的显示。**献祭**作为希腊宗教的核心仪式，在神庙前的祭坛举行。神庙
131 是希腊人修建给神居住的地方。希腊人为他们的神献礼，常常普通到只是一个小蛋糕或一杯倒在地上的酒，希望神会喜欢并保护他们。更加壮观的献祭形式是一群人杀害一个或多个动物，以其血喷洒祭坛，焚烧其身体的多个部分，以便使香气升高至神所在的地方，使神享受一顿丰盛的肉宴。

献祭：献给神礼物，常常带有建立关系、获得好感、使神给献祭者带来好处等目的，有时是为了供养神，以此使自然界保持活力。

希腊的个人和城邦都从神谕处寻求有关未来的建议或预言，因为他们相信神谕处是神与人交流的地方，神谕处中特别有名望的是位于中希腊德尔菲的阿波罗神谕处。请求者把礼物留在宝库，神通过他的女祭司回答他们的问题，说一些模糊晦涩的话。由于多数希腊人是农民，生殖崇拜很普遍，生殖崇拜者（通常被认为是女性）希望通过崇拜而增强生育力。但现代观念常常掩盖了这一事实，我们依赖的文献材料所表达的是受过教育的城市精英阶层的价值观。

5.2.3 新文化思潮

抒情诗

希腊古风时代发生的变化——新技术、不断增长的繁荣以及社会和政治的发展——使文化景观和艺术表达发生了革新。这一时期的一个突出特征是越来越强调个人的独特性和权利。我们在新抒情诗中看到了个人主义的清晰印记——简短的诗句中最重要的主题都是关于个人的，从诗人的经历中提取出来，表现了他（她）的感情。一位生活在公元前7世纪前期的战士和诗人阿尔齐洛科斯（Archilochus）令人吃惊地坦陈：

> 某些野蛮人在挥舞着我的盾，既然我被迫把那件完美的好装备遗弃在灌木之下。但是我离开了，这有什么要紧？让盾去吧；我可以再买一个同样好的。[3]

在这里，阿尔齐洛科斯在嘲笑那种认为耻辱比死亡更罪孽深重的英雄主义理想。在挑战传统价值标准和表达个人看法方面，抒情诗人为现代西方的诗歌观念铺平了道路。

科学和史学

132 公元前6世纪，色诺芬尼（Xenophanes）对因荷马而通俗化了的那种神提出了疑问：

> 但是，如果牛和马或者狮子有手，或者能用它们的手绘画、做人能做的工作，马将把诸神画得像马，牛将把诸神画得像牛，它们会按照各自的形体来揣摩诸神的形体。[4]

像色诺芬尼这种早期哲学家拒绝了传统的宗教观念，寻求理性的解释。他们主要关心世界是怎样被创造的，它是由什么构成的，以及为什么会发生变化。一些人假定土、气、火和水的各种各样的组合是最初元素，它们结合或分解形成自然界的众多物质。有人提出了一个理论，即世界是由极小的原子（来自一个意为“不可再分的”的希腊词）组成的，它们通过空间中的空隙运动，任意碰撞以各种各样的方式结合形成多种物质。这个模式在某些方面与现代原子学说惊人地相似，在本质上是一种幸运的直觉，但是它证明了这些思想家的缜密思维。这些思想家大多来自爱奥尼亚和南意大利，那是希腊人同非希腊人密切接触的地方。也许是不同思想相遇后发生的冲击激发了他们探究的新思路。

公元前6世纪，爱奥尼亚有一群人被称为散文记事家，他们竭力用文字储存信息，收集有关各种题目的资料，包括民族志（描述外国人的体质特征和文化习俗）、人们不熟悉的国家的地理状况、重要城市建立的故事和希腊著名家族的起源。他们是最早以散文（日常生活中所说的语言）而不是诗歌形式写作的人，这在一个口述社会里便利了人们对重大事情的记忆。历史（Historia，“调查或研究”）是一个希腊词，意为他们所用的收集信息并进行分类和选择的方法。公元前5世纪末，**希罗多德**（约公元前485—前425年）出版了他的《历史》。作品前半部分多是散文记事家热衷的地理和民族志方面的报告、传说和奇迹，但后半部分集中叙述了前代人经历的大事：希腊人和波斯帝国之间的战争。

希罗多德：古风时代晚期由希腊人发展起来的历史（Historia，“调查或研究”）方法的继承人。他来自安纳托利亚地区的一个希腊城邦并进行了广泛的游历，在西亚和地中海地区收集资料。他追踪前事，记载了希腊城邦和波斯帝国之间的战争，因而创始了西方的著史传统。

在书的开头，希罗多德宣布了他对自己使命的新设想：

> 我，哈利卡尔那索斯（Halicarnassus）人希罗多德，在此阐述我的历史：时间的流逝不会使人类的成就失去光彩，希腊人和野蛮人的这些伟大而奇妙的事迹也不会言过其实；此外我还要对他们彼此争斗的原因提出看法。[5]

正是通过试图发现希腊人和波斯人发生战争的原因，希罗多德成了一位历史学家，并把研究（historia）的通用技艺狭窄地运用到现代意义的历史学（history）。就因为这项成就，他成为人所共知的“历史学之父”。

5.2.4 雅典和斯巴达

古风时代晚期和古典时代两个杰出的希腊城邦是雅典和斯巴达。这些城邦的不同特点表明了人类社会发展道路多样性的潜力，即使是产生于类似的环境和文化背景中。

斯巴达军事化国家

约公元前1000年，斯巴达人的祖先迁居到希腊大陆最南端的伯罗奔尼撒半岛。有一段时间，斯巴达曾遵循一种典型的发展道路，参与贸易并奖励艺术。接着，公元前7世纪发生的一些事改变了斯巴达国家的性质。像希腊的其他许多地区一样，斯巴达社会也感受到了人口日益增加的影响和可耕地短缺的问题。然而，斯巴达人不是派出殖民者，而是入侵相邻的美塞尼亚（Messenia）地区的肥沃平原（见地图5-2）。他们占领了美塞尼亚，把当地人降到国有奴隶希洛特的地位，他们是希腊大陆上最受虐待和剥削的人。

对希洛特起义的恐惧导致了独特的斯巴达生活方式的演变。斯巴达成为一个永远处于战备状态的军营。美塞尼亚和拉科尼亚（Laconia，斯巴达的故土）的土地被划分为几千块，分配给斯巴达公民。希洛特在这些土地上劳动，要把
133 所种作物的一部分交给他们的斯巴达主人，斯巴达人脱离了粮食生产，终生进行军事训练和服役。

斯巴达战士是希腊最好的，而且职业化的斯巴达军队优于其他希腊城邦的由公民组成的民兵。然而，斯巴达人为军事准备付出了巨大的个人代价。7岁时，男孩就被迫离开家庭进入军营，在那里他们受到严厉的纪律、殴打和清苦生活的磨炼。一个斯巴达男性的一生是服从国家需要的一生。斯巴达从根本上停滞不前了，它拒绝参与古风时代希腊世界发生的经济、政治和文化复兴。斯巴达再也没有任何诗人或艺术家。为了维护公民间的平等，斯巴达人被禁止使用贵金属及铸币，不得从事商业。公元前5世纪，雅典历史学家修昔底德评论说，在他那个时代，斯巴达似乎不过是一个大村庄，将来不会有一个观察者能从这里的废墟猜出它的国力。

斯巴达人实行谨慎的和孤立主义的外交政策，他们因其力量很少外露而变得神秘。因为担心希洛特起义，斯巴达人不愿行军至离家太远的地方，他们通

过伯罗奔尼撒同盟（斯巴达与其邻国的同盟体系）维持了地区和平。

雅典和民主政治

与其他希腊城邦相比，雅典拥有一片非常广阔且人口众多的领土——整个阿提卡地区，包括许多块肥沃适中的平原，适合种植橄榄树。除了距海5英里（8公里）的中心城市雅典（边缘陡峭的卫城屹立于该地平原上），半岛上还星罗棋布地分布着许多村庄和一些较大的城镇。

但是，公元前594年，雅典处于内战的边缘，一个受尊重的精英阶层成员梭伦被任命为立法者并被授予特别权力。他根据雅典公民的农业年收入将其分成了四个阶层。前三个阶层的成员可以担任国家官员。最低阶层的成员很少或没有财产，可以参加公民大会。这样的安排使政治权利成了财富的一项功能，当然远非民主制，但它打破了一个贵族小圈子对权力的垄断。梭伦还废除了个人不能偿还债务时沦为奴隶的惯例，从而保证了雅典公民的人身自由。

然而，政治动荡一直持续，直到公元前546年一个名为庇西特拉图的贵族夺取政权。为了加强自己的地位、削弱贵族力量，这位僭主吸引大部分农村人口融入他统治的雅典城。他修建了许多纪念性建筑，包括雅典卫城的雅典娜神庙。他还设立和推广了几个主要节日，吸引人们到雅典参加宗教游行、戏剧演出、体育和诗歌比赛。

庇西特拉图把僭主地位传给了他的儿子，但雅典人在斯巴达人的协助下于公元前6世纪的最后10年驱逐了僭主家庭。公元前5世纪60年代至50年代，**伯里克利**和他的政治盟友采取了完成雅典民主政治演变的最后步骤，将一切权力移交给了平民化的政府机关：公民大会、500人会议和人民法庭。这意味着普通人或小人也可以充分参与政治进程，甚至可以通过抽签选举担任最高公职，而且参加公共部门可以获得薪酬，因此他们可以占用一些工作时间。雅典政治生活的焦点变成了公民大会。每个月讨论几次建议，公开做出决定，任何公民都可以就当天的议题发言。

伯里克利：贵族领袖，他引导雅典城邦完成了使所有男性公民都充分参与民主政治的变革，监督卫城的建设，推行导致了伯罗奔尼撒战争的帝国扩张政策。他制定了一项消耗战略，但死于战争初期的瘟疫。

134

在内部政治演变的这一个半世纪中，雅典的经济实力和国际声誉稳步上升。从庇西特拉图时期开始，雅典的出口商品特别是橄榄油，在整个地中海地区变得日益突出，排挤了其他希腊强国如科林斯（Corinth）的产品（见地图5-2）。广泛的贸易增加了中产阶级的人数和财富，这有助于解释为什么雅典走上了日益民主化的道路。

本节回顾

在资源贫乏的希腊爱琴海地区，繁荣和进步有赖于可获得金属和其他重要物资的海运贸易。

地形碎化的希腊存在着数百个独立城邦。以降雨为基础的农业使得土地可以由独立的农民耕种，他们是所在城邦的自由公民。

迅速增长的人口导致了城市化和殖民，即希腊人迁移到地中海和黑海周围地区建立新定居点。

中产阶级的兴起和社会对由重装步兵组成的民兵的依赖，导致了政治动荡和政治权利向更多人扩展。

希腊人创造了第一个真正的字母文字系统，但是希腊长期是一个口述社会。新思想挑战传统观念，导致了个人主义、科学和史学的产生。

斯巴达和雅典虽然同是希腊文明的组成部分，但在政治上却朝不同的方向发展：斯巴达走向军事寡头政体，雅典朝民主政治方向发展。

5.3 波斯和希腊的斗争（公元前546—前323年）

对于许多公元前5世纪和公元前4世纪的希腊人而言，波斯是强大的敌人，与波斯的战争是至关重要的事件。波斯人可能更关心来自更远的东方的威胁。然而，在两个世纪之间的一段时间内，希腊人和波斯人的遭遇对东地中海地区和西亚的历史具有深刻的意义。

波斯战争：希腊城邦和波斯帝国之间的多次冲突，起自爱奥尼亚起义（公元前499—前494年），经历了大流士的惩罚性远征在马拉松的失败（公元前490年），还有以斯巴达为首的希腊同盟打败了薛西斯对希腊的大举入侵（公元前480—前479年）。这是波斯人遭遇的第一个重大挫折，使希腊人进入了其文化获得最大发展的时期。希罗多德在西方传统中的第一部“历史”中记载了这些事件。

5.3.1 早期的遭遇

公元前546年居鲁士征服吕底亚，并征服了安纳托利亚沿岸的希腊城市。在随后的几年里，与波斯政府合作的当地团体或个人统治着他们家乡的城市，波斯人很少对其进行干涉。公元前499年，当爱奥尼亚起义（即希腊人和西海岸其他被征服民族的大起义）发生时，这一切都改变了。波斯人花了5年时间和大量的部队及资源来平息这次起义。

起义失败导致了**波斯战争**——公元前5世纪初波斯对希腊的两次入侵。公元前490年，大流士派出一支部队，以惩罚埃列特里亚（Eretria）和雅典这两个曾援助爱奥尼亚叛乱的希腊大陆城邦。埃列特里亚被叛徒出卖给了波斯人，幸存者被押解到伊朗西南部永久流放。如果雅典的重装步兵没有在距雅典26英里

（42公里）的马拉松的激烈战斗中击败人数众多但装备较少的波斯军队，雅典人可能会遭受同样的命运。

薛西斯的大举入侵

公元前480年，大流士的儿子和继承人薛西斯派出了一支规模庞大的侵略军，这支侵略军由波斯军队、来自帝国各民族的分遣队和一支从沿海的臣服者那里征调的庞大舰队构成。跨越狭窄的赫勒斯滂海峡后，波斯军队进入中希腊和南希腊（见地图5-2）。薛西斯派出使者先行至大多数希腊城邦，要求给予“土和水”——臣服的象征。

许多希腊社会承认了波斯的霸权。但是，一个决心要抵抗的城邦联盟——南希腊在斯巴达人的领导下形成了。这个希腊联盟开始并没有能阻止波斯人前进。在中希腊的温泉关（Thermopylae），300个斯巴达人和他们的国王为给其盟友争取撤退时间献出了生命。然而，雅典城被洗劫后，波斯海军被吸引到了附近狭窄的萨拉米斯（Salamis）海峡，失去了在数量和机动性方面的优势，遭受了毁灭性的失败。次年（公元前479年）春天，波斯陆军在普拉提亚（Plataea）被击溃，对希腊的直接威胁被解除了。很多因素解释了这个结果：波斯人劳师远征而补给困难，他们在萨拉米斯的战术失误，全副武装的希腊重装步兵对装备很少的亚洲步兵的优势，以及人们保卫自己的家园和自由的坚强意志。

希腊人接着进攻。雅典的坚强不屈及其海军发挥的重要作用（占到了同盟舰队的一半）为这座城市赢得了莫大的尊重。战争的下一阶段（把波斯人赶出爱琴海地区和解放仍被波斯控制的希腊城邦）是海战。因此，雅典取代以陆地为基础的孤立主义者斯巴达，成为反波斯运动的领导者。公元前477年，提洛同盟成立。同盟最初是一个自愿的、旨在对波斯作战的希腊城邦的联盟，在不到20年的时间里，以雅典为首的同盟军队把波斯人赶出了地中海东部水域，解放了除遥远的塞浦路斯外的所有希腊城邦（见地图4-5）。

5.3.2 雅典权力的巅峰 135

雅典海上帝国

希腊史上的古典时代（公元前480—前323年）开始于对希腊故国的成功保卫。具有讽刺意味的是，在其中发挥了如此关键作用的雅典，却利用这些事件成为一个帝国主义强国。一系列成功的战役和时间的推移导致许多殷勤的希腊盟国以捐献金钱来代替提供军队。雅典人用这笔钱建立并维持自己的海军。最终，他们将提洛同盟的其他成员看成其附庸，要求他们提供年贡和其他表示屈服的象征。退盟的城邦遭到武力镇压，只得作罢，其防御工事被拆除了，并向雅典表示臣服。

雅典对海军技术的掌握改变了希腊的战争和政治，也为雅典本身带来了巨大的权力和财富。当时的商船是稳定的圆体船身，仅由一个方形帆推进，而军舰与商船不同，它不能冒随风漂流的风险。到公元前6世纪后期，**三列桨战船**（一种由170名桨手驱动的光滑、快速的船只）已成为首屈一指的军舰。通过不断实践，雅典人成为东地中海地区最好的船员，速度能达到7节，并能执行复杂的任务。

三列桨战船：公元前5—前4世纪希腊人和腓尼基人的战船。它光滑、轻巧，由垂直三列共170名桨手划动。它由训练有素的水手操作，能够实现速度的瞬时爆发并执行复杂的动作。

雅典海军的有效性已经在国内外产生重大影响。民主制度在雅典的出现，使得每个男性公民都能平等分享政治权利，这同舰队获得首屈一指的地位有关。必须自己准备铠甲和武器的重装步兵都是中上阶层的成员。相反，水手来自较低阶层，但因为他们是雅典力量的源泉，所以他们可坚持要求充分的权利。

同重装步兵可能到达的地方相比，海军使雅典可以把权力投射得更远。在

古希腊三列桨战船的复制品　希腊战船船头有便于刺入敌船船体的金属头撞角，船尾有一对转向舵。这些战船虽然装备了桅杆和帆，在战斗中却是靠170名桨手推进的。这个标准尺寸的现代复制品由国际志愿人员操作，以帮助学者确定它可以达到的速度及机动技术。

希腊以前的战争中，胜利的城邦不能永久占领被击败的邻国，只是满足于战利品，可能会微微调整一下边界线。但雅典能够以一种前所未有的方式持续统治和剥削其他较弱的城邦。

帝国的利益

雅典利用权力增加其经济利益。雅典的港口比雷埃夫斯成为东地中海地区最重要的商业中心。从附属城邦征收的金钱资助了开支日益增加的雅典民主政治和在卫城修建很多美丽的建筑，包括为雅典娜建造的宏伟庄严的新神庙——帕特农神庙。雅典领袖伯里克利把帝国的收益重新分配给许多修建和装饰这些纪念性建筑物的雅典人，获得了非同寻常的声望。

其他文化成果也受到了帝国利润的间接支持。富裕的雅典人为在国家节日 136
期间上演的悲剧和喜剧支付生产成本。希腊世界最有创造力的艺术家和思想家被吸引到了雅典。被称为智者的流动教师向那些支付得起学费的学生提供逻辑学和公共演讲方面的指导。新兴学科修辞学（有吸引力和说服力的论据的句法建构）使那些经过训练的人和聪明的人在政坛和法庭上具有很大优势。

雅典的哲学

苏格拉底：雅典哲学家（约公元前470—前399年），他把哲学研究的重点从自然科学问题转移到了伦理学和人类的行为。他吸引了许多来自精英家庭的年轻弟子，但由于揭示人的无知和虚伪而树敌甚多，在他被雅典国家审判和处死时达到了顶点。

公元前399年，当哲学家**苏格拉底**（约公元前470—前399年）受审判时，这些新思潮汇聚到了一起。作为一个雕刻匠，苏格拉底花了他的大部分时间与一些年轻人相处，他们喜欢与他交谈，并乐于观察他打击那些自认为聪明人的自负。他曾自嘲地谈论到，他知道的比别人多一点，那就是他一无所知。在审判中，苏格拉底轻而易举地就驳倒了对他的指控：腐蚀年轻人和不信仰这个城邦的神。他认为，他遭敌视的真正原因有两个：（1）他应该对那几个曾试图推翻雅典民主政治的贵族学生的行为负责；（2）人们因智者学派备受争议的教义而指责他，普遍认为它们与传统的宗教信仰相悖，并且有损道德。在雅典的审判中，由数百名公民组成的陪审团来判决是否有罪和是否处罚，这往往会较多地受情感而非法律原则的驱动。投票结果显示，几乎不能判定苏格拉底有罪。然而，在受处罚期间他不但不悔悟，反而以服务国家为由而提议自己应当受到奖赏，这就致使陪审团判了他死刑，命他喝下从毒芹中提取出来的毒药。苏格拉底的弟子们把他的死看作一种殉道，如柏拉图那样聪慧的年轻人则退出了公共生活，致力于对知识和真理的哲学追求。

这个时代见证了一个从口头表达到书面表达形式转变的重要阶段。苏格拉底自己什么也没有写，喜欢与人交谈。他的学生柏拉图（约公元前428—前347年）可能代表了第一批真正有文化的一代，他们从书本上获得很多知识，并习惯写下他们的想法。柏拉图在雅典市郊创办了柏拉图学园，在那里年轻人可以接受高等教育。然而，即使是柏拉图，也保留了他的成长环境所惯用的口头表达的痕迹。他编写口头形式的对话，其主角苏格拉底用问答形式的“苏格拉底法”使学生达到对一些价值标准，如正义、美德和智慧的更深的理解。柏拉图拒绝记录在他的学园里哲学和精神方面训练的最高水平。他认为，对一个更高水平的存在及我们自己感知到的世界的完整理解，只不过是一种苍白的反应，唯一可以信赖的是早期阶段已经完成的“启蒙”。

第三位伟大的古典哲学家亚里士多德（公元前384—前322年）来自爱琴海北部的斯塔吉拉（Stagira）。在柏拉图的学园学习了几十年后，他被非常尊重希腊文化的马其顿国王菲利普二世选为其子亚历山大的老师。后来，亚里士多德回到雅典创办自己的学校——吕刻昂学园（the Lyceum）。与带有神秘主义气质的柏拉图截然不同，亚里士多德收集了大量知识并对其进行了分类。他在政治学、哲学、伦理学、逻辑学、诗学、修辞学、物理学、天文学、气象学、动物学、心理学方面进行演讲和写作，为许多现代学科奠定了基础。

5.3.3 古典希腊中的不平等

雅典作为西方传统中民主观念的灵感来源，其实只是居民中较少部分人的民主，只有公民，即纯正雅典血统的自由成年男性才享有民主。除去妇女、儿童、奴隶和外国人，这个群体总计为3万或4万人，只占约30万总人口的10%或15%。

奴隶制度

奴隶大部分是外籍人，大概占到了公元前5—前4世纪阿提卡人口的1/3，普通雅典家庭拥有一个或多个奴隶。当主人去参加公民大会或服务于监督国家日常活动的委员会之一时，奴隶们需要经营商店或在农田里干活。奴隶是一件“有生命的财产”，需要做任何工作，顺从任何性行为，并接受主人规定的任何惩罚。大多数希腊奴隶是家庭佣人，常常作为男教师或情妇始终做相同的工作。主人和奴隶朝夕相处的密切关系往往意味着他们会发展出某种关系，使奴
137 隶主难以否认他们的奴隶们基本的为人资格。不过，亚里士多德将奴隶制合理化，辩称野蛮人（barbaroi，非希腊人）缺乏理性判断能力，因而由理性的希腊主人指导会更好。

妇女

希腊不同社会中妇女的地位各不相同。斯巴达妇女被期望生育和抚养健壮

雅典泉水屋里的妇女（约公元前520年的花瓶画） 希腊花瓶画提供了关于古希腊生活的最生动的图像记录。其主题通常反映了购买花瓶的贵族男性的兴趣，如战争、竞技、神话、酒会，但有时我们也可以一瞥妇女和劳动阶级的生活。这些妇女大概是家庭佣人，被派去从公众喷泉取水以供家庭用水。她们注满水的大水瓶与这只上面描绘了这种情景的水瓶很相像。

的儿童，被鼓励锻炼，她们在一定程度上可在公共场所抛头露面和直言不讳，令其他希腊人震撼。关于拘禁和抑制妇女，雅典可能是另一个极端。具有讽刺意味的是，在雅典，剥削妇女同剥削奴隶一样，使得这个民主国家的男人享有高度自由成为可能。希腊男人为拘禁妇女辩护，声称她们天生不贞，可能会把其他男人的孩子引入他的家庭。

雅典人的婚姻是不平等的。一个新郎可能30岁，理所当然地受过良好教育，是参加过战争的老兵，而且在经商和从政方面经验丰富。根据法律，他几乎对家庭成员拥有绝对权力。婚姻由他与其未婚妻的父母安排，未婚妻可能只有十几岁，未受过正规教育，只在编织、烹饪和家庭管理方面接受过很少的训练。进入她从不了解的丈夫的家，她没有政治权利，受有限的法律保护。婚姻的主要职能是生育孩子，最好是生男孩。很可能，杀婴行为（遗弃不想要的孩子）的受害者中女孩比男孩多。

丈夫和妻子的接触有限。男人一整天在外面工作或履行政治责任，晚上与男性朋友一起吃饭，经常独自睡在男人的房间里（见“物质文化：古代世界的葡萄酒和啤酒”）。女人留在家里做饭、打扫卫生、抚养孩子并监督佣人工作，只有参加葬礼、宗教仪式以及谨慎地去探访女亲戚时才出去。在为期三天的地母节（Thesmophoria）期间，雅典妇女在一个大营地里一起住并管理自己的事务，进行神秘的宗教仪式，以提高土地肥力。自信专断的女性在雅典舞台上的出现也具有暗示性。虽然戏是男人写的，可能反映了男性对强悍女人的恐惧，剧作家很可能是以他们的母亲、姐妹和妻子为原型的。

男子和妇女之间的不平等对建立一种两性之间“有意义的关系”造成了障碍。为了找到与他的智力和情感情况相当的人，一个男人往往会找其他男人。双性恋在古希腊普遍存在，这既是生物性倾向的结果，也是社会结构的产物。一种常见的模式是一个年长的男人追求一个青少年男子，在此过程中指导他并引导他进入成年男性的圈子。

5.3.4 城邦的衰落和马其顿的胜利

伯罗奔尼撒战争

138

伯罗奔尼撒战争：一场雅典同盟和斯巴达同盟之间的耗时长久（公元前431—前404年）而花费巨大的冲突，震撼了希腊世界的大部分地区。这场战争主要是雅典帝国主义政策的后果。拥有一个海军帝国使雅典能够打一场消耗战。最终，由于雅典的多次失误和波斯的财政支持，斯巴达人获胜。

在波斯入侵半个世纪后，雅典成为一个帝国主义强国，引起了其他希腊城邦的猜疑，导致前盟友之间的公开敌对行动。公元前431年，**伯罗奔尼撒战争**爆发。这场以雅典和斯巴达为首的两大同盟之间如噩梦般的战争，波及希腊世界的大部分地区。这场战争不同于以往希腊的任何战争，因为雅典人用他们的海军力量避免了被从陆路包围的危险。在公元前5世纪中叶，他们已经建立了连接雅典与比雷埃夫斯港和毗邻海岸线的三面长墙。在战争开始时，伯里克利制定了一个前所未有的战略，不再忙于应付以斯巴达为首每年入侵阿提卡的军队。伯里克利知道，只要雅典控制着海上通道并能够提供自身所需物资，敌人的重装步兵必须尽快回到自己的田地，这座城市就不会因饥荒而屈服。伯罗奔尼撒战争拖延了近30年，造成了巨大的人员伤亡和资源浪费。它削弱了整个希腊的士气，最终以雅典在公元前404年的海战失败后投降而结束。波斯帝国为斯巴达同盟提供建造船舶的资金，因此斯巴达最终能够在海洋这个雅典的地盘与雅典作战。

曾宣称参战是为了维护“希腊人自由”的斯巴达人，胜利地占领了雅典的海外帝国，直到他们自己的专横行为引起了其他城邦的反对。事实上，公元前4世纪几乎是一个希腊城邦之间连续发生冲突的时代。从一个角度看，独立的城邦成就了希腊文化的繁荣，但它也存在根本缺陷，因为它引发了相邻社会之间的竞争、恐惧和战争。

希腊世界的内部冲突使得波斯人能够挽回旧日的损失。根据公元前387年

物质文化

古代世界的葡萄酒和啤酒

古代民族最珍贵的饮料是葡萄酒和啤酒。在伊朗西北部一个遗址出土的罐子里发现的沉淀物证明早在公元前6千纪人们就懂得了生产葡萄酒的技术。啤酒的历史至少可以追溯到公元前4千纪。考古发掘揭示了用来准备、搬运、盛装和饮用这些饮料的器具。

在埃及和美索不达米亚，用小麦或大麦精心制作的啤酒是精英阶层和普通百姓的主要饮料。妇女在自己的家里为全家准备啤酒，啤酒酿造厂则大量生产以供销售。由于生产过程中会留下谷壳漂浮在液体表面，人们就用各种方法把它滤除。美索不达米亚的石头浮雕和印章上的雕刻，展示了几个饮酒者把麦管浸在大碗中吸饮时的场景。考古学家们发现了几个例子，把多孔金属圆锥放在麦管浸没的一端，能达到过滤液体啤酒的目的。

几个人从一个共同的器皿中分享啤酒，可能被看作饮酒者之间一种友谊的纽带。考古学家还发现了类似现代喷壶的单体啤酒“杯”：杯体封闭，带有一个过滤谷壳用的穿孔管口和一个方便饮用的半圆形的引酒槽。

希腊、罗马和其他地中海国家的气候适宜种葡萄，葡萄酒是首选饮料。葡萄
藤2月种植，并定期修剪。完全成熟的葡萄在9月采摘，然后粉碎——用葡萄榨汁 139
器或由人去踩，产生的液体被装入木桶密封发酵。次年2月品尝新葡萄酒。丰富的宗教节日标明了一年中的这些关键时刻。葡萄酒最初昂贵，因此仅限于富人享用和举行宗教仪式使用，后来范围更广的人都能获得古老的葡萄酒了。不像啤酒那样需要冷藏，葡萄酒可以存放在密封的容器里很长一段时间，因此可以在古代国家间运输和交易。盛葡萄酒的容器通常是长长的圆锥形陶罐，希腊人称其为双耳细颈椭圆土罐（amphoras）。

希腊人通常在酒中掺水（并认为波斯人喝未经稀释的酒是可耻的），发展出一系列用陶器、金属和玻璃制成的精美器皿，便于调制、斟满并饮用这种珍贵的液体。巨爵（krater）是把酒和水都倒入其中进行调制的大型容器。提水罐（hydria）被用来传送水，如果需要，可用加热器将水加热。另一个特别的器皿可用于将酒浸泡在冷水里使之冷却。长柄勺和优雅的带喷嘴的狭窄器皿被用来将

调好的酒倒入饮酒者的杯子。个人饮酒器最流行的样式是基里克斯陶杯（kylix，一种有两个手柄的浅碗）和双耳口杯（kantharos，一种大而深、有两个手柄的杯子）。另一种在希腊和西亚流行的器具是角状杯（rhyton），一种逐渐变尖变细、底部有小孔的角状器皿。饮酒者将酒装满角状杯，将他的拇指放在小孔上直到他准备饮用，然后移开他的拇指，流出一股葡萄酒的细流，好像是从动物的嘴里流出来的。

希腊富人的饮酒器具往往饰有酒神狄奥尼索斯的雕像，他手拿一个双耳口杯，被浓密纷乱的葡萄枝和一簇簇葡萄包围着。他的随行人员包括半人马（Centaurs）以及女祭司（Maenads），字面意思是“疯狂的女人”，指的是一些女信徒，她们喝了葡萄酒并疯狂跳舞，直到她们达到了狂喜的状态，感受到了神的存在。

希腊人、罗马人和其他地中海地区的民族把葡萄酒用于更传统的宗教仪式，把酒倒在地上或祭坛上作为献给神的祭品。它也被用来作为消毒剂和止痛药或作为多种药物的一种成分。最重要的是，葡萄酒在宴会和酒会上发挥了重要作用，形成并加深了多种社会关系。在希腊世界，宴饮（symposion，意思是“一起喝”）于饭后举行。主人主持此事，做出调酒时水和酒的比例的关键决定，建议谈话的话题，并维持一下秩序。可能还有音乐家、舞蹈家和杂技演员进行娱乐性表演。

在中国商代，表面装饰着抽象符号和描绘阴间动物的宏伟青铜器被用于祭祀祖先圣陵的复杂仪式上。盛满葡萄酒和食物的器皿被献给家族祖先的魂灵，人们认为他们死后仍需要生计。珍贵的青铜器经常与其主人一起被埋葬，以便他们死后能继续使用它们。在后来的时期，当祖先祭祀变得不那么重要了时，美丽的青铜器以及它们的替代品陶瓷变成了富人宴会上的器具。

国王和平条约（大多数厌战的希腊城邦都签署了）的一些条款，西亚所有地区包括安纳托利亚海岸的希腊城邦都归波斯统治。波斯国王成为维持现状即保持希腊人的分裂和软弱的保证人。希腊人是幸运的，埃及、塞浦路斯和腓尼基的叛乱以及西部行省一些总督的阴谋，把波斯人的注意力从再次入侵希腊的想法上转移开了。

菲利普和马其顿的崛起

同时，希腊北方当前的发展将不可逆转地改变权力的平衡。菲利普二世（公元前359—前336年在位）把其以前落后的马其顿王国变成了希腊世界首屈一指的军事强国。（尽管南部的希腊人长期怀疑粗俗和粗暴的马其顿人的“希腊特质”［Greekness］，但许多现代学者认为他们的语言和文化在根基上属于希腊文化，虽然通过交往受到了许多非希腊邻国的影响。）菲利普对传统的重装步兵编队做了许多改进。他通过为士兵装备更长更锋利的矛和较少的铠甲，增加了部队的战斗力和机动性。因为马在北方的辽阔平原上长得健壮，他尝试协调使用步兵和骑兵。他的工程师开发了多种新的攻城设备，包括最早的投石机——一种用扭曲的绳索的力量把箭或石块投掷到很远地方的机器。这样，攻打一个设防的城市第一次成为可能，而不用等待城中发生饥饿。

公元前338年，菲利普击败了南部各城邦的联盟，并建立科林斯同盟作为控制希腊城邦的工具。菲利普使自己成为一场计划中的全希腊反波斯战争的军事指挥官，他的将军在赫勒斯滂海峡的亚洲一侧建立了一座桥头堡。菲利普显 140
然是遵循了希腊思想家的建议，后者曾思考了公元前5世纪波斯战争的教训，并力主发动一场对民族敌人的神圣战争，作为统一他们争吵不休的同胞的一种手段。

亚历山大征服波斯

我们永远不会知道菲利普的野心有多大，因为一个刺客在公元前336年杀死了他。当他的儿子和继承人**亚历山大**（公元前356—前323年）于公元前334年跨过海峡到达亚洲时，他宣称的目的是为了报复薛西斯一个半世纪以前的入侵。他在安纳托利亚和美索不达米亚的三次激战中击败了波斯国王大流士三世（公元前336—前330年在位）的军队，并最终打到了今巴基斯坦的旁遮普地区。在统治中东两个世纪后，阿黑门尼德波斯帝国灭亡了。

亚历山大：希腊北部马其顿王国的国王。公元前334—前323年，他征服了波斯帝国，到达了印度河流域，建立了许多希腊风格的城市，把希腊文化传播到整个中东地区。后来被称为亚历山大大帝。

亚历山大大帝（正如他开始被这样称呼的那样）在他征服的国土上保留了波斯行政管理系统的框架，因为他认识到应该适应当地环境和新近臣服的民族。起初，他用自己的马其顿和希腊同伴取代了波斯官员。为了控制其不断扩大的帝国的战略要地，从埃及的亚历山大里亚开始，他建立了一系列希腊风格的城市，并把伤兵和老兵安置在这些地方。在美索不达米亚北部取得决定性胜利（公元前331年）后，他开始尝试把愿意合作的波斯官员留在当地。他还接纳了一些波斯人及其他伊朗人进入他的军队和朝臣圈，并接受了波斯服饰和宫廷礼仪的某些元素。最后，他娶了几个和王室或贵族有联系而有用的伊朗女子，并强迫他的重要下属也这样做。

关于亚历山大为什么会接受这些引起马其顿贵族强烈不满的政策，学者们的结论有很大不同。亚历山大可能是从务实和理想的动机相结合的角度来行事的。他是从获得荣耀、战利品和复仇的梦想出发对亚洲发起战争的。但他越往东走，越开始把自己看作波斯国王的合法继承者（大流士三世死于下属之手更促成这种宣言）。除了意识到他对于落入其控制下的所有不同民族负有责任外，他可能也已经认识到了被征服的民族之间缺乏合作这一重要因素，通过暴力统治如此广阔的帝国是困难的。在这方面，他遵循了阿黑门尼德王朝的先例。

本节回顾

公元前5世纪初，安纳托利亚西部的希腊城邦起义失败，导致了波斯人两次入侵希腊。

雄心勃勃的雅典控制了爱琴海地区的海上帝国。这个帝国带来的财富资助了雅典的民三政治和文化发展。

具有讽刺意味的是，雅典的男性公民自由参与政府及政治，是通过限制奴隶和妇女的权利并剥削其劳动实现的。

斯巴达人及其盟友因雅典不断增长的力量受到惊吓，发动了漫长的伯罗奔尼撒战争，但只在波斯的帮助下才赢得了战争。

公元前4世纪中期，菲利普二世使马其顿成为军事强国，并武力统一了希腊城邦。

他的儿子亚历山大大帝征服并接管了波斯帝国。

希腊化时代：历史学家称呼一个时代的术语，通常指公元前323—前30年，在这一时期，亚历山大大帝征服西亚和东北非洲后，希腊文化传播到了这些地区。随着最后一个重要的希腊化王国归顺罗马，希腊化时代结束了，但希腊文化的影响一直持续到公元7世纪伊斯兰文明的传播。

5.4 希腊化综合体（公元前323—前30年）

公元前323年，32岁的亚历山大突然死亡，没有留下明确的王位继承计划。此事件导致半个世纪的混乱，因为他手下最野心勃勃和冷酷无情的军官为控制广大帝国而斗争。当尘埃落定时，帝国被分成三个主要的王国，各由一个马其顿王朝统治：塞琉古王国、托勒密王国和安提柯王国（见地图5-3）。每个王国都面临着一个独特的环境，虽然它们彼此经常有争执，但一种大致的权力平衡阻止了任何一个国家占上风，使较小的国家可以通过大国相争而生存下来。

历史学家称亚历山大开创的这个时代为“**希腊化时代**”（公元前323—前30

年），因为被希腊人统治的东北非洲和西亚国家都变得“希腊化”了，即受到了希腊文化的有力影响。这是一个拥有异质性人口、大城市、强大统治者、遍布官僚机构和巨大贫富差距的大王国时代，与希腊古风和古典时代的规模小、
单一种族、各自独立的城邦大相径庭。这是一个拥有长途贸易和交流的世界主 141
义时代，它见证了新机构（如图书馆、大学）、新学问和科学的兴起，以及精致的艺术和文学品味的培养。

三个王国

塞琉古王国接管了亚历山大征服的大部分领土，因而其君主面临着最大的挑战。印度河流域和阿富汗很快分离出去，经历了公元前3世纪和公元前2世纪，伊朗丢给了帕提亚人。塞琉古王国的君主在其都城——叙利亚的安条克（Antioch）统治着美索不达米亚、叙利亚和安纳托利亚的一部分。其敞开的领土对来自多个方向的攻击听之任之，而且像其波斯前辈一样，他们不得不应付许多以各种政治和社会形式组织起来的民族。在大部分原住人口居住的农村，塞琉古王国的君主基本上保留了波斯的行政管理制度。他们也在其统治范围内继续亚历山大的创建希腊风格城市的政策。这些城市的功能是行政中心，也被用来吸引来自希腊的殖民者，因为塞琉古王国的君主需要希腊士兵、工程师和管理人员。

托勒密王朝统治着埃及，有时声称对与其相邻的叙利亚和巴勒斯坦也有统治权。埃及人只属于一个民族，而且容易控制，因为绝大多数人是尼罗河边农村的农民。托勒密王朝的君主从根本上使法老们设计的行政结构更加完善，以榨取这块人口众多、肥沃多产的土地上的财富。埃及的经济由中央计划并高度控制。通过地租（国王拥有大部分土地）、各种税收以及皇室对橄榄油、盐、纸莎草等重点商品的垄断等形式，大量的收入进入皇家的宝库。

托勒密王朝：亚历山大大帝的部将之一建立的马其顿王朝，统治埃及长达三个世纪（公元前323—前30年）。在位于地中海沿岸的宏伟都城亚历山大里亚，托勒密王朝的君主很大程度上继承了由埃及法老创建的榨取这块土地财富的行政体系，以奖励在军队和行政部门服务的希腊人及希腊化的非希腊人。

托勒密王朝在**亚历山大里亚**实施统治，这是亚历山大亲自安排建造的诸多新城市中的第一座。古埃及的都城孟菲斯和底比斯都位于尼罗河上游，而亚历山大里亚坐落于尼罗河最靠西的支流注入地中海的地方，连接了埃及和地中海世界。在官方语言方面，亚历山大里亚在细节上保持“在埃及之外”而非之内，好像是为了强调统治者和臣服者之间的鸿沟。

托勒密王朝的君主还鼓励希腊人从故国移民至此，为了回报他们在军事或行政管理方面具有的熟练能力和协作，给予他们土地和在新社会的特权地位。但托勒密王朝的君主并没有在整个埃及全境建造希腊风格的城市。只有托勒密王朝的最后一位君主——女王克娄特巴特拉（Cleopatra，公元前51—前30年在

亚历山大里亚：亚历山大建立的、位于地中海岸边埃及一侧的城市。它成了希腊化的托勒密王国的都城。它拥有著名的图书馆和博物院，即一个为自然科学和人文科学方面的前沿人物建立的中心。本城的商人与地中海和印度洋沿岸地区进行贸易。

希腊风格的浮雕（公元前2世纪） 这件缠丝玛瑙浮雕是埃及托勒密王朝繁荣的象征。在左边，长着胡须的尼罗河神拿着（象征）丰足的角，而他的妻子坐在一个狮身人面像上，打扮和埃及女神伊西斯很像，举着一束谷物的秸秆。中间是他们的儿子，带着一个种子袋和一具犁的轴。季节神都坐在右边。两个风神在头上漂着。浮雕的风格完全是希腊的，但主题是希腊和埃及元素的混合物。

位），她甚至厌烦学习她的埃及臣民的语言。在农村发生的周期性起义是埃及人对希腊人的剥削和傲慢越来越不满的迹象。

安提柯王朝统治马其顿故国和希腊北部紧凑且种族单一的王国。战略要地的驻军使安提柯王朝在中南希腊有了初步的立足点，马其顿介入的阴影始终笼
142 罩着希腊南部。南部各城邦通过结合起来建立联盟对付这种威胁，如伯罗奔尼撒半岛的亚该亚（Achaean）同盟，其成员国保持地方自主权，但把资源和军事力量汇集到一起。

古典时期的两个重要城市雅典和斯巴达没有参加这些联盟。斯巴达人固守自己的不可战胜的神话，并对马其顿军队做了许多英勇但徒劳无功的抵抗。因公元前5世纪的艺术和人文科学成就而在所有希腊人心中享有特殊地位的雅典，实行了中立政策。该市成为一个大型博物馆，充满了与辉煌的过去有关的文物和回忆，也成了一座吸引整个地中海和西亚地区富裕家庭孩子的大学城。

亚历山大里亚

在一个城市时代，最伟大的城市是亚历山大里亚，它拥有近50万人口。城市的核心是皇家大院，包含宫殿和行政性建筑，以及亚历山大宏伟的陵墓。托勒密一世把亚历山大的尸体从运回马其顿的途中偷了回来并安葬，意在通过被认为是神的伟大征服者的祝福来寻求他的王朝的合法性。两个海港连接了地中海

环境与技术

古代的天文学

早在文字出现之前，人们就曾研究天空中物体的外观和运动，并广泛运用所得的知识。古代猎人、牧民和农民在一年里都配合季节循环开展活动，以便能够跟踪猎物的迁徙、寻找合适的家畜牧场和干完重要的农活。

古代农民从夜空中获取熟练的知识。生活在约公元前700年的赫西俄德曾作过一首诗《工作与时日》来描述希腊农场上年复一年的劳作。没有时钟、日历或报纸，古希腊人是如何知道他们处在这一年周期的哪一点上的？他们通过密切观察自然现象（如行星、恒星和星座在夜空中的运动）来给自己定向。赫西俄德给出了如下建议以确定适宜的时间来种植和收割粮食：

> 昴宿星黎明升起，收获在即。
> 昴宿星黎明下山，犁地不偏。

昴宿星团是由肉眼可见的7颗星组成的星团。古希腊人注意到，个体恒星、星团和星座在夜间自东向西移动，在一年的不同时间里它们在天空中的位置不一样。（事实上，星辰的表面运动是在静止的恒星背景下，由地球的自转和在轨道上绕太阳运行所导致的。）赫西俄德告诉人们，当昴宿星出现在东方地平线以上，朝阳的光辉刚要遮蔽所有星辰之前（即现代日历上的5月），明白的农民就会收获他的谷类作物。几个月后（即我们的9月），当昴宿星恰在日出前沉入西方地平线以下，就该为明年的丰收犁田和播种了。

像赫西俄德那样的农民主要关心一年的季节。不过，也有必要把一年划分成更小的单位。月亮有分明的月相，在夜空中非常显眼，它提供了月的时间单位。不幸的是，月球和太阳的活动周期并不能很好地匹配在一起，因为12个太阴月比太阳活动周期一年365天少11天。古代人们苦苦思索调和这两个周期的方法，现行历法中长短不一的月和闰年就是这种困境的遗产。

公元前4千纪以后兴起的繁序社会更加需要来自天文观测的信息，这些需求反映了这些社会的鲜明特征。在古代埃及，行政日历对于档案保存和政府定期征

雅典的风塔（公元前2世纪） 由希腊化时代基尔鲁斯（Cyrrhus）的天文学家安德罗尼库斯（Andronicus）设计，八个面饰有八个方向风的图像。外面的日晷显示了一天的时间，塔内的水驱动的机械装置显示了钟点、日期和月相。

税是必不可少的。埃及人发现，在一个19年周期里五次插入额外的一个月，就可以使太阴月与太阳年协调一致。他们还由经验得知，对埃及农业至关重要的尼罗河的洪水泛滥都发生在天狼星（天空中最明亮的星星）刚从东方地平线升起，太阳还没出来之前。

公元前2千纪，巴比伦人开始对太阳、月亮和行星的运动、偶尔出现的（日、
143 月）食以及其他不寻常的天体事件进行非常准确的观测和记录。统治者们相信在天空中看到的现象有时含有关于灾害的迹象和征兆，所以支持那些观察、记录和解释神的这些“预兆”的专家。专家们用一个复杂的数学符号体系算出了若干周期的规律，并能预测未来（日、月）食的出现和行星的运动。

巴比伦的科学是观察和记录数据，而希腊哲学家则试图理解为什么天体那样运动，宇宙（希腊语里是“有秩序的安排”）真实的结构是什么。亚里士多德指出，正如月食出现时，在月球表面看到的那样，大地的影子是弯曲的，所以大地一定是一个球体。厄拉托斯梯尼（Eratosthenes）以惊人的精确度计算了地球的周长。亚里斯托库斯（Aristarchus）计算了月亮和太阳的相对大小及两者之间的距

离。他也反对地球是宇宙中心的观念，宣称地球和其他行星是绕着太阳转的。其他希腊理论家把地球想象成一个球体，位于一组同心球的中心，它带着月球、水星、金星、太阳、火星、木星和土星七个看得见的“行星”一起转动，最外层环的星星彼此之间保持在一个相对固定的位置。

由于亚历山大大帝的征服，希腊控制了美索不达米亚，希腊天文学家得以使用巴比伦观测者许多世纪以来所累计的观测记录。这些更精确的信息有助于希腊思想家进一步完善他们那关于天体的结构和运动的模型。以公元2世纪的天文学家克劳狄·托勒密为代表的希腊人的宇宙观，在后来1 400年内成为信仰伊斯兰教的中东和信仰基督教的欧洲地区科学地思考这些问题的基础。

资料来源：*Hesiod: Works and Days and Theogony*, translated by Stanley Lombardo.

与红海及印度洋的贸易。一个伟大的灯塔——此种灯塔中最早的、一个距离30英里（48公里）即可看到的顶上有烟火燃烧的多层塔——是古代世界的奇迹之一。

亚历山大里亚获得了更多的光彩，因为它拥有藏书几十万卷的著名图书馆和博物院，或称“缪斯之宫”（掌管艺术和科学的神）。博物院是一个支持当时最伟大的诗人、哲学家、医生和科学家工作的研究机构。这些资金雄厚的机构使科学取得亘大进展成为可能，如数学、医学和天文学（见“环境与技术：古代的天文学”）。

亚历山大里亚的希腊居民在一个有公民大会、议事会和专门官员处理地方事务的希腊风格的城邦里享有公民权。公共浴池和阴凉的拱廊提供了放松和与朋友交往的地方。古代戏剧在剧院里复苏，音乐表演和示范演讲在音乐厅举行。体育馆除了提供运动设施，也是特权阶层的年轻男子接受体育、音乐和文学教育的地方。犹太人有他们自己的市政府、官员和法院，并在2/5的主要居民区中占统治地位。其他地区则充满了来自叙利亚、安纳托利亚和埃及乡村不同种族的人们、声音和气味。

在所有的希腊化国家，有雄心的原住民都学了希腊语言，接纳了希腊生活 144
方式的要素，因为这有利于他们跻身有特权而富裕的统治阶级。对于古希腊人而言，成为希腊人主要是语言和生活方式而非体质特征方面的问题。在希腊化

地图5-3 希腊化文明 亚历山大大帝于公元前323年去世后，辽阔的帝国很快就分裂成若干大大小小的政治实体。每块大陆都建立了一个马其顿王朝：安提柯王国统治了马其顿故国，并且试图将控制范围扩大至希腊南部，取得了不同程度的成功；托勒密王国统治了埃及；塞琉古王国继承了亚历山大在亚洲占领的大部分地区，尽管因公元前2世纪帕提亚人在伊朗的崛起而失去了对东部地区的控制。这个时代见证了大量希腊人从其拥挤不堪的家园迁居到新的边疆地区，为特权阶级充当军人和行政官员，在那里重复着城邦的生活方式。

时代，希腊人和原住民的生活方式出现了自然的综合。埃及人迁移到亚历山大里亚，希腊人和埃及人在乡村地区彼此通婚。生活在历史遗迹之中的希腊人，以及埃及和西亚古老文明的后代，接触到了美索不达米亚的数学和天文学智
145 慧、精心准备的埃及丧葬仪式和许多吸引人的外来宗教仪式。没有官方的规划或保护，在普通人的日常经历和行动中，随着希腊和中东文化特征的冲突、融合，一个伟大的多元文化的实验开始了。

本节回顾

在希腊化时代，希腊人控制着西亚和西北非洲。希腊文化在这一地区影响很大，长达千余年。

亚历山大帝国分裂成了位于欧洲、亚洲和非洲的三个主要王国，每个国家都面临着自己独特的挑战。

埃及的亚历山大里亚（托勒密王朝的都城）是世界上最伟大的城市。那里人口众多且多元化，是地中海和印度洋的商业中心。

托勒密王朝创建了古代最伟大的图书馆和博物院，是一个推动学术、科学、技术和医学发展的研究中心。

为了成为享有特权的统治阶级的一部分，原住民族中有雄心的精英人士学习希腊语，并接受了希腊人的生活方式，希腊人则借用了埃及和美索不达米亚的古代遗产。

结　语

公元前1千纪，地中海东部和西亚的国家发生了巨大的变化，波斯人和希腊人在其中起了关键作用。让我们比较这两个民族的影响，并评估这几百年他们产生的广泛而重大的意义。

波斯人的阿黑门尼德帝国是当时世界上最大的帝国，它包括各种各样的景观、民族，以及社会、政治和经济制度。波斯人是怎样管理如此多样化的国家长达两个多世纪的？答案是并非全靠野蛮的武力。波斯政府在处理被征服民族的法律、风俗和信仰问题时，表现得既灵活又宽容。波斯行政机构处于地方组织的最高层，但本地制度仍发挥着重大作用。

波斯人还表现出处理公共关系的天赋。他们的琐罗亚斯德教强调国王的权威，国王是神任命的，是正义和世界秩序的捍卫者，能抵制邪恶和毁灭性的势力。在他们的艺术和铭文里，波斯国王们传播的是一个仁慈帝国的形象，其属民则乐于为社会安宁做贡献。

在波斯称霸期间，西亚经历了重大的变化。波斯政府通过实行统一的法律制度和行政制度以及为社会提供安全和稳定，促进了国家的繁荣（至少在一段时期内如此）。它还组织了大规模的劳动力扩建配水网并经营波斯王室和贵族的大规模产业。

最难以评估的是波斯的统治对文化的影响。长期占主导地位的美索不达米亚文化同伊朗元素结合后，一种新合成物明显表现在艺术、建筑以及波斯君主的铭文中。琐罗亚斯德教可能在整个帝国内传播，并影响了其他的宗教传统（如犹太教），但是琐罗亚斯德教似乎并没有广泛流行的吸引力。波斯主要依靠美索不达米亚、叙利亚和埃及臣民的文书和书面语言施政，仅有一个小规模的专业阶层能读会写。因此，波斯语言似乎并没有被帝国居民广泛采纳。

西部边境上与希腊人将近两个世纪的纠纷困扰着波斯人，但是他们关心的主要是东部和东北部的边境安全，那里容易受到中亚游牧民族的攻击。希腊和波斯之间的技术上的差异并不大。唯一的重大区别是希腊的重装步兵和军事编队，这常常使他们能够战胜波斯人。公元前5世纪后期至公元前4世纪，波斯国王的对策是雇用希腊雇佣军，使重装步兵战术为其所用。

亚历山大的征服给希腊世界带来的变化几乎与波斯人带来的变化一样剧烈。希腊人离开家园进入非洲东北部和西亚地区不断蔓延的新疆域，而独立的希腊城邦在大王国林立的世界上变得无关紧要。希腊统治的几个世纪对中东文化的影响比波斯统治时期更为普遍。亚历山大一直倾向于维护波斯的行政机构，令当地机构及其人员就地各司其职，然而，他的继任人几乎完全依赖一个由希腊士兵、军官和行政官组成的特权阶级。

同等重要的是希腊风格的城市和一套易学的希腊拼音文字。前者对原住居民的重要人员产生了强大的文化影响力，后者使读写能力广泛地普及，信息传播更加有效。结果，希腊人对中东的民族和国家产生了深远的影响，希腊化作为一种文化力量持续了1 000年。

146

进一步阅读文献

Briant, Pierre. *From Cyrus to Alexander: A History of the Persian Empire*. 2002. 关于古代波斯历史的最新著作，本领域的前沿学者所著。

Brosius, Maria. *Women in Ancient Persia, 559–331 B.C.* 1996. 收集并评价了分散的史料。

Bugh, Glenn R., ed. *The Cambridge Companion to the Hellenistic World*. 2006. 前沿权威人士写的关于希腊化时代历史和文化诸多方面的文集。

Cawkwell, George. *The Greek Wars: The Failure of Persia*. 2006. 从波斯人的角度考察了长

达两个世纪的冲突。

Curtis, John, and Nigel Tallis, *eds. Forgotten Empire: The World of Ancient Persia*. 2005. 大英博物馆的一次重要展览的目录，包含有关波斯历史和文化的华美插图和学术文章。

Dillon, Matthew, ed. *Ancient Greece: Social and Historical Documents from Archaic Times to the Death of Socrates*, 2nd ed. 2000. 一个包括众多文献、带解释性注释的译本。

Fantham, Elaine, Helene Peet Foley, Natalie Boymel Kampen, Sarah B.Pomeroy, and H.Alan Shapiro. *Women in the Classical World: Image and Text*. 1995. 结合文字和带有说明的图像，对希腊和罗马社会妇女的角色、经历及遭遇做了详尽的解释。

Grant, Michael, and Rachel Kitzinger, eds. *Civilization of the Ancient Mediterranean*, 3 vols. 1987. 当代专家所著的几乎涉及古希腊罗马文明每一个方面的文集，附有精选的书目。

Hanson, Victor Davis. *The Other Greeks: The Family Farm and the Agrarian Roots of Western Civilization*. 1995. 强调农业对希腊人的制度和价值观的发展至关重要。

Hanson, Victor Davis. *The Western Way of War: Infantry Battle in Classical Greece*. 1989. 描述了古代战争最可怕、最有效的形式的每一方面，清晰而扣人心弦。

Havelock, Eric A. *The Muse Learns to Write: Reflections on Orality and Literacy from Antiquity to the Present*. 1986. 探讨了文字读写能力对希腊思想的深刻影响。

Heckel, Waldemar, and Lawrence A.Trittle, eds. *Alexander the Great: A New History*. 2009. 前沿学者所著的关于亚历山大的生活、时代和遗产的文集。

Kuhrt, Amelie. *The Persian Empire: A Corpus of Sources from the Achaemenid Period*, 2 vols. 2007. 使获取众多文献成为可能的译本，带有解释性注释。

Pomeroy, Sarah B., Stanley M. Burstein, Walter Donlan, and Jennifer Tolbert Roberts. *Ancient Greece: A Political, Social, and Cultural History*, 2nd ed. 2007. 精心编写的关于希腊历史和文化的最新解释。

The Perseus Project (*www.perseus.tufts.edu*). 一个值得关注的网站，包含数百篇文献，数千张有关文物和遗址的照片、地图、百科全书、词典，以及其他研究希腊（和罗马）文明可用的资源。

注　释 147

[1] Maria Brosius, *Women in Ancient Persia, 559–331 B.C.* (Oxford and New York: Oxford University Press, 1996).

[2] 引自Roland G. Kent, *Old Persian: Grammar, Texts, Lexicon*, 2nd ed. (New Haven, CT:

American Oriental Society, 1953), 138, 140。

［3］Richmond Lattimore, *Greek Lyrics*, 2nd ed. (Chicago: University of Chicago Press, 1960), 2.

［4］G.S.Kirk and J.E.Raven, *The Presocratic Philosophers: A Critical History with a Selection of Texts* (Cambridge, England: Cambridge University Press, 1957), 169.

［5］Herodotus, *The History*, trans. David Grene (Chicago: University of Chicago Press, 1988), 33. (Herodotus 1.1)

第6章

帝国时代：罗马和汉代中国（公元前753—公元330年）

本章纲要

▲ 罗马建立地中海帝国（公元前753—公元330年）

▲ 中华帝国的起源（公元前221—公元220年）

▲ 结　语

多样性与主流：奴隶在罗马和中国的待遇

环境与技术：罗马和中国的供水工程

思考

罗马是如何缔造并维持其庞大的地中海帝国的?

秦汉以降，中华帝国是如何演变的?

这两个帝国之间最重要的相似之处和差异是什么? 这些异同说明两国各自的境况和特点如何?

149 据中国史料记载，公元166年，自称是安敦（遥远的大秦国的国王）特使的一群旅行者抵达汉代统治者桓帝的朝廷。安敦即罗马皇帝马可・奥勒留・安东尼。这些旅行者是已知的最早到达中国的“罗马人”，尽管他们可能是罗马帝国东部某个行省的居民，还可能夸大事实，自称是罗马皇帝的官方代表。他们更有可能是商人，希望在西方人非常珍爱的丝绸的原产地达成一个有利可图的贸易协议。中国官员没有理由驳斥他们的要求，因为罗马和中国两个帝国之间还没有直接的往来。

我们不知道这些旅行者后来怎样了，他们的使命显然并没有引起两个帝国间更经常性的来往。虽然如此，这段插曲引出了一些有趣的观点。首先，公元

穿丝绸服装的舞女（公元2—3世纪） 这幅罗马马赛克画描绘了一位音乐家正在为一名舞者伴奏，舞者穿着一件用中国进口的薄丝绸做的衣服。

前最后几个世纪及公元后最初几个世纪见证了一类新型帝国的两种表现形式。其次，罗马和中国由包括整个东半球的广泛的国际贸易网络联系在一起，它们模模糊糊地认识到了彼此的存在。

罗马帝国涵盖了地中海周围所有的土地及欧洲大陆和中东地区相当大的部分。汉帝国从太平洋绵延至中亚的绿洲。这两个当时世界上最大的帝国在中央集权统治方面取得了比以往的帝国更大的成功，对它们所辖土地和人民的文化影响更加普遍，非常稳定并持续了几百年。

罗马与汉代中国相距数千英里，彼此互不影响。为什么这两个史无前例的政治实体在同一时期达到了繁荣昌盛？为什么它们对某些问题采用了相似的解决方案？历史学家们提出了一些理论，强调所谓的共同因素，如气候变化和中亚游牧民族对罗马和中国边境的压力，但没有任何一种理论赢得普遍赞同。

6.1　罗马建立地中海帝国（公元前753—公元330年） 150

罗马的中心位置促成了其成功统一意大利，进而征服了环绕地中海的所有土地（见地图6-1）。在从欧洲大陆伸入地中海的三个半岛中，靴形的意大利半岛处于中间，它和西西里大岛构成了一座几乎连接欧洲和北非的天然桥梁。意大利处于地中海上的一个十字路口，罗马则是意大利的一个十字路口。罗马位于半岛中部，距西部海岸大约15英里（24公里），一条南北走向的大路与一条东西走向的河流在这里相交。一边的台伯河和另一边的七座小山形成的一个双重环形地区给该地提供了天然的保护。

意大利是一块多丘陵和高山的土地。亚平宁山脉沿着半岛纵向蔓延，就像一条脊柱把东部和西部沿海平原分隔开来，弧形的阿尔卑斯山则从北方保护着半岛。意大利的许多河流可通航，穿越亚平宁山脉，经过冰雪覆盖的阿尔卑斯山，商人和军队就能进行穿越大陆的陆路旅行。温和的地中海气候提供了漫长的生长季和适宜种植多种农作物的条件。今天大部分的光秃秃的山坡在古代却是草木丛生，这些草木为建筑和燃料提供了木材。西北部伊特鲁里亚的铁等金属资源丰富。

虽然意大利半岛75%的地区多山，沿海平原和河谷还是有充足的耕地。大部分土地有极其肥沃的火山土壤，能养活比希腊多得多的人口。在意大利扩张的同时，罗马政府还创造了有效的机制来开发农村的人力资源。

6.1.1 农民的共和国（公元前753—前31年）

起源

流行的传说认为，婴儿时期的罗慕路斯被扔在台伯河里顺水漂流，被一只母狼喂养大，于公元前753年建立了罗马城。然而，考古研究显示，帕拉丁山早在公元前1000年就有人居住了。公元前600年前不久，人们排干未来的罗马广场（城市中心）的沼泽，使几个山头社群合并为一个城市中心成为可能。这一地区居民的拉丁语言和文化模式是半岛大部分原住民的特征。然而，根据口头传说，伊特鲁里亚移民在公元前7世纪来到这里，罗马人为流放者和被驱逐者提供了避难所，并为此感到自豪。

在罗马国家早期，农业是根本性的经济活动，土地是财富的基础。因此，社会地位、政治特权及基本价值观都与土地所有权有关。大部分早期罗马人是自给自足的农民，拥有小块土地。少数家族获得了大片土地。这些富裕家族的家长都是元老院的成员，元老院是一个在罗马国家的政治生活中发挥着主导作用的“长老会议”机构。根据口头传说，公元前753—前507年，罗马共有七个王。第一个王是罗慕路斯，最后一个是残暴的塔克文·苏佩布。公元前507年，元老阶层的成员在“自由者”布鲁图领导下废黜了塔克文·苏佩布，建立了共和国（一种“公共拥有”）制度。

共和国：公元前507—前31年，罗马主要由贵族化的罗马元老院统治。

共和国

公元前507—前31年的**共和国**不是现代意义上的民主国家。统治权掌握在一个由男性公民组成的公民大会手里，在这里，富裕阶层的选票比贫困公民的选票价值大得多。每年要选举一批官员，精英阶层的成员按规定的程序精神饱满地竞争担任公职。政治生涯的顶峰是被选为两名执政官之一，负责主持元老院会议和公民大会，并在战争中指挥军队。

元老院：一个由拥有土地的富裕家族家长组成的委员会。起初是一个为早期国王服务的顾问机构，在罗马共和国时代，元老院有效地统治罗马和日益成长的国家。在元老院的领导下，罗马征服了地中海周围的土地，建立了一个前所未有的大帝国。

真正的权力中心是**元老院**。从技术层面上说，元老院是顾问委员会，首先为国王、后来为每年变化的共和国官员担任顾问，却越来越多地制定政策并进行统治。元老们提名自己的儿子担任公职，并任用卸任官员填补元老院的空缺。这个长期自我维系不衰的机构，其成员终身任职，汇聚了国家的财富和影响力，以及政治和军事的经验。

151

罗马社会的不平等导致了精英（称为“贵族”）和大多数人（称为“平

大事年表

	罗马	中国
公元前1000年	公元前1000年，最早的定居点在罗马所在地出现	
公元前500年	公元前507年，共和国建立	公元前480—前221年，战国时代
公元前300年		
	公元前290年，萨莫奈诸部落战败，罗马控制了意大利	
	公元前264—前202年，对迦太基的战争使罗马控制了西地中海地区	公元前221年，秦始皇统一中国东部
		公元前202年，汉朝取代秦朝
公元前200年	公元前200—前146年，对希腊化王国的战争使罗马控制了东地中海地区	公元前140—前87年，汉武帝为汉帝国开拓疆土
公元前100年		公元前109—前91年，司马迁撰写《史记》
	公元前88—前31年，内战和共和国的灭亡	
	公元前31年—公元14年，奥古斯都建立了元首政治	
		公元9—23年，王莽篡位
		公元25年，汉代都城从长安迁到洛阳
	公元45—58年，保罗在东地中海地区传播基督教	
公元50年		
		公元99年，班昭作《女诫》
公元200年		公元220年，汉朝灭亡
	公元235—284年，三世纪危机	
公元300年	公元324年，君士坦丁迁都君士坦丁堡	

阶级、冲突和社会关系

民”）之间的周期性冲突，即著名的平民反对贵族的斗争。在几个重要场合，为了迫使贵族做出政治上的让步，平民拒绝工作或作战，甚至要撤离这座城市。一项成果是公元前450年《十二铜表法》的颁布，它的主要作用是阻止司法官员任意决断。另一项重要改革是设立新的官职——保民官，保民官出身非精英阶层，他可以否决或阻止公民大会或官吏的提案，如果这个提案威胁到了较低社会阶层的利益。精英阶层虽然被迫在一些关键点上做出了让步，但他们找到了削弱改革的办法，使扩大的精英阶层在很大程度上享有对平民的领导权。

罗马社会的基本单位是家庭，由家庭成员的几代人和家内奴隶组成。健在的最年长男性即家长，对其他家庭成员行使绝对权威。更普遍的是，重要的男性社会成员拥有权威，因此地位低的人必须要服从他们。

复杂的义务关系如**保护人/被保护人关系**把不同阶层的个人联系在一起。被保护人寻求保护人（富有并有影响力的人）的帮助和保护。保护人提供法律的建议和陈述、人身保护及艰难时期的借贷。反过来，被保护人被要求跟随其保护人作战，在他的土地上劳动，并在政治舞台上支持他。早晨，成群的被保

保护人/被保护人关系：古罗马的一种基本社会关系。在这种关系中，保护人（一个富裕而强大的个人）为被保护人提供法律和经济保护及援助，作为报答，被保护人（地位较低、财富较少的男子）支持其保护人的政治前途和经济利益。

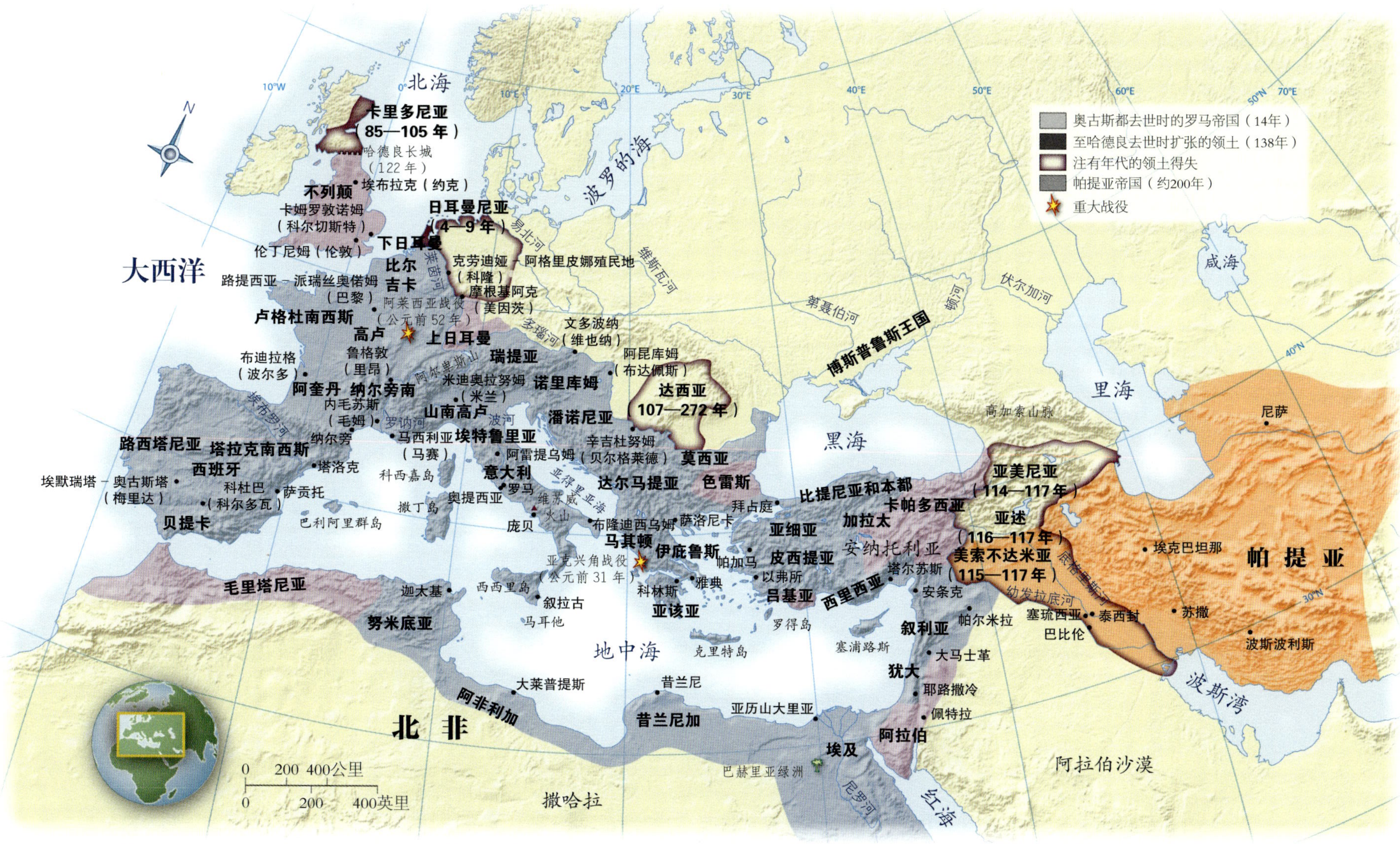

地图6-1 罗马帝国 罗马帝国涵盖地中海周围所有的土地及部分欧洲大陆。公元14年，奥古斯都去世时曾指示他的继任者不要向他所设定的边界外扩张，但克劳狄于公元1世纪中叶侵入不列颠南部，军人皇帝图拉真公元2世纪初又侵占了罗马尼亚。沙漠和海洋为罗马帝国提供了坚固的自然边界，但欧洲中部和东部漫长而脆弱的河岸很难防护，易受日耳曼人和中亚各民族的入侵。

一个捧着祖先头像的罗马人的雕像（公元前1世纪） 罗马社会极为关注社会地位，一个罗马精英家庭的地位在很大程度上取决于其祖先和目前家庭成员取得的公共成就。一个拜访罗马家庭的人，会在大厅入口发现显赫祖先的画像，上面还标列出他们的职位。葬礼队伍中会携带他们的头像。

护人在等待他们的保护人，并陪同他们去城市广场进行今天的活动。声势浩大的扈从队伍为保护人带来了极大的声誉。中产阶级是贵族的被保护人，可能也是更贫困的人的保护人。在罗马，不平等被接受并被习俗化，且转变为一种互惠和互有义务的制度。

153

史料很少记载罗马妇女的活动，主要是因为她们没有扮演公众角色，而且几乎所有的信息都是关于上层阶级的。在罗马早期，法律上妇女与孩子无异。她在其家长的绝对权威下成长。结婚后，她开始受到丈夫家庭家长的管辖。她不能拥有财产或在法律诉讼中代表自己，而要依靠一名男性监护人来保护她的利益。

尽管有这些限制，但罗马妇女还是比希腊妇女所受的限制少（见第5章）。随着时间的推移，她们获得了更多的个人保护和经济自由。例如，一些人实行一种新式婚姻，将管辖一个妇女的权力留给她父亲，父亲去世后她便获得独立。有许多故事讲述的是强势妇女对其丈夫或儿子产生重大影响，她们帮助男性塑造了罗马的历史。从公元前1世纪起，罗马诗人表达了他们对那些受过教育、坦率直言的妇女的爱慕。

早期罗马人相信那些被称为“守护神”的看不见的力量。维斯塔寓于炉火之中，具有火焰那种活生生跳动的活力。杰纳斯把守着大门。家神监视着食橱里储存的食物。其他神灵居住在附近的山上、洞穴里、石窟里和泉水里。罗马人把蛋糕和液体作为小贡品献给神，希望赢得这些神的青睐。某些神有较大的管辖领域，如朱庇特是天空之神，马尔斯最初是农业及战争之神。

罗马人努力维持诸神的和平，这是一项神和罗马国家的契约。从贵族中产生的祭司集团主持献祭和其他宗教仪式，以赢得神的好感。作为回报，人们希望神支持罗马国家的事业。

宗教

当罗马人接触到意大利南部的希腊人时（见第5章），他们把主要的神与希腊众神等同起来，如朱庇特等同于希腊的宙斯，马尔斯等同于希腊的阿瑞斯，而且把有关希腊神的神话连接到了他们的神身上。

6.1.2 在意大利和地中海地区的扩张

扩张的原因和工具

公元前500年左右，罗马是意大利中部一个相对不重要的城邦。三个半世纪以后，罗马是一个几乎涵盖地中海周围所有土地的庞大帝国的中心。扩张开始时缓慢，然后加快了势头，公元前3—前2世纪达到顶峰。一些学者将其扩张归咎于一个好战民族的贪婪和侵略性。其他人注意到罗马的国家结构鼓励战争，因为两名执政官只有一年可获得军事荣耀的任期。罗马人始终声称他们只是自卫。扩张的模式是：罗马人感到不安全，便进行扩张，扩大其控制的领土，以提供应对攻击的缓冲区；然而，每一次新的征服都变得易受攻击，于是导致进一步的扩张。

罗马人扩张的主要工具是军队。所有拥有一定数量土地的男性公民都必须服兵役。罗马士兵的装备（铠甲、盾牌、长矛和剑）与希腊重装步兵的装备差别不大，但罗马的战线比方阵灵活得多，被细分为更小的单位，从而可以独立行动。罗马军队以其训练和纪律而闻名。一位观察者指出，希腊军队会在晚上
154 懒洋洋地寻求一处自然防御的山顶宿营，但罗马军队总是会勤勉地在平原地区建立整齐划一的营地并设防。

罗马征服意大利的起因，是亚平宁山脉的山地部落把自己的畜群赶到了季节性牧场，和沿海平原的农民发生了摩擦。公元前5世纪，罗马领导了一个旨在防御山地部落的意大利中部城市联盟。在公元前4世纪的几次重要事件中，罗马人保护了富裕而先进的坎帕尼亚各城市，这是一个位于意大利那不勒斯湾、拥有最富饶农田的地区。到公元前290年，在同意大利中部的萨莫奈（Samnite）部落进行的三次战争中，罗马人将他们的“保护”几乎扩大到了整个半岛。

罗马图拉真纪功柱上的场景（约公元113年） 罗马皇帝图拉真建造了125英尺（38米）高的大理石柱，以纪念他在达西亚（今罗马尼亚）战役中取得的胜利。柱上有群蛇环绕，约656英尺（200米）长，浮雕图解了征服中的许多事件，用图像详细记录了罗马军队在战役中使用的装备和战术。这幅雕刻描绘了士兵正在修建一个要塞。

希腊人不愿与外人分享公民特权，而罗马人则不同，他们通常给予被征服的人部分或全部罗马公民享有的政治、法律和经济特权。他们在被征服的社群中选择最有影响力的人，使罗马的利益成为他们的利益。罗马从其意大利臣服者中征兵，似乎取之不尽的人力资源储备是其军事胜利的关键因素。在许多关键战役中，罗马能够承受比敌人更多的伤亡，并完全靠数量取胜。

海外行省

公元前264—前202年，罗马与迦太基人进行了两场旷日持久的血腥战争。迦太基人是来自黎巴嫩的精力充沛的腓尼基人的后代，他们在今突尼斯定居并主导了西地中海地区的贸易（见第4章）。罗马政府以当仁不让的西地中海地区主人的姿态出现，在西西里岛、撒丁岛和西班牙获得了其第一批海外行省（见地图6-1）。公元前200—前146年，一系列战争使罗马政府与东地中海地区的主要希腊化王国处于对立状态。罗马人起初不愿意占领这样遥远的领土，几次战争结束后撤回了他们的军队。但是，当他们强加给此地区的定居点未能扎下根来时（通常是因为罗马人要求他们在希腊的“朋友”成为对罗马主人恭顺的受庇护者，但这些“朋友”并没有理解这一点），感受到挫折的罗马政府对这些土地进行了直接占领。公元前59—前51年，罗马最杰出的将军盖乌斯·尤利乌斯·恺撒征服了高卢（今法国，见第3章）的凯尔特人，使罗马第一次在欧洲的中心地带获得领土。

起初，罗马人拒绝将其统治制度和公民权扩大至遥远的行省。愿意与罗马人合作的原住民中的精英集团被授予相当大的自主权，包括管理地方行政和收税的职权。每年各行省会有一位近期担任过高级职务的元老来担任总督。总督有一个由朋友和亲戚组成的小型随从团陪同，这些人充当顾问和代理人。总督负责保卫行省不发生外来攻击和内部破坏，监督征税和其他运往罗马的收入，以及裁定司法案件。

155 随着时间的推移，这种行省管理制度被证明是不恰当的。官员是因为其政治关系被任命的，往往缺乏能力。总督每年变化意味着任职者很少有时间获得经验或与当地接触。虽然许多总督是廉洁的，有些却肆无忌惮地向行省民众勒索巨额资金。罗马人虽然统治着一个越来越大的地中海帝国，却仍然依赖罗马只是一个城邦时发展起来的制度和观念。

6.1.3 共和政体的破产

意大利的经济和社会变革

罗马在创造一个庞大帝国方面的成功，释放出了最终摧毁共和政府制度的力量。公元前3—前2世纪，频繁的战争和领土扩张使意大利的情况发生了深刻变化。征服和控制新行省产生的大部分财富都掌握在上层阶级手中。意大利农民长期远离家乡服兵役，在此期间，投资者通过购买、欺骗或恐吓接管了他们的田地。意大利乡村自给自足的小块田地（其农民主一直是罗马军团的骨干）被大庄园（latifundia，字面意思是“广袤的地产”或大农场）取代了。

这些大庄园主在农场放牧牛群或种植农作物，例如种植可带来巨大利润的酿酒用的葡萄，而不种意大利的主食作物小麦。因此，意大利新兴城市的人口开始依赖昂贵的进口粮食。与此同时，来自战俘的廉价奴隶劳动力（见“多样性与主流：奴隶在罗马和中国的待遇”）使失去土地的农民难以在农村找到工作。当他们迁到罗马和其他城市，发现那里同样找不到工作，生活极端贫困。日益增长的游手好闲的城市人口容易出现骚乱，他们将在共和国后期的政治斗争中发挥重大作用。

内战

意大利农民没落的一个后果是缺乏能达到服兵役所需财产标准的人。公元前2世纪末，一位“新人”（罗马人称呼不属于传统统治阶级的、政治上活跃的个人）盖乌斯·马略在其军团中接纳无财产的穷人，并承诺他们服役期满后可获得土地。这些部队效忠马略，并帮助他史无前例地（也是非法地）六次当选执政官。

公元前88—前31年，一系列雄心勃勃的人——苏拉、庞培、尤利乌斯·恺撒、马克·安东尼和屋大维——指挥了效忠他们甚于忠于国家的军队。他们利用罗马军队来提高个人权力，导致了血腥的内战。罗马城多次被武力占领，胜利的指挥官处决其对手并控制了国家。

6.1.4 罗马的元首政治（公元前31—公元330年）

到公元前31年，恺撒的甥孙和继承人屋大维（公元前63—公元14年）战胜了所有对手，并谨慎地着手重建罗马的政府机构。他保留了共和政体的形式——元老阶层的职位、荣誉和特权，但是从根本上改变了权力的现实。他实际上是一个军事独裁者，但在一个重建的共和国里，他从来没有自称国王或皇帝，仅仅声称自己是元首，即“平等者中的第一人”。因此，继共和政体之后的这段时期被称为**元首政治**时期。

奥古斯都是元老院给屋大维的众多荣誉称号之一，意味着繁荣和虔诚，并成为后人熟知的名字。奥古斯都的耐心和对人性的本能理解使他能够熟练控制罗马社会所有的集团。在谨慎地进行了45年掩饰性统治后，公元14年，当他去世时，几乎无人记得共和政体。在他统治时期，埃及、中东部分地区和中欧成为帝国的领土，只有不列颠南部和今罗马尼亚是以后征服的。

奥古斯都与**骑士阶层**结盟，这个阶层由富裕的意大利商人和土地所有者组成，在财富和社会地位上仅次于元老阶层。这些人有能力而且自信成为一支领薪俸的新行政管理队伍的核心，帮助管理罗马帝国。最后，在管理庞大的帝国时，罗马有一套相当廉洁、顺畅和高效的政府官僚机构。

奥古斯都非常受欢迎，因此在他去世之后，他的4个家庭成员尽管存在严重的个人及政治缺陷，仍先后继承了“皇帝”（我们的称呼）之位。然而，由于奥古斯都故意使他的角色模糊化，人们从来没有自发地认为皇位是世袭的，公元1世纪中叶以后，其他家族获得了该职位。从理论上讲，早期的皇帝由元老院确认；在现实中，他们由军队选择。到公元2世纪，一些很有能力的帝王创立了一种新的继承机制：每位皇帝收养一个被证明有能力的成人作为他的儿子，并培养他成为接班人。

元首政治：一个用来描述公元后最初3个世纪罗马政府特点的术语，建立在元首（“第一公民”）称号的基础上，奥古斯都为掩盖其军事独裁政治而采用了这一模棱两可的称号。

奥古斯都：屋大维的尊号，他创立了军事独裁政治——元首政治，取代了罗马元老院日益衰弱的统治。公元前31—公元14年，在打败所有对手后，他为罗马帝国几个世纪的稳定和繁荣奠定了基础。

骑士阶层：古代意大利财富和地位仅次于元老院贵族的成功的土地所有者。罗马皇帝与这个群体结盟以消除旧贵族的影响，并任用他们参与帝国的行政管理。

156

多样性与主流

奴隶在罗马和中国的待遇

虽然奴隶制在大部分古代社会都存在，但罗马是少数几个奴隶劳动已成为经济基础的社会。在公元前2世纪频繁的战争期间，大批战俘都成了奴隶。这些奴隶的价格很低，土地所有者和制造商发现，与雇工相比，他们可以迫使奴隶工作更长时间，也更加努力。每隔一段时间，恶劣的工作条件和生活条件会导致奴隶起来反抗。

以下摘录选自几本尚存的农业手册中的一本，它给出了有关控制和高效地剥削奴隶的建议。

> 当户主来到他的庄园，……如果可能，他必须当天去他的农场进行巡查，如果不可能，则第二天去巡查。他要查看田地耕种进展的程度，哪些工作已经完成，哪些还没有完成，此后第二天，他必须召见他的管家，问他哪些工作已经完成，哪些仍未完成，未完成的是否按时做了，是否能做，已经生产了多少葡萄酒和谷物及其他东西。查明真相后，他必须做一项劳动和所需时间的计算。如果在他看来工作量还不够，而管家开始说他如何努力，但奴隶们不好，而且天气太糟了，奴隶们逃跑，而且他被要求完成一些公共工作，当他说完这些和其他各种借口，你一定要提醒他注意你所雇用的劳力和所需时间的计算。如果他声称总是下雨，雨天有多种工作可以做：清洗酒坛，用树脂（pitch）为其涂层，打扫屋子，储存粮食，运送粪肥，挖粪坑，清理各类种子，修补绳索或制作新绳索；奴隶们应修补其拼凑在一起的外衣和头巾。在节庆日子里，他们本来可以清理旧沟，在公共大路上工作，修剪后面的荆棘，挖掘花园，清除草地，把树枝绑在一起，清除荆棘，碾碎大麦并继续做清洁。如果他声称奴隶们病了，他们不应该被分配这样多的活。当你发现这些事都让你满意，确保所有仍未做的工作将会被完成……户主应该审查他的牧群并安排销售；他应该卖油，如果价格不错，卖任何不需要的葡萄酒和谷物，卖任何老的达不到标准的牛或羊、羊毛和皮革，老车或旧工具，一个老奴隶，一个生病的奴隶，以及其他不需要的任何东西。户主应卖东西而非买

东西。（老伽图：《论农业》第2卷，公元前2世纪。）

该文摘的罗马作者伽图因其苛刻的态度和固执己见的传统思想而臭名昭著，但他不能代表所有罗马奴隶主的态度——在现实中，对待奴隶的态度差别很大，他只是表达了一种罗马社会可以接受的观点。

古代中国的奴隶制远没有这样突出。在战国时期，依附农民及奴隶在贵族的土地上劳动。秦朝政府试图废除奴隶制，但该制度一直持续到汉代，尽管它只涉及一小部分人口，也不是经济的核心组成部分。罪犯的亲属可能被逮捕并成为奴隶，贫困家庭有时把不想要的孩子卖为奴隶。在中国，无论是国有的官奴还是个人所有的私奴，一般只进行家内劳动，正如在下面的文献中看到的那样。

蜀郡王子渊，以事到湔，止寡妇杨惠舍。惠有夫时奴，名便了。子渊 157
倩奴行酤酒，便了拽大杖，上夫冢岭曰："大夫买便了时，但要守家，不要为他人男子酤酒。"子渊大怒曰："奴宁欲卖邪？"惠曰："奴大忤人，人无欲者。"子渊即决买券云云。奴复曰："欲使，皆上券；不上券，便了不能为也。"子渊曰："诺！"

券文曰：神爵三年正月十五日，资中男子王子渊，从成都安志里女子杨惠，买亡夫时户下髯奴便了，决贾万五千。奴当从百役使，不得有二言。晨起洒扫，食了洗涤。居当穿臼缚帚，裁竿凿斗。浚渠缚落，锄园斫陌。杜埤地，刻大枷。屈竹作杷，削治鹿卢。出入不得骑马载车，踑坐大呶。下床振头，捶钩刈刍，结苇躐纑。汲水酪，佐醧醾。织履作粗，……［劳动任务罗列长达两页半］

……勤心疾作，不得遨游。奴老力索，种莞织席。事讫欲休，当舂一石。夜半无事，浣衣当白。若有私钱，主给宾客。奴不得有奸私，事事当关白。奴不听教，当笞一百。

读券文适讫，词穷咋索，仡仡扣头，两手自搏，目泪下落，鼻涕长一尺。审如王大夫言，不如早归黄土陌，丘蚓钻额。早知当尔，为王大夫酤酒，真不敢作恶。[1]（王褒，公元前1世纪。）

1　参见（清）严可均辑，任雪芳审订：《全汉文》，商务印书馆，1999年，第434—435页。——译注这个故事是幽默的，无疑夸大了可能要求奴隶做的工作量，但它表明中国奴隶可能被迫辛苦劳作，和他们的罗马同行一样从事许多卑贱的工作。它也表明中国奴隶在法律上受契约保护，契约对可以要求他们做的事做了规定和限制。

资料来源：First selection from Thomas Wiedemann, *Greek and Roman Slavery*, pp. 183–184, published by Johns Hopkins University Press. Copyright © 1981. Reprinted by permission of Taylor and Francis Books UK. Second selection reprinted with the permission of Scribner, a Division of Simon & Schuster, Inc. from *Slavery in China During the Former Han Dynasty* by Clarence Martin Wilbur (Russell & Russell, New York), 1967.

分析问题

为什么奴隶制在汉代中国不像在罗马帝国那样重要？为什么在中国对待奴隶不像在罗马那样苛刻？

奴隶在哪些方面受到了像其他形式的财产如动物和工具那样的待遇？哪些方面考虑到了一个奴隶“做人的资格”？

奴隶采取了一些什么消极抵抗策略？通过这些行动，他们获得了什么？

156 奥古斯都统治时，他觉得借助共和传统并隐藏其权力的来源和程度是非常重要的。但随着时间的推移，这已经变得不那么必要了，后来的皇帝更加公
157 开地运用他们的权力。许多罗马皇帝模仿亚历山大大帝与许多希腊化王国的国王，死后被正式神化（视为神）。作为提高臣服者忠诚程度的一种方式，对活着的皇帝的狂热崇拜也发展起来。

罗马法

在共和国时期，一套法律制度逐渐建立起来，包括元老院的政令、公民大会通过的法案及公共官员审理案件的惯例。在共和后期，法律专家开始分析法律和法定程序以确定一些根本原则，然后运用这些原则去制定一个不断变化的社会所需要的新法律。这些专家与其说是现代意义上的律师还不如说是教师，尽管有时有官员或诉讼当事人来请教他们。

在元首政治时期，皇帝成为新法律的主要来源。法学家阶层以新的热情对罗马法进行了研究和编纂，他们的解释往往具有法律效力。罗马法的基本划分

（人法、物法和诉讼法）揭示了在罗马人眼里财产和个人权利的重要性。这个发展和解释法律的漫长过程的高潮是公元6世纪的《查士丁尼法典》。罗马法至今仍是欧洲法律的基础。 158

6.1.5　城市帝国

城市生活

公元后最初3个世纪的罗马帝国是一个“城市”帝国。这并不意味着大多数人居住在城市。帝国的5 000万至6 000万人口中，大概有80%的人在从事农业并住在乡村或偏僻的农场。然而，帝国是通过城镇和城市组成的网络进行管理的，而且城市民众获益最多。

许多城镇有数千居民，而一些主要城市有几十万人口。罗马自身大约有100万居民。最大的城市考验着古人的技术能力；提供充足的食物和水以及清除污物，始终都是问题。

在罗马，上层阶级居住在几座山上雅致的住宅里。住宅以一个长方形中庭（atrium）为中心，有一个天窗，可以用来采光，收集供饮用和洗涤用的雨水。中庭周边有一个聚餐和宴饮用的大餐厅，一个后花园，一间厨房，可能还有一间私人浴室。卧室在楼上。地板用鹅卵石图样的马赛克装饰，墙壁和天花板用以神话场景或户外街景为题材的湿壁画（在湿灰泥上直接作画）装饰，在没有 159
窗户的条件下给人一种开阔的感觉。典型的贵族还在意大利乡村拥有许多庄园

出售食物和饮料的罗马商店　公元79年，维苏威火山爆发，火山灰掩埋了位于那不勒斯湾的繁华城市庞贝。考古学家已经发掘出这座典型的罗马城镇的街道、商店和房子。一些商店如这个出售热食和饮料的商店，嵌在柜台里的陶器装着这些食物出售。柜台后面的货架和壁龛里放着其他东西。

别墅，为逃离城市生活的压力，全家可以躲避到那里。

穷人生活在城市低洼地区拥挤的贫民窟里。这些木制的廉价房屋潮湿、阴暗且气味难闻，只有很少的家具，而且常常容易发生火灾。幸运的是，罗马人一天中的大部分时间可以在户外工作、购物、吃饭和参加社会活动。

各地城市、城镇和兴起于边境要塞的摇摇欲坠的定居点，在政治组织和城市布局方面都是都城的小型复制品。一个城镇市政会和两名每年从当地精英中选出的官员管理着当地事务，他们有相当大的自治权。这些“市政贵族”模仿罗马元老的礼仪和行为，使他们的城市具有罗马城市生活那种有吸引力的因素：城市建筑、神庙、园林、浴池、剧院和圆形竞技场，并增加游戏和公共娱乐活动。

乡村生活

在农村，偶尔的假日、乡村节日以及性生活、家庭和聊天这些日常中的乐趣，减轻了农村人辛勤劳作和苦役的劳累。农村人为了保护自己，不得不对付土匪、野生动物以及农村生活中的其他危险。除了同恃强凌弱的士兵发生的争吵以及可怕的税吏的到来，他们很少与罗马政府发生直接联系。

在共和国后期的内战期间，通过向退伍的老兵分配土地，土地所有权集中在越来越少数人手中的现象得到了暂时扭转，但在帝王统治时代又恢复了。然而，2世纪初对外征服时代结束后，奴隶数量减少或价格上涨，土地所有者需要一个新的劳动力来源。“隶农”（Tenant farmers）耕种小块土地，相应地要上交其收成的一部分。土地所有者住在城市，并聘请工头管理其地产。因而，财富集中在城市，但它是以农村劳动力的生产为基础。

商业

罗马的和平：从字面上看，“罗马的和平”意味着公元后最初两个世纪罗马的统治给帝国带来的稳定和繁荣。沿着罗马境内的陆路和安全的海路，流动的人员和商品使文化习俗、技术和宗教思想的传播成为可能。

一些城镇居民从制造业和贸易中获得了财富。**罗马的和平**（pax romana），即由于罗马的强大而获得保障的安全和稳定，极大地促进了商业的发展。粮食、肉类、蔬菜和其他大宗食品通常在本地进行交换，因为运输成本昂贵而且许多产品会很快变质。然而，罗马城要从西西里岛和埃及进口大量粮食，以养活其众多人口，这一重要任务由专门的海军舰队来负责完成。

帝国各地出口玻璃、金属制品、精美的陶器和其他制作优良的产品。随着必要技能知识的传播，生产中心从最初只局限于意大利扩展到了各个行省。其他商人经营来自帝国之外遥远地方的奢侈品，尤其是来自中国的丝绸和来自印度及阿拉伯半岛的香料。

驻扎在边疆地区的罗马军队相当于一个大市场，促进了边境行省的繁荣。

中央政府征收的税收把富裕的内陆行省如高卢（法国）和埃及的财富首先转移到了罗马，支持皇帝和中央政府的开销，其次转移到了边疆行省补贴军队。

罗马化与公民权

罗马化：拉丁语和罗马文化在西部行省占据主导地位的过程。各行省的原住居民往往会因为罗马化带来的政治和经济上的优势及罗马人成功的魅力选择罗马化。

罗马化（拉丁语言和罗马生活方式的传播）在西部行省表现最强烈，而希腊语言和文化作为希腊化王国的遗产，在东地中海地区占据了主导地位（见第5章）。现代葡萄牙语、西班牙语、法语、意大利语和罗马尼亚语由拉丁语演变而来。罗马政府并没有强迫实行罗马化。许多地方居民选择了接纳拉丁语和与之相关的文化习惯。讲拉丁语及穿托伽（toga，罗马男性公民穿的传统长袍）的人具有优势，正如今天一些发展中国家的人看到迁居城市、学习英语和穿西式服装具有优势一样。拉丁语便利了罗马人处理行政管理事务，并有助于商人获得供应军需的合同。许多人掌握了这一占统治地位的民族的语言和文化，获得了成功。

帝国逐渐把罗马公民权连同其特权、法律保护和豁免某种税赋的权利授予生活在意大利以外的人。在地方部队（它支撑罗马军团）中服役满26年的男子可获得公民权，并且可以把这一令人垂涎的地位传给其后代。皇帝把赋予个人或整个社群公民权作为对其良好表现的奖赏。最后，公元212年，卡拉卡拉 160
（Caracalla）皇帝把公民权授予帝国境内所有自由的成年男性居民。

公民权范围的逐步扩大，反映了帝国从一个意大利人占主导地位的国家向一个多民族国家的转变。早在公元1世纪，一些颇有影响的文人和知识分子就来自各行省。到公元2世纪，甚至皇帝也来自西班牙、高卢和北非。

6.1.6　基督教的兴起

耶稣：一个来自以色列北部加利利地区的犹太人，试图改革犹太人的信仰和习俗。他被罗马人当作一个革命家处死。他被其追随者作为弥赛亚和圣子来崇敬，成了一种在他死后几个世纪中发展起来的信仰体系——基督教的核心人物。

在这个普遍和平与繁荣的时期，东方发生的事件虽然当时很少引人注意，却具有重大的历史意义。公元6年，犹太人的家园犹大（大致相当于今天的以色列，见第4章）落入罗马人的直接统治之下。在接下来的半个世纪中，罗马总督不太在意犹太人的一神信仰，而它却能够煽动对罗马统治的反抗。许多人都在等待着“救世主”弥赛亚的降临，期望这个军事领袖赶走罗马人，解放犹太人。

耶稣与保罗

这就是**耶稣**从事传教生涯的背景，他是一个来自以色列北部加利利地区的年轻犹太木匠。由于新约中耶稣的形象在很大程度上反映了他去世一个半世纪后其追随者的观点，因此很难确定历史上耶稣的动机和教诲。一些专家认为，他本质上是一个拉比或教师。犹太人的宗教领袖和政治领导人对金钱和权力的过分关注，以及他那个时代主流犹太宗教活动敷衍塞责的本质，使他感到不满，因此他指示人们回归早期的个人信仰和灵性。另一些人则强调他与世界末日的热情的联系，这种热情在某些犹太教圈子如施浸者约翰和撰写《死海古卷》的团体中也有发现。在他们看来，耶稣是一个火热的先知，他力劝人们为即将来临的世界末日和上帝引导他们进入一个神圣的新时代做好准备。还有一些人认为他是一个政治革命家，农村中的农民和城市里的穷人受压迫的状况使他心烦意乱，决心要赶走罗马占领者及其犹太精英中的合作者。无论其使命的真正本质是什么，魅力超凡的耶稣最终引起了耶路撒冷的犹太权威人士的注意，他们把受欢迎的改革家视为潜在的麻烦制造者，把他交给了罗马总督本丢·彼拉多（Pontius Pilate）。耶稣被囚禁、谴责并钉死在十字架上（一种通常用于普通罪犯的刑罚）。他去世后，其追随者（使徒）力图在犹太人中传播他的教义，并使他们相信耶稣是弥赛亚，并已复活（死而复生）。

保罗：一个来自安纳托利亚地区的希腊城市塔尔苏斯的犹太人，他最初曾迫害耶稣的追随者，但在去叙利亚大马士革（Damascus）的路上接受了一个启示后，他成了基督徒。他利用其希腊化背景和罗马公民权的优势走遍了叙利亚—巴勒斯坦、安纳托利亚和希腊，传播新宗教并建立教会。他发现自己在异教徒（非犹太人）中取得了最大成功，便开启了基督教从犹太教中分离出来的过程。

保罗，一个来自安纳托利亚东南部的希腊城市塔尔苏斯（Tarsus）的犹太人，皈依了这种新的宗教信仰。公元45—58年，他以其超凡的才能和精力投入到传播圣言（the word）的活动中。他在叙利亚—巴勒斯坦地区、安纳托利亚和希腊旅行，大多数犹太人拒绝接受耶稣是弥赛亚和耶稣开启了一个新时代，对此他感到越来越沮丧。另一方面，许多犹太人对耶稣的追随者的失败感到惊骇，保持了传统的犹太教习俗。保罗发现许多非犹太人存在精神上的饥渴，便将他们作为努力的方向，在东地中海地区发展了一批基督教（来自希腊词名称christos［基督］，意为受膏者，是耶稣的追随者对他的称呼）团体。保罗的事业证明了罗马帝国的世界性。他能说希腊语和阿拉米语，在希腊罗马世界和犹太世界之间自在地活动。他利用罗马的道路，依靠罗马军队保证的和平环境，利用其罗马公民权使地方当局未能对他采取任何行动，从一个城市到另一个城市，以寻求皈依者。公元66年，罗马统治的犹大地区长期积聚的紧张局势演变成了一场全面反抗，一直持续到73年。罗马的重新征服给犹大带来的伤亡之一是耶路撒冷的基督教团体，这些团体主要关注的是使犹太人皈依。这就为保罗在非犹太人中传教提供了空间，基督教开始越来越与其犹太教根源分道扬镳。

宗教迫害和教会的成长

在两个多世纪里，该教派缓慢却稳步地成长。第一批皈依者中的许多人属于被剥夺了公民权的群体——妇女、奴隶和城市贫民。当早期基督教团体的成员民主选举领导人时，他们享受到了教外所享受不到的那种尊重，并且获得了责任重大的职位。然而，随着这场宗教运动的发展壮大，逐渐产生了神父和主教的一套等级制度，并且很容易被神学教义的激烈争论所左右（见第10章）。

作为不准崇拜其他神的一神论者，早期基督徒遭到了罗马官员的迫害，他们认为基督徒拒绝崇拜皇帝有不忠的迹象。尽管偶尔有政府发起的迫害活动和自发的暴徒袭击，或者可能正因为此，早期基督教运动不断获得力量并吸引皈依者。到公元3世纪末，它的追随者成为罗马帝国内规模较大的少数派，包括许多在地方和帝国政府中任职的受过良好教育的富人。 161

基督教的扩张应被视为一个更广泛的宗教发展趋势的一部分。在希腊化时代和罗马时代，许多异教向其信徒宣称可以知晓生命和死亡的本质，在阴世中获得神的庇佑，因而大受欢迎。它们兴起于地中海东部，解决了传统异教习俗不能满足的日益增长的精神和智力上的饥渴，传遍了希腊罗马世界。这些宗教包括对安纳托利亚的众神之母库柏勒（Cybele）、埃及女神伊西斯和伊朗的太阳神密特拉（Mithra）的崇拜。正如我们将会看到的，基督教最终战胜这些竞争者与历史环境有关，它的精神魅力也同等重要。

6.1.7 科技与变革

工程

相对安全和舒适的旅行得益于罗马的军队和道路，使商人可以出售他们的商品，早期基督徒可以传播他们的信仰。现存的道路、防御工事墙壁、沟

西班牙塔拉戈纳附近的罗马引水渠 城镇和城市的发展使供应充足的水成为罗马官员面临的挑战。引水渠仅利用重力把水从水源地（有时几英里远）引到一个城市。为把引水渠从高处引入城市，罗马工程师设计了长长的连续几排的拱门，以保持下坡平稳。学者有时可以通过计算为一个古代城市提供的水量而粗略估计它的人口。

环境与技术

162 ### 罗马和中国的供水工程

人们需要喝水，水对农业很重要，它也提供了运送人员和货物的快速而经济的手段。在古代罗马和中国最吸引人的科技成就当中，有一些就涉及供水工程。

人口众多的罗马城市需要大量而可靠的水源。得到它的方法之一是修建引水渠——把水从遥远的湖泊和溪流输送到城市的石渠。这些渠道中流动的水只靠重力驱动。测量师测量地形的高度，并绘制一条非常平稳的下坡路线。

引水渠建筑结构良好，由紧密吻合的大型切割石材构成，并用类似于水泥的灰泥使之紧密结合。有些是建在高墙或桥梁上的，这使得未经授权的人很难分接水管以供自用。一些引水渠部分建在地下。建筑工作是劳动密集型的，设计和施工通常都由军事人员完成。这是罗马政府使大量士兵在和平年代保持忙碌的途径之一。

引水渠跨过河流的部分，所面临的挑战犹如修建桥梁一样。罗马工程师把预先准备的木制潜水箱（空心的大圆筒）降低至河床，抽出积水，以便工人能下去建造支撑桥梁的拱形部分的水泥桥墩。这种技术现在仍用于在水中建造建筑。

当一条引水渠到达城市郊区，水会流入水库进行储存。水管连接水库和城市的不同地区。即使在城市里，重力仍然提供动力，直至水到达穷人使用的公共喷泉和自己的房子里有卫生设备的富人的私人储水罐。

在古代中国，一般来说东西流向的河流是主要的干道。最早的繁序社会的发展以黄河流域为中心，但是到秦朝初期，长江流域及更远的南方地区开始变得对中国的政治和经济活力越来越重要。在这个时代，中国人开始修建连接北部和南部地区的运河，最初是出于军事目的，但最后也用于运输货物。在后来的时代，由于掌握了更先进的工程技术，人们修建了广泛的运河网，包括1 100英里长（1 771公里长）的京杭大运河。

最早的工程之一是灵渠。一位中国历史学家报告说，秦始皇命令他的工程师修建一条20英里长（32.2公里长）的运河连接两条河流，使它能更容易地补给他的南征军队。运河二程面临着一个艰难的挑战，因为虽然湘江和漓江的距离不超过3英里（4.8公里），但它们的流向相反，而且都水流湍急。

工程师们利用了两条河流之间一系列山丘中的一个低点，维持了一个相对平

灵渠　始皇帝（中国的“第一位皇帝”）的工程师利用地形把中国北方和南方的水系连接起来。

坦的斜坡。该解决方案的最后一项内容是修建一个吻状护堤以分流湘江水，使部分河水流入人工渠道。几个溢洪道进一步减少了流入运河的水量。这两条河流的连通完成了一张航道网，使内陆水域可在北京和广州之间1 250英里（2 012公里）远的距离内连续不断地运送货物。虽然以后的几个世纪做了一些改建，但灵渠仍在使用。

渠和建筑物遗迹证明了古代罗马人在工程学方面的专业技术。一些最优秀的
工程师随军服役，他们修建桥梁、攻城设施、用来投掷石块和箭的弹道武器。 163
引水渠（长长的高架或地下管道）仅利用重力把水从水源地输送到城市中心（见“环境与技术：罗马和中国的供水工程”）。罗马人开创了拱形结构的使用，这可以分散承载的重压，无须厚厚的支撑墙。混凝土（一种石灰粉、沙子和水的混合物，可倒入模具）的发明使罗马人可以在建筑的内部空间创造巨大的拱形圆顶，不同于希腊人的柱式建筑。

引水渠：一条高架或地下的管道，利用重力把水从水源地输送到一个需要它的位置（通常是一个城市）。在大规模城市化时期，罗马人修建了许多引水渠。

保卫绵延数千英里的边界是一项重大挑战。奥古斯都表示反对进一步扩大

防守

帝国，因为获得领土后的管理和保卫成本将超过国家的收入。罗马军队进行了重组和重新部署，表明从进攻战略转向了防御战略。帝国的大多数地方由于山脉、沙漠和海洋的阻隔而得到保护，但德意志和中欧地区漫长的莱茵河及多瑙河边界容易受到攻击。这里有一系列的防御要塞，要塞中有少部分足以对付袭击者的驻军。在特别荒凉的边境如不列颠和北非，罗马人修建了长墙以阻挡入侵者。

罗马的邻居大多技术不够先进，组织更为松散，因此没有对帝国的安全造成严重威胁。唯一的例外是美索不达米亚人和波斯帝国的继承者——帕提亚王国，它控制着罗马东部边境附近的土地（今伊朗和伊拉克）。罗马和帕提亚进行了几个世纪的对抗，双方都受到严重削弱，没有任何一方有重大的领土收获。

三世纪危机

三世纪危机：历史学家对公元3世纪的大部分时间困扰罗马帝国的政治、军事和经济动乱的称呼，包括统治者频繁变动、内战、蛮族入侵、城市中心的衰落以及几乎被毁坏的长途贸易和货币经济。公元284年以后，戴克里先（Diocletian）通过根本性改革恢复了秩序。

奥古斯都改革后，罗马国家繁荣了两个半世纪，但是到公元3世纪，帝国大厦的裂痕开始显现出来。历史学家用“**三世纪危机**”称呼公元235—284年这段时期，当时政治、军事和经济问题困扰着罗马帝国，并几乎将它摧毁。这场危机最明显的症状是统治者的频繁更换。在此期间，有20个或更多的人夺取了皇位。大多数只统治了短短数月或数年，就被竞争对手推翻或被自己的军队杀害。莱茵河/多瑙河边境的日耳曼人，利用频繁的内战和无政府状态侵入了帝国内部。几个世纪以来，罗马的城市第一次开始修筑防护墙。有几个地区觉得中央政府未能充分保护他们，便脱离罗马，将权力交给了一位答应把他们的利益放在第一位的领导人。

这些危机对帝国经济具有毁灭性影响。收买军队的忠诚和保卫日益脆弱的边境，使得国库干涸了。中央政府无休无止地增加税收，加上商业因战争而中断，城镇不再繁荣。短视的皇帝不顾一切地捞钱，偷偷地减少了铸造钱币的贵金属含量，将余下的私吞。民众很快发现了这一点，贬值的货币在市场上越来越不被接受。帝国恢复了以货易货经济，这种低效率的体系削弱了大规模贸易和长途贸易。

曾经是帝国最具活力和爱国精神的地方贵族阶层也慢慢消失了。国家税收的减少，城镇官吏要负个人责任。贸易的衰落使他们的财富减少，许多人开始逃避他们的市民义务，甚至躲了起来。

人口移出城市，进入农村。许多人向侵入者和富裕的政府官员，向强大的乡村土地所有者寻求职业和保护。城市的萎缩和人口向乡村庄园的流动，在人口学上是向欧洲中世纪（大约700年，期间富裕的乡村领主统治着被束缚在土地上的农民）的社会经济结构转变的第一步（见第10章）。

戴克里先和君士坦丁

就在事情看起来最没有指望的时候，一个人把帝国从灾难的边缘拉了回来。和那个时代的许多统治者一样，戴克里先来自最容易受侵略的东欧行省中的一个。他出身布衣，通过在军中服役不断升职，于284年获得了权力。其成功的证据是，他统治了20多年，并且寿终正寝。

戴克里先实施了激进的改革，通过变革拯救了罗马国家。为了制止通货膨胀（物价上涨同时货币贬值的过程），戴克里先颁布了一项法令，规定了各种商品和服务的最高价格。他把一些被认为是精英的人固定在一些行业，并要求他们培训自己的儿子接替他们的专业。政府对物价与职业进行前所未有的控制，产生了意料之外的后果。一个“黑市”出现了，那些无视政府价格管制 164
（甚至对违犯者要处以死刑的威胁）的买卖双方进行私下交易。帝国的许多居民开始把政府看作一个压迫人的政治实体，不再值得他们效忠。

305年，戴克里先去职，旧的分裂再次出现，因为许多想要获得王位的人为此发生了战争。最终的获胜者是**君士坦丁**（306—337年在位），到324年，他把整个帝国重新统一在自己的统治下。

君士坦丁：罗马帝国皇帝（306—337年在位）。重新统一罗马帝国后，他迁都君士坦丁堡并使基督教成为一个受优待的宗教。

312年，君士坦丁在罗马附近的米尔维安（Milvian）桥赢得了一次关键战役。他后来声称，战前他看到一个十字架（基督教上帝的标志）叠加在太阳上。君士坦丁相信是基督教的上帝帮助他取得了胜利。次年，他颁布了《米兰敕令》，结束了对基督教的迫害，并保障基督徒和其他所有人的信仰自由。他统治时期支持基督教会发展，尽管也容忍其他信仰。关于君士坦丁是在精神上受到了感动，还是以务实的态度企图利用一个宗教统一帝国的所有民族，历史学家尚未达成共识。无论是哪种情况，他对基督教的接纳都具有巨大的意义。许多人看到基督徒在获得政治职务或政府给予的特权方面，比非基督徒拥有明显的优势，便开始皈依基督教。

324年，君士坦丁把帝国的首都从罗马迁到拜占庭，这是一座位于从地中海到黑海的博斯普鲁斯海峡上的古希腊城市。这座城市被改称为君士坦丁堡——“君士坦丁之城”。此举既反映了已经发生的变化，又加速了这种变化。君士坦丁堡比罗马更靠近欧洲东部受威胁最严重的边界（见地图6-1）。帝国东半部的城市和中产阶级比西半部更好地经受住了三世纪危机。此外，更多受过教育的人和基督徒都生活在东部行省（见第10章）。

君士坦丁皈依基督教和帝国都城的迁移往往被看作罗马历史的终结。但是，在君士坦丁统治时期达到高潮的许多重大变化，其根源是前两个世纪的事件，而且作为一个整体的罗马帝国至少又存在了一个世纪。帝国的东半部分或拜占庭（在第10章中讨论）在君士坦丁去世后又存在了1 000多年。然而，公元4—5世纪的罗马帝国与以前的帝国存在根本的不同，把君士坦丁的统治看作一个新时代的开始是适当的。

本节回顾

罗马在意大利和地中海的中心位置，以及它利用意大利人力资源的能力，是其发展为帝国的重要因素。

早期罗马由国王统治，但成立于公元前500年之前不久的共和国是由元老院统治的。元老院是一个由富有家族的家长组成的委员会。

罗马先在意大利、后在整个地中海地区进行的扩张是出于以下几个因素：其领导人的野心和对荣耀的追求、较弱的国家寻求罗马的保护和罗马人担心他族的侵略。

在意大利，后来在海外行省，罗马任用被征服民族中的精英，扩大了其公民的范围。许多西部行省的臣民接受了拉丁语和罗马的生活方式。

导致共和政体崩溃的内战，是由忠于其领导人甚于忠于国家的军队进行的。

奥古斯都发展了一种新的政体——元首政治，却声称重建共和政体，实际上他创立了一个军事独裁政权。

三世纪危机几乎摧毁了罗马，但戴克里先和君士坦丁通过改革拯救了帝国。

公元1世纪，基督教起源于动荡的犹大行省，尽管存在官方和自发的迫害，但它仍稳步发展。公元4世纪君士坦丁对基督教的接纳实际上使它成了帝国的官方宗教。

6.2 中华帝国的起源（公元前221—公元220年）

中国的早期历史（如第3章所述）以分裂为特点，这是地理因素所致。商朝（约公元前1750—前1045年）和周朝（公元前1045—前221年）统治了中国北方一个人口密集的地带。在周朝名义上统治的最后几个世纪——战国时期，一群语言和文化略有差异的小国之间进行了频繁的战争。

公元前3世纪下半叶，战国时期的国家之一——渭水流域的**秦**国——迅速征服了对手，创立了中国第一个帝国（公元前221—前206年）。秦帝国的建立是以许多人的生命和劳动为代价的，创立者**始皇帝**死后不久，它也随即灭亡。政权很快转移到一个新的王朝——**汉**朝手里，它自公元前202—公元220年统治中国。于是，中华帝国的漫长历史开始了，一种政治和文化统一并延续的传统一直持续到20世纪初，并且对我们这个时代独具特色的中国仍有意义。

165

秦：中国渭水流域的民族和国家，它征服了敌国，创立了中国的第一个帝国（公元前221—前206年）。秦朝统治者始皇帝统一了中国社会的许多方面，残酷地对臣民征兵役和劳役，由此激起的敌意导致其王朝在他去世后不久灭亡。后继的汉朝在很大程度上沿袭了秦朝的架构。

6.2.1 秦统一中国（公元前221—前206年）

从公元前3世纪中叶起，秦国就开始系统地征服和吞并中国的其他诸侯国，到公元前221年，它把中国北部和中部统一成最初的中华"帝国"。"中国"（China）这个名字（西方世界借此认识了这片土地）可能源于秦（Qin）。秦最终胜出是多种因素综合的结果：一个长期习惯于抵御"野蛮"邻居的边境国度，由此而具有坚韧不拔的精神和拥有军事战备；为了开发王国的自然资源和人力资源，完全采用严厉的法家方法来治国（见第3章）；冷酷而精力充沛的年轻国王具有非凡的野心。

公元前246年，13岁的嬴政即位为秦国君主。在一群法家谋士的引导下，他发动了一系列征服战争。公元前221年，在打败了最后一个对手之后，他自称始皇帝或"第一位皇帝"，以象征他开创的新事业，并声称他的王朝将持续万代。

始皇帝

始皇帝：秦王朝的建立者和中华帝国的缔造者（公元前221—前210年在位）。他因对敌国的无情征服、使习俗标准化和为军事及建筑工程强征劳役而载入史册。他的陵墓拥有真人大小的兵马俑，部分已被挖掘。

新政权消灭了敌对的权力中心。其首要目标是被征服国家拥有土地的贵族，以及贵族财富和权力赖以存在的制度。于是，秦政府废除了长子继承制（长子继承所有地产的权利），要求把家产分开传给几个继承人。一种新的中央集权的行政机构建立起来，地方官员由皇帝任命，并由其代理人监督。

秦王朝致力于标准化，这有助于形成一个统一的中华文明。法典在整个帝国生效，所有社会成员违者皆受处罚。秦朝还实行标准化的度量衡、单一的货币、通用的文字体系，甚至规定车轴的长度，以实现路上车同辙。

出身法家的丞相李斯，使始皇帝相信一些学者（主要是法家的对手儒家，

汉：该词用来指：（1）民族意义上的中国人，他们起源于黄河流域并扩散至中国所有适于农耕的地区；（2）公元前202—公元220年统治中国的君主制王朝。

见第3章）正企图毁坏政权。儒家希望统治者仁慈和非暴力地施政，法家认为这是对政府绝对权力的一种无法忍受的阻碍。而且，儒家呼吁回归传统，妨碍了秦朝创造新的秩序。随后，儒家学者遭到镇压，许多儒家的书籍被公开焚毁，许多学者惨遭处决。

与游牧民族的冲突

始皇帝决心保护北部边境，抵挡游牧民族对中国领土的袭击。牧民和农民一直在边境上交换商品。牧民寻求农民和市民生产的食物及精致物品，农民则依赖于牧民的动物和畜产品。但是，牧民有时会袭击定居地，并掠走他们所需要的东西。几个世纪以来，中国境内的王国一直在努力与这些剽悍的马上武士斗争，沿边境修建长墙，让他们远离那些脆弱的农田。在秦统一中国之前不久，几个国家已经开始训练骑兵与机动的游牧民族作战。

始皇帝派出大部队把游牧民族驱逐到遥远的北方。他的将领取得了节节胜利，把中国疆土拓展到北部的黄河河套地区以外。他们还连接和扩建了以前的城墙，以建造连续的防御工事，即中国长城的起源。最近的一项研究得出结论：与普遍的看法——长城是防御性的，目的是把“野蛮人”逐出中国——相反，它的主要功能是进攻性的，以吸纳新占领的领土，当时大批中国农民被派过去，并且受命开始耕作。[1]

匈奴：一个生活在古代中国西北边疆之外的游牧民族联盟。中国的统治者尝试了各种防御物和战略以抵御这些他们所称的“野蛮人”，终于在公元1世纪成功地驱散了匈奴人。

166

始皇帝对游牧民族的进攻带来了一种意想不到的后果。中国的侵袭威胁到他们的生活方式，迫使通常分散和争吵不休的诸游牧部落在冒顿充满活力的领导下结成了一个大联盟。这个**匈奴**联盟将对中国构成数百年的巨大军事威胁，与之相伴的是频繁的战争以及生命和资源的高昂代价。

由于需要许多人在军中服役，在边境地区兴修道路和城墙，建造新城、宫殿及为统治者修建宏伟的陵墓，秦政府实施了一个强制服兵役和劳役的压迫性方案，并且迁移了一大批人。最近发现了一部由行政长官使用的秦朝法律手册，其中的法规并没有预期的那么极端，这表明秦朝的严酷可能是被后来的资料夸大了。不过，始皇帝去世之后四处爆发的起义证明了秦政权的残酷性。

秦朝的灭亡

公元前210年，始皇帝驾崩，几名官员即与他的一个儿子密谋，拥立其登基。始皇帝葬于一座宏伟的陵墓，其布局反映了中国的地理状况，上覆大土丘，附近埋葬着7 000个真人大小的士兵塑像，以便在阴世守卫他，这比以前的
167
人殉更人性化了。这支兵马俑（烧制的黏土）军队于20世纪70年代被发现，但墓葬仍未被发掘。

秦始皇陵的兵马俑（公元前3世纪末） 在始皇帝为自己建造的宏伟陵墓附近，一个巨大的地下室里有7 000多个真人大小的黏土烧制成的士兵塑像。兵马俑是在20世纪70年代出土的。

事实证明新皇帝是懦弱的。前线多处爆发起义，反映了被剥夺了财富和特权的旧贵族的不满以及平民对过多的强制性劳动、迁移和沉重税收的愤怒。到公元前206年，秦朝的统治结束了，“万代王朝”仅持续了15年。不过，秦朝最重要的成就——统一中国和创建一个单一的、分布广泛的中国式文明，则具有持久的影响。

6.2.2　汉朝的漫长统治（公元前202—公元220年）

秦朝被推翻之后，起义的各个集团之间的战争仍在继续。公元前202年，刘邦获胜并建立了一个新王朝——汉朝，它统治中国长达四个多世纪（公元前202—公元220年）。汉朝创造了在中国盛行两千年的帝制政府的国家机器和意识形态，今天的中国人自称为“汉”族。

高祖

这位以其庙号**高祖**为人们所知的新皇帝，出身寒微，许多故事都强调他的农民品质：爱好饮酒、讲话直率、举止随便。高祖及其继承者通过谴责秦朝的

高祖：刘邦的庙号，他是推翻秦朝的起义领导人之一，并于公元前202年建立了汉朝。

严酷统治并废除诸多秦法，获得了人们的好感，巩固了其统治。然而，在做了一些明智的修改后，他们实际上保留了许多体现法家意志的秦朝机构，以控制辽阔的领土和各种各样的人群。

168 汉初统治者面临着严峻的挑战。中国已被秦朝严酷的苛捐杂税和叛乱期间大范围的战争严重破坏。因为经济需要时间来恢复，高祖及其继承人必须节俭，削减开销，以减少税收并采取措施改善农业状况。例如，政府在繁荣时期搜集和储存余粮，遇上短缺的时候就可以以合理的价格出售。

高祖恢复了秦废除的传统分封制。中国东部地区分封给了亲属和主要的支持者，其余的则划分为“诸郡”，由中央政府直接控制。在随后几任皇帝统治期间，趁其统治者反叛或死亡之机，这些封地又被收回。

高祖率军北上抵抗匈奴入侵，他和他的部队被围困，不得不进行谈判，为其军队谋求一条安全返乡之路。他意识到汉军的劣势和用于军事建设的资金有限，采取了安抚匈奴的政策。这实质上意味着每年要给匈奴送大米、丝绸、酒等“礼品”，还要将一位汉朝公主嫁给匈奴统治者，以使其罢兵。

武帝

高祖于公元前195年驾崩，皇位传给了一个幼子，实权则落在高祖强势的妻子吕后手中。有汉一代，皇后在决定众多儿子（皇帝妃嫔众多）哪个将继承

匈奴人的金带扣（公元前2世纪） 匈奴人是中国北方土地上的牧民，他们与贯穿亚洲和东欧大草原上的游牧民族有共同的艺术传统，例如这个流畅而扭曲的动物形象，代表了他们赖以维生的动物。公元前3世纪末，始皇帝对其牧场的军事入侵催生了匈奴联盟，其骑兵对中国构成了长达几个世纪的挑战。

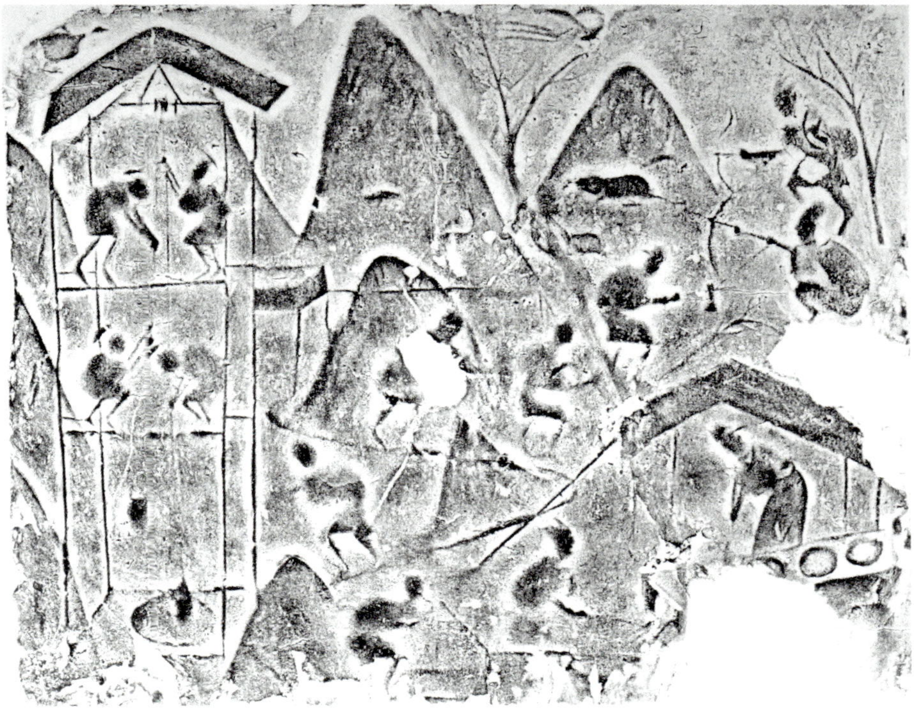

采盐摹拓图　这幅摹拓图发现于公元1世纪的一座中国古墓中，它图解了采盐的一个步骤。左边的塔最初用作钻井井架，用以钻一个穿透泥土和岩石的深孔。在这一场景中，工人们正从地下矿床拖上来满桶的盐水。背景是山中的猎人。

皇位问题上发挥了关键作用，她们往往选择自己及其男性亲属可以控制的年幼或软弱的人物。在这种情况下，十几岁的武帝于公元前141年即位。他的奶奶和舅舅不久后去世了，这为他亲政铺平了道路，由此开始了王朝历史上历时最长和最有作为的统治之一（公元前141—前87年）。

由于**司马迁**（约公元前145—前85年）的记载，我们对这位皇帝的个性和政策有较多了解。司马迁被学者视为中国第一个真正的"史学家"。他曾在朝廷充当"太史令"，因为替一位蒙羞的将军辩护而被武帝处以宫刑。因此，他对武帝总体上表达了一种的否定看法，把武帝描绘成由宗教骗子操纵的人，这些人许诺给予他魔力、长生不老、与死者神通。然而，仔细阅读他的记述，我们也可以推断武帝是利用宗教盛典来提高自己的权力。

169

司马迁：汉武帝的太史令。他撰写了从传说中的远古时期直到自己生活时期的不朽的中国历史，被誉为中国的"史学之父"。

其实，武帝采取了许多措施加强皇权。他采取军事行动，向南进入福建、广东和越南北部，向北进军中国东北和朝鲜。他放弃了安抚匈奴的政策，断定这种做法已经失败，因为游牧民仍在不时地袭击北部边疆。武帝加强了军队特别是骑兵的建设，并对匈奴发动了攻势。中国和匈奴之间几十年残酷而代价惨重的战争随之开始了。从长远来看，武帝和他的接班人获得了胜利，匈奴联盟到公元1世纪中叶已瓦解，尽管游牧民族仍然威胁着中国国土。

武帝派遣部队去探测和征服中国核心地区的西北部，即今甘肃和新疆地区。他的目标是为其日益扩大的骑兵获取更多战马，并对西边的匈奴施加压力。于是开始了将这一地区并入一个更大的中国的进程。这种扩张也带来了新的经济机遇，为丝绸之路奠定了基础，丝绸及其他可获利的贸易商品将通过丝绸之路运到中亚、南亚和西亚地区（见第8章）。

170 军备增加以及与匈奴频繁的战争开销很大，迫使武帝寻找新的收入来源。解决办法之一是政府对几种高利润的商品——盐、铁和酒实行专卖。这些措施引起了极大的争议。

另一项重大发展，是采纳根据时代状况做出调整的儒学，将其作为帝制的官方意识形态。都城长安的郊区开设了一所大学，责令地方官员每年从所属地区选派一定数量有前途的学生。在以后的2 000年中，中国政府都将依靠那些通过儒家经典考试而被提拔的学者型官员。儒家学者和帝国政府的这种联盟充满了紧张的气氛，需要双方的妥协。儒家学者获得了任职和掌权的通途，但不得不修正道德原则去迎合实际上远非完美的统治者。皇帝赢得了一个能干且有学识的阶层的支持和辅佐，但是不得不应付儒家学者希望统治者成为道德行为典范的期望，以及时常尖锐的谏言。

6.2.3 中国社会

中国政府定期对居民进行人口普查，公元2年的结果显示有1 200万户，6 000万人。当时和现在一样，绝大多数人居住在东部的河谷地区，那里的集约型农业可以供养稠密的人口。

家庭

家庭是基本单位，不仅包括活着的人，还包括以前的世世代代。中国人相信，祖先一直在关注活着的家庭成员的命运，所以要请示、安抚并崇拜他们。每一代人都必须生子，以延续家族，维系祖先崇拜。在更早的时代，几代人和多个小家庭一起生活，但是到了帝国时代，独立的核心家庭成了标准形态。

在家庭内部，存在一个以最年长男性为主导的清晰等级关系。根据性别、年龄和与其他家庭成员的关系，每个人都有自己的位置和职责，人们把自己看作一个相互依赖的单位的一部分，而不是个体行为者。父母对子女的权威并没有随着童年的逝去而结束，他们有时候会因成年子女不顺从而诉诸法律。家庭灌输的是中国社会的基本价值观：忠诚、服从权威、尊敬长者和祖先、重视荣誉和举止得体。因为国家中的等级关系是家庭中等级关系的反映（农民、士兵、行政官员和统治者都对社会的安宁做出了独特的贡献），相同的态度也被带入了个人与国家之间的关系。

妇女

关于妇女得体行为的传统观念，从孟子母亲的传记里反映出来：

> 夫妇人之礼，精五味，擅酒浆，养舅姑，缝衣裳而已！……故有闺内之修，而无境外之志。……而有三从之道也，故年少则从乎父母，出嫁则从乎夫，夫死则从乎子。[2]

实际上，一个女人的地位取决于她在各种社会机构里的“位置”。皇室妇女如皇帝的妃嫔和母亲，可能会成为有影响的政治人物。女子的婚姻由父母安排，一位年轻新娘要和丈夫的家人一起生活，最初她只是一个陌生人，在新的家庭得到考验。婆婆对自己的儿媳拥有权威，母亲、姐妹和妻子为了争夺自身在家中男人心目中的地位和获得更多家庭资源，往往相互竞争。

公元1世纪末班昭所著的《女诫》说明了汉代社会对妇女的态度。班昭教自己的女儿怎么做才能成为合乎体统的妇女，力劝她们顺从男性、维护丈夫的家庭、进行家务劳动并养育孩子，以符合传统的期望。然而，她还为女孩受教育慷慨陈词，并极力主张丈夫要尊重而不是殴打自己的妻子。 171

长安

人们生活在各种环境里——城市、乡村、农场或边疆军营，这些背景塑造了他们的活动和生活质量。西汉时期（公元前202—公元8年），都城在渭水流域的**长安**（今西安），周朝和秦朝就是从这个古代权力中心发展起来的。长安有环绕的群山保护，肥沃的平原近在咫尺，四周有周长15英里（24公里）由夯土和砖砌成的城墙。公元2年，长安的人口达24.6万人。城市的一部分是经过精心规划的。贯通南北的宽阔街道与东西走向的其他街道纵横交错。皇宫、行政办公区、军营和皇家大院的仓库有高墙保护，禁止随便出入。庙宇和市场分散在市中心。长安成为城市规划的样板，整个中国的城市和城镇都效仿它的主要

长安： 中国渭水流域的城市。它是秦和西汉的都城。汉朝涌现的城市和城镇效仿了其主要布局特点。

特征（据估计，有10%—30%的人口居住在城市）。公元25—220年，东汉在更靠东面、更接近中心位置的洛阳建都。

汉代文学描述了首都的景致和宫殿建筑群、公共场所及住宅区街道里的活动。有道德感的作家批评精英阶层的奢靡行为。富裕的官员和商人住着多层的住宅，穿着精美的丝绸服装，乘华丽的马车旅行，闲暇时体验艺术和文学活动、神秘的宗教习俗、优雅的宴会以及各种娱乐活动——音乐、舞蹈、杂耍、杂技、赛狗、赛马、斗鸡和斗虎。与之形成鲜明对比的是，普通百姓居住在杂乱、拥挤的小巷，住宅鳞次栉比地排列着。

学者、商人和士兵

士人：中国皇帝从中提拔行政人员的富裕家族阶级，也是财富仅次于乡村贵族的一个阶级。这些官员因其所受的教育和专长而受到尊重，形成了一个特权群体，他们使政府比过去更高效，反应更敏捷。"gentry"一词在英国也表示由拥有土地的家族组成的、地位次于贵族的阶级。

上层的学者型官员住在都城，下级官吏则分散住在作为地方政府驻地的小城市和城镇。这些学者型官员有时也被称为**士人**（gentry），他们都信奉儒家的文化和意识形态。他们免于交税和义务服兵役或劳役，过着按当时的标准衡量很舒适的生活。授予官职的依据是在测试中的表现，理论上每个人应该机会均等，而实际上士人子弟在接受必要的经典文本教育方面具有明显的优势。因此，学者型官员成为一种长期自我延续的特权阶级。汉朝依靠当地官员对遥远的领土进行日常行政管理。他们负责收税、管理军队征兵和劳务工程，提供保护并解决纠纷。

商人家族也以城市为基地，其中有些人非常富有。然而，中国古代社会以怀疑的眼光看待商人，指责他们通过投机买卖贪婪地推动价格上涨，还说他们是靠别人的工作而过活的寄生虫。皇帝的谋臣周期性地把中国经济的弊病归咎于商人，并且提议实行苛刻的措施，如禁止商人及其子担任官吏。

国家规定要服两年兵役，大批中国男子因此远离家乡，到遥远的边境哨所长期当兵。他们建筑城墙和堡垒，密切注视蛮夷邻邦的动静，如有必要则与之作战，并种庄稼养活自己。一些由士兵创作的诗歌，抱怨营地的恶劣条件、专横的军官以及与敌军对峙的危险，更重要的是，他们想家，思念、担心年迈的父母和脆弱的妻儿。

6.2.4 思想和信仰的新形式

由于这个时代的相对繁荣、城市中心的发展和国家对学者的支持，汉朝在文化方面硕果累累。学者型官员闲暇时阅读和撰写了一系列体裁多样的作品，涉及诗歌、哲学、史学和技术学科。

172

史学

中国自周朝初年就一直保存着历史记录。然而，前面所提汉武帝的“太史令”司马迁被称为中国的“史学之父”，一方面是因为他创造了一种成为后来著史标准的编纂框架，另一方面是因为他对历史事件的成因进行了探求。司马迁的不朽史书记述了从传说中的三皇五帝直到他自己所处的时代共2 500年的历史，其编纂方式与西方史学著作有很大不同。它分为五个部分：各朝代的历史、有关贵族家庭的记述、重要个人和群体（如儒家学者、刺客、蛮夷民族）的传记、历史事件年表，以及有关特殊主题如日历、占星术和宗教仪式的文章。[1] 同一事件可能会在不止一个部分里叙述到，有时以不同的方法，引导读者比较和解释这些差异。司马迁也许是用这种方法对过去和现在进行谨慎、隐晦的解释。与其西方同行相比，中国汉代的史学家和其他学者具有受雇于政府的优势，但是这必然也限制了他们对该政府的批评。

科技

科学和技术取得了进步。很多人相信占星术，这使关于行星、恒星和其他天体的天文观测得以产生。中国使用水力转动石磨的水车比欧洲早得多。中国发明了不妨碍马呼吸的马轭，这使中国马比欧洲马能拉更重的东西。也许早在公元前2世纪，中国就最先造出了纸，取代了早期笨拙的竹简。军事技术的改进包括战马的饲养技术和可靠的弩扳机。秦和汉修建了数千英里的道路，可以连接帝国的各部分并迅速调动军队，其规模可与罗马帝国的道路相媲美。他们还建成了连接中国北方和南方水系的运河网络（见“环境与技术：罗马和中国的供水工程”）。有一位聪明的发明家甚至还创造了早期的地震仪，预示地震并指出其发生地的方向。

宗教

中国宗教包含各种不同的信仰。像早期的罗马人一样，中国人认为神存在于自然界中。大多数人相信鬼神。国家供养雨神、风神和土地神及某些大河和高山神的神殿。司马迁曾撰文专门讨论宗教与权力之间的联系，表明了皇帝如何用古老的仪式和新发明的祭仪来确保他们的权威。道教（见第3章）深受普通人欢迎，它纳入了一整套神秘而有魔力的仪式，包括炼丹术（把普通材料变成如金丹之类的技术）和寻找能使人长生不老的药剂。由于道教质疑传统、反

1　即《史记》中的五种体裁：本纪、世家、列传、表，以及书。——译注

对等级制度和儒家精英阶层的统治，在汉末动荡的几十年里，魅力超凡的道教道士领导了数次众望所归的起义。

大概早在公元1世纪，佛教就开始缓慢地传入中国。佛教于公元前5世纪起源于印度北部（见第7章），经丝绸之路上的商人传播，逐渐从南亚传播到中亚。佛教的某些方面非常符合中国人的价值观：对经典文本的尊崇也是儒家思想的一个特点；佛教强调断绝对物质产品和物质享乐的贪恋，这在道教中引起了共鸣。但在其他方面，佛教修行最初令中国人很反感。佛教僧侣要离开家庭在寺院生活，要剃掉头发，要戒色并不许生育子女，这与传统的中国价值观相抵触，后者强调家庭关系的重要性，强调身体是父母赐予的神圣礼物，强调生育孩子以维系祖先崇拜的必要性。佛教渐渐地得到认可，被加以改造以适应中国的情况，这一进程在汉朝灭亡后统治北方的异族王朝时期加快了。

6.2.5 汉朝的衰落

王莽

公元1世纪初，汉朝统治者的代代传承中断了，野心勃勃的官吏王莽夺取了政权（公元9—23年）。新统治者实行了重大改革，以解决严重的经济问题并巩固他在百姓中的声望，这包括限制富人地产的规模，并把剩余的土地分给无
173 地的农民。然而，一次灾难性的洪水改变了黄河河道，造成了大批人口死亡和巨大的经济损失。汉朝皇室成员和其他精英分子不甘心失去其地位和财产，而普遍的贫困则引发了深得人心的“赤眉”起义（起义者被称为“赤眉”）。王莽被围困于宫中并被杀死，一位汉朝皇室成员很快就任为皇帝。公元25年都城东迁至洛阳。

王朝又持续了两个世纪，但是朝廷常常受领导阶层的软弱和朝廷中钩心斗角的困扰，后妃及其家族成员则在年幼或无能的君主幕后角逐权力。这一时期的诗歌，就抱怨了官吏的腐败、蛮夷肆无忌惮的攻击、铤而走险的起义和饥饿的农民、猖獗的盗匪、普遍的贫穷以及绝望。

汉朝的灭亡

有几个因素导致了汉朝的灭亡。边境上接连不断的军事警戒加重了汉朝的财政负担，使东汉时代的经济困境更加恶化。尽管秦和汉初皇帝诚恳地努力削弱贵族的权力和财富，把土地转交给自由农民，但到了公元前1世纪末，贵族和成功的商人再次控制了大片土地。许多农民寻求他们的保护，以抵制帝国政

府的要求，如此就剥夺了国家的税收和人力。征兵制度的崩溃迫使政府雇佣越来越多的外国士兵和军官，他们愿意为薪酬而服役，但不一定忠于汉朝朝廷。到公元2世纪末，帝国被内战动摇了，公元220年，一位获胜的将军曹操正式结束了汉朝的统治。[1]

随着汉朝的灭亡，中国进入了政治分裂时期，一直持续到公元6世纪末7世纪初隋唐王朝的崛起，我们将在第11章接着讲述这一历史。在此期间，北方被诸多蛮族统治，他们把自己习俗的要素与中华文化的基础结合在了一起。许多汉人南迁至汉族统治者占优势的长江流域，在这一时期，人口和中华文化的重心转移到了南方。

本节回顾

到公元前221年，意志坚强、纪律严明的边陲王国秦征服了所有敌对的王国，统一了中国。秦始皇和他的法家谋士在许多领域都实行了标准化，迫使许多人服劳役。

秦对北方游牧民族的攻击促成了强大的匈奴联盟，对中国构成了长期的军事威胁。

汉朝在秦朝的基础上加以补充，创建了持续2 000年的帝国政府的基本模式。

汉武帝对游牧民族采取攻势，扩大中国对西北的控制，并且开始任用儒家学者担任政府官员。

家庭中森严的等级关系、每个成员的角色以及尊重和服从的价值观，为公民对国家的义务做好了准备。

全国的城市和城镇都模仿都城长安的布局、建筑物和许多活动。地方行政管理正是基于这样的城市中心网络。

汉代文化和技术获得了重大发展，佛教传入了中国。

公元3世纪初汉朝灭亡，随后蛮族占领了北部平原。许多汉人南逃到长江流域，那里遂成为中华文明的新重心。

1　结束汉朝统治的是曹丕。——译注

174

结语

罗马帝国和中国的第一个帝国都是从相对较小的国家发展起来的，由于纪律的严明和军事上的强悍，起初可以征服他们的邻居。最终，他们在强大的中央政府的领导下统一了广袤的领土。

农业是基本的经济活动和财富的源泉。政府的收入主要来源于每年收成的一部分。两个帝国最初都是靠健壮的自由农，强迫他们服兵役或进行其他形式的强制性劳动。在谁拥有土地和如何使用土地问题上的冲突，是政治和社会动乱的核心。罗马和中国的专制统治者通过打破旧贵族家庭的权力、没收其多余土地分给小农来巩固他们的地位。后来这个过程发生了逆转，富裕的贵族再次控制了大片土地，农民变成了从属的佃农，这是国家权力已被腐蚀的征象。

两个帝国都由一个在民族上同质的核心地区扩展开来，发展到含有多样性生态系统、人口和生活方式的广袤领土。两个帝国都给这些地区带来了至少部分持续至今的文化统一性。这种发展所涉及的远不止军事征服和政治统治。由于核心地区的人口超过了可用资源的承受力，意大利和汉代移民迁入新的地区，带来了他们的语言、信仰、风俗和技术。被征服土地上的许多人被统治民族的文化所吸引，选择了接纳这些习俗，依附于一种“胜利的事业”。在通信要靠骑马或步行的时代，两个帝国都发明了类似的办法来解决管理辽阔领土和众多人口的问题。中央政府不得不把相当大的自主权委托给地方官员。这些地方精英认为自己的利益与他们所效忠的中央政府的利益是一致的。这两个帝国都逐渐形成了一种文职职位，由富足的中产阶级中受过教育的、有能力的人士担任。

便利了帝国统治的技术也促进了文化的统一和一般生活水平的提高。为加快军队的行动而修建的道路，变成了商业和帝国文化传播的干道。城市和城镇网络连接了帝国各地区，提供了地方行政基地，促进了商业，并且把帝国文化辐射到了周边农村。大多数人仍然居住在农村，但那些生活在城市的人享受到了帝国的大部分好处。城市和城镇争相仿效都城罗马和长安。在边远地区，旅行者发现了他们在首都看到过的相同类型的建筑和公共空间及有着类似特点的城市生活。

罗马帝国和中国的汉帝国面临着相似的防务问题：远离行政中心的漫长边界、觊觎其繁荣的具有侵略性的邻邦。两国都修筑城墙并维持一连串的堡垒和要塞以抵御入侵。边防费用惊人，最终削弱了两个帝国繁荣的经济。由于两个帝国政府要求处境艰难的平民百姓缴付更多的税收和服役，它们失去了本国人民的效忠，其中许多人向强大的农村地主的庄园寻求保护。未开化的邻邦逐渐学会了曾使帝国最初占优势的技能，有了缩小“技术差距”的能力。罗马和汉朝最终都依靠从“野蛮”民族雇佣来的士兵，而他们当时正在威胁两国的边境。最终，两个帝国非常虚弱，边疆遭受蹂躏，中央政府瓦解。具有讽刺意味的是，新取得统治地位的移民群体受帝国文化的影响如此深刻，以至于他们尽全力把它维持了下来。

在谈到两个帝国的最终失败时，我们遇到了那些从长远来看导致了不同结果的重要区别。在中国，帝国模式后来实现了复兴，但罗马帝国统治的土地再 175
也没有达到同一水平。有几个相互关联的因素可以解释这些不同的结果。

首先，这两种文化对个人与国家之间的关系有不同的态度。在中国，个人更深地根植于更大的社会群体。作为社会和国家的模型，中国家庭强调明确界定的等级制度、绝对的服从、尊重长辈和祖先的郑重仪式。此外，把等级制度神圣化并为公职人员规定了行为守则的儒学产生的时间比帝制早很多，它还可能复兴，经修改后适应不断变化的政治情况。虽然罗马的家庭也有自己的等级和服从的传统，但是祖先崇拜的观念并不像中国那么强，家庭也不是罗马社会和国家的组织模型。罗马没有与儒学类似的、关于政治组织和社会行为的意识形态能够使其幸免于国家解体。

罗马帝国经济和社会流动的机会要比中国古代多。与中国商人阶层经常遭受政府的贬低和压制不同，在罗马帝国，政府干预的缺失导致了更大的经济流动性，并在城镇和城市中产生了繁荣和有影响力的中产阶级。罗马军队是由服役数十年的职业军人组成的，形成了一个独特的、越来越享有特权的群体，因此常常在政治冲突中发挥决定性作用。在中国，军人被征召入伍并服役两年，他们不太可能在权力斗争中采取主动。

尽管罗马皇帝试图创造一种意识形态来巩固自己的地位，但由于共和传统的持续存在和奥古斯都着意培育对皇帝地位含糊不清的态度，他们受到了阻碍。结果，罗马统治者可能由军队或元老院选出，王朝原则从来都没有深深扎根，对皇帝的崇拜也几乎没有精神内涵。这与中国人的明确观念——皇帝是天子，有特权获得皇室祖先权力的恩泽形成了鲜明对比。因此，在曾经是罗马帝国西部领土的那片土地上，后来并没有要求恢复帝位和帝国领土的基础。

最后，坚持一神论和一个信条的基督教认为，罗马帝国皇帝配不上神的称号，并且不愿向异教信仰妥协。罗马帝国后期基督教在各行省的传播及公元5世纪帝国西半部的衰落（见第10章）使现在与过去之间形成了一个无可挽回的断裂。同时，佛教于公元后最初几个世纪传入中国，并且在东汉时代获得了蓬勃发展（见第11章），它更容易与传统的中国价值观和信仰相调和。

176

进一步阅读文献

Boatwright, Mary T., Daniel J.Gargola, and Richard J.A.Talbert. *The Romans: From Village to Empire*. 2004. 对罗马史的一种有益的全新考察。

Cherry, David, ed. *The Roman World: A Sourcebook*. 2001. 一种按主题组织的古代资料选集译本。

Clark, Gillian. *Christianity and Roman Society*. 2004. 考察了基督教的兴起。

de Bary, Wm. Theodore, and Irene Bloom, eds. *Sources of Chinese Tradition*, vol. 1, 2nd ed. 2000. 一种带解释性注释的、内容广泛的古代资料选集译本。

Di Cosmo, Nicola. *Ancient China and Its Enemies: The Rise of Nomadic Power in East Asian History*. 2002. 探讨了中国居民与游牧民族在北部边疆的相互影响。

Dyson, Stephen L. *The Creation of the Roman Frontier*. 1985. 研究了罗马的军事扩张和在边境地区的防卫。

Hinsch, Bret. *Women in Early Imperial China*. 2002. 一种令人振奋的、关于早期帝国时代妇女的多重角色的分析。

Lewis, Mark Edward. *The Early Chinese Empires: Qin and Han*. 2007. 对最早的帝制王朝进行的一种最新的全面记述。

Loewe, Michael. *Everyday Life in Early Imperial China During the Han Period, 202 B. C.–A. D. 220*. 1988. 探讨了汉代中国社会的许多典型方面。

Matz, David. *Daily Life of the Ancient Romans*. 2002. 着眼于典型日常生活的多种特征。

Millar, Fergus. *The Emperor in the Roman World (31 B. C.–A. D. 337)*. 1977. 对元首职位进行的综合性研究。

Scheidel, Walter, ed. *Rome and China: Comparative Perspectives on Ancient World Empires*. 2009. 前沿学者所做的政治、法律、军事、社会和经济因素的富有启发的比较。

Stambaugh, John E. *The Ancient Roman City*. 1988. 突出了罗马中心城市的特点。

Turcan, Robert. *The Gods of Ancient Rome: Religion in Everyday Life from Archaic to Imperial Times*. 2000. 对罗马宗教公共和私密的表现形式所做的平实介绍。

Ward-Perkins, Bryan. *The Fall of Rome and the End of Civilization*. 2005. 研究了罗马存在的最后几个世纪发生的重大变化。

注 释 177

[1] Nicola Di Cosmo, *Ancient China and Its Enemies: The Rise of Nomadic Power in East Asian History* (Cambridge: Cambridge University Press, 2002), 155–158.

[2] Patricia Buckley Ebrey, ed., *Chinese Civilization and Society: A Sourcebook* (New York: Free Press, 1981), 33–34.

第7章

印度和东南亚
（公元前1500—公元1025年）

本章纲要

思考

在古代印度，是什么历史因素促使了复杂社会等级的发展?

面对使印度倾向于分裂的强大力量，两个大帝国——公元前4—前2世纪的孔雀帝国和公元4—6世纪的笈多帝国——是如何成功地统一印度大部分地区的?

一些东南亚国家是如何利用其位于中国和印度之间贸易路线上的位置变得富有和强大的?

179 在印度最著名的圣典《薄伽梵歌》（*Bhagavad-Gita*）中，具有传奇色彩的勇士阿朱那（Arjuna）乘坐战车驶入两军间的空地，准备战斗。阿朱那有为家族争取王位而战斗的社会责任，自己的良心又阻止他杀害在敌营的亲戚、朋友及以前的老师，他徘徊不定，倒在自己的战车里，拒绝战斗。但是，他的驾车人（由克利须那［Krishna］神变化而来）提出，履行作为一个战士的责任并拥有这样做的恰当心境都是必要的，用一番结构严密的话说服了他。在对话的高潮时刻，克利须那用“神圣的眼神”看着阿朱那，并允许他见一见神的真实面貌：

它是一个多样的、奇异的幻象，
拥有无数的嘴和眼，
以及天国的饰品，
到处是无限的神，
包含所有惊人的东西，
穿戴着神圣的服装和花环，
涂抹着神圣的香料。
如果一千个太阳的光芒
同时出现在天空，
可能会像这个伟大的神灵的光芒。
阿朱那看到了整个宇宙的

马杜赖的米纳克希神庙的千柱大厅　在一年一度的柴塔瑞节，这座印度南部城市的居民要庆祝他们的守护女神米纳克希和湿婆的婚礼。

多种形式和多个部分，

犹如站立在众神之中某个神的体内。[1]

在所有世界文学作品中，这是描绘神的本性的最引人注目的尝试之一。生动的形象强调神的无限、多样性和多重性，但最终我们得知克利须那是所有创造背后的组织原则，在多样性和多重性背后存在着一个更高的统一。

这是对印度文明的一个贴切比喻。印度地貌的巨大变化，从以下方面反映出来：居住于此的不同民族和语言群体混杂在一起，印度历史上大部分时期的政治分裂，印度人口被划分为层次复杂的社会群体，在次大陆大量圣地受崇拜的数千神灵。然而，人们最终还是可以谈到一个由共同的观念和价值观统一起来的印度文明。这张照片展示了位于印度南部城市马杜赖的一座神庙的内景。在这里，一年最重要的宗教活动是为期10天的柴塔瑞（Chittarai）节，庆祝当地女神米纳克希和印度教神灵湿婆的婚礼，象征着地方神和国家神、南部和北部的文化习俗、男性和女性潜力的调和。 180

本章考察约公元前1500—公元1025年南亚和东南亚的历史，突出印度文明某些特定特征的演变。由于宗教对印度社会的形成意义深远，也是历史学家可获得信息的来源，因此印度宗教观念得到更多关注。出于一些原因，文字在印度出现得晚，古代印度人没有像古代其他民族那样发展出一种历史意识，对记载特定的历史事件兴趣不大，下文将会解释这些原因。

7.1 印度文明的基础（公元前1500—公元300年）

印度被称为次大陆，因为它是一块巨大（长度和宽度大约都是2 000英里［3 200公里］）而且孤立的大陆。它的北面是地球上最高的山脉喜马拉雅山，东、南、西三面是印度洋，由此与亚洲其余部分分隔开来（见地图7-1）。侵略者和移民最容易穿过的边境位于西北方，但人们使用这条走廊必须穿越兴都库什山（经开伯尔山口［Khyber Pass］）这道障碍和印度河以东的塔尔沙漠。

7.1.1 印度次大陆

次大陆包括今天的巴基斯坦、尼泊尔、不丹、孟加拉国、印度和邻近的斯里兰卡岛，泾渭分明地分为三个不同的地形区。多山的北部地区有森林茂密的丘陵，以及兴都库什山和喜马拉雅山脉边缘的高山草甸。接下来是辽阔的印度河和恒河流域。这些河流发源于北部冰雪覆盖的西藏山区，它们曾多次淹过两岸泛滥成灾，致使泥沙层层沉积，形成了广阔的冲积平原。第三个地区是一个严格意义上的半岛，温德亚（Vindhya）山脉和干旱而多岩石的德干高原将它与印度北部分隔开来。它的西部是喀拉拉邦（马拉巴尔海岸）的热带海岸，东部是乌木海岸（Coromandel Coast），这里布满了发源于中央高原的河流，半岛南端是泰米尔纳德邦（Tamil Nadu）的平原，斯里兰卡岛通常奉行与北印度截然不同的政治和文化发展道路。

季风：由气温变化急剧的非洲和亚洲大陆与气温变化缓慢的海水之间的温差在印度洋上造成的季节性风。这些可预见的强风很早就被水手们利用以驶过开阔的海洋，而且季风蓄积的大量降水使得印度、东南亚和中国的部分地区一年可种植几季农作物。

北部边缘的山脉阻挡了寒冷的北极风，使次大陆具有亚热带气候。最引人注目的水分来源是**季风**（季节性风）。印度洋的气温变化较为缓慢，而辽阔的亚洲大陆随季节在极热和极冷之间波动。水和陆地之间的温差起了风箱一样的作用，产生了很大的风。西南季风6月开始，从印度洋吸收的大量水分落在印度的一片狭长地带上，包括西部海岸的雨林带和恒河流域。某些地方一年可收

大事年表

	印度	东南亚
公元前2000年		约公元前2000年，刀耕火种的农业出现 约公元前1600年，东南亚大陆的移民开始向太平洋和印度洋上的岛屿迁移
公元前1500年	约公元前1500年，印欧语族迁移到印度西北部	
公元前1000年	约公元前1000年，印欧语族进入恒河平原	
公元前500年	约公元前500年，乔达摩·悉达多创立佛教，筏驮摩那创立耆那教 公元前324年，旃陀罗笈多·孔雀成为摩揭陀国王，为孔雀帝国奠定了基础 公元前273—前232年，阿育王的统治 公元前184年，孔雀帝国灭亡	
公元1年	公元320年，旃陀罗·笈多建立笈多帝国	约公元50—560年，扶南统治中南半岛南部和克拉地峡
公元500年	公元550年，笈多帝国灭亡 公元606—647年，戒日王的统治	约公元500年，经由马六甲海峡的贸易通道发展 公元683年，苏门答腊岛的室利佛逝兴起 公元770—825年，爪哇修建婆罗浮屠
公元1000年		公元1025年，朱罗攻击巴邻旁，室利佛逝衰落

获三次。潮湿、平坦的恒河三角洲地区（今孟加拉国）种植稻米。其他地区的主食是小麦、大麦和粟。相反，印度河流域降水较少（见第2章），农业需要大 181
量的灌溉。

虽然侵略者和移民通常经西北部的走廊从陆路而来，但海洋也一直是旅行和贸易的通道。航海者学会了依靠季风远航，1月从东北向西南航行，7月返航。船舶向西穿过阿拉伯海可到达波斯湾、阿拉伯半岛南部沿海和东非，向东穿过孟加拉湾可到达中南半岛和印度尼西亚（见第8章）。

后来印度文明的许多典型特征，可能起源于公元前3—前2千纪早期的印度河流域文明，但很难得到证据，因为那个时期的文字尚未被释读。公元前1900年左右，那个拥有先进社会组织和技术的社会，因为某种环境危机而消亡了（见第2章）。

7.1.2 吠陀时代

雅利安移民

历史学家称公元前1500—前500年为吠陀时代，这一名称来源于宗教文献**吠陀**，它是我们了解这一时代的主要信息来源。吠陀时代为印度文明奠定了基础。大多数历史学家认为，约公元前1500年，讲印欧语、游牧、尚武的新民族迁移到了印度西北部。一些人认为，结合农业的传播，印欧语族出现于本地区要早得多。无论是哪种情况，公元前2千纪中期，伴随着讲印欧语的群体占据优势，北印度进入了一个新的历史时期。

182

印度河流域文明崩溃后，没有一个中央权威来组织灌溉，这个地区成了血缘社群生活的家园，他们主要靠放牧畜群为生。这些社会是父权制社会，正如国王统治整个部落一样，父亲主宰着家庭。武士阶层的成员崇尚军事技能和勇气，爱好格斗，用奢侈的牛肉盛宴和酗酒来举行庆祝活动，用战车比赛和赌博来度过闲暇时间。

吠陀：这个术语的字面含义是早期印度的神圣“知识”，长期由婆罗门（Brahmin）祭司用口头形式保存和传播，最后被记载下来。这些宗教文献包括《梨俱吠陀》（*the Rig Veda*）中献给诸神的1 000首诗体圣歌，是我们了解吠陀时代（约公元前1500—前500年）的主要信息来源。

公元前1000年之后，一些群体向东迁移到恒河平原。新技术使这种进步成为可能。铁制工具比青铜器硬，并能保持更锋利的刃，使定居者能够砍伐树木，并用牛拉的犁在新清理的土地上劳动。恒河平原土壤肥沃，每年的季风带来了充沛的降水，能够支持一年两到三熟。正如大约同一时期的希腊（见第5章），铁制工具的使用为农业开垦了新的土地，由此导致人口的大量增加。

这个时代所发生的事情直到很晚才用文字记载下来，但通过记忆和口述得以长期保存。其中讲到了两个种族群体之间的残酷战争：肤色相对较浅的、讲印欧语的雅利安人和黑皮肤的、讲达罗毗荼语的达萨（Dasas）。可能有一些达萨被吸收到了雅利安人中，两个群体融合形成了精英阶层。然而，在很大程度上，雅利安人迫使达萨向南迁移至印度中部和南部地区，他们的后代仍生活在那里。今天，印度北部主要讲印欧语，而达罗毗荼语在南方占统治地位。

瓦尔那/阇提：印度历史上两种非常重要的社会身份。瓦尔那是指四个主要的社会阶层：婆罗门祭司阶层、刹帝利武士/官吏阶层、吠舍商人/自耕农阶层和首陀罗劳动者阶层。瓦尔那内部分为许多阇提，是地区性群体，他们在群体中有共同的职业，与群体内的其他成员通婚、进餐和交往。

阶级和种姓

肤色一直是印度社会关注的问题，而且历史上是其内部严格的社会分层的基础之一。随着时间的推移，形成了**瓦尔那**制度，这个词的字面意思是“肤色”，尽管它后来演变成了某种与“阶级”类似的事物。个人从出生时就属于四个阶层之一：包含祭司和学者的婆罗门，包含战士和官员的刹帝利，包含商人、工匠和土地所有者的吠舍，或包含农民和劳工的首陀罗。首陀罗这一称呼最初可能是指达萨，他们在社会上从事卑贱的职业。其实，达萨这个词本身即意为“奴隶”。最后，第五个群体即“不可接触者”被划分出来。字面意义是他们被排除在阶级制度之外，其他群体的成员避免接触他们，因为他们从事污染性或身份低贱的工作，例如需要接触动物尸体的鞣革工作、火葬后扫除死者的骨灰。

处于社会金字塔顶端的人会解释等级制存在的原因。根据一个创世神话，一个名为普鲁莎（Purusha）的原人牺牲自身。从其口产生了作为智慧和知识化身的婆罗门祭司阶层，其胳膊产生了刹帝利武士阶层，其大腿产生了吠舍土地所有者和商人阶层，其脚产生了首陀罗劳动者。

瓦尔那制度只是调节不同群体之间关系的机制之一。在这些广泛的阶层划分之中，人口被进一步分成无数**阇提**（jati）或出身的群体（有时称为种姓［castes］，这是一个来自葡萄牙语的意为“家系”［breed］的词）。每个阇提都有其相应的职业、职责和仪式。属于特定阇提的个人同其群体的成员一起居住，在这个群体内部通婚，并且只同这个群体的成员一起进餐。复杂而详细的规则约束着他们与其他群体的成员交往。高地位群体的成员担心同低种姓的人接触会受到污染，必须不时举行精致的净化仪式以消除所有污点。

羯磨：在印度传统中，前世和今生的行为后果黏附在人的“灵魂”上，决定他在下一次生命轮回中将采取什么样的形式。羯磨与轮回的教义被古代印度的精英利用，以鼓励人们接受他们的社会地位，并履行其职责。

阶级和种姓制度最终与普遍流行的轮回观念联系到了一起。根据婆罗门祭司的说教，每个有生命的生灵都有一个不朽的本质——灵魂（atman）或“气息”。灵魂在人死亡时脱离肉体，然后在另一个肉体里重生。新的肉体是昆虫、动物还是人，取决于灵魂在转世前的**羯磨**（karma）或行为。过着模范生活的人重生时将会进入更高的阶层。行为不端的人来生将会受到惩罚，被降到较低的阶层甚至更低的生命形式。言下之意是：你的地位是你行为的报应，在下一轮回中改善你命运的唯一方法，就是接受你当前的地位和尽相应的责任。

吠陀教

吠陀教中占主导地位的神是男神，并且与天有关。因陀罗（Indra）是战争和雷电之神，为了释放黎明，他每天杀死包围宇宙的恶魔。天神梵伦那（Varuna）维持宇宙的秩序并施行正义。阿耆尼（Agni）是火焰的力量，爱好祭品并能沟通神界和人世。

183

献祭（向神奉献珍贵之物，通常是有生命的生物）是必不可少的仪式。这些奉献物的目的是使神精力充沛，从而维持他们的创造力，促进世界的稳定。

婆罗门祭司控制着献祭，因为只有他们知晓仪式和祈祷文。《梨俱吠陀》和《净行书》（*Brahmanas*）都是雅利安上层（人物）用梵语写成的祭司知识的

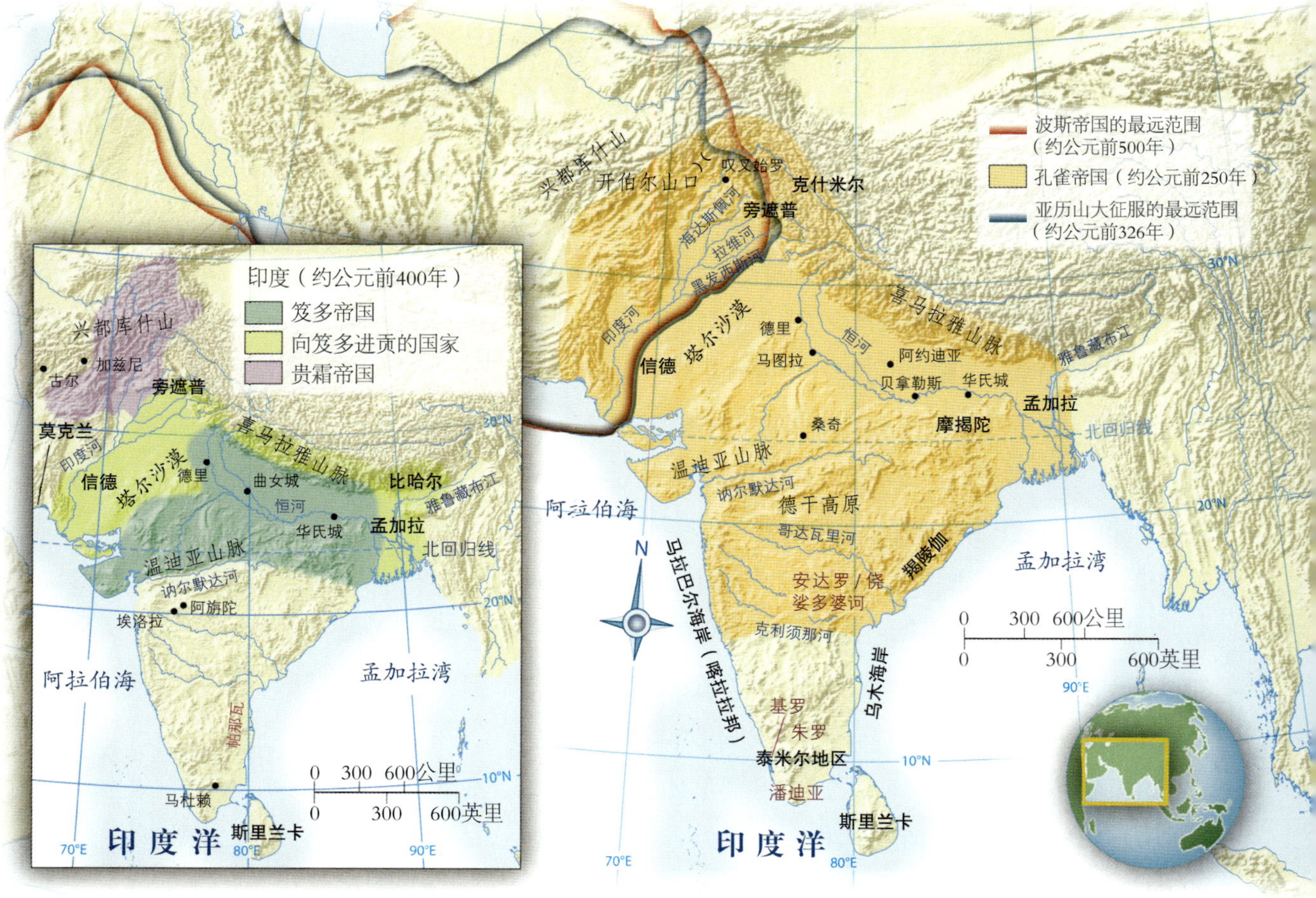

地图7-1 古代印度 山脉和海洋在很大程度上隔开了印度次大陆和亚洲其他部分。移民和侵略者通常经西北的开伯尔山口而来。同西亚、东南亚和东亚的海上贸易往往蓬勃发展。讲印欧语的群体迁移到了北方广阔的印度河流域和恒河流域。讲达罗毗荼语的人在南部人口中依然占优势。印度政治史大部分时期的特点是分裂成许多小国，其背后的因素是印度地形的多样性、种族群体的多样性以及人们对其阶级和种姓的基本认同。

合集，前者是诗集，包括1 000多首献给诸神的诗体圣歌，后者是详细描述宗教仪式和献祭程序的散文。这些信息是以口头形式在祭司中代代相传的。祭司的“知识”（吠陀一词恰为此意）是他们经济富足的基础。他们主持献祭获得了丰厚回报，知识为其带来了社会和政治权力，因为他们是神和人之间不可或缺的中介。有些学者推测婆罗门抵制文字的推广，以保持他们对神圣知识的控制。这或许可以解释为什么与其他发展程度大体相当的社会相比，印度广泛使用文字的时间要晚些。但是，我们可能不知道文字的更早应用，因为可能存在一些易腐材料未能保存下来，因而在考古中没有发现。

要揭示早期印度妇女的经历很难。有限的证据表明，吠陀时代的妇女学习神圣的知识，创作圣歌，并参与献祭仪式。她们可以拥有财产，通常到十四五岁或十八九岁才结婚。有几个有影响力和足智多谋的女性出现在这一时期印度的史诗中。

印度社会内部严格的分层和复杂的等级制度发挥了重要的社会功能。它们使每个个体都有明确的身份和角色，并从群体团结和相互支持中获益。但是，有证据表明，一些群体有时能提高自己的地位。因此，这套复杂的划分社会阶层的制度并非一成不变，也提供了一种解决社会紧张状态的机制。这些特征中的许多方面一直持续到现代。 184

7.1.3 对旧秩序的挑战：耆那教和佛教

公元前700年以后，出现了各种形式的对婆罗门权力和特权的反对。反对严格的社会等级制度和种姓制度的人，反对国家对个人施加要求的人，可以撤退到附近的森林中（森林仍然覆盖古代印度的大部分地区）。这些荒野之地象征着脱离社会制约的自由。

某些魅力非凡的个人离开其城镇或村庄移居森林，吸引了大量追随者。他们对祭司声称独享智慧，对吠陀经和献祭的必要性提出了质疑，并提出了一种可替代的拯救途径：个人通过肉体和精神的修行（瑜伽修行法）、特殊的饮食习惯和沉思冥想，可以达到洞悉自我和宇宙本质的追求。他们教导说，一个人通过使自己远离对这个物质世界的欲望，可以实现**解脱**（moksha）或“解放”。这种摆脱转世轮回并与赋予宇宙生命的神圣力量合一，有时就像“一种深沉而无梦的睡眠”。《奥义书》（100多篇师生之间的神秘主义对话合集）反映了这种对吠陀教基础的质疑。

解脱：印度关于灵魂摆脱无尽循环的轮回并获得“自由”的概念。有多种途径可使灵魂远离物质欲望，并与赋予宇宙生命的神的力量合一，如肉体修行、默思冥想以及献身于诸神的行为。

对吠陀教和婆罗门特权最大的威胁，来自大约兴起于这个时代的两种新宗教：耆那教和佛教。筏驮摩那（Mahavira，公元前540—前468年）以耆那（“战胜者”）之名为其信徒所知，他所创立的信仰体系——耆那教即源于此。筏驮摩那和他的追随者强调，赋予一切生物以生命的生命力是神圣的，并且严格践行非暴力。他们戴着面罩以防意外吸入小昆虫，而且在落座之前会仔细地拂一

耆那教

185 下座位。那些完全投身于耆那教极端禁欲主义和遵循裸体的人，只吃别人施予他们的东西，最终饿死了。不太狂热的耆那教徒鉴于反对杀生的禁令，从事农业生产便受到限制，因此主要是从事商业和银行业的城市居民。

佛陀：一位名为乔达摩·悉达多的印度王子，他放弃了自己的财富和社会地位。在成为“大彻大悟者”（佛陀一词的意义）后，他阐述了佛教的原则。这一教义得到了发展，并传播到了整个印度、东南亚、东亚和中亚。

对印度和世界历史更加重要的是佛教的兴起。因此，关于**佛陀**（大彻大悟者）即乔达摩·悉达多（公元前563—前483年）的故事非常多，以至于很难将传说与事实分开。他来自喜马拉雅山山麓萨克耶人（Sakyas）中的一个刹帝利家庭。他在年轻时就享有王侯的生活方式，这是他与生俱来的。但是，在某个重要时刻，他放弃了家庭和特权，成为一个流浪的苦行者。经过6年的禁欲后，他开始把禁欲主义看作和他以前生活的奢华一样，都不可能产生精神上的洞察力，因此他决定坚持一种温和的“中间道路”。在恒河畔贝拿勒斯（Benares）附近的一座鹿园里，他坐在一棵树下，突然豁然开朗，对现实的真实本质有了深刻的洞察，他将其解释为“四谛”：（1）人生是痛苦的；（2）痛苦源于欲望；（3）解除痛苦的办法是遏制欲望；（4）如果一个人遵循“八正道”即正见、正志、正语、正业、正命、正精进、正念、正定，欲望是可以被遏制的。佛陀站

通向桑奇大塔的石刻大门 朝圣者长途跋涉来参观佛塔，即埋葬了佛骨的古冢。这座位于印度中部桑奇（Sanchi）的综合建筑由阿育王于公元前3世纪开始修建，尽管几座大门可能建于公元1世纪。这块浮雕展示了盛大的游行队伍将佛骨运往居师那迦（Kushinagara）市。

佛陀雕塑（公元2世纪或3世纪） 这幅刻画佛陀的作品来自西北的犍陀罗，展示了他放弃禁欲主义路线选择温和路线之前长期斋戒的效果。它显示了希腊艺术风格的影响，该影响来自公元前4世纪末亚历山大大帝在该地区建立的希腊人居住区。

起来，宣讲他的《第一次讲法》（佛教的一本核心经典），并使“法轮”开始运转。他很快吸引了许多追随者，其中一些人宣誓禁欲、实行非暴力和守贫。

原始佛教以个人为中心。它虽然并未完全否认神的存在，却认为神对于寻求开悟的个人是无用的。重要的是通过有节制的生活来减少欲望和痛苦；通过自律和冥想来寻求精神上的真理。最终的奖赏是涅槃，其字面意思是“扑灭火焰”。随着涅槃的到来，摆脱了重生的轮回，实现了永恒宁静的状态。吠陀传统强调灵魂或“气息”或个体的非物质本质永恒存在。相反，佛教把个人看作一个复合体，一旦进入涅槃状态，这个复合体便没有类似灵魂的成分可以存活。

佛教

佛陀去世时没有留下最后的教导，而是力劝其弟子“成为他们自己的明灯”。佛陀的训谕包含在其追随者记录下来的哲学宣讲中，当它传遍整个印度并传入中亚、东南亚和东亚时，它的成功开始颠覆其创始人的个人主义信条，以及在本质上是无神论的信条。佛教寺院建立起来，佛教僧尼中森严的等级应运而生。参拜者在创始人火化后的遗骨上面建立了佛塔（象征着宇宙的大型土冢）。信徒开始把佛陀本人作为神来崇拜。许多佛教徒也敬拜菩萨，菩萨就是这样一些男女，他们已经开悟并到达涅槃的门口，但选择投胎成凡人以在拯救

大乘佛教：佛教的“大乘”支派，在中国、日本和中亚流行。重点是崇敬佛陀和菩萨，后者是已开悟但推迟涅槃以帮助别人开悟的人。

186

小乘佛教：佛教的“长老之路”支派，在斯里兰卡和东南亚大部分地区流行。小乘佛教仍接近佛陀提出的本初原则；它淡化了神的重要性，强调简朴和个人寻求启示。

印度教：对印度次大陆自古以来发展起来的各种各样的信仰和仪式习惯的一种通称。印度教根植于古代的吠陀教、佛教和南印度的宗教观念和习俗。它沿着贸易路线传播到东南亚地区。

中帮助别人。

早期肖像的制作者拒绝将佛陀表现为一个活生生的人，只是通过一些象征间接代表他，如他的足迹、他的化缘钵或那棵他在其下实现了彻悟的树，似乎是强调他空无状态的成就。但是，从公元2世纪起，有关佛陀和菩萨的雕像开始激增，是用本土雕塑风格和另一种风格做成的，后者显示了亚历山大大帝在巴克特里亚（今阿富汗）建立的希腊居住区的影响（见第5章）。佛教内部出现了分裂。**大乘佛教**（“伟大的通达途径”）信徒接受了流行的新特色，而**小乘佛教**（“长老的教导”）遵循创始人的大部分最本初的教导。

7.1.4 印度教的演变

寻求精神满足和平等主义的新运动，使吠陀教面临挑战并做出重要调整，吠陀教便逐渐演化为**印度教**——今日南亚几亿人信仰的宗教。印度教的基础是印度北部雅利安人的吠陀教。但印度教吸纳了南方达罗毗茶语族的文化元素，

卡久拉霍的印度教神庙 这座印度教湿婆神的砂岩庙宇位于印度中部的卡久拉霍（Khajuraho），建于公元1000年左右，代表着天国的神山，但它反映了笈多王朝时期发展起来的印度教神庙建筑的象征意义。信徒一路前进，穿过几个房间，到达神像面前，神像恰好位于最高塔之下最里面的“宫腔”里。

如强调对神的热情信仰和丰产仪式的突出地位。佛教的一些元素也存在。

到公元4世纪，吠陀教转化成印度教，但我们对这一转变过程基本不了解。婆罗门祭司保持了其崇高社会地位和影响。尽管献祭仍是传统崇拜仪式的一部分，但它不那么重要了，神和个体崇拜者之间有了更多直接联系的机会。

印度教诸神

诸神的身份以及他们与人的关系发生了改变。以前的小神毗湿奴和湿婆变得重要了。印度教强调崇拜者向一个特定的神，通常是毗湿奴、湿婆或黛维（Devi，女神）表达个人的虔诚。湿婆和黛维似乎都来自达罗毗荼语族的传统，生殖崇拜和女神在这一传统中发挥着突出作用。毗湿奴拥有明显的雅利安血统，一直在印度北部更受欢迎，而湿婆在讲达罗毗荼语的南方占据主导地位。这些神以多种形象出现。他们有不同的崇拜名称，通过不同故事的复杂的象征主义来表达，伴随有各种动物、鸟类和物体。

保护者毗湿奴是一位仁慈的神，他在信徒需要时帮助他们。印度教徒 187
相信，每当邪恶势力威胁宇宙的秩序时，毗湿奴就会以一系列“阿瓦塔尔”（avataras）或化身的形象出现在大地上。他的化身包括具有传奇色彩的英雄罗摩（Rama）、受欢迎的牧牛神克利须那和佛陀（显然是企图吸收与之竞争的宗教的创始人）。湿婆是一个更加矛盾的形象，他住在喜马拉雅山脉的凯拉萨（Kailasa）峰上，苦行修道，与世隔绝。他同时代表创造和毁灭，因为二者都是一个单独的循环过程的组成部分。他通常被描绘成跳舞的形象，他的舞步象征创造和毁灭。黛维以多种方式表现自己：促进丰产和生殖的母神，温顺而深情的妻子帕尔瓦蒂（Parvati），化身为迦梨（Kali）或杜尔迦（Durga）、释放洪流般的暴力和破坏的可怕的神。

印度教内部神祇、教派和地方习俗之多（根据一种传统说法有3.3亿个神）令人眼花缭乱，这反映了印度民族、语言和文化的多样性。然而，多样性中有统一。最终，所有神祇和鬼怪都被视为弥漫于宇宙中一种单一神圣力量的体现。这种潜在的统一意识表现在文献中，如本章开头引用的节选自《薄伽梵歌》的文字；表现在黛维以多种形象化身的妇女具有不同的潜能；表现在从中间分开的复合雕像——一半是湿婆，一半是毗湿奴，似乎是说他们是一个宇宙原则互补的不同方面。

崇拜的形式

印度教为信徒提供了接近神并获得其喜爱的多种方式：通过神圣真理的专门知识，精神和肉体的修行，或者对神非常虔诚。信仰中心是神庙，其范围从

毗湿奴拯救大地女神（公元5世纪） 这一雕塑刻于印度东部乌德耶吉里（Udayagiri）一个洞壁上，描绘了化身为一只野猪的毗湿奴正从广袤的海洋里拯救大地女神。当这位神胜利地把被制伏的蛇怪踩在脚下，欢乐的女神依偎着他的口鼻，一支由诸神和圣人组成的合唱队欢呼这个奇迹。

简陋的乡村神龛到皇家赞助修建的装饰华丽的石质大厦。神可能会暂住其中，精美而成比例的雕像受到热切的信徒的崇拜和恳求。崇拜的常见形式是礼拜，即为神服务，可采取为神像洗澡、穿衣或供给其食物的形式。有效的祝福将给予感觉到神的影像的男人或女人。

到著名的圣地朝圣和节日期间参加礼拜，为信徒提供了额外表达虔诚的机
188 会。整个印度次大陆星罗棋布地分布着许多圣地，在这些地方，信徒可以直接感受神的内在力量并从中受益。山岳、洞穴以及某些树木、植物和岩石都被一种神秘而圣洁的气氛所笼罩。印度教徒认为恒河尤其神圣，每年有数百万虔诚的信徒在其水域沐浴，并接受其恢复和净化能力。尽管政治上长期分裂，但朝圣习惯促进了来自印度不同地区的人们之间思想上的联系和交流，并有助于形

成印度人之间的广泛认同，以及印度是一个单一文明的观念。

宗教职责可能有所不同，这不仅取决于崇拜者的社会地位和性别，也取决于他或她所处的人生阶段。一位来自三个地位最高的阶层之一的年轻人，通过圣线节（sacred thread）的典礼在仪式方面经历了一次重生，标志着获得了男子气概并已准备好接受宗教方面的知识。根据这一观点，理想的生命周期经过四个阶段：（1）年轻人成为一名学生并研究神圣的文本；（2）他变成了户主，结婚、生子、获得物质财富；（3）当他的孙子出生，他放弃了家庭和家人，成为居住在森林中的人，沉思存在的性质和意义；（4）他完全抛弃了自己的个人身份，成为一个流浪的苦行者，等待着死亡。在一个有道德的生命的历程中，他首先履行了其对社会的职责，然后履行了对自己的职责，所以到最后他与这个世界毫无关系，因此可以得到解脱（解放）。

印度教以吠陀教为基础，最终战胜佛教（佛教被赶出了其诞生地，在中亚、东亚和东南亚扎下根来）而实现了成功转型，是一个不平凡的现象（见第8章和第11章）。印度教满足了民众的需求，即他们可以与（属于）个人的神建立直接联系。佛教以其极为正规的形式而要求严厉，对神的重要性的否定及期望个人找到自己的觉悟之路，可能对普通人要求太高了。使大乘佛教更容易被大众接受的那些特征——神、仙和神话，也使它更容易被吸收进印度教广阔的社会和文化结构之中。

本节回顾

约公元前1500年，好战的游牧民族雅利安人迁移到印度河流域，在公元前1000之年后又迁入恒河平原，把达萨驱赶到了半岛南部。

阶级和种姓制度是一种调节不同群体间的相互作用的机制，与轮回观念联系在一起，用来维护较高阶层的权力。

婆罗门的统治受到新宗教——耆那教和佛教的挑战。

小乘佛教保持接近创始人的思想，但大乘佛教发展出了许多神、仙、寺庙和圣地。

印度教是在吠陀教基础上创建的，但包含了达罗毗荼人和佛教的元素，保持了婆罗门的地位和特权，但允许信徒与超自然物建立直接联系。

印度宗教的多样性和多元化背后存在着一种最终的统一。

7.2 帝国的扩张和崩溃（公元前324—公元650年）

在印度，很少实现的政治统一并未维持长久。许多因素促成了印度惯常的政治分裂。不同的地形导致了多种组织形式和经济活动，居住在不同地区的人们，语言和文化习俗各不相同。也许政治统一的主要障碍在于复杂的社会等级。个人首先根据其阶级和种姓为自己定位；效忠于一个更高的政治权威是次要的。

尽管存在这些分裂因素，恒河平原还是出现了两个帝国：公元前4—前2世纪的孔雀帝国和公元4—6世纪的笈多帝国。每个帝国都在政治上控制了次大陆的大部分地区，并促进了一个共同的印度文明的形成。

189

7.2.1 孔雀帝国（公元前324—前184年）

孔雀帝国的起源

公元前600年左右，印度北部的大地上密布着许多独立的血缘社群和国家。然而，依靠从农业、铁矿以及横跨恒河流域东部的贸易路线的战略位置获得的财富，印度东部恒河南岸的摩揭陀王国（见地图7-1）开始扮演越来越重要的角色。公元前4世纪后期，一个来自吠舍或首陀罗阶层的年轻人旃陀罗笈多·孔雀（Chandragupta Maurya）控制了摩揭陀王国，并将它扩张为**孔雀帝国**——印度第一个中央集权的帝国。他可能受到了亚历山大大帝的启发，后者以突然袭击征服了波斯帝国并继续行动，于公元前326年进入旁遮普地区（巴基斯坦北部，见第5章）。旃陀罗笈多（公元前324—前301年在位）和他的后继者宾头沙罗（Bindusara，公元前301—前273年在位）及阿育王（公元前273—前232年在位），将孔雀帝国的控制范围扩展到了除最南端之外的整个次大陆。在孔雀帝国之后，直到17世纪莫卧儿帝国的极盛时期，印度这么广阔的地区才再次由一个单一政府管辖。

孔雀帝国：第一个统一印度次大陆大部分地区的国家。它由旃陀罗笈多·孔雀于公元前324年建立，一直存在至前184年。它建都于恒河畔的华氏城（Pataliputra），靠来自农业、铁矿和控制贸易路线的税收富裕起来。

传统观点认为，一个精于谋略的年长的婆罗门乔底利耶（Kautilya），指导旃陀罗笈多进行征服战争并巩固了权力。据说乔底利耶曾写过一部关于行政管理的论集——《政事论》（*Arthashastra*），目前尚存。尽管最近的研究表明现存形式的《政事论》是公元3世纪的产物，但其核心文本可能确实可追溯至乔底利耶。这部冷酷务实的政治成功和生存的指南鼓吹外交政策上的所谓“曼荼罗”（mandala，圆圈）理论：“我的敌人的敌人是我的朋友。”它还给出了征税和增加税收的方案，并建议任用间谍持续监视王国中的每个人。

多达相当于收获量价值1/4的税收供养着孔雀帝国的国王和政府。其他收入来自贸易通行税，政府对采矿、酒销售和武器制造的垄断，向使用灌溉网络的人收取的费用。国王的近亲和廷臣统治着建立在传统种族边界基础上的行政区。一支庞大的帝国军队，包括步兵、骑兵、战车兵和可怕的战争新元素大象，进一步巩固了权力。在整个帝国境内发行的标准货币用来为政府官员和军事人员付薪，并促进贸易。

孔雀帝国的都城在华氏城（今巴特那），5条支流在那里汇入恒河。该城被河流环绕，并进一步用木墙和护城河保护，城市沿河岸绵延达8英里（13公里）。城市繁华而拥挤（估计有27万人口），由6个机构分别负责管理制造业、贸易、销售、税收、外国人的救济和出生及死亡登记。

旃陀罗笈多之孙**阿育王**是印度早期历史上的杰出人物。在其统治初期，他致力于通过军事行动扩展帝国的边界。在他征服摩揭陀东南沿海地区的羯陵伽期间，几十万人被杀害、伤害或流放。这一胜利的残暴性使年轻的国王感到不安，他皈依了佛教并在政府管理和私人生活中宣扬非暴力、道德、节制和宗教宽容。

阿育王

阿育王：印度孔雀帝国的第三位国王（公元前273—前232年在位）。他皈依了佛教并将他的训导刻在石头和柱子上加以传扬，这是印度现存最早的书面材料。

阿育三通过在大岩石和石柱上刻写法令来宣扬他的计划，这些石刻遍布帝国。有些铭文幸存了下来，它们构成了印度最早的可判读的书面材料，内容如下：

> 在过去长达千百年的时间里，对献祭动物的屠杀、对生灵的暴力、对亲属的不孝行为、对婆罗门和苦行者的不当行为不断增加。现在，随着国王［阿育王］的道德实践，战鼓声已变成对道德的召唤……你们［政府官员］被委任去统治成千上万人，希望你们将赢得所有人的友爱。所有的人都是我的孩子。正如我希望我的孩子今生和来世都快乐安康一样，我希望所有的人都如此……国王［阿育王］……要求所有教派都应该有根本的道德精神或圣洁性（the essential spirit of morality or holiness）的增长……不应该无理由或理由不充分地颂扬自己的教派，而谴责其他教派。因为出于这样或那样的原因，所有教派都值得崇敬。[2]

然而，阿育王并不幼稚。尽管承诺使用和平手段，但他仍提醒潜在的犯法 190
者“正如他可以慈悲一样，国王有实力惩罚不悔改的作恶者”。

7.2.2 政治分裂时代的商业和文化

在公元前232年阿育王去世后，孔雀帝国又繁荣了一段时间。之后，王朝争端和维持庞大军队及行政官僚机构的开支削弱了帝国。公元前184年，它被来自西北的进攻所摧毁。500年后，控制印度北部的另一个本土政权才出现。

西北部的外国政权

与此同时，一系列外国政权统治着西北地区即今阿富汗和巴基斯坦，并向东部和南部扩展其影响。第一个政权是希腊—巴克特里亚王国（公元前180—前50年），源于亚历山大大帝留在阿富汗的部队和移民。希腊的影响在这一时期的艺术和货币设计中显而易见。然后，这一地区被两支来自中亚的游牧民族占领，起因是中国汉朝军队对匈奴施压而引发的大规模民族迁移（见第6章）。公元前50—公元50年，一支被迫沿帕米尔高原和喜马拉雅山脉向西南迁移的伊朗人——沙卡人（Shakas），在此占据了统治地位。随后，来自中国西北新疆地区的贵霜人（Kushans），于公元50—240年在此占主导地位。贵霜王国在繁荣时期控制了今乌兹别克斯坦、阿富汗、巴基斯坦和印度西北部的大部分地区，通过连接陆上丝绸之路和阿拉伯海港促进了贸易与繁荣（见第8章）。东部的恒河地区又重新回到了许多小公国林立的局面，正如它在孔雀帝国之前经历过的那样。

经济和文化活力

尽管孔雀帝国崩溃后经历了5个世纪的政治分裂，但仍有许多迹象表明经济、文化和思想仍具有活力。孔雀帝国统治时期出现的道路网和城镇网促进了次大陆内部商业的活跃，而且印度位于连接中国、东南亚、中亚、中东、东非和地中海沿岸地区的国际陆路和海路贸易路线的中心位置。工艺的发展（金属制造、织布印染、珠宝、香水、玻璃、石雕和赤陶雕塑）、货币使用的日益广泛、本地商业及远程贸易的发展，都促进了城市中心的扩展和繁荣。在缺乏强大中央权威的情况下，城镇中的商人和手工业者行会在政治上变得强大起来。它们是富有的文化赞助者，并为它们所信奉的宗教派别（特别是佛教和耆那教）捐建装饰华丽的庙宇和纪念碑。

公元前最后几个世纪和公元后最初几个世纪，《罗摩衍那》和《摩诃婆罗多》这两部最伟大的印度史诗，在可追溯至几个世纪以前的口述形式的基础上，完成了最终定型。两部史诗中描述的事件据说发生在数百万年前，但其政治形式、社会组织和文化情境中的其他因素——骄傲的国王、美丽的王后、亲族团体间的战争、英雄的行为和尚武的价值观——似乎反映了吠陀时代早期雅利安勇士社会向恒河平原发展时的情况。

鸿篇三制**《摩诃婆罗多》**（是希腊的《伊利亚特》和《奥德赛》长度之和的8倍）讲述了两个有远亲关系的家族班度族（Pandavas）和俱卢族（Kauravas）的故事，王位之争导致他们在古鲁格舍德拉（Kurukshetra）原野进行了一场大战。这场战斗对各方的破坏是如此巨大，以至于最终赢得胜利的俞德西斯（Yudhishthira）不愿接受如此悲惨的胜利果实。

《摩诃婆罗多》：一部规模宏大的史诗，记载了印度早期的一些事件，它们导致了两个有亲属关系的家族之间的毁灭性战役。它包括《薄伽梵歌》。

本章开头引用的**《薄伽梵歌》**是置于这些事件中一个独立的（也许最初是分开的）情节。伟大的英雄阿朱那起初不愿意攻打自己的亲属，经克利须那神开导，他认识到了履行一个勇士的责任的必要性。在一个灵魂会不断重生的宇宙中，死亡算不了什么。当克利须那展现出他的真实面貌（令人敬畏的势不可挡的威力）和作为时间本身的身份（一切创造和毁灭背后的力量）时，高潮时刻到来了。在印度文明中，社会责任和对自己灵魂的责任之间存在着紧张关系，《薄伽梵歌》为这种紧张状态提供了一种具有吸引力的解决办法。遵守规则的行为（不考虑任何个人利益的行为）是一种侍奉神的形式，将会得到奖赏而脱离生死轮回。

《薄伽梵歌》：印度神圣文学中最重要的作品，是一篇伟大的战士阿朱那和克利须那神之间关于责任和灵魂的命运的对话。

191

这个时期的科学技术也有显著进步。印度医生懂得大量草药疗法。帕尼尼（公元前4世纪后期）详细分析了梵语的词形和语法。他的作品使梵语实现了标准化，规范了其自然发展，使之成为一种正式的官方书面语。此时出现的流行方言普拉克利特语（Prakrits），成为印度北部和中部诸种现代印欧语系语言的祖先。

印度中部和南部

在这个印度北部处于政治分裂的时期，公元前2—公元3世纪早期德干高原上出现了娑娑多婆诃（Satavahana）王朝（也叫安达罗王朝［Andhra］，见地图7-1）。北印度的科技和文化元素——包括冶铁技术、稻米种植、城市化、文字、货币和婆罗门的宗教权威——传播到了整个中印度地区，当地的血缘群体被纳入到印度的阶级和种姓制度中。

半岛最南端的三个**泰米尔王国**——朱罗（Cholas）、潘迪亚（Pandyas）和基罗（Cheras）之间经常发生冲突，经历了繁荣期和衰落期，但它们以这样或那样的形式持续存在了2 000多年。公元前3—公元3世纪是一个产生了许多文学和艺术作品的“古典”时代。在潘迪亚国王的赞助和一个由500名作家组成的学会的领导下，大量题材广泛的文学作品被创作出来，如语法论文，道德箴言

泰米尔王国：印度南部的几个王国，主要居民是讲达罗毗荼语的人，它们地处一隅，在隔绝状态中发展，与雅利安人主导的北方略有不同。它们创造了史诗、诗歌和表演艺术。泰米尔人宗教信仰中的一些因素融入到了综合性的印度教。

集，史诗集，有关爱情、战争、财富和自然之美的短诗集，还表演音乐、舞蹈和戏剧。

7.2.3 笈多帝国（公元320—550年）

笈多帝国的兴起

笈多帝国：一个强大的印度国家，像其前辈孔雀帝国一样，位于恒河流域的都城华氏城是其强盛之基。通过军事力量及其作为一种复杂的文化中心的声望，它控制了印度次大陆大部分地区。

公元4世纪初，随着印度北部和中部的贵霜和侥娑多婆诃政权的衰落，一个新的帝国在北部形成了。**笈多帝国**像它的前辈孔雀帝国一样兴起于恒河平原，并建都华氏城。王朝的建立者有意模仿孔雀帝国的开国之君，自称旃陀罗·笈多（320—335年在位）。这个王朝的君主从未控制过如孔雀王朝的领土那样广阔的国土。然而，在旃陀罗·笈多统治的15年和他的三位继承人（好战的沙摩陀罗·笈多、艺术家及学者的著名赞助人旃陀罗·笈多二世和鸠摩罗·笈多一世）统治的40年间，笈多帝国的权力和影响超出了印度北部和中部地区，西达旁遮普，东达孟加拉，北至克什米尔，南到德干高原（见地图7-1）。

政治组织

这个新帝国与其前辈孔雀帝国具有相同的战略优势，坐落于重要贸易路线的中间位置，利用恒河平原的农业生产控制着附近的铁矿。笈多帝国尽管采用了增加税收和管理辽阔领土的类似方法，但在中央集权方面从来没有像孔雀帝国那样高效。笈多帝国的行政机构和情报网规模较小，而且不那么普遍。它拥有一支常备军紧紧控制着帝国的核心地区，并维持对这一地区进行征税。这支军队的战斗力主要在于骑兵精湛的马术（从游牧的贵霜人那里学来的）和弓箭技艺。州长的职位往往父子相传，较偏远地区的州长拥有不受约束的权力。血缘群体居住的遥远的附属王国和地区，要每年进贡。卫戍部队驻守在边境的关键地点。在地方一级，村庄由一位头人和长老会管理，而在城市中，手工艺人行会和商人行会扮演着重要的行政管理角色。

“剧场国家”：历史学家的术语，指国家通过发展具有吸引力的文化形式，举行精心准备的典礼（以及宝贵资源的再分配），将臣民吸引并凝聚到中心，由此而获得声望和权力。这方面的例子包括印度的笈多帝国和东南亚的室利佛逝。

192

由于对边远地区强加其意志的能力有限，帝国找到了“说服”其他人服从其领导的办法。说服的手段之一就是都城和王宫的辉煌、美丽和秩序井然。笈多帝国是一个**“剧场国家”**（theater-state）的绝好例证。经常举行庄严的宗教仪式、引人注目的典礼和激动人心的文化活动，是对与帝国联合带来好处的有力宣传。中央从贸易活动中获得了奢侈品和利润，再通过交换礼物及其他方式将其重新分配给依附者。从属的王公贵族以他们可以承受的规模效仿笈多帝国中央，因而获得了声望；他们通过访问、进贡和联姻的方式，与笈多帝国的王室保持着密切联系。

环境与技术

印度数学

今日世界上大部分地区使用的所谓阿拉伯数字是在印度发展起来的。印度的位值计数体系比埃及人、希腊人和罗马人笨拙的数字体系高效得多，而且零的发明是一项意义深远的智力成就。这一体系的运用甚至比由腓尼基字母发展来的字母表的运用更广泛（见第4章），从某种意义上说，它是唯一真正的全球性语言。

印度算术计数法充分发展后的形式采用了十进制。它用分开的栏表示个位、十位、百位等，还用“0”这一符号表示一个给定的栏内最小整数的空缺。即使是非常大的数字，也可用该体系简单地表达。它还可以用来计算，这在像罗马数字体系中是不可能的，在那里，任何真正的计算都必须用脑或计数板来完成。

一系列运用数字1至9的印度早期铭文，是国王或其他富有者献给宗教机构的财产契约。它们用梵文雕刻在铜板上。已知最早的例子，时间在公元595年。有证据表明，“0”这一符号在公元8世纪已出现，但从文本证据来推论，在公元5世纪，人们已经知道了位值制和零的概念。

到公元7世纪，这种印度体系传播到了中东、东南亚和东亚。其他各国人民很快认识到它的用处并采用了它，有时用当地的符号（表示）。欧洲接受这种新技艺比较晚。公元967—970年，法国基督教修道士欧里亚克的格伯特（Gerbert of Aurillac）生活在西班牙，并接触到了阿拉伯数学。他是一位伟大的学者和教师，最终成为教皇西尔维斯特二世（Pope Sylvester II，999—1003年在位），在西方基督教世界传播了“阿拉伯”数字体系。

印度数学计数体系的相关知识最终传遍了欧洲，部分原因是一种机械计算工具的运用，这是一种罗马计数板的改进版，带有刻有印度数字形式的变体的计数器。因为计数器可以置于侧面或上下翻转，最初在形式上差异很大。但是到了12世纪，它们已变得标准化，在形式上与今天使用的计算器类似。因为位值体系在计算中的功能变得清晰，计数板便废弃不用了。这导致到12世纪，人们接受了零的符号，这一符号在计数板上并非必需，某栏可以是空的。13世纪的意大利人莱昂纳多·斐波纳契（Leonardo Fibonacci）在穆斯林北非学习代数，将阿拉伯数字体系应用在了他的数学论文中，进一步推动了放弃传统的罗马数字体系。

为什么古代印度会发明这一奇妙的数学计数体系？答案可能在于其范围和多功能性与印度人的宇宙哲学成分相一致。印度人构想了一个巨大的时间跨度——几万亿年（远远超过当今科学对宇宙年龄约为140亿年的估计），在此期间，像我们自己的无数宇宙被创造出来，暂时存在，然后毁灭。在一个流行的创世神话中，毗湿奴沉睡于海底的一条大蛇盘成的卷上，当他呼气、吸气时，世界就被创造、毁灭。在印度人的观念中，我们的世界像其他世界一样，会存在几个时代，达400多万年，但其存在的时代，在时间的广阔范围中只不过是转瞬即逝、微不足道的一刻。印度人发展了数字体系，使之可以表达如此重要的概念。

天文学家、数学家和其他科学家获得了王室的支持。印度数学家发明了零的概念，并发展出了今日世界上大部分地区使用的“阿拉伯”数字和位值计数体系（见“环境与技术：印度数学”）。笈多帝国的君主还资助诗人、戏剧家以及法典和语法文献的编纂。

193 由于恒河平原气候湿润，笈多帝国时代的考古遗迹保留下来的很少。但是，一位目击者的记述提供了关于都城华氏城的宝贵信息。公元400年左右，一位名叫法显的中国佛教徒前往其信仰的发源地进行了一次朝圣，并留下了旅行记录：

> 城中王宫殿皆使鬼神作，累石起墙阙，雕文刻镂，非世所造。今故现在。……于阿育王塔边造摩诃衍僧伽蓝，甚严丽。亦有小乘寺，都合六七百僧众。威仪庠序可观。[3]

妇女

这个时代妇女的地位有所下降（见“多样性与主流：印度的《爱经》和《政事论》中的男女关系”）。正如在美索不达米亚、希腊和中国那样，以下几个因素导致了妇女权利的丧失和男人对妇女行为控制的加强：城市化、日益复杂的政治和社会结构、一个高度重视财产获得和继承的非农业中产阶级的出现。

194 印度妇女失去了拥有或继承财产的权利。她们被禁止学习圣典和参与献祭仪式。在许多方面，她们被当作与最低的阶层首陀罗同等的人对待。人们期望一个女人首先从父，然后从夫，最后从子。女孩结婚的年龄越来越小，有时年仅六七岁。这种做法意味着未来的丈夫可以确认其妻子的贞洁，而且通过在自

阿旃陀（Ajanta）石窟的壁画（公元5世纪或6世纪） 笈多帝国时期及后来，德干高原的天然洞穴被变成了装饰着雕塑和绘画的神堂。此画描绘了佛陀早年生活的场景之一，他是一位名叫摩诃旃纳卡（Mahajanaka）的国王，他曾失去而后又恢复了王位。在这里，他正在听他的王后西瓦利（Sivali）讲话。艺术家表现了佛陀的早年生活场景，同时也使我们得以一瞥他们那个时代的王宫生活。

多样性与主流

印度的《爱经》和《政事论》中的男女关系

古代印度人阐明了人类涉及的三个广阔领域：德性（dharma）——宗教和道德行为领域；义利（artha）——财富和财产的获得；爱欲（kama）——对快乐的追求。《爱经》（*Kama Sutra*）意为“有关快乐的论集”（Treatise on Pleasure），在西方以对性爱行为的详细描述而著称，其实，它远不只是一本性爱手册。它在非常广泛的意义上论述了古代印度社会的男女关系，提供了关于男人和妇女的活动、人际关系的心理、求爱和婚姻的形式、已婚妇女的家庭责任、得体的行为等的宝贵资料。此书的作者筏蹉衍那（Vatsyayana）生活在公元3世纪。

当一个同种姓并且是处女的女孩依照圣典的训导出嫁，这种结合的结果是收获德性、义利、子孙、姻亲、增多的朋友和未被玷污的爱。基于这个原因，一个男人应该将他的情感固定在这样的女孩身上：她来自良好的家庭，父母健在，比他小3岁或更多。她应该出生在一个非常受人尊敬的家庭，拥有财富和良好的社会关系，有许多亲戚朋友。她还应该是美丽的，性情良好，身体上有幸运标记，拥有美丽的头发、指甲、牙齿、耳朵、眼睛和乳房，都恰到好处，没有哪一项完全不合标准，没有被一个病弱的身体困扰……古特塔姆卡（Ghotakamukha）[一位较早的作家]说，但无论如何，一个已与他人结合（即不再是处女）的女孩绝不应该被爱，因为做这样的事是应受谴责的。

现在，为了能与这样一个女孩结婚，男子的父母和亲戚应尽最大努力，双方的朋友可能也愿协助此事。这些朋友应该让这个女孩的父母知晓其他所有想娶她的人的缺点，同时应赞美甚至夸大其朋友及其祖先和父辈的所有优点，以使他们钟爱他……其他人则应告诉女孩的母亲，他们的朋友有一个从其他地区获得比她女儿更好的女孩的机会，以激起她的忌妒心理。

当运气、符号、预兆和其他人的言论都赞成此事时，一个女孩就应该成为妻子（即结婚）了，因为古特塔姆卡说，一个男人不应该根据自己的喜好选择结婚时间。不应该娶一个呆板的、爱哭喊的、离开家庭的或已与别人订婚的女孩。以下这些亦应避免：

一个被长期隐藏的女孩

一个名字难听的女孩

一个鼻子很低的女孩

一个大鼻孔的女孩

一个长得像男人的女孩

一个驼背的女孩

一个大腿弯曲的女孩

一个前额突出的女孩

一个秃头的女孩

一个不爱干净的女孩

一个被他人玷污的女孩

一个以任何方式毁容的女孩

一个完全发育成熟的女孩

一个是朋友的女孩

一个是妹妹的女孩

一个瓦夏卡里（Varshakari）[特别容易出汗]的女孩

但有些作家说，一个人只有娶自己爱慕的女孩才会得到幸福，因此，除了那个被爱慕的女孩，谁都不应该娶其他任何女孩……

一个对她丈夫有感情的贤惠女人应该按照他的意愿行事，好像他是神；遵照他的意见，应该负责无微不至地照顾他的家人。她应该保持整个房子整洁，并在房子的不同位置摆放各种鲜花，使地板平整而光洁，以使整体的外观整洁得体。她应该在房子周围开辟一个花园，并在里面准备好早晨、中午和傍晚的献祭所需要的所有东西。此外，她自己应该去祭拜家神的礼拜堂。

至于饮食，她应该总是考虑丈夫喜欢什么，不喜欢什么，什么东西对他有益，什么东西对他有害。当她听见他回家的脚步声，应立即站起来，准备做他可能会命令她做的任何事，命令她的女仆为他洗脚，或亲自为他洗。当与丈夫外出，她应该戴上她的首饰，未经他同意不应发出或接受邀请，或参加婚礼和献祭仪式，或与女性朋友坐在一起，或访问神庙。如果她想参加任何游戏或娱乐，不应违背他的意愿这样做。同样地，她应该总是在他之后落座，在他之前起身，当他休息时永远不应叫醒他。 195

《政事论》意为“关于幸福的科学”，其核心内容大概是公元3世纪后期由孔雀王朝的第一位国王旃陀罗笈多的谋臣乔底利耶创作的，但我们看到的文本包括后来补充的内容。《政事论》主要涉及的问题是统治者如何获得权力并保持它，但它也包括对人生其他方面包括可能会威胁或毁灭婚姻的多种问题的建议。

如果一个女人未生育活的孩子，或没有生男孩，或者不能生育，她的丈夫要等8年才能另娶。如果她只生了一个死去的孩子，他要等10年。如果她只生了女孩，他要等12年。然后，如果他渴望有儿子，他可能会再娶……如果丈夫脾气很坏，或长期出国，或背叛了其国王，或有可能危害妻子的生命，或下降至地位更低的种姓，或丧失了生育能力，他可能会被他的妻子抛弃……

对于性情扭曲的女人，不能用这样一些表达来教训她的行为："你，半裸身子；脱光衣服；你这个残废人；你这个没有父亲的人；你这个没有母亲的人。"打她的臀部也不应超过3下，不管用竹条、绳索还是手掌……

一个恨她丈夫的女人，一个7个月经周期未曾行经的女人，一个爱别人的女人，应立即把她从丈夫那里接受的嫁妆和珠宝返还给他，并允许他与另一个女人同寝。一个恨他妻子的男人，应当允许她住在一个给她提供帮助的女人家里，或者她的合法监护人或亲戚家里。一个恨她丈夫的女人不能违背他的意愿和他离婚。一个男人也不能违背他妻子的意愿和她离婚。但是，如果双方相互憎恨可以离婚。

如果一个女人参加暧昧的娱乐，或者违反秩序饮酒，她将被罚款3帕纳（panas）。如果白天外出进行娱乐或去拜访一个女人或观看表演，她将被罚款6帕纳。如果她外出去拜访另一个男人或进行娱乐，她应支付12帕纳罚款。如果在晚上犯有同样罪行，罚款应增加一倍。如果一个女人在丈夫睡觉或喝醉时外出，或将她丈夫关在房门外面，她将被罚款12帕纳。如果一个女人将他关在房子外面达一夜，她应支付上述罚款的两倍。如果一个男人和一个女人以带有感官享受的眼光互相对视，或进行同样目的的秘密谈话，这个女人应支付24帕纳罚款，该名男子的罚款数额加倍。对于在可疑的地方谈话，可以用鞭打代替罚款。在村庄的中心，由贱民在这个妇女的身体两侧各鞭打5次……

一个与轻率的婆罗门妇女通奸的刹帝利将被处以最高数额的罚款；一个吠舍做同样的事将会被剥夺其全部财产；一个首陀罗则会被绑在草垫周围活活烧死……一个与低种姓的妇女通奸的人应被放逐，在其额头上烙上规定的标记，或被降到与这个女人同样的种姓。一个与低种姓的女子通奸的首陀罗或贱民应被处死，这个女人应被割去耳朵和鼻子。

资料来源：First selection from Sir Richard Burton and F. F. Arbuthnot, *The Kama Sutra of Vatsyayana*

(1883), sections III.1, III.4, III.5, IV.1, found at http://www .sacredtexts.com/sex/kama/index.htm. Second selection from R.Shamasastry, *Kautilya's Arthashastra*, 2nd ed. (1923), sections III.2, III.3, IV.13, from Internet Indian History Sourcebook at http://www.fordham.edu/halsall/india/kautilya2.html.

分析问题

在这篇文选中，妇女在哪些方面被赋予了本质上与男人平等的待遇？在哪些方面她们受到了不公平的对待？

男人和女人选择配偶及爱人的基础是什么？两个人的阶级地位是如何在这一选择中发挥作用的？

古代印度妇女最重要的家庭责任是什么？她们参加了什么样的社会、智力和文化活动？

根据这些关于已婚妇女应该如何对待她丈夫的建议，你认为夫妻感情关系的实质是什么？这与当代社会的婚姻可能有何不同？为什么古代印度的一些婚姻会失败？

己家里把她养大，他可以根据自己的目的来训练她。最极端的控制形式发生在印度的部分地区，在这些地方，人们希望一个寡妇在她丈夫葬礼的柴堆上把自己火化。这种仪式称为殉节（sati），被看作是保持一个女人“贞洁”的方式。拒绝进行这种最终献身的妇女，会被禁止再婚，在社会上将受到冷落，很少会获得谋生的机会。

有些妇女通过加入耆那教或佛教的宗教团体来摆脱男性的控制。社会地位也给了女性更多的自由。权贵家庭的妇女和妓女，在诗歌、音乐及提供性愉悦的方式方面受到训练，具有较高的社会地位，有时为宗教圣地的建筑捐钱。 196

笈多帝国时期的宗教

孔雀帝国的国王是佛教徒，但笈多帝国的君主是印度教徒。他们恢复古老的吠陀教的做法，以使他们的地位带有神圣的光环。这一时期也见证了阶级和种姓制度的重要性，以及婆罗门祭司影响的重新抬头。为回报婆罗门赋予他们的统治在宗教上的合法性，笈多帝国的君主给予祭司大量土地。婆罗门靠直接收取农民的税收富裕起来，他们甚至在自己管辖的村庄行使行政和司法权力。

不过，这是一个宗教宽容的时代。笈多帝国的国王赞助印度教徒、佛教徒和耆那教徒的行为。许多城市蓬勃发展的佛教寺院有几百甚至几千名僧侣和尼姑，一所佛教大学在那烂陀（Nalanda）成立。印度北部是来自东南亚和东亚的佛教朝圣者的目的地，他们前来参观其信仰的发祥地。

印度教寺庙的经典形式在笈多帝国时代获得了发展。神庙坐落于由高塔支撑的一座高高的平台上，装饰着神话中诸神居住的圣山或宫殿图案，它代表宇宙的内在秩序。崇拜者从外围的庭院接近神像所在的中央神殿。得到捐赠最多的神殿的墙壁上，装饰着描绘诸神和神话故事的绘画或雕刻作品。在岩石上开凿的山洞寺庙里，湿壁画或雕塑装饰也很丰富。

前代活跃的贸易在笈多帝国时期得到持续发展。手工业者行会在城镇的经济、政治和宗教生活中发挥了重要作用。笈多帝国寻求对阿拉伯海港口的控制，但与衰弱的罗马帝国的贸易在衰落。与此相抵消，与东南亚和东亚的贸易在上升。有冒险精神的商人从印度东部和南部的港口出发航行到马来半岛和印度尼西亚群岛，用印度的棉布、象牙、金属制品和动物换取中国的丝绸或印度尼西亚的香料。起自中国的陆上丝绸之路也在发挥作用，但容易受到中亚游牧民族的干扰（见第8章）。

衰落与转型

到公元5世纪末，笈多帝国开始感受到来自匈奴的压力。这些来自中亚大草原的游牧入侵者，川流不息地涌入西北走廊。这一遥远边疆地区的防务最终耗尽了帝国的国库，到公元550年，笈多帝国崩溃。

公元7世纪初见证了统一帝国的短暂复兴。德里周围地区的统治者戒日王（Harsha Vardhana，公元606—647年在位）将其权力扩展至北部平原，并将都城迁至恒河畔的曲女城（Kanauj）。这一时期的城市和商业衰落了，大部分土地作为薪俸被授予婆罗门祭司和政府官员，行政管理系统是分散的，主要依靠在很大程度上独立的诸侯的效忠。这时的情况在许多方面与欧洲罗马帝国后期的情形类似（见第6章），因为印度的社会和经济结构在朝着封建化程度更高的方向发展。戒日王去世后，印度北部恢复了其惯常的政治分裂状态，直到11—12世纪伊斯兰势力的入侵（见第14章）。

在北部笈多帝国兴衰的过程中及以后的几个世纪，德干高原和半岛南部遵循着独立发展的道路。在这一地区，地形被群山、岩石高原、热带森林以

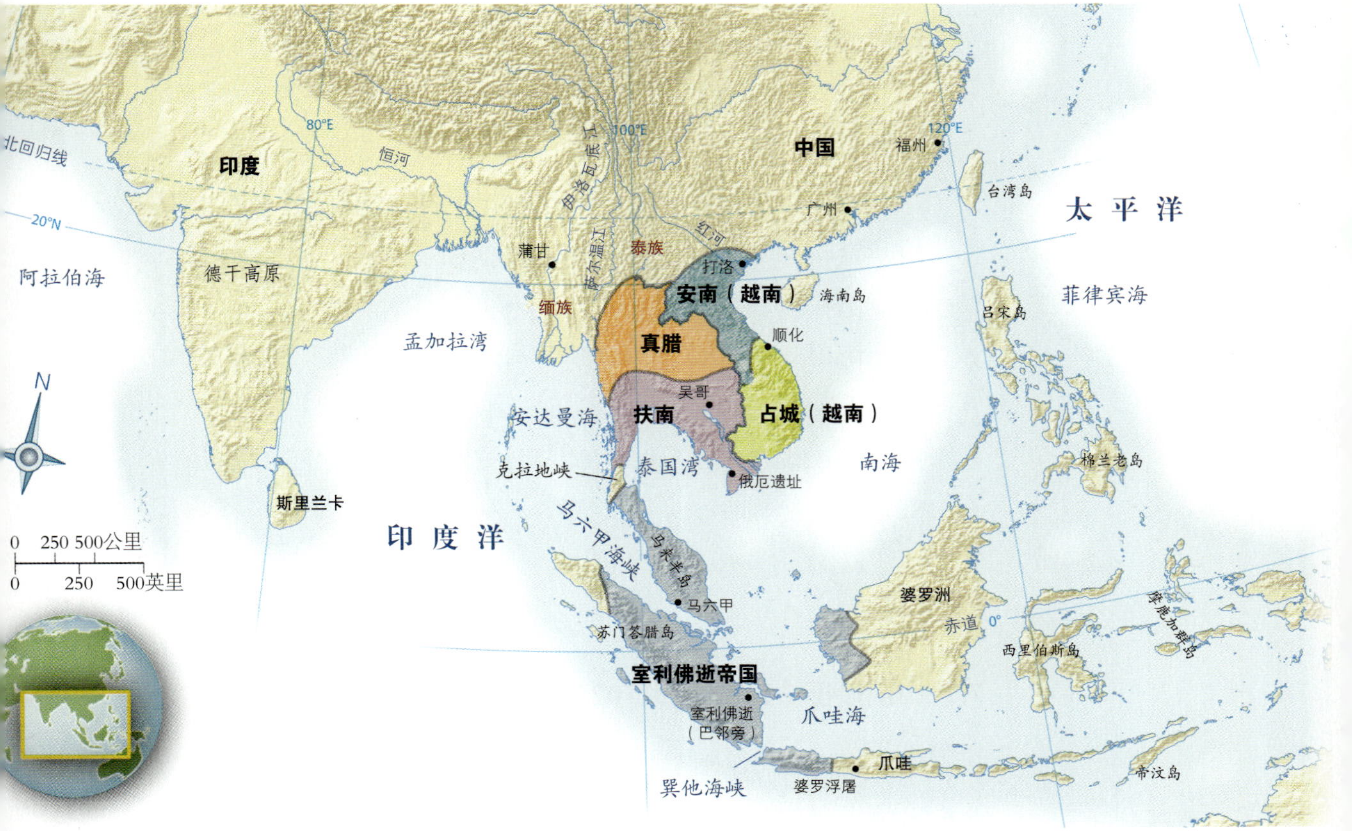

地图7-2　东南亚　东南亚位于古代文明中心印度和中国之间，这一位置对其历史产生了重大影响。公元1千纪，通过控制主要贸易路线，一系列强大而富裕的国家在该地区出现了：首先是以越南南部、柬埔寨和马来半岛为基地的扶南，然后是苏门答腊岛的室利佛逝，最后是爪哇岛一些更小的国家。变化的贸易路线导致了某个国家的衰亡和其他国家的兴起。

及密布交织的河网分割，有许多小的权力中心。公元6—12世纪，帕那瓦王朝（Pallavas）、恰卢克雅斯王朝（Chalukyas）和其他军事政权尽其所能地聚敛贡品并进行掠夺，将其财富存放在城市的堡垒中。这些统治者以宗教和文化赞助人身份寻求合法性和声望，这一时期的许多杰出艺术作品和建筑是在南部王国产生的。北部印度宗教和文化的许多元素传播到了南部，包括阶级和种姓制度、婆罗门的宗教权威地位及毗湿奴和湿婆崇拜。这些王国也是印度宗教和文化借此传播到东南亚地区的中介。 197

本节回顾

公元前4世纪后期，旃陀罗笈多·孔雀建立的孔雀帝国最终控制了次大陆大部分地区。

阿育王皈依了佛教，在石头和柱子上刻上了他的号召：非暴力、节制和宗教宽容。

公元前184年孔雀帝国灭亡后，外国占领者——印度—希腊人、沙卡人和贵霜人——控制了西北部地区。

尽管政治上是分裂的，商业和文化却很繁荣。

公元前3—公元3世纪，印度南部的泰米尔王国出现了艺术和文学的复兴。

笈多帝国虽然不像孔雀帝国那样领土辽阔，却促进了公元4—6世纪学术、科学和艺术的发展。

7.3 东南亚（公元50—1025年）

东南亚包括三个地理区域：中南半岛、马来半岛和在一条东西向轴线上展开并深入太平洋的数千个岛屿（见地图7-2）。该地区包含非常广阔的陆地和水域，目前的国家有缅甸、泰国、老挝、柬埔寨、越南、马来西亚、新加坡、印度尼西亚、文莱和菲律宾。东南亚位于古老的文明中心中国和印度之间，一直受到两种文明的影响。由于其在南亚和东亚贸易往来中的居间作用，这一地区变得重要和繁荣起来。

东南亚的战略意义由于该地区的自然资源而得到了加强。这是一个地质活跃区，诸岛位于一个火山链的顶部。东南亚位于赤道沿线，属热带气候。全年的气温在80华氏度（30摄氏度）上下徘徊，而季风带来了可靠的降水。得益于每年可种几季庄稼，该地区可以养活大量人口。最肥沃的可耕地位于含沙量最大的河流漫滩，或含有丰富的火山灰的土壤，后者是由于古代火山喷发沉积下来的。

198

7.3.1 早期文明

生态和人口

东南亚大部分地区生长着热带雨林。早在公元前2000年，这一地区的人们就从事刀耕火种的农业，通过砍伐和燃烧植被清理土地以备耕种。清理出的土地可耕种几个生长季。当土壤的养分被耗尽，农民就放弃这块地，使其重新成为森林，他们以类似的方式清理并耕种附近其他的田地。稻米是主食，虽是劳力密集型的作物（见第3章），但能够养活众多人口。许多动植物物种从东南亚传播到了其他地区，包括稻米、大豆、甘蔗、薯蓣、香蕉、椰子、鸡和猪。

马来民族成为本地区的优势人口，这是始于约公元前3000年的几波移民浪潮的结果，这些移民来自中国南方。一些原住民族与新来的马来人融合了，其他民族则撤退到了边远的山区和森林区。随后（可能开始于公元前1600年左右），不断增长的人口和社群内的纠纷促使许多人离开东南亚大陆，前往众多岛屿。到公元前1千纪，东南亚国家已经发展出了令人惊异的航海技术。他们知道如何利用季风，并解释了海浪、风、云、鸟类和海洋生物的多种模式。在几千年的时间里，一群群马来人乘坐双桨独木舟在太平洋和印度洋上到处航行，并在数千个岛屿定居，其航行距离是地球周长的一半。

东南亚居民聚居在河岸或肥沃的火山平原。他们的田地和村庄从未远离过有众多野生动物和植物的热带雨林。森林提供了水果、木材和香料。岛屿周围的浅水海域盛产鱼。这个地区也是一个早期冶金中心。金属匠用空心竹管把氧气输送到熔炉中，将铜矿石和锡矿石加热到制作和修整青铜工具需要的温度。

外部影响

中南半岛北部在地理上接近中国，容易感受到中国的压力和文化的影响，它在政治上被中国影响了1 000年（公元前111—公元939年）。再向南，作为对商业和印度教—佛教文化这两股强大力量的回应，公元后最初几个世纪出现了一些比较大的国家。商人将中国丝绸向西运到印度和地中海地区，东南亚正好处在这条贸易航线上。游牧民族的活动扰乱了穿越中亚的古老的陆路贸易路线。印度对丝绸的需求正在增加——既供国内使用，也进行转运，以满足罗马帝国快速发展的奢侈品市场的需求。渐渐地，商人将这种交易网络扩展至包括来自东南亚的货物，如芳香木、树脂、肉桂、胡椒、丁香、豆蔻和其他香料。通过为这个贸易网络服务和控制关键地点，东南亚一些国家开始兴起，地位变得重要。

导致较大的政治实体兴起的另一股力量是来自印度的印度教和佛教文化的影响。商业活动使印度商人和水手来到了东南亚港口。随着佛教的传播，东南亚成了印度传教者和东亚朝圣者前往其信仰发祥地并返回的一个驿站。精明的马来统治者把印度传统看作一个思想和威望的丰富来源。他们借用了一些梵文术语，如大王（maharaja），采用印度式的官僚机构、礼仪习俗和艺术表现形式，聘用擅长梵文写作的祭司、行政人员和书吏，以迅速处理政府公务。他们与强大诸神的特殊联系和拥有渊博的知识，使之获得了比其对手更高的地位。

扶南：公元1—6世纪东南亚的一个早期繁荣国家。它以越南南部富饶的水稻种植区为中心，并控制了穿越马来西亚（Malaysian）地峡的贸易通道。

然而，东南亚王国不仅仅是印度文化的被动接受者。他们吸取了对他们有用的东西，并将其与当地的信仰、价值观和制度（如当地的首领概念、祖先崇拜和宣誓的各种形式）进行综合。此外，他们还用新方法培训了本国人，所以官僚机构中既有外国的专家，也有本国的信徒。整个过程无异于印度和东南亚之间的一种文化对话，双方都是其积极参与者。

扶南

东南亚第一个重要的国家是中国旅行者所说的“**扶南**”，其繁荣时期是公元1—6世纪（见地图7-2）。其都城位于今越南南部的俄厄（Oc-Eo）遗址。扶南占据了湄公河三角洲，这是一个能养活大量人口的“饭碗”。统治者动员了大量劳动力挖掘灌溉渠道，并防止破坏性的洪水。通过将其控制范围扩大至中
199 南半岛南部大部分地区和马来半岛，扶南主宰了从印度到中国的贸易通道。这条路线起于印度东北部的港口，穿过孟加拉湾，经陆路越过马来半岛的克拉地峡，然后继续航行至南海（见地图7-2）。印度商人发现，从船上卸下他们的货物并将其运过狭长的地峡比航行1 000英里（1 600公里）绕过马来半岛安全，后者因变化莫测的浪涛、多岩石的浅滩和海盗而成为一段危险的航程。一旦越过地峡的搬运工作完成，商人们就需要饮食和住宿，同时等待季风风向改变，以便他们能通过海路完成去中国的最后一段航程。扶南为从事这种贸易的人储存食物并提供保护，获得的回报是关税和其他费用。

中国观察家留下了关于扶南的繁荣与精致的报告，强调了其城池、宫殿、档案、税收制度和国家组织的农业。然而，扶南于公元6世纪衰落下去。最可能的解释是国际贸易路线改变了，扶南不再占据战略位置。

7.3.2 室利佛逝王国

到公元6世纪，一条全程是海路的新航线形成了。来自南印度和斯里兰卡的商人和旅行者通过马六甲海峡（位于马来半岛西岸和苏门答腊岛东北海岸之间），然后进入南中国海。这条航线既有人为的危险，也有航行方面的风险，

女神的可怕化身杜尔迦（Durga）正杀死水牛妖（来自爪哇，公元13世纪） 这位女神是印度教的三大神祇之一，以一些互补的形象出现。其中最引人注目的形象是杜尔迦——一个配备有多种神圣武器的嗜杀的武士。这个神的其他形象则可以代表赐予生命的丰产和家庭中温顺妻子的职责，表明了印度人是如何适应生活中不同方面之间的相互联系的。

但它大大缩短了航程。

公元683年，一个新的权力中心**室利佛逝**（Srivijaya，梵语，意为“伟大的征服”）控制了这条新的偏南的路线。室利佛逝王国的都城在今苏门答腊岛东南部的巴邻旁市，位于沿穆西（Musi）河溯流而上约50英里（80公里）的地方，拥有良好的天然港口。王国地理位置优越，控制着重要的航运通道马来半岛和苏门答腊的南部、爪哇和婆罗洲的部分地区及马六甲海峡和巽他海峡（见地图7-2）。

室利佛逝：公元7—11世纪以印度尼西亚的苏门答腊岛为基础的一个国家。它通过有选择地吸收印度的技术和观念，通过控制印度和中国之间利润丰厚的贸易路线，以及在获得内陆和沿海不同区域的领土时通过其熟练的外交技巧，积累了财富和权力。

经济

通过把四个不同的生态区融合成一个相互依存的网络，室利佛逝王国获得了胜过其竞争对手的优势，并控制了国际商路。核心地区是沿穆西河富饶的农耕平原。国王及其臣僚、法官和税务官直接控制着该地区。第二个区域是苏门答腊岛内陆地区的高地，出产有商业价值的森林产品，政府对该区的控制不那么直接。当地统治者通过效忠宣誓、精美的宫廷典礼和共享贸易利润与中央保持着联系。第三个区域包括一些曾是室利佛逝的主要竞争对手的河港。它们被征服和控制是由于室利佛逝和邻近的海上民族即海盗结盟，海盗作为室利佛逝

爪哇婆罗浮屠佛教纪念塔鸟瞰图 这座巨大的火山石纪念塔长度超过300英尺（90米），高度超过100英尺（30米）。朝圣者步行3英里（约5公里），通过10级台阶蜿蜒而上，这台阶象征从无知到觉悟的理想佛教徒生涯。许多描绘佛教传说的雕塑使人们得以瞥见早期爪哇的日常生活。

的海军为其服务，获得的回报是稳定的收入。

第四个区域位于附近爪哇岛的中部平原，是一个含火山土的肥沃的“饭碗”，该地区物产非常丰富，因而容纳和养活了今日印度尼西亚的大多数人口。室利佛逝君主与该地区几个主要的王朝保持着联盟关系，通过联姻巩固联系，
200 并声称他们是一个重要的爪哇王朝的后裔。这些安排使室利佛逝获得了大量粮食，这是生活在都城的人和访问各个港口的商人及水手需要的。

王权

建构和维持这样复杂的社会、政治和经济关系网的室利佛逝国王是精力充沛、技能高超的人。虽然他们的权威部分依靠武力维持，但更多地源于其外交甚至文艺才能。室利佛逝像笈多帝国一样是一个“剧场国家”，靠其纯粹的辉煌和吸引劳动力、人才和昂贵产品的能力来保证其卓越地位并约束依附者。宫廷是上演典礼的舞台，这些典礼旨在使观众惊叹并强化一种富有、强大和神圣

的形象。臣属的地方统治者要进行效忠宣誓（誓言中包含对背叛的可怕惩罚），并在其家乡模仿都城富丽堂皇的典礼。

室利佛逝国王利用佛教观念，宣称自己是一位菩萨——一个已经彻悟并利用自己宝贵的顿悟改善其臣民处境的人。人们认为国王有神奇的力量，他控制着强大的生育力，这种力量与泛滥的河流联系在一起，能够在精神上调和山海之间的广大领域。据说他还非常富有，曾把金砖沉在河口以安抚当地的神，城镇附近的一个山坡上到处是金银佛像。黄金产于东非或西非，通过与穆斯林世界的贸易而被运到东南亚（见第8章）。

国王修建并资助佛教寺院和学校。在爪哇中部，与室利佛逝结盟的当地王朝修建了宏伟的庙宇建筑群，以宣扬他们的光荣。其中最有名的是建于公元770—825年的**婆罗浮屠**，它是南半球最大的人造建筑物。

婆罗浮屠：印度尼西亚爪哇岛的一座巨大的石造纪念塔，约公元800年由夏连特拉王朝（Sailendra）的国王所建。包括10级台阶的弯曲的上坡路上有许多浮雕装饰，它是佛教对渐悟的一种比喻。

201

衰落

室利佛逝国王实行这种神奇的平衡性做法长达几个世纪。但是，这种制度容易受国际贸易格局影响而发生变化。这样的变化必然导致11世纪室利佛逝的衰落，尽管其直接原因是公元1025年印度东南部朱罗王国的军队对其都城巴邻旁的破坏性入侵。

室利佛逝衰落后，领导权转到了爪哇岛东端的一个生机勃勃的新王国手中，东南亚的海上王国依然繁荣并与国际贸易网紧密相连。数个世纪过去了，欧洲人仍然未清晰地意识到这一地区是香料和其他奢侈品的原产地。室利佛逝衰落约4个世纪后，一位为西班牙效力的意大利航海家——克里斯托弗·哥伦布穿过大西洋向西航行，寻求建立一条直接到达传说中的香料产地“印度”的航路。

本节回顾

气候和资源使东南亚能够养活大量人口。

东南亚位于中国和印度之间的贸易路线和朝圣路线上，受到了印度教和佛教的强烈影响。

精明的统治者利用印度的知识和人员来增强自己的权力和威望。

公元1—6世纪，扶南通过控制穿越马来半岛的贸易路线而兴起，地位突出。

公元7—11世纪，室利佛逝王国处于繁荣时期，主宰了通过马六甲海峡的新国际贸易路线。

结 语

本章追溯了公元前2—公元1千纪印度和东南亚繁序社会的出现。由于移民、贸易和信仰体系的传播，一种印度风格的文明传遍了整个次大陆和邻近地区，最终自然而然地传到了东南亚大陆和群岛。这一时期奠定了在很大程度上至今尚存的文化基础。

信仰体系——吠陀教、佛教、耆那教和印度教——的发展和传播在本章占有核心地位，因为几乎所有的信息来源都是宗教性的。一个人参观博物馆，考察来自古代美索不达米亚、埃及、希腊—罗马地中海区域和中国的文物，将会发现许多物品具有宗教性质。但是，只有印度的文物几乎完全来自宗教领域。

与东半球其他地方相比，印度的文字产生得比较晚，其原因源于印度的一些特殊状况。就像印度的文物一样，古代印度的大部分文献是宗教性质的。古代印度人不像同时代的以色列人、希腊人和中国人，他们没有形成历史意识，也没有产生史学文献，主要是因为其十分与众不同的时间观。他们认为，在众多漫长的时代中，宇宙一次又一次地被创造，又被毁灭，生物的本质灵魂会重复转世，这种与众不同的印度观念使关于任何短暂瞬间的事情似乎都是相对次要的。

分裂和统一力量之间的对立可以在印度生活的许多方面看到。政治和社会分裂是整个印度历史大部分时期的常态，这是次大陆的地形和环境多样性的结果，也是居住于此的不同群体种族和语言混杂的结果。阶级和种姓的复杂结构是对这种多样性的一种回应——企图在一个可接受的等级制度下组织人口并为个体定位，同时调节不同群体间的交往。强有力的中央政权，如孔雀帝国和笈多帝国的国王在一段时期内占据了优势，促进了繁荣和发展。他们通过控制金属资源和重要贸易路线，发展高效的军事和行政机构，创造激起钦佩和效法的文化形式，由此获得了统治地位。然而，正如古风时代的希腊及战国时期的中国，分裂时代和许多小权力中心在经济和文化方面仍然生机勃勃，似乎和统一时代一样。

印度文明许多独特的社会和文化特征——阶级和种姓制度，王权和治国之道的模式，吠陀教、耆那教和佛教的信仰体系，这些都产生在北部的大河流域，印欧移民后裔在那里占据着统治地位。因此，印度教不仅接受了佛教的因素，也吸收了南方达罗毗荼文化的因素。印度教传统吸收一系列大众信仰的能力，促进了一个共同的印度文明在整个次大陆传播，尽管（无论过去还是现在）不同的地区之间存在着相当大的差异。

进一步阅读文献 202

Avari, Burjor. *India: The Ancient Past: A History of the Indian Sub-Continent from c. 7000 BC to AD 1200*. 2007. 一本清晰、简明地介绍古代印度历史的书。

Brook, Peter, director. *The Mahabharata* (3 videos). 1989.一出舞台剧的电影版本，因其英国导演和多元文化（背景）的演员引起了许多争议，但它对这部伟大的印度史诗的情节和主要人物进行了平易的介绍。

Diskul, M. C. S. *The Art of Srivijaya*. 1980. 涉及早期东南亚的艺术。

Embree, Ainslee T. *Sources of Indian Tradition*, vol. 1, 2nd ed. 1988. 包含许多原始文献的翻译，其重点几乎纯粹是宗教，包含少量来自南印度的材料。

Huntington, Susan L., and John C.Huntington. *The Art of Ancient India*. 1985. 集中论述古代印度的艺术和建筑。

Kinsley, David R. *Hinduism: A Cultural Perspective*. 1982. 介绍了印度人的基本社会观念和宗教观念。

Lang, Karen. "Women in Ancient India," in *Women's Roles in Ancient Civilizations: A Reference Guide*, ed. Bella Vivante. 1999. 一种关于古代印度妇女的最新概述，附有参考书目。

Miller, Barbara Stoler. *The Bhagavad-Gita: Krishna's Counsel in Time of War*. 1986. 关于这部古代经典的一种易读的译本，带有有用的介绍和注释。

Ramaswamy, T. N. *Essentials of Indian Statecraft: Kautilya's Arthashastra for Contemporary Readers*. 1962. 一部有关国家建设的吸引人的论集，据说是孔雀帝国的建立者的谋臣所作。

Schmidt, Karl J. *An Atlas and Survey of South Asian History*. 1995. 包括地图和说明性文字，对南亚文明的地理、环境、文化和历史特点进行了图解。

Sedlar, Jean W. *India and the Greek World: A Study in the Transmission of Culture*. 1980. 探讨了希腊文明和印度文明的互动。

Shaffer, Lynda. *Maritime Southeast Asia to 1500*. 1996. 在世界历史背景下集中论述了早期东南亚的历史。

Sharma, R. S. *India's Ancient Past*. 2005. 一种对古代印度历史的最新记述。

Thapar, Romila. *Asoka and the Decline of the Mauryas*, rev. ed. 1997. 对最有趣也最重要的孔雀帝国国王进行的一种详细研究。

Trainor, Kevin, ed. *Buddhism: The Illustrated Guide*. 2001. 用了几章写古代印度的佛教。

203

注 释

[1] Barbara Stoler Miller, *The Bhagavad-Gita: Krishna's Counsel in Time of War* (New York: Bantam, 1986), 98–99.

[2] B. G. Gokhale, *Asoka Maurya* (New York: Twayne, 1966), 152–153, 156–157, 160.

[3] James Legge, *The Travels of Fa-hien: Fa-hien's Record of Buddhistic Kingdoms* (Delhi: Oriental Publishers, 1971), 77–79.

世界历史上的问题

口述社会和书面表达的影响 204

书写文献的获得，是历史学家把历史与史前史区分开来的一个关键因素。当我们能够读到过去的人关于其生活的所思所言（的记载），我们就开始用仅仅靠考古学家发掘物质遗迹所办不到的方式，来了解他们的文化、制度、价值观和信仰。

有读写能力和不能读写不是绝对的非此即彼。个人的读写能力包括不同的层次：不会读写、有诸多细微差别的部分读写能力（能写自己的名字或吃力地阅读简单的课文）、阅读这本教科书的人都已掌握的流利阅读能力。社会文化程度，也从不会读写到所谓的读写技艺——一小部分专业化的精英为有限的目的（如保存行政记录）而写作，一直到接近全面的读写能力和能为许多目的而写作（这是我们这个时代发达世界的标准），各层次的都有。

在过去的五六千年间，绝大多数人不识字，即使他们生活在出现了书写技术的社会。如果一个社会的大多数人依赖口头语言和记忆，这种文化本质上是"口述"文化，即使某些成员知道如何书写。口述文化和书面文化的差异是巨大的，不仅影响到有价值知识的种类和信息保存的形式，还影响到语言运用本身和将世界概念化的种类，最终影响到个人大脑的思维（神经学家现在认识到其受个人经历和精神活动的强烈影响）。

古风和古典时代（约公元前800—前323年）的希腊，为我们提供了一个非常有启发性的研究个案，因为我们可以观察到书写被引入一个口述社会及其深远影响的过程。黑暗时代和古风时代早期的希腊人生活在一个纯粹的口述社会里，所有的知识通过人的记忆被保存并传给下一代或告诉其他人。荷马史诗《伊利亚特》和《奥德赛》（约公元前700年）反映了事态的这种状况。学者承认，这些诗的作者是一个口述诗人，几乎可以肯定他不识字，他听过并记住了前人的诗，然后以自己的方式重述它们。这些诗歌是这个社会认为有用的信息的汇集，包括过去的事件，勇士、国王、贵族妇女和仆人应有的行为，如何献祭、做木排、穿铠甲及款待客人；另外还有许多别的内容。

把这些信息嵌入一个故事中，并使用丰富多彩的语言、固定短语和可预见的诗歌节奏，使诗人和听众更容易记住大量知识。早期希腊诗人依靠他们的博闻强识、语言技巧和戏剧表演天赋发展了高度专业化的技术，以帮助他们记忆和表述自己的故事。他们在保存和传递信息方面起了重要作用，因而享有相对高的社会地位和舒适的生活标准。在过去的许多其他口述文化中可以发现类似的团体，包括中世纪凯尔特人土地上的吟游诗人（bard）、斯堪的纳维亚的吟唱诗人（skald）、西非的歌舞艺人（griot）和美洲原住民族的部落历史学家。

然而，无论多么训练有素并充分实践，人类的记忆只能做这么多。对于什么样的信息要保存在人类记忆这一有限的存储介质中，口述社会必须十分善于挑选，而且它们放弃旧信息以便为新信息让出空间的过程很慢。

公元前8世纪的某一时间，希腊人借用了黎巴嫩的腓尼基人使用的文字体系，并使之适应自己的语言，创造了第一套纯粹的字母文字，用几十个符号来表示话语的发音。与庞大而繁杂的符号体系相比，如与楔形文字、象形文字或线性文字B这些文字体系相比，希腊字母相对比较简单易学，尽管如此，最初很可能只有小部分人知晓，也仅用于有限的目的。学者们认为，大约花了三四百年，读写知识才传播到希腊大众中，书面文字成为存储希腊文明积累起来的知识的主要介质。当时整个希腊仍然主要是口述社会，尽管有些希腊人（大多是受过良好教育的上层阶级的成员）开始写诗歌、科学推论、历史故事、哲学思考及其社会的法律。

希腊人一些最重要的智力和艺术成就，包括早期的科学、史学、戏剧和修辞学，都是在口述方式和书面表达方式并存的时代发展起来的，这并非偶然。学者们令人信服地论证说，书面形式开辟了几乎无限的存储信息的能力，把人们的
205 智力从记忆活动的艰苦训练中解放出来，而且没必要再痛苦地选择要保留的东西了。这使得以前无法想象的创新和实验有了可能。也许受到了字母表线性序列的启发，希腊人开始用线性方式来组织信息并对其进行分类；由于已没有必要再把一切事物都用故事的形式表现出来，他们开始致力于抽象思考。我们可以观察到希腊语言的变化，它发展出了一套充满抽象名词的词汇表，同时句子结构日益复杂，因为读者有时间去回读文本了。

然而，所有与读写能力有关的发展都是由希腊文化根深蒂固的口头表达习惯塑造的。人们常说，柏拉图（约公元前429—前347年）及其古典时代后期的同时代人，可能是第一代从书本中学到其大部分知识的希腊人。即便如此，柏拉图是述而不作的哲学家苏格拉底的弟子，而且柏拉图以书面形式传达他的思想，采取的却是口头对话的形式，即一连串戏剧化的问题和回答。

从口语表达向书面表达的过渡在某些地区遇到了顽强的抵抗。在口述文化

中，一些群体的地位建立在只有他们才掌握的专门知识的基础上，如判决纠纷的精英阶层的成员、熟知历史悠久的宗教惯用语和安抚神灵的宗教仪式的祭司、保存并表演英雄历史故事的口述诗人，他们憎恨文字带来的后果。他们尽其所能地煽动普通人去质疑一些有学问的人对神的虔诚，因为这些人企图对一些传统上被归因于神的意志和行动的现象，如闪电和日食、月食，进行科学解释。精英阶层抨击所谓的智者或“聪明人”，指责他们违背了传统道德并腐蚀了年轻人，因为他们收费传授他们声称获得成功的必要技能。

古代和现代的其他社会也有关于这些进程的类似例子。古代的口述“专家”，包括印度的婆罗门祭司和凯尔特的德鲁伊德祭司，通过记忆保存了关于如何获得神灵好感的宝贵宗教知识。这些团体满怀戒备地保护自己的知识，因为这是其生计和社会地位的基础。为了对那些接受知识的人做出选择和保持控制，他们拒绝将这些知识付诸书面形式，即使是在读写技能已经传播开来以后。口述（社会）的权威人士感受到文字的威胁并对其进行抵制的形式，可以在下面的引用语中看到，这是一名20世纪的歌舞艺人——一个西非马里的历史记忆者和口头讲述者的语录：

> 我们歌舞艺人是历史知识的保存者。……其他民族用写作来记录历史，但这项发明已扼杀了他们的记忆力。他们再也不能感受到过去，因为文字缺乏人的声音的温暖。对他们而言，每个人都认为他了解（知识），但学习应该是一个秘密……无价值的知识就是那些凝结在不会讲话的书本中的知识！……世世代代以来，我们都是通过父子相传的形式传播历代国王的历史。这些故事也是以同样的方式传给我的，因为我接受的是没有任何谎言的故事。[1]

我们生活在一个高度书面化的社会里，书面形式的文字往往被认为比口语更权威，更客观，因此，这种观点我们很难接受。在努力了解过去的许多社会时，重要的是不要把我们的假设强加于它们，并正确评价许多社会中口头模式和书面模式之间复杂的相互影响。

注 释

［1］D.T.Niane, *Sundiata: An Epic of Old Mali* (Harlow, UK: Longman, 1986), 41.

第三篇

文化共同体的发展和互动（公元前300—公元1200年）

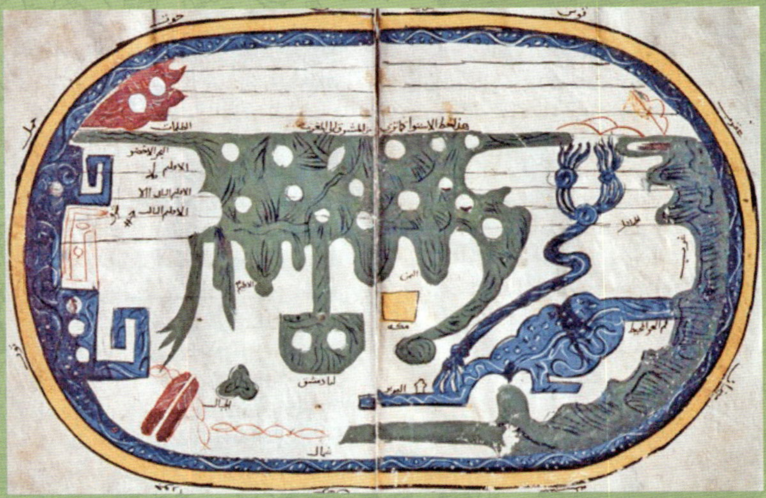

伊斯兰教的世界地图

现存最古老的一些世界地图来自中世纪的伊斯兰文化。这幅地图是一幅可能属于10世纪的地图在14世纪的复制品，其不同寻常之处是地球是椭圆而非圆形的。南部在上方。蓝色的地中海在右下方的象限，尼罗河在上部延伸，直到消失在月亮山的两组较小的河流中。除了环绕整个地图的环形海洋，其他水域是绿色的。黄色的方形区域是麦加。

207 公元前300年，许多社会与其边界之外的地区只有有限的接触。到公元1200年，这种情况发生了变化。商贸、移民和传教士把各民族联系到了一起。产品和技术沿着远距离贸易网络传播：横跨亚洲的丝绸之路、穿越撒哈拉沙漠的商旅路线以及连接印度洋周边地区的海上航线。

从西非迁移的班图人，把铁器和新耕作技术传播到撒哈拉以南的非洲的大部分地区，有助于独特的非洲文化的形成。受先知穆罕默德的启发，来自阿拉伯半岛的征服者阿拉伯人，在从西班牙至印度的地区建立了穆斯林的统治，奠定了一种新文化的基础。

在亚洲，游方僧和朝圣者促使佛教从印度传播到了斯里兰卡、西藏、东南亚和东亚。新信仰与更古老的哲学及宗教相互作用，产生了独特的文化形态。同时，中国的唐王朝把中国的文化及技术传遍了整个中亚和东亚。

在欧洲，修道士和传教士传播了基督教信仰，它与新的政治和社会结构发生了错综复杂的联系：西欧的王权与教权之争；东方拜占庭帝国的教权和皇权联盟；基辅罗斯与之类似但独具特色的社会。十字军东征将西欧与东方的土地重新连接起来。

在西半球，安第斯山区、尤卡坦低地和墨西哥中部高原的城市文明和农业文明获得了发展，玛雅文明、阿兹特克文明和印加文明是其发展高峰。文化的交流和互动是这一时期欧亚大陆和非洲的特点，西半球也发生了类似的过程。

第8章

交流与交换的网络（公元前300—公元1100年）

本章纲要

- ▲ 丝绸之路
- ▲ 印度洋海运体系
- ▲ 穿越撒哈拉沙漠的路线
- ▲ 撒哈拉以南的非洲
- ▲ 思想的传播
- ▲ 结　语

多样性与主流：非洲和印度行纪

环境与技术：驼　鞍

思考

促成丝绸之路沿线贸易增长的因素是什么?

地理因素如何影响了印度洋的贸易路线?

穿越撒哈拉沙漠的贸易为什么会出现?

什么原因导致了撒哈拉以南的非洲的文化统一程度相当高?

为什么有些商品和思想比其他的更容易传播?

209 一位名叫白居易的中国诗人受丝绸之路传说的启发，抒发了怀乡之情：

胡旋女，胡旋女，
心应弦，手应鼓。
弦鼓一声双袖举，
回雪飘飖转蓬舞。
胡旋女，出康居，
徒劳东来万里余。
中原自有胡旋者，
斗妙争能尔不如。[1]

中亚西部撒马尔罕和布哈拉周围地区在8世纪时被称为索格底亚那（Sogdiana）[1]，距中国都城长安2 500英里（4 000公里）。商队需长途跋涉4个多月，穿越大部分无人居住的沙漠、高山和草原。

穿越中亚连接中国和中东的丝绸之路促进了农产品、手工艺品和思想的交流。像牵骆驼者、商人、僧侣和朝圣者一样，音乐家和舞女也参与了旅行。丝绸之路不仅是一种将世界各地和各民族联系起来的手段；它也是一种社会系统。

随着每一次领土的扩张，寺庙、国王和皇帝不断增长的财富诱使商人冒险到更远的地方寻找贵重商品。在大多数情况下，顾客都是富裕的精英。但是，

1 即白居易诗中的“康居”。——译注

印度洋帆船　这艘帆船雕刻在爪哇婆罗浮屠的佛教寺庙的一块岩石上，这样的船舶可能运载从印度尼西亚到马达加斯加岛的殖民者。

这些远道而来的商人带来的新产品、农业和手工业生产工艺以及外来的思想和习俗有时影响了整个社会。

旅行者和商人很少拥有大量土地或拥有政治权力。他们在社会上是孤立（有时是法律规定的）和隐匿的，因为任何有关市场、产品、路线和旅行条件的谈论，都可能有利于他们的竞争者，但在促进世界各地的联系方面，除少数帝王之外，他们的贡献比谁都大。

本章考察了公元前300—公元1100年欧洲、亚洲和非洲发展起来的交流网络的社会系统和历史影响。丝绸之路和印度洋海运体系诠释了这个时代长途贸易的本质。 210

贸易网络并非新思想、新产品和新习俗的唯一传播媒介。本章通过考察穿越撒哈拉沙漠的联系的开端，以及同时班图语族在撒哈拉以南非洲的扩散，对贸易路线沿线的发展与民间移民进行比较。第6章讨论了文化接触和交流的第三种模式，此种模式出现于基督教在罗马帝国传教活动的开始。通过考察佛教在亚洲及基督教在非洲和亚洲的传播，本章将进一步探讨这一过程。

8.1 丝绸之路

丝绸之路：经中亚和伊朗连接中国与中东的商队路线。

考古学和语言学的研究表明，至少从公元前1500年开始，中亚各民族就参与到了长途迁徙与贸易中。在罗马时代，欧洲人对经美索不达米亚、伊朗和中亚连接地中海世界与中国的贸易路线非常着迷。现代所称的**丝绸之路**经历了几个繁忙的阶段。第一个阶段开始于约公元前100年。

8.1.1 起源与运行

伊朗人与中国人

帕提亚：约公元前250—公元226年统治伊朗的王朝。

公元前3世纪，塞琉古王国的国王继承了亚历山大大帝帝国的东部地区，专注于管理美索不达米亚和叙利亚。这导致了一位伊朗游牧民族首领在伊朗东北部建立了一个独立王国。到公元前247年，最初发端自里海东部地区的**帕提亚**已成为一支重要力量。他们留下的文字资料很少，而且在西部与希腊人及罗马人的经常性战争，阻碍了来自地中海地区的旅行者获得关于该王国的可靠知识。但是，它恰好位于中亚的门槛上，又同处于更东部的草原游牧民族风俗相同，看起来很可能促进了丝绸之路的发展。

公元前128年，代表汉武帝的中国将军张骞穿越中亚的沙漠和山区，进行了他的第一次探索性旅行。经过西藏北面辽阔而荒凉的塔里木盆地后，他来到了肥沃的费尔干纳（Ferghana）谷地，第一次遇到向西流淌的河流。在那里，他发现了一些比他见过的任何马都优越的马种。张骞共领导了18次探险，后来的中国历史学家将他看作与西方陆路贸易的鼻祖，认为他亲自将许多新的植物和树木引进到了中国。

草原民族比中国人更适合长途旅行。费尔干纳及邻近地区的人口包括许多随牧群迁徙的游牧民族。他们的迁移几乎与贸易无关，但他们提供了负重的动物并控制了过境交通。促使丝绸之路开通的贸易需求是中国人对西方产品特别是马的热切需求，而在西端，组织良好的帕提亚帝国从塞琉古王国手中夺得了繁荣的美索不达米亚市场的控制权。

丝绸和新作物

到公元前100年，希腊人可以从美索不达米亚边境转运港的帕提亚商人手中购买中国丝绸了。商队还在沿途一些繁荣的中亚城市如撒马尔罕和布哈拉买卖货物。这些城市往往在当地王公贵族的统治下发展并繁荣起来。

看起来张将军肯定把两种植物带回了中国：紫花苜蓿和酿酒葡萄。前者为

大事年表

	丝绸之路	印度洋贸易	撒哈拉贸易
公元前500年			公元前500—约公元1000年，班图人的迁徙
	公元前247年，帕提亚人开始统治伊朗		约公元前200年，撒哈拉以南地区骑骆驼的游牧民族
	公元前128年，张骞将军到达费尔干纳		
公元1年	公元前100—公元300年，贵霜人统治阿富汗北部和索格底亚那		公元前46年，撒哈拉北部地区首次提及骆驼
	公元1世纪，出现了马镫的最早证物	公元1世纪，《厄立特里亚海航行记》；印度尼西亚人迁移到马达加斯加	
公元300年	约公元400年，佛教朝圣者法显沿着丝绸之路旅行		约公元300年，撒哈拉北部地区骑骆驼游牧的生活开始

马提供了最好的饲料。此外，中国农民还吸收了开心果、核桃、石榴、芝麻、芫荽、菠菜及其他新作物。中国工匠和医生充分利用了其他贸易产品，如茉莉精油、栎五倍子（用于将兽皮鞣制成革、染色和制造墨水）、氯化氨（药用）、氧化铜、锌和宝石。

西行的中国商人带来了一些新水果，如桃子、杏子，罗马人错误地认为它 211
们来自其他东方国家，分别称之为“波斯梅子”和“亚美尼亚梅子”。他们还带来了肉桂、生姜和其他西方不可能种植的香料。

8.1.2　中亚和亚洲内陆的游牧生活

如果没有游牧民族提供动物、动物驾驭者和保护，丝绸之路不可能发挥作用。公元前6世纪，希腊作家希罗多德的史书中描绘了草原游牧民族西徐亚人。在他笔下，他们是生活在中亚黑海和里海北部土地上的优秀骑手、牧民和猎人。他们带领大规模羊群和牛群定期高效地迁移，避免了过度放牧。虽然西徐亚人是可怕的马上弓箭手，但他们的家是用一个较轻的框架外罩毛毡做成的，可以用牛拉的四轮车运输。这种习俗在亚洲内陆（从中亚向东延伸到中国边境的草原和沙漠）的一些地方延续了2 000年。

游牧民族并非不熟悉农业或不愿意使用农民种植的产品，只是他们的理想 212

西徐亚人的胸甲 这件公元前4世纪的黄金饰品做工上乘、图案精美，其特色是，较低的一层图案是动物打斗，中间一层图案是花朵，上层是西徐亚人游牧生活的场景。上层中间有两名男子在制作一件羊毛衣物，两边是一些幼小动物在吃奶，一只母羊正在哺乳。注意游牧生活的朴素和黄金饰品本身所代表的奢华之间的反差。

是自给自足。由于牧民及其牧群的定期流动使之远离了农业区，自给自足要求他们能够为自己提供食物（主要是肉类和牛奶），以及毛毡、皮革和毛皮制成的衣物。妇女喂养牲畜，照看它们产崽，并整理毛皮。

游牧民族在获取用来制作马辔头、马镫、车辆配件和武器用的青铜或铁器方面，极为依赖定居区。他们通过贸易获得金属器具，然后进行再加工，以适应自己的要求。早在公元前4世纪，乌克兰的西徐亚人就大规模制作铁器；公元7世纪，蒙古西部阿尔泰山以南讲突厥语的一些民族已经有了大规模的炼铁场所。靠近定居区的草原游牧民族也用羊毛、皮革和马匹交换木材、丝绸、蔬菜及粮食。

213

8.1.3 丝绸之路的影响

随着贸易成为中亚生活越来越重要的组成部分，讲伊朗语的民族日益聚居于商业城市和周边的乡村。到公元6世纪，最初起源于阿尔泰山以东的游牧民族已遍布欧亚大草原，成为占主导地位的牧民群体。这些民族讲突厥语，与伊

丝绸之路上的伊朗音乐家 这件唐三彩釉陶像高23英寸（58.4厘米），出土于中国北部的一座唐代（6世纪—9世纪）墓葬。演奏伊朗乐器的音乐家证实了伊朗文化沿丝绸之路的传播。与此同时，用中国三彩釉工艺装饰的盘子也在伊朗北部流行。

朗语无关。这些游牧民族继续住在便于搬运的圆形毡房（即圆顶帐篷）里，今日在中亚地区偶尔仍可看到这种毡房，但富裕的突厥人和伊朗人都修建了饰有鲜艳壁画的豪宅。这些壁画展示了一些穿着中国丝绸和伊朗锦缎、骑着装饰华丽的马和骆驼的人。它们还显示了对佛教的极大兴趣（本章稍后讨论），在一种求知欲旺盛的活跃环境中，佛教与聂斯托里派（Nestorian）基督教、摩尼教、琐罗亚斯德教展开了竞争。

战士和传教士

传教士的影响例证了异域风俗和信仰对丝绸之路沿线民族的影响。军事技术则提供了一种与此相反的现象的例子，草原的习俗辐射到了异域。车战和骑兵弓箭手起源于中亚，向东西两个方向传播，主要通过始于公元前2千纪，在整个丝绸之路时期又恢复的军事活动和民间移民。

马镫：保护一名骑手的脚的装置，使其能更有效地使用武器。有证据表明，最早使用马镫的是约公元1世纪阿富汗北部的贵霜人。

马镫是最重要的发明之一，与此相关的最早的证据来自贵霜人，他们在约公元1世纪统治着阿富汗北部。马镫最初是用一条结实的横杠，然后是一种皮革制的环支撑骑手的大脚趾，最后是用一种皮革和金属或木制的装备支撑足部的圆形部位，使坐在马鞍上的骑手更加稳定，鞍本身很可能就是一种更早的中亚发明。

如果使用马镫，一名骑士可以用一根长矛补弓箭之不足，可以在疾驰中攻击敌人而不必担心攻击的冲击力会把他推下坐骑。马镫传到遥远的西方，使得穿铠甲的骑士主宰欧洲战场成为可能（见第10章），它也促成了中国唐代骑兵的优势（见第11章）。

本节回顾

帕提亚王国的崛起有助于丝绸之路的畅通，满足了欧洲人对中国丝绸的需求和中国人对良马的需求。

张骞将军首先发现了费尔干纳，并领导了多次探险，确立了从中国直至中亚的路线。

中亚游牧民族通过提供役畜和保护，便利了途经其领地的货物的流通。

丝绸之路的贸易促进了中亚商业城市的兴起。

除了丝绸，农产品也沿着丝绸之路的两条路线流通。

8.2 印度洋海运体系

印度洋海运体系：前现代时期的一个港口、贸易路线和海运文化网络，它连接了非洲至印度尼西亚的印度洋沿岸国家。

在中亚建立陆路通道的同时，一个多语种、多种族的水手群体建立了**印度洋海运体系**，这是一个横跨印度洋和南中国海的贸易网络。这些人几乎没留下什么记录，也很少在王国和帝国的兴衰中扮演引人注目的角色，但是，是他们努力加强了东非、阿拉伯半岛南部、波斯湾、印度、东南亚和中国南部沿海地区之间日益牢固的经济和社会联系。

这种贸易在三个不同的区域进行：（1）在南中国海地区，中国人和马来人（包括印尼人）主导着贸易活动。（2）从印度东海岸到东南亚诸岛，大部分商人是印度人和马来人。（3）从印度西海岸到波斯湾和非洲东海岸，商人和水手以波斯人和阿拉伯人为主。然而，中国和马来水手可以而且的确航行到了东非，阿拉伯和波斯商人也到达了中国南方。

214

水手的故事

从公元前5世纪希罗多德时代起，希腊作家就讲述沿红海进入印度洋、从西面绕航非洲的奇妙旅程，以娱读者。他们常常认为这种旅行是最勇敢的地中海航海家腓尼基人所为。偶尔也会出现希腊人。希帕罗斯就是其中一位，他是

多样性与主流

非洲和印度行纪

公元1世纪，一位不知名的希腊—埃及商人编写了一本航行日志（希腊语periplus）——《厄立特里亚海航行记》（*The Periplus of the Erythraean Sea*），其中关于古代印度洋贸易及其多样性，以及关于形成印度洋贸易体系的经济力量的描述最具启发性。它突出了从红海到孟加拉湾人种和产品的多样性。历史学家认为其关于集镇的描述是基于亲身体验的。下面的文选描述的是东非和印度次大陆沿海地区。

在所有标明的厄立特里亚海［印度洋］港口及其周围集镇中，首屈一指的就是埃及港口米瑟尔（Mussel）港。对那些从此地向下航行的人而言，右边……是贝雷尼斯（Berenice）。这两个港口都在埃及的边境地区……

右岸边下游紧挨贝雷尼斯的是柏柏尔人的国家。岸边分布着食鱼为生的人，他们住在狭窄的山谷中分散的洞穴里。再往内陆是柏柏尔人，然后是以食野生动物为生和以食牛犊为生的人，每个部落都由其酋长统治，在它们之后，再向西深入内陆的国家中有一个城市叫麦罗埃。

在食牛犊者的下边的海岸，有一个小集镇……称为猎区的托勒密（Ptolemais），猎人从这里动身前往托勒密王朝统治下的内陆地区。但这个地方没有海港，只有小船可以到达。

过了这一地区，海岸折向南，在柏柏尔人的海岸尽头向东转弯的地方出现了香料市场和一个陡峭的海角——香料海角……风暴即将到来的一个标志……是深深的海水变得更加混浊并改变了颜色。当风暴发生时，他们都跑到一个相当大的叫提比尔（Tabae）的海角，那里是安全的避难所。

过了提比尔［所在地］……另一个叫哈丰（Opone）的集镇……该地生产的肉桂最多……越来越多人种更好的奴隶被贩往埃及……

［船舶也来自］这片海域以外的地方，来自……婆卢羯车（Barygaza），把它们自己的地方产品带到了这些……集镇：小麦、大米、纯化奶油、芝麻油、棉布……从甘蔗茎中榨取的蜜。一些船只专程驶往这些集镇，其他一些

则是沿海岸航行时顺道交换其货物。这个国家并非受一个国王控制，每个集镇都由其独立的酋长统治。

过了哈丰，海岸进一步折向南方……此处的海岸［阿扎尼亚（Azania）或东非的索马里人居住区］没有港口……直到帕罗拉克斯（Pyralax）群岛［桑给巴尔岛］……西南部向南一点……是门努希阿斯岛（Menuthias）［马达加斯加岛］，距大陆大约300视距，地势低，多树木，河流纵横，鸟类和山龟种类众多。除鳄鱼之外没有野兽，但那里的鳄鱼不攻击人。该地有缝制的船只和单根原木挖空做成的独木舟……

经过两天的航行，到达阿扎尼亚大陆的最后一个集镇——哈普塔（Rhapta）［达累斯萨拉姆］；其名字来自缝制的船只（rhapton ploiarion）……该地出产大量象牙和玳瑁。沿此处海岸居住着有海盗习俗的人，身材非常高大，各地分属于不同的首领统治……

这些阿扎尼亚市场是右边从贝雷尼斯一直向下延伸的大陆上最后的市场；因为过了这些地方，未开发的海岸线反向向西，并沿着埃塞俄比亚、利比亚和阿非利加（Africa）南部地区延伸，与西方的海洋交融在一起……

印度全国有很多河流，潮汐涨落幅度很大……但是，婆卢羯车［布洛契（Broach）］的潮汐涨落幅度要大得多，因而会突然看见水底，现在的旱地部分是海洋，船只不久前航行的地方现在是干旱的；在大潮的侵袭下，当海洋的全部力量对抗它们时，这些河流不再自然地流淌，而是被更强烈地驱动着上涌……

从婆卢羯车开始，这个国家的内陆居住着无数部落……这些部落以北是非常好战的巴克特里亚人国家，由其国王进行统治。亚历山大从这些地区出发，攻入了恒河流域……直到今天，古代的德拉克马货币在婆卢羯车依然通用，该货币来自这个国家，上面刻有希腊文铭文，是继亚历山大之后的统治者的工具……

从该地开始的内陆向东是邬阇衍（Ozene）城［乌贾因（Ujjain）］……所有货物从该地开始被卸下，这些是婆卢羯车周边国家的福利所需要的东西，许多物品是我们的贸易商品：玛瑙、红玉髓、印度平纹细布……

这个集镇进口意大利人、老底嘉人（Laodicean）和阿拉伯人喜爱的葡萄酒，也进口铜、锡、铅、珊瑚、黄玉、轻薄的衣服和各种低档货……把金币和银币兑换为该国货币时有一定的利润……国王为这些地方的后妃带来了非 215
常昂贵的银船、唱歌的男孩、美丽的女子、上等美酒、最精美的轻薄纺织衣物和精心挑选的药膏。这些地方出口［香料］、象牙、玛瑙和红玉髓……各类棉布、丝绸……

过了婆卢羯车，毗邻的海岸一直从北向南延伸……位于该处向东的海岸后面的这个内陆国家沙漠辽阔，高山林立，野生动物种类繁多：豹子、老虎、大象、巨蛇、鬣狗和狒狒，有许多人口众多的民族，国土一直延伸到恒河……

整个航程如上所述……人们曾制造小舟，紧紧沿着海湾周围的海岸航行；希帕罗斯（Hippalus）通过观察众多港口的位置和海洋环境首先发现了如何径直穿越大洋……

至于接下来的地区，航线向东延伸，西面横亘在大海上的是帕拉希姆杜（Palaesimundu）岛，古人称为塔普拉班岛（Taprobane）［斯里兰卡］……它出产珍珠、透明的石头、平纹细布和玳瑁……

过了这一地区，航线向北延伸，有许多野蛮部落，其中之一是希哈德（Cirrhadae）人，该种族的男子鼻子扁平，非常野蛮；另一个部落是巴吉希（Bargysi）人；长着马脸和长脸的据说是食人族。

经过这些地方以后，路线又变得一直向东，行驶中大洋在右边，海岸始终在左方，恒河便映入眼帘……此河对岸的大洋中有一座海岛，这是东部一带有人居住地区的边际，正当旭日升起的地方，名叫金州；在厄立特里亚海的所有地区中，这里是出产最优质玳瑁的地方。

经过这一地区之后，就已经到达了最北部地区。大海流到一个可能属于赛里斯国的地区，这一地区有一座很大的内陆城市叫作秦尼（Thinae）。那里的生丝、丝线和丝绸布料被徒步（陆行）运走……要进入该国，并非易事，从那里来的人也极为稀少罕见。

中国旅行家玄奘（600—664年）经亚洲内陆到印度游历，朝觐佛教圣地，并寻找梵语经文以带回中国。他对所到之地的描述反映了自己的兴趣。下面的段落选自他对印度的描述。

邑居

若夫邑里闾阎，方城广峙，街衢巷陌，曲径盘迂。阛阓当涂，旗亭夹路。屠、钓、倡、优、魁脍、除粪，旌厥宅居，斥之邑外，行里往来，僻于路左。至于宅居之制，垣郭之作，地热卑湿，城多叠砖，暨诸墙壁，或编竹木。室宇台观，板屋平头，泥以石灰，覆以砖墼。诸异崇构，制同中夏。苫茅苫草，或砖或板，壁以石灰为饰，地涂牛粪为净，时花散布，斯其异也。

衣饰

衣裳服玩，无所裁制，贵鲜白，轻杂彩。男则绕腰络腋，横巾右袒。女乃襜衣下垂，通肩总覆。顶为小髻，余发垂下。或有剪髭，别为诡俗……其北印度风土寒烈，短制褊衣……外道服饰，纷杂异制。或衣孔雀羽尾，或饰髑髅璎珞，或无服露形，或草板掩体，或拔发断髭，或蓬鬓椎髻，裳衣无定，赤白不恒。

资料来源：Samuel Beal, *Buddhist Records of the Western World, Translated from the Chinese of Hiuen Tsiang (A.D. 629)* (London: Trubner and Company, 1884; reprint Delhi: Oriental Books Reprint Corporation, 1969), 73–76.

分析问题

一名商人和一位宗教朝圣者的不同兴趣是如何在其行纪中表现出来的？

这些叙述如何体现了作者母国的影响？

鉴于不同的旅行者观点不同，游记作为史料对历史学有什么价值？

一名希腊海船的领航员，据说他发现了有利于横渡印度洋的季风（见“多样性与主流：非洲和印度行纪”）。

当然，稳定的风有规律地季节性交替不可能几千年来一直都被忽视，而单
216 等着一个机敏的希腊人发现。文字记录普及之前的伟大航行和伟大发现肯定应

该归功于生活在印度洋附近的人，而不是来自地中海的闯入者。希帕罗斯的故事类似于中国将军张骞的故事，后者在与中亚通商的过程中所发挥的作用，使不知名的异域民族的贡献黯然失色。中国人可能真的从张骞那里学到了很多，希腊人也向希帕罗斯学习，但是其他人默默无闻地发挥了重要作用。

船舶设计

印度洋上使用的船只与西方所用的不同。亚历山大时代的地中海水手使用横帆和排桨操纵船只在海上众多岛屿和小港口之间穿行；而印度洋上的船只则主要依靠大三角帆，通常不用桨就能在很长一段水域里顺风疾驶。地中海的造船工人把他们的船钉在一起；印度洋的船只的甲板被刺穿，用棕榈纤维绑在一起，用沥青填隙。地中海水手很少冒险航行到看不见陆地的地方；印度洋的水手借助季风，可以完全在海洋中航行很长一段旅程。

这些技术差异证明，印度洋世界的发展不同于地中海世界，腓尼基人和希腊人在地中海上建立了许多与母邦保持联系的殖民地（见第4章和第5章）。印度洋上的距离更远、联系更少，那里的商人很少会保持着与母国的政治联系。他们建立的殖民地有鲜明的社会特色，但很少能独立于当地强大的政治势力。

8.2.1 交往和贸易的起源

到公元前2000年，苏美尔人的记录表明美索不达米亚、波斯湾的岛屿、阿曼和印度河流域之间存在着经常性贸易。然而，这种早期的贸易联系中断了，后来美索不达米亚的贸易资料提到东非的次数要多于印度。

马达加斯加岛的印度尼西亚人

在早期印度洋历史中，也存在着类似的篇章，它涉及从东南亚到马达加斯加岛的移民。马达加斯加岛是世界第四大岛，与非洲东南海岸隔海相望。大约2 000多年以前，人们从东南亚地区印度尼西亚众多岛屿中的一个迁移过来，在离家6 000英里（9 500公里）远的树木丛生的多山地区安了家。他们不可能携带足够的补给直接横渡印度洋，所以他们的路线肯定曾经过印度和阿拉伯半岛南部的海岸。然而，人们没有发现与他们的旅程有关的物质遗迹。

显然，这些人的帆船独木舟沿着越来越熟悉的路线，在海上定期往返了几百年。移民耕种新土地，与非洲人建立了关系，这些非洲人在公元5世纪左右发现了横渡250英里（400公里）宽的莫桑比克海峡的路线。海员的后裔们保留了自己祖国的语言和一些文化，如种植香蕉、薯蓣和其他东南亚原生植物。这些粮食作物向非洲大陆传播。但是，关于他们遥远起源的记忆逐渐褪色了，直到近代学者们证实了两地语言之间的联系。

217

8.2.2 印度洋贸易的影响

熏香、象牙和陶器

对沿海地区产品的需求鼓舞着水手们坚持自己的远洋航行。非洲出产珍禽异兽、木材和象牙。由于印度、美索不达米亚和北非也出产象牙，非洲象牙出口的范围无法确定。索马里北部和阿拉伯半岛南部高原种植矮小的树木，所产芳香树脂被认为与乳香和没药一样贵重。波斯湾盛产珍珠，而阿拉伯半岛东南部的阿曼境内则发现了古代铜矿的证据。印度用船运送香料和制成品，香料更多地来自东南亚，随之一起运来的制成品特别是陶瓷来自对华贸易。总之，印度洋贸易区有多种非常贵重的产品。不过，由于路途遥远、岛屿稀少，其贸易额无疑大大低于地中海地区。

西部港口

印度洋港口的文化往往与内地文化相隔离，特别是在西部。阿拉伯半岛沿岸、红海非洲一侧海岸、伊朗南部和印度北部（今巴基斯坦）大多是荒漠。所有这些地区的港口往往很小，许多还受淡水供应不足之苦。印度南部的季风提供了充足的雨水，但陡峭的山脉隔断了沿海平原与该国的内陆。因此，桑给巴尔岛和斯里兰卡之间的港口很难接触到大量内陆人口。但波斯湾的海角是一个例外：阿坡洛古斯港（Apologus，后来称Ubulla，今巴士拉的前身）的船载贸易可能北达巴比伦，公元8世纪之后远达巴格达附近。

东部港口

相比之下，印度东部、马来半岛和印度尼西亚的海滨环境更宜人，人口更密集，这里的人更容易与内地居民接触。虽然西印度洋体系的渔民、水手和商人为一系列王国和帝国供应物资，但是这些消费社会没有一个能成为主要以海洋为导向的国家，就像地中海地区的希腊人和腓尼基人所做的那样。相反，海运贸易及其影响甚至对东南亚最早的国家似乎就已经很重要了。

在整个印度洋体系的沿海地区，三五成群的海员尽管通常缺乏政治权力，有时却会产生重大的社会影响。妇女很少陪同男人长期在海上航行，所以水手和商人常常与当地港口城市的妇女结婚。由此建立的家庭包含两种不同的语言和文化。正如世界历史上的许多其他情境一样，虽然缺乏文字记录，但妇女作为不同文化之间的中间人发挥了至关重要的作用。她们不仅把子女抚养得比内陆地区的儿童更加国际化，还把一些习俗和看法介绍给男人，他们再次出海时将会记住这些。结果，特定的海员被称为波斯人、阿拉伯人、印度人或马来人，往往掩盖了混血传统和丰富的文化多样性。

本节回顾

印度洋海运体系是从一些各种各样的海上商人的航行发展起来的。

该体系起源于早期美索不达米亚的贸易路线和东南亚民族向马达加斯加岛移民。

与地中海不同，印度洋没有发展出与本国保持联系的殖民地网络，但是商人与航线沿海民族通婚，创造了独特的文化。

商品种类繁多，贸易蓬勃发展。

8.3 穿越撒哈拉沙漠的路线

风沙肆虐的撒哈拉沙漠从红海延伸到大西洋，隔开了撒哈拉以南的非洲与地中海世界，只有尼罗河流域打破了这种隔离（见地图8-1）。撒哈拉目前的干旱状况是从约公元前2500年才开始的。在那之前的干旱时期持续了2 500年，涉及几次文化变迁。在那个时代，在数量慢慢减少的草原地区之间旅行是比较容易的。然而，到公元前300年，水源短缺使得旅行只能通过一些最初只有沙漠游牧民族才知道的难行的路线。通过**穿越撒哈拉沙漠的商队路线**进行的贸易，开始只是涓涓细流，最终发展为一股洪流。

穿越撒哈拉沙漠的商队路线：穿过撒哈拉沙漠、连接北非与撒哈拉以南的非洲的贸易网络。

8.3.1 早期撒哈拉文化

218

一个不断扩大的沙漠

世界最大沙漠的大部分地区是蔓延的沙丘、沙质平原和一望无际的裸露岩石。荒凉、崎岖的山地和高地分开了其北部和南部。这些高地的悬崖和洞穴是气候变化时能找到水和草地的最后地方，那里保存着一些构成撒哈拉早期历史的原始证据的岩画和雕刻。

岩画

虽然难以确定年代，但那些看起来最早的图像，是相当湿润的时代的猎人留下的，包括大象、长颈鹿、犀牛、鳄鱼和其他在该地区早已灭绝的动物。艺术品的层叠现象表明狩猎社会逐渐融入以养牛为基础的新文化，并很好地适应

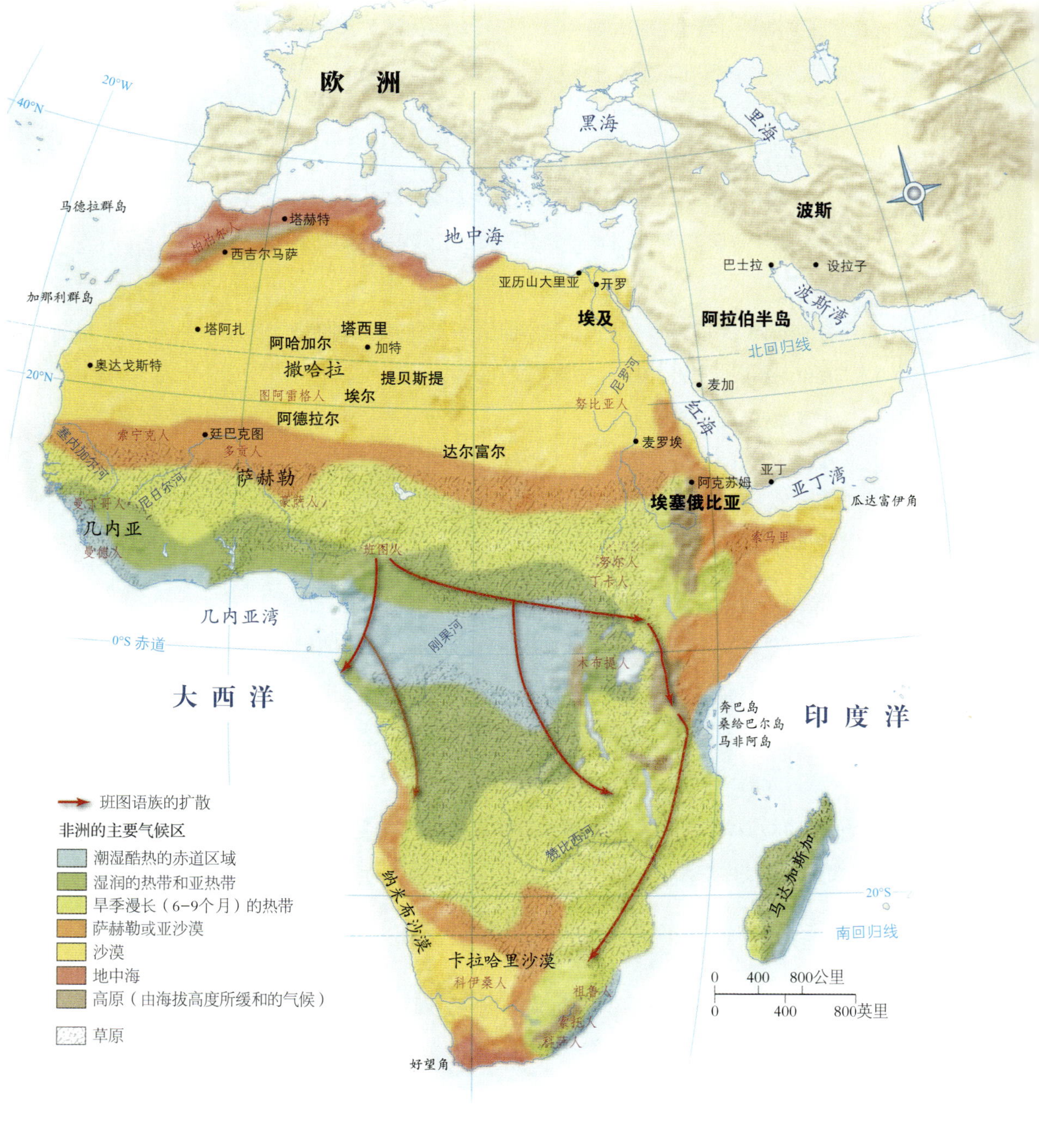

地图8-1 非洲和穿越撒哈拉沙漠的贸易路线 在公元1000年之前，撒哈拉沙漠和周边的海洋阻隔了非洲大部分地区与外界的联系。尼罗河谷、东部海岸的一些贸易据点和有限的穿越沙漠的贸易是这一规则的例外，但撒哈拉以南非洲文化的主导形式起源于远离西部的地方——几内亚湾以北地区。

了剩下的稀疏牧草。驯养的牛可能起源于西亚或北非。它们当然是在气候完全变干旱之前到达撒哈拉的。在撒哈拉的岩石艺术中可以看到有关牛和日常生活情景的美丽图画，它们描绘了一些与西亚的牧区社会相似性很少的社会。人们的体格特征看起来类似于今天的西非人，描绘的习俗如舞蹈和戴面罩以及牛的品种——特别是那些有花斑色（黑色和白色斑点）的牛，很容易使人想到后来迁到撒哈拉以南地区的社会群体。这些因素证实了一些南方的文化形态起源于撒哈拉的假说。

艺术作品的层叠现象还表明牧马者继牧牛者之后来到了此地。岩画在风格上发生了显著的变化，从庄重的写实主义的牛的形象到往往具有强烈的几何形风格的素描图像。此外，马经常被表现为拉着轻便的战车。根据最流行的理论，勇猛的战车兵从地中海岸边驾驶着他们并不结实的战车穿越沙漠，在撒哈拉中央高地所剩无几的草原地区建立了一些社会。一些学者提出了可能的战车路线，公元前12世纪左右，希腊与克里特岛的迈锡尼文明和米诺斯文明灭亡（见第4章），来自其中的难民可能随这条路线进入了沙漠深处。但是，撒哈拉并没有发现实际使用战车的考古证据，而且很难想象大批难民从政治混乱的地中海地区驾驶战车进入缺水、无路的沙漠，在南方地区某处寻找新的家园。 219

因此，和牧牛者一样，撒哈拉的牧马者的身份及其热衷于画战车的根源仍是一个谜。只有谈到骆驼的出现时，通过对阿尔及利亚、尼日尔和马里南部高原蒙面纱、着蓝袍的图阿雷格（Tuareg）人仍在使用的物体和几何形图案的描述，与今天的撒哈拉游牧民族建立紧密的联系才是可能的。

骆驼的出现

一些历史学家认为，罗马开创了重要的穿越撒哈拉的贸易，但他们缺乏坚 220
实的考古证据。似乎更可信的是，撒哈拉贸易与骆驼驯化的传播有关。相关证据来自岩画艺术，其中的图像层叠意味着穿沙漠服装的骆驼骑手构成了撒哈拉最晚的人口。以骆驼为导向的形象无疑将是该地区发现的最原始的图像。

北非最早提到骆驼是在公元前46年的一份拉丁文献中。既然非洲本土的骆驼可能在驯化时代之前已经灭绝了，驯养的动物可能来自阿拉伯半岛，于公元前1千纪通过埃及来到撒哈拉。它们可能被越来越向西、撒哈拉的一个又一个中心高地的民族所接受，只是到了晚得多的时间才向北传播，引起了罗马人的注意。骆驼的牧养使人们离开撒哈拉高地并向沙漠深处探索更容易了（见“环境与技术：驼鞍”）。

环境与技术

驼 鞍

像驼鞍的设计这样一种看似简单的技术却能显示一个社会的经济结构。南部阿拉伯的驼鞍对骑乘有利，而且行李可以容易地绑在其前面的木制拱形物上。但是，它在军事方面效率低下，因为骑手跪在骆驼驼峰后面的坐垫上，使得使用武器很困难。

公元前最后几个世纪投入使用的北部阿拉伯的驼鞍是一个重大改进。南部阿拉伯驼鞍固定在前端的两个拱形物被分开了，而且间距大大扩大，一个拱形物在驼峰之前，另一个在其后。这就形成了一个坚实的木质框架，负荷物可以很容易地绑在上面，但突出的前后拱形物的布置使骑手坐在了骆驼的驼峰上而不是驼峰后面，从而给了战士一个坚实的座椅及对敌人骑兵的高度优势。阿拉伯半岛北部的阿拉伯人用这种驼鞍控制了通过其领土的商队贸易。

最轻便、最有效的骑乘用驼鞍来自撒哈拉南部，在那里，个人旅行和战争比贸易重要。这些精良的军用驼鞍不能用于运行李，因为它们没有提供一个方便的绑行李的地方。

8.3.2 穿越撒哈拉的贸易

221

萨赫勒：撒哈拉南部边缘的地带；阿拉伯语中的字面意思是“海岸”。

南北两个不同贸易系统之间的联系发展缓慢。南部的商人专注于向撒哈拉以南的非洲的各民族提供沙漠南部储量很大的盐。来自赤道地区森林地带的商人把一些森林产品，如可乐果（调味品和咖啡因的来源）和可食用的棕榈油，带到接近沙漠南缘的贸易中心。每个人从别的商人或**萨赫勒**（Sahel）的农耕民族那里获得其家乡需要的产品，萨赫勒在阿拉伯语中的字面意思是“海岸”，是位于撒哈拉南部边缘的地方（见地图8-1）。萨赫勒本地的中间人在这种贸易中发挥了重要作用，但缺乏准确的历史细节。

在北方，罗马殖民者供给意大利农产品，主要是小麦和橄榄。幸存的马赛克铺路材料描绘了日常生活的情景，表明内地居住在农场和城镇的人消费罗马制造的商品，共享罗马的生活方式。公元3世纪，罗马帝国衰落了，许多罗马农场被废弃，游牧生活得到发展，整个地中海贸易减少，此时这种北方的生活模式才开始改变。

本节回顾

岩画表明早期撒哈拉文化包括狩猎社会和偏远地区的养牛者群体。

后来，牧养马和骆驼的牧民加入了这些团体。

骑骆驼的游牧民族极可能开拓了穿越撒哈拉的贸易路线，即连接北非和撒哈拉以南的贸易网。

8.4　撒哈拉以南的非洲

印度洋网络和稍后穿越撒哈拉的贸易使**撒哈拉以南的非洲**与外界有了一些接触。但是，公元前300—公元1100年期间最重要的非洲文化交流网络兴起于本地区内部，并采取了民间移民的形式。这些移民和交流形成了非洲文化的持久特色。

撒哈拉以南的非洲：撒哈拉沙漠以南的非洲大陆部分。

8.4.1　具有挑战性的地理状况

许多地理障碍阻碍了进入撒哈拉以南非洲的道路和本地区内部的迁移（见地图8-1）。撒哈拉沙漠、大西洋、印度洋和红海构成了本地区的边界。除了尼罗河这一由南向北穿越撒哈拉沙漠的绿色缎带以外，主要的水系都注入大洋：塞内加尔河、尼日尔河和扎伊尔河注入大西洋，赞比西河注入印度洋的莫桑比克海峡。这些河流的急流限制了其通航用途。

大草原：无树木的平原，通常降雨很少并被粗糙的草覆盖。

撒哈拉以南的非洲跨越的纬度有50多度，包括多种显著不同的环境。从撒哈拉沙漠的南缘到好望角4 000英里（6 500公里）的长途跋涉，将会使旅行者从萨赫勒地区平坦、半干旱的**大草原**到覆盖着长草和零星森林的热带**稀树草原**，然后进入地势较低的尼日尔和扎伊尔盆地的**热带雨林**。再往南，热带雨林让位于另一片广袤的稀树草原，接着又是大草原和沙漠，最后，最南端是一片温带高原地区，它位于赤道以南，到赤道的距离和希腊及西西里岛到其北端的距离一样远。在大草原和稀树草原地区进行东西向旅行相对比较容易，一支从塞内加尔到红海的旅行队要走过的距离与丝绸之路的长度相当；但在赤道附近的雨

稀树草原：热带或亚热带草原，没有树木或偶尔有树木丛生。撒哈拉以南的非洲分布最广泛，但南美洲也存在。

热带雨林：美洲、非洲和亚洲位于南北回归线之间的降水量多的森林地带。

大传统：历史学家的术语，指一个有文化的、很好地得到制度化的宗教、社会信仰和习俗的复合体，它为广泛地理区域内的不同社会所遵守。

小传统：历史学家的术语，指一个单独的社会遵守的一套地方性的、通常没有文字的习俗和信仰，经常与“大传统”相对应。

222

林带就困难了，要越过高山和深深的峡谷，大峡谷毗邻东部的雨林，把东非与西非分开了。

8.4.2 文化统一的发展

世界各地受过教育的精英共享的文化遗产，一些人类学家称之为**“大传统”**，其典型因素包括书面语言、共同的法律和信仰体系、道德准则和其他文化观念。在书面记载中，它们突出成为一些传统，这些传统凌驾于通常以**“小传统”**为人所知的地方风俗和信仰的多样性之上。

到公元元年，撒哈拉以南的非洲已成为一个独特的文化区域，尽管不是由帝国主义征服塑造或以共同的精英文化即“大传统”为特征。撒哈拉以南的非洲的文化统一基于多种通俗文化在不同程度上共享的相似特征或“小传统”。这些特征在该地区与世隔绝的漫长时期内发展起来，并被不断发生的移民和社会互动提炼、更新和混合。历史学家对于这种复杂的史前史知之甚少。因此，与其他地区相比，他们在更大程度上依靠人类学描述、口述历史以及相对较晚的有关各种“小传统”的记录，以重建文化形态的宏观轮廓。

经济与社会习俗

撒哈拉以南的非洲的文化统一不像它的多样性那样立竿见影、显而易见。据估计，非洲是2 000多种独特语言的故乡，许多语言对应着具有独特仪式和宇宙观的社会及信仰体系。同样地，食物生产系统也多种多样，从赤道雨林地区的木布提（Mbuti）俾格米人（Pygmies）和西南部沙漠的科伊桑人（Khoisan）与众不同地进行的狩猎和采集，到没有森林的空旷地进行的香蕉、薯蓣和其他块根作物种植，再到稀树草原地区进行的甜高粱和其他谷物的种植。萨赫勒和从塞内加尔到肯尼亚的草原地带的游牧社会特别是那些依赖于牛的社会表现出来的多样性稍少些。

撒哈拉以南的非洲涵盖了一个比公元1千纪的任何其他文化区更广阔也更多样化的地域，总的来说人口密度更低。因此，这些社会和政体有充足的空间形成并改革，并且有相当大的空间隔开不同的群体。那些的确曾发生的联系并没有持续足够长的时间以产生稳定的文化统一。

一个孤立的世界

此外，几个世纪以来外来征服者无法穿透该地区的天然屏障并强行推行一种统一的文化。埃及人占领了努比亚，而且埃及影响的一些痕迹出现在了较远的西部撒哈拉岩画中，但尼罗河大瀑布和尼罗河上游广阔的沼泽地阻碍了其进一步向南方活动。罗马人向居住在利比亚撒哈拉沙漠的牧民派出了远征队，但未能将他们纳入罗马人的世界。直到公元19世纪，外来者才控制了这块大陆，并开始了建立精英文化——欧洲帝国主义文化的进程。

8.4.3 非洲文化特色

19—20世纪，开始充分了解撒哈拉以南地区的欧洲旅行者，观察到了非洲生活和文化潜在的、广泛的共同点。在农业方面，共同的技术是靠锄头和挖掘用的木棒种植。在音乐方面，非洲不同群体的人演奏多种乐器，特别是鼓的类型多，但共同的特点尤其是节奏使作为一个整体的非洲音乐具有一种特色。和跳舞戴面罩一样，音乐在社会仪式中发挥了重要作用，它在设计上往往表现出很强的艺术性。

非洲的王国多种多样，但王权显示出共同的特点，最突出的是仪式与国王本人的分离。固定的社会类别——年龄群体、亲族划分、清晰的性别角色和性别关系及职业群体——也显示出不同地区的相似之处，甚至在那些因太小而无法组成王国的社会里。虽然未划分阶层，但这些社会类别扮演的角色，与君主制国家盛行的贵族、平民和奴隶的划分类似。

从不断扩大的沙漠地区迁移

一些历史学家推测，这些共同的文化特征来源于曾经居住在撒哈拉沙漠南部的民族。在旧石器时期，干旱与湿润时期交替出现，就像把世界上大部分淡水锁定在来来去去的冰川和冰盖中的冰河时期一样。随着冰河时期逐渐结束，欧洲的冰川消退了，一个风暴带为撒哈拉地区带来了更大的湿度。急流冲刷着深谷。现在，这些峡谷填满了细沙，飞机经过这片沙漠的南部地区时很容易看到它们。公元前5000年以后，随着冰川进一步消退，风暴带北移到欧洲，干旱开始出现了。可以进一步假设：结果，该地区的人口迁移南下，逐渐在萨赫勒地区集中，这里可能成了泛非主义文化模式最早的酝酿中心。

不断增加的干旱程度以及由此带来的养活这些人口的困难，可能会迫使一些人离开这个核心地点，进入东部、西部和南部人烟更加稀少的地区。在更远的东部的平行发展中，远离日益干旱的沙漠的移民，似乎曾经促成了尼罗河谷的殖民和埃及古王国的形成（见第2章）。

但是，这种移民和扩张模式看起来很可能将人类群体之间交往的复杂性 223
过分简单化了。移民被认为拥有更先进的技术，对于当地既存人口拥有优势地位，这一观点在其他历史情况下经常被更深入的历史研究驳倒。

8.4.4 铁的出现和班图人的迁徙

考古证实，到公元前2千纪早期，农业在赤道和撒哈拉沙漠之间的地区已很普遍。然后，它向南蔓延，作为一种生活方式取代了狩猎和采集。此外，植物学的证据表明，芭蕉树大概是从东南亚引入非洲东南部的，然后一路向北、向西传播，这与最早的农学家推测的传播路线方向相反。

考古还揭示了自公元前1千纪早期以来撒哈拉地区的采铜迹象。铜在尼日尔河谷出现得稍晚，在中部非洲，铜带出现于公元400年之后。最重要的是，公元前1千纪早期，冶铁开始于撒哈拉以北的非洲，并从那里向南传播。

早期金属加工技术

许多历史学家认为，冶铁需要很高的温度，发现这一秘密的只有一个民族，即公元前1500年左右安纳托利亚（今土耳其）的赫梯人（见第4章）。如果确实如此，就很难解释冶铁技术是如何传到撒哈拉以南的非洲的。麦罗埃王国位于尼罗河上游，并与埃及有文化联系，那里发现的最早的冶铁证据并不比西非（尼日利亚北部）发现的证据早。另一观点认为，冶铁技术是从腓尼基人在北非的定居点向南传播的，它虽然不像认为尼罗河流域是技术传播路线的观点那样似是而非，但也不可信，因为考古证据未能证实希腊文和拉丁文中关于腓尼基人到南部旅行的模糊记载。

一个看起来更合理的假定认为是非洲人自己发现了如何冶铁。一些历史学家认为，他们可能是在炉中烧制陶器时这样做的。没有确凿的证据证明或反驳这个理论。

班图：撒哈拉以南的非洲的一系列语言以及讲这些语言的族群的集体名称。

语言学分析提供了关于公元1千纪撒哈拉以南的非洲人之间存在着广泛交流的最有力证据，以及有关铁的传播的建议。赤道以南的300多种语言属于尼日尔—刚果语系的分支，以**班图**语为人所知，它得名于“班图”（在其中的大多数语言中意为“人”）这个词。

语言联系

班图语分布在赤道南北，这与始于公元前1千纪的分离是一致的。通过比较大多数语言共有的核心词，语言学家们得出了一些有关最初讲班图语的人即他们所称的“原班图人”（proto-Bantu）的结论。这些人从事捕鱼业，使用独木舟、渔网、线和渔钩。他们住在热带雨林旁边的永久性村庄里，种植薯蓣和谷物，收获野生棕榈果并从中榨油。他们拥有家养的山羊、狗，也许还有其他动物。他们生产陶器和织物。语言学家推测，原班图人的家园在今尼日利亚和喀麦隆的边界附近。

因为原班图人的家园位于早期冶铁中心附近，班图语族的迁徙似乎是一种铁器向南传播的可能机制。这些移民可能使用铁斧和铁锄砍伐森林，然后在林间空地上种庄稼。根据这一假定，他们的行动将会为新社会建立一种经济基础，这些社会能养活比以前只靠狩猎和采集的社会更密集的人口。因此，公元前500—公元1000年经历了班图人的传统和习俗向南部、东部和西部的大规模传播，通过与先前存在的社会相融合，它们转变成泛非主义的传统和习俗。

本节回顾

撒哈拉以南的非洲是一个环境多样化的地区，包括许多旅行和交流的障碍。

撒哈拉以南的非洲实现了类似于"小传统"的一种文化统一。

共同的特征包括农业生产方式、音乐演奏方式、王权的形式和固定的社会类别。

这种统一的可能机制是班图人的迁徙，它也是冶铁技术传遍整个撒哈拉以南非洲地区的原因。

8.5 思想的传播 224

与社会习俗、宗教观念、艺术风格一样，思想可以沿贸易路线或通过民族迁徙进行传播。在这两种情况下，特别是在尚无文字的社会，为思想传播提供文献证明是一个历史难题。

8.5.1 思想和物质证据

历史学家只能通过现存的书面资料了解一些思想。其他思想不依赖于文字，却植根于考古学家和人类学家所研究的实物。与吃猪肉有关的习俗就是一个很好的例子。究竟猪的驯养是仅在一个地方开始，然后传播到了其他地方，还是不同时期、不同地方的几个民族不约而同地产生了养猪这一想法，学者们对此意见不一。

家猪

东南亚是一个重要的早期驯养猪的中心。人类学研究告诉我们，吃猪肉在该地区已高度仪式化，有时仅在举行宗教仪式时才允许。在印度洋的另一边，野猪在古埃及尼罗河沼泽里很常见。那里的猪也扮演了一个神圣的角色，与邪恶之神塞特联系在一起，而且禁止食用。圣经关于以色列人不可吃猪肉的禁令可能是公元前2千纪从埃及传过去的。

在第三个考古发现地点——伊朗东部，一个属于公元前3千纪的考古遗址提供了另一个有关猪肉的宗教禁忌的证据。虽然遗址周围地区多沼泽，是许多野猪的栖息之地，但那里没有发现一块猪骨。不过，小猪雕像似乎是被用作象征性的宗教祭品，后来的伊朗宗教则把野猪与一个重要的神联系到了一起。

致使在这些相隔遥远的地方家猪与宗教之间有近似关系的因素是什么？我们无从知晓。据推测，最早驯养猪的是东南亚人，他们没有成群的绵羊、山羊、牛或马等动物，有的人靠吃鱼来获取大部分动物蛋白。因此，对他们来说，猪成了一种特殊的动物。可以想象，驯养猪的做法以及与吃猪肉相联系的宗教信仰和仪式，一起从东南亚沿着印度洋上的航海路线传播，最终传到伊朗和埃及。但是，没有证据保存下来支持这一假设。既然这样，物证只能为宗教思想的传播提供一点建议，很可能有其他解释。

能够表明思想传播的一个更可靠的实物例子，是把雕刻的模具锤打在一块贵金属上，然后用生成的硬币作为交换媒介。公元前1千纪，从它在安纳托利亚的吕底亚王国诞生起（见第5章），用压制币进行交易的想法就迅速传遍了欧洲、北非和印度。在模子内浇注熔化的金属而制成的中国低值铜铸币，莫非也受到了来自远方的这种制币方法的启发？有可能，但它也可能起源于中国本土的金属加工法。我们无法确定。

225

8.5.2 佛教的传播

虽然与宗教信仰和仪式相联系的实物是宗教思想传播的重要标志，但文字史料涉及了当今主要宗教的传播状况。同基督教和伊斯兰教（见第9章）一样，佛教逐渐成为世界上最受欢迎、流传最广的宗教之一。对这三种宗教而言，宗教思想的传播没有依附于哪一个种族或亲属群体。

两位国王：阿育王和伽腻色迦

公元前3—公元2世纪，印度孔雀王朝的统治者阿育王和阿富汗北部贵霜人最伟大的国王伽腻色迦（Kanishka）推动了佛教的发展。然而，纵横往来于印

犍陀罗雕塑　巴基斯坦西北部的犍陀罗艺术以希腊风格和技法为特色，该特色是自亚历山大大帝在阿富汗建立的城市传入的。虽然许多犍陀罗艺术作品的本质特色是佛教的，但这尊4世纪的头顶花形装饰的雕像，对头部和左臂的自然主义处理具有浓厚的希腊气息。

度的僧侣、传教士和朝圣者沿着丝绸之路旅行或在印度洋乘船，把佛陀的教义带到了东南亚、中国、朝鲜，最终到达日本。

中国朝圣者法显（卒于418—423年间）留下了有关其旅行的文字记录。法显在中国派往中亚一个未具体说明的统治者或民族的使节陪同下开始了其行程。他穿越阿富汗和印度，拜访了一个又一个佛教遗址，然后到达佛国斯里兰卡，在那里生活了两年。后来他登上了一艘载有200人的商船，返回中国。一场暴风雨使船漂泊到了爪哇，因为那里信奉印度教而不是佛教，所以他未做记述。法显在岸上度过了5个月，最终搭乘另一艘船回到中国。

不太可靠的记述则涉及了前往叙利亚、埃及、马其顿和东南亚的传教者的旅行。据说阿育王的一个儿子曾率领一群传教者去过斯里兰卡。后来，他的姐姐带来了一群尼姑，还有一枝神圣的菩提树（佛陀就是在此树下开悟的）枝条。与此同时，还有其他前往缅甸、泰国和苏门答腊的僧侣的有关记述。阿育王的传教者有可能也经由跨越喜马拉雅的贸易路线到过西藏。

小乘佛教和大乘佛教

接受佛陀故事和佛陀教诲的不同地域以不同的方式保存或改造了它们。小乘佛教（“长老的教导”）以斯里兰卡为中心。它严格地坚持佛陀最早的教义，主张宗教的目标是涅槃，只有僧人才能达到，即完全没有痛苦和轮回重生的结束（见第7章）。与此教义形成对照的是大乘佛教。大乘佛教是以后几个世纪东亚地区宗教的主导形式，它强调要以成为菩萨为目标。菩萨就是虽然获得了涅槃，但仍选择留在人群中以帮助和指导别人的人。

8.5.3 基督教的传播

后罗马时期基督教在欧洲的发展将在第10章中予以讨论。在与伊斯兰教对抗之前，基督教信仰就在亚洲和非洲传播了（见第9章）。耶稣受难后不久，巴勒斯坦的耶路撒冷、叙利亚的安条克和埃及的亚历山大里亚成为基督教官方机构的所在地，但基督教在亚美尼亚和埃塞俄比亚的传播说明了宗教、贸易和帝国政治之间的联系。

亚美尼亚：最早的基督教王国之一，位于安纳托利亚东部、高加索山脉以西，居民讲亚美尼亚语。

亚美尼亚

226

亚美尼亚位于安纳托利亚（今土耳其）东部，曾一再成为南部和东部的伊朗国家与西部的地中海国家之间交战的战场。每个帝国政权都想控制这个非常靠近前沿的地区，丝绸之路的商人在这里与其地中海同行相遇。在帕提亚王国时代，亚美尼亚国王青睐琐罗亚斯德教。公元5世纪初，亚美尼亚发明了一套字母表，为基督教更广泛的传播开辟了道路。尽管伊朗人不会轻易放弃统治，但在一个世纪之内亚美尼亚的天主教会就占据了当地文化生活的中心地位。

Niall Crotty/FreeImages

阿克苏姆石柱 这个70英尺（21米）高的石头是这片石碑遗迹里残存的最高的一块，它是阿克苏姆诸王陵墓的标记。门、窗和梁末端的雕刻模仿了阿克苏姆建筑的共同特征，表明每个石碑象征着一个多层的皇宫。最大的碑石可以追溯到公元4世纪。

埃塞俄比亚和阿克苏姆

埃塞俄比亚：位于尼罗河以东的东非高原国家。

在遥远的南方，基督徒也试图渗透进伊朗。君士坦丁堡的基督教皇帝（见第6章）派遣传教士沿红海商路在也门和**埃塞俄比亚**寻求皈依者。公元4世纪，一位叙利亚哲学家与两个年轻的亲戚一起乘船去印度旅行。在回来的路上，船只在红海的一个港口停靠，该港已被来自繁荣的阿克苏姆王国的埃塞俄比亚人占据。那时埃塞俄比亚人与罗马人不和，他们杀了船上所有的人，除了两个男孩——阿迪斯乌斯（Aedisius）和弗鲁门提乌斯（Frumentius），阿迪斯乌斯后来讲述了这个故事。他们的学识给国王留下了深刻印象，国王任命前者为他的斟酒人，后者做他的司库和秘书。

国王死后，其妻敦促弗鲁门提乌斯代表她及其幼子艾扎那（Ezana）统治阿克苏姆。作为摄政王，弗鲁门提乌斯从来访的商人中间找出了罗马基督徒，并帮助他们建立了基督教社区。艾扎那即位时可能已是一个基督徒了，他准许阿迪斯乌斯和弗鲁门提乌斯返回了叙利亚。亚历山大里亚的主教一得知阿克苏姆基督教进展的消息，就把弗鲁门提乌斯提拔到主教行列（尽管他以前连牧师也没当过），把他送回埃塞俄比亚，成为当地教会的首位领袖。

基督教是从埃塞俄比亚而不是埃及传入埃及以南尼罗河沿岸国家努比亚的。埃塞俄比亚成为印度洋贸易体系西端的一个政治大国和经济大国，有时甚至将其影响扩展至红海对岸，在也门确立自己的权威。

本节回顾

实物证据只能提供思想传播的某些线索，不能完全解释猪和宗教之间的关联以及货币在世界不同地区的使用。

实物和文献证据显示了佛教沿陆地和海上贸易路线从印度传播到了亚洲其他地区，有些地区接受了小乘佛教，其他地区则接受了大乘佛教。

基督教通过贸易和帝国政治进行传播，亚美尼亚和埃塞俄比亚出现了重要的基督教社会。

结　语

早期的长途贸易体系为交流提供了便利，这种交流在许多方面都与民族迁徙所带来的文化、语言和习俗的盛衰有所不同。可运输的货物、牲畜以及关于新技术和农产品的想法有时会使地貌和人们的生活发生巨大变化。在撒哈拉以南的非洲所观察到的非洲文化特征具有某种共性，但是不能认为丝绸之路、印度洋或穿越撒哈拉的贸易所涉及的社会都具有类似的特征。与他们接触到的人群相比，很少有人直接参与这些旅行和贸易的复杂社会体系，牧区牧民或海员的生活方式使他们更加孤立。商人团体不愿与可能成为商业竞争对手的人分享知识，也促成了这种孤立。

然而，如果目前的理论是正确的，班图人就远远地扩散到了撒哈拉以南的非洲的广大地区，并着意确立和灌输一种基于铁器和农业的生活方式。他们带来的冶金技艺和农业技术使得人口分布更加密集，也有助于确保这些移民的语言能取代那些从事狩猎和采集的前辈们的语言。贸易体系通过引进新产品和新理念鼓励多样性，而班图人的迁徙带来了一定程度的文化优势，强烈地影响了后来的非洲历史。

一般来说，贸易体系对主流模式的影响比民族迁徙小，但是无形的思想领域却存在一个明显的例外。基督教和佛教都是沿着贸易路线传播的，至少在一定程度上如此。然而，每一次传播都会产生新的文化多样性，甚至在教义总体上的统一使这些宗教占据主导地位的情况下也不例外。作为“大传统”，基于皈依的新信仰把神父、修士、修女和跨越了遥远距离的宗教学者联系在了一起。然而，上述这些宗教与无数的“小传统”融合了，以满足极不相同的情况下各地人民的社会需求和精神需求。

227

进一步阅读文献

Ajayi, J. F. A., and Michael Crowder. *A History of West Africa*, vol. 1. 1976.一本内容广泛的概述书籍。

Bulliet, Richard W. *The Camel and the Wheel*. 1975.论述了中东、丝绸之路沿线、北非和撒哈拉使用骆驼的情况。

Chaudhuri, K. N. *Trade and Civilization in the Indian Ocean: An Economic History from the Rise of Islam to 1750*. 1985.一部综合性史书的第1卷。

Curtin, Philip D. *Cross-Cultural Trade in World History*. 1985.一种关于跨文化贸易内容广泛且富有启发性的概述。

Ehret, Christopher. *An African Classical Age: Eastern and Southern Africa in World History, 1000 B.C. to A. D. 400.* 2001. 一种历史性的概述。

Foltz, Richard. *Religions of the Silk Road.* 1999.对佛教、琐罗亚斯德教和伊斯兰教进行的一种简短而精彩的介绍。

Fowden, Garth. *Empire to Commonwealth: Consequences of Monotheism in Late Antiquity.* 1993. 一部早期基督教历史，特别强调了非洲和亚洲。

Franck, Irene M., and David M. Brownstone. *The Silk Road: A History.* 1986.一本可读的概述性著作。

Jettmar, Karl. *Art of the Steppes*, rev. ed. 1967.一本关于早期中亚的入门书，带有精美插图。

Lattimore, Owen. *The Desert Road to Turkestan.* 1928.以第一人称记述的骆驼商队行纪。

Lhote, Henri. *The Search for the Tassili Frescoes: The Story of the Prehistoric Rock-Paintings of the Sahara.* 1959. 一本记述发现撒哈拉岩画的书，附有精美插图。

Maquet, Jacques. *Africanity: The Cultural Unity of Black Africa.* 1972.一种充满了人类学见解的阐释。

Rolle, Renate. *The World of the Scythians.* 1989.有关中亚游牧民族生活方式的早期证据。

Toussaint, August. *History of the Indian Ocean.* 1966.一本可读性强但简略的历史学概述。

Villiers, Alan. *Sons of Sinbad.* 1940.详述了在东非和波斯湾之间航行的情形。

注　释

[1] Victor H. Mair, ed., *The Columbia Anthology of Traditional Chinese Literature* (New York: Columbia University Press, 1994), 485; translated by Victor H. Mair.

第9章

萨珊帝国与伊斯兰教的兴起（200—1200年）

本章纲要

思考

前伊斯兰民族的传统和宗教观点是怎样融入伊斯兰文化之中的?

穆罕默德时代的穆斯林社会与阿拉伯征服之后发展起来的社会有何不同?

巴格达哈里发国家确实是穆斯林文明的高峰吗?

地区差异是如何影响伊斯兰文明发展的?

229 7世纪之后，阿拉伯人通过征服建立起了一个从西班牙延伸到中亚的伊斯兰哈里发国家，造纸术也从中国传到了中东。懂得造纸，便为书写提供了一种优越于纸莎草和羊皮纸的媒介，并且可用于多种目的。地图、纤画和书籍都变得越来越普遍和廉价。有了廉价的书，也就有了书店。伊斯兰哈里发国家时期，在巴格达一家书店中出售的书籍中，内容最丰富的书稿之一是《书目》（*Fihrist*，或“类述目录”）。

巴格达书店 随着造纸的出现，书籍越来越常见和廉价。结果，书店也变得更加普遍。注意观察书籍是怎样放置在他们身边壁柜的架子上。

编纂这一书目的是阿布·法拉·穆罕默德·纳迪姆（Abu al-Faraj Muhammad al-Nadim），他与哈里发的宫廷有密切联系，很可能是他父亲创办了这家书店。书中最晚的条目大约属于990年，也就是纳迪姆去世的那年。纳迪姆受过良好的教育，对许多书籍和作者做了内容丰富的评论，因此他的《书目》呈现出了一种对巴格达知识界的详细评述。

《书目》10卷中的第1卷涉及阿拉伯语言和宗教经文：古兰经、摩西五经和福音书。第2卷包括阿拉伯语文法，第3卷中的作品来自与哈里发宫廷有联系的作者：历史学家、政府官吏、歌手、弄臣、统治者的好友。“纳迪姆”的意思是“书友”，因此可以想见，他深知这一社会环境。在第3至第6卷评述了阿拉伯诗歌、穆斯林宗派和伊斯兰教法之后，他在第7卷开始涉及希腊的哲学、科学和医学。

今天我们在书店中会发现的大多数事物都与最后3卷有关。第8卷分为3个部分，第1部分是“讲故事者和故事”。在此他列举了一本名为《一千个故事》的波斯书，它被译成《天方夜谭》。但这本书的纳迪姆版本已经失传，今天我们所见的故事集来自一本写于其后500年的书稿。

然后，评论的是关于“伏魔师、魔术师、巫师”的书籍，接着是关于“五花八门的话题和传说”，包括关于下述内容的书籍：“雀斑，颤搐，胎痣，肩膀”，“马术，武器的携带，战争的实施”，“兽医手术”，“食肉鸟，玩弄它们和医治它们”，“解梦”，“香水”，“熟食”，“毒药”，“护身符和符咒”。

第9卷讲的是非穆斯林教派和外国——印度、中南半岛、中国，第10卷是对 230
一些前面没有提到的哲学家所做的尾注。

总之，纳迪姆对数千个标题和作者的评论为我们提供了一幅全景画，反映了10世纪巴格达的购书者对什么感兴趣；同时也为我们提供了一幅可悲的图画，它表明了自那个辉煌时代之后知识丧失的影响多么重大。

9.1 萨珊帝国（224—651年）

萨珊帝国：大约建立于224年的伊朗帝国，都城在美索不达米亚的泰西封。萨珊皇帝确立琐罗亚斯德教为国教。大约在651年，伊斯兰阿拉伯军队推翻了萨珊帝国。

3世纪，一个新的伊朗国家——**萨珊帝国**兴起，它继承了帕提亚王国对罗马的敌对，沿幼发拉底河边境与罗马展开斗争。然而，在这一表面延续的背后，社会与经济发生了转变，这种转变为一种新的、强大的宗教与政治运动——伊斯兰运动提供了条件。

9.1.1 政治与社会

阿尔达希尔（Ardashir）在大约224年打败帕提亚王国而建立了萨珊王国，这个王朝以阿尔达希尔一个祖先的名字"萨珊"命名。新统治者在西边与罗马人发生了冲突，后来的历史学家常把330年之后的罗马人称为拜占庭人。沿着荒凉的幼发拉底河边境，萨珊王国收买游牧的阿拉伯首领，以保护帝国免遭入侵（拜占庭也在其约旦沙漠边境对阿拉伯人做同样的事情）。阿拉伯放牧者到了更南边仍然保持隔绝和独立的地区。在4世纪40年代至628年，敌对的帝国越过边境，多次相互攻击。然而，在和平年代，帝国之间的贸易却颇为繁荣，允许商品沿着丝绸之路运输，输入地中海贸易区。

伊朗的山脉和高原实际上构成了萨珊帝国的政治腹地，通常由国王的堂（表）兄弟统治，或由强大的贵族统治。拥有小规模城墙的城市，更多的是充当军事据点，而不是人口和生产的中心。社会围绕地方贵族运转，他们以乡村庄园为生，培养狩猎、宴会和战争的艺术，就像有关古代国王和英雄的传奇中所描绘的军事贵族。

虽然具有影响力的贵族家庭占统治地位，但在萨珊帝国并没有出现中世纪欧洲那种持久的政治分裂（见第10章）。而且，尽管许多游牧民生活在山区和

萨珊帝国带有黄金装饰的银盘 萨珊帝国的贵族主要生活在农村，将其部分财富换成银盘和银器皿。这个骑马狩猎的萨珊国王形象也反映了一种贵族喜爱的消遣方式。

大事年表

	阿拉伯国家	伊朗和中亚
200年		224—651年，萨珊帝国
600年	570—632年，先知穆罕默德的生活年代	
	634年，开始征服伊拉克和叙利亚	
	639—642年，阿拉伯人征服埃及	
	656—661年，阿里任哈里发，第一次内战	
	661—750年，以大马士革为都城的倭玛亚哈里发国家统治时期	
700年	711年，柏柏尔人和阿拉伯人从北非入侵西班牙	711年，阿拉伯人占领印度信德
		747年，阿拔斯开始在呼罗珊起义
	750年，阿拔斯哈里发国家开始	
	755年，倭玛亚国家在西班牙建立	
	776—809年，哈伦·拉希德任哈里发时期	
800年	835—892年，阿拔斯王朝都城从巴格达迁到萨马拉	
		875年，独立的萨曼国在布哈拉建立
900年	909年，法蒂玛王朝占据北非，建立什叶派哈里发国家	
	929年，阿卜杜勒-拉赫曼三世在科尔多瓦自称哈里发	
	945年，什叶派的布耶家族控制了巴格达	945年，来自伊朗北部的布耶王朝控制了阿拔斯哈里发国家
	969年，法蒂玛王朝征服埃及	
1000年		1036年，塞尔柱突厥人开始统治呼罗珊
	1055年，塞尔柱突厥人占领巴格达	
	1099年，第一次十字军攻占耶路撒冷	
	1171年，埃及法蒂玛王朝灭亡	
	1187年，萨拉丁夺回耶路撒冷	
	1250年，马穆鲁克控制埃及	
	1258年，蒙古人洗劫巴格达，阿拔斯哈里发国家灭亡	
	1260年，马穆鲁克在阿音扎鲁特打败蒙古人	

沙漠地区，也没有发生那种可与日耳曼民族相比的民族迁徙，公元3世纪以后，日耳曼人打败了罗马军队，在原罗马境内建立起一些王国。萨珊帝国和拜占庭帝国成功地维持了中央对帝国财政和军事力量的控制，找到了一种有效的办法，把边疆民族作为雇佣兵或商队商人融入帝国之中。 231

“丝绸之路”将新物产带到了美索不达米亚，其中一些成了农业景观的一部分。萨珊帝国的农民种植了从印度和中国引进的棉花、甘蔗、稻米、柑橘树、茄子和其他农作物。虽然用于种植新作物的面积增长缓慢，但这些产品在随后的伊斯兰教时期成为重要的消费品和贸易品。

9.1.2 宗教与帝国

琐罗亚斯德教徒和基督徒

帕提亚王国并未给琐罗亚斯德教以特别的重视，而萨珊帝国则把琐罗亚斯德教（见第5章）确立为国教，就像拜占庭帝国对基督教那样（见第10章）。宣布基督教和琐罗亚斯德教为官方信仰，标志着宗教作为一种政治工具在帝国内部和帝国之间出现了，这为后来伊斯兰教作为一个政治帝国的焦点而发展起来，开了先例。

232 琐罗亚斯德教和基督教都不容忍其他信仰。在伊朗发现的一块3世纪晚期的碑铭，上面炫耀琐罗亚斯德教高级祭司对基督徒、犹太教徒、佛教徒进行的迫害。然而，具有相当规模的基督教和犹太教团体仍然存在，尤其是在美索不达米亚。同样，基督教主教会议在4世纪以后宣布了许多神学的异端信仰——它们是如此不可接受，以至于成了非基督教的信仰。

这样，基督徒成了萨珊帝国与拜占庭帝国政治敌对中的人质，有时受到萨珊国王的迫害，有时得到他的保护。431年，在拜占庭皇帝召集的一次主教会议上，宣布聂斯托里派基督徒为异端，因为他们过分强调基督的人性。聂斯托里派相信，耶稣同时具有人性与神性，马利亚并非许多基督徒声称的那样是基督这个神的母亲，而是耶稣这个人的母亲。在主教们做出判决之后，聂斯托里派寻求萨珊王朝沙阿（shah）的庇护，最终使他们的传教活动沿着中亚的贸易路线扩展。

摩尼教

3世纪，一个名叫摩尼的传教者在美索不达米亚创立了一种新宗教——摩尼教。他宣扬一种在神学上来自琐罗亚斯德教的二元论信仰——善与恶之间的斗争。虽然摩尼最初得到了沙阿的支持，但在276年，他和他的许多信徒都被杀害。他的宗教幸存了下来，并且广泛传播开来。聂斯托里派传教士与摩尼教传教士为了争取皈依者而在中亚展开竞争。在随后的几个世纪，“摩尼教徒”这一术语应用于相信善与恶之间宇宙斗争的各种信仰。

宗教的中心地位

阿拉伯人也陷入到了这个宗教冲突的网络之中。被拜占庭收买的戍边者接受了基督一性论神学，强调基督的神性；而萨珊王朝的结盟者，则接受了聂斯托里派信仰。通过他们，基督教在5—6世纪便渗透到了阿拉伯半岛腹地。

宗教可以渗透到社群生活的各个方面。拜占庭皇帝和萨珊王朝沙阿的大多数臣民，将自己首先认同为一个宗教社群的成员。他们的学校和法庭都是宗教的。他们把神父、修道士、拉比、琐罗亚斯德教祭司看作日常生活中的道德导师。大多数书籍的主题都是讨论宗教问题。在一些地区，宗教领袖甚至在收税等世俗事务上也代表他们的信徒。

本节回顾

萨珊帝国起源于伊朗南部，推翻了帕提亚王国，并继其前朝与罗马处于敌对状态。

萨珊帝国的农民首先开始种植从丝绸之路引入的作物。

萨珊国王定琐罗亚斯德为国教，其他宗教尤其是基督教，既得到容忍又受到迫害。

丝绸之路贸易促进了伊朗和中亚各民族的流动，也促进了宗教观念及军事技术的交流。

9.2 伊斯兰教的诞生

600年，阿拉伯人只住在阿拉伯半岛和今叙利亚、约旦、伊拉克三国边缘的沙漠地区。萨珊王朝收买幼发拉底河边境线上游牧的阿拉伯首领，以此保护帝国免遭入侵。拜占庭也对其约旦边境的阿拉伯人采取同样的办法。阿拉伯放牧者深入南部，保持着隔绝与独立，很少引起萨珊王朝沙阿和皇帝的注意。正是在这些阿拉伯内陆地区，伊斯兰教形成了。

9.2.1 穆罕默德之前的阿拉伯半岛

在整个历史上，生活在阿拉伯半岛的人更多的是农民而非游牧民。众多的农业村庄构成了也门相对稠密的人口，这里在春季风盛行时有丰沛的雨水用来浇灌高地。被称为“空域”（Empty Quarter）的巨大沙海，把南部许多地区与阿拉伯腹地隔离开来。7世纪时，阿拉伯半岛南部的大多数人对非洲、印度、波斯湾的了解，要超过他们对荒凉的内陆和散居在那里放牧羊和骆驼的牧人的了解。 233

商队贸易

居住在叙利亚和美索不达米亚之间沙漠地区的阿拉伯放牧者，为商队提供骆驼，充当向导，作为商队的商人和组织者起了重要作用。北部阿拉伯人的驼鞍（见第8章“环境与技术：驼鞍”）大约发明于公元前3世纪，在军事上非常有用，也是促成阿拉伯繁荣的另一个关键因素。由于它的使用，阿拉伯人得以控制其境内的商队贸易。而且，它所提供的畜力甚至在农业区也变得如此重要，以至于轮车（大多数是牛车和马车）到6世纪时几乎消失了。

商队贸易在不同民族之间建立起了宝贵的联系。商人们把南方的初级产品——芬芳的树脂乳香和没药——运往北方，游牧民通过为商人提供骆驼、向导和安全通道而获得收入。返回的商队把美索不达米亚的制造品带到叙利亚。

跟随商队的阿拉伯人开始熟悉萨珊帝国和拜占庭帝国的文化和生活方式，在帝国边疆放牧的人当中，许多人接受了这样或那样的基督教。甚至在内地沙漠区，闪族那些崇拜自然力和天体的多神信仰，也开始遇到更深奥复杂的宗教。

朝圣中心麦加

麦加：阿拉伯半岛西部的城市，先知穆罕默德的诞生地和伊斯兰教的朝圣中心。

麦加是一个兴起较晚的商队贸易城市，位于也门和叙利亚中间贫瘠的山谷之中，从红海海岸稍微偏向内陆一点儿（见地图9-1）。5世纪时，一个被称为古莱氏的游牧部落在麦加定居下来，并且控制了贸易。麦加很快出现了一定程度的繁荣。部分原因是它远离拜占庭的叙利亚、萨珊王朝的伊拉克、埃塞俄比亚控制的也门，因而没有受到它们的攻击。

一座叫“克尔白”（Ka’ba）的内有偶像的立方体圣殿，一口叫“渗渗泉”（Zamzam）的圣井，以及围绕这两个禁止杀生之地所构成的一个神圣区域，使
234 麦加成为一个朝圣地。一些麦加人把圣殿与犹太教徒及基督徒熟知的故事联系起来。他们认为亚伯拉罕（阿拉伯语为“易卜拉欣”[Ibrahim]）是克尔白圣殿的建立者，而且把麦加城外的一个地点看成神要求亚伯拉罕用儿子献祭的地方。这个儿子不是撒拉所生的以撒（阿拉伯语为“伊斯哈格”[Ishaq]），而是夏甲所生的以实玛利（阿拉伯语为“伊斯玛仪”[Isma’il]），他正是圣经中提到的阿拉伯人的祖先。

9.2.2 穆罕默德在麦加和麦地那

穆罕默德：阿拉伯先知（570—632年），伊斯兰教的创立者。

穆罕默德于570年生于麦加，从小失去双亲，在叔父家里长大。他从事贸易，娶古莱氏部落一个名叫赫蒂彻（Khadija）的寡妇为妻，他曾为她管理商队

地图9-1 穆斯林统治的早期扩张 在伊斯兰教诞生后的第一个世纪，阿拉伯征服者把广大地区纳入穆斯林的统治之下，但皈依伊斯兰教的进程很慢。在阿拉伯半岛这个唯一说阿拉伯语的地区之外，大多数地区改信伊斯兰教是在三个世纪之后，随着被征服进程才加快的。

生意。他们的儿子在幼年时就夭折了，但几个女儿存活了下来。大约610年，穆罕默德开始在晚上去麦加附近的山地里沉思冥想。在一个守夜的晚上（后来的传统称之为“力量与卓越之夜”），一个神——穆罕默德后来认为是天使加百列（阿拉伯语为“哲布勒伊来”［Jibra'il］）对他说：

> 你应当奉你的创造主的名义而宣读，他曾用血块创造人。你应当宣读，你的主是最尊严的，他曾教人用笔写字，他曾教人知道自己所不知道的东西。[1]

“真主的使者”

此后长达三年时间，穆罕默德只是将这一启示和后来获得的启示，与好友及家人分享。这一时期，他坚信他听到的是神（阿拉伯语为“安拉”）的言语。赫蒂彻、他的堂弟阿里、他的朋友阿布·伯克尔（Abu Bakr）和他身边的其他人接受了这一信仰。穆罕默德在632年去世之前，一直声称获得启示。

像那个时代的许多民族（包括基督徒和犹太教徒）一样，阿拉伯人也信仰看不见的神灵：各种神，恶魔般的“撒旦”，被称为“精灵”（jinns）的沙漠神灵（被认为拥有预言家和诗人的能力）。因此，当穆罕默德公开宣讲押韵的箴言时，许多人相信他的灵感来自一个看不见的神灵，像穆罕默德所宣称的那样来自一个真主。

穆罕默德早期的启示呼吁人们相信，由一个神创造了宇宙和宇宙中的一切，包括他们自己在内。在世界的末日，他们的灵魂将受到审判，衡量他们的罪孽与善行。清白者将进入天堂，有罪者将经受地狱之苦。

> 以笼罩时的黑夜发誓，
> 以显著时的白昼发誓，
> 以创造男性和女性的主发誓，
> 你们的行为，确是不同的。
> 至于赈济贫民，敬畏真主，
> 且承认至善者，
> 我将使他易于达到最易的结局。
> 至于吝惜钱财，自谓无求，

且否认至善者，

我将使他易于达到最难的结局。[2]

这些启示呼吁人们服从真主，接受穆罕默德为真主最后一个使者。这样做的人便成为一名**穆斯林**，意思是“顺从”**伊斯兰教**真主意志的人。

穆斯林：伊斯兰教徒，“顺从”真主意志的人。

伊斯兰教：先知穆罕默德根据其所获神圣的启示而阐发的宗教，这些启示在穆罕默德去世后收集成为古兰经。伊斯兰教与犹太教和基督教传统共享许多知识，呼吁所有的人承认唯一的创造神安拉，安拉将根据信徒的生前行为，对他们死后进行奖励或惩罚。

由于启示录中提到了早期使者包括挪亚、摩西和耶稣，穆罕默德的信徒便将其教诲与犹太教和基督教（这是他们已经熟悉的两种宗教）联系起来。然而，穆罕默德的启示录指责犹太教徒和基督徒在保存上帝的圣言方面疏忽大意。因此，尽管亚伯拉罕（易卜拉欣）被认为是克尔白的建立者，被广大穆斯林认为是第一位穆斯林，克尔白也在624年取代耶路撒冷成为穆斯林祈祷的中心，但穆罕默德的信徒们认为，穆罕默德获得的启示比圣经更完善，因为它没有经历过一个编纂过程。

对穆罕默德的响应

一些学者认为，穆罕默德尤其吸引了这样一些人：他们对以财富取代血缘成为社会关系的最重要方面而感到苦恼，对忽视孤儿和其他弱者而感到忧伤。然而，大多数穆斯林对于穆罕默德的宣道，不太注重其社会信息，而更强调其力量与善美。

235

希吉拉

麦加领导人认为，接受穆罕默德为唯一真神的唯一代理人，会威胁到他们的权力与繁荣，因此他们感到害怕，于是他们迫使穆罕默德的亲戚背叛他，迫害他的信徒中最软弱的人。由于这些敌意的阻挠，穆罕默德和他的追随者于622年逃离了麦加，在**麦地那**的农业社群中获得一块住地，位于麦加以北215英里（346公里）处。这次“希吉拉”（hijra，迁徙）成为伊斯兰教历法的开端。

麦地那：阿拉伯半岛西部的城市，先知穆罕默德及其追随者于622年为逃避麦加的迫害而迁移至此。

9.2.3 乌玛的形成

在希吉拉之前，麦地那的代表就曾与穆罕默德会谈，同意接受穆罕默德及其追随者，并给予保护，因为他们发现他是一个获得神灵启示的领导人，能够平息他们当中长期的争执。这样，麦加迁徙者和麦地那的主要群体联合起来，结成一个单一的**乌玛**（umma），这个社群不同于其他社群的特征是接受伊斯兰教，接受穆罕默德为“真主的使者”（这是穆罕默德最普通的头衔）。由于三个犹太部落选择保留他们自己的信仰，再加上其他原因，穆罕默德把祈祷的方向从耶路撒冷改向了麦加的克尔白，现在这里被当作“天房”（House of God）。

乌玛：全体穆斯林的社群，是对7世纪阿拉伯社会的重大革新，因为在那里，传统的血缘关系而不是信仰决定着一个社群成员的身份。

来到麦地那的移民，由于脱离了麦加的部落而感到易受攻击。于是，穆罕默德在世的最后10年，他采取了积极措施来发展他的乌玛。新获得的启示提供了规范社会和法律事务的基本框架，并且激发了穆斯林起来反对仍然不信伊斯兰教的麦加城。在战争期间的不同时点，穆罕默德指责犹太部落背信弃义（他最初曾希望他们承认他是真主的使者），最终驱逐或消灭了他们。断断续续的战争（主要是沙漠游牧民的袭击以及与他们的谈判）削弱了麦加的力量，并使许多麦加人相信神在保佑穆罕默德。630年，麦加投降了，穆罕默德及其信徒可以不受干扰地去克尔白朝圣。

穆罕默德留在麦地那，这里已经发展成为一个繁华的城邦。来自阿拉伯半岛各地的代表团前来朝见他，然后与信徒一起返回，这些信徒可以讲授伊斯兰教和收集施舍物。穆罕默德向人们宣讲真主预言，使他顺利地控制了一个逐渐统治阿拉伯半岛的国家。

9.2.4 穆罕默德的继承者

632年，穆罕默德在患病后不久便去世了。麦地那的一群领导人和三个穆罕默德的亲密朋友在24小时之内便做出决定，由阿布·伯克尔继位。他是最早的信徒之一，也是穆罕默德最宠爱的妻子阿依莎（A'isha）的父亲。他被尊称为“哈里发”或“继承者”，这个词的英语为caliph。然而，称阿布·伯克尔为继承者，这并不能阐明他的权力。因为每个人都知道，阿布·伯克尔和任何人都不能获得启示；他们同样也知道，除了继续维持乌玛之外，穆罕默德的启示并没有为继承者或任何统治目的做事先预备。

阿布·伯克尔延续并进一步加强了穆罕默德的宗教实践，特别是伊斯兰教的所谓“五功”：（1）念功，承认安拉是唯一的神，穆罕默德是安拉的使者；（2）拜功，每天做礼拜5次；（3）斋功，在伊斯兰教的斋月期间禁食；（4）课功，要施舍；（5）朝功，每个穆斯林一生至少去麦加朝圣一次。阿布·伯克尔恢复和扩展了对阿拉伯半岛各社团的穆斯林权威，因为其中一些社团抛弃了对麦地那的忠诚，或者追随了各种冒充先知的人。穆斯林军队奋力维护新生**哈里发政权**的权威。在这一过程中，一些战斗越出边境进入伊拉克的非阿拉伯人地区。

哈里发政权：先知穆罕默德的继承者建立的机构，以统治伊斯兰帝国；也是这种帝国的名称。

据说，阿布·伯克尔命令那些记录穆罕默德启示的人，将它们收集编纂成一本书。这样，过去偶然记录下来的一些片断被汇编成章节，至此成为一本单一的文献。穆斯林相信，**古兰经**或“诵读”（Recitation）大约在650年最终成形。他们把它看作真主的箴言，而不是穆罕默德的言语。从神学上来说，与其将它比作圣经这部经历几个世纪由多人完成的书，还不如将它比作耶稣基督这 236
个人，他被基督徒当作上帝在人间的显现。

古兰经：根据由先知穆罕默德的神圣启示编辑而成的书，这些启示大约在610到632年之间形成；它是伊斯兰教的圣书。

虽然乌玛在接受真主意志方面意见一致，但不久便对哈里发的继承问题产生了分歧。656年，当反叛者刺杀了第三任哈里发乌斯曼（Uthman）之后，行刺者提名阿里（穆罕默德的堂弟和女婿——其女儿法蒂玛的丈夫）继任哈里发，于是爆发了内战。虽然许多人认为阿里是先知的天然继承人，但他前面已经错过了三次机会。那些相信阿里是先知继承者的人，被称为**什叶派**，以阿拉伯语Shi'at Ali（阿里派）而得名。

什叶派：属于一个伊斯兰教分支的穆斯林，他们认为，真主把社团的领导权授予了穆罕默德女婿阿里的后裔。什叶派信仰是伊朗的国教。

当阿里接受提名担任哈里发之时，穆罕默德的两个亲密伙伴及其宠妻阿依莎反对他。阿里在“骆驼之战”（656年）中打败了他们，这场战役之所以得此名，是因为这是一场围绕着阿依莎乘坐的骆驼轿子而展开的战斗。

这次战役之后，叙利亚的统治者穆阿威叶（Mu'awiya）继续与阿里对抗。穆阿威叶来自古莱氏部落中的倭玛亚家族，是被杀的乌斯曼的亲戚。最后，不分胜负的战争让位于仲裁。仲裁者裁定，乌斯曼被行刺者认为腐败堕落，但罪不至死，阿里接受哈里发之位也是犯错。阿里拒绝这一裁决，但在他重新发动战争之前，他的一个支持者为了接受裁决而将其杀害。穆阿威叶让阿里的儿子哈桑（Hasan）有尊严地隐退，然后他于661年出任哈里发。

穆阿威叶选择他的儿子耶齐德（Yazid）来继位，由此开始了**倭玛亚王朝**。680年，哈桑的兄弟侯赛因（Husayn）反叛，试图恢复阿里家族的统治，耶齐德下令杀害了侯赛因及其家庭成员。对侯赛因被害的同情，促使什叶派思想从一种政治运动转变成了宗教宗派。

倭玛亚王朝：第一个世袭的穆斯林哈里发王朝（661—750年）。倭玛亚王朝以大马士革为都城，统治了一个从西班牙到印度的大帝国。最后被阿拔斯哈里发政权推翻。

什叶派信仰在发展过程中发生了一些变化，但所有的什叶派都认为，阿里是穆罕默德的合法继承人，真主选择作为伊玛目（Imam，穆斯林社团的领导人）的人，一直是阿里的后裔。他们认为哈里发政权与其说是宗教的，还不如说是世俗的。由于什叶派很少掌握权力，他们的宗教情感变得更关注对侯赛因和其他殉教者的同情，更聚焦于救世主的梦想，希望他们当中的某个伊玛目在某一天会取得胜利。

支持最初三任哈里发的穆斯林逐渐被称为“遵循传统和社团的人”，阿拉

逊尼派：属于一个伊斯兰教分支的穆斯林，他们认为社团应该选择自己的领导人。这一派别在大多数伊斯兰国家是多数派宗教。

伯语为“Ahl al-Sunna wa'l-Jama'a”，简称Sunnis（逊尼派教徒）。**逊尼派**认为哈里发是伊玛目。至于阿里的追随者当中，那些痛恨接受裁决的人，他们逐渐形成一个小规模的反叛宗派——哈瓦利吉派（Kharijite，来自kharaja，意思是“分离或反叛”），声称只有他们是正义的。这三个伊斯兰教派别至今仍然存在，其中最后一个派别现在已是极少数派。

本节回顾

伊斯兰教从阿拉伯半岛的游牧民和商队贸易者当中形成发展起来。

麦加作为商队贸易城市和朝圣地而发展起来，这与犹太教和基督教故事中的叙述相一致。

穆罕默德获得启示，呼吁人们服从真主的意志。

穆罕默德及其信徒在麦加遭到敌视，于是逃往麦地那，在那里建立起乌玛。

阿布·伯克尔作为哈里发继位于穆罕默德，确定了“五功”，下令编写了古兰经。

乌玛内部的内战造成了逊尼派和什叶派的分裂，以及倭玛亚王朝的建立。

9.3 哈里发国家的兴衰（632—1258年）

伊斯兰哈里发国家建立在穆罕默德去世后阿拉伯人对外征服的基础上，也催生了一个具有活力和创造性的宗教社会。然而，到9世纪晚期，这个巨大的王国逐渐分崩离析。尽管如此，关于一个哈里发国家的观念无论多么不现实，它至今仍然是逊尼派相信乌玛统一这一信仰的检验标准。

逊尼派伊斯兰教从来不赋予某一个人解释真理、排斥异端、规范神职人员的权力。这样，哈里发不像基督教教皇和主教，而是他一旦失去了政治和军事权力，就几乎没有根据来重建其普遍的权威。

237

9.3.1 伊斯兰教的征服（634—711年）

阿拉伯人对阿拉伯半岛之外的征服始于第二任哈里发欧麦尔（Umar，

634—644年在位）统治时期。阿拉伯军队迫使叙利亚（636年）和埃及（639—642年）脱离拜占庭帝国，打败了萨珊王朝最后一个沙阿伊嗣俟三世（Yazdigird Ⅲ，632—651年在位）。经历了10年的平静之后，扩张又开始了。突尼斯被阿拉伯人攻占并成为管理中心，由此组织了711年对西班牙的征服，征服中由阿拉伯人领导的军队主要由来自北非的柏柏尔人组成。同一年，位于今巴基斯坦境内印度河流域南部的信德也屈服于来自伊拉克的入侵者。穆斯林的领土控制在规模上维持了3个世纪的基本稳定，然后在11世纪又开始了新的征服。他们入侵了印度和安纳托利亚，对撒哈拉以南的非洲和其他地区则通过贸易和宗教皈依进行了和平扩张。

穆罕默德的亲密伙伴，即那些具有政治和经济精明头脑的人，在他的感召下获得了灵感，领导了征服战争。阿拉伯社会的社会结构及其顽强的特性，适合于灵活的军事行动；麦地那的权威在阿布・伯克尔哈里发期间重新得到加强，也确保了民众的服从。

欧麦尔任哈里发期间做出了一个重要决定，禁止阿拉伯人占有被征服的领土。欧麦尔用常规军饷和战利品犒赏的方式把军队约束在军营驻地——两个在伊拉克（库法和巴士拉），一个在埃及（福斯塔［Fustat］），一个在突尼斯（凯鲁万［Qairawan］）。在伊拉克东部，阿拉伯人居住在战略要地上的一些小城堡周围，以及在今土库曼斯坦木鹿的一个大要塞。这一政策使军队保持集合在一起，随时准备战斗，并且维持了乡村的正常生活，乡村居住着大约3/4的人口。只有叙利亚、埃及、伊朗和伊拉克人口中的一小部分人懂阿拉伯语。

大约有百万阿拉伯人参与了历时数代人的征服，他们构成了一个自我孤立的统治小群体，依靠广大非阿拉伯、非穆斯林的臣服人口纳税而生活。阿拉伯人在鼓励皈依伊斯兰教方面几乎没有物质奖励，因此在征服时期不存在努力传播伊斯兰教的证据。

9.3.2 倭玛亚王朝和早期阿拔斯王朝（661—850年）

倭玛亚王朝的哈里发管理着一个阿拉伯王国而不是一个宗教帝国。它以大马士革为统治中心，其军队几乎全部由穆斯林阿拉伯人组成。萨珊和拜占庭的管理规则仍然有效。哈里发只是逐渐把非穆斯林的书记官和税务官换成了穆斯林，并且引进阿拉伯语为官方语言。特别是，穆斯林银币和金币在8世纪初的引入，象征了新的秩序。从此以后，银迪拉姆（dirhams）和金第纳尔（dinars）带着阿拉伯宗教词语，在从摩洛哥到中国边境的货币兑换中流通。

非阿拉伯人穆斯林

倭玛亚王朝在经历了10年的动荡之后，于750年灭亡。在被征服的地区，皈依伊斯兰教的人数不到当地人口的10%，但他们也非常重要，因为阿拉伯战士的人数相对较少。这些皈依者憎恨阿拉伯人的统治。而且，非叙利亚的阿拉伯人也忌妒叙利亚人对哈里发国家事务的控制。虔诚的穆斯林瞧不起世俗者，甚至看不惯哈里发的非宗教行为。最后，什叶派和哈瓦利吉派抨击倭玛亚家族作为统治者的合法性，发动了多次起义。

阿拔斯革命

750年，在呼罗珊地区（今伊朗东北部）出现了一场起义，倭玛亚最后一个哈里发被推翻，但一个家庭成员逃到了西班牙，于755年在那里建立起了一个倭玛亚公国。许多什叶派教徒支持这次起义，认为他们是在为阿里家族而战。然而结果是，出自穆罕默德一个叔父的阿拔斯家族控制了协调起义的秘密组织。他们在取得胜利之后建立了**阿拔斯王朝**。750年之后统治的阿拔斯哈里发，他们中的一些人非常照顾其在阿里家族中的亲戚，有一人甚至轻率地要将哈里发之位传给这些亲戚。然而，阿拔斯家族占据哈里发之位直到1258年，这一年蒙古入侵者在巴格达杀害了他们当中的最后一个哈里发（见第13章）。

阿拔斯王朝： 先知穆罕默德的叔父阿拔斯的后裔建立的政权，它推翻了倭玛亚王朝，统治了一个以巴格达（建于726年）为都城的伊斯兰帝国（750—1258年）。

238

最初，阿拔斯王朝表现出了良好的统治和虔诚。神学和宗教法在法庭上成了当务之急，日益发展的学者团体投身于解释古兰经，收集先知语录，编纂阿拉伯语法。（近年来，一些西方学者坚持认为，先知的语录古兰经和先知的传记都编纂于这一时期，为这一政权提供了传奇故事的基础。对伊斯兰起源的重新解释，无论是在学术团体还是在穆斯林当中，总的来说还没有被接受。）一些哈里发主持了雄心勃勃的项目，把希腊、波斯和印度的一些重要著作译成阿拉伯语。

哈里发政权的波斯化

以呼罗珊半波斯化的阿拉伯人为基础，新王朝逐渐采用了萨珊王朝沙阿的仪式和习俗。在底格里斯河畔新建的都城巴格达，政府机构变得越来越复杂。随着更多非阿拉伯人皈依伊斯兰教，统治精英也变得更加国际化。希腊的、伊朗的、中亚的、非洲的文化潮流汇集都城，催生了大量文学作品，而且这一过程由于从中国引进造纸术而得到加快。阿拉伯的传统颂诗赞美沙漠中的生活，这时的阿拉伯诗人不再重视这一传统，而是创作酒歌（尽管伊斯兰教禁止饮酒）或颂扬其资助人的诗歌。

将亚里士多德作品译成阿拉伯语，神学和法学主要趋势的确立，阿拔斯宫廷的辉煌，这些都从哈里发哈伦·拉希德（Harun al-Rashid，776—809年在位）统治时形成的《天方夜谭》的故事中反映出来，这一切表明，从某些方面来说，把阿拔斯王朝早期称为"黄金时代"是有道理的。然而，巴格达文化的精致优雅，只是缓慢地传播到各行省。在阿拔斯王朝早期，埃及仍主要信奉基督教，讲科普特语。伊朗从来没有采用阿拉伯语为口语。740年之后，大多数讲柏柏尔语的北非人发动了起义，摆脱了哈里发的直接统治。

被征服地区的人口逐渐改信伊斯兰教，这一趋势在9世纪上半叶的后期加快了。对非阿拉伯皈依者的社会歧视慢慢淡化，阿拉伯人本身——至少是居住在国际化都市里的阿拉伯人——丧失了其先前那种对血缘关系的强烈依附和种族认同。

9.3.3 政治分裂（850—1050年）

阿拔斯王朝的衰落

当皈依伊斯兰教的人数不断增加之时（见地图9-2），阿拔斯王朝在9世纪下半叶明显走向衰落。统治一个如此庞大的帝国，没有一个政府能够轻易地维持权力。商队旅行每天只能走20英里（32公里），哈里发邮政体系中的信使，通常每天也不超过100英里（160公里）。边境造反的信息传递到巴格达需要数周的时间，军事反应可能要花几个月时间。

在伊斯兰教最初的两个世纪，对穆斯林统治的反叛曾经是统治者关心的事情。因此穆斯林乌玛紧紧团结在一起，即使相距遥远也是如此。但是，随着越来越多的人皈依伊斯兰教，对伊斯兰统治可能被推翻的担心逐渐淡化。一旦穆斯林成了占优势的多数，他们便意识到，一个高度中央集权的帝国没有必要照顾到所有人的利益。

马穆鲁克：在伊斯兰军事奴隶制下，突厥奴隶兵成为9—10世纪阿拔斯王朝军队的重要组成部分。马穆鲁克最终建立起他们自己的国家（1250—1517年），统治埃及和叙利亚。

到9世纪中叶，针对阿拉伯人或穆斯林的统治发动的叛乱，逐渐让位于伊斯兰社团内部的争斗，主要集中在夺取领土和形成地方公国。此后从阿拔斯王朝分离出来的国家，没有哪个国家抛弃甚至威胁到伊斯兰教。然而，它们切断了流向巴格达的税收，由此促进了地方的繁荣。

马穆鲁克奴隶兵

由于各省的脱离和巴格达地区不明原因的税收下降，哈里发政权的财政日益困难，于是在9世纪晚期出现了一场危机。由于哈里发不再信任边远地区的将领和军队，便从中亚购买突厥奴隶——**马穆鲁克**，以他们组建一支常备军。

地图9-2　阿拔斯王朝的兴衰　750—1258年，虽然阿拔斯统治者在巴格达占据了哈里发的位置，但在850年之后，其实际政治权力急剧且不断衰落。1258年蒙古军队摧毁了巴格达。与阿拔斯王朝敌对的哈里发政权法蒂玛王朝（909—1171年）和西班牙倭玛亚王朝（929—976年），相对来说存在时间更短。

这些突厥人由于训练有素、坚毅勇敢，被证明是一支非常有效的军队，但是费用昂贵。当政府无力支付军饷时，马穆鲁克便自行废立哈里发，在巴格达北边底格里斯河畔修建一座新都萨马拉（Samarra）之后，这种事情变得更容易了。

突厥人对萨马拉的控制，并没有受到来自巴格达的强悍平民的干涉，因为他们被认为是残暴的，而且是高手。然而，对这座巨大城市的修建（它只在835—892年充当都城），投入的金钱和精力进一步侵蚀了哈里发的财力，也耽误了劳动力从事生产。

阿拔斯政权的衰亡

阿拔斯政权曾几次试图寻找一个强人来挽救它，都未成功。此后，来自伊朗北部山区代兰（Daylam）的强悍士兵于945年控制了它。这些士兵在什叶派布耶（Buyid）家族的领导下，征服了伊朗西部和伊拉克。每个布耶家族的将领都拥有自己的小政权。在经历了2个世纪的辉煌之后，巴格达衰落了。阿拔斯 239
王朝哈里发虽然保留了下来，但被布耶家族控制。布耶家族是什叶派，所以对逊尼派哈里发并不特别尊重。他们遵循什叶派的教义，认为在大约873年消失的第十二个和最后一个伊玛目，将在末日作为救世主重新出现。因此，他们没有可供遵从的什叶派伊玛目，保留哈里发只是为了有助于控制有势力的逊尼派臣民。

伊朗和萨曼王朝

在边远行省蓬勃发展的同时，哈里发政权的世俗权力在逐渐丧失。在东部，875年出现了萨曼（Samanids）王朝，它是几个获得独立的伊朗人家族之一，在丝绸之路上的重要城市布哈拉（Bukhara）建立起了绚丽的宫殿（见地图9-2）。萨曼王室鼓励文学和文化知识，但他们所用的语言是用阿拉伯字母书写的波斯语。这是在伊斯兰世界内部第一次出现了非阿拉伯语文学的兴起，它对阿拉伯语的显赫地位形成了挑战。

非洲穆斯林

在西部，柏柏尔人发动起义反对阿拉伯人的统治，结果在740年之后，在撒哈拉的北部边缘出现了西吉尔马萨（Sijilmasa）和塔赫特（Tahert）等城邦。这些城邦的统治者持哈瓦利吉派信仰，干预东西部之间的陆上贸易，使他们发展起第一条穿越撒哈拉沙漠的常规贸易路线。当商人们穿过沙漠时，发现撒哈拉南部讲柏柏尔语的人已经把盐从沙漠运到了萨赫勒（Sahel）地区。北部的商人发现，他们可以用盐换取黄金。南部游牧民控制着盐的来源，但几乎不用来换黄金。于是商人们通过向南部游牧民提供更有用的产品，如铜和制造品，以获得盐，然后用盐换黄金。西吉尔马萨和塔赫特变成了富裕的城市，前者还铸

福斯塔的伊本·图伦清真寺 这一清真寺建于877年，象征着埃及在其总督统治下第一次成为一个半独立的行省。院子中心的亭子里有泉水，供礼拜前洗涤之用。它在13世纪被修复之前，曾经有一座螺旋形尖塔和一道通向隔壁总督府的门。

造金币，流通范围远达埃及和叙利亚。

240

加纳：已知最早的位于撒哈拉以南的西非王国，时间在6—13世纪。也是曾经一度被称为“黄金海岸”的现代西非国家。

撒哈拉以南从这一交换体系中受益的国家，已知最早的是**加纳**王国。它在8世纪晚期的阿拉伯文献中，最初是作为“黄金之国”出现的。关于这一王国早期的详细情况，几乎没有什么保存下来。它由索宁克人（Soninke）建立起来，范围覆盖马里、毛里塔尼亚和塞内加尔的一部分，一直保持繁荣，直到1076年被来自沙漠的游牧民征服。它是在哈里发国家的范围之外，最早以渐进与和平的方式改信伊斯兰教的国家之一。

法蒂玛王朝

909年，法蒂玛王朝在突尼斯建立，其王室成员自称（也许是不实的）是出自阿里后裔的什叶派伊玛目。此后，北非的城邦便失去了独立地位。法蒂玛王朝在巩固其对西北非的控制后，于969年征服埃及，权力达到巅峰。法蒂玛统治者声称拥有哈里发的称号，对阿拔斯王朝构成了直接挑战，并在过去征服时代的福斯塔卫戍城之外，修建了作为统治中心的宫殿群。他们将这些建筑群称为开罗。埃及第一次成为一个重要的伊斯兰教文化、知识和政治的中心。法蒂玛王朝拥有大量金币，金币从西非流入埃及，使法蒂玛王朝成为地中海地区一个经济大国。

伊斯兰西班牙：宗教共同繁荣

由于直布罗陀海峡，也由于740年之后摩洛哥和阿尔及利亚的独立城邦，西班牙的倭玛亚王朝与伊斯兰世界的其他地方隔绝开来。但是，倭玛亚王朝统治下的西班牙发展出了一种独特的伊斯兰文化，它将罗马的、日耳曼人的和犹太人的传统，与阿拉伯人的、柏柏尔人的传统综合在一起。关于西班牙居民怎样快速和完全地皈依了伊斯兰教，历史学家存在分歧。如果我们设想一个与东部地区相似的过程，伊斯兰化最急速的浪潮很可能发生在10世纪中叶。

如同在东部一样，在安达卢斯（al-Andalus，穆斯林这样称他们的伊比利亚领土），作为统治中心的城市象征着伊斯兰教的存在。科尔多瓦、塞维利亚、托莱多和其他城市都获得了重大发展，与邻国法国同时代的城市相比，规模要大得多，也富裕得多。伊斯兰教皈依者及其后代、没有改变信仰的说阿拉伯语的基督徒，以及犹太教徒，他们与人数相对较少的阿拉伯移民的后裔一起，创造了新的建筑和文学风格。在乡村，柏柏尔人偏好居住于此，早已存在的农业技术和新作物（特别是柑橘类水果）与来自东方的灌溉技术相结合，使西班牙具有欧洲最丰富多样和最精致的农业经济。

安达卢斯的统治者从929年才开始采用“哈里发”的称号，当时阿卜杜勒-拉赫曼三世（Abd al-Rahman III，912—961年在位）这样做，是为了回应在突尼 241

布哈拉的萨曼王朝陵墓　这座10世纪初的建筑具有琐罗亚斯德教拜火庙的基本设计：立方体上端有一个圆顶。然而，烧砖上的几何图案装饰标志着它是伊斯兰建筑的早期杰作。10世纪时，萨曼家族作为伊朗北部和中亚西部的统治者获得了独立。

斯新建立（909年）的法蒂玛王朝的统治者宣布为哈里发。然而，到10世纪末，这个哈里发政权遇到分离运动的挑战，安达卢斯最终分裂成了几个小国。政治衰退并没有阻止文化发展。在犹太历史上一些杰出的作家和思想家，11—12世纪时工作在穆斯林统治下的西班牙，他们有时用阿拉伯语写作，有时用希伯来语写作。犹大·哈莱维（Judah Halevi，1075—1141年）创作了优美的诗歌，探讨了宗教哲学问题。迈蒙尼德（Maimonides，1135—1204年）对犹太法典进行了汇编，详细解释了亚里士多德哲学。与此同时，伊本·哈兹姆（Ibn Hazm，994—1064年）关于爱和其他主题的论述，伊本·路世德（Ibn Rushd，1126—1198年，拉丁名为“阿威罗伊”）和伊本·图菲利（Ibn Tufayl，1185年去世）的亚里士多德哲学著作，以及伊本·阿拉比（Ibn al-Arabi，1165—1240年）的神秘主义思想，使西班牙的伊斯兰思想达到了最高峰。基督徒同样也为安达卢斯的思想与文化繁荣做了贡献。这一时期将阿拉伯著作译成拉丁文，对后来西欧的思想文化发展具有深远影响（见第10章）。

乌里玛

萨曼王朝、法蒂玛王朝和西班牙倭玛亚王朝是众多地方性割据政权中的三个，代表了在阿拔斯王朝衰落过程中政治的多样性和地方意识的觉醒。然而，多次重绘的政治边界，并没有导致伊斯兰世界固定不变地分裂成许多王国。宗教与文化的发展，尤其是一个被称为**“乌里玛”**（ulama，“拥有［宗教］知识的人”）的宗教学者群体在城市的兴起，阻遏了伊斯兰乌玛的永久分裂。

乌里玛：穆斯林宗教学者。9世纪以后成为伊斯兰教法的主要解释者和穆斯林城市社会的核心。

9.3.4 内忧外患（1050—1258年）

中东的突厥人

242

突厥人的马穆鲁克在阿拔斯王朝衰落中所扮演的角色，形成了这样一个一成不变的固定形象：突厥人是残忍的、不懂世故的武士。当11世纪30年代塞尔柱家族以游牧力量为基础建立起突厥人伊斯兰国家时，这一形象进一步强化了。塞尔柱统治者托格兹（Tughril Beg）采用了阿拉伯的称号“苏丹”（Sultan，意为“权力”），又接受了波斯的称号“沙阿的沙阿”（Shahan-shah，“王中之王”），并于1055年占领巴格达，建立起了一个从阿富汗北部延伸到巴格达的王国。阿拔斯哈里发在经历了一个世纪的什叶派布耶家族的压制之后，逊尼派突厥人的压制却较轻，可以缓一口气。塞尔柱进攻叙利亚和安纳托利亚，在1071年的曼齐克特（Manzikert）战役中给拜占庭帝国以致命一击。拜占庭军队退守君士坦丁堡，给突厥人占领安纳托利亚敞开了大门。

12世纪西班牙穆斯林的纺织品 这块以孔雀和阿拉伯文字为特征的丝织品，是伊斯兰纺织技术的最好例证。棉织工业在伊斯兰世纪的早期非常繁荣，但丝织品仍然相当珍贵。一些织物在基督教欧洲也受到珍视。

经济衰退

在突厥人的统治下，随着放牧者蔓延到农业腹地，城市萎缩了。在无人居住的乡村，灌溉设施缺乏维护而受损。税收减少了。12世纪的王室争斗也在城市发生，但几乎没有突厥人参与城市的文化和宗教生活。以宗教为基础的城市社会与政府的文化及其官吏之间的鸿沟进一步加深。当逊尼派和什叶派之间，或者逊尼派法学派系之间爆发宗派冲突时，统治者通常只是保持冷眼旁观，甚至在出现破坏或死亡时也是如此。

到12世纪初，由于洪水、火灾、内部秩序混乱而造成的破坏未能修复，底格里斯河西边的旧巴格达沦为废墟。巴格达的没落反映了一个明显的环境问题：底格里斯河和幼发拉底河流域中农业所依靠的沟渠系统崩溃了。这样，作为数千年来的一个世界文明中心，美索不达米亚经历了人口锐减，并且再也未能恢复它的地理重要性。

伊朗和伊拉克的人口减少和经济衰退不能只归咎于突厥人。过度城市化和公元前1000年之后的气候明显变冷，造成了食物资源的紧张。把土地赐予士兵和朝臣的行为日益普遍，导致了外居地主使用代理人来收税。这些代理人欺骗村民，几乎不关心促进生产，由此加剧了农业危机。

十字军的挑战

当1099年基督教第一次十字军东征抵达圣地和攻占耶路撒冷时（见第10章），塞尔柱家族内部正忙于相互争执与残杀。十字军东征虽然充满了冒险故事，但对伊斯兰国家几乎没有什么持久的影响。埃德萨（Edessa）、安条克、的黎波里和耶路撒冷四个十字军国家，仅仅成为政治模式变动中已经就位的马前卒。新来的骑士急切要进攻他们称之为"萨拉森人"的穆斯林敌人，而有经验的老十字军战士则明白，采取外交手段和在敌对的穆斯林王公中寻找方便的合作者，可以找到更有效的策略。

12世纪中叶，穆斯林最终团结起来对付欧洲敌人。努尔丁·赞吉（Nur al-Din ibn Zangi）以大马士革为统治中心建立了一个强大的国家，派遣一支军队结束了埃及的法蒂玛王朝。这支远征军的库尔德人指挥官的侄儿萨拉丁（Salah-al-Din）利用努尔丁去世的时机夺取了政权，统一了埃及和叙利亚。法蒂玛王朝于1171年灭亡。1187年，萨拉丁从欧洲人手中夺回了耶路撒冷。

243 萨拉丁的后继者击退了后来的十字军。然而，1250年，突厥人的马穆鲁克军队在一次抗击十字军的战役之后，控制了开罗的政权，结束了萨拉丁王朝。1260年，这些马穆鲁克骑兵开往东方去抗击新的入侵者——蒙古军队。在叙利亚的阿音扎鲁特（Ain Jalut，"巨人泉"）战役中，他们击败了一支来自中亚的蒙古军队（见第13章）。这样，他们阻止了数十年来的外族入侵，使他们对埃及和叙利亚的控制合法化。

马穆鲁克苏丹

在随后的马穆鲁克时期，一个接一个的奴隶兵苏丹统治了埃及和叙利亚，直到1517年。1300年之后，对蒙古人发动新进攻的担心减少了，新的统治制度开始确定下来。来自非穆斯林地区的年轻突厥奴隶或切尔克斯奴隶（来自黑海东端）在训练营里被培养，都皈依了伊斯兰教。他们忠于购买他们的马穆鲁克长官，形成了一个军事阶层，这个阶层与讲阿拉伯语的本地居民没有社会联系。

蒙古人的入侵，尤其是1258年在巴格达摧毁了阿拔斯哈里发政权，震动了伊斯兰世界。马穆鲁克苏丹在开罗将最后一个巴格达哈里发的亲戚推上了王位，但是，这个埃及的阿拔斯统治者只是一个服务于马穆鲁克利益的傀儡。从伊拉克往东，非穆斯林的统治持续了13世纪大部分时间。尽管蒙古人在这些地区几乎没有留下种族的或语言的痕迹，但是，他们最初对城市的破坏和对平民的杀戮；他们把丝绸之路贸易从巴格达改向更北的路线，以黑海沿岸港口为终点；他们不经意间（即使在他们皈依伊斯兰教之后）对穆斯林宗教生活和城市文化的漠视；这些都加速了业已发生的变化的趋势。

本节回顾

到711年，阿拉伯军队征服和建立了一个从东部信德延伸到西部西班牙的帝国。

倭玛亚王朝统治着一个种族帝国，以大马士革为中心，采用了萨珊帝国和拜占庭帝国的管理方法。

倭玛亚王朝在反叛中衰落了，反叛者在巴格达建立起了阿拔斯王朝，幸存的倭玛亚家族成员逃到了西班牙。

在波斯文化的影响下，阿拔斯王朝主持了重大的宗教、思想文化和艺术活动。

阿拔斯王朝的衰落导致了哈里发国家分裂成一些独立的小国，但伊斯兰乌玛仍然保持完好。

先前的哈里发国家衰亡后，各地的后继政权一直处于政治分裂，后来被塞尔柱突厥人、十字军、马穆鲁克和蒙古人的国家取代。

9.4　伊斯兰文明

不断扩大的伊斯兰世界，虽然在政治方面越来越不安定，也因战争造成了经济破坏，但却经历了富有成效的发展，在法律、社会结构、宗教表达方面取得了成果。宗教皈依与城市化相互促进，创造了独特的伊斯兰文明。伊斯兰各国之间巨大的地理和人文差异，使许多“小传统”与发展中的伊斯兰教“大传统”并存。

9.4.1　法律与教条

沙里阿

沙里阿（Shari’a，伊斯兰教法）奠定了伊斯兰文明的基础。然而，在穆罕默德时期，除了某些古兰经诗篇传达了明确的神圣法规（它们大多数是关于个人和家庭事务），还没有法律制度。阿拉伯的习惯和先知的特有权威是唯一的遵循指南。穆罕默德去世后，乌玛试图遵循他的先例。然而，当那些最了解穆罕默德的人去世之后，当许多阿拉伯人发现自己生活在一个遥远的地方时，遵
244
循先例变得越来越难以做到。那些皈依伊斯兰教的非阿拉伯人，最初试图遵循他们完全不熟悉的阿拉伯习俗，遇到的困难更多。

逊奈和哈底斯

伊斯兰教慢慢发展出管理社会和宗教生活的法律。然而，伊斯兰文明的全部意义远远超出前面提到的基本“五功”。一些穆斯林思想家认为，对于古兰经启示中没有讲到的问题，一个成熟男子的理性思考提供了最佳解决方案。另一些人则认为，先知的逊奈（sunna）[穆罕默德的言行]或口传教义是最佳指南。为了理解逊奈，他们搜集和研究了成千上万［关于穆罕默德言行的］传述，即**哈底斯**（hadith），旨在准确传达穆罕默德的言行。在每一篇哈底斯的前面，都要加上一系列口述权威，追溯到直接熟悉先知的人，这成了惯例。

哈底斯：关于先知穆罕默德言行的传述，仅次于古兰经这一伊斯兰教法最重要的基础。

许多哈底斯都涉及仪式问题，例如在礼拜前如何洗涤。还有一些是回答法律问题，这些问题是古兰经启示中没有讲或者没有暗示处理这些问题的基本法则。到11世纪，大多数法律思想家都接受了以下观点：穆罕默德的个人行为提供了最佳行为榜样，哈底斯为古兰经之后的法律确立了最权威的依据。

然而，哈底斯也存在一个问题，因为成千上万的奇闻逸事既有真实的也有杜撰的（杜撰的传述有时是出于政治动机），而且一些故事是来自非穆斯林的宗教传统。只有专家才能把可靠的口述传统从缺少依据的口述传统中挑选出来。随着哈底斯变得越来越重要，致力于研究它们的学派也日益重要。学者们抛弃了数以千计权威性不足的哈底斯。他们把最可靠的汇编成书，这些书逐渐获得了权威地位。逊尼派将六本书列入这一类，而什叶派则是四本。

随着沙里阿的逐渐形成，它体现了一个乌玛的面貌，在乌玛中，所有的人都遵循相同的道德价值观，政治与种族的差异已不再重要。每一个穆斯林统治者都希望遵守与强化宗教法。实际上，在喧嚣的政治生活中，这种期望常常难以实现。然而，沙里阿为城市生活方式提供了重要基础，从摩洛哥到印度的伊斯兰城市生活方式惊人的相似。

9.4.2 皈依者与城市

对伊斯兰教的皈依，与其说是为了逃避对非穆斯林的征税，不如说是人们对新宗教统治者了解的结果。因此正如一些学者所指出的，对伊斯兰教的皈依促进了城市化。皈依并不要求掌握伊斯兰教信仰的大量知识。一个人要成为一

个穆斯林，只需要在一个穆斯林面前宣称："万物非主唯有真主，穆罕默德是真主的使者。"

皈依的影响

几乎没有皈依者说阿拉伯语，能够阅读古兰经的更少。许多皈依者并不懂古兰经，只知道他们日常礼拜所需要背诵的章节。穆罕默德没有建立起一支神职队伍来解释和传播信仰。因此，无论阿拉伯人还是非阿拉伯人的新皈依者，都面临着这样的问题：使自己明白伊斯兰教是关于什么的宗教，作为穆斯林他们应该如何行为。这意味着要花时间与穆斯林在一起，学习他们的言语，模仿他们的宗教仪式。

在许多地区，皈依包括迁移到一个阿拉伯人的管理中心。另一种选择，即皈依伊斯兰教后仍然留在其家乡社群中，是很难的。因为在拜占庭和萨珊时期，宗教已经成为社会认同的主要因素。伊斯兰教皈依者如果仍然留在其基督教、犹太教或琐罗亚斯德教社群中，他们就会受到歧视。为避免歧视和利用由国家税收带来的经济机会，移民流入阿拉伯人的管理中心。

城市发展

阿拉伯人在伊拉克的军事驻地库法和巴士拉，繁荣发展起来成了城市，并成为重要的穆斯林文化活动的中心。随着9世纪中叶宗教皈依的快速开展，其他地区的城市化也加速了，最明显的是在伊朗，那里的许多城市以前都非常小。东北部的尼沙普尔（Nishapur）从一个不到1万人的前伊斯兰居民点，到1000年时发展成一个10万至20万人的大城市。其他伊朗城市也经历了类似的发展过程。在伊拉克，巴格达和摩苏尔也像库法和巴士拉一样，成为主要城市。在叙利亚，阿勒颇和大马士革也在穆斯林的统治下繁荣起来。埃及的福斯塔发展成开罗，成为最大和最好的伊斯兰城市之一。耶路撒冷、安条克、亚历山大里亚等最初的基督教主教城市，没有成为穆斯林的管理中心，变得萎缩和萧条。

与宗教皈依相关的移民，意味着城市比乡村更成为穆斯林的集中地。这强化了源于下述事实的城市定位：穆罕默德及其最初的信徒来自商业城市麦加。大城市里的清真寺既是仪式中心，又是用于学习和社会活动的场所。 245

伊斯兰教与社会

伊斯兰教影响了城市社会生活的方方面面（见"多样性与主流：秘书、突厥人和乞丐"）。最初，新穆斯林效法阿拉伯人的穿着和习俗，模仿那些他们认为特别虔诚的人。在缺乏宗教中心权威的地方，伊斯兰教以当地人的宗教实践方式和他们所相信的哈底斯形成了地方的差异。这使这一快速发展的宗教具有

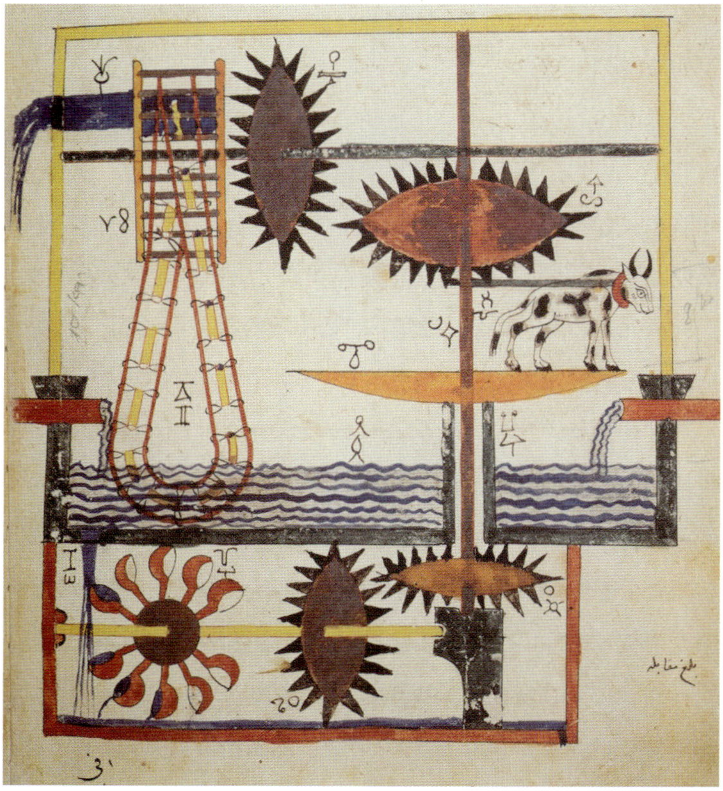

抽水装置模型 艺术家力图用二维绘画来呈现出三维的结构，展示了绘制示意图的才能。

灵活性，可以容纳许多不同社会地位的人。

到10世纪，城市的发展通过消费市场的扩大而影响到了农村。由萨珊王朝引进的柑橘类水果、稻米、甘蔗的种植面积扩大了，并且传播到了新的地区。在伊朗和其他地区，棉花成为主要农作物，由此刺激了纺织品的生产。灌溉设施也扩大了。大量的铸币促进了城际和远程贸易的繁荣，这些贸易使相互隔离的不同地区保持经常的联系，并且使游牧民（他们提供牲畜群）融入整个地区的经济当中。贸易促进了布匹、金属品和陶器的生产。

技术与科学

科学和技术也繁荣起来（见“环境与技术：化学”）。穆斯林的医生和天文学家以希腊传统和他们自己的观察及经验为基础，发展出了比他们的欧洲同行更先进的技术和理论。数学家和物理学家伊本·海赛姆（Ibn al-Haytham）11世纪时曾在埃及工作，他写了100多本书。其中，他提出银河位于距地球大气层非常遥远的地方，证明了光从一个可见的物体发出传递到人的眼睛，而不是相反。他还解释了为什么太阳和月亮在地平线上看起来比在头顶上要大。

多样性与主流

秘书、突厥人和乞丐 246

下面的段落属于阿拉伯文学种类中的“纯文学”（adab）。纯文学通过一系列短故事、韵文诗及解释性讨论来达到娱乐和教谕的目的。它吸引了阿拔斯时代最好的作家，为洞悉当时日常生活提供了最丰富的资料来源。它的读者对象一直是受过教育的有限的阶层，包括商人、宫廷和政府的官吏、宗教人士。

最伟大的阿拉伯散文大师之一是贾希兹（Jahiz，776—869年），他出身于一个阿比西尼亚人家庭，相貌极为丑陋——他的名字意思就是“眼睛凸出的”。贾希兹在其出生地巴士拉生活了一段时间，然后在阿拔斯王朝的首都巴格达度过。他写了大量作品，主题包括神学、动物学和吝啬行为等。下面的摘录出自他的两篇短文《对秘书行为的责难》和《突厥人的优点》。

对秘书行为的责难

而且，书写的基础是，只有臣属者才从事它，只有在一定程度上是仆人的人才能掌握它。我们从来没有看见过一个重要人物亲自从事它或者分担其秘书的工作。要求每个秘书都要忠诚，能够吃苦耐劳。把多项事务强加给秘书，他变得非常疲倦。秘书无权拒绝这些事务。相反，即使他筋疲力尽了，一旦失误就被认为他偷懒；即使他是无意的，一旦出错就会受到责难。一个奴隶有权抱怨他的主人，如果他愿意，他可以要求将他卖给另一个主人。秘书却无法要求他那拖欠的薪水，或者当他的庇护人不公正对待他，他也不能离开庇护人。他受到适用于奴隶的规则的管束。他的身份就像一个傻瓜。

这一群体中的最上层也只能挣得工资标准中的最低等，你知道这一点就足够了。他们当中最富裕的人也是统治者最瞧不起的人。秘书中的领班充当国家的发言人，挣得的收入是收地租者领班的十分之一。以优美的书法为哈里发抄写通信的抄写员，挣得的收入是收税局的抄写员领班的一小部分。通信秘书不会被叫来记录一次灾难，也不会在危机时候要求他来记录。当大臣们做出决定和达成了一致意见，就会把记录给秘书，上面有要写的大意。然后他准备文本。当他撰写完成并修改之后，就把它交给抄写员。他坐在哈里发旁边，就像靠近任何一个人那样靠近哈里发，但与来访者保持一定的距离。然而，一旦任务完成，这两个书记员与普通民众没有什么区别。

突厥人的优点

突厥人在进攻之时获取他们想要的任何东西，武器、马匹和装备。他们的耐力惊人，能够长时间骑马、连续行军、走漫长的夜路，以及跨越大片地区。……突厥人的技术比兽医强，在驯马方面比驯马者更有技巧。他们在马还是雏马时就喂养和训练它。当他在奔跑时叫它，它也会跟在后面飞奔。……如果你总结突厥人的生活并估算他们的日子，你会发现他们在马背上度过的时间比在地面的时间更长。

247 如果他不能俘虏人，就会去捕获野兽。如果他没能捕获野兽或者获得所需的食物，他就会从他所骑的动物身上放血。如果渴了，他就从母马上挤奶。如果他想让骑的马休息，他会不经过地面就跳到另一匹马上。除了他们之外，世界上没有人会吃肉而身体不摇晃。他们的马匹也同样以残株、杂草和灌木为满足。他不用为它遮阳，也不用为它御寒。……

突厥人是放牧人、马夫、驯马者、商人、兽医和骑手。一个突厥人自己就是一个民族。

虽然统治者、战士、宗教学者主导着传统的叙述，但伊斯兰教最初几个世纪发展起来的社会，却显著地存在着差异。乞丐、骗子和街头卖艺者属于一个单一的松散团体——巴鲁·沙桑（Banu Sasan），即沙桑群。关于他们的骗局和事迹的故事，使那些好静的、虔诚的穆斯林感到好笑，这些穆斯林在城里或在他们的学术旅行中常遇到这类人。10世纪生活于伊朗的诗人阿布·杜勒夫·哈兹拉吉（Abu Dulaf al-Khazraji）对巴鲁·沙桑的行话和生活方式进行了研究，写了一首长诗，在诗歌中把自己也当作这一群体中的一员。然而，他给每节诗添加了一段解说词，用来解释那些宫廷读者可能不熟悉的行话。

我们是乞丐团体，没有人能够否认我们的高傲（lofty pride）……

在我们这个群体中，一些人是假装的疯男疯女，他们的脖子上戴着金属饰品。

还有一些人，耳朵上坠着饰品，脖子上戴着皮革项圈或铜项圈……

还有一些人，模仿有一个化脓的伤口以及头上假装缠着绷带、面黄肌瘦的人。

还有一些人，鞭打自己而声称被攻击者打伤，或者故意把皮肤涂黑，谎称遭到毒打而受伤……

还有一些人，行为就像一个操弄者和平庸的牙医，或者从缠绕在身上的链条中逃脱，或者用几乎看不见的丝线神秘地脱下指环……

在我们这个群体中，有一些人声称他们是来自拜占庭边境地区的难民，还有一些人假装是被俘家庭的幸存者而四处行乞……

还有一些人，假装体内失禁，或者把尿撒在路过的行人身上，或者在清真寺内放屁，使自己成为讨厌的人，从而骗取人们的金钱……

在我们这个群体中，有一些人提供用泥土制作的崇拜物，或者把他们的胡须涂成红色。

还有一些人，通过把纸浸入像水一样的东西中显现出秘密文字，或者类似地通过将它烧成灰烬而显现出文字。

资料来源：First selection excerpts from *Nine Essays of al-Jahiz*, trans. William M. Hutchins, pp. 56, 64, 196. Copyright © 1989. Reprinted by permission of Peter Lang Publishing. Second selection excerpts from Clifford Edmund Bosworth, *The Mediaeval Islamic Underworld: The Banu Sasan in Arabic Society and Literature*, pp. 191−199. Copyright © 1976. With kind permission of © Koninklijke Brill N.V.Leiden, the Netherlands.

分析问题

为什么统治精英会发现对不同社会群体的描述很有趣？

在鼓励这种文学的文化中，宗教扮演了什么角色？

在这些段落中，作者的人格是如何展示的？

246

9.4.3 妇女与伊斯兰教

妇女生活

妇女很少旅行。生活在乡村的妇女从事野外劳动和照管牲畜。城市妇女，尤其是精英家庭的成员，过着一种隔离生活，离家时必须把自己遮盖起来（见“物质文化：帽子”）。妇女的隔离和在公共场合戴面纱，早在拜占庭和萨珊王朝时期就已存在。通过对古兰经中特定章节的解释，这些习俗现在成了伊斯兰社会生活中的固定组成部分。虽然妇女有时成为有文化的人，与亲戚一起学习，但她们这样做必须远离与她们无关的男人的视线，而且当她们在家庭中扮演重要角色时，扮演公共角色却常常遇到障碍。只有女奴隶才能作为音乐师和舞女在与她无关的男人面前表演。一个男人除了可以娶多达四个妻子外，只要他乐意，就可以与尽可能多的女奴隶姘居发生性关系。

妇女的法律地位

穆斯林妇女在伊斯兰教法下的生活，比基督教和犹太教妇女在基督教和犹太教宗教法典下的生活要好。因为伊斯兰教法保证女儿在继承中享有等于儿子一半的份额，大多数妇女继承了一定数量的金钱或不动产。这保证了她们的可
247 以用于保留或出售的私有财产。伊斯兰教法规定养家糊口的经济重担全由丈夫承担，丈夫在法律上不能强迫妻子去寻求救助。

如果丈夫离弃了妻子，妻子就要得到一笔离婚的现金，而且可以再婚。虽然丈夫可以无须提出具体理由便离弃妻子，但妇女也可以在特定条件下提出离婚。妇女也可以实行节育。她们可以在法庭上作证，尽管她们的证言只算作男人的一半。她们可以去朝圣。然而，在伊斯兰的作品中，有时也可以发现厌恶妇女的音调。一条归之于先知的谚语说道：“我升至天堂，看到大多数居民都是穷人；我升至炼狱，看到大多数居民都是妇女。”[3]

穆罕默德的妻子阿依莎

由于这一时期由妇女所写关于妇女的作品缺乏，妇女的地位必须从男性作品中推断出来。关于先知的妻子、阿布·伯克尔的女儿阿依莎的两个故事，为我们提供了穆斯林男性如何评价社会生活中的妇女的例子。穆罕默德去世时，
248 阿依莎只有18岁，她后来又活了50年。早期的传说强调她作为穆罕默德宠妻的地位，她是穆罕默德所娶的唯一处女，也是他唯一见到天使加百列的妻子。这些传说来源于阿依莎自己，她也是哈底斯的一个丰富来源。在她14岁时，她从商队掉队了，一个男子发现她单独在沙漠之中，她与这个男子走了一整夜之后重新加入了商队。流言指责她对先知不忠，但来自真主的启示证明了她是清白

的。第二个事件是她参加骆驼之战，为了阻止阿里的哈里发政权而战斗。这两个故事体现了穆斯林男子对妇女最担心的问题：性背叛和干预政治。虽然最早的文献强调阿依莎作为穆罕默德宠妻的地位，但穆罕默德的第一个妻子赫蒂彻和他的女儿（阿里的妻子）法蒂玛，最终作为理想的妇女超过了阿依莎。她们俩都作为模范妻子和母亲而出现，没有人怀疑她们在性方面的不检点和政治操纵。

环境与技术

化　学

穆斯林科学家发展出了精致的化学方法，用它来生产不同的产品，包括陶器的釉料、玫瑰水（蒸馏出来的玫瑰香精）、硬肥皂、火药和各种玻璃。“化学”和“炼金术”都与反映这些活动的阿拉伯术语al-kimiya（炼金术）有关，而且许多化学方法从伊斯兰世界传到欧洲。

蒸馏方法在阿塞拜疆的巴库用来从原油中生产一种叫作“白色石脑油”（white naft）的易燃液体，大致相当于煤油。穿着防火服的特别军队，经过训练，使用白色石脑油作为一种燃烧武器。燃烧液体的成分至今仍不清楚，它可以装进壶里用来投掷，装进附在箭上的容器里，或者从管子里抽取。

同性恋

在穆斯林城市社会中，当妇女的隔离变得普遍之时，一些作家歌颂同性恋关系，部分原因是男性爱人可以公开露面或者去旅行。尽管伊斯兰教谴责同性恋，但一个统治者写了一本书，建议他的儿子对一切事情都要遵循中庸，因此他的感情也同等地与男人和女人共享。在一个神秘诗人的诗歌中，另一个统治者和他的奴隶小伙子成为完美之爱的典型。

奴隶制

伊斯兰教允许奴隶制，但禁止穆斯林奴役其他穆斯林，或者奴役所谓“圣书上的民族”——犹太人、基督徒和琐罗亚斯德教徒，他们崇敬的圣书，也正是穆斯林尊奉的圣书。但有一个例外，就是在败军营地被俘的许多妇女，她们陷入作为战俘被奴役的命运。在后来的几个世纪，来自非洲和中亚的奴隶不断流入伊斯兰境内，然而并没有形成一个世袭的奴隶社会。通常，奴隶皈依伊斯兰教之后，许多主人就会释放他们，把这当作一种虔诚的行为。女奴隶和穆斯林的后代生来是自由人。

物质文化

249

帽 子

戴帽子是最普遍的人类文化特征之一，也是象征社会身份的最通常的方式之一。从远古到现代，世界各地都可以找出这样的例子。在前现代中国社会，男性帽子的颜色和式样表明了他所属的等级，就像今天军帽上的徽章那样明显。在17—18世纪的大多数欧洲社会，社会上层的男人戴假发，女人也经常如此，这种习俗仍然存在于英国法官的装束中。

帽子对于王室也特别重要。在古代埃及，最早的王冠象征了尼罗河流域北部与南部的统一。直到20世纪，伊朗沙阿的王冠缀满了宝石。每个国家都发展出了其特有的国王头饰。这种情况也适用于哥伦布之前的美洲原住民社会，以及非洲和波利尼西亚社会。在一些社会中，例如萨珊伊朗和大致相当今天土耳其的奥斯曼帝国，每个统治者的王冠或头饰都有象征其统治的独特样式。

帽子在宗教中也扮演着重要角色。例如在正统的犹太教当中，男人戴礼帽或圆顶无边小帽，已婚妇女戴假发，象征着接受上帝的法律。在伊斯兰教中，妇女戴头巾的习俗来自伊斯兰教诞生之前的中东，近年来成为政治上具有争议的问题。但在20世纪之前，一个穆斯林男子不戴帽子同样被认为是不合礼仪的。

不戴任何帽子通常是奴隶的特征，或者是社会中最贫穷成员的特征。但是，它也可以表示故意要人们把他当作卑微的人。苏美尔的祭司、佛教的僧人和尼姑、一些伊斯兰世界的苏非派，都把他们的头发剃掉。在欧洲，早期基督教修士和神父，按照罗马天主教传统把头顶剃光。这种剃发形式与爱尔兰天主教习惯中的剃掉前发的形式相互竞争，最终被后者取代。然而，剃发并非总是象征谦卑。日本的武士也剃掉其前面的头发。

妇女的帽子、假发和发式，有时候比男子更具多样性。在妇女具有较高地位

穆斯林的帽子　在这幅13世纪的微型画中，站在总督前面的人戴着一只简单的无沿便帽，表明了他较低的社会地位。另外两个在场的人缠着头巾，但总督的头巾缠成高高的圆锥形。头巾的圈数和尾部不仅象征着地位，也代表了祖籍地。直到今天，来自阿富汗西部的人戴着缠得紧紧的白头巾，有一条长长的尾部，而来自阿富汗东部的人只戴着松散的彩色头巾。

并与男子一起参与公共活动的社会，这种情况尤其如此。华丽的假发、帽子或头饰，在这种情况下可能更多的是说明妇女的丈夫而非她本人的社会地位。

回顾具有特色的帽子的漫长历史，20世纪下半叶对男女各种帽子的放弃，标志着象征主义历史上的一个重大转折点。在全世界，制帽业极大地萎缩了。无论在中国、埃及、印度、法国还是巴西，人们会发现很难通过观察头上的帽子来判断大多数人的社会等级或地位。政府首脑们在照集体相时都不戴帽子，就很有代表性。除了保守的宗教群体外，戴帽子通常用来表明各种职业：军队、警察、建筑、运动等。

造成这一变化的原因并不明确。民主政治的传播和贵族统治的衰落也许是原因之一，但是，帽子在独裁国家中也同样不流行了。一个更有可能的原因是，新闻图片、影视和其他图示媒体的世界性作用。从欧洲和美国发展起来的媒体倾向于把西方习俗当作标准的，把异域的非西方的风格当作“本土的装束”。这样，各地的人都感受到了一种向西方风格（包括不戴帽子）转变的压力，以适合现代世界的形象。

穆斯林西班牙正在下棋的妇女 这幅13世纪的微型画表明，在没有男人在场的情况下，妇女在自己家里穿戴她们喜欢的任何服装和首饰。注意中间的妇女用指甲花染色的手。左边的妇女很可能是奴隶，正在弹奏乌得琴。

250

9.4.4 伊斯兰教中心的重新形成

早期伊斯兰教以哈里发政权为中心，哈里发政权是乌玛这个统一体的政治表达。然而，没有正规的组织或等级制度来引导皈依的过程。这样，出现了大量地方性的伊斯兰社团，这些社团相互缺乏联系，以致引起了对发展宗教的许多不同解释。哈里发政权的中心性被不可避免地削弱了（见地图9-2）。相互敌对的哈里发政权在突尼斯和科尔多瓦的出现，加剧了地方分权的问题。

乌里玛作为社团领导人的兴起，并没有阻止日益严重的分裂，因为乌里玛本身也分裂成相互争论的不同派别。到12世纪，宗派之争开始减少，新的社会宗教机构开始出现，它为乌玛提供了一种不同的宗教中心。这些新的发展部分源于11世纪末到12世纪期间，随着经济和政治的瓦解，大批宗教学者离开伊朗。伊朗人流向阿拉伯地区和印度、安纳托利亚的新征服地区，这种趋势在蒙古人入侵之后进一步增强了。

251 移民学者精通阿拉伯语及其本土的波斯语，因而受到热情接纳。他们带来了在伊朗城市中心发展起来的宗教观点。一种被称为“马德拉萨”（madrasa）的宗教学院很快在伊朗之外流行起来，而在伊朗，马德拉萨从10世纪起就为人所知了。马德拉萨遍布伊斯兰世界，许多是由当地统治者建立起来的。

苏非派兄弟会

12—13世纪，伊朗人也促进了被称为“苏非派”的神秘主义群体的兴起。

某些苏非派的教义和仪式从一个城市传播到另一个城市，第一次促成了地域广泛的伊斯兰宗教组织。苏非派教义在各地不同，但是，要求通过仪式和修炼而达到与真主结合的感觉，是基本的共同点。苏非派神秘主义在早期伊斯兰时代就开始有了，它无疑受益于伊斯兰教皈依者的观念和信仰，这些皈依者原先的宗教具有神秘主义传统。

早期苏非派教徒曾是圣洁的个人，他们习惯讲一些心醉神迷的和诗歌般的言语，并且能够创造奇迹。他们吸引了一些信徒，但并不想把这些人组织起来。兄弟会是苏非派神秘主义中一种心醉神迷程度较低的组织形式，它的发展总的来说为苏非派教团确立了一种基调。很快，大多数穆斯林男子（尤其在城市中）至少属于一个兄弟会，成为普遍现象。

苏非派兄弟会所营造的社会氛围，可以从一本12世纪的手册感觉到：

> 每个分支自有其特别的道德规范。……语言的道德规范：口中应常念诵真主之名（迪克尔），念说弟兄们的好处，为他们祈祷，向他们提出忠告。……听的道德规范：一个人不应听信流言蜚语。……看的道德规范：为了不看那些禁止的事物，一个人应该目光朝下。[4]

对于那些仅仅是想仿效苏非派和乐于与苏非派为伴的人，特别的教规允许他们遵循不太严格的规则：

> 根据真主之意，可以拥有地产或固定收入。苏非派关于这种事情的规则是，一个人不应该自己独享，而应该把它捐给公共慈善团体，应该从中只取足够自己和家庭一年所需的东西……
>
> 有一条教规，允许一个人观看各种娱乐活动。然而，规则也有限制：禁止你做的事情，也禁止你观看。[5]

一些苏非派兄弟会发展到了乡村。地方性的圣地以及去穆罕默德后裔和圣洁苏非派教徒的陵墓朝圣，变得非常普遍。阿拔斯王朝的终结加强了麦加的宗教中心地位，这里最终成为马德拉萨教育的重要中心，一年一度的朝圣重新具有了重要性。

本节回顾

伊斯兰文明的基础是沙里阿，它来自古兰经和哈底斯。

城市化和宗教皈依相互强化，促使了农业、贸易、科学和技术的扩展。

总的来说，妇女在伊斯兰教法下享有较高的地位，尽管城市妇女日益生活在隔离之中。

伊斯兰教对同性恋的态度是矛盾的，奴隶制是可接受的和持续的实践。

伊朗学者的迁移使伊斯兰教以马德拉萨为中心，并且促使了苏非派神秘主义的兴起。

252

结 语

3—7世纪统治着伊朗和伊拉克的萨珊帝国，与以君士坦丁堡为统治中心的东罗马帝国非常相似。在这两个国家都形成了统治者与主流宗教之间紧密的关系，在萨珊帝国是琐罗亚斯德教，在东罗马帝国是基督教。祭司特权阶级与国家行政组织相匹敌，公民更多地把自己看作是一个信仰社团的成员，而不是一个统治者的臣民。这导致了不同宗教派别之间的冲突，也促使了这种可能性：新宗教的创立者空前地要求人们在政治上和宗教上的忠诚。7世纪时，先知穆罕默德的事业实现了这种可能性。

伊斯兰教以宗教为基础，把走向认同的趋势推向了高峰。乌玛的观念把所有穆斯林都统一在一个普适共同体之中，这个普适共同体包括大量不同的语言、外貌和社会习俗。虽然穆斯林社团适应了地方“小传统”，但到12世纪，一个宗教学者能够旅行到伊斯兰世界的任何地方，并很容易融入当地穆斯林社团之中。

到9世纪，宗教皈依和城市化的力量促进了城市设置上的社会实验与宗教实验。11世纪以后，政治的瓦解与游牧生活的扩散减缓了这个早期的经济与技术推动力。穆斯林社团于是转向新的宗教组织，例如马德拉萨和苏非派兄弟会，以便创建灵活的和持久的社团结构，把伊斯兰教传播到新地区，保护普通信徒不受变化无常的政治统治的影响。

进一步阅读文献

al-Hassan, Ahmad Y., and Donald R. Hill. *Islamic Technology: An Illustrated History*. 1986. 介绍了一个研究很少的领域。

Armstrong, Karen. *Muhammad: A Biography of the Prophet*. 1993. 一本富有同情心、具有世界视角的著作。

Berkey, Jonathan. *The Formation of Islam: Religion and Society in the Near East, 600–1800*. 2003. 一本简洁而生动的综述。

Bloom, Jonathan. *Paper Before Print*. 2001. 一部高质量著作，研究了中世纪伊斯兰文化中的纸和造纸术。

Bulliet, Richard W. *Islam: The View from the Edge*. 1993. 主要探讨了伊斯兰教皈依者的生活，以及地方的宗教著名人士。

Choksy, Jamsheed K. *Conflict and Cooperation: Zoroastrian Subalterns and Muslim Elites in Medieval Iranian Society*. 1997. 利用阿拉伯语和中古波斯语的原始资料，描述了不同宗教社群之间的互动。

Donner, Fred. *Narratives of Islamic Origins*. 1998. 讨论了新的思想派别，对于穆罕默德生活和古兰经起源的传统描述，这个派别表示否认。

Gervers, Michael, and Ramzi Jibran Bikhazi, eds. *Conversion and Continuity: Indigenous* 253
Christian Communities in Islamic Lands, Eighth to Eighteenth Centuries. 1990. 论文集，详述了基督徒对伊斯兰教的反应。

Glick, Thomas F. *From Muslim Fortress to Christian Castle: Social and Cultural Change in Medieval Spain*. 1995. 从地理和科技出发，对关于基督徒和穆斯林的一般观点提出了疑问。

Lapidus, Ira M. *A History of Islamic Societies*, 2nd ed. 2002. 一部聚焦于社会发展的长篇幅著作，包括中东之外的伊斯兰教。

Laroui, Abdallah. *The History of the Maghrib: An Interpretive Essay*. 1977. 挑战了传统的法国学术对北非的研究。

Lassner, Jacob. *A Mediterranean Society: An Abridgement in One Volume*. 1999. 戈伊泰因（S.D.Goitein）对中世纪埃及的犹太人有多卷本的研究，本书是这一研究的概要。

Pourshariati, Parvaneh. *Decline and Fall of the Sasanian Empire: The Sasanian-Parthian Confederacy and the Arab Conquest of Iran*. 2008. 对伊朗从萨珊王朝向伊斯兰统治过渡进行了修正解释。

Sells, Michael. *Approaching the Qur'an: The Early Revelations*. 1999. 富有洞见地解读了部分古兰经，而这部分被穆斯林认为是不可翻译的。英语中大多数“解释”相当接近于阿拉伯文本。

Spellberg, Denise. *Politics, Gender, and the Islamic Past: The Legacy of A'isha bint Abi Bakr*. 1994.一本关于妇女史方法论的具有开创性的著作。

Waines, David. *An Introduction to Islam*. 1995. 对于研究伊斯兰教，这本书是很好的起点。

注 释

[1] Quran. Sura 96, verses 1–5.

[2] Quran. Sura 92, verses 1–10.

[3] Richard W.Bulliet, *Islam: The View from the Edge* (New York: Columbia University Press, 1994), 87.

[4] Abu Najib al-Suhrawardi, *A Sufi Rule for Novices*, trans. Menahem Milson (Cambridge, MA: Harvard University Press, 1975), 45–58.

[5] Ibid., 73–82.

第10章

欧洲基督教社会的形成（600—1200年）

本章纲要

思考

拜占庭皇帝在东方是如何保持罗马帝国传统的？

中世纪早期欧洲文化是怎样在没有皇帝统治的情况下发展起来的？

天主教会在欧洲政治和文化中扮演了什么角色？

基辅罗斯采用东正教的意义何在？

地中海贸易如何促进西欧的复兴？

十字军东征的起因是什么？有何影响？

255

800年的圣诞节，法兰克国王查理出现在罗马而非其德意志西北部亚琛的宫殿。查理身高6英尺3英寸（约1.88米），高于当时一般人，他的国王事业也同样显赫。768年，查理在25岁左右登上王位，然后在欧洲大地纵横驰骋30年，向来自西班牙的穆斯林入侵者、来自匈牙利的阿瓦尔（Avar）入侵者和许多德国王公发动了战争。

查理征服了许多敌人，并且成为教皇的保护者。因此，并非所有的历史学家都相信查理的大臣和传记作者所写的见证记录，他们记载说，当查理祈祷完刚要站立起来时，教皇利奥三世将一顶新王冠戴在他头上，他感到非常惊讶。教皇宣布："上帝为奥古斯都查理加冕！这位伟大的、带来和平的罗马人的皇帝，万寿无疆，永远胜利。"[1]然后，在众人的欢呼声中，他谦恭地跪在教皇面前。

查理曼：法兰克国王（768—814年在位）和皇帝（800—814年在位）。通过一系列的征服，他建立起了加洛林帝国，包括高卢的全部地区和德意志、意大利的部分地区。尽管他不识字，但他发起了一场短暂的文化复兴运动。

查理曼（来自拉丁语Carolus magnus，即"查理大帝"）是罗马衰落300年后西欧第一个拥有"皇帝"称号的人。罗马的衰落和查理曼的兴起，标志着欧洲中心的转移——从地中海地区转向北部和西部。日耳曼习俗和基督教信仰改变了罗马传统，并由此创建了一种新文明。在欧洲的一些地方，用拉丁语布道的爱尔兰修士具有重要的知识影响力，而希腊和罗马的哲学则被淡忘了。自罗马帝国晚期开始的城市生活不断衰退。起初，历史学家称这一时期为"**中世纪**"，字面意思是"中间的时代"。因为它处于希腊—罗马文明和14世纪文艺复兴之间的时期，文艺复兴时期发生了知识、艺术和经济的变革。然而，研究表明，中世纪文化的许多方面与其前后的文化一样丰富且具有创造性。

中世纪：欧洲历史学家常用这个术语来指称500—1500年这段时期，代表希腊—罗马古典时代与文艺复兴之间的中间阶段。

贝叶挂毯上的造船场景 11世纪的造船匠在为诺曼底的威廉入侵英格兰准备船只。

查理曼并非是在欧洲称帝的唯一统治者。另一个皇帝统治着讲希腊语的东方，在那里，罗马的政治与法律传统延续了下来。7世纪以后，东罗马帝国常被称为**拜占庭帝国**，穆斯林则称之为“鲁姆”（Rum）。西欧人生活在帝国的废墟之中，而拜占庭人则传承并重新解释了罗马传统。拜占庭皇帝的权威与基督教会的影响相结合，形成了一种文化的综合，它促进了**基辅罗斯**王国的形成。拜占庭与伊斯兰长达几个世纪的冲突，刺激了11世纪弥漫西欧的十字军东征的激情。

西欧与东欧之间的比较表现出一种悖论。拜占庭继承了罗马帝国晚期健康而自信的社会及经济传统，而西欧却不能实现政治统一，并且遭受了严重的经济衰退。然而，到1200年，西欧重新焕发出了活力，军事力量也得到了重振，而拜占庭则表现出了衰落的征兆和军事的虚弱。当我们探讨这些不同历史道路的原因和后果时，我们必须记住，基督教在欧洲的出现包含了两者的发展。

256

拜占庭帝国：历史学家对4世纪以后罗马帝国东部的称呼，取自拜占庭帝国都城君士坦丁堡早期的名字“拜占庭”。它于1453年亡于奥斯曼帝国。

基辅罗斯：斯堪的纳维亚冒险家于大约880年在乌克兰的基辅建立起来的国家，声称有权管理大部分斯拉夫农业人口。

10.1 拜占庭帝国（600—1200年）

拜占庭的皇帝确立基督教为官方宗教（见第6章）。他们也代表了罗马帝国统治及其宗教的延续，而这些传统在西罗马之后的王国中丧失了大部分。拜占庭完整地继承了罗马帝国的法律，而在西部，只有部分地方的罗马法幸存了下来。通过将皇帝角色与对教会的政治监管结合起来，皇帝实现了向全能基督教君主角色的平稳过渡。然而，拜占庭的表演舞台在不断缩小。领土的丧失和来自北方及南方的经常性军事压力，使帝国失去了长期的和平。

10.1.1 被包围的帝国

阿拉伯的入侵

东罗马帝国有一个拥有最高法律与宗教权威的单一统治者，这防止了它分裂成许多小国，但一系列领土的丧失削弱了帝国的力量。在634—650年，阿拉伯军队摧毁了萨珊帝国，占领了拜占庭帝国的埃及、叙利亚和突尼斯（见第9章）。伊斯兰教对帝国形成了宗教及政治的挑战。到12世纪末，原先拜占庭这些领土上的基督徒大约有2/3的人接受了伊斯兰教信仰（见地图10-1）。

这些人口稠密和繁荣的行省的丧失，动摇了帝国的基础，削弱了它的力量。虽然它到10世纪时在很大程度上恢复和重组了军事力量，但它再也没有夺回失去的土地。虽然11世纪时来自西欧的十字军在地中海东岸建立起一些短命的基督教公国，但拜占庭帝国发现它们几乎与穆斯林一样怀有敌意（见下文关于十字军东征部分）。最终，帝国在1453年屈服于穆斯林的征服。

拜占庭帝国晚期的皇帝面临着北方和南方的新敌人。继日耳曼人的迁移浪潮之后（见第6章），斯拉夫人和突厥人出现在北方边境，这是欧亚大草原上长达几个世纪人口迁移的一部分。还有一些突厥人在塞尔柱家族的领导下成为南方的主要敌人（见第9章）。

教会分裂

与此同时，拜占庭帝国与教皇及西欧诸侯的关系也不断恶化。9世纪中叶，君士坦丁堡的总主教对罗马教皇的领土管辖权和天主教的一些宗教实践提出了挑战。这些争论随着时间的推移而愈演愈烈，并于1054年造成天主教与东正教的正式分裂（schism）——其裂痕后来只得到了部分修补。

10.1.2 社会与城市生活

城市衰退

最初，罗马帝国晚期东部行省的帝国权威和城市繁荣使拜占庭避免了经济
257 倒退和人口减少，而西欧却出现了这种情况。然而，在6世纪一场淋巴腺鼠疫流行期间，这两个地区都经历了共同的人口危机。这场鼠疫被称为“查士丁尼瘟疫”，以527—565年在位的查士丁尼皇帝而命名。大约7世纪，拜占庭开始了一场相似但缓慢而不太显著的社会转型，日益严重的传染病和埃及、叙利亚被穆斯林占领，可能对此起了刺激作用。叙事历史几乎没有告诉我们什么，但流行的圣徒生活故事表明了一种转变——从关于来自城市且受过教育的圣徒故事转变到关于出身农民的圣徒故事。在许多地区，实物交换取代了货币交易。一

大事年表

	西欧	东欧
600年		
		634—650年，穆斯林征服拜占庭行省叙利亚、埃及和突尼斯
	711年，穆斯林征服西班牙	
	732年，图尔战役	
800年	800年，查理曼加冕	
	843年，《凡尔登条约》划分加洛林帝国，由查理曼的孙子们统治	
		约880年，瓦兰吉人占领基辅
	910年，克吕尼修道院建立	
	962年，神圣罗马帝国开始	
1000年		980年，弗拉基米尔成为基辅罗斯的大公
	1054年，天主教会和东正教会正式分裂	
	1066年，诺曼人在征服者威廉的领导下入侵英国	
	1076—1078年，政教之争达到高潮	
	1095年，教皇乌尔班二世鼓吹第一次十字军东征	1081—1118年，阿历克西乌斯·科穆宁统治拜占庭帝国，要求西方军队帮助抵御穆斯林
1200年		1204年，西方骑士在第四次十字军东征中洗劫了君士坦丁堡

些城市的人口和财富下降了，而且地方城市贵族这个传统阶级几乎消失了。

随着城市精英阶层的萎缩，乡村地主和皇宫中的高级贵族的重要性日益增加。家族势力越来越强大，并开始挑战以阶级为基础的官吏的权力。到11世纪末，一个以家族为基础的军事贵族阶层出现了。据说拜占庭皇帝阿历克西乌斯·科穆宁（Alexius Comnenus，1081—1118年在位）“没有把自己看成是一个统治者，而是一个贵族（lord），认为并称呼帝国为他的私宅”[2]。妇女的处境也改变了。虽然早期罗马家庭生活以一个法律上拥有至上权威的父亲为中心，但妇女在共和国时期享有相对的自由。7世纪之后，妇女日益被局限于家庭之中。一些史料表明，当妇女外出时，她们要戴面纱遮住面庞。她们只能与家庭成员中的男性交往。然而，矛盾之处在于，1028—1056年，妇女与她们的丈夫一起统治着拜占庭帝国。这些社会变化和妇女闺居的明显增加，与邻近的伊斯兰国家相类似并同时发生，但历史学者并没有揭示它们之间的任何紧密联系。

在经济上，拜占庭皇帝延续了罗马帝国晚期的政策，固定价格，组织谷物运往首都，对紫色布等奢侈品实行专营。这样的政府干预，可能妨碍了技术发 258
展和经济革新。只要商人和朝圣者从帝国各地赶往君士坦丁堡，贵族们就可以

12世纪手稿上描绘的拜占庭教堂　上面部分展示了教堂的正面和圆顶。下面部分展示了教堂内部，在教堂顶端有一幅用于崇拜的基督镶嵌画。

买到珍贵的商品。正如罗马帝国强盛时期，罗马的物资供应和物质改善使其他城市的发展黯然失色，对君士坦丁堡的集中关注也使拜占庭帝国的其他城市遭受了类似情况。在乡村地区，在西欧农民开始采用更有效的技术很久以后（本章后面将对此进行讨论），拜占庭农民仍然使用缓慢的牛车和轻型犁，这种犁适用于多种类型的土壤，但不是所有类型。

君士坦丁堡

由于拜占庭的罗马遗产保留得比西欧更完整，因此几乎没有人意识到它的缓慢腐化。然而，来自西方的香客和游客，在令人敬畏和充满熏香的大教堂之外，在皇宫的辉煌和丝制服装背后，渐渐看到了它真实的一面。一个11世纪的法国游客写道：

> 城市［君士坦丁堡］本身肮脏而充满恶臭，许多地方长期处于黑暗之中，因为有钱人的建筑遮蔽了街道，把这些肮脏、黑暗的地方留给穷人和旅行者；在这里，黑暗滋生了谋杀、抢劫和其他犯罪。而且，由于人们非

地图10-1 基督教的传播 到8世纪初，从叙利亚北部到西班牙北部的环地中海南部基督教地区，占基督教人口的大多数，都落入了穆斯林的统治之下，开始了改信伊斯兰教的缓慢过程。这增强了君士坦丁堡总主教、罗马教皇和后来皈依的北欧、东欧地区的重要性。

法居住在这座城市，城中的贵族像有钱人一样多，而小偷像穷人一样多。盗窃被认为是一件既不用害怕也不觉得羞耻的犯罪，因为犯罪不会受到法律的惩罚，也从来不会全部被发现。这座城市在许多方面超过了适度，正如它在财富方面超过其他城市一样，因此它的邪恶也超过了其他城市。[3]

阿历克西乌斯·科穆宁皇帝的一个才华横溢的女儿安娜·科穆娜（Anna Comnena），作为拜占庭帝国当时的见证者，则从另一个方面表达了她的观点。她轻蔑地描述了一个来自意大利的杰出牧师和哲学家："伊塔洛斯（Italos）……因其野蛮和愚蠢的性情而不能掌握哲学的深奥真谛；甚至在学习的过程中，他完全拒绝了教师的引导，充满了鲁莽和蛮愚，甚至认为他在学习之前就优于他人。"[4]

10.1.3 文化成就

最伟大的拜占庭建筑物是君士坦丁堡的圣索菲亚（"神圣的智慧"）大教堂，尽管它的修建可追溯到查士丁尼在位时期，但在设计和装饰方面的艺术创造性一直胜过其他教堂和修道院。拜占庭的宗教艺术，那些表现呆板但引人注目的神圣人物肖像置于金黄色的背景下，对西欧的绘画产生了强烈影响，这种影响一直持续到13世纪。拜占庭的音乐传统也强烈影响了中世纪天主教会中演唱的圣歌。

西里尔字母

拜占庭的另一重要成就出现于帝国漫长的政治衰落期。9世纪，西里尔（Cyril）和米塞迪乌斯（Methodius）兄弟俩非常成功地在摩拉维亚（今捷克共
259 和国的一部分）的斯拉夫人中间进行了传教。他们用当地语言布道，他们的信徒完善了一种被称为"西里尔字母"的文字，这种文字后来被属于东正教会（即拜占庭）的斯拉夫基督徒使用。他们的事业也标志着基督教的希腊形式与拉丁形式之间为争取斯拉夫人而展开的竞争。今天，俄罗斯和其他东正教信仰的斯拉夫民族中西里尔字母的使用，以及波兰人、捷克人和克罗地亚人中罗马字母的使用，就证实了这种竞争（见关于基辅罗斯的部分）。

本节回顾

东罗马帝国与西罗马帝国不同，它保持了统一而成为拜占庭帝国，由一个掌握了政治与宗教权力的皇帝统治。

一场教派分裂把东正教会与西方的天主教会分离开来。

拜占庭帝国遭受了领土的丧失，城市也逐渐衰落。

拜占庭帝国的文化对欧洲艺术做出了许多重要的美学贡献。

拜占庭传教士传播其信仰，把西里尔字母传播到东欧。

地图10-2 日耳曼王国 虽然日耳曼诸国王声称统治了西欧的大部分地区，但说日耳曼语的民族仍有大量在莱茵河以东。在其他大多数地区，有凯尔特语（例如该地图上的布列塔尼人）或由占主导地位的拉丁语演化而来的语言。虽然日耳曼人中的盎格鲁－撒克逊语在不列颠日益取代威尔士语和苏格兰语，但日耳曼移民的绝对数量似乎非常有限。

10.2 中世纪早期的欧洲（600—1000年） 260

维持到西罗马帝国末日的帝国法律体制的消失（见第6章），以及各种不同国王、贵族和酋长的兴起，改变了西欧的法律和政治面貌。日耳曼民族以家族为基础的习惯比以前的法律更符合当地的实际，因此它一个又一个地区逐步取代了罗马皇帝的法令（见地图10-2）。

恐惧和物质上缺乏保障，使一些社群寻求当地强人的保护。在随时有可能出现劫掠的地方，一个当地领主及其城堡为农民提供庇护，比一个遥远的国王更管用。弱者对强者的依附成为后罗马时代西欧的一个特点。

10.2.1 不安全的年代

穆斯林的入侵

711年，叙利亚的倭玛亚哈里发统治下的一群阿拉伯人和柏柏尔人，越过直布罗陀海峡推翻了西班牙的西哥特王国（见第9章）。分裂的欧洲人没能阻止他们将其占领的伊比利亚半岛统一起来。在把剩下的基督教首领驱赶到北部山区之后，穆斯林继续向法兰西推进。他们占领了南部海岸的大部分地区，深入远达北方的图尔，距英吉利海峡不到150英里（240公里）。直到732年，查理曼的祖父查理·马特阻止了他们的先头袭击队。

加洛林帝国

军事效力是加洛林家族（来自拉丁语Carolus，英语即Charles）兴起的关键因素。这个家族的人最初是法兰克国王的保护人，然后到查理曼的父亲丕平
261 （751—768年在位）时自己当了国王，最后到查理曼时做了皇帝。在查理曼的权力达到巅峰时，查理曼帝国包括全部高卢地区和德意志、意大利的一部分。教皇也统治了意大利的一部分。当查理曼的儿子虔诚者路易去世时，日耳曼人的诸子析产传统导致了《凡尔登条约》（843年）的签订，把帝国一分为三。西部讲法语的地区（法兰西）、中部（勃艮第）和东部讲德语的地区（德意志），这三个地区再也没有重新统一过。不过，加洛林帝国以土地财富为基础的经济制度，以及由查理曼亲自倡导的一场短暂文化复兴（尽管他本人不识字），为这三个地区提供了共同的文化遗产。

维京人的劫掠

793年，维京人（来自斯堪的纳维亚的海上袭击者）攻击和劫掠英国沿海的修道院，这是其后数以千计此类攻击的开始，西欧因此面临着一种新的威胁。来自法国、不列颠群岛和穆斯林西班牙的地方史料表明，对乘多列桨和龙形船首的船只而来的维京战士存在一种广泛的恐惧，害怕他们来掠夺修道院、村庄和城镇。维京人的造船专家制造出了多功能船，可以在多风暴的北大西洋中勇敢地航行，也可以灵活地进入内河攻击内陆城镇。正如我们将会看到的，9世纪时，来自丹麦和挪威的袭击者掠夺了英国及法国沿海地区，而瓦兰吉人（瑞典人）既抢劫也从事贸易，最终，他们沿着东欧和俄国的河流建立起了王国。许多维京袭击者追求战利品和奴隶，但在9世纪和10世纪，维京人的首领也组织了向冰岛和格陵兰岛的殖民，大约在1000年，他们到了纽芬兰北端的文兰

维京人的符石　在前基督教时代，北欧人将符号和神话描绘在石头上，就像这块发现于瑞典的石头。铭文中包括用古代北欧字母书写的名字，它精致地环绕装饰于顶端，这一特征反复出现在基督教凯尔经（Book of Kells）中。场景上端描绘的是维京人的主神奥丁（Odin）。

（Vinland）。

维京人在诺曼底（法国西北部）为其所占据的一些地方长期定居下来，根据人马的多少组织了最重要和野心勃勃的远征，产生了持久的影响。征服者威廉（诺曼底公爵）于1066年入侵英格兰，结束了盎格鲁-撒克逊人在这个岛屿上的统治。其他诺曼人（Normans，此名称来自“north men”[北方人]）在11世纪60年代攻击了穆斯林的西西里岛，并且经过30年的战争之后，永久地把它从伊斯兰世界夺了过来。

10.2.2　自给自足的经济

罗马文明的衰落
262

考古学和基督教修道院及修女院保存下来的史料表明，与新的日耳曼政治秩序相伴随的是一场意义深远的经济转型。新统治者对以城市为基础的罗马文明毫不关心，这种文明因此也随之丧失了其重要性。尽管各地变化的步伐不一致，但大多数城市失去了居民，一些城市甚至变成了乡村。罗马道路陷入了荒废和失修的状态。在废弃的别墅旁涌现出了许多小茅草屋，用大理石修建的公共建筑也变得破败不堪，因为缺乏维修的劳动力、资金和从事维修的市民领导阶层。用硬币购物也在很大程度上被实物交换和劳务所取代。

在穆斯林征服之后，跨越地中海的贸易并没有完全停止，偶尔也有来自埃及和叙利亚的船只到达西方港口。但是，西欧大部分地区变得只依赖于贫乏的当地资源。而且，对这些资源还得进行再分配。

罗马的中央集权把帝国的财富和产品都输送到了它的都城，反过来，都城将罗马的文化风格和时尚辐射到各个行省。当罗马统治者被日耳曼领主取代之后，这些领主觉得其自身的文化财富比罗马文化更吸引人，使地方的自给自足变得更为重要。文化教育和罗马生活其他方面的衰落给日耳曼文化习俗的发展提供了空间。

日耳曼习俗

北方国家的日常饮食主要是啤酒，猪油或黄油，用大麦、黑麦或小麦做的面包，同时以猪肉和其他猎物为补充。猪群饲养在森林中以橡树果和山毛榉坚果为食，猎物也同样来自这片森林。贵族比农民吃得更好，但是，即使农民的饮食也适当地讲究营养的平衡。以小麦、酒和橄榄油为基础的罗马饮食在南方保留了下来。9世纪时西欧人饮食的平均营养程度可能要好于300年后他们的子孙，因为那时人口日益增长，而且贵族垄断了森林资源。

庄园制度

庄园：在中世纪欧洲，一片较大的自给自足的地产，包括领主的住处（庄园主的宅邸）、外屋、农民的村庄和周边的土地。

无论在北方还是南方，被称为“**庄园**”的自给自足的农业区成为主要的农业生产中心。易受攻击地区的许多普通农民由于害怕受到袭击，把他们的土地献给大地主，以换取政治和人身的保护。罗马帝国灭亡之后几个世纪的战乱和不稳定，使那些没有设防的乡村房舍特别容易遭受劫掠。缺乏交往和政府组织所造成的孤立，使土地所有者依靠自身力量来求得生存。许多人成为战士或者供养一支武装力量。还有一些人对那些能够提供军队保护的领主宣誓效忠。

一个配套完整的庄园，包括耕地、菜园、牧地、鱼塘、磨坊、教堂、制作家具和家庭用具的作坊、依附农民居住的村庄。根据当地的不同条件，防御设施有的是壕沟和木制栅栏，有的是围绕城堡（石建筑）的石墙。城堡不断增多的趋势直到12世纪才结束，因为此时君主政体的强大使得城堡不再成为必要。

农奴：在中世纪欧洲，在法律上依附于领主地产的农业劳动者，他们必须为领主服固定的劳役。

庄园生活反映了个人的社会地位。贵族及其家庭成员对**农奴**几乎有无限的权力。农奴是隶属于庄园的农业劳动者，他们不仅要耕种庄园的土地，还要负担其他赋税和义务。农奴不能离开他们所出生的庄园而去依附于另一个领主。10—11世纪，英国、法国和德意志西部的大部分农民都是没有自由的农奴。在波尔多、萨克森和其他几个地区，以日耳曼民族在迁移期间形成的平等的社会结构为基础，自由农民幸存了下来。在越来越多的农民为换取领主的保护而成为农奴之时，曾经作为罗马经济支柱的完全彻底的奴隶制度（见第6章）也逐渐消失了。与此同时，把战俘当作劳动者来奴役，已不再是战争的重要目的。

10.2.3　中世纪早期的西方社会

欧洲回复到自给自足的经济限制了大多数人的自由和取得个人成就的潜力，但一个正在形成中的贵族阶级却从中受益匪浅。在日耳曼人迁移期间和后来斯堪的纳维亚的维京人当中，男子要经常响应他们所宣誓效忠的军事首领的号召，去当兵打仗。所有的战士都可以分享抢劫而来的战利品。然而，随着定居生活增强了农业生产的重要性，响应首领的号召而放下农具拿起武器，变得更加困难了。

那些出于忠诚或渴望冒险的人则继续参加军队，这些军队包括人数越来越多的骑兵。骑兵成了查理曼军队的中坚力量。最初，当骑兵并不会使人成为贵族或地主。但是到了10世纪，为保护土地权利和支持领主要求而进行的频繁战争，使得骑兵战士的地位逐渐发生了变化，在各地都程度不同地出现了这种情况——拥有土地与服兵役紧密地联系在一起。 263

封建制度

为了理解长期存在的土地占有和服兵役的传统，16世纪及以后的律师把成千上万的个体协议简化成一种单纯的制度，他们称之为“封建制度”（来自拉丁语feodum，意思是为服兵役而授予的土地）。它普遍用来指中世纪欧洲作为

指挥教堂建设的贵族妇女　这幅画来自10世纪的一本手稿，描绘了吉拉特·德·罗伊西廉（Girat de Rouissilion）的妻子贝尔特（Berthe）担任劳动的女管理者，展示了9世纪的一个劳动场面。独轮手推车很少出现在中世纪的建筑场地。

一个“封建社会”，其中的国王和领主把土地授予封臣，封臣以保证军事支持作为回报。历史学家最近通过对原始记录的分析，发现对这一历史现象过分简单化了。土地拥有者和农奴的关系、领主和封臣的关系，在不同地方和不同时期差异极大，不能将它们整合成类似于一种制度的东西。

日耳曼人的敌人罗马军团曾经装备了头盔、盾牌、剑、长矛或投枪。一些人骑马，但大多数人是徒步作战。在大约1世纪中亚游牧者发明马镫之前，骑马者要用双腿夹紧马匹，使用弓箭、投枪、长矛和剑作战。马镫可以使骑手在骑马时站立起来，借助全速飞奔的马匹带来的冲击，用长矛攻击敌人。这种战争需要喂养谷物的马匹，尽管它比后来喂养用于拖拉重物的曳马要小、要轻，但它比中亚游牧民那种较小的食草动物更大、更重。因此，从事农业的欧洲而不是大草原地区产生了武装的骑士，他们最终支配了战场。

骑士

到11世纪，骑士（在不同地方有不同的称呼）成为中世纪战争中的中心人物。他戴着一只露出面孔的头盔，穿着一件长长的亚麻衬衫，或者一件布满了
264 小金属片的锁子甲（见“环境与技术：制铁”）。一个世纪之后，骑士的装备通常包括一只有脸罩的头盔（它可以保护头部和颈部）和一件锁子甲。

环境与技术

制　铁

尽管罗马帝国的经济崩溃了，但铁器制造却扩展到了整个欧洲。日耳曼人的铁剑胜过那些逐渐过时的罗马传统武器。铠甲的广泛使用也增加了对铁的需求。考古学家在罗马帝国的边境之外发现了炼铁的大量证据。位于瑞典斯德哥尔摩附近一个湖泊中的黑尔格（Helg）岛，有一个用墙围起来的较大定居点，其经济完全依赖铁器贸易。发现的物品中有一尊来自印度的佛像和一只来自埃及的用于洗礼仪式的勺子，两件物品都属于6世纪，这表明了贸易联系的范围。在捷克共和国的泽勒乔维采（Zelechovice），有50个属于9世纪的“渣坑”炉遗迹。

大多数炼铁的规模都较小。人们把含有铁氧化物的矿石放在户外炉坑中的炭火上。木炭中的碳与矿石中的氧相结合产生气体二氧化碳。剩下的是一种被称为

制铁 两只风箱交替鼓风，以便不断向炉子提供气流。右边的男子把铁锭锤打成铁匠用于再加热和造型的铁块。

“铁锭”的柔软而炽热的铁块。然后将这种铁锭放在石头上锤打，以便去掉沙子和泥土等残留的杂质。之后，就可以把它交给铁匠用来制作剑和铠甲。

在罗马帝国灭亡之后的几个世纪，炼铁工学会了给炉坑建筑围墙，然后建一个圆炉顶和烟囱。这样修建起来的“渣坑”炉生产了大量的铁。但它们也消耗了大量的木材。大约25磅木材可以烧成12磅木炭，而12磅木炭可以炼出1磅铁锭，还有大约3磅废渣。虽然已经发明了风箱，把氧气吹进炉火中，但“渣坑”炉中的温度从来没有达到足以熔化金属的高度。

骑士铠甲和战马的每一项增加，都是一笔较大的开支。由于土地是财富的基础，一个骑士需要来自土地收入的经济支持。因此，国王开始从自己的地产中将土地授给自带武器服兵役的人。拥有大量地产的下一级贵族，也用同样的方法建立起自己的军事扈从。

作为对宣誓效忠提供兵役的回报而授予的土地，常被称为“**封地**”（fief）。最初，国王把土地授予被称为“**封臣**”（vassal）的随从贵族，这只是权宜之计。到10世纪，只要继续提供指定的兵役，大多数封地都可以继承。虽然各地

封地：在中世纪欧洲，作为对宣誓提供特定兵役的回报而授予的土地。

封臣：在中世纪欧洲，一个向国王或领主宣誓效忠的人，他要为国王或领主承担特定的兵役。

封地、贵族和封臣 的模式颇不一样，但土地占有与服兵役的结合使得中世纪西欧社会极不同于同时代以城市为基础的伊斯兰社会。

265 国王和领主可能只能在一年中的部分时间要求封臣服役。封臣可以从几个不同的领主那里领受土地，并且对每个领主宣誓效忠。而且，封臣对一个领主的效忠，在需要的时候可以把服兵役延伸到领主的主人。

一个“典型”的中世纪王国（实际上不同王国及王国内部的情况各不相同），包括由国王或伯爵直接拥有、由王室官吏管理的土地。国王或伯爵的主要封臣掌握和管理其他土地（时常是较大的部分），他们以服兵役作为回报。这些封臣依次把土地授予他们自己的封臣。

庄园的领主有自己的行政管理和司法机构，王室政府直接的权力非常有限。国王几乎没有财政资源，在地方层面很少进行司法审判。神职人员和修道院的大量地产属于教会的管辖权限，这进一步限制了国王的权力。

贵族妇女

贵族妇女作为女继承人和作为未婚妻，也陷入了这种责任义务的纠缠之中。一个男子如果娶一个没有儿子的领主的遗孀或女儿，他就可以支配那个领主的财产。联姻影响到整个王国。贵族家的女儿和儿子无权决定自己的婚姻，优先考虑的是土地、权力和服兵役等问题。贵族男子看守家中的妇女，就像紧紧看守他们的贵重物品那样。

不过，妇女可以拥有土地。当贵族外出作战时，贵族妇女可以管理她丈夫的庄园。非贵族妇女经常与她们的男性家庭成员一起劳动，干一些农活，如收集干草并将其堆成垛、剪羊毛和采摘蔬菜。妇女也充当工匠，纺线、织布和缝制衣服。贝叶挂毯（Bayeux Tapestry）是一件刺绣品，长230英尺（70米）、宽20英寸（51厘米），描绘了1066年征服者威廉对英格兰的入侵，它完全由妇女设计和制作，虽然历史学家对这些妇女是谁并没有达成一致的意见。

本节回顾

在西方，各日耳曼王国瓜分了从罗马夺取的领土，而且日耳曼人的生活方式逐渐取代了罗马的生活方式。

由于受到好战民族（包括穆斯林和维京人）的袭击，西欧不得不注重战争。

加洛林家族建立起一个帝国，随后分裂成了三个王国。

社会的重心在乡村和庄园而非城市。

国王和贵族把土地授予封臣，以换取服兵役，由此导致了武装骑士的出现。

本节回顾

10.3 天主教会

正如东欧的基督教人口要服从由拜占庭皇帝任命的君士坦丁堡总主教的宗教领导，教皇也对西欧的宗教事务具有类似的权威。正像东方的传教士在斯拉夫人当中传播基督教那样，西方的传教士也深入到不列颠群岛和日耳曼腹地来扩大基督教地区的版图。在本章所述的整个时期，基督教社会在这两个地区都开始形成并发生了变化。

在西方，罗马贵族失去了对**教廷**（教皇的统治机构）的控制，它在10世纪以后成了强有力的国际机构。主教委员会通常负责制定教规，以便在教廷司法权之下规范神职人员和世俗信徒（非神职人员的男男女女），它越来越成为教皇的应声虫。

罗马教廷

教廷：天主教会的中央管理机构，以教皇为首。

然而，各地对于教会法规的分歧，神职人员缺乏教育和训练，交通的困难，政治的混乱，这一时期的安全普遍没有保障，严重阻碍了教会标准和惯例的统一（见“多样性与主流：捍卫基督教道德”）。迟至11世纪，西欧一些地区的教士仍然在颁布禁令，反对崇拜河流、树林和山脉。教会中的问题，包括 266

多样性与主流

捍卫基督教道德

爱尔兰

中世纪教会认为，通过处以公开或秘密的惩罚，或者通过羞辱行为，基督徒的罪孽可以被免除。神父听取信徒对其罪行的忏悔，然后确定惩罚的性质和持续时间。赎罪规则书规定了各种具体罪行的适当处罚，以此指导神父。这些书籍随着时间推移而有所变化，并且反映了各地的不同情况。这种书籍中最早的之一是圣帕特里克编写的，他从432年开始在爱尔兰传教。下面的文选不仅涉及对罪行的处罚，而且涉及以教规来约束神父的努力。

§ 教士不得在教区游荡。

§ 从教堂司事到牧师的任何教士，如果被看见没有穿长套衫，没有遮住羞处和裸露身体；如果他没有按照罗马习俗剃头，如果他的妻子外出走动而不戴头巾，他同样要受到信徒大众的蔑视，并且将他与教会隔离开来。

§ 来自两个不同地方的一个修士和一个处女，不得共住在同一家客栈，不得乘坐同一辆马车从一个村庄旅行到另一个村庄，也不得频繁地相互交谈。

§ 教堂不得接受异教徒的施舍。

§ 一个基督徒如果相信世界上有吸血鬼，亦即女巫，他将被开除教籍［教会宣告他有罪］；犯有这种罪的任何人，要在他亲自宣布取消其所犯罪行，并因此全力做出苦行忏悔之后，教会才能重新接纳他。

§ 一个基督徒如果以异教徒的方式骗取任何人的钱财，他将被逐出教会［排斥在基督教社会之外］，直到他归还这些钱财。

英格兰和德意志南部

卜尼法斯（约675—754年）是德意志南部城市美因茨一个受到广泛尊敬的主教，他早年名叫温弗雷德（Winfrid），生活在盎格鲁-撒克逊的不列颠。在尼德兰的弗里西亚（Frisia）做过一段时间的传教士之后，他一生的大部分时间都致力于在德意志南部确立起基督教，使人们尊重基督教的法律与道德。他的书信反映了他按照基督教准则重塑个人行为的热情。

卜尼法斯致教皇扎卡赖亚斯（742年）：

我们必须承认，在教廷中您的前任、尊敬的格列高利……已经摆脱了肉体的禁锢而走向了上帝，至尊的仲裁者任命您以父亲般的仁慈来执行教会法和管理罗马教会，在我们从信使那里获知此事后，没有什么比这个消息更令人高兴和快乐了……

一些无知的民众，阿勒曼尼人（Alemanians）、巴伐利亚人和法兰克人，他们听说我们所禁止的许多犯罪行为在罗马城发生，以为这些犯罪得到了那里神父的许可，并且责备我们，说是我们导致了他们在生活中受到谴责。他们说，在每年一月的第一天，在罗马城和在圣彼得大教堂附近，无论白天还是黑夜，他们看到了一群群的歌唱者以异教方式在大街上游行，高声喊叫，唱着渎圣的歌曲，并且日日夜夜大摆宴席，而人们住在自己家里，没有人愿意借给邻居炉火或工具，或者行任何方便。他们还说，他们看见那里的妇女在其手和脚上戴着异教徒式样的护身符和镯子，出售给愿意购买它们的人。……

卜尼法斯和其他主教致麦西亚（英格兰一个撒克逊人王国）国王埃塞尔鲍尔德（746—747年）：

我们听说您极为慷慨地施舍，对此我们表示祝贺。……我们还听说您强力压制抢劫、不道德行为、做伪证和掠夺，在您的王国建立起了和平。……

但是，在所有这些当中，有一条关于阁下您的生活方式的传闻，令我们极为伤心，我们希望这不是真实的。我们从许多消息得知，您从来没有娶一个合法的妻子。……如果您为了纯洁和节欲而有意这样做，……我们会非常高兴，因为这不应受到责备而是值得赞扬的。然而，如果像许多人所说的那样（但愿不会如此），您既不娶一个合法的配偶也不看在上帝的份上保持
纯洁，而是随心所欲，以不轨的性犯罪在上帝和人们面前玷污您的名声，那 267
么，我们感到极为痛心，因为这在上帝看来是犯罪，它毁掉了您在人们心中的好名声。

现在，更糟糕的是，我们的报告人说，这些邪恶的犯罪发生在了女修道院那些献身上帝的圣洁修女和贞女身上，毫无疑问，这是加倍的犯罪……

这是一件可耻和丢脸的事情，不仅基督徒认为如此，甚至异教徒也认为如此。因为异教徒虽然不知道真正的上帝，但他们从一开始就把这种事情维持在法律规定和上帝的训令之下，由于他们尊重婚姻结合中的妻子，因而惩罚私通者和通奸者。在旧撒克逊王国，如果一个处女因为通奸而导致其父亲的家庭蒙羞，或者如果一个已婚妇女突破婚姻而发生通奸行为，人们有时会逼迫她上吊自杀，然后在焚烧她的柴堆上把诱奸者绞死。有时候，一群妇女聚集在一起，鞭打她穿行城镇，让她光着膀子，用笞鞭抽打她，用刀子割划

她的身体……直到最后让她死去或接近死亡……

德意志北部和斯堪的纳维亚

不来梅的亚当（Adam of Bremen）撰写的《汉堡—不来梅大主教史》包括四个部分。第三部分是献给大主教埃德尔伯特（Adalbert）的，1072年这位大主教的去世促使亚当写了这本书。亚当引用了古典诗歌、圣徒传记和王室文献，这表明他作为一个教士，具有良好的教育和能够获得许多资料来源，包括与国王及贵族交谈。

这个杰出的人［即大主教埃德尔伯特］可以……用下面的每一种美誉来称赞他：高贵、慷慨大方、机智、富于雄辩、贞洁、有节制。所有这些是他内在的品质，此外他还具有其他品质，比如常常归之于一个人外表的东西：富裕、成功、荣耀、有影响力。他富有这些东西。而且，关于向异教徒传教——这是汉堡教会的第一要务，从来没有人如此精力充沛……

都主教［即大主教埃德尔伯特］一上任，他就友好地派使节去见北方诸国王。他还写劝告信分发到整个丹麦、挪威、瑞典，直至天涯海角。在信中，他劝告那里的主教们和神父们……勇敢地促使异教徒皈依基督教……［一个丹麦国王］当他事业繁荣之时忘记了天国的上帝，从瑞典娶了一个血缘亲戚为妻。这大大地惹怒了大主教，他于是派使节去见这个轻率的国王，严厉地指责他的罪过，并且最后宣布，如果他不醒悟过来，他就会被革除教籍。国王大怒，威胁说要掠夺和毁坏整个汉堡主教区。我们的大主教在此恐吓之下仍泰然自若，既谴责又恳求，仍然坚持，直到最后丹麦暴君被教皇的来信说服，同意与堂（表）妹离婚……

在挪威，……国王哈罗德（Harold）是野蛮的暴君中最为疯狂的。他毁掉了许多教堂，将许多基督徒拷问致死。然而，他是一个强有力的人，以多次战胜野蛮人而著名，他曾在希腊和西徐亚人地区打败那里的野蛮人［即协助拜占庭女皇帝佐伊（Zoë）与塞尔柱突厥人作战］。然而，在他回到祖国之后，从来没有停止过战争，他是北方的霹雳……因此，当他控制许多国家之时，由于他的贪婪和残忍而为大家所厌恶。他还投身于巫术活动，成为一个卑劣的人。他没有注意到这一事实：他最圣洁的兄弟［即圣奥拉夫（Olaf），哈罗德的前任国王之一］曾经从王国中根除了这种幻术，甚至为了推行基督教戒律而奋斗至死……

越过易北河［即汉堡所在河流的东边］，在斯拉夫人地区，我们的传教事业也非常成功。因为戈特沙尔克（Gottschalk）……娶了一个丹麦公主，完全征服了斯拉夫人，他们像对待一个国王那样敬畏他，向他纳贡，愿意以臣服来换取和平。在这种情况下，汉堡的教会享有和平，斯拉夫人地区充满了神父和教堂……

资源来源：Excerpts from John T.McNeill and Helena M.Gamer, *Medieval Handbooks of Penance* (New York: Columbia University Press, 1938), 77−78; *The Letters of Saint Boniface*, tr. Ephraim Emerton (New York: Columbia University Press, 2000), 56, 59−60, 103-105; and *History of the Archbishops of Hamburg-Bremen*, tr. Francis J.Tschan (New York: Columbia University Press, 1959［new ed. 2002］), 114−133.

分析问题

非基督徒的习惯是如何用作基督徒的好例子和坏例子的？

教职人员充当道德法官有何局限性（如果有的话）？

教会是怎样对抗王权的？

长期存在的多神论，对禁止教士结婚的法令执行不严，裙带关系（优先考虑亲戚），买卖圣职（出售圣职，通常是卖给非神职人员）。罗马教廷声称对神职人员拥有司法权，与多神论和异端信仰做斗争，呼吁世俗统治者承认教皇的权威——包括那些不受欢迎的规定（如禁止第一代堂/表兄妹之间的婚姻），在分裂和混乱的年代，所有这些坚持不懈的努力都构成了一种寻求统一和秩序的力量。 266

10.3.1 政治与教会 267

神圣罗马帝国

在政治分裂的西欧，教皇需要同盟者。查理曼的父亲丕平像查理曼一样，也是教廷的强有力支持者。然而，国王与教皇的关系比较紧张，因为他们都认为自己是最终权威。962年，教皇给第一个“神圣罗马皇帝”（查理曼从未享有这一全称）加冕。这一世俗政治权威的称号，作为总体基督教利益的保护者，其象征意义大于实际意义。实际上，**神圣罗马帝国**是一个松散的德意志诸侯邦联，从诸侯中选出一个最高职务来管理，对莱茵河以西几乎没有影响。

268

神圣罗马帝国：大部分德意志诸侯国的松散邦联，由一个经诸侯选举出来的皇帝统治。持续时间从962年到1806年。

尽管教皇为早期的神圣罗马皇帝加冕，但这并不意味着他具有政治优势。教会法赋予教皇对所有神职人员和各地教会财产享有专属司法权。然而，作为封臣而拥有土地的主教，也要为国王或诸侯尽义务，提供军事支持或其他服务。世俗统治者提出，他们应该有权任命这些主教，因为要保证他们履行作为封臣的义务，这是唯一的办法。但教皇不同意。

11世纪，围绕神职任命权的冲突达到了白热化的程度。1073年，当罗马的枢机主教会议选举意大利修士希尔德布兰德（Hildebrand）为教皇格列高利七世时，他将改组教会财政的事业推向了高峰。他对教廷的个人看法（保存在其信件中）反映了将教皇当作最高权威（在其他主张中也做了表达）：

§ 任何人都不能评判教皇。

§ 天主教会从未犯过错，将来也永远不会犯错。

§ 只有教皇才能罢免和恢复主教。

§ 只有他才能召开公会议和批准教会法。

§ 他能废黜皇帝。

§ 他能解除臣民的义务。

§ 所有王公都应亲吻他的脚。[5]

叙任权之争

叙任权之争：教皇与神圣罗马皇帝之间围绕帝国境内主教任命权的争论。

这种主张引起了领主和君主的不满，他们已经习惯于“授予”，亦即在其领地上把指环与手杖作为权力的象征授予主教和修道院院长。历史学家用**“叙任权之争”**（Investiture Controversy）来指中世纪教会与世俗领主之间控制神职任命的斗争；这一术语也指教皇与皇帝和国王之间的广泛冲突。当神圣罗马皇帝亨利四世挑衅格列高利的改革时，格列高利于1076年开除了他的教籍，使他不能参加教会的宗教仪式。亨利的影响力由此大大下降，这一打击使亨利在意大利北部一个城堡外的雪地里赤足站了三天，以等待客居于此的格列高利的接见。亨利正式的忏悔行为促使格列高利原谅了他，恢复了他的教籍。教皇取得了明显的胜利，但这一和解并不持久。1078年，格列高利宣布废黜亨利。于是，亨利动用武力迫使格列高利从罗马逃到了萨勒诺，并在两年后死在那里。

教皇与皇帝之间的斗争持续到1122年，这一年，双方在德国城镇沃尔姆斯达成了妥协。在《沃尔姆斯协定》中，皇帝亨利五世放弃了他选任主教和修道院长的权力，或者向他们赐授精神象征物的权力。作为回报，教皇加里斯都二世（Calixtus II）允许皇帝向教皇指派的主教和修道院院长授职，在他们的宗教授职仪式之前授予他们任何世俗的权力或义务。这种妥协没有完全解决问题，但缓解了双方之间的紧张关系。

对国王权威的主张也触发了其他冲突。1154年，征服者威廉的曾孙亨利二世成为英格兰国王，尽管当时他刚刚20岁，但他着手改革，旨在加强国王权力和削弱贵族权力。他指派了流动法庭以强化法律，使陪审团（来自传统日耳曼法中的期满后续任者）成为强有力的司法工具。他还确立了这一原则：犯罪行为妨害了“国王的和平”，应该根据国王的指控而不是受害人的指控来进行审判和处罚。

英王亨利二世与托马斯·贝克特

亨利在控制教会方面经历了艰辛。他最亲密的朋友和大臣，或者说是首席长官托马斯·贝克特（约1118—1170年），过着朝臣的奢华生活。1162年，亨利劝说贝克特成为一名教士，担任英国最高教会职位坎特伯雷大主教。贝克特受到告诫，他同意从此以后如果教会与国王发生冲突，他将只维护教会的利益。当亨利试图在国王法庭而非教会法庭审讯被控犯罪的神职人员时，大主教托马斯（他现在过着一种简朴而虔诚的生活）进行了抵制。

1170年，亨利的四个骑士知道国王希望贝克特死去，便在坎特伯雷大教堂谋杀了这位大主教。但他们的行为事与愿违，人们的极大同情使得坎特伯雷成为一个重要朝圣中心。1173年，教皇宣布殉教者贝克特为圣徒。亨利受到两次 269
公开鞭笞，作为对这一犯罪的惩罚。他的权威由此受到了严重损害。

亨利二世与托马斯·贝克特的冲突，正如《沃尔姆斯协定》的签订，没有明显的胜利者。不同法律传统之间的冲突问题使得西欧的政治生活比拜占庭或伊斯兰国家（见第9章）更复杂。封建法源于日耳曼习俗，赋予国王以最高权力。教会法以天主教判例为基础，司法权适用于全部西方基督教王国，使一个单一等级的法律制度变得现实可见。到11世纪，包含在《民法大全》中的罗马民法得到复兴，成为第三种传统。

10.3.2 修道院制度

修道院制度是几乎所有中世纪基督教国家的宗教生活的显著特征。群体修道起源于罗马帝国的东部。基督教之前的一些习俗，例如独身生活、不断献身于祈祷、隐居（单独或以小群体的形式），在埃及汇集成了基督教的形式。

本笃会规

然而，西欧修道院制度最重要的形式，是一群修士或修女共同生活在组织起来的团体中。把起源于埃及的修道实践引入拉丁西方的最主要人物，是意大利努西亚的本笃（Benedict of Nursia，约480—547年）。本笃最初在一个山洞里隐修，开始了他虔诚的事业。但最后，他组织了几个修道院，每个修道院由一个院长领导。到7世纪时，以他的模式为基础组织起来的修道院传播到了意大利之外。本笃制定了管理修士行为的院规，设想了一种和谐的生活，包括祈祷与劳动，以及遵守独身、守贫和服从院长。那些遵守本笃或其他修道院院规的人成为“守规教士”（regular clergy），反之则是“在俗教士”（secular clergy）——生活在社会中而不是隐居的教士，他们无须遵守严格的院规。本笃会规是大多数西欧修道生活的出发点，至今仍然在本笃修道院中实行。

270

修道院制度：生活在一个与世俗社会相隔离的宗教团体之中，坚持守贞、服从和守贫的规定。它是中世纪基督教和佛教的一个主要因素。修道院是中世纪欧洲学习和文化活动的主要中心。

虽然，修士和修女（在修女院中按修道规则生活的妇女）在总人口中所占

修道院图书馆中带插图的手稿　此页插图出自约公元800年爱尔兰的凯尔经，一幅福音书作者形象的肖像画与边缘复杂的编织样式相结合，是源于北欧的前基督教艺术。注意观察福音书作者的金发。

比例很小，但他们的隐修生活方式强化了宗教事务与日常政治及经济的分离。修道院遵循耶稣的原则："恺撒的物当归给恺撒，上帝的物当归给上帝。"这比许多生活在城市、行为像领主的主教要好得多。

知识的保存

中世纪早期，虽然一些统治者（如查理曼）在宫廷中鼓励学术，但保存文化知识的主要是修道院。许多不识字的世俗贵族感兴趣的只是战争和狩猎。修士（很少有修女）从事抄写手稿，甚至书写一些宗教感召的书籍。修士抄写员保存了许多古典拉丁著作，否则这些著作可能已经消失了。希腊著作的保存更多地依靠东方拜占庭和穆斯林的学者。

修道院和修女院还具有其他功能。一些修道院把基督教带到了新的地方，就像爱尔兰修士在德国一些地方所做的那样。大多数修道院都为旅行者提供服务，在其土地上组织农业生产，收养被父母抛弃的婴儿。在生活艰辛的中世纪，修女院为寡妇和其他缺乏男性保护的妇女提供庇护，或者收留那些希望过宗教精神生活的妇女。然而，这些宗教机构也带来了教会没有察觉到的问题。一个主教可能有权管辖一个修道院院长或女院长（修女院的领导人），但他对那些在修道院墙内发生的事情，不可能时常保持警惕。

克吕尼运动

一些修道院院长未能保持修道院的严格纪律，导致了一场改革运动发展起来，这场运动以法国东部克吕尼的本笃修道院为中心。克吕尼（Cluny）修道院于910年由阿基坦（Aquitaine）第一任公爵虔诚者威廉建立，他还使这座修道院完全摆脱了世俗权威。一个世纪后，克吕尼修道院从当地主教那里获得了类似的自由。克吕尼修道院院长推行了一场充满活力的改革运动，最终得到了主张改革的教皇如格列高利七世的支持，以加强修道院的纪律，改善管理。一座雄伟而崭新的修道院教堂修建起来，它象征着克吕尼运动的主张。再加上后来修建的附属建筑，它成为世界上最大的教堂。

在克吕尼影响的鼎盛时期，有将近1 000座本笃修道院和小修道院（较低级别的修道场所）接受了克吕尼修道院院长的权威，这些修道院分布在不同国家。本笃会规假定每一座修道院都是独立的，克吕尼改革者规定，每个修道院院长和小修道院院长由克吕尼修道院院长指派，他们都应亲身经历过克吕尼修道院的宗教生活。到12世纪下半叶，随着强调禁欲生活和守贫的西多会的快速兴起，修道院改革运动获得了新的动力。这些运动为修道院修士、教堂神职人员、布道修士树立了榜样。到13世纪，布道修士在教会生活中占据了支配地位。

本节回顾

西欧基督教以罗马教皇为中心，但与神圣罗马皇帝的冲突导致了叙任权之争。

同样，英格兰的亨利与托马斯·贝克特之间的冲突，导致了贝克特的殉难。

修道院生活是宗教生活中一个基本特征。努西亚的本笃建立了本笃会规，后来出于进一步约束修士和修女的需要，克吕尼修道院建立起来，它成为修道院改革的中心。

修道院提供了许多慈善服务，保存了文化知识。

10.4 基辅罗斯（900—1200年）

虽然天主教国家与东正教国家在后来的几个世纪中沿着各自的道路发展，但在900年时它并没有表现出具有更好的前景。生活在北方的波兰人和其他斯拉夫民族，在德国神父和传教士的布道之下，最终接受了罗马的基督教。塞尔维亚人和其他南方斯拉夫人则接受了来自君士坦丁堡的信仰。

271 更为东边的基辅罗斯皈依基督教，表明了经济、政治和宗教生活是如何紧紧地纠缠在一起的。对东正教而不是天主教的选择，对后来欧洲的历史产生了重要影响。

10.4.1 基辅帝国的兴起

在南部的黑海和里海之间的区域，在北部的波罗的海和白海之间的区域，分成许多东西向的地带。从北往南，由最北边的冻土地带逐渐过渡到寒带林带，然后是气候更温和的森林带，再后就是森林和草原混杂的地带，最后是纯粹的草原。有几条可通航的河流从北向南流经这些地区，包括伏尔加河、第聂伯河和顿河。

草原文化

早期史料反映了这一地区在语言和领土上的频繁变化，似乎是受到了目前仍不甚清楚的人口迁移的压力。在罗马时代，大多数日耳曼民族以及一些伊朗人和西斯拉夫人，从乌克兰和俄国迁移到了东欧。仍然留在他们后面的民族讲东斯拉夫语，但遥远的北方和南方民族除外，他们是居住在北方地区的芬兰人及相关民族和南方的突厥语民族。

森林中的居住者、农民和草原游牧民，在经济上形成互补。游牧民用动物换取农民的谷物，来自森林的蜂蜜、蜡、毛皮也成为重要的交换品。商人们可以通过草原商队行走东西，也可以沿河乘船穿梭南北。

瓦兰吉商人

在波兰和波罗的海的岛屿上曾是市集的地方，埋藏有数千枚拜占庭和伊斯兰硬币的储藏物，这证明了瓦兰吉商人（瑞典维京人）的贸易活动，他们跨过波罗的海，沿着俄国的河流南下。他们在哈扎尔突厥人（Khazar Turks）控制的市场用森林产品和奴隶交换手工制品和硬币，他们也许把硬币当作珠宝而非货币。强大的哈扎尔王国以伏尔加河口附近地区为中心。

历史学家对"Rus"（罗斯）这个词（Russia一词就来源于它）的早期含义有分歧，但在某种意义上它指的是瓦兰吉人统治下讲斯拉夫语的民族。与西欧领主不同，瓦兰吉王公及其卫队（军事扈从）居住在城市，而斯拉夫人从事农业。王公们投身于贸易和防御敌人。基辅城在大约880年被瓦兰吉人占领，城里的罗斯人控制了第聂伯河上的贸易，由于第聂伯河流入黑海，因此他们与拜占庭人的贸易要超过与伊斯兰世界的贸易。诺夫哥罗德的罗斯在伏尔加河上也起着同样的作用。关于基辅罗斯皈依基督教的半传奇描述，必须置于这一背景下来看待。

基辅的弗拉基米尔一世

弗拉基米尔一世（Vladimir I）原是诺夫哥罗德一个失去了权力的统治者，980年，他与一群瓦兰吉人从流放地回到基辅，自称基辅罗斯的大公（见地图10-3）。尽管他的祖母奥尔加（Olga）曾是一个基督徒，但弗拉基米尔还是在基辅的高地上修建了一个神庙，在那里放置了斯拉夫臣民崇拜的六尊神像。据最早的俄国编年史记载，弗拉基米尔及其顾问反对将伊斯兰教作为官方宗教，原因是伊斯兰教禁酒；拒绝犹太教（哈扎尔人皈依了这种宗教）是因为他们认为，真正强大的神不会让古代犹太王国遭到毁灭；他们甚至与提倡拉丁基督教的德国使者商讨过。弗拉基米尔选择的为什么是东正教而不是天主教，具体原因不明。君士坦丁堡的富丽堂皇似乎曾是一个考虑因素。他的代表在访问拜占庭的教堂之后记载说："我们不知道是在天堂还是人间，因为在人间没有如此辉煌、如此美丽，我们不知道如何描述它。我们只知道上帝在人间的居所，人们对它的敬奉比其他国家的仪式更出色。"[6]

基督教的传播

大约在988年，弗拉基米尔在选择了一位来自拜占庭皇室的不太情愿的新

地图10-3　11世纪的基辅罗斯和拜占庭帝国　到11世纪中叶，基辅罗斯的大公们将所有的东斯拉夫人都纳入到其统治之下。7—8世纪，拜占庭失去了埃及、叙利亚、突尼斯，这些地方为阿拉伯人所占据，这使得拜占庭从一个辽阔的帝国变成了一个相当紧凑的国家。从此以后，拜占庭统治者将巴尔干和基辅罗斯看作扩张其政治和宗教影响的主要竞技场。

娘之后，皈依了东正教，将其国家也开放给了东正教神职人员和传教士。君士坦丁堡的总主教在基辅指定了一位都主教（首席主教）来管理教会事务。教堂在基辅建立起来，其中一座修建在弗拉基米尔早期山顶神庙的废墟上。文字也引入了，使用以前为西斯拉夫人发明的西里尔字母。东正教区域向北的扩展成为拉丁基督教向东扩张的障碍。基辅从此坚定地倾向于与拜占庭进行贸易，背离了伊斯兰世界，尽管伏尔加河上的贸易仍然经过诺夫哥罗德。

基辅罗斯晚期的政治史上，显著的特点是统治家族内部的斗争以及它与 272
其他敌人（最明显的是南方的草原民族）的斗争。然而，直到13世纪蒙古人的时代（见第13章），国家保留了下来，并且充当了东斯拉夫人基督教化的一种工具。

10.4.2　社会与文化

在基辅罗斯，政治权力来自贸易而非占有土地，因此西欧那种农业庄园制度从未在这里发展起来。农民对自己的土地进行轮作。他们烧毁一片森林，然

弗拉基米尔的圣德米特里大教堂　这座俄罗斯东正教大教堂建于1193—1197年，明显受到了拜占庭的影响。它拥有三个拱形的正面，小圆顶，对称的希腊十字形地面设计，与拜占庭教堂的特征非常相似。

后用犁稍微耕一下布满灰烬的地表。当这块土地失去肥力之后，他们便转移到另一片森林。在高纬度的贫瘠土地上，生长季节也短，造成了食物匮乏。依靠自身财产生活的卫队（druzhina），从步兵发展到骑兵，并且将其精力更多集中在养马而非农业上。

城市生活

273 像基辅和诺夫哥罗德这样的大城市，人口可能达到了3万或5万——大致相当于同时代的伦敦或巴黎，但远远比不上君士坦丁堡或伊斯兰的大城市，如巴格达和尼沙普尔。许多城市只不过是设防的贸易站。但是，它们充当了手工业发展的中心，一些行业如玻璃制造，其技术从拜占庭传入。工匠在社会上享有比农民更高的地位。建筑材料主要依靠来自森林的木材，尽管基督教带来了石建大教堂和拜占庭样式的教堂。

基督教缓慢地渗透到了普通民众之中。11世纪时，尤其是在饥荒年代，发生了几次多神信仰者的起义。一些群体进行消极抵抗，拒绝基督教的葬礼，坚持火化尸体，用骨灰瓮将死者的遗骨保存下来。妇女仍然在其织物和手镯上
274 使用多神教的图案，迟至12世纪，她们还求助于多神教祭司的符咒来为小孩治病。传统的斯拉夫人婚姻习俗，包括随意的和一夫多妻的关系，特别令神职人员反感。

基督教最终取得了胜利，它的成功使教会日益卷入政治与经济事务之中。12世纪，基督教神职人员涉足政府管理，他们中的一些人收取有关商业的税费。来自商业的直接和间接的收入，为统治者提供了用来支付给士兵的金钱。在1237年蒙古人入侵之前，当基辅罗斯处于其文化高峰和繁荣之时，法治也得到了推广。

本节回顾

基辅罗斯的权力基于贸易而非农业，因此不存在庄园制度，贵族在城市实行统治。

瓦兰吉商人确立起了对斯拉夫民族的政治统治。

基辅和诺夫哥罗德这些城市成为俄罗斯公国的中心。

基辅统治者弗拉基米尔一世使东正教成为基辅罗斯的官方宗教，但普及到大众非常缓慢。

基辅城受拜占庭文化的一些方面的影响，尤其是玻璃制造等手工业。

10.5 西欧复兴（1000—1200年）

1000—1200年，西欧开始摆脱将近7个世纪仅能维持生存的经济——在这种经济中，大多数在土地上劳作的人只能满足衣、食、住的基本需求。这时，人口和农产品增加了，日益增多的剩余粮食可以去城市的市场出售，这加速了以货币为基础的经济复苏，也为供养更多手工业者、建筑工人和商人提供了条件。

历史学家将西欧的复兴归功于新技术刺激下的人口增长，以及在意大利和北海沿岸的佛兰德斯出现的主要从事海运贸易的自治城市。对于君主来说，这种变化强化了中央政府，增强了对封臣的控制，并且使国家走向更强大的王国。

10.5.1 技术的作用

人口增长

缺乏具体的证据来证实技术革新的传播，使得把西欧复兴的确切原因与技术进步联系起来的努力遭受挫折。然而，大多数历史学家认为，1000—1200年，西欧人口增长了将近1倍，其中技术起了重要作用。1086—1200年，英格兰的人口似乎从110万增加到了190万，现代法国境内的人口在这一时期似乎从520万增加到了920万。

马和犁

很难从零散的技术进步的证据中得出历史结论，一种新型犁和有效的拉车马具是说明这种困难的例子。南欧和拜占庭的农民仍然在使用的罗马犁，用来刨挖出浅层土沟，适合于松软、干燥的地中海土壤。带有似刀片犁头的新犁可以深耕，安装在犁头后面的曲线板，可以把犁开的土层抬高并翻过来。这使得耕种北方河谷中又重又湿的黏土成为可能。拉新犁需要更大力气，这意味着要使用几组牛或马。

马拉犁比牛更快，但也需要更精心的照料。马蹄铁在这一时期被广泛使用，有助于保护马蹄，但它像犁本身一样，增加了农民的费用。罗马时期的轭具是按照牛轭做成的，压在动物的脖子上，当马拉重物时，就有被勒死的危险。一种工艺采用了更有效的设计。**马轭**把牵引点从动物的颈部移到了肩部，它首先出现在约800年的袖珍画上，在1066年之后绣制的贝叶挂毯上，更明显地

马轭：一种给马上轭具的方法，它通过将牵引点从动物的颈部移到肩部提高马的效率。它的采用有利于马拉犁和马车的传播。

立式双梁织布机　这些女织工把她们的织机安置在户外，用纬线绕着垂直的经线编织。织机下面的横杆把经线拉紧。跪着的织工拿着一个打手把织机下面的纬线压紧。在欧洲，水平式织机更普遍，它为纺织的机械化铺平了道路。

展示了一种用于拉犁的马的轭具。胸带轭具大约出现在500年，虽不适合于干重活的动物，但在南欧颇受欢迎。上述两种情况，语言学家都试图把关键术语追溯到中国或突厥—蒙古的词汇，以证明整个欧亚大陆的技术传播。然而，3世纪在突尼斯和利比亚的罗马农民，用了这两种轭具来套马和骆驼，用于拉犁和
275 车。这种在突尼斯仍在使用的技术，明显出现在罗马浅浮雕和油灯上。但是，没有证据表明它向北传到了欧洲，而且这种证据比相似轭具在欧亚之间传播的证据还要少。因此，有效的轭具来自何处，是否始于500年或800年，或者说早已发明但没有被广泛使用，这些问题并不容易解决。

这个问题的关键在于，欧洲北部的土地持有人在何时、为何开始使用马来拉犁，以耕种潮湿、肥沃的河谷土壤，这种土壤对于牛来说太沉重了。马的力量比牛更大，速度更快，它通过减少用于耕地的时间来提高生产力，但喂养和装备的成本也更高了。因此，很难说一种技术永远是好的：尽管农业剩余品确实在增长，更好的犁确实在这种增长中起了作用，但是，仍然使用牛甚至旧式犁的地区，似乎也分享了这一时期的普遍人口增长。

10.5.2 城市与贸易的复兴

意大利的独立城市

由公社管理和防御的独立城市最初出现在意大利和佛兰德斯，然后出现在其他地方。公社是一群主要的市民，他们联合起来保护城市，从世俗或教会领主那里要求自治权。那些赐予其自治权的领主，则从公社的经济活力中受益。这些城市由于缺乏大量耕地，因此转向制造业和贸易，并且制定法律予以鼓励。例如，一旦农奴进入城市，法律就给予他们自由，由此吸引了许多来自农村的劳动力。那些由罗马人建立而在城墙内萎缩的意大利城市，现在开始挤压这些城墙了，由此不得不修建新的城墙。比萨于1000年修建了一座新城墙，并于1156年扩建了它。其他修建城墙的12世纪城市包括佛罗伦萨、布雷西亚、帕维亚和锡耶纳。

亚得里亚海北端的一群岛屿在罗马时代大部分无人居住，但现在移民在此组建了威尼斯城。到11世纪，它成为亚得里亚海占统治地位的海上力量。威尼 276
斯与比萨、热那亚这两个它在意大利西部的对手展开竞争，争夺与北非及地中海东部伊斯兰港口的贸易领导权。一个稍晚时期的商人的账单提到了大约3 000种“香料”（包括染料、纺织品、原料）的贸易，其中一些产自伊斯兰国家，还有一些经丝绸之路或印度洋贸易体系而来（见第8章）。这些商品中，有11种明矾（用于染色）、11种蜡、8种棉花、4种靛青、5种姜、4种纸、15种糖，还有丁香、香菜、罗望子和鲜橙。到十字军东征时，穿越地中海的海上贸易主要依靠来自热那亚、威尼斯和比萨的船只。

佛兰德斯和欧洲北部

佛兰德斯的根特、布鲁日和伊珀尔在繁荣、商业及工业方面可与意大利城市相匹敌。这些城市以佛兰德斯伯爵的特许权为基础，具有相对的独立性，把北海地区的渔业和羊毛贸易集中到这里。大约1200年，用来自英格兰的羊毛纺织的毛纺织品具有广阔的市场。

大量的铸币也表明了经济活力的复苏。9—10世纪，有大量来自伊斯兰国家和拜占庭帝国的金币。由于这些金币在很多贸易场合太值钱，因此很少到达德国、法国和英格兰。广泛仿造的加洛林银便士就足够了。随着12世纪经济的复兴，斯堪的纳维亚、波兰和其他边远地区也开始铸造银币。在接下来的一个世纪，地中海贸易的活跃使得新的大量金币的铸造成为可能。

本节回顾

公元1000年之后，西欧变得更具活力。

人口增长了，城市增多了，城市的商业活跃了，一些城市摆脱宗教和世俗权威而获得了独立。

更好的犁和马轭等新技术可能促进了经济复兴，尽管还不清楚它们是如何传播来的。

意大利北部和佛兰德斯作为海上贸易中心，在经济复兴中居领先地位。

金币在废弃几个世纪之后又重新出现了。

10.6 十字军东征（1095—1204年）

十字军东征：那些决心从穆斯林统治下收复耶路撒冷的基督徒去圣地的武装朝圣。十字军东征结束了西欧几个世纪的知识文化上的隔离。

西欧的复兴恰好与十字军东征同时，也促使了**十字军东征**的发生。这是在宗教热情刺激下发生于地中海东部、基督徒反对穆斯林的一系列军事战役，它支配了1095—1204年的欧洲政治（见第9章和地图10-4）。四次大规模远征，最后一次转而攻打拜占庭，导致了君士坦丁堡被拉丁西方占领，这构成了这一地区自罗马衰亡之后最大的军事行动。十字军东征的后果是贵族宫廷和正在兴起的城市消费更多的东方商品。这为后来吸收来自拜占廷和伊斯兰国家的思想、艺术风格和工业技术准备了条件。

10.6.1 十字军东征的根源

上帝的休战

11世纪社会与经济的几个发展趋势促成了十字军东征。第一，天主教会的改革者设法缓和社会的好战气氛，推广上帝的休战。这一运动限制了在特定休战时期基督教领主之间的战争，例如在四旬斋（复活节前的40天）和星期天。许多骑士欢迎一种在宗教上获得认可的攻打其他基督徒的可替代的战争。第二，野心勃勃的统治者，比如入侵英格兰和西西里的诺曼人首领，正在寻找新的可供征服的土地。贵族（尤其是那些实行长子继承制地区的幼子）渴望获得土地和头衔以维持其身份。第三，意大利商人希望增加东地中海地区的贸易，
277 获得穆斯林领土上的贸易站。然而，如果没有教皇与国王之间的争斗，没有教会希望证明其对西方基督教地区的政治权威，十字军东征也许不会发生。

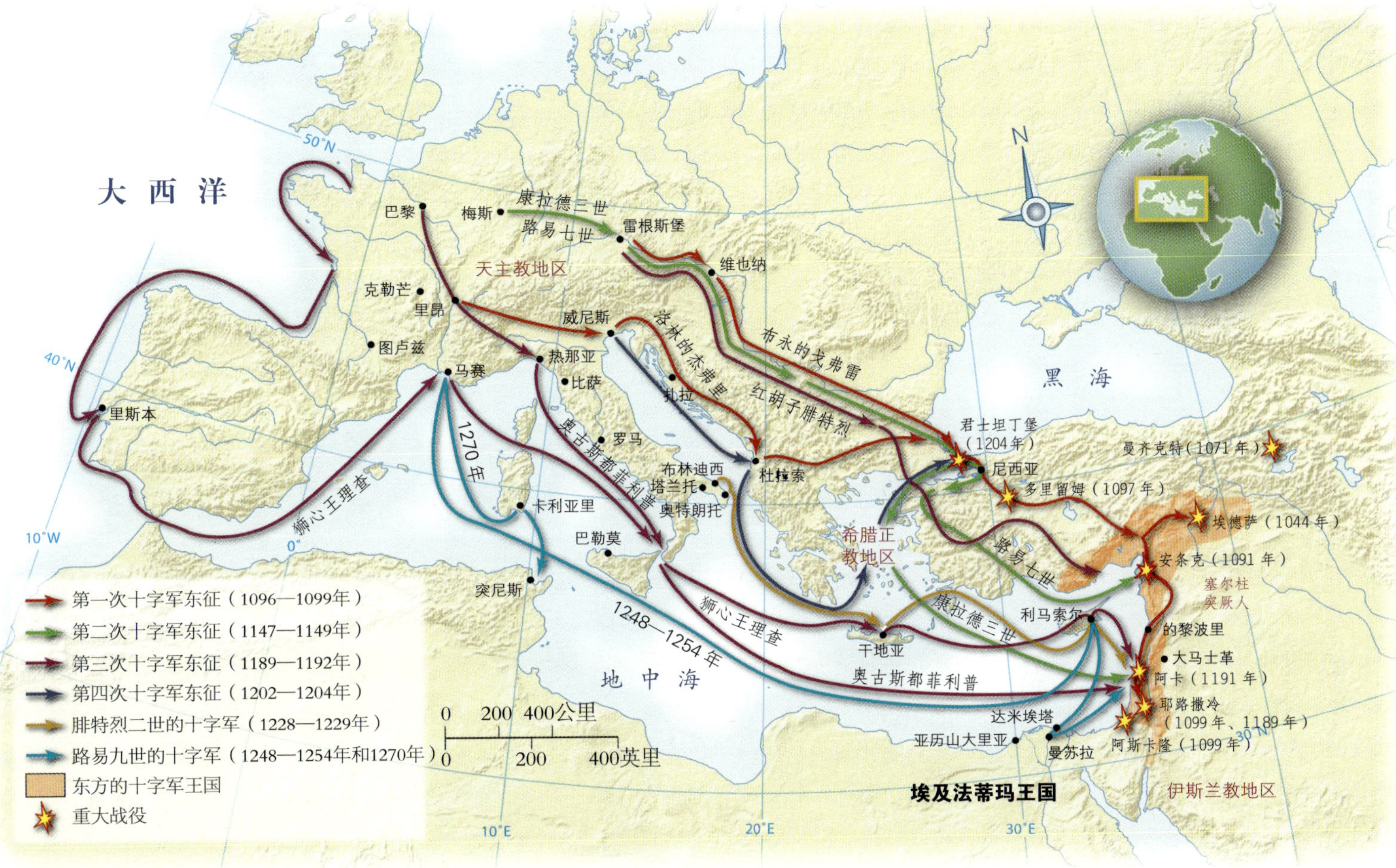

地图10-4　十字军东征　第一、二次十字军东征经过了拜占庭的领土。第三次十字军东征包括由法王奥古斯都菲利普和英王狮心王理查率领的分队走海路，由神圣罗马皇帝红胡子腓特烈率领的分队走陆路。腓特烈死于安纳托利亚南部。后来的十字军东征大多走海路，西西里、克里特和塞浦路斯起了重要作用。

朝圣

朝圣：基督徒为了表示虔诚、履行誓言或者赦免罪过而去圣地的旅行。其他宗教也有朝圣传统，例如穆斯林去麦加朝圣，早期中国佛教徒为寻求佛经而去印度朝圣。

圣地长达4个世纪在穆斯林的统治之下，有几个因素使人们关注它。**朝圣**在欧洲人的宗教生活中扮演了重要角色。在西欧，朝圣者的旅行得到王室保护，少数人实际上是流浪者、小偷、乞丐、小贩和商人，对于他们来说，朝圣是安全的旅行。真正虔诚的朝圣者常常去参观罗马或君士坦丁堡保存的旧教堂和圣迹。勇敢的人去耶路撒冷、安条克和其他处于穆斯林控制下的城市，去履行誓约或赎罪。

一些骑士沿着流行的朝圣路线越过西班牙北部去圣地亚哥德孔波斯特拉（Santiago de Compostela）的圣地朝圣，知道了基督教国王们正努力扩张以驱逐穆斯林。在安达卢斯的倭玛亚哈里发政权在11世纪时已经衰落了，留下一些小国，受到了来自北方的基督徒的攻击（见第9章）。这是再征服运动的开端，这一运动到1492年战胜最后一个伊斯兰王国时达到高潮。“crusade”（十字军东征）一词来自拉丁语“crux”（表示“十字架”），最先在西班牙使用。以航海为生的诺曼人在西西里反对穆斯林的战争，经过30年的战争最终在11世纪90年代打败了穆斯林，他们的故事也广为流传。

从巴勒斯坦返回的朝圣者所讲述的故事，进一步促使教会人士和贵族把穆斯林当作基督徒进攻的合适目标。从7世纪以来控制着耶路撒冷、安条克和亚历山大里亚的穆斯林统治者，通常容忍并保护基督教的朝圣者。但在1071年之后，塞尔柱军队在曼齐克特战役中打败了拜占庭皇帝（见第9章），突厥游牧民
278 散布到整个地区，使得穿过安纳托利亚的朝圣路线（本来已经不好）更加不安全了。拜占庭势力的衰落威胁到了基督教的古老中心，例如安纳托利亚的以弗所，以前处于帝国的控制之下。

教皇乌尔班二世

虽然东正教会与天主教会在神学上存在分歧，但拜占庭皇帝阿历克西乌斯·科穆宁要求教皇和西欧统治者帮助他抗御穆斯林的威胁，收复被基督徒称为圣地的地方——巴勒斯坦和叙利亚的早期基督教中心。教皇乌尔班二世在1095年的克勒芒公会议上做了回应。他对一大群聚集在旷野上的人发表演讲，号召他们作为基督徒要停止相互争斗，去圣地攻打穆斯林。

人们高呼：“这是上帝的意愿！”人们把布裁剪成十字，将其缝在衬衣上，以表示他们前往耶路撒冷的愿望。这就开始了我们现在称之为“第一次十字军东征”的圣战。当时的人们更多地用“朝圣”一词来称这次行动。乌尔班二世承诺，那些犯过罪的十字军战士可以通过他们的正常忏悔或赎罪行为而得到赦

战斗中的披甲骑士 这幅约1135年的绘画展示了十字军东征时骑士的装备。锁子甲、头盔和拿在左边保护骑手的盾牌。剑和夹在腋下的长矛是主要武器。注意骑手的腿，当他们使用长矛时伸直腿，用马镫作支撑，而使用剑作战时则弯着腿。

免，这是那些去耶路撒冷和平朝圣的人通常获得的回报。

第一次十字军东征于1099年攻占了耶路撒冷，建立了四个十字军公国，最重要的一个是耶路撒冷拉丁王国。接下来的两次东征成就不大，只是保住了这些先前占领的地方。伊斯兰军队于1187年夺回了耶路撒冷。到1204年第四次十字军东征时，最初的宗教热情大大降低了，以致在威尼斯人的怂恿之下，十字军的指挥官同意先去抢劫君士坦丁堡，以便支付军队渡海的船费。

10.6.2 十字军东征的影响 279

在西班牙、西西里岛和在圣地建立的十字军公国，欧洲人受到伊斯兰文化的影响，知道了他们自身生活中所缺乏的东西。吸收伊斯兰社会中的一些因素是逐渐发生的，很难确定发生的时间，但欧洲人最终学会了如何制造干面食、纸、精制的糖、彩色玻璃和其他物品，这些物品以前依靠进口。阿拉伯人翻译和评注的希腊哲学及科技著作，以及阿拉伯人和伊朗人撰写的同样重要的原著，都成为欧洲思想重要的促进因素。

从阿拉伯文译成拉丁文

通过对西西里岛、西班牙部分地方、圣地和君士坦丁堡（获得希腊文本）的征服，一些著作被直接带到了拉丁世界。还有一些著作由那些在西班牙工作的人翻译成拉丁文，因为西班牙一直处于穆斯林的统治之下。所有这些著作是在几代人之后才得到研究和理解，但它最终改变了西欧的知识面貌，因为此前的西欧对希腊著作全然不知。亚里士多德的著作以及穆斯林关于它们的评注，对神学家来说特别重要；但像阿维森纳（980—1037年）这样的穆斯林作者，在医学领域也具有同样的重要性。

阿基坦的埃莉诺

贵族的生活方式受到影响，发生了急剧的变化。阿基坦的埃莉诺（Eleanor of Aquitaine，1122?—1204年）是十字军东征时期最有影响的妇女之一，她随其丈夫法王路易七世参加了第二次十字军东征（1147—1149年）。她的叔父、安条克十字军公国的统治者雷蒙德（Raymond）的宫廷生活，对她具有特别的吸引力。当她回到法国之后，没有生育男嗣导致了她与路易离婚。1151年，她嫁给了安茹的亨利。三年之后，亨利继承了英国王位，称亨利二世。埃莉诺的儿子狮心王理查，在第三次十字军东征期间（1189—1192年）作为萨拉丁的骑士对手，以冒险故事而著名。她的另一个儿子约翰曾反抗其父亲，但最终还是继承了父亲的英国王位。

阿基坦是法国南部一个强大的公国，埃莉诺曾一度主政宫廷。受到她优待的游吟诗人，使她的宫廷成为以"典雅爱情"（courtly love）观念为基础的新音乐的中心。"典雅爱情"是对女性美丽与优雅的一种理想化，对后来欧洲的浪漫观念产生了影响。数以千计的游吟诗人歌曲手稿保存了下来，一些歌曲表明了当时流行于穆斯林西班牙的诗歌风格的影响。然而，游吟诗人最常用的乐器是琉特琴，这是一种具有鼓肚形的类似吉他的乐器，样式和名称（阿拉伯语"al-ud"）都来自穆斯林控制下的西班牙。在后来的几个世纪中，琉特琴成为意大利文艺复兴时期音乐的主流。

本节回顾

上帝的休战要求基督徒停止相互争斗，寻求土地与贸易，由此开始了十字军东征。

本节回顾

去圣地朝圣引起了人们对这一地区的关注，教皇乌尔班二世的布道引发了十字军战士的冲动。

十字军攻占了耶路撒冷，建立了四个公国。

穆斯林的反击激起了后续的十字军东征，在热情衰退之时，十字军抢劫了君士坦丁堡。

与伊斯兰国家的文化接触，使古代希腊知识的伊斯兰解释传入欧洲，也刺激了欧洲思想与社会的其他变化。

阿基坦的埃莉诺先是十字军东征国王的妻子，然后是十字军东征国王的母亲，促进了“典雅爱情”文化的发展。

结　语

罗马统治的遗产以不同的方式影响了东欧和西欧。拜占庭继承了伟大、庄严的帝国合法权威，并将它与基督教会的领导权结合起来。拜占庭守护着它不断收缩的边境以抵御外敌入侵，但随着越来越多的领土丧失，帝国首都君士坦丁堡周边地区不断缩小。相反，西欧却没有保留罗马核心的东西。日耳曼民族击溃了戍边的罗马军团，在自身传统的基础上建立起了许多王国。国王的法律 280
和教会的法律并不相互配合。然而，对罗马的庄严伟大和领土统一的记忆促使了神圣罗马帝国观念的重新出现，尽管这一帝国被证明是运转不灵的。

东正教与天主教之间的竞争，使宗教在中世纪欧洲社会与文化兴起中的作用复杂化了。拜占庭帝国建立在罗马政治与法律传统之上，而这些东西在西欧却大部分丧失了。拜占庭帝国在总体上比西欧的日耳曼王国更繁荣，其艺术和文化在开始时也要精致发达得多。而且，拜占庭社会成为基督教化程度较高的社会，比西欧要早。然而，尽管它把东正教及其帝国统治扩展到了基辅罗斯，而且在这一过程中，东正教的俄国和西部天主教的斯拉夫人之间建立起了一道屏障，但拜占庭人未能展现出活力与热情，而这正是它西边的欧洲人和南边的穆斯林所具有的特征。拜占庭军队在十字军东征中只是配角，而且在1204年，帝国皇帝丧失了（至少是暂时地丧失了）其首都和权力，由西方的十字军所控制。

技术和商业加深了这两个基督教区域之间的政治及宗教鸿沟。西欧军事技术的变革提高了战斗效率，同时新的农业技术促进了人口增长，这使城市生活得到复兴，并且由于贵族对新土地的渴望而促使了十字军东征。与此同时，日益增长的城市人口需要进口粮食，这促使了地中海和北海海上贸易的发展。交流和交换速度的提高，使文化和制造业受益匪浅。拜占庭帝国由于缺乏类似规模的并行发展，逐渐丧失了其早年的活力。到它的晚期，在繁荣和文化创新方面已明显落后于西欧。

281

进一步阅读文献

Bartlett, Robert Merrill. *The Making of Europe*. 1994. 侧重边疆地区的发展。

Bynum, Caroline. *Jesus as Mother: Studies in the Spirituality of the High Middle Ages*. 1982. 描述了基督教妇女观的变化。

Collins, Roger. *Early Medieval Europe, 300–1000*. 1991. 一本生动的概览，重点在于宗教和政治的发展。

Constable, Olivia Remie. *Housing the Stranger in the Mediterranean World: Lodging, Trade, and Travel in Late Antiquity and the Middle Ages*. 2004. 涉及一个新领域的先驱性著作。

Duby, Georges. *Rural Economy and Country Life in the Medieval West*. 1990. 一本农业史的详细导论。

Kazhdan, A.P., and Ann Wharton Epstein. *Change in Byzantine Culture in the Eleventh and Twelfth Centuries*. 1985.侧重社会和经济问题。

Keller, Amy. *Eleanor of Aquitaine and the Four Kings*. 1950.一位重要女性的生动传记。

Labarge, Margaret Wade. *A Small Sound of the Trumpet: Women in Medieval Life*. 1986.对社会各阶层妇女生活的考察。

Martin, Janet. *Medieval Russia*, 9801584. 1995.一本反映最新成果的概述性著作。

Reynolds, Susan. *Kingdoms and Communities in Western Europe, 900–1300*, 2nd ed. 1997. 概述性著作，阐述了“封建主义”为何是一个有问题的术语。

Riley-Smith, Jonathan. *The Crusades: A Short History*. 1987.当前这一领域中的标准著作。

Runciman, Steven. *A History of the Crusades*, 3 vols. 1987.从拜占庭视角的精彩描述。

Southern, Richard W. *Western Society and the Church in the Middle Ages*. 1970.关于中世纪基督教国家的优秀著作之一。

Treadgold, Warren. A *History of Byzantine State and Society*. 1997.一本新近的总体概述。

White, Lynn, Jr. *Medieval Technology and Social Change*. 1962.技术史的经典入门读物。

注 释

[1] Lewis G. M. Thorpe, *Two Lives of Charlemagne* (Harmondsworth, England: Penguin, 1969).

[2] A. P. Kazhdan and Ann Wharton Epstein, *Change in Byzantine Culture in the Eleventh and Twelfth Centuries* (Berkeley: University of California Press, 1985), 71.

[3] Ibid., 248.

[4] Ibid., 255.

[5] R. W. Southern, *Western Society and the Church in the Middle Ages* (Harmondsworth, England: Penguin, 1970), 102.

[6] S. A. Zenkovsky, ed., *Medieval Russia's Epics, Chronicles, and Tales* (New York: New American Library, 1974), 67.

第11章

亚洲内陆和东亚（400—1200年）

本章纲要

思考

唐朝时期，亚洲内陆和中亚作为一个交流地区的重要性是什么？

中亚和中国的强权的瓦解产生了什么影响？

从唐朝覆亡到1200年，东亚是如何发展的？

对于唐代以后的东亚是一个统一文化区的看法，共同的习俗在多大程度上证明了这种看法是合理的？

283 自220年汉帝国灭亡后，短命而纷争不已的许多小国使中国陷入了混乱（见第6章），强大而辽阔的唐帝国（618—907年）结束了长达4个世纪的纷争。唐朝也鼓励佛教的传播，印度传教士和取回梵文经文的中国朝圣者把佛教带到了中国。唐朝灭亡很久之后仍在中国人的想象中留有不可磨灭的印记。

在随后的宋帝国，中国南方的城市出现了繁荣的娱乐区，据现存的回忆录记载，人们在那里看皮影戏和木偶戏，听音乐和学术讲座，顺便观看没有教化意味的摔跤和纵犬斗困熊的场面。12世纪70年代以后，说唱艺人开始虚构浪漫的长篇叙事，其间散文段落与宋诗交互使用。

董解元的《西厢记诸宫调》凭借其文学成就脱颖而出。184个散文段落和5 263行诗讲述了年轻的儒生张生和迷人的少女莺莺之间的爱情故事。次要人物有莺莺精明世故的母亲、一位施政公正高效的将军和一个名为法聪的好斗的和尚。该传奇故事的基础是唐代元稹（779—831年）的《莺莺传》。

故事一开始，佛寺的住持回应张生求租书房的要求，唱道：

> 先生错，咱儒释何分别？若言着钱物，自家斋舍却难借。况敝寺其间多有寮舍，容一儒生又何碍也！

莺莺同她的母亲就住在那里。张生一窥见她，学习的念头就不翼而飞了。然而，当贼兵攻击寺院时，浪漫故事就迂回发展了。一段散文解释道：

> 唐蒲关乃屯军之处。是岁浑太师薨，被丁文雅不善御军，其将孙飞虎

半万兵叛，劫掠蒲中。如何见得?《莺莺本传歌》为证。 284

面对匪徒，当众僧畏缩时，其中一个和尚把偏衫揭起，亮出“三尺戒刀”。

【白】这和尚是谁？乃是法聪也。聪本陕右蕃部之后，少好弓剑，喜游猎，常潜入蕃国，盗掠为事。武而有勇。一旦父母沦亡，悟世路浮薄，出家于普救寺……

【仙吕调】【绣带儿】不会看经，不会礼忏，不清不净，只有天来大胆……[1]

在爱情故事、下流语言和蛮勇当中，作者植入了交织着事实与虚构的历史小插曲。宋代生活安逸、久经世故的人很喜欢这些有关唐代社会的浪漫描写。

11.1　隋唐帝国（581—755年）

汉朝灭亡后的几百年间，中国都处于分裂状态。隋朝再度统一，父子两代统治者从581年起掌权，直到615年儿子被来自亚洲内陆（帕米尔山脉以东的欧亚大草原部分）的突厥人击败。3年后他被暗杀，唐朝填补了这一权力真空。

汉帝国灭亡之后的几百年间，中国北部和亚洲内陆的小王国围绕各种政治思想和制度纷纷建立政权，你方唱罢我登场。有些政权赞同中国的传统，如设有一个皇帝、一个专用汉语的官僚机构，并信奉儒家的政治哲学（见第6章）。其他的则反映了吐蕃、突厥或其他地区的文化，并依靠佛教使其统治合法化。在这一时代，中国北方和亚洲内陆沙漠、草原之间的关系，始终是政治生活的核心、商业联系的关键和新思想及习俗的来源。

隋朝重新统一中国

隋朝统治者称自己的新首都为长安，以纪念渭水流域附近（今陕西省）的汉朝古都。虽然中国北方是隋朝的中心地带，但是南方长江沿岸人口中心的人口稳步增长，预示了中国未来的扩展方向。为了促进与南方的交流和贸易，隋朝兴建了连接长江与黄河的长达1 100英里（1 771公里）的**大运河**，还在长江流域建造了灌溉系统。隋朝还在北部边境加固了长城，它是以前的一些朝代逐渐修建起来阻挡游牧民族入侵的屏障。

大运河：连接黄河和长江的长1 100英里（1 771公里）的水路。它始凿于汉朝，隋朝时竣工。

李世民：唐帝国的缔造者之一，该朝第二代皇帝（626—649年在位）。他领导帝国扩张到了中亚。

隋朝的军事野心延伸到朝鲜、越南和亚洲内陆，这就需要高水平的组织和集合资源，如人力、牲畜、木材、铁和粮食供应。大规模的公共工程项目也是如此。事实证明，这些负担超出了隋朝的承受能力。过度扩张恶化了由于军事失败和随后的隋二世皇帝被暗杀而导致的政治困境。这些情况为另一个强有力的领导者建立一个新帝国开辟了道路。

李世民和唐帝国

618年，强大的李氏家族趁隋朝动乱之机，开创了一个具有同样规模和雄心勃勃的帝国，国号唐。其中一位杰出的皇帝**李世民**（626—649年在位）首先将其势力向西扩张至亚洲内陆。李世民及后来的**唐帝国**统治者保留了隋朝的许

285 多统治措施，但是他们允许当地贵族、士绅、官员和宗教团体行使重大权力，以避免权力过分集中（见“多样性与主流：中国和日本的法律与社会”）。

唐帝国：统一了中国和中亚部分地区的帝国，618年建立，907年灭亡。唐朝皇帝在首都长安主持修建了宏伟的宫殿。

汉朝之后，突厥精英在中国北方建立了一些小国，唐代皇帝和贵族就是这些突厥精英以及迁移过去的中国官员和移民的后裔。他们很欣赏中国传统和亚洲内陆的游牧文化（见第8章）。唐代艺术中一些最令人难忘的作品（如丝绸之路沿线使用的马和双峰骆驼的陶俑）都涂有中国陶工设计的釉料，色彩鲜艳。在战争中，唐朝把中国武器弩和装甲步兵与亚洲内陆在马术和马镫使用方面的专长结合了起来。在其鼎盛时期（约650—751年），唐朝军队在中亚地区（今吉尔吉斯斯坦）的怛罗斯战役中被阿拉伯穆斯林军队击败，当时唐军是一支强大的力量。

11.1.1 佛教与唐帝国

唐代统治者效法亚洲内陆的先例，将佛教用在政治上。汉代垮台之后，以佛教为基础的官方崇拜在亚洲内陆和中国北部盛行。佛教教义的一些解释对帝王们产生了精神作用，他们要使人类结成一个和谐的佛教社会。保护神可以帮助统治者治理国家，并防止其百姓受伤害。

大乘佛教

286 大乘佛教是主流。大乘佛教从觉悟者（菩萨）那里获得了信心，菩萨是推迟涅槃以帮助他人开悟的人（见第7章）。这就允许把当地诸神吸纳为大乘佛教圣徒，从而使得皈依佛教对普通百姓更有吸引力。大乘佛教也鼓励把佛经翻译成本土语言，并且接受不以经典为基础的宗教习俗。大乘佛教的观点影响范围很大，激励了旅行、语言学习和文化交流，从而证明了其观点适于不同社会和

大事年表

	亚洲内陆	中国	朝鲜	日本
200年		220—589年，中国分裂		
		581—618年，隋朝统一		
600年		618年，唐帝国建立		
		626—649年，李世民在位		645—655年，大化时期
		690—705年，武曌在位	668年，新罗在朝鲜取得胜利	710—784年，定都奈良
	751年，怛罗斯战役	755—763年，安史之乱		752年，大佛开眼供养法会
				794年，平安时代开始
800年		840年，镇压佛教		866—1180年，藤原氏影响时期
		879—881年，黄巢起义		
		907年，唐帝国灭亡		
		916年，辽帝国建立	918年，高丽建国	
		960年，宋帝国建立		
1000年		1038—1227年，中国西北边疆的西夏		约1000年，《源氏物语》问世
		1115年，金帝国建立		
		1127—1279年，南宋时期		
				1185年，镰仓幕府建立
1200年				

不同阶层的人们。

唐初，竞相争夺政治影响力的王子们征募僧侣领袖为他们祈祷，代表他们进行说教，劝告贵族们给予支持，也许最重要的是把寺院的财富捐献给他们的战争金库。作为回报，寺庙将得到免税、土地特权和礼品。

区域之间的联系

随着唐帝国向西扩张，与中亚和印度的联系增多了，佛教的复杂性影响了整个中国。唐代都城长安成了一个欧亚大陆通信系统的中心。中亚人、吐蕃人、越南人、日本人和朝鲜人定期访问都城，带走了最新的理念和风尚。于是，连接亚洲内陆和中国的大乘佛教网络与一个蓬勃的商业世界交叉，物质商品和文化的影响混合其中。虽然佛教和儒家学说被证明对各民族都有很大吸引力，但地域文化和特性依然强劲，正如地方对吐蕃语、回鹘语以及其他语言和文字体系的支持一样，这些语言与广泛使用的书面汉语并行。纺织品反映了波
斯、朝鲜和越南的风格，而亚洲每一地区的影响体现在体育、音乐和绘画中。287
由于其宽容开放和多样性，许多历史学家把唐帝国描述为“国际性的”。

铁制马镫 李世民墓出土的这个浮雕描绘了唐军征服中国和亚洲内陆地区时所骑的典型马匹。前后部都有较高的扶手支柱的马鞍、马鞍的胸革带和保护马臀的铠甲（尾巴下方的肩带有助于马鞍保持在适当的位置）指出了高速和迅速机动的重要性。从匈奴时代（公元5世纪）起，亚洲中部和内陆的骑兵就开始使用铁制马镫了。此前的马镫是皮制或木制的。马镫可以承受手持盾牌、全副武装的士兵在马鞍上起身射箭或使用长矛。

11.1.2 通往长安的水陆道路

朝贡

朝贡制度： 一种制度，从汉帝国时起，东亚和东南亚的一些国家不受中华帝国的直接控制，然而却是登记在册的朝贡国，承认中国皇帝的最高地位，以换取贸易权利或战略联盟关系。

维护良好的陆路和水路运输，连接了唐朝都城、交通枢纽长安与中国南方沿海的城镇，其中最重要的是广州。虽然大运河没有到达长安，但它是这个交通网络的重要组成部分。长安成了通常所谓的**朝贡制度**中心，朝贡是始于汉代的一种政治关系，独立的国家以此承认中国皇帝的至高无上地位。每个朝贡国家都定期派大使去都城进贡。大使是中国具有最高政治地位的象征，他们对中国人的意义比对进贡者更大，后者可能更多地将其看作进入中国贸易体系的一种手段。

11.1.3 动乱和镇压（750—879年）

反对佛教

288

唐帝国后期，与吐蕃人和突厥语系的回鹘人的冲突导致了越来越多的骚乱。其结果之一是强烈反对"外国人"，在儒家眼里也包括佛教徒。唐朝精英开始意识到佛教削弱了视家庭为国家样板的儒家思想。儒家学者韩愈（768—824年）强烈呼吁回归传统的儒家习俗。819年，在皇宫迎佛骨仪式之际，韩愈在给皇帝的上书《论佛骨表》里轻蔑地贬低了佛陀及其追随者：

多样性与主流

中国和日本的法律与社会

7世纪初编纂的唐法典是唐代法律体系的基础和后来王朝法典的典范。它把以下两个方面结合了起来：一是可追溯至汉朝时期的法家传统所设想的帝国政府的中央集权，二是儒家所关注的地位差别和人际关系。与基督教欧洲和伊斯兰世界通向法律的现代方法一样，它并不能把作为统治机构的政府与反映宗教价值观和道德观的法律完全区分开来。

《唐律疏议》前言之后有502条律文，每个条款下包括几个部分，分为12篇。每条律文都含一个带有注疏的基本条例，有时还有一些问答。现摘录第一册总则里一个独立的条款如下：

十恶

律文：一曰谋反。

【疏】议曰：案《公羊传》云："君亲无将，将而必诛。"谓将有逆心，而害于君父者，则必诛之。

王者居宸极之至尊，奉上天之宝命，同二仪之覆载，作兆庶之父母。为子为臣，惟忠惟孝。乃敢包藏凶慝，将起逆心，规反天常，悖逆人理，故曰"谋反"。

律文：二曰谋大逆。

【疏】议曰：此条之人，干纪犯顺，违道悖德，逆莫大焉，故曰"大逆"。

注："谋大逆"谓谋毁宗庙、山陵及宫阙。

律文：四曰恶逆。

【疏】议曰：父母之恩，昊天罔极。嗣续妣祖，承奉不轻。枭镜其心，爱敬同尽，五服至亲，自相屠戮，穷恶尽逆，绝弃人理，故曰"恶逆"。

注："恶逆"谓殴及谋杀祖父母、父母，杀伯叔父母、姑、兄姊、外祖父母、夫、夫之祖父母、父母。

律文：五曰不道。

【疏】议曰：安忍残贼，背违正道，故曰"不道"。

注："不道"谓杀一家非死罪三人，支解人，造畜蛊毒、厌魅。

【疏】议曰：谓造合成蛊；虽非造合，乃传畜，堪以害人者：皆是。即未成者，不入十恶。厌魅者，其事多端，不可具述，皆谓邪俗阴行不轨，欲令前人疾苦及死者。

律文：十曰内乱。

289 【疏】议曰：《左传》云："女有家，男有室，无相渎。易此则乱。"若有禽兽其行，朋淫于家，紊乱礼经，故曰"内乱"。

注："内乱"谓奸小功以上亲、父祖妾及与和者。

在同一时期的日本，代姑妈推古（Suiko）女皇摄政的圣德太子（573—621年）颁布了17条执政原则，即《圣德太子宪法》。这些影响了日本政府几百年的原则反映了儒家的理想，尽管太子本人是虔诚的佛教徒。其中五条原则的全文如下：

一

以和为贵，无忤为宗。人皆有党，亦少达者。是以或不顺君父，乍违于邻里。然上和下睦，谐于论事，则事理自通，何事不成？

八

群卿百寮，早朝晏退。公事靡监，终日难尽。是以迟朝不逮于急；早退必事不尽。

九

信是义本，每事有信。其善恶成败，要在于信。君臣共信，何事不成？

君臣无信，万事悉败。

十三

诸任官者，同知职掌。或病或使，有厥于事。然得知之日。和如曾识。其以非与闻，勿防公务。

十七

夫事不可断独，必与众宜论。少事是轻，不可必众。唯逮论大事，若疑有失。故与众相辩，辞则得理。

资料来源：First selection from William Theodore de Bary and Irene Bloom, eds., *Sources of Chinese Tradition*, vol. I, 2nd ed., (New York, Columbia University Press, 1999), pp. 549-552. Second selection from William Theodore de Bary et al., eds., *Sources of Japanese Tradition, vol. I, From Earliest Times to 1600*, 2nd ed. (New York: Columbia University Press, 2001), 50-54. Copyright © 2001 Columbia University Press. Reprinted with permission of the publisher.

分析问题

为什么这些文件一个称为法典而另一个称为宪法？

儒家对家庭关系、责任和社会地位的关注在中日文件中是如何不同地体现的？

这些文件看起来是为政府官员还是为平民设的？

佛本夷狄之人，与中国言语不通，衣服殊制。口不道先王之法言，身 288
不服先王之法行，不知君臣之义、父子之情。假如其身尚在，奉其国命，
来朝京师，陛下容而接之，不过宣政一见，礼宾一设，赐衣一袭，卫而出
之于境，不令惑于众也。况其身死已久，枯朽之骨，凶秽之余，岂宜以入 289
宫禁！孔子曰："敬鬼神而远之。"[2]

女皇武曌

佛教也因鼓励妇女参政而遭到攻击。690年，一个嫁入皇室的女人武曌夺取了政权，自封为皇帝。她声称自己是菩萨，即开悟了的灵魂，选择留在人

新疆维吾尔自治区博物馆藏

磨面粉的吐鲁番妇女 整个亚洲内陆和东亚的妇女在经济生活的所有方面都发挥了重要作用。在中亚和亚洲内陆的一些地区，妇女通常主家，拥有财产并经营生意。这些用来陪葬的小雕像描绘了吐鲁番（丝绸之路经过的一个亚洲内陆地区）妇女制备小麦粉时的情景。

世间拯救他人，以此确立其合法性。较之朝廷和政府的儒家，她更偏爱佛家和道家。

后来的儒家学者表达了对武曌和其他掌握权力的妇女（如杨贵妃）的蔑视。白居易在他的《长恨歌》一诗中曾哀叹妇女对唐朝朝廷的影响，以至于
290 “遂令天下父母心，不重生男重生女”[3]。儒家精英对冒犯他们的杰出女性大加指责，控诉武曌皇帝怪异的折磨和谋杀，包括将敌人已肢解但仍活着的身体抛掷到大酒桶和大锅里。他们把755年安禄山叛乱的爆发归咎于杨贵妃（见下文）。

严肃的历史学家不理睬那些关于武曌是“邪恶”统治者的老一套描述。被历史学家指责为控制长安和唐朝朝廷、公开处死敌对官僚的宦官（阉割的宫廷仆人），也是类似的老一套。其实武曌的统治似乎行之有效，直到705年，80多岁高龄使得她不再胜任时才被废黜。不过，传统的中国历史学家普遍地把非正统的统治者和权力很大的妇女描述为邪恶的，关于武曌的真相将永远不得而知。

关闭寺院

即使是生活在安全和繁荣之地的中国士绅，也会把佛教与社会弊病联系起来。担心“野蛮人”破坏社会的人指出，佛教是外来邪恶的证据，因为它与亚洲内陆和吐蕃有深厚的渊源。因为佛教避开尘世的牵绊，所以僧尼断绝了世俗的关系以追求开悟。他们不用纳税，也不用在军队服役。他们使其家庭失去了有利的联姻，并拒绝传宗接代。儒家精英认为这一切都威胁到了支撑着唐代经济和政治结构的家庭及其财产。

到9世纪，已有成千上万的人进入免税的佛教机构。政府于840年采取措施毁坏了一批寺庙，它们因免税而积累了土地、农奴和常作礼品用的贵重物品。5年内有4 600座寺庙被摧毁，大量的土地和15万工人又重新被列入收税册。

像敦煌的石窟寺院那样的佛教中心，被忠于佛教统治者的地方军阀保护了起来。不过，在解散寺院的过程里中国的文化遗产遭受了巨大损失。有些幸存下来的雕塑和石窟都损坏了，木结构的寺庙和掩护大石雕的门面被烧为灰烬。后来寺院又合法了，但佛教从此再没有恢复到初唐时的影响力。 291

11.1.4 唐帝国的灭亡（879—907年）

安史之乱

7世纪的扩张活动使这个帝国更依赖于地方军事指挥官和复杂的税收制度。在751年的怛罗斯战役中，阿拉伯人使唐朝停止了向中亚的扩张。诸如此类的挫折致使军队士气低落、资金不足。755年，唐朝东北边疆的一位将军安禄山带领约20万士兵叛乱。皇帝逃离长安，并处死了他的嫔妃杨贵妃，传闻说她是安禄山的情人。叛乱持续了8年，协助平乱的地方节度使形成了新的势力。

进一步的动荡

879—881年，一位心怀不满的士绅黄巢领导了最具破坏性的起义。尽管无情地对待所控制的村庄，他的反叛还是吸引了贫困农民和佃户，他们不能保护自己免于被当地有权势者和苛刻地主侵害，或者简直不知道在这不断加剧的混乱中还有什么其他的出路。对“野蛮人”的新仇恨驱使起义军在广州和北京杀害了成千上万的外国居民。

地方军阀终于消灭了叛乱，但是唐代社会并没有获得和平。难民、移徙工人和无家可归的人成为常见的景象。当中国北部的居民逃亡到南部边境时，亚洲内陆人则成群结队地迁往北部地区。尽管唐朝皇帝仍在长安执政，直到907年一位军阀结束其统治，但是黄巢起义之后他们从未再恢复其政权。

本节回顾

汉朝灭亡之后天下分裂，继而隋朝统一了中国，其后是李世民创立的唐朝。[1]

唐文化是以亚洲内陆的游牧文化、战争专长和中国传统为基础的。

唐帝国同敌对的回鹘和吐蕃一样，遭受了使其不断削弱的政治问题。

在中国，这场动乱导致了一种对外国文化（特别是佛教）和女性文化影响的强烈反对，唐代精英领导了一场新儒学的复古运动。

在诸多不安定力量的综合作用下，唐朝灭亡了。

11.2 东亚的浮现（至1200年）

唐朝之后出现了三个新王朝，争相继承其遗产。契丹（Khitan）民族是与生活在东北边疆的蒙古人有亲缘关系的游牧部落，他们在北方建立了辽帝国。
292 他们把政府集中在几个城市，但是皇帝更喜欢生活在游牧营地。西夏人在中国西北的亚洲内陆前线建立了王朝，即所谓的“唐古特”[2]（Tanggut，1038—1227年），以显示他们与灭亡的帝国之间的关系。第三个王朝即讲汉语的**宋帝国**，于960年在中国中部建立。

竞争的传统

宋帝国：中国中部和南部的帝国（960—1126年），同时辽控制着北方；中国南部的帝国（1127—1279年的“南宋”），同时金控制着北方。宋帝国以在技术、医学、天文和数学领域的发展而著称。

这些王朝用不同的宗教和哲学体系体现了不同民族的政治野心，如辽的大乘佛教、党项的藏传佛教和宋朝的儒学。由于与亚洲内陆隔绝，宋代采用先进的航海和帆船技术，与东亚、西亚和东南亚国家建立了海上联系。同晚唐时期一样，宋朝精英也不喜欢“蛮夷”或“外族”的影响，因为他们正在竭力对付使其军事能力不堪重负的重重敌人。与此同时，朝鲜、日本和一些东南亚国家在政治和文化上加强了与中国的联系。

11.2.1 辽和金的威胁

契丹人的辽帝国从西伯利亚一直延伸到亚洲内陆。在许多遥远的地区，“契丹”（Khitan）名称的变种就成了中国的名字，如蒙古人称中国为“Kitai”、俄国人称之为“Khitai”，向欧洲报告中国情况的像马可·波罗那样的意大利商

1 唐朝由李渊建立。——译注
2 即“党项”。——译注

人称之为“Cathay”（见第13章）。

契丹人

辽统治者以他们饲养马牛的牧人传统为自豪，因为那是其军事力量的持续来源。但是他们无意于建立一个独特的精英文化。他们鼓励汉族精英使用自己的语言、研究自己的经典和从儒家的角度来看皇帝。他们也鼓励其他民族使用自己的语言，从一位佛教倡导者或一位游牧民族首领的角度来看皇帝。总的来说，在此以及其他北方地区，佛教远远压倒了儒学，统治者依靠自己作为菩萨或佛教国王的角色来使权力合法化。辽的统治从916年一直持续到1125年。

契丹人擅长骑射，他们也用来自中国和中亚的攻城器械向宋挑战。1005年缔结的休战协定要求宋朝皇帝每年送给辽大量现金和丝绸。一个世纪后，宋朝厌倦了进贡，并暗中与同样痛恨辽统治的东北亚的女真族结盟。1115年，女真首先在蒙古摧毁了辽的都城，宣称建立金帝国，然后发动了对宋朝的战争。

女真人种植水稻、谷子和小麦，也花很多时间狩猎、钓鱼和照料牲畜。他们利用契丹的军事技艺和政治组织，成为宋朝的强敌，于1127年全力进攻宋朝。他们包围了宋都开封，并俘虏了皇帝。在短短几年的时间里，宋朝就撤到黄河以南，在杭州建立新都，把中国中部和北部拱手让给女真人统治。宋朝每年都向金帝国支付款项，以免进一步的战争。历史学家一般把这一时期称为“南宋”（1127—1279年）。

11.2.2　宋朝的工业

在发起工业革命的道路上，南宋比其他任何前现代国家都先进。一些技术、医学、天文和数学在唐代的时候就已经来到中国，有时还来自很远的地方，宋朝在这些方面取得了许多进展。宋朝官员、学者和商人有内在要求和资源来改进唐代的知识，以满足他们在军事、农业和行政方面的需求。 293

宋代数学家引入了分数，首先用于描述月相。通过观测月相，宋代天文学家制定了一种非常精确的历法，而且世界天文学家中只有他们记录了1054年的蟹状星云爆发。宋代发明家利用关于天球坐标特别是北极星的知识完善了罗盘设计。磁罗盘是中国早期的发明，它在宋代缩小了尺寸，并且给指针增加了一个固定的支点。带玻璃保护盖的指南针现已适用于航海事业，经证实其首次使用是在1090年。

适于航海的指南针的发展正好与建造中国主要远洋船舶——**平底帆船**的新

平底帆船：唐、宋和明帝国制造、专为长途商务旅行设计的一种非常大的平底航船。

技术出现在同一时期。船尾架设的舵改善了在汹涌的大海上驾驶大型船舶的情况，水密舱壁则有助于在紧急情况下保持漂浮状态。波斯湾的造船工人很快就在他们的船舶设计中仿效了这些特征。

钢铁

因为需要钢铁为125万军队制造武器，宋朝统治者就与他们北方的对手作战，以争取对中国北方矿山的控制权。煤炭和钢铁的生产大幅上升。到11世纪末，每年铸铁产量达到约12.5万吨，与18世纪英国的产量不相上下。工程师们擅长高温冶金，使用通常由水轮驱动的巨大风箱来加热矿石，使其熔化。军事工程师们用铁来加固防御工事，因为它不受火攻或冲撞的影响。军械师们大量生产铠甲。铁质结构也出现在桥梁和小型建筑物中。在中国使用了近2 000年的青铜和陶瓷的大规模生产技术，也使用了铁铸件和装配技术。

火药：硝石、硫黄和木炭以各种比例配成的混合物。其配方在5—6世纪传入中国，最初用来做熏蒸器，以驱除害虫和邪魔。在以后的许多世纪里，它被用来制造炸药和手榴弹，推动炮弹、弹丸和子弹。

为了对抗骑兵袭击，宋进行了**火药**试验，最初用于推进带火的箭镞。在12世纪对女真的战争期间，宋引入了可怕的新式武器。宋的筑城里发射的炮弹在敌人中间爆炸，产生的铁弹片令人马肢解。这些炮弹射程短，防御用途有限。

11.2.3 宋代中国的经济与社会

在一个好战的时代里，宋代精英文化将文明的追求理想化了。在社会上，文职人员地位高于军人。旨在训练年轻人应付官方考试的民办院校逐渐产生了文化和政治上的影响。儒家学说的新阐释变得如此重要和有影响，以至于**新儒学**一词被用于指代宋及以后的儒家思想。

新儒学：该术语用来描述理解儒家经典文本的新方法。儒家经典从宋朝时期到20世纪都是中国占统治地位的基本哲学。

新儒学早期最重要的思想家朱熹（1130—1200年）对佛教和道教长期盖过孔子训诫做出反应，著书立说。他和其他人摸索出了一套系统的宇宙哲学方法，该方法专注于人性是道德的、理性的，本质上是好的等核心概念。佛教以瞬变和令人分心为由摒弃世俗事务，新儒学则以重新强调个人道德和社会责任来与此做斗争。他们理想化的人是圣人，即在负责地应付令人不安的社会问题时，仍可保持内心稳定和平静的人。然而，早期的儒家思想家所描写的是贤明的君主和政治领导人，新儒学则信奉普遍圣贤的精神理念，通过适当地研究新儒学的原则和宇宙哲学就可以达到那样的状态。

294

沉思冥想的佛教

受欢迎的佛教教派在宋代依然存在，正如本章开头所引的诸宫调唱词：“咱儒释何分别？”虽然创作原始的莺莺故事顺应了唐代取消佛教寺院之前的历史潮

苏颂的天文钟 这个巨大的时钟于1088—1092年制作于开封，它把数学、天文、历法制定和精湛的工程学结合在了一起。由苏颂监督的小组将一个浑天仪放置在观测平台上，并且用链条把它与水力驱动的中央机械装置（如剖视图所示）相连。水轮也会转动多层宝塔中的佛像，引来观众驻足观看。其他装置则显示了年月日。

流，但如果反佛教的情绪一直非常凶猛，这一句台词根本不会讨好任何一个宋代观众。有些佛教徒详细地阐述了唐代来自印度和吐蕃的民间习俗。最著名的是禅宗（在日本称为Zen［禅］，在朝鲜称为Son［禅］），它宣称单靠精神修炼就可以赢得拯救。

禅：日语里对大乘佛教一个分支的称呼，该派以纪律严明的冥想为基础，也就是梵文里的dhyana、汉语里的chan和朝鲜语里的son。

冥想是禅修的关键，儒家和佛教都采用它。它使未来的官员从准备文职考试（从唐朝一直延续到了宋朝）中解脱了出来。与汉朝在举荐基础上进行任用和提拔的政策不同，宋式考试涉及一个大官僚机构。每次考试试题都有变化，虽然试题始终立足于儒家经典，但是往往与经济管理或外交政策有关。

考试制度

当贵族世系在权力结构中发挥更大作用的时候，世袭的阶级差别不像唐代那么重要了。新体制不论出身，招募了最有才华的人。但来自富裕家庭的人享有优势。准备考试要消耗那么多的时间，难得有农家子弟参与竞争。

在考试中取得成功将会带来良缘、厚禄以及巨大的威望。失败可能会使一个家庭破产，在社会上和心理上毁掉一个人。这给考生们带来了很大的压力，他们要花数天时间在考场上狭小、昏暗和密不透风的小单间内作文。

295

《清明上河图》局部 宋朝城市的商业和工业活动繁荣，而且大部分集中在连接都城开封和各省的河流及运河沿岸。《清明上河图》的这幅局部图展示了卷轴画全貌的一小部分。公元1125年之前的某一时间，张择端创作了这幅画，它对日常生活的描绘为我们提供了有关当时劳动人民生活状况的重要资料。在露天的店面和茶馆前，骆驼商队出发了，驴车已经卸载，一位学者高傲地（要么就是小心谨慎地）骑在马背上，还有富有的女人坐着封闭的轿子从旁边经过。

印刷术

活字：活字制作就是把每个字符都浇铸在单独的一块金属上。它取代了雕版印刷，可以把每一个字符和其他字符安排在不同页上，而不必一次雕刻整个页面。

从雕版到**活字**雏形的技术转变使印刷更便宜了。为了促进其意识形态目标实现，公元1000年以前，宋朝政府批准了大规模印刷备考书籍。虽然一个人不得不识字以阅读备考书籍，而且基础教育仍不多见，但是越来越多没有贵族、士绅或精英背景的考生进入了宋代官僚机构。

可以获得印刷书籍也改变了乡村生活，因为地主能从中获取有关种植和灌溉技术、收割、植树、脱粒和编织等方面的专家意见。地主经常召集佃户和工人，向他们展示有图解的书籍，并解释其含义。长江以南开垦了新农田，首先在唐朝使用的铁器如犁和耙经改进已适应了南方的水稻种植。

农业收益的不断增长吸引了有雄心的士绅们。对唐统治之下的中国移民而言，南方仍然是新领域，那里的土地越来越多地集中在了少数富裕家庭手中。在此过程中，与今马来西亚、泰国和老挝居民有亲缘关系的该地居民撤退到了山上或向南撤往越南。

人口增长

受社会繁荣的刺激，在整个12世纪，中国的总人口增长到了1亿多。虽然宋朝主要城市的居民很少达到100万，但它们仍位居世界最大的城市之列。健康和拥挤给宋朝重要都市带来了问题。木制多层公寓面对着狭窄街道，有的地方只有4—5英尺（1.2—1.5米）宽；街道被在户外打发时间的小商贩或居民家庭挤得水泄不通。拥挤的人群要求有废物管理、供水和消防方面的新技术。

在杭州，工程师使附近的河流改道流经城市，以冲走废物和疾病。阿拉伯和欧洲游客亲身体验了宋朝首都，他们对自己社会的城市条件很敏感，对杭州的餐厅、公园、书店、酒馆、茶馆、剧院以及本章开始所提及的娱乐等便利设施表示十分惊讶。

贸易和信贷

信贷观念源于唐代强劲的长途贸易，到宋代广泛传播。城际或区域间的信贷（宋朝所称的“飞钱”）依赖于承诺保证，即保证票据可以在另一个地方兑换成钱币。公众都接受这种做法，因为信贷网络趋向于家庭管理，因此兄弟和堂、表兄弟之间通常彼此承兑对方的票据。 296

“飞钱”凭证不同于宋代政府首创发行的纸币。几年来，军事开支消耗了政府预算的80%。国家通过发行纸币来应对这一财政压力。不过这使得通货膨胀非常严峻，到了12世纪初，纸币在交易中的价值仅为其面值的1%。政府收回纸币，改为征收新税、出售专卖权和给商家提供财政奖励。

包税制

由于国家对军队、运河、道路、水务工程和其他国家职能的财政供给吃紧，政府最终采取了包税制，向个人出售税收征管权。包税者则征收最高金额，并且商定好把总收入中较少的部分上缴政府，以此获利。这意味着应纳税的服务（如通行税）税率过高，普通百姓承受了更重的税收负担。

新阶级结构

经济的快速增长动摇了仍然保持的政府垄断和商业中传统而严格的规章。现在商人、工匠以及士绅和官员可以创造财富了。随着城市、商业、消费以及货币和信贷使用的蓬勃发展，土地不再是财富的唯一来源，农业经济中常见的传统社会阶层削弱了。城市生活反映了精英阶层对精美织物、瓷器、具有异国风情的食物、豪宅、高雅绘画和书籍越来越多的兴趣。

妇女地位

反对佛教和复兴儒学始于唐而盛于宋，与此相一致，妇女处于从属地位，法律上被剥夺了政治权并且受到社会的束缚。商人长期远离家乡，很多人在不同地方娶了几个妻子。当他们不在时，常常要靠妻子来管理家务甚至生意。然而，尽管妇女承担了管理丈夫财产的责任，她们自己的财产权利却受到了法律的侵蚀。根据宋朝法律，妇女的财产要自动转让给丈夫，而且如果被丈夫遗弃 297

“表演者” 妇女经常遭奴役，她们从很早时候起就为中国宫廷助兴。唐代艺术常常描绘身材苗条的妇女，但唐朝的审美也能欣赏更健壮的体格。和图中的女人一样，宋代妇女通常脸色发白，身材苗条，而且裹脚。这种习俗出现在唐代，但是直到宋代才普遍流行，软弱且足不出户、无法工作的妇女形象成了身份的象征，取代了早期对参与家族事务的健康女性的热情。

或丈夫去世，妇女不能再嫁。

妇女的从属地位被证明是与儒家思想相一致的，流行的做法是教育女孩仅能读强调女性角色卑微的简本儒家哲学。无论是作为士绅或贵族家庭的儿媳，还是作为底层有志于提高地位的家庭里能读写的母亲，适度的教育使这些年轻女性更合士绅子弟们的心意。诗人李清照（1083—1141年）作为一个鼎鼎大名的女作家，她认可并自嘲其不同寻常的地位：

学语三十年，
缄口不求知。
谁遣好奇士，
相逢说项斯。[4]

她提及的是9世纪被朝廷官吏杨敬之不断吹捧的一位隐居诗人。

裹脚

女子裹脚最早出现在唐代宫廷的奴隶舞者中间，但直到宋代才日趋普遍。捆绑迫使脚趾向下朝向脚后跟，以致骨头最终断裂，女人不能任意行走。在贵族和士绅家庭里，女孩们从5—7岁就开始裹脚了。在不太富裕的家庭里，女孩们还要再多干几年活，到十几岁时才开始裹脚。

许多有文化的人都谴责基本无用的裹脚及其对无辜女孩的残害。不过，小脚成了一种身份的象征。到1200年，不裹脚的女人在精英圈子已不受欢迎。精英阶层或有志于该地位的母亲几乎无一例外地都给自己女儿裹了脚。她们知道，女孩不裹脚就不会有什么出路。劳动妇女和南方的民族没有裹脚，北方的做法需要较长的时间才能在南方产生影响。因此，比起中国精英阶层的妇女，她们享有更多的活动和经济独立。

本节回顾

几个互相敌对的国家取代了灭亡的唐王朝，中亚与东亚的紧密关系结束了。

辽帝国和金帝国鼓励文化多元的社会，并构成了对宋朝的强大军事威胁。

中国中南部的宋帝国建立在唐朝的技术和科学成就之上，并促进了文官政府的理想。

在宋朝统治下，印刷业发展，城市人口增长，商业活动因创新而繁荣，妇女从属于男人。

11.3 东亚的新王国

儒家文化

最有可能扩展宋代儒家世界观的地方是东部和南部的新兴王国。朝鲜、日本和越南像中国宋朝一样大力发展水稻种植，这很符合儒家的社会观念。照管水稻幼苗、灌溉稻田并进行收割需要许多村庄和亲属族群之间彼此协调，以此为基础建立了等级制度、服从和自律。

儒家思想主张把农业利润用于支持教育、安全和使有文化的精英生活得更舒适。在每一个新王国里，宋代文明都与当地原住民文化和历史传统融合在一起，创造出一种独特的综合体。

11.3.1 中国的影响

朝鲜、日本和越南最早于初唐时期就实行了王室掌控之下的中央集权，他们的国家意识形态仍然与初唐类似，当时的佛教和儒学似乎是和谐共存的。政

环境与技术

298

东亚的文字（400—1200 年）

起源于中国的表意文字系统成为整个东亚地区的交流工具。该文字系统与其说是表示声音，不如说是描写意义，到隋唐帝国时期，其变种已广泛传播。许多东亚民族使表意技术适应了在语法或声音上与汉语无关的书面语言。

越南人、朝鲜人和日本人经常简化汉字，并与他们自己非汉语语言的发音联系起来。例如，汉字“安”的意思是“和平”（图1），在日语里发音为“an”，是日本平安时代的儒家学者所熟悉的一个汉字。然而，学者之外的人把字简化了，用来写日语里的音“a”（图2）。30多个从汉字改写过来的一套音节符号能表示任何日本单词的曲折形式（字尾有语法变化的形式）。紫式部（Murasaki Shikibu）写《源氏物语》时用的就是这样的音节系统。

在越南以及后来的亚洲北部，语音和表意元素以新的方式结合了起来。越南字喃字（chu nom）里显而易见的圆圈（图3）源于汉字的“口”，表明它与这个字的主要读音有关联。契丹人的语言与蒙古语接近，他们受汉字启发，发展了自己的表意系统。表示“国王、君主、统治者”的汉字“王”（画4），向上加一笔表示“上等”统治者（图5），就相当于契丹文里的“皇帝”。因为该文字系统是表意的，所以我们不知道这个契丹字的读音。契丹字里的“神”或“天”就是在“统治者”一字的顶上加了一笔（图6），表示“至高无上”的统治者或权力。虽然受汉字启发，但是如果没有受过专门的教育，任何人都无法阅读契丹文字。

契丹人开发了另一套系统来表示他们语言的声音和语法。他们把小型的简化元素安排在一个虚框内，以表示任一文字的读音。这种想法可能来自回鹘人使用的表音文字。我们在契丹铭文里看到了“马”字（图7）。朝鲜于15世纪引入了拼音方案，后来在朝鲜语字母（hangul）里也出现了把音素放进一个框的情况。在这里我们看到了两个字组成的国名“韩国”（图8）。

汉字书写系统对中国的精英来说很有用。但是说其他语言的人不断地用中国的发明进行尝试，以创造出自我表达的新方式。由此产生的一些以语音为基础的书写系统仍在普遍使用，其他的则还在释读。

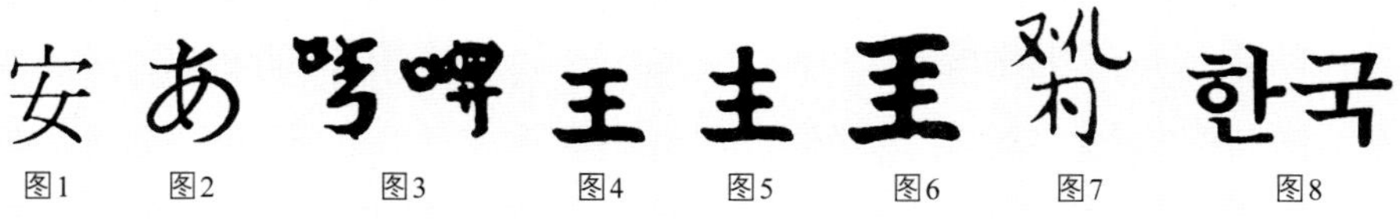

图1 图2 图3 图4 图5 图6 图7 图8

府机关几乎全是贵族家庭出身，并不是非要通过关于儒家经典的考试。拥有土地和农业仍然是收入的主要来源。地主不会面临来自商人阶层或城市精英的挑战。

不过，有学问的人很重视文言文读写能力和丰富的儒家经典知识（见“环境与技术：东亚的文字（400—1200年）”）。虽然只有一小部分人能受正规教育，但是统治阶层和拥有土地的精英们试图在普通人群中灌输包含等级制度与和谐思想的儒家理想（见“多样性与主流：中国和日本的法律与社会”）。

11.3.2 朝鲜

我们对朝鲜、日本和越南最初的认识来自于早期的中国官员和旅行者。公元前3世纪，秦帝国在朝鲜半岛建立了第一个定居地，中国官员开始记录朝鲜的历史和习俗。汉代作家曾提及朝鲜一些小王国养马、强大的世袭精英和**萨满教**（相信某些人有联系祖先和无形精神世界的能力）。但是朝鲜很快吸收了儒学和佛教。

萨满教：认同一些特殊的人（萨满巫师）能与神灵互动而为社会造福的一种宗教仪式，它是中世纪早期朝鲜一些王国和中亚早期社会的特征。

299

朝鲜东部和北部多山，直到近代全境都森林茂密。可耕地（不到20%）主要在南方，温暖的气候和季风降雨使那里的作物一年两熟。移民从中国东北、蒙古和西伯利亚迁到北方和南方的日本，促进了语言的传播，这些语言与汉语大不相同，与亚洲内陆的突厥方言有远亲关系。

贵族家族

早在6世纪，占优势的地主家庭在朝鲜半岛东南部的王国新罗取得了世袭

朝鲜壁画 此画描绘了正在观众面前翩翩起舞的女子，出土于一座公元6世纪的墓葬，该墓位于鸭绿江以北一座朝鲜早期都城附近。

地位，即“骨品制”。668年，经过与隋唐长期的冲突之后，北部的高句丽王国灭亡了。在唐朝的支持下，新罗控制了朝鲜半岛的大部分。新罗统治者仿效唐朝政府，以儒家经典为基础考核官员。10世纪早期，唐朝灭亡正值新罗瓦解，这使得**高丽**（Koryo，现代国名“韩国”［Korea］即来源于此）王室在以后的300年里统治着整个半岛。由于受到中国北方的辽及随后的金的不断威胁，高丽与南方的宋朝一直保持着友好关系。高丽国王支持佛教，制作了印刷精湛的佛教典籍。

高丽：建立于918年的朝鲜王国，1259年因蒙古人入侵而灭亡。

活字印刷

唐朝时期普遍使用的雕版印刷需要很高的技艺。一个书法家在薄纸上写下文字，然后把它倒贴在一块木板上。一旦弄湿，字体就从背面显露出来，于是工匠就把每个字符周围的木制表面都雕去。每个印刷页都要重新雕刻一块版。工匠在印刷领域取得了进步，包括活字印刷实验。从最初的木活字到后来的金属或陶瓷活字的使用，使文本印刷变得便宜了。

11.3.3 日本

群岛与群山

日本由4个主要岛屿和许多呈弧形排列的较小的岛屿组成，这些小岛分布的范围大致相当于从美国南方的佐治亚州一直到北方的缅因州。与亚洲大陆最近的接触点位于朝鲜南部100英里处。早期日本的山区甚至比朝鲜更多，森
300 林比朝鲜更茂密，只有11%的土地适合耕种。温和的冬季和季风降雨给本州岛与四国岛之间的内海沿岸最早的居民点创造了有利条件。4—5世纪，第一代统治者在广阔的范围里扩张势力，他们的基地就设在大海东端畿内平原的大和（Yamato）河流域。

大和政权

中国人对日本的描述最早可以追溯到4世纪，它讲述了世界东缘的一个岛屿分属于数百个小国，由一个名为卑弥呼（Himiko或Pimiko）的萨满巫师统治着。日本是如何统一的仍然存疑，但是在把这些小国统一到大和统治者控制的过程中，朝鲜的骑马武士可能发挥了重要作用。

7世纪中期，这些统治者实施了大化改新和其他改革，使大和政权具有了唐朝政府的主要特点。他们通过与朝鲜接触，并从5位国王派往长安的大使们那里了解到了唐朝政府。一部法典、各种各样的官方儒学、官方对佛教的敬重，这些因素与原住民首领和移民首领作为领土管理者的地方认可结合在一起。具有儒家风格的厚重的历史已证实，在一个世纪内出现了一个具有复杂法

京都的皇宫　宫殿最初建于公元8世纪，距现址两公里远。在公元19世纪中叶帝国首都迁往东京之前，京都的宫殿建筑群一直是日本天皇的主要官邸。这些柏树皮屋顶的木结构建筑物曾多次被火毁坏，但每次修复都使用了传统的材料，以尽量保存其历史形式。最近一次修复是在1855年。该宫殿建筑群包括花园和众多的建筑物，不同历史时期特有的各种风格应有尽有。

律体系的中央集权政府。

女性统治者

贵族妇女当上了皇室后妃，从而把她们的亲戚和宫廷联系在了一起。推古是贵族移民苏我家族的女子，592年丈夫一去世，她就成了女皇。她占据着王位，直到628年才下台。推古女皇比19世纪之前其他任何一个统治者在位的时间都长。佛教艺术在她的宫廷所在地飞鸟（Asuka）遍地开花。她的侄子圣德太子打通了与中国隋朝的关系，并于604年颁布了对日本的执政理念影响深远的 301
“宪法”（见“多样性与主流：中国和日本的法律与社会”）。

中国的影响

日本已经很好地掌握了中国的建筑技术，早期的都城奈良和京都就给早已从中国消失的木结构建筑提供了宝贵的证据。8世纪，日本的佛教研究在某些方面已经超过了中国。752年，来自亚洲各地的大乘佛教要人聚集在奈良附近宏大的东大寺（Todaiji temple），庆祝大佛雕像的开眼供养。

与中国的不同

虽然采用了中国的建筑风格和一些街道设计，但是日本城市没有城墙。日本中部并未饱受战争困扰。再者，认为改朝换代有道理的儒家天命观在使日本政府合法化方面没有发挥作用。天皇（tenno，英文通常称为“皇帝”）出身于一个被认为有史以来就一直统治着日本的家族。从未发生过改朝换代。太政大臣和民族宗教（后来所谓的神道教）的领袖行使实际的统治权。

奈良政府到750年达到了顶峰，中央官僚机构里雇用了7 000人。统治者鼓励将日本的水稻栽培扩大到九州岛南部隼人（Hayato）的领地和本州岛东北部，那里的虾夷人（Emishi）不是日本原住民，他们采用刀耕火种的农业方式。

藤原氏

藤原：9—12世纪支配日本朝廷的贵族家庭。

794年，中央政府迁到京都，人们通常称呼它的古老名字“平安京”。合法的中央集权政府在那里存在到1185年，虽然到末期其权力已开始分散。**藤原**家族是一个由僧侣、官僚和武士组成的家庭，继承了苏我氏的影响力，其家族成员控制了政权，保护着天皇。居于统治地位的藤原氏偏爱儒家学问，而不喜欢大都是文盲的武士。藤原时期的贵族们阅读中国经典，欣赏绘画和诗歌。

贵族追求审美的生活方式，促使他们把地方政府、治安和征税委托给了他们的武士。虽然武士往往出身卑微，但是少数武士于11世纪后期取得了财富和权势。到12世纪中期，贵族已经控制不住局面，敌对的武士家族之间的内战吞噬了都城。

紫式部女士的《源氏物语》

和其他受儒家思想影响的东亚国家一样，藤原时期的日本精英家庭不鼓励妇女接受教育。但这并不妨碍杰出女性受到强烈的文化影响。贵族妇女紫式部在约1000年创作了关于藤原宫廷文化的著名小说《源氏物语》，其中的男主角说：“妇女们应该对几门学科有些常识，但是如果她们显示出自己喜欢某一学科，这就给人们留下了一个不好的印象。”[5]

藤原贵族妇女的住所几乎与外界完全隔离，她们通常把时间花在文化追求和佛教研究上。她们通过写作与家人沟通或彼此之间交流。她们用简化的音节文字来表示具有完全曲折形式的日语，这一点是藤原氏男性所使用的中国古典文字办不到的。孤独、闲暇和现成的表达工具使藤原时代的女性创作了源源不断的诗歌、日记和故事。

清少纳言的《枕草子》

清少纳言（Sei Shonagon）是侍候某王室后妃的一位女官，在996—1021年，她写了《枕草子》一书。此书很可能是因存放在作者的枕头底下而得名，这样她就可以草草记下偶然的想法。这本名著的开头是这样写的：

> 春，曙为最。逐渐转白的山顶，开始稍露光明，泛紫的细云轻飘其上。

夏则夜。有月的时候自不待言，五月的黯夜，也有群萤交飞。若是下场雨什么的，那就更有情味了。[6]

1156—1185年，军事价值的重要性与日俱增。敌对部族之间的战争最终导致**镰仓幕府**在本州岛东部建立，远离了京都古老的宗教和政治中心。随着贵族和天皇忙着迎合新军阀，藤原家族的地位下降了。《平家物语》作者不详，它是描述13世纪部族战争的一部史诗，反映了佛教对世间万物无常的体会，该观点在新的武士阶层当中很普遍。武士阶层最终吸收了藤原贵族的某些价值观，但是非军事的文职精英的优势已经到了尽头。

幕府

镰仓幕府：日本第一个攫取统治权的军人政府（1185—1333年）。

302

11.3.4 越南

稻作农业

越南和中国之间的关系直到唐朝时才变得很密切，因为经济和文化交流发挥了重要作用。越南占据着东南亚大陆东海岸地区似脊隆起的多山地带，经济和政治生活的中心位于土地肥沃的北部红河河谷和南部湄公河河谷地区。以稻米为基础的越南农业使得该地区非常适合与中国南部形成一体。这两个地区潮湿的气候和丘陵地形需要专门的灌溉技术。

与中国的关系

早期越南人使用金属的时间以及在农业中使用役畜的时间可能比中国要早。但是在唐宋时代，“安南”（中国对早期越南的称谓）的精英们接受了儒家的官僚培训、大乘佛教和中国文化的其他方面。唐朝灭亡之后，安南精英仍以唐代风格统治着国家。936年，安南采用了大瞿越（Dai Viet）这个名字，并以一个独立国家的身份与中国宋朝保持着良好关系。

位于今越南南部的占城（Champa）与大瞿越国势均力敌。印度和马来半岛的文化通过贸易和海运网络强烈地影响了占城。唐朝时期，占城曾与大瞿越交战，但是两个王国都与威胁性较小的宋朝合作。占城使者给宋朝宫廷进贡的礼物中就有原产于印度的**占城稻**。中国农民不久就把这个早熟品种用于提高其主食作物的产量上。

占城稻：一个生长季可以两熟的早熟稻。最初从印度传入占城，后来作为贡礼由占城传到了中国。

妇女地位

越南也采用了儒家感兴趣的等级制度，但对妇女的态度与朝鲜和日本类似，与中国模式不同。社会上没人裹脚。在朝鲜，强有力的家庭联盟像政治和经济组织那样运作，允许妇女在谈判和处置财产中发挥作用。在采用儒家学说之前，安南妇女享有高于中国妇女的地位，这也许是妇女和男人都参加水稻种植的缘故。生活在2世纪的征侧、征贰两姐妹（Trung sisters）曾带领越南当地农民抵御汉帝国，她们仍然被越南视作国家的象征。

本节回顾

朝鲜、日本和越南采用了中国的文化和政治模式，包括唐代儒学与佛教的融合。

在这三种文化中，拥有土地和农业仍然是财富的主要来源。

结　语

唐帝国坚实的旅行、贸易和通信体系发挥了实际作用，使文化和经济的影响从中亚迅速传到日本。帝国内部的多样性产生了巨大的财富和丰富的新思想。但敌对集团之间的紧张关系削弱了政治机构，导致了巨大的暴力和苦难。

唐朝之后的割据局面为区域文化的出现创造了条件。他们尝试并经常改进唐朝的军事、建筑和科学技术。在亚洲北部和中部地区，这些改进包括以佛教为基础的意识形态、以中国传统为基础的官僚制度实践、把游牧民族的马术和战略与中国的装备和武器相结合的军事技术。在宋代，唐代科技知识的传播促
303 进了商业私有化，技术和工业领域的重大进展，农业生产力的提高，以及对有关时间、宇宙哲学和数学思想的进一步探索。

宋朝时期的辉煌成就源于经济和技术相辅相成的发展。宋代经济避免了唐代对贸易关系的扭曲和对创新与竞争的抑制，虽然规模比唐代小，但是其生产力极大，其商品和货币流通于整个东亚，刺激了邻国经济的增长。

朝鲜、日本和越南实行了不同的社会、经济和政治制度。佛教成了这三个地区的首选宗教，但主要源于对儒家思想和著作的普遍尊重，中国的影响已深深地扎根。这些社会在农业科技和生产力方面都取得了进步，随着印刷术的传播，识字者的比例也得到了提高。就工业专业化而论，中国宋代在军事技术与工程领域占有首要地位，日本发展了先进的炼钢技术，朝鲜则擅长纺织和农业。

由于与中国没有陆地接壤，日本比朝鲜和越南保持了更大的政治独立性。虽然其帝国中心的文化达到了较高水平，但其政治制度最终是以武士贵族为基础的。

进一步阅读文献

Barfield, Thomas. *The Perilous Frontier: Nomadic Empires and China*. 1992. 一位人类学家关于该地区牧民和农民的关系的看法。

Batten, B. L. *To the Ends of Japan: Premodern Frontiers, Boundaries, and Interactions*. 2003. 东北亚地区整体历史中的日本。

Ch'oe, Yongho, et al., eds. *Sources of Korean Tradition*. 2000. 重要文献，提供了有说服力的解释。

De Bary, W. T., W-T Chan, and B.Watson, compilers. *Sources of Chinese Tradition*, vol. 1, 2nd ed. 1999. 有关新儒学和佛教的重要文献，提供了有说服力的解释。

Ebrey, Patricia. *The Inner Quarters: Marriage and the Lives of Chinese Women in the Sung Period*. 1993. 有关中国妇女史的杰出研究。

Elvin, Mark. *The Pattern of the Chinese Past*. 1973. 有关宋代先进（和明代落后）的一篇经典论文；详见第二部分。

Hymes, Robert P. *Way and Byway: Taoism, Local Religion, and Models of Divinity in Sung China*. 2002. 关于唐代以后宗教事务的研究。

Nahm, Andrew C. *Introduction to Korean History and Culture*. 1993. 一种总体概述。

Rossabi, Morris, ed. *China Among Equals: The Middle Kingdom and Its Neighbors, 10th–14th Centuries*. 1983. 对唐代以后政治关系的全面记述。 304

Taylor, Keith Weller. *The Birth of Vietnam*. 1983. 一种总体概述。

Tsunoda, R., W.T.de Bary, and D. Keene, compilers. *Sources of Japanese Tradition*, vol. 1, 2nd ed. 2002. 重要文献，提供了有说服力的解释。

Varley, Paul H. *Japanese Culture*. 1984. 一本经典入门读物。

Wright, Arthur F., and David Twitchett, eds. *Perspectives on the T'ang*. 1973. 各种各样经典的文章。

注　释

[1] *Master Tung's Western Chamber Romance*, trans. Li-li Ch'en (New York: Columbia University Press, 1994), 22, 42–43, 45–46.

[2] Theodore de Bary, ed., *Sources of Chinese Tradition*, vol. 1, 2nd ed. (New York: Columbia University Press, 1999), 584.

[3] 引自David Lattimore, "Allusion in T'ang Poetry," in *Perspectives on the T'ang*, ed. Arthur

F. Wright and David Twitchett (New Haven, CT: Yale University Press, 1973), 436。

［4］引自“Women's Early Music, Art, Poetry,” http://music.acu.edu/www/iawm/pages/reference/tzusongs.html。

［5］引自Ivan Morris, *The World of the Shining Prince: Court Life in Ancient Japan* (New York: Penguin Books, 1979), 221-222。

［6］引自Ivan Morris, trans., *The Pillow Book of Sei Shonagon* (New York: Columbia University Press, 1991), section 1。

第12章

美洲的民族和文明（200—1500年）

本章纲要

思考

古典时代的中部美洲文化最重要的共同特点是什么？

战争在后古典时代的中部美洲起了什么作用？

中部美洲以哪些方式影响了北美的文化中心？

安第斯地区的美洲印第安人如何适应环境并创造了政治先进的繁序社会？

307 古代中部美洲的玛雅文明创造了一套复杂的书面语，因此，书记员能够记录统治者的重要行为和军事事件。我们通过最近的译著了解到一位玛雅公主的人生。公元682年8月下旬，玛雅公主瓦克-香尼尔-艾胡（Wac-Chanil-Ahau）小姐走下其家庭住宅的台阶，坐上一顶装饰着许多纺织品和动物皮毛的轿子。当队伍出了中心城市双柱城（Dos Pilas），她的护卫队遍及道路两侧的田野和树林，以防止敌人伏击。瓦克-香尼尔-艾胡小姐的目的地是玛雅城市纳兰永（Naranjo），她即将嫁给一个强大的贵族。她的父亲安排了这桩婚姻，目的是重建被该地区的主要军事强国卡拉科尔（Caracol）征服的纳兰永王朝。瓦克-香尼尔-艾胡小姐的纳兰永之行代表了她父亲的愿望，即建立一个军事联盟以抵抗卡拉科尔。对我们而言，瓦克-香尼尔-艾胡小姐的故事说明了婚姻和血统在古典时代玛雅政治中的重要性。

公元693年，瓦克-香尼尔-艾胡小姐之子、5岁的凯克·提利夫·香·夏克（K'ak Tiliw Chan Chaak）登上了纳兰永的王位。在其漫长的统治期间，事实证明他是一位谨慎的外交家，也是一名英勇的战士。他还是一位令人叹服的建设者，留下一座庞大美丽的都城作为其遗产的一部分。他意识到了母亲及其双柱城血统的重要性，修建了许多歌颂她的碑石（石刻的纪念碑）。[1]

随着人口增长和对资源的竞争变得更加激烈，瓦克-香尼尔-艾胡的世界面临着战争和王朝危机的威胁。在这样的环境中，卡拉科尔的兴起破坏了中部美洲南部大部分地区长期存在的商业和政治关系，导致了长达一个多世纪的冲突。最终，瓦克-香尼尔-艾胡小姐的后嗣在双柱城建立的王朝向卡拉科尔发起了挑战。尽管拥有共同的文化和宗教信仰，但伟大的玛雅城市仍然因其统治者的王朝统治野心和对资源的竞争而一直处于分裂状态。

正如瓦克-香尼尔-艾胡小姐的婚姻故事和她在一个玛雅王朝发展中的作用所表明的那样，美洲的民族为争夺资源持续地展开竞争。世袭的精英阶层组 308
织其社会以迎接这些挑战，即使他们追求更大权力的野心预示着将点燃新冲突。没有哪一套政治机构或技术会在每一种环境中都有效，而且古代美洲存在着巨大的文化差异。在中部美洲（墨西哥和中美洲北部）和南美洲的安第斯地区，印第安人发展了非常高产和多元化的农业。他们还建造了规模和美丽程度可与中华帝国和罗马帝国的都城相媲美的伟大城市。中部美洲的奥尔梅克文化和安第斯地区的查文文化都跻身于美洲最早的文明（见第3章）。在该地区的其他地方，原住民适应了狩猎与农业的结合，以保持一系列居住模式、政治形式和文化传统。在与环境变化、人口增长和战争做斗争的过程中，美洲所有的文化和文明都经历了扩张和收缩的循环。

12.1　中部美洲古典时代的文化和社会（200—900年）

约公元200—900年，中部美洲地区各民族创造了卓越的文明。尽管长期存在语言差异且缺乏区域政治一体化，中部美洲还是由于相似的物质文化、宗教信仰和习俗以及社会结构实现了统一。在早期的奥尔梅克和其他文化成就的基础上，该地区（即今中美洲和墨西哥中南部）的各民族发展了新型政治组织，在天文学和数学方面取得了重大进步，并提高了其农业生产力。考古学家称这种成就的综合为古典时代。这一时期，不断增长的人口通过更远的距离买卖更多样化的产品，社会阶层也变得更加复杂。人们建造了许多大城市，它们是政治生活的中心和宗教仪式及灵性体验的舞台。

古典时代的文明是建立在更早的奥尔梅克（城市）中心的宗教和政治基础之上的（见第3章）。与这些更早的（城市）中心一样，古典时代的城市也建立在举行宗教仪式的高台和金字塔附近，但它们给人的印象更深刻，建筑更多元化。它们也有大量常住人口，这些人被划分为不同阶层，由那些控制附近城镇和村庄并将其意志强加给农民的世袭的政治和宗教精英统治。

这一时期的政治和文化创新并不依赖新技术的引进。中部美洲文明的农业基础在几个世纪前就已经建立起来。约公元200年左右，当大城市初次发展起来时，农业方面的主要创新如灌溉、排干湿地以及在山坡上建造梯田都已实现了1 000多年。相反，古典时代的成就依赖于日益强大的精英阶层组织和指挥越来越多的劳工与士兵的能力。

12.1.1 特奥蒂瓦坎

特奥蒂瓦坎：墨西哥中部一个强大的城邦（公元前100—公元750年）。公元600年，它处于极盛时期，人口约为15万。

特奥蒂瓦坎（Teotihuacan，公元前100—公元750年）位于今墨西哥城东北约30英里（48公里），是中部美洲古典时代最重要的文明之一（见地图12-2）。约公元450年，其势力达到极盛，是美洲最大的城市。它拥有12.5—15万居民，除了当时少数的欧洲和亚洲城市，它比所有城市都大。

宗教的作用

城市中高耸的宗教建筑与附近反映了星辰运行的圣山是对齐的。特奥蒂
瓦坎人认可并崇拜许多神和少数鬼怪。通过规划，献给太阳神和月神的巨大金
309 字塔及20多个供奉其他神的较小的神庙都建在一条中央大街沿线。他们把最大
的金字塔奉献给太阳、月亮和羽蛇神（一位文化神，被认为是农业和艺术的鼻
祖）。壁画表明，另外两个强大的神即风雨之神特拉洛克（Tlaloc）和一位与生
育有关的强大女神，也是这座城市宗教生活中的核心人物。像早期的奥尔梅克
310 人一样，特奥蒂瓦坎人也实行人祭，这在发掘羽蛇神神庙时发现的100多名祭祀
中的受害者身上得到了例证。学者们认为，当时的居民把献祭视为一种对神应
尽的神圣义务，也是社会康乐必需的要素。

城市人口的迅速增长最初源于一系列火山喷发对农业造成的破坏。后来，随着城市精英权力的增加，他们迫使农民家庭从该地区的小村庄搬迁到城市中心地区。结果，超过2/3的城市居民保留了其对农业的依赖，从城市的住处出来，到其田地中（劳动）。精英阶层组织城市不断增长的劳动力资源开发贫瘠的土地进行生产，排干沼泽，修建灌溉水渠，并建设梯田。他们还扩大了

浮田：中部美洲为提高农业产量沿湖岸建造的凸起的田地。

浮田（chinampas，有时也称为“浮园”）的应用。浮田是农民沿湖岸或在湿地中建造的狭窄的人工岛，他们把塘泥和废弃物堆放在芦苇搭成的架子上，然后将它们锚定在岸边。由于表层下的灌溉和抵御霜冻的能力，浮田可以全年种植，从而在养活该地区不断增长的人口方面起了至关重要的作用。

这座城市作为宗教中心和商业力量的角色为精英阶层日益增长的财富和地位提供了宗教认可和物质基础。精英阶层成员控制着国家官僚机构、税收和商业。他们华美而考究的服装、丰盛的饮食、宽敞而建筑精良的住宅标志着贵族

大事年表

	中部美洲	北部民族	安第斯地区
100年	100年，特奥蒂瓦坎修建庙宇群 250年，玛雅古典时代早期开始	100—400年，俄亥俄河流域的霍普韦尔文化	200—700年，莫切文化
500年			500—1000年，蒂瓦纳库和瓦里控制秘鲁高原
700年	约750年，特奥蒂瓦坎灭亡 800—900年，玛雅（城市）中心废弃，古典时代结束 968年，托尔特克人的都城图拉建立	700—1300年，阿纳萨兹文化 约800年，密西西比文化起源	
1000年	1175年，图拉灭亡	1050—1250年，卡霍基亚达到极盛 1150年，阿纳萨兹（城市）中心开始瓦解	
1300年	1325年，阿兹特克都城特诺奇蒂特兰建立		15世纪30年代，印加人的扩张开始
1500年	1502年，蒙特苏马二世加冕成为阿兹特克国王	1500年，密西西比文化衰落	1500—1525年，印加人征服厄瓜多尔

家庭的财富和权力。神庙和宫殿的壁画也说明了祭司阶层的核心地位和巨大声望。特奥蒂瓦坎的经济和宗教影响力吸引了很多来自远达瓦哈卡（Oaxaca）和韦拉克鲁斯（Veracruz）的朝圣者。许多人成为这里的永久居民。

与其他古典时代的文明不同，特奥蒂瓦坎人并没有让权力集中在某一个统治者手中。虽然其引人注目的住宅围场遗址展现了这座城市贵族的富有和影响，但目前还没有明确证据表明某个统治者或统治家族获得了支配一切的政治权力。一些学者认为，其实统治特奥蒂瓦坎的是一些精英家族的联盟，或者是一个软弱的国王，他是这些强大家族的傀儡。

关于军事在特奥蒂瓦坎发展中的作用，历史学家存在争议。公元500年之前，特奥蒂瓦坎没有城墙或其他防御设施，这显示了它在发展初期享有相对和平。但是，考古证据揭示了这座城市曾建设了一支强大的军队，以保护远程贸易并迫使农民（农耕者）将其剩余的收成运到城市。然而，不同于后来的后古典时代文明，特奥蒂瓦坎不是一个由军事精英控制的帝国。

衰落与灭亡

目前还不清楚是什么力量导致了约公元750年特奥蒂瓦坎的灭亡。到公元

500年，城市人口已下降至约4万人，而且该城居民已开始建立防御性的城墙。壁画中的图案证明这座城市存在的最后几十年动荡不安。学者们发现的证据表明精英阶层对资源管理不善。结果，居于统治地位的精英阶层发生了分化，导致了阶级冲突和公共秩序的崩溃。因此，城市中心最重要的神庙被摧毁，宗教偶像遭到污损。证据还表明，精英阶层的宫殿被系统地烧毁，其中的许多居住者丧生。不管原因如何，特奥蒂瓦坎的衰落震动了整个墨西哥，也影响到了中美洲。

12.1.2 玛雅文明

玛雅：以墨西哥尤卡坦半岛、危地马拉和洪都拉斯为中心的中部美洲文明，但从未形成一个统一的帝国。主要贡献体现在数学、天文和历法的发展方面。

特奥蒂瓦坎在北方崛起期间，**玛雅**在今危地马拉、洪都拉斯、伯利兹和墨西哥南部创造了一种显赫一时的文明（见地图12-1）。鉴于热带气候和脆弱的土壤所造成的困难，玛雅人的文化和建筑成就是非凡的。玛雅人从未建立一个统一的国家，尽管他们共同拥有一种文化。相反，世袭统治者领导的众多互相匹敌的王国为了地区霸权彼此争斗，很像希腊的迈锡尼时代（见第4章）。

农业与城市化

玛雅农民这样整备田地：砍除小树和灌木丛，然后焚烧枯死的植被以肥田。这种刀耕火种的农业（也称为迁移农业或临时性农业）可以在几年内获得
311 高产，但是它耗尽了土壤的养分，最终迫使农民转向更肥沃的土地。玛雅古典时代（250—900年）众多的人口要求更精耕细作的农业形式。居住在主要城市中心附近的玛雅人通过排干沼泽和建设高架农田实现了农业的高产。他们在旱季漫长的地区进行灌溉，在凉爽的高原地区的山坡建造梯田。玛雅农耕者还管理附近的森林，帮助对他们最有用的树木和灌木的生长，还加强对可猎取为食的鹿和其他动物的保护。

在古典时代，玛雅城市激增。最强大的城市建立令人敬畏的神庙并创造将国王的权力与神相联系的仪式，从而控制众多依附性的小城市和辽阔的农业区。开阔的广场四周建有高大的金字塔和经常建在高高的地基或土丘之上的装饰精美的宫殿。其效果是使那些因宗教和政治仪式被吸引到城市中心的群众感到敬畏。

312 玛雅人喜爱装饰。色彩明亮的雕刻装饰画涵盖几乎所有的公共建筑。宗教寓言、统治者的族谱和重要的历史事件是最常见的主题。玛雅人还在重要神庙附近建立雕刻精美的祭坛和整体石塑制品。这些纪念性建筑的丰富遗产是在

地图12-1　玛雅文明（250—1400年）　玛雅人从未创建一个完整、统一的国家。相反，玛雅文明是作为一系列独立的城邦组成的复杂网络发展的。

没有机械（没有滑轮、独轮手推车或大车）或金属工具帮助的情况下建立起来的。众多男人和妇女只能借助杠杆和石器切削并运载建筑材料，把它们举起，放到适当的位置。

宗教与政治组织

玛雅人将宇宙分为相关联的三个层次，它们都在一根追踪太阳光线的垂直轴沿线。人类生存的尘世，玛雅人将其概念化为处在一种奇怪的天空和黑暗的地狱之间。玛雅人相信，一棵圣树穿越这三个层次生长，其根须在地狱，枝条则已到达天空。玛雅城市的神庙区域从物质层面代表了这种宗教宇宙论的基本要素。金字塔是直达天空的圣山。金字塔的入口是地狱的门户。

统治者和精英阶层的其他成员行使宗教和政治双重职能。他们用绘画和文身装饰自己的身体，穿着用纺织品、动物皮毛和羽毛精心制作的服饰行使世俗权力，发布宗教法令。通过放血仪式和迷幻的恍惚状态，这些贵族可以与其他

蒂卡尔的大广场 在今危地马拉的蒂卡尔（Tikal）遗址仍可看到玛雅古典时代令人钦佩的建筑和艺术成就。玛雅（城市）中心为主导公共生活的仪式提供了一套激动人心的设置。蒂卡尔的建设在公元前150年之前就开始了，约公元900年，该城遭废弃。为精英阶层准备的球场和住宅是大广场的一部分。

世界的超自然物和神化的皇室祖先直接沟通。

玛雅人为战争注入了宗教意义，并用精心准备的仪式来庆祝它。战争场面和对俘虏实施酷刑以及将他们用作祭品的描写，是常见的装饰题材。通常情况下，玛雅军队是为了虏获俘虏而不是为了争夺领土而战。国王、其亲属和其他地位显赫的贵族积极参与战争。精英阶层的俘虏几乎总是成为祭品，平民俘虏则更可能被迫为俘获他们的人劳动。

玛雅妇女

很少有妇女直接统治玛雅的王国，但玛雅统治阶层的妇女确实发挥了重要的政治和宗教作用。男性统治者的妻子参加放血仪式和其他重要的公共仪式，她们的高贵血统有助于使其丈夫的统治合法化。尽管玛雅社会是父系社会（按照男性的世系来追踪家世），但有明确证据表明，某些男性统治者追踪其双重（男性和女性的世系）谱系。其他人（如前所述瓦克-香尼尔-艾胡小姐的儿子）则强调女性的世系（如果它保有较高的地位）。目前对较贫穷的妇女的生

313 活知之甚少，但学者们认为，妇女在家庭的宗教仪式中起着核心作用。她们还

是治疗师和巫师。妇女是家庭经济不可缺少的成员，她们维护必需的园地、纺织并管理家庭生活。

玛雅人对中部美洲历法的发展及数学和文字都做出了重要贡献。时间是一个核心问题，他们制定了精确的历法体系。他们用三种独立的时间系统为每一天定位。玛雅历法追随仪式的周期（把260天分为13个月，每月20天）。第二种历法追踪太阳年（把365天分为18个月，每月20天，年底另加5天不利的日子）。玛雅人认为，每隔52年当两种历法的时间吻合时，人类的生存本身会受到威胁。在中部美洲的民族中，玛雅人也是唯一保持了连续的“长计”历（long count calendar）的民族，其“长计”历始于公元前3114年的创世。

玛雅数学和文字为历法及天文观测打下了基础。其数学体系吸纳了零和位值的概念，但记数法的符号很有限。玛雅文字是一种用符号表示整个词或概念以及语音符号或音节的象形文字。书记员在书籍、陶器、城市中心的石柱和纪念性建筑物上记录公共生活、宗教信仰的方方面面和统治者及其祖先的传记。从这个意义上说，每座玛雅城市都是一部圣书。

古典时代的终结

公元800—900年，玛雅人放弃了很多重要城市。许多城市被暴力行为摧毁，尽管有一小部分古典时代的城市又存在了数世纪。某些地区的城市衰落、社会冲突和不断升级的战争规模预示了这种崩溃。约公元750年，特奥蒂瓦坎较早的崩溃打断了与宗教仪式相关的货物的长途贸易，并可能已开始危及到了与那个遥远的城市休戚相关的玛雅统治者的合法性。当然，不断增长的地区人口、气候变化和环境退化破坏了脆弱的农业系统，这一系统曾在其崩溃前长期养活玛雅城市。但是，不断扩大的战争规模及其破坏性最终侵蚀了统治家族的政治合法性，并扰乱了将农村的农耕者与玛雅城市紧密相连的经济关系网。

本节回顾

特奥蒂瓦坎是中部美洲最大的城市之一，由精英阶层统治，他们利用宗教仪式和军事力量将其对在周边农田劳动的大量劳动者的权威合法化。

特奥蒂瓦坎令人钦佩的城市建筑、复杂的农业和范围广泛的贸易使它成为整个中部美洲主导性的文化存在。它灭亡于约公元750年，原因是精英阶层内部的冲突和资源管理不善。

本节回顾

玛雅人共同拥有一种文化，但从未建立一个统一的国家。相反，玛雅人发展了许多强大的城邦。每个城市都有装饰精美的纪念性建筑，都是周边地区的宗教和政治中心。

宗教建筑主导着特奥蒂瓦坎和玛雅城市的中心。人们崇拜许多神，宗教仪式（包括人祭）组织了公共生活。

玛雅人发明了精细的历法、零的概念和文字。

经过几个世纪的扩张，玛雅城市的力量衰落了，原因是不断加剧的对资源的竞争导致了阶级冲突和战争。

12.2 中部美洲的后古典时代（900—1500年）

古典时代和后古典时代的划分有点武断。特奥蒂瓦坎和许多重要玛雅城市的灭亡不仅没有单一的解释，而且这些事件的发生持续了一个半世纪多。其实，一些重要的古典时代的文明安然无恙地保存了下来，而在其他地方，古典时代的本质文化特征在后古典时代依然存在。

与此同时，这两个时代也有一些重要的差异。有证据表明，中部美洲的人口在后古典时代出现了膨胀。由此产生的压力导致了农业生产的集约化和战争的增多。后古典时代的主要国家——托尔特克（Toltecs）和阿兹特克（Aztecs）
314 的统治精英通过扩大其军队的规模和发展政治机构来应对这些严峻的事实，从而便利了他们控制通过征服获得的辽阔且文化各异的领土。

12.2.1 托尔特克人

托尔特克：后古典时代墨西哥中部的强大帝国（900—1175年）。它影响了中部美洲的大部分地区。阿兹特克人曾与这一较早的文明有联系。

现代考古学以从前无法想象的详细程度展现了特奥蒂瓦坎和玛雅文明，但**托尔特克**的历史仍存在争议。阿兹特克人将托尔特克人视为强大而有影响的前辈，犹如罗马人看待希腊人。有关托尔特克人的军事成就的回忆及其政治和宗教仪式的暴力意象，主导了整个后古典时代中部美洲的想象。阿兹特克人及其15世纪的同时代人错误地认为托尔特克人是中部美洲世界几乎所有伟大文化成就的创造者。正如一则阿兹特克的资料后来回忆的那样：

> 事实上［托尔特克人］发明了所有珍贵和奇妙的事物……现在存在的

> 所有东西都是他们的发明……这些托尔特克人非常睿智，他们是思想家，因为他们发明了纪年和纪日（的方法）。他们所有的发现形成了解释梦的书……他们是如此聪明［以至于］懂得天上的星星。[2]

起源

其实，所有这些文化贡献在托尔特克人的势力扩张至墨西哥中部之前很久就存在了。有学者推测，托尔特克人最初是特奥蒂瓦坎迁移至北部边境防止游牧民族入侵的附属人口。其他人认为托尔特克人是来自北方的移民，他们后来借用了特奥蒂瓦坎文化和其他文化的遗产。无论其来源如何，很显然，托尔特克人建立了一个在很大程度上基于军事实力的国家，他们利用军事力量将其影响力从其位于今墨西哥城以北的政治性都城图拉（Tula，也称为图兰［Tollan］，公元968年建立）扩大至中美洲。

托尔特克人势力的崩溃

直到最近，历史学家仍主要依靠欧洲征服时代的史料。根据这些资料，两个酋长或国王分享权力，而这种职责分工最终削弱了托尔特克的力量。公元1150年后的某一时间，支持敌对的宗教派别的不同精英阶层集团之间的斗争削弱了托尔特克。流传于阿兹特克人中的传说宣称，两名统治者之一、羽蛇神的祭司托皮尔岑（Topiltzin）及其追随者痛苦地接受了在“太阳升起的土地”即东方的流亡。一篇古代文献用以下方式叙述了这些事件：

> 于是，他［托皮尔岑］望着图拉的方向，泣不成声……而当他做这些事情时……他走向了海岸。然后，他做了一张蛇形的木筏。当准备好木筏，他自己走上去，好像它是他的船。然后，他开始了穿越大海的航行。[3]

托尔特克的中心地区和一些后古典时代的玛雅城市，如尤卡坦半岛的奇琴伊察（Chichen Itza），在建筑和城市规划方面有一些相似性，这使得一些学者认为托尔特克存在于玛雅地区。关于这种联系，学者们至今仍存在争论。

我们知道，公元1150年以后托尔特克进入了一个急剧衰落的时期，包括内部的权力斗争和来自北方的军事威胁。到1175年，灾难降临到曾经的伟大城市图拉头上。学者们普遍认为墨西哥城北的一个地方是这座曾经强大的城市的遗址（见地图12-2）。它的公共建筑展示了托尔特克风格的带有柱廊的庭院和众多神庙。勇士的画像和暗示着人祭的情景装饰着几乎所有的公共建筑和神庙。

即使是在废墟上，托尔特克人的庄严、创造力和力量仍受到阿兹特克人的赞美，这样的情景在图拉随处可见。

族邦：古代中部美洲部族性质的国家，是该地区政治建构的共同基础。

12.2.2 阿兹特克人

阿兹特克人的起源

村社：一种由上百个家族组成的群体，它充当古代中部美洲族邦建构的基础。

315

特诺奇蒂特兰：阿兹特克帝国的都城，位于特斯科科湖中的一个岛屿上。西班牙人征服前夕，其人口约为15万。墨西哥城是在它的遗址上建成的。

墨西卡人（Mexica）是在托尔特克灭亡后推进到墨西哥中部的北方民族之一。随着他们的势力通过政治联盟和军事征服不断增长，他们建立了一个墨西卡人占主导地位的地区性强国——阿兹特克帝国（见地图12-2）。在他们刚刚到来时，墨西卡人以**族邦**（altepetl）组织起来，这是一种以部族为基础的城邦，由特拉托阿尼（tlatoani）即统治者领导。族邦是该地区政治建构的共同基础，负责族群集体的宗教、社会和政治的职责。**村社**（calpolli）由多达100个家族组成，一群村社构成族邦的基础，控制土地分配、税收和当地的宗教生活。

在新的环境中，墨西卡人开始采用他们在山谷中城市化的农耕者那里发现的政治和社会习俗。起初，他们为其更强大的邻国充当农奴和雇佣军。随着实力的增长，他们搬迁到特斯科科湖的小岛上，公元1325年左右，他们开始建设其双子都城**特诺奇蒂特兰**（Tenochtitlan）和特拉特洛尔科（Tlatelolco），两城

阿兹特克战士的服饰　在中部美洲的战争中，个体战士寻求通过俘获敌人来获得威望并提高自己的地位。16世纪《门多萨抄本》中的这幅插图，是由一位受雇于圣方济各会修士的美洲印第安人艺术家制作的。它表明阿兹特克人用独特的服饰来代表不同战士的实力。图中右下角未拿武器的人是一名军官。正如在中部美洲关于军事冲突的插图中常见的那样，图中被揪住头发的俘虏正在胜利者面前屈膝下跪。

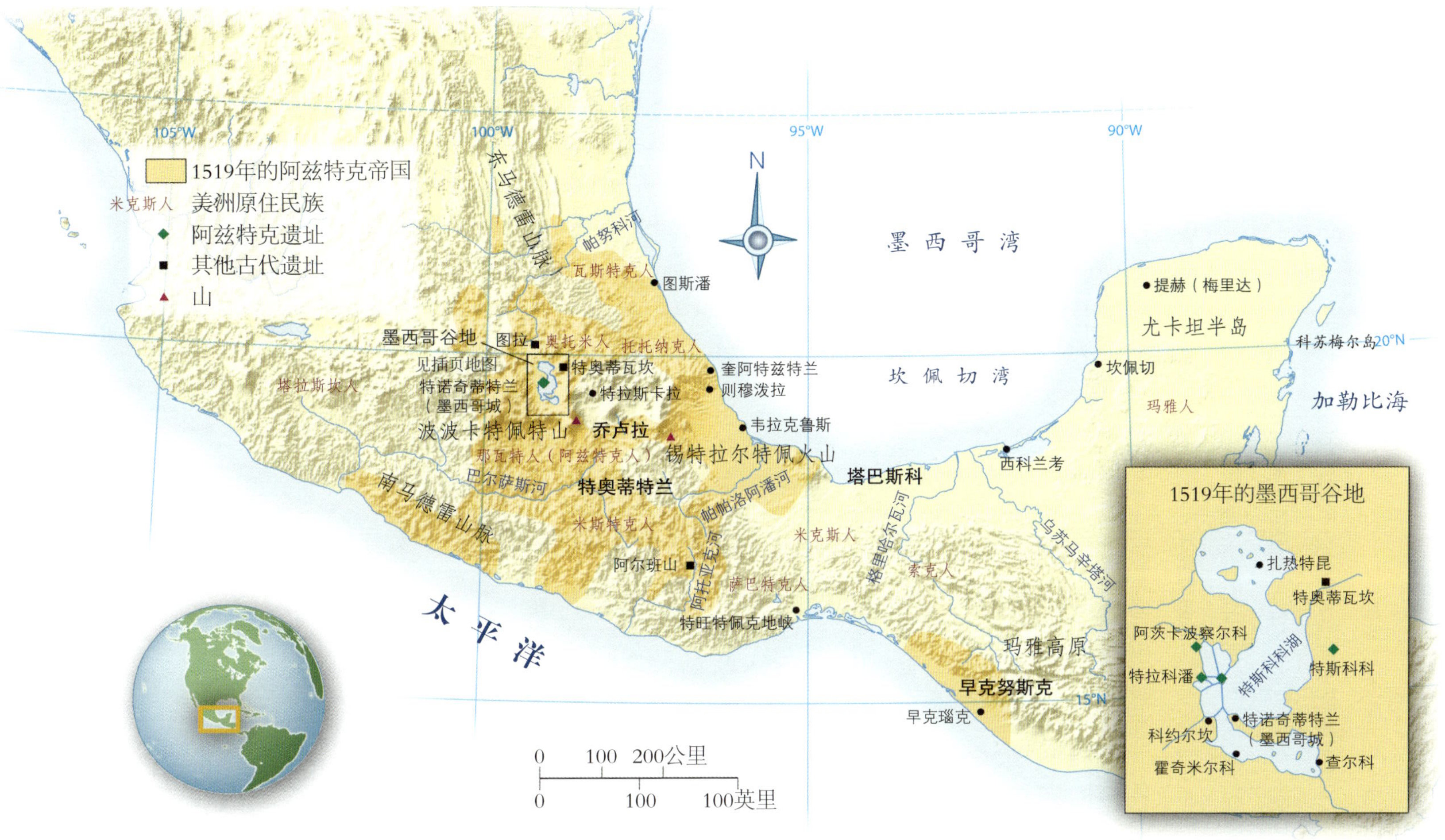

地图12-2 中部美洲的主要文明（公元前1000—公元1519年） 1518年的阿兹特克帝国是建立在军事征服基础上的。阿兹特克的都城特诺奇蒂特兰位于古典时代最大的城市特奥蒂瓦坎和后古典时代托尔特克的都城图拉附近。

都是现今墨西哥城的基础。

军事胜利使墨西卡人得以控制湖岸边更多的农田，并与邻近的族邦结成军事同盟。这些更复杂的政治和经济部署一形成，墨西卡人主导的同盟就变成了阿兹特克帝国（见地图12-2）。随着经济独立程度的不断加大、政治安全和领土扩张的不断发展，**阿兹特克人**引进了一种与更强大的邻国实行的制度类似的君主制，从而改革了其政治组织。一个由强大的贵族组成的委员会从统治者家族的男性成员中选举新统治者。一旦被选中，这位统治者不得不重新谈判以确保进贡的附属国臣服，然后通过进行新一轮军事征服来展示其神授的权力。对阿兹特克人而言，战争具有宗教意义，赋予统治者以合法性，并提高获胜的战士的声望。

阿兹特克人：又称墨西卡人，他们在墨西哥中部建立了一个强大的帝国（1325—1521年）。他们强迫战败的民族提供商品和劳务作为贡赋。

阿兹特克人成功地发展了引人注目的城市。到公元1500年，特诺奇蒂特兰、特拉特洛尔科连同周边湖岸的城市和城镇的人口共约50万。三条长堤把这座岛屿上的都城与湖岸连接起来。规划师设计了一个城市网络，运河和街道垂直相交，便利了人员和货物的流动。

316

阿兹特克的社会结构

尽管战争为男性带来了越来越多的权力和特权，但妇女在阿兹特克社会中仍掌握着许多权力，具有广泛影响。妇女和男子的作用有明确的区分，但妇女很受尊敬。学者们称此为“性别互补”。一个男孩出生后，他的脐带会被埋在战场上，而且会得到一些象征着其作为一名战士的职业或角色的工具。如果是一个女孩，她的脐带会被埋在壁炉边，她会得到一些编织工具和女性的衣物。妇女主宰着家庭和市场，也担任教师和祭司。她们还被视为宗族的创始人，包括皇家世系。

由于阿兹特克的军事胜利和领土扩张，军事精英夺取了土地和农民的劳动作为战利品。随着时间的推移，皇室和地位最高的贵族占有了广阔的土地，由奴隶和无地的平民负责耕种。地位较低的阶层从帝国的扩张中得到一些物质奖赏，但失去了其影响或控制决策的大部分能力。一些平民通过在战场上立功实现了一定程度的社会流动。

然而，到公元1500年，财富和特权地位的严重不平等成为阿兹特克社会的特点。一位参与过征服阿兹特克帝国的西班牙人回忆了他与阿兹特克统治者蒙特苏马二世（Moctezuma II，1502—1520年在位）的第一次会晤：“许多大贵族走在伟大的蒙特苏马（蒙特苏马二世）前面，清扫他将要走的地面，把斗篷铺在地上使他的脚不沾染泥土。这些酋长都不敢看他的脸。”[4]平民住在窄小的房子里，饮食有限，只能吃主食，而贵族住在宽敞豪华的两层楼房里，吃富含动物蛋白的食物。

一个专业的商人阶层控制着长途贸易。由于缺乏役畜和轮式车辆，这种贸易以重量轻的贵重物品为主，如黄金、珠宝、羽毛衣服、可可豆和动物皮毛。商人还为阿兹特克的精英提供必要的政治和军事情报。随着阿兹特克帝国的扩张，商人变得富裕和强大起来，但是高级贵族却珍惜自己的权力，拒绝将其给予商人。

317

阿兹特克的经济

朝贡制度：一种战败的民族被迫缴纳产品和服劳役作为贡赋的制度。这就促进了粮食、布匹和其他商品的转移，资助了大城市的发展。朝贡是阿兹特克和印加经济的重要组成部分。

通过有效地组织村社劳动者及被征服民族派出的额外劳动力扩大农田，阿兹特克帝国成功地解决了养活约15万城市人口的难题。阿兹特克的浮田为特诺奇蒂特兰城的市场供应了玉米、水果和蔬菜。对被征服民族实施的**朝贡制度**也有助于部分减轻特诺奇蒂特兰不断增长的人口压力。不同于唐代中国进贡主要是象征性质的朝贡制度（见第11章），附近的政治附属国上缴的玉米、豆类和其他食物贡品满足了阿兹特克的都城1/4的粮食需求。

与整个中部美洲的商业一样，阿兹特克的商业活动也是在没有货币和信贷的情况下进行的。可可、填充了黄金的翎管以及棉布作为标准价值单位的使用弥补了以货易货交易的商品价值不同的缺陷，便利了交易。阿兹特克的扩张促进了中部墨西哥经济中的生产者和消费者的一体化。最终征服了阿兹特克人的西班牙冒险家埃尔南·科尔特斯（Hernán Cortés，1485—1547年）表达了他对阿兹特克市场的丰富商品的钦佩：

> 一个面积大概是萨拉曼卡（Salamanca）广场两倍大的广场四周都是有拱顶的街道店铺，这里每天进行6万多桩民间买卖。像在每一块土地上可能看到的东西那样多种类的商品在此出售……在所有土地上发现的东西这些市场上都有销售，因为我上面所说的东西数量和种类非常多，由于其数量……我不能详细描述它们。[5]

阿兹特克的宗教

宗教仪式主宰着特诺奇蒂特兰城的公共生活。和中部美洲的其他文化一样，阿兹特克人崇拜许多神灵。这些神大多数具有双重性别——既是男性又是女性。墨西卡人的主神是维奇洛波奇特利（Huitzilopochtli）或南方蜂鸟

（southern hummingbird）。这位神最初与战争有关，后来阿兹特克人将其与太阳联系在了一起。特诺奇蒂特兰最突出的建筑是一对供奉维奇洛波奇特利和风雨之神特拉洛克的巨大金字塔，这两位神象征着阿兹特克经济的两种基础：战争和农业。

阿兹特克人认为，维奇洛波奇特利需要以人的心脏为食，以支持他每日努力把太阳的温暖带给这个世界。他们也要给其他神献祭。尽管中部美洲早期就实行了人祭，但是阿兹特克及后古典时代的其他社会通过扩大其规模改革了这种宗教祭祀仪式。军事扩张和征服已成为帝国的基础，并为其祭祀仪式增加了祭品。

本节回顾

在后古典时代，规模庞大且专业化的军队使中部美洲的精英得以通过征服创建帝国，导致其社会日益等级分明。

托尔特克人靠武力征服建立了一个强大的帝国，以图拉为都城。其影响波及了墨西哥中部。

继托尔特克人之后，阿兹特克人以其岛屿城市特诺奇蒂特兰为中心逐渐建立起一个帝国，它通过迫使被征服民族向其缴纳劳工和货物而变得强大起来。

阿兹特克的宗教反映了这种持久的战争状态，并需要越来越多的人做祭品。

阿兹特克商人控制了长途贸易，阿兹特克妇女有实质性的权力。

12.3 北部的民族

到中部美洲的古典时代末期，即公元900年左右，今美国西南部的沙漠地区和俄亥俄河及密西西比河流域出现了重要的文化中心（见地图12-3）。这两个地区不断发展的农业生产力和人口增长促进了城市化的发展以及更复杂的社会和政治结构的出现。在俄亥俄河流域，靠当地培育出的农作物及传统狩猎和采集为生的美洲印第安人，发展出了带有纪念性土木工程的大型村庄。公元前1000年以后，玉米、豆类和南瓜从中部美洲传入这一地区，在繁序社会的发展

地图12-3　北美文化区　原住民族在北美每个大的生态区域都发展了独特的文化和技术。这里突出的是干旱地区阿纳萨兹和俄亥俄河及密西西比河流域的土丘建筑文化。

中发挥了重要作用。

西南部沙漠和东部河谷地区不断增长的人口建设了一些大型灌溉工程，因为他们开始以玉米为主食。这种发展是政治权力日益集中和社会分层不断加剧的一种迹象。但是，这两个地区发展出了不同的政治传统，西南部的阿纳萨兹人及其邻族保持了相对平等的社会结构和基于亲族关系及年龄的集体形式的政

319 治组织。东部河谷地区的土丘建筑者发展出了等级更分明的政治机构：众多小城镇从属于一个政治中心，由掌握着世俗和宗教权力的世袭首领统治。

12.3.1 西南部的沙漠文化

阿纳萨兹：位于今美国西南部的重要文化（700—1300年）。阿纳萨兹文化以新墨西哥州的查科峡谷和科罗拉多州的梅萨维德为中心，建造了多层住宅，并在名为基瓦的地下建筑里举行宗教仪式。

约公元前300年，今亚利桑那地区与墨西哥的联系导致了灌溉农业的传入。灌溉使作物可以每年两熟，因此，人口出现了增长，定居的乡村生活很快出现了。在西南部所有的文化中，索尔特河（Salt River）和希拉河（Gila River）流域的霍霍卡姆（Hohokam）表现出受墨西哥的影响最强。霍霍卡姆拥有和中部美洲类似的平台土丘和球场。霍霍卡姆的陶器、泥俑、浇铸铜钟和绿松石镶嵌图案也反映了墨西哥的影响。到公元1000年，霍霍卡姆已经建立起一套复杂的灌溉系统。霍霍卡姆的农业和制陶技术在几个世纪中传到了邻近的民族中，北部的阿纳萨兹（Anasazi）留下了有关这些沙漠文化最生动的遗产。

阿纳萨兹

阿纳萨兹是一个纳瓦霍（Navajo）词汇，意为“古代的事物”，考古学家用这一词汇来定义位于今亚利桑那州、新墨西哥州、科罗拉多州和犹他州交界的四角地区的一系列沙漠文化，它们尽管相似却很分散（见地图12-3）。公元450—750年，阿纳萨兹人发展了一种以玉米、豆类和南瓜为基础的经济。他们对这些作物的成功适应促使一些较大的村庄形成，并丰富了以名为基瓦
320 （kivas）的地下建筑为中心的文化生活。他们生产有几何花纹的陶器，学会了棉布纺织，并于公元900年以后开始建造大型的多层住宅和仪式中心。

查科峡谷

最大的阿纳萨兹社会之一位于今新墨西哥州西北部的查科峡谷。峡谷中有8个大城镇，周围的台地有4个城镇，表明该区域有1.5万人口。普韦布洛·波尼托（Pueblo Bonito，建于公元919年）的一栋四层居民楼和储藏室有650多个房间；该地有38个基瓦，包括一个直径超过65英尺（19米）的大基瓦。狩猎、贸易以及维护灌溉工程的需求常常使男性远离村庄。妇女分担了农活，精通许多手艺，并负责准备食物和照看儿童。如果以阿纳萨兹的文化后裔——现代普韦布洛的习惯为指南，房屋和家具可能属女性所有，因为她们与其母亲、姐妹一起创造了延续的家族。

在查科峡谷，高质量的建筑、基瓦的规模和数量以及连接峡谷与外围城镇的道路网都表明普韦布洛·波尼托及其近邻在一个很大的区域内施加了某种政治和宗教影响。一些考古学家认为，查科峡谷文化最初是中部美洲的殖民附

梅萨维德崖居 梅萨维德（Mesa Verde）地区的阿纳萨兹崖居位于科罗拉多州南部，公元1250年时有大约7 000居民。该地区不断增加的战争促使（人们）在大型山洞里建造房屋和宗教建筑物。

庸，但考古记录提供的关于这一理论的证据很少。查科商人的确曾为托尔特克时期墨西哥北部的民族提供绿松石，以交换贝壳饰品、铜钟、金刚鹦鹉和小号，但这种交换发生在查科发展进程的晚期。更重要的是，在查科找不到中部美洲影响的标志性因素，如金字塔形的土墩和球场。

阿纳萨兹的衰落与消散

公元12世纪，查科峡谷的主要定居点废弃了，最可能的原因是长期干旱破坏了这个文化脆弱的农业经济。然而，查科峡谷废弃后，四角地区的阿纳萨兹文化又继续存在了一个多世纪。今科罗拉多州的梅萨维德和亚利桑那州的青利峡谷及凯特·塞尔（Kiet Siel）存在一些主要的文化中心。阿纳萨兹人将这些定居点建在了谷底上空位置很高的天然大型洞穴里。这些难以到达的地点表明了战争不断升级，可能是由人口对有限耕地的压力引起的。

12.3.2 土丘建筑者：霍普韦尔和密西西比文化

大约从公元100年起，霍普韦尔（Hopewell）文化在整个俄亥俄河流域传播。霍普韦尔人建造了大型村庄和纪念性土木工程。霍普韦尔文化一经建立，其影响就西达今日美国的伊利诺伊州、密歇根州和威斯康星州，东达纽约和安大略省，南达阿拉巴马州、路易斯安那州、密西西比州甚至佛罗里达州（见地图12–3）。霍普韦尔人日常生活的必需品来源于打猎、采集和有限的农业。霍普韦尔是北美**酋邦**的一个早期范例，酋邦的人口多达1万人，由一名兼具宗教和世俗职责的世袭领袖即酋长统治。酋长举办定期的宴会和礼品进献仪式，以联系不同的血缘社群，并保证能获得专门的作物和手工艺品。他们还管理长途贸易，以获得奢侈品和额外的粮食供应。

酋邦：由一位世袭领袖统治一系列村庄和城镇的政治组织形式。酋邦不如王国和帝国强大，它是建立在礼物进献和商业联系基础上的。

俄亥俄河流域一些最大的霍普韦尔城镇拥有数千居民，也是宗教礼仪中心和政治中心。巨大的土丘是墓地，也是举行主宰霍普韦尔主要城镇的宗教仪式的平台。有些土丘旨在反映日出和月出的模式。他们把已故的领袖埋葬在被贵重物品（如河珠、铜首饰）包围的墓穴中，在某些情况下，妇女和家臣可能会为已故的酋长殉葬，以便在死后陪伴他。公元400年左右，主要居民点被遗弃，这标志着霍普韦尔文化的衰落。

密西西比文化

霍普韦尔文化影响了后来的密西西比文化（800—1500年）的发展。和阿纳萨兹的情况一样，一些专家认为与中部美洲的接触影响了密西西比文化，但没有令人信服的证据支持这一理论。毋庸置疑，玉米、豆类和南瓜都是中部美洲首先培育的，它们对于城市化的密西西比文化至关重要。但这些作物和相关技术很可能是通过中介文化获得的。

相反，城市化的密西西比酋邦的发展，是农业生产力小幅增加、弓箭的使用和贸易网络扩展这些合力的产物。经济改善的结果是人口增长、城市发展和
321 社会分层。一些最大的城镇具有相同的城市规划，都以一个被周围的大型平台土丘包围的中央广场为基础。主要的城镇都是贸易中心，人们用以货易货的方式交换必需的商品，如制作武器和工具用的燧石。

卡霍基亚

位于今伊利诺伊州东圣路易斯市附近的伟大城市卡霍基亚（Cahokia）代表着密西西比文化发展的最高阶段（见地图12–3）。该市的中心曾是北美最大的土丘，它呈梯形结构，高100英尺（30米），基座的长度和宽度分别是1 037英尺（316米）、790英尺（241米）。精英的住宅和神庙位于中心地带，其周围是平民居住区。公元1200年左右，卡霍基亚处于其发展的顶峰，约有2万人，与一些后古典时代的玛雅城市的人口大体相同。

卡霍基亚控制着周围的田地和许多由小酋长统治的次要城镇。它的政治和

经济影响力有赖于其位于密苏里河、密西西比河和伊利诺伊河上的地理位置，这使得商业交流可远达大西洋海岸和墨西哥湾。商人把贝壳、铜、云母和燧石带到该市，在这里，它们被用作祭祀物品和工具。墓葬中的证据表明卡霍基亚的统治者富有而强大。在一个墓葬中，50多名年轻妇女和家臣为一位统治者殉葬，以在死后的旅途上陪伴他。

没有任何证据表明公元1250年后卡霍基亚的衰落及最终废弃与军事失败或内战的影响有关。相反，似乎砍伐森林和更密集的耕作方式造成的环境退化加剧了气候变化和人口压力，最终侵蚀了卡霍基亚的实力。今美国东南部较小的密西西比文化中心继续繁荣，直到欧洲人的到来。

本节回顾

灌溉和玉米农业自中部美洲的传入促进了霍霍卡姆和阿纳萨兹文化的发展。

阿纳萨兹人集中在美国西南部的四角地区特别是查科峡谷，他们在那里建造了有地下基瓦的城市。

霍普韦尔文化以俄亥俄河流域的酋邦形式展开，其发展建立在长途贸易和以大型土丘为中心的宗教仪式生活的基础上。

密西西比文化继承了霍普韦尔文化的政治组织、贸易实践和土丘建筑，其最大城市卡霍基亚的遗址位于东圣路易斯市。

环境的变化可能削弱了阿纳萨兹文化和密西西比文化。

12.4 安第斯文明（200—1500年）

南美洲安第斯地区的环境不利于发展富裕而强大的文明（见地图12-4）。就农业生产和人类的居住而言，该地区大部分山区的海拔似乎太高了。太平洋沿岸的干旱气候对农业发展构成了一种严酷的挑战。在安第斯山脉以东，亚马逊河河源地区湿热的热带环境也构成了组织繁序社会的强大障碍。然而，安第斯地区的美洲印第安民族创造了一些西半球社会当中最复杂、政治最先进的社会。正是环境的严酷迫使人们发展了高产、可靠的农业技术，并将其与成为安第斯文明核心特征的行政机构和社会关系的复杂网络联系起来。

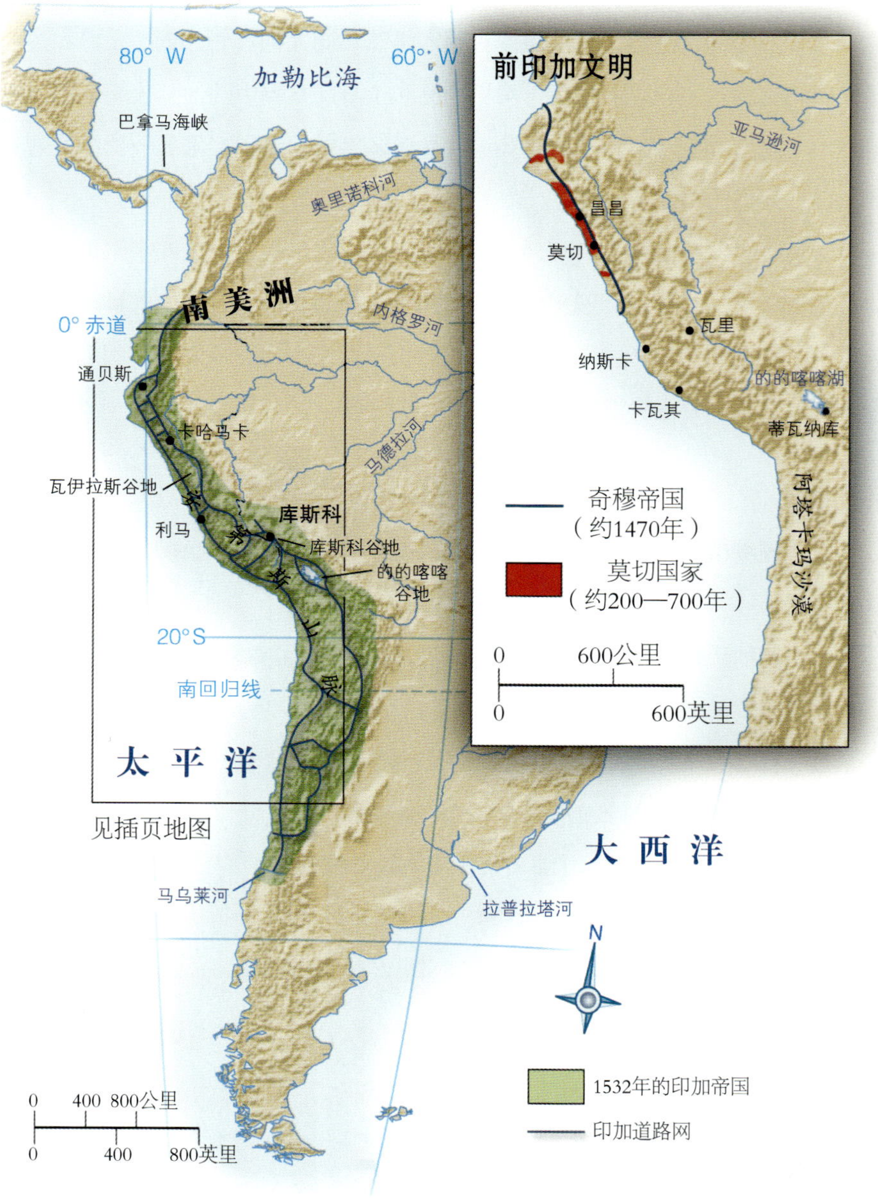

地图12-4 安第斯文明（公元前200—公元1532年） 为应对干旱的沿海平原和高大的内陆山脉所形成的环境挑战，安第斯地区的各民族在社会和技术方面做出了复杂的适应性改变。灌溉系统、美洲驼的驯化、冶金和劳动义务的分担有助于为强大的中央集权国家提供坚实的经济基础。1532年，印加帝国的辽阔领土从今南部的智利延伸到北部的哥伦比亚。

12.4.1　对环境挑战的文化回应

从查文时代起（见第3章），所有伟大的安第斯文明都成功地连接了资源独特的沿海地区和内陆山区，前者拥有丰富的渔业资源和灌溉玉米地，后者拥有成群的美洲驼和丰富的谷物及植物块茎的混合物。这两个地区都面临着重大的环境挑战。干旱和流沙妨碍了灌溉工程，周期性地破坏沿海地区的农田；因为平均每年有250—300天的霜冻，内陆山区面临着巨大的环境挑战。

补偿性技术的发展需要一种精确的历法，以安排种植、收割以及培育抗霜冻的马铃薯和谷物品种的时间。原住民学会了在不同的海拔高度安排分散的农业，以减少霜冻危险，他们在山坡上建造梯田，在一个独立的区域内创造了微 322
环境。他们还发现了利用寒冷干燥的气候制造冻干的蔬菜和肉类产品的方法，防止农作物歉收时出现饥荒。事实证明美洲驼和羊驼的驯化也是至关重要的，它们为人们提供了肉、羊毛以及连接沿海和山区经济的长途运输工具。

宗族或**阿伊鲁**（ayllu）是安第斯文明成就的基础。一个阿伊鲁的成员共同占有土地。阿伊鲁的成员视彼此为兄弟姐妹，遇到个体家庭无力提供足够劳动力的农活，他们有义务互相帮助。这些互惠的义务为安第斯社会各层次的劳动力组织和财产分配提供了模型。正如个人和家庭要为亲属提供劳动力一样，一个阿伊鲁的成员要为其世袭首领提供劳动和物品。

阿伊鲁：安第斯地区的血缘群体或以家族为基础的社群。

公元前1000年以后，随着世袭贵族和国王统治的地区性国家的发展，这些义务被以一种更大的规模组织起来。**密塔**（mit'a）是一种轮流的工作队，它组织阿伊鲁成员在田间劳动，照看宗教机构、王室和贵族的美洲驼及羊驼群。每个阿伊鲁每年出一定数量的劳役来完成特殊任务。密塔劳动者建筑和维护道路、桥梁、庙宇、宫殿及大型灌溉和排水工程。他们生产宗教生活必需的纺织品和货物，如用玉米和古柯（其干叶被作为一种兴奋剂咀嚼，现在也是可卡因的来源）制造的啤酒。

密塔：建立在帮助亲属和为统治者及宗教组织劳动的共同义务基础上的安第斯劳动制度。

安第斯人按照性别进行劳动分工，但男性和女性从事的工作是相互依存的。狩猎、服兵役和政府工作基本上为男性保留着。妇女在纺织品生产、农业和家庭方面负有许多责任。一位早期西班牙评论者从强调其劳动重要性的角度描述了安第斯妇女的责任：

> 她们不仅从事家内劳动，还在多个领域内工作，耕种土地、建造房屋，并背负多种重担……我不止一次听说，妇女在背负这多种重担的同时感到阵痛，并生下孩子，她们会到一个有水的地方，擦洗婴儿和自己。她们把孩子放在自己背负的负荷上面，就会像生孩子以前一样继续行走。总之，丈夫做的每一件事都得到妻子的帮助。[6]

阿伊鲁与一种独特的安第斯生产和交换系统紧密联系在一起。因为该地区的山脉创造了众多拥有专门资源的小生态区域，每个社会都寻求控制周围各种环境，以保证获得必备的物品。沿海地区生产玉米、鱼和棉花。山谷出产奎奴亚藜（当地的谷物）以及马铃薯和其他块茎植物。海拔更高的地方贡献了美洲
323 驼与羊驼的毛和肉，亚马逊地区提供了古柯和水果。阿伊鲁派出殖民者去开发这些独特的生态区的资源，通过联姻和一起参加仪式维持殖民者的忠诚。历史学家通常把这种控制跨越生态边界的交流的体系称为垂直整合系统或垂直性系统。

莫切：秘鲁北部海岸地区的文明（200—700年）。这一重要的安第斯文明建立了广泛的灌溉网及令人难忘的以砖造神庙为主的城市。

12.4.2 莫切

查文文化（见第3章）崩溃4个多世纪后，约公元200年，**莫切**（Moche）发展的文化和政治工具使其得以统治秘鲁北部沿海地区。尽管没有建立正式的帝国或创造统一的政治机构，它们却在广阔的区域内行使了权力。最强大的莫切

莫切战士　古秘鲁的莫切人跻身于美洲最有成就的陶瓷艺术家之列。莫切陶工创作了神灵的雕像、生活的场景以及重要人物的肖像花瓶。这个战士配备着狼牙棒、盾牌和防护头盔。

城市，如位于今秘鲁特鲁希略（Trujillo）市附近（见地图12-4）的塞罗·布兰科（Cerro Blanco），对小城镇和村庄建立了霸权，然后通过武力向更遥远的邻邦扩展政治和经济支配权。

考古证据表明，莫切人借助大型灌溉系统培育玉米、奎奴亚藜、豆类、树薯和甘薯，运河和引水渠组成的复杂网络将水源与远达75英里（121公里）的田地连接起来。莫切统治者强迫平民和臣服民族修建并维护这些水利工程。莫切依靠大批羊驼和美洲驼在该地区的复杂地理环境中运输商品。和农民生产的棉花一样，它们的毛为日益繁荣的莫切纺织品生产提供了原料。它们的肉成为饮食的重要组成部分。

莫切的社会秩序

现存的壁画和带纹饰的陶瓷表明了莫切社会等级森严，而且是神权化社会。同政治控制一样，财富和权力集中在祭司和军事领袖手中。对邻近地区的军事征服强化了社会等级制度。由于精英阶层将其住宅建筑在莫切宗教中心所在的大型平台的顶上，对平民而言，强权阶层确实处于居高临下的位置。他们的权力也在其丰富多彩的服装和饰品中鲜明地体现出来，这证实了其神圣地位，进一步将其与平民区别开来。莫切统治者和精英阶层的其他成员戴着高高的头饰，穿着华美的服装。黄金饰品的使用也彰显着崇高的社会地位。

莫切的丧葬习俗反映了这些深刻的社会差别。最近在兰巴耶克（Lambeyeque）峡谷进行的一次考古发掘发现了一个战士祭司的墓，墓中拥有黄金、白银及铜饰品、纺织品、羽毛装饰品和贝壳等丰富的宝藏（见“多样性与主流：作为历史文献的墓葬”）。一群侍从和仆人被处死，随同这个有权势的人一起下葬，以便为死后的他服务。

大多数平民把时间都用在了从事仅能糊口的农业和为他们的阿伊鲁及精英阶层服劳役上。男子和妇女都从事农业生产，照顾驼群，经营家庭经济。他们集中住在城市的外围地区和周围的农业区，全家仅有一间房子。

莫切的纺织品、陶瓷和冶金产品的高质量表明它拥有无数能工巧匠。妇女在纺织品生产中扮演了特殊角色，甚至贵族女子也花时间从事编织。莫切文化发展了杰出的表现派艺术。工匠制作了高度个性化的肖像花瓶和装饰优美的其他陶瓷作品，内容是表现神话和宗教仪式。他们也是优秀的金属匠，生产了 324
美丽的金银制宗教器物和供精英阶层佩戴的珠宝。冶金业也服务于更实用的目的：工匠生产了一系列重铜和铜合金工具，供农业和军事之用。

多样性与主流

作为历史文献的墓葬

揭示欧洲人到来之前的美洲历史有赖于考古学家的工作。可以把统治者和其他精英阶层成员的墓葬看作历史文献，它们描述了统治者家族是如何利用纺织品、贵重金属、装饰精美的陶瓷和其他商品来加强其政治和文化权力的。在公共场合，精英阶层的成员总是参加优雅精致的仪式和庆典，被最合意的物品和最稀有的产品所包围。其效果是要创造一种神圣权力的光环。当精英阶层的成员去世时，政治和文化权力的物质要素也在死亡和埋葬的经历中体现出来。

莫切（200—约700年）是安第斯地区最重要的前印加文明之一。莫切人是冶金、陶瓷和纺织业方面的大师。斯潘曾发掘了一位“战士祭司”的墓葬，其墓中的黄金饰品、珠宝、纺织品、陶瓷多得惊人。和他一同埋葬的还有五名随葬者：可能是其妻或妾的两名妇女，两名男仆及一名战士。这些随葬者中的三人——战士、一个女人和一名男仆各自缺少一只脚，也许是被砍掉的，以保证他们死后继续忠诚于已故的统治者。

危地马拉的里奥阿祖尔（Río Azul）曾发掘了一座古典时代（250—约800年）的玛雅墓葬。墓主是精英阶层的男子，去世后被平放在一个木雕平台的棉垫上，并以彩绘装饰其身体。送葬者用华美的纺织品包裹他的身体，并在其周围摆满贵重物品。这些物品包括雕成人头状的一串独特的石头项链（也许象征着他在战斗中的英勇）和一些优质陶瓷制品，其中一些盛满了精英阶层吃的食物，如可可。修建这种墓室需要无数工匠和工人，就像莫切的战士祭司墓葬的情况一样。这些早期美洲文明承认其精英死后的崇高地位、政治权力和宗教权威。

分析问题

如果这些墓葬是文献，那故事是什么？

这两个墓葬有显而易见的差异吗？

关于这些墓葬，历史学家可能会提出哪些不能回答的问题？

现代墓葬可以被当作文献，用解读这些古墓类似的方式来解读吗？

环境危机和莫切的衰落

考古记录清楚地表明，公元6世纪，莫切主要城市中心迅速衰落，同时发生了一系列自然灾害，安第斯高原上兴起了一个新的军事强国。长期的气候变化也威胁到了莫切地区。公元6世纪，持续30年的干旱使沿海的沙丘地域扩大，强风把沙子推进脆弱的农田，淹没了灌溉系统。随着土地的干涸，周期性的暴雨造成了冲蚀，破坏了农田，削弱了供养城市宗教中心和居民的经济。尽管莫切人为保持灌溉水渠畅通做了大量努力，也在北部不太容易受破坏的谷地建造了一些新城市，但莫切文明再也没有恢复过来。公元8世纪，一个新的军事强国**瓦里**（Wari）崛起，对连接高原与沿海地区的商路造成了压力，也促成了莫切的消亡。

瓦里：与蒂瓦纳库有文化联系的安第斯文明，或许开始是蒂瓦纳库的殖民地。

12.4.3 蒂瓦纳库和瓦里

公元500年以后，两个强大的文明在安第斯高原上发展起来。**蒂瓦纳库**（Tiwanaku，见地图12-4）废墟仍存在于距今玻利维亚的的喀喀（Titicaca）湖将近1.3万英尺（3 962米）的地方。公元200年以后，蒂瓦纳库的扩张有赖于吸收提高农业生产力的技术。现代发掘发现了庞大的排水工程网，他们把近20万英亩（8万公顷）富饶的湖滨沼泽地开垦为农田。这一高地和沟渠体系实现了精耕细作，类似于中部美洲运用浮田取得的效果。附近湖泊出产的鱼类和美洲驼为以马铃薯和谷物为主的饮食增加了蛋白质。美洲驼对于维持带来了玉米、可可、热带水果和药用植物的长途贸易也是至关重要的。

蒂瓦纳库：以今玻利维亚的的喀喀湖附近地区为中心的帝国（375—1000年）及其都城的名称。

325

蒂瓦纳库以其建设规模和高质量的石砌建筑而闻名。为切割和搬运建造一座巨大的阶梯式金字塔、有围墙的围栏以及一座水库用的大石头，成千上万的劳动者不停地劳作。尽管其冶金技术不太高，只能生产铜合金工具，但蒂瓦纳库的工匠精心建造了一些大型建筑，石块切割精细，修建大厦时几乎不需要砂浆。他们还制作了巨大的人像。最大的例证是一尊带有军人风度、表情严肃的人像，其石料是从一块高24英尺（7米）的单体石头上切割下来的。

蒂瓦纳库的社会结构

很显然，蒂瓦纳库是一个由世袭精英统治的等级森严的社会。这些精英控制着周边地区人数众多、组织良好的劳动力。军事征服和殖民人群的形成提供了可靠的产品供应，这些产品来自生态环境不同的区域。蒂瓦纳库文化的影响范围东至热带雨林地区，南至沿海区域和智利阿塔卡马沙漠中的绿洲。但考古证据表明，与同一时期墨西哥中部的特奥蒂瓦坎相比，蒂瓦纳库的常住人口相对较少，大约3万人。不同于中部美洲那些最大的城市，它不是一个大都市，而是一个地区内众多人口的宗教和政治中心。

326

瓦里

同时代的瓦里（Wari）位于蒂瓦纳库西北约450英里（751公里）的地方，靠近今秘鲁城市阿亚库乔（Ayacucho）。很明显，瓦里分享了蒂瓦纳库的文化和技术元素，但这一关系的确切性质仍不清楚。有些学者认为瓦里开始是蒂瓦纳库的依附者，但其他人认为它们是一个帝国的联合都城。瓦里比蒂瓦纳库大，面积大概是4平方英里（10平方公里）。巨大的城墙包围着城市中心，城中主要是一座大神庙和精英阶层及工匠的多住户房屋。平民的住房位于郊区的一个杂乱区域。相对于蒂瓦纳库而言，其纪念性建筑的规模小，公共建筑和私人建筑中几乎看不到切削石头的石工技艺，这表明其精英阶层的力量弱小，或者与其他安第斯城市相比，瓦里没有专业的建筑技艺。瓦里陶瓷的一种独特风格使专家得以追溯瓦里对沿海地区和北部高原地区的影响力。这种扩张发生在这样一个时代：到大约公元1000年，整个安第斯地区不断增加的战争导致了蒂瓦纳库和瓦里的衰落。印加继承了它们的政治遗产。

12.4.4 印加

印加：安第斯地区领土最广、实力最强的帝国。它通过都城库斯科控制着南美洲太平洋沿岸从今厄瓜多尔到智利的土地。

只不过100多年时间，**印加**发展成一个地域广阔的帝国，他们称之为“天下四方之地”（Land of Four Corners）。到公元1525年，帝国拥有600多万人口，领土从智利的马乌莱（Maule）河到厄瓜多尔北部，从太平洋沿岸经安第斯山脉延伸到亚马逊河上游，南至阿根廷境内（见地图12–4）。15世纪早期，印加是南部高原许多相互竞争的军事强国之一，瓦里崩溃后，这一地区的政治意义有限。印加以库斯科（Cuzco）峡谷为中心，最初是一个以相互赠礼及粮食和纺织品再分配为基础的酋邦。15世纪30年代，强大而富于谋略的领导者巩固了其政治权威，发起了一场雄心勃勃的军事扩张活动。

印加的统治基础

和高原上以前的强国一样，印加利用了安第斯社会的传统习俗和经济惯例。蒂瓦纳库部分依赖于殖民者从遥远的、独特的生态区域供应的资源。通过征服更多的遥远领土并扩大强制交换的规模，印加也建立在这种遗产的基础上。这一过程的关键是发展一支强大的军队。与中部美洲各民族通过市场和朝贡关系分配专业化的商品不同，安第斯民族利用国家权力拓展和扩张垂直交换系统，该系统使阿伊鲁得以开发许多小的生态环境。和早期的高原文明一样，印加人是牧民。印加帝国的繁荣和军事实力有赖于大量的美洲驼和羊驼，它们提供了食品、衣物以及运输货物的方式，但印加人通过强制交换获得了沿海地区的玉米、棉花和其他商品。

密塔劳动者的集体劳作成就了印加帝国。帝国的都城库斯科、地方城市、皇宫、皇家军队和国家的宗教仪式都建立在这一基础上。密塔制度还创造了物质盈余，为印加社会的老、弱、病人提供了生活必需品。为了履行这种集体责任，每个阿伊鲁大约贡献其成年男性人口的1/7。这些应征的劳动者成为士兵、建筑工人、技工和沿驿道奔跑传送消息的人。他们还排干沼泽、建造梯田、填埋谷底、修建并维护灌溉工程及建设仓储设施和道路。印加劳动者兴建了1.3万英里（2.093万公里）道路，便利军队调动、行政管理和贸易活动（见“环境与技术：印加道路”）。

阿伊鲁的世袭酋长也包括妇女，他们行使了地方的行政和司法职能。随着印加的扩张，他们一般让当地统治者继续留任。这样做有导致叛乱的风险，但他们通过几乎不加掩饰的控制人质制度和使用军事要塞控制了这些风险。战败地区的统治者必须将其继承人送到库斯科的印加宫廷居住。印加统治者甚至要求被征服民族把重要地方神的塑像送到库斯科的帝国神殿内。这些措施促进了帝国的统一，同时训练人质以确保臣服民族的良好行为。

环境与技术

印加道路 327

从查文时代（公元前900—前250年）起，安第斯居民就修建道路，以促进跨生态边界的贸易，并对被征服民族行使政治权力。公元15—16世纪，印加扩展和改善了前代建造的公路网。道路对于印加人收集和重新分发粮食、纺织品和玉米酒至关重要。

两条道路连接了位于秘鲁南部的印加都城库斯科和北部厄瓜多尔的基多以及更靠南部的智利。一条路沿着平坦干旱的沿海平原延伸，另一条则穿过内陆山区。较短的东西向道路连接了沿海与内地的重要城市。印加人把地方行政管理中心设置在这些道路沿线，以加速与都城之间的联系。他们在道路上间隔适当的距离建立休息站，为旅行的官员和在库斯科与帝国的城镇之间奔跑传送消息的人提供住宿和饮食。道路沿途的一些大型仓库还囤积了食品和军用物资，为过往的印加军队提供粮食和军用物资，或者供给参加建筑工程或为统治者耕种的本地劳动者。

因为印加统治者的核心目标是加强与地方行政中心的联系和调动军队，他们对路线进行了选择，以绕开自然障碍物并缩短旅行时间。从附近城镇和村庄招募来的密塔劳动者建设和维护这些道路，注意修复雨水或其他排水问题引起的损害。道路通常是用石头或密实的泥土铺成的，并经常用石头或土坯墙包边，以防止士兵或骆驼队偏离道路，毁坏农民的田地。只要有可能，路基都建设成水平的，但在一些山区，道路不过是改善过的小径。在平坦的地方，三四个人可以并排行走。

印加道路建设者的成就最清晰地体现在内陆山区，在那里，他们建成了穿越大峡谷的吊桥，并使路基通过了悬崖正面。一位生活在17世纪的秘鲁的西班牙神父评论说，印加道路“是宏伟的建筑，可与罗马人修建的最精湛的道路相媲美”。

资料来源：Quotation from Father Bernabe Cobo, *History of the Inca Empire. An account of the Indians' customs and origin together with a treatise on Inca legends, history, and social institutions* (Austin: University of Texas Press, 1983), 223.

印加道路 印加人修建了道路，以连接帝国的边远地区与都城库斯科。今日秘鲁仍在使用这些道路。

征服增强了印加统治者的权威，并导致帝国官僚机构的形成，官僚是从其亲属中产生的。皇室声称他们是最重要的印加神灵——太阳神的后裔。皇室成员住在由奴隶组成的军队保卫的宫殿里。政治和宗教仪式在统治者和皇室成员的生活中占据了主导地位，帮助将其权力合法化。多种义务中与王权有关的是通过战争扩展帝国边界的要求。因此，每一位新统治者都以征服战争开始其统治生涯。

公元1520年，阿兹特克的都城特诺奇蒂特兰大约有15万人口。公元1530年，印加的国力发展至顶峰，库斯科的人口不足3万。然而，库斯科是一个非凡之地。印加人是高度熟练的工匠，他们建造了最令人难忘的建筑，不用砂浆便能把精心切割的石头砌在一起。规划师把城市设计成一个巨大的美洲狮形状。城
市中心地区是统治者的宫殿及主要神庙。太阳神庙最富有，其内部以金片作内 328
衬，天井装饰着黄金美洲驼和玉米。统治者尽一切努力，用几乎连续的一系列宗教礼仪、节日和献祭使旅行者和当地居民感到敬畏和恐惧。此城的记事录上大部分内容是进贡来的祭品：纺织品、动物和其他物品。这些珍贵物品的毁灭及少数人祭有助于形成帝国辉煌而富裕的印象，这似乎证明了统治者是太阳神后裔的宣言。

印加长袍　安第斯织工用棉花和美洲驼及羊驼的毛生产了美丽的纺织品。印加人继承了这一丰富的工艺传统，生产出一些世界上最美丽的纺织品。每件衣服的质量和设计表明了织工在这个社会中的地位和权力。这件长袍是为一位贵族男性做的外衣。

印加的文化成就是建立在早期安第斯文明的坚实基础上的。我们知道，和中部美洲的情况一样，天文观测是祭司阶层关注的重心。安第斯民众的集体成就是用一种有限的记录保存体系完成的，该体系在早期安第斯文明的基础上进行了改进。行政管理者使用名为**奇普**（khipus）的彩色打结绳子完成公共管理、人口清查和纳贡义务。印加纺织业和冶金业同样建立在较早的区域发展成就基础上，较中部美洲先进得多。印加工匠制作了实用的工具、铜和青铜制武器及金银装饰物。印加妇女用棉花和美洲驼及羊驼的毛制作了非常精美的纺织品。

奇普：尚无文字的安第斯人用来传递信息的彩色打结的绳子。

印加人并没有引进新技术，但他们增加了经济产出，促进了本地区的繁荣。印加征服了环境各异的地区众多的人口，因而使不同小生态环境之间的传统交易所产生的收益成倍增加。帝国这种经济和政治力量扩张的代价，是社会平等程度的降低和地方自治权的缩小。帝国精英阶层的成员生活在库斯科和其他城市装饰华丽的宫殿里，日益脱离印加社会的民众。即使是地方贵族也不得不与王室保持一定距离，而平民如果敢直视统治者的面部，将会被处以死刑。

329

经过仅仅一个世纪的地区统治，公元1525年，印加帝国面临着危机。统治者瓦伊纳·卡帕克（Huayna Capac）侵略厄瓜多尔时阵亡，引发了一场血腥的王位之争。其二子之间的对立迫使职业军队和世袭的印加贵族选择自己的立场。结果爆发了内战。地方主义和种族多样性一直威胁着帝国。在欧洲人到来前夕，内战削弱了帝国，引起了被征服民族的不满。

本节回顾

安第斯地区沿海干旱，高原寒冷，还有热带雨林，通过制订解决这一复杂环境的方案，安第斯社会获得了发展。

阿伊鲁和密塔为安第斯的社会组织和政治组织奠定了社会基础。

以灌溉农业、不同生态区之间的交换和一个强大的祭司阶层为基础，莫切发展成一个强大的国家。

蒂瓦纳库和瓦里利用其强大的军队在广阔的区域内扩张，并形成了长途贸易网络。

印加从一个酋邦发展为一个真正的帝国，其基础是军事征服以及强迫被征服民族把粮食和其他产品作为贡品上交。

本节回顾

印加人利用道路、灌溉网、梯田和其他技术供给一个气候和地形复杂的地区物资。

在欧洲人到来前夕，内战削弱了印加。

结　语

阿兹特克帝国和印加帝国分别代表了中部美洲和安第斯地区漫长历史发展过程的高峰。每个帝国都是靠军事征服建立的，其生存依靠军事力量，经济生产力或统治者的智慧也同等重要。二者都依靠从其前辈那里继承而来的政治体制、经济形式和技术及宗教习俗。中部美洲和安第斯地区都是种族众多、环境多样的地区。两个地区的统治者都利用宗教使其权威合法化，祭司以神的中介身份服务。作为政治中心运行的主要城市也是宗教中心，宗教建筑占据着主导地位。两个地区长期以来都依赖规模越来越大的流动性劳动力而非迅速的技术创新来满足日益增长的需求。

二者也有一些重要差异。虽然强迫上交产品作为贡品，对于维持像特诺奇蒂特兰这样的城市一直很重要，但中部美洲文化形成了分配地方特产的初级市场。安第斯地区利用互惠的劳动义务和政府管制的交易关系来分配货物。阿兹特克人用武力迫使被征服民族提供粮食、纺织品甚至用于献祭的俘虏作为贡品，但他们让地方的世袭贵族继续留任。相反，印加创造了一套更加集权的帝国行政架构，由训练有素的官僚进行管理，利用互惠的劳动义务生产和分配产品。

我们可以在北美发现类似的模式。中部美洲的农业技术连同其对玉米、豆类和南瓜的依赖传入该地，影响了俄亥俄州和密西西比河流域的土丘文化及西南的沙漠文化。在今美国西南部的沙漠地区，阿纳萨兹人和其他民族也利用了灌溉农业这一对中部美洲文化和安第斯文化至关重要的技术。北美的沙漠文化和土丘文化经历了一些周期，强大的新政治中心扩张其控制的领土，巩固其权力，直至被环境的挑战所淹没，或被军事对手所取代。

15世纪末，当西半球的长期孤立结束时，中部美洲和安第斯地区最强大的文明阿兹特克和印加分别面临着强大邻国和内部叛乱的挑战。在更早的时期，类似的威胁不仅导致了西南部沙漠和俄亥俄州及密西西比河流域不太强大的文化的衰落，也导致了中部美洲和安第斯地区的伟大文明的衰落。在所有这些情况下，长期的文化和政治调整最终促成了当地新机构的建立、新技术的采用及新地点出现新的权力中心。随着欧洲人的到来，这种危机和调整的循环将会被改变，美洲印第安人的未来将与旧世界的文化联系在一起。

330

进一步阅读文献

Bawden, Garth. *The Moche*. 1996.有关这一秘鲁早期文化的最好的研究成果之一。

Bruhns, Karen Olsen. *Ancient South America*. 1994.介绍了当前对早期安第斯社会的研究。

Crown, Patricia L., and W.James Judge, eds. *Chaco and Hohokam*. 1991.很好地总结了当前有关美国西南部的研究课题。

Davies, Nigel. *The Aztec Empire: The Toltec Resurgence*. 1987. 对阿兹特克历史进行的最好的总结。

Dickason, Olive Patricia. *Canada's First Nations*. 1992. 这份文笔流畅的书面调查报告追溯了直至现代的加拿大美洲印第安人史。

Fiedel, Stuart. *Prehistory of the Americas*. 1987. 对西半球的早期历史进行的出色总结。

Kellogg, Susan. *Weaving the Past*. 2005. 前面的章节对早期中部美洲和安第斯社会的妇女地位进行了很好的总结。

Mastache, Alba Guadalupe, Robert H.Cobean, and Dan M. Healan. *Ancient Tollan, Tula and the Toltec Heartland*. 2002. 对托尔特克时代和有关图拉地理位置的争议进行的最好研究之一。

Murra, John. *The Economic Organization of the Inca State*. 1956. 安第斯民族垂直依赖理论的提出者。

Pasztori, Esther. *Teotihuacan*. 1997. 对最近的研究进行了很好的总结。

Rostworowski de Diez Canseco, María. *History of the Inca Realm,* trans. by Harry B.Iceland. 1999. 对印加历史进行的最好、最新的总结。

Schele, Linda, and David Freidel. *A Forest of Kings*. 1990. 很好地总结了近期关于玛雅古典时代的研究。

Shutler, Richard, Jr. *Early Man in the New World*. 1983. 一本很好的入门读物。

Silverberg, Robert. *Mound Builders of Ancient America*. 1968. 一本关于这一主题的很好的入门读物。

Silverblatt, Irene. *Moon, Sun, and Witches: Gender Ideologies and Class in Inca and Colonial Peru*. 1987. 关于西班牙的征服如何改变了妇女的地位，本书给出了一种具有挑战性和可读性的记述。

注 释

331

［1］此处的总结采用了琳达·谢勒（Linda Schele）和戴维·弗莱德尔（David Freidel）在《诸王：古代玛雅不为人知的故事》（*A Forest of Kings: The Untold Story of the Ancient Maya*, New York: Morrow, 1990, 182−186）中的姓名翻译和历史叙述。

［2］出自the Florentine Codex，引自Inga Clendinnen, *Aztecs* (New York: Cambridge University Press, 1991), 213。

［3］引自Nigel Davies, *The Toltec Heritage: From the Fall of Tula to the Rise of Tenochtitlán* (Norman: University of Oklahoma Press, 1980), 3。

［4］Bernal Díaz del Castillo, *The Conquest of New Spain*, trans. J.M.Cohen (London: Penguin Books, 1963), 217.

［5］Hernando Cortés, *Five Letters, 1519−1526*, trans. J.Bayard Morris (New York: Norton, 1991), 87.

［6］引自Irene Silverblatt, *Moon, Sun, and Witches: Gender Ideologies and Class in Inca and Colonial Peru* (Princeton, NJ: Princeton University Press, 1987), 10。

世界历史上的问题

332

宗教皈依

“宗教皈依”有两个经常会混淆的含义。这一术语可以指一个人通过加入一个新的宗教团体，或其宗教信仰重新获得活力，从而实现内心的转变。这类皈依往往是突然且非常情绪化的。用历史学术语来说，既然它们改变了一些著名人物的生活，它们可能是重要的。

“宗教皈依”的另一个含义是指（某地的）全体人口或人口中的大多数宗教认同的变化。这种皈依通常进展缓慢，而且很难通过历史文献追溯过程。因此，历史学家有时用肤浅的指标来追踪一种宗教的传播。这样做可能产生误导性的结论，例如，认为伊斯兰教信仰的传播是阿拉伯征服者强制改宗的结果，或把基督教或佛教传教者旅行的路线当作他们所遇到的人都接受了其宗教启示的证据，或假设一位国王或首领皈依一种新宗教立即导致了其臣民或追随者的信仰发生变化。

除了难以用文献证明，广泛的社会意义上的宗教皈依一直随时间和地点的变化遵循着不同的模式。历史学家设计了几个模型来解释不同的皈依模式。例如，根据其中一个模型，尽管存在大规模的宗教洗礼，一个变革迅速的社会的宗教标志，仍是虔诚的宗教习俗基本不变。在确认自己已皈依了一种新宗教的人们中间，仍可以发现古老宗教习俗的延续，此即这方面的证据。另一种模型主要把改宗的功能视为获得经济利益或免于宗教迫害。这种方法很难解释某些宗教团体面对困难和歧视时的坚守。不过，大多数历史学家在评估大规模的宗教皈依时关注的是经济利益。第三种模型将一个社会的宗教皈依与通过改宗吸收一种更高级的生活方式的愿望联系起来，例如通过从信仰一种不使用书面文献的宗教改信一种使用书面文献的宗教。

解释大规模改宗过程的最后一个概念性方法借鉴了创新传播的定量模型，该模型最初开发于20世纪，用来分析新技术的传播。根据这一方法，无论物质领域还是宗教领域的新思想都依赖于信息的传播。一些早期接受者——也许是传教士、朝圣者或征服者——向他们接触到的人传播新信仰，其中一些人追随他们，皈依了新宗教。这些皈依者转而向其他人传播圣言，连锁反应在一种大概可称为潮流效应的作用下加快了速度。当尚未有机会皈依此宗教的人数减少时，这种在潮流效应下皈依的时代便式微了。整个过程可以绘制成一条对数或S形弧线。图表1即这样一条弧线，表示的是几乎4个多世纪伊朗改信伊斯兰教的人数，其依据是家谱中的波斯（非伊斯兰教的）人名改为阿拉伯（伊斯兰教的）名字的变化。

在大部分人是文盲的社会中，信息传播的方式主要是口耳相传，佛教、基督教和伊斯兰教逐渐获得精神统治地位的那些社会即如此。新宗教思想的支持者并不总是与他们想向其传教的人讲同一种语言。在这种情况下，有意义的皈依（对新宗教有一些理解而不是强迫洗礼或把夸大其词的信仰表白强加于人的皈依）的人数开始时必然相当少。

语言非常重要。中国的朝圣者长途跋涉前往印度寻访早期佛教的遗址。他们从那里获得了梵文文本，并将它们译成中文。这些译经成为中国佛教的核心文本。在早期基督教界，罗马帝国东部双语（希腊—阿拉米语）犹太社区的存在促进了早期基督教传播到其讲阿拉米语的故土之外的地方。相比之下，伊斯兰教的语言阿拉伯语只是阿拉伯半岛和自此向北延伸至叙利亚、约旦和伊拉克的沙漠边界地区讲的语言。只有与许多作为征服俘虏和战利品的非穆斯林、非阿拉伯妇女通婚，并生下会说双语的后代之后，这种伊斯兰教知识传播的最初障碍才消失。西欧和东欧讲凯尔特语、日耳曼语及斯拉夫语的地区亦同样需要会讲双语的基督教传教士。

这种信息传播的缓慢过程因地区而异，对宗教领袖和机构提出了不同的要求。当一种宗教的信奉者主要是统治者及其军队、侍从时，宗教领袖会最大限度地优先为占少数的统治阶层服务，也许会怀疑、诋毁或消灭大多数人的习俗。一 333
旦几个世纪过去，这种新信仰已成为绝大多数人信仰的宗教，宗教领袖会转而建立大众的宗教机构，并传达给更多普通百姓。知道一个社会在这一漫长皈依进程中所处的位置将有益于历史学诠释。

这些多样化的模式，使得区分情绪化的个人皈依经历和一个社会中宗教认同的广泛变革变得更加重要。一般认为，新信徒对其信仰特别热情，这种描述往往适用于一些个人皈依经历的事例。但是，它不太适用于更大范围的皈依事件。用潮流（效应）的术语说，在一个启动缓慢、势头逐渐增强，然后逐渐式微的皈依浪潮中，第一个皈依者可能比那些在这场运动即将结束时加入其中的人所受的灵魂触动更大。宗教的成长有赖于其对初期狂热皈依者的吸引力，同样有赖于对后来皈依者的吸引力。

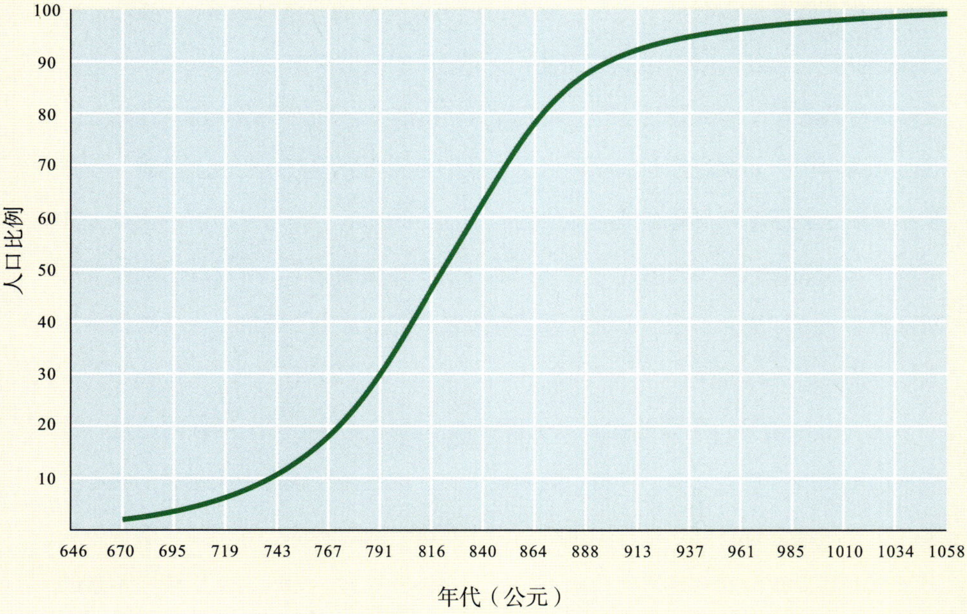

图表1 伊朗皈依伊斯兰教

资料来源：Richard W. Bulliet, *Conversion to Islam in the Medieval Period*, Cambridge, MA: Harvard University Press, 1979, 23. Copyright © 1979 by the President and Fellows of Harvard College.

第四篇

文化与联系的区际模式（1200—1550年）

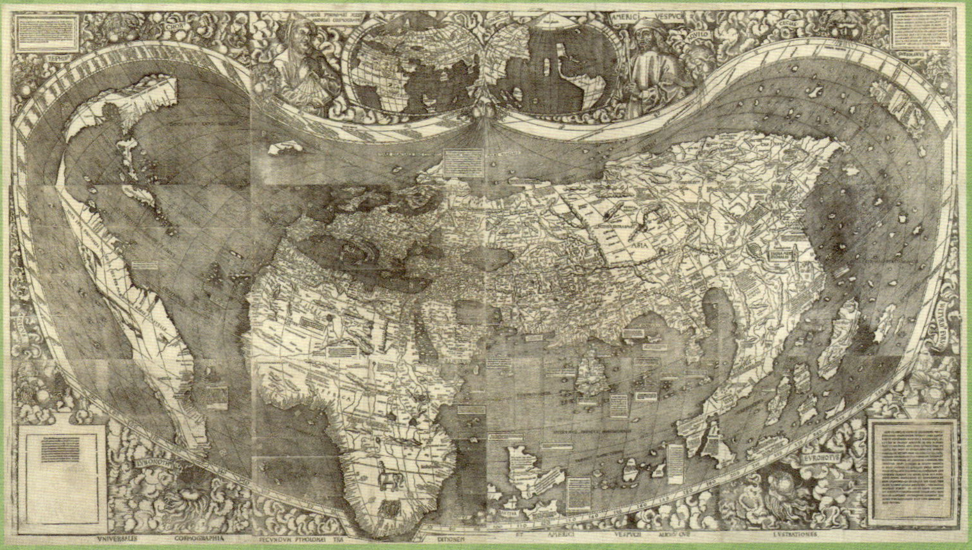

马丁·瓦尔德泽米勒的世界地图

这张地图出版于1507年，它被收录在一本叫《宇宙志入门》的德文地理书中。这张地图第一次使用了“美洲”的称谓，图上有1/3的航线是绕过南美的。亚美利哥·维斯普奇（原拼写为Amerigho Vespucci）于1499年和1501年两次到达新世界。他写的信使人们产生了误解，好像是他而不是哥伦布首先登上了这块大陆。“我不认为人们有权反对用亚美利哥的名字来为这块大陆命名。他发现了这块大陆，他是个智者。［所以我们将这块大陆称为］亚美利哥洲（意思是亚美利哥的土地）或美洲：因为欧罗巴洲和亚细亚洲的称呼都来源于女性。”

蒙古人将沿丝绸之路进行的陆路贸易推倒了顶峰。四处征战的成吉思汗建立了蒙古帝国，他使蒙古成了联结欧洲、中东、俄国和东亚的行政中心和贸易中心。有些地方走向了繁荣，而有些地方已是满目疮痍，还要承担沉重的税赋。

那些远离战火的国家也受到了蒙古的影响。在地中海东岸、东欧、东南亚和日本，对蒙古人的恐惧不但促使当地人制订了防卫计划，而且推动了这些地区的城市化、技术进步和中央集权。

到1500年，蒙古政权已是日薄西山。中国的明帝国开始扩大其在东南亚的影响力。奥斯曼人埋葬了拜占庭帝国。挫败了伊斯兰军队的西班牙和葡萄牙开始建立海外帝国。

欧亚大陆的陆路贸易逐渐衰落，商人、士兵和探险家开始将目光投向海洋。在国家的支持下，中国的郑和进行了引人注目的航海活动，但七下西洋并未产生长期影响。在14世纪和15世纪，非洲人探索了大西洋，波利尼西亚人在太平洋中部地区和东部地区进行了殖民扩张。到1500年，克里斯托弗·哥伦布已经到达了美洲；在之后的25年里，一艘葡萄牙船完成了环球航行。

欧亚大陆的陆路贸易给东亚带来了巨额财富，同时也促进了欧洲的商业发展。这些因素也同样刺激了海上贸易。上述成就和财富，以及来自美洲、撒哈拉以南的非洲和亚洲的资源为欧洲的进一步扩张和海上称霸奠定了基础。

第13章

蒙古人横跨欧亚大陆及其后果（1200—1500年）

本章纲要

思考

蒙古人为什么能进行如此迅速的大规模征服？

蒙古扩张和伊斯兰教是怎样相互影响的？

蒙古帝国将欧亚大陆整合到一起，这产生了哪些积极影响？

在中国，蒙古人怎样促进文化交流和科技交流？

明帝国在哪些方面延续了蒙古人的政策？哪些方面改变了蒙古人的政策？

在面对蒙古威胁的时候，朝鲜和日本的反应有何异同？

337 当铁木真还是个孩子的时候，敌对的部落杀害了他的父亲。铁木真的母亲想把他藏起来，但她找不到安全的地方。15岁的时候，铁木真向克烈部（Keraits）的首领寻求保护。克烈部是一个同盟，这个部族的蒙古人说突厥语，他们既信奉基督教又尊崇佛教。铁木真明白了宗教宽容的重要性和痛歼敌人的必要性。同时，他也了解到了亚洲内陆地区文化传统和经济传统的多样性。

蒙古人：欧亚大陆北部的游牧民族，最早见于唐朝文献。1206年后，他们在成吉思汗的领导下建立了一个庞大的帝国。

成吉思汗：铁木真统治蒙古时（1206—1227年）的封号，意思是“海洋”或“世界的领导者”。成吉思汗创建了蒙古帝国。

1206年，铁木真从**蒙古人**及其盟友那里得到了“**成吉思汗**”的封号，意思是至高无上的领导人。他的智囊来自世界不同地区，他们说着各式各样的语言。在弥留之际，成吉思汗说出了蒙古人取胜后所应采取的策略，但即便是当时的记录也不能一字不差地记下他的原话。他说：“如果你们想保住占领的土地，如果你们想战胜你们的敌人，你们就要让你们的臣属心甘情愿地服从你们，统一各种力量来实现单一的目标。”[1]这一策略使成吉思汗成为历史上最成功的征服者。到1250年，蒙古人的控制范围从波兰一直延伸到了中国北部。

现在的学者都强调蒙古统治所带来的积极影响。但当时的欧洲人和亚洲人将蒙古人视为死亡、痛苦和灾难的象征。这个观点非常普遍，因为蒙古人进行了残酷的大屠杀。

蒙古帝国的迅速扩张促进了欧亚大陆的人口流动和思想交流。商路得到改善，市场变得越来越大，对产品的需求也不断增加。唐帝国灭亡后（见第11章），丝绸之路上的贸易也随即衰落。蒙古帝国崛起后，丝路贸易重新兴旺起来。

日本的防御 1281年，日本武士登上了蒙古战船，他们用武士刀来阻止敌军登陆。

在1218—1350年的欧亚大陆西部地区和1368年之前的中国，蒙古人关注的是经济利益和战略利益，他们允许地方文化继续存在和发展。蒙古人的统治使许多地区产生了地域认同和民族认同。在蒙古帝国衰落后，这些认同感进一步得到加强。蒙古人促进了经济交流和文化交流，这使俄国、伊朗、中国、朝鲜和日本获得了益处。此外，在反抗蒙古的过程中，这些存在巨大差异的国家认识到了文化差异性，并出现了政治整合。

13.1 蒙古人的崛起（1200—1260年） 338

蒙古帝国的成功很大程度上取决于欧亚大草原和沙漠地区的文化制度和政治传统。**游牧生活**只是推动帝国扩张的偶然因素，历史学家们对于引发这些事件的原因存在意见分歧。以蒙古帝国为例，我们很难准确评价成吉思汗及其继任者所做出的贡献。

游牧生活：一种逐水草而居的生活方式。

13.1.1 中亚及亚洲内陆地区的游牧生活

蒙古社会

在蒙古人崛起之前的数百年间，欧亚大草原上的游牧民族在欧洲、中东和中国的历史中时隐时现（见第8章）。蒙古人的生活方式与之前的游牧民族或许没有什么不同（见“多样性与主流：蒙古人的生活”）。为了能让小孩学会骑马，蒙古人保留了一种传统做法：将年幼的孩子放在山羊背上。他们要经常驱赶羊群和牛群，这使他们变得行为果断。蒙古人和蒙古家族具有很强的独立性，因此部族在做决定的时候，人们会听到许多不同的声音。有权有势的家族组成了一个会议，可汗的决定要经过这个会议的认可。不同意某项决定的人可以不执行这项决定。即便在战争期间，战士也会带着他们的家人和财产。

奴隶可充当佣人，这些奴隶或是战俘，或是为吃口饱饭而自愿成为奴隶的人。为了确保自己的土地和安全，弱小的部落会向强大的部落缴纳一些贡物，如奴隶、牲畜、武器、丝绸和现金。更加强大的部落（如成吉思汗及其后代所属的部落）完全依靠贡品生活，他们不怎么关心放牧，更关心的是如何通过战争获得更多的贡物。

蒙古妇女

显赫的家族会用联姻等方式来整合资源，巩固内部团结，这有助于政治联盟的形成。孩子在很小的时候就可能结婚（铁木真就是个例子，他在8岁时就娶亲了），他们是外交上的人质。来自名门望族的妇女可以参与交涉和管理，但她们也要冒着被暗杀和被处决的风险，这点与男性无异。

在一位统治者去世，而继任者尚未确定之前，统治者的妻子和母亲可以管理国家大事，这是一种传统。王公大臣要顺从摄政者，要无条件服从命令。女性摄政者不能成为可汗，因此她们的政策都是为儿子或男性亲属掌权铺路。

可汗

在一个家庭中，家庭成员会各有信仰，佛教、基督教和伊斯兰教是最常见的。事实上，所有的蒙古人都信奉传统的萨满教。在萨满教的宗教仪式上，有非凡能力的人会与超自然世界进行沟通，并对其施加影响。无论信仰是什么，蒙古人都认为可汗是在萨满的协助下统治世界的。他们认为可汗可以与神沟通，可以代表天。这位主宰世界的统治者超越了特定的文化，所有文化都在他的掌控之中。

13.1.2 蒙古人的征服活动（1215—1283年）

1206年，铁木真获得了“成吉思汗”的称号。之后不久，蒙古人便开始了长达20年的侵略扩张。1209年，成吉思汗震慑住了党项人的统治者。1215年，他攻占金国的首都燕京，即今天的北京。1219年，成吉思汗西征花剌子模（Khwarezm）。花剌子模位于里海东岸，控制范围包括了伊朗许多地区。1221年，在攻下伊朗大部分地区后，他将指挥权交给了部将。

大事年表

	中国	中亚和中东	俄国	朝鲜、日本和东南亚
1200年	1206年，铁木真得到了“成吉思汗”的称号 1227年，成吉思汗去世 1227—1241年，窝阔台在位 1234年，蒙古人征服中国北部 1271年，元帝国建立 1279年，蒙古人征服南宋	1219—1223年，蒙古人第一次进攻伊朗 1258年，蒙古人洗劫巴格达，并杀死哈里发 1260年，马穆鲁克在阿音扎鲁特战役中击败伊儿汗国 1295年，伊儿汗国的合赞汗皈依伊斯兰教	1221—1223年，蒙古人第一次进攻俄国 1240年，蒙古人洗劫基辅 1242年，亚历山大·涅夫斯基击败条顿骑士 1260年，伊儿汗国和金帐汗国之间爆发战争	1258年，高丽向蒙古人投降 1274年和1281年，蒙古人进攻日本 1283年，元朝入侵占城 1293年，元朝进攻爪哇
1300年	1368年，明帝国建立	1349年，伊儿汗国的统治结束 约1350年，埃及感染瘟疫 1370—1405年，帖木儿在位	1346年，卡法爆发鼠疫	1333—1338年，镰仓幕府在日本垮台，足利氏开始统治 1392年，李氏王朝在朝鲜建立
1400年	1403—1424年，永乐皇帝在位 1405—1433年，郑和下西洋	1402年，帖木儿击败奥斯曼苏丹 1453年，奥斯曼人占领君士坦丁堡	1462—1505年，伊凡三世成为沙皇；莫斯科成为主要政治中心	1471—1500年，安南征服占城

成吉思汗的后继者

339

成吉思汗于1227年去世，他的儿子窝阔台继承了汗位（见图表13-1）。他吞并了西夏和金。到1234年，窝阔台控制了中国北方的大部分地区，并威胁到了南宋（见第11章）。两年后，成吉思汗的孙子拔都（1255年去世）开始攻击俄国和东欧，他控制了伏尔加河沿岸城市，并在5年的时间里征服了基辅罗斯、莫斯科、波兰和匈牙利。1241年，窝阔台去世，战争也随即停止，这样欧洲才免于遭受更大的损失。成吉思汗的孙子贵由成为新可汗，侵略战争重新拉开序幕。在中东，一支蒙古军队于1258年洗劫了巴格达，并处决了阿拔斯王朝最后

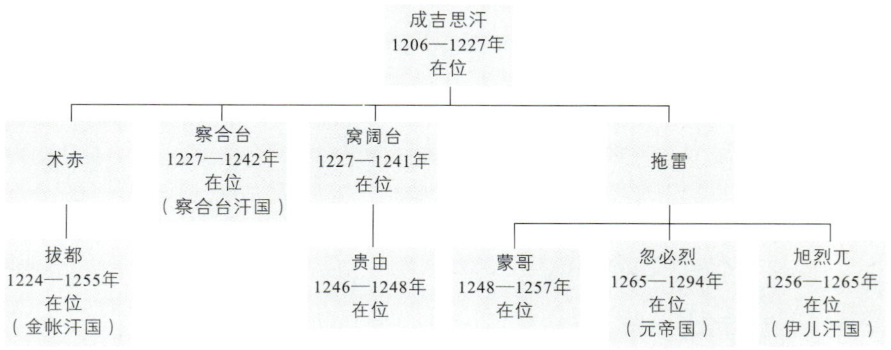

图表13-1 蒙古的统治者（1206—1260年） 下面是大汗的名字，还标注了他们建立的汗国和他们在位的时间。

一任哈里发（见第9章）。

成吉思汗的最初目的是获得贡品，但蒙古人的成功征服开创了一个新局
面。毫无疑问，窝阔台想坐镇首都哈拉和林（Karakorum），统治一个统一的帝
国。到他死的时候，他控制了臣服于蒙古的地区：金帐汗国控制着俄国，察合
340 台（Jagadai）汗国支配着中亚。但在窝阔台去世后，家族出现了分裂。1265年，
忽必烈自立为大汗，但察合台和其他家族成员拒绝承认。接踵而至的战争破坏
了哈拉和林。于是，忽必烈将宫廷迁往金的都城（现更名为北京）。1271年，
他建立了**元帝国**。

元帝国：忽必烈建立的帝国，统治着中国和西伯利亚。

察合台的后代继续统治中亚地区，并与说突厥语的游牧民族保持着密切联系。但他们对忽必烈一直怀恨在心。因此，察合台汗国使中亚成了蒙古的中心，并在那里传播伊斯兰教。

1279年，元帝国灭掉了南宋（见第11章）。之后，蒙古人向安南（今越南北部）发动了进攻。他们三次攻占河内。在确立朝贡关系后，他们撤出了军队。1283年，忽必烈的军队入侵了占城（位于今越南南部），那里也成了元帝国的朝贡国。他还想从海上进攻爪哇，但行动以失败告终。1274年和1281年两次入侵日本的计划也未获成功。

军事技术

蒙古人很少在数量上超过敌人，但他们有优秀的骑兵和威力十足的弓。这种中亚地区的弓由木片、皮革和骨头制成。与敌人使用的弓相比，这种弓的射程要远1/3，但也相应地比较难拉一些。

弓箭手很少会用光箭筒里的60支箭。战斗开始后，远处射来的箭会大量消灭敌方的弓箭手。之后，蒙古人开始向使用剑、长矛、标枪和狼牙棒的步兵发动攻击。蒙古骑兵只在阿音扎鲁特战役中遇到了对手。在这场战役中，一支实力平平的蒙古骑兵遇到了讲突厥语的马穆鲁克，他们的作战技术与蒙古骑兵不分伯仲（见第9章）。

攻城与恐怖

蒙古人有时也会使用带火的箭和投石机，它打出的石块有时也是带火的。蒙古人最初使用的投石机是中式的，这种投石机易于运输，但射程短、精度低。然而，蒙古人在中亚向西作战的时候，遇到了一种威力大一半的装置，他们用它攻破了伊朗和伊拉克的许多城池。

对于被包围的城市来说，抵抗就有被毁灭的危险，投降似乎是唯一的出路。蒙古人在巴尔赫（位于今阿富汗北部）和其他城市进行了大屠杀，由此产生的恐怖使许多城市选择了投降。每一个被征服的地区都会有人加入“蒙古”军队。在中东，即帝国的西部边疆，蒙古官员指挥着由突厥人和伊朗人组成的军队。

多样性与主流

蒙古人的生活 342

虽然蒙古帝国强大，幅员辽阔，而且存在了很长时间，但关于帝国的记录大多不是出自蒙古人之手。做记录的人要么是到帝国游历，要么是为蒙古人工作。下面三段引文的作者就属于这种情况。

威廉·鲁布鲁克（William of Rubruck）是一位圣方济各会修士。在中东的十字军占领区生活了一段时间后，他于1253—1255年造访了蒙哥（Mönke）的宫廷。他带来了法国国王路易九世（1226—1270年在位）的信。信中询问，这位修士及其同伴能否留在蒙古传教，能否去慰藉日耳曼战俘。威廉并未见到日耳曼人，但他对蒙古生活的记述吸引了许多欧洲读者。

他们睡觉的住处以一圈编织的树枝为基础，支撑它的也是树枝，到顶端汇集成一个小圈，从圈中伸出像烟囱样的颈状物。他们在外面罩一层毛毡。

他们也会经常往毛毡上涂抹白垩粉、其他白色的黏土或磨碎的骨头，这样可以使毛毡显得亮白。他们有时也会把毡子涂成黑色。这些住所很大，从一端到另一端有时要30英尺。我曾经量过，马车轮轨之间有20英尺，当把这些住所放在马车上，它至少要从马车两边各突出5英尺。我数过，有22头牛拉着一辆车，上面拉着住所，11头牛一排，这正好与车的宽度相符，另外11头牛在前面。车轴像船的桅杆一样大，一个男人站在车上驾驭公牛。

已婚妇女会自己制造高质量的车……一个富裕的Mo'al［蒙古人］或鞑靼人一般都会有一两百辆这样的车。巴图（Baatu）有26个妻子，她们每人都有一个大住所，这还不算其他的住所。小住所在大住所的后面，那是女仆住的地方：这些住所属于200辆马车。安营的时候，正房夫人（chief wife）会在最西端搭建毡房，其他人按级别也是各有位置……因此，一个富裕蒙古人的住处看上去就像是个大镇子，尽管里面几乎没有什么男性。一个妇女可以驾驭20到30辆车，因为地很平坦。牛车和骆驼车会被赶到一起，妇女坐在前面赶牛，其他的牲畜也会以同样的速度前进。遇到困难的时候，他们会把牲畜集中在一起。羊和牛走得并不快，因此他们只能缓慢行进。

《世界征服者史》的作者是伊朗历史学家志费尼（Ata-Malik Juvaini），他在伊朗为蒙古人工作。在13世纪50年代，他用优雅的波斯文创作了这部作品。书中既盛赞了蒙古统治者，又表现了这些征服者的残酷和破坏性。

成吉思汗极其重视狩猎，他常说，行猎是军队将官的正当职司，从中得到教益和训练是士兵和军人应尽的义务，［他们应当学习］猎人如何追赶猎物，如何猎取它，怎样摆开阵势，怎样视人数多寡进行围捕。因为蒙古人想要行猎时，总是先派探子去探看有什么野兽可猎，数量多寡。当他们不打仗时，他们热衷于狩猎，并且鼓励他们的军队从事这一活动：这不单为猎取野兽，也为习惯狩猎锻炼，熟悉弓马和吃苦耐劳。每逢汗要进行大猎（一般在冬季初举行），他就传下诏旨，命驻扎在他大本营四周和斡耳朵附近的军队做好行猎准备，按照指令从每十人中选派几骑，把武器及其他适用于所去猎场的器用等物分发下去，军队的右翼、左翼和中路，排好队形，由大异密率领；他们则携带后妃、嫔妾、粮食、饮料等一起出发。他们花一两个月或三个月的时间，形成一个猎圈，缓慢地、逐步地驱赶着前面的野兽，小心翼翼，唯恐有一头野兽逃出圈子。如果出乎意料有一头破阵而出，那么要对出事原因做仔细的调查，千夫长、百夫长和十夫长要因此受杖，有时甚至被处极刑。如果（举个例说）有士兵没有按照路线（蒙古人称之为捏儿格）行走，或前或后错走一步，就要给他严厉的惩罚，绝不宽恕。在这两三个月中，他们日夜如此驱赶着野兽，好像赶一群绵羊，然后捎信给汗，向他报告猎物的情况，其数之多寡，已赶至何处，从何地将野兽惊起，等等。最后，猎圈收缩到直径仅两三帕列散（parasang）时，他们把绳索联结起来，在上面复以毛毡，军队围着圈子停下来，肩并肩而立。这时候，圈子中充满各种兽类的哀嚎和骚乱，还有形形色色猛兽的咆哮和喧嚣，全都感到这是"野兽麇集"时的大劫。狮子跟野驴昵近，鬣狗与狐狸友好，豺狼同野兔亲善。猎圈再收缩到野兽已不能跑动，汗便带领几骑首先驰入；当他猎厌后，他们在捏儿格中央的高地下马，观看诸王同样进入猎圈，继他们之后，按顺序进入的是那颜、将官和士兵。几天时间如此过去；最后，除了几头伤残的游荡的野兽外，没有别的猎物了，这时，老头和白髯翁卑恭地走近汗，为他的幸福祈祷，替余下的野兽乞命，请求让它们到有水草的地方去……

现在，战争以及战争中的杀戮，清点死者和饶恕残存者，正是按这种方式进行的，确实，每个细节都是吻合的，因为战场上剩下的仅仅是些肢体破碎的可怜虫。[1]

忽思慧（Hu Szu-hui）来自一个中国—突厥家庭（Chinese-Turkic family），他
向元朝皇帝进献了一本书，书名是《饮膳正要》（1330年）。他的作品既反映了游 343
牧民族对肉食的倚重，又反映了中国人对营养的关注。

食疗诸病［60种］

驴头羹

治中风头眩，手足无力，筋骨烦痛，言语蹇涩。乌驴头（一枚，挦，洗净），胡椒（二钱），草果（二钱）。右件，煮令烂熟，入豆豉汁中，五味调

1　参见志费尼：《世界征服者史》，何高济译，内蒙古人民出版社，1980年，第29—31页。——译注

和，空腹食之。

驴肉汤

治风狂，忧愁不乐，安心气。乌驴肉（不以多少，切）。右件，于豆豉中，烂煮熟，入五味，空心食之。

狐肉羹

治惊风，癫痫，神情恍惚，言语错谬，歌笑无度。狐肉（不以多少及五脏）。右件，如常法入五味，煮令烂熟，空心食之。

熊肉羹

治诸风，脚气，痹痛不仁，五缓筋急。熊肉（一斤）。右件，于豆豉中，入五味、葱、酱，煮熟，空腹食之。

食物相反［55种］

马肉不可与仓米同食。

马肉不可与苍耳、姜同食。

猪肉不可与牛肉同食。

羊肝不可与椒同食，伤心。

兔肉不可与姜同食，成霍乱。

牛肉不可与栗子同食。

马奶子不可与鱼脍同食，生症瘕。

鹿肉不可与鱼同食。

牛肠不可与犬肉同食。

鹌鹑肉不可与猪肉同食，面生黑。

野鸡卵不可与葱同食，生虫。

雀肉不可与李同食。

鸡子不可与鳖肉同食。

资料来源：From *The Mission of Friar William of Rubruck. His Journey to the Court of the Great Khan Mönke 1253–1255*, translated by Peter Jackson, pp. 7374. Copyright © 1990. Reprinted by permission of

分析问题

从上面的引文中，你能发现欧洲人、伊朗人和中国人有什么不同的观点？

引文表明蒙古人是穆斯林、基督徒、佛教徒还是儒生？

与为蒙古统治者服务的臣属相比，这些旅行者的观察是否更具史料价值？

13.1.3 陆路贸易与疾病 344

蒙古的统治促进了商业整合，这影响到了帝国的许多地区。与早期游牧民族的上层一样，只有蒙古贵族才能穿丝绸制品，这些丝绸全部来自中国。大量款式新颖的丝绸加入了中东和欧洲的奢侈品贸易。来自日本的工艺品最远到达了英格兰和摩洛哥。瓷器和其他来自东方的奢侈品成为重要的贸易品，随后这些东西也影响了伊斯兰世界的审美观。

通行证 蒙古帝国为长途贸易和商人、外交人员的长途往来提供了便利。旅行者经常遇到新的语言、法律和习俗。牌札（paisa，源自中文，意为“卡”或“牌子”）上面的蒙古文表明旅行者得到了统治者的允许，他可以通过某一地区。后来，欧洲人也采取了类似的做法。因此，牌札是现代护照的前身。

旅行者的记录：马可·波罗

在前往蒙古宫廷的漫长路途中，商人会遇到使臣、学者和传教士。一些游记，如威尼斯人马可·波罗（1254—1324年）的记录，既有现实的成分又有夸张的成分。故事夸大了东方的富有，这刺激了欧洲人的野心，他们想找到通往亚洲的捷径。

老鼠和跳蚤

淋巴腺鼠疫：一种细菌性疾病，通过跳蚤叮咬老鼠和人类传播；在病症的晚期，人也可以通过咳嗽传播病菌。这种疾病的死亡率很高，而且很难切断传播途径，因此淋巴腺鼠疫的大爆发重创了世界许多地区。

交流也加快了疾病的传播。从唐代早期开始，**淋巴腺鼠疫**就在中国西南部地区肆虐。13世纪中，为在云南的蒙古驻军提供供给品的车队夹带了一些感染病菌的跳蚤，这些跳蚤通常是寄生在老鼠身上。车队途经地区的土拨鼠和其他啮齿类动物感染了这种疾病，并将其传给了狗和人。1346年，蒙古军队进攻克里米亚的卡法（Kaffa）城时，这种传染病使蒙古人的军事行动以失败告终。他们撤走了，但疾病却留在了那里。感染了病菌的老鼠从卡法经海路到达了欧洲和埃及（见第15章）。

斑疹伤寒、流感和天花也在以相同的路径传播。这些疾病和其他疾病造成了1347—1352年的“瘟疫大流行”，它们所带来的破坏超过了蒙古军队所带来的破坏。和平贸易（而不是征服）造成了大规模的死亡。

本节回顾

血缘关系和朝贡关系将蒙古人的游牧社会联结在了一起。在这个社会中，妇女扮演着重要角色。

在成吉思汗的领导下，蒙古开始对外征服，欧亚大陆上的许多王国都要向蒙古人朝贡。

他的继任者将注意力转向了治理国家，但内部的政治纷争使蒙古帝国分裂为几个较小的国家，其中包括中国和中亚。

蒙古人通过先进战术征服了大片地区，他们将帝国整合成了一个巨大的陆路贸易网。

通过这张贸易网，淋巴腺鼠疫从亚洲传到了欧洲。

345

13.2 蒙古人和伊斯兰教（1260—1500年）

从蒙古史的角度来看，皈依伊斯兰教的家族支派和未皈依伊斯兰教的家族支派在政治上会有竞争关系。从伊斯兰史的角度来看，蒙古军队于1258年推翻巴格达的阿拔斯哈里发，这是蒙古人最大的破坏。但伊斯兰世界从这次灾难中恢复了过来，这不但证明了伊斯兰信仰充满活力，而且说明穆斯林有能力战胜困难。在最黑暗的50年里，伊斯兰教既是一支强大的思想力量，又是一支强大的政治力量。

13.2.1 蒙古人的内斗

到1260年，成吉思汗的孙子旭烈兀建立的**伊儿汗国**已经控制了伊朗、阿塞拜疆、美索不达米亚和亚美尼亚的部分地区。里海以北的蒙古人征服了俄国的南部地区，他们建立了**金帐汗国**（又称钦察汗国），都城设在伏尔加河上的萨莱（Sarai）。伊儿汗国和金帐汗国都统治着当地的穆斯林，其中大部分人是讲突厥语的。

在进攻中东之前，不少蒙古家族就皈依了伊斯兰教，说突厥语的穆斯林在许多方面为他们提供了服务。虽然旭烈兀是个佛教徒，但他非常信任什叶派顾问，因此给予什叶派许多特权。但旭烈兀手下的蒙古人接受伊斯兰教的速度并不快。

伊斯兰教的教义与蒙古人的生活方式有冲突。穆斯林痛恨蒙古人敬拜佛陀和萨满教的偶像。而且，蒙古法律要求在不放血的情况下宰杀牲畜，宰杀时要开膛摘心。这使穆斯林产生了恐惧，他们不允许喝血，而且在宰杀牲畜的时候，首先要在牲畜的喉咙上割一刀，把它们的血放掉。

成为金帐汗国的大汗后，拔都接受了伊斯兰教。此后，伊斯兰教在蒙古内部制造了紧张气氛。拔都发誓要为阿拔斯哈里发报仇，他宣布高加索山脉（位于黑海和里海之间的山脉）归金帐汗国所有，但伊儿汗国认为这条山脉是自己的领地（见地图13-1）。

一些欧洲君主认为，如果他们帮不信伊斯兰教的伊儿汗国把金帐汗国驱逐出高加索地区，那么伊儿汗国就可以减轻穆斯林对十字军国家（位于叙利亚、黎巴嫩和巴勒斯坦）的压力（见第9章）。因此，伊儿汗国的可汗和教皇尼古拉四世（1288—1292年在位）保持了短暂的通信联系。13世纪末，可汗派两名信奉基督教的突厥人出使西欧。金帐汗国则试图与埃及的马穆鲁克结盟，这样既可以制约十字军，又可以抗衡伊儿汗国。这些错综复杂的关系使十字军国家得到了喘息之机，但马穆鲁克还是在15世纪推翻了这些十字军国家。

伊儿汗国和金帐汗国

伊儿汗国：以波斯为基础的“次等”或“边缘”的汗国。伊儿汗国由成吉思汗的孙子旭烈兀建立，定都在伊朗阿塞拜疆省的大不里士，控制着伊朗和伊拉克的许多地区。

金帐汗国：又称钦察汗国，由成吉思汗的孙子拔都创建。金帐汗国位于俄国南部，它很快就采用了突厥语，并皈依了伊斯兰教。

合赞汗皈依伊斯兰教

在欧洲的外交努力取得成果之前，伊儿汗国的新统治者合赞汗（1271—1304年）于1295年皈依了伊斯兰教。伊儿汗国将相互冲突的逊尼派和什叶派结合到了一起——就像硬币铭文所表现的那样，这说明合赞汗并不关注神学问题。在军队中服役的突厥族穆斯林究竟是逊尼派还是什叶派？这个问题也不是很清楚。

13.2.2 伊斯兰教与国家

税收与管理

伊儿汗国的统治者逐渐对伊斯兰地区的传统城市文化产生了兴趣，但他们用包税制（tax farming，中东地区早期出现的财税制度）最大限度地盘剥臣民。政府将税收权卖给一些小合伙人，这些人大部分是商人，他们也投资商队、小工业和军事远征。出价最高的人会赢得税收权。他们可以使用各种方法收税，因此收到的税款也会多于购买税收权的花销。

346 起初，包税制降低了行政管理的成本，但久而久之，包税人的敲诈勒索使许多地主背上了债务，而且他们还受到了奴役。农业生产力不断下滑，这使军粮出现了问题。所以政府只好收回土地，自己种植粮食。与宗教地产相似，这些土地也是免税的。因此，税收在减少，而军队和贵族的需求却在增加。

纸币

合赞汗要处理许多经济问题。本着伊斯兰的人道主义精神，他承诺减税。但税收的需求使减税变得遥遥无期。之前，中国发行过纸币，但并不成功。现在，他想再试一次，但臣僚们对此反应冷淡。发行纸币使伊儿汗国经济萧条，这种状况一直持续到汗国灭亡之后的1349年。为了不断减少的税收，蒙古贵族中出现了内斗，朋党相互倾轧，这严重破坏了政府的稳定。

帖木儿：出身于察合台汗国的名门望族。通过征服，帖木儿控制中亚和伊朗的许多地区。他巩固了逊尼派的正统地位。在他继任者的统治下，帝国存在了大约一个世纪。帖木儿的后代在印度建立了莫卧尔帝国。

当伊儿汗国和金帐汗国明争暗斗的时候，中亚地区出现了一个新的国家，这就是察合台汗国。后来，**帖木儿**控制了察合台汗国的军队，并开始向欧亚大陆的西部进军，他可能想成为新的成吉思汗。从民族上说，他是突厥人，只与蒙古征服者有姻亲关系。因此，他不能成为可汗，但这不妨碍他于1398年洗劫印度北部的德里苏丹国，也不妨碍他于1402年在安纳托利亚击败刚刚兴起的奥347 斯曼帝国。据说，在他于1405年去世的时候，他还准备入侵中国。但他的后代未能使国家保持统一。

13.2.3 欧亚大陆伊斯兰世界的文化与科学

伊儿汗国的可汗和帖木儿的继承人将伊朗和中国的艺术趋向和文化活动结

地图13-1　14世纪欧亚大陆的西部地区　1295年，合赞汗皈依了伊斯兰教，这打破了蒙古统治下的脆弱的势力均衡。欧洲的君主放弃了联合伊儿汗国共同对付巴勒斯坦穆斯林的希望。同时，马穆鲁克与金帐汗国结成了同盟，这使伊儿汗国很难再向西发展。这有利于欧洲人保卫他们在巴勒斯坦和叙利亚的土地。

合到了一起，于是伊朗、阿富汗和中亚地区走向了文化繁荣。但主导文化趋势的是穆斯林。在重新染指伊朗和中国之前，帖木儿就已经去世了。但他将中东地区的学者、艺术家和工匠带到了首都撒马尔罕，因此他的继任者取得了不少文化成就。

天文学家和历史学家

历史学家志费尼（1283年去世）记录了成吉思汗在弥留之际所说的话，这些话在本章开始的时候已经引用过了。他来自巴尔赫（Balkh），1221年蒙古人毁掉了这座城市。他的家族投靠了蒙古人，志费尼和他的哥哥都在政府中身居高位。伊儿汗国的旭烈兀希望证明他的征服是永恒的、正义的。因此，他热情地支持志费尼创作第一部全面记述成吉思汗帝国的作品。

志费尼将华丽的风格与历史学家的客观性结合到一起，他经常批评蒙古

帖木儿在撒马尔罕的陵墓 圆形的屋顶上覆盖着绿松石瓦，这是帖木儿时期典型的装饰风格。帖木儿家族在首都建起了一座宏伟的清真寺，三大宗教在广场交汇。墓园的中间有一条漂亮的小路。帖木儿将被征服地区的能工巧匠带到了撒马尔罕，这些华丽的建筑就是出自他们之手。

348

拉施德丁：伊儿汗国合赞汗的臣属。在拉施德丁的建议下，合赞汗皈依了伊斯兰教。

人。这使合赞汗的宰相**拉施德丁**（Rashid al-Din）获得了灵感，他想创作第一部世界史。拉施德丁的著作包括了欧洲最早的历史（信息来自欧洲僧侣的叙述）和详细的中国历史（信息来自在伊朗的中国穆斯林官员）。这部作品还有一些插画，它们涉及欧洲和中国的人物与事件，也反映出了两个地区的艺术传统。在帖木儿后代的统治下，中国的绘画技巧使伊斯兰微型画进入了鼎盛时期。

拉施德丁游历了许多地区，并与蒙古其他统治区的官员进行了合作。他认为，政府的行为应符合大多数人的道德标准，这一观点为合赞汗接受伊斯兰教提供了支持。但合赞汗的统治并不符合穆斯林的传统，他效仿了俄国和中国的金融政策和货币政策。

在帖木儿后代诸君的统治下，伊儿汗国的史学传统得到延续。攻占大马士革后，帖木儿见到了当时最伟大的历史学家伊本·赫勒敦（Ibn Khaldun，1332—1406年），他是个突尼斯人。在回答拉施德丁关于蒙古史的问题时，帖木儿和伊本·赫勒敦在历史学、哲学和地理学方面进行了交流。与成吉思汗相似，帖木儿也认为自己是世界的征服者。在首都撒马尔罕和赫拉特（Heart，位于阿富汗西部），帖木儿的继任者支持学者用波斯语和突厥语进行史学创作。

什叶派学者**纳西尔·艾德丁·图西**（Nasir al-Din Tusi）的行为说明，蒙古人已经开始对伊斯兰世界的科学传统感兴趣了。阿萨辛派（Assassins）是什叶派里的一个宗教派别，它源自埃及的法蒂玛王朝，其思想与什叶派的主流观点有出入（见第9章）。1256年，纳西尔·艾德丁·图西参与了旭烈兀反对阿萨辛派的行动。纳西尔·艾德丁的著作涉及历史学、诗歌、民族和宗教，但他在数学和宇宙哲学方面取得的成就最大。之后的莪默·伽亚谟（Omar Khayyam，1038?—1131年）是塞尔柱时期的诗人和数学家，他在代数和三角学方面做出了贡献。当时，人们为纳西尔·艾德丁修建了一座天文台，这座天文台位于伊儿汗国首都大不里士附近的马拉盖（Maragheh）。后来的人就在这座天文台工作，他们使用了新的数学方法，从而更好地理解了天体运行。

伊斯兰的科学和天文学

纳西尔·艾德丁·图西：波斯的数学家和天文学家，他在大不里士附近的学院里创建了行星运行模型。哥白尼的太阳系模型就是受其启发。

他的一个学生设计出了数学用表和月亮运行的几何模型，但不知何故，这个功劳归到了波兰僧侣和天文学家尼古拉·哥白尼（1473—1543年）的名下。哥白尼完全照搬了这个月亮模型。之后，他将伊儿汗国创造的月亮运行模型运用到了其他行星上，只是这些行星在围绕太阳运转。

观测天文学和制定历法引起了早期中亚统治者的兴趣，畏兀儿人

天文学与工程学 观测天文学不但与数学和历法息息相关，而且与工程学也有密切关系。修建起来的平台、天文观测设备和浑天仪变得更加精密。这本波斯语手册成书于16世纪，但它反映了伊儿汗国时期的活动。当时，人们开始使用带锤线的大型浑天仪。

（Uighurs）和塞尔柱人（Seljuks）尤为热心。伊儿汗国的天文学家在预测日食和月食方面居于领先地位。天体观测仪、浑天仪、三维四分仪（three-dimensional quadrants）和其他设备的精度都有所提高。

伊儿汗国和帖木儿帝国的天文学家对日食、月食的精确预测和各种用表被翻译成了阿拉伯文，并传到了与其有敌对关系的马穆鲁克地区。拜占庭的僧侣将这些成果带到了君士坦丁堡，并将其翻译成了希腊语。在伊斯兰控制下的西班牙工作的基督教学者将这些著作翻译成拉丁文。在印度，德里苏丹国又让人把它们翻译成梵文。大汗忽必烈（后文将提到）将一些伊朗人请到北京，要他们帮他修建一座天文台。帖木儿的孙子乌鲁伯格（Ulugh Beg，1394—1449年）非常喜爱天文学，他在撒马尔罕修建了一座大天文台，并积极参与各种观测用
349 表的编纂。后来，这些用表被翻译成拉丁文，欧洲天文学家也开始使用它们。

十进位记数法

在乌鲁伯格时期，数学家阿尔卡西（Ghiyas al-Din Jamshid al-Kashi）做出了重要贡献。他发现中国天文学家长期将千分之一天用作计算新月出现的单位。受此启发，他开始使用十进位记数法（decimal notation），用这种方法，数量可以少于人们能够用空间标志表示的程度。阿尔卡西计算的圆周率（π）达到了前所未有的精度。这一成果经君士坦丁堡传到了欧洲。15世纪，欧洲出现了阿尔卡西著作的拉丁文译本。

本节回顾

伊斯兰教引发了伊儿汗国和金帐汗国之间的政治冲突。

在伊儿汗国，伊斯兰的价值观与经济要求发生了矛盾，并造成了动荡的局面。金帐汗国趁机入侵伊儿汗国。

同时，帖木儿控制了察合台汗国，并开始扩张自己的帝国。

在伊儿汗国和帖木儿帝国，伊朗和中亚的伊斯兰文化走向了繁荣。

这些统治者促进了历史学、文学、艺术、数学和天文学的发展。

13.3 欧亚大陆西部的反应

蒙古人的统治中心和丝绸之路沿途的商业城市从安全、可靠的陆路贸易中获得了不少好处。但战争的破坏、零星的暴力活动和沉重的税赋使农村地区苦

不堪言。随着蒙古人控制力的衰弱，俄国、东欧和安纳托利亚的地方势力开始崛起。有些地区选择与蒙古人合作，而另一些地区则会利用地方的民族传统和宗教传统来抵抗或消除蒙古人的影响。 350

13.3.1 俄国和来自远方的统治

1223年，成吉思汗的孙子拔都击败了俄国人和钦察人（一个突厥民族）的联军，并建立了金帐汗国。起初，金帐汗国是一个统一的国家。但后来，金帐汗国开始分崩离析，最后分裂成了几个小汗国，如15世纪统治俄国南部的白帐汗国（The White Horde）和1783年俄国吞并的位于黑海北岸的克里米亚汗国。

（老）萨莱

横贯大草原的东西通路和南北通路都沿着俄国和乌克兰的河流，这些道路使基辅罗斯统治下的相关贸易中心（entrepôts，即货物集散地）变得越来越重要（见第10章）。金帐汗国的首都是（老）萨莱，它在伏尔加河注入里海的地方稍微往北一点。汗国向北统治着俄国地区，向东也统治着遥远的地方。为了便于控制，金帐汗国给予了东正教教会特权，它可以使俄罗斯民族接受他们在远方的君主。

俄语的发展

在之后的历史中，语言政治学扮演了重要角色。以前教会用的斯拉夫语得以复兴，但俄语变得越来越重要，并最终成为主流的书面用语。俄国学者放弃了拜占庭的希腊语，即便在金帐汗国恢复与君士坦丁堡的接触后，他们也没再使用这种之前占主导地位的书面用语。金帐汗国将俄罗斯大公扶植为自己的代理人，他们的主要工作是收税和人口普查。

经济问题

大量的黄金白银进入了蒙古人的腰包，这扼杀了地方的贵金属经济。与伊儿汗国相似，为了解决通货紧缩的问题，金帐汗国也想引入纸币。货币改革并不成功，但它产生了影响：俄语“钱”这个词“denga”来自蒙古语“tamga”，意思是用于印制纸币的印花。事实上，商业主要依靠直接的以物易物，而不是以货币为媒介的交易。

亚历山大·涅夫斯基：诺夫哥罗德大公（1236—1263年在位）。1240年，他归顺了蒙古人。之后，他对俄国的领导地位得到了金帐汗国的认可。

亚历山大·涅夫斯基

亚历山大·涅夫斯基（Alexander Nevskii，约1220—1263年）是诺夫哥罗德大公，他劝说其他大公服从蒙古人的统治。作为回报，蒙古人会特别优待诺夫哥罗德和他儿子丹尼尔（Daniel）统治的莫斯科。这些城镇逐渐超越基辅（之前遭到蒙古人破坏），成了政治中心、文化中心和经济中心，它们派人到远离蒙古大草原的北方地区开垦新的农田。14世纪，地方分权的情况进一步加剧，莫斯科逐渐成为重要的政治中心。

“蒙古轭”

在评价蒙古时代的时候，一些历史学家会强调蒙古人的破坏性和他们在收税时的野蛮行径。在基辅时期（1000—1230年）末期，乌克兰是一个富饶、人口众多的地区，但上述原因使那里失去了很多人口，这使乌克兰苦不堪言。俄国和其他东欧地区很难向西发展，因此，在描述中，它们只能在“蒙古轭”（Mongol Yoke）下苦苦挣扎。

也有历史学家指出，在蒙古人侵之前，基辅在经济上已经走向了衰落。那里已经停止铸币了。但俄罗斯地区要向蒙古人定期缴纳重税，税款用白银支付。这不但说明那里出现了经济过剩，而且说明当地人有能力将商品变成现金。税收官——而非蒙古人——是造成沉重税赋的主要原因，俄罗斯的大公会为自己的土地免税，而将这些税款转嫁到农民身上。

俄国在文化上比较孤立，因此与拜占庭关系密切的东正教会发挥了重要而有建设性的作用。1453年，奥斯曼帝国攻陷君士坦丁堡后，东正教会的重要性有所降低，但俄罗斯地区与西欧的关系得到加强。

在蒙古的统治下，传统的地方政治结构保存了下来。俄罗斯的贵族家统也并未消失，他们继续争权夺势。蒙古人只是加入争夺的一个新角色而已。

沙皇的称号

351

15世纪末，莫斯科大公伊凡三世（1462—1505年在位）成为独裁君主。在伊凡之前，**沙皇**（tsar）这个头衔（源自“恺撒”一词，来自拜占庭帝国）只能加给外国统治者，如拜占庭皇帝或大草原上的突厥可汗。在金帐汗国走向衰落、拜占庭帝国土崩瓦解之际，伊凡想将这个头衔作为其统治合法性的基础。

沙皇：来自于拉丁语“caesar”，在俄国指君主。伊凡三世（1462—1505年在位）是首位俄国沙皇。

13.3.2 东欧和安纳托利亚的新国家

对于蒙古人的挑战，安纳托利亚和欧洲部分地区进行了有力的回击。神圣罗马帝国皇帝腓特烈二世（Frederick II，1212—1250年在位）是在西西里长大的，他很欣赏伊斯兰文化，并不回避与穆斯林进行磋商。教皇扬言，除非参加十字军东征，否则他就要被开除教籍。在这种情况下，他与埃及的马穆鲁克苏丹签订了一份没什么约束力的条约，象征性地夺回了耶路撒冷。但教皇对此并不满意，他与腓特烈二世的争吵也并未结束，他让匈牙利、波兰和立陶宛独自抵挡蒙古人的冲击。许多王公停止了抵抗，他们前往（老）萨莱，向拔都俯首

改造克里姆林宫　与其他北欧人相似，俄罗斯人也喜欢木制建筑，因为这种建筑易于修建，而且住起来也比较舒服。但重要的政治中心一般都有石制的防御物。14世纪，莫斯科成为新首府，克里姆林宫也从木制建筑变成了石制建筑。

称臣。

条顿骑士

但条顿骑士选择了抵抗。条顿骑士是说日耳曼语的战士，他们立志让欧洲北部的斯拉夫人和钦察人皈依基督教。此外，他们还希望日耳曼人能移民到他们的领地上。为了保卫斯拉夫地区，亚历山大·涅夫斯基站到了蒙古人一边，他们的对手是条顿骑士及其芬兰盟友。1242年，骑士团铩羽而归，许多人溺死在北方冰冷的湖泊中。这场战役沉重打击了条顿骑士团，北方的十字军也在事实上停止了活动。

与欧洲人短兵相接的“蒙古”军队包括突厥人、中国人、少量的欧洲人和至少一个英国人。这个英国人参与了十字军对中东地区的讨伐，但他加入了蒙古军队，并为匈牙利服务。但大部分的指挥官都是蒙古人。

352

知识的传播

最初，人们把蒙古人描述成来自地狱的恶魔或亚历山大大帝禁闭在洞穴中的古代怪物。后来，前往蒙古宫廷的欧洲使臣带回了更可靠的信息，新印象逐渐取代了之前的猜测。在有些地区，人们更多的是感激而不是恐惧。欧洲人学会了外交护照、采煤技术、活字、高温冶金术、高等数学、火药，14世纪还学会了铸造、使用青铜加农炮。但在14世纪40年代，淋巴腺鼠疫在欧洲大爆发（见第15章）。对蒙古人的恐怖印象使人们开始从宗教的角度思考问题，有些人认为这是上帝对基督徒的惩罚。

立陶宛

14世纪，许多地区逃过了蒙古人的铁蹄，立陶宛就是其中最典型的一个。当蒙古人攻下俄国的时候，立陶宛一方面在进行中央集权，另一方面在加强军事实力。与亚历山大·涅夫斯基相似，立陶宛统治者用与蒙古人进行合作的方式保持了国家独立。14世纪晚期，立陶宛利用它的特权地位对波兰进行了统治，这粉碎了条顿骑士团重整旗鼓的希望。

塞尔维亚帝国

巴尔干国家并未卷入拜占庭帝国的乱局中，它们在蒙古人带来的政治不确定性中走向了繁荣。事实证明，塞尔维亚国王斯特凡·杜尚（Stephen Dushan，约1308—1355年）是一位卓越的领导者。1331年，他从他父亲手中夺得了权力。他趁拜占庭帝国衰落之机，使塞尔维亚大主教获得了独立地位。1346年，塞尔维亚大主教为其加冕，称他为"沙皇以及塞尔维亚人、希腊人、保加利亚人和阿尔巴尼亚人的独裁者"，这个头衔说明了他广阔的统治范围。但与帖木儿帝国相似，在他于1355年去世后，他的王国走向了衰落。1389年，奥斯曼人在科索沃战役中彻底埋葬了这个国家。

奥斯曼帝国：大约1300年，奥斯曼在安纳托利亚西北部建立的伊斯兰国家。拜占庭帝国灭亡后，1453—1922年，伊斯坦布尔（即过去的君士坦丁堡）是奥斯曼帝国的首都。它征服了中东、北非、高加索和东欧的许多地区。

突厥人的后代建立了**奥斯曼帝国**，他们在突厥人迁移浪潮中与塞尔柱人一起来到了安纳托利亚。虽然伊儿汗国对安纳托利亚的东部地区有很强的影响力，但一些突厥公国还是在西部地区出现了。奥斯曼公国位于西北部地区，紧邻马尔马拉海。这不仅有利于它进入欧洲，对付江河日下的拜占庭帝国，而且有助于吸引边境地区想与基督徒作战的穆斯林战士。1402年，奥斯曼苏丹败在了帖木儿手里，但这只是个小挫折。1453年，苏丹穆罕默德二世攻占了君士坦丁堡，拜占庭帝国就此退出历史舞台。

与俄国、立陶宛和塞尔维亚的统治者相似，奥斯曼苏丹也抓住了蒙古衰落所带来的机会。这个强大的国家非常看重宗教和语言的同一性，而这恰恰是蒙古人所忽视的。正如我们所看到的那样，蒙古人在东亚和东南亚的统治也带来了相似的结果。

本节回顾

蒙古人的征服活动破坏了基辅罗斯，但俄语变得越来越重要，许多俄国传统也保留了下来。

本节回顾

蒙古人的征服使基辅失去了权力中心的地位，但金帐汗国的衰落为俄国独裁统治的崛起铺平了道路。

蒙古和拜占庭的衰落促进了东欧的立陶宛、塞尔维亚和安纳托利亚的奥斯曼帝国的崛起。

13.4　蒙古统治下的中国（1271—1368年）

13世纪30年代征服中国北方后，大汗窝阔台告诉他的儒生幕僚，他想将人口稠密的华北平原改造成适于放牧的草原。这位幕僚反应平静，他对窝阔台说，对城市和乡村征税可以获得更多财富。大汗深以为然，但他并未采取中国传统的固定税率制，而是采用了更具压迫性的包税制。

在蒙古统治初年，中国人深受包税制之苦。但忽必烈（成吉思汗的孙子）于1271年建立的元帝国还是发挥了许多积极作用，如保护商路，促进欧亚大陆东西两端的商业交流，传播信息、思想和技术。

13.4.1　元帝国（1271—1368年）

353

元帝国希望将蒙古传统和中国传统结合起来。**忽必烈汗**为长子取了一个中国名字，并让这个孩子学习儒学。在发布公告和制定法律时，他也会考虑儒学传统。佛教和道教的领袖觐见大汗后，他们留下了这样的印象：他们的目标基本都实现了，只是没能让他接受自己的信仰。

忽必烈汗：最后一位蒙古大汗（1260—1294年在位）。忽必烈建立了元帝国。

一些蒙古统治者很喜欢来自西藏的佛教僧侣，这些僧侣被称为**喇嘛**。他们认为，一位尚武的君主应该在佛祖的庇佑下统治整个世界，这样有利于拯救世人。这种思想反映了亚洲内陆地区的普适王权观念。

喇嘛：在藏传佛教中，喇嘛是老师的意思。

首都北京

北京是元帝国的首都，也是中国的文化中心和经济中心。从地理上讲，哈拉和林比较远，而北京则是陆路商道在东方的终点，这条商道的起点是伊儿汗国的首都大不里士和金帐汗国的首都（老）萨莱。这条商路的沿线有成千上万座驿站，它们可以保证商路畅通。行走在这条路上的商旅是比较安全的。到访北京的使臣和商人会发现，与哈拉和林相比，这座都城更具中国特色。

北京：现在中华人民共和国的首都，首次作为都城是在906年。

忽必烈的首都（被称为大都）有一座皇宫、宽阔的街道、由几个湖组成水网和错落有致的人工岛，这些都与皇帝密切相关。夏天，忽必烈会到位于内蒙古的行宫骑马射箭，这就是上都。英国诗人塞缪尔·泰勒·柯勒律治（Samuel Taylor Coleridge）对这个拥有“富丽堂皇的穹顶宫殿”的“上都”（Xanadu）赞不绝口。

元代社会

蒙古入侵之前，中国有三个独立的政权在相互攻伐（见第11章）。西夏和金统治着北方，南宋控制着黄河以南的大部分地区。它们的语言、文字、政府结构和精英文化都大不相同。蒙古大汗灭掉了这三个政权，并鼓励恢复或保留中国政治和中国社会的许多特征。

法律规定，蒙古人的地位最高，他们之下是中亚人和中东人，之后是北方的中国人，最后是南方的中国人。这个等级制度反映了不同阶层所起到的作用：蒙古人是帝国的战士；中亚人和中东人负责人口普查和收税。北方人的地位之所以比南方人高，是因为前者比后者早几十年归顺蒙古。

虽然忽必烈将一些儒生（在元代，儒生是一个正式的社会等级）吸收进了官僚体系，但与蒙古入侵之前相比，他们的地位有所下降。儒生蔑视商人（许多商人来自中东或中亚地区）和医生。他们认为医生只是道教的术士，但元朝统治者鼓励他们将中国医学和伊斯兰及希腊医学结合起来。

元朝的管理

与伊儿汗国相似，元帝国也非常重视人口普查和收税。波斯人、阿拉伯人和畏兀儿人管理着税收和财政，穆斯林学者负责制定历法和研究天文。蒙古人将中国划分为若干个行省。省级官员、收税官和军队将领由中央任命。这意味着，中央控制地方的方法出现了根本性变化。

许多城市出现了繁荣景象：北方受惠于陆路贸易；内陆地区受惠于大运河；沿海地区参与了海路的南粮北运，这使它们得到了不少好处。唐朝灭亡后，欧亚大陆的陆路贸易走向衰落。到元代，陆路商道将东亚地区重新聚合在一起，这也促进了城市地区的经济发展。

商业的发展

商人是一个拥有特权的群体，因此城市生活发生了变化。以前，许多家庭会花钱培养儿子读书，希望他们能学而优则仕。但这些中国传统精英很难在朝廷中谋到一官半职，因此他们只好寻找其他出路。许多上流社会的家庭选择了经商。商号——由投资人组成的商业组织和法律组织，他们会分担经商所面临的风险，掌握着大多数经济活动。开始的时候，商号投资于商队。随后，它们
354 参与了包税制，并向蒙古贵族提供贷款。在元朝初年，大多数商号的首领都是中亚人和中东人；但随着中国人的参股，许多商号中也出现了中国人的身影，甚至有些商号完全归中国人所有。

战争破坏了农业基础，沉重的税收和军队的费用，这些都使蒙古贵族对金钱的需要得不到满足。按照惯例，朝廷会用发行纸币的方式来弥补通货的不足，但人们对纸币的可靠性充满疑虑。发行铜钱可以挽回纸币流通失败的部分损失。宋朝将铜出口到资源匮乏的日本，这使中国出现了铜短缺。铜的价格不断上升，甚至堪比白银。断绝对日贸易后，蒙古人有意无意地稳定住了铜钱的价值。

商人的品味

许多上流社会的家庭从乡村搬到了城市，他们参与了城市商业。因此，城市生活开始适应商人的品味，而不是学者的品味。一些商店会出售布料、葡萄酒和家具，按特定宗教习惯屠宰的牲畜也随处可见。茶馆里会有歌女、击鼓作唱者、戏曲和其他娱乐形式。之前，人们会认为这些东西是粗俗的。作家通过每天说书的方式公布他们的作品。北方的影响力不断增强，蒙古人影响了汉语——西方称之为“官话”（mandarin），汉语在不断发生变化。

农业

90%的人住在农村里。遍布农村的棉花加工业与城市经济息息相关。一些农民会用水坝、水轮和灌溉系统种植桑树和棉花，这些灌溉系统与中东的灌溉系统有相似之处。当时出现了许多关于种植、收获、打谷和屠宰方面的著作。黄道婆革新了生产技术，她将植棉、纺线和织布方面的知识从海南岛带到了富饶的长江三角洲。

但从整体来说，元代的农村地区依然很贫穷。起初，蒙古的王公贵胄将一部分农民赶出家园，又强迫剩下的人缴纳沉重的税赋。13世纪末，元朝采取了减轻税负和鼓励农业的政策，但为时已晚。许多农民受到奴役或无家可归。年久失修的水坝和堤防造成了大洪水，黄河流域的洪水尤为严重。

人口下降

根据宋代和明代的文献记载（这些记录也不免有疏失和夸大之处），在蒙古人统治的80年里，中国人口减少了40%，有些地方甚至失去了5/6的人口。学者认为原因是多方面的，如旷日持久的战争、农村贫困所带来的杀害女婴的行为、淋巴腺鼠疫、难民南逃和黄河流域的洪灾。最后一个原因有助于解释为什么北方人的人口损失超过南方，以及为什么长江流域的人口会显著增加。

13.4.2　元帝国的灭亡

14世纪40年代，蒙古贵族出现了内讧。在20年里，农民起义和蒙古内部的明争暗斗影响到了元朝的统治。在乱世之中，一位卓越的领导人朱元璋推翻了元帝国。1368年，大明帝国建立。许多蒙古人（也包括跟他们一起来到中国的穆斯林、犹太人和基督徒）留在了中国。这些人的后代大多都取了中国名字，他们为中国的文化多元性做出了贡献。

但也有许多蒙古人回到了蒙古老家。他们非常欢迎在元帝国崩溃时逃出的难民。突厥人主宰着大草原的西部地区，其中也包括成吉思汗的子孙所统治的
355 地区，但蒙古人仍然在蒙古及其周边的草原地区占有优势。一些蒙古人皈依了伊斯兰教，而有些人则欣赏藏传佛教。但在重新团结蒙古诸部方面，宗教没有身份认同重要。

因此，明帝国并未在蒙古地区站稳脚跟。亚洲内陆地区蒙古人向明帝国称臣纳贡，这促进了当地的贸易。但还有一些蒙古人仍然威胁着明帝国的北部边疆。

本节回顾

蒙古人统一了中国，他们发展了多元的思想和多元的文化传统。

忽必烈定都北京，并推行了社会等级制度，蒙古人的地位最高，南方人的地位最低。

蒙古人掌控着朝廷。与农村地区相比，城市从蒙古人的政策中获得了更多益处。

蒙古的统治使中国的人口数量有所下降。

蒙古人保护商道，这有利于科技和文化观念的交流。

内部的纷争削弱了元帝国。1368年，明朝推翻了元朝，但仍有许多蒙古人留在中国。

13.5 明朝初年（1368—1500年）

中国的历史学家想消除蒙古时代的影响，这点与俄国和伊朗的历史学家无异。**明帝国**恢复了许多中国传统，因此受到了人们的称赞。同时，一些史学家认为蒙古时期也很重要，因为它促进了欧亚大陆的交流，将东方和西方联系到了一起。有些方面，主要关注内政问题的明帝国不如元帝国的成就大。

明帝国：推翻元帝国后，朱元璋建立了明帝国。永乐皇帝修建了紫禁城，并支持郑和的航海活动。在明朝末年，中国在技术和经济上都走上了下坡路。

13.5.1 明代中国

朱元璋曾经当过和尚、士兵和绿林好汉，他眼看着父母和其他家庭成员死

于饥荒和疾病，他将这一切都归咎于蒙古人的暴政。在元朝末年，他击败了其他的农民起义军，并登基称帝，年号洪武（1368—1398年在位）。

洪武皇帝

洪武皇帝定都南京（意思是南方的都城），并将蒙古人赶出了北京（意思是北方的都城）。虽然朱元璋的起义军宣扬极端的佛教救世思想，但掌握政权后，他用儒学理论将皇帝说成是文明和道德的典范。

永乐皇帝：明朝第三位皇帝（1403—1424年在位）。他修建了紫禁城，编纂了一部百科全书，支持郑和的航海活动，并重新开放了中国的对外贸易和旅游。

洪武皇帝切断了中国与中亚和中东地区的联系，并对进口和外国访客严加限制。在纳税和商业活动中，白银取代了纸币。上述措施都体现了反元思想。与元代的政策相比，这些措施不利于经济发展，因此并未持续很长时间。最后，明朝也采取了与元朝相似的政策。明代的统治者保留了行省制度，元代的世袭职业也保留了下来。穆斯林继续在南京的天文台编订历法，进行天文计算，这是在效仿忽必烈在北京的做法。蒙古人制定的历法仍在使用。

永乐皇帝

靖难之役后，**永乐皇帝**（1403—1424年）掌握了权力。之后，明朝和元朝之间的连续性表现得更加突出。永乐皇帝迁都北京，并扩建和改进了忽必烈的紫禁城，使之具有现在所见的许多特征：护城河、金瓦红墙和汉白玉石桥。永乐皇帝希望那里既是一座堡垒、一个宗教场所，又是行政中心和皇帝的住所，他希望这座皇宫能使南京的皇城黯然失色。今天，紫禁城展现了中国传统建筑的多元性。

航海家郑和

永乐皇帝恢复了与中东地区的商业联系。蒙古人继续控制着陆路商道，因此永乐皇帝与其他地区建立了海上联系。在东南亚，明代初年的皇帝延续了蒙古的政策，安南（Annam）成了帝国的一个行省。对南方地区的关注推动了**郑和**的航海活动（1405—1433年）。

郑和：明朝的宦官。他是一位穆斯林，在永乐皇帝的支持下，他进行了一系列航海活动。他的大船驶过印度洋，从东南亚到达了非洲。

郑和是一位穆斯林，他的父亲和爷爷都曾经前往麦加朝拜，因此他对中东地区比较了解；他的前三次航行都到达了南亚次大陆，他的宗教信仰有利于他与当地国家建立联系。在之后的航行中，他到达了波斯湾的霍尔木兹海峡，又航行到了阿拉伯的南海岸和非洲之角（今索马里），他向南最远到达了马达加斯加海峡。

明代航海活动的终结

356

在早期航海活动中，郑和造访了东南亚的中国商团，这样做既可以巩固他们对明帝国的忠诚，又可以使他们向中国缴税。当一个苏门答腊岛的商团拒不从命的时候，郑和让他们尝到了厉害。郑和的航海活动又为明帝国争取到了50个朝贡国，但贸易并未大幅增加。来自印度、中东、非洲和东南亚的国家使臣间或会到访北京。在来华访问的时候，文莱国王客死中国，明朝皇帝在首都厚葬了这位君主。在永乐皇帝和郑和相继去世后，航海活动于15世纪30年代告一段落。

中国为什么不为商业目的和军事目的而发展航海业呢？当时的人认为，下西洋只是永乐皇帝的个人行为。永乐皇帝是位自视颇高的君主，他总想证明自己的价值。他营建紫禁城和编纂《永乐大典》也出于同样的目的。忽必烈曾经想在海上制服日本和东南亚，永乐皇帝想在这方面超过忽必烈。这似乎印证了他的政敌散布的谣言，说朱棣实际上是蒙古人。

虽然不少国家被纳入了明帝国的势力范围，但远航活动未能给中国带来新的商机。在此期间，倭寇对沿海地区的袭扰以及蒙古对北部边疆和西部边疆
357 的威胁日益严重。北方需要大量的人力和物力建筑防御工事，北京需要加强城防，对抗蒙古需要大量的装备，海上帝国的梦想终于让位给了这些现实问题。

13.5.2 技术和人口

技术上的衰落

明朝限制采矿，一方面是为了保持金属货币的价值，另一方面是为了便于向工业征税。结果，对于农民来说，金属工具变得越来越贵。过去，人们可以得到高品质的青铜和钢，这些是打造武器的原料。但到了明朝，这些冶金技术大不如前了。在生产高质量的刀方面，日本很快超过了中国。

1424年，永乐皇帝驾崩。之后，造船技术江河日下，印刷、计时和农业技

科举号舍 学子希望通过科举考试谋求官位，他们要在这样的号舍中奋战24—72个小时，考试的成绩取决于他们的努力程度。广州城共有7 500个号舍，这些号舍排成一排排。考生拥有唯一的编号。为了防止他们的笔迹被认出来，他们的考卷会被重新抄写一遍。大约有5%的考生能通过考试。

术方面也乏善可陈。15世纪中叶，农业生产最好的时候，也只是恢复到了一个多世纪前的水平。新技术也确实出现过，但农业技术在1500年达到顶峰后已然开始往下走了。

人口增长与农业

明朝恢复了选拔官吏的考试制度（见第11章），这使大量雄心勃勃的人开始重新研究儒家经典。这削弱了商业的活力，因为这些人以前是从事商业活动的。与此同时，人口增长导致了劳动力过剩。据记载，人口从元朝末年（1368年）的6 000万增加到了1400年的约1亿。这个数字并不一定十分可信，但人口的快速增长促进了粮食作物的生产，如北方的小麦、粟和大麦，以及南方的稻米。但商业作物的产量（如促进了许多技术革新的棉花）一直低于宋代的水平。粮食作物的收益率比较低，因此影响了对粮食生产的进一步投资。新的食物（如甘薯）已经传到了中国，但这些作物并不普及。中国南部地区和中部地区的人口不断增加，这导致了滥砍滥伐，木材变得越来越贵。

军事技术

为了在北方抗击蒙古骑兵，明军开始广泛使用大炮和爆炸筒。他们也装备了少量的加农炮，这是从中东人和之后的欧洲人那里学来的（见“环境与技术：从火药到火枪”）。为了防止泄密，朝廷从明初的百科全书中删掉了与火药和枪支相关的章节。船厂和港口也纷纷关闭，这样做一方面是为了防范日本海 358
盗，另一方面是为了防止中国人移民到东南亚。

环境与技术

从火药到火枪

在枪发明之前，中国和朝鲜早就在采矿、修建运河和灌溉渠道中使用火药了。一位中国化学家用相关配方配制出了有毒气的弹丸，这种弹丸可以使敌人麻痹，驱逐他们的邪恶念头。一个更加现实的好处是消灭携带病菌的昆虫，这有助于人们在中国和东南亚流行疟疾的地方定居下来。蒙古帝国会在庆典活动上施放烟火，到访哈拉和林的欧洲人感到非常高兴，因为他们从没见过烟火。

中国的文献记录下许多逸事。根据这些记载，公元6世纪，一个索格底亚那僧人得到了火药。他描述了这个奇妙的变化过程，火药主要由木炭和硝石混合而成，此外他也提到了硫黄。对石脑油（石油或煤炭中一种轻质、易燃的派生物）的蒸馏，似乎也是在中亚首次发展起来的。最早的证据来自犍陀罗地区（在今巴基斯坦）。

到11世纪，中国人发明了喷火器。石脑油、硫黄和火药会在一个长管中燃烧，这为喷火器提供了动力。这些武器可以威胁到步兵和马匹，也可以点燃地方村庄的茅草屋，有时也会破坏敌船上的索具。

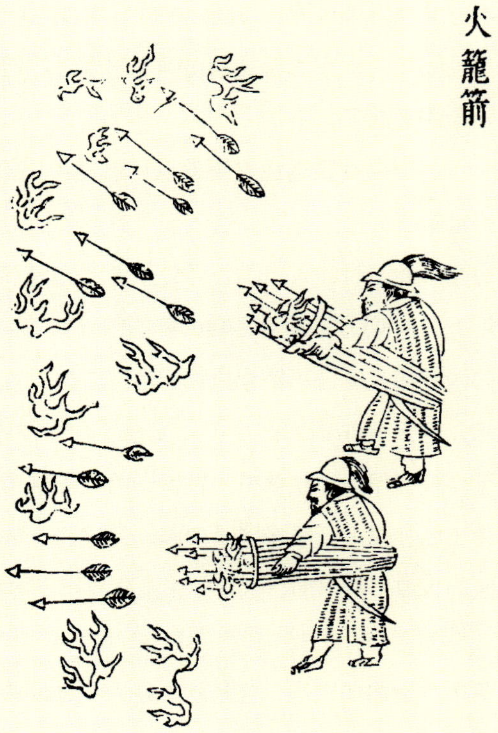

发射带火的箭 宋朝士兵用火药推动这些带火的箭。

在与蒙古人的长期斗争中，宋人发现应该使用更多的硝石，这样可以增加火药中的硝酸盐。这种火药可以发生激烈爆炸，而不是仅仅冒火。投石机可以发射装满火药的罐子，这些罐子可以炸坏地方堡垒，造成大量的人员伤亡。远距离发射的爆炸物可以击沉敌船，或使敌船着火。

宋人也尝试从金属枪管中发射子弹。最早的枪管是短粗的，要安放在特殊的车上。枪口会发射出混着其他矿物质的硝石。在攻击敌方筑垒时，中国人和之后的朝鲜人会用火药发射大量的箭——有时是带火的箭。

1280年，元帝国制造出了一种武器，发射物可以完全放入炮口，这样可以集中爆炸所产生的推力。在元代，炮筒是青铜铸的，炮弹是铁制的。与宋代的装备相比，这种新式武器射程更远，精度更高，破坏性也更大。

关于加农炮和炮弹的知识传到了欧亚大陆的西端。到13世纪末，中东地区已经可以生产加农炮了。到1327年，欧洲开始使用一个很敦实的小炮，这种炮被称为“射石炮”。

但在有些技术上，中国还是落后于朝鲜和日本。高质量的钢主要来自日本。朝鲜在枪支和船舶的设计、制造方面领先于中国。此外，在印刷术、天气预测和编订历法方面，朝鲜也略胜中国一筹。朝鲜和日本想打开广阔的中国市场，这种心愿成为它们革新技术的动力。

13.5.3　明代的成就

中国的小说

359

在13世纪末和14世纪，明朝初年的富裕和追求物质享受，使文学、装饰艺术和绘画方面达到了很高的成就。世界上最早的小说出现在元朝，这种艺术形式在明朝走向了繁荣。《水浒传》源自说书的艺术形式，这种形式与中国的戏剧有间接关系。在成书之前，许多人都参与了这部作品的创作。

罗贯中是《水浒传》的作者之一，他也创作了《三国演义》。这部小说源自一系列的古老故事，它在许多方面与亚瑟王的传奇故事相似。这部小说描写了正直但命运多舛的军事领袖及其追随者努力恢复汉帝国的故事。此外，这部作品还表现了他们对狡诈但聪明的反派角色的反抗。《三国演义》和《水浒传》体现了明朝初年的好战但快乐的中国本位情感，这一时期出现了中国文学史上最好的小说。

明朝在制瓷技术上有了长足的进步。景德镇使用了新的制瓷技术，也使用了新的方法组织工人。“明瓷”（Ming ware）是一种白底衬托蓝色的风格，它源自15世纪的印度、中亚和中东的风格，这种形式受到了特别的赞誉。明朝的其他商品——家具、上过漆的屏风和丝绸，也畅销东南亚、太平洋地区、印度、中东、中非和东非。

本节回顾

明朝第一位皇帝朱元璋的政策是以反蒙古为基础的，但后来明朝采取了与元朝相似的政策。

永乐皇帝恢复了对外贸易，他派郑和进行远洋航行，中国与中东地区建立了海上联系。

技术创新并未终止，只是不如以前先进，也不如以前成效大。一些技术成为秘密。

明朝重建了儒学考试制度，这削弱了商业的活力。

明朝在文学、艺术和制瓷方面取得了巨大成就。

13.6 东亚的中央集权与尚武精神（1200—1500年）

朝鲜、日本、安南以及其他东亚国家都受到了蒙古的影响，但影响所产生的后果并不相同。日本和安南逃过了蒙古的铁蹄，但为了应对蒙古的威胁，两个国家增强了独立性，在军事上变得更强，也更具扩张性。

元朝灭亡后，明朝开始强调中国的传统和身份认同。朝鲜也是如此，蒙古的统治促进了本国语言和本国历史的发展。蒙古征服朝鲜的战争并非一帆风顺。虽然朝鲜的经济和社会深受蒙古统治之苦，但朝鲜的精英阶层还是与元帝国进行了密切合作。元朝灭亡后，商人们还在使用蒙古人建立起来的陆路商道。另一方面，朝鲜军队保卫着一个新的王国，并使其免受海盗的侵扰。

13.6.1 朝鲜：从蒙古统治到李氏王朝（1231—1500年）

蒙古的征服

蒙古人想派遣海军切断敌方的海上贸易，因此他们需要占领一片临海地区。于是，蒙古人将目光投向了朝鲜。1231年，当蒙古铁骑杀奔朝鲜而来的时候，朝鲜王室担起了率军抗击入侵、保卫国家的责任，这点与日本的幕府将军不同。经过20年的防卫战争，农村地区变得满目疮痍，军队损失惨重，许多珍贵的东西被付之一炬，其中包括皇龙寺的九层塔和《大藏经》（*Tripitaka*）的木
360 印版，后者是9世纪印刷艺术的杰作。1258年，朝鲜的军事统帅被其部下杀死。不久，高丽国王投降。朝鲜通过联姻的方式成了蒙古的属国。

到14世纪中期，许多高丽国王都有蒙古血统，他们对蒙古的服饰、习俗和语言情有独钟。王室成员和他们的随从经常往来于中国和朝鲜之间。因此，在哲学和艺术风格方面，朝鲜受到了元代中国的影响，如新儒学、禅宗和青（淡绿色）陶。

走出孤立

蒙古的统治打破了朝鲜几个世纪以来的相对隔绝。棉花传到了朝鲜南部地区，火药得到应用，编订历法促进了天文学和数学的发展。朝鲜学者希望能学习蒙古语，地主希望他们的土地上出现鹰猎和畜牧业，商人参与了中朝两国皇室的贸易。这些发展促进了一个新兴阶层的兴起，这个阶层既占有土地又受过教育。

李氏：从高丽王国灭亡到日本将朝鲜殖民化，李氏王朝一直统治着朝鲜。

李氏王朝

1368年，元帝国土崩瓦解。高丽王室一方面要继续忠于蒙古人，另一方面要正视新兴的大明帝国。1392年，**李氏**建立了一个新的王国，都城设在汉城。这个

新政权希望能重建朝鲜的身份认同。与俄国和明代中国相似，李氏王朝公开反对蒙古的统治。但李朝政府在土地、税收和军事方面沿用了蒙古人的许多做法。

李朝的统治者重新提倡儒家经典，希望朝鲜能学习中国文化，他们的某些做法与明朝皇帝的做法有相似之处。这种文化复兴使印刷技术得到了长足进步。

朝鲜的印刷业

8世纪，朝鲜开始使用中国的木版印刷。这项技术在中国卓有成效。在中国，希望买书的人很多，而可买的书籍却相对较少。但在朝鲜，有文化的人比较少，人们对广泛阅读也没什么兴趣。13世纪早期，朝鲜出现了木活字或陶活字。但印刷品错误百出，阅读起来比较困难。15世纪，为李朝国王工作的印刷匠制造了一个可靠的排版机，他们把旧的蜂蜡黏合剂换成了结实的铜架，这个设备提高了印刷质量和印刷速度。与朝鲜文的拼写系统结合后，这项技术为提高朝鲜的识字率奠定了基础。

李朝的书籍告诉人们如何生产，如何施肥，如何播种，如何修建水库。蒙 361
古人为高丽带来了欧亚大陆的知识。在此基础上，李朝的学者发展了自己的数学。他们发明或改进了用于测量风速和降水的设备，并在对比中国历法和伊斯兰历法的基础上完善了本国历法。

棉花和火药

在农业方面，农民扩大了经济作物的种植，这与明代中国正好相反。棉花是主要的作物，它的价值非常高，以至于人们都可以用棉花来交税。李朝的军队身穿棉布军装，朝鲜的上流社会对棉布也情有独钟。朝鲜人使用了水力驱动的轧花机和纺车。朝鲜机械化的步伐要快于中国，它可以将剩余的棉布出口到中国和日本。

元明两朝都向朝鲜保密火药的配方，但朝鲜官员还是窃取了相关信息。到14世纪末，朝鲜在船上装备了加农炮，这种巡逻船足以对付海盗，火弓手可以威胁到敌方船员和敌船的索具。这些技术和“龟船”技术使李朝的海军成为一支劲旅。

13.6.2　日本的政治转型（1274—1500年）

蒙古人的进攻

朝鲜的局势稳定下来之后，蒙古人顿生得陇望蜀之心，于是他们将目光投向了日本。1274年，蒙古派出了一支包括骑兵、弓箭手和水手在内的3万人的军队。这支部队从朝鲜和东北亚出发，直逼日本。他们装备了轻型投石机、中国制造的燃烧弹和爆炸弹。蒙古军抢滩成功，并歼灭了日本骑兵，但九州岛北部的博多湾（Hakata Bay）突然出现了大风暴，这使蒙古人未能稳住滩头阵地，他们不得不撤回朝鲜。

镰仓幕府

蒙古人的入侵推动了业已开启的社会变革和政治变革。1185年，日本进入了镰仓幕府时期，将军是实际的统治者，他的部下从他那里获得了土地和特权。作为回报，他们要向将军纳贡，并向将军提供士兵。这是一个稳定但权力分散的制度，它建立在地方领主实力均衡的基础之上。东部和北部的领主与西部和南部的领主关系并不密切。在蒙古的威胁不期而至之前，只有天皇和将军能将他们团结在一起。

撤回舰队后，忽必烈遣使赴日，要求其投降归顺。日本处决了使者，并开始为战争做准备。将军采取了一些措施，希望能加强军政府的中央集权。本州（日本主岛）西南部领主和九州领主的影响力不断增加，因为那里是最有可能遭到入侵的地方。这些领主是地方的指挥官，他们要听命于将军。

军事人员研究了蒙古人的战术，并训练日本士兵，为他们提供装备，这样他们就可以抵挡先进武器了。全国各地都征召农民修建防御工事。国家首次将资源集中到了西部，而不是将军所在的东部。

“神风”

1281年，蒙古人再次剑指日本。成百上千条战船上乘坐着14万大军，其中包括许多非蒙古人和成千上万匹战马。但日本人修筑的墙切断了博多湾和本州岛，使蒙古军队很难找到可靠的登陆点。日本武士使蒙古船在岸边逗留，水手们筋疲力尽。他们的武士刀质量极佳，这使入侵者感到震惊。在经过一段时间的僵持之后，一股台风摧毁了大约半数的蒙古战船，剩下的战船只好撤退。之后，蒙古人再也没有入侵日本。日本人将这归功于**“神风”**（kamikaze），认为是“神风”赶走了蒙古人。

神风：日本人相信，在1281年，是神风刮走了蒙古入侵者。

但蒙古的威胁继续影响着日本的发展。在1294年去世之前，忽必烈还在筹划第三次征日。他的继承者不再关心这项计划，但幕府将军并不知道蒙古人已经放弃了这个念头。到14世纪，他们还在重建沿海的防御工事，这巩固了日本
362 武士阶层的社会地位，并推动了可以促进贸易和交流的基础建设。但在修建道路和防御系统的时候，幕府将军经常面临经费不足的困扰，因为财政是地方自行收支的。

足利氏政权

1333—1338年，后醍醐天皇打破了几个世纪以来天皇不问政的传统，他想从将军手中夺回权力。由此引发的内战推翻了镰仓幕府。1338年，随着蒙古威

能剧表演　这种缓慢而有节奏的艺术形式吸引了武士阶层，能剧讲述的故事与武士、女性、神祇和鬼怪有关。小舞台通常是空的，只是后面有一张画有松树的画，这样可以表现神祇降临大地。此外，左侧还有一座窄桥，演员可以由此上台。演员带着面具，穿着华丽的戏装。为了应和咏唱，四位乐师演奏着一个长笛，击打着三种鼓。

胁的减弱，**足利氏政权**控制了帝国的中心——京都。

足利氏政权：日本的第二个军政府，将军是政府的首脑。有时也称为室町幕府。

地方诸侯纷纷独立。他们在城堡周围建起了集镇、宗教机构和学校。在早期，日本应用了许多外来的技术，如水轮、经过改善的犁和占城稻，这提高了农业的生产效率。

禅宗

不断增加的财富和相对和平的环境促进了艺术创作，其中大部分作品反映了武士阶层所信奉的禅宗。在简单而精致的建筑和花园中，在艺术家冥思的地方，在恐怖而程式化的能剧（Noh theater）表演中，我们都可以发现禅宗的美学思想。

应仁之乱

虽然这一时期出现了技术进步、艺术繁荣和快速的城市化，但领主之间的你争我夺导致了多次局部战争。到15世纪末，这些冲突毁掉了许多领主。1477年，应仁之乱（Onin War）使京都遭到了严重破坏，足利幕府名存实亡。野心勃勃但地位比较低的武士（有些人参与了对大陆的贸易）开始争夺各省的控制权。

元帝国于1368年灭亡后，日本恢复了海外贸易，它向其他地区出口原材料、武士刀和折扇（这是在日本孤立时期发明的）。日本主要从中国进口书籍 363

和瓷器。动荡的政治环境使领主和地方商人之间建立起了合作关系。所有地方实力派都想巩固自己的城镇，增加收入。因此，他们会参与海外贸易，有时也会扮演海盗的角色。

13.6.3 越南的兴起（1200—1500年）

安南和占城

在蒙古于1257年第一次提兵杀入越南之前，安南（越南北部）和占城（越南南部）经常发生摩擦。安南（旧称大瞿越，Dai Viet）一直仰视中国，并一度臣服于唐朝。中国的政治理念、社会哲学、服装和语言对那里的官方文化产生了深远影响。占城与印度洋贸易网的关系更加密切，印度的宗教、语言和建筑对它的官方文化影响巨大。在特定时期，占城与中国的关系部分取决于它的对手（安南）与中国的关系。在宋代，安南既不臣属于中国，也不对占城构成军事威胁。因此，占城与中国建立了贸易关系和朝贡关系，这使得快速成熟的占城稻传到了东亚地区。

安南的胜利

在元朝灭亡之前，安南和占城都要向蒙古人纳贡。但蒙古的政治、军事野心并不局限于某一地区。因此，蒙古对越南的政治和文化影响有限。两个越南王国之间重新燃起了战火。当安南将军事重点放在南部边界的时候，明朝军队
364 占领了首都河内，并在那里建立了傀儡政府。大约30年后，为了防范蒙古，明朝的战略重心转向了北方。于是，安南重新获得了独立，但它仍然是中国的朝贡国。经过一系列残酷的战争，安南吞并了占城。到1500年，现代越南的前身基本形成，它仍叫安南。

这个新生国家倚重于儒家的官僚政府和考试系统，但有些做法与中国不同。例如，越南法律保护集体土地所有制，相关事宜由村民内部决定，妇女也有财产权。这两项内容可能与早期农村文化有关，这种文化的基础是水稻种植；到这个时候，安南人认为他们的文化具有独特性。

本节回顾

蒙古人的侵略活动破坏了朝鲜，但蒙古的统治也为朝鲜带来了新的观念和技术。

李氏王朝取代了高丽，并培养了地方身份认同。与此同时，李氏政权还鼓励经济发展和技术创新。

本节回顾

在日本，蒙古人的威胁推动了军事创新和制度创新，但国防支出削弱了镰仓幕府。

后醍醐天皇未能夺回天皇的权力，但这推动了足利氏的兴起。

明朝势力退出后，安南征服了占城。新成立的国家既包括了儒学思想，又包括了地方传统。

结　语

虽然蒙古人非常残忍，也极具破坏性，但他们的征服活动使素无往来的中国和欧洲建立起了某种程度的联系。游牧民族在军事上的机动性和专门技术推动了大范围的交流。至少在开始的时候，蒙古人漠视农民的利益，向他们征收很重的税。但另一方面，蒙古人也保护商路，鼓励工业生产，这促进了贸易的发展。

蒙古人的统治具有空前的开放性，他们会雇用有才华的人，而不会考虑他们的语言、民族和宗教。结果，在蒙古政权相对统一的时期（延续了不到一个世纪），欧亚大陆出现了观念、技术和商品方面的交流。中国的火药促进了奥斯曼帝国和欧洲的加农炮发展，穆斯林天文学家将新式设备和新的数学方法引入了中国。

但蒙古人不可能长期统治几十个富有活力的民族。当蒙古的军事力量达到扩张极限的时候，各地的民众就开始纷纷要求独立。成吉思汗家族的分裂和相互敌视，如中国元帝国和中亚察合台汗国，又如俄罗斯的金帐汗国和伊朗的伊儿汗国，为这些独立诉求创造了机会。在欧亚大陆的西部，俄国摆脱了蒙古的统治。蒙古时期的政治分裂和政治不确定性加速了立陶宛、塞尔维亚和奥斯曼帝国的崛起。

在东亚，中国、朝鲜和安南在蒙古的统治下产生了新的政治认同感。另一方面，日本抵挡住了蒙古的两轮入侵，这对日本国内的政治和文化产生了影响。无论在哪个国家，蒙古的攻击和统治都促进了中央集权，改善了军事技术，地方文化认同又开始变得重要。因此，虽然蒙古人带来了死亡和破坏，但蒙古统治时期也是一个分水岭，欧亚大陆的不同地区间出现了新的交流，一些强大而专断，文化上具有创造力的国家也逐渐发展起来。

365

进一步阅读文献

Adshead, S. A. M. *Central Asia in World History*. 1993.谈到了征服之后的中亚地区。

Allsen, Thomas T. *Commodity and Exchange in the Mongol Empire: A Cultural History of Islamic Textiles*. 2002. 涉及了丝绸之路上的交流。

Allsen, Thomas T. *Culture and Conquest in Mongol Eurasia*. 2001. 对比了蒙古人统治下的中国和伊朗。

Christian, David. *A History of Russia, Central Asia, and Mongolia*. 1998. 谈到了蒙古人对俄国的统治。

Frank, André Gunder. *ReORIENT: Global Economy in the Asian Age*. 1998. 说明了明朝的经济成就。

Hall, John W., and Toyoda Takeshi, eds. *Japan in the Muromachi Age*. 1977. 内战时期的历史。

Henthorn, William E. *Korea: The Mongol Invasions*. 1963. 并未强调蒙古史。

Jackson, Peter. *The Mongols and the West: 1221–1410*. 2005. 谈到了欧洲人与蒙古人的接触。

Keene, Donald. *Yoshimasa and the Silver Pavilion: The Creation of the Soul of Japan*. 2003. 介绍了14世纪的文化交流。

Levathes, Louise. *When China Ruled the Seas*. 1993. 介绍了郑和的航海活动。

Manz, Beatrice Forbes. *The Rise and Rule of Tamerlane*. 1989. 对帖木儿的最新学术研究。

McNeill, William H. *Plagues and Peoples*. 1976. 讨论了蒙古征服对人口的影响。

Mokyr, Joel. *The Lever of Riches: Technological Creativity and Economic Progress*. 1990. 谈到了欧亚大陆的技术进步。

Morgan, David. *The Mongols*. 1986. 介绍了蒙古帝国。

Rossabi, Morris. *Khubilai Khan: His Life and Times*. 1988. 蒙古统治下的中国。

注　释

[1] 转引自Desmond Martin, *Chingis Khan and His Conquest of North China* (Baltimore: The John Hopkins Press, 1950), 303。

第14章

热带的非洲和亚洲（1200—1500年）

本章纲要

思考

不同的环境给热带非洲和热带亚洲带来了哪些文化差异？

第一批伊斯兰帝国是在什么情况下在非洲和印度崛起的？

文化差异和生态差异如何推动贸易发展？贸易反过来又是如何促进伊斯兰国家发展壮大的？

在这一时期，这些社会变革和文化变革对生活在这一地区的人产生了什么影响？

367 摩加迪沙位于非洲的东北海岸，是印度洋上的一座港口城市。苏丹阿布·伯克尔（Abu Bakr）照例热情招待了到访摩加迪沙的几位客人。1331年，他向穆罕默德·伊本·阿布杜拉·**伊本·白图泰**（1304—1369年）提供了食宿，这位来自摩洛哥的穆斯林青年学者想要考察伊斯兰世界。在去麦加朝拜的路上，伊本·白图泰途经了中东地区，又到访了红海和东非的许多贸易城市。之后，他游历了中亚、印度、中国、东南亚、穆斯林控制的西班牙和撒哈拉以南的西非地区。在29年的时间里，伊本·白图泰的行程总共有7.5万英里（12万公里），他记录了许多珍贵的信息。

伊本·白图泰：摩洛哥的穆斯林学者。在他那个时代，他游历的范围最广。他写了一本详细的游记，上面记述了伊斯兰世界、中国、西班牙和西苏丹等地。

对于穆斯林来说，好客是一种高贵的美德。虽然存在人种和文化的差异，但伊本·白图泰在摩加迪沙所受的款待折射出了他在其他城市所受的招待。在伊本·白图泰的记录中，苏丹阿布·伯克尔的皮肤比他要黑，而且说着一种地方语言（索马里语），但他们在信仰上并无差异。他们一起做了周五的礼拜仪式。这时，苏丹用伊斯兰世界通行的阿拉伯语对这位远道来的客人表达了敬意："真诚地欢迎你，你为我们的国家增添光彩，你为我们带来了欢乐。"在清真寺做完礼拜后，苏丹阿布·伯克尔和他的法官开始审判案子，他们使用的宗教法也是通行于伊斯兰世界的。

除了伊斯兰教之外，热带的环境也推动了非洲民族和南亚民族之间的交流。这些地区出现的海陆交通网促进了信仰、技术的传播和商品贸易。伊本·白图泰跟着商人经海路到达了东非，之后他又跟着跨撒哈拉商队到达了西非。他经陆路商道前往印度，随后一艘商船又把他带到了中国。

14.1 热带地区及其民族

368

事实证明，热带地区的非洲人和亚洲人世世代代使用的农业技术是成功的，无论他们是生活在沙漠边缘、草原还是热带雨林。他们知道如何适应自然环境，也知道如何适度地改造环境，使其适于灌溉和采矿。

14.1.1 热带地区的环境

太阳照射的角度使**热带**地区终年高温。赤道是热带地区的中心，北回归线和南回归线是热带的南北界限。热带包括了非洲部分地区、阿伯拉南部、印度大部分地区和几乎全部的东南亚（见地图14-1）。

热带：南北回归线之间的赤道地区。虽然海拔和其他因素可以影响气温，但终年高温是热带地区的特征。热带两侧的温带地区有冬季。

热带没有夏季和冬季之分，但来自海洋的季风给非洲和亚洲的热带地区带来了雨季和旱季。南大西洋的高压气团产生了风，这些风给非洲西海岸带来了长时间的大雨。但在12月和1月，北非和阿拉伯地区的高压带向南输送了大量的干燥空气，这使来自海洋的湿润空气到达不了内陆地区。

在印度洋周边地区，**季风**使旱季和雨季不断交替出现。喜马拉雅山上方有一个巨大的高压带。这个高压带在12月到次年3月得到最大值，它向印度洋西部吹来了强劲的北风，这使南亚地区出现了旱季。4—8月，印度低压产生了南风（西南季风），它给南亚地区带来了雨季。

季风

季风：印度洋地区与季节相关的风。非洲大陆和亚洲大陆的温度会迅速上升和下降，而海洋地区温度变化缓慢，这就形成了温差。这种温差是产生季风的主要原因。水手在很早之前就知道如何利用这种强劲而且可预测的风。季风给印度、东南亚和中国部分地区带来了大量降水。因此，那里的粮食一年可以生长几季。

雨量充沛的地区——沿着赤道包括西非沿海地区、非洲中西部地区、印度沿海的部分地区和东南亚——有茂盛的热带雨林。降水量比较少的地区会生长其他类型的森林。英语“jungle”这个词汇来自印度语，意思是森林中杂乱生长的灌木丛。印度大部分地区都有这种森林。

其他热带地区根本就看不到降水。撒哈拉是世界上最大的沙漠，它从北非地区一直延伸到阿拉伯、伊朗南部、巴基斯坦和印度西北部。非洲西南部地区也有沙漠。热带非洲和印度的大部分地区是夹在沙漠和雨林之间，那里有着降水量适中的雨季。这些地区既有相当湿润的森林又有比较干燥的草原，东非的许多地区就具有这样的特征。

海拔高度带来了其他气候特征。与低海拔地区相比，高海拔地区的稀薄大气会少吸收一些热量。东非的火山终年白雪皑皑。印度北部边界上的喜马拉雅山非常高，它挡住了来自北方的冷空气。因此，与同纬度地区相比，印度的热带气候更加典型。非洲内陆高原和印度中部的德干高原比其他沿海平原更加凉爽。

14.1.2 人类生态系统

有些人可能会认为，生活在热带地区一定非常轻松惬意，只要捡捡风吹落的果子就行了。但在1200年，一位细心的旅行者记录了特殊生态系统给当地社会带来的困难，以及人们是如何在这个生态系统中利用动植物和自然资源的。

狩猎和捕鱼

在1200年之前，培育作物、驯养动物是司空见惯的事，但那里的居民还是主要依靠狩猎、捕鱼和采集。在中非地区，身材较小的俾格米人可以在密林中追捕动物。在高海拔的喜马拉雅山地区和一些沙漠地区，狩猎活动也非常普遍。1497年，瓦斯科·达·伽马的船队来到了非洲的西南海岸。他们发现有一群人在吃“海豹肉、鲸肉、瞪羚肉和一些野生植物的根”，这些人看上去非常
369 健康。在江河湖海周边地区，捕鱼和农耕是结合在一起的。东非、南亚和印度沿海地区的人会捕捞海产品，他们驾船技术精湛，经常参与海上贸易。

放牧者

在不适于农业生产的干旱地区，人们以放牧为生。牧民们喝牲畜的奶，并用它们的皮和肉换回谷物和蔬菜。非洲东北部和阿拉伯的干旱、半干旱地区居住着世界上规模最庞大的牧民。与伊本·白图泰做客的摩加迪沙相似，一些索马里人居住在城镇，但大部分人在非洲之角的沙漠腹地中以牧养山羊、驴和骆驼为生。撒哈拉西部的羊群和骆驼群属于图阿雷格人，对沙漠的了解使他们成为沙漠商队的向导。在撒哈拉沙漠的南端，以游牧为生的富拉尼人（Fulani）逐渐扩大了自己的控制范围。到1500年，他们已经扩展到了苏丹的西部和中部地区。在非洲西南部遇到靠狩猎和采集为生的原住民族几周后，达·伽马的船队从牧养牛羊的牧民手中换到了一些肉。

农耕者

农业人口的密度反映了土壤的状况和降水量的充沛程度。南亚和东南亚比热带非洲更加湿润，这使得前者可以发展密集农业。粮食的高产为人口增加提供了基础。在1200年，南亚和东南亚的人口超过了1亿，其中4/5的人生活在肥沃的印度次大陆。虽然人口少于中国，但这里的人口数量是非洲全部人口的3倍，是欧洲人口的2倍。

印度植被茂盛，一位中东作家称其为“地球上最宜居的地方。印度的美丽平原就像是天国的花园”[1]。印度东北部的恒河平原、东南亚的大陆部分和中

大事年表

	热带非洲	热带亚洲
1200年	13世纪30年代，马里帝国建立	1206年，德里苏丹国在印度建立
1300年	1270年，埃塞俄比亚的所罗门王朝建立 1324—1325年，曼萨·穆萨到麦加朝圣	1298年，德里苏丹国吞并古吉拉特
1400年	15世纪，大津巴布韦达到鼎盛 1433年，图阿雷格人夺回廷巴克图；马里衰落	1398年，帖木儿洗劫德里；德里苏丹国衰落
1500年		1500年，马六甲港达到鼎盛

国南方都种植着稻米。在比较干燥的地区，人们种植谷物（如小麦、甜高粱、粟）和豆类（如豌豆等），这些可以适应雨季和旱季的周期循环。薯类和乔木作物是雨林地区的特产。

农作物的传播（包括从亚洲传到非洲的薯蓣、芋头和香蕉）并没有改变自然环境。在撒哈拉以南的非洲的大部分地区和东南亚的许多地区，人们会进行大规模耕作，而不是发展密集农业。现在，人们会用粪便和植物堆肥。这样，他们就可以在这块土地上年复一年地耕作。但当时的农民不会这样做，一旦土地肥力下降，他们就会开垦一块新的土地。在开荒的时候，人们会焚烧灌木、草和树干，它们的灰烬可以增添土壤的肥力。与土地贫瘠地区相比，不断开辟新土地提高了肥沃地区的劳动力使用效率。

14.1.3 水系与灌溉

灌溉系统

370

虽然每年的洪水可以为尼日尔河三角洲带来充足的养分，出产的粮食可以行销尼日尔的各贸易城市，但热带地区的许多农民还是需要把水引到自己的田里。在旱季，越南、爪哇、马来亚和缅甸的梯田需要修建一种用于灌溉作物的水利系统。印度的北方和南方也有一些蓄水量不大的水坝及一些用于灌溉的河渠。在这一时期，印度东南部的农民在河上建起了由石头和土筑成的水坝。这些水坝可以把水积蓄起来，并逐渐将其导入河渠。经过几代人的扩建，这些河渠可以灌溉大片地区。

德里苏丹国：实行集权的印度帝国，由穆斯林入侵者建立。

从河谷文明开始（见第2章），各国政府修建并控制了庞大的灌溉系统。印度北部的**德里苏丹国**（1206—1526年）新建了规模庞大的水利系统。伊本·白

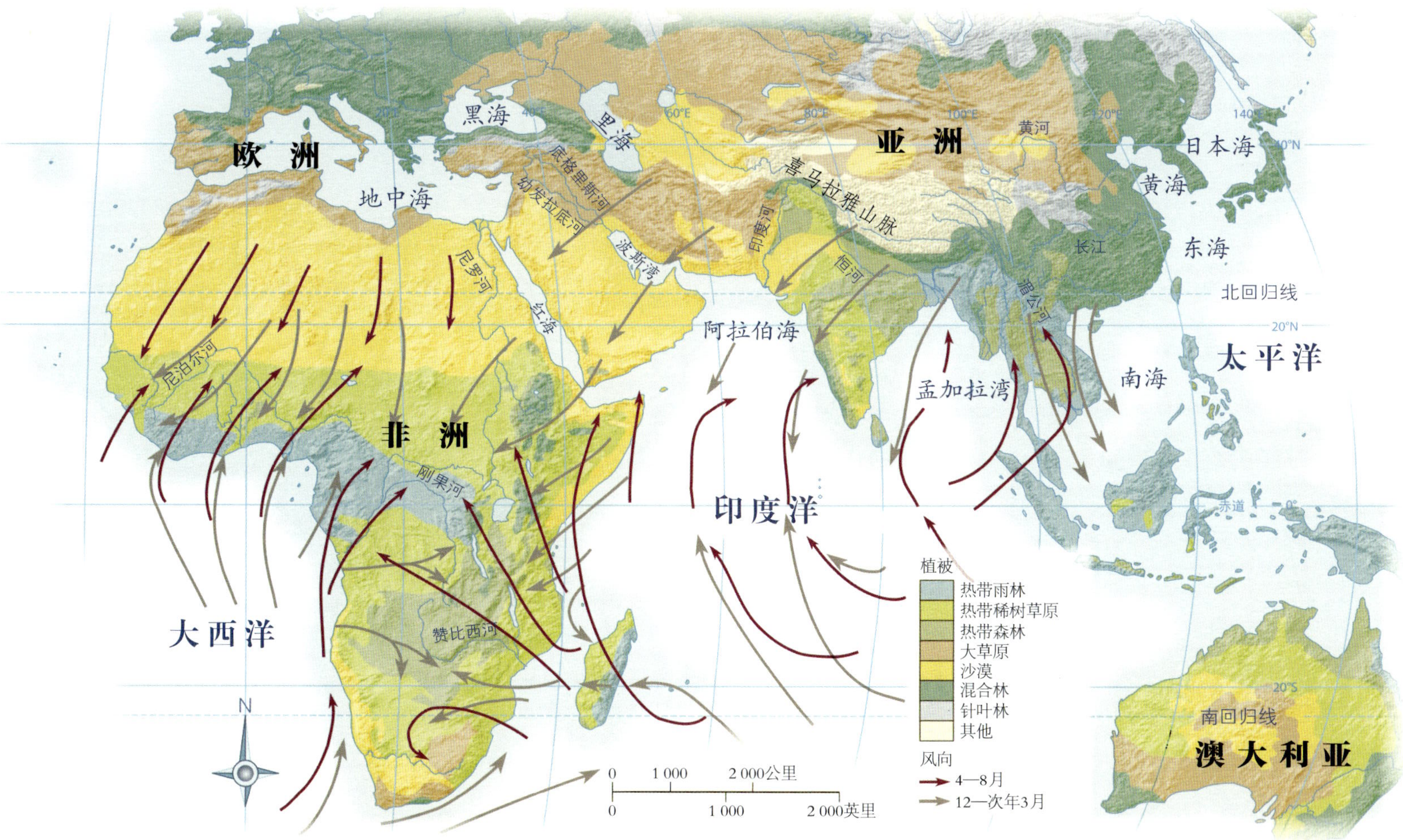

地图14-1　非洲和印度洋周边地区的自然特征　季风影响着热带地区的降水和植被分布。在成千上万年里，人类社会一直在适应这种自然环境。此外，季风也影响了在印度洋的航行。

图泰对13世纪前期建成的一个大水库钦佩不已，这个水库可以向德里城供水。到旱季水位下降的时候，农民会在水库的周边种植甘蔗、黄瓜和甜瓜。14世纪，德里苏丹在恒河平原上建起了灌溉网，这张灌溉网直到19世纪还在发挥作用。有了这个灌溉系统，农民全年都可以种植作物。

从10世纪起，印度洋上的锡兰岛（今斯里兰卡）就拥有了世界上最大的灌溉体系，其中既包括水库，又包括用于灌溉的河渠。这些水利设施供养了锡兰北部干旱地区的僧伽罗王国，这个王国拥有大量的人口。在东南亚，柬埔寨首都吴哥也有一个由河渠和水库组成的水利系统。

但来自南印度的入侵者重创了僧伽罗王国。1250—1400年，锡兰的灌溉系统走向了瓦解。结果，河渠中滋生出的蚊子开始传播疟疾，这种传染病使当地人苦不堪言。15世纪，当政权走向衰落的时候，柬埔寨的水利系统也遭到了破坏。之后，当局并没有重建这些水利设施。

国家修建的复杂灌溉系统非常脆弱，这与以村为基础的水利系统形成了鲜 371
明对比。入侵和自然灾害也会摧毁这些村级水利设施，但它们通常可以重建，因为这是地方行为，而且没什么技术含量。

14.1.4 矿产资源

在热带地区，铁在金属贸易中占有十分突出的位置。铁可以用来制造农民种地时用的锄头、斧头和刀。1200—1500年，人们开始在西非沿海和东南亚的雨林地区从事农业生产。铁也可以用来制作矛头、箭头、针和钉子。印度的金属匠可以锻造出漂亮、结实的剑。在非洲，许多人认为铁匠拥有魔力。

非洲的铜和黄金

14—15世纪，铜和铜合金在非洲东南部的铜带地区非常重要。精炼工会将铜浇铸成X形的铜锭。当地的铜匠再将其制成铜线和各种装饰品。

在苏丹西部，伊本·白图泰描述了一座矿业城市，那里会生产两种规格的铜棒。在当地，这些铜棒可以当钱币使用。在西非，一些铜匠会铸造铜和黄铜（铜和锌的合金）的雕塑和头像，这些都是世界艺术史上的杰作。他们使用“脱蜡”（lost-wax）铸造法，这种方法是将融化的金属灌到夹在两层黏土间的蜡上，这样，坚硬的金属就可以取代“脱掉”的蜡。

大量的非洲黄金跨过撒哈拉，进入了印度洋贸易和红海贸易。有些黄金来自尼日尔河上游和现代加纳的最南端。在赞比西河（位于今津巴布韦）南岸的山丘上，考古人员发现了成千上万的矿井。这些可以追溯到1200年的金矿深入地下100英尺（30米）。在印度的北部山区，虽然从溪水里淘金仍然非常重要，但印度的金矿和银矿在那时已经枯竭。因此，印度人从东南亚和非洲进口了大量的黄金，他们用这些黄金制作首饰和寺庙用的装饰品。

本节回顾

季风和降雨影响了热带非洲和热带亚洲的环境。

沙漠和雨林表现了这些地区的气候多样性。另一方面，山脉也影响了气候。

在这种环境下，人们靠狩猎、采集、放牧和农耕为生。

在西非、印度和东南亚，人们依靠河流和复杂多样的灌溉系统。

在热带的非洲和亚洲，铁、铜和黄金在地方经济和长途贸易中扮演了重要角色。

372

14.2 新的伊斯兰帝国

1200—1500年，西非的马里帝国和印度的德里苏丹国是热带地区最大、最富庶的国家。它们所采用的管理体制和军事体制都是从伊斯兰核心区学来的。但**马里**是非洲的原住民王朝。在穆斯林商人和穆斯林学者的影响下，马里较早地接受了伊斯兰教，整个过程是和平的。但德里苏丹国是由来自土耳其和阿富汗的穆斯林入侵者建立起来的，国家也是由他们进行统治的。马里的财富来自于跨撒哈拉贸易，但长途贸易在德里苏丹国并不十分重要。

马里：由原住民族建立的帝国，位于西非的苏丹西部地区，从13世纪一直存在到15世纪。马里在跨撒哈拉黄金贸易中扮演了重要角色。

14.2.1 西苏丹的马里

7世纪，穆斯林统治者开始大力发展跨撒哈拉贸易。在之后的几个世纪中，对穆罕默德的信仰传到了沙漠以南地区。阿拉伯人将那里称为“bilad alsudan”，意思是“黑人的土地”。

伊斯兰教的传播

1076年，信奉伊斯兰教的柏柏尔人将控制范围扩张到了沙漠之外，这导致了加纳的瓦解，在苏丹西部建立起来的加纳帝国要早于马里帝国（见第9章）。但柏柏尔人在传播伊斯兰教方面毫无建树。在东方，穆斯林的进攻于13世纪晚

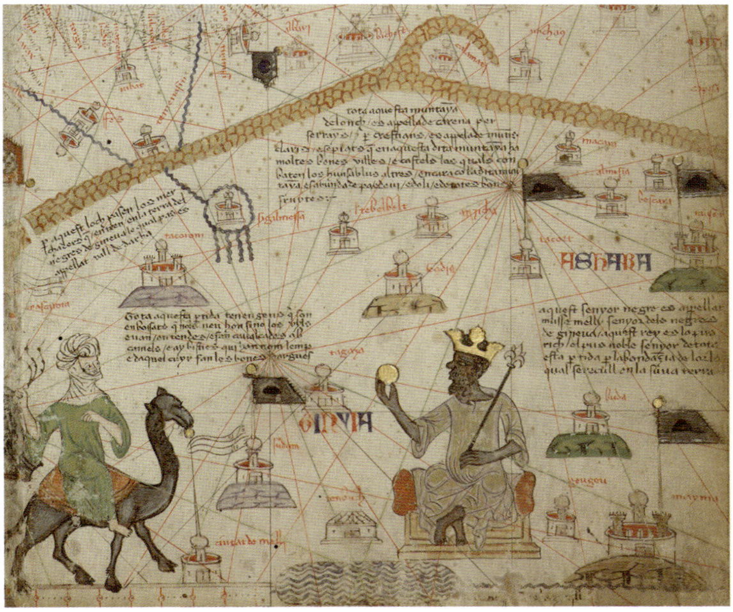

西苏丹的地图（1375年） 1375年，一名犹太地理学家在地中海的马略卡岛绘制了这幅华丽的地图，这就是欧洲人对世界其他地区的全部了解。这张地图是加泰罗尼亚地图集（Catalan Atlas）的一部分，它表现了到马里王国的北非贸易。在图上，马里国王一手托着金块，另一只手握着金杖。图上的注释说这位黑人统治者是曼萨·穆萨，他是“全世界最富有、最高贵的国王”。

期摧毁了尼罗河上游信奉基督教的努比亚王国。穆斯林在这一地区扩大了伊斯兰教的影响，但同样信奉基督教的埃塞俄比亚成功地阻挡了穆斯林前进的脚步。另一方面，在撒哈拉以南，伊斯兰教的传播既和平又循序渐进。苏丹西部与东非海岸的贸易联系不断加强，这也促进了伊斯兰教的传播。大多数非洲人都理解了伊斯兰教教义和它所带来的益处。1030年前后，苏丹西部的台克鲁尔（Takrur）成为第一个接受新信仰的国家。

松迪亚塔

1200年后不久，在国王苏曼古鲁（Sumanguru）的领导下，台克鲁尔走上了扩张之路。只是在30年后，马林凯人的领袖松迪亚塔（Sundiata）让台克鲁尔吃了一次大败仗。虽然两位国君都信奉伊斯兰教，但根据马林凯人的传说，
他们之间的战斗是两个魔法师之间的较量，这说明旧信仰和新信仰已经混合在 373
了一起。据说，苏曼古鲁想出现就出现，想消失就消失，他可以变化成几十种样子，可以抓住飞驰而来的箭。松迪亚塔之所以能打败对手，是因为他足智多谋，也是因为他用特殊的箭射伤了苏曼古鲁，这使苏曼古鲁失去了魔力。之后，连连取胜的松迪亚塔建立了马里帝国（见地图14-2）。

松迪亚塔的帝国有良好的农业基础。与之前的加纳一样，马里帝国也控制
着跨撒哈拉商道。但马里的控制范围比加纳更大，它不但控制着尼日尔河上游 374

地图14-2 非洲（1200—1500年） 许多非洲国家从跨撒哈拉贸易和印度洋贸易中获益。1500年之前，撒哈拉以南的非洲的对外交流主要限于伊斯兰世界。

曼萨·康康·穆萨：马里统治者（1312—1337年在位）。1324—1325年，他途经埃及到麦加朝圣。他向地中海世界展现了马里帝国的富有。

曼萨·穆萨

的核心贸易区，而且还控制着从尼日尔河源头的产金区到西南部的广大地区。而且，帝国的统治者还在政治精英和商业精英中传播伊斯兰教。对金、铜贸易的控制和与北方穆斯林商人的联系使马里拥有了前所未有的优势。

在**曼萨·康康·穆萨**（Mansa Kankan Musa，1312—1337年在位）的领导下，马里帝国声名远播。1324—1325年，曼萨·穆萨赴麦加朝圣，这一方面是为了履行作为一个穆斯林的义务，另一方面是为了显示自己的财富。他带了大批的随从。除了大夫人（senior wife）和她的500名仕女及其奴仆外，据记载，还有6万名脚夫和一个运送供给品的规模庞大的骆驼车队。为了购物和送礼，他带了80包黄金，每包重122盎司（3.8公斤）。此外，还有500个奴隶，每个奴隶手里拿着一根黄金杖。经过开罗的时候，曼萨·穆萨送出了大量的礼物。结果，当地的黄金价格低迷了许多年。

多样性与主流

印度和马里的统治方式

伊本·白图泰生动地记述了许多伊斯兰国家的统治者。虽然他的记述清晰明了，但他们和臣属的关系仍是个重要的问题。下面这段引文是关于德里苏丹穆罕默德·伊本·图格鲁克（Muhammad ibn Tughluq）的。这段文字读起来有些像论文，它谈到了统治者的权利和义务，以及个人行事风格如何影响国家的统治方式。

> 穆罕默德位于所有人之上，既好施舍，又喜欢杀人。许多来到他大门口的穷人会变成富人，还有些来到他宫殿的人会被判处死刑。他慷慨，做事勇敢，他也非常残暴，崇尚暴力，在民众中声名狼藉。尽管如此，他还是个谦恭的人，也是个公平的人。他喜欢宗教庆典，他会非常尊敬那些做祷告的人，也会惩罚那些对信仰麻木不仁的人。……
>
> 当印度和信德出现干旱的时候，……苏丹命令，德里所有居民将从王室的粮仓中得到6个月的粮食。……司法官员会登记人口，每个人将得到6个月的充足供给。
>
> 虽然他谦逊、公正、宽宏大量、对穷人怀着慈爱之心，但也喜欢杀人。他的宫殿门前经常有被处决者的尸体。我经常可以在大门口看到被杀的人和他们的尸体。一天，我和我受惊的马来到了他的王宫。我看到地上有一堆白色的东西，我问这是什么，一个朋友告诉我，这是一个人，他已经被剁成三段了。这位君主会用这样的方法重罚小错误，他已经不顾及学识、宗教和体面了。每天有成百上千个披枷戴锁的人被带到他的大殿前；他们的手脚和脖子被绑到一起。有些人被杀，有些人受到折磨或遭到毒打。……

苏丹有一个叫麦斯欧德（Masud）的兄弟，[他]是我见过的最英俊的人之一。苏丹怀疑他图谋不轨，于是就质问他。麦斯欧德怕受到折磨，就招认了。的确，任何否认指控的人都会触怒他，都会受到折磨。大多数人宁愿死都不愿受折磨。苏丹在大殿中砍下了麦斯欧德的头。按照惯例，他的尸体将在那里示众三天。两年前，麦斯欧德的母亲也是在这间大殿里被石头打死的，罪名是放荡或通奸。……

有一次，苏丹迫使德里居民都搬出自己的家，这使他受到了最严厉的指责。德里人写了许多封攻击苏丹的信，信上全是侮辱和谩骂，苏丹……决定毁掉德里。他从德里人手中购买了他们所有的房子，之后命令他们搬到道拉塔巴德（Daulatabad）去。

大部分居民都离开了，但他的奴隶发现街上还有两个人：一个是瘫痪的人，另一个是盲人。他们被带到苏丹面前，他命令，用投石机把瘫痪的人抛出去，并让人把盲人从德里拖到道拉塔巴德，两地之间有40天的路程。这个可怜人在半路上就散架了，只有他的一条腿到了道拉塔巴德。所有的居民都离开了德里；他们放弃了他们的行李和货物，整座城市荒无人烟。

一个人告诉我，苏丹站在宫殿的顶上眺望德里城，城里没有火，没有烟，也没有光线。他说："现在我心满意足了，我的心情平静下来了。"……当我们进入这座都城时，我们发现那里空空荡荡，已经被遗弃了，城里只有很少的人。

375 1353年，伊本·白图泰描述了马里的曼萨·苏莱曼。白图泰没有强调他的个性，这可能是因为两人没有什么私人接触。他重点记述了统治者和被统治者之间、奴隶主和奴隶之间的巨大差异，也记述了伊斯兰教如何改变马里的城市生活；此外，他还指责了那些没被伊斯兰教改变的习惯。

马里苏丹曼萨·苏莱曼是一个最贪婪、最卑鄙的人，他本着仁慈之心准备了一次宴会。我和其他神学家参加了这次招待活动。当宴会结束的时候，我向他表达了敬意，神学家称赞了他的知识。当我离开了会场后，他派人给我送来了一些吃的东西。这些东西被送到了法官的官邸。在这种情况下，法官匆忙走向我，对我说："苏丹有一件礼物送给你。"我猜想，可能是一套代表荣誉的衣服、几匹马，或是其他贵重的东西；但是，看呀！只是夹着炸鱼的三片干面包片和一盘酸奶。我对他们的俭朴报之以微笑，我非常珍视他们送来的这些小东西。享用完这些东西后，我又在那里逗留了两个月；虽然我经常在友好的聚会上见到他，但他什么都没有给我。有一天，我对他说："我到访过世界许多地方，觐见过许多国王；现在，我在您的国家待了4个月，但没有收到任何礼物，您甚至连必要的供给品也不提供。现在，我要对您说，如果以后有人问起我这件事，我该怎么说呢？"于是，他让我住进了一栋房子，并向我提供适当的供给。之后，那些神学家在斋月来拜访我，但他们没有全来，他们给了我330麦斯卡尔（methkals）黄金。在国王面前，所有人都会贬低自己：在觐见国王的时候，他们会立刻脱掉普通衣服，换上破旧的衣服，戴一顶脏帽子；上殿的时候就像乞丐，衣服只能遮盖到大腿的中间部分；他们会用双肘击地，就好像是很衰弱的人。当苏丹对某人说话的时候，那人就会脱掉上身的衣服，掸掸脸上的土；只要苏丹讲话，在场的每个人都要摘下包头巾。他们很尊重司法，这是件好事；苏丹对司法的尊重既不太多也不太少。治安情况非常好，旅行者可以单独行动，不必担心扒窃或抢劫。还有一件事也可圈可点，如果一位商人去世，当地人不会霸占他的财物，他们会让他的法定继承人取走这些东西。另外，他们在参加集体祷告方面也很积极；如果不早些去的话，做祷告都找不到位置。此外，他们还坚持背诵古兰经。如果一个人发现自己的孩子古兰经背得不好，那么他就会对孩子严加管教，直到他把古兰经背得一字不差。在达到这一水平之前，孩子是没有自由的。说到缺点，他们不让年幼的女儿和奴隶穿衣服。妇女觐见国王的时候也是这样，包括他的女儿也是如此。在结婚之前，拥有自由的妇女也不能穿衣服。

资料来源：First selection from Henry M.Elliot, *The History of India as Told by Its Own Historians* (London: Trübner and Co., 1869−1871) 3:611−614. Second selection as seen in *The Travels of Ibn Battuta in the Near East, Asia and Africa, 1325−1354*, translated and edited by Rev. Samuel Lee, 2004, pp. 239−240.

分析问题

这些统治者是如何加强统治的？他们的行为在何种程度上反映了伊斯兰教的影响？

我们看到了伊本·白图泰对这些统治者的描述。在同样的事和风俗上，你觉得这些国王的臣属会做何感想？

白图泰的哪些描述是客观的？哪些描述是主观的？哪些部分反映了他的个人价值观？

伊本·白图泰在马里

在回国的路上，曼萨·穆萨在尼日尔河沿岸的多座城市修建了许多清真寺，开办了许多古兰经学校。1352—1354年，伊本·白图泰到访了马里，时值曼萨·苏莱曼（Mansa Suleiman，1341—1360年在位）主政。在那里，祷告者可以准确地背诵古兰经，马里人对教导孩子学习古兰经也非常上心，这些使伊本·白图泰赞叹不已。他记载，在苏莱曼的统治下，幅员辽阔的马里帝国“普遍非常安全”，外国商旅完全不必担心抢劫，也不必担心死后自己的财物会被侵吞（见“多样性与主流：印度和马里的统治方式”）。

马里的衰落

在帝国建立两个世纪后，马里走向了衰落。臣服于马林凯人的民族开始发动叛乱，而曼萨·苏莱曼的继任者对此却束手无策。其他民族也没有作壁上观。1433年，沙漠地区的图阿雷格人重新夺回了他们的廷巴克图（Timbuktu）。到1500年，马里统治者的控制范围只限于马林凯人的核心地区。

376 尼日尔河上游的城市在马里的垮台中幸存了下来，但贸易中心和文化中心却向东移到了苏丹中部地区。1450年后，豪萨城邦的几个统治者皈依了伊斯兰教。这些城邦成了重要的制造业中心和贸易中心，它们的棉纺织品和皮革制品闻名遐迩。15世纪晚期，在苏丹中部，古老的卡内姆（Kanem）王国发展成为卡内姆-博尔努王国（Kanem-Bornu）。1085年，王国的统治者接受了伊斯兰教。大约在1250年，如日中天的卡内姆王国吞并了博尔努西南方的乍得湖，并控制了跨撒哈拉的中路商道。卡内姆-博尔努军队开疆扩土的时候，他们也传播了伊斯兰教。

14.2.2 印度的德里苏丹国

笈多帝国（见第7章）瓦解后，印度失去了军事屏障。11世纪早期，阿富汗的军阀开始入侵印度西北部的邦国。12世纪最后几十年，装备了十字弓的突厥人占领了印度北部的拉合尔和德里。一位立场鲜明的编年史学家写道："[德里] 这座城市及其周边没有了偶像，也没有了偶像崇拜。敬拜真主的人建起了清真寺，这些清真寺取代了供奉着 [印度教] 诸神的庙宇。"[2] 来自中亚的突厥冒险家也加入了侵略军，他们征服了许多印度小城邦，这些小城邦经常相互攻伐。

苏丹伊杜米斯

1206—1236年，穆斯林入侵者降服了印度北部地区的多位王公和首领。苏丹伊杜米斯（Sultan Iltutmish，1211—1236年在位）巩固了一系列军事征服所取得的成果，他的王国成为印度最大的国家。巴格达的哈里发正式承认德里苏丹国是一个伊斯兰国家。虽然抢劫活动还在继续——特别是在边境地区，但印度北部加入伊斯兰世界标志着入侵者开始从野蛮的征服者转变为多少有些仁慈的统治者。穆斯林统治者扩大了对被征服者的保护。他们可以不受迫害，条件是他们必须缴纳一种特别税。但印度教徒不会忘记这些入侵者开始时所表现出的不宽容，以及他们对印度的破坏。 377

廷巴克图的津加里贝尔清真寺　这座14世纪的清真寺全部由泥土和有机材料建成，它可以容纳2 000人进行礼拜活动。曼萨·康康·穆萨是马里帝国最著名的君主，他给了阿布·伊沙克·沙赫里（Abu Ishaq al-Sahili，西班牙格拉纳达的原住穆斯林）200公斤黄金，让他去装饰这座兼具伊斯兰风格和非洲传统的清真寺。

女苏丹莱席亚

伊杜米斯的臣属不支持他的几个儿子，因为他们软弱而又喜欢寻欢作乐，而是支持他才华横溢的女儿莱席亚（Raziya），这使伊杜米斯惊讶不已。当大臣们询问女性统治者是否有先例可循的时候，他说："我的儿子们都纵情声色，他们都没有资格继承王位……我的女儿比任何人都能胜任苏丹的位置。"在莱席亚执掌朝纲之前，她的兄弟——他喜欢骑着大象穿过集市，喜欢向人群抛洒硬币——只进行了7个月的无能统治。

能干的莱席亚只在王位上坐了不到4年（1236—1240年），一位编年史学家对此做出了解释：

> 莱席亚女王是一位伟大的君主。她聪明、正直、慷慨大方。她是一位贤君，是一位可以带来公正的人，是臣民的保护者，是军队的领袖。她具有君主所应具备的一切品质，但可惜她错投了女胎。所以，用来衡量男性的一切美德对她来说都是毫无价值的。愿真主保佑她！[3]

她尽了最大努力，希望证明自己是一位合格的君主。她穿男性的衣服，在大象上指挥军队。但最后，突厥首领囚禁了她。莱席亚逃了出来，但很快就被一个强盗杀害了。

吞并古吉拉特

经过半个世纪的萧条和动荡后，苏丹阿拉-乌德-丁·卡尔吉（Ala-ud-din Khalji，1296—1316年在位）进行着无情但有效的统治，他加强了对边远省份的控制。对边境地区的袭击和高额的税赋使国库逐渐充盈起来。当局还控制着德里的工资和物价，这样有助于减少养兵的成本。此外，间谍网阻止了阴谋活动。当中亚的蒙古大军向东挺进的时候，阿拉-乌德-丁·卡尔吉也开始向南扩张。1298年，他占领了富庶的贸易城邦**古吉拉特**，并短暂地占领印度半岛的最南端。

378

古吉拉特：印度西部地区，以贸易和纺织业闻名；那里的居民被称为古吉拉特人。

穆斯林和印度教徒

在伊本·白图泰到访德里的时候，苏丹穆罕默德·伊本·图格鲁克（1325—1351年在位）在用于庆典的千柱殿接见了他。这位环游世界的旅行家称赞了苏丹的虔诚和慷慨，但他也记述了他的残酷（见"多样性与主流：印度和马里的统治方式"）。这位苏丹极大地扩展了自己的权力，这损害了印度教国家的独立性，但他的宗教宽容制约了暴政。他甚至会参加印度教的宗教节日。但他的继任者菲鲁兹（Firuz，1351—1388年在位）更喜欢与穆斯林精英建立良好

印度马杜赖的米纳克希神庙 古老的圣城马杜赖位于印度东南部的泰米尔纳德邦。每天会有15 000名香客朝拜米纳克希神庙，米纳克希是印度教的鱼眼女神（the fish-eyed goddess）。虽然塔上精心彩绘的雕像已修复过多次，但这座神庙至少可以追溯到公元1000年。最大的塔有150英尺（46米）高。

关系，向婆罗门课以重税来离间有权有势的印度教徒。穆斯林编年史家称赞他修建了40座清真寺、30所学院和100家医院。

在广袤的印度大陆上，突厥人只占人口的一小部分，他们用恐怖来维持统治，对起义进行无情的镇压，靠抢劫和重税来维持统治阶级的奢华与权力。当时的大国（包括马里）都存在这种情况。对于百姓来说，这是一种负担而不是福祉。苏丹始终没有摆脱异族统治者的形象，也没有摆脱外来宗教所产生的消极影响。但久而久之，苏丹也会将一些印度教徒吸收进官僚体系。统治阶层的成员也会和信仰印度教的家族联姻，但新娘必须改信伊斯兰教。

印度南部的王国

穆斯林精英之间有个人矛盾也有宗教分歧，此外印度教徒也心怀不满，这些因素威胁到了德里苏丹的统治。德里苏丹国逐渐走向了衰落，并最终退出了历史舞台。在14世纪中，穆斯林贵族开始动摇苏丹的统治，他们在德干高原建立了独立的巴赫马尼（Bahmani）王国（1347—1482年）。为了阻止巴赫马尼军向南的步步进逼，印度南部的印度教邦国组成了维贾亚纳加尔（Vijayanagar） 379

帝国（1336—1565年）。帝国控制了印度南部的富庶贸易港口，并迫使锡兰成为自己的朝贡国。

在维护共同利益的时候，维贾亚纳加尔帝国和巴赫马尼王国会忽视它们之间的宗教差异。巴赫马尼的统治者希望在穆斯林统治和将印度教领袖纳入官僚体系上保持平衡。他们和印度教徒通婚，将印度教精英任命为高官。为了增强军事实力，维贾亚纳加尔的统治者雇用穆斯林骑兵和弓箭手，与穆斯林统治下的古吉拉特结盟。

帖木儿洗劫德里

到1351年，印度南部的所有地区都摆脱了德里的统治，印度北部的部分地区也纷纷揭竿而起。1338年，东部的孟加拉摆脱了苏丹国，并成为苏非派神秘主义的中心（见第9章）。到1390年，西部的古吉拉特也宣布独立。德里苏丹国的衰落引起了蒙古人对印度的兴趣。1398年，突厥—蒙古人（Turko-Mongol）首领帖木儿攻占了德里。次年，帖木儿的军队撤出德里，他们带走了大量的战利品和成千上万的俘虏。南亚最大的城市空空荡荡，损毁严重。德里苏丹国从此一蹶不振。

虽然德里苏丹国有许多缺点，但它推动了印度的中央集权。主要的朝臣和省级官员都服务于苏丹建立起的官僚体系，促进农业生产和贸易，并推行统一货币。尽管穆斯林的入侵和统治带来了许多冲突，但伊斯兰教已经在南亚扎下了根。

本节回顾

贸易使伊斯兰教和平地扩张到了撒哈拉以南的西非地区。

松迪亚塔建立的马里以农业为基础。此外，马里还控制着贸易路线。马里的上层皈依了伊斯兰教。

曼萨·康康·穆萨执政时期，马里达到了鼎盛。但在他去世后，马里逐渐衰落，权力开始东移。

信奉伊斯兰教的突厥人占领了印度北部地区，并在那里建立了德里苏丹国。

德里苏丹国控制了印度大部分地区；苏丹用恐怖、抢夺和重税进行统治。

虽然统治比较有效率，但苏丹国在内部纷争和外部入侵下走向了衰落。

14.3 印度洋贸易

14世纪，蒙古帝国的衰落打乱了途经中亚的陆路交通。因此，印度洋在亚欧民族和非洲民族的交往中扮演了极为重要的角色。1200—1500年，印度洋的贸易量不断增加。印度洋的海上交通也促进了伊斯兰教的传播。

14.3.1 季风与航海活动

贸易的商品

亚洲的伊斯兰帝国、蒙古帝国，欧洲的城市以及非洲和东南亚的新王国走向了繁荣，这促进了印度洋交通网的形成。人们对奢侈品的需求不断上升，如贵金属、珠宝、稀有香料、精致的纺织品和其他手工制品。体积更大的商船可以运载更多的货物，如普通棉纺织品、胡椒、粮食（如大米、小麦、大麦）、木材、马匹和其他有利可图的商品。有些货物从贸易网的一端运送到另一端，但没有哪艘船能跑完全程。相反，印度洋贸易分成了两部分：从中东跨过阿拉伯海到达印度，再从印度跨过孟加拉湾到达东南亚（见地图14-3）。

单桅三角帆船

单桅三角帆船：阿拉伯海特有的客船和货船。

马拉巴尔海岸（位于印度西南）的造船厂建造了大量的**单桅三角帆船**（dhows），这些货船和客船是阿拉伯海特有的。这种船的平均载货量从1200年的100吨增加到了1500年的400吨。单桅帆船从印度出发，趁着东北季风（12月到次年3月）到达阿拉伯和非洲；之后再趁着西南季风（4月到8月）返回印度，这是一次典型的航行。海岸边可以看到小帆船。在星星的指引下，技术高超的水手会驾驶大船径直通过这片水域。一条从红海起锚的单桅大帆船可以在2—4个月内到达东南亚大陆，但人们并不会真的这么做。到达印度后，前往东方的乘客会改乘平底帆船（junks），这种帆船在印度洋东部和南中国海占主导地位（见“环境与技术：印度洋的单桅三角帆船”）。

380

中国的平底帆船

平底帆船是当时体积最大、技术含量最高、最适于远洋航行的船舶。它首先出现在中国，之后随着中国的影响传到了世界其他地区。船体是由云杉木或冷杉木制成的。单桅三角帆船的船板是由纤维绳穿在一起的，而平底帆船的船板是用钉子钉在一起的。万一船身受到损伤，甲板下面的密封舱也可以保证尽量少进水。根据伊本·白图泰的记载，最大的平底帆船有12面帆，上面乘坐了1 000人，其中包括400名士兵。一艘大平底帆船有100个客舱，可以装载1 000吨的货物。在中国驶往东南亚和印度的船只中，大部分都是这种平底帆船。但中

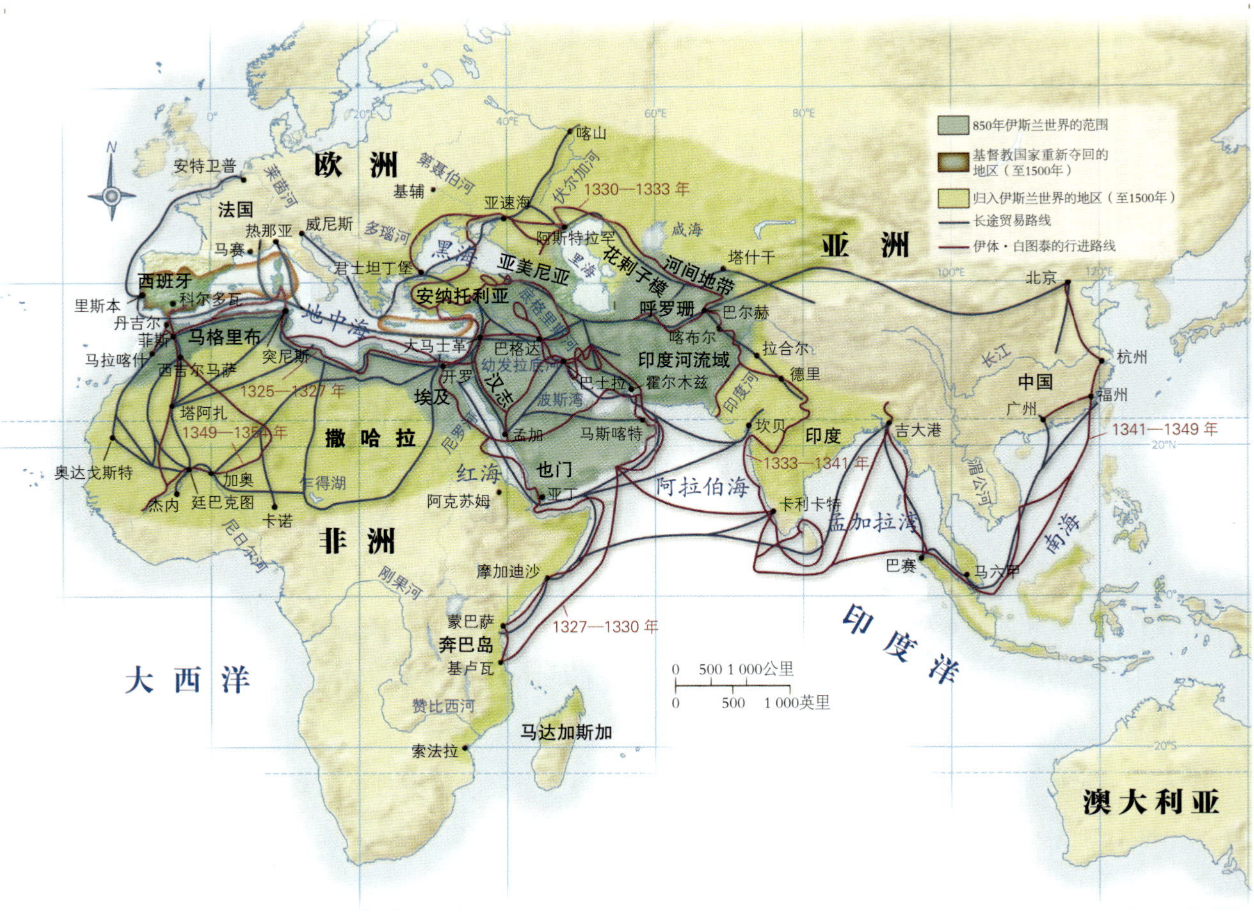

地图14-3 伊斯兰世界的商道和交通线（至1500年） 周游亚非的伊本·白图泰就利用了这些海陆交通线。它们是穆斯林商人的贸易路线和伊斯兰教的传播路线。

斯瓦希里海岸： 位于非洲之角和赞比西河之间。"斯瓦希里"源自阿拉伯语，意思是"海岸"。

从非洲到中国
381

国人并没有控制东亚和东南亚的水域。15世纪，孟加拉和东南亚的造船厂也能制造出类似的船，他们生产出来的船大多由本地水手驾驶。

或分散或一致的商业利益（而不是政治需要）将参与印度洋贸易的地区连接在一起。**斯瓦希里海岸**（Swahili Coast）可以提供产自东非内陆地区的黄金。阿拉伯半岛的港口可以提供马匹和来自中东、地中海和东欧的商品。印度沿海的商人可以获得来自东方和西方的产品，有些商品在本地销售，其余货物（其中包括印度产品）则转销到其他地区。来自东南亚、中国和印度洋的商品交汇到了东印度洋和南中国海之间的马六甲海峡。无论在哪个地区，大型港口都是重要的商业中心，那里集中了小港口的货物和来自内陆地区准备出口的商品。

环境与技术

印度洋的单桅三角帆船

印度洋上的帆船展现了印度洋贸易的多样性。我们称它们为“单桅三角帆船”，这个名词来自东非海岸的斯瓦希里语。这种帆船的船体是由柚木制成的，这些柚木产自印度南部和东南亚的热带森林。在晚上，船员们靠星光导航。他们所使用的技术来自阿拉伯。在沙漠中，阿拉伯人就是靠这些古老技术穿越沙漠的。还有些船员使用中国发明的指南针。

单桅三角帆船的体积和结构各不相同，但它们都具备两个特征。第一个特征是船体结构。构成船体的木板是缝合在一起的，而不是钉在一起。工人在船板上钻上孔，再用绳索将船板连接在一起。这些绳索是由椰壳纤维或其他纤维制成的。这种绳子不如钉子结实，所以业外人士会认为这种造船技术有些奇怪。按照马可·波罗的说法，这表现了水手的恐惧。他们相信大洋具有磁力，可以将钉子从船上吸走。但这只是马可·波罗的想象。更加合理的解释是，纤维绳比钉子便宜，这种船的造价更低；此外，在船触礁的时候，船只受损的概率也低一些。

第二个特征是船上所使用的三角帆是用棕榈叶或棉布制成的。为了适应风向，水手们可以转动悬挂在高大桅杆上的三角帆。

缝合船体的技术和三角帆技术已有几个世纪的历史。但1200—1500年，造船技术又有两项突破。第一，尾舵取代了用于控制方向的大侧桨；第二，单桅三角帆船的体积有所增加，这样可以装载更多的货物。

14.3.2 非洲：斯瓦希里海岸和津巴布韦

1250年后，东非沿岸的贸易不断增加。到1500年，已经有30—40个独立的城邦因贸易而兴起。1200年后，石制建筑（有些建筑有四层高）取代了由泥和茅草建成的房屋。考古发现表明，那里会进口玻璃珠、中国的瓷器和其他奢侈品。沿海民族和海岛民族拥有共同的文化和语言，他们的语言是以非洲语法和非洲词汇为基础的，但也吸收了许多阿拉伯词汇和波斯词汇。他们也可以书写阿拉伯文。这些民族被称为“斯瓦希里人”（Swahili），这个词来自阿拉伯人对他们的称呼“sawahil al-sudan”，意思是“黑人的海岸”。

伊本·白图泰在基卢瓦

382

1331年，伊本·白图泰到访了摩加迪沙。不久，他又前往南方的基卢瓦（Kilwa），这座城市是斯瓦希里海岸最重要的商业中心（见地图14-2）。伊本·白图泰认为基卢瓦是“世界上最漂亮、建设得最好的城镇之一”。他记载说，那些皮肤黝黑的居民都是虔诚的穆斯林。此外，他还赞扬了当地统治者的谦逊和慷慨，这些都是穆斯林的传统美德。

大津巴布韦

斯瓦希里海岸在哪些方面吸引了阿拉伯商人和伊朗商人呢？到15世纪晚期，基卢瓦每年出口1吨产自非洲内陆地区的黄金。在赞比西河南部的高原上有一个强大的国家，其中许多黄金产自这个国家或途经这个国家。1400年，这

大津巴布韦王宫的围墙 大津巴布韦的统治者就住在这道椭圆形石墙的里面。觐见者要从两道高墙之间的狭窄通道进入王宫，这样可以使他们产生敬畏之心。

个国家进入鼎盛时期。它的首都**大津巴布韦**占地193英亩（78公顷），拥有1.8万名居民。

大津巴布韦：一座已经消亡的城市，位于现在非洲的津巴布韦。1250—1450年，大津巴布韦是都城和贸易中心。在此期间，大津巴布韦修建了许多石建筑。

1250—1450年，本地工匠为大津巴布韦的统治者、僧侣和富人修建了许多石制建筑。王宫是最大的建筑，它的形状和占地面积与一个足球场相仿。王宫的石制外墙有17英尺（5米）厚，32英尺（10米）高。王宫里还有一个圆锥形的大石塔。

与马里相似，农牧业是大津巴布韦的经济基础，但长途贸易也可以带来额外的财富。贸易首先是区域性的，主要商品是来自赞比西河上游谷地的铜锭、盐和本地制造品。14世纪和15世纪，对沿海地区的黄金出口量不断增加，这使津巴布韦走向了鼎盛。但历史学家猜测，大津巴布韦居民的砍柴活动破坏了森林；另一方面，他们的过度放牧也破坏了草原。结果，生态危机导致了帝国在15世纪的衰落。

14.3.3　阿拉伯：亚丁和红海

亚丁城在阿拉伯半岛的西南端。在印度洋贸易中，亚丁具有双重优势。一方面，季风带来的降雨足够当地人饮用，并保证了谷物的丰收，这有利于当地的粮食出口。另一方面，亚丁的地理位置使其成为对印度贸易、对波斯湾贸易、对东非贸易和对埃及贸易的中间休息站。亚丁商人经营印度的棉布和珠子，东南亚的香料，阿拉伯和埃塞俄比亚的马匹，红海的珍珠，开罗的奢侈品，埃塞俄比亚的奴隶、黄金和象牙，以及亚丁腹地出产的粮食、鸦片和染料。

亚丁：一座港口城市，位于现在的也门。亚丁自古以来就是印度洋的贸易中心。

383

伊本·白图泰在亚丁

1331年，伊本·白图泰朝拜了麦加。之后，他乘商船抵达亚丁。他描述了亚丁大商人的富有，其中还包括一个故事：一位商人的奴隶花400第纳尔买了一只公羊，以免这只羊被其他商人的奴隶买走。这个奴隶的主人并没有因高价买羊而责罚他。相反，主人给予了他自由，因为他胜过了自己的竞争对手。90年后，一位中国穆斯林马欢发现“这个国家……不但富裕，而且人口众多”。他居住在一座石建房子里，这座房子有几层楼高。

也门和埃塞俄比亚

共同的商业利益使拥有不同文化和不同宗教的地区保持了良好关系。例如，在13世纪，一个名叫约瑟夫（Yosef）的犹太富人从亚丁来到了信奉基督教的埃塞俄比亚，在那里成了一名顾问。在以色列的所罗门王执政之前，阿拉伯南部地区就已经和邻近的非洲地区进行贸易了。1270年起，统治埃塞俄比亚的所罗门王朝自称是所罗门和阿拉伯示巴女王的后裔。通过红海沿岸的泽拉港（port of Zeila），所罗门王朝时期的埃塞俄比亚扩大了本国贸易。埃塞俄比亚的奴隶、琥珀和动物毛皮被运往亚丁或其他地方。

但有时也会产生摩擦。14世纪，也门的逊尼派国王将用于修建一座大清真寺的建筑材料运到了泽拉，但当地的索马里人（他们是什叶派）将这些材料丢到了海里。结果，亚丁对泽拉实施了长达1年的贸易禁运。15世纪晚期，埃塞俄比亚开始进行领土扩张，它想加强对贸易的控制。这使埃塞俄比亚与红海沿岸的伊斯兰国家发生了冲突。

14.3.4 印度：古吉拉特和马拉巴尔海岸

不断发展的阿拉伯海贸易和德里苏丹国的崛起使印度西部的古吉拉特邦走向了繁荣。1258年，蒙古人摧毁了巴格达，北方的陆路通道遭到破坏。因此，拥有发达农业和漫长海岸线的古吉拉特增加了不少新贸易。1298年，德里苏丹国吞并了古吉拉特。虽然海上贸易受到打击，但古吉拉特与德里统治阶级的贸易往来不断增加，这使古吉拉特获益不少。1390年后，古吉拉特重新获得独立。那里的穆斯林统治者开始控制周边的印度教邦国，并重新获得了印度洋贸易中的优势地位。

海上贸易

古吉拉特人向中东和欧洲出口棉纺织品和靛蓝，同时进口黄金和白银。他们也会用棉布、玛瑙珠和食品交换斯瓦希里海岸的乌木、奴隶、象牙和黄金。15世纪，商业活动向东扩展到了马六甲海峡。这些古吉拉特商人会在东印度商人中传播伊斯兰教，有些东印度商人甚至会从古吉拉特进口特制的墓碑。

与基卢瓦和亚丁不同，古吉拉特生产用于贸易的商品。根据13世纪威尼斯旅行家马可·波罗的记述，古吉拉特皮匠在一年中所生产出的皮革制品可以装满前往阿拉伯或其他地区的几艘商船。他们会生产用于出口中东的睡毯，这种皮毯是“红蓝两色，上面有飞禽走兽的精美图案。这些图案是由金丝银线绣成的”。此外，皮革坐垫上也有金线刺绣出的图案。

坎贝和卡利卡特

后人将坎贝（Cambay）的古吉拉特城与佛兰德斯和意大利北部的城市（见第15章）进行了对比，对比它们的手艺和纺织业。棉花、亚麻及丝绸制成的布料、毯子和被褥在欧洲、非洲、中东和东南亚地区非常有市场。坎贝也生产抛光后的宝石、黄金首饰、象牙雕刻品、石珠、天然珍珠和人工珍珠。15世纪，坎贝达到了鼎盛。那里有精心设计的街道和石建的瓦房。虽然穆斯林控制着古吉拉特城大部分的海上贸易，但印度教商人也从相关商业活动中得到了好处。他们过着富有、奢侈的生活，这引来了其他印度人的忌妒。

马拉巴尔海岸南部的城市纷纷效仿古吉拉特。当地的棉纺织品、谷物和香料使卡利卡特和其他沿海城市走向了繁荣。这些城市也成了印度洋贸易的信息中心。卡利卡特的统治者与沿海地区的印度教统治者建立了一个松散的联盟。384
与东非和阿拉伯地区一样，在商业利益的影响下，统治者普遍地采取了宗教宽容政策和民族宽容政策。来自伊朗和阿拉伯的穆斯林控制着大部分贸易，他们会与印度的穆斯林通婚。犹太商人也可以在马拉巴尔的贸易城市经商。

14.3.5 东南亚

在印度洋东部，马来半岛和苏门答腊岛之间的马六甲海峡是进入南中国海的主要通道。14世纪和15世纪，随着贸易的增加，这个商业上的咽喉要道成为政治纷争的焦点。

满者伯夷王国

暹罗王国控制着马来半岛的北部，以爪哇为基础的满者伯夷王国（Kingdom of Majapahit）将它的势力范围扩张到了马来半岛的南部和苏门答腊的许多地区。但满者伯夷制服不了以苏门答腊岛巴邻旁市为中心的中国海盗，他们经常抢劫通过海峡的船只。1407年，一支中国舰队粉碎了海盗的势力，并将匪首带回中国治罪。

马六甲的兴起

马六甲：东南亚的港口城市，现属马来西亚。大约建立于1400年，它是马六甲海峡的贸易中心。

内斗削弱了满者伯夷的力量，他们未能利用中国所做的干预控制位于海峡最窄处的**马六甲**港。经过一系列精明的结盟活动，一位来自巴邻旁的王子将马六甲从一个小渔村变成了一个重要的港口。马六甲在名义上臣属于暹罗，但中国舰队于1407年抵达东南亚后，它也和中国结成了联盟。马六甲的早期统治者放弃印度教，改信了伊斯兰教，这促进了与穆斯林商人（来自古吉拉特和其他地区）的贸易。马六甲的安全和低税率也是吸引商人的重要因素。

马六甲不但是交通要道，而且是东南亚的商品集散地：来自缅甸的红宝石和麝香，来自马来亚的锡，来自苏门答腊的黄金，来自摩鹿加群岛（欧洲人称之为香料岛）的丁香和豆蔻。1500年后，在马六甲非常繁盛的时候，在那里经商的人总共要讲84种不同语言，其中有些商人来自土耳其、埃塞俄比亚和斯瓦希里海岸。有四位官员管理外商：一位管理古吉拉特商人，一位管理印度其他地区的商人和缅甸商人，一位管理东南亚商人，另一位管理中国商人和日本商人。马六甲的富裕和人口多元化成为几个世纪后马来亚的榜样。

本节回顾

以单桅三角帆船和平底帆船为基础的印度洋贸易网将亚洲、非洲和欧洲的民族联结在了一起。

印度洋贸易网带来了商业利益，出口大津巴布韦黄金的斯瓦希里城邦也属于这张贸易网。

亚丁经营着来自非洲、阿拉伯和东南亚的各种商品，它与红海沿岸的泽拉港有贸易联系。

虽然政治比较动荡，但古吉拉特和马拉巴尔海岸的城市还是在农业、制造业和贸易的推动下走向了繁荣。

通过精明的结盟活动，马六甲成为东南亚的商业中心。

14.4 社会和文化的变革

1200—1500年，国家的发展、商业的扩张和伊斯兰教的传播给热带地区的社会生活和文化生活带来了许多变革。政治精英和商业翘楚的数量越来越多，他们的势力也越来越大。与此同时，他们所拥有的奴隶也在不断增加。穆斯林习俗和信仰的传播影响了社会生活和文化生活，“Sahara”（撒哈拉）、“Sudan”（苏丹）、“Swahili”（斯瓦希里）和“monsoon”（季风）等词都源自阿拉伯语便是证明，但地方传统仍然很重要。

14.4.1 建筑、学识与宗教

寺庙和清真寺

这些社会变革和文化变革对城市的影响要大于对乡村的影响。正如伊本·白图泰和其他旅行者所看到的那样，富商和统治精英花巨资修建豪宅、宫
385
殿以及宗教场所。那个时代的大部分宗教建筑都是兼具旧传统和新影响。非洲的清真寺模仿了中东清真寺的建筑风格，建筑材料是本地产的：太阳晒出来的黏土、产自苏丹西部的木材、产自斯瓦希里海岸的珊瑚石。在古吉拉特，印度

埃塞俄比亚的圣乔治教堂　1180—1220年，国王拉利贝拉统治着埃塞俄比亚王国。为了使新都城（也叫拉利贝拉）卓尔不群，他在火山岩上修建了一系列教堂。这座中空的圣乔治教堂是十字形的，它有40英尺（13米）深。

教寺庙的建筑风格对清真寺产生了影响。有些时候，清真寺还融入了其他传统建筑的元素。

坎贝的清真寺修建于1325年，它有伊斯兰式的庭院、回廊和门廊。此外，它也借鉴了印度教风格和耆那教风格的柱子、门廊和拱门。1423年，古吉拉特邦首府艾哈迈达巴德也修建了一座清真寺，它有一般清真寺都会有的宽阔庭院，但周围的走廊也融入了古吉拉特风格和其他建筑传统。

在非洲，埃塞俄比亚国王拉利贝拉（Lalibela）在13世纪前期营建了首都拉利贝拉。他命人修建了11座岩石教堂，以纪念耶路撒冷的11位圣徒。这些宏伟的教堂表现了埃塞俄比亚的传统岩雕。

识字的普及

清真寺、教堂和寺庙是信众受教育的地方。穆斯林会培养儿子（有时是女儿）的读写能力，这样他们就可以阅读宗教著作了。伊本·白图泰在马里看到戴着锁链的孩子，在他们背出古兰经的部分篇章前，他们不能摘下这些锁链。在撒哈拉以南的非洲，随着伊斯兰教的传播，人们的读写能力也在不断提高。之前，只有信奉基督教的埃塞俄比亚是有文化的社会。有一段时间，学者们会用阿拉伯字母书写地方语言。

乌尔都语：受波斯语影响的北印度语，书写的时候会使用阿拉伯字母。14世纪后成为文学语言。

伊斯兰教在提高印度人读写能力上所发挥的作用并不明显，因为印度人已经具备了一定的文化修养。阿拉伯语主要为宗教服务，宫廷会使用代表高雅文化的波斯语。后来，**乌尔都语**（Urdu）逐渐发展起来。乌尔都语是受波斯语影响的北印度语，书写的时候要使用阿拉伯字母。此外，穆斯林也将造纸术传入印度。

廷巴克图

资深的穆斯林学者研究伊斯兰教法、神学、管理学，以及关于数学、医学、科学和哲学的著作，这些著作部分来自古希腊文献。16世纪，**廷巴克图**（见地图14-2）有超过150所古兰经学校，上层神职人员在清真寺或家中教授高级课程。从北非地区进口的书籍价格很高。1536年，一位名叫哈

386 吉・艾哈迈德（Al-Hajj Ahmed）的学者在廷巴克图去世，他拥有约700卷的书籍，这个藏书量在当时是非常罕见的。在东南亚，马六甲成了传播伊斯兰知识的中心。印度也有许多重要的伊斯兰文化中心，首都德里就是其中之一。

伊斯兰教的传播

廷巴克图：尼日尔河畔的城市，现属马里。1000年后由图阿雷格人建立，当时是季节性的休息站。成为马里帝国一部分后，廷巴克图成为跨撒哈拉贸易的主要终点，它也是伊斯兰文化中心。

即便在占领的土地上，穆斯林统治者也很少强迫民众加入伊斯兰教，商人和苏非派的劝导及示范作用会更加有效。许多穆斯林会全力证明伊斯兰教的至高无上。伊斯兰教的传播与穆斯林商人主导长途贸易有关。商业交流可以超越宗教界限。伊斯兰的法律和道德鼓励诚实，这使许多其他地区的商人皈依了伊斯兰教。从斯瓦希里海岸到苏丹，再到印度沿海和东南亚，伊斯兰教的影响一直在沿着贸易路线传播。

伊斯兰教也传播到了农村地区的人当中，如西非和非洲东北部索马里以牧业为基础的富拉尼人、印度西北地区各种游牧民。在孟加拉，穆斯林宗教领袖将丛林改造成耕地，这样就会有更多的人加入伊斯兰教。

联姻也起到了重要作用。来到热带非洲和热带亚洲的穆斯林单身男性一般会与当地妇女喜结良缘。以后，他们的孩子就会接受伊斯兰信仰。四房妻室和奴隶小妾会为富有的男性生育几十个孩子。家里的仆人和奴隶通常也会皈依伊斯兰教。

伊斯兰教的传播不是用一种信仰简单地取代另一种信仰。伊斯兰教也会吸

收当地文化，因此非洲、印度和印度尼西亚的伊斯兰教各有特色。

印度佛教的衰落

在印度，穆斯林于1196年的入侵使长期式微的佛教失去了最后一个大本营，其中包括重要的佛学研究中心——比哈尔的那烂陀寺（Nalanda in Bihar）。佛教经典被付之一炬。成千上万的和尚被杀，或被迫流亡到尼泊尔和西藏。在佛教的诞生之地，已经没有多少人信奉佛教了。伊斯兰教成为印度第二大宗教。1500年，印度教仍然很盛行。但在东南沿海地区，伊斯兰教逐渐取代了印度教。

14.4.2 社会差异和性别差异

奴隶制的发展与精英阶层的兴旺密不可分。军事活动使几十万的印度“异教徒”成了奴隶。苏丹阿拉－乌德－丁拥有5万个奴隶，菲鲁兹拥有18个奴隶，其中包括1.2万个技艺精湛的工匠。苏丹图格鲁克向中国皇帝送去了100个男奴隶和100个女奴隶，他也收到了相似的回礼。

奴隶贸易

马里和博尔努将奴隶运过撒哈拉沙漠，送到北非，其中包括漂亮的姑娘和 387
阉人。不断扩张的埃塞俄比亚帝国将战俘卖给在泽拉经商的亚丁商人。根据现代人的估计，1200—1500年，撒哈拉商人和红海商人总共贩卖了250万个非洲奴隶。来自斯瓦希里海岸的非洲奴隶在一些印度邦国的海军、陆军和官僚体系中扮演了重要角色，这种情况在15世纪尤为明显。一些非洲奴隶也被运往中国。根据一份1225年的文献记载，中国的富裕家庭喜欢让身体“黑亮”的人做看门人。

“自由”劳动力比较充足，价格也比较便宜，因此奴隶很少从事农业生产。在有些地方，世袭的奴隶阶层在贸易和军队中发挥了重要作用。的确，德里苏丹国的早期统治者就使用了奴隶兵。在苏丹西部，一位名叫阿斯基亚·穆罕默德（Askia Muhammad）的奴隶将领于1493年控制了桑海帝国。没那么幸运的奴隶一般从事艰苦而卑贱的工作，如在马里开采铜矿。

富人有许多奴隶仆人。阉人守卫着富裕的穆斯林的女眷，但女性奴隶占家仆的多数，她们也会充当艺人和小妾。有些富人想在世界各地都找个小妾。菲鲁兹手下有一个贵族，这个贵族有2 000个女奴隶，都是他的小妾，其中还有些人来自土耳其和中国。

13世纪末，苏丹阿拉－乌德－丁攻占了古吉拉特，他俘虏了2万名少女，还有不计其数的儿童。奴隶的供应量大幅增加。结果，一匹劣马的价格是一名普通女奴隶价格的5倍，但年轻漂亮的处女可以卖到高价。

妇女的地位

印度教的法律文献表明，与早期相比，印度教妇女的地位多少有些提高。古老的殉葬——高种姓的寡妇自己跳入焚烧丈夫遗体的火堆——仍然得到社会的高度认同。但伊本·白图泰澄清，殉葬并不是强制的。印度教徒非常关注无子女寡妇的权利，因此人们甚至可以得到这样的结论：殉葬属于特例。

印度女孩在青春期之前就会出嫁，但女孩长大后才圆房。与丈夫相比，贞节对妻子的约束更大。只要婚姻出现裂痕，她们就会被休掉。但在触犯法律或违反风俗时，她们所受的责罚也要比男性轻。女性的父亲、丈夫或主人可以决定她们的命运。我们很少在商业、政治或宗教中看到女性的身影。

皈依伊斯兰教并不意味着要接受阿拉伯世界的社会习俗。在马里的首都，伊本·白图泰发现，出现在公共场合的自由妇女或女奴隶都一丝不挂，这使他惊诧莫名。他认为这种赤身裸体的行为有违女性（和男性）的羞怯之心。在马里的其他地区，来自摩洛哥的穆斯林商人允许他的妻子坐在长椅上与他的男性朋友交谈，这也引来了伊本·白图泰的严厉指责。这位丈夫回答："妇女和男性在一起可以使我们感到愉快，这是一个礼貌的行为，没什么可疑心的。"之后，伊本·白图泰再也不去拜访这位商人了。

女性的活动

除了抚养孩子外，女性还要做饭，如果宗教规条允许的话，她们也从事酿酒。在非洲许多地区，妇女经常会用谷物或香蕉酿制啤酒。在男性招待客人或休闲的时候，这些低度酒精饮料发挥了重要作用。

在热带的非洲和亚洲，女性也要从事农业生产。她们将东西顶在头上，用这种方式把食物、柴火和水搬运回家。妇女还有其他活动，如用黏土制作炊具，保管和缝制衣服。在印度，穆斯林入侵者带来的纺车极大地降低了纺线的成本。妇女通常会在家里纺线，织布则是男性的工作。在西非，妇女经常在市场中出售农产品、陶瓷和其他工艺品。

本节回顾

国家的形成、商业的发展和伊斯兰教的传播带来了社会生活和文化生活的变化。

本节回顾

这些变化主要集中在城市。上流社会乐于大兴土木，因此具有多文化特色的宗教建筑应运而生。

和平传播的伊斯兰教促进了教育和学术。

伊斯兰教认可奴隶制，后者的发展带来了繁荣。

印度妇女的地位看上去有所提高。皈依伊斯兰教并不意味着要接受阿拉伯世界有关性别的习俗。

结　语 388

热带的非洲和亚洲拥有世界40%的人口和超过25%的宜居土地。1200—1500年，商业、政治和文化的发展使这一地区的民族联系更加密切。印度洋成为世界上最重要、最富有的贸易区。自笈多帝国衰落后，德里苏丹国给印度带来了最大程度的政治整合。西非的马里随加纳之后，其政治和贸易作用在西苏丹日益重要。贸易和帝国与伊斯兰教的传播紧密相关。同时，伊斯兰习俗也出现了多样化。

但许多社会习俗和文化习惯仍旧根深蒂固。热带地区的非洲人和亚洲人世世代代生活在农村地区，他们从来不做远离家乡的冒险活动。四季交替、周而复始的宗教庆典和年龄大小决定着他们的生活。大多数人从事农牧业和渔业。村社组织被证明是非常顽强的。它们可能遭受自然灾害和战争的破坏，但在一段时间之后又能恢复起来。形形色色的帝国和王国兴衰沉浮，但这些村庄依旧。

进一步阅读文献

Cady, John F. *Southeast Asia: Its Historical Development*. 1964.关于东南亚的著作，非常有用。

Chaudhuri, K. N. *Asia Before Europe: Economy and Civilization of the Indian Ocean from the Rise of Islam to 1750*. 1991.运用了多种概念。

Coedes, G. *The Indianized States of Southeast Asia*, ed. Walter F. Vella. 1968.该领域的基础读物。

Connah, Graham. *African Civilizations: Precolonial Cities and States in Tropical Africa: An Archaeological Perspective*. 1987. 尤其参见后面几章。

Dunn, Ross E. *The Adventures of Ibn Battuta: A Muslim of the 14th Century*. 1986. 现代人重述了他的旅行。

Ehret, *Christopher.The Civilizations of Africa: A History to 1800*. 2002. 第6章和第7章总结了这一时期的新的学术成就。

Hourani, George F. *Arab Seafaring*, expanded ed. 1995.关于印度洋航行的著作，非常易读。

Lieberman, Victor. *Strange Parallels: Integration on the Mainland, Southeast Asia in Global Context*, c. 800−1830. 2003.在长时段内，将许多国家的历史结合在了一起。

Lovejoy, Paul E. *Transformations in Slavery: A History of Slavery in Africa*, 2nd ed. 2000.请参见前两章。

Ludden, David. *A Peasant History of South India*. 1985.采用了一个特殊的视角。

Majumdar, R. C., ed. *The History and Culture of the Indian People*, vol. 4, *The Delhi Sultanate*, 2nd ed. 1967.前面介绍了印度。

Risso, Patricia. *Merchants and Faith: Muslim Commerce and Culture in the Indian Ocean*. 1995.找到了一个很好的切入点。

Tarling, Nicholas, ed. *The Cambridge History of Southeast Asia*, vol. 1. 1992. 由许多作者合著，从史前一直谈到1500年。

389

注 释

［1］Tarikh-i-Wassaf, in Henry M. Elliot, *The History of India as Told by Its Own Historians*, ed. John Dowson (London: Trübner and Co., 1869−1871), 2:28.

［2］Hasan Nizami, Taju-l Ma-asir, in ibid., 2:219.

［3］Minhaju-s Siraj, Tabakat-i Nasiri, in ibid., 2:332−333.

第15章

拉丁西方
（1200—1500年）

本章纲要

思考

拉丁西方人（无论是富人还是穷人，无论住在城市还是在乡村）是如何对待自然环境的？

在中世纪晚期的欧洲，什么社会因素和经济因素促进了城市的发展？

什么因素促进了拉丁西方的文化艺术的发展？

在这一时期，什么样的社会发展、政治进步和军事进步推动了欧洲国家的崛起？

391 1454年夏天，也就是奥斯曼土耳其人攻占君士坦丁堡的第二年，艾伊尼阿斯·西尔维乌·比科罗米尼（Aeneas Sylvius Piccolomini，四年后他成了教皇）怀疑是否有人能够游说欧洲的基督教君主拿起武器，团结起来反抗穆斯林："基督教世界没有统一的领袖，基督徒既不服从教皇也不服从皇帝。"基督教国家更喜欢自相残杀。法国和英国进行了长达一个世纪的战争。德意志皇帝统辖着几十个诸侯国，但并没有真正控制住它们。西班牙和意大利处于分裂状态，那里有无数的王国和公国。艾伊尼阿斯·西尔维乌的感慨有点言过其实："每个城市都有自己的君主，王公贵族与平民百姓一样多。"他认为，欧洲之所以如此涣散，是因为人们只关注个人幸福和物质利益。一场极具破坏性的瘟疫使欧洲失去了1/3的人口。因此，到了14世纪，人们开始对人性持悲观态度，对功利主义忧心忡忡。

但是，除了分裂、各种灾难和战争，历史学家认为中世纪后期（1200—1500年）也孕育了非同一般的进步。城市中光彩夺目的建筑、各种文化机构和文化成就冲淡了艾伊尼阿斯·西尔维乌所哀叹的贪婪。旷日持久的战争带来了巨大的破坏，但战争也促进了军事技术的进步，并推动了君主国的统一。

虽然邻近的伊斯兰国家和拜占庭帝国将西欧人统称为"法兰克人"，但他们认为自己是"拉丁人"。他们强调忠于罗马天主教会，并在宗教仪式中使用拉丁语。一些共同的要素推动了**拉丁西方**（Latin West）的复兴：竞争、渴望成功、高效地运用借鉴来的知识和技术。

拉丁西方：历史学家用这个词指500—1500年信奉天主教并用拉丁文进行文化交流的欧洲地区。

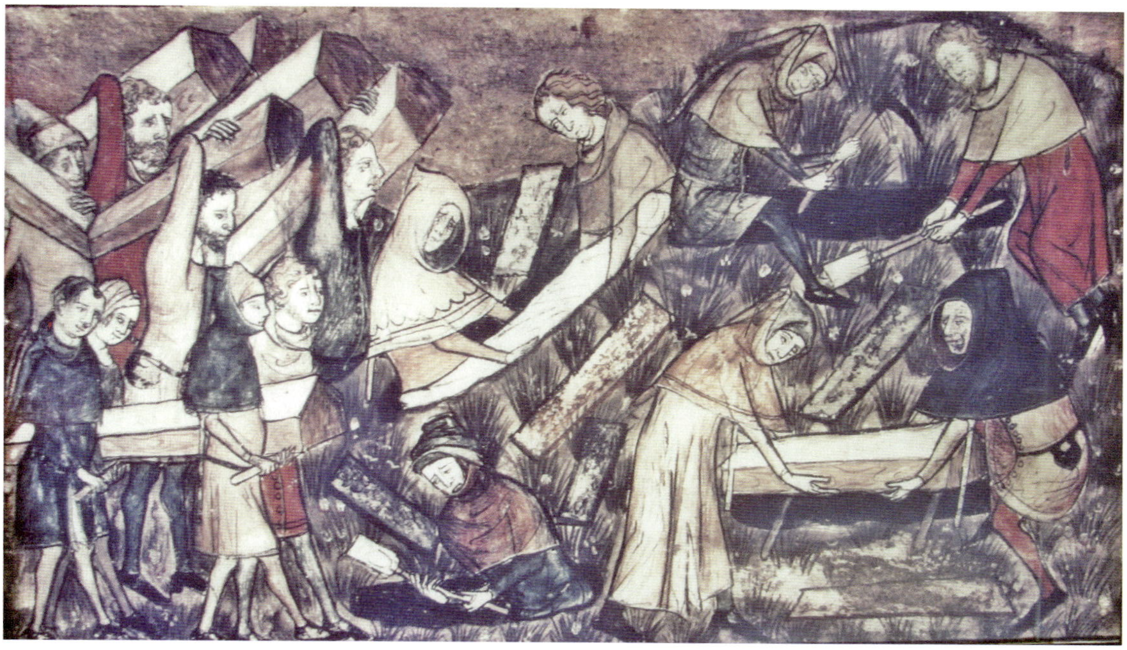

埋葬黑死病遇难者 这幅画描绘了佛兰德斯的图尔奈（Tournai），它表现了这场史无前例的瘟疫。

15.1 农村地区的发展与危机

392

1200—1500年，拉丁西方利用新的农业技术开垦了更多的荒地，并开始越来越多地利用机械能。但90%的人住在农村地区，辛勤的劳动只能换来微不足道的回报，饥荒、瘟疫和战争时有发生。1347—1351年的黑死病造成了严重破坏。在此之后，农民起义使许多农奴获得了自由，这促进了社会变革，改善了农村地区的生活。

15.1.1 农民、人口和瘟疫

农村地区的生活

1200年，大部分西欧人都是农奴，他们在贵族和教会的庄园中从事农业生产（见第10章）。他们既要上缴部分农产品，又要为主人服劳役。效率低下的农业生产和对领主所承担的义务使农民的辛苦劳动只能换来微薄的报酬。虽然有许多宗教节日，但农民每周要在地里工作54个小时，超过一半的时间是在为贵族服务。一般来说，15—30个农民家庭供养一个贵族家庭。贵族的生活条件

法国乡村地区的农民 1410年后，佛兰德斯的林堡兄弟（Limbourg brothers）创作了许多关于农民冬天生活的小画作。在覆盖着积雪的拥挤场面，一个人在劈柴，另一个人在赶驴，驴身上驮着柴火，他要把这些柴送到另一个小村庄。画的右下方是一个妇女，她正在向冻僵了的手指头吹气。这个妇女正在看挤成一团的羊和饥饿的鸟，它们也躲在农舍里取暖（画家没有将农舍的外墙画全）。

与农民的生存状况形成了鲜明的对比，前者住在庄园或石制城堡里，而后者只能住在一间小茅屋里，里面没有几件家具，更谈不上什么奢侈品了。

在农村地区，男性和女性同样要下地干活，但劳动平等并不意味着家庭地位的平等。在中世纪的欧洲，农村的妇女要服从男性，这点与其他地区无异。著名神学家托马斯·阿奎那（1225—1274年）为他所处的时代辩解。他认为，虽然男人和女人都是按上帝的形象创造的，“但上帝的形象从男人的感官而不是女人的感官上表现出来：因为男人是女人的来源和归属，就像上帝是一切创造物的来源和归宿”[1]。

农业生产效率低下、社会失衡和人口的快速增加导致农村地区的贫困。1200年，中国的人口是欧洲人口的一倍多；到1300年，两个地区的人口都达到了8 000万。蒙古入侵使中国人口下降（见第13章）。而与此同时，1100—1445年，欧洲人口至少翻了一番。一些历史学家认为，经济复苏促进了人口增长。而另一些历史学家认为，这一时期的人口增长与两个因素有关：第一，高于常年的气温减少了饥荒；第二，在此期间没有出现严重的传染病。这两个因素都降低了死亡率。

三圃制：农业上的轮作制度，用两块地种植粮食作物，另一块地休耕。三区轮作制逐渐取代了中世纪使用的两区轮作制。

393 越来越多的人需要更加高效的农业生产技术，需要找到新的耕地。**三圃制**

大事年表

	技术和环境	文化	政治和社会
1200年	13世纪，广泛使用十字弓和风力磨坊	13世纪10年代，条顿骑士团、方济各会、多明我会 1225—1274年，哲学家兼教士托马斯·阿奎那	13世纪，香槟集市走向繁荣 1204年，第四次十字军东征 1215年，签署《大宪章》
1300年	1315—1317年，大饥荒 1347—1351年，黑死病 1350年，滥砍滥伐日益严重	1300—1500年，大学兴起 1313—1375年，人文主义作家乔万尼·薄伽丘 约1390—1441年，画家扬·凡·艾克	1337年，百年战争爆发 1381年，瓦特·泰勒起义
1400年	15世纪初，开始使用加农炮和手持火器 1454年，《古登堡圣经》	1452—1519年，艺术家莱奥纳尔多·达·芬奇 1492年，西班牙驱逐犹太人	1415年，葡萄牙占领休达 1431年，圣女贞德受火刑 1453年，百年战争结束；奥斯曼人占领君士坦丁堡 1492年，信奉伊斯兰教的格拉纳达王国陷落

新的农业技术

就是一项得到普遍应用的新技术，它取代了每年使一半土地处于休耕状态的传统做法（休耕可以使土壤恢复肥力）。每年，农民在2/3的土地上种植作物，他们交替种植燕麦、大麦、小麦、黑麦或豆类。另外1/3的土地处于休耕状态。燕麦可以为贫瘠的土地增加氮，也可以为犁地的马提供饲料。但在欧洲许多地区，农民仍然会休耕一半土地，并使用牛来拉犁。牛拉犁的效率不如马，但成本较低。

新的定居点

人口增长也使人们建立了新的农业定居点。在12世纪和13世纪，大量的日耳曼人移民到了易北河以东和东部的波罗的海国家，那里有肥沃的土地。基督教骑士屠杀或驱赶了当地的非基督徒。在13世纪，条顿骑士团征服了波罗的海沿岸的大片地区，并在那里建立了统治。后来，这一地区归属了普鲁士（见地图15-3）。另外，基督徒还在南欧征服了穆斯林和拜占庭帝国的土地，在英伦三岛征服了凯尔特人的土地，他们在这些地方兴建了新的定居点。

饥荒

人们用排干沼泽和砍伐森林的方式增加耕地。但人口还在增加，有些人不得不去耕种那些贫瘠的土地，或容易受旱、涝、冰冻的土地。1250年后，作物的平均亩产量不断下降，越来越多的人生活在饥饿的边缘。按照一位历史学家的说法：“到1300年，西欧的每位新生儿在他们平均30—35岁的一生中至少要面对一两次的极端饥饿。”[2] 寒冷期导致了1315—1317年的大饥荒，这场饥荒影响了欧洲许多地区。

黑死病

黑死病：在14世纪中叶，淋巴腺鼠疫在亚洲、北美和欧洲地区爆发，大量的人口死于这种疾病。

黑死病改变了人口增长的趋势。这种可怕的瘟疫起源于中国，并由蒙古军队经中亚传到了欧洲（见第13章）。1346年，蒙古人进攻黑海港口城市卡法；一年后，卡法的热那亚商人将这种疾病带到了意大利和法国南部。在之后的两年里，黑死病开始在欧洲传播，有些地方的人口减少了2/3。在西欧地区，平均有1/3的人死于这种疾病。

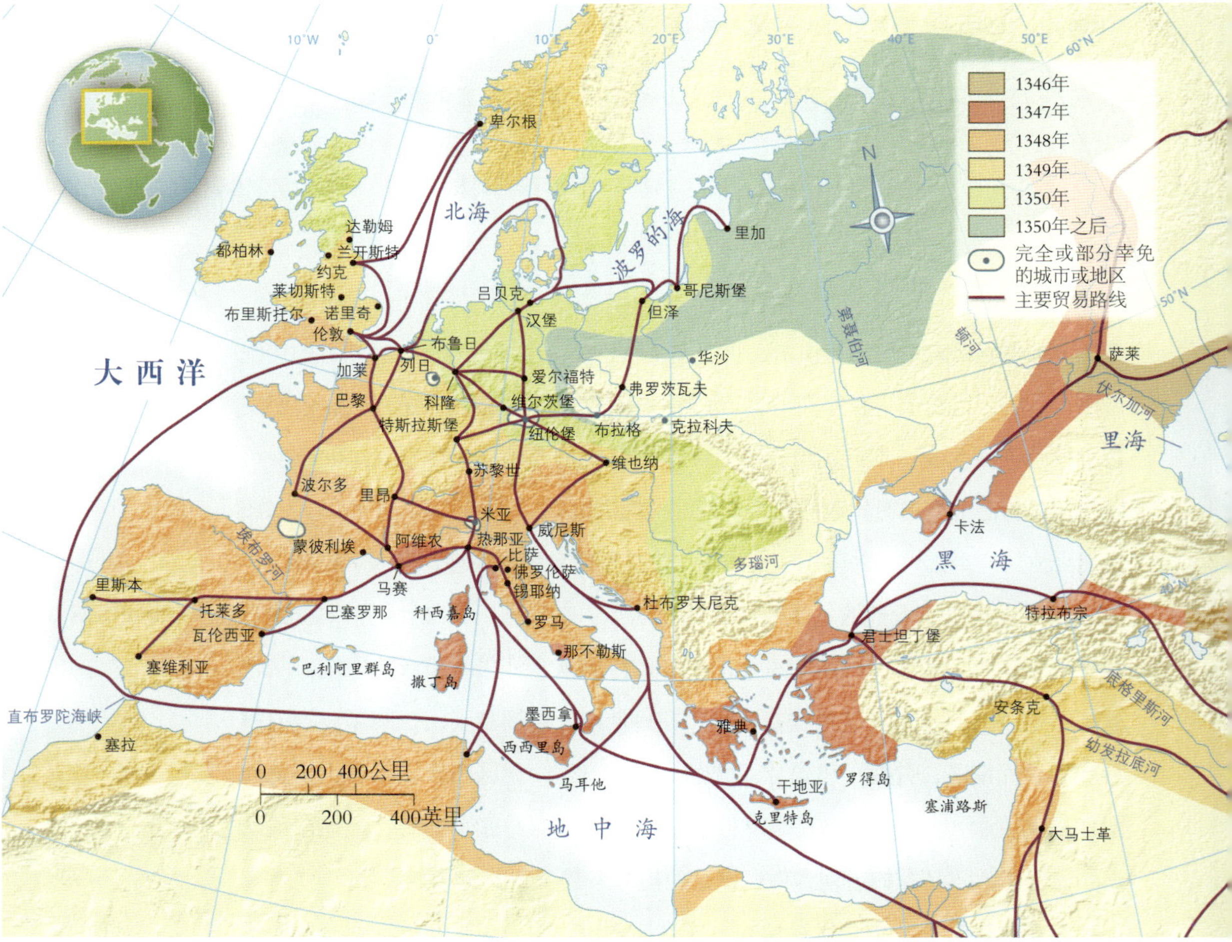

地图15-1 14世纪的黑死病 1346年，蒙古大军将中国西南部的疾病带到了黑海的卡法港。这张地图标明了这场瘟疫是如何跨越欧洲大陆一步步传到地中海和欧洲北部及东部的。

感染黑死病的人会在腹股沟和腋下长鸡蛋大小的疮，皮肤上会出现黑色的斑点。他们身上会发出难闻的气味，感到剧烈的疼痛。在大多数情况下，患者会在几天内死去。地方官员把来自疫区的人拒之门外，焚烧属于死者的东西。这些措施会起到一定作用，但很难阻止疾病的传播（见地图15-1）。淋巴腺鼠疫是黑死病的主要形式。被寄生在某种老鼠身上的跳蚤叮咬后，人们就可能感染这种疾病。虽然中世纪的医生并未将黑死病与老鼠联系起来，但铲除城市垃圾中的老鼠并非易事，因为它们太多了。 394

黑死病给人们留下了心理阴影，它使人们深刻地理解了什么是突如其来的死亡。一些人变得更加虔诚，他们向教会布施，或者用带铁头的鞭子鞭笞自己，希望这样可以赎罪。另一些人选择了无休止的享乐，他们把钱花在衣服和吃喝玩乐上。无论心态如何，幸存者都很快回到了以前的生活。

瘟疫不断卷土重来，这使人口恢复缓慢。1400年的欧洲人口与1200年时相差无几。到1500年，人口才恢复到瘟疫爆发之前的水平。

15.1.2 社会动乱

瓦特·泰勒

除了在人口和心理方面的影响，黑死病还推动了西欧的社会变革。幸存下来的熟练劳动力要求增加报酬，但当局想把工资稳定在以前的水平上。农民认为这是富人的阴谋，他们开始反抗富有的贵族和教士。1358年，法国爆发了扎克雷起义，农民攻占了城堡，杀死了几十人。1381年，瓦特·泰勒在英国领导了大规模农民起义，要求废除农奴制，终止对地主的义务。起义者处死坎特伯雷大主教和许多官员。当局残酷地镇压了起义，但他们并没有提高报酬，也没有按起义者的要求进行社会改革。

改善农村地区的条件

农民或是得到了自由，或是选择了逃亡，因此西欧的农奴制已是名存实亡。许多自由农民得到了很高的报酬，他们用攒下来的钱购买了土地。许多英国地主无力雇用足够的农民，因此他们开始养羊取毛。其他人开始种植不需要精心照料的作物，他们开始大量使用畜力和可以节约人力的工具。瘟疫并没有杀死野生动物和家养动物，幸存者可以得到足够的肉和用于制作鞋的皮革。因此，在黑死病之后，农民的生活状况有所改善，但贫富差距仍然很明显。

在城市地区，雇主用提高工资的方法来吸引工人。行会（本章后面会提到）也缩短了学徒期。工匠之间的竞争越来越普遍。虽然人口下降使经济总量有所减少，但单位资本的实际产出却在增加。

15.1.3 磨坊和矿业

在1500年之前的若干个世纪中，机械能的使用推动了矿业和金属制造业的发展，一些历史学家称之为中世纪的“工业革命”。这个词用得稍微有一点夸张，但大地上确实布满了各种机械设备。风力磨坊和水力磨坊用来磨制谷物、锯开圆木、粉碎橄榄、鞣革和造纸。

水磨坊

1086年，英格兰的各条河流上遍布着5 600座水磨坊。1200年后，磨坊迅速传到了西欧大陆。到14世纪早期，在巴黎的塞纳河畔，1英里的河岸就挤着68座磨坊，但**水轮**的效率并不高。来自水渠的水会更有效率。在重力的作用下，水流从高处流到水轮上，这会增加水轮的动力。水坝可以提供常年的稳定水流。法国和英格兰的一些水磨坊甚至利用海上的潮汐。

水轮：一种机械装置，它可以用流水的能量碾磨谷物或驱动机器。世界许多地区都有水轮，但它在1200—1900年的欧洲特别普遍。

像西班牙和欧洲北部这样的干旱地区，有大量的风力磨坊。在欧洲北部地区，冬天的时候水会结成冰，这使水轮毫无用武之地。水磨坊可以追溯到罗马时期。伊斯兰世界也有水轮和风力磨坊，它的技术来自古希腊。但欧洲人的磨坊比其他地区的磨坊都大。

磨坊与冶铁

395 修建磨坊需要很多钱，但大自然会为它提供免费的动力，因此投资人可以获得巨大的收益。虽然个人和修道院也会建造一些磨坊，但大部分磨坊是集资修建的。富有的磨坊主经常会引来邻居的妒忌。在《坎特伯雷故事集》中，英国诗人杰弗雷·乔叟（约1340—1400年）将磨坊主描写为“偷谷物的能手”，因为他们会用拇指推低秤的刻度。[3]

水力促进了冶铁业的发展。水力驱动的捣击机可以打碎铁，风箱（1323年，西方首次出现对风箱的记载）可以将温度提高到使铁熔化的程度。鼓风炉（首次记载出现在1380年）可以生产出高质量的铁。冶炼出的铁可以生产许多东西，从铠甲到钉子，从锄头到马蹄铁。

工业增长

在欧洲许多地区，需求促进了冶铁业的发展。此外，奥地利和匈牙利发现了银矿、铅矿和铜矿，这为钱币、教堂里的钟、加农炮和雕像提供了金属。在15世纪下半叶，中欧地区出现的深层采矿技术传遍了欧洲。从11世纪到13世纪，法国掀起了一轮建筑热潮，这促进了采石业的发展。

工业发展改变了自然风貌。城镇的规模越来越大，新城也拔地而起。水坝和运河改变了河流，采石场和矿井遍布山坡。城市中的皮革厂、屠宰场的废水和人类的排泄物污染了溪流。1388年，英格兰议会制定了第一部反污染法，但执行起来却困难重重。

滥砍滥伐的速度越来越快，木材被用作建筑和造船材料。为了制造鞣革所用的酸，皮革厂剥下了许多树皮。大量的森林变成了农田。为了能产生高温，玻璃业和冶铁业消耗了大量的木炭，这些炭是由橡木或其他硬木烧制成的。一个冶铁炉就可以在40天消耗掉方圆1英里（1.6公里）之内5/8的树木。结果，在中世纪晚期，除了地主的狩猎区外，许多茂盛的森林从西欧消失了。 396

本节回顾

人口增长促进了农业技术的提高和农业的发展，但农民的生活仍然没有多少改善。

饥荒和黑死病扭转了人口增长的趋势，并推动了西欧的社会变革。

磨坊和其他技术推动了工业发展，自然风貌也因此发生了变化。

15.2 城市复兴

在10世纪，拉丁西方的城市在规模、富裕程度和宜居方面都无法与拜占庭城市和伊斯兰城市相媲美。但到中世纪晚期，地中海、波罗的海和大西洋沿岸出现了许多富裕的港口城市，因为一些主要河流会注入这些海洋中（见地图15-2）。许多拜占庭城市和伊斯兰城市要比西欧城市大，但在商业、文化和管理方面就相形见绌了，因为西欧城市新建了不少的教堂、市政厅和住宅区。

15.2.1 贸易城市

1200年后，制造业和贸易促进了城市的发展，但城市之间的距离和城市到内陆地区的距离仍然很远。意大利北部地区尤其受益于海上贸易，它与地中海东部的港口城市有贸易往来。通过这些城市，意大利北部地区可以参与印度洋贸易和东亚贸易。在欧洲北部，佛兰德斯（大致相当于今天的比利时）和波罗的海周边的商业城市从区域贸易网和地中海海陆贸易中获得了利润。

第四次十字军东征

1204年，在威尼斯人的鼓动下，十字军攻占了君士坦丁堡，这场战争有一个颇具误导性的名字“第四次十字军东征”。这次东征削弱了拜占庭对地中海与黑海之间地区的控制。威尼斯人趁机占领了克里特岛，并扩张了它在黑海周边的贸易殖民地。蒙古帝国的向西扩张打通了地中海到中国的贸易路线（见第13章），这也使意大利贸易获益匪浅。

马可·波罗

1271年，一位名叫马可·波罗的年轻商人从威尼斯出发，经中亚到达了蒙古人控制的中国。他为忽必烈服务多年，并成了中国的省级官员。1295年，也就是他离开意大利24年后，他由海路经印度洋回到了威尼斯。许多学者对马可·波罗冒险故事的结尾部分提出了质疑。除了马可·波罗之外，其他欧洲旅行者也描述了东方的富庶。

汉萨同盟：一个经济同盟和防御同盟，由德意志北部地区的自由城市组成。汉萨同盟大约成立于1241年，并在14世纪盛极一时。

14世纪，蒙古人走向了衰落，这中断了商队贸易。威尼斯商人开始通过君士坦丁堡、大马士革及开罗的中间人购买东方的丝绸和香料。威尼斯人每年会进行三次护航，每次护送2—3艘需要60名桨手的大帆船，这些船每次可以带回2 000吨货物。其他地区的商人开始寻找新的陆路商道和海路商道。

热那亚和汉萨同盟

意大利北部热那亚的海上贸易可以与威尼斯平起平坐。热那亚商人在地中海和黑海沿岸建立了许多殖民地。在欧洲北部，贸易城市组成了**汉萨同盟**，这

伊珀尔的佛兰德斯织布工 纺织业的发展为许多尼德兰人提供了工作。在13世纪，佛兰德斯的伊珀尔是重要的纺织中心。在这幅14世纪的手绘画中，一个男人和一个女性正在使用卧式织布机，一个孩子正在用纺车纺线。

地图15-2　中世纪晚期欧洲的贸易和制造业　欧洲城市的经济复苏与这些地区商业发展息息相关。请注意，意大利北部、尼德兰和英格兰出现了毛纺织中心和亚麻纺织中心；欧洲出现了各种各样的食品贸易；开罗、基辅和罗斯托夫出现了奴隶市场。

个同盟的贸易范围包括波罗的海和刚被德意志骑士征服的普鲁士沿海地区。汉萨同盟的商人向东可以到达俄国的诺夫哥罗德，向西可以跨过北海到达伦敦。

佛兰德斯的城市和纺织品

在13世纪晚期，来自地中海的热那亚商船与来自波罗的海的汉萨同盟商船汇聚到了佛兰德斯的贸易城市和工业城市。佛兰德斯的布鲁日、根特和伊珀尔
397 的工匠将来自英格兰的羊毛纺成上好的布料。与农村地区的“家织布”相比，这种布料更柔软、更光滑。染上鲜艳的颜色后，佛兰德斯的布料可以吸引同样钟爱亚洲纺织品的富人。

贸易集市

勃艮第的香槟地区出现了重要的贸易集市，这些集市位于连接佛兰德斯和意大利北部的陆路商道上。起初，香槟集市只是区域性市集，每年两次，主要交易手工业品、牲畜和农产品。12世纪末，法国国王控制了香槟。在王室的保护下，香槟地区的集市逐渐国际化，那里也开始出现了货币兑换和其他金融交易。一个世纪后，15个意大利城市在香槟地区设立了代表各自利益的长期办事机构。在14世纪，大规模的海上运输使海上贸易比牲口背上的陆路贸易成本更低。因此，佛兰德斯的毛织品开始由海路运往意大利。虽然香槟集市失去了部分国际贸易，但它们仍然是重要的区域性市集。

羊毛贸易

13世纪晚期，英格兰君主开始向出口的羊毛原料征税。因此，在本土生产布料比在佛兰德斯生产更有利可图。佛兰德斯的能工巧匠将纺车和其他设备引进了英格兰。英格兰每年的原毛出口量从14世纪初的3.5万袋下降到了15世纪中期的8 000袋。与此同时，羊毛制品从1350年之前的每年4 000件激增到了一个世纪后的5.4万件。

在本地金融家族的支持下，佛罗伦萨也建立起了自己的羊毛工业，当地产品取代了佛兰德斯的羊毛制品。1338年，佛罗伦萨生产出了8万匹毛料，而同期的进口量只有1万匹。纺织业的变化表明，竞争推动了制造业的发展，促进了新型纺织品的诞生。

通过齿轮、滑轮和皮带，风能和水能驱动了纺织企业所使用的各种机械设备。佛兰德斯的工场将毛料放在水里击打，这样不但可以清洁布料，而且可
399 以使它变厚，这一工序被称为缩密。13世纪，欧洲南部地区的其他工场开始造纸。与中国人和穆斯林的手工造纸术不同，欧洲人在造纸的过程中使用了机械装置。

威尼斯

在15世纪，威尼斯人在地中海贸易和跨越阿尔卑斯山进入中欧的贸易中击

败了它的竞争对手。威尼斯工匠生产出了以前只能从东方进口的奢侈品，如丝绸、棉纺织品、玻璃器皿、镜子、珠宝首饰和纸。来自意大利和欧洲北部地区的毛纺织品也开始畅销地中海东部地区。几个世纪以来，西欧城市的繁荣一直依靠东方贸易。但现在，它们逐渐摆脱了东方商品。

15.2.2 城市生活

意大利北部和德意志的大部分城市都是独立的国家，它们与印度洋周边的港口城市很相似。另有一些欧洲城市得到了王室的特许证，这样它们就不用向地方诸侯缴税了。与受中央政府控制的城市相比，这些自治城市可以更快地改变市场环境。在特许城市居住超过一年后，任何人都可以获得自由，因此城市生活提高了社会的流动性。

在欧洲的犹太人

欧洲的犹太人大多住在城市里。西班牙有欧洲规模最大的犹太人社区，因为早期的穆斯林统治者对犹太人采取了宽容政策。各地的商业城市都欢迎犹太工匠和犹太商人。虽然有些信奉基督教的领主和国王给予了犹太人保护，但在爆发危机的时候（如黑死病肆虐时期），犹太人也会遭到宗教迫害或驱逐（见“多样性与主流：对犹太人的迫害与保护（1272—1349年）”）。1492年，西班牙国王以宗教和净化种族的名义驱逐了犹太人。在1500年之前的若干个世纪中，只有在罗马的犹太人未受冲击。

行会：在中世纪欧洲，由男性（很少有女性）组成的公会，如商人、工匠和教师。他们从事着某一特定行业，团结在一起以保障自己的经济利益和政治利益。对于其他社会来说，如奥斯曼帝国和萨法维帝国，行会也是非常重要的。

手工业行会

在大多数的城市和乡镇，强大的行会组织主导着市民生活。**行会**是手工业技师（如银匠）和进行特定贸易的商人的组织，它可以规范商业行为，为商品定价。行会也会培养学徒，与市政府交涉，保护会员的利益。行会不接受外人和犹太人入会，它会保障现有会员家族的利益。行会也要确保男性获得大部分技术性工作。

妇女

但在有些地方，女性也可以加入行会。她们或是以个人身份参加，或是以男性会员的妻子、寡妇、女儿的身份参加。大量的贫穷妇女也可以从事与行会无关的艰苦工作，如城市的纺织业和餐饮业，只是她们的工资要比男性低。

一些妇女通过嫁给富人的方式提高社会地位。在《坎特伯雷故事集》中，乔叟提到了一个来自巴斯（位于英格兰南部）的妇女。为了钱，她嫁给了几个老头（之后又为了爱情嫁了两个丈夫），“而不与年轻人为伴”。她也是一个技艺精湛的织布工，乔叟写道：“她在纺织上有很高的天分，她纺织出的东西不次于根特货和伊珀尔货。”

银行业

到15世纪，富裕的商业银行家成为一个新兴的阶层。他们进行大笔的货币兑换、放贷，代他人进行投资。商人们或多或少要利用他们的服务。他们也处理教会和世俗官吏的财政事务，负责安排把被称为“彼得钱”（Peter’s pence）的资金运送给教皇，这些钱是每年从拉丁西方的各个教堂收集来的。地方诸侯和国王要靠借款来维持战争和奢华的宫廷。银行家也会收集一些可以影响商业的新闻。

富格尔银行

佛罗伦萨的金融家创建了活期存款账户，组织了私人集资公司（现代公司的前身），并改进了簿记方法。15世纪，佛罗伦萨的美第奇家族在意大利、佛兰德斯和伦敦开设了银行。他们控制了佛罗伦萨政府。此外，他们还资助艺术。奥格斯堡的富格尔家族（The Fuggers of Augsburg）也是一个金融巨头，他们的借贷资本是美第奇银行的10倍。到1500年，富格尔家族成了欧洲最大的银行集团。“富人”雅各布（1459—1525年）曾是一位布商，在他的带领下，蒸蒸日上的富格尔家族开始买卖匈牙利的铜，这种原料对制造加农炮是至关重要的。

多样性与主流

400
对犹太人的迫害与保护（1272—1349年）

犹太人不信仰占主流地位的天主教，因此他们经常会受到歧视和迫害。在大部分情况下，教会和世俗政权都想限制这种反犹太主义。毕竟犹太人是有用的，他们也信奉基督教的上帝。但人们很难判定哪些是合理的歧视，哪些是不合理的歧视。圣托马斯·阿奎那在他的《神学大全》中就强迫皈依的尝试做了这样一种区分。

现在，教会从不要求犹太人的孩子违背父母的意志，接受洗礼。因此，放弃教会原先的做法，要求犹太人的孩子违背父母意志而接受洗礼是一种危险的新观点。

这是因为以下两个原因。第一，这有害于信仰。如果孩子在思想不成熟的情况下接受洗礼，那么他们很容易在父母的劝说下放弃新信仰。这会损害信仰。

第二，这违背自然正义。孩子在获得理性之前，有接受父亲照顾的自然权利。因此，在孩子获得理性之前让他们离开父母的关照、违背父母的意志，是违反自然正义的。

阿奎那反对的“新观点”非常盛行。因此，教皇格列高利十世于1272年签发了一道赦令，指责强迫施洗的行为。赦令回顾了教皇保护犹太人的历史，它首先引用了教皇格列高利一世于598年提出的观点，并给予犹太人两项新的保护，保护他们的法律权利。

给予犹太人的权利不应受到侵犯，就像犹太人不能在集会中超过法律许可的界限肆意胡为。

他们固执己见，不能领会先知的预言和圣经上所记载的神迹，因此他们不能接受基督的信仰和来自主的救赎。但是，既然他们要求得到我们的保护和帮助，那么我们就本着仁慈的虔诚之心，给予他们保护。我们的前代教皇也是这么做的，如加里斯都、尤金、亚历山大、克雷芒、切莱斯廷、英诺森和霍诺利乌斯。

此外，我们还颁布赦令，不能强迫犹太人接受洗礼。但如果他们因服罪而要求基督徒庇护，在他们的意愿清晰明了后，他们将光明正大地成为基督徒。如果一个人是被迫接受洗礼，那么他就没有接受基督教信仰。

而且，基督徒不能拘捕、囚禁、伤害、折磨、残害、杀戮犹太人，也不能对他们施以暴力；在当局做出审判之前，任何人不得妄加揣测，不能破坏业已形成的良好惯例，去抢夺他们的财物。

此外，在他们庆祝节日的时候，任何人不得用棍棒和石头等物进行破坏，无论是在白天还是在夜晚。同样，任何人不能强迫他们为自己服务，除非之前有这种惯例。

鉴于犹太人不能提出不利于基督徒的证言，因此我们进一步要求，基督徒指控犹太人的证言也无效，除非指控者中包括愿意提供证词的犹太人。

偶尔会发生下面的事情：有些基督徒丢了自己的孩子，他们指控犹太人秘密地绑架了这些信奉基督教的儿童，并将他们杀害，用这些小孩的心脏和血祭祀。但下面的事也是有的：这些孩子的父母或其他敌视犹太人的基督徒将这些小孩藏起来，他们想以此中伤犹太人，或希望得到赎金。

犹太人不可能偷偷地绑架这些孩子并将他们杀害，也不可能用他们的心脏和血祭祀，因为犹太法律禁止他们做这样的祭祀，也不允许他们喝血或吃带爪动物的肉。许多皈依基督教的犹太人多次证明了上面的观点，但仍有不少犹太人因上述原因被拘捕和囚禁。

因此，我们要求基督徒不要因上述原因反对犹太人。我们命令，立即释放因上述愚蠢理由而被捕的犹太人。从今以后，人们也不能因同样的理由拘捕犹太人，除非（我们不相信这点）他们确实犯了这样的罪。我们要求基督徒不要煽动反犹情绪，犹太人应该享有我们自古赐予他们的地位。

为了防止坏人作恶，我们要求基督徒不要破坏犹太人的庆祝活动，也不
401 要为获得赎金而盗挖犹太人的尸体。如果有人得知这项赦令而故意违犯的话（我们希望不要发生这样的事），那么他将根据自己所处的社会地位而受到惩罚，或被开除教籍，除非他用恰当的行为弥补自己的过失。另外，我们希望犹太人不要借着这些保护来破坏基督教信仰。

虽然有这些赦令，但在恐惧心理和恐惧情绪升高的时候，还是会出现暴力反犹的情况。下面这段引文来自上莱茵兰诸城的官方编年史。

1349年出现了史无前例的瘟疫。死亡从一个地方传到另一个地方，从地中海的一边传到另一边，穆斯林的疫情比基督徒严重。在有些地方，竟然无一人幸免。满载货物的商船漂泊在海上，船员已经都死了，没人驾驶船只。马赛的主教、神父、僧侣和超过半数的民众都死于这场疾病。其他的王国和城市也有大量的人死去，其场景惨不忍睹。阿维农的教皇终止了教廷的一切会议，将自己锁在房间里，不让别人靠近他，他的面前始终有一堆火。在瘟疫袭来的时候，所有博学的教师和医生都认为这是上帝的意志。现在，这场瘟疫传到了这里。与其他地区一样，它在这里持续了一年多。1349年夏天，疾病传到了斯特拉斯堡，大约有1.6万人因此丧命。

全世界的犹太人都受到了指责。人们认为是犹太人引起了这场瘟疫，他们指控犹太人往水里或井里投毒，犹太人使瘟疫从地中海一直传到了日耳曼地区，但只有阿维农幸免，因为那里得到了教皇的庇护。

在伯尔尼和措芬根（Zofingen），人们拷问了无数的犹太人，有些犹太人承认往井里投毒，民众也在井里发现了毒药。因此，他们在许多城镇烧死了犹太人，并将此事告知斯特拉斯堡、弗莱堡和巴塞尔，希望那里的人也采取相同的行动。在斯特拉斯堡，人们问城市议员该如何处置犹太人，议员认为他们是无罪的。之后，人们对议员表达了愤怒和不满。最后，主教和地方领主决定除掉犹太人，神圣罗马帝国的其他城市也采取了类似的做法。结果，许多犹太人被烧死，无论跑到哪里，他们都会被农民捉住。这些农民会把犹太人杀死或淹死。

星期六，那天是圣瓦伦丁节，他们在墓地中烧死了大约2 000名犹太人。愿意受洗的人可以获得赦免。人们从火中拉出了许多小孩，在未经他们父母同意的情况下给他们施了洗。欠犹太人的财物一笔勾销，他们还要上交所有的抵押品和账本。地方委员会拿走了犹太人的现金，将这些钱按比例分给了参与行动的人。这些钱是被杀犹太人的财产。贫穷和没借钱给封建领主的犹太人可以不用被烧死。

资料来源：First selection reprinted with the permission of Pocket Books, a division of Simon & Schuster, Inc., and the Vernon & Janet Bourke Living Trust from *The Pocket Aquinas*, edited with translations by Vernon G. Bourke. Copyright. 1960 by Washington Square Press. Copyright renewed . 1988 by Simon & Schuster, Inc. Second and third selections from Jacob R. Marcus, ed., *The Jew in the Medieval World: A Source Book, 315–1791* (Cincinnati: Union of American Hebrew Congregations, 1938), 152–154, 45–47. Reprinted with permission of the Hebrew Union College Press, Cincinnati.

分析问题

为什么阿奎那和教皇格列高利反对歧视犹太人？

为什么歧视行为会在黑死病流行时期有所增加？

基督教领袖和广大基督徒之间有哪些不同的观点？

402 天主教认为收取利息是有罪的，因此犹太人主导着贷款业。为了躲避对高利贷的指责，信奉基督教的银行家开始间接放贷。一些借款人会用不同的货币还贷，兑换的汇率可以使借款人得利。另一些人在偿还贷款时会送上一些酬谢借款人的“礼物”。例如，1501年时，教会从富格尔家族借了6 000个金币，贷款时间为5个月。规定还贷的时候，教会要送上额外的400个金币作为“礼物”，这笔贷款有效的年利率是16%。事实上，利息没那么高，因为教会没有按时还款。

但是，西欧大部分城市居民都过着贫穷、卑微的生活。欧洲的城市缺少公共设施，如公共澡堂和供水系统。西方的古代城市和中东的伊斯兰城市是有这些设施的。

法国东部欧坦市的大教堂 这座教堂大约于1120年动工，1146年竣工，以便这一年迎接圣拉撒路（St. Lazaire）的圣物。这是一座具有罗马建筑风格的大教堂。在15世纪，人们决定重建这座教堂，建筑风格从罗马式变成了哥特式，但西门上方的雕刻保存了下来。这幅雕刻是由艺术家吉斯勒贝尔（Gislebertus）于1130—1135年创作的，它表现了最后的审判。基督主持审判，他将救赎他右侧的人，并将他左侧的人打入地狱。人物刻画得有棱有角，这是典型的罗马风格。雕刻所反映的场景向没有受过教育的参拜者传达了重要的宗教信息。

15.2.3　哥特式大教堂

在所有掌握技术的人中，杰出的建筑师和与建筑相关的工匠最为炙手可热。虽然每座城市都竞相修建华丽的行会会馆、市政厅和其他建筑（见“环境与技术：钟表”），但**哥特式大教堂**（首次出现在1140年前后的法国）的修建成本最高，也最容易赢得声誉。尖尖的拱顶（或称为哥特式拱顶）取代了传统的圆形拱顶（或称为罗马式拱顶），成为新建筑风格的标志。外面的拱壁使又高又细的石制圆柱变得稳固，这些支撑拱顶的圆柱成为哥特式建筑的另一个特征。这些方法使杰出的建筑师能修建起非常高的哥特式教堂，而且可以在教堂的外墙上建造巨大的窗户。在这些窗户上，彩色玻璃刻画出了一个个宗教场景。在之后的4个世纪中，教堂被修得越来越高，塔楼和尖顶直刺云霄。在彩色玻璃的映衬下，外墙变得绚丽多彩。

403

哥特式大教堂：宏伟的教堂，起源于12世纪的法国；建筑特色是尖顶、高拱顶、高耸的尖塔、飞拱和彩色的大玻璃窗。

环境与技术

钟　表

在中世纪晚期，钟表成了拉丁西方的重要标志。几个世纪之前，宋代中国就制造出了机械钟（见第11章），但西方首先将钟表变成了城市生活的一部分。教堂、桥梁或塔的顶端都有钟表，机械钟说明西方人是如何喜爱机械物，它不但可以精确报时，而且能显示城市的财富。

“钟表”（clock）这个词起源于一个指代“铃”（bell）的词。西欧第一台机械钟大约出现在1300年，这是一个简单的钟，内部有一个自动的机械装置，可以整点报时。最精巧的中国钟是由水力驱动的，但一到冬天就无用武之地了。欧洲钟的杠杆、滑轮和齿轮的驱动力，来自一根绳子上吊着的重物，而绳子缠绕在一个圆柱体上。一个“摆轮”控制杆调节着绳子缓慢、稳定地松开。

各种社会团体都乐于修建大钟。有一段时间，僧侣用这种设备为祈祷计时。雇主愿意用报时钟来管理雇员的工作时间。大学用它们来告诉学生何时该上课、何时该下课。富有的商人愿意捐钱修建华丽的大钟，这样可以显示他们城市的财富。例如，斯特拉斯堡在14世纪50年代建造了一口钟，上面包括了以下的形象：

早期的钟表 这台靠重量驱动的钟表可以追溯到1454年。

圣母马利亚、圣婴、东方三博士、一个机械公鸡、星座的标志、一个万年历和一个星盘——它居然还能演奏赞美诗！

到14世纪七八十年代，钟表通常会用来表示旧的时间系统。在这种系统中，1小时的时间与白天的长度有关。例如，在以前，伦敦的1小时从冬天的38分钟到夏天的82分钟不等。到1500年，钟表上出现了带时针和分针的刻度盘。室内用的小型钟表也逐渐流行起来。按照今天的标准，这些钟表走得并不准，但它们仍然是一个巨大的进步。许多历史学家认为钟表是中世纪晚期最重要的技术进步，因为它在之后的几个世纪中推动了多项变革。

404 设计和建造大教堂的人没受过什么正规教育，他们对现代工程学中的数学原理也不甚了解。经验丰富的石匠有时也会出现计算错误，这会使教堂的某些部分出现倒塌。例如，根据记载，博韦主教堂（Beauvais Cathedral）高大的唱经楼拱顶（高154英尺［47米］）于1284年轰然而倒。但建筑师也从中吸取了经验，他们找到了解决这个问题的方法——用碎石弥补他们的过失。斯特拉斯堡大教堂的尖顶直冲霄汉，达到了466英尺（142米），相当于40层楼高。直到20世纪才有建筑超过这个高度。

本节回顾

1 200年后，大部分城市发展了制造业和商业，尤其是意大利北部、佛兰德斯和波罗的海沿岸的城市。

贸易的发展和技术创新使欧洲减少了对东方商品的依赖。

城市的发展促进了社会的流动性，但城市生活仍掌握在行会、富有的商人和银行家手里。

大多数城市居民住在肮脏的环境中，他们的城市没有中东的穆斯林城市舒适。

在欧洲的城市中，哥特式教堂代表了骄傲和威望。

15.3　知识、文学与文艺复兴

罗马的遗产

在整个中世纪，拉丁西方人一直生活在罗马人遗留下来的成就中。他们书写并崇拜罗马人的语言文字，在他们修建的道路上旅行，服从他们制定的法律。教皇的法衣、国王和皇帝的王袍都是在模仿罗马官服的样子。但随着基督教世界的兴起，古希腊罗马的知识逐渐消失在希伯来和基督教的圣经中。

15.3.1　文艺复兴

文艺复兴：一个艺术活动和思想活动的繁荣期，被认为是希腊罗马文化的“复兴”。分为两个时期：从14世纪中叶到15世纪中叶的意大利文艺复兴和大约从15世纪早期到17世纪早期的北方文艺复兴。

9世纪，查理曼的宫廷出现了小规模的知识复兴。12世纪又出现了规模更大的文艺复兴城市，它们成为知识和艺术的中心。1200年后，大学在拉丁西方遍地开花，它们推动了这场文化复兴运动。在14世纪中叶，知识复兴和艺术复兴的速度逐渐加快，这就是所谓的“**文艺复兴**”。文艺复兴首先出现在意大利北部，随后扩展到了欧洲北部。一些意大利作家认为，意大利的文艺复兴划破了中世纪的黑暗。还有些人将这段时间比喻成一天的正午，黎明已经持续了数个世纪。

来自阿拉伯的译著

1100年之前，拜占庭和伊斯兰的学术水平超过了拉丁欧洲的学术水平。11世纪，当天主教徒从拜占庭人手中夺回意大利南部，从穆斯林手中夺回西西里和托莱多的时候，他们得到了许多希腊著作和阿拉伯著作的手稿，其中包括柏拉图和亚里士多德的著作，以及希腊人关于医学、数学和地理学的论著。此外，还有穆斯林学者在科学和哲学方面的著作。伊朗哲学家伊本·西拿（980—1037年，西方称他为阿维森纳）著作的拉丁文译本产生了巨大影响，因为他将亚里士多德哲学和伊斯兰哲学融合到了一起。犹太学者在翻译、解释阿拉伯手稿和其他手稿方面也做出了巨大贡献。

大学

13世纪出现了两个新修会——多明我会和方济各会。1200年后，这两个修会中一些最有才华的会员开始在独立的学院中任教。一些学者相信，在巴黎和牛津建立起的学院是在模仿伊斯兰世界普遍存在的马德拉萨，这种宗教学校会向贫困的学生提供住处，向教师发放薪水。但拉丁西方革新了**大学**的理念，授予学位使各学科研究和高等教学开始专业化。

大学：为较高学识授予学位的机构。大约1200年出现在西欧，之后成了现代大学的范本。

在1300年之前，一共有20所大学。1300—1500年，又新建了60所。学生与大学的开办有密切关系；教育公会也应运而生。与手工业行会和商业行会相似，教育公会也会为教育制定标准，他们培训见习生和教师，维护本行业的利益。

405 大学为每门学科制定课程表，为授予学位安排结业考试。通过考试的学生就可以结束他的见习期，得到一张“许可证”。有了这张“许可证”，他就可以从事教学工作了。在完成更长时间的学习，并为学术研究进行答辩后，这些学生就可以成为“硕士”和“博士”。巴黎大学吸收了当地的各种学院，但牛津和剑桥的各个学院仍保持独立，它们自己管理自己。

专业化培训

所有的大学都用拉丁语授课，因此普通学生和硕士都要过政治关和语言关，他们可以选自己喜欢的课和最有趣的教授。一些大学提供专业化培训。法律培训集中在博洛尼亚大学；蒙彼利埃大学和萨勒诺大学以医学见长；巴黎大学和牛津大学在神学方面独占鳌头。

经院哲学：一套哲学和神学体系，与托马斯·阿奎那有关。13世纪，经院哲学希望将亚里士多德哲学和罗马天主教神学融合在一起。

神学的兴盛源于许多学生有志于在教会供职，但学者们也将神学视为“科学中的女王”，它是所有知识的中心。因此，13世纪的神学家希望将亚里士多德的哲学著作、阿维森纳的论著和圣经所揭示的真理融合在一起。理性和信仰结合在一起后，就形成了**经院哲学**。

托马斯·阿奎那

托马斯·阿奎那是一位杰出的多明我会神父，他曾在巴黎大学教授神学。1267—1273年，他撰写了闻名遐迩的学术著作——《神学大全》。虽然他在论述基督教信仰的时候使用了亚里士多德提出的原理，出色地证明了基督教的合理性，并被广为接受，但经院哲学还是颠覆了许多传统思想。一些教会权威人士想把亚里士多德踢出学校课程。此外，多明我会和方济各会的敌对关系在之后的两个世纪中一直存在。但中世纪的大学既不受教会的约束，也不受当局的控制，因此新思想压倒了对教会上层的恐惧。

15.3.2 人文主义者与印刷机

但丁的《神曲》

在这一时期，文学也做出了重要贡献。意大利诗人但丁·阿利基耶里（1265—1321年）在其去世前不久完成了优美的长诗——《神曲》。这部中世纪的杰作讲述了但丁充满寓意的旅程。在进入天堂后，他游历了九层地狱和七层炼狱。在经过地狱和炼狱的时候，罗马诗人维吉尔为他做向导，贝雅特丽齐将他带到了天堂。她是但丁从小就深爱着的人，她的死激发了他创作《神曲》的灵感。

《神曲》预示了意大利文艺复兴后期的文学风格。与但丁相似，之后的意大利作家有时也会使用希腊罗马的古典素材和神话。为了吸引大批读者，他们既用拉丁文也用其他地方语言来写作（但丁就是用托斯卡纳地区的方言）。

乔叟的《坎特伯雷故事集》

英国诗人杰弗雷·乔叟（约1343—1400年）也使用当地语言进行写作，他的多部作品都受到了但丁的影响。长诗《坎特伯雷故事集》是在他生命的最后十几年创作的，这部作品很幽默，它讲述了一群香客在去坎特伯雷朝拜托马斯·贝克特（见第10章）的路上各自所讲的粗俗故事，这些故事生动地反映了中世纪不同阶层的人和他们的态度。

人文学科

人文主义：欧洲的学者、作家和教师对人文学科（语法、修辞、诗歌、历史、语言和道德哲学）的研究。在15世纪和之后很长时间，人文主义都非常有影响力。

但丁对**人文主义**运动产生了影响，这场运动发源于14世纪中期的佛罗伦萨。人文主义这个词指人们对语法、修辞、诗歌、历史和道德哲学（伦理学）的兴趣，这些领域合称为人文学科，它是一门古老的学科。像诗人弗朗西斯科·彼特拉克（1304—1374年）和叙事作家乔万尼·薄伽丘（1313—1375年）这样的人文主义作家，轻率地夸大了新知识风尚的特征，宣称在中世纪的瓦砾中埋了数个世纪的古典希腊罗马传统得到了复兴。

复兴文化知识的想法迅速影响到了修道士和大学学者，几个世纪以来，他们一直在复兴各种希腊罗马知识。此外，这一思潮还影响到了一些像但丁（人文主义者一直很尊崇他）这样的作家，他在几十年前就预测到了人文主义的取向。但人文主义对教育者和改革者的影响更大，它对中等教育改革的影响达到了无以复加的地步。406
欧洲的中学引入了古希腊罗马的语言和文学，有助于提高学生的知识、道德和品位。上述课程在中学教育里一直占有主导地位，这种情况一直持续到了20世纪。大学受人文主义的影响要小一些，大部分影响出现在1500年后。在这段时期，除了伦理学之外，神学、法律、医学和哲学的各分支

但丁的《神曲》 这是多梅尼科·迪·米切利诺（Domenico di Michelino）在15世纪的绘画作品。在画中，但丁拿着一本《神曲》。地狱在诗人的右侧，炼狱在他的后面，地狱和炼狱的上方是天堂。刚刚建了一座大教堂的佛罗伦萨在但丁的左侧。

在大学教育中一直占主导地位。

薄伽丘的《十日谈》

许多人文主义者都推崇优雅的古典拉丁文和优雅程度不及前者的希腊文，他们认为这两种语言在知识、美学和智慧方面都是登峰造极的。与但丁相似，用方言写成的《十日谈》为薄伽丘赢得了声誉，这部作品在许多方面都与《坎特伯雷故事集》相似。但在彼特拉克的影响下，薄伽丘开始用古典拉丁文进行写作。

鹿特丹的伊拉斯谟

人文主义学者都精通拉丁文和希腊文，因此他们可以阅读希腊罗马作家和圣经的原著。通过对比不同手稿，他们更正了几代抄写员所犯的错误。为了帮助他们完成这项任务，教皇尼古拉五世（1447—1455年在位）创办了梵蒂冈图书馆。他购买了希腊罗马的古典著作，并立刻进行复制和翻译。荷兰鹿特丹的学者伊拉斯谟（约1466—1536年）独立完成了希腊文的新约批注版。伊拉斯谟更正了拉丁文圣经中的许多错误，这些错误在中世纪的时候一直存在。随后，这位人文主义者和神学家用拉丁文写了许多有影响力的道德指南，其中包括《基督教骑士手册》（1503年）和《基督教君主的教育》（1515年）。

印刷术扩大了人文主义者的影响，它使评注版的古典著作、文学作品和道德指南更加容易得到。中国人和阿拉伯人用木雕版进行印刷。1450年之前，木雕版印刷的游戏牌（playing cards）已经开始风靡欧洲。但在此之后，欧洲人在

一间法国的印刷作坊（1537年） 一个工人正在操纵“印刷机”，一个螺旋形设备使纸张能接触到沾上墨的活字。其他的工人正在检查印好的折帖，每个折帖包括了四个页码。折叠起来后，这些折帖就成了一本书。右侧的人正在选活字，他在进行排版工作。

以下三个方面给印刷术带来了革命性变革：第一，由单个字母构成的活字；第二，适于在纸上进行印刷的新型墨水；第三，**印刷机**，它可以用沾上墨的活字在纸上印出字。

印刷机：一种将木刻上的文字或图像印到纸上的机器。欧洲的活字印刷大约出现在1450年。

407

古登堡的印刷机

美因茨的约翰内斯·古登堡（约1394—1468年）就是革新印刷术的先驱。1454年的《古登堡圣经》是西方第一部活字印刷品，这部精美的圣经反映了印刷者多年来所付出的努力。人文主义者与印刷工紧密合作，他们将这些新技术传到了意大利和法国。伊拉斯谟为威尼斯的学者兼出版商阿尔多·马努齐奥（Aldo Manuzio，1449—1515年）做编辑、校对工作。马努齐奥的印刷厂出版了许多带评注的古典作品，这些著作是由拉丁语和希腊语写成的。

到1500年，238个欧洲城镇至少印制出了1 000万卷印刷品，由此引发的革命影响到了学生、学者以及数量不断增加的有读写能力的人。除了古典著作之外，这些读者还沉迷于异教的政治短文和宗教小册子。

15.3.3 文艺复兴时期的艺术家

虽然14世纪和15世纪的艺术家还会创作与圣经相关的作品，但希腊罗马文化的复兴使一些艺术家（尤其是意大利艺术家）开始表现古代的诸神和神话。表现日常生活的作品也开始流行起来。

但主题并不是全新的。与文艺复兴时期的学术一样，文艺复兴时期的艺术

米开朗琪罗创作的洛伦佐·德·美第奇墓雕 洛伦佐是美第奇家族中最伟大的银行家。在文艺复兴如日中天的时候，他执掌着佛罗伦萨。在1492年去世的时候，洛伦佐受到了吉罗拉莫·萨沃纳罗拉（Girolamo Savonarola）的影响。萨沃纳罗拉是一位严谨的神父，他认为艺术和道德离基督教太远了。不过，这尊雕像罗马式的盔甲和沉思的表情体现了古老文化的复兴及专心思考，这些都与文艺复兴密切相关。

也应感谢前面几代人的努力。15世纪的意大利艺术家相信，佛罗伦萨画家乔托（约1267—1337年）可以独立复兴“失落的绘画艺术”。在拜占庭风格的宗教画中，人物会显得僵硬和显眼，画家希望用这种方法来给欣赏画作的人带来震
408 撼。乔托摒弃了这种方法，他将人物画得自然而充满人性，他们的爱与悲伤欣赏者可以一目了然。他刻画的圣徒不是浮于金箔之上，而是生活在尘世间。

佛兰德斯的艺术

在阿尔卑斯山以北，佛兰德斯画家扬·凡·艾克（Jan van Eyck，约1390—1441年）在他的颜料中掺入了亚麻籽油，这种油取代了沿用数个世纪的蛋黄。油画颜料干得比较慢，它使油画具有绝佳的光泽。意大利画家很快便开始学习凡·艾克的绘画技巧，但他的宗教画和描绘当地事物的作品仍然独树一帜。

莱奥纳尔多·达·芬奇（1452—1519年）绘制了油画《蒙娜丽莎》。像达·芬奇这样的文艺复兴艺术家会涉足多个领域，如青铜雕塑和壁画（像《最后的晚餐》）。达·芬奇的笔记本中还有他构想出的飞机、潜艇和坦克。比他年轻一些的米开朗琪罗（1472—1564年）在梵蒂冈的西斯廷教堂中完成了多幅壁画。此外，他创作了雕像《大卫》和《摩西》，并为罗马圣彼得大教堂设计了圆顶。

在受过教育的富商和教长的资助下，意大利北部和佛兰德斯的城市出现了艺术繁荣。佛罗伦萨的银行家科西莫·德·美第奇（1389—1464年）和他的孙子洛伦佐·德·美第奇（“伟大的洛伦佐”）在绘画、雕刻和公共建筑上投入了大笔资金。在罗马，教廷制订了一系列的建筑计划，重建圣彼得大教堂和教皇的宅邸是其中最重要的内容。 意大利的艺术 409

这些学术成就和艺术成就为中世纪晚期的创新和追求卓越做出了诠释。新的文学主题和艺术风格长期影响着西方文化。大学的组织结构、绘画和油画方面的创新影响更广，世界各地的文化都受到了它们的影响。

本节回顾

希腊罗马文化在拉丁西方复苏，并在文艺复兴时达到了顶峰。

11世纪，希腊和伊斯兰的知识传入欧洲，这推动了12世纪和13世纪的文艺复兴。

学院和大学得到发展，神学仍是主要学科。

但丁预言了人文主义在意大利的兴起。人文主义以古典语言、文学、伦理和教育为中心。

新印刷术扩大了人文主义者的影响。

文艺复兴时期的艺术家扩展了绘画、雕塑和建筑的主题，并创造了与此相关的新技术。

15.4 政治与军事的转型

除了经济和文化上的复兴外，西欧各国在政治上变得更加统一，在军事上也变得更加强大（见地图15-3）。虽然英法经历了百年战争，但在双方君主的

地图15-3　1453年的欧洲　这一年，英法百年战争落幕，奥斯曼土耳其人占领了拜占庭的首都君士坦丁堡。当穆斯林在东南欧占据优势的时候，基督教国家从穆斯林手肘夺回了意大利南部和伊比利亚半岛。另外，立陶宛也皈依了基督教。

推动下，两国的贵族、教会和商人建立起了紧密的联系。进攻伊斯兰国家的十字军东征推动了西班牙和葡萄牙的统一。但在意大利和德意志地区，政治权力仍掌握在小邦国手中，它们之间只建立了松散的联盟。

15.4.1 君主、贵族和教会

13世纪的国家仍保留着中世纪早期的国家结构（见第10章）。世袭君主的政治地位无人企及，但他们并非富甲天下，贵族和教会的权力也制衡着君权。实力强大的贵族掌握着大量地产，他们在国家事务中发挥着举足轻重的作用。教会拥有传统权力，且保持着独立地位。城镇也获得了一些权利和特权。在佛兰德斯、汉萨同盟和意大利的城镇，它们保持着独立，不受王权干涉。从理论上说，贵族应在战争期间服军役。但事实上，国王的封臣在想方设法限制君主的权力。

弩与火器

在1200年，骑士仍是西欧军队的主力，但武器的进步动摇了他们的地位。改良后的弩可以发射带金属头的箭，这种箭可以刺穿头盔和轻铠甲。军队会花钱雇用技艺精湛的十字弓射手，他们参战的次数越来越多，也越来越可怕。1139年，一个教会宣布十字弓非法，因为它会给对方的基督徒带来致命打击，但这毫无约束力。中国发明的火药（见第13章）为欧洲火器时代的到来铺平了道路。火器进一步推动了中世纪的军事转型。

罗马与阿维农的对抗

教会也在努力摆脱王权的控制。1302年，声名狼藉的教皇卜尼法斯八世（1294—1303年在位）宣布，教廷凌驾于“任何人之上”，其中也包括君主。法国国王“美男子”菲利普（1285—1314年在位）宣布自己拥有至高无上的地位。他派兵捉住了教皇，这使卜尼法斯八世走向了生命终点。菲利普选了一位法国教皇。1309年，这位教皇在法国南部的阿维农建立了一个新教廷。

西方教会大分裂：1378—1415年，天主教会发生了分裂。当时，阿维农和罗马出现了两个相互敌对的教廷。

411

阿维农的法国教皇改革了教规，但在其他君主眼里，这位教皇只是他们妥协的产物。1378—1415年的**西方教会大分裂**使阿维农和罗马出现了两个相互敌对的教廷。最后，教廷保持了独立地位，并回到罗马，但长期的危机使教皇再也无力挑战不断壮大的王权。菲利普利用了这次纷争，贵族同意缴纳新税。

《大宪章》

1066年的诺曼征服使英格兰获得了更强的中央集权。盎格鲁-诺曼国王对周边的凯尔特人展开了攻击，英格兰王国的面积也因此得以扩大。1200—1400年，英格兰人吞并了威尔士，并控制了爱尔兰的大部分地区。但在约翰王

《大宪章》 这是《大宪章》现存的四份副本之一。这份文献有些残破，但约翰王在1215年被迫签署的《大宪章》在英国宪法史上是不应被忽视的。《大宪章》保证了贵族的封建权利，并在许多方面限制了君主的权力。

（1199—1216年在位）掌权时期，英格兰的王权严重衰弱。1213年，他被迫承认教皇是他的封君。次年，他丢掉了法国南部的阿基坦。1215年，他又在贵族的压力下签署了《大宪章》。《大宪章》规定君主要服从现有法律，教会和伦敦城保持独立，保护贵族的世袭权利。

412

15.4.2 百年战争

百年战争：为争夺法国王位而进行的战争，英国王室、法国王室和法国贵族都卷入了这场战争。

法国国王和他的封臣爆发了冲突，这就是**百年战争**（1337—1453年）。这场战争在政治转型和军事转型方面发挥了重要作用。法国国王的封臣包括英格兰国王（因为他们的诺曼先祖在法国也有土地）、富有而且拥有独立见解的佛兰德斯伯爵，以及布列塔尼公爵和勃艮第公爵。冲突由联姻引起，这是一种典型的引起冲突的模式。

为了巩固王位，英格兰国王爱德华二世（1307—1327年在位）迎娶了法国公主伊莎贝拉，因此他也成了法国国王的封臣。然而，当法国国王死而无嗣时，伊莎贝拉的儿子英王爱德华三世（1327—1377年在位）于1337年宣布继承法国王位。法国宫廷决定支持老国王的一个远房堂弟登基，他虽与老国王的关系比爱德华三世远，但他更像是法国人。爱德华于是宣战以捍卫自己的权利。

军事技术

新的军事技术影响了战争。在战争初期，从意大利雇用的十字弓射手增强了法国骑兵的实力，但英格兰的长弓手更胜一筹。与十字弓相比，来自威尔士的长弓6英尺（1.8米）长，可以将箭射得更远，射箭的频率也更高。长弓的箭不能刺穿骑士的铠甲，但密集发射可以在骑兵的战线上打开一个缺口或伤到缺乏保护的战马。武装全身的重铠甲可以提供有效防御，但它会降低骑士的灵活性。一旦被手持长枪的步兵拉下马，他们就站不起来了。

百年战争的后期，双方都开始使用火器。第一门加农炮的烟和巨响吓坏了马匹，但它几乎没有什么破坏力。体积变大后的火炮可以轰塌城堡和市镇的城墙。在1415年的阿金库尔战役（Battle of Agincourt）中，火炮使英军大获全胜。

圣女贞德

法国农村少女贞德使英格兰陷入了战争的泥沼。贞德相信，她的行为是遵从上帝的指引。1429年，披挂上阵的贞德率领法军击败了英军。但不久之后，她落到了英国人手里。1431年，英国教士以女巫罪判处她火刑。

在最后的战役中，法国的加农炮轰破了英格兰人及其盟友盘踞的城堡。1453年，战争结束，法国国王取得了胜利。

15.4.3　法国和英格兰的新型君主制

百年战争推动了**新型君主制**的出现，中央集权的国家拥有固定的“国家”边界，有更强大的代议制机构。1453年后，英格兰君主加强了对不列颠群岛的控制，虽然苏格兰还保持着独立。法国君主也加强了对贵族家庭的控制，尤其是那些由女性领导的贵族家庭。勃艮第的玛丽（1457—1482年）不得不向国王交出了大量的家族地产。1491年，布列塔尼的安妮被迫嫁给国王。这样，她的公爵领地最终成为法国的一部分。

新型君主制：历史学家用这个词来表示1450—1600年的法国王权、英国王权和西班牙王权。这些国家的领土界线初步确定下来，中央集权得到加强。

军事技术的进步动摇了贵族阶层。15世纪晚期出现了体积更小、更灵活的加农炮，这种炮可以摧毁城堡的外墙。15世纪晚期，改良后的手持火器可以击穿重铠甲。于是，装甲骑士失去了主导地位。这时，军队不再依靠骑士，而是越来越倚重弓箭手、长枪兵、火枪手和炮兵。

战争费用

新型君主需要供养常备军。一些贵族同意用交钱的方式免除军役，他们也同意在战争期间缴纳额外的税款。例如，在1439年，法国国王查理七世（1422—1461年在位）向他的封臣征收了新税。这项税收不但支持了对英格兰的战争，而且在之后的350年里成为法国君主制的财政基础。

商业税也是财政收入的一个来源。英王爱德华三世开始向英格兰的羊毛贸易征税，百年战争的大部分军费都来自这些税款。有些统治者向犹太商人征
413 税，有时也勒索富有的城镇。有些商人用贷款来取悦宫廷。15世纪，法国商人雅克·柯尔（Jacques Coeur）向朝臣提供了大笔贷款，他和他的家族也因此捞到了不少社会优势和经济利益。但后来，他的债务人指控他谋杀，并没收了他的财产。

教权与王权之争

教会也支持战争，他们的自愿捐献成了财政的第三个来源。15世纪，英格兰国王和法国国王获得了任命本国重要教职的权力。他们用国家力量保证宗教的正统性比教皇还积极。但有些改革者指责教会的精神使命屈从于政治利益和经济利益。

君主可以夺走教会和贵族的权力，但他们不能夺走贵族的社会地位，贵族仍是军政官员。此外，到1500年，英法两国的国王还要对付议会（1200年后出现）。英国的议会一直在监督王权：上议院由贵族和教士组成；下议院由市镇代表组成。法国的三级会议与英国的议会相似，但作用不及后者，它代表了教会、贵族和市民。

15.4.4 伊比利亚半岛的统一

伊比利亚再征服：从11世纪开始，伊比利亚半岛的基督教国家希望从穆斯林手中夺回失去的领土。1492年，最后一位穆斯林统治者被击败。西班牙和葡萄牙成为统一的国家。

西班牙和葡萄牙从穆斯林统治下的“**伊比利亚再征服**”（reconquest of Iberia），扩大了基督教世界的控制范围。西班牙和葡萄牙的骑士将两国的边界不断向南推，基督教和两国的利益也扩展到了南方。战争破坏了有水利设施的农田、富裕的城市，以及地中海和大西洋沿岸的港口。服侍上帝、致富和靠其他人的劳动生活成为伊比利亚贵族的生活方式。

414 夺回伊比利亚半岛的行动持续了数个世纪。1085年，基督教国家攻占了托

葡萄牙和非洲

莱多，并把那里变成了前哨阵地。为了给收复圣地做准备，英国十字军于1147年占领了里斯本。里斯本取代了比较老的波尔图市（Oporto，意思是“港口”，“Portugal”一词就来自于“Oporto”），成为葡萄牙的首都和重要城市。1212年，基督教国家击败了穆斯林，这加快了再征服伊比利亚半岛的步伐。在之后的几

十年里，葡萄牙人和十字军占领了许多繁荣的城市，如科尔多瓦（1236年）和塞维利亚（1248年）。穆斯林退出了西南部的阿尔加维（Algarve）地区（“阿尔加维”在阿拉伯语中是“西方”的意思）。只有地中海沿岸的格拉纳达王国还掌握在穆斯林手中。

到1249年收复阿尔加维的时候，葡萄牙的现代疆界已经基本形成。在殖民、基督教化和巩固政权之后，葡萄牙对北非地区发动了圣战。1415年，葡萄牙骑士占领了摩洛哥的休达。在那里，葡萄牙人从跨撒哈拉商队手中获得了许多黄金和奴隶。在之后一段时间里，葡萄牙航海家沿着非洲西海岸航行，他们想与传说中的基督教国家结盟，也想与非洲国家建立贸易联系（见第16章）。

在伊比利亚半岛的其他地方，再征服的活动还在继续。1469年，卡斯蒂利亚王国的伊莎贝拉公主与阿拉贡王国的斐迪南王子喜结良缘。10年后，他们分别继承两国的王位。他们的结合促进了卡斯蒂利亚王国和阿拉贡王国的合并。1492年，他们征服了格拉纳达王国，这是最后一块并入新王国的领土。

斐迪南国王与伊莎贝拉王后

1492年，斐迪南国王与伊莎贝拉王后为克里斯托弗·哥伦布的首次远航提供了资助（见第16章）。这一年发生的第三件大事是两位君主把所有的犹太人驱逐出了他们的王国，希望以此彰显十字军的精神。他们还想驱逐剩余的穆斯林，但这激起了一场起义。起义于1499年末爆发，并一直持续到了1501年。1502年，西班牙的统治者驱逐了最后的穆斯林。1496年，葡萄牙也驱逐了犹太人，其中还包括10万名来自西班牙的避难者。

本节回顾

1200—1500，君主、贵族和教会围绕着政治权力展开了争夺。

法国国王与教廷关系紧张，这导致了西方教会大分裂。

在英格兰，王权受到了教会和贵族的监督，他们迫使约翰王签署了《大宪章》。

法国国王和他的封臣爆发了百年战争，这场战争中出现了新的军事技术。

这场战争也推动了英法两国的中央集权。

西班牙和葡萄牙继续收复伊比利亚半岛，斐迪南与伊莎贝拉最终完成了这项任务。

结 语

从生态角度讲，西欧人对风能、水能的利用及其冶金活动都导致了环境污染和滥砍滥伐。但他们无法提高粮食产量，也无力应对人口增长所带来的人口危机。到14世纪中叶，在黑死病重创欧洲的时候，这场危机达到了顶峰。

从政治角度讲，现代欧洲的基本特征已经初见端倪。频繁的战争使中等规模的国家发展成为令人瞩目的军事强国。统治阶级发现，经济增长有助于提升他们的政治权力。他们促进贸易、制造业和金融业的发展，这样他们可以征收到更多的税款。

从文化角度讲，拥有独立地位的大学和印刷业促进了知识的进步。在文艺复兴时期，艺术成就和建筑成就达到了前所未有的高度。在中世纪晚期，人们开始热衷于各种工具和新技术。新发明和对旧事物的改造为商业、战争、工业和航海增添了动力。

具有讽刺意味的是，拉丁西方用来挑战东方优势地位的工具，如印刷术、火器和航海设备，都是来自东方。但西欧人的成功很大程度上取决于他们的扩张欲望。11世纪之后，在人口压力、宗教热情、经济进取心和求知欲的驱使
415 下，欧洲人开始扩张领土，并组织十字军东征以收复圣地；商人们进入了东地中海和黑海地区，英格兰人吞并了威尔士和爱尔兰，德意志移民跨过了易北河；伊比利亚半岛的基督徒展开了收复失地的斗争。在大西洋的早期航海活动使欧洲人的影响范围扩展到了世界其他地区，这点我们将在下一章详述。

进一步阅读文献

Alland, Christopher. *The Hundred Years War: England and France at War, ca. 1300–ca. 1450*. 1988. 论述了英法战争中的重大事件。

Bartlett, Robert. *The Making of Europe: Conquest, Colonization, and Cultural Change*. 1993. 在欧洲变成殖民者之前，欧洲就是一个征服和殖民的产物。

Bechmann, Roland. *Trees and Man: The Forest in the Middle Ages*. 1990. 环境史的早期著作。

Cantor, Norman F. *In the Wake of the Plague: The Black Death and the World It Made*. 2001. 对该问题的全面介绍。

Gies, Frances, and Joseph Gies. *Women in the Middle Ages*. 1978. 对该问题的简单介绍。

Gimpel, Jean. *The Medieval Machine: The Industrial Revolution of the Middle Ages*. 1977. 简要介绍了这一时期的技术问题。

Holmes, George. *Europe: Hierarchy and Revolt, 1320–1450*, 2nd ed. 2000. 一部综述。

Huizinga, Johan. *The Waning of the Middle Ages*. 1924. 介绍了15世纪的“精神”。

Jardine, Lisa. *Worldly Goods: A New History of the Renaissance*. 1996. 说明深入浅出，论述不偏不倚。

Lopez, Robert S. *The Commercial Revolution of the Middle Ages, 950–1350*. 1976. 论述了西方的经济复苏和经济增长。

McNeill, William H. *The Pursuit of Power: Technology, Armed Force, and Society Since A. D. 1000*. 1982. 一部有影响的作品，出自史学名家之手。

O'Callaghan, Joseph F. *A History of Medieval Spain*. 1975. 一卷本著作，内容比较全面。

Oakley, Francis C. *The Western Church in the Later Middle Ages*. 1985. 总结了现代学术成就。

Phillips, J. R. S. *The Medieval Expansion of Europe*, 2nd ed. 1998. 谈到了欧洲的冒险主义，从格陵兰到西非再到中国。

Stow, Kenneth R. *Alienated Minority: The Jews of Medieval Latin Europe*. 1992. 谈到了14世纪的情况。

注　释 416

［1］引自Marina Warner, *Alone of All Her Sex: The Myth and Cult of the Virgin Mary* (New York: Random House, 1983), 179。

［2］Harry Miskimin, *The Economy of the Early Renaissance, 1300–1460* (Englewood Cliffs, NJ: Prentice Hall, 1969), 26–27.

［3］此处及本章之后的引文均出自Geoffrey Chaucer, *The Canterbury Tales*, trans. Nevill Coghill (New York: Penguin Books, 1952), 25, 29, 32。

第16章

航海革命
（至1550年）

本章纲要

思考

中国人、波利尼西亚人和其他非西方人的航海目标是什么？他们取得了什么成就？

在远洋探险的时代，与其他文化区的人相比，欧洲人有什么特别的优势？

欧洲与非洲、印度和美洲的互动有什么本质不同？哪些事实体现了这点？

419 1511年，年轻的费迪南德·麦哲伦从欧洲起锚，他绕过非洲最南端，跨过了印度洋。此时，他是葡萄牙探险队中的一员，这支探险队的目的地是东印度（东南亚的岛屿）。八年后，他率领一支探险队向西航行，希望向西也可以到达东印度，这次他是为西班牙服务。麦哲伦的探险队跨过大西洋，绕过南美，并横渡了太平洋。他们实现了目标，但也付出了沉重的代价。

1519年从西班牙起锚的时候，麦哲伦麾下有五条船，但驶过浩瀚的太平洋时，只剩下了三条。在航行中，船员发生过多次哗变，但麦哲伦都一一渡过了难关。1521年4月27日，在帮助一位答应皈依基督教的菲律宾地方统治者时，麦哲伦在战斗中丧生。

为了将逐渐减少的资源整合到一起，探险队将船舶数量压缩到了最低限度，人员的供给也集中在一起。最后，只有“维多利亚号”驶过印度洋，返回了欧洲。1522年9月8日，“维多利亚号”返回西班牙，这是欧洲人得以称霸海洋的最好证明。葡萄牙王室支持的远航开辟了经南大西洋驶往非洲、巴西和印度洋的航线。这些危险的航海活动前后持续了一个世纪，但新航路也促进了获利丰厚的贸易。从1492年起，葡萄牙在海上的竞争对手西班牙也开始染指美洲。如火如荼的航海革命改变了世界历史的进程。

在此之前，大部分的陆上扩张和海上扩张都是由亚洲人完成的，航海新纪元为这个漫长的历史阶段画上了休止符。许多最有用的技术和最有影响力的信仰体系都是出自亚洲。亚洲也有最强大的国家和最具商业价值的贸易网。在之后的一个世纪中，伊比利亚的航海探险的成功将世界的权力中心、财富中心和

费迪南德·麦哲伦驶过连接大西洋和太平洋的海峡 这是一幅16世纪晚期的画，画中使用了许多富有想象力的意象来表现海上民族和生物。这幅画美化了麦哲伦的环球航行。

创新中心转移到了西方。

航海革命推动了古老文化之间的接触、联合和冲突。这些接触使有些人走向了悲惨的结局，麦哲伦就是其中一例。厄运也会降临到整个民族身上，比如美洲印第安人，他们要忍受征服、殖民和人口迅速下降的厄运。有些时候，影响是多方面的，在与欧洲人的新关系中，亚洲人和非洲人既面临机遇又面临挑战。

16.1 全球的海上扩张（1450年之前） 420

自古以来，在海上或者大洋上进行航行就是一件极具挑战性的事，这需要高超的技术。船体要足够结实，这样才能抵御海上的狂风巨浪。水手们要学会如何驾船驶过浩瀚的海洋，到达目的地。在开阔的大洋上，航行需要最好的船和帆，需要最先进的航海技术。

虽然航行充满了危险和变数，但海上航行也可以带来可观的利益。与任何形式的陆路交通相比，海上的客运和货运可以获得更高的利润。每个大陆的冒险家都热衷于驶过未知的水域，找寻新大陆、开辟新市场和建立新殖民地。到1450年，勇敢的水手已经发现了太平洋、大西洋和印度洋上的大部分岛屿，但他们并未在任何一个方向跨过太平洋。即便面积较小的大西洋也成了美洲、欧洲和非洲之间的障碍。澳大利亚的原住民仍旧与世隔绝。但这一切马上就要发生变化了。

16.1.1 太平洋

波利尼西亚人的航海

波利尼西亚人的祖先来自亚洲。经过几个世纪的移民，波利尼西亚人从美拉尼西亚移民到了斐济和汤加。他们发明了一种体积更大、更适合航海的划艇，这种划艇有120英尺长（37米）。先进的航海技术使他们可以航行到更远的地方。从公元前300年到公元前100年，他们移民到了马克萨斯（Marquesas）。在公元前600年之前，波利尼西亚人已经移民到了距离夏威夷群岛2 200英里（3 541公里）之外的地方。大约在同一时期，波利尼西亚的航海者开始在复活

波利尼西亚人的划艇 太平洋的航海者就是使用这样的划艇。这幅18世纪的画将探险和移民描绘成英雄壮举。在画的左侧，两个划艇中间有一个大平台，上面放着航行用的供给品，探险队的成员和桨手也坐在上面。

大事年表

	太平洋	大西洋	印度洋
	公元前100—公元800年，波利尼西亚人向太平洋的岛屿上移民	770—1200年，维京人进行航海活动	
	1200—1300年，在夏威夷的波利尼西亚社会出现了明显的阶级分化，他们有了世袭领袖	14世纪，移民到马德拉群岛、亚速尔群岛和加那利群岛	
1400年		14世纪早期，马里人进行航海活动	
		1418—1460年，“航海者”亨利进行航海活动	1405—1433年，郑和下西洋
		15世纪40年代，第一批奴隶从西非到达欧洲	
		1482年，葡萄牙人到达黄金海岸和刚果	
		1486年，葡萄牙人到达贝宁	
		1488年，巴尔托洛梅乌·迪亚士到达印度洋	
		1492年，哥伦布到达加勒比地区	
		1492—1500年，西班牙人征服伊斯帕尼奥拉岛	
		1493年，哥伦布再次到达加勒比地区（第二次航行）	
		1498年，哥伦布到达南美（第三次航行）	1497—1498年，瓦斯科·达·伽马抵达印度
1500年		1500年，卡布拉尔到达巴西	
			1505年，葡萄牙人炮击斯瓦希里海岸
			1510年，葡萄牙人占领果阿
			1511年，葡萄牙人占领马六甲
			1515年，葡萄牙人占领霍尔木兹
	1519—1522年，麦哲伦航行	1519—1521年，科尔特斯征服阿兹特克帝国	
		1531—1533年，皮萨罗征服印加帝国	1535年，葡萄牙人占领第乌
		1536年，曼科·印加在秘鲁发动起义	1538年，葡萄牙人击败奥斯曼帝国的舰队
			1539年，葡萄牙人援助埃塞俄比亚

421 节岛和新西兰定居，这两个地方离夏威夷群岛有2 300英里（3 702公里）。最后，他们到达了美洲大陆，并在南美洲安顿下来。他们在美洲得到了甘薯，远途航行使这种有营养的作物传播到了波利尼西亚人的聚居地，最远到达了新西兰，甚至更远的地方。

DNA和语言上的相似性都证明，波利尼西亚人在东太平洋诸岛上的移民活动是有计划的，而不是偶然的。经过考察后，波利尼西亚的水手会组织一支船队前往要移民的地方。船队由若干艘双层船壳划艇组成，划艇需要几十个桨手，有许多帆。两层船壳之间有一个宽阔的平台，除了载人之外，还可以载驯养的家畜和植物，这些东西对于在遥远和与世隔绝的地方建立移民点是至关重
422 要的。在几千英里的航行中，水手要仔细观察水流和星星，这是他们寻找陆地的依据，也是航行成败与否的关键。一旦建立起殖民地，他们就很难与远方保持联系，因此每个移民点都有独特的文化。公元1200年后，随着人口的增加，这些地方的社会出现了日益严重的等级分化，暴力活动也不断增多。

16.1.2 印度洋

当波利尼西亚人在太平洋诸岛进行移民的时候，马来—印度尼西亚人（Malayo-Indonesian）向西航行到了印度洋，他们在非洲东海岸最大的岛屿马达加斯加建立了殖民地。在整个15世纪，这些航海活动就没有停止过。直到今天，马达加斯加岛上的居民还在说马来—波利尼西亚语。但岛上也有部分非洲人的后代。在1500年之前，非洲人航行300英里（500公里），从非洲大陆来到了马达加斯加。

对于其他民族来说，印度洋自古以来就是个贸易之地。东南亚、东非和印度次大陆蜿蜒的海岸线为水手们提供了保护。此外，印度洋季风不但有规律可循，而且非常稳定。与其他地区相比，在印度洋航行的单桅三角帆船既容易掌控又安全。

在中世纪，伊斯兰的崛起为印度洋贸易平添了活力。中东地区的伊斯兰城市需要大量有价值的商品，穆斯林商人的活动范围也超出了这一地区。这些商人有着共同的语言、伦理和法律，他们把伊斯兰教传到远方的贸易城市。到1400年，穆斯林商团已经遍布印度洋各地了。

中国的航海活动

这些印度洋商人的活动范围一般不在自己国家的控制范围，但中国的统治

者却对这些富有的贸易口岸越来越感兴趣。1368年，明朝推翻了蒙古的统治，中国开始重建其在外海的优势和威名。

重新主宰东亚后，明帝国与印度洋周边民族建立起了直接联系。1405—1433年，帝国派遣船队七次出海远航（见第13章）。远航的规模很大，已经超出了探险和促进贸易的需要。这说明，明帝国是想借此彰显自己的实力和成就。对这个繁荣地区的好奇也是动力之一。船队到访的城市都是主要商业中心，这意味着中国也想扩展贸易。 423

明帝国航海活动的规模反映了中国的财力和重要性。在第一次远航中，船队中包括了特制的“宝船”。这是一艘巨型帆船，有300英尺（90米）长、150英尺（45米）宽。此外，船队中还包括一些体积较小的船。每艘宝船有9桅12帆，多层甲板，承载能力为3 000吨，这个数字是哥伦布船队全部承载力的6倍。一次远航有2.7万多人参加，其中包括步兵和骑兵。船装备了小型加农炮，但海战主要还是靠高精度的十字弓。

郑和（1371—1435年）是船队的统领。作为一个穆斯林，他与波斯湾有着千丝万缕的联系。他是出使印度洋地区的恰当人选，因为这一地区信奉伊斯兰教。船队中还有几个会讲阿拉伯语的中国人，他们充当翻译。一位翻译记录下了沿途的风俗和信仰。他看到了从未见过的动植物，并将珍禽异兽记录下来，如马来亚黑豹和苏门答腊貘。在印度，他认为沿海地区的居民分为五个等级，即印度的四个种姓和单独的穆斯林阶层。他也记录了贸易港口卡利卡特的商人，他们可以用自己的手指和脚趾进行准确的计算，而不需要中国的算盘。回国后，这位翻译继续游历中国，他向人讲述他在外国的见闻，告诉别人“天朝威名无远弗届”[1]。

郑和：穆斯林，明帝国的宦官。明朝的永乐皇帝派他进行了一系列的航海活动。他指挥着庞大的船队，从东南亚经印度洋到达了非洲。

中国的“宝船”装载着上好的丝绸、贵金属和其他贵重的货物，这些是送给远方君主的礼物。那些统治者也会向中国皇帝回赠同样贵重，甚至更贵重的礼物。虽然互赠礼物是出于外交考量，但它们也促进了中国与南方邻国的贸易。并不是只有中国人才对新的交流感兴趣。

1415—1416年，东非的斯瓦希里海岸至少有三个贸易城市遣使来华。马林迪（Malindi）就是其中之一，它送给中国皇帝一头长颈鹿，引起了中国官员的好奇。这些非洲使者可能已经促进了双边交流，因为郑和之后的三次航行都到达了非洲海岸。很遗憾，没有文献记录下中国人和非洲人在1417—1433年的历 424

史性会晤，但中国的慷慨礼物促进了斯瓦希里市场对丝绸和瓷器的需求。中国从南亚进口胡椒的数量也在增加，这是远航的另一成果。

如果明帝国希望促进贸易，希望为中国商人获得更多的利润，那么中国船队将继续主宰印度洋贸易。但中国的高级官吏反对增加与其他民族的接触，他们认为这些民族是蛮夷，不会为中国做贡献。结果，1424—1431年，中国的航海活动中断了。1432—1433年，中国进行了最后一次远洋航行。晚明的皇帝只关注内政，印度洋出现了权力真空。

16.1.3 大西洋

欧洲早期的海上扩张

在中世纪早期，维京人是大西洋上最强大的航海者。这些北欧海盗用小船袭击欧洲沿海地区，他们的活动持续了几个世纪。在气温变暖的几个世纪中，他们也是一个岛屿接一个岛屿地进行移民。与波利尼西亚人相似，在进行长途航行寻找方向的时候，他们依靠的是对天空和海洋的了解，而不是海图和其他航海设备。

770年，维京人首先在冰岛进行了移民，并于982年在格陵兰建立了殖民地。986年，一些人无意中发现了北美。15年后，莱弗·埃里克松（Leif Ericsson）在纽芬兰建立了暂时性的殖民地，他将那里称为文兰。1200年后，气候再度变冷，格陵兰北部的殖民地走向了衰落，维京人放弃了文兰。

一些南欧人从地中海学到了航海技术，他们顺着北大西洋海岸，向南探险。热那亚人和葡萄牙人在14世纪进入了大西洋。最终，他们发现了马德拉群岛、亚速尔群岛和加那利群岛，并开始向那里移民。

非洲人的探险之旅

有证据表明，在这一时期，非洲人也有航海探险活动。叙利亚著名地理学家欧麦里（al-Umari，1301—1349年）记述如下：1324年，西非马里帝国的统治者曼萨·康康·穆萨前往麦加朝圣，他命令船驶向大西洋，说他的祖先曼萨·穆罕默德就曾经这样做过。根据他的说法，穆罕默德派遣了400艘船，船上有水手和供给物资。穆罕默德对他们说："除非到达大洋的另一边，或者食物和水都耗尽了，否则就不要返航。"很久之后，一艘船回来了，说其他的船都已经在"大洋狂暴的洋流中"沉没了。穆罕默德又派遣了第二支探险队，规模更大，而且由他亲自指挥，但这次没有一艘船回来。

在美洲，早期印第安水手从南美出发，在西印度群岛建立了殖民地。南美洲西海岸的民族与中美洲并没有海上的接触。到1000年，被称为**阿拉瓦克人**（Arawak，又称泰诺人）的印第安人顺着小安的列斯群岛（巴巴多斯、马提尼克、瓜德罗普）到达了大安的列斯群岛（古巴、伊斯帕尼奥拉岛、牙买加和波多黎各）和巴哈马（见地图16-1）。几个世纪后，加勒比人也沿着相同的路线前进。到14世纪末，他们袭扰了小安的列斯群岛和大安的列斯群岛上的阿拉瓦克部落。阿拉瓦克人和加勒比人也与北美大陆有接触。

美洲印第安人的航海活动

阿拉瓦克人：印第安民族。在哥伦布到达美洲的时候，他们居住在大安的列斯群岛。

本节回顾

波利尼西亚人在太平洋东部进行了探险和移民活动，他们的活动范围从马克萨斯一直到夏威夷和复活节岛。

印度洋成为商业交流和文化交流的中心。1405—1433年，郑和七次下西洋，与南亚民族和非洲民族建立了联系。

维京人、美洲印第安人和非洲人也进行了远洋航行和殖民活动。

16.2 欧洲人的扩张（1400—1550年） 425

上面的概述表明，在1500年之前，世界各地都有海上扩张活动。但伊比利亚王国葡萄牙和西班牙的航海活动具有特别的意义，因为这两个国家开启的航海革命给世界历史带来了深刻变革。葡萄牙和西班牙的探险队打破了美洲的孤立状态，促进了全球互动。

伊比利亚人的海上扩张与以下两点有关。首先，伊比利亚的统治者希望在经济、宗教和政治方面扩大自己的影响。其次，航海技术和军事技术的进步使伊比利亚人能掌握变化莫测的海洋，能控制已经存在的贸易路线，并征服新的土地。

16.2.1 向外开拓的动机

雄心勃勃而又富于冒险精神的伊比利亚统治者为15世纪的航海活动提供了资金，但这些航海活动与西方在公元1000年后形成的四个趋势有关：第一，城市生活和贸易再度兴盛起来；第二，商人和欧洲统治者之间形成了独特的联盟 426
关系；第三，欧洲国家与伊斯兰强国争夺地中海的控制权，因此在贸易需求之

地图16-1 中美洲（至1533年） 早期的印第安航海活动将移民从南美洲带到了西印度群岛和墨西哥西部。1492年，欧洲人到达美洲。之后，欧洲人立即开始征服美洲，印第安人的数量大幅下降。

外，又平添了宗教动机；第四，欧洲人越来越希望了解外面的世界。

到1450年，意大利北部的城邦已经与欧洲北部、印度洋和黑海建立了良好的贸易关系，这些城邦的商贾贵胄也乐于资助文艺复兴时期的思想活动和艺术活动。在意大利，像威尼斯和热那亚这样的国家从地中海贸易中获得了可观的利润，它们与穆斯林建立了联盟，并给予本国商人经营东方贸易的特权。后来，奥斯曼帝国的崛起阻断了东方贸易。即便如此，这些意大利城市也没有成为大西洋探险的先锋。但许多意大利人在探索大西洋的过程中发挥了领导作用。

伊比利亚半岛的历史背景

与之相比，西班牙和葡萄牙有着独特的历史和地理条件，这使它们走上了一条与意大利不同的道路。8世纪，穆斯林从北非进入欧洲，并征服了伊比利亚半岛的大部分地区。在之后几个世纪，基督徒和穆斯林之间不断发生冲突。到1250年，除了南部信奉伊斯兰教的格拉纳达王国外，葡萄牙王国、卡斯蒂利亚王国和阿拉贡王国夺回了伊比利亚的大部分土地（见第15章）。1469年，卡斯蒂利亚王国的伊莎贝拉与阿拉贡王国的斐迪南喜结良缘，这加速了格拉纳达王国的灭亡和西班牙的形成。16世纪，西班牙成为欧洲最强大的国家。

基督教仍然是葡萄牙和西班牙海外探险活动的重要推动力。但伊比利亚的统治者和冒险家也想得到物质上的回报。西班牙人和葡萄牙人在地中海贸易中所占的份额并不多，因此他们比意大利人更希望开通前往非洲和亚洲的大西洋新航路。两个国家都参与了欧洲的船舶革命和火药革命。虽然不是文艺复兴的中心，但两国都特别关注新的地理知识。

16.2.2 葡萄牙的航海活动

以大西洋渔业和反穆斯林战争为基础，葡萄牙决定支持新的探险活动。15世纪，信奉伊斯兰教的摩洛哥出现了衰落的迹象，于是葡萄牙人进攻北非，并于1415年攻克了休达。这座富庶的城市使葡萄牙更容易获得沙漠商队从撒哈拉以南地区带来的黄金和奴隶。葡萄牙军事力量有限，很难深入内陆直接控制黄金贸易。因此，葡萄牙人想从海路直抵盛产黄金的非洲海岸。

葡萄牙的亨利亲王

“航海者”亨利：葡萄牙亲王。15世纪，他支持航海研究，并主持了对非洲西海岸的探险活动。

亨利亲王（1394—1460年）是葡萄牙国王的三儿子，他领导了攻占休达的军事行动。他毕生支持探险活动，因此得到了**“航海者”亨利**的称号。他的官方传记作者强调，亨利的动机是多方面的：他希望非洲人皈依基督教，希望与非洲的基督教统治者建立联系，希望他们加入反抗奥斯曼帝国的圣战。亨利亲王也希望发现新的地区，希望新的联系能带来丰厚的利润。早期的探险活动使葡萄牙与非洲建立了联系，但到达印度洋是葡萄牙探险家的最终目的。虽然“航海者”亨利从未亲自参加远离家园的探险活动，但他在萨格里什（Sagres）建立了航海研究中心。意大利商人和14世纪犹太制图师所取得的成果是葡萄牙航海研究的基础。这个研究中心收集海员和旅行者所提供的地理信息，并为探索大西洋的活动提供资金。亨利派出的船于1418年和1439年分别与马德拉群岛和亚速尔群岛建立了长期联系。

亨利的属下也改进了航海设备，这使欧洲能获得来自中国和伊斯兰世界的财富。这些设备包括中国发明的指南针和阿拉伯人或希腊人发明的星盘。海员

葡萄牙人的西非地图（1502年） 这张地图表现了非洲西海岸的情况。15世纪，葡萄牙探险家绘制了这张地图，并在上面标注了名称。地图涉及非洲内陆地区，欧洲人对这片地区几乎一无所知。图上画了鸟和沿海地区的景物：塞拉利昂得名于一座像狮子的山；黄金海岸有葡萄牙的埃尔米纳城堡（Castello damina）。

可以通过这些设备测量太阳和星星所处的方位，以确定他们在海上的位置。虽然有了这些工具，但航行还是要依靠导航员的技术和经验。

欧洲的航海技术

427

葡萄牙人也建造了适于远洋航行的船舶。在地中海穿梭的单层甲板大帆船和北欧的三桅船都不足以应付大西洋航行。需要很多桨手的大帆船不能带很多的供给物资，因此它不适于远途航行；悬挂正方形主帆的北欧船也很难充分利用风向。而进行航海探险的是一种新型船舶——**卡拉维尔帆船**（caravel）。与庞大的欧洲船和郑和统率的中国平底帆船相比，这种船的体积要小得多。小巧的体积可以使这种船驶入浅滩，也可以使其逆流而上。但在遭遇海上风暴时，它们会略显单薄。这种船装备了三角帆，因此可以利用各种方向来的风。船上也装了四角帆，这样可以提高船的速度。此外，船上的小型加农炮也使其成为性能良好的战舰。卡拉维尔帆船造价适中，速度、灵活性和力量都可圈可点。因此，当时有人认为，它们是“在海上航行的最好的船”[2]。

卡拉维尔帆船：一种具有高机动性的三桅小船，葡萄牙人和西班牙人在大西洋探险的时候，就乘坐这种帆船。

最早进行探险活动的船长需要克服普遍存在的恐怖心理。当时人们认为，南大西洋的海水是滚烫的，那里将吞没试图进入这片水域的船只。亨利亲王花了14年的时间（1420—1434年），用哄骗的方法组建了一支探险队，这支探险队将探索摩洛哥以南的地区（见地图16-2）。事实证明，上述的担心根本就是无稽之谈。但绵延的海岸（距离沙漠800英里［1 300公里］）使探险队一无所获，他们失去了继续向南航行的动力。葡萄牙人用40年的时间航行了1 500英里（2 400公里），从里斯本到达了塞拉利昂。但之后，他们只用了30年的时间就完成了剩余4 000英里（6 400公里）的探险，到达了非洲大陆的最南端。

在之后的若干年里，葡萄牙探险家学会了如何迅速返回家园。他们发现，他们不用逆着东北风和洋流前进，可以向西北驶入大西洋。到达亚速尔群岛所处的纬度后，西风会将他们吹回葡萄牙。关于海风的知识帮探险家发现了多条航路。

429

葡萄牙人在非洲和亚洲的活动

15世纪40年代，葡萄牙人入侵了非洲的西北海岸和加那利群岛，并开始进行获利丰厚的奴隶贸易。到15世纪末，奴隶贸易总量超过了8万。之后，这个数字稳步提升。但在葡萄牙人参与西非贸易网，并到达撒哈拉以南地区后，黄金贸易就变得越来越重要了。到1457年，大量的非洲黄金涌入葡萄牙。王国用这些黄金发行了一种印有十字架花样的新式金币（cruzado）。其他的黄金则花在了宗教和世俗方面。

在葡萄牙王室继续资助航海活动的时候，私人商业资本也成了这项活动的推动力。1469年，一位杰出的里斯本商人费尔南·戈麦斯（Fernão Gomes）从王室获得了贸易垄断权。作为回报，他要开发350英里（550公里）的非洲海岸。他在赤道上发现了无人居住的圣多美岛，并在那里使用奴隶开发糖料种植园，奴隶是从非洲大陆进口的。在16世纪，这个岛成为巴西和加勒比的糖料种植园典范。戈麦斯也开发了**黄金海岸**，那里成为葡萄牙西非贸易的中心。

黄金海岸：位于非洲西海岸，现属加纳。15世纪70年代，这里向欧洲出口黄金，并由此得名。

葡萄牙人希望绕过非洲进入印度洋，这促进了他们在非洲沿海地区的活动。1488年，**巴尔托洛梅乌·迪亚士**首次绕过非洲最南端，进入了印度洋。1497—1498年，**瓦斯科·达·伽马**绕过非洲，到达了印度（见“环境与技术：瓦斯科·达·伽马的船队”）。1500年，佩德罗·阿尔瓦雷斯·卡布拉尔（Pedro Alvares Cabral）率船队前往印度，他向西航行得太远了，结果到达了南美洲。这一发现使葡萄牙得到了巴西，它将成为西半球最富庶的殖民地。亨利亲王在80年前所进行的冒险活动得到了丰厚的回报。

巴尔托洛梅乌·迪亚士：葡萄牙探险家。1488年，他首次到达了非洲最南端，并发现了印度洋。

瓦斯科·达·伽马：葡萄牙探险家。1497—1498年，他首次从欧洲航行到了印度，并开辟了一条重要的商业航道。

地图16-2 欧洲的扩张（1420—1542年） 葡萄牙和西班牙的探险家开辟了大洲间的海上贸易。在1540年之前，欧洲对非洲和亚洲的贸易要比对美洲贸易重要。但在西班牙征服阿兹特克帝国和印加帝国后，跨大西洋贸易逐渐发展起来。请注意《托尔德西里雅斯条约》所划定的中间线，这条线在理论上划分了西班牙和葡萄牙的活动范围。

16.2.3 西班牙的航海活动

葡萄牙对南大西洋的探险活动持续了一个世纪，这种活动是有计划性的。与之相比，西班牙的早期探索活动显得比较草率，但这个国家却比较幸运。在15世纪的大部分时间里，西班牙王国都在专注于内部事务：彻底击败了伊比利亚半岛南部的穆斯林；将不同的政权整合在一起；使宗教少数派改信天主教，或将他们驱逐出境。当葡萄牙已经找到通往印度的新航路时，西班牙君主才开始将目光转向海外探险。

哥伦布与西班牙的探险活动

克里斯托弗·哥伦布：热那亚航海家。在西班牙的支持下，他跨越了大西洋，使美洲民族与旧世界建立了联系，也为西班牙征服美洲和向美洲殖民奠定了基础。

热那亚人**克里斯托弗·哥伦布**（1451—1506年）是西班牙海外探索的代表人物。1492—1504年，哥伦布进行了四次航行，他跨越了大西洋，证明确实存在一个新世界。对于这个新世界是否存在，包括亚洲、欧洲和非洲在内的旧世界都曾经怀疑过。但哥伦布拒绝承认他发现了新大陆和新民族，他坚持认为自己找到了一条通往印度洋的近路。

哥伦布年轻的时候参与了葡萄牙对非洲海岸的探险活动，因此他对南大西洋并不陌生。他相信有一条通往东方的近路，不用绕行非洲。他估算（他的推算受到了9世纪阿拉伯权威人士的误导）加那利群岛距离日本只有2 400海里（4 450公里）。但事实上两地的实际距离是这个数字的5倍。

哥伦布认为向西航行可以到达亚洲，他想验证这一理论，但却很难找到赞助人。葡萄牙当局两次拒绝了他的方案。1486年，伊莎贝拉女王听取了哥伦布的观点，但并没有支持他的行动。经过四年的研究，卡斯蒂利亚王国的专门委员会认为，向西可以到达印度的观点是建立在一些地理假设之上的，而这些假设很值得怀疑。但哥伦布坚持己见，他最终获得了伊莎贝拉女王和她的丈夫阿拉贡国王斐迪南的支持。1492年，他们同意进行一次规模适度的探险。

哥伦布在航海日志上写到，他和他的船员一共90人，“于1492年8月3日星期五起锚”，目标是“印度地区”。按照王室协议书上的说法，他们的任务是“发现并占有海洋中的岛屿和大陆”。哥伦布带着西班牙王室致东方诸位统治者的介绍函，其中一封是给“大汗”（指中国皇帝）的。他还带着一名阿拉伯翻译，以便同东亚民族交流。这支探险队由三艘小船组成——“圣马利亚号”“尼娜号”和“平塔号”，后两艘是卡拉维尔帆船。 430

哥伦布不愿逆风而行，因此他没有到达亚速尔群岛。他选择了一条向南航行的路线，因为他从葡萄牙人那里学到，在加那利群岛所在的纬度上会有向西吹的风。1492年10月，探险队到达了加勒比群岛。哥伦布认为那里是东印度群岛的一部分，因此坚持将当地人称为“印度人”。1493年，哥伦布再次到达加勒比地区，他仍然固执己见。1498年，达·伽马到达印度。两个月后，哥伦布发现了南美大陆，但他还是认为这是亚洲的一部分。到这个时候，其他欧洲人

环境与技术

瓦斯科·达·伽马的船队

1497年6月，四艘小船从里斯本起锚，它们要前往印度。与95年前郑和下西洋时所率领的由62艘船组成的船队相比，这支船队可谓微不足道。中国船队的人数是葡萄牙船队的100倍，但达·伽马的船队更具历史意义。无论如何，葡萄牙探险队对历史进程的影响更大。在扬完国威后，中国皇帝从1433年起就没有再派船队下西洋了。对于印度洋周边的民族来说，达·伽马的船队与其说令人敬畏，倒不如说有些古怪。但这支并不抢眼的船队却开启了全球关系的新篇章。

瓦斯科·达·伽马的旗舰 1505年，第二次远航的时候，达·伽马就坐在这艘船上。

为了确保这支船队能到达印度并平安返航，葡萄牙人并不吝惜花钱。工匠将船体造得格外结实，这样船队就可以抵御1488年迪亚士在非洲最南端所遇到的风暴了。小巧的船体可以使它们驶入浅滩和河流。船上装满了特别加固的木桶，里面装满了水、酒、油、面粉、肉和蔬菜，这些东西够他们吃很长时间。武器和弹药也绰绰有余。

在达·伽马的船队中，三艘船具有相似的设计：两个桅杆上挂的是方帆，这样可以提高航行速度；第三个桅杆上挂的是三角帆。第四艘船是悬挂三角帆的卡拉维尔帆船。每条船有三组帆，此外还有许多额外的索具，可用于维修由暴风雨所造成的破坏。船帆上有红色的十字，这表明了他们航行的目的。

船长和船员（他们都是才华横溢且经验丰富的葡萄牙人）可以得到额外的收

入和奖金。但也没人指望为这次远航所投入的巨额资金能取得立竿见影的回报。根据当时的编年史，葡萄牙王室的短期收益是“关于埃塞俄比亚部分地区的知识和到达印度南部的消息”。但从行前的精心准备来看，葡萄牙人希望这次远航能使他们加入获益丰厚的印度洋贸易。达·伽马船队也确实不负众望。

相信，哥伦布所发现的群岛和大陆属于一个完全陌生的新世界。亚美利哥·维斯普奇（Amerigo Vespucci）的探险队（开始代表西班牙，后来代表葡萄牙）对这块大陆进行了考察。因此，绘制地图的人用他的名字将新大陆命名为“美洲”（America），而没有以哥伦布的名字将其命名为“哥伦比亚”（Columbia）。

西班牙和葡萄牙都想开发自己新发现的土地，都想传播基督教。为了避免纷争，两国划分了世界。1494年，在教皇的协调下，西班牙和葡萄牙签订了 431
《托尔德西里雅斯条约》。条约在北大西洋中部划出了一条线，线东边的非洲和南亚归葡萄牙，线西边的美洲归西班牙。但卡布拉尔发现了巴西，因此南美洲的部分地区也归了葡萄牙。

西班牙和葡萄牙的影响范围在东方应该如何划分？1494年签订《托尔德西里雅斯条约》的时候，欧洲人忽视了地球的真实大小。摩鹿加群岛是个盛产香料的地方，是伊比利亚人远航的目标。这个群岛是在中间线的哪边呢？太平洋的面积决定了双方的边界。1513年，在一次偶然的机会中，西班牙探险家瓦斯科·努涅斯·德·巴尔沃亚（Vasco Núñez de Balboa）跨过了巴拿马地峡，看到了太平洋。1519年，**费迪南德·麦哲伦**（约1480—1521年）开始了他的探险活动。他继续向西，绕过美洲，到达了太平洋。麦哲伦证明了摩鹿加群岛位于葡萄牙一侧。1529年，西班牙才正式承认这一点。

费迪南德·麦哲伦：葡萄牙航海家。1519—1522年，他率领西班牙探险队第一次完成了环球航行。

虽然麦哲伦死在半路上，但人们认为他是第一个进行环球航行的人。因为在10年之前，他曾跟随葡萄牙探险队到达了东印度群岛。虽然西班牙和葡萄牙划定了势力范围，但麦哲伦的两次航行跨过了《托尔德西里雅斯条约》所划定的中间线。他的航行为1564年后西班牙对菲律宾的殖民奠定了基础。当然，1500年时，欧洲人所做的种种声明大多是理论上的。

虽然哥伦布未能开辟通往东方的新航路，但这些航海活动对欧洲人的扩张具有十分重要的意义。后来，西班牙和其他欧洲国家在美洲建立了殖民帝国。

这些帝国促进了大西洋贸易网的发展，这张新的贸易网逐渐赶上，并最终超过了印度洋贸易网。向东和向西的远洋航行标志着欧洲人在世界历史中所扮演的角色越来越重要。

本节回顾

葡萄牙和西班牙的海外探险传播了基督教，并开辟了新的市场。

在“航海者”亨利的推动下，葡萄牙在非洲和印度洋建立了贸易帝国。

哥伦布发现了美洲，其他西班牙探险家经太平洋到达了亚洲。

16.3 与欧洲人相遇（1450—1550年）

欧洲人的所作所为不能决定这些新联系在全球范围内所产生的影响。非洲人、亚洲人和美洲印第安人对这些到访者的看法及双方的互动也影响到了历史的发展。每个地区的原住民都会思考，欧洲人是潜在的朋友还是潜在的敌人。每到一个地方，欧洲人都想介入当地的商业和地缘政治。总体上说，在亚非建立殖民地和对这一地区施加政治影响方面，欧洲人并非咄咄逼人，即便攸关商业利益的时候也不例外。但在美洲，西班牙、葡萄牙和其他欧洲强国迅速建立起了殖民帝国。长期与世隔绝的印第安人缺乏对外来疾病的抵抗力，这削弱了他们的抵抗能力，但却有利于欧洲的殖民活动。

16.3.1 非洲西部

葡萄牙人在非洲

非洲西部的沿海地区希望与葡萄牙人进行贸易，因为这样可以为他们的产品提供新的市场。与陆路运输相比，他们也可以买到更便宜的地中海商品。1471年，葡萄牙人首次到达西非的黄金海岸。腹地的矿工过去一直将他们的黄金卖给商人，这些商人将黄金贩运到位于撒哈拉沙漠南端的贸易城市。在那
432 里，黄金再被转卖给从事跨撒哈拉贸易的北非商人。因此，沿海的非洲人更喜欢来自海上的欧洲人。1482年，葡萄牙王室的代表抵达西非，他希望建立一个贸易据点，并就此问题与当地人展开了磋商。

葡萄牙的贵族和官员（可能也包括年轻的哥伦布，1476年时他为葡萄牙服务）希望给当地人留下一个好印象。他们穿得衣冠楚楚，搭建了一个精心装饰的

接待平台。他们做天主教的弥撒，在开始磋商的时候以吹鼓手来发信号。非洲国王卡拉曼萨（Caramansa）出现的时候同样喜气洋洋，他身后跟着大批的随从和乐手。双方发表了华丽的演说，并互致问候，表达了互利的愿望。一个非洲人为他们做翻译。卡拉曼萨同意建立一个小的贸易据点，他说在场的葡萄牙人是值得尊重的人，他们与前几年到达这里的"少数肮脏卑鄙的"葡萄牙人大不相同。

双方都很友好，但非洲人显然占了上风。卡拉曼萨警告，如果葡萄牙人图谋不轨，他和他的臣民就会离开这里，中断贸易，不再向葡萄牙人提供食物。位于迈恩（后称埃尔米纳）的圣乔治（Saint George of the Mine）的贸易点使双方都获得了益处。葡萄牙王室在很短的时间内就购买了大量黄金，其数量相当于当时世界黄金产量的1/10。另一方面，葡萄牙商船也为非洲人带来了产自亚洲、欧洲和非洲其他地区的高质量商品。

经过一个世纪的扩张后，位于尼日尔三角洲的贝宁王国可谓如日中天。就在这时，葡萄牙人出现了。在首都贝宁，奥巴（oba，即贝宁国王）从华丽的宫殿发号施令，他执掌着精心建立起的行政系统。1486年，葡萄牙人到达了贝宁。奥巴派遣使者前往葡萄牙，希望对这些陌生人多一点了解。王室垄断着对葡贸易，向葡萄牙出口胡椒、象牙、石珠、纺织品和战俘（在埃尔米纳转售）。另一方面，葡萄牙商人会向贝宁提供铜、黄铜，上好的纺织品、玻璃珠和供王室使用的马。16世纪早期，圣多美岛的糖料种植园需要大量的奴隶，奥巴第一次提高了奴隶的价格，并对奴隶贸易做出了限制。

早期的接触也包括商业、军事和宗教方面的交流。一些非洲统治者发现在与敌军作战时，欧洲的火器要远比长矛、弓箭先进，因此他们在武器方面比较积极。非洲的宗教没有排他性，因此非洲沿海地区的统治者也很愿意了解葡萄牙人宣扬的基督教。贝宁和刚果是两个最大的沿海王国，它们接受了传教士，并同葡萄牙建立了军事同盟。两个国家要在战场上检验基督教和欧洲武器的威力。

葡萄牙人希望贝宁的国王和贵族皈依天主教，但他们的努力以失败告终。早期，诸位国王对基督教颇感兴趣。但在1538年后，统治者不再接受传教士，也不再出口男性奴隶。我们不清楚贝宁限制对外接触的原因。但有一点清晰明了：当地的统治者有能力掌控他们与欧洲人的交往。 433

刚果王国

刚果在贝宁的南边，位于刚果河的下游。与贝宁相比，刚果与葡萄牙的关系开局相似，但结局却不同。和贝宁的奥巴一样，马尼孔戈（manikongo，即刚果国王）派遣使者前往葡萄牙，他使王室垄断了对葡贸易，并对基督教教义产生了兴趣。新宗教深深地打动了王室成员，于是基督教成为官方信仰。但刚果没有象牙和胡椒，它的贸易量不及贝宁。为了获得葡萄牙人的商品，为了支付传教士的花销，刚果不得不出售越来越多的奴隶。

马尼孔戈很快就失去了对奴隶贸易的垄断权。皈依基督教的马尼孔戈成为阿方索一世（1506—约1540年在位）。1526年，他致信他的“王兄”葡萄牙国王，恳求他终止奴隶贸易，因为刚果出现了绑架的情况，甚至好人家的孩子也不能幸免（见“多样性与主流：刚果的基督教国王”）。阿方索的请求石沉大海，葡萄牙人的兴趣转向了印度洋。很快，奴隶贸易从刚果转移到了南方。叛乱和贸易中心的转移削弱了马尼孔戈的权力。

16.3.2 非洲东部

非洲东部沿海的穆斯林统治者对葡萄牙人的反应也不尽相同。当瓦斯科·达·伽马的船队于1498年抵达东非的时候，大多数君主对他都很冷淡。他们发现这些船的船帆上印有十字军的十字，所以对船队的动机产生了怀疑。但马林迪港的统治者却将葡萄牙人视为潜在的合作伙伴，认为他们可以提高这座城市的贸易地位。因此，他向达·伽马提供了一名领航员。事实证明，其他穆斯林君主的担心并非多余。七年之后，在基督教和商业的名义下，葡萄牙舰队洗劫了东非沿海的许多城市，只有马林迪得以幸免。

葡萄牙和埃塞俄比亚

埃塞俄比亚是东非的基督教国家，它认为与葡萄牙结成同盟可能会带来好处。14世纪和15世纪初，埃塞俄比亚与红海地区的伊斯兰国家不断爆发冲突。1517年，崛起中的奥斯曼帝国占领了埃及，帝国的舰队也开始在印度洋与葡萄牙人争衡。这鼓舞了阿达尔（Adal）的穆斯林统治者，这位才华横溢的军事统帅对埃塞俄比亚发起猛烈攻击。1529年，阿达尔取得了决定性的胜利，这个基督教国家岌岌可危。就在这时，埃塞俄比亚与葡萄牙人建立了联系，这种联系的重要性可想而知。

在之后的几十年，双方试图在共同信仰基督教的基础上建立起同盟关系。在这个过程中，埃塞俄比亚的海伦娜王后起到了重要的作用。她是在丈夫1478年去世后，开始帮年幼的儿子执掌朝纲的。1509年，海伦娜致信给“亲爱的兄弟”（葡萄牙国王），随信还送上两个小十字架。她说这两个十字架所用的木料来自主耶稣受刑的那个十字架。在信中，她希望两国建立军事同盟，共同对付土耳其人。但海伦娜于1522年去世。此时，两国的同盟关系尚未形成。埃塞俄比亚的局势进一步恶化。

1539年，另一位女性统治者控制了帝国的剩余地区。就在这个时候，达·伽马的儿子克里斯托弗率领一支小规模援军到达了埃塞俄比亚。葡萄牙的援助使埃塞俄比亚能重整旗鼓。穆斯林军队虽然俘虏并处死了克里斯托弗·达·伽马，但他们的统帅也在战场上身负重伤，因此并未大获全胜。葡萄牙拯救了埃塞俄比亚，但两国并未建立起长期的同盟关系。葡萄牙坚持要求埃塞俄比亚放弃亚历山大里亚主教所代表的东正教，改信罗马教廷的天主教，但国王并未答应，两国的关系渐趋冷淡。

上面的例子说明，在1550年之前，非洲人和葡萄牙人的关系呈现出了多样性。这一方面要归因于非洲国家的特殊战略和领导权，另一方面要归因于葡萄牙人的政策。非洲人可以将葡萄牙人视为兄弟、敌人或朋友。但在1550年，欧洲人在非洲的活动并不多。这时，葡萄牙人更关注的是印度洋贸易。

多样性与主流

刚果的基督教国王 434

对于有些人来说，新航路意味着征服，而对于另一些人来说，它意味着有机会进行富有成效的交流，借鉴其他地区的成果。1491年，刚果的统治者决定皈依基督教，这增加了刚果社会的文化多样性，也增强了国王的控制力。从此之后，刚果的统治者希望传播基督教的信仰，推广它的仪式。与此同时，统治者也会将基督教非洲化，因为这样可以增进刚果人对它的了解。此外，刚果国王还希望从葡萄牙学到更多世俗的东西，如学校和医学。与葡萄牙人的贸易带来了新的社会矛盾和政治紧张，特别是在为圣多美岛的葡属糖料种植园输送奴隶方面。

这两封信是刚果国王阿方索（刚果国王在受洗后改名叫“阿方索”）于1526年写给葡萄牙国王若昂三世（João III）的，信中谈到了阿方索如何看待两国的新关系，以及这种关系所带来的问题。他的父亲去世后，阿方索于1506年继承了王位，他的统治一直持续到1542年。1521年，他的儿子恩里克（Henrique）成为刚果的首任天主教主教。

这两封信是用葡萄牙语写成的，由国王的秘书若昂·特谢拉（João Teixera）执笔。特谢拉也是基督徒。与阿方索相似，他也师从于葡萄牙传教士。

致英明神武的若昂王兄：

6月20日刚刚过去，我获悉，来自王兄处的一艘商船将停靠在我们的索尼奥（Sonyo）港。这个消息使我们欢欣不已，因为我们将从这艘船得到陛下的消息，您的消息我们已经等了许久，……我们急需圣餐礼必需的酒和面粉，我们并不是经常急需这些东西。陛下，这是由于您官员的疏失所造成的，他们忘了把这些东西运给我们……

陛下，您应该知道，我们的王国在多方面蒙受了巨大损失，我们需要采取一些补救措施。这些损失是由您的臣民造成的，您的代理人和官员向商人和其他人签发了太多的特许证，他们的船从我们这里带走了许多违禁物品。他们的足迹遍布我的王国和统辖地区，之前听从我们命令的诸侯现在都各行其是，因为这样可以获得更多利益。他们曾经顺从我们，因此他们现在的行为不但无助于我们侍奉上帝，而且对我们的世俗政权也构成了威胁。

现在还无法评估我们蒙受了多大的损失，因为刚才提到的那些商人每天都会带走我们的臣民，他们有些是百姓的孩子，有些是贵族的后裔，有些是地方诸侯或其亲属。这些坏心肠的猎奴者会把他们当成货物，将他们卖掉。陛下，这种行为腐蚀、破坏了我们国家，刚果的人口大幅下降，这对您也是不利的。我们需要贵国派来神父和教师，而不是其他人；我们需要圣餐礼要用到的酒和面粉，而不是其他商品，这就是为什么我希望您能在这些事情上帮助我。请您别再派商人，别再运来其他货物了，因为我不希望看到奴隶贸易，原因刚才我已经提到了。我再一次恳求您答应我的请求，否则我无法解决如此大的麻烦。愿主的恩慈降临到您身上，愿主保佑您的善行。吻您的手。

来自刚果……

阿方索国王

1526年7月6日

致英明神武的若昂王兄： 435

陛下，您满足了我信中的所有要求，给了我信中所要的一切东西。希望在我有生之年，上帝能保佑刚果平安祥和。我们已经在这里生活很长时间了，但现在各种疾病已经把我们推到了生死存亡的边缘。我们的孩子、亲人和臣民都病倒了，因为刚果的医生对这些病束手无策，也没有哪种药能使病人转危为安。出于这个原因，许多已经确信了自己对主耶稣基督的神圣信仰的人们亡故了。其他人会用草药和传统的方法治疗他们的疾病，因此他们会尊崇这些草药以及相关的仪式，他们坚信自己可以得救，这不利于对上帝的信仰。

为了避免犯更严重的错误（上帝和陛下会用善行和药品拯救我们），我们希望仁慈的陛下能向我们派来携带药品和其他必要之物的医生，我们非常需要这些医生和他们所带的药品。我们会善待陛下派来的医生，因为他们所行乃善事。我之所以恳求您帮忙，是因为这样有助于主的事业，这我刚才已经谈到了。

此外，陛下，还有一件不利于上帝的大麻烦。我们的臣民沉迷于贵国商人贩运来的葡萄牙商品，以满足他们不正当的欲望。这些商品束缚了很多自由人。许多贵族和他们的亲朋子嗣遭到绑架，他们被卖给贵国的商人。这些白人会把他们藏起来，或趁夜晚运走，这样别人就认不出他们了。只要落到白人手里，他们就会被打上火印。之后，他们会被带上船。如果被我们的哨兵发现，这些白人就会说，他们是买来的，不能释放。维持正义和使他们恢复自由是我的义务，因此他们应该停止这种行为。

为了阻止这种邪恶的行为，我们通过了一部法律，规定住在刚果的白人和想以任何方式购买奴隶的白人都首先要通知三名贵族和刚果管理相关事务的官员。堂·佩德罗·曼尼普索（Dom Pedro Manipunzo）和堂·曼努埃尔·曼尼萨巴（Dom Manuel Manissaba）是我们的首席执法官，贡加罗·皮雷斯（Gonçalo Pires）是我们提供奴隶的人，他会调查这些奴隶究竟是战俘还是自由人。如果是战俘，他们可以被装船运走；如果不是，那么他们将被释放。看在您的份上，我们会向这些白人签发特许证，因为我们知道，来自刚果的奴隶也是在为您服务；否则我们是绝不容忍这种行为的，原因上面我已经提到了。只要是为您效劳，就不会有人提出异议。我们和我们的国家是不应被忽视的……

亲吻您的手。

10月18日来自刚果

阿方索国王

1526年10月18日

资料来源：António Brásio, ed., *Monumenta Missionaria Africana: Africa Ocidental (1471–1531)* (Lisbon: Agência Geral do Ultramar, 1952), I: 468, 470–471, 488–491. Translated by David Northrup.

分析问题

阿方索国王希望葡萄牙人做什么？

作为回报，他做了哪些想做的事？做了哪些不想做的事？

奴隶贸易带来了哪些问题？阿方索国王是如何应对的？

阿方索认为他和葡萄牙国王是平等的，还是低他一等？你怎么看待这个问题？

434
16.3.3 印度洋沿岸国家

1498年5月，达·伽马到达了印度的马拉巴尔海岸，并未给卡利卡特人留下深刻的印象。与65年前停泊在卡利卡特的中国船队相比，达·伽马的小船队并不壮观。葡萄牙船只体积也不比遍布这座重要贸易城市的单桅三角帆船大。达·伽马带来的礼物包括：12匹相当普通的条纹布、4条猩红色的头巾、6顶帽子和6个洗手盆。与印度洋贸易中的奢侈品相比，这些东西显得非常寒酸。达·伽马的礼物受到了嘲笑，因此卡利卡特的统治者和穆斯林官吏只是将葡萄牙人视为新的贸易伙伴。达·伽马辩称，他只是一个探险家，而不是富商。卡
435 利卡特的王公打断了他，问他是否找到了其他民族或财宝，“如果找到了，为什么会两手空空呢？”

葡萄牙人与印度洋贸易

沿海地区的统治者很快发现，葡萄牙人并不想在获利丰厚的印度洋贸易中处于弱势地位。1499年，达·伽马返回葡萄牙。兴高采烈的国王曼努埃尔（Manuel）自称是“埃塞俄比亚、阿拉伯、波斯、印度的征服者及其航海

和商业贸易的统治者”。过去，印度洋是个开放的海域，周边地区的商人都可以参与贸易。但现在，葡萄牙王室准备把“印度洋”变成“葡萄牙人的海洋”（Portuguese sea），把这片海域变成私有财产。

国土面积并不大的葡萄牙之所以想控制印度洋，是因为它的船舶和武器要比印度洋周边国家先进，特别是它的轻型武装商船。1505年，由81艘船和7 000 436
人组成的葡萄牙舰队炮轰了斯瓦希里海岸的多座城市。他们下一个目标是印度的港口。1510年，装备精良的葡萄牙舰队攻占了印度西海岸的果阿。以果阿为基地，葡萄牙人开始扩张，它的势力向北到达了古吉拉特的贸易城市，向南到达了卡利卡特和马拉巴尔海岸的其他城市。1515年，葡萄牙占领了扼守波斯湾的霍尔木兹港，但位于红海要地的亚丁却没有让葡萄牙人得逞。1535年，葡萄牙又占领了古吉拉特的第乌湾，这进一步巩固了其在西印度洋的主导地位。

同时，葡萄牙探险家勘查了孟加拉湾甚至更往东的地方。马六甲扼守着马来半岛和苏门答腊之间的海峡，这里吸引了葡萄牙人的目光。在15世纪，马

在印度的葡萄牙人 16世纪，葡萄牙人到印度洋周边地区当官或经商。这幅印度—葡萄牙人（Indo-Portuguese）绘画创作于1540年。在画上，一个葡萄牙男人正在与一位印度妇女交谈，他可能是在求婚。

六甲成为重要的转运港，它是中国、日本、印度、东南亚和摩鹿加群岛的贸易桥梁。马六甲的人口超过了10万，他们说84种不同的语言，其中有些人来自开罗、埃塞俄比亚和东非的斯瓦希里海岸。许多非穆斯林商人支持葡萄牙人加入印度洋贸易，因为这样可以制衡逐渐团结起来的穆斯林商人。但1511年，一支由1 000人组成的葡萄牙军队（其中300人是从印度南部招募的）占领了这个具有战略意义的贸易中心。

也不是每次都要诉诸武力。在中国沿海，当地的官员和商人很愿意与葡萄牙人进行贸易。1557年，帝国政府允许葡萄牙在澳门建立贸易据点。以澳门为基地，葡萄牙商船几乎垄断了中国和日本之间的贸易。

在印度洋，葡萄牙人用控制主要港口城市的方法来强化对贸易的垄断。随
437 着实力的增强，他们要求所有香料和主要贸易口岸（如澳门和果阿）之间的货物都必须由葡萄牙商船运输。所有进出葡萄牙港口的商船都要携带他们签发的通行证，都要缴纳关税。葡萄牙想用这种方式来控制印度洋贸易，并对贸易征税。发现违反垄断规定的商船后，葡萄牙的巡逻船会没收船上的货物，处决船长和船员，或判他们服劳役。

不同国家对葡萄牙霸权的反应也不同。中国皇帝和莫卧儿皇帝并没有把葡萄牙的入侵放在心上，他们关心的是如何控制大片的领土。奥斯曼帝国的反应要积极一些。1501—1509年，埃及与基督教入侵者发生了冲突，奥斯曼帝国派遣了1.5万人的兵力和一支庞大的舰队支持埃及。之后，埃及归入了奥斯曼的版图。1538年，奥斯曼帝国又派遣了一支抵抗葡萄牙人的远征军。两次远征都未能取得胜利，因为奥斯曼海军很难与速度快、装备精良的葡萄牙舰队抗衡。但奥斯曼帝国仍然控制着红海和波斯湾。

这一地区较小的贸易国家无力挑战葡萄牙的霸权，因为它们之间的纷争使其很难形成统一战线。为了保证繁荣和安全，一些国家选择与葡萄牙人合作。而另一些国家决定避其锋芒或进行抵抗。这两种情况反映了印度洋周边民族在态度上的差异。

卡利卡特的商人进行了最持久的抵抗。作为报复，葡萄牙人对亚丁地区（卡利卡特的主要贸易伙伴）实行了贸易禁运，并将贸易中心转移到了科钦（Cochin），那里曾是卡利卡特的属地。一些卡利卡特商人成为躲避葡萄牙巡逻船的高手，但卡利卡特的商业也为此付出了代价。科钦港成为马拉巴尔海岸主

要的胡椒出口地，它的重要性逐渐超过了卡利卡特。

在抵抗葡萄牙方面，北方的古吉拉特也不是很成功。起初，商人和统治者想要打破葡萄牙的垄断，但以失败告终。1509年，他们和埃及人合作，希望将葡萄牙人逐出阿拉伯海，但努力也以失败告终。到1535年，古吉拉特的统治者发现自己的军事实力抵挡不住莫卧儿帝国的进攻。于是，他做出了一个重大决定：同意葡萄牙在第乌建立贸易据点，以换取他们对自己的支持。据点建成后，葡萄牙人开始逐渐扩大自己的控制范围。到16世纪中叶，古吉拉特的所有商船都需要申请葡萄牙人签发的许可证，需要向他们缴税。即使在莫卧儿帝国（信奉伊斯兰教）于1572年占领古吉拉特之后，阿克巴皇帝也允许葡萄牙人继续垄断海上贸易。作为交换条件，葡萄牙人每年免费放行一艘船前往麦加进行朝拜。

葡萄牙人从未完全控制印度洋贸易。但在16世纪，他们在海上的优势使他们掌握着重要的港口和贸易路线。来自香料和其他奢侈品的利润产生了巨大的影响。在此之前，威尼斯和热那亚通过埃及中间人垄断着胡椒贸易。现在，葡萄牙打破了它们的垄断，因为海运的价格更便宜。此外，葡萄牙人也在积极开拓巴西殖民地。

在亚洲和非洲，这些事件所产生的结果是令人惊讶的。葡萄牙战舰主宰亚洲商人和东非商人的命运，一些人受到了严重打击，另一些人则选择迎合葡萄牙人或躲避他们的巡逻船。葡萄牙人的目的是控制贸易路线，而非开疆扩土。因此，他们对亚洲大陆和非洲大陆的影响微乎其微，这与美洲的情况形成了鲜明对比。

16.3.4　美洲

葡萄牙在非洲和亚洲建立了贸易帝国，而西班牙在美洲建立了庞大的殖民帝国。西班牙拥有更多的人口和资源，但两国的差异不是造成这种情况的原因。两国的扩张动机基本相同，凭借的同样是坚船利炮。但美洲印第安民族长期与世隔绝，所以他们的反应与非洲人和印度洋周边民族有很大差别。长期封闭的环境阻碍了美洲冶金技术和军事技术的发展，也使印第安人对新疾病缺乏 438
抵抗力。1518年后，死亡率很高的疾病（特别是天花）在美洲传播，这削弱了印第安人的抵抗能力，但却有利于西班牙和葡萄牙的殖民征服。

西班牙在加勒比地区的活动

哥伦布最初接触到的印第安人是在伊斯帕尼奥拉岛（今海地和多米尼加共和国，属于大安的列斯群岛）和北方巴哈马群岛上的阿拉瓦克人（见地图16-1）。他们种植玉米、木薯、甘薯、胡椒、棉花和烟草。与西非不同，这些岛屿没有大型金矿，阿拉瓦克人也不进行远途黄金贸易，但他们却是加工黄金的能工巧匠。起初，阿拉瓦克人对西班牙人采取了谨慎欢迎的态度。他们编造了其他地方有黄金的夸张故事，来劝说西班牙人继续前进。

1493年，哥伦布第二次到达伊斯帕尼奥拉岛，他还带来了希望发财致富的移民和希望使印第安人皈依基督教的传教士。这些移民要求原住民寻找黄金，他们偷窃印第安人的黄金饰品，抢夺食物，并对当地妇女图谋不轨，这使阿拉瓦克人于1495年揭竿而起。在这次和以后的冲突中，钢剑、马匹和铠甲使西班牙人取得了胜利，他们屠杀了成千上万的印第安人。还有成千上万的原住民要被迫为西班牙人劳动。与此同时，移民的牛、猪和山羊吃掉了阿拉瓦克人的庄稼，原住民因饥荒和疾病大批死亡。1502年，西班牙委派了一位总督，他将伊斯帕尼奥拉岛上幸存下来的阿拉瓦克人分给西班牙人做奴隶。

西班牙人在安的列斯群岛上的行为和目标与之前几个世纪在本土对抗穆斯林的战争相似：他们要用打击异教徒的方式荣耀上帝，要让不信神的人皈依基督教；另一个目标就是能从这些行动中捞到好处。在伊斯帕尼奥拉岛，黄金和当地劳动力变得越来越少。因此，**西班牙征服者**将他们的活动范围扩展到了整个加勒比地区。西班牙的探险队还到加勒比以外的地区寻找黄金和劳动力。他们劫掠印第安人，把他们带到伊斯帕尼奥拉岛做奴隶。1508年，西班牙人占领了波多黎各。1510—1511年，他们又占领了古巴。

西班牙征服者：16世纪早期西班牙探险者，他们征服了墨西哥、中美洲和秘鲁。

征服阿兹特克

两次远征墨西哥失败后，古巴总督委拉斯克斯（Velázquez）委派野心勃勃又残酷无情的**埃尔南·科尔特斯**（1485—1547年）去执行一项新计划。1519年，科尔特斯率领600名士兵离开古巴。在这600人中，有些人参加过之前的远征，他们带走了岛上大部分的武器和马匹。科尔特斯的军事才能在对玛雅人的战斗中得到充分发挥。之后，他听说了阿兹特克帝国，那是一个位于墨西哥中部的富庶国家。

埃尔南·科尔特斯：西班牙探险家。1519—1521年，他为西班牙征服了墨西哥的阿兹特克。

就在一个世纪之前，阿兹特克人建立了一个庞大的帝国。阿兹特克人向臣属于自己的民族索要贡品、劳动力和大量用于祭祀的人，这使他们怒不可遏，纷纷与西班牙建立了同盟关系。阿兹特克人也有来自本土的劲敌，特拉西卡兰人（Tlaxcalan）就是其中之一，他们成了科尔特斯的重要盟友。与亚洲和非洲的民族相似，在刚遇到欧洲人的时候，美洲印第安民族（如墨西哥的特拉西卡兰人）也会判断这些陌生人究竟是潜在的朋友还是潜在的敌人。每个印第安人也会做同样的考量。到达玛雅地区不久，科尔特斯得到了当地妇女玛琳津（Malintzin）的帮助，她成为他的翻译、智囊和情妇。无论是民族还是个人，与原住民的联盟关系对西班牙人的胜利至关重要。

当皇帝**蒙特苏马二世**（1502—1520年在位）在战和之间犹豫不决的时候，科尔特斯的军队已经向都城特诺奇蒂特兰进发了。使用火器、骑兵战术和钢剑的西班牙军队一路所向披靡。最后，蒙特苏马决定迎接西班牙人。他率人在城外列队，穿着盛装欢迎科尔特斯。

蒙特苏马二世：阿兹特克皇帝，在被西班牙征服者埃尔南·科尔特斯的羁押期间被杀害。

虽然科尔特斯信誓旦旦地表示友好，但蒙特苏马很快就成了阶下囚。西班牙人抢夺了皇帝的财宝，破坏了城里的宗教仪式，并在节日中大开杀戒，成百上千的人们遭到屠杀。这些暴行激起了大规模起义，起义军把矛头指向了西班牙人和蒙特苏马。在西班牙人溃逃的时候，阿兹特克人消灭了半数西班牙军队，科尔特斯的当地盟军也损失了4 000人。在混乱中，蒙特苏马也丢掉了性命，他要么是死在西班牙人手里，要么是被起义军诛杀。 439

这些残兵败将与西班牙的援军合兵一处，在特拉西卡兰人的支持下，于1521年又攻占了都城特诺奇蒂特兰。天花也助了西班牙人一臂之力。在守卫都城的人中，病死的比战死的还多。有资料记载，这种疾病“在人群中传播，造成了极大破坏”。许多印第安人和欧洲人都将这种传染病的流行归因于超自然力。在特拉西卡兰人和其他当地民族的支持下，科尔特斯和其他西班牙将领开始向南和向北扩张。在各地，传染病（特别是天花）都削弱了原住民的抵抗能力。

征服印加

在征服阿兹特克之前，西班牙殖民者在巴拿马就听说，南方有一个富庶、强大的文明。在前一个世纪，印加人在南美洲西岸建立了一个庞大的帝国（见第12章）。对外征服使帝国的疆域不断扩大，印加人强迫人们进行劳动，并征收税赋。他们甚至会把起义者流放出他们的领地。

1525年，印加统治者瓦伊纳·卡帕克在基多去世，他曾在那里取得过辉煌的军事胜利。之后，他的两个儿子开始争夺皇位。**阿塔瓦尔帕**（Atahualpa，1531—1533年在位）是王国北部地区的继承者。在执政末期，他击败了帝国的

阿塔瓦尔帕：秘鲁印加帝国的末代皇帝，被西班牙人杀害。

蒙特苏马皇帝加冕 这是一幅阿兹特克无名画家的作品，表现了皇帝加冕的场景。蒙特苏马的鼻子上穿着一块骨头，他在特诺奇蒂特兰的宫殿中接受皇冠。

另一位继承者，定都库斯科的瓦斯卡尔（Huascar）。结果，印加的军事力量和政治力量都被削弱了。就在这个时候，**弗朗西斯科·皮萨罗**（约1478—1541年）乘虚而入。他率领180人，带着37匹马和两门加农炮进入了这一地区。

弗朗西斯科·皮萨罗：西班牙探险家。1531—1533年征服了印加帝国。

440

1502年，25岁的皮萨罗怀着发财梦来到了美洲。他参与了对伊斯帕尼奥拉岛的征服，也参加过巴尔沃亚的探险队，这支探险队跨过了巴拿马地峡。16世纪20年代，他决定赌赌运气，投资对南太平洋的探险。在那里，他听说了富庶的印加。在得到西班牙国王颁发的特许证后，他于1531年从巴拿马出发，准备征服印加帝国。

进入南美不久，皮萨罗发现印加帝国爆发了内战。1532年11月，他在卡哈马卡的安第斯城（Andean city of Cajamarca）附近会见了阿塔瓦尔帕。皮萨罗表现出了异乎寻常的大胆和残暴。当阿塔瓦尔帕和他的随从进入一个封闭的院落时，皮萨罗的一小队武装人员对他们发起了进攻。尽管被4 000人的印加军队所包围，西班牙人却能够用加农炮在印加军队中制造混乱，与此同时，他们便得以对几乎手无寸铁的皇帝侍从痛下杀手。就这样，皮萨罗复制了科尔特斯在秘鲁所用的计策，俘虏了印加的统治者。

为了巩固权力，阿塔瓦尔帕迅速处决了他的皇兄瓦斯卡尔。他也想用金钱
赎回自己的自由。阿塔瓦尔帕发现西班牙人对黄金白银特别感兴趣，于是他向 441
皮萨罗缴纳了巨额赎金：几个屋子的金山银海，每间屋子的黄金白银都堆得有将近一人高。他想这么大的数额，就算是最贪婪的人也会心满意足。印加的赎金包括1.34万磅（6 000公斤）黄金和2.6万磅（1.2万公斤）白银，但西班牙人还是杀害了阿塔瓦尔帕。内战和两位皇帝的死使印加帝国遭到了沉重打击，西班牙人因此顺利地占领了首都库斯科。

处死了阿塔瓦尔帕后，西班牙人将他的兄弟曼科·印加（Manco Inca）推上了皇位。但他在1536年领导了一场起义。虽然西班牙人击败了起义军，但曼科·印加和他的部下退到了内陆地区，并在那里建立了一个小王国，这个国家一直存在到1572年。获胜的西班牙人也出现了内讧，贪婪和妒忌带来了一场同

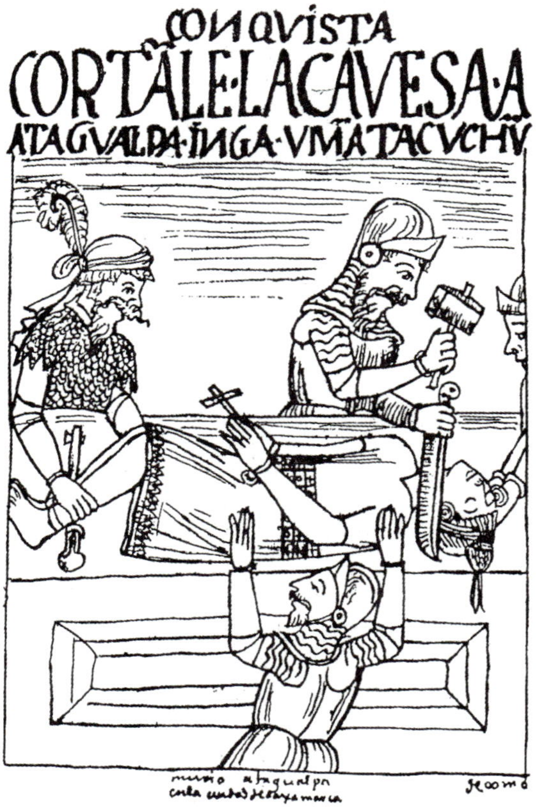

处决阿塔瓦尔帕　费利佩·乌阿曼·波马·德·阿亚拉（Felipe Guaman Poma de Ayala）在这幅画中描绘了阿塔瓦尔帕被处决的场景。费利佩是一个原住安第斯人，来自秘鲁的瓦曼加（Huamanga）。其实，皮萨罗判处阿塔瓦尔帕绞刑而不是斩首。费利佩要重点表现的是，西班牙将一个独裁而又暴力的政府强加到了安第斯人头上。

样血腥的火拼。在和平到来之前，弗朗西斯科·皮萨罗和其他西班牙征服者在冲突中丢掉了性命。阿兹特克和印加的巨额财富鼓舞了西班牙人，他们开始染指南美和北美地区，希望能找到新的财富。

本节回顾

对于葡萄牙人的到来，非洲国家的反应不一。但在16世纪，在没有外界军事压力的情况下，刚果接受了基督教。

葡萄牙用军事力量巩固它在印度洋上的贸易帝国。

在西班牙占领加勒比地区之后，科尔特斯征服了被疾病削弱的阿兹特克。

皮萨罗征服了被内战削弱的印加帝国。但在此之后，西班牙人也出现了内讧。幸存下来的征服者继续在美洲扩张。

结 语

中国人和波利尼西亚人都有航海活动，但他们的动机并不相同。15世纪早期，中国人进行了伟大的航海活动，他们的目的是促进贸易、满足好奇心和扬国威。而对于波利尼西亚人来说，航海既可以彰显力量，又可以对周边进行移民，这样可以缓解人口压力。维京人、非洲人和美洲印第安人也进行了远洋航行，但成果有限。1450—1550年，欧洲的航海与其他地区的航海有着相似的影响：增进商业联系、促进跨文化交流、满足统治者的野心。但欧洲人的航海活动却成了世界历史的转折点。在这段时间里，欧洲探险家在太平洋、印度洋和大西洋开辟了新航路，这些航路首次将所有大洲联结在了一起。结果，在非洲、印度洋和美洲的部分地区出现了新的势力平衡。

在1492年的时候，人们会认为欧洲帝国的迅速崛起和欧洲军事力量在全世界的扩张不可思议。欧洲国家在军事和经济上根本比不上中国，甚至也没有几个国家能与奥斯曼帝国抗衡。西班牙缺乏完善的政治制度，葡萄牙人口规模较小，两个国家的经济资源都非常有限。也正是因为存在这些局限，西班牙和葡萄牙才鼓励臣民进行海外开拓。

欧洲人在非洲和亚洲的扩张与在美洲的扩张不同。非洲的统治者有能力将欧洲的军事力量限制在沿海的贸易据点，他们还可以掌控对欧贸易。葡萄牙的势力只深入到了刚果的内陆地区。印度洋是个成熟的市场，当欧洲人到达这一地区的时候，那里会为远方的消费者量身定做某些商品。在印度洋，葡萄牙（随后是荷兰和英国）的海军力量塑造了这一地区的商业模式，使本国获得了巨额利润。但在之后几个世纪，印度洋周边的原住民仍旧保持着独立。

但在美洲，疾病和征服严重地削弱了印第安人，这使欧洲人能迅速建立起殖民地，也使他们可以奴役幸存下来的原住民。西班牙和葡萄牙没有在美洲找到市场，也没有在那里找到能出口到欧洲的商品。美洲印第安人创造了巨额财富，但糖、黄金和白银的生产依靠的是从欧洲引进的新技术，强制劳动（如奴隶制）和公路、港口的发展。

进一步阅读文献 442

Abu-Lughod, Janet. *Before European Hegemony: The World System, A.D. 1250–1350*. 1989. 重新分析了新世界经济体系中的蒙古人和印度洋贸易。

Cipolla, Carlo M.Guns, Sails, *and Empires: Technological Innovation and the Early Phases of European Expansion, 1400–1700*. 1965. 简单地介绍了欧洲扩张时的技术。

Cuyvers, Luc. *Into the Rising Sun: The Journey of Vasco da Gama and the Discovery of the Modern World*. 1998. 分析了印度航路的影响。

Fernandez-Armesto, Felipe. *Before Columbus: Exploration and Colonization from the Mediter-ranean to the Atlantic, 1229–1492*. 1987. 考察了欧洲航海活动的背景。

Jennings, Jesse D., ed. *The Prehistory of Polynesia*. 1979. 涉及了波利尼西亚的扩张。

Kamen, Henry. *Spain, 1469–1714: A Society of Conflict*, 2nd ed. 1991. 介绍了作为航海帝国的西班牙。

Levenson, Joseph R., ed. *European Expansion and the Counter Example of Asia, 1300–1600*. 1967. 关于欧洲扩张的论文集。

McNeil, William F. *Visitors to Ancient America: The Evidence for European and Asian Presence in America Prior to Columbus*. 2004. 考察了早期航海活动，还考察了跨大西洋交流和跨太平洋交流。

Northrup, David. *Africa's Discovery of Europe, 1450–1850*. 2002. 欧洲探险者眼中的其他民族。

Parry, J. H. *The Age of Reconnaissance: Discovery, Exploration, and Settlement, 1450–1650*.

1963.这部简史强调了航海技术。

Phillips, William D., and Carla Rhan Phillips. *The Worlds of Christopher Columbus*. 1992. 从现代的视角考察了航海者和他们所处的时代。

Reid, Anthony. *Southeast Asia in the Age of Commerce, 1450–1680*, 2 vols. 1988, 1993.涉及了东印度。

Restall, Matthew. *Seven Myths of the Spanish Conquest*. 2003.重点考察了欧洲侵略下的印第安人生活。

Russell-Wood, A. J. R. *The Portuguese Empire: A World on the Move*. 1998.欧洲最早的海航帝国。

Scammell, G. V. *The World Encompassed: The First European Maritime Empires, c. 800–1650*. 1981.简要介绍了欧洲的扩张。

Severin, Tim. *The Brendan Voyage*. 2000.重新审视了哥伦布之前爱尔兰人的航海活动。

Thornton, John. *Africa and Africans in the Making of the Atlantic World, 1400–1800*, 2nd ed. 1998.考察了非洲人与欧洲人的接触，以及他们是如何参与大西洋经济的。

Todorov, Tzvetan. *The Conquest of America*. 1985. 重点考察了哥伦布以及其他西班牙航海家的缺点。

443

注 释

[1] Ma Huan, *Yin-yai Sheng-lan: "The Overall Survey of the Ocean's Shores,"* ed. Feng Ch'eng-Chün, trans. J. V. G. Mills (Cambridge, England: Cambridge University Press, 1970), 180.

[2] Alvise da Cadamosto in *The Voyages of Cadamosto and Other Documents*, ed. and trans. G.R.Crone (London: Hakluyt Society, 1937), 2.

世界历史上的问题

1500年之前的气候与人口 444

在1500年之前，人口数量有三次大幅增长。第一次出现在公元前5万年，当时人类从非洲的发源地迁移到了其他大陆。之后，全球人口在之后的数千年里保持了稳定。第二次人口增加出现在公元前5000—前500年，全球农业社会的人口从大约500万增加到了1亿（见图1）。在之后的几个世纪中，人口再次进入了缓慢发展期。到公元1200年，第三次人口增加使全球人口超过了3.5亿（图2标注了中国和欧洲的人口）。

在相当长的时间里，历史学家将三次人口增长归因于文化和技术的进步。的确，文化和技术的重大进步与适应气候和保证食物供给息息相关，这推动了第一次人口增长。为培植作物和驯养动物而进行的文化变革和技术变革促进了第二次人口增长。但历史学家无法用这一理论解释第三次人口增加。他们也不能解释，为什么在两次人口增长之间人类会长期缺乏创造力。

最近，历史学家开始关注全球气候所带来的长期影响。科学家研究了取自冰川的冰芯，这些冰芯记录了成千上万年的气候变化。此外，对比古树的年轮，我们可以发现哪些年份适宜树木生长，哪些不适宜。上述证据表明，人口增长和全球气候变化息息相关。

现在，历史学家相信，从12世纪晚期到13世纪晚期，全球气温高于正常值。
在人类居住的大部分地区，较高的气温使作物有较长的生长期，这带来了更好的 445
收成，人类的食物供给也更加充裕。人类社会对中世纪暖化期的反应与气候变化同样重要，但并不是人口活动导致了气温升高。维京人的反应比较典型，他们在北大西洋的殖民地迅速增加，虽然他们的入侵也造成了死亡和破坏。

在人类活动、气候和其他自然因素的互动中还有一些复杂因素，这些因素在中世纪人口变化中也发挥了作用。在13世纪的欧亚大陆，蒙古人的入侵导致大量人口死亡和农业破坏。1200年的时候，中国人口超过了1亿。但到1300年，中国人口下降了1/3甚至更多。蒙古入侵没有破坏到俄罗斯以西的地区，但14世纪的气候变化却使欧洲人口有所下降。1315—1319年，罕见的大雨导致了农业歉收，欧洲北部地区出现了长期饥荒。

蒙古帝国的商人加剧了传染病的传播，其中就包括肆虐欧洲的黑死病。中国的情况正好相反，那里出现了人口增长。与疾病相比，全球气温下降对欧洲人口的影响更大。1350—1375年，欧洲人口降到了最低点。1400年之后，经济状况的改善使欧洲人口和中国人口都迅速增加，但农村地区的条件仍然很艰苦。

许多历史条件会与气候存在互动关系，因此历史学家还需要很长时间才能解释气候在历史发展中所起的作用。但这是一个不应被忽视的因素。

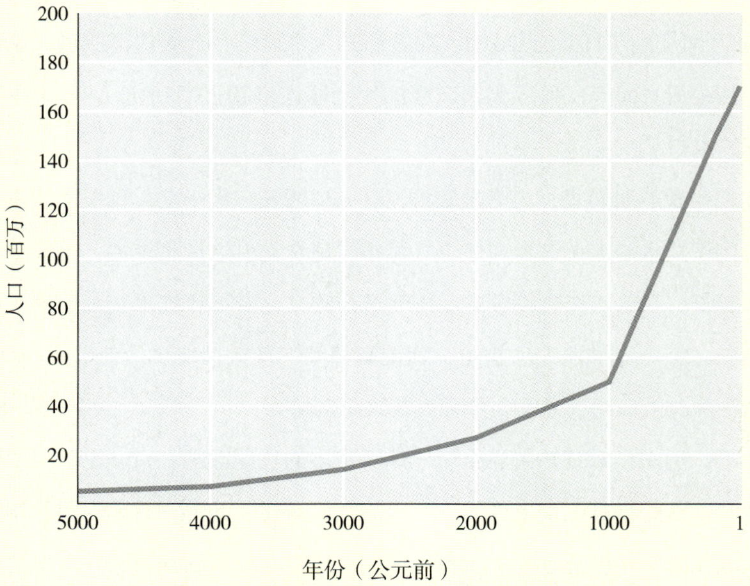

图表1 世界人口（公元前500—前1年）

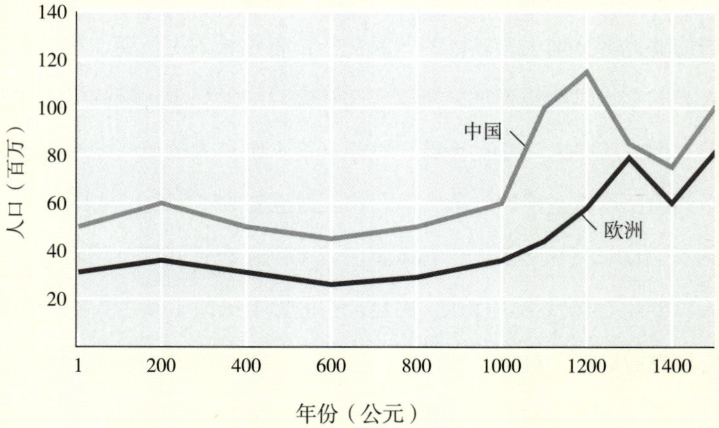

图表2 中国和欧洲的人口（公元1—1500年）

第五篇

全球走向一体化（1500—1750年）

世界地图（大约1595年）

继费迪南德·麦哲伦后，第二个进行环球航行的探险家是弗朗西斯·德雷克爵士（Sir Francis Drake，约1540—1596年）。1577年，他率领五艘船出发，但只有他指挥着“金鹿号”（Golden Hind）单独完成了环球航行，于1580年返回英格兰。这张地图是由约多库斯·洪迪厄斯（Jodocus Hondius）手工绘制的，上面标注了他的航行线路。在伊丽莎白女王和其他投资人的支持下，德雷克袭击了西班牙人的船只和港口，并带回了大笔财富。与麦哲伦不同，德雷克在跨越太平洋之前向北航行较远，他在圣弗朗西斯科湾附近停泊了数个星期，并与那里的原住民进行了友好交往。在1588年英格兰击败西班牙无敌舰队的战役中，德雷克起了决定性作用。

447 1500—1750年，商业在全球迅速扩张，世界各地出现了文化和生物方面的交流。新的远洋航行路线将欧洲和撒哈拉以南的非洲联系到了一起，也使欧洲加入了业已存在的印度洋和东亚海运网。西班牙和葡萄牙的航海活动打破了美洲的孤立状态，并建立起新的大西洋贸易网和太平洋贸易网。穆斯林、俄罗斯和中国在陆上的扩张也促进了全球互动。

这些接触对人口和文化产生了重要影响。旧世界的动物和农作物改变了美洲的农业，而像马铃薯这样的美洲食物也走上了旧世界的餐桌。同时，欧洲的疾病使美洲印第安人大量死亡，这为西班牙帝国、葡萄牙帝国、法兰西帝国和大英帝国的建立创造了条件。为了缓解劳动力不足，欧洲人开始使用黑人奴隶。非洲移民和欧洲移民带来了新的语言、宗教、音乐和多种多样的个人装饰品。

在亚洲和非洲，推动重要变革的是内部力量，而不是欧洲人的活动。在印度洋，葡萄牙人占领了许多重要的贸易港口，控制了贸易网，他们最先接触到了中国和日本。后来，荷兰人、法国人和英国人也接踵而至。但在1750年，欧洲还只是海上的强权。亚洲人和非洲人控制着自己的领土，同时可以自由地参与海上贸易。

伊斯兰世界也在迅速扩张，奥斯曼帝国占领了中东，萨法维帝国和莫卧儿帝国分别控制了伊朗和南亚。在亚洲北部，俄罗斯和中国获得了大量的领土及人口；而在日本，一个新的国民政府在促进经济发展，抵御外国的影响。

第17章

欧洲的转型（1500—1750年）

本章纲要

▲ 文化与思想

▲ 社会生活与经济生活

▲ 政治革新

▲ 结　语

环境与技术：绘制世界地图

多样性与主流：政治艺术与政治权术

思考

传统信仰和革命思想如何影响早期近代欧洲的文化史？

什么因素导致了欧洲的贫富分化？

不同的宗教政策、外交政策和经济政策对早期近代欧洲国家产生了怎样的不同影响？

449 佛兰德斯的老彼得·勃鲁盖尔（Pieter Bruegel the Elder，约1525—1569年）在去世前四年创作了《雪中猎人》。这幅名作表现了欧洲在文化上的复苏，后世将这种文化复苏称为“**文艺复兴**”。勃鲁盖尔在学艺期满后，于1551年成为安特卫普画家公会的会员。虽然他也创作与圣经和寓言相关的绘画，但使他闻名于世的是他的技巧和洞察力，这些在他描绘日常生活的作品中得到了体现。在早期近代欧洲，其他艺术形式也在蓬勃发展。例如，音乐界有德国的约翰·塞巴斯蒂安·巴赫（Johann Sebastian Bach，1685—1750年）和意大利的安东尼奥·维瓦尔第（Antonio Vivaldi，约1675—1741年）；文学界有英国的威廉·莎士比亚（1564—1616年）和西班牙的米盖尔·德·塞万提斯（1547—1616年）。

文艺复兴：一个艺术活动和思想活动的繁荣期，说是要“复兴”希腊、罗马文化。分为从14世纪中期到15世纪中期的意大利文艺复兴和大约从15世纪早期到17世纪早期的北方文艺复兴。

在这一时期，欧洲的军事、经济和政府也有了很大的进步，这引起了其他国家的恐惧和羡慕，它们有时也会效仿欧洲。欧洲逐渐取得了优势。在这一时期开始的时候，奥斯曼帝国对欧洲构成了威胁。但到1750年，欧洲人已经控制了世界的许多地区，关于这些，我们会在第五篇后面几章中讲到。这些成功不应归功于某一国家。荷兰取代了最先发展起来的葡萄牙和西班牙，但后来败在了英国和法国手里。在这一时期，文化也出现了巨大变化。刚刚进入新时代的时候，基督教传统主宰着西欧。但后来，世俗政治机构和商业利益变得越来越重要，同时宗教战争也削弱了天主教教会和新教教会。而科学革命和启蒙运动也动摇了基督教对欧洲思想界的长期统治。

1500—1750年，除了进步之外，欧洲的军事竞争、商业竞争和思想方面的冲突也给人们留下了痛苦的回忆。国家实力的增强是以可怕的死亡和破坏为代价的。宗教改革带来了宗教迫害和宗教战争。但对于个人来说，他们在宗教上有了更多的选择。女性的命运与她们的社会地位息息相关，但很少有人能争取

雪中猎人（1565年） 画中描绘了1月份的景象。这幅画的作者是佛兰德斯的老彼得·勃鲁盖尔，他的画描绘了许多日常生活。

到男女平等。政治精英和商界翘楚从经济发展中获益，但城市和乡村的贫民却在不断上涨的物价中艰难度日。

17.1 文化与思想 450

在宗教改革期间，神学上的争论打破了拉丁教会对宗教的控制，导致了旷日持久的血腥战争。一场女巫大恐慌表现了民间传统信仰的根深蒂固。希腊罗马的古典思想在受过良好教育的欧洲人中越来越有影响力。这时，一些勇敢的思想家对古老的权威发起了挑战。他们引介了新出现的地动说，鼓励人们颠覆传统的社会制度和政治制度。这些新思想推动了1750年后的革命性变革。每项变革都有各自的原因，但它们的影响都通过印刷术得以扩大。

17.1.1 早期宗教改革

教廷：罗马天主教会的中枢机构，以教皇为首脑。

1500年，罗马**教廷**是拉丁基督教的中枢，它在拥有崇高地位的同时，也饱受腐败和异议之苦。从相互敌对的国家左右教皇废立的时期恢复过来后，大量的捐赠和税收使教皇拥有了更大的权力。罗马又新建了54座教堂和其他建筑物，这不但反映了教会的权力，而且体现了方兴未艾的文艺复兴艺术。教会上层重建了罗马圣彼得大教堂，他们想通过教堂的规模和华丽来荣耀上帝。这座建筑物表现了文艺复兴时期艺术家和建筑师的技艺，巩固了罗马教廷的地位，但教堂的巨大花费和奢华装饰也引来了诟病。

赎罪券：天主教会高层所赐予的宽恕，可以免除之前的罪恶，是对信众善行的回报。通常认为，马丁·路德反对兜售赎罪券是新教改革的导火索。

教皇利奥十世（1513—1521年在位）负责监督教堂的设计和筹款，这位颇有水平的监工来自佛罗伦萨富有的美第奇家族，他以乐于资助艺术而著称。利奥十世有着非同一般的艺术品位，私生活也无可指责，但他更像是位实干家，而非精神领袖。他在位期间，教会为大兴土木而四处敛财。教廷开始出售使过去的罪恶免受惩罚的**赎罪券**，这种行为受到了不少指责。

451

马丁·路德

马丁·路德（1483—1546年）是一位讲授圣经的年轻教授，他反对出售赎罪券和其他过分行为。路德有强烈的宗教体验，为了在修道院祈祷、自我反省和学习，他摒弃了金钱和婚姻。在追求宗教的过程中，他从圣保罗的书信中找

路德和宗教改革 这幅关于马丁·路德的木刻画是在16世纪创作的。在画中，路德用一支非常大的羽毛笔在德意志维滕贝格所有圣堂的大门上书写宗教改革的要求。

大事年表

	政治和文化	环境和技术	战争
1500年	16世纪，西班牙的黄金世纪 1519年，新教改革开始 16世纪40年代，科学革命开始 1545年，天主教改革开始 16世纪晚期，猎巫现象增加	16世纪90年代，荷兰发展战船；小冰川期开始	1526—1571年，奥斯曼帝国进攻哈布斯堡帝国 1546—1555年，德意志宗教战争 1562—1598年，法国宗教战争 1566—1648年，尼德兰起义
1600年	17世纪，荷兰的黄金世纪	17世纪，毁林现象增加 1609年，伽利略制造望远镜 1682年，南方运河竣工	1618—1648年，三十年战争 1642—1648年，英国内战 1652—1678年，英荷战争 1667—1697年，路易十四时代的战争 1683—1697年，与奥斯曼帝国的战争
1700年	18世纪，启蒙运动开始	1750年，英格兰年产煤量近500万吨 1755年，里斯本地震	1701—1714年，西班牙王位继承战争

到了慰藉，这些书信认为，人是因宗教信仰而得救，而不是因为“做了某些特定的事情”而得救。因此他反对教士的说法：给教会金钱比信仰更重要。他写信给利奥十世，对这种不当的行为提出了质疑。他就赎罪的问题同教士展开了辩论。

两个固执的人就神学问题展开了辩论。利奥十世抛开了宗教问题，认为路德是在挑战教皇的权威，要求他保持沉默。1519年，路德与教皇的代表就教义问题进行了公开辩论，这些教义正是教廷指责路德的依据。改革教会的努力失败后，路德烧毁了教皇的诏谕。他否定教皇的权威，发动了**宗教改革**。

宗教改革：拉丁基督教会的宗教改革运动，始于1519年。反对教会的“抗议者”形成了许多新的基督教宗派，包括路德宗、归正宗和安立甘宗。

路德指责那些依靠“善行”而获救的“天主教徒”，他坚持认为，获得救赎的唯一途径是信仰耶稣基督。他进一步宣称，基督教的信仰根源于圣经中上帝的教诲和基督教的传统，而不是教皇的权威。路德用出版物宣传自己的观点，他赢得了德国人的支持。德国民众认同他对于意大利教皇的看法，认为教皇在用德国的财富装点罗马。

452

宗教改革的传播

路德对教会的奢侈和腐败口诛笔伐，这使人们要求回到真正的基督教信仰中去。约翰·加尔文（1509—1564年）是一个受过良好教育的法国人，他在经历了宗教皈依之后，放弃学习法律，改学神学，后来成为有影响的新教领袖。1535年，加尔文出版了关于基督教教义的书《基督教要义》，此时他还是一个年轻人。他同意路德的观点，认为信仰比行为重要，但他不认为只要有信仰人类就可以得救。加尔文相信，救赎是上帝赐给那些“预定”者的恩赐。在削弱教会权力和简化宗教仪式上，加尔文也走得比路德更远。加尔文派教徒集会选出自己的管理委员会，并设立地区和全国的宗教会议，以解决教义方面的问题。加尔文派还简化了服装、生活和礼拜仪式，避免奢侈的生活。他们还减少了教堂的雕像、大部分乐器、彩绘玻璃、熏香和法衣。

改革者重视真切的宗教情感，但他们的成败同样取决于地方的政治条件和经济条件。在德语地区和在语言上与其相近的斯堪的纳维亚地区，德国出生的路德取得了巨大成功，这不是偶然的。农村或城市地区的劳动者用改变信仰的方式反抗他们的主人也不足为奇。与天主教徒一样，新教徒并不倾向于质疑男性在教会和家庭中的主导地位。但大部分新教徒都反对中世纪神父和修女的独身传统，他们认为所有成年人都应有基督徒的婚姻。

17.1.2 反宗教改革与宗教政策

在新教的冲击下，天主教会也开始了自己的改革。1545—1563年，教廷在意大利北部的特伦托举行了会议，希望从新教的“错误”中区分出天主教的教义，同时还要重申教皇至高无上的地位。会议还要求主教住在他们的主教辖区，以便对神父进行神学上的教育。1540年，西班牙贵族依纳爵·罗耀拉（1491—1556年）创立了一个新的宗教组织——耶稣会。在**天主教改革**中，这是一件非常重要的事。受过良好教育的耶稣会士用他们的布道来平抑新教的浪潮（见地图17-1），他们还派使团去海外传教（见第18章和第21章）。

天主教改革：为了回应新教改革，天主教会内部也进行了宗教改革。天主教改革阐明了天主教神学，对神职人员的教育和戒律也进行了改革。

宗教和国王们的野心

轰轰烈烈的新教改革很复杂，改革与反改革的双方相互迫害甚至处决异己者，这不足为奇。在西欧部分地区，激烈的“宗教战争”一直持续到1648年。西班牙和法国的统治者积极捍卫天主教传统，以应对新教的挑战。西班牙国王菲利普二世采取了以前用来对付犹太人和穆斯林的方法，用宗教裁判所来维护宗教正统性。有信奉新教嫌疑的人和对国王提出批评的人都会被指为异端，有些人会被判处死刑，即便他们不会再挑战教会和国王。

在法国宗教战争（1562—1598年）中，瓦卢瓦王朝的对手加尔文派占据了军事上的优势。为了保持国家统一，在新教集团首领纳瓦拉国王亨利成为法国国王亨利四世后，他最终选择了大部分臣民所信奉的天主教。亨利四世、他的儿子路易十三和孙子路易十四都支持天主教会，这就保持了教会和国家的统一。最终，路易十四废除了他爷爷于1598年颁布的《南特敕令》，这份敕令曾赋予新教徒信仰自由。

起初，英格兰国王亨利八世一直是罗马教廷的坚定捍卫者，他反对路德教派。后来，他想与阿拉贡的凯瑟琳离婚，因为她没有生下男性继承人，但教廷没有允许。于是，他否定了教廷的权威，控制了英格兰教会。1533年，英格兰首任坎特伯雷大主教批准亨利离婚。之后，议会使亨利成为英格兰教会的首领，这时的英格兰教会已经自成体系。

与许多新教统治者类似，亨利解散了许多修道院，并没收了它们的地产。他将一些土地赐给了他的盟友，将另一些土地出售，用卖地的钱供养新组建的海军。天主教会和王权呈此消彼长之势。与此同时，宗教信仰和宗教活动也发生了变化。新出现的圣公会与天主教的仪式和神学渐行渐远，但英国的清教徒
却越来越多，这些人想“清除”教会中所有天主教的信仰和仪式。1603年，清 453
教徒发动请愿，要求废除主教。斯图亚特王朝的第一任国王詹姆斯一世为此提醒他们注意宗教在支持王权上所扮演的传统角色：“没有主教就没有国王。”

17.1.3 地方宗教、传统文化和猎巫

无论是在信仰新教的北部还是在信仰天主教的南部，正统宗教机构在乡村和小城镇都非常薄弱。在这种情况下，地方宗教经常将教会的仪式和信仰，与民间习俗、前基督教信仰、古代医术、爱情魔法和咒语结合起来。在欧洲各地，当国家和地区的宗教机构得到加强的时候，这些充满活力的地方宗教传统就会弱化。在早期近代欧洲，新教徒和天主教徒所进行的**猎巫**运动说明了正规宗教机构与地方信仰及传统文化之间的冲突。

猎巫： 追捕疑似会巫术的人。猎巫活动在16世纪末和17世纪的欧洲北部地区尤为突出。

巫术与精灵的世界

关于自然世界，欧洲有两种流行观念，这两种传统相互交织在一起。一种是关于巫术和森林精灵的民间观念，它起源于前基督教时期。另一种则来自基督教的圣经教义和犹太教经典，教会人士和阅读本地语言译本圣经的人都会受

处死女巫 这幅1574年的木刻画所描绘的场景是三名被认为会使用巫术的妇女在瑞士巴登（Baden）被活活烧死。衣冠楚楚的市民正在冷漠地旁观。

其影响。在大部分人心里，基督教教义中的奇迹、圣徒和魔鬼掺杂了早期的民间传说。

455 与世界其他地区的人相似，早期近代的欧洲人也认为自然现象与超自然力有关。当庄稼或家畜非正常死亡后，许多人会认为这是看不见的精灵在作怪，他们求助于拥有特殊力量的人。许多人认为这些神人之间的中介有能力解决一些荒诞的问题，处理他们与主人或雇主的纠纷，或满足他们复仇的欲望。

欧洲人继续将人类的胜利和悲剧归因于超自然力。例如，1755年11月，一场地震摧毁了葡萄牙首都里斯本的大部分建筑，人员伤亡惨重。当时，无论是受过教育的人还是没受过教育的人，大家都认为这是上帝的惩罚。一个耶稣会士指责，有人“可耻地声称地震只是一种自然现象”。一个新教领袖将里斯本的命运和所多玛加以比较。按照圣经的说法，上帝毁掉了这座城市，因为那里的人作恶多端。

猎巫运动

16世纪晚期，对巫术的恐惧在北欧地区蔓延，这说明人们相信超自然因素在左右自然现象。据历史学家估计，世俗政权和教会以使用巫术为名审判了超过10万人，其中3/4是女性。根据审判记录，控辩双方都相信，愤怒和妒火中烧

地图17-1　欧洲的宗教改革　宗教改革带来了更大的宗教自由，但也导致了宗教冲突和宗教迫害。在许多地方，宗教改革加速了国家对宗教的控制，宗教差异也成为欧洲战争的动因。

的人，会使用邪恶的巫术和魔鬼的力量使人和家畜生病或死亡，使田里的庄稼枯萎。研究人员认为，在早期近代欧洲的案件中，确实有一些人想用巫术去伤害他们的敌人。然而，正是由于新教强调魔鬼（上帝的敌人）是罪恶的根源，而且反对宗教改革的天主教会加强了其正统性，对巫术的甄别和惩罚才得以被推行，这种努力也具有了正当性。

猎巫运动的兴起和早期近代欧洲的恐慌并不是由单一原因造成的。但对于斗争双方而言，猎巫与不断增加的社会紧张感、农村地区的贫困以及环境压力有着貌似密不可分的关系。猎巫并不是一个怪胎，它反映了民间信仰与不断扩张的政治和宗教机构之间的紧张关系。

17.1.4 科学革命

对于当时受过教育的欧洲人来说，希腊罗马的古典著作和圣经是对自然世界最可靠的介绍。文艺复兴还原了许多古代作家的手稿，其中一些广为流传。物理学的最大权威是希腊哲学家亚里士多德，他认为世界万物都可归为四个元素：大地的表面是由土和水这两种重元素构成，大气则由气和火两种轻元素构成，因此它可以飘浮在空中。按照亚里士多德物理学的说法，日月星辰非常轻也非常纯洁，它们可以飘浮在透明的天体中。沉重的地球与轻快的天体之间这种划分，完全与常识性的理解相一致，即认为所有天体都围绕地球旋转。

古希腊数学家毕达哥拉斯对占主导地位的宇宙观也产生了影响，他证明了那个以他的名字命名的著名定理：直角三角形两直角边的平方和等于斜边的平方，即$a^2+b^2=c^2$。毕达哥拉斯学派认为简单的数学等式可以用来描述物体的神秘特性。他们发现了那些最简单（他们认为也是最完美的）的几何图形——圆（一个点围绕着另一个点旋转）和球面（一个圆围绕着它的轴旋转）——的重要性质。他们相信，天上的物体也在以圆形轨道围绕着地球旋转。

新疑问和新方法

科学革命：欧洲的知识运动。起初，与地动说和其他物理学发现有关。到17世纪，它成了现代科学的基础。

但到16世纪，经过仔细的观察和数学计算后，一些大胆而富于想象力的欧洲研究者开始挑战物理学界的主流观点。**科学革命**的这些先驱们证明，自然法则可以解释宇宙的运行。

在几个世纪中，天文学家观察天体的运行，数学家努力使这些观察结果符合圆形轨道的主流理论。为了使观察和理论严丝合缝，他们设计出了80种天球，并用一些巧妙的理论去解释看上去不合规律的运动。仔细思考这些复杂情况后，波兰修道士和数学家尼古拉·哥白尼（1473—1543年）想到了一个更简单的解决方案：把天体运行的中心从地球移到太阳。 456

哥白尼并没有否认太阳、月亮和行星是轻的、完美的球体，也没有质疑它们的运行轨道是圆形。但在理解宇宙结构和人类在宇宙中的位置方面，日心说具有革命性意义。为了避免预料之中的非议，哥白尼在生命即将结束的时候才发表了他的日心说。

其他天文学家——包括丹麦的第谷·布拉赫（1546—1601年）和他的德国助手约翰尼斯·开普勒（1571—1630年）发展了哥白尼的模型，他们证明星球的运行轨道是椭圆而不是圆。在哥白尼的追随者中，意大利人伽利略·伽利雷（1564—1642年）是最聪明的一个。1609年，伽利略制造了天文望远镜。通过望远镜，他可以更清楚地观察宇宙。将天体放大30倍后，伽利略发现这些星球的表面并不像亚里士多德所说的那么光滑。在《星际使者》（1610年）中，他说月亮上有山和山谷，太阳有斑点，其他星球也有各自的卫星。换句话说，地球也不是静止的。

起初，反对哥白尼宇宙观的人比支持的人多，因为这一理论不但直接挑战了主流观点，还挑战了古典知识和圣经的权威。《约书亚记》中记载，为了让古代以色列人征服巴勒斯坦，上帝命令“日头［而不是地球］在天

工作中的第谷·布拉赫 1576—1597年，在丹麦和瑞典之间的文岛上，第谷建起了欧洲最好的天文台。在望远镜发明之前，他将精确天文观测提高到了一个新的水平。这幅当代手工上色的版画表现了这位丹麦天文学家工作的场景。

当中停住，不急速下落，约有一日之久”。神学家会问，难道是圣经错了吗？其他传统人士也忧心忡忡，如果亚里士多德的物理学是错的，那么以其为基础的神学不也会遭到质疑吗？

知识界和宗教界的领袖鼓励政府压制新思想。在马丁·路德的领导下，大多数新教领袖都指责日心说违背圣经。天主教会很晚才采取行动。毕竟，哥白尼和伽利略都是天主教徒。1582年，哥白尼将他的著作献给了另一位教皇格列高利十三世，他利用最新的天文学发现，编订了一部更精确的历法，这部历法一直沿用到今天。格列高利巧妙地解释，圣经和科学的冲突只是表面现象。因为上帝的教诲是用普通人的语言表达的，但在自然界中，观察和科学推理可以更加完美地揭示上帝的真理。他还讽刺那些后知后觉者。在格列高利的奚落下，哥白尼的对手开始向宗教法庭投诉。结果，宗教裁判所禁止他再出版类似的著作。

科学知识的传播

虽然印刷的书籍受到官方压制，但这些书籍还是在欧洲学者中传播了新的科学思想。在英格兰，罗伯特·波义耳（1627—1691年）证明实验法是有效的。他和另外一些人对机械科学非常感兴趣，他们通过1662年在伦敦获得特许权的皇家学会来传播自然知识。英国数学家伊萨克·牛顿（1642—1727年）为伽利
457 略的论证提供了支持。他将数学法则公式化，证明地球和其他天体具有相同的物理学特征，这些数学法则是适用于所有物体的。他的重力法则和他在微积分方面的成就使他成为那个时代最有影响力的科学家，他从1703年开始担任英国皇家学会的会长，直到去世。

到1700年，大部分宗教领袖和思想领袖都对新科学持怀疑或完全敌视的态度，因为他们不想改变业已存在的思维方式。但科学革命的大部分先驱都相信，科学发现和宗教并不冲突。但他们颠覆了亚里士多德和圣经的金科玉律，为后人用理性去挑战传统和迷信铺平了道路。思想界不再一成不变了。

17.1.5 早期启蒙运动

科学思想上的进步使人们开始质疑所有事物的合理性，如农业方法、法律、宗教和社会等级制度。人们相信，他们可以用科学的方法去分析经济、政治和社会组织，可以用科学方法制定出最好的政策。人们对人类社会的反思加速了**启蒙运动**的到来。与科学革命相似，这场运动也是“开明”人士的事，他们也遭到了政治势力和宗教势力的坚决反对。对于自己的著作被焚被禁，主要的启蒙思想家早已习以为常。为了免遭迫害，他们还要过着长期流亡的生活。

启蒙运动：18世纪欧洲的哲学运动，相信人类可以用理性法则改造社会，认为理性法则之于社会就如同物理法则之于科学。

除了科学革命，启蒙运动也产生了影响。天主教与新教之间的斗争带来了宗教战争和宗教上的不宽容，这破坏了宗教的道德性。教会对科学进步的抨击使欧洲思想界转向了世俗。残暴的猎巫运动所表现出的偏执也震惊了许多有思想的人。法国大思想家伏尔泰（1694—1778年）宣称，“没有理由能让你烧死你的邻居”。

启蒙运动和文化变革

虽然许多环境有助于塑造“开明”思想，但新的科学方法和发现，为欧洲社会的变革指明了方向。伏尔泰对这些问题进行了这样的表述，“自然界和所有的星球都应服从永恒的法则，这是很不寻常的”，但人类“蔑视这些法则，异想天开地行事，并为此沾沾自喜”。英国诗人亚历山大·蒲柏（Alexander Pope，1688—1744年）也用诗歌的形式表达了类似的看法：“自然和自然法则都在黑夜中躲藏；上帝说‘让牛顿出来吧’，于是所有事物都有了光。”

与其他相关运动相比，启蒙运动更像是个思想体系。关注启蒙运动的人都可以在不同方面得到启发，这激发了他们的灵感。与必须要进行的变革相比，启蒙运动的支持者更清楚他们不喜欢什么。有些人认为，一个“开明”的社会要像机械那样运转，如同行星沿着自己的轨道运行。前途一片光明，至少从长远看是如此。他们的发现将有助于强化信仰，改善制度。这一信念推动了1750年后的政治革命和社会革命，这一点我们将在第22章谈到。

虽然天主教和新教反对启蒙运动，但欧洲的君主们却有选择地接纳了一些新思想。他们想加强王权，发现反教权的知识分子正好可以成为同盟者。君主和他们的改革顾问发现，启蒙运动所提倡的理性和具有前瞻性的政策有助于扩大王权及现代税收体系。1750年，欧洲在政治上和宗教上都出现了分化。文化水平的提高和出版业的发展使得有争议的新思想在反对声浪中依旧能保持繁荣。

本节回顾

教会的腐败激怒了像路德和加尔文这样的改革者，他们对教皇的权威和传统的天主教神学发起了挑战。

为了应对新教改革者，天主教会发动了一场反宗教改革运动。

新教和天主教都想增强正统性，他们支持普遍存在的猎巫运动。

科学革命的思想家颠覆了古代希腊罗马和圣经中的宇宙观。

科学的进步激励了启蒙运动的思想家，他们对一些传统观念和传统做法提出了质疑。

458

17.2 社会生活与经济生活

一些贵族家庭主导着欧洲社会，贵族占据着军队、教会和政府中的高位，在大多数情况下还可以免税。他们的下面是人数相对较多的富裕平民，其中包括神职人员、官僚、专业人士、军官、商人、一些工匠和乡间地主。社会中大部分人则是穷人，他们包括劳工、帮工、学徒和乡村地区的劳动者。这些人要为糊口而四处奔波，还要经常面对失业和贫穷。社会中最贫穷的人要为生活铤而走险，他们只有靠诡诈、乞讨或犯罪为生。妇女仍然只是男性的附属品。

然而，也存在一定的社会流动，特别是中间阶层。经济是社会变革的主要动力，城市更容易出现变革。对于受过教育的人来说，教育也可以推动变革。

17.2.1 资产阶级

欧洲城市逐渐适应了贸易扩张。1500年，巴黎只是欧洲北部一座人口超过10万的城市。但到1700年，巴黎和伦敦的人口双双超过了50万，欧洲还有20座人口超过6万的城市。

城市推动变革

资产阶级：在早期近代欧洲，从事制造业、金融业、商业和相关专门职业的富裕市民阶层。

城市的财富来自制造业和金融业，但贸易（无论是欧洲内部贸易还是海外贸易）的贡献尤为突出。法国将主导上述活动的城市阶级称为**“资产阶级”**（城镇居民）。资产阶级会把时间花在自己的买卖上，他们会把赚到的钱用于新的冒险。即便如此，他们中的大部分还是有钱住在舒适的大房子里，使奴唤婢。在17世纪和18世纪，有钱人可以购买海外的奢侈品，如加勒比和巴西的糖与朗姆酒、墨西哥的巧克力、弗吉尼亚的烟草、北美的毛皮、东印度的棉纺织品与香料，以及中国的茶。

尼德兰

尼德兰为资本主义企业树立了榜样。荷兰的制造业者和工匠在他们的工厂和作坊里生产各种各样的商品。纺织、加工和印染布料的纺织企业获得了巨大的成功，它们使用的是廉价工人。除了上好的羊毛制品和亚麻制品，荷兰人还为一般民众生产廉价纺织品。荷兰的其他工厂会加工西印度的糖和弗吉尼亚的烟草，生产由波罗的海谷物酿造的啤酒，也会仿制中国的瓷器（见第21章“环境与技术：东亚的瓷器”）。在邻近的国家，政府和教会要审查出版物。但荷兰没有审查，所以印刷工可以出版各种语言的著作，这些书中包括机械、冶金、农业和其他技术领域的最新成果。荷兰是个小国，缺乏木材和其他自然资源。考虑到这一点，它所取得的成果就格外引人注目了。

1700年，阿姆斯特丹是荷兰最大的城市，也是欧洲的主要港口，那里有20万人口。荷兰打造了规模庞大的商业舰队，这些舰队主宰着欧洲的海上贸易和海外贸易。荷兰人建造了新式船舶，其中包括“快速平底船”（fluit），这种船载货量大，造价低，需要的海员也要少一些。另一种成功的商船是“东印度商船”，这种配备精良武器的商船帮助荷兰人在印度洋建立了霸权。据估计，在17世纪，有超过一半的远洋商船归荷兰人指挥（详情见第20章和第21章）。荷兰的制图业为这些长途贸易提供了支持（见“环境与技术：绘制世界地图”）。阿姆斯特丹也是欧洲的金融中心。17世纪，荷兰的银行以其安全性享誉欧洲，富人和各国政府都愿意把钱存到那里。银行会把钱用于投资不动产，会向工厂主和政府放贷，会为大规模的海外商业活动提供资金。

卖鱼妇（1572年） 在荷兰大多数的家营买卖中，妇女都是重要的参与者。这幅画是荷兰艺术家阿德良·凡·奥斯塔德（Adriaen van Ostade）的作品，它描绘了一位妇女正在准备用于零售的鱼。

与伊斯兰商人相似，欧洲商人也要依靠家族网络和种族网络。除了本地家族之外，欧洲北部最有活力的城市都具有文化多元性。它们与威尼斯、佛罗伦
459 萨、热那亚和其他意大利城市有商业往来。同时，它们也会与在伊比利亚躲避宗教迫害的犹太人做买卖。特别是三十年战争之后，犹太人社区也分布到了从东欧到德意志诸邦的大片地区。

股份公司：通常是从政府获得特许权的公司，为了替它的贸易公司筹集资金，公司会把股票卖给个人。投资人可以风险分摊，利益均沾。

证券交易所：买卖公司股票的地方。

资产阶级在许多方面与欧洲君主展开了合作，君主乐于见到经济增长，因为这样可以充盈税收。荷兰政府率先给予**股份公司**特许权，如荷属东印度公司和西印度公司，它们可以分别垄断东印度和西印度的贸易。法国和英国也建立了自己的特许公司。为了提高海外公司的总资本，这些特许公司会向个人出售股票，所有的投资人可以风险分摊，利益均沾（见第19章）。投资人可以在特定的金融市场买卖股票，这个金融市场叫作**证券交易所**。这个机构首先出现在16世纪的意大利，随后传到欧洲西北部的城市。在17世纪和18世纪，1530年成立的阿姆斯特丹交易所是欧洲最大的股票市场，这个时期也出现了大型保险公司。1700年后，为远洋航行上保险已司空见惯。

各国政府也想用投资公共建设的方式促进贸易发展。荷兰修建了许多运河，这样一方面可以改善运输，另一方面可以为农业提供灌溉。其他国家的政府也纷纷投资运河，它们还修建了船闸系统，以便使船舶驶过山丘。1661—1682年，法国修建了南方运河（Canal du Midi），这条运河全长150英里（240公里），沟通了大西洋和地中海，它是欧洲最重要的运河之一。

英国和法国

英国的商界和政府之间建立起了紧密联系。1650年之后，英国开始与荷兰争雄。在政府的支持下，1660—1700年，英国的商船数量翻了一番，对外贸易额增加了50%。结果，来自关税的财政收入增加了三倍。在一系列的战争中
460 （1652—1678年），英国凭借新组建的海军打破了荷兰对海外贸易的统治，这支海军也推动了英国的海外殖民扩张。

乡绅：在英国拥有土地的家族，地位低于贵族。

在英国和法国，一些成功的资产阶级会用钱去提高他们的社会地位。他们可以通过退出商界和购买乡村地产的方式成为**乡绅**中的成员。他们向贫苦的农民放贷，有时也会把钱借给贵族，并适时地增加他们的土地所有权。他们有些
461 人寻求将女儿嫁给贵族。这种联姻对旧贵族颇具吸引力，因为资产阶级可以提供大笔嫁妆。在法国，三代都是贵族的家庭可以免税。如果想再快些得到免税权的话，可以直接从国王那里购买一个贵族头衔。

环境与技术

绘制世界地图 460

1602年，在中国的耶稣会士利玛窦（Matteo Ricci）印制了一张精美的世界地图。这张地图以欧洲绘制的地图为基础，其中包括欧洲航海家所获得的最新知识。为了吸引中国人，他对地图做了两处修改：第一，地图用中文标注；第二，地图以大西洋中间为分界线，于是中国就位于世界中心了。这样可以取悦中国的上层，因为他们认为中国是“中央之国”，旁边围绕着次要的国家。皇帝命人在六块大屏风上绘制了利玛窦的地图，这些屏风用来装饰皇帝在北京的宫殿。

这些漂亮的地图和16世纪欧洲的地球仪，比以往任何社会绘制的地图都更完整、更详细、更有用。在当时，绘图技艺最精湛的是格哈德·克雷默尔（Gerhard Kremer），人们熟悉他的另一个名字——墨卡托（Mercator），因为他绘制的地图对欧洲的远洋商人非常有用。墨卡托运用了最新的发现和科学测量结果，他可以勾画出主要大陆的轮廓，即使生活在这些地区的人都不知道外面是什么样子。

为了把球面变成一张平面地图，墨卡托绘制了平行的经线。因为这些线可以在极点交汇，所以墨卡托投影扩大了远离赤道的每块大陆和每片水域的面积。但墨卡托的地图还是很实用的：在标注航线的时候，水手可以在出发地和目的地之间画一条直线。墨卡托投影具有很强的实用性，因此现在绘制地图时仍在使用这种方法。在某种程度上，墨卡托地图之所以能在欧洲流行，是因为他夸大了欧洲的面积。与中国人相似，欧洲人也认为自己是世界的中心。与世界其他地区的人相比，欧洲人更清楚地认识到了自己所处的地理位置。

17.2.2 农民和工人 461

14世纪中期的大瘟疫后，将劳动力固定在土地上的农奴制开始瓦解。随着西欧人口的恢复，劳动力供大于求使工资水平不断下降，这就削弱了农奴制的必要性。而在东欧，为城市提供谷物的大地主发现，将农奴固定在土地上对赚钱是大有好处的。1500年前后，非洲奴隶到达南欧，这使当地的奴隶制出现了短暂的加强。但1600年后，欧洲船只几乎把所有非洲奴隶都运往美洲。

阿姆斯特丹港 这张画描绘了17世纪的繁忙景象，我们可以看到帆船、驳船和各类船只。画中央的高大建筑是海事大厦（Admiralty House），是荷属东印度公司的总部所在地。

乡村贫民

毫无疑问，西欧仍然要依赖非自由的劳动力，但这些劳动力主要集中在遥远的殖民地，而不是西欧内部。无论如何，法律上的自由并没有使一个农民的生活更加安全、更有保障。1300年后，欧洲的农业效率几乎没有提高。因此，收成差的年份会带来饥荒，风调雨顺的时候也只是略有盈余。1500—1750年，战争、环境恶化和经济下滑使西欧贫民的物质生活水平进一步下降。从16世纪90年代开始，比较寒冷的气候持续了一个世纪，欧洲人也感受到了气候变化的消极影响。在**小冰川期**，温度只是下降了几度，但其产生的影响却是令人震惊的（见第21章“世界历史上的问题：小冰川期”）。

小冰川期：长达一个世纪的寒冷期，始于16世纪90年代。小冰川期对北欧农业的影响尤为明显。

到1700年，从美洲输入的高产作物使乡间贫民避免了饥荒。18世纪，马铃薯和玉米成为农村贫民的主要食物。之前，人们只会在饥荒的时候种植这些作物。马铃薯主要为爱尔兰、欧洲中部和欧洲东北部的人提供食物，而意大利的穷苦农民则以玉米为生。具有讽刺意味的是，上述地区都在出口小麦，但种植小麦的人却吃不起小麦。

毁林

462

毁林：砍伐树木的速度快于森林自我恢复的速度。

农村地区的其他居民主要是矿工、伐木工人和烧炭工。在英格兰，冶铁业的发展为上述三种人提供了工作，但大量消费木材燃料导致了严重的**毁林**（deforestation）现象。一位18世纪早期的观察家哀叹道："在历史中，人类从来没有像英格兰人那样需要木材。但……现在，人们砍伐了大量森林，却对植树不闻不问。在整个王国，木材都变得极为稀缺。"[1]最后，木材和木炭的高价使熔炼厂开始将煤作为替代燃料。英格兰的产煤量增加了12倍，从1550年的21万吨增加到了1700年的250万吨，1750年更是达到近500万吨。

法国的森林资源比英国多，但不断加剧的砍伐使法国财政大臣让·巴普蒂斯特·柯尔贝尔（Jean Baptiste Colbert）预言，"法国将因缺少森林而消亡"。到18世纪末，冶铁业成了瑞典和俄国的支柱产业，因此这两个国家的滥砍滥伐也很严重。

贫穷与暴力

即便在富裕的荷兰城镇，也有半数人生活在极端贫困中。据官方估计，城市的部分常住人口穷到无力纳税。这些"应获得救济的穷人"约占人口的10%—20%。这一数字并不包括人数众多的"不应救济的穷人"，这些人包括农村地区的贫穷移民、四处游走的小贩和靠怜悯过活的乞丐（许多人长得奇形怪状，身上还会长着疮，让人感到恐怖）。欧洲城市和乡间普遍存在的贫穷震惊了那些对贫困并不习以为常的人。大约1580年，法国波尔多（Bordeaux）市市长问一群到访的美洲印第安首领，他们对什么印象最深刻？这些首领说，这些吃得脑满肠肥的胖子和那些衣衫褴褛、食不果腹的穷人之间的差异使他们惊诧莫名。让这些访客百思不得其解的是，为什么那些穷人不掐住富人的喉咙，或将他们的家付之一炬呢？[2]

事实上，在早期近代欧洲，穷困引发了多次起义。例如，在1525年，农民在阿尔卑斯山地区发动了起义，他们袭击了贵族和神职人员，因为这些人象征了特权和拥有土地的阶级。他们对商人也没什么好感。在他们看来，商人会放高利贷。起义使农村的情况雪上加霜。1590—1715年，法国南部地区爆发了450次起义，许多起义是源于食物短缺和增税。1670年，一群城镇妇女袭击了税吏，并由此引发了一场起义。这场起义很快就扩展到了全国，农民领袖高喊道："处死那些镇压民众的人！"当局残酷地镇压了叛乱，处决了主要的领导人。

17.2.3　妇女和家庭

妇女的社会地位和经济地位与她们的丈夫息息相关。在一些国家，如果没有男性继承人的话，女性可以继承王位（见表17-1）。这些例外不能使我们否认，女性的地位普遍比男性低。但人们也不该忘记，与性别相比，阶级和财富更能决定一个妇女的地位。例如，一个富人的妻子或女儿可以过上比贫穷男性更好的生活。有时，单身妇女也可以得到一个有权力的职位。例如，在天主教国家，出身名门的妇女可以掌管女修道院。未婚妇女要服从父亲，已婚妇女要服从丈夫，而有些寡妇可以独立地掌握相当数量的财富。

婚姻与家庭

世界其他地区都流行包办婚姻，而在早期近代欧洲，青年人通常可以自己选择配偶。但与穷人相比，特权家庭的包办婚姻会多一点。王室和贵族家庭会为孩子仔细安排婚姻，因为这与家族利益密切相关。资产阶级父母不会强迫孩子接受包办婚姻，但他们的婚姻也须门当户对。由此不难看出，资产阶级的婚姻有助于他们的商业联盟关系。

与其他地区的人相比，欧洲人结婚要晚一些。男性通常会在自立后才考虑结婚。为了挣到一份能吸引未来丈夫的嫁妆，有些妇女也会去工作，比如帮助自己的父母、做佣人，或者做一些其他力所能及的事。嫁妆通常是钱和家庭用
463 品，数量因社会阶层而异，这些嫁妆可以使年轻夫妇独立生活。在欧洲西部和中部，新郎一般希望快30岁再结婚，他的妻子应该比自己年轻几岁，这一点与世界其他地区不同，其他地区的人会在十几岁的时候就结婚。

在早期近代欧洲，晚婚除了能使年轻人独立于父母而生活之外，还有助于降低生育率，从而限制家庭的规模。即便如此，在城市，有1/10的孩子是未婚妇女生的，她们通常是仆人。养不起孩子的妇女会把婴儿留在富人家、教堂和女修道院的门口，许多孩子就这样夭亡了。晚婚和贫穷使许多刚进城的年轻女孩沦落风尘。

教育

资产阶级父母认为，教育和相关培训可以使他们的孩子取得成功。他们主张建立地方性学校，包括拉丁语学校，有时还包括希腊语学校，这样可以为他们的儿子提供完整的教育。之后，他们会送孩子去国外留学，学习现代语言，或去一所大学拿个法学学位。学习法律有助于经商，也是获得司法职位和经济职位的必要条件。女孩接受正式教育的可能性要低一些，但女性可以接受基础教育，她们会帮丈夫记账，有些人也会继承商业。

大多数的学校、行会和专门职业会对女性设限，这就是为什么在文艺复兴、宗教改革、科学革命和启蒙运动中看不到女性的影子。但从全球视野来看，与世

界其他地区的妇女相比，早期近代的欧洲妇女更具文化创造力。近来研究表明，许多成功的妇女从事的是绘画、音乐和写作。的确，知识的普及、对宗教作品的阅读和商业的发展，使欧洲女性比世界其他地区的妇女更有文化。在17世纪晚期，一些富有的法国女性开始组织知识分子的聚会，其中许多人后来成为作家。玛丽亚·切莱斯特·伽利雷（Maria Celeste Galilei）是伽利略的女儿，在发誓寸步不离的修道院，她与父亲保持着密切的书信往来。但在一个大部分男性都是文盲的时代，有文化的女性并不多，只有富人家的女性才能接受良好教育。

本节回顾

在经济发展和教育提高的推动下，早期近代欧洲社会具有较强的流动性。

通过贸易、制造业、金融业和技术革新，城市资产阶级创造了许多财富。

君主希望与资产阶级合作，资产阶级可以为他们的政治进步、社会发展和税收提供经济基础。

在经济压力和环境压力下，农民和工人生活在贫困中，穷困经常使他们揭竿而起。

虽然女性是附属于男性的，但阶级和财富才是决定她们地位的主要因素。

17.3 政治革新

在早期近代欧洲，君主的社会地位无人企及，他们可以公断思想和宗教方面的冲突，对国家经济的影响也不容小觑。在那个时代，不少君主都在推行改革，以加强中央集权。但他们的野心和相互对抗也带来了极具毁灭性且耗资巨大的战争。有时候，国内冲突和国家间的冲突会迫使君主与潜在的敌人达成妥协，或推行政治改革以增强国家实力。在这段时期，欧洲的政治领导权从西班牙转移到荷兰，之后又从荷兰转移到英国和法国手中。

17.3.1 国家的发展

早期近代欧洲呈现出了明显的政治多样性。城市国家和公国是普遍存在的，无论它们是独立的还是归属于某一联邦，德意志中心地区的**神圣罗马帝国**

神圣罗马帝国：一个松散的联邦，几乎包括所有德意志国家和公国。帝国的皇帝由选侯选举产生。神圣罗马帝国从962年一直存在到1806年。

地图17-2　查理五世的欧洲帝国　查理五世是欧洲最有权力的君主，他从1516年开始统治西班牙，从1519年开始统治神圣罗马帝国，直到他于1556年退位。这张地图还没有表现出他在美洲和亚洲的领地。

就是个明显的例子。此外，当时还有少量的共和国。与此同时，出现了一些强大的君主政体，民族国家认同也发展起来。 465

查理五世

在16世纪早期，王朝野心和历史环境结合在一起，先是推动而后又阻碍了单一整体帝国的建立。1519年，神圣罗马帝国的选帝侯推举查理五世（1519—1556年在位）为新一任皇帝。与前三代君主相似，查理来自实力强大的奥地利**哈布斯堡家族**，但他也于1516年继承了西班牙的卡斯蒂利亚和阿拉贡的王位。有了如此丰富的资源后（见地图17-2），他希望将基督徒团结在一起，阻挡奥斯曼帝国对南欧的入侵。当时，奥斯曼苏丹已经控制了中东和北非的大部分地区。

哈布斯堡家族：一个强大的欧洲家族，该家族出了多位神圣罗马帝国皇帝，建立了奥地利（后来的奥匈）帝国，并于16世纪和17世纪统治西班牙。

1529年，查理和他的基督教盟友确实将奥斯曼人挡在了维也纳之外，但奥斯曼帝国的进攻一直持续到1697年。查理想把他的几块领地整合成欧洲最强大的国家，但他的努力最后以失败告终。法国国王弗朗索瓦一世也想成为神圣罗马帝国的皇帝，因此他公开支持奥斯曼人削弱他的竞争对手。另外，路德宣传的德意志民族主义使许多德意志诸侯产生了动摇，他们在帝国议会上反对查理为天主教教义所做的辩解。

后来，这些争论于1546年演变成战争，这就是德意志宗教战争（the German Wars of Religion）。最终查理五世放弃了对领地的整合，在不同领地选择了不同的继承人，并于1556年退位。《奥格斯堡和约》（1555年）承认诸侯有权选择信奉天主教还是路德教，他们可以继续占有从教会没收的土地。宗教多元性使查理的政治野心化为了泡影，德意志的政治整合由此向后推迟了三个世纪。

王权的加强

在推进政治整合和宗教整合方面，西班牙、法国和英格兰的统治者更加成功。这些君主把教会和贵族纳入王权，从而成功地削弱了二者的自主性（见“多样性与主流：政治艺术与政治权术”）。16世纪，将王权置于教权之上的行为引起了轩然大波，但其结果却一目了然。中央集权的政治体系用了很长时间才控制住了贵族和其他利益群体，其产生的结果也是多样的。

17.3.2 英格兰和法国的君主政治

17世纪，英法两国的君主与强大的竞争对手爆发了冲突。在冲突中，我们总能看到宗教的影子。但从长期来看，这些战争对宪法的影响更加重要。

英格兰

为了避免王权受到制约，英格兰国王查理一世（见表17-1）有11年没有召集议会。在议会没有批准新税的情况下，他迫使富裕的臣民提供大量“贷款”，并扩大了现有税法的适用范围。1640年，苏格兰爆发了起义。为了筹集军费，他召集议会，希望增加新税。上议院包括贵族和教士，下议院则是来自城镇和乡村的代表。在批准新税之前，议会要求国王严格保证不再忽视议会的传统权力。1642年，查理拒绝了议会的要求，并想逮捕下议院中的异己者，这导致了**英国内战**。

英国内战：王室与议会的冲突，起于国王查理一世逮捕议会中的异己者，止于这位国王被处决。1688年的光荣革命和1689年的《权利法案》遏制了专制主义王权，使英国走上了君主立宪制的道路。

1648年，查理吃了败仗，但拒绝让步。一年后，“残余”议会将查理送上了断头台。之后，议会用共和国取代了君主制。清教徒将军奥利弗·克伦威尔执掌了共和国，直到他于1658年去世。克伦威尔扩大了英格兰在海外的势力，同时加强了对爱尔兰和苏格兰的控制，但他仍然不愿与议会分享权力。于是，议会又拥立斯图亚特王朝的查理二世（1660—1685年在位）。之后，他的兄弟詹姆斯二世继承了王位。但他不尊重议会的权力，并使他的继承人接受天主教的洗礼，这引起了新的冲突。1688年，议会领袖发动了不流血的“光荣革命”，詹姆斯二世被迫流亡。1689年的《权利法案》确立了新的宪法秩序，要求国王在更改法律或招募军队的时候要事先征得议会的同意。另一项法律重申了英格兰教会的官方地位，但对清教徒采取了更加宽容的政策。

多样性与主流

466

政治艺术与政治权术

在早期近代欧洲，政治权力受到了高度关注。但专制统治的理想成分要大于现实成分。无论是否受制于宪法的约束，统治者都想与更加强大的民众建立、保持良好的关系。近代的政治家都想操纵民意。

在意大利，佛罗伦萨是一个富裕、强大的城邦。尼科洛·马基雅维利就是那里的外交人员和文职人员，他以《君主论》（1532年）闻名于世。有人认为这部有影响的作品表现了马基雅维利的玩世不恭，但也有人认为这本书是写实的。马基雅维利轻视民众的智慧，因此他劝统治者用恐吓和欺骗的方式使他们顺服。但他也认为，真正的怜悯、诚实和虔诚要优于伪装出来的道德。

论君主应当怎样守信

任何人都认为，君主守信，立身行事，不使用诡计，而是一本正直，这是多么值得赞美啊！然而我们这个时代的经验表明：那些曾经建立丰功伟绩的君主们却不重视守信，而是懂得怎样运用诡计，使人们晕头转向，并且终于把那些一本信义的人们征服了。因此，你必须懂得，世界上有两种斗争方法：一种方法是运用法律，另一种方法是运用武力。第一种方法是属于人类特有的，而第二种方法则是属于野兽的。但是，因为前者常常有所不足，所以必须诉诸后者。

……假如人们全都是善良的话，这条箴言就不合适了。但是因为人们是恶劣的，而且对你并不是守信不渝的，因此你也同样地无须对他们守信。一位君主总是不乏正当的理由为其背信弃义涂脂抹粉。关于这一点，我能够提出近代无数的实例为证，它们表明：许多和约和许多诺言由于君主们没有信义而作废和无效；而深知怎样做狐狸的人却获得最大的成功。

但是君主必须深知怎样掩饰这种兽性，并且必须做一个伟大的伪装者和假好人。人们是那样地单纯，并且那样地受着当前的需要所支配，因此要进行欺骗的人总可以找到某些上当受骗的人们。在新近的那些事例当中有一件事，我不想保持沉默：亚历山大六世除了欺骗人们之外，既不曾做过任何其他事情，也从来不曾梦想过任何其他事情，但是他总是找到上当受骗的货色。因为世界上从来不曾有过一个人比他更加有力地做出保证，比他更加信誓旦旦地肯定某一件事情，而同时没有一个人比他更加随便地食言而肥的了。可是，他的欺骗总是称心如意地获得成功，因为他深刻地认识到人世的这一方面。

因此，对于一位君主说来，事实上没有必要具备我在上面列举的全部品质，但是却很有必要显得具备这一切品质。我甚至敢说：如果具备这一切品质并且常常本着这些品质行事，那是有害的；可是如果显得具备这一切品质，那却是有益的。你要显得慈悲为怀、笃守信义、合乎人道，清廉正直，虔敬信神，并且还要这样去做，但是你同时要有精神准备做好安排：当你需要改弦易辙的时候，你要能够并且懂得怎样做一百八十度的转变。必须理解：一位君主，尤其是一位新的君主，不能够实践那些被认为是好人应做的所有事情，因为他要保持国家，常常不得不背信弃义，不讲仁慈，悖乎人道，违反神道。因此，一位君主必须有一种精神准备，随时顺应命运的风向和事物的变幻情况而转变。然而，正如我在前面说过的，如果可能的话，他还是不要背离善良之道，但是如果必需的话，他就要懂得怎样走上为非作恶之途。

因此，一位君主应当十分注意，千万不要从自己的口中溜出一言半语不是洋溢着上述五种美德的说话，并且注意使那些看见君主和听到君主谈话的人都觉得君主是位非常慈悲为怀、笃守信义、讲究人道、虔敬信神的人。君主显得具有上述最后一种品质，尤其必要。人们进行判断，一般依靠眼睛更甚于依靠双手，因为每一个人都能够看到你，但是很少人能够接触你；每一个人都看到你的外表是怎样的，但很少人摸透你是怎样一个人，而且这些少
467 数人是不敢反对多数人的意见的，因为后者受到国家最高权威的保护。对于不能够向法院提出控诉的一切人的行动，特别是君主的行动，人们就注意其结果。

所以，一位君主如果能够征服并且保持那个国家的话，他所采取的手段总是被人们认为是光荣的，并且将受到每一个人的赞扬。因为群氓总是被外表和事物的结果所吸引，而这个世界里尽是群氓。当多数人能够站得住脚的时候，少数人是没有活动的余地的。当代的某一位君主——我现在不便点名，——除了和平与信义之外，从来不宣扬其他事情，但是他对这两者的任何一者都是极端仇视的。然而假使他曾经遵守其中任何一者，那么，他的名望或者他的权力就不免三番五次被人攫取了。[1]

马基雅维利认为，在公共场合，表象和真实情况一样有价值。因此，人们很难判断统治者的话是他们的真实想法还是一时的权宜之计。下面就是个例子。1601年，英国女王伊丽莎白陷入了困境。一个高级贵族领导了一场叛乱，但叛乱以失败告终，他自己也身首异处。议会要求扩大特权。伊丽莎白于1558年登上王

1 参见尼科洛·马基雅维利：《君主论》，潘汉典译，商务印书馆，1985年，第83—86页。——译注

位，她是一位饱经风霜（包括被囚禁）的女王。当时，这位68岁的统治者在运用政治语言和政治计谋上颇有经验，她也意识到了民意的重要性。1601年11月末，她发表了一个广为流传的演说，即“伊丽莎白女王的黄金演说”。

我向你们郑重宣告，没有一位君主像我一样爱其臣民，更不论超过我了。哪怕是一件价值连城的珠宝，我也要放在这件珠宝之后，这件珠宝就是你们的爱。因为我知道如何估价珍宝和财富，但是我却认为忠诚、爱戴和感谢是无价之宝。

上帝置我于万人之上，我实感荣幸，但我能依靠你们的爱戴治理国家，则是我最大的荣幸。上帝使我称为女王，让我管理这样一个值得感激的民族，但我并不感到欣喜。

因此，我只想满足臣民的要求，这是我的责任。我只希望在有生之年看到你们的幸福，这是我唯一的心愿。

我能在这里和你们说话，坦率地讲，靠的是全能的上帝。上帝通过我来使你们远离危险、耻辱、羞愧、专制和压迫。

至于我自己，我必须说，我从来不是贪得无厌、搜刮民脂民膏、喜欢敛财的人，也不是严厉的、吝啬的君王，更不是挥霍浪费的人。我的心从来没有放在世俗的财富上，我所想的只是我的臣民的利益。你们奉献给我的一切，我并不据为己有，我只是把它们接受下来，再奉献给你们。我认为我的财富就是你们的财富，花费这些财富也是为了你们的利益。你们将亲眼看到为了你们的幸福而花费这些财富。

成为国王并戴上王冠，这在旁人看来是一件很荣耀的事，但是真正身居其位的人却未必愉快轻松。对于我自己而言，如果不是为了良心的责任去完成上帝赋予我的任务，维护他的荣耀，保证你们的安全；依照我的脾气，我更愿意将这个统治之位让与他人，并且放弃那些努力以得的光荣。

我比未来任何一位女王都更热爱我的国家，更关心我的臣民。为了你们的利益和安全，我会不顾个人安危。我自己并不希望更加长寿，或有更长久的统治。我的生命和统治都是以你们的利益为前提。也许在这个王位上曾经或者将会有更伟大和更贤明的君主，但是你们不会再有像我这样爱你们的君主了。我应该把这一切都归因于我自己和我在性别上的弱势吗？要是这样，我就不配活下来，尤其是，不配上帝赐给我的恩典。上帝赐予我一颗心，有了这颗心，我从来没有惧怕过国内外的敌人。我要将荣耀归于上帝……我应该说把全部的荣耀都归于上帝，请上帝保佑。[1]

资料来源：*The Historical, Political, and Diplomatic Writings of Niccolo Machiavelli*, trans. Christian E. Detmold (Boston: Houghton Mifflin and Company, 1891), II: 54–59; and Heywood Townshend, *Historical Collections, or an Exact Account of the Proceedings of the Last Four Parliaments of Q. Elizabeth* (London: Basset, Crooke, and Cademan, 1680), 263–266.

分析问题

你认为马基雅维利的建议是愤世嫉俗还是认真的？

伊丽莎白女王说，她认为国民的幸福高于一切，英国议员会做何反应？

一个统治者能兼顾真诚和权术吗？

1 参见王忠和:《新编英国王室史话》，百花文艺出版社，2002年，第154页；任辉:《伊丽莎白传》，沈阳出版社，1997年，第274—275页；杜兰特:《历史中的英雄》，王琴译，中信出版社，2005年，第330页。——译注

466

法国

与英国议会相似，法国的三级会议代表了教士、贵族和市民（也就是资产阶级）的传统权力。在16世纪的法国宗教战争期间，王权衰落，三级会议彰显了它的权力。但在此之后，波旁王朝的统治者基本没有召集过三级会议。政府用高效的税收和卖官鬻爵来避免财政危机。他们用君权神授来为统治做辩护。

467

凡尔赛宫：为国王路易十四修建的巨大宫殿，位于巴黎以南。这座宫殿象征了专制主义王权和法国王室对贵族的胜利。

1682年，路易十四将宫廷搬到了刚建成的**凡尔赛宫**。那里有为贵族准备的奢华仪式，受到盛情款待的贵族远离了他们的领地，这样他们就无法发动叛乱了。于是，凡尔赛宫帮法国国王战胜了贵族、神职人员和市民的传统权力。这座宫殿可容纳1万人居住，周边环境优美，它成为专制主义王权的象征。

虽然后人对权力制衡的英国模式钦佩不已，但当时的欧洲统治者乐于效仿法国的中央集权和专制主义。早期启蒙运动很欣赏英国模式中的相互制衡。在

表17-1 早期近代西欧的统治者

西班牙	法国	英格兰/英国
哈布斯堡王朝 查理一世（西班牙国王，1516—1556年），即查理五世（神圣罗马帝国皇帝，1519—1556年） 菲利普二世（1556—1598年）	**瓦卢瓦王朝** 弗朗索瓦一世（1515—1547年） 亨利二世（1547—1559年） 弗朗索瓦二世（1559—1560年） 查理九世（1560—1574年） 亨利三世（1574—1589年）	**都铎王朝** 亨利八世（1509—1547年） 爱德华六世（1547—1553年） 玛丽一世（1553—1558年） 伊丽莎白一世（1558—1603年）
菲利普三世（1598—1621年） 菲利普四世（1621—1665年） 查理二世（1665—1700年）	**波旁王朝** 亨利四世（1589—1610年）① 路易十三（1610—1643年） 路易十四（1643—1715年）	**斯图亚特王朝** 詹姆斯一世（1603—1625年） 查理一世（1625—1649年）①② （共和国时期，1649—1660年） 查理二世（1660—1685年） 詹姆斯二世（1685—1688年）② 威廉三世（1689—1702年）和玛丽二世（1689—1694年） 安妮女王（1702—1714年）
波旁王朝 菲利普五世（1700—1746年） 费尔南德六世（1746—1759年）	路易十五（1715—1774年）	**汉诺威王朝** 乔治一世（1714—1727年） 乔治二世（1727—1760年）

①死于暴力。②被推翻。

1690年发表的《政府论（下篇）》中，英国政治哲学家约翰·洛克（1632—1704年）讨论了君权神授的问题。他认为，统治者的权力是建立在被统治者拥护的 468
基础之上，而且统治者要遵守法律。洛克声称，如果君主藐视法律，民众有权利也有义务进行反抗。这一思想所产生的后果我们将在第22章谈到。

17.3.3 战争和外交

除了把神圣罗马帝国、法国和英国搞得焦头烂额的内战之外，欧洲国家之间的冲突也不可胜数。早期近代欧洲可谓是狼烟不断（见本章“大事年表”）。提高王权的战争消耗了巨额财富，也造成了饥荒和大量人口死亡。其中最具破坏性的是“三十年战争”（1618—1648年），这场战争使神圣罗马帝国的许多地区出现了长期的人口下降和经济凋敝。

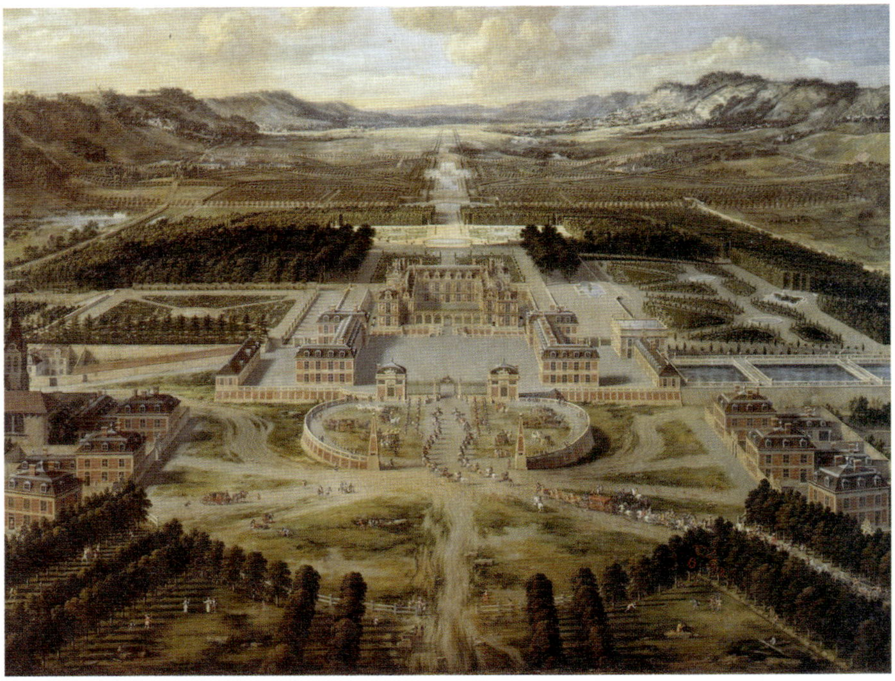

凡尔赛宫 法国国王路易十四统治时期修建的宫殿，可以容纳1万人居住，周边环境优美。凡尔赛宫成为专制主义王权的象征。

欧洲的军事

这些战争也使欧洲的军事技术和武器装备得到了巨大发展，欧洲诸国成了世界上最强大的国家。在早期近代，军队的数量稳步提高，例如法国军队从1630年的15万增加到18世纪早期的40万，甚至一些面积较小的国家也有可观的军事力量。17世纪，瑞典的人口不足100万，但它的军队却是训练有素、装备精良的劲旅。1700年，普鲁士的人口不到200万，但普鲁士的军事力量却使其成了欧洲主要强国。

规模更庞大的军队需要更有效率的指挥系统。用现代历史学家的话，欧洲军队“逐渐形成了……类似于神经中枢系统的结构，在战术上有能力实施不同的攻击”[3]。新的信号系统增强了掌控战场局势的能力。对正规军和民兵的经常性操练可以使军队服从命令，可以提高士气。新的防御工事能够承受加农炮的轰击，这保护了城市中心地区。每个国家都想用提高武器装备的方法来战胜敌人。当双方势均力敌的时候，战争往往会进入僵持状态，这会使冲突久拖不决。海军在决定战争胜负方面变得越来越重要。

469

在主要强国中，英格兰是唯一一个不强调陆军的国家，它倚重的是海军。

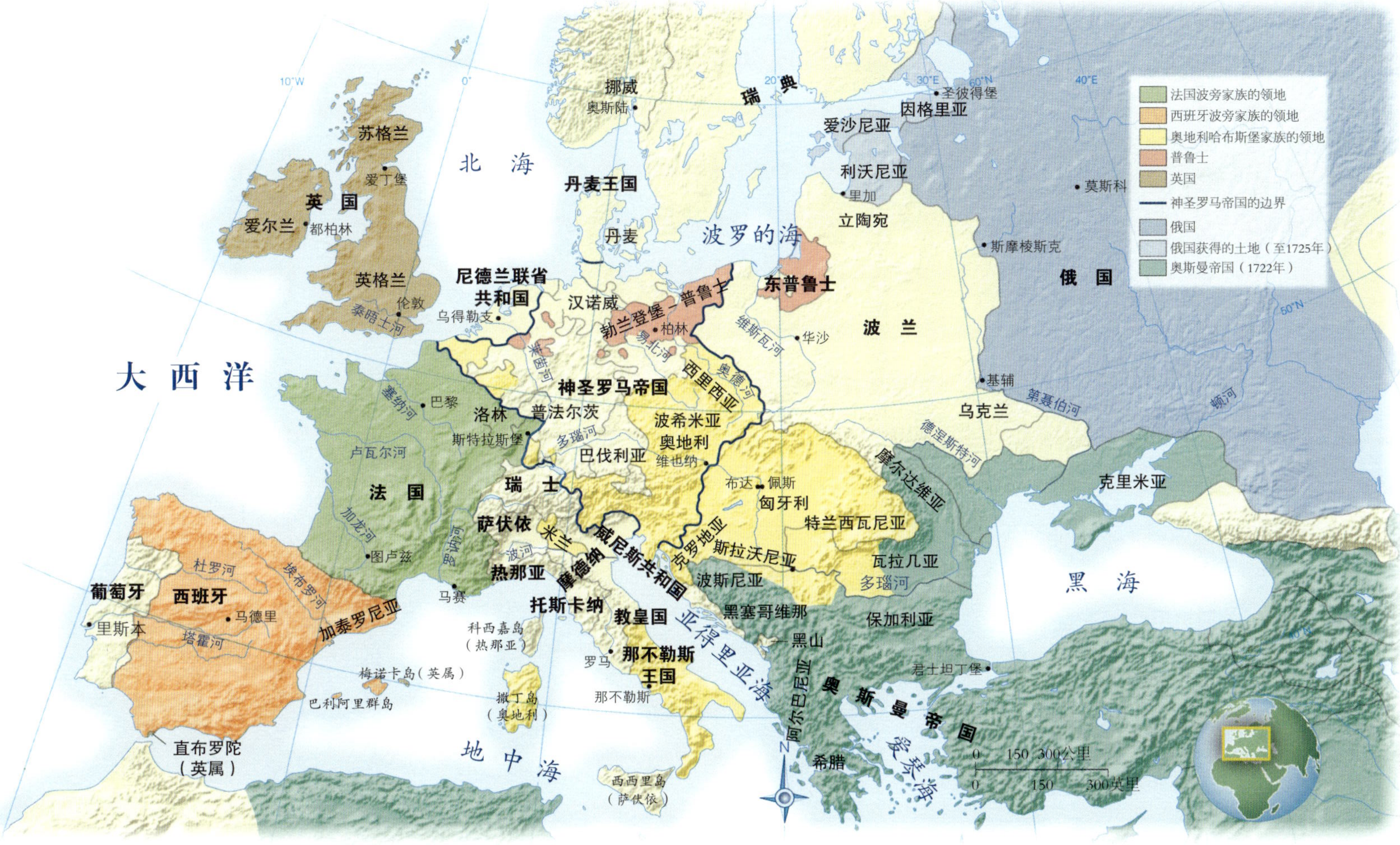

地图17-3　1740年的欧洲　到18世纪中叶，法国、奥地利帝国、英国、普鲁士和俄国成为欧洲强国。与两个世纪之前比，西班牙、神圣罗马帝国和奥斯曼帝国已经明显衰落。

英格兰的海上强国之路始于国王亨利八世，他在船舶方面投入了巨资。他还促进国内冶铁业的发展，因为这样可以生产出更多的加农炮。1588年，他的女儿伊丽莎白一世击败了西班牙的无敌舰队，这证明了亨利八世的真知灼见。17世纪下半叶，皇家海军也借鉴了荷兰在船舶设计上的先进经验。到18世纪早期，英国皇家海军在数量上超过了法国海军。英格兰和苏格兰合并成为大不列颠，英国更加牢固。之后，英国又吞并了爱尔兰，并在北美建立了殖民帝国。

虽然法国是欧洲最强大的国家，但其他强国组成的联盟却使路易十四的扩张之路步履维艰。18世纪，欧洲爆发了西班牙王位继承战争（1701—1714年）。海上强国英国与陆上强国奥地利和普鲁士结成了联盟，它们遏制住了法国的扩张，并阻止波旁家族将法国王权和西班牙王权结合起来。

势力均衡

471

势力均衡：国际关系政策，始于18世纪。欧洲主要国家建立同盟关系，以防止某一国家过分强大。

法国的失败体现了国际关系中的**势力均衡**原则：欧洲主要国家建立暂时的同盟关系，以防止某一国家过分强大。在之后的两个世纪中，基督教的四个支派与欧洲主要强国结合到了一起，即天主教的法国、圣公会的英国、天主教的奥地利、路德教的普鲁士和东正教的俄国（见地图17-3）。这些国家以转变盟友的方式保持着欧洲的势力均衡，它们结盟的动力是地缘政治，而不是宗教因素。通过这些务实的联盟，国际和平首次得以实现。

17.3.4 政府开支

为了支付昂贵的军费，欧洲统治者不得不增加财政收入。1600年后，王权与商业的结合通常会使双方都得到好处。商人和银行家希望少缴税，希望规范和增强契约的约束力，希望在合理的税率下收回贷款。双方都认为，军事力量可以保证海外扩张和经济增长。但他们也清楚，保卫海外殖民地是笔不小的开销。

西班牙和帝国的财务状况

西班牙是16世纪欧洲最强大的国家，但它没有把军事扩张和促进经济发展结合起来。与奥斯曼帝国的战争、反对欧洲北部新教徒的战争和镇压荷兰起义，这使西班牙在菲利普二世时期四次破产。西班牙统治者关心的是宗教的统一性和贵族的传统特权，这进一步破坏了西班牙经济。这些统治者以宗教统一之名赶走了犹太商人，迫害新教徒，并流放了数万名穆斯林农民和穆斯林手工业者。1600年，在贵族特权的名义下，占人口3%的贵族占有全国97%的土地，而且还不用纳税。另一方面，高额的销售税破坏了制造业。

472 曾经有一段时间，来自西属美洲的黄金和白银装满了国库。这些贵金属导

西班牙的无敌舰队　1588年，西班牙国王菲利普二世派遣一支庞大的舰队进攻英格兰。英格兰击败了无敌舰队，西班牙从此一蹶不振，英格兰获得了海上霸权。

致了欧洲的通货膨胀（即物价上升），其中西班牙物价上涨得最快，这使得从法国或欧洲其他国家进口的商品要比本地货便宜。结果，到1700年，大部分进入西属殖民地的商品都产自其他国家。一条西班牙谚语就记录下了这个问题：美洲的白银就像是落在屋顶上的雨，它从天而降，然后又流走了。

商业与尼德兰的崛起

尼德兰之所以能成为一个经济强国是因为它采取了不同的政策。西班牙王室获得了这个资源匮乏但商业发达的地区，它是查理五世留下的一份遗产。查理五世的儿子菲利普二世将西班牙极具破坏性的销售税强加到了荷兰人头上，他还强调天主教的正统性，这激起了荷兰人的反抗。1566年和1572年，尼德兰爆发了起义。如果西班牙的政策得以实行，那么尼德兰的商业将受到打击，加尔文派教徒、犹太人和其他为尼德兰经济做贡献的人将离开这一地区。尼德兰人进行了有谋有略的斗争，他们组建了陆军和海军，并将其训练成欧洲最精锐的军队。西班牙的财政无力支付长期战争，因此于1609年接受了一份停战协议。这份协议规定，尼德兰北部享有自治权。最后，1648年，七个“自由尼德兰的联合省”（它们的全称）最终获得独立。

长期的战争并没有拖垮尼德兰，相反，它成为世界上最大的贸易国。这项经济成就在很大程度上要归功于非中央集权政府。在长期反抗西班牙的斗争中，尼德兰诸省团结在奥兰治亲王周围，他成为最高统治者，统领着军队。但每个省份都只对自己的经济负责。商业利益使沿海的荷兰省变得越来越富有。

国际竞争

1650年之后，英国开始与荷兰争衡，英国的商界和政府之间建立起了紧密联系。经过一系列的战争（1652—1678年）之后，英国凭借着海军的力量打破了荷兰对海外贸易的统治，并建立了自己的殖民帝国。在政府的支持下，1660—1700年，英国的商船数量翻了一番，对外贸易额增加了50%。结果，来自关税的财政收入增加了三倍。18世纪，英国的贸易地位更加稳固。

在英荷战争中，英国的债务不断上升，这促使英国君主加强了对经济的管理。为了增加财政收入，政府开始向贵族的免税地征税，并开始直接收税。之前，包税人预先向政府缴纳固定数额的钱，这样他们从纳税人那里收来的税款就可以进入自己的腰包了。为了有现金应对战争和其他突发事件，为了减轻早期战争留下的债务负担，英格兰仿效荷兰，建立了自己的中央银行，这家央行可以发放长期的低息贷款。

在王室顾问让·巴普蒂斯特·柯尔贝尔的建议下，法国政府也在促进本国经济发展。他简化了税收过程，向外国商品征税以保护本国的制造业和航运业，此外还改善了法国的国内交通。但富裕的贵族使法国政府不能像英国那样对富有的地主征税，也不能直接收税，不能获得低息贷款。在管理本国债务方面，法国也不像英格兰那么成功。（有关各国政府在促进外海贸易方面所扮演的角色将在第19章讨论。）

本节回顾

不断增强的中央集权使早期近代的君主能对经济、宗教和社会生活施加越来越大的影响。

当神圣罗马帝国在宗教上和政治上四分五裂的时候，西班牙、法国、英格兰已经走向了中央集权和宗教统一。

西班牙用宗教裁判所捍卫天主教，法国用波旁王朝的政策捍卫天主教，而英格兰教会却成了王室的御用之物。

本节回顾

在英格兰和法国，君主与想限制王权的人展开了斗争。

军队的规模变得越来越大，也越来越复杂。另一方面，欧洲各强国在努力保持势力均衡。

高额的军费使各国开始改变税收政策和财政政策，其中最成功的是英格兰和尼德兰。

结 语

473

早期近代欧洲见证了天主教的衰弱和新教改革。路德否定了教皇的权威，对教廷的赎罪制度也提出了批评。他认为高尚的信仰比人们的行为重要。加尔文走得更远，他相信救赎是上帝预先决定好的。像哥白尼和牛顿这样科学革命的先驱认为，他们可以用自然法则解释宇宙的运行。这些科学家认为科学和宗教是不矛盾的，但他们为更加世俗的启蒙思想家铺平了道路。启蒙思想家相信，人类有能力也有责任发现管理社会行为的法则。

在国内贸易和国际贸易的推动下，这一时期的欧洲城市得到迅速发展，富有的商人阶层也逐渐崛起。制造业和贸易使尼德兰走向了繁荣：拥有股份公司和股票市场的阿姆斯特丹成为欧洲最主要的港口和金融中心。但对于农民和工人而言，生活仍旧没有多大改善：农奴制在西欧结束了，但在东欧依旧发展，它的影响并没有消失。从中世纪开始，农业技术就没有多大进步。环境恶化（如小冰川期，以及由采矿业和伐木业引起的滥砍滥伐）使穷人苦不堪言。与拥有免税权的富裕地主相比，农民过着非常穷苦的生活。农村地区的贫苦引发了多次武装起义。妇女依赖于家庭的财富和丈夫的财富。在受教育、参加行会和从事专门职业方面，她们面临着诸多限制。

不同地区在政策、对外关系和经济方面的差异使早期近代的欧洲国家走上了不同的发展之路。查理五世的领地有的信天主教，有的信新教。他未能协调好这些领地的利益，也未能掌控实力不容小觑的地方统治者。因此，他整合神圣罗马帝国的努力以失败告终。教廷没有批准亨利八世和阿拉贡的凯瑟琳离婚。于是，他断绝了与教皇的一切关系，让议会奉自己为英格兰教会的领袖。在这一时期，英国的权力斗争使议会变得更加强大。另一方面，法国的王权不断加强，路易十四修建的凡尔赛宫成为强大王权的象征。16世纪，西班牙是欧洲最强大的国家。但它未能平息尼德兰的反抗，军费使国家走向了破产。在17世纪，尼德兰掌握着欧洲大陆的商业霸权。

在强大海军的支持下，英国在英荷战争中击败了荷兰，并阻止了18世纪早期法国合并西班牙的扩张图谋。西班牙和法国保留了贵族传统的免税权。与这两个国家不同，英格兰开始向贵族地产征税。上述政策、直接收税制度和建立可以提供低息贷款的中央银行，使英格兰有了比竞争对手更雄厚的财政基础。

474

进一步阅读文献

Bergin, Joseph. *The Short Oxford History of Europe: The Seventeenth Century*. 2001. 一部综述。

Braudel, Fernand. *Civilization and Capitalism, 15th–18th Century*. Trans. Siân Reynolds. 3 vols. 1992. 一位著名历史学家的研究成果。

Casey, James. *Early Modern Spain: A Social History*. 1999. 回顾了一个重要世纪。

Cipolla, Carlo M. *Before the Industrial Revolution: European Society and Economy, 1000–1700*, 3rd ed. 1993. 介绍了社会生活和经济生活。

Fagan, Brian. *The Little Ice Age: How Climate Made History, 1300–1850*. 2000. 研究环境史的重要著作。

Hall, A. R. *The Scientific Revolution, 1500–1800: The Formation of the Modern Scientific Attitude*, 2nd ed. 1962. 介绍了那个时代的思想萌发。

Huppert, George. *After the Black Death: A Social History of Early Modern Europe*, 2nd ed. 1998.介绍了那个时期的社会史和经济史。

Israel, Jonathan. *The Dutch Republic: Its Rise, Greatness and Fall, 1477–1806*. 1995. 研究了一个重要国家。

Jütte, Robert. *Poverty and Deviance in Early Modern Europe*. 1994. 没有从社会上层的视角进行研究。

Le Roy Ladurie, Emmanuel. *The Royal French State, 1460–1610*. Trans. Juliet Vale. 1994. *The Ancien Régime: A History of France, 1610–1774*. Trans. Mark Greengrass. 1996. 两卷本著作，研究了一个重要的国家。

Levack, Brian P. *The Witch-Hunt in Early Modern Europe*, 2nd ed. 1995. 研究了欧洲对巫术的着魔。

Outram, Dorinda. *The Enlightenment*, 2nd ed. 2005. 包括了最近的研究成果。

Parker, Geoffrey. *Military Revolution: Military Innovation and the Rise of the West, 1500–1800*, 2nd ed. 1996. 暴力时代的技术发展。

Shapin, Steven. *The Scientific Revolution*. 1996. 一部易被理解的介绍性著作。

Sharpe, J. A. *Early Modern England: A Social History, 1550–1760*, 2nd ed. 1997. 聚焦单一国家。

Wallerstein, Immanuel. *The Modern World-System*, vol. 2, *Mercantilism and the Consolidation of the European World-Economy, 1600–1750*. 1980. 关于欧洲与世界的关系，表述了一个有影响力的经济理论。

Wiesner, Merry E. *Women and Gender in Early Modern Europe*, 2nd ed. 2000. 讨论了妇女史中的若干问题。

注 释 475

[1] 引自Carlo M.Cipolla, "Introduction," *The Fontana Economic History of Europe*, vol. 2, *The Sixteenth and Seventeenth Centuries* (Glasgow: Collins/Fontana Books, 1976), 11–12。

[2] Michel de Montaigne, *Essais* (1588), ch. 31, "Des Cannibales."

[3] William H.McNeill, *The Pursuit of Power: Technology, Armed Force, and Society Since A.D. 1000* (Chicago: University of Chicago Press, 1982), 124.

The Earth and Its Peoples: A Global History

大地与人

一部全球史

—下 册—

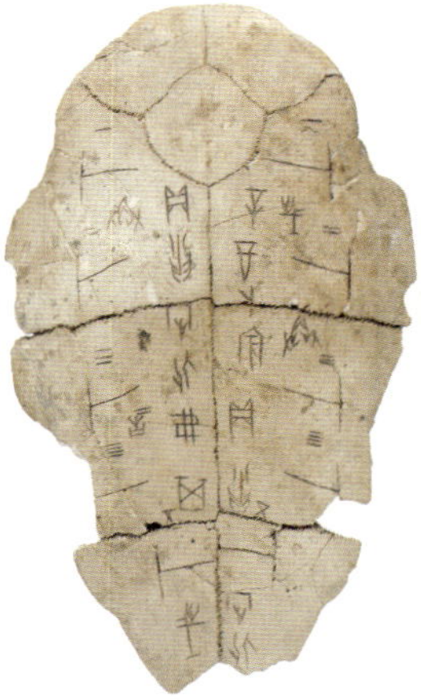

〔美〕理查德·W.布利特　〔美〕帕梅拉·凯尔·克罗斯利
〔美〕丹尼尔·R.黑德里克　〔美〕史蒂文·W.赫希　著
〔美〕莱　曼·L.约翰逊　〔美〕大　卫·诺思拉普

刘文明　邢　科　田汝英　译

商务印书馆
The Commercial Press

2020年·北京

第18章

美洲殖民地社会的多样性（1530—1770年）

本章纲要

思考

哥伦布交流是如何改变美洲环境的？

在西属美洲和巴西的主要产业中，强迫劳动扮演了什么角色？

西属、葡属、英属和法属殖民地有什么异同？

殖民地的改革和18世纪帝国主义列强之间在美洲的战争，分别产生了什么影响？

477 夏勒什·荷马（Shulush Homa）是18世纪乔克托人（Choctaw）的首领，英文名是“红鞋”（Red Shoes）。他陷入了进退维谷的境地。若干年以来，他一直帮助法国人进入密西西比河下游河谷，保护他们偏远的定居点免受当地其他民族的侵扰，还与他们进行稳定的鹿皮贸易。作为回报，他得到了枪支、礼物以及仅授予领袖人物的荣誉。虽然出身平民，但在与法国人打交道的时候，他充分运用了自己的政治手腕，如精明地将礼物分给他人，这提高了他在乔克托人

法国殖民统治时期，路易斯安那的乔克托人村庄 这个村庄的生活景象说明乔克托人融入了殖民地经济。画中有一个年轻的非洲奴隶和来自欧洲的商品，乔克托人还在进行传统劳动。

中的地位。但好运与他渐行渐远了。英国和法国爆发了战争，英国切断了法国的航运。红鞋突然失去了法国的枪支供给，拿不到枪的部下对他颇有腹诽。在这种情况下，红鞋与法国的敌人（英国）签订了一份具有危险性的新协议。法国人开始悬赏要他的脑袋。1747年，红鞋遇刺身亡，这在乔克托人中引发了一场内战。到冲突渐近尾声的时候，法国移民和乔克托人都已是苦不堪言。

红鞋的故事揭示了欧洲殖民时期的一些问题。首先，虽然欧洲的殖民活动带来了战争、传染病和领土上的损失，但一些美洲印第安人也掌握了新的技术和政治策略，并能使之为己所用——至少在一段时间内可以。但到最后，他们所能取得的最好成果也仅仅是起阻挠作用。旧世界的人将统治新世界的人。

其次，欧洲帝国的政治需求和经济需求把与世隔绝了数个世纪的美洲拖入了世界。欧洲人和非洲人的到来，给美洲带来了生物和文化方面的变化，新进入美洲的植物、动物、疾病、民族和技术从根本上改变了当地的自然环境。但这种变化不是单向的。新世界的技术和资源也为旧世界的深刻变革做出了贡献。其中，美洲的主要粮食作物为欧洲、亚洲和非洲的人口增长奠定了基础。此外，美洲的财富也改变了欧洲的政治、经济和社会关系。

第三，红鞋和乔克托人的故事揭示了殖民地社会的复杂性。在这个社会中，美洲印第安人、欧洲人和非洲人都为新文化的产生做出了贡献。虽然美洲
各地都出现了新文化，但每处的文化又不尽相同，这就形成了文化多元性。殖 478
民地社会包括了原住民、奴隶贸易和欧洲社会的一些特征。殖民地成熟后，认同感也得到加强，住在美洲的人开始自视与众不同。

18.1　哥伦布交流

“哥伦布交流”（Columbian Exchange）指新世界与旧世界之间的人口、动物、植物的迁移和疾病的传播。欧洲人入侵美洲和向西半球殖民开启了一个物种传播和技术传播的新纪元，这改变了美洲的环境。在移民的第一个世纪，旧世界（哥伦布航行之前为人所知的世界）的牲畜和农作物传到了美洲，新世界的粮食作物也促进了欧洲、亚洲和非洲的农业发展。旧世界的疾病通过欧洲移

哥伦布交流：在哥伦布抵达美洲之后，美洲与世界其他地区在植物、动物、疾病和技术方面的交流。

民和非洲奴隶进入美洲，这些疾病造成大量原住民死亡。人口方面的巨大变化削弱了原住民抵抗欧洲人的能力，也加快了动植物和技术的传播。结果，西班牙、葡萄牙、英国和法国的殖民地成为文化和社会的试验场。

18.1.1 人口变化

新世界的民族长期与世隔绝（见第16章），缺乏抵御外来疾病的能力。因此，在传染病刚刚进入美洲的时候，美洲印第安人的死亡率一直居高不下。由于不清楚美洲印第安人的确切数量，所以我们很难确定这些疾病究竟造成了多大影响。但学者们一致认为，旧世界疾病对原住民的影响非常大。据估计，墨西哥中部的人口从1 300多万下降到16世纪的大约70万。在同一时期，玛雅人和印加人的人口减少了75%以上。在葡萄牙到达后的一个世纪里，巴西的原住民减少了超过50%。

早期的传染病

1518年，天花传到加勒比地区，这是死亡率最高的早期传染病。在墨西哥和中美洲，50%以上的美洲印第安人没有挺过第一波天花疫情。之后，天花传到了南美，同样造成了灾难性的后果。16世纪30年代，麻疹传到了新世界。随后，白喉、斑疹伤寒、流行性感冒和肺鼠疫也接踵而至。当两种或多种疾病同时肆虐的时候，死亡率往往会达到最高峰。1520—1521年，流感和其他疾病袭击了危地马拉的卡克奇凯尔人（Cakchiquel）。他们的编年史记载：

> 尸体发出了很浓的恶臭。在我们的父辈和祖辈倒下后，半数的人逃到了野外。狗和秃鹫会吃掉尸体。……我们成了孤儿，哦，我的儿子啊！……我们出生就是为了死！[1]

到17世纪中叶，疟疾和黄热病也开始肆虐美洲的热带地区。高致死率的疟疾是奴隶贸易带来的，它不但使大量的美洲原住民死亡，还影响到了欧洲人。

17世纪，英国和法国殖民地的发展也导致相似的疫情和死亡率。1616—
1617年的传染病几乎把新英格兰的原住民推到了灭绝的边缘。传染病也跟着法
479 国的皮毛贸易传到了哈德逊湾和五大湖区。虽然没有证据表明欧洲人在刻意传
播疾病，但人口的大量死亡确实削弱了原住民抵抗殖民者的能力。

大事年表

	西属美洲	巴西	英属美洲	法属美洲
1500年	1518年，天花传到加勒比地区 1535年，设立新西班牙总督区 16世纪40年代，设立秘鲁总督区 1542年，《新法》试图改善印第安人待遇 1545年，玻利维亚的波托西发现了银矿	1520年，葡萄牙任命了第一位巴西总督 1540—1600年，印第安奴隶时代 1540年之后，糖开始成为经济支柱	1607年，建立詹姆斯敦	1534—1542年，雅克·卡蒂亚对纽芬兰和圣劳伦斯湾进行了探险 1608年，建立魁北克
1600年	1625年，波托西的人口达12万	到1620年，非洲奴隶成为种植园的主要劳动力 17世纪30年代，逃亡奴隶建立了棕榈城	1620年，建立普利茅斯 1660年，弗吉尼亚的奴隶数量开始快速增加 1664年，英国从荷兰手中夺走纽约	1699年，建立路易斯安那
1700年	1700年，西班牙哈布斯堡王朝最后一位国王去世 1713年，第一位来自波旁家族的统治者在西班牙加冕 18世纪70年代和80年代，印第安人在安第斯地区发动叛乱	1750—1777年，庞巴尔侯爵推行改革	1754—1763年，法国人与印第安人之战	1760年，英国占领加拿大

18.1.2　动植物的迁移

在传染病肆虐的时候，新世界与旧世界也在进行着动植物的交换，这使两地的饮食和生活方式出现了根本性变革。移民很快便把欧洲南部的农产品带到了美洲，如小麦、橄榄、葡萄和各种蔬菜。殖民地也从非洲和亚洲引进了水稻、香蕉、椰子、面包果和糖。虽然新世界对自己的传统饮食情有独钟，但他们的餐桌上还是增加了许多食物，如柑橘类水果、瓜、无花果、糖、洋葱、萝卜和色拉用绿叶蔬菜。

哥伦布交流　在画中，一个印第安妇女在挤牛奶，这说明哥伦布交流改变了当地的文化和环境。一方面，牲畜有时会破坏原住民族的田地；另一方面，牛、绵羊、猪、山羊也可以提供食物、皮和毛。

动植物的传播
480

美洲也向旧世界提供了许多有用的植物。玉米、马铃薯和树薯给亚、非、欧的农业和饮食带来了革命性变化（见第19章“环境与技术：在非洲的美洲食物”）。许多专家认为，美洲农作物的传播促进了1700年后的世界人口增长。与旧世界的农作物相比，新世界的作物可以提供更多的热量。豆类、南瓜、番茄、甘薯、花生、辣椒和巧克力也得到了旧世界的普遍认同。此外，新世界还向旧世界提供了染料、药、各种棉花和烟草。

引入新世界的欧洲动物给当地的环境和文化带来了巨大影响。在美洲，牛、猪、马、羊、老鼠和兔子没有天敌，因此它们可以迅速繁殖。例如，到1700年，在巴西南部、乌拉圭和阿根廷的大平原上，野牛和野马的数量超过了5 000万。

牲畜的快速繁衍给环境造成了巨大影响。根据牧师和殖民地官员的记述，到处横冲直撞的牲口严重破坏了印第安人的农业。安东尼奥·德·门多萨（Antonio de Mendoza）是第一任墨西哥总督，他在给西班牙国王的一封信中写道：“您可能会意识到，如果对牛群不加约束，那么印第安人就完了。”羊只吃贴近地皮的草，它们也会威胁环境。

但总督没有全面说明这些新动物对原住民的复杂影响。例如，南美平原、墨西哥北部平原和德克萨斯平原上的野牛为当地人提供了充足的牛肉和牛皮。直到今天，美国西南部的纳瓦霍人（Navajo）仍是牧民和出色的织工。即便在欧洲的移民中心，美洲印第安人也会利用这些欧洲动物，充当赶骡人、牛仔和牧羊人。

马对原住民的影响最大，它提高了狩猎的效率，也增强了平原地区的军事力量。马匹使阿帕切人（Apache）、苏族人（Sioux）、黑脚人（Blackfoot）、科曼奇人（Comanche）、阿西尼博因人（Assiniboine）和其他民族可以高效地猎杀成群的北美野牛。在南美，马匹也给马普切（Mapuche）文化和潘帕斯（Pampas）文化带来了巨大变化。

本节回顾

西班牙和葡萄牙在美洲建立了帝国，这加速了人口、植物、动物、疾病和技术在全球的传播。

旧世界的疾病导致新世界的原住民大批死亡，这使他们无力抵抗欧洲的扩张。旧世界的动物在美洲泛滥，也给新世界带来了影响。

新的动植物不但惠及旧世界，也惠及了新世界。

18.2　西属美洲和巴西

481

殖民地的范围在迅速扩大。从哥伦布到达西半球算起的100年之内，西班牙帝国在美洲的领土包括大部分加勒比岛屿和从墨西哥北部到拉普拉塔的大片地区。拉普拉塔地区包括现在的阿根廷、乌拉圭和巴拉圭。相对西班牙来说，葡萄牙的殖民进程要慢一些。但到16世纪末，葡萄牙人已经占领了巴西沿海的大部分地区。

殖民地社会的形成

来自西班牙和葡萄牙的早期殖民者希望按照本国模式塑造殖民地社会。在他们的心里，殖民地社会要垂直地分为若干阶层，要完全信奉天主教，要有家长制的家族网。他们很快建立起与本国相似的宗教制度、社会制度和行政制度。

虽然原住民要被迫接受外来制度，而且传染病使他们失去了大量人口，但他们还是深刻地影响了殖民地社会的发展。阿兹特克人和印加人的上流家庭会与西班牙殖民者通婚，与他们建立松散的联盟，希望用这种方法保住自己的特权和其他权利。他们也会用殖民地的法庭来保卫自己的土地。在西属和葡属美洲，原住民的军事力量和劳动力对殖民地的发展至关重要。在基督教的压力下，美洲印第安人的宗教信仰和宗教活动仍然生机勃勃。他们的语言、烹饪、医学和农业技术也推动了拉美文化的发展。

非洲奴隶贸易为拉美殖民社会注入了第三种文化因素。起初，非洲奴隶只是集中在巴西和加勒比的种植园地区（见第19章）。但到殖民时代末期，非洲人和他们的后裔遍及整个西属和葡属美洲。他们给殖民社会带来了非洲的农业、音乐、宗教信仰、烹饪和社会习俗。

18.2.1 国家和教会

西班牙王室很快控制了西属美洲的权力，他们不但能对原住民发号施令，还能管理欧洲移民，但地理条件和技术因素给他们的野心泼了冷水。西班牙政府不可能对遥远的殖民地耳提面命，因为往返西班牙和墨西哥的韦拉克鲁斯要花200多天的时间。如果想去秘鲁的利马，那么还要再多花几个月。

西班牙和葡萄牙的殖民政府

结果，西属殖民地的高级官员（新西班牙总督和秘鲁总督）的权力范围极广。但在控制大片领土时，他们也会面临一些障碍。1535年，当局设立了新西班牙总督区，首府在墨西哥城，总督管辖着墨西哥、现今美国的西南部地区、中美洲和加勒比诸岛。5年后，西班牙政府又设立了秘鲁总督区，首府在利马，西属南美都属于总督的管辖范围（见地图18-1）。

到17世纪，大多数殖民地官员仍都是在西班牙出生的。但财政混乱最终迫使西班牙王室开始卖官。结果，在美洲出生的殖民地精英走上了政治舞台。

在16世纪中叶，葡萄牙关注的是亚洲和非洲。早期移民并没有在巴西发现富饶的矿藏和自然资源，所以葡萄牙国王也没有急于在新世界设立殖民政府。但当地的混乱管理迫使国王于1549年委派了一位总督，总督区的首府位于巴西的萨尔瓦多。1720年，国王任命了第一任巴西总督。

西班牙和葡萄牙的殖民机构大同小异。但与后来法国和英国在北美设立的殖民当局相比，西班牙和葡萄牙的机构既臃肿又耗资巨大。西属美洲的金矿和银矿为西班牙提供了大量的财富，巴西的糖料种植园也使葡萄牙获利颇丰。1690年后，金矿成为庞大的殖民官僚体系的支柱。这些机构更多的是为两国君

地图18-1　18世纪的拉美殖民地　18世纪，西班牙和葡萄牙控制着西半球的大部分地区。为了抵抗欧洲敌人，保卫殖民地，西班牙和葡萄牙在16世纪设立了新的行政管辖区——总督区。从殖民地商品中征的税为政府权力的扩大提供了资金。

483 主服务，这就阻碍了当地的经济发展和政治进步。更重要的是，沉重的税赋榨干了殖民地，这既迟滞了对本地的投资，又阻碍了经济增长。

天主教会

在西属美洲和巴西，天主教会是传播基督教信仰、欧洲语言和欧洲文化的主力军。教会劝美洲印第安人皈依天主教，为欧洲移民提供精神慰藉，通过引进出版物和建立各级学校来丰富精神生活。

西班牙和葡萄牙认为它们征服美洲是无可厚非的，因为这样可以使原住民皈依基督教。基督教扩大了其在美洲的影响，这种行为多少有些像4世纪君士坦丁在欧洲的扩张。在征服美洲的几年之内，新西班牙有数十万人受洗。但为数不多的传教士很难保证传教的质量。一个多明我会教士对国王说，方济各会“虽然占有农村地区的3/4，但他们的教士不足。……在大部分地区，他们一年只做一次弥撒；想想看，就是他们在传教！”[2]

484 教会人士会首先发展印第安上层人士入教，希望这样可以带动其他人皈依天主教。为了达到这个目的，方济各会传教士在墨西哥对当地精英进行神学教育，希望把他们培养成神父。但事实上，他们的想法太过异想天开，许多改信天主教的人依然保持着旧信仰，秘密地举行传统宗教仪式。16世纪30年代，两个皈依天主教的阿兹特克贵族因异端的罪名受到了惩罚。16世纪60年代，又有成百上千个玛雅人受到了折磨。之后，暴力镇压的情况很少发生，教会也放弃了培养印第安教士的做法。

巴托洛梅·德·拉斯·卡萨斯

巴托洛梅·德·拉斯·卡萨斯：墨西哥南部恰帕斯的第一任主教，他用毕生精力保护印第安人，使其免受剥削。他的主要成就是制定了1542年的《新法》，这部法律对西班牙移民役使印第安人劳动做了限制。

虽然上述努力没有获得成功，但天主教教士确实给予原住民一些保护，使他们免受西班牙移民的虐待和剥削。在殖民早期，**巴托洛梅·德·拉斯·卡萨斯**（Bartolomé de Las Casas）神父（1474—1566年）就坚定地保护着印第安人。1502年，他以移民的身份到达了伊斯帕尼奥拉岛。起初，他靠强迫印第安人劳动为生。印第安人的死亡和西班牙人的暴行给了他很大触动。拉斯·卡萨斯加入了多明我会，随后成为墨西哥南部恰帕斯（Chiapas）的第一任主教。此后，拉斯·卡萨斯为原住民积极奔走。他的最大成就是制定了1542年的《新法》——改革立法，宣布奴役印第安人为非法行为，并限制其他强迫劳动的行为。

欧洲教士来美洲的目的是传播正统的天主教信仰和仪式。但美洲印第安人说着各式各样的语言，他们还分散在辽阔的土地上，所以欧洲教士很难如愿。传教不但进展缓慢，而且成效有限，这导致了独特的美洲印第安基督教的出现。这种宗教融合了欧洲基督教和本土宗教的宇宙哲学与宗教仪式。天主教教士和欧洲移民认为这样的融合是邪恶的，也足以证明美洲印第安人的低等。但事实上，它是文化借鉴和文化创新的一个组成部分，为一种独特的拉美文化做出了贡献。

1600年后，传染病使美洲印第安人大量死亡，越来越多的人开始抵制基督教。于是，天主教会的工作重点从原住民居住的农村地区转移到了欧洲人比较集中的城市和城镇。上述转变的重要结果是建立了大学和中学，这提高了城市地区的文化生活。随着时间的流逝，教会成为西属殖民地最富有的机构，它控制着牧场、种植园、葡萄园，此外也会涉足银行业。

18.2.2 殖民地的经济

秘鲁、墨西哥的银矿和巴西的糖料种植园是拉美殖民地经济的支柱。新世界的矿藏促进了欧洲资本主义的早期发展，也为欧洲对亚洲的贸易扩张提供了资金。来自这些经济中心的利润也促进了殖民城市的发展。把有限的资金和劳动力集中在一起，有助于提高周边乡村地区的农牧业生产（见地图18-1）。拉美地区长期出口农矿产品，这成为一笔社会遗产和经济遗产。

殖民地的矿业

西班牙和之后的葡萄牙生产出了价值数百万乃至上千万比索的黄金，但西属殖民地的银矿却成了最有价值的财富，它对经济产生了极大的影响。16世纪三四十年代，墨西哥首次发现了重要的银矿。1545年，西班牙在秘鲁高地（今玻利维亚）的**波托西**（Potosí）发现了储量丰富的银矿。在1680年被墨西哥白银取代之前，秘鲁高地和秘鲁出产的白银一直是西属殖民地的经济支柱。起初，矿工会从矿石中提炼白银：他们把矿石碾碎，混着木炭放在炉子里烧。但这样太浪费木材了，矿区附近的森林遭到了破坏。在燃料价格高企的情况下，墨西哥矿工使用了一种更有效率的化学提取法：将水银和矿石混在一起（见“环境

波托西：位于玻利维亚，是西属美洲最大的银矿之一，也是人口最多的城市之一。

环境与技术

1700年玻利维亚波托西的制银厂

485

在殖民地时期，西属美洲的制银厂是西半球规模最大、投资金额最高的企业。到17世纪中叶，玻利维亚波托西的矿山吸引了超过12万人。

下面这张图表现了一个典型的制银厂。沟渠将水从山脚下的大型蓄水池引进制银厂。右侧的水轮可以带动两组垂直的捣击机，捣击机会把矿石打碎。每个捣击机的下部都包着铁，它的形状和重量就像是电线杆。之后，印第安工人会将矿石分类、烘干，把它们与水银和其他催化剂混在一起，这样就可以提炼出银。然后，矿工会用清洗和加热的方法来析出汞合金。最后会得到成色比较好的银锭，制银厂会检验这些银锭，并向其征税。

生产白银要付出很高的环境代价。森林被大量砍伐，有的木材被用作燃料，有的用于制作轴、捣击机和其他设备。生产过程中出现的有害金属会毒化并污染土壤。此外，工厂还需要数以万计的马、骡子和公牛去驱动机械，运输原料，这又导致了过度放牧和普遍的土壤侵蚀。

1700年玻利维亚波托西的制银厂　西属美洲制银厂，西半球最大的企业。

（A）储藏矿石的地方　（B）两组打碎矿石的水力捣击机　（C）另外一个捣击机
（D）分类矿石的筛子　（E）矿石进入混合箱　（F）在矿石中加入水银和催化剂
（G）进行混合　（H）在火炉中使矿石干燥　（I）去除水银
（J）清洗精炼的矿石　（K）检验矿石　（L）为低质量的矿石再次加入催化剂
（M）住宅　（N）办公室和库房　（O）沟渠
（P）小教堂　（Q）厂主的房子

与技术：1700年玻利维亚波托西的制银厂”）。使用了水银融合法之后，白银的产量和效益都有所提高。但这个过程也会严重破坏环境，因为水银是有毒的，它不但污染环境，而且会使矿工生病。 486

委托监护制和米达制

从哥伦布时代开始，美洲原住民就被迫为欧洲移民劳动。直到16世纪40年代，西班牙殖民当局还将印第安人和移民区别对待，后者强迫前者提供劳动和物品。这种形式的强制劳动被称为**“委托监护制”**（encomienda）。传染病和虐待使印第安人的数量不断减少，一些改革（如《新法》）试图削弱委托监护制。但银矿的发现导致了新形式的强制劳动。在墨西哥产矿区，传染病使印第安人大量死亡，银矿开始雇用有偿劳动力。在秘鲁，有大量的印第安人幸存了下来，西班牙人开始使用另一种劳动形式，这就是“米达制”（mita）。在这种制度下，1/7的印第安成年男性每年要为矿山、农场和纺织厂工作2至4个月。

委托监护制：在西属殖民地，大地产主有权管理一群印第安人，可以获得印第安人的廉价劳动和他们定期提供的物品，还可以要求印第安人信奉基督教。

随着死于传染病的印第安人的数量不断增加，村庄缩短了米达制的服役间隔。许多人隔一两年就会回矿山，而不是之前的每7年。成千上万的人不愿意接受米达制，不愿意承担强加在印第安人头上的税赋，但他们不得不放弃传统农业，永久地进入西班牙人的矿山和农场。这样做的长期结果是动摇了印第安人的乡村生活，使他们融入了说西班牙语、信奉天主教的殖民地社会。

奴隶和奴隶贸易

在殖民巴西之前，葡萄牙人已经在大西洋上的马德拉群岛、亚速尔群岛、佛得角和圣多美（São Tomé）建起了使用非洲奴隶的糖料种植园。早期的成功经验使他们将这种获利颇丰的农业模式搬到了巴西。1540年后，糖料种植园迅速发展起来。到17世纪，它成了巴西的经济支柱。

起初，葡萄牙种植园主会使用俘获或从村子里抢来的印第安人。16世纪和17世纪，各种传染病开始在巴西肆虐，成千上万的印第安奴隶因此丧命。这促进了葡萄牙国内奴隶贸易的发展，抓奴隶的人会深入内陆，有时甚至会去邻近 487
的西属殖民地抓奴隶。

印第安奴隶是劳动力的重要来源。因此，直到18世纪，抓捕奴隶在边境地区都是一项重要的买卖。但糖料种植园主最终会依靠非洲奴隶。开始的时候，非洲奴隶比印第安奴隶贵，但园主发现他们更能干活，更能抵抗疾病。在种植园的推动下，奴隶的进口量从16世纪末的年均2 000人增加到了一个世纪之后的年均约7 000人，超过了拥有自由身份的葡萄牙移民。1650—1750年，非洲奴隶与欧洲移民的比例是5:1。

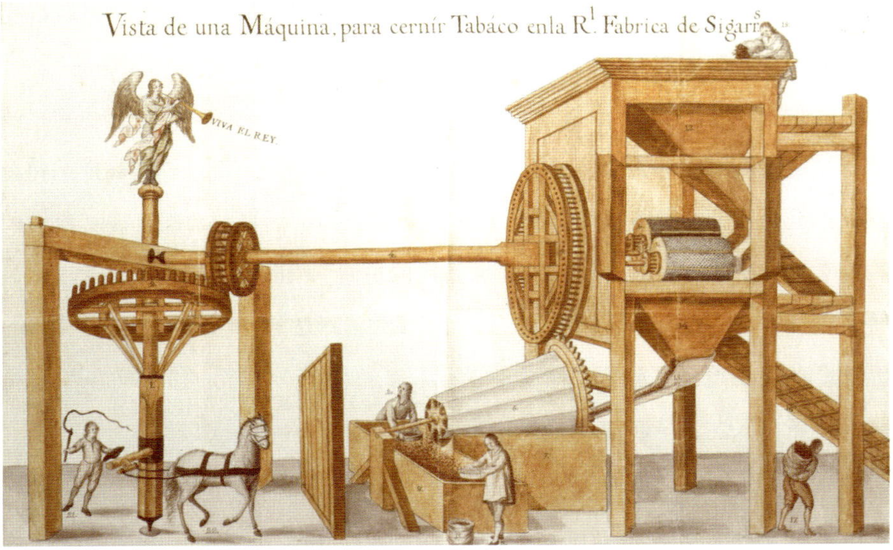

墨西哥城烟草厂的设备 18世纪，墨西哥城的烟草厂用马拉的设备生产鼻烟和纸烟。

殖民地的贸易网

在西属美洲，墨西哥和秘鲁的矿业中心最终融入了全球经济。美洲的白银增加了欧洲的货币供给，促进了当地的商业发展和工业化。大量的白银也跨过了大西洋，流入了西属菲律宾。在那里，白银用于购买亚洲的香料、丝绸和陶瓷品。

秘鲁、玻利维亚和墨西哥的丰富矿藏促进了城市人口的增长，也推动了长途农产品贸易和纺织品贸易。到1625年，波托西城（位于安第斯山脉高处）拥有12万居民。这个矿产丰富的城市成为该地区的贸易中心，那里有智利的小麦、阿根廷的牲畜和厄瓜多尔的纺织品。

在整合南大西洋经济方面，巴西的糖料种植园也扮演了类似的角色。巴西用糖、烟草和转手的奴隶去交换邻近西属殖民地的巴拉圭茶、皮革、牲畜和白银。葡萄牙不断放开对英贸易，这使巴西参与了西属殖民地和欧洲之间的非法贸易。17世纪末，巴西发现金矿，这促进了内陆地区的经济整合和国际经济整合。

18.2.3 拉丁美洲的殖民地社会

除了早期的总督外，几乎没有西班牙贵族会前往新世界，西班牙绅士

（Hidalgos，下级贵族）以及西班牙的商人、手工业者、矿工、神父和律师倒是比较积极，少数的罪犯、乞丐和妓女也想前往殖民地。西班牙移民潮从来就不汹涌，他们一直是殖民社会的少数，占人口多数的是美洲印第安人、人数迅速增加的非洲人、**克利奥尔人**（在美洲出生的白人）和混血儿（见“多样性与主流：西属殖民地的种族和种族关系：杂合的等级制”）。

克利奥尔人：在西属美洲，这个词用来指欧洲人在新世界所生的孩子。在美洲其他地方，这个词指所有的非土著民族。

殖民地的上层

强大的西班牙征服者和早期移民想建立一个世袭社会，统治阶层就相当于欧洲的贵族。但在16世纪，对印第安人的虐待和传染病带来的灾难性影响削弱了他们的经济地位。殖民地官员、神职人员和最富有的商人取代了他们的社会地位。欧洲人主宰着商业，把持着教会和政府的最高层。同时，富有的克利奥尔人控制着殖民地的农业和矿业。虽然西班牙人和克利奥尔人之间的紧张关系不可避免，但双方都可以栖身上流社会。

印第安人的适应

在欧洲人到达美洲之前，原住民有着多种文化，他们的语言也不尽相同。外来征服和传染病破坏了社会多样性和文化多样性，印第安民族的迁徙促进了宗教信仰的转变，原住民之间的民族界限也逐渐模糊起来。殖民当局和移民会使用“印第安人”这个种族标签，这有助于组织纳贡，也有助于使原住民成为劳动力，但这也为殖民统治划上了一条文化界限。

军事失败和欧洲移民给印第安精英带来了新的政治环境与经济环境，他们想在这个新环境中生存下去。其中一些人想用和殖民者通婚或建立松散联盟的方式来维持自己的地位。结果，在征服之后的几十年里，血缘关系将当地家族

多样性与主流

西属殖民地的种族和种族关系：杂合的等级制 488

许多到访拉美的欧洲人都对欧洲人、印第安人和非洲人的混血感兴趣。许多人也会谈到奴隶的待遇。在下面这段材料中，我们将考察两个殖民地社会。

1735年，豪尔赫·胡安（Jorge Juan）和安东尼·德·乌略亚（Antonio de Ulloa）所在的科学考察队到达了殖民地，这两个年轻的西班牙海军军官也是科学家。他们到访了南美沿岸的许多主要城市，并游历了西半球的不同地区。之后，

他们出了第一本文集。除了科学事务外，他们还记述了建筑、当地的风俗和社会秩序。在这本文集中，他们描述了基多（Quito，今厄瓜多尔首都）的混血人。

大约1776年，利马出版了第二本文集，作者用的是“康科劳科沃”（Concolorcorvo）这个假名。我们现在知道，作者是阿隆索·卡里奥·万德拉（Alonso Carrío de la Vandera）。他出生在西班牙，年轻的时候去了殖民地。他担任过多项官职，其中一项是管理从布宜诺斯艾利斯到利马的邮路。卡里奥·万德拉花了很长时间去深入考察殖民地社会，虽然他的旅程并不轻松，而且他的行为有时也会受到指责。下面这部分描述了阿根廷的科尔多瓦（Córdoba）。

殖民地想为每一种可能的混血取一个名字，他们的父母可能是欧洲人、印第安人或非洲人，这样可以建立并实行种族分类。这使胡安、乌略亚和万德拉感到困惑，他们对白人社会的自负和傲慢做出了评论。很幸运，我们得到了当时对殖民地社会多样性的描述。但我们也要记住，这些作者也不能摆脱他们所处的时代，他们对欧洲优越论自信满满。虽然他们也记述了对印第安人、混血人和非洲人的虐待，有时也会揭露社会上层的虚伪。但他们始终认为，非白种人是劣等的。

基多

这座城市人口众多，其中还有些显赫的家族。考虑到他们的势力，这些豪门大族的人数并不多。穷人占了相当大的比例。前者的祖先是征服者、官员、审计员或其他［上流社会］成员，这些人来自西班牙，获得了有利可图的职位。他们只和门当户对的人通婚，因为这样可以保留他们的荣耀——无论是财富还是血统。他们不会和身份较为卑微的家族联姻，即便那些人很有钱。平民百姓和他们的后代会被分为四个阶层：西班牙人或白人、梅斯蒂索人（Mestizos，欧洲人与印第安人的混血儿）、印第安人或土著人，以及黑人。后几类人在人口的比例上与在西印度群岛的其他地区有所不同；这是因为把黑人带到基多会有些不方便，而且不同种类的农业生产主要由印第安人完成。

“西班牙人”（Spaniard）这个词与查皮同（Chapitone）［原文如此］或欧洲人有着不同的含义。实际上，它指的是纯正的西班牙人的后代，没有混血情况。许多欧洲人与印第安人的混血儿肤色很淡，他们看上去更像是西班牙人，这一点是不会被忽视的。根据“白人”（Whites）这个词的结构，白人只占居民的1/6。

梅斯蒂索人特指西班牙人和印第安人的后代。在这里，他们与黑人和白人不同，就像以前在卡塔赫纳（Carthagena）[原文如此]一样。虽然有所不同，但在基多，混血儿的地位不是很低，因为第二代人或第三代人的肤色与欧洲人肤色相似的时候，他们会被认为是西班牙人。梅斯蒂索人的肤色黑中带红，但不是姆拉托人（Mulattos）的那种红。这是第一种，或者说是西班牙人和印第安人的直接后代。但有些人是茶色的肌肤，虽然可以从胡子分辨出他们。另外一些人，如果他们肤色比较好的话，人们会认为他们是白人，仔细看也看不出破绽。这些人最显著的特征是前额比较窄，头发和眼窝之间的距离比较短；同时，头发会长过太阳穴，鬓角低于耳朵。此外，头发比较粗糙、稀疏，也会非常黑；他们的鼻子比较瘦小，只是在脸的中间部分突出一块。从那里划出了一条小弧线，弧线止于上嘴唇。除了身上的黑色斑点外，这些永恒的特征可以戳穿他们的肤色所造成的假象。梅斯蒂索人占居民数的1/3。

下一个阶层是印第安人，他们也占人口的1/3；另外的1/6是卡斯提斯人（Castes）[混血]。根据可靠的教区记录，这四个等级的人口数量在5万到6万之间，其中包括了各种年龄、性别和阶层。在这些人中，人们会理所当然地认为西班牙人是最富有、最有地位和最有权势的。但也有些西班牙人很穷、很痛苦。他们不会去做买卖，觉得这样很丢脸，因为他们的肤色不是黑色、棕色或红铜色。梅斯蒂索人会投身于艺术或贸易，但选择那些具有最高声望的职业，如绘画和雕刻等，把那些较平庸的留给印第安人。

科尔多瓦 489

没人告诉我这座城市大约有多少人，因为官方和教会都没有相关的记录，我也不知道这些移民如何证实他们所吹嘘的自古而来的高贵身份。他们或许可以，因为每个家庭都会有家谱。据我估计，在这座城市和有限的公共土地上，大约有500—600名居民，但在主要的住宅里还有大量的奴隶。大部分奴隶是克利奥尔人[在本土出生]，因为在这座城市和图库曼

（Tucumán），没有人因宽大而获得自由。他们很容易供养，因为生活必需品和肉的价格适中。他们会穿普通衣服，这些衣服都是自家奴隶做的，他们的鞋很好。他们会在许多方面帮主人挣钱。只是在这个制度下，他们得不到自由。因此，他们的结局都比较悲惨，就像在利马出现的情况。

当我经过科尔多瓦的时候，他们在卖2 000个黑人，都是来自腾普拉里得蒂（Temporalidades）［1767年没收自耶稣会］的克利奥尔人，来自这座城市两个［耶稣会］学校的农场。我看过名单，每个人都有自己的名字，他们来自有2—11名成员的家庭，都是纯粹的黑人或克利奥尔人的第四代人，因为神父常常出售西班牙人、姆拉托人和印第安人的混血后代。在这群黑人中，有些人懂音乐，有些人会手艺。他们陆续被出售。圣特雷莎（Santa Teresa）的修女买了300个奴隶，其中既有男性又有女性。我相信，他们可以得到肉和自己制作的粗布衣服，然而，这些善良的修女却只享用其他救济的剩余之物。其他宗教机构选走的奴隶数量要少一些，但一个私人家庭买走了30—40个奴隶，他们大部分都要为主人赚钱。有一大群出色的洗衣女工卖出了高价，但她们都顾不上补自己穿在外面的裙子，结果白色的内衣都露出来了。她们在齐腰深的河水里洗东西，还自负地说，不站在水里的人洗不好衣服。她们制造披风、小毯、腰带和其他杂物，特别是用皮革进行装饰的东西，这些东西会卖到8雷亚尔（reales）一个，因为这里离港口太远，没销路。特塞罗（Tercero）河和夸尔托（Cuarto）河的河岸也有类似的情况，那里会卖2雷亚尔一个，甚至更少。

城中的重要人物都会穿昂贵的衣服，但女性不包括在内，她们不但在美洲是例外，在全世界也是例外，因为她们的高雅穿着用不了多少钱。他们会恪守祖先留下的传统。他们不允许奴隶（甚至有黑人血统的混血自由人）穿布料，但本地生产的粗布例外。最近，我遇到了一个姆拉托人［妇女］，她在为城里的夫人们办事。我对她说，她应该穿着与身份相称的衣服。但对她来说，这一指责无异于耳旁风。一位夫人以其他借口让她回家，命令仆人脱掉她的衣服，鞭打她，在她的面前把那些华丽的衣服烧成了灰，再让她穿上符合她身份的衣服。虽然有人为她说情，但她还是赶快离开了，以免悲剧再一次上演。

资料来源：Jorge Juan and Antonio de Ulloa, *A Voyage to South America*, The John Adams translation (abridged) Introduction by Irving A.Leonard (New York: Alfred A.Knopf, 1964), 135–137, copyright © 1964 by Alfred A. Knopf, Inc. Used by permission of Alfred A. Knopf, a division of Random House, Inc.; Concolorcorvo, *El Lazarillo, A Guide for Inexperienced Travelers Between Buenos Aires and Lima, 1773*, translated by Walter D. Kline (Bloomington: Indiana University Press, 1965), 78–80. Used with permission of Indiana University Press.

分析问题

这些文章的作者如何看待殖民地的白人精英？胡安、乌略亚笔下的基多和万德拉笔下的科尔多瓦有何相似之处？

在科尔多瓦，对那个混血女人的羞辱体现了西属殖民地怎样的种族观和阶级观？

和移民家族连在了一起，但这些联系是很脆弱的。原住民的领袖也与殖民当局建立了政治联盟。原住民精英成了印第安人和殖民统治者之间的中间人，他们为西班牙人收税，为殖民地的工厂提供劳动力。 490

印第安平民承担着沉重的负担。纳贡、服劳役和失去传统土地权的情况司空见惯。欧洲人的统治给原住民的世界带来了天翻地覆的变化，他们打破了民族之间的联系和地区之间的联系，改变了印第安人的宗教信仰、婚姻、饮食和物质文化。在这场变局中幸存下来的人开始试着融入新的殖民地社会，他们学习占主导地位的殖民文化，参与城市的市场经济。他们也学会了新的抵抗形式，如用殖民地的法庭捍卫自己的土地或反对贪官污吏的虐待。

非洲裔拉美人的经历

有成千上万的黑人也参与了对西属美洲的征服和殖民，他们中许多人出生或长期生活在伊比利亚。他们中大部分是奴隶；有400多个奴隶参与了征服秘鲁和智利的行动。在征服时代变化莫测的社会环境中，许多人获得了自由。在墨西哥，胡安·巴连特（Juan Valiente）从主人那里逃出来，之后参与了弗朗西斯科·皮萨罗对印加帝国的征服。随后，他移民智利，在那里享有盛名。

随着与非洲进行直接的奴隶贸易（详情见第19章），拉美黑人的文化特征出现了巨大变化。当非洲裔伊比利亚人说着西班牙语或葡萄牙语、信奉着天主教的时候，到达殖民地的非洲奴隶有完全不同的语言、宗教信仰和文化活

种族画 这张画代表了西属美洲殖民地一种常见的风俗画。在18世纪，人们对不同人种的结合产生了兴趣。富裕的殖民地居民和一些欧洲人会托人绘制反映混血家庭的画。艺术家会把夫妻放在他们认为合适的环境中。在这幅画中，丈夫是印第安人，妻子是梅斯蒂索人（欧洲人与印第安人的混血儿），他们正在露天市场中卖家禽。按照殖民地的习惯，他们的孩子在种族上属于“科优特”（coyote）。

动。欧洲移民将这视为“劣等”的表现，由此认为对他们的偏见和歧视也是合理的。

16世纪，相当一部分奴隶来自中非西部，他们在那里接触到了伊比利亚的宗教、语言和技术。这些文化遗产有助于非洲人对形成中的拉美殖民文化施加

491 影响。但差异性也是不容忽视的。在奴隶占多数的地区，特别是在巴西的糖料种植区，文化和语言上的障碍也把奴隶分成了若干类，他们会用不同的方式进行反抗。随着时间的流逝，发生变化的非洲传统和欧洲（有时也包括美洲印第安人）的语言、信仰融合成颇具特色的地方文化。

奴隶反抗有着多种多样的形式，如搞破坏、装病、逃走和叛乱。虽然发生了多起奴隶起义，但殖民当局都能控制住局面。有些逃亡奴隶组织有时会抵抗

数年之久。在西属美洲和巴西，逃亡奴隶的社区（在巴西称为“quilombos”，在西属殖民地称为“palenques”）都并不罕见。在巴西，棕榈城（Palmares）是最大的逃亡奴隶社区。

有的奴隶会成为熟练技工、音乐家、公务员、艺术家、牛仔甚至士兵。但绝大多数还是在从事农业生产。在巴西的糖料种植园，奴隶的状况最差。在加勒比地区，严格的纪律、残酷的惩罚和艰苦的劳动是普遍存在的。种植园主喜欢购买男性奴隶，这导致了种植园里的性别失衡，严重地破坏了传统婚姻和传统家庭模式。

与西属美洲相比，巴西对欧洲移民没有多少吸引力。巴西的原住民人口少，城市化率也比较低。因此，在劳动力资源上，巴西比其他美洲殖民地更早地依赖奴隶。到17世纪早期，非洲人和他们的后裔成为巴西最大的种族群体。结果，巴西社会（与西属墨西哥和秘鲁不同）更多地接受了非洲文化和印第安文化的影响。

西班牙和葡萄牙的法律都允许解放奴隶，即赋予奴隶自由。殖民地的法庭有时也会保护奴隶，使其免受最残酷的身体虐待，或保护已婚夫妻不被拆散。大部分获得自由的人是靠花钱赎身。这就意味着，是否能得到解放在很大程度上取决于奴隶或奴隶家庭挣钱和攒钱的能力，而不是取决于奴隶主的慷慨义举。在未获得自由的奴隶中，家仆是最容易得到好处的。女奴隶获得自由的情况比较常见。这样她们的孩子出生后就是自由人。自由黑人的数量在快速增加。

新民族和新身份

在一个世纪的移民中，大部分地区都出现了混血儿。印第安妇女与欧洲人之间的婚姻很少，但非正式的关系却普遍存在。白人父亲不会认混血的后代，这些混血人被称为**“梅斯蒂索人”**。然而，混血儿的数量在快速增加，他们成为殖民社会的中间阶层，他们主导着城市的手工业、贸易和小规模的农牧业。在边境地区，许多社会精英都是梅斯蒂索人，他们会对自己的印第安贵族血统津津乐道。非洲奴隶贸易也促进了美洲新种族的出现。欧洲人和非洲人所生的孩子被称为**“姆拉托人”**，他们也位居社会中流，地位与中部美洲和安第斯地区的梅斯蒂索人相似。在西属墨西哥、西属秘鲁和巴西，印第安人和非洲人的混血后代也不罕见，他们在西属美洲被称为“卡斯提斯人”。

梅斯蒂索人：西班牙当局用这个词指美洲印第安人和欧洲人所生的后代。

姆拉托人：在西班牙和葡萄牙殖民地，这个词指非洲人和欧洲人所生的后代。

出口白银、黄金和糖使西属美洲和葡属美洲变得富足，但这些是建立在强迫印第安人和非洲奴隶劳动的基础之上的。天主教会满足了移民的精神需求，也使一些印第安人和非洲人皈依了基督教。随着时间的推移，新的民族（印第安人、欧洲人和非洲人的混血后代）和新的美洲文化也得到了发展。

本节回顾

殖民征服统治了远方的殖民地。

天主教会使许多印第安人皈依了基督教，欧洲的文化和语言也得到了传播。

银矿和糖料种植园成为拉美经济的支柱。

西属殖民地和葡属殖民地强迫印第安人和非洲奴隶进行劳动。

印第安人、欧洲人和非洲人的交流创造了新的民族和新的文化。

492

18.3 英国和法国在北美的殖民地

英国和法国在北美的殖民地与西班牙和葡萄牙的殖民地有许多相似点（见地图18-1）。英国政府和法国政府希望找到获得财富的简单方法，也想征服像阿兹特克和印加这样的美洲帝国。与西班牙和葡萄牙相似，英法殖民者既会用外交的手段对付原住民，又会对他们大肆杀戮。在上述四国殖民地的发展中，非洲奴隶都扮演了重要角色。

但北美殖民地的发展与拉美模式有很大区别。在科尔特斯征服墨西哥和葡萄牙在巴西殖民约一个世纪后，英国和法国也开始建立殖民地。在这段时间，欧洲的经济和人口都出现了明显增长。欧洲出现的宗教改革也促进了英法在美洲的移民。到英法在美洲站稳脚跟的时候，不断发展的贸易已经带来了世界文化的大规模整合。冒险活动和欧洲不断升级的军事对抗使英国和法国都没有采用西班牙和葡萄牙的管理模式，它们的殖民系统既臃肿又耗资巨大。结果，在英属殖民地和法属殖民地，私人公司和个体投资者发挥了更大的作用。

18.3.1 英国的早期尝试

在16世纪晚期，英国涉足美洲的计划以失败告终。但在17世纪，英国在美洲成功地建立了殖民地。英国的殖民依靠的是私人资本，它希望殖民地能生产高价值的商品，如白银、柑橘类水果和酒。1566年后，英国开始殖民爱尔兰，从中获得的经验也影响到了美洲殖民。英国人没收了爱尔兰的土地，把当地人赶出家园，并将这些土地卖给英国投资者。伦敦市、英格兰的行会和家资巨富的私人投资者都会购买爱尔兰的“种植园”，并以此来吸引“移民”。到1650年，大约有15万英格兰和苏格兰移民到达了爱尔兰。的确，在17世纪早期，爱尔兰吸引的移民数量是新英格兰的6倍。

18.3.2 南方

1605年，伦敦的投资者组建了弗吉尼亚公司，他们要在弗吉尼亚建立殖民地。一年后，144名移民到达了詹姆斯敦，詹姆斯敦是一个岛，距离切萨皮克湾的詹姆斯河有30英里（48公里）。另有一批移民于1609年到达美洲。投资者和移民希望立刻获得收益，对于他们来说，美洲是个多沼泽的地方，而且不卫生。在15年之内，有80%的移民丢掉了性命，有的死于疾病，有的死于印第安人的袭击。那里没有矿藏，没有通往亚洲之路，也没有可供剥削的原住民。

1624年，英国王室因管理不善而解散了弗吉尼亚公司。公司没有履行之前的承诺，殖民者于是向内陆地区发展，并建立起了以皮毛、木材和烟草为基础的经济。烟草的丰厚利润很快就吸引来了新移民。在切萨皮克湾及其周边的河流两岸，移民的数量不断增加，他们经营着种植园和农场。西属美洲和葡属美洲的城市化颇具规模，大城市和中等城镇都很繁荣。与之相比，弗吉尼亚的人口比较分散，而且没有大城市。

拉美的殖民者从一开始就强迫印第安人开发美洲的资源。非洲奴隶贸易又给西属殖民地和葡属殖民地送去了数百万的额外劳动力。英国在切萨皮克湾的殖民地为美洲大陆增加了一种新的劳动力：**契约佣工**（indentured servants）。从人种方面和宗教方面看，契约佣工与自由移民没有区别。在前往弗吉尼亚和马里兰的英国移民中，大约有80%是契约佣工。对于那些买不起船票、无法前往新世界的青年男女来说，他们可以签订一份契约。契约规定，他们可以被送到美洲，作为交换条件，他们要工作4—7年。在契约届满后，他们可以得到一小块土地、一些工具和衣服。

契约佣工和奴隶

契约佣工：前往英属殖民地的移民，他们要工作4—7年，以偿还到美洲的路费。

493

在17世纪，每年会有大约1 500名契约佣工到达美洲，其中大部分是男性（见第19章）。在死亡率高的时候，种植园主更喜欢购买价格较低的契约佣工，而不是非洲奴隶。随着平均寿命的增加，园主开始越来越多地购买奴隶。因为与工作时间较短的契约佣工相比，奴隶可以为园主带来更多收益。于是，弗吉尼亚的奴隶数量从1660年的950人飙升到1756年的12万人。

弗吉尼亚政府

市民议会：在弗吉尼亚由选举产生的议会，成立于1618年。

到17世纪60年代，由王室任命的总督和城镇议员组成的**市民议会**（House of Burgesses）管理着弗吉尼亚。当选举出的议员谨慎地履行职责的时候，他们起初是想把英属殖民地和其他欧洲国家在北美的殖民地区别开。讽刺的是，殖民地自由和政治权利的发展是与奴隶数量的增加同步的。美洲的自由和美洲的奴隶制相伴而行，这使英国在南方的殖民地具有了一个自相矛盾的政治特征，而且该特征一直持续到了殖民地独立之后。

卡罗来纳的毛皮贸易

英国在卡罗来纳的殖民地最初得益于获利丰厚的毛皮贸易。英国的毛皮商进入内陆地区，与以新奥尔良和莫比尔（Mobile）为中心的法国贸易网竞争。原住民每年要提供超过10万张鹿皮，但这要付出沉重的环境代价和文化代价。随着狩猎量的增加，他们破坏了南方森林中动植物的自然平衡。来自毛皮贸易的利润也改变了美洲文化，它使印第安村落不再看重赖以生存的狩猎、捕鱼和传统农业。来自欧洲的商品（如火器、金属工具、纺织品和酒）也深刻地改变了印第安人的生活。

原住民与卡罗来纳的商业联系和文化联系越来越密切。但与此同时，传染病、酗酒和由争夺狩猎区而引发的民族冲突削弱了他们的力量。当地民族之间的冲突（他们已经使用了火器）通常会造成大量伤亡。许多印第安俘虏被卖给殖民者做奴隶，他们可能会成为农业工人，也可能会被卖到加勒比的糖料种植园。这种奴隶贸易和皮毛商所规定的贸易期限激怒了印第安人。在18世纪早期，他们开始袭击英属殖民地。他们必然会败在殖民军手中，这使欧洲移民占领了大片印第安人的土地。

南卡罗来纳：一块拥有奴隶制种植园的殖民地

弗吉尼亚的移民来到卡罗来纳的北部，那里的经济以烟草和森林产品为主。在这一地区，奴隶制发展得比较慢。查尔斯顿和内陆的南卡罗来纳走上了一条不同的发展之路。1670年，巴巴多斯岛的种植园主首先在这里殖民，这块殖民地的经济基础是种植园和奴隶制，这一点与加勒比殖民地和巴西相似。1729年，北卡罗来纳和南卡罗来纳成为两块不同的殖民地。

虽然查尔斯顿的气候不利于健康，但它附近蓬勃发展的稻米和靛蓝种植园还是吸引了自由移民和数目不断增加的非洲奴隶。他们为营建查尔斯顿出力，还帮忙对沿海低洼地带的稻米进行灌溉。在靛蓝（一种植物，从中可以提炼出蓝色染料）种植园的发展上，非洲奴隶也是至关重要的，靛蓝种植园一般位于远离海岸的高地。许多奴隶担负着重要的责任。一个种植园主将两个奴隶和他们的家人派到边界地区，他认为：“[他们]是年轻人，熟悉稻米和其他作物，总之，他们有能力管理种植园。”[3]

来自稻米和靛蓝的利润不断上升，非洲奴隶对种植园非常重要，因此南卡罗来纳的大部分人都是黑人。非洲的语言、宗教信仰和饮食对独一无二的殖民地文化产生了深刻影响。格勒语（Gullah）是一种源自非洲语言和英语的方言，它通行于卡罗来纳的沿海地区。1739年，南卡罗来纳爆发了规模空前的“斯托诺奴隶造反”（Stono Rebellion），非洲人是叛乱的中坚力量。有大约20个奴隶揭竿而起，他们中有一部分是天主教徒，想逃到南方的西属佛罗里达。他们抢到武器后，来自附近种植园的大约100个奴隶加入了他们的队伍。殖民地的民兵击 494
败了奴隶军，并将部分成员处以极刑。但这场叛乱震惊了英属南方殖民地的奴隶主，他们开始采用高压政策。

南卡罗来纳是英属殖民地中最具等级性的社会。种植园主控制着政治和经济。在查尔斯顿（南方殖民地中最大的城市）和乡间种植园，最富有的家庭始终引人注目。农民、牧民、手工业者、商人和皮毛贩子属于地位比较次要的中间阶层。原住民仍然是殖民社会的组成部分，但他们因传染病和战争失去了土地。与拉美殖民地相似，大量的混血人淡化了种族界限和文化界限。在边界地区，白人和印第安妇女所生的孩子在皮毛贸易中发挥着重要作用。在种植园地区和查尔斯顿，白人和黑人妇女的孩子在奴隶中拥有很高地位。

18.3.3 新英格兰

到新英格兰殖民的，是对英格兰教会不满的新教徒中的两个群体——脱离国教者（Pilgrims）和清教徒（Puritans），他们将殖民地带上了不同的道路。**脱离国教者**首先到达美洲，他们与英格兰教会决裂，认为英格兰教会本质上仍是天主教。1620年，大约有100名移民——包括男人、妇女和孩子——在今马萨诸塞州的普利茅斯建立了殖民地。虽然有近半数的移民在第一个冬天就死去了，但这块殖民地一直存在到1691年。1691年，规模更大的马萨诸塞湾殖民地吞并了普利茅斯。

清教徒是想“清洁”英格兰教会，而不是想与它断绝关系。他们想废除主

脱离国教者：一群对国教会不满的英国人。在荷兰短暂逗留后，他们于1620年在马萨诸塞建立了普利茅斯殖民地。他们希望得到宗教自由。

清教徒：对国教会不满的英国人。他们相信，在人出生之前，上帝就决定了谁该上天堂，谁该下地狱。1629年，他们建立了马萨诸塞湾殖民地。

教和牧师的等级制，使教会摆脱政府的控制，他们还限定清教徒的人数。他们想改变教会，这使他们遭到了歧视。1630年，大量的清教徒从英格兰移民到了其他地区。

马萨诸塞的商人和对国教会不满的人

马萨诸塞湾公司是一家股份公司，它得到了王室的特许状，为马萨诸塞湾殖民地提供资金。公司的领导人是清教徒，他们把特许状从英格兰带到了马萨诸塞。特许状上写明了公司的权利、义务和公司的管理范围。有了这张特许状，他们就可以减少王室对公司的控制。到1643年，有2万多名清教徒来到了马萨诸塞湾殖民地。

前往马萨诸塞的移民和前往切萨皮克、南卡罗来纳的移民不同。到马萨诸塞的移民大多是举家前往美洲。1625年，在弗吉尼亚，84%的白人是男性，而在马萨诸塞，从殖民地创建之日起，性别就比较平衡。马萨诸塞也是最有益于健康的英属殖民地。因此，那里有很高的人口自然增长率。南方殖民地和加勒比地区需要用稳定的移民（英国移民和奴隶）来弥补高死亡率，但马萨诸塞不同，那里的居民更像是"美洲人"。与南方殖民地相比，马萨诸塞人口比较单一，等级也不那么森严。

政治机构源于特许状上的条款。马萨诸塞的总督由移民选出，裁判委员会来自马萨诸塞湾公司的董事会。到1650年，委员会与选举产生的城镇议员发生了分歧，这催生了次一级的立法机构。这个机构可以选出自己的议长，它的程序和职能与英国国会下议院相似。结果，与拉美殖民地相比，马萨诸塞有更大的自治权，政治参与度也比较高。

在经济上，马萨诸塞也与南方殖民地不同。农业可以满足基本需要，但贫瘠的土壤和恶劣的气候使马萨诸塞不能种植像烟草或稻米这样的经济作物。为了进口工具、纺织品和其他必需品，殖民地需要找到能在大西洋市场打开销路的东西。起初，皮毛、木材和鱼构成了经济基础，但新英格兰的经济很快转向了商业和远洋航运业。这个富有活力的商业舞台包括了南方殖民地、加勒比群岛、非洲和欧洲。

在西属美洲和葡属美洲，垄断资本（获得经济特权的公司和个人）主宰着国际贸易。但在新英格兰，个体商人会在多元的跨大西洋贸易中寻找利润不
495
高，但具有持续性的买卖。英属殖民地商业的成功取决于市场信息、灵活性和高效的组织。城市人口增长证明了这一发展策略的成功。1740年，马萨诸塞湾

殖民地的首府波士顿有1.6万名居民，它是英属北美最大的殖民地。

新英格兰缺少像烟草这样可以获利的农产品，因此那里也没有像南方种植园殖民地那种极端化的社会分层。奴隶和契约佣工是存在的，但人数不多。虽然最富有的殖民者统治着新英格兰，那里的种族态度也与南方殖民地无异，但新英格兰是财富和社会地位差异最小的殖民地社会，那里大部分都是英国人和清教徒。

18.3.4 北美东海岸中部地区

英属美洲在未来的成功很大程度上取决于经济的快速发展和东海岸中部殖民地出现的文化多样性。1624年，荷属西印度公司建立了新尼德兰殖民地，首府位于曼哈顿岛。虽然从一开始就疏于管理且资金不足，但这块殖民地具有潜在价值，而且掌握着哈德逊河这个战略要地。荷兰商人与**易洛魁联盟**（包括莫霍克人、奥奈达人、奥内达加人、卡尤加人和塞内卡人）和其他当地民族建立了贸易联系，这样他们可以参与加拿大的皮毛贸易。1664年，英国远征军兵不

易洛魁联盟：北美印第安人的联盟（1722年后包括六个民族），他们通过代表会议做军事和外交方面的决定。易洛魁联盟首先与荷兰结盟，随后与英国结盟。从新英格兰西部到五大湖区都是联盟控制范围。

威廉·约翰逊爵士（主管北方的印第安事务）的家　在殖民时代渐进尾声的时候，英国就殖民问题与原住民族展开了协商，希望借此减少用于防卫边境的费用。但不断扩大的移民潮破坏了这些协定。威廉·约翰逊（1715—1774年）与莫霍克人和其他易洛魁联盟的成员建立了良好的私人关系，因此双方维持着脆弱的和平。他的住宅位于今纽约的詹姆斯敦，他家表现了边境地区的复杂性——两个防御性的碉堡衬托着较为华丽的主建筑。

血刃地击败了荷兰人。约克公爵（后来的英格兰国王詹姆斯二世）成了这块殖民地的所有人，他将其重新命名为纽约。

纽约和宾夕法尼亚的多样性与活力

496

政治混乱和公共管理中的腐败是新世界的共同特征，但纽约的发展成为殖民地成功的基石。作为北美的商业中心和航运中心，它位于哈德逊河口，在将本地谷物推向加勒比市场和南欧市场的过程中扮演了重要角色。到18世纪早期，纽约殖民地的人口呈现出了多元化，既有英国拓殖者，又有来自荷兰、德国和瑞典的移民，还有大量的非洲奴隶。

宾夕法尼亚是一块独占殖民地，也是教友派信徒（Quakers）的避难所，教友派信徒是受到迫害的宗教少数派。1682年，英王查理二世将一大片土地送给了威廉·佩恩（William Penn），以偿还他欠佩恩父亲的债。作为这块土地的所有人，佩恩有权建立政府，只是这个政府隶属于一个由自由人组成的大会。

佩恩很快就失去了对殖民地政治生活的控制权，但这块殖民地仍然取得了巨大成功。到1700年，宾夕法尼亚有超过2.1万人口。首府费城很快超过波士顿，成为英属殖民地中最大的城市。宜人的气候、富饶的土地、与原住民相对友好的关系（佩恩主张协商而不是战争）和费城在商品市场中的地位使宾夕法尼亚的经济和人口都快速增长。

宾夕法尼亚和南卡罗来纳都依靠谷物出口，但它们却属于不同类型的社会。南卡罗来纳的稻米种植园需要大量的奴隶。而在宾夕法尼亚，在家庭农场中种植谷物的是自由工人。结果，宾夕法尼亚的经济在17世纪晚期得到快速发展，但这块殖民地并没有出现像南卡罗来纳那样的等级化和高压政策。但到18世纪初期，繁荣的费城也出现了大量的黑人奴隶和黑人自由民。其中许多人是富人家的仆人，但快速发展的经济和贸易也为那些有技术的人提供了不少机会。

18.3.5 法属美洲

法国的殖民模式与西班牙和葡萄牙相似，而不像英国。法国向殖民地派传教士，并攫取了大量的自然资源——皮毛而不是矿产。1534—1542年，航海家和出资人雅克·卡蒂亚（Jacques Cartier）在三次航行中对纽芬兰地区和圣劳伦斯湾进行了探险。卡蒂亚与科尔特斯和皮萨罗是同一时代的人，他希望找到能发家致富的矿藏，但他带回法国的石头被证明是石英和黄铁矿——“傻瓜的黄金”（fool’s gold）。

法国在50多年后才在北美建立殖民地。萨缪尔·德·尚普兰（Samuel de Champlain）首先到达西印度群岛，几年后，他去了加拿大。1608年，他在圣劳伦斯河畔的魁北克建立了**新法兰西**殖民地。这个地区在美洲印第安人的贸易路线上，但法国移民也不得不在当地的冲突中选个立场。尚普兰使休伦人（Huron）和阿耳冈昆人（Algonquin）与新法兰西结成了同盟，他们是易洛魁联盟的宿敌。开始的时候，法国的武器和铠甲使胜利的天平偏向了它的盟友。但事实证明，易洛魁联盟是个足智多谋且非常顽强的对手。

新法兰西：法国在北美的殖民地，首府设在魁北克，1608年建立。1763年，新法兰西落到了英国人手里。

皮毛贸易

欧洲市场需要贸易，特别是海狸皮，这促进了法国的殖民活动。年轻的法国人被派往殖民地，他们和印第安人一起生活，学习他们的语言和习俗。这些“**林中生意人**”（coureurs de bois）会与原住民结婚，组成家庭。他们的混血后代被称为梅蒂斯（métis），这些人也参与了皮毛贸易。印第安人之所以积极参与贸易，是因为他们需要用皮毛交换来的东西，如火器、金属工具、纺织品和酒。这导致了过度的狩猎，而过度的狩猎又改变了环境，使海狸和鹿濒临灭绝。原住民之间也会因争夺狩猎区而大打出手。

林中生意人：法国的皮毛商人，一些人有印第安血统。他们和北美的印第安人一起生活，也会与他们通婚。

火器的广泛应用使原住民的战争更加血腥。面对法国盟友阿耳冈昆联盟（Algonquin allies）军事力量的增强，易洛魁联盟与荷兰及之后在哈德逊河沿岸建立殖民地的英国建立了商业联系和军事联系。1649年，装备精良的易洛魁联盟击垮了休伦人，并使法国人遭受了一系列可耻的失败。17世纪80年代初，他们的势力达到了巅峰。易洛魁的猎手和军事力量控制了五大湖区的许多地方及俄亥俄河流域。大批法国远征军对易洛魁的村庄和农田进行了无情的打击。1701年，法国最终遏制住了易洛魁联盟。

497

加拿大的天主教会

在法属加拿大，耶稣会士想使原住民皈依基督教，就像他们在巴西和巴拉圭所做的那样。传教士精通多种当地语言，他们为孩子们建立寄宿学校。为了传教，他们还会建立农业示范区。17世纪30年代，耶稣会士取得了巨大成功，这与当时传染病的流行和原住民之间的战争有着千丝万缕的联系。最后，他们在休伦人和阿耳冈昆人的领地上建起了教堂。但原住民文化并没有消亡。1688年，一位投身于教育印第安女孩的法国修女指出了原住民文化对她的阻碍：

> 我们教育了100个人，但只有1个人变得有教养。……我们只是对她们

加拿大的皮毛贸易 皮毛贸易为加拿大殖民地的建立提供了经济基础。皮毛贸易是文化中介。它将欧洲的技术和商品（如火器和由机器生产的纺织品）带给了原住民，同时将原住民的技术和产品（如划艇和皮毛）带给了欧洲移民。这条由皮毛商人改造的划艇就使用了印第安人的技术，它有16个划桨人，可以运送大件货物。

> 提出了最低限度的要求，但她们却跳墙而走，和她们的族人进入了森林。能让她们更加愉快的是森林，而不是我们舒适的法式住宅。[4]

虽然皮毛贸易欣欣向荣，但人口增长却比较缓慢。法属加拿大和弗吉尼亚大约是同时建立的，但到1627年，弗吉尼亚欧洲居民的数量是前者的20倍。加拿大的移民数量不多，因此皮毛贸易要依靠印第安人的主动参与。法国人允许原住民拥有更强的独立性，与西属、葡属和英属殖民地相比，当地民族也可以把传统的土地更牢固地控制在自己手中。其他的殖民政权会使印第安人改变传统的生活习惯，使他们丢掉土地。但法国人不同，他们把当地民族视为盟友和贸易伙伴。

498 虽然加拿大人口稀少，资源有限，但法国还是向西面和南面进行了侵略性

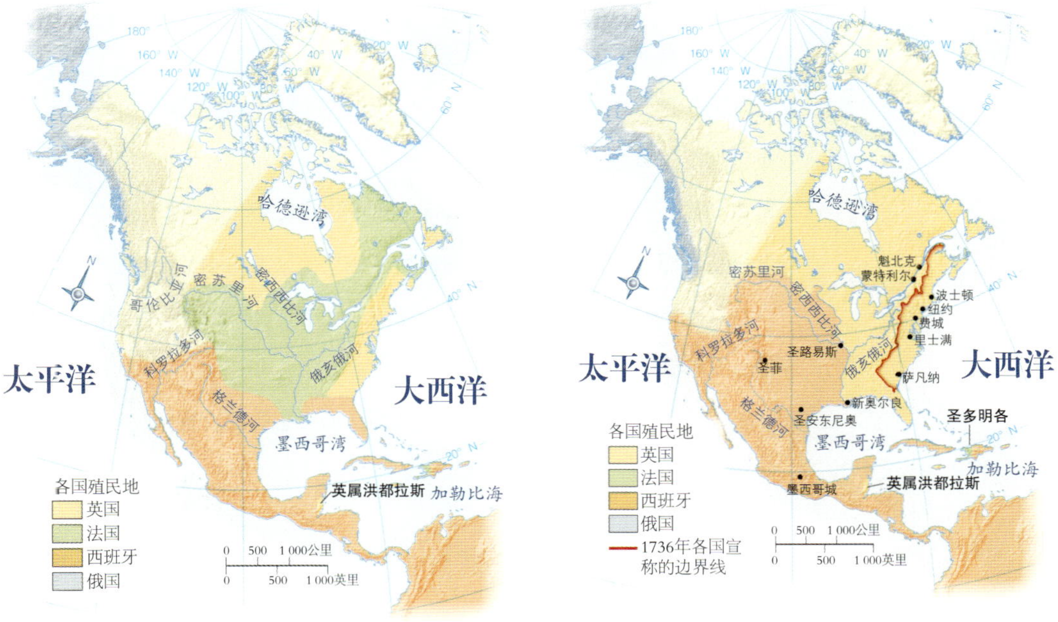

地图18-2　欧洲人在北美的殖民（1755—1763年）　“法国人与印第安人之战”使北美的地图发生了明显变化。法国的失败加速了印第安民族与人口迅速增加的英属殖民地之间的冲突。

法属殖民地的扩张

扩张。1699年，他们建立了路易斯安那。但到1708年，那里的士兵、移民和奴隶还不足300人。与加拿大相似，路易斯安那也依靠皮毛贸易和与印第安人联盟，这些原住民需要欧洲商品。1753年，在一份法国官员的报告中，一位乔克托人首领表示：“［法国人］首先使［我们］离不开某些东西。”[5]

法国和英国的战争，以及经济、人口不断增长的英属殖民地威胁着法国在北美的殖民地。1754年，“法国人与印第安人之战”爆发，这场冲突引发了规模更大的“七年战争”（1756—1763年），这场战争决定了法属加拿大的命运（见地图18-2）。英国投入了大量军队，虽然早期战局不利，但英军还是于1759年占领了法属殖民地的首府——魁北克。在和平协议中，法国不得不把加拿大让给英国，把路易斯安那让给西班牙。印第安人很快意识到了英国和法国的不同。法国投降后，一位加拿大的原住民领袖对英国官员表示：“我们的土地不但 499
要为贸易做贡献，而且之后还归了［英国人］。……我们曾是一个自由的民族，现在我们就要沦为奴隶了。这是很难接受的，因为我们一直拥有自由。”[6]失去加拿大后，法国把重点放在了加勒比产糖殖民地上（见第19章）。

本节回顾

英属北美殖民地没有拉丁美洲的白银、黄金和糖，但那里有鲜明的地方特色并且有很强的地方政治传统。

英属殖民地吸引了大量自由移民，但对于经济发展来说，契约佣工和奴隶仍然很重要。

南方殖民地依靠的是强迫劳动和种植园农业，因此出现了比较明显的社会分层，而且也缺乏民主。但新英格兰和北美东海岸中部地区比较民主。

法属北美殖民地人口稀少，资源有限。法国人与原住民建立起了政治联盟、军事联盟和商业联系。

英国最终战胜了法国，控制了密西西比河以东的北美地区。

18.4 殖民扩张与殖民冲突

从17世纪最后几十年起，几乎所有的美洲殖民地都出现了经济发展和人口增长。在之后的一个世纪，帝国主义列强纷纷加强对殖民地的政治统治和经济控制。它们也强迫殖民地的居民承担高额的行政费和军费。这些改革和重组的努力与一系列帝国主义战争相伴而行，这些战争发生在沿大西洋的贸易线和美洲。1763年，法国丢掉了北美殖民地，这是战争最重要的结果。同样重要的是，全美洲都出现了不同的民族认同感，都关注地方的利益，反对千里之外的王权。

18.4.1 西属美洲和巴西的改革

1700年，西班牙国王查理二世死后无嗣，哈布斯堡王朝就此终结（见表17-1）。欧洲的主要强国都参与了长达13年的西班牙王位继承战争。结果，法国国王路易十四的孙子获得了西班牙王位。在菲利普五世和他的继承者治下，西班牙改革了殖民地的行政和税收，并推行了自由化的贸易政策。西班牙也建立了新的商业垄断，壮大海军以保护殖民地贸易。

18世纪，西班牙帝国的大部分地区都出现了明显的经济发展和人口增长。印第安人从早期的传染病中恢复过来，人口也有所增加；西班牙移民的数量也在增加；送到殖民地种植园的奴隶数量同样大幅攀升。矿业得到发展，白银产量在18世纪80年代稳步增加。农产品出口也在增加，特别是烟草、染料、皮革、巧克力、棉花和糖的出口。

西班牙国王和葡萄牙国王也想限制天主教会的权力，同时把教会的财富转移到自己腰包中去。这些做法使政府和教会的关系长期处于紧张状态。对于两国国王来说，耶稣会是教会权力自成体系的象征。1759年，葡萄牙国王将其逐出了自己的领地。1767年，西班牙国王也如法炮制。这些举措使许多在殖民地出生的耶稣会士离开了他们的土地，培养了许多殖民地精英的学校也被迫关闭。

殖民地的不满和反抗

波旁王朝的政治改革和经济改革限制了克利奥尔人涉足政界，新税和垄断将殖民地的财富转移到了西班牙，这引起了当地的不满。殖民地消费者和生产者的不满情绪导致了一系列的暴力反抗。殖民地居民认为这些改革将带来一个更加跋扈、花销更大的殖民政府，这会推翻长期管理帝国的非正式机构。但西班牙人设法征召当地的精英当军官，这样可以增强帝国的防御能力，也可以给殖民地居民一个获得更高社会地位和担负更大责任的机会，这是对他们的一种补偿。

除了反抗税收和城市骚动外，殖民地的改革也引起了印第安人的起义。1780年，秘鲁的印第安首领何塞·加夫列尔·孔多尔坎奇（José Gabriel Condorcanqui）领导了一场大规模的起义。他使用了祖先图派克·阿玛鲁（Tupac Amaru）的名字，他的祖先是印加人。1572年孔多尔坎奇被西班牙人处决。虽然**图派克·阿玛鲁二世**是盖丘亚族（Quechua）的世袭领袖，但他是在耶稣会接受的教育，并与地方主教和殖民当局保持着密切联系。此外，他还积极参与了殖民地贸易。图派克·阿玛鲁二世并没有说明，他是想结束当地的不公正还是想推翻西班牙的统治。但可以肯定的是，印第安人因米达制和纳税所产生的不满引发了这场起义。随着起义的发展，克利奥尔人、梅斯蒂索人、奴隶开始与印第安人并肩作战。1781年，图派克·阿玛鲁二世被捕。西班牙人残忍地杀害了他、他的妻子和其他15个人。这15个人既包括他的家人，也包括他的伙伴。到西班牙当局稳定住局势的时候，已经有10万人死于战乱，财产损失不可估量。

图派克·阿玛鲁二世：印加贵族。1780—1781年，他在秘鲁领导了反抗西班牙殖民当局的起义。被捕后，他和他的家人遭到杀害。

500

1700年后，巴西也出现了类似的发展和改革。葡萄牙设立了新的行政职位，垄断公司获得了欠发达（little-developed）地区的专营权。正像在西属美洲那样，殖民政府征收的新税激起了反抗和骚乱，其中包括一场战争。1707年，当地出生的“土地之子”和“外来者”在圣保罗展开了激战。大多数大刀阔斧的改革都是在庞巴尔侯爵（marquis of Pombal）担任阁员期间（1750—1777年）

里约热内卢的市场 在拉美的许多殖民地城市，女性奴隶和拥有自由的黑人妇女主导着零售市场。这幅画描绘了殖民时代晚期的巴西，非洲裔的巴西妇女在出售各种食物和工艺品。

出台的。17世纪90年代发现的黄金和1720年之后发现的钻石为巴西的改革提供了资金。巴西出口矿产、咖啡和棉花，这些都是以奴隶贸易为基础的。18世纪，巴西大约进口了200万非洲奴隶。

18.4.2 英属美洲的改革和重组

英国对北美殖民地的改革和重组要早于波旁王朝对西属美洲的改革。在克伦威尔的清教徒革命之后（见第17章），斯图亚特王朝复辟的查理二世采取了
501 一项雄心勃勃的措施，他想把殖民地牢牢地抓在自己手里。1651—1673年，英国出台了一系列的《航海条例》，希望限制殖民地的贸易和生产，以免殖民地的商品与英国货直接竞争。英国也想加强对殖民地政治生活的控制，于是政府变更了殖民地特许状和所有权。国王认为新英格兰是走私的中心，于是他中止了当地选举产生的议会，同时向殖民地委派总督。总督从国王那里获得了新的财政权和立法权。

英国移民在北美的反抗

1688年的光荣革命将詹姆斯二世赶下台，这种对抗局面也随即结束。但移民还是会进行反抗，有的甚至演变成了叛乱。移民推翻了纽约和马萨诸塞的总

督，将信仰天主教的业主赶出了马里兰。威廉和玛丽重建了相对的和平，但这些冲突使殖民地逐渐走向英国政府的对立面。殖民地的政治依旧充满对抗性，直到美国革命爆发。

在18世纪，英属殖民地出现了新一轮的经济增长，又吸引了一批欧洲移民，但社会分化也日趋严重。1770年，大部分殖民地的人口居住在城市，他们被明确地归属于某一阶层或种族，抵御经济风险的能力进一步下降。英国与法国、西班牙的战争打乱了大西洋贸易，当局开始增加税收，强行进行军事动员，边界地区也出现了同印第安人的冲突。在这种情况下，危机爆发了。在美国革命爆发前夕，英国击败了法国和虚弱的西班牙，但代价也是巨大的。为争取胜利而采取的政治措施、军事措施和税收措施使殖民地人民对母国产生了疏远感。

本节回顾

18世纪，欧洲所有帝国主义强国都在其美洲殖民地推行了改革。
改革扰乱了殖民地的政治和经济，引发了叛乱和反抗。

结　语

新世界的殖民帝国（西班牙、葡萄牙、法国和英国）有许多共同点。所有国家都在奴役印第安人和非洲人。来自四个国家的移民和来自旧世界的动植物改变了美洲的自然环境。欧洲人也带来了旧世界的疾病，例如天花，这给原住民带来了灾难性的后果。殖民者用旧世界的技术开发新世界的资源，他们出口农矿产品，用多种方法开发大西洋市场的商业潜力，这加速了欧洲、亚洲和美洲的整合。

在建立殖民霸权的时候，新世界的每个帝国都呈现出了不同的文化传统和制度传统。矿产使西班牙发展成权力最集中的帝国，政治权力和经济权力都集中在像墨西哥城和利马这样的大城市。葡萄牙和法国的目标与西班牙相似。但无论是以糖料农业为经济基础的巴西，还是从皮毛贸易中获利的法国，都没有达到西班牙的水平。但与英国不同，这三个国家都信仰天主教，因此它们具有宗教和文化上的同一性。

英属北美有更明显的文化多元性和宗教多元性，这是那里的一个特征。来自不列颠群岛的移民带来了英国的宗教传统。此外，当地还有来自德意志、瑞典、荷兰和法国的移民。英国的殖民政府也各不相同，它们更多的是对本地利益负责。因此，与西班牙、葡萄牙和法国的殖民地相比，英属北美殖民地的移民更能改变经济和政治环境，更能影响政府政策。最重要的是，英属殖民地能吸引更多的欧洲移民。1580—1760年，法国殖民地接纳了6万欧洲移民，巴西接纳了52.3万，西属殖民地接纳了67.8万。在更短的时间里（1600—1760年），英属殖民地吸纳了74.6万。到1775年，英属北美的人口（包括自由人和奴隶）达到惊人的250万。

502

进一步阅读文献

Bailyn, Bernard. *The Origins of American Politics.* 1986. 介绍了早期的美洲政策。

Blackburn, Carole. *Harvest of Souls: The Jesuit Missions and Colonialism in North America, 1632–1650.* 2000. 考察了法属加拿大的传教活动。

Burkholder, Mark A., and Lyman L.Johnson. *Colonial Latin America*, 5th ed. 2005. 介绍了早期的拉丁美洲。

Bushman, Richard. *King and People in Provincial Massachusetts.* 1985. 讨论了新英格兰殖民地后期政策。

Crosby, Alfred W., Jr. *The Columbian Exchange: Biological and Cultural Consequences of 1492.* 1972. *Ecological Imperialism.* 1986. 第一部跨大西洋历史研究。

Curtin, Philip D. *The Rise and Fall of the Plantation Complex*. 1990. 介绍了大西洋体系。

Davis, David Brion. *The Problem of Slavery in Western Culture.* 1966. 从外部视角研究了这个问题。

Eccles, William J. *France in America,* rev. ed. 1990. 概述了法国在北美的殖民活动。

Elliott, J. H. *Empires of the Atlantic World.* 2006. 对比研究了在新世界的欧洲帝国。

Eltis, David. *The Rise of African Slavery in the Americas.* 2000.

Fischer, David Hackett. *Albion's Seed: Four British Folkways in America.* 1989. 对英属殖民地的一般性研究。

Gallay, Alan. *The Indian Slave Trade: The Rise of the English Empire in the American South, 1670–1717.* 2002. 考察了印第安奴隶贸易及其后果。

Klein, Herbert S. *The Atlantic Slave Trade*. 1999.

McAlister, Lyle N. *Spain and Portugal in the New World, 1492–1700.* 1984. 介绍了伊比利

亚人的统治。

Melville, Elinor G. K. *A Plague of Sheep: Environmental Consequences of the Spanish Conquest of Mexico*. 1994. 考察了一个新物种引进后所发生的事。

Miller, Shawn William. *An Environmental History of Latin America*. 2007. 前三章介绍了殖民地时期的环境变化。

Nash, Gary B. *Red, White, and Black: The Peoples of Early America*, 5th ed. 2005. 研究了北美殖民社会的复杂性。

Schwartz, Stuart B. *Sugar Plantations in the Formation of Brazilian Society: Bahia, 1550–1835*. 1985. 分析了巴西的制糖业。

Serulnikov, Sergio. *Subverting Colonial Authority*. 2003. 研究了西班牙殖民晚期的原住民起义。

Taylor, William. *Magistrates of the Sacred: Priests and Parishioners in Eighteenth-Century Mexico*. 1996. 研究了墨西哥的教会。

Usner, Daniel H., Jr. *Indians, Settlers, and Slaves in a Frontier Exchange Economy: The Lower Mississippi Valley Before 1783*. 1992.研究了原住民与欧洲帝国的交点。

注　释

503

[1] 引自Alfred W.Crosby, Jr., *The Columbian Exchange: Biological and Cultural Consequences of 1492* (Westport, CT: Greenwood, 1972), 58。

[2] Fray Andés de Moguer, 1554, 引自James Lockhart and Enrique Otte, eds., *Letters and People of the Spanish Indies Sixteenth Century* (1976), 216。

[3] Crosby, *The Columbian Exchange*, 58.

[4] 引自R.Douglas Francis, Richard Jones, and Donald B.Smith, *Origins: Canadian History to Confederation* (Toronto: Holt, Rinehart, and Winston of Canada, 1992), 52。

[5] 引自Daniel H.Usner, Jr., *Indians, Settlers and Slaves in a Frontier Exchange Economy: The Lower Mississippi Valley Before 1783*, Institute of Early American History and Culture Series (Chapel Hill: University of North Carolina Press, 1992), 96。

[6] 引自Cornelius J.Jaenen, "French and Native Peoples in New France," in *Interpreting Canada's Past*, ed. J.M.Bumsted, vol. 1, 2nd ed. (Toronto: Oxford University Press, 1993), 73。

第19章

大西洋体系和非洲（1550—1800年）

本章纲要

思考

对于欧洲在西印度群岛的殖民地来说，制糖业具有怎样的重要性？在非洲奴隶贸易的发展过程中，制糖业起到了什么重要作用？

糖料种植园如何影响自然环境和人们的生活条件？

在大西洋经济的发展过程中，私人投资者和欧洲政府是什么关系？

相较伊斯兰世界而言，撒哈拉以南的非洲与大西洋的接触越来越密切，这一过程是如何实现的？

505 到18世纪，加勒比殖民地成了世界上最大的产糖区。奴隶占当地人口的90%，种植和加工甘蔗的工作几乎全部由他们完成。17世纪，糖料种植因获利丰厚而得到发展，这开启了非洲奴隶贸易的新时代。进行奴隶贸易的船越来越大，速度越来越快，奴隶的价格也水涨船高，下面的例子就可以说明这点。

1694年，英国船只“汉尼拔号”停靠在西非的维达（Whydah）港，准备购买奴隶。维达国王将船长和官员请到自己宅邸，他们要商谈奴隶的价格。“汉尼拔号”总共购买了692个奴隶，其中1/3是妇女和女孩。船上的医生仔细地检查了这些赤身裸体的俘虏，以确保他们的身体状况良好，年轻，没有疾病。被卖给英国人后，他们被烙上了代表“汉尼拔号”的“H”。这样，他们就归“汉尼拔号”所有了。上船后，船员会给男性戴上镣铐，以防止他们逃跑。

为了使奴隶保持健康，船长每天会给他们吃两顿煮玉米粉和煮豆子，原料是从欧洲带来的，作为佐料的辣椒和棕榈油是在非洲购买的。每个奴隶每餐饭可以得到一品脱（半升）的水。另外，奴隶每晚都可以“在风笛、竖琴和小提琴”的伴奏下跳一两个小时的舞，以保持健康。虽然船员们希望奴隶平安无事，并采取了预防措施，但死亡还是蔓延到了贩奴船的各个角落。与大多数贩奴船相比，“汉尼拔号”的情况更糟糕：在前往巴巴多斯的七周航行中，有320个奴隶和14个船员死于天花与痢疾。

“汉尼拔号”的经历说明，大西洋奴隶贸易会夺走大量奴隶的生命，这种贸易也不一定就是欧洲投资者的摇钱树。在这趟航行中，投资者损失了3 000多英镑。尽管如此，奴隶贸易和种植园奴隶制仍是**大西洋体系**的重要组成部分。

大西洋体系：1500年后出现的贸易网络。通过这张网络，大西洋周边地区在货物、财富、人口和文化方面进行交流。

加勒比地区的制糖坊　风力压榨机碾碎甘蔗，甘蔗汁在旁边冒烟的房子里熬成糖。

通过这个繁荣的新兴体系，大西洋沿岸地区进行着商品、财富、民族和文化方面的交流。

19.1　西印度群岛的种植园 506

西印度群岛是哥伦布登陆美洲的地方，也是首次出现原住民因疾病而大量死亡的地方。恢复人口并与大西洋其他地区建立经济联系需要花费很长时间。但1650年后，糖料种植园、非洲奴隶和欧洲资本使得西印度群岛成为大西洋经济的中心。

19.1.1　1650年前的殖民化

1500年后，西班牙殖民者将甘蔗种植引进西印度群岛，但他们很快就把注意力转移到了美洲大陆，群岛便无人问津了。1600年后，西印度群岛成了殖民中心，那里再度兴盛起来。那时，北欧移民热衷于种植烟草和其他作物。在17世纪二三十年代，英国和法国的殖民者开始在安的列斯群岛上定居。在政府的大力支持下，英属殖民地开始大规模种植烟草。

烟草时代

在新大陆，印第安人将烟草用于消遣和治病，它在17世纪的欧洲人中也很盛行。有些人反对吸烟，如英王詹姆斯一世，他指责吸烟会“危害到眼睛，损害鼻子，损伤大脑，威胁到肺”。即便如此，吸烟的习惯还是很快地流行开来。到1614年，在伦敦城里及周边有7 000家商店出售烟草。

第一块烟草殖民地要面对疾病、飓风以及加勒比人和西班牙人的攻击。那里的移民还要面对欧洲供给物资的短缺和劳动力短缺，他们需要人手平整土地、种植烟草。英国政府和法国政府允许私人投资者组建开发西印度的**特许公司**。作为交换，政府可以控制成本，掌握垄断权，并获得年费。这些公司会帮助贫穷的欧洲人前往美洲，但他们要做3—4年的契约佣工（见第18章）。因此，在17世纪三四十年代，英国人和法国人的数量迅速增加。但到17世纪中叶，同样由契约佣工种植的弗吉尼亚烟草与加勒比烟草展开了激烈的竞争，加勒比殖民地陷入了危机。英属、法属和荷属加勒比殖民地放弃烟草改种甘蔗，并用非洲奴隶取代欧洲契约佣工，这样之后，获利情况才有所好转。

特许公司：私人投资组织向英国政府和法国政府交年费，作为回报，他们可以垄断西印度殖民地的贸易。

葡萄牙人、荷兰人与糖

葡萄牙人在非洲沿岸的岛屿上首次开辟了糖料种植园，这些种植园使用的是非洲奴隶。随后，他们将这种模式引入了巴西（见第18章）。到1600年，巴西成为大西洋世界最大的产糖区。荷兰人很早便参与了巴西的制糖业，他们在投资、贩售和生产加工方面发挥了作用。17世纪早期，荷兰脱离了西班牙。当时，西班牙王室还统治着葡萄牙和巴西，因此荷兰人的出现冲击了这项获利丰厚的产业。为了对抗西班牙，荷兰政府于1621年组建了**荷属西印度公司**。1628年，这个强大的贸易公司俘获了一支满载财宝的西班牙船队。西印度公司用这笔横财做军费，攻击了巴西富饶的产糖区。到1635年，荷属公司控制了巴西的许多产糖区。在之后的15年里，荷兰人提高了巴西制糖业的效率，并从非洲奴隶和欧洲商品中获益。

荷属西印度公司：荷兰政府特许的贸易公司，主要在美洲和非洲进行贸易。

荷属西印度公司也参与了非洲奴隶贸易，这样做既有经济目的又有政治动机，就像他们染指巴西一样。1638年，公司从葡萄牙人手中夺走了西非贸易重镇埃尔米纳（Elmina）。1641年，荷兰人又在安哥拉海岸建立了自己的罗安达

大事年表

	西印度群岛	大西洋	非洲
1500年	约1500年，西班牙移民引入甘蔗种植	1530年，阿姆斯特丹交易所成立	1500—1700年，黄金贸易如火如荼 1591年，摩洛哥征服桑海帝国
1600年	17世纪二三十年代，英国和法国在加勒比地区建立殖民地 17世纪40年代，荷兰人从巴西带来了种植糖料作物的经验 1655年，英国人占领牙买加 17世纪70年代，法国占领了伊斯帕尼奥拉岛的西部（今海地）	1621年，荷属西印度公司获得特许权 1654 年，荷兰人被逐出巴西 17世纪60年代，英国出台《航海条例》 1672年，皇家非洲公司获得特许权 1698年，法国出台《专营法》	1638年，荷兰占领埃尔米纳 17世纪80年代，阿散蒂崛起
1700年	1700年，西印度群岛在产糖方面超过了巴西 1760年，泰基在牙买加发动起义	1700年起，大西洋体系繁荣发展 1713年，英国人从西班牙帝国获得奴隶贸易垄断权	1700—1830年，奴隶贸易的全盛时期 18世纪20年代，达荷美崛起 1730年，奥约迫使达荷美纳贡

港。从这些海岸出发，荷兰将奴隶运往巴西和西印度群岛。若干年后，葡萄牙人将荷兰人逐出了安哥拉，但埃尔米纳仍是荷属西印度公司在西非的总部所在地。

1640年摆脱了西班牙的控制后，葡萄牙王室立即决定夺回巴西。1654年，葡萄牙将荷兰人逐出了巴西。一些被逐出的种植园主将他们的资本和制糖经验带到了荷兰、法国和英国治下的加勒比殖民地。

19.1.2　糖和奴隶 507

荷兰的技术和资金使法属瓜德罗普岛和马提尼克岛重新获得了生机，不过英属巴巴多斯岛是制糖业给17世纪的加勒比地区带来了巨大变化的最好例证。1640年，巴巴多斯的经济主要依靠烟草种植，岛上的劳动力大部分来自欧洲，他们中既有自由人又有契约佣工。到17世纪80年代，糖成为经济支柱，非洲奴隶的数量是欧洲人的3倍。巴巴多斯每年可以出口1.5万吨糖，该岛成了最富有、人口最多的英属美洲殖民地。到1700年，巴巴多斯和其他西印度殖民地超过了巴西，成为世界主要产糖区。

西印度群岛糖料种植园的发展促进了非洲奴隶贸易（见图表19-1）。在17世纪上半叶，每年有1万个奴隶被运出非洲，其中大部分会被运往巴西和西属 **奴隶贸易**

美洲殖民地。到17世纪下半叶，奴隶的年均贸易量增加到了2万，他们多半是被运往英属、法属和荷属西印度群岛。一个世纪后，随着制糖业的发展和西属古巴成为主要的奴隶进口国，大西洋奴隶贸易的数量增加了3倍。

契约佣工

17世纪，手头并不宽裕的烟草种植园主更喜欢欧洲契约佣工，而不是非洲奴隶，因为前者的价格只是后者的一半。这些潦倒的欧洲人志不在工作，他们希望在到达规定的工作年限后，在美洲用低廉的价格购买一块属于自己的土地。但在1750年后，随着制糖业的发展，投机者推高了西印度群岛的土地价格，契约佣工的梦想也随即破灭。于是，穷困的欧洲人选择去英属北美做契约佣工，因为那里尚有廉价土地。加勒比的糖料种植园主并没有用提高工资的方式吸引欧洲劳动力，他们开始转而使用奴隶。

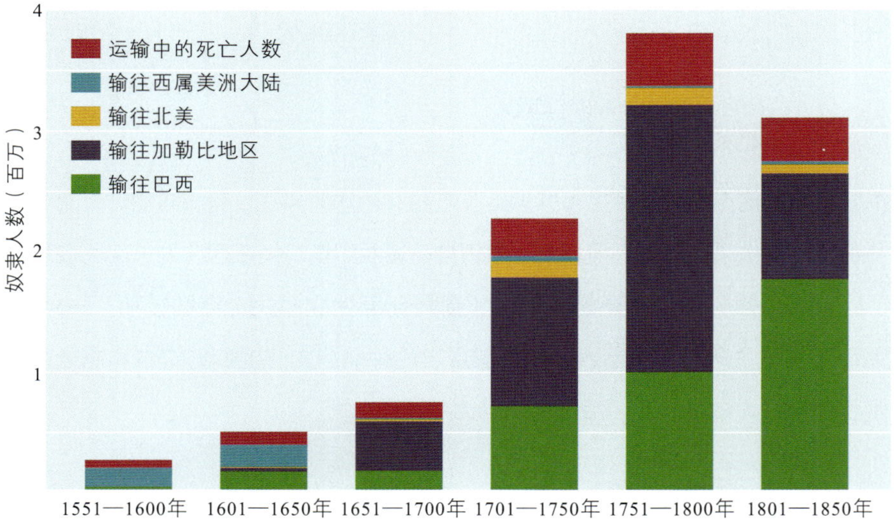

图表19-1 跨大西洋奴隶贸易（1551—1850年）

资料来源：David Eltis, “The Volume and Structure of the Transatlantic Slave Trade: A Reassessment,” *William and Mary Quarterly*, 3rd Series, 58 (2001), tables II and III。

508 糖价格的上升使西印度群岛的种植园主能买得起价格更高的非洲奴隶。到达美洲后，奴隶平均可以活7年，而契约佣工一般只工作3—4年，这也使奴隶更具投资价值。为了满足种植园的发展，荷兰人和其他商人增加了奴隶贸易量（见图表19-1），但奴隶价格在整个18世纪还是不断攀升。与小农场相比，大种植园更喜欢高价奴隶。

本节回顾

为了开拓加勒比殖民地，英国和法国允许私人投资者组建特许公司。

起初，欧洲加勒比殖民地依靠的是烟草出口，但随后便转向了利润更丰厚的制糖业。

荷兰人参与了制糖业的投资和加工，并为这项产业提供了大量的奴隶。他们将制糖技术传播到了其他地区。

在早些年，欧洲的契约佣工是加勒比种植园的主要劳动力。当契约佣工流向北美大陆后，种植园主开始使用非洲奴隶。

19.2 18世纪的种植园生活

为了给糖料种植园争取更多的土地，英国和法国开始进攻西属加勒比殖民地。1655年，英国从西班牙手中夺走了牙买加（见地图18-1）。1762年，他们又占领了古巴的哈瓦那，占领长达一年之久。到占领末期，英国商人进口了大量奴隶，古巴从烟草业转向了制糖业。17世纪70年代，法国占领了西属伊斯帕尼奥拉岛的西部。18世纪，法属圣多明各（今海地）成为大西洋世界中最大的产糖区。与此同时，牙买加也超过了巴巴多斯，成为最重要的英属产糖区。西印度群岛在技术、环境和社会方面的转变证明了新兴大西洋体系的力量。

19.2.1 技术和环境

509

制糖业既和农业有关，又和工业有关。无论是小农场还是大种植园，种植和收获甘蔗只需要简单的工具，如铁锹、锄头和弯刀。但用甘蔗制糖则是一个昂贵而复杂的过程。奴隶将甘蔗放进压榨机，压榨机会把甘蔗碾碎，压出里面的糖汁。木制的引导槽会使甘蔗汁流入一系列的大铜罐，在里面，多余的水分会蒸发掉，剩下的是浓浓的糖浆。之后，糖浆会被倒入圆锥形的泥模子，在那里结晶成糖。小农场会用畜力，甚至人力驱动压榨机，而大种植园会借助水力或风力。这就意味着，大型种植园的成本更低，利润更丰厚。

大型种植园

为了获得更高效率和更多利润，投资者会使用价格不菲的压榨机和提炼机。在17世纪，西印度群岛糖料种植园的规模平均为100英亩（40公顷）。到18世纪，其规模至少翻了一番，有些种植园的面积甚至更大。1774年，牙买加680

英属西印度安提瓜岛上的种植园 在后面磨坊中制作的糖被装在桶里。马车和牛车再将这些桶运到海边，船会将糖运到欧洲。画中只有一个白人，非洲奴隶的重要性由此可见一斑。

家糖料种植园的平均规模是441英亩（178公顷），其中最大的一家占地2 000英亩（800公顷）。牙买加太过于看重制糖业，以至于大部分的食物都要依靠进口。圣多明各种植园的平均规模相对较小，但其生产效率更高。法属殖民地经济状况也存在差异。虽说制糖业极为重要，但也有一些人会种植用于出口的咖啡和可可。

种植园和环境

糖料种植业对环境的影响不尽相同。有些并不具有破坏性。一些种植园主会利用水力、风力和畜力驱动压榨机，熬糖的时候会用碾碎的甘蔗做燃料。牲畜可以为他们的土地提供肥料。但这个行业的高额利润会促使种植园主用其他粗暴的方式开发自然。不断种植同一种作物会消耗掉土壤的肥力，施动物肥料和进行休耕也于事无补。种植园主不会用轮种其他作物的方式自然地恢复土壤肥力。当一块地产能下降的时候，他们会开发另一块新的土地，因为这样更有利可图。一块地消耗殆尽后，他们通常会搬往其他岛。许多在巴巴多斯经营种植园的英国人后来都去了牙买加。同样，最先在圣多明各发展种植园的人也是来自其他产糖的法属殖民地。在18世纪下半叶，继圣多明各之后，牙买加的糖

510

料种植园也开始衰落，尽管那里还有未开发的处女地。

除了土壤肥力下降和毁林开荒，外来动植物的引进同样改变了加勒比地区。西班牙人带来了牛、猪和马，这些动物会快速繁殖。他们还引进了新的作物。来自加那利群岛的香蕉补充了食物供给，本土的烟草、外来的糖和稻米构成了种植园农业的基础。一些粮食作物随着奴隶到达了美洲，其中包括秋葵荚、豇豆、薯蓣，以及粟、甜高粱等谷物，此外还有芒果。这些外来动植物是对群岛作物的有益补充，但它们也排挤了当地的物种。新世界的食物也到达了非洲（见“环境与技术：在非洲的美洲食物”）。

西印度群岛在人口上的变化最具悲剧色彩，也最富戏剧性。第16章提到，在哥伦布首次到达美洲后的50年里，疾病和虐待使西印度群岛的原住民几乎绝迹。与美洲大陆上其他殖民地相比，那里的人口恢复也更早、更全面。先是欧洲人跨过大西洋到达了西印度，之后是非洲人。

19.2.2 奴隶的生活

在18世纪，西印度殖民地是全世界分化最严重的社会。群岛上超过90%的居民是奴隶。权力掌握在**大种植园主**（plantocracy）手中，一小部分富人拥有绝大多数的奴隶和大部分的土地。在奴隶和奴隶主之间有少量的中产阶级，他们包括管理人员、政府官员、工匠和小农，他们几乎都是白人。一些拥有人身自由的黑人也会拥有财产，或参与商业活动。如果用一句简单的话来概括18世纪的加勒比社会，那就是：规模庞大而身份卑微的奴隶阶层和规模较小但有权有势的奴隶主阶层构成了这个社会。

大种植园主：在西印度殖民地，拥有绝大多数奴隶和大部分土地的富人，特别是在18世纪。

奴隶劳动组织

加勒比种植园的收益率取决于奴隶的工作量和以威胁或强迫的方式所实现的非常规生产力。在收获甘蔗和制糖过程马不停蹄地进行的时候，奴隶一天要工作18个小时，甚至更长。如表19-1所示，在一个典型的牙买加种植园，80%的奴隶都会投入生产，只有婴儿、奄奄一息的人和年纪非常大的人除外。

表19-1也说明了种植园主是如何按年龄、性别和能力组织奴隶的。有2%—3%的奴隶是家里的佣人。有70%身体强壮的奴隶在地里干活，他们一般会被编成三个组。“主力组”（great gang）由最健壮的青年奴隶组成，他们要从事最繁重的工作，如在播种的季节里翻地。第二组由年轻人、上了年纪的人和身体状况欠佳的奴隶组成，他们做一些比较轻便的工作。第三组是“儿童组”（grass gang），这组的成员是孩子。在年老奴隶的监督下，他们负责除草和其他简单的工作，如为动物收集草料。妇女也会下地干活儿，她们甚至会被编入“主力组”。需要照顾婴儿的妈妈会把她们的孩子带到地里。因年老而不能干活的奴隶要护理刚学走路的孩子。

在奴隶贸易中，男性的数量是女性的两倍。因此，在加勒比种植园，男性的数量要多于女性。如表19-1所示，有一半多一点的成年男性奴隶不属于劳动组。有些人照看牲畜，还有些人是有技术的工匠，如铁匠和木匠。最重要的技术奴隶是领头的熬糖工，他掌控着糖和糖蜜结晶的过程，这个过程是很有学问的。

奴隶的处境

监工：指拥有特权的男性奴隶，他们的任务是确保一组奴隶能完成他们在种植园中的工作。

511

种植园主会用较好的食物和衣服奖励有技术的奴隶，他们可以享受假期，但大部分奴隶都是因惧怕皮鞭而努力工作。有特权的男性奴隶管理着劳动组，他们被称为“**监工**”（driver），他们的任务是保证各自的组能完成工作。奴隶的工作量很大，经常是要从日出干到日落，只有在吃饭的时候才能休息一下。一旦因疲倦或疾病而完不成任务，他们就会挨鞭子。种植园主会公开鞭打、囚禁拒绝工作或试图逃跑的奴隶，有时还会将他们致残。星期天，奴隶不用下地干活，但他们也不能休息。他们要耕种自己那块口粮地（provisioning grounds）以补充粮食配给的不足，还要修葺房屋，做些家务，如缝洗破旧的衣服。

环境与技术

在非洲的美洲食物

欧洲的动植物跨过大西洋到达新世界，这是哥伦布交流的一个方面（见第18章）。安第斯山区的马铃薯成为欧洲贫民的主要食物，木薯（一种巴西作物，具有食用根）和玉米跨过大西洋到达了非洲。

玉米是一种高产作物，与非洲本土作物相比，玉米的产量更高。传到非洲的玉米并不是现在的良种“甜玉米”，但白玉米和黄玉米中含有多种淀粉。在非洲的美洲食物中，木薯是最重要的一种。它在现代北美的知名度不高，但木薯粉却比较出名。与其他主要粮食作物相比，玉米和木薯的产量更高，它们还可以生长在贫瘠而干旱的土地上。这两种作物的叶子和根都可以食用。根可以成为面包的配料，这种面包能保存6个月以上。此外，发酵后的根可以用于制造饮料。

玉米和木薯可能是葡萄牙船只偶然带到非洲的，这些船只从巴西出发，到达安哥拉后，把剩余的食物扔到了当地。不久，当地的非洲人就意识到了这些作物的价值，特别是在较干旱地区的价值。在非洲中部地区，妇女是农业生产的主力军，她们要学习如何春种秋收，如何准备食物。到18世纪，在距离安哥拉海岸数百英里的隆达（Lunda），当地的统治者在王室土地上栽培玉米和木薯，以便获得安全的食物供给。

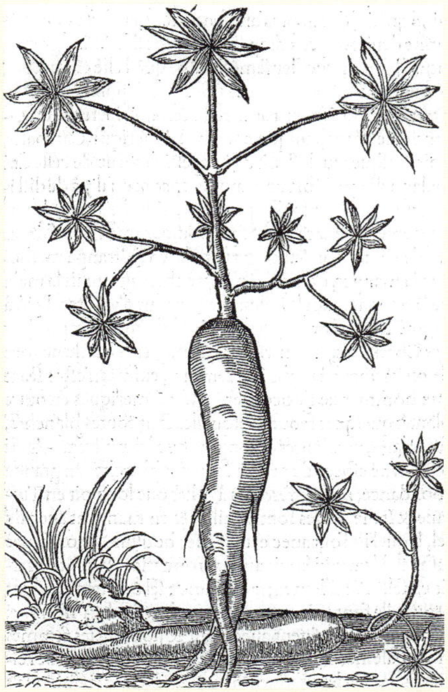

木薯　木薯的叶子和含淀粉的根都可以食用。

一些非洲史学家认为，美洲的粮食作物为当地的人口增长提供了营养基础，这弥补了大西洋奴隶贸易所造成的人口损失。玉米、木薯和其他来自新世界的豆类作物为非洲提供了食物，移民地区和比较容易发生饥荒的地区出现了快速的人口增长，也永远地改变了非洲的环境。

除了特殊假期外——英属西印度殖民地有为期一周的圣诞狂欢——他们几乎没有娱乐和放松的时间。奴隶可以在地里唱歌，这个简单的方法可以使他们暂时摆脱疲劳和工作的单调。奴隶肯定没有时间接受教育，除了用于种植的技术外，种植园主也不愿教他们其他的东西。

奴隶的健康

家庭生活的时间也非常有限。种植园殖民地有大量的年轻人，这本应该带来较高的人口自然增长率，但奴隶贸易导致了性别失衡，结果事实恰恰相反。营养不良和劳动过度降低了生育率。持续不断的田间重体力劳动使怀孕的妇女很难足月产子，母亲也不能保证自己的孩子能存活下来。除了上述不利条件外，还有疾病和危险的压榨机所造成的事故，这些使西印度种植园的死亡人数

表19-1 在一个牙买加糖料种植园奴隶所从事的工作（1788年）

从事的工作和所处状况	男性	女性	男孩和女孩	总计
地里的劳动力	62	78		140
小商人	29			29
监工	4			4
厨师		4		4
管理骡子、牛和马的人	12			12
看守人	18			18
护理人员		1		1
助产士		1		1
佣人和园丁		5	3	8
儿童组			20	20
总计雇用人数	**125**	**89**	**23**	**237**
婴儿			23	23
病人（其中18人得的是雅司病）				32
在路上还没回来的人				5
老年人				7
总计				**304**

资料来源：Michael Craton, James Walvin, and David Wright, eds., *Slavery, Abolition and Emancipation*, p. 103. Copyright © 1976. Reprinted by permission of Pearson Education Limited.

512 超过了新生儿的数量（见表19-2）。在19世纪的巴西，男性奴隶的平均寿命是23岁，女性奴隶的平均寿命是25.5岁。18世纪的加勒比奴隶大体也是这种情况。在加勒比地区和巴西的部分地区，奴隶主有一种冷酷的观念：买一个年轻的奴隶要比把一个奴隶的孩子养到相同的岁数更划算。

适应期：刚到达美洲的奴隶进行自我调整，以适应新的气候、疾病和工作的过程，这个过程往往是比较痛苦的。

种植园艰苦的生活是造成奴隶早亡的主要原因，但疾病却是最大的杀手。痢疾最常见，这种病是由受污染的食物和水引起的。刚到达美洲的奴隶需要一段时间适应新环境，这就是所谓的“**适应期**”。在这段时间，大约有1/3的人死

513 于他们没遇到过的疾病。奴隶也会死于他们带来的疾病，如疟疾。例如，在表19-1中，超过一半患病的奴隶得的是雅司病（yaws），这是一个很痛苦、使人乏力的皮肤病，它在非洲很普遍。结果，只有位于温带的北美奴隶种植园出现了人口自然增长。

表19-2　一个牙买加糖料种植园的出生和死亡情况（1779—1785年）

年份	出生		购买	死亡		死亡比例
	男性	女性		男性	女性	
1779	5	2	6	7	5	1/26
1780	4	3	—	3	2	1/62
1781	2	3	—	4	2	1/52
1782	1	3	9	4	5	1/35
1783	3	3	—	8	10	1/17
1784	2	1	12	9	10	1/17
1785	2	3	—	0	3	1/99
总计	19	18	27	35	37	
	生37			死72		

资料来源：Michael Craton, James Walvin, and David Wright, eds., *Slavery, Abolition and Emancipation*, p. 105. Copyright © 1976. Reprinted by permission of Pearson Education Limited.

如此高的死亡率进一步促进了大西洋奴隶贸易，因为种植园需要购买新奴隶，以取代死去的奴隶（见表19-2）。高死亡率和低生育率意味着糖料种植园的发展要依靠奴隶贸易的增加。结果，西印度群岛的大部分奴隶都是在非洲出生的，非洲的宗教信仰、说话方式、服装样式、装饰品和音乐成了当地生活的重要组成部分。

奴隶的反抗

生活条件如此之差，难怪西印度群岛上的奴隶力图获得自由。单个的奴隶经常逃走。大群的种植园奴隶有时也会举行起义，反抗他们所受的束缚和虐待。例如，1760年，一个名叫泰基（Tacky）的奴隶（他曾是非洲黄金海岸的一个酋长）在牙买加领导了一场大规模的奴隶起义。他率人攻破了一座堡垒，在那里获得了武器。之后，周围种植园的奴隶纷纷投到他的麾下。这支起义军袭击了许多种植园，

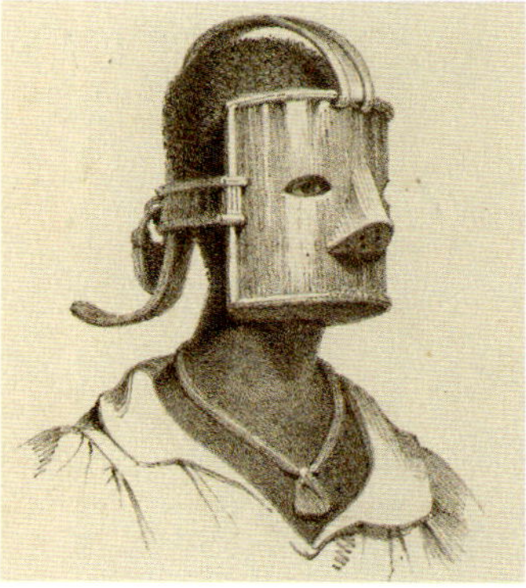

对奴隶的惩罚　除了鞭打和残酷的惩罚外，奴隶主还有其他方法羞辱奴隶，迫使他们服从。戴上这个金属面具后，奴隶就不能吃饭喝水了。

杀害了园主和他的家人，并将庄园付之一炬。泰基战死沙场，当局将他的三个副手残忍杀害，以儆效尤。

欧洲种植园主认为，非洲的反抗传统根深蒂固，因此他们想削弱这种文化传统。庄园主还要求奴隶学习殖民地的语言。此外，他们故意将来自非洲不同地区的奴隶放在一起，这样可以减少他们说自己语言的机会。法国和葡萄牙殖民当局鼓励奴隶信奉天主教，但非洲的宗教信仰和宗教活动仍旧存在，并在此基础上形成了一些有非洲渊源的宗教，如康多拜教（candomblé）。1800年之前，在英属西印度群岛，只有教友派奴隶主会在奴隶中传播基督教。非洲的草药仍然广为流传，以自然精灵和巫术为中心的非洲宗教信仰也很兴盛。

19.2.3 拥有自由身份的白人和黑人

自由人的生活与奴隶的生活有天壤之别。18世纪，加勒比地区有将近一半的奴隶在法属圣多明各，那里有三类自由民。社会最上层是富有的糖料种植园主，即“大白人”（great whites），他们主宰着岛上的经济和社会。第二类是手头不那么宽裕的欧洲人，即“小白人”（little whites）。他们多半是殖民地的官员、零售商或小农场主。在这两类人中，大部分人拥有奴隶。第三类是黑人自由民，他们的数量与白人自由民大体相当，但他们的社会地位在白人之下。他们拥有财产，相当一部分人还拥有奴隶。

种植园主

在英属殖民地，种植园主的权势更大。在圣多明各，糖的出口大约占出口总额的50%。在牙买加，这个数字超过了80%。集中的糖业生产排挤了小农，
514 无论他是白人还是黑人，绝大多数的土地集中到了少数大地主手中。到18世纪中叶，牙买加3/4的农田都属于个人所有，这些人至少拥有1 000英亩（400公顷）的土地。

1774年，在牙买加投资大约2万英镑（10万美元）就可以获得一个中等面积的种植园——600英亩（240公顷）。其中1/3的钱投资到土地上：种植糖料作物和粮食作物、饲养动物、砍伐木材和柴火。1/4的钱花在压榨机和提炼设备上。最大的开销是购买200个奴隶，每个售价40英镑（200美元）。比较一下，一个英国乡村劳动力的年收入大约是10英镑（50美元），这相当于奴隶价格的1/4。1760年的时候，英国10个最富有的贵族家庭的平均年收入也只有2万英镑。

据说，西印度群岛的种植园主（当时最富有的英国人）会把他们的钱转化为政治权力和社会威望。最富有的种植园主会派人管理种植园，他们自己则居

住在英国。1730—1775年，70名缺席的种植园主赢得了选举，保住了他们在英国议会中的席位，他们形成了一个很有影响力的政治集团。住在西印度群岛的人通过控制当地议会来行使他们的政治权力。

大多数欧洲种植园殖民地可以赋予奴隶自由，无论是单个奴隶还是一群奴隶。与英属殖民地相比，巴西、西属殖民地和法属殖民地**解放**（奴隶主在法律上赋予奴隶自由）奴隶的情况更常见。在英属殖民地内部，加勒比地区解放奴隶的现象比北美大陆普遍。在加勒比地区，奴隶主会解放与他们发生过性关系的女奴隶，或解放他们情妇的孩子。更多的奴隶是用钱买到了自由。在许多殖民地，解放奴隶使黑人自由民的数量迅速增加。法律规定，孩子的法律地位与母亲相同。因此，许多奴隶家庭会首先为快分娩的妇女争取自由。这样，孩子一出生便拥有了自由身份。到18世纪晚期，在巴西和法属殖民地，黑人自由民 515
占了黑人人口的一大部分。

解放：使一个奴隶在法律上获得自由。

逃亡奴隶的组织

在巴西和西属殖民地（见第18章），逃亡奴隶构成了黑人自由民人口的另一部分。牙买加、伊斯帕尼奥拉和圭亚那有许多逃亡奴隶的组织，这些组织被

牙买加麦鲁恩的领袖库乔（Cudjoe）在协商一份和平协议　1738年，经过数十年的抗英活动后，麦鲁恩与当局签订了一份和平协议，这份协议承认这些逃亡奴隶拥有自由。在无法击败逃亡奴隶的情况下，英国授予了他们土地和自治权。作为交换条件，他们不再袭击种植园，并承诺送还未来逃亡的奴隶。

麦鲁恩：指逃亡的奴隶，通常也指西印度和南美的逃亡奴隶组织。

称为“**麦鲁恩**”（maroons）。在打退了殖民地民兵多轮进攻后，牙买加的麦鲁恩与当局签订了一份协议。根据协议，当局承认他们独立。作为回报，双方合作防止新的奴隶出逃，联手镇压奴隶起义。在无力赢得决定性胜利的情况下，西班牙、荷兰和葡萄牙的殖民当局也与逃亡奴隶的领袖签订了相似的协议。

本节回顾

与殖民地的其他农业形式相比，制糖业需要对土地、奴隶和设备进行更多的投资。

与小农场相比，大种植园更有效率，利润也更丰厚。

糖料种植园的发展导致了毁林开荒和土壤肥力耗竭，这严重地破坏了环境。

奴隶被分成了不同的组，他们在皮鞭的威吓下进行劳动。

加勒比种植园出现了高死亡率和低生育率。

奴隶可以通过解放、斗争或起义获得自由；麦鲁恩迫使当局承认他们拥有自由。

19.3 大西洋经济的形成

西印度群岛的种植园殖民地，兼具残酷奴隶制的古老性和仅为出口而进行生产的奇特现代性。在大西洋贸易体系中，它既是一枚香甜的果实又是一枚苦果。大西洋商业特征的转变标志着这个新兴体系的崛起。在16世纪，满载着金条银锭的西班牙宝船主宰着大西洋贸易。到17世纪晚期和18世纪，往返于欧洲和西印度群岛、巴西的运糖船，以及平均每次可以向新大陆输送250个奴隶的贩奴船成为大西洋贸易的主角。

除种植园外，新的经济机构、私人投资者和欧洲政府之间的新型合作关系，以及欧洲商人和非洲商人之间的新型工作关系都促进了大西洋经济的形成和发展。这个新的贸易体系为资本主义关系如何重塑世界做出了最好的诠释。

19.3.1 资本主义和重商主义

在15世纪和16世纪，西班牙和葡萄牙许多海上探险都是受政府资助的，两国王室都想用垄断的方式来限制本国殖民地的海外贸易，但垄断既劳民伤财又没效率。在17世纪和18世纪，大西洋经济的成功在很大程度上依靠的是私人公司。私人公司的贸易更高效，也更有利可图。贩售新世界的农矿产品可以获得巨额利润，这吸引了欧洲的私人投资者。但他们的成功依赖于新成立的组织和政府的保护，政府的保护可以降低出现灾难性损失的可能性。

资本主义：由大型金融机构（如银行、证券交易所和投资公司）组成的经济系统，首先出现在早期近代欧洲。依靠早期近代贸易体系的商业资本主义不同于以机械化生产为基础的工业资本主义。

资本主义和大西洋世界

大西洋经济的增长是现代**资本主义**发展的一个环节。大西洋经济体系的基础是信贷增加和大型金融机构的发展，如银行、证券交易所和特许贸易公司。这些机构可以使商人和投资者参与离家万里之遥的商业活动，而且还可以降低风险、提高利润。起源于欧洲的资本主义制度在17世纪扩展到了海外。当时，欧洲经济发展缓慢，许多投资者想从生产和出口殖民地产品（如糖和烟草）中获利。另一方面，殖民地也需要欧洲产品，这更是让投资者喜不自胜。

在上述过程中，银行发挥了重要作用。到17世纪早期，荷兰的银行以其安全性享誉欧洲，西欧的个人和政府会将大笔资金委托给它们。为了获得利润，荷兰和其他欧洲国家的银行投资了不动产、工业和海外贸易，还向各国政府放贷。

重商主义：16—18世纪欧洲政府所奉行的政策，鼓励一国与其殖民地进行贸易，而且要求殖民地只能与母国贸易，用这种方法来积累贵金属。英国的重商主义以《航海条例》为代表，法国的以《专营法》为代表。

如果想获得比存银行更高的收益，私人投资者可以参股股份公司，这种股份公司是现代公司在16世纪的前身。个体投资者可以在一个特定的金融市场买卖股票，这就是证券交易所。阿姆斯特丹交易所成立于1530年，它是17世纪和18世纪最大的股票市场。为了降低海外贸易的风险，商人和贸易公司会为他们的船上保险。这样，一旦出事就可以得到补偿。银行和证券交易所在伊比利亚出现得比较晚，那里的经济增长速度也比较慢。

516

重商主义

欧洲国家想以控制贸易和积累金银资本的方式垄断其殖民帝国的利益，这就是**重商主义**。重商主义政策会严格限制本国公民与外国商人进行贸易，在维护利益时不惜使用武力。

特许公司是重商资本主义的重要组成部分。1602年，荷兰允许荷属东印度公司垄断印度洋贸易。当荷属东印度公司从葡萄牙人手中夺下印度洋贸易的控制权后（见第20章），购买公司股票的私人投资者获得了丰厚的回报。1621年，荷属西印度公司获得了特许权，它也从葡萄牙手中夺走了巴西的产糖区和贩运非洲奴隶的港口。

皇家非洲公司：1672年获得特许权的英国贸易公司，主要在非洲西海岸进行贸易。

继荷兰之后，其他国家也建立了自己的特许公司。1672年，**皇家非洲公司**

（RAC）获得了垄断英国与西非贸易的特许权，该公司的总部设在海岸角奴隶堡（Cape Coast Castle），这个地方就在黄金海岸的埃尔米纳以东。法国也出现了特许公司，这些公司可以从海外贸易和殖民中获利。让·巴普蒂斯特·柯尔贝尔是路易十四的财政大臣（1661—1683年在任），他授予法属东印度公司和西印度公司以特许权，希望它们能将荷兰商人和英国商人逐出法属殖民地。

为了获得美洲的贸易优势，法国和英国也会动用武力。1652—1678年，英法两国与荷兰进行了一系列战争，目的就是把荷兰挤出两国的殖民地（见第17章）。规模较大的英法海军击败了荷兰，荷属西印度公司也走向了破产。在军事压力和外交压力下，西班牙也于1713年后向英国和法国拱手让出了向西属殖民地运送奴隶的垄断权。

当与荷兰逐鹿大西洋渐进尾声的时候，英法两国开始限制特许公司的特权。新型重商主义政策鼓励本国公民之间的竞争，同时用高关税和严格的限制排挤外国竞争对手。17世纪60年代，英国通过了一系列《航海条例》，规定英国殖民地只能同本国商船进行贸易；随后，英国又对本国公民开放了对非贸易。当局认为，竞争可以降低奴隶的价格，西印度的种植园主能从中受益。1689年，法国也出台了重商主义法令——《专营法》（*Exclusif*），这个法令带有很强的排外色彩。其他的重商主义法律希望能保护国内的工农业利益，使其免受殖民地的竞争。政府会对来自殖民地的工业品和农产品课以重税，糖也不例外。

在重商主义措施的影响下，大西洋成为英国、法国和葡萄牙最重要的海外贸易区。来自西印度的进口额占英国进口总额的20%以上。在法国海外贸易中，法属西印度殖民地所扮演的角色更重要。只有荷兰例外，失去了许多美洲贸易后，它主要依靠亚洲贸易（见第20章）。来自大西洋经济的利润促进了欧洲国家的经济发展，也增加了各国的税收。

19.3.2 大西洋循环贸易

大西洋循环贸易：连接欧洲、非洲和美洲的贸易网，是大西洋体系的基础。

大西洋贸易体系的核心是一个顺时针的航海路线，这就是**大西洋循环贸易**（the Atlantic Circuit，见地图19-1）。第一段航程是从欧洲到非洲，商船上装有欧洲产品（特别是金属、五金器具和枪）和来自印度的高质量棉纺品。到达非洲后，这些商品用于交换西非的黄金、象牙、木材和其他产品，最大宗的交易

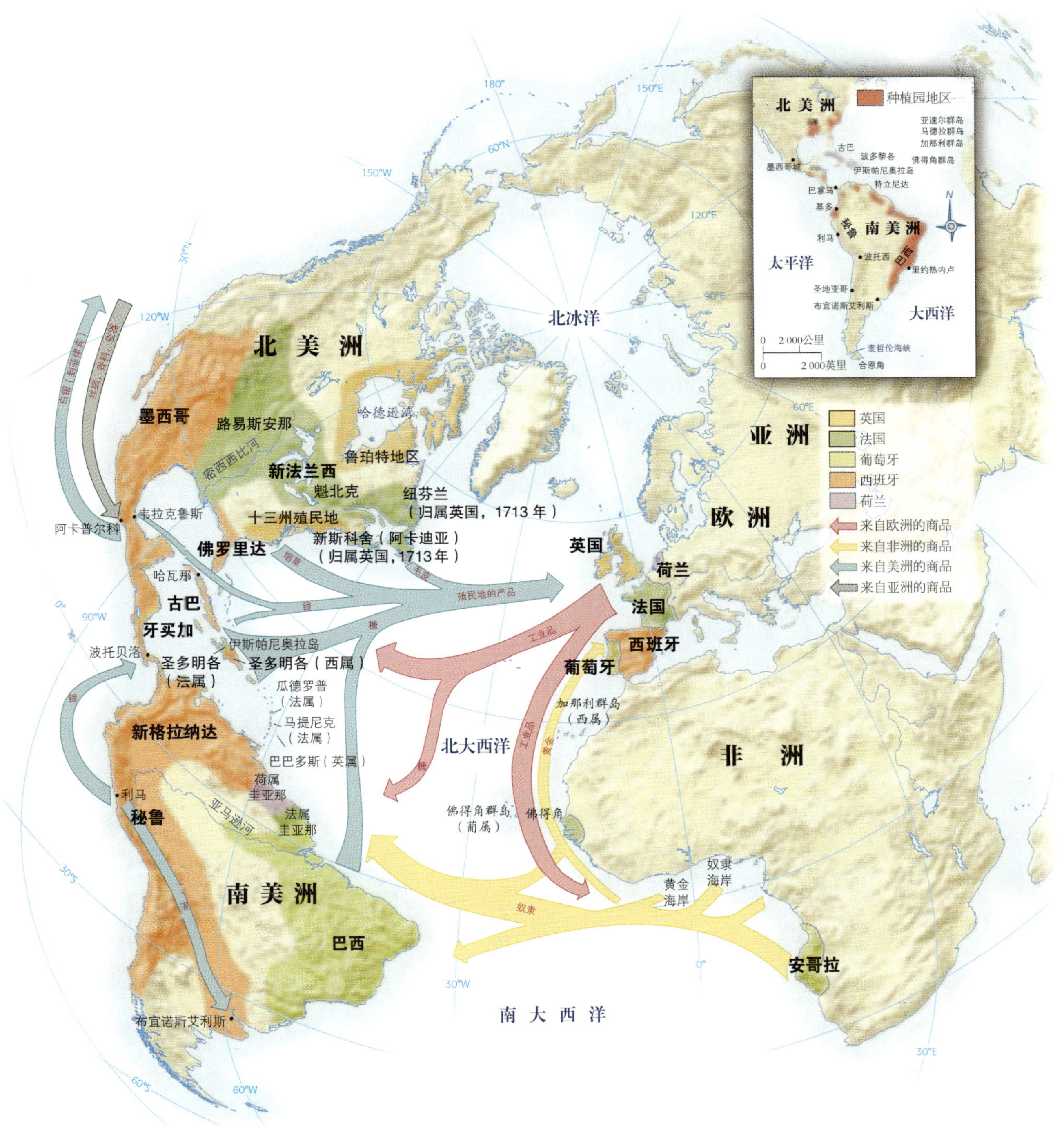

地图19-1　大西洋经济　到1700年，大西洋的贸易量已经与印度洋基本持平。大西洋贸易的主要项目是消费品、奴隶、贵金属和其他商品。运往东亚的白银成为太平洋经济的基础。

中段航程：大西洋循环贸易的一部分，把非洲奴隶运往美洲。

是购买奴隶。奴隶会跨过大西洋，被运到种植园殖民地，这就是**中段航程**。在第三段航程，殖民地种植园的产品被运回欧洲。每一段航程都会把相对充盈和廉价的商品带到较为稀缺和价格较高的地方。因此，从理论上说，每段航行都可以获利。但实际上，海难、死亡、海盗和其他危险会将获利变为亏损。

518 三角形的大西洋循环贸易只是大西洋贸易的众多商业路线之一。商船从欧洲出发，经过漫长的航行到达印度洋和亚洲。在那里，他们会用非洲的黄金和美洲的白银购买棉纺品和香料。商人们会把这些商品卖到非洲、美洲和欧洲。有些商业路线更直接，把欧洲的工业品或新英格兰的粮食和木材运往加勒比地区。有些罗得岛和马萨诸塞的商人也会参与“三角贸易”，他们将朗姆酒（rum）带到西非，把奴隶带回西印度群岛，有时会载着糖蜜和朗姆酒回到新英格兰。也有巴西和安哥拉之间的双向贸易，用巴西的烟草和酒换奴隶。巴西的烟草也向北进入加拿大，参与当地的毛皮贸易。

欧洲的投资、工业品和航船主宰着大西洋体系。欧洲也是美洲农产品的主要市场，商品变成了物质文化。在17世纪之前，糖在欧洲比较稀缺，价格昂贵，只有富人才消费得起。随着殖民地产糖量的提高，糖价下降，消费量上升。1700年，英格兰人均消费糖的数量上升到了大约4磅（约2公斤）。欧洲人会往一些来自海外的新饮料（如茶、咖啡和巧克力）中加糖以抵消其天然的苦味。到19世纪初，消费量增加到了大约18磅（约8公斤）。这个数字要远远低于1960年的美国人均年食糖量——约100磅（约45公斤）。

非洲奴隶贸易

非洲奴隶贸易是欧洲食糖贸易的基础（见地图19-2）。中段航程贸易量的增长促进了大西洋体系的发展。在之后的150年里，随着欧洲人前往美洲，奴隶贸易也将大约80万的非洲人运到了新大陆。1650—1800年，在制糖业发展得热火朝天的时候，奴隶贸易的数量上升到了近750万。有大约50%的奴隶被卖到了包括古巴在内的西印度群岛，有近1/3去了巴西，5%到了北美，其余的进入了西属美洲大陆（见图表19-1）。

17世纪，重商主义使大西洋奴隶贸易掌握在特许公司手中。荷属西印度公司和英国皇家非洲公司将大约20万个奴隶运到了美洲。18世纪，来自利物浦和布里斯托尔的英国商人控制了约40%的奴隶贸易。主要在南特和波尔多，法国控制了大约20%，而荷兰只有6%。葡萄牙为巴西和其他地区提供的奴隶约占大西洋奴隶贸易的30%，而北美船只贩运的奴隶只占3%。

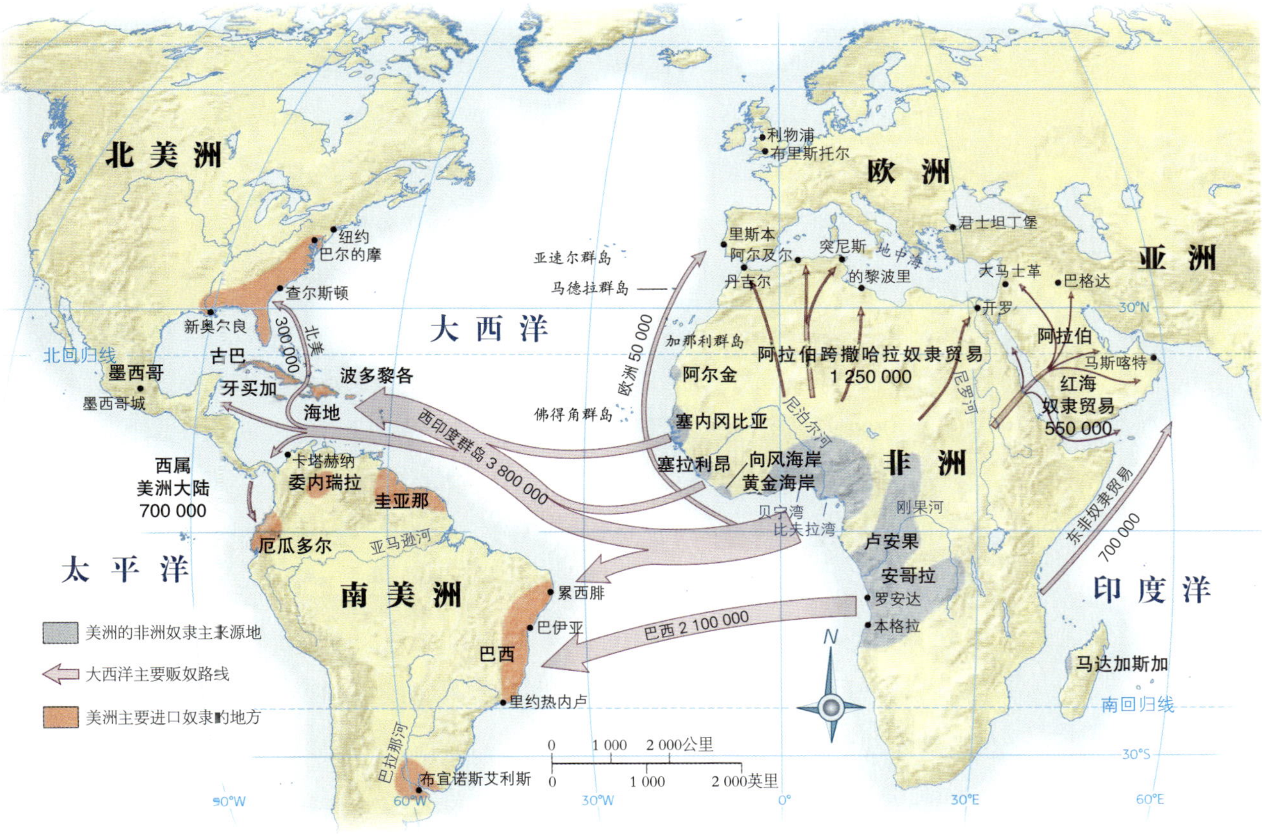

地图19-2　非洲奴隶贸易（1500—1800年）　撒哈拉以南的非洲的奴隶会被贩卖到信奉伊斯兰教的北非、中东和印度，这种贸易由来已久。1500年后又出现了大规模的跨大西洋奴隶贸易，非洲奴隶会被运往美洲。西印度群岛是大西洋奴隶贸易的主要目的地，其次是巴西。

中段航程的情况

从奴隶贸易的贸易量和持续时间来判断，这是一项有利可图的买卖。欧洲商品的相对价格、非洲奴隶的价格和奴隶到达美洲后的价格决定了贩运的获利程度。奴隶贩子希望将尽可能多的健康奴隶卖给种植园殖民地，但贩奴船上的恶劣条件和持续6—10个星期的艰苦航行使死亡率居高不下。有些船到港的时 519
候，船上的奴隶都活着，但奴隶大批死亡的情况也会经常发生（见图表19-1）。然而，平均而言，奴隶贩子还是成功地降低了中段航程的死亡率。1700年前的死亡率是23%，到18世纪后半叶，死亡率降低了一半。

逃跑未遂和反抗加速了奴隶的死亡。在出现机会的时候，如靠近陆地或船员生病，一些受压迫的奴隶会起来反抗，准备逃走。当船快要靠岸的时候，以及船在航行中出现反抗苗头的时候，船员会给男性奴隶戴上镣铐，以防止他们逃走。奴隶贩子也会采取一些预防性措施，他们把男性奴隶关在甲板下面。只有吃饭的时候，他们会被编成小组，在船员的严格监视下走上甲板。无论如何，“反抗”是很少成功的，被制服的反抗者会受到残酷的对待。

在中段航程中，虐待也会导致死亡。虽然为奴隶提供良好的条件符合船长和船员的利益，但他们会用鞭打，甚至是处死的方式来维持秩序。有些奴隶会变得绝望，这就是现在所说的“固执的忧郁”（fixed melancholy），他们会拒
520 绝进食。船员们会强行给他们喂食，但有些奴隶已经抱定了必死的决心。奴隶贸易非常危险，也非常残忍。一般的海员会避免从事这项声名狼藉的工作。结果，贩奴船上全是些冷血的家伙。

虽然难以言表的暴行在记录中比比皆是，但大部分的死亡是由疾病引起的。致命的痢疾会通过受污染的食物和水传播。还有些人会死于天花之类的传染病，这些病是由患病的奴隶或船员带上船的。这些疾病会迅速在船上传播，更何况奴隶已经受到了身心创伤。船员也会感染相同的传染病。一趟航行下来，他们的死亡率可能和奴隶一样高，这体现了那个时代的残酷和劳动力的廉价。

本节回顾

银行、股票市场和保险公司帮助欧洲国家发展殖民帝国。

欧洲国家用重商主义垄断来自殖民地的利益，重商主义既包括财政政策，也包括贸易政策。

大西洋循环贸易是一个贸易网，它将欧洲、非洲和西半球联系在了一起。

1650—1800年，有750万名非洲奴隶被运到了美洲殖民地，这个数字是之前150年的9倍。

贩奴船上的条件相当差，也很不卫生，死亡率非常高。

19.4 非洲、大西洋和伊斯兰教

大西洋体系通过中段航程和种植园奴隶制的残酷环境，夺走了许多非洲人的生命。还有许多非洲人在被押往非洲港口奴隶市场的途中丧命。人口损失和

奴隶贸易的其他方面对非洲的整体影响引起了历史学家的关注和讨论。有一点是毋庸置疑的，奴隶贸易所造成的影响取决于非洲不同地区卷入这场贸易的强度和持续时间。

在讨论大西洋体系对非洲的影响时，有一点是不应被忽略的：捕获和贩卖奴隶会使一些非洲人获益。他们将奴隶绳捆索绑，押解到海岸，用他们从奴隶贩子手中换取欧洲货。大西洋体系对奴役者和被奴役者的影响有很大差别。最后，如果要以更宽阔的视角考察大西洋体系对撒哈拉以南的非洲的影响，我们就需要把这种影响与伊斯兰世界对这个地区的影响进行对比。

19.4.1 黄金海岸和奴隶海岸

正如第16章提到的，早期到达非洲西海岸的欧洲人关注的是贸易而不是殖民。1650年后，非洲贸易迅速增加，但这种情况也没有发生变化。非洲的国王和商人在沿海出售奴隶和物品，但不断增长的奴隶贸易并没有导致非洲的殖民地化。

向奴隶贸易的转变也不是一蹴而就的。即便在奴隶成为非洲最有价值的出口项目时，黄金、象牙和木材这样的商品仍很重要。例如，在1672—1752年的80年里，皇家非洲公司有40%的利润来自于黄金、象牙和森林产品。即使在奴隶贸易鼎盛的时候，这类非奴隶出口项目在西非部分地区仍占主要地位。

非洲人参与奴隶贸易

非洲商人对用于交换奴隶或货物的商品很有鉴别力。如果一艘到港船装载的是劣质商品或在当地很难打开销路的货物，那么这些东西很难卖出好价钱。在与非洲进行贸易的时候，欧洲的贸易指南会仔细说明注意事项，如珠子的颜色和形状、纺织品的款式、枪的类型，以及沿海不同地区（见地图19-3）都需要哪种金属。虽然非洲人偏爱的商品千差万别，但纺织品、五金器具和枪总是很抢手。17世纪80年代，在皇家非洲公司出口到西非的商品中，有60%是印度和欧洲的纺织品，有30%是五金器具和武器。在18世纪，来自美洲的烟草和朗姆酒也成了畅销产品。

欧洲人和非洲人都想获得有利于自己的价钱，有时甚至会使用欺诈的手段。对奴隶需求的增加推高了奴隶在非洲的价格，我们可以由此推断出非洲人在讨价还价中所处的地位。在18世纪，黄金海岸的奴隶价格翻了一番，有的地方甚至达到了3倍或4倍。

地图19-3 非洲西部的国家和贸易（1500—1800年） 大西洋贸易和跨撒哈拉贸易给非洲西部带来了新的商品，也促进了当地强国和贸易组织的崛起。摩洛哥对桑海帝国的入侵，以及葡萄牙在安哥拉的罗安达港和本格拉港的殖民表明这种关系具有政治危险性。

在黄金海岸和奴隶海岸的非洲政府强迫欧洲人遵守非洲的贸易习惯，严防
521 他们控制非洲的土地。在黄金海岸，欧洲国家展开了竞争，每个国家都想建立自己的贸易“堡垒”。这种竞争关系减少了欧洲人谈判时的筹码，因为非洲人可以与出价最优的一方进行贸易。1700年，威廉·博斯曼（Willem Bosman）是荷属东印度公司在西非地区的领导，这种情况使他唏嘘不已。为了与其他国家竞争，他的公司不得不出售高质量的步枪和黑色火药，这会加强非洲的军事力量。

博斯曼还说，在维达购买奴隶之前，他的代理人不得不先向当地国王支付一笔关税，之后还要缴纳一笔额外费用。按照非洲的标准，维达不过是个小王国，只管辖着港口和周边的穷乡僻壤。从奴隶贸易中获得的火器增强了达荷美（Dahomey）的军事实力。1727年，达荷美吞并了维达。

除了达荷美，这个地区还有两个强国，一个是奥约（Oyo）王国，一个是阿散蒂（Asante）王国。这两个国家也参与了大西洋奴隶贸易，但它们比达荷美更独立。海外贸易使这些人口众多的大国形成了相对适度的经济，这可以维持它们与北方邻国和北非国家的陆路贸易。与中世纪位于苏丹西部的帝国相似，对外贸易使奥约和阿散蒂变得更加强大，但它们并不依赖对外贸易。1730年，奥约王国战胜了达荷美。为了保持独立，达荷美不得不每年向奥约纳贡。

非洲的国王和商人是怎样获得奴隶的呢？博斯曼纠正了一些当时在欧洲广为流传的错误说法。1700年，他在给朋友的一封信中写道："在我们国家，不少人认为父母会卖掉自己的孩子，丈夫会卖掉妻子，某人会卖掉自己的兄弟。如果他们真这么想，那么他们就是在自欺欺人；在任何情况下，这种事都是不会发生的，除非是迫不得已或犯下滔天罪行。我们得到的大部分奴隶都是战俘，胜利者会将他们当战利品卖掉。"[1]他说奴隶大部分是战俘，但很难证明俘获奴隶是发动战争的主要动机。两位受人尊重的非洲史学家认为："到处都有迹象表明，战俘会被卖到海外，但战争的主要推动力似乎只是偶然地与奴隶贸易有关。"[2] 522

19世纪早期，阿散蒂国王也有相似的观点："我不能发动一场旨在树丛里抓奴隶的战争，这样做就像做贼一样。我的祖先从来不这么做。但当一个国王傲慢无礼的时候，我会与他作战，会杀了他。我将获得他的黄金和奴隶，他的子民当然也归我所有了。白人国王不也这样吗？"[3]在17世纪，英格兰的统治者的确会判处苏格兰和爱尔兰的战俘，强迫他们去西印度群岛劳动。无论是非洲战俘还是欧洲战俘，他们都会同意国王的观点，认为这样做无可厚非。

19.4.2　比夫拉湾和安哥拉

18世纪，奴隶贸易向东扩展到了比夫拉湾。几个强大的王国控制着黄金海岸和奴隶海岸，比较而言，人口稠密的比夫拉湾并没有大国。即便如此，海岸港口有许多颇具实力的富商，他们会从欧洲商人那里得到价格不菲的礼物。

贸易扩张

凭借着市场网络和内陆通道，本地商人会向欧洲奴隶贩子提供债务人、被诱拐的人和罪犯。18世纪晚期，比夫拉湾和大西洋贸易一同发展起来，内陆市场出现了专门交易奴隶和进口商品的大型市集。18世纪80年代，据一个英国船医报告，非洲商人会从内陆市集购买奴隶，一个市集就可以向沿海提供1 200—

安哥拉的罗安达 1575年，葡萄牙人修建了罗安达，它成为向巴西出口奴隶的中心。在这幅18世纪的图画中，街道的两侧是城市的仓库和商业建筑。在画的前部，战俘们被拖拽到驶往西半球的船只的港口。

1 500个奴隶，其中既有男性又有女性。[4]

对于大西洋贸易来说，每个地区的作用不同。刚果河口以南的安哥拉是大
523 西洋贸易最大的奴隶来源地（见地图19-2）。那里也是大西洋沿岸只受一个欧洲国家（葡萄牙）控制的重要地区。除了荷兰人在17世纪曾短暂控制这一地区外，居住在主要港口罗安达和本格拉的葡萄牙人一直扮演中间商的角色，贸易的一方是来自内陆地区的商队，另一方是来自巴西的商船。在非洲沿海城市的葡萄牙商人，引导来自内陆地区的大批商队在特定的市场交易奴隶。

在这些市场交易的奴隶很多都是战俘。到18世纪末，战俘是从600—800英里（1 000—1 300公里）以外运到港口的。许多人是隆达王国扩张战争的受害者。就像在非洲的其他地区，被卖为奴隶的战俘看上去只是非洲战争的副产品，而不是战争的目的。

有研究证明了17世纪干旱与安哥拉奴隶贸易发展之间的关系。内陆地区的环境危机迫使饥民前往水源比较充裕的地区。[5]有权势的非洲首领控制了这

些难民，作为交换条件，他们要为难民提供食物和水。这些首领比较看重饥民中的孩子和成年妇女，因为前者可以迅速同化，后者可以打理食物和生育。他们通常会把男性难民卖为奴隶，因为他们比妇女和儿童更容易逃走，也更容易反抗统治者。他们用奴隶换取纺织品、武器和酒，再用这些东西吸引新的追随者，巩固同盟者对他们的忠诚。最成功的首领会建立一个新国家，稳定那些被战争、干旱破坏的地区，再用难民和战俘补充人口。

虽然大西洋贸易在非洲的组织形式因地而异，但在欧洲商人和从中得到好处的非洲上层的推动下，各地都出现了贸易繁荣。非洲统治者和商人用奴隶及其他产品交换来自国外的商品，这些舶来品使他们更加富有、更加强大。在不断攻伐的过程中，非洲国家发展壮大起来，大部分卖到海外的奴隶都是战俘。但非洲强国和颇具实力的商团也会捍卫非洲领土，遏制欧洲的经济优势。在非洲，少数的富人和有权势的人会从奴隶贸易中获利，但大多数人是贸易的受害者。

19.4.3　非洲与欧洲及伊斯兰世界的接触

撒哈拉以南的非洲与欧洲建立起了新的联系。与此同时，那里与伊斯兰世界的传统联系也在发挥作用。但在1500—1800年，非洲与上述两个外来影响进行的政治互动、商业互动和文化互动，呈现出了惊人的相似性和差异性。

在1800年之前的三个半世纪中，非洲人几乎没有把一寸土地让给欧洲人。非洲的地方统治者与欧洲人的贸易据点保持着紧密联系，这些位于黄金海岸和奴隶海岸的据点可以征收各种苛捐杂税。除了大西洋沿岸不适宜居住的岛屿外，欧洲人只在两个地方建立了殖民据点，一个是葡属安哥拉殖民地，另一个是位于非洲大陆最南端的荷属开普殖民地。与安哥拉不同，荷属殖民地参与的是印度洋贸易而非大西洋贸易，那里不出口奴隶。1793年，开普殖民地有2.575万个奴隶，其中大部分是来自马达加斯加、南亚和东印度，而不是来自非洲。

桑海：指西非苏丹西部地区的民族、语言、王国和帝国。信奉伊斯兰教的桑海帝国在16世纪到达顶峰，控制范围从大西洋一直到豪萨地区，在跨撒哈拉贸易中扮演了重要角色。

西非和伊斯兰

在伊斯兰扩张的首个世纪，北非成为伊斯兰世界的一个组成部分。做跨撒哈拉贸易的北非商人和从中东经海路前往东非斯瓦希里贸易城市的商人传播了伊斯兰教，撒哈拉以南的非洲人逐渐接受了伊斯兰信仰和仪式。在16世纪，信奉伊斯兰教的奥斯曼帝国崛起，吞并了除摩洛哥之外的北非地区。埃塞俄比亚也在其他穆斯林的进攻下丢掉了大片领土。

直到1590年，撒哈拉仍然是抵御北方强国入侵的有效屏障。西非的**桑海**帝

商人抵达廷巴克图 商人们会把他们的货物带到这座沙漠边缘的古城，这样的做法已经持续了数个世纪。廷巴克图清真寺的塔要高于这座传奇城市的其他建筑物。

国改变了这种态势，它的边界从南方进入了撒哈拉。这个伊斯兰国家的财富来自跨撒哈拉贸易（见地图19-3）。结果，摩洛哥王国派了一支4 000人的远征

524

军，向南跨过沙漠，剑指桑海帝国。虽然有半数士兵倒在了路上，但这支拥有火器的远征军还是在1591年击溃了4万桑海军。尽管摩洛哥从来没有吞并苏丹西部，但摩洛哥在当地获得了奴隶和其他商品，并在之后的两个世纪中向贸易征税。

豪萨：位于西非苏丹中部的民族，以农业和贸易为主，曾一度受制于桑海帝国。在19世纪初期被索科托哈里发帝国征服前，豪萨城邦一直保持着自治。

摩洛哥击败桑海帝国后，在苏丹中部经营贸易的**豪萨**诸城（Hausa cities）吸引了大部分的跨撒哈拉商队，他们贩卖的货物有纺织品、金属器具和武器。豪萨诸城购买这些商品，并通过贸易网络将它们转销出去。这与参与大西洋贸易的非洲沿海商人相似，只是他们不做酒的生意，因为穆斯林是禁酒的。他们向大西洋地区出口的主要产品是黄金、纺织品、皮货和奴隶。

伊斯兰的奴隶贸易

没有数据表明运往北非的奴隶数量有多少，但即便人数少于鼎盛时期的跨大西洋奴隶贸易，它的规模也不容小觑。1600—1800年，奴隶贩子将85万个奴隶运到了穆斯林控制的北非地区（见地图19-2）。还有同等数量的奴隶经红海和印度洋进入中东和印度，这两个地区都属于伊斯兰世界。

与美洲的种植园奴隶制不同，进入伊斯兰世界的非洲奴隶大部分是充当士兵和仆人。在17世纪晚期和18世纪，摩洛哥的统治者雇用了一支由15万个非洲奴隶组成的军队。与本地招募的新兵相比，这支部队更值得信任。摩洛哥人也会让奴隶在糖料种植园工作，让他们做仆人和工匠。伊斯兰世界的非洲奴隶大部分是女性，这点与美洲不同。她们是富人家的妾、女仆和表演娱乐节目的人。与大西洋贸易相比，跨撒哈拉奴隶贸易中儿童的比例也比较高。

博尔努：西非一个强大的王国，位于苏丹中部的撒哈拉沙漠南端。在跨撒哈拉贸易和伊斯兰教传播的过程中，博尔努发挥了重要作用。又称卡内姆–博尔努（Kanem-Bornu），它从9世纪一直存在到19世纪末。

525

苏丹中部的**博尔努**（Bornu）王国说明了跨撒哈拉交流的几个方面。从9世纪起，博尔努就没有改朝换代。16世纪，这个伊斯兰国家从奥斯曼帝国进口了许多枪支，从此发展壮大，走上了扩张之路。博尔努从战争中获得了许多战俘，并将他们卖到北方做奴隶，同时买回了可以增强国家军事力量的火器和马匹。1642—1667年，博尔努国王梅·阿里（Mai Ali）四次前往麦加朝圣，他向世人展示了王国的实力和财富。据说，他有1.5万个奴隶随从。

与那个时代的基督徒相似，穆斯林也不认为拥有或贩卖奴隶涉及道德问题。实际上，穆斯林认为奴役“异教徒”是有功的，因为这样可以使他们皈依伊斯兰教。虽然伊斯兰教禁止奴役穆斯林，但博尔努、豪萨和其他地区的穆斯林统治者并没有严格遵守这项禁令（见“多样性与主流：西非和美洲的奴隶制”）。

与欧洲文化相比，撒哈拉以南的非洲接受伊斯兰文化影响的时间更长。学者和商人会用阿拉伯语同北非人交流，可以阅读阿拉伯文的古兰经。伊斯兰教的信仰、宗教活动、法律和管理体制也影响到了撒哈拉南端及斯瓦希里海岸的贸易城市。有些地区，伊斯兰教的影响力扩展到了农村地区。但到1750年，伊斯兰教仍然主要是一种城市居民的宗教。

欧洲对非洲文化的影响非常有限。在与葡萄牙人接触后，一些沿海地区的非洲人对西方的基督教产生了兴趣。但到18世纪，只有安哥拉有大量的基督徒。对于沿海的非洲商人来说，学习欧洲语言是很重要的。但非洲的本土语言仍然主导着内陆贸易。一些非洲商人会把儿子送往欧洲，让他们接受欧式教育。其中有一个叫菲利普·奎奎（Philip Quaque）的年轻人，他曾在英国学习，后被任命为英格兰教会的牧师。从1766年到1816年辞世，他一直担任海岸角奴隶堡的官方牧师。

到1800年，伊斯兰世界和欧洲对撒哈拉以南的非洲的影响有何相似之处，

大西洋奴隶贸易和伊斯兰奴隶贸易的对比

又有何不同之处？穆斯林和欧洲人都从撒哈拉以南的非洲得到了奴隶，只是欧洲人的贸易量更大一些。1550—1800年，大西洋贸易将800万非洲人带到了美洲。在这段时期的伊斯兰贸易中，可能有200万战俘被贩卖到了中东和北非。这对非洲人口有什么影响？学者们在以下三点上达成一致：第一，即便在奴隶贸易鼎盛的18世纪，撒哈拉以南的非洲仍然有庞大的人口；第二，为奴隶贸易做出很大贡献的地区（如奴隶海岸周边地区）受困于人口减少；第三，人口恢复能力取决于有多少具有生育力的妇女被运出非洲。事实上，大西洋贸易贩卖的男性奴隶要多于女性奴隶，这减少了奴隶贸易对人口的长期影响。

奴隶贸易对撒哈拉以南的非洲的经济有多方面的影响。非洲人对奴隶换回来的商品特别挑剔，进口货体现了他们的取向和需求。有限的进口产品不足以培养非洲本土的纺织工、金属匠和其他生产者，但进口的纺织品和金属促进了当地服装业和工具制造业的发展。虽然非洲人和欧洲国家都从贸易税中受益，但大部分的经济利益都流向了欧洲国家和它们在美洲的殖民地。

运输和贩卖奴隶的利润大部分归了欧洲商人和船主。欧洲的制造业（如纺织业和金属制品业）也从中捞到了好处。但美洲殖民地是从奴隶贸易中获利最大的一方。在美洲原住民因传染病大量死亡和欧洲移民不足以开发美洲资源的时候，非洲奴隶在北起切萨皮克南到拉普拉塔的广阔土地上创造了巨额财富。17世纪和18世纪，这些财富加速了西方资本主义的扩张。而在同一时期，统治着中东的奥斯曼帝国与其他伊斯兰国家在政治和经济上走向了衰落（见第20章）。

多样性与主流

526

西非和美洲的奴隶制

在非洲，虽然社会差异是司空见惯的，但奴隶主控制奴隶却是许多社会的共同特征。艾哈迈德·巴巴（Ahmad Baba，1556—1627年）是廷巴克图一位出色的伊斯兰学者，他来自那里的一个古老家族。大约在1615年，他回答了一些向他提出的问题。他谈到了奴隶制在西非苏丹政权中的一些情况，尤其是在位于卡诺

（Kano）和卡齐纳（Katsina）的豪萨城邦中的情况，其中既有官方的也有非官方的（见地图19-3）。

你问：关于从那些人口公认为穆斯林的苏丹国家进口的奴隶，这些国家如博尔努、卡诺、果阿、桑海、卡齐纳和其他信奉伊斯兰教的地区，你做何解释？是否允许拥有奴隶？

我知道——只有真主允许你做，你才会成功——你提到的这些地区都属穆斯林所有，……但仔细看一下，他们都是当地穆斯林居民捕获的异教徒。有些异教徒受到了穆斯林的保护，因为他们向穆斯林［缴税］。……有的时候，穆斯林苏丹之间也会互相攻伐，他们会抓尽可能多的战俘，并把他们卖掉，尽管这些人都是生来便拥有自由的穆斯林。……这种情况在豪萨地区也不罕见；卡齐纳人会俘虏卡诺人，其他人也会这样做，虽然他们说着同一种语言，他们的境遇也大同小异；他们之间的唯一区别是某人生来是穆斯林，而某人生来是异教徒……

无论他是谁，一旦作为异教徒被俘，那么他就会成为某人的财产，不同于那些自愿成为穆斯林的人，……他们根本不能被当作奴隶。

一个多世纪后，另一个非洲人向我们提供了西非奴隶的情况。阿尤巴·苏莱曼·迪亚罗（Ayuba Suleiman Diallo，1701—？）来自邦度（Bondu），那里距冈比亚河200英里，他成了奴隶，被卖到马里兰。1731—1733年，他在那里当奴隶。一个英国人向他学习阿拉伯语，记下了阿尤巴的故事，并给他取了一个英国化的名字乔布·所罗门（Job Solomon）。根据他的记述，邦度的奴隶要从事繁重的工作，而且得不到报酬。

1730年2月，乔布的父亲听说一艘英国船抵达了冈比亚河。他让乔布去卖掉两个黑人，再买些纸和其他的必需品，他派两个仆人跟乔布一起去。但他不希望乔布冒险过河，因为与富塔（Futa）人誓不两立的曼丁哥人（Mandingoes）就在河对岸。乔布并未与派克船长（Captain Pike）谈妥（停泊在冈比亚的时候，船归派克指挥，他为亨利·亨特船长工作。亨特船长是商人威廉·亨特先生的兄弟，住在伦敦的小塔街［Little Tower-street］），他将两名仆人打发回去，让他们告诉父亲，他想再往远处走一点。……他跨过了冈比亚河，用两个黑人换了些母牛。在回家的途中，他在一个熟人的房子里休息了一下；天气很热，在休息的时候，他把他的武器挂在了屋子里。……这时，一伙曼丁哥人从那里路过，发现他没有武装，就冲了进来，从后门一下闯进了七八个，他还没来得及拿武器就被捉住了。

阿尤巴·苏莱曼·迪亚罗（1701—?）

他的翻译也成了阶下囚，这个人至今仍在马里兰做奴隶。曼丁哥人给他们剃了头和胡子，乔布和他的朋友对此非常愤慨，因为这是对他们最大的侮辱。但曼丁哥人好像并不是这个意思，他们只是想让他俩看上去像战俘。1730年2月27日，他俩被送到派克船长那里，船长买了他们。3月1日，他们被装上了船。乔布想向船长说明，自己就是几天前和他谈买卖的那个人，以及之后他的遭遇。了解情况后，派克船长允许他们赎回自由。乔布托他父亲的一个朋友去找他父亲，告诉他发生了什么事，要他想办法解救自己。但从送信人的家到他家要两个星期的路程，而船在一个星期后就起锚了。乔布和其他奴隶被运往了马里兰的安纳波利斯（Annapolis），他落到了瓦谢尔·丹顿先生（Mr. Vachell Denton）手中。

瓦谢尔·丹顿先生将他卖给了肯特岛（Kent Island）的托尔塞（Tolsey）先生，他让乔布生产烟草。但他很快发现，乔布并不适合这项工作。他忧郁成疾，觉得再也忍不下去了。所以他们的主人给他安排了比较轻松的工作，让他去照看牲口。乔布经常把牲口丢在一边，躲进森林里祈祷。一个白人男孩经常会看着他，在他进行宗教仪式的时候挖苦他，向他脸上扔脏东西。这
527 会打扰到乔布，他本已不幸的生活现在又雪上加霜。他不会英语，所以他不能抱怨，也不能把自己的情况告诉其他人。艰苦的生活使他决定孤注一掷，

采取一次铤而走险的行动。他想，他可能会有一位新主人，新主人可能给他安排更好的工作，他也可能会有一些能减轻他痛苦的奇遇。因此，他穿过森林，来到了肯特的乡村地区，那里离特拉华湾不远。……整个［东海岸中部］殖民地（最远包括新英格兰的波士顿）有一项法律，即任何人都可以扣押不认识或没有通行证的仆从，无论他是黑人还是白人，都可以把他［囚禁起来］，直到他的主人把他领走。乔布无法说明自己的身份，因此在那里被关了起来。

1731年6月初，我去那里出席法庭，听说了乔布。我和几位绅士去找［狱卒］，想见见乔布。狱卒把乔布带到了我们所在的小客栈，但他几乎不会英语。我们只好给他打手势，他在我们面前写了一两行话，随后读了起来，从发音判断，他提到了安拉和穆罕默德。我们递给他一杯酒，他拒绝了。我们觉得他是穆斯林，但不知道他来自哪个国家，又是怎样到这里来的。他举止友好，面容平静，因此我们觉得他不是一般的奴隶。

在他被囚禁期间，一个老黑人住在他隔壁，这个人会说他能听懂的沃洛夫语（Wolof）。老黑人去找他，和他交谈。这时，老黑人和看守才知道谁是他的主人，以及他为什么要逃走。看守给他的主人写信，要他把他领回去。看守对乔布的态度比以前好了许多，允许他祈祷，还给他其他便利，希望这个奴隶能轻松一些。但乔布绝不能接受奴隶制和阶下囚的生活，他之前从未受过这样的待遇。因此，他用阿拉伯语给父亲写了一封信，告诉他自己所遭遇的不幸，希望他能想办法把自己救出来。……詹姆斯·奥格尔索普先生（James Oglethorpe Esq.）［佐治亚殖民地创始人，皇家非洲公司经理］一贯善良，一贯慷慨大方，他对乔布发了恻隐之心［把他从他的主人那里买了下来］；他的主人也愿意把他打发了，因为乔布不适合给他干活。

1733年春天，乔布的恩人把他带到了英格兰。在前往英格兰的船上，他教了乔布一些英语，还把他引见给了英国绅士。有个人愿意花钱为他赎身，愿意为他偿还债务，这引起了乔布很大兴趣。他们还把他引见给了王室。1735年，乔布坐上了皇家非洲公司的船，返回了冈比亚。此时，他衣冠楚楚，还带着许多礼物。

资料来源：Thomas Hodgkin ed., *Nigerian Perspectives: An Historical Anthology*, 2nd ed. (London: Oxford

University Press, 1975), 154–156; Thomas Bluett, *Some Memoirs of the Life of Job, the Son of Solomon the High Priest of Boonda in Africa* (London: Richard Ford, 1734), 16–24.

分析问题

艾哈迈德·巴巴认为穆斯林可以奴役非穆斯林，那么你是否认为，非穆斯林的曼丁哥人也会认为奴役信奉伊斯兰教的阿尤巴是合理的呢？

在阿尤巴·苏莱曼的经历中，哪些是一般情况，哪些是特殊情况？

与被卖到马里兰的其他奴隶相比，阿尤巴的经历有什么不同？

在豪萨地区，反对奴役穆斯林的禁令是否严格？

本节回顾

非洲的统治者和商人使欧洲人不能染指非洲的领土，此外，他们还控制着贸易项目。

被贩卖到西半球的奴隶大部分是战俘。

非洲与欧洲国家、伊斯兰世界同时保持着贸易关系和文化交流。

与大西洋奴隶贸易相比，穆斯林奴隶贸易的规模较小，但持续时间较长。

被贩卖到伊斯兰世界的非洲奴隶大部分充当了士兵和仆人。

526

结　语

在大西洋体系形成的过程中，欧洲的商人和投资者起到了关键性作用。在
哥伦布之前的那个世纪，欧洲商人就开始了贸易扩张。他们进行长途贸易，借
527 助新兴的信贷机构促进贸易发展。通过穆斯林的中间人，他们参与亚洲市场。
他们还尝试进入非洲市场。到17世纪，自信满满而富于冒险精神的欧洲投资
者，用一种更具侵略性的方式促进了殖民地的生产和长途贸易。银行、证券交
易所和特许公司为这些雄心壮志提供了支持。

528 对于世界历史来说，新兴的大西洋贸易体系是至关重要的。在扩张的第一阶段，欧洲人征服了美洲，并在那里进行殖民。此外，他们还控制了印度洋的

主要贸易路线。大西洋体系表明，欧洲人不但可以从当时已经存在的体系中受益，而且可以打造出新的贸易网络。17世纪初，英国、法国和荷兰在加勒比地区建立的新殖民地与西班牙和葡萄牙的老牌殖民地展开了竞争。虽然这些殖民地在之后的几十年里依旧很脆弱，但移民生产出了欧洲消费者所需要的商品。首先是烟草，之后是糖。

种植园社会的形成并不仅仅意味着用外来物种取代本地植物，以欧洲人和非洲人取代美洲原住民。更重要的是，它将曾经与世隔绝的岛屿纳入了欧洲主导的贸易体系。西印度群岛不是唯一受影响的地方。巴西、西属中南美洲和英属北美的南部地区都出现了类似的情况，这些地方生产糖、烟草、棉花、咖啡和靛蓝，使用奴隶。

虽然这些热带殖民地都依赖出口和非洲奴隶，但它们之间也存在巨大差异。只有英国人尝试着大规模使用契约佣工。但与葡萄牙、荷兰和法国的殖民地相似，英属殖民地也很快转向了非洲奴隶。对于英属殖民地来说，股份公司和私人投资者是至关重要的。法国很晚才走上这条路，但法国及其垄断公司很快便贩运了大量的奴隶。与此同时，法国还要确保获益丰厚的国内市场不受圣多明各和其他殖民地产品（如糖）的冲击。荷兰想从葡萄牙手中夺走盛产糖的巴西和出口奴隶的安哥拉，但以失败告终。此后，荷兰人在传播制糖技术和扩大奴隶贸易方面发挥了重要作用。在16世纪早期，西班牙把糖和奴隶引进了其在加勒比地区最重要的殖民地——古巴。到1820年，那里成为奴隶贸易的主要目的地和主要产糖区。

在大西洋体系中，非洲扮演了重要的角色，它进口贸易品，出口奴隶，大西洋体系影响到了美洲殖民地的各个方面。非洲人还控制着自己的土地。与大西洋体系相比，他们与伊斯兰世界进行的政治接触和文化交流更加密切。

撒哈拉以南的非洲与伊斯兰世界有着长期贸易往来，其中也包括奴隶贸易。这些贸易关系促进了伊斯兰教在撒哈拉以南的传播，当地出现了像马里和桑海帝国这样的伊斯兰国家（见第14章）。大西洋奴隶贸易的规模要大于伊斯兰奴隶贸易，但当前者终结的时候，后者却还在进行（见第24章）。1550—1800年，被贩运到美洲的奴隶数量是被贩运到北非的4倍。大西洋贸易以男性奴隶为主，而伊斯兰贸易却更偏爱妇女和儿童。在伊斯兰地区，很少有奴隶会在像西印度种植园那么残酷的环境下劳动。

529

进一步阅读文献

Blackburn, Robin. *The Making of New World Slavery*. 1997. 一部颇具可读性的作品。

Curtin, Philip D. *The Rise and Fall of the Plantation Complex*. 1990. 很好地介绍了大西洋体系。

Davis, David Brion. *Inhuman Bondage. The Rise and Fall of Slavery in the New World*. 2006. 关注美洲南部，作者对美洲的奴隶制提出了一些具有挑战性的观点。

Davis, David Brion. *The Problem of Slavery in Western Culture*. 1966. 从广阔的视角所做的经典研究。

Eltis, David. *The Rise of African Slavery in the Americas*. 2000.

Heywood, Linda M., and John K. Thornton. *Central Africans, Atlantic Creoles, and the Foundation of the Americas, 1585–1660*. 探讨了中非人对美洲的文化影响。

Klein, Herbert S. *African Slavery in Latin America and the Caribbean*. 1986. 深入地分析了新世界的奴隶制，也包括北美的奴隶体制。

Lovejoy, Paul. *Transformations in Slavery: A History of Slavery in Africa*, 2nd ed. 2000. 对奴隶制、大西洋和穆斯林奴隶贸易的研究。

Manning, Patrick. *Slavery and African Life: Occidental, Oriental, and African Slave Trades*. 1990. 对比了大西洋奴隶贸易和穆斯林奴隶贸易。

Northrup, David. *Africa's Discovery of Europe, 1450–1850*. 2002. 探讨了非洲群体与大西洋世界的关系。

Northrup, David, ed. *The Atlantic Slave Trade*, 2nd ed. 2002. 关于奴隶贸易的争论集。

Ogot, B.A., ed. *UNESCO General History of Africa*, vol. 5. 1992. 关于非洲问题的入门著作。

Oliver, Roland, and Anthony Atmore. *The African Middle Ages, 1400–1800*, 2nd ed. 2003. 对这段时间的非洲历史做了有用的总结。

Price, Richard, ed. *Maroon Societies: Rebel Slave Communities in the Americas*, 2nd ed. 1979. 研究了加勒比地区的逃亡奴隶组织。

Thomas, Hugh. *The Slave Trade: The Story of the Atlantic Slave Trade, 1440–1870*. 1999. 全面分析了奴隶贸易过程中奴隶所受的待遇。

Thornton, John. *Africa and Africans in the Making of the Atlantic World, 1400–1800*, 2nd ed. 1998. 考察了非洲群体与大西洋两岸的文化联系。

Trimingham, J.Spencer. *The Influence of Islam upon Africa*. 1968.

Wallerstein, Immanuel. *The Modern World-System*, 3 vols. (1974–1989). 考察了资本主义早期的全球背景。

Webb, James L.A., Jr. *Desert Frontier: Ecological and Economic Change Along the Western Sahel, 1600–1850*. 1995. 介绍了撒哈拉以南的非洲与伊斯兰世界的文化交流和商业联系。

注　释

[1] Willem Bosman, A *New and Accurate Description of Guinea, etc.* (London, 1705), 引自 David Northrup, ed., *The Atlantic Slave Trade* (Lexington, MA: D.C.Heath, 1994), 72。

[2] Roland Oliver and Anthony Atmore, *The African Middle Ages, 1400–1800* (Cambridge, England: Cambridge University Press, 1981), 100.

[3] King Csei Bonsu, 引自Northrup, ed., *The Atlantic Slave Trade*, 93。

[4] Alexander Falconbridge, *Account of the Slave Trade on the Coast of Africa* (London: J. Phillips, 1788), 12.

[5] Joseph C.Miller, "The Significance of Drought, Disease, and Famine in the Agriculturally Marginal Zones of West-Central Africa," *Journal of African History*, 23 (1982): 17–61.

第20章

亚洲西南部和印度洋（1500—1750年）

本章纲要

● 思考

奥斯曼帝国是如何成为强国的？哪些因素推动了其转型？

萨法维帝国与邻国有哪些相同点？又有哪些不同点？

作为一个强国，莫卧儿帝国是如何兼顾穆斯林因素和印度因素的？

海运史在这一时期的政治生活和经济生活中起到了什么作用？

531 1514年，一个名叫沙巴（Sabah）的妇女来到了位于土耳其南部的艾因塔布（Aintab），她面临着若干项指控：第一，她非法聚众，而且参加集会的人既有男性又有女性；第二，她传播异端信仰。在法庭证词中，她陈述如下：

> 在我家参加聚会的人既有少女、少妇，也有妇女。我与易卜拉欣·纳齐赫（Ibrahim b. Nazih）和他两个年轻的徒弟商量了一下，我要他们每天来见这些少女和少妇，向她们布道。作为交换条件，他们可以得到一个月的酬金。在此期间，除了易卜拉欣和他两个徒弟外，并没有其他男性；那里只有妇女、少女和少妇。为了糊口，我经常会做这样的事。[1]

但两个男性邻居却提供了不同证词：

> 她把少女、少妇和妇女召到她家。……她说易卜拉欣在讲道，但实际上，她要他讲一些很邪恶的事。她让他与这些少女、少妇进行精神上的对话。……在仪式上，这些女性边挥舞着手边转圈，她们手舞足蹈，进入一种精神恍惚的状态。这种仪式来自基齐勒巴什（Kizilbash）。我们也有妻子，也有家庭，我们反对像这样的非法活动。[2]

法官并未就异端的指控做出判决，但他让沙巴接受公开的羞辱，并将其驱逐出城，罪名是非法的男女混杂。易卜拉欣也遭到驱逐。

这则不寻常的故事取自奥斯曼宗教法庭的记录，它说明了省城日常生活的许多方面。该案件为我们提供了一个例子，一个妇女可以为其他妇女提供宗教

苏莱曼大帝的葬礼　奥斯曼帝国的每位苏丹都带有一块独特的头巾，因此柩车的头巾代表了逝者。

上的指导。该案件也可以证明邻居（在这个案件中是男性）会主动向法庭告发他们认为不道德的事。当时，人们认为沙巴所传的基齐勒巴什（Qizilbash）异端会威胁到国家，因为这是邻邦萨法维帝国的思想，而萨法维帝国与奥斯曼帝国势同水火。这个案例也说明该城的人认同女性传教的行为。

在最近的奥斯曼帝国史研究和萨法维帝国史研究中，学者们开始用法庭记
录、其他官方文件和非官方文件研究日常生活。从这些材料中看到的社会场景
与欧洲旅行者和官方历史中所描绘的华丽大相径庭。结果，除了伊朗国王和奥 532
斯曼苏丹的残暴妄为外，人们对平民的故事越来越感兴趣。与达官显贵相比，
平民更希望维持法律秩序和道德秩序。统治者的一言一行当然会成为历史研究
的重点，但普通百姓的故事可以更好地描绘社会风俗，更好地表达劳苦大众的
心声。

20.1 奥斯曼帝国（至1750年）

奥斯曼帝国：奥斯曼于1300年前后在安纳托利亚西北部建立的伊斯兰帝国。拜占庭帝国衰落后，1453—1922年，伊斯坦布尔（之前的君士坦丁堡）成了帝国的中心。帝国涵盖了中东、北非、高加索和东欧的部分地区。

在蒙古帝国消亡之后，**奥斯曼帝国**是持续时间最长的伊斯兰政权，它大约建立于1300年（见地图20-1）。奥斯曼帝国于14世纪晚期进入东欧，于16世纪早期占领叙利亚和埃及，它似乎想重振7世纪阿拉伯帝国的雄风。但这个帝国更像新建立起中央集权的法国和西班牙（见第17章），而不像任何一个中世纪国家。

奥斯曼帝国一直存在到1922年。在这5个多世纪的时间里，帝国经历了一系列痛苦的变革，这些变革有些是由国内矛盾引发的，有些则根源于欧洲强敌。

20.1.1 扩张和边界

奥斯曼帝国大约建立于1300年，它之所以能从安纳托利亚西北部的一个小国发展为一个帝国，取决于以下三个方面的原因：第一，奥斯曼（帝国就是以他的名字命名的）及其继任者的精明；第二，控制了连接亚欧的战略要地——达达尼尔海峡；第三，帝国的军队既保留了土耳其骑兵的传统技术，又使用了新式火器。

科索沃战役

起初，奥斯曼帝国的主要敌人是希腊和巴尔干地区的基督徒。1389年，帝国在科索沃战役中击败了强大的塞尔维亚王国。到1402年，安纳托利亚和欧洲东南部的许多地区落入了苏丹之手。1453年，苏丹“征服者”穆罕默德二世围攻君士坦丁堡。他的军队用加农炮猛攻君士坦丁堡的城墙。为了突破海上防线，奥斯曼军队将战船拖过山头，从博斯普鲁斯海峡直接到达了君士坦丁堡的内港。步兵也发动了一系列猛攻，最终攻破了城门。君士坦丁堡（后称伊斯坦布尔）的陷落终结了持续1 100余年的拜占庭帝国，奥斯曼帝国似乎战无不胜。

苏莱曼大帝：奥斯曼帝国最著名的苏丹（1520—1566年在位），又称为“卡努尼”（Kanuni），即“立法者”。他将帝国的疆域扩大到了巴尔干和地中海东部。

苏莱曼大帝

“冷酷者”塞利姆一世（Selim I）分别于1516年和1517年征服了埃及和叙利亚，奥斯曼帝国的南部边界扩展到了红海。他的儿子**苏莱曼大帝**（Suleiman the Magnificent，1520—1566年在位）执掌着强大的奥斯曼帝国，他对基督教欧洲发起了攻击。苏莱曼似乎锐不可当：1521年，他征服了贝尔格莱德；次年，他驱逐了罗得岛上的圣约翰医院骑士团；1529年，围攻维也纳。与其说是军事行动解了维也纳的围，不如说是冬天救了这座城市。几个世纪后，奥斯曼帝国的

大事年表

	奥斯曼帝国	萨法维帝国	莫卧儿帝国
1500年	1516—1517年，塞利姆一世征服了埃及和叙利亚	1502—1524年，伊斯梅尔在伊朗建立了萨法维帝国	
	1520—1566年，苏莱曼大帝在位，奥斯曼帝国达到鼎盛		1526年，巴布尔击败了德里的最后一位苏丹
	1529年，奥斯曼第一次围攻维也纳		
	1571年，奥斯曼帝国在勒班陀海战中战败	1587—1629年，阿巴斯在位，帝国达到了鼎盛	1556—1605年，阿克巴在阿格拉进行统治；莫卧儿帝国达到鼎盛
1600年	1610年，安纳托利亚叛乱结束		
			1658—1707年，奥朗则布采取了保守政策
1700年		1722年，阿富汗的侵略者埋葬了萨法维帝国	
	1730年，禁卫军叛乱使奥斯曼帝国走向了保守主义	1736—1747年，纳迪尔暂时整合了伊朗；入侵印度（1739年）	1739年，纳迪尔洗劫德里

历史学家认为，苏莱曼在位时期是帝国系统完美运行的时期，是帝国的黄金时代。

当奥斯曼帝国的军队越来越深入东欧的时候，苏丹也在力图控制地中海。1453—1502年，帝国与威尼斯（意大利最强大的商业城邦）展开了第一轮较量，两者的战斗持续了两个世纪之久。最初的战争把威尼斯对其富庶岛屿的控制权又延长了一个世纪。但战争也削弱了威尼斯的军事力量，使其不得不向奥斯曼帝国纳贡。

葡萄牙的威胁

在16世纪初，来自印度南部和苏门答腊的商人派代表前往伊斯坦布尔，要求奥斯曼帝国对付葡萄牙的海上势力。帝国愿意积极应对葡萄牙对其领土的威胁，如扼守红海南端的亚丁。但毕竟鞭长莫及，他们很难遏制逐渐占据主导地位的葡萄牙。 534

东方的奢侈品还是会不断流入奥斯曼帝国的市场。葡萄牙人的势力只局限于几个沿海据点，如通往波斯湾的霍尔木兹海峡、印度西部的果阿和马来亚的马六甲。一个拥有些许破船（flimsy ships）的海上国家不可能对拥有数十万大军的陆上帝国构成真正的威胁。奥斯曼帝国又何必劳师动众地去制服葡萄牙

© Hagia Sophia Museum

伊斯坦布尔的索菲亚清真寺 其前身是拜占庭的索菲亚大教堂（希腊语为Hagia Sophia），1453年后改为清真寺，加盖了四座尖塔。之后，这座建筑成为奥斯曼帝国新建清真寺的范本。右后方是分割亚洲和欧洲的博斯普鲁斯海峡，左侧是划分新城和旧城的金角湾。清真寺的右侧是通往苏丹宫殿的大门。圆顶左侧的尖塔是宫殿的一部分。

呢？更何况大部分被迫购买葡萄牙通行证的商船都与奥斯曼帝国无关。确实有一小股奥斯曼海军到达过印度尼西亚，但他们并未久留，也没有对印度洋的政治、经济构成威胁。

20.1.2 中央机构

禁卫军

535

禁卫军：出身奴隶的步兵，装备有火器。从15世纪到1826年被废除，禁卫军一直都是奥斯曼帝国的精锐部队。

到16世纪20年代，无论是在欧洲还是在伊斯兰世界，奥斯曼帝国都是最强大、最有组织性的国家。它的军事力量在主要由土耳其人组成的骑兵弓箭手和由基督徒俘虏组成的**禁卫军**中保持了平衡，后者属于军事奴隶。

奴隶兵在伊斯兰世界有着悠久的历史。但在14世纪晚期征服巴尔干的基督教国家之后，奴隶兵成为奥斯曼帝国的一个新兵源。这些改信伊斯兰教的“新军”在土耳其语中被称为“yeni cheri”，在英语中是“禁卫军”（Janissaries），它使奥斯曼人得到了军事上的灵活性。由于文化中没有骑马和射箭，所以他们接受了徒步作战和使用火器的理念。对于骑兵来说，当时的火器太重，很难装载，而且也太复杂，很难将其投入实战。禁卫军住在营房里，要终日操练。

征召儿童

15世纪初，选拔禁卫军的过程出现了变化。这个被称为征召制度（devshirme）

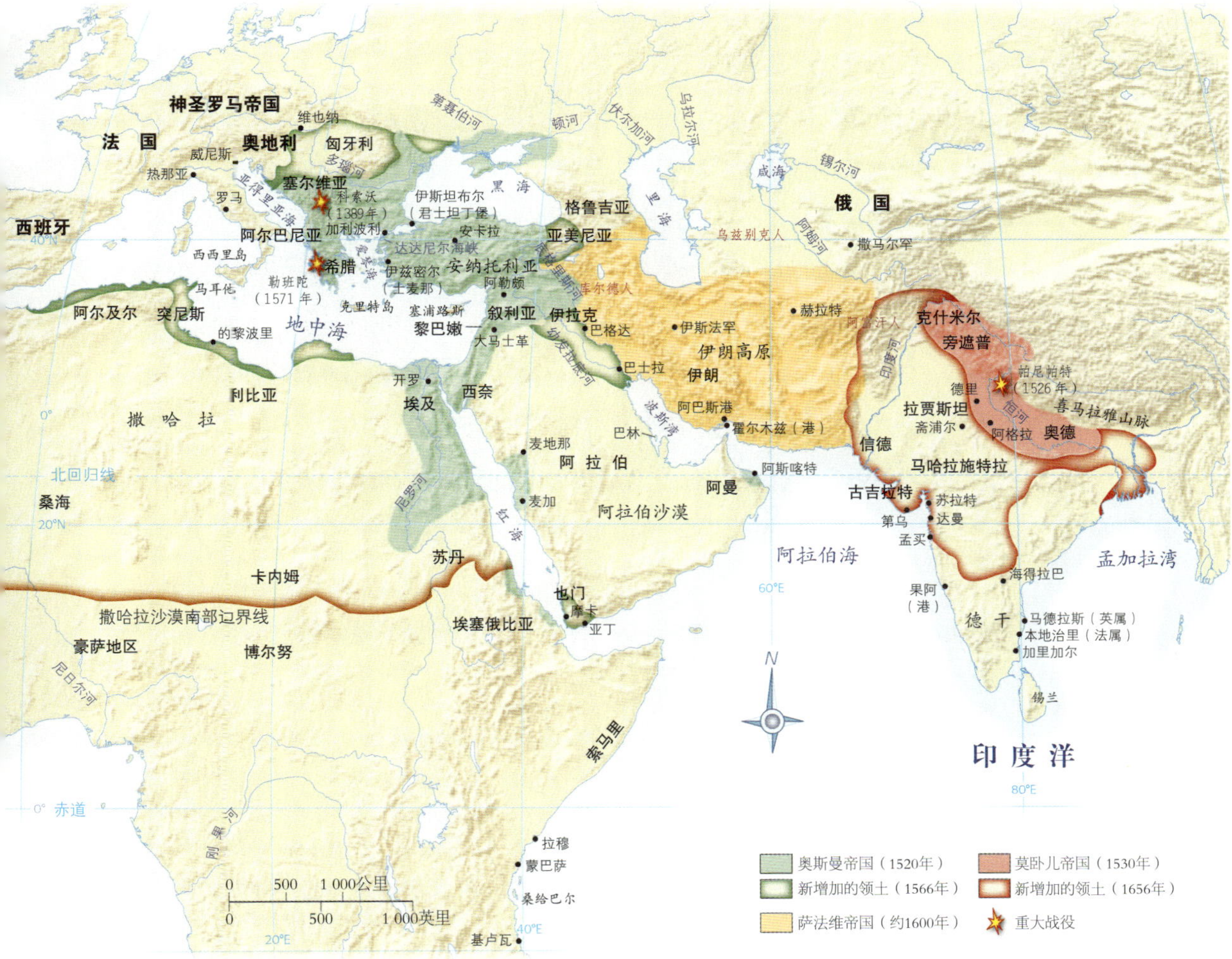

地图20-1　16—17世纪的伊斯兰帝国　伊朗是什叶派国家，但它两侧是逊尼派国家：西边的奥斯曼帝国和东边的莫卧儿帝国。因此，欧洲对伊朗的影响非常有限。奥斯曼帝国扩张到了地中海南岸，这加剧了欧洲人对伊斯兰教的恐惧。莫卧儿帝国使伊斯兰教可以传播到东南亚。在伊斯兰教传播过程中，商人和宗教人士起到了重要作用，他们来自古吉拉特，而不是印度东部。

的新选拔系统，会定期征召巴尔干地区基督教村庄的男童，有时也会征召其他地区的。选出的男孩会被安置在土耳其家庭，他们要学习土耳其语，随后到伊斯坦布尔的苏丹宫廷接受教育。他们要学习伊斯兰教，要接受军事训练，最有才华的孩子可以学到文科知识。这个政权精致复杂，它不但会训练出禁卫军战士，也会从中选出极少数的人接受特殊教育，这些人会成为高级军事统帅和政府部门的首领，甚至位居高官维齐尔（vizier）。

骑兵会获得土地，他们管理着安纳托利亚和巴尔干农村的大部分地区。他们要维护当地秩序，征收税赋。当夏天出征的时候，他们要自备马匹、随从和供给，所有开销都从他们征收的税金中出。不用打仗的时候，他们就待在家里。

海战

驾驶战船的通常是希腊人、土耳其人、阿尔及利亚人和突尼斯人，指挥海战的将领通常来自某个北非的港口。奥斯曼陆军的平衡结构使它在与萨法维帝国的战争中接连取胜（后者采用火器的速度比较慢），也使它在征服巴尔干时势如破竹。海上扩张就没那么有戏剧性了。1565年，奥斯曼剑指地中海西部的马耳他，但这次大规模远征却以失败告终。1571年，基督教国家联合海军在希腊附近的勒班陀（Lepanto）与奥斯曼帝国展开了一场海战，奥斯曼帝国再次折戟沉沙。但奥斯曼帝国资源丰富，一年之内，帝国的战船数量就恢复到了战前水平。

军事阶层

奥斯曼帝国具有世界性。复杂的宫廷语言——奥斯曼土耳其语（Osmanli）——奠定了土耳其语的语法基础和词汇基础，但其中的阿拉伯语因素和波斯语因素使它不太像安纳托利亚的牧民和村民所说的语言。那些在军政两界工作的人和用奥斯曼土耳其语交谈的人被认为属于“军事”（askeri）阶层。这个阶层的人不用缴税，并将他们的安逸生活归功于苏丹。

奥斯曼人认为苏丹为他的“臣民”（raya）提供了正义，为他们提供了军事保护。作为回报，臣民纳税以供养苏丹和军事阶层。但事实上，苏丹政府与大多数臣民的生活并没有密切关系。伊斯兰教在巴尔干地区成为主要宗教后，伊斯兰教法（沙里阿）管理着城市机构和社会生活（见“多样性与主流：伊斯兰教法与奥斯曼的统治”）。在非穆斯林中以及乡村地区，地方习俗仍然占据着主导地位。在处理家庭事务和思想问题时，非穆斯林会去找他们自己的宗教领袖。

20.1.3 军事国家的危机（1585—1650年）

随着军事技术的进步，加农炮和轻便的火器在战场上发挥了越来越大的作用。因此，禁卫军的规模稳步扩大（他们的开销由政府支出），而土耳其骑兵却在逐渐边缘化。为了给禁卫军提供军饷，苏丹减少了拥有土地的骑兵的数量。之前为骑兵提供生活保障和军事装备的税收直接进入国库。来自新世界的廉价白银涌入帝国，造成了通货膨胀，使那些仍然拥有土地的骑兵走向了破产。因为按照法律规定，他们只能收取固定数额的税。他们的土地重新回到国家手中。这些拥有武装却又满怀怨恨的骑兵过着颠沛流离的生活，他们威胁着安纳托利亚农村地区的安定。

这种复杂的局势导致了反叛。这场从1590年持续到1610年的叛乱严重地破坏了安纳托利亚。以前拥有土地的骑兵、在战争结束时解散的短期士兵、担负着沉重的应急税（emergency taxes）的农民，甚至还有学习宗教的穷学生，这

危机和反抗

多样性与主流

伊斯兰教法与奥斯曼的统治 536

埃布斯-苏伍德（Ebu's-Su'ud）是1545—1574年伊斯坦布尔的穆夫提（Mufti），服务于苏莱曼大帝（1520—1566年）及其子塞利姆二世（1566—1574年）。最初，城市的宗教学者中的一员可以对法律问题发表看法；到埃布斯-苏伍德时期，伊斯坦布尔的穆夫提成了帝国最高宗教官员（religious official），也成了苏丹在宗教和法律事务方面的个人顾问。后来，这个职位又获得了"伊斯兰长老"（Shaikh al-Islam）的头衔。

历史学家对穆夫提的独立程度展开了讨论。既然统治者是穆斯林，那么他就应该遵守沙里阿，因此穆夫提在理论上有权否决苏丹的决策。然而，在重要的问题上，穆夫提经常会迎合任命他的苏丹。这个问题在世俗法律领域表现得并不明显。

下面的例子来自埃布斯-苏伍德收集的裁决案例（fatwas）或法律意见书，这些资料反映了他的关注范围，也有助于我们理解苏伍德时期所存在的问题、伊斯兰教法与帝国管理的关系，以及政府控制普通人的方式。有些观点是对苏丹所提出问题的直接回答。另一些则属于假设，它们使用了宰伊德（Zeyd）、阿穆尔（'Amr）和新德（Hind）等名字，就像今天的警察使用张三、李四（John Doe and Jane Doe）等名字一样。在卡迪（qadis）或伊斯兰教法官裁决某些特定案件时，穆夫提仅仅对法律事宜发表意见。卡迪、原告或被告可以向穆夫提提问。后来的法学家可以查阅这些判决集，以寻求先例。但是这些案例不具有永久的约束力。

关于1570年塞利姆二世进攻克里特岛上威尼斯人的计划

从前，这里是伊斯兰王国的土地。之后，下贱的异教徒抢占了它；学校

和清真寺被践踏和蹂躏，成了荒凉之所。布道坛和长廊上充斥着异教象征物和不当行为，他们想用各种卑鄙的行为侮辱伊斯兰教，让他们的丑陋行径遍布世界各地。

在宗教热忱的激励下，苏丹陛下——宗教的庇护者——决定将上面提到的那片土地从无耻的异教徒手中夺回来，使其归于伊斯兰王国。

从前，伊斯兰王国与上述异教徒所拥有的地区保持和平，这片土地也在其内。这样，就需要解决一个问题：根据纯正的沙里阿，这是否算苏丹决定毁约的一个障碍呢？

回答：这不可能成为妨碍。只有当与异教徒讲和有利于所有穆斯林的时候，伊斯兰王国民众的苏丹（安拉保佑他的胜利）的讲和才是合法的。如果没有益处，那么言和从来不是合法的。当看到有利益可求时，如果毁约可以获得利益，那么毁约不但义不容辞，而且有法律约束力。

安拉的使者，至尊的［穆罕默德］（愿真主保佑他，带给他安宁）在伊斯兰纪元的第六年与麦加的异教徒达成了为期十年的休战协议。至尊的阿里（愿真主施予他尊贵的荣誉）签发了一份文件，这也是证实了的事实。在接下来的那些年里，毁约被认为是比较有益的；于是，在伊斯兰纪元的第八年，［先知］攻击了［麦加人］，并征服了强大的麦加。

关于对伊朗萨法维王朝什叶派穆斯林的战争

根据沙里阿，与萨法维人的战争合法吗？屠杀萨法维人的人算神圣的斗士吗？死在萨法维人手下的人算殉道者吗？

回答：是的。这是一场圣战和光荣的殉难。

如果与他们的战争是合法的，那么仅仅是因为他们反叛和仇恨伊斯兰王国民众的［奥斯曼］苏丹吗？只是因为他们与伊斯兰王国开战吗？或者还有其他什么原因？

回答：他们既是反叛者，从许多方面看，也是离经叛道的人。

能将在纳希切万战役（Nakhichevan campaign）中俘虏的萨法维臣民的孩子变成奴隶吗？

回答：不能。

是苏丹下令杀死萨法维人的。如果战俘中的某些人，无论老幼，证明是亚美尼亚人［基督徒］，应该释放他们吗？

回答：是的。只要亚美尼亚人没有和萨法维军队一起进攻伊斯兰军队，也没有和伊斯兰军队开战，将他们收为战俘就是非法的。

关于圣地

所有的阿拉伯领土都是圣地吗？还是圣地有特定的边界？圣地与其他地域的区别何在？

回答：叙利亚绝对可以被称作圣地。耶路撒冷、阿勒颇及其周边和大马士革都属于圣地。

关于土地转让

何种土地为私有财产？何种土地为封地［即可以使人服兵役的土地］？

回答：城镇里的小块土地是私有财产。它的主人可以将其出售、捐赠或者转换成信托财产。［土地所有者］死后，［土地］传给其后嗣。封地是村庄周边的耕地。其占有者要负担义务，并要将其部分收成上缴［纳税］。他们无权出售、捐赠或者将土地转换成信托财产。土地所有者死后，如果他们有 537
儿子，可以传给他们。否则，骑兵以塔普（tapu）［地契］的形式将土地租给［他人］。

关于喝咖啡

宰伊德喝咖啡是为了集中精力或者提高消化能力。这允许吗？

回答：怎么会有人喝这种不道德的东西呢？它会使男人放荡不羁，沉湎于赌博和放纵。

宗教的庇护者苏丹，在许多场合禁止咖啡屋。但是，一些不法臣民根本不理会，继续为谋生而经营咖啡屋。为了招揽大批顾客，这些咖啡屋雇用年轻的学徒，随时准备好娱乐和游戏，如西洋棋和十五子棋。城里的流民、恶棍和流浪男孩聚集在这些咖啡屋里吸鸦片和大麻。除此以外，他们还喝咖啡。当他们有醉意的时候，当他们沉湎于游戏和伪科学的时候，他们就会忘记必须要做的祈祷。如果一位法官有能力阻止这些销售和消费咖啡的人，但却没有这么做，那么按照法律应该如何处理他们呢？

回答：那些有这种丑陋行为的人应该被制止，并受到严厉惩罚和长期监禁。因疏忽而未能制止这种行为的法官应被解职。

关于偷窃

人们应如何“仔细检查”偷窃者？

回答：至尊的阿里（愿真主施予他尊贵的荣誉）委任伊玛目戍莱赫（Shuraih）做法官。那时，发生了这样一件事：数人将一位穆斯林的儿子带到了另一个区。男孩不见了踪影。当那些人回来后，男孩的父亲把他们带到了戍莱赫法官面前。[当他]控告他们[弄丢其子]时，那些人予以否认。他们说：“我们没有伤害他。”戍莱赫法官陷入沉思，他感到很困惑。

当那位父亲把这件事讲给至尊的阿里时，阿里传唤并质问戍莱赫法官。后者回答说，“沙里阿对此并未给出答案”。然后，阿里传讯带走那个孩子的所有人，将他们分开，一个一个地审问。在审问中，每当他们停在一个地方，阿里就问：“在那里男孩穿的什么衣服？你吃了什么？他在哪里丢失的？”简言之，他让每个人说出详情。在他们的口供相互矛盾之处，他们每个人的说法都被分别记录下来。然后，阿里把所有疑点集中在一起。当相互矛盾之处变得清晰的时候，他们就无法再否认其罪行了，于是便交代了事情的真相。

这个案子需要何等的聪明才智。[此裁决看上去证明了政府调查犯罪行为的正确性，但它似乎不支持卡迪的判决。从包括少数刑事案的法庭记录来看，似乎在实践中，许多刑事案都是在卡迪的法庭之外判决的。]

宰伊德在没有告诉阿穆尔的情况下，带走了后者的驴子，并将其卖掉。他是小偷吗？

回答：他的手没有被剁掉。

宰伊德骑阿穆尔的马送信，却把马给丢了。他必须偿还吗？

回答：是的。

假如宰伊德有苏丹[授权给他]的敕令，让他骑阿穆尔的马去送信。结果会怎么样呢？

回答：无论哪种情况，都必须赔偿。因为苏丹没有命令他丢失[马匹]。即使苏丹这样命令他，弄丢了马匹的人还是应该负法律责任。

关于相互残杀

宰伊德进入新德（Hind）的家，企图强奸她。因为新德没有其他办法阻止他，于是她拿起一把斧头砍伤了宰伊德。如果宰伊德死于砍伤，新德负有法律责任吗？

回答：她的行为属于圣战［吉哈德］。

资料来源：Excerpts from Colin Imber, *Ebu's-Su'ud: The Islamic Legal Tradition.*

分析问题

将实践中的法律推断和宗教指令进行对比，这些案例说明了什么？

奥斯曼帝国在多大程度上受制于伊斯兰教法？

这种资料对理解日常生活有帮助吗？

些人开始结伙进行抢劫。安纳托利亚是叛乱的重灾区，大量人口迁移出这一地 538
区，农业也蒙受了巨大损失。政府无力阻止枪支在民间传播，这使土匪数量不断增加。除了肆虐安纳托利亚，土匪也将势力拓展到了帝国其他地区。

禁卫军的特权

与此同时，凭借不断增强的影响力，禁卫军在结婚和经商方面获得了许多便利。禁卫军的商业活动减轻了国家的负担。在17世纪，禁卫军可以将自己的儿子和亲属召入军队，这就为国家节省了招募士兵的开销。禁卫军的规模不断扩大，但军事实力却不断下降，因此帝国要雇佣其他军队。结果，省下来的钱又全贴了进去。

20.1.4　经济变化和逐渐衰落

危机创造了一个完全不同的奥斯曼帝国。苏丹曾经统帅军队，但他现在只是安居深宫，对外面的真实世界完全不了解。越来越多的国家大事由帝国的主要行政官员维齐尔来处理。

包税制

凭借着与日俱增的权势，禁卫军逐渐成了世袭职位。他们关注手工业和贸

游行中的奥斯曼玻璃匠 在为苏丹的儿子行割礼所举行的庆祝活动中，伊斯坦布尔的手工业行会组织的游行颇具特色。这辆游行的彩车反映了制造玻璃的场面，玻璃制造在伊斯兰国家中是一个很普遍的行业。最精致的玻璃品包括清真寺使用的油灯和清真寺圆顶下面窗户上使用的小块彩色玻璃。

易，荒废了军事技术，但他们仍然是城市政治中的一支重要力量。为军事服务的地产也消失了，包税制孕育而生。缴纳一些特殊税赋（如进口税）后，包税人就可以获得特权，向真正的纳税人收取数额更多的税。

遭战乱破坏的农村行政系统深受包税制之苦。为了确保收入，以前的军事地主会保持自己领地的秩序。包税人不愿住在这样的地方。因此，帝国政府的管理难度越来越大，中央严重依赖手握重权的封疆大吏和购买长期收税权的富人，政府的所作所为多少有点像私人地主。

539

伊兹密尔港

农村的混乱和政府控制力的减弱有时会为新的经济机遇创造条件。欧洲人熟悉伊兹密尔港的旧称“士麦那”（Smyrna）。1580年，该地人口约为2 000，其中许多是讲希腊语的基督徒。到1650年，人口增加到3 000—4 000。来自安纳托利亚和欧洲的难民袭击了沿海的欧洲商人和亚美尼亚人及犹太人聚居区。1621年，一位法国旅行者写道：“现在，伊兹密尔进行着羊毛、蜂蜡、棉花和丝绸贸易，亚美尼亚人会将这些东西带到这里，而不是阿勒颇，……因为这样他们可以少缴些款。”[3]

1580—1650年，伊兹密尔从一个小镇发展为一个多民族、多宗教、多语言的贸易中心。这种发展得益于两点，一是奥斯曼帝国无力控制贸易，二是欧洲商人逐渐控制了印度洋。东方来的香料虽然仍然在阿勒颇和其他经营多年的贸易中心进行交易，但并未到达伊兹密尔。除了沙漠商队带来的伊朗丝绸外，欧洲商人还会在伊兹密尔购买当地的农产品——干果、芝麻、坚果和橄榄油。之前，当地农民种粮食是为了糊口，但现在他们会用越来越多的农产品交换棉花和其他经济作物，其中还包括16世纪90年代后传入的烟草。虽然政府下达了禁烟令，但烟草还是在奥斯曼帝国成为畅销货（见“环境与技术：烟草和水烟斗”）。这样一来，在安纳托利亚西部、巴尔干和地中海沿岸（这是奥斯曼帝国的领土中与欧洲交流最便利的地区，见地图20-1），当地的农业经济卷入了发展中的欧洲商业网络。

第二次围攻维也纳

与此同时，奥斯曼帝国的军事力量也在逐步减弱。疏于训练的禁卫军有时会雇佣其他人参战，苏丹也要部分地依赖经过训练的季节性新兵（seasonal recruits）和封疆大吏的军队。1683年，帝国第二次围攻维也纳惨遭失败。到18世纪中叶，奥地利人和俄国人明显感觉到奥斯曼帝国走上了下坡路。经过多场战争后，奥斯曼帝国已是筋疲力尽。而在东线，宿敌伊朗萨法维帝国于1722年灭亡了。

贸易协定

奥斯曼帝国既缺乏资金又不想学习欧洲经济的先进经验。萨法维帝国的政治动荡切断了来自伊朗的丝绸产品，与东方的陆路贸易衰落了。15世纪的时候，阿拉伯的咖啡还无人问津，但随后便风靡了奥斯曼帝国和欧洲。咖啡生长在也门的高地，并经由埃及出口。到1770年，穆斯林商人开始在也门的摩卡港（“摩卡”的字面意思是“咖啡之地”）进行贸易，他们的咖啡贸易占了当地税费的15%。但欧洲商人得益于与奥斯曼帝国的长期贸易协定，他们的税费只占3%。

这样的贸易协定被称为“协议”（capitulation），这个词来自拉丁文capitula（英文形式为chapter）。起初，这些协议受到了苏丹的青睐，但它们最终使欧洲人主宰了奥斯曼帝国的海上贸易。但欧洲人并未像控制印度洋的马六甲和波斯湾的霍尔木兹一样控制地中海的战略性港口。他们的经济实力还不足以移民，不足以直接控制奥斯曼帝国的领土。

郁金香时期

几个具有真知灼见的政治家看到了帝国的混乱，他们建议苏丹重建苏莱曼大帝统治时的授地制度和征召制度。但大多数人都没发现帝国的衰落，也就更谈不上了解其衰落的原因。伊斯坦布尔的精英并未将欧洲视为帝国的掘墓人，他们穿着欧式衣服，用着欧式家具，读着帝国第一家（短命的）出版社印刷的书籍。奥斯曼的历史学家将追逐欧洲风尚的1718—1730年称为**“郁金香时期”**（Tulip Period），因为当时高价的郁金香球茎风靡奥斯曼的辖地。当这种花从伊斯坦布尔传入荷兰的时候，荷兰在16世纪中期也掀起了一场郁金香热。这场热潮在1636年达到了顶峰，仅仅是球茎就卖到了2 500弗罗林（florins）一个，这笔钱可以买21头公牛。

郁金香时期：指苏丹艾哈迈德三世在位的晚期。当时，伊斯坦布尔流行欧洲的风格和观念。

巴特罗纳·哈利尔起义

在1730年的庆典晚会上，来宾欣赏了一只驮着蜡烛的龟穿过黑暗的郁金香花坛的样子，但是一场带有很强宗教色彩的保守禁卫军叛乱更吸引眼球。苏丹艾哈迈德三世退位。起义军领袖巴特罗纳·哈利尔（Patrona Halil），一个前阿尔巴尼亚海员和公共浴室司炉，在首都风光数月后，成为阶下囚，并最终被处决。

环境与技术

540

烟草和水烟斗

烟草原产于西半球，于1570年传入奥斯曼帝国的叙利亚，1600年传入伊斯坦布尔。在伊朗，根据一位历史学家的记载，一位乌兹别克的统治者于1612年进入了东北部的呼罗珊省，他向人索要烟草，他的要求得到了满足。几年后，一位西班牙外交官记述了沙阿阿巴斯（Abbas）的禁烟活动，他认为吸烟是有罪的，但却对莫卧儿苏丹的使臣网开一面。起初，欧洲商人将烟草从海路运到亚洲，莫卧儿帝国很快就栽培了这种作物，并将其出口到伊朗。但到17世纪中叶，它在奥斯曼帝国和萨法维帝国也成为重要作物。

水烟斗是伊斯兰世界颇具特色的吸烟工具，但它在刚使用时也引起了很大争议。伊朗史学家认为水烟斗是伊朗发明的，一首诗可以将它的历史追溯到1550年之前。早期材料表明，在烟草传入之前，水烟斗是用来吸食其他物质的。人们也会使用直的黏土杆和木制杆，特别是在土耳其地区和在穷人当中。

在波斯语中，水烟斗用qalyan一词表示，这个词来自阿拉伯语，意思是“煮或冒泡”。阿拉伯语有两个常见的词汇nargila和shisha，前者来自梵文“椰子”，后者来自波斯语“玻璃”。印度一般会用“水烟袋”一词，意思是“罐子”。在那里，椰子通常是用来盛水的。还没有明确的语言学证据能证明水烟斗起源于哪个国家，但有一点却逐渐明确：在烟草传入之前，水烟斗就开始发展、传播了。

社会各阶层都会吸烟，妇女的烟瘾也不亚于男性。在咖啡屋里准备水烟斗和点燃水烟斗是庆典中理想的休闲活动，这项活动在奥斯曼帝国和萨法维帝国非常流行。在其他环境中，水烟斗的尺寸和易碎性会带来不便。在旅行的时候，富有的伊朗人会让一个随从拿着烟斗，这个随从还会将盛放着热煤的小锅悬在马鞍上。这样，他的主人就随时可以在路上吞云吐雾了。

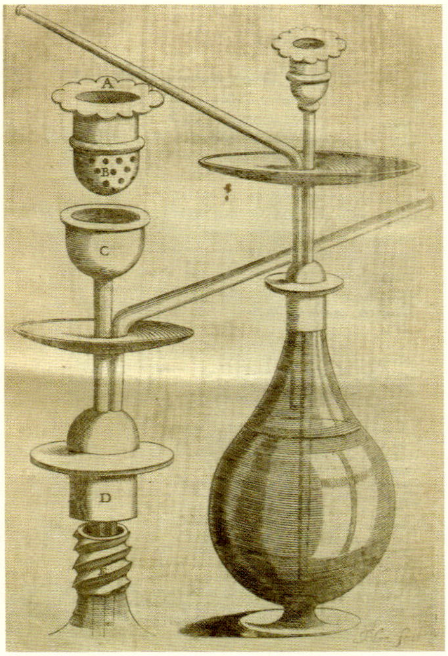

伊朗的水烟斗 湿润的烟草放在器皿A中，然后在上面放一块烧着的木炭，让它慢慢点燃烟草。当吸烟者吸旁边延伸出来的管子时，烟雾会从水底冒泡出来，这样使烟雾冷却和过滤。这个复杂的装置如图所示。这张图绘制于1622年，这说明在17世纪之前，水烟斗有一个漫长的发展过程。

巴特罗纳·哈利尔起义证实了一些人的判断，奥斯曼帝国确实面临着许多严峻的挑战。但有些地方却在中央的腐败中受益。在一些省份，雄心勃勃而又精明干练的地方大员、富有的地主、城市贵族和游牧部落的首领都从中央政府的软弱中得到了好处。到18世纪中叶，马穆鲁克在埃及占据了主导地位。虽然塞利姆一世在16世纪初战胜了马穆鲁克苏丹国，但到16世纪末，从高加索购买奴隶，并将他们训练成士兵的情况又在一些阿拉伯城市出现了。在巴格达，禁卫军指挥官和来自格鲁吉亚的马穆鲁克相互争权。到18世纪中叶，后者取得了胜利。

但在阿勒颇和大马士革，禁卫军脱颖而出。与此同时，在阿拉伯中部，穆 541

穆罕默德·伊本·阿卜杜勒·瓦哈卜

罕默德·伊本·阿卜杜勒·瓦哈卜（Muhammad ibn Abd al-Wahhab）领导了一场极其严格的逊尼派宗教运动。这场运动迅速发展起来，超出了奥斯曼帝国的掌控。虽然没有一个地区宣布完全独立，但基层官吏和新贵并不受制于苏丹。另一方面，奥斯曼帝国的经济开始向欧洲靠拢。

本节回顾

在开国之君的带领下，奥斯曼帝国控制了许多战略要地，拥有了很强的军事实力。

帝国开始向南欧、东欧、中东和非洲扩张，并在苏莱曼大帝时达到了鼎盛。

奥斯曼帝国没有建立起一支强大的海军，因此未能适应印度洋的发展。

苏丹的军事领导是帝国的基础，国家军事结构的变化最终削弱了帝国。

在帝国经济向欧洲靠拢的同时，中央政府不断衰弱，地方实力派借机发展起来。

20.2 萨法维帝国（1502—1722年）

萨法维帝国：伊斯梅尔建立的伊朗王国（1502—1722年），他将伊朗变成了一个什叶派国家。

伊朗的**萨法维帝国**（见地图20-1）与宿敌奥斯曼帝国有许多相似之处：最初，在军事上都依赖于骑兵，骑兵都可以获得土地；两国的臣民都说着多种语言；都向内陆发展，远离大海。但与邻国相比，伊朗也有一些特点：萨法维帝国的合法性部分来自古代伊朗的前伊斯兰王朝，而且萨法维帝国是什叶派国家。

20.2.1 萨法维帝国的社会和宗教

伊朗什叶派

什叶派：穆斯林的一个派别，相信真主将领导权赋予了穆罕默德的女婿阿里及其后代。伊朗是什叶派国家。

在奥斯曼帝国西部土耳其众酋长的争霸战争中，伊斯梅尔（Ismail）成为最终的胜利者。他是一个来自伊朗库尔德的男孩，并且有着希腊血统。1502年，年仅16岁的伊斯梅尔成为伊朗沙阿。他宣布，他的王国属于**什叶派**，尊崇穆罕默德的女婿阿里及其家族。我们不清楚伊斯梅尔将伊朗变成什叶派国家的动机，但这个根本性变化使伊朗和邻国之间产生了一道鸿沟，因为伊朗周边的国家全是逊尼派。7世纪的时候，伊朗成为一个伊斯兰哈里发国家，这是伊朗第一次获得真正意义上的独立。

波斯文化

什叶派信仰导致伊朗与邻国之间的决裂，但其间的芥蒂却非一日之寒。从10世纪起开始用阿拉伯字母进行书写的波斯语成为伊斯兰教的第二语言。伊朗学者一般可以阅读阿拉伯语和波斯语，有时也会在他们的著作中点缀几个阿拉伯语词组，但阿拉伯学者却对学习波斯语没有多大兴趣。1258年，当蒙古人摧毁伊斯兰哈里发国家的首都巴格达后，伊朗开始独立发展。与阿拉伯人相比，伊朗与印度人的接触更为广泛，因为印度的穆斯林统治者推崇波斯语。

在后蒙古时期，伊朗、阿富汗和中亚的艺术风格仍然自成体系。绘上图案的瓷砖和瓷砖马赛克（通常是鲜亮的翠蓝色）成了伊朗清真寺常见的表面装饰，但叙利亚和埃及从未使用过这些东西。登峰造极的波斯诗歌并未对阿拉伯诗歌产生影响，人们一般认为这些诗歌出现在王朝末路的时候。

542

可以肯定的是，伊斯兰教有自身的信仰传统、学术传统和法律传统，这些传统跨越了民族和语言的界限。但伊斯梅尔的什叶派伊朗却具有一定的独立性。根据什叶派的教义，所有统治者（无论他们的头衔是什么）都是**“隐遁伊玛目”**（Hidden Imam）的代理人。阿里是穆罕默德的堂弟和女婿，隐遁伊玛目是阿里的第12代传人。9世纪的时候，年少的伊玛目不知所踪。一些什叶派学者认为，虔诚的人应该平静地接受这个世界，安静地等待隐遁伊玛目回来。另一些人相信，他们应该积极参与政治，因为自己最有资格了解隐遁伊玛目的意志。这两种观点在伊朗什叶派中都有影响，两派都要强化自己作为宗教学者的形象，他们要独立于帝国政权之外，以免自己像奥斯曼帝国的学者那样，成为政府官员的附庸。

隐遁伊玛目：阿里12位后代中的最后一位，什叶派认为他们是穆斯林的神圣领袖。最后一位伊玛目大约于873年隐遁起来，什叶派认为他会在末世以救世主的身份重新出现。

什叶派也影响到了民众的心理。伊玛目侯赛因（Imam Husayn，680年逝世）是阿里的儿子和第三代伊玛目。在每年纪念他殉道的时候，人们会宣泄自己的感情。逊尼派国家中没有这样的活动。纪念活动持续两个星期，宗教人士向泪流满面的信众讲述那个悲惨的故事。手工业行会组织盛大的游行，游行的时候唱颂歌，进行自我鞭打的人穿过虔诚的观众。当然，其他地方也有纪念伊玛姆侯赛因的活动，但伊朗的活动特别盛大，因为那里有90%的人都是什叶派。随着时间的推移，萨法维国王的臣民觉得自己与众不同。

阿巴斯一世：伊朗萨法维王朝第五位，也是最有名望的一位统治者（1587—1629年在位）。1598年，阿巴斯迁都伊斯法罕。

20.2.2 双城记：伊斯法罕和伊斯坦布尔

阿巴斯一世

1593年，伊朗沙阿**阿巴斯一世**（Shah Abbas I，1587—1629年在位）定都伊

莫卧儿帝国皇帝贾汉吉尔拥抱萨法维帝国的阿巴斯 1620年前后，莫卧儿艺术家阿布哈桑（Abu al-Hasan）创作了这幅作品。在这张受到皇帝资助的画中，右侧的贾汉吉尔（Jahangir）站在一头狮子上，左侧的阿巴斯站在一只羊上，莫卧儿皇帝支配着较小的伊朗沙阿。这明确地反映了在贾汉吉尔心中两人的关系。但事实上，两人是争夺阿富汗控制权的竞争对手。阿富汗是印度的门户，也是狮子和羊交汇的地方。两位君主站在地球上，这说明准确的地理观已经传到了伊斯兰世界。

斯法罕。从表面上看，伊斯法罕和伊斯坦布尔大相径庭。伊斯坦布尔修建在狭窄的金角湾入口（Golden Horn inlet）南侧的七座山丘上，灰色的石制屋顶点缀着天际线，大清真寺的尖塔是城市的最高点。相比而言，在伊斯法罕，围绕着皇宫的清真寺并不十分醒目。贴着瓷砖的明亮屋顶是最高点，但也不显眼。在伊斯坦布尔，高墙环绕着苏丹的宫殿。沙阿阿巴斯将皇宫作为都城的重点，皇宫非常大，大到军队可以在里面打马球。他修建了一座可以鸟瞰城中市场的宫殿。在那里，他接见达官显贵，检阅军队。

不同点与相似点

伊斯坦布尔港是奥斯曼帝国的主要海港，那里有许多的帆船和小工艺品。其中一部分商品和货船属于欧洲商人，他们住在金角湾北岸的一个小山丘上。伊斯法罕深居内陆，只是偶有欧洲人到访。那里的贸易控制在犹太人、印度人和一群亚美尼亚基督徒手中，这些基督徒是沙阿阿巴斯带进帝国的。

543 除了这些表面上的差异，两国首都还有许多共同之处。轮式车辆在山城伊斯坦布尔屈指可数，在伊斯法罕则根本不存在。除了伊斯法罕的皇宫外，两个城市都是为步行设计的，缺乏同时代欧洲城市所共有的开放空间。街道狭窄而不规则，房子在死胡同里簇拥在一起。居民在自己的庭院中享受私人生活。工匠和商人组成了自己的行会，他们有着紧密的社会关系、宗教关系和经济关系。在市场中，每个行会的商店都紧邻在一起。

深居简出的妇女

妇女很少在公共场合露面，即使在伊斯坦布尔的室内市场和伊斯法罕蜿蜒曲折的集市。在家中，妇女有自己的房间——在伊朗被称为“anderun”（内宅[interior]），在伊斯坦布尔被称为“harem”（禁地[forbidden area]），这些地方与男性接待客人的公共房间是分开的。无论是在公共房间还是在私人房间，坐垫、取暖用的炭火盆和小桌子都是主要家具。

家庭中的私生活没有留下什么记载，但很明显，妇女的生活——由妻子、孩子、女仆构成，有时还会有一个或几个阉人（eunuchs）——并非完全与外界隔绝。奥斯曼的法庭记录表明，在男性代理人的协助下，妇女在城市的房地产市场中非常活跃。她们经常会卖掉从父亲那里继承来的房产，买卖不动产有着规范的基础，在虔诚心的驱使下进行宗教捐款也不例外。

妇女与伊斯兰教法

与欧洲法典不同，伊斯兰教法允许妇女在婚后拥有财产。因此妇女可以获得一些经济利益，可以不受制于丈夫，拥有一定程度的独立地位。妇女也出现在了其他类型的法律案件中，她们在法庭上为自己作证，因为伊斯兰法庭不承认代理人的作用。虽然萨法维帝国的法庭卷宗没有保留下来，但历史学家认为类似的情况在伊朗很普遍。

服装款式

欧洲旅行者对妇女在户外戴面纱品头论足，但是，对男性和女性的规范，都要求不能裸露胳膊、腿和头发。在微型画作中，普通妇女穿着宽松的长袍，戴着围巾或长长的面纱，面纱会紧贴前额，遮住头发。下身穿着轻便的裤子，或贴身或宽松。这种款式的女装与男装差别不大。贫穷的男性穿浅色的裤子、长衫、短上衣，戴着帽子或缠头巾。富人穿超过踝关节的长袖长袍，这种衣服通常紧贴着胸。

公共生活几乎是男性的世界。与伊斯坦布尔相比，伊斯法罕的诗歌和艺术更加优雅。在这些作品中，没有胡须的俊俏男孩会被盛赞为美艳的女性。虽然 544
宗教反对同性恋，但对十几岁男孩的爱恋既不罕见也不遮遮掩掩。除了非穆斯林、老年人和非常贫穷的人，在公共场合抛头露面的妇女很可能是奴隶。微型画作也常常会描绘女舞者、音乐家、杂技演员，他们有的很高雅，有的很低俗。

虽然在社会层面上有许多相似之处，但伊斯法罕和伊斯坦布尔的整体感觉

国际化的伊斯坦布尔

还是不尽相同。伊斯法罕的亚美尼亚人街区非常繁华，这个区从市中心一直延伸到了河对岸。但伊斯法罕还不是真正意义上的国际化大都市，因为萨法维帝国的臣民不具备明显的多元性。与其他陆上帝国的统治者相似，阿巴斯也将国都设在了统治中心，那里可以比较方便地应对边疆问题。但伊斯坦布尔不同，它是一个大海港，位于海峡的要冲。海峡将奥斯曼帝国的领土分成了两个部分：一部分是苏丹统治的欧洲，另一部分是帝国在亚洲的领土。

来自各地的人都在伊斯坦布尔生活或消磨时间，如威尼斯人、热那亚人、阿拉伯人、土耳其人、希腊人、亚美尼亚人、阿尔巴尼亚人、塞尔维亚人、犹太人和保加利亚人等。在这方面，伊斯坦布尔表现了从伦敦到广州这些国际化海港城市的特征。伊斯坦布尔的繁荣掩盖了一个事实，即这种繁荣依托的是奥斯曼帝国的广袤领土，而不是海上贸易。

20.2.3 经济危机和政治衰落

伊朗北部的丝织品是萨法维帝国对外贸易的支柱。但后来与伊朗关系最密切的是长毛绒地毯，这种地毯用花色纱线绕着长长的经线织成结。不同的城市有不同的地毯样式。妇女和少女做了许多织结的工作。总体上讲，伊朗的制造业规模不大，生产率也不高。伊朗沙阿的大部分臣民（无论是伊朗人、土耳其人、库尔德人还是阿拉伯人）都以农耕或放牧为生。在萨法维帝国时期，没有哪个地区出现了重大的技术进步。

军费

与奥斯曼帝国相似，萨法维帝国也无力支付火器营的开销。伊朗离欧洲比较远，因此危机爆发也要迟一些。到16世纪末，萨法维帝国需要系统地装备加农炮和步枪，以便抗衡奥斯曼人和乌兹别克人（继帖木儿帝国之后出现在伊朗中亚边境上的突厥统治者，见地图20-1）。这与一个世纪之前的奥斯曼骑兵相似，游牧部落首领治下的战士不愿将弓换成枪。阿巴斯建立了一支由奴隶组成的部队，这支部队配装了步枪。起初为新式军队服役的人大部分是来自格鲁吉亚的战俘，他们本是基督徒，后改信了伊斯兰教。

游牧民族和通货膨胀

16世纪晚期，大量白银流入伊朗，造成了通货膨胀。1629年，阿巴斯去世。此后，政府对丝绸的垄断逐渐瓦解，途经萨法维帝国的陆路贸易也因此而衰落。财政的捉襟见肘使国家的军费和行政开支成了一个难以解决的问题。将
545 游牧部落赶出他们的领地，重新控制税收，这个做法比奥斯曼帝国逐渐瓦解的

授地制度更具军事破坏性。游牧民族仍旧是一支很有凝聚力的军事力量。在中央的压力下，他们会撤回山间牧场，压力减弱后，他们又会卷土重来。到1722年的时候，政府已是回天乏术，政令难行。一支打家劫舍的阿富汗武装占领了伊斯法罕，萨法维帝国的统治就此终结。

本节回顾

什叶派的萨法维帝国崛起，这个国家与邻国的关系长期紧张。

虽然存在许多重要的不同点，但伊斯坦布尔和伊斯法罕还是表现出了奥斯曼帝国和萨法维帝国的文化相似性。

虽然丝绸和地毯是很重要的工艺品，但大部分伊朗人还是以农牧业为生。

高额的军费、通货膨胀和不断衰落的陆路贸易削弱了帝国。1722年，来自阿富汗的入侵者埋葬了萨法维帝国。

20.3 莫卧儿帝国（1526—1761年）

印度的莫卧儿帝国建立在印度教徒集中的地方，在那里，穆斯林统治者只占人口的一小部分。这是莫卧儿帝国不同于奥斯曼帝国和萨法维帝国之处。从11世纪早期起，穆斯林通过不断的军事行动统治了印度。穆斯林破坏了印度教徒的文化传统，这使双方积怨甚深。因此，莫卧儿帝国的统治者不但要征服、管理一个幅员辽阔的国家，还要想方设法使穆斯林和印度教徒和平共处。

莫卧儿帝国：伊斯兰国家（1526—1857年）。16世纪和17世纪统治着印度大部分地区。

20.3.1 政治基础

巴布尔和阿克巴

巴布尔（Babur，1483—1530年）建立了**莫卧儿帝国**，他是成吉思汗和帖木儿的后裔（在波斯语中，莫卧儿是“蒙古”的意思）。巴布尔从中亚起兵，于1526年击败了德里的最后一个穆斯林苏丹。**阿克巴**（Akbar，1556—1605年在位）是巴布尔的孙子，他是一个聪明但善变的人，他为这个不断扩张的帝国建立了一套中央行政系统。在他和之后三代君主治下（最后一人死于1707年），莫卧儿帝国控制了除最南端之外的印度全部领土，首都也从阿格拉（Agra）迁到了德里。

阿克巴：印度莫卧儿帝国最杰出的君主（1556—1605年在位）。他扩大了帝国的版图，推行与印度教徒的和解政策。

阿克巴把土地收益赐予军官和政府官员，作为回报，他们为他效劳。各级官衔被称为**“曼萨卜”**（mansabs），有高有低，拥有不同官衔的官吏有不同的土地收益。与其他伊斯兰国家相似，收益权是不可继承的，中央政府会小心地对其进行分配。

曼萨卜：莫卧儿帝国的统治者赐予土地以换取官吏的服务。

阿克巴统治时期

在阿克巴统治时期，印度拥有1亿人口，棉布出口带动了贸易繁荣，行政管理也十分高效。这使得阿克巴统治下的印度成为16世纪最昌盛的帝国。阿克巴和其身后诸君没有遇到什么外来威胁，北印度的中心地带也是国泰民安。

对外贸易使西北部的苏拉特港（port of Surat）走向了兴盛，那里也是麦加朝圣之旅的起点。与萨法维帝国相似，莫卧儿帝国也没有海军和商船。阿克巴去世后，葡萄牙人失去了他们在印度的港口，在印度的欧洲人主要是荷兰人和英国人。帝国政府并没有将他们视为敌人，而是将他们看作船长（shipmaster）。帝国需要他们的海上支持，作为回报，他们也可以得到一些贸易特权。

20.3.2 印度教徒和穆斯林

拉其普特人

莫卧儿帝国的大一统传统，远可以追溯到伊斯兰哈里发国家，往近了说，则是受到了成吉思汗和帖木儿的影响。这些传统也意味着宗教宽容。在阿克巴任命的曼萨卜达尔（mansabdar，掌握土地收益的军官）中，有70%是非印度出生的穆斯林士兵，但有15%是印度教徒。大部分被任命的印度教徒是来自北部的战士，他们被称为**拉其普特人**（Rajputs），其中一个还成为权倾一时的税务大臣。

拉其普特人：印度教士兵的主要组成部分，来自印度北部。莫卧儿皇帝提拔的印度教官员大多数来自这个种姓。阿克巴曾娶了一位拉其普特公主。

阿克巴是莫卧儿帝国最杰出的统治者，与苏莱曼大帝和阿巴斯不同，他追求的不是更广阔的疆域和更充盈的税收，而是社会和谐。他娶了一位拉其普特公主为妻，鼓励穆斯林和印度教徒之间的通婚，这都表现了他想实现社会和解的心愿。1569年，他的一个儿子出生了，这个未来的统治者既有穆斯林的血统，又有印度教徒的血统。

在对两个印度教徒进行裁决时，阿克巴依据的是乡间习惯和当地印度教学者所诠释的印度教法律。沙里阿用于约束穆斯林。阿克巴拥有最终裁决权，这在伊斯兰法律中是罕见的。

546 阿克巴使自己成为新式“神圣信仰”（Divine Faith）的中心，这个体系综

大象损坏了舟桥 这幅画描绘了阿克巴遇到的一件意外，它表现了莫卧儿艺术家刻画非常规事件的能力。在印度和中东地区，河流在旱季和雨季时会有很大差异，舟桥比其他永久性建筑更常见。

合了伊斯兰教、印度教、琐罗亚斯德教、锡克教和基督教的信仰。他深受苏非派的影响，这一派的观念渗透到了宫廷的宗教仪式中。为了促使人们深入思考他的宗教教义，阿克巴将各个教派的学者请到他的私人房间中，让他们进行辩论，他会坐在这个八角形房间的高处亲自主持。当穆斯林朝臣们惊呼“安拉胡阿克巴”（Allahu Akbar）——意思是“真主至大”（God is great）——的时候，他们也会明白这句话的第二个含义——“真主即阿克巴”（God is Akbar）。

阿克巴的宗教观并没有拯救他，但在他的曾孙奥朗则布（Aurangzeb，1658—1707年在位）放弃对印度教徒的宽容政策之前，他所创造的兼具伊斯兰教传统和印度教传统的宫廷文化一直都很盛行。莫卧儿和拉其普特的微型画作主要是政治人物的肖像和对穿着较少的妇女的描绘，不太描绘那些虔诚的穆斯林的面貌。大多数独领风骚的画家都是印度教徒。除了流行于宫廷的波斯体之外，德里地区的通俗语言中又出现了新的诗歌和散文风格。今巴基斯坦的乌尔都语（Urdu）和印度的北印度语（Hindi）就来自于当时的通俗语言。

20.3.3 中央的衰落和来自周边的挑战

纳迪尔洗劫德里

1707年，奥朗则布去世，莫卧儿帝国随即江河日下。一些历史学家认为，授地制度是帝国迅速衰落的主要原因，但其他因素也不能忽视。奥朗则布征服了印度南部，但这一地区并未与帝国进行有机结合。此外，崛起的地方实力派威胁到了帝国的军事霸权。萨法维帝国灭亡后，纳迪尔（Nadir）成为伊朗沙阿。1739年，他攻占了德里，将一件无价之宝、莫卧儿帝国的象征（嵌满宝石的“孔雀宝座”）掠到伊朗。莫卧儿帝国又找了另一个宝座，帝国在名义上一直存在到1857年。

逐步分裂

1723年，莫卧儿苏丹的维齐尔尼查姆·穆尔克（Nizam al-Mulk）抛弃了中央政府，在德干东部的海得拉巴自立为王。东北部的孟加拉和奥德（Oudh），以及中部的马拉地也纷纷独立。在西北部，伊朗和莫卧儿的衰弱使阿富汗成了一个独立的王国。

在以前莫卧儿帝国的领土上出现了一些地方政权和小邦国，挣脱了苏丹的束缚后，它们走向了繁荣。一些拥有共同语言的族群和宗教群体也摆脱了奥朗则布的苛法，他们获得了更多的参政机会。但中央政府的分崩离析也给了欧洲冒险家乘虚而入的机会。

547

法国商人

1741年，约瑟夫·弗朗索瓦·杜布雷（Joseph François Dupleix）接管了法国的据点本地治里（Pondicherry）。此后，欧洲入侵印度进入了一个新阶段。杜布雷占领了英国贸易中心马德拉斯，并用欧洲人和欧洲人训练出的印度人组成了一支军队，这支侵略军成为印度南部的一支劲旅。虽然杜布雷也栖身于上流社会，但他更愿意在幕后操控局势，印度王公不过是他棋盘上的棋子。1754年，他卸职回家。深陷欧洲战争泥潭的法国政府不愿再开拓印度。杜布雷的离去为英国铺平了道路，我们将在第26章讲述英国在印度的活动。

本节回顾

巴布尔建立了莫卧儿帝国，在阿克巴及其后人治下，帝国控制了印度大部分地区。

莫卧儿帝国给予欧洲人贸易特权，作为回报，帝国获得他们在海上的支持。

阿克巴的政府中既有穆斯林又有印度教徒，他尊重印度教徒的习俗，推行宗教融合政策。

一种兼具各方的文化得到蓬勃发展，但奥朗则布放弃了宽容政策。

奥朗则布死后，帝国在外来入侵的打击下走向了没落。地方实力派纷纷崛起，欧洲人也怀着觊觎之心。

20.4 伊斯兰的海上世界（1500—1750年）

在17世纪和18世纪，陆上帝国莫卧儿、萨法维和奥斯曼面临着相似的困境。在以授地制度为基础的陆上帝国焦头烂额的时候，军事技术和世界经济正发生着天翻地覆的变化。这些困难使中央政府逐渐失去了对地方的控制力。

股份公司

对于那些想把远洋贸易网打造成海上帝国的航海国家来说，陆上国家所面临的压力是无关痛痒的。船舶设计的改进、导航精度的提高和加农炮的使用为欧洲列强平添了力量，地区性海上民族很难与它们平起平坐。而且，不断发展的股份公司为探险提供了灵活高效的财政支持，即便公司的股东都不是什么豪商巨贾。1600年，英属东印度公司成立；1602年，荷属东印度公司成立。

虽说上述三大陆上帝国无法在海上抗衡葡萄牙、荷兰、英国和法国，但大部分非欧籍造船工、船长、水手和商人都是穆斯林。亚美尼亚商人、犹太商人和印度商人也很活跃，但他们和穆斯林一样，都不愿与欧洲人打交道。每个港口的穆斯林都有着相似的法律传统和信仰，这巩固了他们的贸易网。从穆罕默德时代起，伊斯兰教就推崇贸易和商人。与印度教不同，伊斯兰教吸引了大批信众。由于沿海当地的非穆斯林与外来的穆斯林一起做生意而改变宗教信仰，并与穆斯林通婚，沿海的穆斯林社团发展起来。

耶稣会士

以耶稣会士为代表的欧洲传教士希望扩大基督教在亚洲和非洲的影响（见第16章和第21章）。但欧洲人（葡萄牙人除外）不会将改信基督教的人和父母双方不都是基督徒的人当作自己人，因而伊斯兰教更受欢迎。结果，在欧洲商业迅速扩张的时候，伊斯兰教也在东非和东南亚广泛地传播开来。即便在没有伊斯兰国家支持的时候，伊斯兰教也成为一股抵抗欧洲人不断扩张的势力。

20.4.1 东南亚的穆斯林

东印度群岛的印度人

548

对于伊斯兰教在东南亚传播的时间表和方式，史学界还有争论。8世纪的时候，阿拉伯商人就出现在了中国南部。因此，穆斯林可能也是在同一时间到达东印度群岛（东南亚诸岛）。但在此之后的若干世纪里，印度文化仍占据主导地位，这说明早期穆斯林对当地的信仰影响有限。有明确证据表明，改信伊斯兰教和穆斯林社团的形成大约是在14世纪，与他们关系最密切的是印度的坎贝（Cambay）港，而不是阿拉伯世界。这是伊斯兰教第一次扎根港口城市，第一次进入宫廷。但它在内陆地区传播的速度比较慢，可能是游方的苏非派在传教。

在抵抗欧洲人的过程中，穆斯林想寻求奥斯曼苏丹的支持，但最终未能如愿。于是，他们团结起来，反抗来自葡萄牙、西班牙和荷兰的入侵者。1565年，西班牙人在菲律宾建立了第一个据点。几十年后，他们征服了那里，并在南部的棉兰老岛和苏禄群岛上遇到了穆斯林。西班牙人称他们为“摩洛人”（Moros）。在西班牙语中，这个词指北非的穆斯林，他们是西班牙的敌人。在之后的摩洛战争（Moro wars）中，西班牙人将摩洛人视为贪婪的海盗，他们袭击非穆斯林的领地，将当地人掠为奴隶。但事实上，他们是西班牙人在政治、宗教和商业上的竞争对手，他们的坚韧不拔使他们于1768—1848年在菲律宾南部建立了苏禄帝国，它曾是东南亚最强大的国家之一。

荷兰占领马六甲

亚齐苏丹国：苏门答腊北部的穆斯林王国。17世纪早期，那里是东南亚地区传播伊斯兰教的中心。1641年，荷兰人从葡萄牙人手中夺走了马六甲，亚齐随即衰落。

当地的其他王国也将穆斯林视为一支反抗欧洲基督徒的力量，其中包括积极改变信仰的位于婆罗洲北部的文莱苏丹国和位于苏门答腊北部的**亚齐苏丹国**（Acheh Sultanate）。17世纪初达到顶峰的时候，亚齐继马六甲后成为东南亚传播伊斯兰教的中心。亚齐用胡椒换古吉拉特的棉花，这项贸易使亚齐走向了繁荣。1641年，荷兰从葡萄牙手中夺走了马六甲，亚齐也就此衰落下去。

这些穆斯林王国是如何理解伊斯兰教的？这个问题还有待讨论。例如，1641—1699年，亚齐就出现了几位女性统治者。麦加和麦地那的穆斯林学者不赞成女性主政，亚齐的学者得到这项裁定后，女性当权的情况遂告终结。这项裁定使东印度群岛开始重视对伊斯兰教的学术理解。

伊斯兰教和文化修养

历史学家会关注商人和苏非派传教士，因为他们是在东南亚传播伊斯兰教的先驱。但16世纪从麦加和麦地那回来的朝圣者带回了伊斯兰教精深的学问。伊斯兰教提高了这一地区的识字率。有些归来的朝圣者可以书写阿拉伯文，有些可以书写马来文和爪哇文。随着伊斯兰教的传播，在农村地区，植根于以前的宗教和社会习俗的传统法律（adat）仍然比沙里阿盛行。但在港口城市，王室开始听从朝圣教师（pilgrim teachers）的意见。虽然形式多种多样，但在欧洲人步步紧逼的情况下，存在差异的伊斯兰教还是为信众的身份认同提供了坚实的基础。基督教传教士也在尚未改信伊斯兰教的地区（如菲律宾北部）获得了不少信徒。

20.4.2 非洲沿海地区的穆斯林

穆斯林统治者也掌握着东非的许多港口。15世纪，葡萄牙人到达了这一地区，但两者并未建立政治联盟。住在斯瓦希里海岸（在阿拉伯语中，“斯瓦希里”的意思是“海岸”）的人以种植粟和稻米为生，他们很少与来自干燥腹地的人接触。从16世纪晚期到17世纪，非洲持续干旱。因此，东非湖区和肯尼亚高原出现了史无前例的移民和民族迁移。

贸易港口

沿海各发达地区之间浓密的灌木区，阻断了基卢瓦港、蒙巴萨（Mombasa）港和马林迪港之间的联系。同时，这三个贸易港口在出口象牙、龙涎香（鲸的副产品，用于生产香水）、森林产品（如蜂蜡）、柯巴树树脂和木材方面的竞争关系，也不利于它们之间的联系。以上两个因素使三个港口很难进行合作。基卢瓦也出口黄金。18世纪，奴隶贸易逐渐变得重要起来，奴隶主要运往阿拉伯的港口，有的也会运往印度。只有欧洲人会保留奴隶贸易的完整记录，但他们并不是这些奴隶贸易的主角，因此，几乎没有幸存材料能说明这些奴隶贸易的情况。根据最准确的估计，1500—1890年，大约有210万奴隶经那里被卖出非洲，这个数字约占同时期非洲奴隶贸易总量的12.5%（见第19章）。

马林迪

葡萄牙人占领了莫桑比克以北的所有港口，但马林迪除外，因为那里的统治者与葡萄牙人保持着合作关系。葡萄牙人记录了当地统治者的名字，马林迪进口的服装、金属用具和一些当地产品： 549

> 国王穿着一件绿缎子礼服，戴着一顶华丽的［帽子］。他坐在两把青铜软椅上，头上是一把红色遮阳伞。一个老侍者佩戴着一把银鞘的短剑。有许多人在吹号角和两只雕刻精美的象牙喇叭，这喇叭有人那么大。乐手会向孔里面吹气，喇叭声和［号角声］交相辉映，组成了优美的旋律。[4]

阿曼：以马斯喀特为中心的阿拉伯国家，阿拉伯半岛东南部的重要港口。在18世纪的印度洋西部，阿曼人继葡萄牙人之后成为一支强大的力量。

起初，葡萄牙人选中了马林迪港口，这使得基卢瓦港和蒙巴萨港走向了衰落。地方起义带来了反复肆虐的瘟疫。葡萄牙军队遭到重创，阿拉伯东南部的**阿曼**于1650年攻占了葡军位于马斯喀特（Musqat）的要塞，又于1698年占领了葡萄牙在东非的首府——蒙巴萨。葡萄牙虽然一度夺回蒙巴萨，但在1729年永久地丢掉了这座城市。从此之后，葡萄牙人只好安于东非的莫桑比克，以及印度和远东的一些港口，例如果阿、澳门和帝汶岛（Timor）。 550

阿曼人的帝国

阿曼人与非洲人展开了密切合作，他们建立了自己的海上帝国。沿岸的班

守卫马斯喀特港的葡萄牙要塞 阿曼的马斯喀特和也门的亚丁是阿拉伯南部最好的港口，也是想称霸印度洋的各国海军的觊觎之地。马斯喀特是一个圆形的小海港，从这座要塞上可以俯视一条狭窄的道路。港口的另一端是阿曼苏丹的宫殿，它现在仍然伫立在那里。

斯瓦希里语：由班图语发展而成，吸收了许多阿拉伯语，流行于非洲东部的沿海地区。

图语吸收了阿拉伯语、波斯语和葡萄牙语的外来词，发展成了**斯瓦希里语**，这种语言在该地区很盛行。来这一地区定居的阿拉伯人和其他穆斯林与当地人通婚，人口多元化有力地推动了斯瓦希里文化的发展。

在这段时间，伊斯兰教也传播到了苏丹南部，特别是远离尼罗河的干旱地区。葡萄牙红海贸易的萎缩导致了埃塞俄比亚的衰落，这与伊斯兰教的扩张形成了此消彼长之势。但蓬勃发展的斯瓦希里文化与苏丹北部伊斯兰文化并没有进行交流。

穆斯林在摩洛哥的复兴

在北非，葡萄牙和西班牙占领了摩洛哥沿海的许多要塞，这激起了当地人的军事反抗。萨阿德（Sa'adi）家族自称是先知穆罕默德的后裔，他们领导了反葡战争，并在1578年的马哈赞河战役中大获全胜，反抗运动达到了高潮。摩洛哥苏丹艾哈迈德·曼苏尔（Ahmad al-Mansur）的胜利增强了国家的实力，
551 巩固了摩洛哥的独立地位。到17世纪早期，从塞拉（Salé）港出发的远征船队——英国人称之为“漫游的海盗”（the Sally Rovers）——开始抢劫欧洲船只，

其活动范围远至英国。

从阿尔及利亚、突尼斯和利比亚港口出发的海盗船也在地中海兴风作浪。欧洲政府将这些穆斯林掠夺者称为海盗和奴隶贩子，在波斯湾和苏禄海活动的穆斯林水手也被扣上了同样的帽子。但穆斯林海员的行为和他们欧洲对手的所作所为并没有什么不同。

20.4.3 欧洲列强在南洋

荷兰在东印度群岛的活动

组织严密的荷属东印度公司把葡萄牙人逐出了他们在东印度的据点。与葡萄牙人相同，荷兰人也想控制香料贸易。因此，东南亚产香料的岛屿成了荷兰最初关注的重点。1511年，葡萄牙人从马来的地方统治者手中夺走了马六甲。马六甲位于马来半岛南端，是扼守海峡的战略要地。1641年，荷兰占领了马六甲。葡萄牙在东印度群岛的立足之地就只剩下安汶岛（Ambon）和帝汶岛了。

荷兰的贸易中心巴达维亚

虽然荷兰是欧洲最不专制的国家之一，但荷属东印度公司任命的地方官员在维护本国的贸易垄断权方面几乎拥有无限的权力。如果公司职员自己进行贸易的话，他们甚至可以用“走私”的名义将这些人处决。在这种强权下，荷兰人与亚齐，以及其他位于苏门答腊和爪哇的王国进行了一系列战争。1628—1629年，爪哇王国的马塔兰（Mataram）苏丹率领了一支由50艘战船组成的舰队围攻荷兰的新首府**巴达维亚**（Batavia，今雅加达）。荷兰人陷入了苦战，但苏丹没有得到英国的有效支持，爪哇军无功而返。

巴达维亚：大约建成于1619年，最初是荷属东印度公司的总部所在地，即今雅加达。

当其他欧洲国家知道哪里可以得到香料，并派更多的船只前往东南亚后，荷兰人对当地统治者实行的高压政策就不足以控制香料贸易了。因此，在18世纪，荷兰人逐渐摆脱了东南亚生产者和欧洲消费者之间的中间商角色，转而在他们控制的地区，尤其是爪哇，开设工厂。爪哇的柚木林盛产高质量的木材，从他们引进的咖啡在爪哇西部山区长势良好。殖民地出口进入了一个新阶段。巴达维亚从东印度公司的总部所在地发展为殖民地的行政中心。

除东印度群岛之外，荷兰人还借助西风带（又称“咆哮的40多度地带”[Roaring Forties]，因为在南纬40度到50度之间常年刮西风）于1606年到达了澳大利亚。1642—1643年，亚伯·塔斯曼（Abel Tasman）成为第一个登上塔斯马尼亚岛和新西兰的欧洲人。此外，他还绕澳大利亚航行了一周，这预示着欧洲人很快要染指这一地区了（见第26章）。

本节回顾

从穆罕默德的时代起，伊斯兰教就尊崇贸易。在1500年前后，绝大部分非欧籍的造船工、船长、水手和商人都是穆斯林。

在东南亚，一些王国认为伊斯兰教可以抵抗欧洲基督教的入侵。

非洲沿海地区的穆斯林与当地人通婚，人口多元化促进了斯瓦希里文化的发展。

随着时间的推移，欧洲贸易公司成功打破了东南亚地区的势力平衡，但地方商人并未在商业舞台上完全消失。

结 语

莫卧儿帝国、萨法维帝国和奥斯曼帝国在17世纪和18世纪同时衰落，这不是偶然的。面积较小的欧洲国家进行着复杂的军事变革，世界经济也出现了天
552 翻地覆的变化，但这三个国家对此无动于衷。虽然它们的疆界不断扩大，但授地制度很难维持传统的军事力量，这是陆上帝国需要面对的严峻问题。

另一方面，海上国家决心要把远洋贸易网打造成海上帝国。欧洲人改进了船舶设计，提高了导航精度，并开始使用加农炮。这增强了欧洲列强的实力，地区性海上民族根本无法望其项背。按照亚洲的传统，帝国的财富来自扩张，来自控制更多的农田。但欧洲国家却在发展股份公司，想通过控制印度洋贸易来攫取财富。

在17世纪末，世界出现了经济联盟和政治联盟，但我们却很难在三大帝国统治的亚洲和非洲地区看到这种趋势。在这些国家，官员的薪俸来自土地税——而且还是通过地主向纳税的农民间接收取，而不是关税和对市场的控制。随着军费的增加，这些税收不过是杯水车薪。很明显，整个经济体系出现了根本性问题。帝国的朝臣仍在穷奢极欲，诗歌和艺术保持着繁荣，手工产品依旧拥有很高的质量。对于18世纪的欧洲观察家来说，这些东方国家的富足和制造业与它们在政治和军事上的衰落同样值得关注。

进一步阅读文献

Arjomand, Said Amir. *The Shadow of God and the Hidden Imam: Religion, Political Order, and Societal Change in Shiite Iran from the Beginning to 1890*. 1984. 深入剖析了什叶派

与君权的复杂关系。

Braude, Benjamin, and Bernard Lewis, eds. *Christians and Jews in the Ottoman Empire: The Functioning of a Plural Society*. 1982. 研究了宗教少数派。

Goffman, Daniel. *The Ottoman Empire and Early Modern Europe*. 2002. 将奥斯曼帝国和当时的欧洲王国进行了对比。

Hattox, Ralph S. *Coffee and Coffeehouses: The Origins of a Social Beverage in the Medieval Near East*. 1988. 介绍了奥斯曼帝国的社会史。

Ikram, S.M. *History of Muslim Civilization in India and Pakistan*. 1989.论述了莫卧儿帝国时期伊斯兰社会在印度的整体发展。

Imber, Colin. *The Ottoman Empire, 1300–1650: The Structure of Power*. 2002. 介绍了全盛时期的奥斯曼帝国。

Inalcik, Halil, and Donald Quataert, eds. *An Economic and Social History of the Ottoman Empire 1300–1914*. 1994. 一本论文集，没有涉及政治问题。

Lapidus, Ira. *A History of Islamic Societies*, 2nd ed. 2002. 比较了后莫卧儿帝国时期的伊斯兰陆上帝国。 553

Marcus, Abraham. *The Middle East on the Eve of Modernity: Aleppo in the Eighteenth Century*. 1989. 研究了奥斯曼帝国治下的一座阿拉伯城市。

Martin, Esmond Bradley, and Chryssee Perry Martin. *Cargoes of the East: The Ports, Trade and Culture of the Arabian Seas and Western Indian Ocean*. 1978. 一本关于印度洋西部的通俗著作。

Matthee, Rudi. *The Pursuit of Pleasure: Drugs and Stimulants in Iranian History, 1500–1900*. 2005. 通过酒、烟草、鸦片、咖啡和茶研究了宫廷生活和大众文化。

Newman, Andrew. *Safavid Iran: Rebirth of a Persian Empire*. 2006. 重新诠释了萨法维的统治。

Ogot, B.A., ed. *UNESCO General History of Africa*, vol. 5, *Africa from the Sixteenth to the Eighteenth Century*. 1992. 当下研究领域的论文集。

Peirce, Leslie. *The Imperial Harem: Women and Sovereignty in the Ottoman Empire*. 1993. 论述了妇女在帝国管理中所扮演的角色。

Richards, John F. *The Mughal Empire*. 1993. 一部综合性历史著作。

注　释

[1] Leslie Peirce, *Morality Tales: Law and Gender in the Ottoman Court of Aintab* (Berkeley:

University of California Press, 2003), 258.

[2] Ibid., 262.

[3] Daniel Goffman, *Izmir and the Levantine World, 1550–1650* (Seattle: University of Washington Press, 1990), 52.

[4] Edmund Bradley Martin and Chryssee Perry Martin, *Cargoes of the East: The Ports, Trade and Culture of the Arabian Seas and Western Indian Ocean* (1978), 17.

第21章

欧亚大陆北部
（1500—1800年）

本章纲要

思考

日本如何应对国内的社会变化和国外的文化挑战?

中国如何应对国内外的军事挑战和政治挑战?

这一时期，俄国与西欧的关系在多大程度上影响了俄国的扩张?

555 17世纪，中国东北的满洲军队威胁着明帝国。为了拱卫京畿，皇帝削减了政府支出。曾学过铁匠的李自成是众家反王之一。1630年，李自成投军，后因朝廷欠饷而率众举事。李自成具有卓越的领导才能，他在很短的时间内就拥有了一支数万人的起义军。到1635年，他和其他起义军领袖控制了中国北方的大片地区。

北方的满洲军队和西南的义军对中央政权形成了夹击之势，明帝国摇摇欲坠。李自成开始向北京进军。在被攻占的城镇，大量年轻人加入了起义军。起义军承诺结束明朝的暴政，给人们重新带来和平和繁荣。1644年4月，李自成的军队兵不血刃占领北京。明朝最后一位皇帝在皇家园林中自缢，从1368年开始统治中国的明朝就此终结。

俄罗斯大使赴荷兰展示毛皮（1576年） 莫斯科公国使臣的貂皮大衣和貂皮帽子给波希米亚国王马克西米利安二世留下了深刻印象。

但胜利转瞬即逝。由于惧怕像李自成这样没受过教育而又非常暴力的人统治中国，明将吴三桂投靠了清军。李自成[1]顺带霸占了吴三桂的一个宠妾。6月，吴三桂和清军占领了北京，李自成的军队土崩瓦解。次年，他一命归天，一说是自杀，一说是他在偷食物的时候被农民打死。[1]

与此同时，满人成了中国的新主人，君临天下。在之后的20年，他们将明朝的忠臣贵胄斩尽杀绝。

在欧亚大陆的北方，中国不是唯一一个面临着内忧外患的国家。1500—1800年，日本和俄国也面临着相似的乱局，因为这两个国家也在进行着大规模的政治变革和经济变革。除了邻邦的挑战，这三个国家也受到了欧洲强国的军事威胁和商业威胁。

21.1 日本重新统一

556

1500—1800年，日本经历了三个主要变革：内外军事冲突，政治的发展和强化，商业交流和文化交流的扩大。日本人有着共同文化和自然疆界，而且日本的面积比较小，因此它的政治整合之路比中国和俄国要短。此外，日本对欧洲人的反应也不同。

大名：字面解释是“大名字”（great name[s]）。他们是日本的军阀和大地主。从18世纪到19世纪晚期，借助武士的力量控制日本内陆地区。在德川幕府时期，他们服从于帝国政府。

21.1.1 内战和入侵朝鲜（1500—1603年）

12世纪，日本陷入了军阀割据的局面，这些军阀称为**大名**（见第11章）。每位大名都有一座城堡、一个小官僚系统和一批**武士**。大名宣誓效忠住在京都的天皇和将军（将军是中央政府和军队的世袭领导人），但他们的效忠并没有约束力。没有哪个人能真正掌握重要的政治力量。

大名和武士

大名之间的攻伐是司空见惯的。到16世纪晚期，长期的内战告一段落。丰臣秀吉从这场战争中脱颖而出。国内的成功给了他很大的鼓舞。1592年，踌躇满志的丰臣秀吉率领16万大军入侵亚洲大陆。显然，他试图先征服朝鲜，然后当中国皇帝。

丰臣秀吉

武士：字面解释是“提供服务的人”（those who serve）。他们是德川幕府的世袭军事精英。

朝鲜语和日语有着密切联系，但中国对朝鲜文化有着深远影响，朝鲜经常向中国朝贡。我们从很多方面可以看出，1392—1910年统治朝鲜的李朝是一个

1 实为李自成的部下刘宗敏。——译注

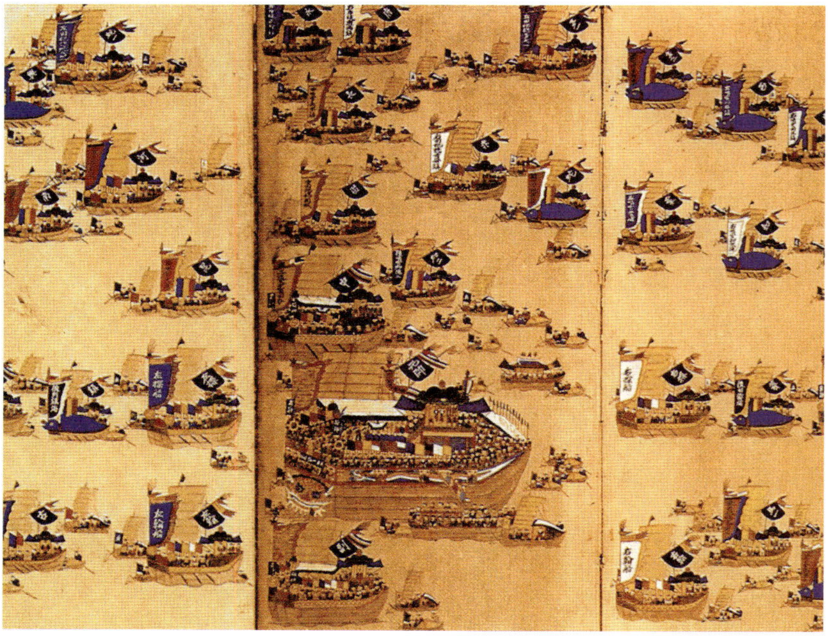

朝鲜的龟船 画上表现的是海军将领李舜臣所率领的朝鲜舰队。在16世纪末，他多次打退日本的进攻。李舜臣制造的龟船使他声名鹊起，龟船是世界上最早的装甲船。

典型的儒学国家。虽然朝鲜在1443年建立起了自己的文字系统，并从15世纪开始使用活字印刷，但大部分的印刷品还在继续使用汉字。

为了抵抗丰臣秀吉的入侵，朝鲜人采用了当时所有最负盛名的科学技术和军事技术。奇思妙想也被应用到了战舰上，“龟船”抵挡住了一部分日本舰队。疯狂的丰臣秀吉展开了野蛮的反击，他想通过朝鲜半岛，从东北方向进入中国。但在1598年丰臣秀吉去世后，日本其他军事领袖从朝鲜撤出了军队。1606年，日本休兵议和。

这场侵略战争给朝鲜造成了巨大的破坏。日本撤退后，朝鲜出现了混乱。在这次混乱中，朝鲜的两班（贵族）获得了许多税田，皇室的税收下降了2/3。中国也颇受其苦。战争削弱了朝廷在东北的驻军，满人的实力有所增强。17世纪20年代，满人的势力进入朝鲜，迫使李朝成为其朝贡国。1644年，满人占领了首都北京。

德川幕府：日本三个幕府中，德川幕府是最后一个。

21.1.2 德川幕府（至1800年）

德川家康

丰臣秀吉死后，德川家康（1543—1616年）支配了其他大名。1603年，他建立了一个新的军人政府——**德川幕府**。将军在江户（今东京）建立了新的行

大事年表

	朝鲜和日本	中国和中亚	俄国
1500年	1543年，首次与葡萄牙人接触 1592年，日本入侵朝鲜	1517年，葡萄牙遣使来华	1547年，伊凡四世成为沙皇 1582年，俄国征服了西伯利亚汗国
1600年	1603年，德川幕府建立 1633—1639年，敕令终止对欧洲贸易	1601年，利玛窦获准住在北京 1644年，清军占领北京 1662—1722年，康熙皇帝在位 1689年，与俄国签订《尼布楚条约》 1691年，清帝国稳定了内蒙古	1613—1645年，罗曼诺夫王朝首任沙皇米哈伊尔在位 1649年，农奴确立了从属地位 1689—1725年，彼得大帝在位
1700年	1702年，“四十七士”事件 1792年，俄国船只首次出现在日本海岸	1736—1796年，乾隆皇帝在位	1712年，圣彼得堡成为俄国首都 1762—1796年，叶卡捷琳娜二世在位 1799年，阿拉斯加成为俄国殖民地

政中心。精心养护的道路连接着江户和帝国的首都京都，两地的贸易促进了日本经济的发展和其他贸易中心的形成。

经济增长

与之前几个世纪相比，德川幕府给日本列岛带来了程度更高的政治整合。但即便如此，以地缘为依托的大名仍旧有相当大的势力并享有自治权。德川家康和他的继承者想推行中央集权，但经济整合是德川幕府时期更重要的特征。在将军要求下，大名要经常往来于江户和他们的城堡，因此良好的陆路交通和海路交通将日本四岛中的三个联系起来。这些道路也促进了商业的发展。将军给领主稻米，领主也会将稻米分发给下属。获得稻米的人将这些谷物变成现金，这促进了江户和大阪的粮食交易。在那里，商人们会炒作稻米的价格。到17世纪晚期，江户成为世界上最大的城市之一，拥有近百万人口。

德川时期，国内的和平迫使武士阶层去适应日益增强的国家官僚政治。随
着武士受教育的程度越来越高，越来越喜欢平民精英的品味，他们逐渐成为商 557
人的重要主顾。武士会购买丝绸、米酒、扇子、瓷器、漆器和书籍，也会从商人那里借钱。当武士的经济利益受到低粮价和高利息的威胁时，当局也想限制商人的独立性，但成效甚微。

在16世纪和17世纪，日本的手工艺达到了相当高的水平。除了炼钢、陶器

和漆器外，瓷器也取得了很高成就（见“环境与技术：东亚的瓷器”）。1592年的侵略战争后，大量朝鲜技师来到了日本，这促进了日本制瓷业的发展。在17世纪早期，手工业者和商人积累了巨额财富。几个最重要的工业企业和金融公
558 司（如三井公司）就可以追溯到德川初期的几间酿酒厂，之后它们开始涉足制造业、金融业和交通业。

环境与技术

东亚的瓷器

到15世纪，中国、朝鲜和日本的技师可以制造出釉面瓷器，这些瓷器表面泛着光泽，品质非常好。质量最好的瓷器是由一种纯白色黏土制成的，上面有一层坚硬的半透明的釉，这种瓷器只有富人和官高爵显的人才能使用。工匠们通常会在上面添加钴蓝色和其他颜色的装饰。在东亚地区，人们可以在大型市场找到廉价瓷器。

这些瓷器也会出口到东南亚、印度洋和中东地区。在1600年之前，我们很难在欧洲发现它们。但荷兰在东南亚建立起贸易据点后，欧洲的瓷器进口量猛增。欧洲人将高质量的产品称为“瓷器”。蓝白相间的产品最为常见。

景德镇是中国的制瓷中心之一，那里有大量的工场。到17世纪中叶，荷兰人才开始接触瓷器，但战乱破坏了生产。于是荷兰人将目光投向了日本，长崎附近的有田（Arita）和伊万里（Imari）成为另一个瓷器来源地。虽然日本限制对

日本出口的瓷器 日本专门为荷兰东印度公司烧制了大批瓷器，这就是其中一件。

欧贸易，但1653—1682年，荷属东印度公司还是将19万件日本瓷器运回了尼德兰。

除了自己的风格之外，中国和日本的工匠还为欧洲市场制造了其他各式各样的瓷器。这些产品既有纯粹用于装饰的鸟、花瓶和壶，又有一些实用的制品，如在桌上使用的容器和盘子。

中国恢复和平后，荷属东印度公司每年会从那里进口数万件瓷器。中国工匠有时会仿制风靡欧洲的日本瓷器。与此同时，荷兰也在尝试自己仿制东亚瓷器，甚至模仿在欧洲非常流行的亚洲式花纹和颜色。

富裕商人与本地区的大名甚至将军本人（如果可能的话）建立起密切的联系，这就削弱了德川幕府对商业的控制。到18世纪末，商人家庭掌握了开启未来现代化和重工业的钥匙。

21.1.3 日本人和欧洲人

与欧洲人的直接接触给日本带来了新的机遇，也带来了新的问题。1543年，第一个葡萄牙人到达日本。在此后的30年间，日本工匠仿制并改良了西式火器，这些火器在大名之间的战争中发挥了作用。

虽然日本欢迎来自葡萄牙、西班牙、荷兰和英国的商人，但也会对他们进行严格管制。除了17世纪昙花一现的瓷器出口外，几乎没有什么日本商品能到达欧洲。与此同时，也没有多少欧洲商品能在日本打开销路。荷兰商人从日本购买银和铜，再用这些东西换取中国的丝绸，之后将丝绸转卖给日本。当然，日本也有自己的对华贸易。

耶稣会传教士

葡萄牙和西班牙的商船也带来了天主教传教士，方济各·沙勿略（Francis Xavier）是其中最早的一个。16世纪中叶，沙勿略赴印度传教，随后到达了东南亚和东亚地区。他在日本生活了两年。他一直想前往中国，但在1552年 559
辞世。

日本人对沙勿略和其他耶稣会士（天主教修会耶稣会的成员）反应不一。有些日本人觉得新信仰奥妙无穷，但也有些社会精英对此不屑一顾，因为他们认为这和异域宗教带有破坏性。到1580年，超过10万的日本人成了基督徒，一位大名还将港口城市长崎给了耶稣会传教士。1613年，本州北部的一位大名伊

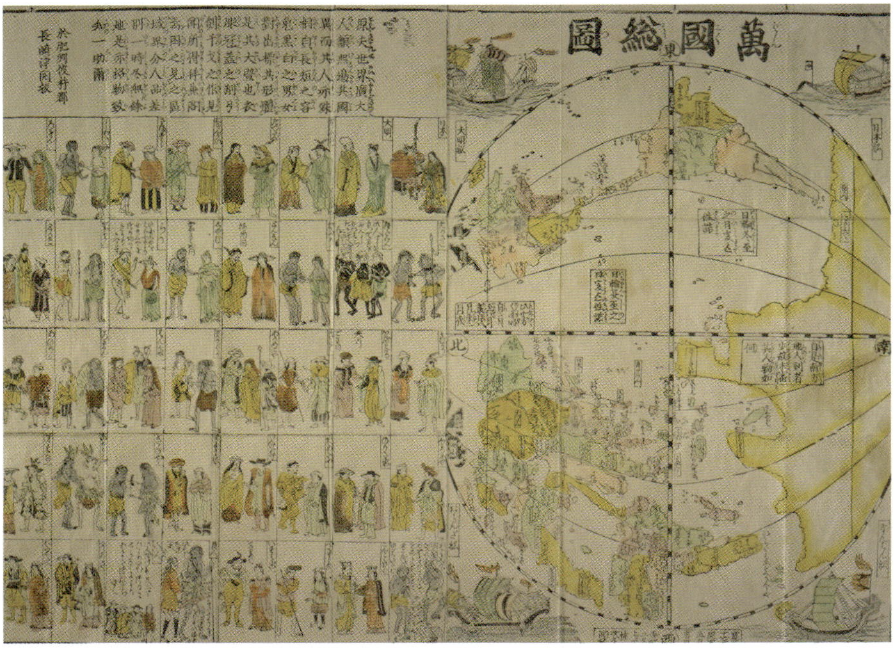

万国总图 对“兰学”的研究和与海外国家的接触使许多日本人了解了世界其他地区的文化、技术和政治体系。这张总图和1671年的人种解说，满怀热情地探究了不同民族的差异，这些民族或是在亚洲生活，或是到达过亚洲。这张地图表现的是有太平洋的半球，北极在图的左侧，南极在最右侧。

达政宗（Date Masamune）派遣使者，取道菲律宾（这里是日本商人和日本海盗的重要据点）和墨西哥城前往梵蒂冈。一些信奉基督教的大名还命令其臣民皈依上帝。

日本的基督教

到17世纪早期，有30万日本人成了基督徒，甚至还出现了一些日本神父。但一位新上台的将军却举起了反教的大旗，因为他对欧洲人的意图心存疑虑。1614年，日本出台了一项法令，禁止信奉基督教。法令指责基督徒企图推翻正统学说，颠覆政府，窃取国家。一些传教士离开了日本，但仍有一些还在秘密传教。1617年，政府开始对基督教痛下杀手。在之后的几十年，不少人死于斩首和钉十字架，还有些人被迫放弃了信仰，整个基督教团体被破坏殆尽。

为了防止基督教卷土重来，1633—1639年，日本当局颁布了一系列法令。结果，日本对欧贸易锐减。非法进入日本的欧洲人面临着死刑。幕府还要求臣民从佛寺获得证明材料，证明他们有着正统的宗教信仰，且忠于国家。

日本很难将欧洲完全置之门外。一些荷兰人被允许居住在长崎港附近的一个人工小岛上，少数日本人获得特许向他们提供必需品。这些中间人向荷兰人学习欧洲的武器技术、造船、数学、天文学、解剖学、医学和地理学，这些被称为“兰学”。 560

德川幕府限制中国船只的数量，这使日本贸易更加举步维艰。但北方和南方的领主不但从事着海外贸易和海盗行为，还控制着日本和朝鲜之间的岛屿。在南方，他们的手伸到了中国的台湾，也包括今天的冲绳。虽然选择了回避，但新上台的将军无疑巩固了自己的权力。

21.1.4　精英阶层的衰落和社会危机

18世纪，人口增长给较为发达的日本中部地区带来了压力。在偏远地区，地方领主积极建立新的村落，促进农业生产，经济得以快速发展。

稻米经济

18世纪，将军无力稳定米价，武士的经济实力每况愈下，这是另一件让德川幕府头疼的事。幕府意识到，稻米中间商在操纵米价和利息，这损害了武士的利益，因为他们必须把稻米变成现金，而商人却可以借此自肥。起初，德川幕府制定了规范利息和米价的法律，随后又出台了补充条款，要求放贷人免除武士的债务。但这些法令往往成为一纸空文。到18世纪，许多领主和武士要依靠商人的贷款。

德川将军要给予并保护领主和武士的利益，这是幕府合法性的基础，因为他们支撑着整个政权。而且，与中国、朝鲜、越南相似，德川幕府也接受了儒学的观点，认为农业是国家财富的源泉，道德败坏的商人应该处于社会底层。但日本的权力分散非但没有阻碍商业的发展，相反却起到了促进作用。

从1603年德川幕府建立到1800年，日本的经济增长超过了人口增长。中国的家居用品和文化活动不但出现在了日本城市，也出现在了日本乡村。虽然受到了官方的压制，但在18世纪的日本，商人仍然具有相对的自由和影响力。他们创造了属于自己的文化，促进了歌舞伎、彩色木版画、丝绢网印花织品和餐厅的发展。

浪人

1701—1703年的“四十七士”事件，表现了日本从一个军事社会向一个公民社会转型过程中所产生的思想危机和社会危机。一个地位较高的领主诱使一位年轻的大名在将军的宫殿中拔剑，这种冒犯行为使这个年轻人被判处切 561

木版画“四十七士” 四十七士为主报仇的传奇故事从这件事发生的1702年起就为人们所津津乐道。这幅德川时期彩色木版画表现的是他们的领袖袭击敌人前，停留在江户（东京）隅田川（Sumida River）畔雪地上的场景。

腹自杀。他的部属随后变成浪人，即“没有主人的武士”。按照传统，他们要为先主报仇雪恨。他们闯入仇人的住宅，杀死了那个领主和他的家人。之后，他们撤到了一所位于江户的庙宇，并告知将军，他们的所作所为是替主人报仇。

随即展开了一场法律辩论。否定浪人行为的正当性无异于否认武士的价值观。但肯定他们的行为则会造成社会混乱，破坏反对谋杀的法律，否定幕府审理武士暴力案的权力。最后将军判决，这些浪人必须死，但他们可以用切腹的方式光荣地死。法律的至高无上战胜了传统的武士价值观。这些浪人的单纯诉求在日本被广为传颂。但自此之后，日本的作家、历史学家和教授都意识到，浪人们为维护民法而进行的自我牺牲是必要的。

本节回顾

丰臣秀吉在大名的内战中脱颖而出。作为最具实力的军事统帅，他入侵了朝鲜。

丰臣秀吉死后，德川家康建立了德川幕府，定都江户。

德川政权带来了政治统一和经济发展，但没有控制住商业。

本节回顾

日本与欧洲进行着有限的贸易，但不断增加的疑虑使德川幕府开始限制与外国的接触。

经济发展为商人阶层的文化提供了沃土。但在经济压力和社会压力下，武士的地位江河日下。

21.2　明末清初的中国

与日本相似，1500年后，中国也经历了内战、对外战争、改朝换代，并与欧洲和邻邦建立起了新型的贸易关系和文化关系。在中国，内力和外力的作用广泛存在。虽然两种力有很大区别，但它们的指向是相同的。到1800年，中国是一个非常强大的国家，经济也很发达，但对欧洲贸易和基督教的忧虑却在与日俱增。

21.2.1　明帝国（1500—1644年）

明帝国初年，帝国在经济和文化领域取得了一系列成就（见第13章），这些成就一直持续到了16世纪。但在此之后，明帝国经历了长达数十年的政治软弱、战乱和农村凋敝。在改朝换代之前，这一状况没有好转。起源于中国东北的清帝国给中国重新带来了和平和繁荣。

明帝国：朱元璋推翻元帝国后在中国建立的帝国。明朝的永乐皇帝修建了紫禁城，并派郑和下西洋。明后期，技术进步的速度逐渐放缓，经济也走上了下坡路。

16世纪早期，欧洲船只来到中国，欧洲人希望与中国建立起新的联系，他们留下了许多对中国的描述。明帝国的国家实力、精美的产品和庞大的人口使他们惊耳骇目。欧洲商人将专供中国上流社会使用的大量的青花瓷大批运往欧洲。因此，在英语中，所有品质好的盘碟都被称为“china”。

经济增长

中国不断融入世界经济，这促进了丝织业、棉纺业和制瓷业的快速发展。农业区为上述行业提供了原材料，也为日益庞大的城市人口提供了食物。为了购买中国产品，在17世纪的前40年，有数万吨白银从日本和拉丁美洲涌入中国。白银的大量流入使中国人开始用这种贵金属支付土地税、劳役和其他应缴纳的款项。

明代的城市在文化方面和商业方面都充满了活力。许多大地主、外居地主、官员、艺术家和商人居住在城镇里。一些富裕商人用金钱换取了社会地位，或供儿子参加科举考试。精英阶层创造出了辉煌的文化，如小说、戏剧、诗歌、瓷器和绘画，这些文化形式都紧密地结合在一起。为城市精英提供印刷、裁缝、餐饮和文房四宝的小商业也获得了繁荣。帝国政府开办了生产陶瓷和丝绸的工场。景德镇和其他地区出现了流水线技术，这为国内外市场生产出了大量高质量的陶瓷制品。

虽然取得了上述成就，但明帝国还是出现了严重的经济问题和政治问题。很明显，气候变化——17世纪欧洲所说的“小冰川期”——也影响到了中国（见“世界历史上的问题：小冰川期”）。年平均气温不断下降，并于1645年到达谷底。直到18世纪初，气温仍然比较低。结果，农业歉收和饿殍满地催生了大规模起义，这些起义最终埋葬了大明帝国。起义所造成的破坏和传染病的肆虐使地方人口大幅减少。

562 **调整问题**

城市的快速发展和贸易经济所带来的商业投机也带来了一些问题。白银的大量流入导致了通货膨胀，这使一些省份苦不堪言。与欧洲各国政府致力于促进经济发展不同，明朝推行了一些阻碍经济发展的政策。虽然早期发行纸币的尝试以失败告终，但朝廷仍然坚持发行纸币和铜钱。甚至在充裕的白银供给赢得了市场认同后，当局也没有改变初衷。腐败是另一个严重的问题。明朝末年，帝国的工场不但混乱而且效率低下，这引发了16世纪晚期和17世纪的罢工。1601年，景德镇爆发了劳动者的抗议活动，他们置身窑内，以表达对工作条件的不满。

在明朝后期，农业失去了明朝初年的高增长。与之相比，城市和工业的表现要好得多。虽然农民从欧洲贸易商那里学到了非洲和美洲的种植经验，但他们并未立刻将其付诸实施。明后期，南方稻产区和北方麦产区的产量都有显著提高。1500年后，农村地区出现了经济萧条，此外传染病也在中部和南部地区肆虐，这使农村地区的人口并未出现爆炸式增长。

21.2.2 明帝国的衰落和清帝国的崛起

蒙古人和满人 563

虽然存在着环境问题、经济问题和政治问题，但明帝国灭亡的主要原因是内部的起义和满人的崛起。危如累卵的边界上狼烟不断。明帝国长期受到北部和西部蒙古联盟的压力。16世纪晚期，大量的蒙古人开始尊崇达赖喇嘛——藏传佛教领袖。在共同信仰的基础上，一位英明的领导人噶尔丹重振了蒙古，并在1600年前后成为一支区域性军事力量。在东北地区，控制了朝鲜以北地区的满人也日益强大起来。

在西南地区，少数民族经常与来自中原的移民发生摩擦。以琉球和台湾为跳板的日本海盗也频繁地劫掠东南沿海。明军的战略重点是防御北方的蒙古人和满人，无暇顾及沿海。于是，许多南方人移民到了东南亚，他们从印度洋的海洋贸易网中获利颇丰。

为了抗击日本在1592—1598年的侵略（见上文），朝廷要寻求满洲军队的协助，结果成了尾大不掉之势。李自成占领北京，皇帝自缢而亡之后，一位明军将领于1644年夏天投靠了清军。但满人并未重建明朝，他们用40年的时间征服了包括台湾在内的明朝的其他领土，以及蒙古和中亚的部分地区（见“多样性与主流：性暴力：扬州十日”）。

一个满人家庭成了**清帝国**的皇室，满人将领统帅着军队。但满人只占人口的一小部分，绝大部分的官员、士兵、商人和农民都是汉人。与其他入主中原的政权相似，清王朝很快便采用了传统的制度和政策。

清帝国：1644年满人入关，在中国建立了清帝国。1911年，清朝的末代皇帝被推翻。

21.2.3 贸易公司和传教士

对于欧洲商人来说，对华贸易的重要性仅次于东南亚的香料贸易。中国的庞大人口和制造技术吸引着欧洲船只不断驶往中国，但帝国皇室对此却并不怎么热心。

1513年底，一艘葡萄牙船只到达中国，但并未获准进行贸易。1517年，一位葡萄牙大使要与中国签订一份条约，但谈判陷入僵局，此事久拖未决。1522年，中国驱逐了葡萄牙人。最后，葡萄牙人获准在澳门进行贸易。西班牙的亚洲贸易以菲律宾的马尼拉为依托，从那里出发，可以横跨太平洋到达南美。曾经一段时间，西班牙和荷兰都在台湾岛上有贸易据点。但在1662年，他们被迫退出，随后清朝收复了台湾，将台湾重新统一回中国。

荷属东印度公司

这时，荷属东印度公司（VOC）取代了葡萄牙人，成为印度洋和东亚主要的欧洲贸易商。为了迎合中国，荷属东印度公司承认中国皇帝在道德上的至高无上。在觐见皇帝的时候，他们行了叩头礼（使臣匍匐在宝座前以头触地）。

耶稣会士在中国

天主教传教士跟着葡萄牙和西班牙的商人来到中国，就像他们前往日本一样。当方济各会和多明我会在日本社会底层成功传教的时候，在中国的耶稣会却把目光投向了知识分子和政治精英。与日本相比，这种方法使他们的工作更加卓有成效——至少18世纪以前是如此。

在晚明，利玛窦（1552—1610年）是一位出色的耶稣会士，他精通中文，是一位熟练掌握儒学经典的学者。在利玛窦的领导下，耶稣会士努力使天主教适应中国传统文化。与此同时，他还把欧洲最新的科学技术介绍给中国人。从1601年起，利玛窦开始住在北京，成为一位领取俸禄的西方学者。随后，耶稣会士掌管了制定官方历法的钦天监。

21.2.4 康熙皇帝

康熙：清朝皇帝（1662—1722年在位）。在他治下，清帝国的疆域达到最大。

564

17世纪和18世纪，特别是**康熙**（1662—1722年在位）和乾隆（1736—1796年在位）在位时期，中国在经济、军事和文化领域都取得重大成就。清初的几位皇帝修复道路，疏浚河道，降低过境税、地租和利率，并鼓励人们到受农民起义破坏的地区居住。清廷也鼓励对外贸易。越南、缅甸和尼泊尔遣使朝贡，并把中国的最新时尚带回国。从朝鲜到中亚的陆路交通也得以恢复。

多样性与主流

性暴力：扬州十日

清朝不希望记载他们战时野蛮行径的文献在民间流传。这份目击者的记述被带出中国，它不但揭露了占领者的灭绝人性，而且反映了这场屠杀对男性和女性的差别。

这份文献的记述始于1645年。当时，八旗军大兵压境的消息传到了扬州这座位于长江和大运河交汇处的重要城市，守军开始溃逃。

> 旋观城上守城者尚严整不乱，再至市上，人言汹汹，披发跣足者继尘而至，问之，心急口喘莫知所对。忽数十骑自北而南，奔驰狼狈势如波涌，中拥一人则督镇也。盖奔东城外，兵逼城不得出，欲奔南关，故由此。是时，始知敌兵入城无疑矣。……

予厅后面城，从窗隙中窥见城上兵循南而西，步武严整，淋雨亦不少紊，疑为节制之师，心稍定。

……良久不至。予复至后窗窥城上，则队伍稍疏或行或止；俄见有拥妇女杂行，阚其服色皆扬俗，予始大骇。还语妇曰："兵入城，倘有不测，尔当自裁。"妇曰诺。因曰："前有金若干付汝置之，我辈休想复生人世矣！"涕泣交下，尽出金付予。

已而予弟适至，予兄亦至，因同谋曰："此居左右皆富贾，彼亦将富贾我，奈何？"遂急从僻径托伯兄率妇等冒雨至仲兄宅，仲兄宅在何家坟后，肘腋皆窭人居也。……

诸黠卒恐避匿者多，给众人以安民符节，不诛，匿者竞出从之，共集至五六十人，妇女参半，兄谓余曰："我落落四人，或遇悍卒，终不能免；不若投彼大群势众则易避，即不幸，亦生死相聚，不恨也。"……领此者三满卒也，遍索金帛，予兄弟皆罄尽，而独遗予未搜；忽妇人中有呼予者，视之乃余友朱书兄之二妾也，予急止之。二妾皆散发露肉，足深入泥中没胫，一妾犹抱一女，卒鞭而掷之泥中，旋即驱走。一卒提刀前导，一卒横槊后逐，一卒居中，或左或右以防逃逸。数十人如驱犬羊，稍不前，即加捶挞，或即杀之；诸妇女长索系颈，累累如贯珠，一步一蹶，遍身泥土；满地皆婴儿，或衬马蹄，或藉人足，肝脑涂地，泣声盈野。……

至一宅，……即三卒巢穴也。入门，已有一卒拘数美妇在内简检筐篚彩缎如山，见三卒至，大笑，即驱予辈数十人至后厅，留诸妇女置旁室。……

三卒随令诸妇女尽解湿衣，自表至里，自顶至踵，并令制衣妇人相修短，量宽窄，易以鲜新；诸妇女因威逼不已，遂至裸体相向，隐私尽露，羞涩欲死之状，难以言喻。易衣毕，乃拥之饮酒，哗笑不已。……

[记述者潜身一遁，躲藏在一床榻的仰顶上。]旋有卒挟一妇人直入，欲 565
宿此榻，妇不肯，强而后可，妇曰："此地近市，不可居。"卒复携之去，予几不免焉。……[记述者再次逃跑，与妻子和亲属会合。]

继一狠卒来，鼠头鹰眼，其状甚恶，欲劫予妇；妇偃蹇以前语告之，不听，逼使立起，妇旋转地上，死不肯起，卒举刀背乱打，血溅衣裳，表里渍透。先是妇戒予曰："倘遇不幸，吾必死，不可以夫妇故乞哀，并累子；我死则必死子目，俾子亦心死。"至是予远躲草中，若为不与者，亦谓妇将死，而卒仍不舍，屡擢妇发周数匝于臂，怒叱横曳而去。……突遇众骑至，中一人与卒满语一二，遂舍予妇去。始得匍匐而返，大哭一番，身无完肤矣！……

忽见一人红衣佩剑，满帽皂靴，年不及三十，姿容俊爽，随从一人，衣黄背甲，貌亦魁梧，后有数南人负重追随。红衣者熟视予，指而问曰："视予，尔非若侪辈，实言何等人？"予念时有以措大而获全者，亦有以措大而立毙者，不敢不以实告，红衣者遂大笑谓黄衣者曰："汝服否？吾固知此蛮子非常等人也。"复指洪妪及予问为谁？具告之，红衣者曰："明日王爷下令封刀，汝等得生矣！幸勿自毙。"命随人付衣几件，金一锭，问："汝等几日不食？"予答以五日，则曰："随我来。"予与妇且行且疑，又不敢不行，行至一宅，室虽小而资畜甚富，鱼米充牣，中一老妪，一子方十二三岁，见众至，骇甚，哀号触地。红衣者曰："予贷汝命，汝为我待此四人者，否则杀汝，汝此子当付我去。"遂挈其子与予作别而去……

……次日为五月朔日，势虽稍减，然亦未尝不杀人，未尝不掠取；而穷僻处或少安；富家大室方且搜括无余，子女由六七岁至十余岁抢掠无遗种。……寸丝半粟，尽入虎口，前梳后篦，良有以也。

初二日，传府道州县已置官吏，执安民牌遍谕百姓，毋得惊惧。又谕各寺院僧人焚化积尸；而寺院中藏匿妇女亦复不少，亦有惊饿死者，查焚尸簿载其数，前后约计八十万余，其落井投河，闭户自焚，及深入自缢者不与焉。……

忆予初被难时，兄弟嫂侄妇子亲共八人，今仅存三人，其内外姨又不复论。……

自四月二十五日起，至五月五日止，共十日，其间皆身所亲历，目所亲睹，故漫记之如此，远处风闻者不载也。后之人幸生太平之世，享无事之乐；不自修省，一味暴殄者，阅此当惊惕焉耳！[1]

资料来源：Reprinted with permission of the Free Press, a division of Simon and Schuster Adult Publishing Group from *Chinese Civilization: A Sourcebook*, Second Edition, edited by Patricia Buckley Ebrey, pp. 272–279. Copyright © 1993 by Patricia Buckley Ebrey.

1 参见中国历史研究社编：《扬州十日记》，上海书店，1982年，第229—246页。——译注

分析问题

哪些事实可以说明八旗兵对妇女犯下了滔天罪行？

不同的妇女是如何保护她们自己的？

实现占领后，满人如何恢复秩序？

领导军队征服了北京和中国北方的满洲权贵控制着清朝入关后的第一位皇帝。1662年，他年轻的儿子登上了皇位，这些贵族成了辅政大臣。1669年，年仅16岁的康熙皇帝铲除了首辅鳌拜，真正获得了权力。康熙是一位天才，他精通汉语、满语和蒙古语，对中国经典熟记于心。在1722年去世前，他扩张了帝国版图，并使国家保持稳定。 564

与俄罗斯的接触

在北方，蒙古的噶尔丹与日益扩张的俄国结成了联盟。当时，俄国的势力已经扩张到了黑龙江。17世纪80年代，清朝展开了自卫反击。清帝国并未向黑龙江流域派出大军，所以斗争就要依靠当地各族人民。清朝皇帝强调了谨慎行事的重要性： 565

> 到达鄂温克人（Evenks）和达斡尔人（Dagurs）的领地后，你要马上通知他们你要去猎鹿。在打猎的同时，你要仔细记录从黑龙江北岸到俄国人盘踞的雅克萨之间的最短路线，要全面侦测那里的地理位置和环境。我想俄国人不会攻击你。如果他们为你提供食物，你要表示感谢。如果他们袭击你，不要还击。如果出现了这种情况，带着你的人撤回来。[2]

清军再次进攻了雅克萨。清廷担心俄国人会与其他边境民族结盟，而俄国人希望能从西伯利亚、中国东北和雅库茨克获得毛皮、木材和金属。中俄两国也在争夺北亚太平洋海岸的控制权。但双方均未在冲突中获益。1689年，两个帝国签订了《尼布楚条约》。在签约过程中，耶稣会士充当了翻译。条约规定了两国的划界，并对跨境贸易进行了规范。虽然这片地区并不适宜居住，但事实证明，这份条约具有不容忽视的重要性，这条边界线被沿用了很长时间。 566

康熙皇帝　这幅肖像大约绘制于1690年。在画中，这位年轻的满洲统治者是一个符合儒学传统的优雅学者。他是一位学者，也保持着知识份子旺盛的好奇心。但画中无法表现他指挥千军万马的才能。

下一步是确定蒙古边界。康熙皇帝亲征噶尔丹，大获全胜。1691年，清廷稳定了内蒙古。

与日本统治者驱逐传教士不同，康熙皇帝很欢迎耶稣会士。他与他们谈论科学问题和哲学问题，并把他们安排到重要部门任职。耶稣会士绘制了欧式地图，这既可以显示出新征服的地区，也可以成为清朝统治的象征。康熙皇帝想引入欧洲历法，但遭到了儒学精英的反对，此事遂不了了之。17世纪90年代，他患上了疟疾，耶稣会士用南美的奎宁治好了他的病。康熙还下令编定满文书籍，详细介绍欧洲的解剖学知识和药学知识。

基督教的变通

为了传播基督教，耶稣会士对他们的教义做出了修改。最重要的是，他们不再反对儒学提倡的祖先崇拜。在这个问题上，耶稣会士与他们在中国的竞争对手方济各会及多明我会发生了争论，也与教皇产生了分歧。1690年，争论达到了白热化。康熙致信罗马，支持耶稣会。在进一步争论之后，他下令驱逐那些拒绝接受其权威的传教士。18世纪，在华的耶稣会江河日下，晚清的皇帝给传教士吃了闭门羹，不再让他们担任高级官职。

21.2.5 中国对欧洲的影响

康熙皇帝促进的文化交流从来就不是单向的。耶稣会士带来了解剖学的新知识。在占领北京后，早期接种帮助清廷缩短了天花肆虐的时间。这项技术激励欧洲人去开发其他的疫苗。

同样，欧洲也非常钦佩耶稣会士笔下的中国。富裕而有抱负的中产阶级需要中国产品，或者看上去像来自中国的东西。丝绸、瓷器、茶叶、景泰蓝、首饰、玉器、上了漆或镶着宝石的屏风、画扇和象牙雕刻（来自非洲，在中国完成最后的工序）都受到了人们的疯狂追捧。壁饰开始采用中国风格，墙上出现了稀疏的字画。到18世纪中叶，一些中国工场会按欧洲商人的要求生产壁饰或其他消费品。这些商品经广州运往欧洲。

清王朝的政治哲学

清王朝的政治哲学也给欧洲人留下了深刻印象。在18世纪70年代末，据说乾隆皇帝写的诗就已经被翻译成了法语，并在知识分子中流传。在这些诗里，清朝皇帝施的是仁政，反对迷信和愚昧，约束贵族的过分之举，支持科学和艺 567
术。这是一个务实、世俗和富有同情心的统治者形象，这个形象给法国思想家伏尔泰留下了深刻印象。他认为清朝的皇帝是哲学家式君主的典型，并且应该实行中国式的统治，防范日益做大的贵族。

21.2.6 茶与外交

清廷只开设了一处对外通商口岸，这样既可以控制贸易，又便于征收关税和打击海盗。因此，欧洲对华贸易只能在广州进行。

英国和贸易赤字

直到18世纪晚期，广州体系都运转良好，但英国开始对巨额的贸易赤字忧心忡忡。英国商人以印度和新加坡为跳板向东发展，并于18世纪早期取代荷兰，主导了欧洲对华贸易。东印度公司（EIC）的历任总督认为，他们将会从中国的庞大市场和先进技术中获得巨额利润。

中国的茶叶通过陆路运往俄国、中亚和中东地区。因此，在中世纪和早期近代，茶叶是十分珍贵的进口品。消费者知道它在中国北方的名字“茶”（cha）——葡萄牙人就使用这个称呼。其他欧洲人喝的茶是通过海路运输的，他们沿用了福建人对茶的发音：te。到17世纪中叶，茶和巧克力、咖啡一道成为欧洲许多地区的时尚饮品。

邱园的大宝塔 欧洲人对中国文化的迷恋可以体现在这座宝塔上，它位于伦敦的皇家植物园，由威廉·钱伯斯爵士（Sir William Chambers）设计，落成于1762年。这座塔是邱园白宫（英王乔治三世的母亲奥古丝塔曾居住于此）游乐场的主要装饰物。

马戛尔尼使团

英国茶叶进口商积累了巨额财富。但除了白银之外，清帝国对英国别无所求。18世纪晚期，清廷的财政捉襟见肘。帝国需要白银，但不愿放松对进口的限制。另一方面，东印度公司出现了全球性的经营不善，这使两国的贸易问题进一步恶化。公司游走在破产的边缘，在它的操纵下，英国议会变得更具侵略性。1792年，英国政府派遣乔治·马戛尔尼勋爵赴华，他有对俄外交和对印外交的经验。**马戛尔尼使团**包括了科学家、艺术家、翻译、护卫和外交官，该使团不但表现了英国对清帝国的浓厚兴趣，也表现了东印度公司对改变贸易体系的渴求。

马戛尔尼使团：英帝国派马戛尔尼使团出访中国，希望与清帝国建立外交关系，但没有成功。

为了符合中国传统，马戛尔尼以“贡使”的身份为乾隆皇帝贺八十大寿。但他拒绝行叩头礼，要求行觐见英王乔治三世时的单膝下跪礼。1793年9月，乾隆皇帝亲切地接见了马戛尔尼，但拒绝改变广州贸易体系，拒绝开放新的通商口岸，也不同意英国在北京设立使馆。乾隆致信英王乔治，说中国无须增加外贸，对英国的奇技淫巧不感兴趣，也无意加强两国外交关系。

来自荷兰、法国和俄国的使团也想实现马戛尔尼使团的目的，但最后都以失败告终。在欧洲人铩羽而归的时候，欧洲的中国热也在渐渐降温。清廷并未与外国使节进行沟通，对欧洲最简单的外交规则也不甚了了。在马戛尔尼看来，中国像一艘老旧的军舰，虽然精于维护，光彩夺目，但已是陈旧不堪，很难再劈波斩浪。

21.2.7 人口和社会压力

1792—1793年，陪同马戛尔尼使团的中国人带他们走过繁华的城市和肥沃的农田。但他们并未看到，18世纪最后几十年，中国的经济和社会已经走上了下坡路。

568

环境恶化

从1500年起，中国人口增加了三倍，这就要求有更多的食物和更精细的农业。18世纪晚期，中国约有3.5亿人，这个数字是欧洲全部人口的两倍。虽然农业生产有着较高的效率，来自美洲的作物（如玉米和甘薯）也得到推广，但人口压力还是引发了社会问题和环境问题。人们需要更多木材建房，也需要更多木柴，这使森林面积减小。结果，毁林加速了风化和水蚀，导致洪水频发。水坝和堤防年久失修，河道也长期淤塞。沟通南北水系的大运河已经有千年历史了。但到18世纪末，运河的部分河段几近瘫痪，沿岸城镇商业凋敝。

为了减轻压力，不少内陆地区加大了对茶、棉花和丝的出口。有些农民会去富裕地区找一些季节性工作，或是去做一些低下的工作，如船夫、烧炭或拾粪。在城市，乞讨、卖淫和盗窃越来越多。洪水肆虐的中部地区和西南部地区爆发了起义。在帝国的南方和北方，以及西部的边陲地区，本地人聚居在贫瘠的土地上，他们经常发动叛乱。

清廷已经控制不住庞大的帝国。清朝的面积是前朝的两倍，但官员的数量却一样多。朝廷要与地方精英合作，这导致了腐败和财政收入减少。大清帝国从如日中天走向了日薄西山。

本节回顾

1500年后，财政、环境和政治问题削弱了明帝国，最后亡于满族。

欧洲商人希望与中国进行贸易，但中国官方对此并不热心。在18世纪前，传教士的工作卓有成效。

本节回顾

康熙皇帝扩大了清帝国的版图，他降服或击败了敌对势力，把中国带到了一个经济、文化繁荣期。

中国人和欧洲人进行着富有成效的思想交流，越来越多的中国产品出现在欧洲市场。

中国的单边贸易体系使得马戛尔尼使团和其他欧洲使臣来到中国，希望能得到更加合理的贸易条件，但清廷几乎拒绝了所有要求。

到18世纪末，人口增长导致了社会问题和环境问题，清朝对此也无能为力。

569

21.3 俄 国

俄国的迅速扩张始于16世纪初。在之后的三个世纪里，俄国的领土从东欧开始，经北亚延伸到了北美。1750年，俄国跻身欧洲强国之列。

21.3.1 在北亚的扩张

莫斯科公国：在摆脱蒙古控制的过程中，莫斯科公国逐渐发展壮大。公国的统治从1276年一直持续到1598年。

莫斯科公国的兴起

在1500年前的几个世纪，大草原上的游牧民族主宰着俄国的历史（见第13章）。从13世纪40年代到1480年，金帐汗国的蒙古可汗统治着俄罗斯人及其周边民族。

在金帐汗国，莫斯科成为俄国的政治中心和最重要的城市。莫斯科位于一片林区，这片林区横跨了受蒙古骑兵青睐的亚欧大草原。仅能控制莫斯科城及其周边的**莫斯科公国**领导了反抗金帐汗国的运动，并于1478年吞并了邻近的另一个俄罗斯国家诺夫哥罗德。

乌拉尔山：南北走向的山，一侧是西伯利亚，另一侧是俄国的其他领土。一般来说，乌拉尔山是亚洲和欧洲的分界线。

摆脱了蒙古的控制后，莫斯科公国反过来征服金帐汗国的领土，并建立起一个更庞大的帝国。伊凡四世（1533—1584年在位）开始向南、向东推进，并吞了喀山汗国和阿斯特拉罕汗国。

沙皇：来自拉丁语“恺撒”，俄国君主的头衔，16世纪首次使用。

到16世纪末，俄罗斯人统治着欧洲最大的国家，其领土范围还包括**乌拉尔山**以东的大片亚洲地区。1547年后，俄国统治者开始使用“**沙皇**”（tsar，这个词来自罗马帝国的“恺撒”）的头衔，俄国人曾用这个词称呼蒙古帝国的统治者。俄国教会支持莫斯科成为继承罗马帝国第二首都的“第三罗马”，第二首都指的是君士坦丁堡，该城于1453年被奥斯曼土耳其攻陷。

港口问题

但盛赞俄国“伟大”也不免言过其实：在1600年的时候，俄国不但贫穷落后，而且身居内陆。帝国只有一个港口，那就是位于北方的冻港——阿尔汉格尔斯克。1571年的时候，在克里米亚半岛的土耳其人足以挡住莫斯科向南推进的步伐。除此之外，奥斯曼帝国还控制着通往黑海的道路。与此同时，伊朗的萨法维帝国主宰着中亚南部的贸易。另一方面，西边强大的瑞典王国和波兰—立陶宛联邦也阻挠了俄罗斯人通往波罗的海。

西伯利亚：位于亚洲东北部，包括堪察加半岛、今俄罗斯北冰洋沿岸地区、白令海峡和鄂霍次克海（Sea of Okhotsk）。

570

但俄国可以向**西伯利亚**扩张，而且这也是个不错的选择。与辽阔的大草原相比，许多俄罗斯人更喜欢林海浩瀚的北方；虽然并不太宜居，但那里有宝贵的资源，森林里的动物也可以提供松软、致密的毛皮，那些动物就是借此过冬的。与加拿大的先驱者相似（见第18章），最早居住在西伯利亚的俄罗斯人也要靠动物毛支为生。外国商人到莫斯科收购这些毛皮，为历任沙皇提供了税源，也为他们提供了接触欧洲人的机会。

斯特罗加诺夫毛皮商人

在俄国，斯特罗加诺夫（Strogonovs）是一个富有的贸易家族，这个家族领导了俄国向西伯利亚的早期扩张。原住民的小群猎食者无法抵抗该家族雇用的武装冒险家。1582年，他们用来福枪消灭了当地唯一的政权——西伯汗国（the Khanate of Sibir）。17世纪，他们沿着河流穿过浓密的森林，到达了太平洋，随后进入阿拉斯加。俄罗斯人首先会在边境地区设立分散的要塞，之后才会将这些地区纳入版图。从17世纪早期开始，沙皇也曾把西伯利亚当作放逐地，将罪犯和政治犯发配到那里。

17世纪40年代，俄国移民开始在蒙古以东的黑龙江河谷种植谷物。当清帝国正视俄罗斯人扩张的时候，蒙古的军事力量又开始崛起了。俄国也同样关注蒙古人，他们想签订一个边界条约。1689年的《尼布楚条约》承认俄国在蒙古西部的势力，但要求其从远东撤回移民。

21.3.2 俄国的社会和政治（至1725年）

俄国的扩张带来了人口变化，沙皇和上流社会之间也出现了新关系。第三个变化涉及俄国农民的自由和流动。

随着帝国的扩大，俄国成了多语言、多宗教和多民族的国家。东正教传教士努力使西伯利亚的民族皈依基督教，就像天主教传教士在加拿大所做的一样。但对于人口较多的游牧民族，伊斯兰教比基督教更有吸引力，前者成了占主流地位的宗教。不同人的生活方式有着同等的重要性。俄罗斯人有农民、猎人、建筑工、文士或商人，而帝国的新成员则主要是牧民、商队工人和士兵。

哥萨克人

哥萨克人：俄罗斯民族，生活在农业村庄以外，通常是牧民、雇佣军或不法分子。16世纪和17世纪，哥萨克人在征服西伯利亚的过程中起到了领导作用。

国民变得多种多样，个人认同和群体认同也变得复杂。信奉东正教的讲俄语的人也不是铁板一块。**哥萨克人**居住在俄国与里海、黑海之间的大草原上，哥萨克一词可能来自突厥语，意思是战士或雇佣军。事实上，哥萨克人有着不同的起源和信仰，但他们有严密的组织，精于骑术，骁勇善战。老百姓和司法部门闻之色变。他们对统治者的忠诚如天上的浮云，但对自己部族首领的忠心却是雷打不动。

斯特罗加诺夫家族雇用的武装人员和移民中，大多数是哥萨克人。他们建立了西伯利亚的每座主要城镇。他们也控制着俄国在黑龙江上的据点。在乌拉尔山以西，他们协助俄国抵挡瑞典和奥斯曼帝国入侵，但他们也保留着自治权。例如，1667年，当沙皇想与波兰—立陶宛联邦瓜分乌克兰的时候，当地人口众多且比较富裕的哥萨克人发动了起义。

罗曼诺夫王朝

在17世纪早期，瑞典和波兰曾分别占领过莫斯科，但占领的时间都不长。这一“困难时期”（Time of Troubles）标志着俄国旧式统治的结束。俄国贵族授意他们中的成员——米哈伊尔·罗曼诺夫（Mikhail Romanov，1613—1645年在位）建立一个王朝，这个王朝迅速巩固了政权，并成功地击败了周边的强国。罗曼诺夫经常表示，斯拉夫俄罗斯人同土耳其草原民族的冲突实质上是基督徒与“异教徒”的冲突，或者是文明与“野蛮”的冲突。虽然说得天花乱坠，但要知道区分这些文化群体的不是血缘而是生活方式，这一点是非常重要的。

农奴：在中世纪欧洲，农奴指在法律上属于领主的农业劳动力，他们有义务为领主服务。在俄国，有些农奴是在工厂工作的技工。1861年，俄国废除了农奴制。

农奴

随着沙皇的集权，俄国欧洲领土上的自由农民在逐渐减少。俄国的早期统治者和前几任沙皇将大片土地赐给忠心耿耿的贵族，土地上的农民也要为其工作。每年有两周的时间，在这段时间里，法律和习俗允许农民选择其他主人，这样做是为了让贵族善待自己的农民；但农业商业化程度的加深使劳动的价值也不断增加。

572 16世纪末17世纪初的长期战乱扰乱了农民的生活，他们有些人投奔了哥萨克人，有些人则越过了乌拉尔山和乌拉尔河。为了糊口，那些没有逃走的人不得不把自己卖为奴隶。恢复和平后，地主们想追回逃亡者，把他们死死地束缚在土地上。1649年，一项法律使他们没有时间更换主人，并命令逃跑的人返回故主身边。这样，农民最终变成了**农奴**。

与奴隶制相似，农奴制也是父死子继的。理论上说，农奴被固定在一块土地上，他们并不属于某位主人。但在事实上，严格的法律减小了农奴与奴隶之间的差别。根据1795年的人口普查，俄国多于一半的人都是农奴。地主只占2%，这一比例与加勒比地区相仿。

21.3 3 彼得大帝

彼得大帝是罗曼诺夫王朝最伟大的君主，他使俄国走出了孤立，扩大了帝国的疆域，提升了国家实力。在他的领导下，俄国疏远了亚洲文化，走向了先进的西方文明。事实上，他在一段时间内加速了这一进程。在他荣登大宝的时候，莫斯科已有数百位外国商人。相当一部分军队已经装备了新式武器，并在西欧军官的训练下学习军事。与此同时，意大利建筑师对教堂和宫殿的风格也产生了影响。彼得为这些变化增添了动力。

彼得大帝：俄国沙皇（1689—1725年在位）。他给俄国上层带来了西方的语言和技术，并将首都从莫斯科迁到了圣彼得堡。

彼得在心理上和身体上迅速成熟起来。在他年轻的时候，政府掌握在他同父异母的姐姐索菲娅手里，她曾为彼得和她多病的兄弟伊凡摄政。彼得曾生活在郊外，与其他国家的人比邻而居。这使他了解了俄国以外的世界，也使他学

彼得大帝 这幅肖像绘制于1697年。当时，他正在荷兰学习。这幅画表现了彼得的男子气概和务实，与当时的王室肖像画大相径庭。那些画通常会表现统治者的浮华、高雅，以及傲慢的君权。彼得既是一位军事领袖又是一位独裁的统治者。

到了很多有用的本领，如锻造、木工、造船和指挥作战。他将一些年轻人组织起来，建立了自己的军事力量。1689年，索菲娅想独掌朝纲。彼得获得了足够的支持，将姐姐送进修道院，使伊凡交出了权力，他开始执掌俄国。这时，彼得还不到20岁。

彼得将俄国的扩张和现代化视为己任。为了保卫在黑海的一处港口，他建立了一支海军。这支海军虽然规模不大，但却颇具战斗力。彼得把俄国同奥斯曼帝国的战争说成一场新的十字军东征，他要把君士坦丁堡从穆斯林苏丹手里解放出来，他还认为自己是住在奥斯曼帝国境内所有东正教徒的保护者。1696年，俄军在亚速海获得了一个港口，但这个港口在1713年得而复失，俄国向南扩张的步伐就此停止。

1697—1698年的冬天，在黑海战役结束后，彼得乔装后前往欧洲，他想发现西欧社会繁荣富强的秘密。彼得特别关注船只和武器，他甚至还在荷兰造船厂当过木匠。彼得有着超乎寻常的洞察力，他认为西欧的成就要归功于贸易、宽容和技术。贸易可以挣钱，挣来的钱可以用来购买武器。同时，宽容的社会氛围可以吸引那些逃避迫害的有识之士。回到俄国后，彼得下决心扩大领土，在他这个庞大而落后的帝国里推行改革。

在旷日持久的北方战争（1700—1721年）中，现代化的俄军打破了瑞典对波罗的海的控制。这场耗资巨大的战争使俄国可以更直接地接触到欧洲。彼得的胜利使欧洲列强第一次将俄国视为一个强国。

在波罗的海东岸以前瑞典的土地上，他建造了圣彼得堡，这是一个通往西方的窗口。1712年，圣彼得堡成为俄国首都。为了证明俄国的兼容并包，彼得命
573 令建筑师修建巴洛克风格的住宅和公共建筑。当时，这种风格在法国非常流行。

彼得在俄罗斯上层推行欧化。为了向西方看齐，他刮掉了贵族式的长胡子。按照俄罗斯传统，妇女是不能抛头露面的，彼得想改变这种情况。他在首都组织了社交活动，要求官员、军官和商人偕夫人参加。他还要求贵族教育自己的子女。

另一项改革是按照普鲁士（德意志最强大的邦国）的模式组织政府。彼得还大幅降低贵族在政府和军队中影响力。在圣彼得堡，他用顾问团取代了旧式的贵族会议（boyar council），顾问团的成员是指定的。贵族可以继续在军队中服役，但在这支现代化的军队中，晋升靠的是成绩，而不是出身。

圣彼得堡的丰坦卡运河（1753年） 俄罗斯首都逐渐成为商业中心和政治中心。与阿姆斯特丹相似，水道是这座城市的主动脉。右侧是彼得继任者新修建的夏宫。

1716年，一项法令宣布，沙皇“没有义务向世界上任何一个人解释他的所作所为，但他对他的王国和这片土地具有所有权和管辖权，他有权按照自己的意志进行统治，并乐于成为一位基督教君主”。在这种自我膨胀的心理下，彼得将东正教会牢牢掌握在国家手里。为了给军队提供军需品和供给，他开办了工厂、铸铁厂和铸铜厂。他还增加税收，向农奴强征劳役。彼得是一个专制君主，这点与西欧的君主无异；他丝毫不想改善农奴的生存状况，这点又像美洲的奴隶主。

21.3.4 巩固帝国

在彼得大帝及其继任者统治下，俄国不断向东扩张。1689年，康熙皇帝稳定了内蒙古，加上俄国在中国边界进行移民，这使得俄国自由民集中在太平洋北部地区。太平洋的东北部已经殖民地化。1741年，维图斯·白令（Vitus Bering）船长率领的探险队跨过海峡（随后这个海峡就以他的名字命名），进入了北美。1799年，一个俄国商业公司获得了阿拉斯加皮毛贸易的垄断权，该公司的代理商很快就遍布了北美洲的整个西北海岸。

在叶卡捷琳娜二世（1762—1796年在位）时期，俄国在西方获得了拥有众多人口的耕地，这比寒冷、人丁不旺的东方阔土要重要得多。1783年，俄国
574 击败了奥斯曼帝国，控制了黑海北岸，但未能染指黑海和地中海之间的海峡。1772—1795年，强大一时的波兰王国三次被瓜分，这使俄国的领土又向西推进了600英里（约1 000公里）。当叶卡捷琳娜去世的时候，俄国的版图西起波兰，东到阿拉斯加，北达巴伦支海，南抵黑海。

叶卡捷琳娜对彼得大帝的政策做了重要补充，她鼓励工业，着力发展运河系统以便促进贸易。除了皮毛，俄罗斯人还做起了黄金、铁和木材的生意。叶卡捷琳娜还进行了行政改革，并在外交上显示出了特殊天分。她延续了彼得大帝的政策，通过提倡启蒙运动的某些思想来使俄罗斯上层西化。

本节回顾

莫斯科公国成为一支政治力量，领导了反抗蒙古统治的运动。

在伊凡四世时期，莫斯科公国开始扩张。斯特罗加诺夫家族成为开发西伯利亚的先驱，那里盛产毛皮。

俄国是一个多种族、多宗教和多文化的社会，这些混合要素体现在了哥萨克人身上。

困难时期后，罗曼诺夫王朝的沙皇开始实行中央集权和制度化的农奴制。

彼得大帝推动了俄国的西化，他进行了开疆拓土的战争，扩大了沙皇的权力。

俄国继续向东、向西扩张，叶卡捷琳娜二世延续了彼得大帝的西化政策。

结 语

1500—1800年，中国和俄国是欧亚大陆上两个非常繁荣的帝国。中国在明代的时候已经是个幅员辽阔的国家了，清朝又将中国的面积扩大了一倍，它向西已经到了人烟稀少的地区。俄国从一个面积有限的公国扩张成为世界上最庞大的陆上帝国。在西方，俄国获得了富裕且人口稠密的地区；在东方，它获得

了大片土地，但那里人口稀少。与奥斯曼帝国和莫卧儿帝国相似，俄国和中国也是陆上帝国。它们要花很大力气才能管理这些地区，才能征税，中间产生了不少问题。

但日本不同。虽然存在一个有名无实的天皇，但日本领土狭小、民族单一，因此不能称之为帝国，不能与中国和俄国相提并论。在德川时期，日本的面积和人口与法国这个欧洲大陆上最强大的国家相似，但它的政治体制更加分散。日本想在东亚扩张，但最后铩羽而归。

中国曾领导了世界的军事创新（其中包括首次使用火药），但15、16世纪的现代“火药革命”却是以奥斯曼帝国和西欧国家为中心的。在1500年后数个世纪中，虽然中国取得了一连串军事胜利，但中国军队依靠的是人数优势和高超的军事策略，而不是新技术。虽有一些步兵装备了枪，但其他士兵还在一如既往地使用弓、箭、长矛和剑。

与中国相比，日本军队和俄国军队逐渐走向了现代化，这部分归功于他们与西方的接触。在16世纪的统一战争中，日本出现了自己的火药革命，但后来因为缺乏发展动力而未能成为世界上最先进的军事技术。到18世纪，在赶超欧洲邻国的过程中，俄国取得了巨大进步。但俄军倚重的是军队规模，而不是精密武器。

中国、俄国和日本在海军力量上存在着显著差异。18世纪，俄国在波罗的海和黑海建造了现代化的舰队，但中国和日本并未发展起与它们的面积和海岸线相称的海军。中国的海防集中在沿海省份，主要针对的是海盗和其他海上入侵者，这些人只有装备了6门加农炮的小战船。日本的海军同样集中在地方手中。1792年，当探索北太平洋的俄国船只靠近日本海岸的时候，地方大名用自己的力量赶走了他们。所有大名都明白，一旦有外国势力入侵日本，他们只能依靠自己。

在扩张过程中，中国和俄国不但获得了新的领土，而且获得了新的人口。中国一直是一个多元国家，随着清帝国的扩张，地理、职业、语言和宗教方面的差异性也在增加。从很早起，中国就开始用儒学模式、国家习俗和共同的书写系统去克服差异性，同化社会精英。俄国也用容忍和习俗去吸引新的民族，也会认为俄国的行为方式和信仰超乎寻常。俄语成为强有力的助推器，但宗教问题却是个软肋。在沙皇的支持下，俄国的东正教传教士想使西伯利亚民族皈依基督教。俄国从西欧学到了新的思想和风尚，虽然这些对上流社会产生了影响，但俄罗斯传统仍旧具有顽强的生命力。相比之下，日本具有更强的文化单一性。面对基督教日益扩大的影响，日本政府对其采取了毫不留情的态度。

575 中国和俄国都有强制劳动的情况。在17世纪和18世纪，农奴制的适用范围越来越大，也越来越残酷。虽然俄国的扩张脚步跨过了西伯利亚，但那里也成为农民和农奴出逃的通道。在中国，虽然一些移居至新领土的农民改善了生活，但在18世纪，人口增长还是带来了麻烦。中国的起义规模也是世所罕见的，特别是明末的农民起义，可谓登峰造极。

进一步阅读文献

Berry, Mary Elizabeth.*Hideyoshi*. 1982. 记述了日本在16世纪末的统一。

Chie Nakane and Shinzaburo Oishi. *Tokugawa Japan: The Social and Economic Antecedents of Modern Japan*. Trans. Conrad Totman. 1990. 从当代的视角看早期近代的日本。

Cooper, Michael, and Jonathan D.Spence. *The Memory Palace of Matteo Ricci*. 1984. 精彩地记述了16世纪和17世纪耶稣会士在东亚的活动。

Crossley, Pamela Kyle. *The Manchus*. 2002. 清朝统治者的历史。

Crummey, Robert O. *Aristocrats and Servitors: The Boyar Elite in Russia, 1613—1689*. 1983. 彼得大帝之前的俄国。

Kappeler, Andreas. *The Russian Empire: A Multiethnic History*. 2001. 涉及帝国内的所有民族，并不仅限于俄罗斯人。

Keay, John. *The Honourable Company: A History of the English East India Company*. 1994. 研究了印度洋贸易和殖民。

Massie, Robert K. *Peter the Great: His Life and World*. 1980. 对一般读者而言，这是一部颇具可读性的传记。

Morris-Suzuki, Tessa. *The Technological Transformation of Japan from the Seventeenth to the Twenty-first Century*. 1994. 分析了现代日本技术的根源。

Rawski, Evelyn Sakakida. *The Last Emperors: A Social History of Qing Imperial Institutions*. 1998. 重新审视了清帝国的成功。

Spence, Jonathan D. *The Search for Modern China*. 1990. 中国从明朝到清朝的变化。

Wills, John E. *Pepper, Guns, and Parleys: The Dutch East India Company and China, 1662—1681*. 2005. 描述了中国与欧洲商人的关系。

Wills, John E., Jr. *1688: A Global History*. 2001. Part III, "Three Worlds Apart: Russia, China, and Japan." 对这三个国家进行对比。

注 释

［1］改编自Jonathan D.Spence, *The Search for Modern China* (New York: W.W.Norton, 1990), 21-25。

［2］改编自G.V.Melikhov, "Manzhou Penetration into the Basin of the Upper Amur in the 1680s," in *Manzhou Rule in China*, ed. S.L.Tikhvinshii (Moscow: Progress Publishers, 1983)。

世界历史上的问题

576

小冰川期

1600年，秘鲁安第斯山脉火山大爆发，这场爆发对世界部分地区的影响长达数年之久。从埃纳普蒂纳（Huanyaputina）火山喷出的火山灰进入高层大气，并蔓延到了全世界。火山灰遮蔽了阳光。结果，在北半球，1601年的夏天成为近200年中最冷的一个夏天。

考古学家布赖恩·费根指出，在较长时段的气候变化（小冰川期）中，埃纳普蒂纳火山的降温作用是一个特殊事件。[1]自13世纪后期以来，全球气候逐渐变冷。在16世纪90年代，北温带变得极其寒冷。到17世纪，气温仍旧偏低。

欧洲为小冰川期提供了最具体的信息。阿尔卑斯山的冰川面积不断增大。当运河和河流被冰封之后，贸易会变得非常困难。在最冷的几年中，有些地方适于植物生长的季节比正常的时候少了两个月。令人意想不到的是，晚霜会在春天毁掉新播种的作物。在较为寒冷的夏天，小麦和大麦会比平时长得慢，而且经常会被霜冻摧残。

如果只有一年歉收，那么人们可能动用储备粮维生。但如果寒冷的气候造成两年或两年以上的歉收，那结果将是灾难性的。1674—1675年，欧洲北部夏季的气温曾有2.7°F（1.5°C）的记载，这个数值低于常年，大量的人死于饥寒交迫，这一情况在1694—1695年再度出现。1694—1695年，寒流给芬兰带来了饥荒，有1/3到1/4的人丧生。

当时，人们根本不知道是什么造成了小冰川期。随着对气候史研究的深入，人们发现这不是单一陆上事件（如埃纳普蒂纳火山爆发）造成的，也不是由人类活动造成的，这与今天的全球变暖不同。

从根本上说，地球的气候取决于太阳。17世纪，天文学家发现表明太阳活动状况的太阳黑子在减少，这说明太阳辐射的热能在减少。太阳活动减弱是造成小冰川期的主要原因。

如果太阳是根本原因，那么全球变冷就不会只限于欧洲北部。虽然世界其他地区没有多少温度记录，但有证据表明，这一时期出现了全球性的气候变化。1639—1700年，中国、朝鲜和日本完全没有观测太阳黑子。17世纪，中国也出现了异乎寻常的寒冷。但人们可能更多地会把这一时期农村地区的饥荒和民不聊生归咎于明朝灭亡和清朝崛起所带来的战乱。

就自身而言，在北温带以外，年均气温的小幅下降不会对人类生活产生影响。但有证据显示，在这一时期，世界其他地区的湿度也出现了明显上升。取自南极和北极的古代冰川的冰心表明，极地的降雪量在增加。历史学家小詹姆斯·韦伯（James L. A. Webb, Jr.）编写的资料显示，1550—1750年，撒哈拉以南地区的降水量比前一个时期有所增加。[2]牧民从降水量增加中得到了好处，因为一些沙漠地区变成了草原。更南端的农民也是受益者，因为他们的庄稼得到了更多的雨水。

18世纪，太阳活动开始回归常态。气温上升给欧亚大陆北部带来了更温暖的冬天和更好的收成。雨量减少使撒哈拉沙漠向南扩张，农业区被迫南移。

注　释

[1] Brian Fagan, *The Littlest Ice Age: How Climate Made History, 1300–1850* (New York: Basic Books, 2000).

[2] James L.A.Webb, Jr., *Desert Frontier: Ecological Change Along the Western Sahel, 1600–1850* (Madison: University of Wisconsin Press, 1995).

第六篇

革命重塑世界（1750—1870年）

第22章　大西洋世界的革命（1750—1850年）

第23章　早期工业革命（1760—1851年）

第24章　美洲国家的建设和经济转型（1800—1890年）

第25章　帝国主义时代的陆上帝国（1800—1870年）

第26章　非洲、印度和新大英帝国（1750—1870年）

19世纪20年代的南美洲

这张19世纪20年代的南美地图反映了独立运动的成就。除了圭亚那之外，各地都已独立。这张地图也让我们看到了两个失败的政治尝试，这种尝试就是试图以单一民族国家政府将具有地理和民族差异的地区统一起来。一个是最伟大的革命领袖西蒙·玻利瓦尔（Simón Bolívar）在西北部建立的哥伦比亚（又称大哥伦比亚），它很快分裂为现在的委内瑞拉、哥伦比亚和厄瓜多尔。另一个是位于东南部的拉普拉塔联合省（The United Provinces of Río de la Plata），该联合体也很快解体，分裂为阿根廷、巴拉圭和乌拉圭。

1750—1870年，世界各地几乎都经历了政治、经济和社会层面上的重大变革。工业革命，美国、法国和海地的革命，以及拉美地区的独立运动，改变了政治和经济生活。欧洲国家向非洲、亚洲和中东地区扩张，与此同时，俄国和美国也在开疆拓土。

工业革命带来的新技术和新工作模式，使这些国家在经济上变得更富裕，在军事上变得更强大。西方的精神生活变得更加世俗化。大西洋奴隶贸易被禁止，后来奴隶制也被取消，同时也开始了提高妇女地位的努力。

工业革命带来了新一波帝国主义浪潮。法国征服了阿尔及利亚，英国在印度建立了殖民统治，并将澳大利亚和新西兰变成了自己的殖民地。欧洲的政治影响和经济影响也拓展到了亚洲和非洲。奥斯曼帝国和清帝国面对挑战进行了改革，在保持传统社会结构的同时，也采纳了西方的技术和组织因素。俄国在经济转型和政治改革上落后于西欧，但它还是在尝试着现代化，如废除农奴制。

发端于18世纪中叶的经济、政治和社会革命撼动了欧洲的文化基础，也使欧洲的势力拓展到了全球。亚非拉一些国家进行了制度改革，并努力促进经济发展，另一些国家则进行了更激进的改革。1870年后，西方帝国主义变得更具侵略性，世界上几乎没有哪个国家能独善其身。

第22章

大西洋世界的革命（1750—1850年）

本章纲要

▲ 革命序曲：18世纪的危机

▲ 美国革命（1775—1800年）

▲ 法国革命（1789—1815年）

▲ 革命的蔓延和保守势力的反扑（1789—1850年）

▲ 结　语

环境与技术：断头台

多样性与主流：罗伯斯庇尔为恐怖所做的辩护和沃斯通克拉夫特对恐怖的解释

思考

在欧洲和美洲殖民地，帝国主义战争和启蒙运动是如何挑战业已建立起来的君权和教权的？

美国革命的直接原因是什么？

法国革命的起源是什么？革命取得了什么成果？

一国革命是如何影响他国革命的？

581 1971年8月，一群奴隶和拥有自由身份的黑人在圣多明各（今海地）北部的种植园地区发动了起义。在之后的15年里，海地革命者废除了奴隶制，挫败了英国和法国的武装干涉，取得了独立。

关于法国革命的新闻和传闻促使岛上的奴隶社群起来反抗。这些革命事件将岛上的白人分成了两个阵营：保皇派（支持法王路易十六）和共和派（希望结束君主制）。来自不同种族的自由民从法国议会（Assembly）获得了一些权

1793年圣多明各的法兰西角在燃烧 1791年，法国最富有的殖民地圣多明各爆发了奴隶起义。经过多年浴血奋战，他们废除了奴隶制，建立了西半球第二个独立国家——海地。

力，但当拥有奴隶的精英开始镇压起义的时候，他们起而投身革命。

黑人自由民弗朗索瓦·多米尼克·杜桑（François Dominique Toussaint）领导了起义。他使用了杜桑·卢维杜尔（Toussaint L'Ouverture）这个名字，成为革命时代最著名的代表人物之一。他组织反抗，协调岛上各派的关系，同英法代表展开磋商，并撰写了海地第一部宪法。奴隶主通常将他描绘为恶魔，但他成为各地奴隶反抗压迫的突出代表。

在西方世界的政治、文化转型中，海地奴隶起义是一件大事。这件事也给经济、政治和思想领域带来了深刻变革。工业革命（见第23章）提高了制造业的生产力，加深了全球相互依赖的程度，带来了新消费模式，也改变了社会结构。与此同时，知识分子开始质疑君主制和宗教在社会中的传统地位。从新经济中发家致富的商人、专业人士和企业主成为新思潮的拥护者，他们希望在政治中发挥更大作用。

这个革命时代“颠倒”了西方世界。法国术语“旧制度”（ancien régime）指的是欧洲的旧秩序，它的基础是一些中世纪的原则：强大的君权控制着政治，宗教主宰着知识和文化生活，世袭农业精英掌控着经济。然而，在西方的新秩序中，平民走进了政治生活，科学在思想领域中取代了宗教的位置，经济开始走向竞争。

如果没有失败的尝试（false starts）或挫折，激进的变革就不会发生。帝国 582
势力不愿失去殖民地，君主和贵族力图保留其古老特权，教会试图压制科学的声音。虽然18世纪革命运动中的自由主义和民族主义理念有时在欧洲和美洲受到了阻挠，但对民族自决和普选权的信念，以及对社会正义的渴求，直到20世纪仍然激励着改革者。

22.1 革命序曲：18世纪的危机

欧洲列强争夺殖民地和贸易权的战争，促成了以1775年美国革命为开端的革命时代的到来。英国、法国和西班牙是全球争夺的主角，但其他帝国主义势力也参与其中。先前，这些国家进行不受欢迎且消耗巨大的战争，以增加新税来支撑。现在，西方的思想和政治环境发生了变化，出现了更多批评的声音。任何扩大君权和强征新税的企图，现在都会被怀疑损害个人权利和政治制度的权威。

22.1.1 殖民地战争和财政危机

17世纪，欧洲列强间的争夺扩展到了全球。新独立的荷兰对西班牙和葡萄牙在美洲和亚洲的殖民地展开了攻击，甚至占领了葡萄牙在巴西和安哥拉的部分殖民地帝国。欧洲其他的新兴海上势力，如英国，攻击了西班牙舰队和西班牙在美洲的港口。这些军事对抗使得保卫贸易路线和遥远殖民地的成本更高，也更加困难。

18世纪进一步考验了欧洲列强支撑其帝国野心的经济能力。随着荷兰的衰落，英国和法国对西欧的政治主导权、领土，以及亚洲和美洲的商业利益展开了争夺，就像西班牙和葡萄牙这样的老牌帝国当年所做的那样。几乎所有的欧洲强国都卷入了西班牙王位继承战争（1701—1714年）。英国和西班牙围绕走私所进行的斗争，发展成了一场广泛的欧洲冲突，这就是奥地利王位继承战争（1740—1748年）。法国与英国及其印第安同盟者之间的边界冲突，导致了一场大规模争斗——七年战争（1756—1763年）。战争结束后，英国毫无疑问控制了密西西比河以东的北美地区，法国让出了加拿大和在印度控制的地区。

战争的花销

与之前的战争相比，这些战争需要消耗更多财富，传统税收使政府难以维持。七年战争之前，英国的负债总额平均只有800万英镑。但到1763年，战争债务高达1.37亿英镑，仅利息就超过了500万英镑。虽然欧洲经济有所发展，但欧洲国家还是一个接一个地爆发了财政危机。在为启蒙运动所改变的思想氛围中，增加新的税收会引发争议，也会遭到更大范围民众的质疑。

22.1.2 启蒙运动和旧秩序

启蒙运动：18世纪欧洲的一场思想运动。这场运动树立了这样一个信念：人们可以用理性改造社会，用理性管理社会行为。理性可以像物理学定律一样科学。

启蒙运动（Enlightenment）是一场复杂而多彩多姿的思想运动，它把17世纪科学革命中的方法和提出的问题应用到人类社会及自然世界的研究之中。一些欧洲知识分子试图将知识系统化，希望能编辑出参考资料。例如，瑞典植物学家卡尔·林奈（Carolus Linnaeus）力图将所有的生物分类，塞缪尔·约翰逊（Samuel Johnson）出版了一本综合性的英语词典。在法国，德尼·狄德罗（Denis Diderot）和其他学者一起编纂了一部人类知识纲要——35卷本的《百科全书》。

583

对旧秩序的思想挑战

另一些思想家继续探究那些对既存宗教和政治制度构成挑战的问题（见第17章）。有些人认为，既然科学家可以了解自然规律，那么类似的严格研究当然也能揭示人性的本质。另一些人在想，如果主导政府的是科学，而不是世袭

大事年表

	美洲	欧洲
1750年	1754—1763年，法国人与印第安人之战	1756—1763年，七年战争
	1770年，波士顿惨案	
1775年	1776年，美国《独立宣言》	
	1778年，美国与法国结盟	1778年，伏尔泰和卢梭去世
	1781年，英军在约克敦投降	
	1783年，签订《巴黎条约》，美国革命结束	1789年，攻占巴士底狱，法国革命爆发；《人权与公民权宣言》发表
	1791年，圣多明各（海地）奴隶起义	1793—1794年，法国“恐怖统治时期”
		1795—1799年，督政府执政
	1798年，杜桑·卢维杜尔在海地击败英军	1799年，拿破仑推翻督政府
1800年	1804年，海地人挫败法国的入侵，宣布独立	1804年，拿破仑加冕称帝
		1814年，拿破仑退位；召开维也纳会议
		1815年，拿破仑在滑铁卢战败
		1830年，希腊独立；法国革命推翻查理十世
		1848年，法国、奥地利、德意志、匈牙利和意大利爆发革命

统治者或教会，那么管理的效果是否会更好，效率是否会更高。这些新观点和知识分子的乐观精神为18世纪晚期的革命运动提供了指导。

英国政治哲学家约翰·洛克（1632—1704年）在1690年提出，政府的创立就是为了保护人民的生命、自由和财产，如果君主侵犯了这些自然权利，人民就有权进行反抗。洛克将这一理论的合理性建立在这样一种假设上：个人权利是公民政府的基础。生于瑞士的法国思想家让-雅克·卢梭（1712—1778年）在1762年出版的《社会契约论》中认为，人民的意志是神圣的，君主的合法地位建立在人民拥护的基础之上。尽管两个人都相信政府要依赖于人民的意志，但洛克强调在制度上保障个人权利的重要性，而卢梭对政府和社会更加持怀疑态度，把人民的集体行为看作共享历史经验的结果。

并非所有的启蒙思想家都像卢梭那样激进。政治和社会改革从来不存在统一的方案，那个时代的知识分子也没有关于原则和目标的统一看法。虽然启蒙运动通常与反宗教和反君主制紧密相连，但很少有知识分子会公开表达共和思想和无神论的观点。即使伏尔泰作为启蒙运动中最重要的学者和最知名的人物之一，也认为君主很可能是政治和经济改革的能动者。

君主与启蒙运动

的确，贵族中会有一些赞同新思想的人，欧洲君主中也不乏改革者，如西班牙的查理三世（1759—1788年在位）、俄国的叶卡捷琳娜二世（1762—1796年在位）和普鲁士的腓特烈大帝（1740—1786年在位）。他们支持、鼓励新思想的传播，还为许多学者提供帮助。他们意识到启蒙运动的许多因素有助于加强
584 王权，有助于削弱宗教势力、贵族势力和地方势力。通过按才选拔文官、创建国家法律体系、将税收系统现代化，以促进国家官僚体系的发展，这一目标使许多欧洲君主和学者走到了一起。这些君主也意识到，那个时代的科学和技术有助于充盈国库，改善经济状况。

在启蒙思想可以服务于王权的时候，欧洲的君主们乐于接受改革的建议。但他们也会压制或禁止激进思想，如提倡共和和直接攻击宗教的思想。然而，仍然会有许多渠道传播受压制的思想。事实上，审查制度有利于提高学者的声誉，受迫害的知识分子通常能够获得敌国宫廷的庇护。

知识分子社团

除了与政治人物关系密切之外，启蒙运动中的许多知识分子还彼此相互交流。这种交流使得来自不同国家的知识分子组成了一个圈子，这有助于他们对其认为愚昧无知的东西进行一致的口诛笔伐，如与“旧制度”有关的信仰和价值观。卢梭在巴黎结识了苏格兰哲学家大卫·休谟（David Hume）。之后，当卢梭担心被捕时，休谟帮他到英国避难。同样，伏尔泰也曾先后在英国和普鲁士寻求资助和保护。

妇女也推动了新思想的传播。在英格兰，受过教育的中产阶级妇女会购买各式各样的书籍和小册子，并就其中的内容展开讨论。一些妇女成为作家和评论家，通过举例说明来维护女性权利，在思想领域做出了重要贡献。在巴黎，富有的妇女将自己的住宅变成了辩论、思考和自由提问的地方，她们的沙龙中有哲学家、社会评论家、艺术家、上流社会成员和商业精英。

那个时代的知识深深地影响了欧洲和西半球日益壮大的中产阶级。这个阶层的成员是书籍和廉价报刊的热心读者。这些有知识的读者削弱了传统的审查制度。城市和集镇中出现了新的集会场所，如成千上万家的咖啡店和茶舍，人们在那里讨论科学发现、新技术，以及关于人性和政治的有争议的作品。

启蒙运动和新世界

许多欧洲知识分子对美洲有着浓厚的兴趣。一些欧洲人仍旧认为那里是荒蛮之地；而另一些人则将其描述为理想的新世界，以此来批评欧洲社会。许多

人希望去英属北美殖民地证实他们的信念：人性可以摆脱腐朽的欧洲旧秩序，在那里迅速地富裕起来，而且实现社会正义。**本杰明·富兰克林**是一位作家和发明家，他比任何一个美国人都更能代表美国所具有的巨大潜力。

本杰明·富兰克林： 美国的知识分子、发明家和政治家，参与了游说法国支持美国革命的谈判。

1706年，本杰明·富兰克林生于波士顿。年轻时，他曾受过绘画方面的教育。在费城，他在商业上获得了成功，并因《穷理查年鉴》（*Poor Richard's Almana*）而声名大噪。42岁时，他离开了商界，开始热心于写作、科学和公共事务。在创建费城公共图书馆（Philadelphia Free Library）、美洲哲学学会（the American Philosophical Society）和宾夕法尼亚大学的过程中，富兰克林起了重要作用。他在理论上和实践上都颇有建树，发明了双焦眼镜（bifocal glass）、避雷针（lightning rod）和一台高效的燃木火炉。1751年，他发表了一篇科学论文《电的实验与观察》，这篇论文受到了欧洲学者的赞誉。

富兰克林也是一位重要的政治人物。他在殖民当局供职，并当选为大陆会议议员，该机构于1776年发表了《独立宣言》。随后，富兰克林成为美国驻巴黎大使。在那里，他的成就、他的连珠妙语和他的自我鞭策使他成为那个时代的代表人物。他的生活印证了启蒙运动最激进的主张：将人类的潜能从世袭特权中解放出来。

正像富兰克林证明的那样，西半球分享了欧洲的精神财富。随着启蒙思想渗透到新世界，知识分子就殖民主义的合法性问题展开了激烈辩论。欧洲人试图通过单方面地调整殖民制度和推翻长期存在的政治实践来改革殖民政策，但这使殖民地的知识分子更加激进。对于在殖民统治中被迫接受依附与从属地位的民族来说，政府的权威建立在被统治者的同意之上，这种观点具有爆炸性。

反启蒙运动

也有许多知识分子反对启蒙运动。他们将启蒙运动视为对教权和君权的危险进攻。反启蒙运动的观点在法国和其他天主教国家中颇具影响。他们固执地强调，信仰对人类幸福和社会和谐非常重要。他们也强调对信仰者的责任和义务，反对启蒙作品中所提倡的个人权利和个人成就。对于那个时代的政治而言，他们最反对的是对手所提倡的变革和乌托邦式的理想。他们重申人性的软弱和历史经验的重要性。到19世纪，启蒙思想的核心观念更加深入人心，而反启蒙运动的观点为那个时代的保守主义和之后出现的反民主运动提供了意识形态上的支持。 585

《啤酒街》（1751年） 威廉·贺加斯（William Hogarth）的画描绘了一条理想中的伦敦街道。在那里，喝啤酒与男子汉力量、富有幽默感和繁荣昌盛相联系。左侧的突出位置上是一个自鸣得意的胖子，他在阅读国王在议会的讲话。我们可以想象到，他正就自己所读的内容，向他的酒友发表评论。

22.1.3 民间文化和民众的抗议

当知识分子与转型中的欧洲宫廷就启蒙运动中的理性问题和世俗问题展开激烈辩论的时候，西方社会的大部分民众还在恪守着工业化之前形成的文化价值观。区域性的民间文化植根于共享经验的记忆之中，并通过鼓励情感放松的宗教活动而得到繁荣。这些文化传统包括了统治者与其子民的权利义务关系的表达。如果统治者破坏了这些文化传统，那么他们将面临暴力反抗。

改革和大众文化

18世纪，欧洲君主试图通过改革税收、司法实践和公共管理来加强其权威和中央集权。虽然君主们将其视为改革，但一般民众却认为这是在破坏不容侵犯的传统习俗。他们以“面包骚乱”（bread riots）、抗税和袭击官吏的方式加以回敬。这些骚乱试图维持习惯和先例，而不是要推翻传统权威。在西班牙和西
586 属殖民地，抗议者一方面表达对国王的拥护，另一方面攻击国王的官吏，阻止他们进行改革。民众高呼：“国王万岁！打倒坏政府！”

启蒙时代的改革者想通过禁止或改变一些大众传统（popular traditions）来

维持秩序和规范，这些大众传统包括丰收庆典、宗教节日和农村集市，它们使平淡的日常生活变得有声有色。这些活动是对性（sexuality）和个性的庆典，同时也给戴面具和装扮一新的参与者提供了一个机会，嘲弄政府官员、富人和神职人员的贪婪、傲慢和愚蠢。酗酒、赌博，以及像斗鸡和逗熊这样的血腥活动在前工业化时代是司空见惯的，但改革者认为这些行为是腐朽和堕落的。那些致力于除旧布新的政府想用公共庆典和国家纪念日来取代旧习俗，但这往往会招来抗议，甚至骚乱。

1750—1850年，一般民众和妇女为抵制政府权力增长及强加的新文化形式所做的努力，给带有革命色彩的骚乱和冲突埋下了伏笔。自发的民众起义和抗议几乎阻碍了18世纪的每一次改革。但是，大众的抗议只有当统治阶级内部出现意识形态分歧和冲突时，才会具有革命的潜力。

本节回顾

保护殖民地和贸易路线的战争削弱了欧洲各国的财力。

在启蒙时期，欧洲知识分子用科学方法去研究政治问题和文化问题。

一些反对启蒙运动的知识分子在捍卫传统和宗教。

建立统一和理性的政府管理的努力，与民间文化和民间传统发生了抵触。

22.2　美国革命（1775—1800年）

在英属北美，当局试图用增税的方式应对日益增加的防御开支，并削弱殖民地民选立法机构的权力。这些做法激怒了习惯于地方自治的民众。美国革命在欧洲和美洲引发了一个长达100年的政治、文化转型。到这个革命的世纪结束的时候，宪法限制或推翻了君主的权力，宗教也失去了它在西方精神生活中的主导地位。与此同时，制造业和商业中的革命性变革也颠覆了以出身为基础的传统社会秩序，代之以强调竞争和社会流动的新社会理想。

22.2.1　边疆和税收

1763年击败法国后，英国政府在北美殖民地面临两个问题。随着移民向西进入美洲印第安人的领地，英国担心这会引发新的冲突，会增加军费开支。英国政府已经承担着沉重的债务，因此力图限制定居者向印第安人领地移民，并希望殖民地居民承担更多的军费和行政开支。

英国的边疆政策

在五大湖区，英国压低了毛皮的价格，不再像法国那样赠予印第安人礼物，也不再向印第安人支付边境要塞的租金。英国人想用这些方法减少开支。但较低的毛皮价格迫使当地人猎杀更多的动物，这破坏了环境，危及许多物种。当移民和白人狩猎者跨过阿巴拉契亚山与原住民猎人展开竞争时，这种情况变得更加恶化。因此，渥太华的酋长庞蒂亚克（Pontiac）在边境线上制造新的冲突也就不足为奇了。他与印第安部落建立了广泛的同盟，并将英军逐出了西面的一些前哨阵地，但他还是不到一年就失败了。

为了应对这种局面，英国政府于1763年发表了一份公告（the Proclamation of 1763）。这份公告禁止向西移民，结果是既损害了成千上万农民的利益，也没有有效保护美洲印第安人的土地。因此大家都不满意。1774年，英国政府将西边的领土并入魁北克，希望用这种方法再次阻止移民向印第安人的土地移居。这在殖民地引起了极大的不满。

殖民地新税和商业政策

587 边疆问题虽然加深了殖民地的仇恨和疑虑，但事情并非不可收拾。然而，当英国政府想通过财政改革和增加新税将帝国战争的费用转嫁到殖民地居民身上，就引起了政治对抗，并最终导致起义。英国的新商业政策威胁到了新英格兰同西属和法属加勒比产糖区的有利可图的贸易。更有甚者，英国宣布殖民地发行的纸币非法，这种纸币是因殖民地长期贸易赤字而产生的必然解决办法。愤怒的殖民地居民组织起来抵制英国商品，同时殖民地的立法机构也对这些措施进行了抗议。

殖民地的抗议

殖民地居民对1765年的《印花税法》深恶痛绝。这项法案要向所有的法律文件、报纸、小册子和几乎所有的印刷品征税。当时，殖民地有产者（包括高级官吏和殖民地精英）在抗议中扮演了领导角色。人们用尖刻的语言批评这些措施，他们将英国统治者称为“弑亲者”和“暴君”。与此同时，来自殖民地显赫家族的妇女组织了抵制英货的活动。殖民地妇女认为生产家织布是爱国的表现。一些组织，如自由之子社（Sons of Liberty）则更加激进。它们组织举行公共集会，警告王室官吏，建立委员会以加强抵制英货的活动。尽管抗议和抵制活动迫使英国政府撤销了《印花税法》，但英国当局很快又增加了新的

一个英国官员的焦油和羽毛（1774年） 在报道殖民地的抗议活动时，英国报刊将重点放在了暴力活动和治安问题上。这幅画描绘了波士顿海关关长约翰·马尔科姆（John Malcomb）所受的虐待。在许多英国人看来，给予殖民地自由无异于纵容暴行。

税种和义务，并派兵镇压殖民地的骚乱。一位愤怒的妇女如此表达了对英国官员的不满：

> 即便是最无知的农民也知道，……没有人有权在未经他们许可的情况下拿走他们的钱。这个想法是荒唐可笑的，因为除了拦路抢劫者和强盗之外，没有人会这样做。但是你可以，我的朋友，你自我感觉太良好了。你们身处不列颠，对美洲的情况知之甚少。……他们是否有权主宰我们的生活？[1]

英国当局以殖民地的自由相要挟，以此来回应抵制英货和袭击英国官吏的行为。他们解散了马萨诸塞州议会，并派两个团的兵力重新控制了波士顿。1770年3月5日，英军向愤怒的人群开火，造成5人死亡。之后，民众决定与英国彻底决裂。“波士顿惨案”（Boston Massacre）表明了殖民统治赖以维持的赤裸裸的暴力，以及殖民地日益激进的舆论。

议会想用减税和减轻民众负担的方法来平息众怒。但在议会批准东印度公司垄断殖民地茶叶进口后，新的危机爆发了。而且这一决定再次涉及议会是否有权对殖民地征税的问题。抗议者将价值1万英镑的茶叶倒入波士顿港，危机达到了白热化。英国任命北美英军司令托马斯·盖奇（Thomas Gage）为马萨诸塞州总督，同时封锁了波士顿港。英军想在波士顿强行恢复秩序，这使管理权落到了一位将军手中。殖民政府的军事化动摇了英国的法治权威，起义已不可避免。

588

22.2.2 革命的过程（1775—1783年）

1775年，大陆会议在费城召开，民兵已经在莱克星敦（Lexington）、康科德（Concord）和马萨诸塞州与英军展开了激战（见地图22-1）。这些事件促使各殖民地走向革命。大陆会议行使着政府的权力。他们发行货币，组织了一支由**乔治·华盛顿**（1732—1799年）领导的军队。华盛顿是弗吉尼亚的种植园主，曾在法国人对印第安人的战争中服役。

乔治·华盛顿：美国革命时期的美军司令，后担任美国首任总统（1789—1799年）。

成千上万街头演讲者在发表慷慨激昂的演说，英国移民托马斯·潘恩撰写了一本煽动性小册子《常识》，敦促民众支持独立。1776年7月4日，大陆会议通过了《独立宣言》，这份宣言表达了不朽的革命时代的理念：

> 我们认为这些真理是不言而喻的：人人生而平等，他们都由其“造物主”赋予了某些不可剥夺的权利，其中包括生命权、自由权和追求幸福的权利。为了保障这些权利，所以才在人们中间成立政府。而政府的正当权力，来自被统治者的同意。

《独立宣言》肯定了人民主权和个体权利，对全世界的革命话语和群众抗议活动产生了影响。

为了镇压革命，英国向殖民地增派了军队。到1778年，英国在各殖民地拥有5万英军和3万德国雇佣军。尽管有很多社团忠于英国，但英军仍然很难控制乡村地区。英军在大多数战役中获得了胜利，但华盛顿麾下逐渐形成了一支训练有素的大陆军。这支军队得到了民众的支持，他们为大陆军提供补给和资金支持。

英国政府也想寻找一条政治和解之路，以求平息殖民地的愤怒。但英方在解决征税问题上缺乏诚意，因而双方未达成妥协。英国还想回到从前，重建1763年时的统治，但收效甚微。军事上的过度自信和拙劣的领导使英国在革命

地图22-1　美国革命　虽然英军赢得了大多数关键性战役，占领了大多数主要城市，但美国革命者最终获得了全面的军事胜利和政治胜利。

政权建立和革命爆发之前，没有找到用政治途径解决问题的方法。英国政府坐视战争爆发，并失去了领导殖民地保皇人士和反战人士的机会。

沿加拿大边境地区，双方都在争取印第安人，害怕他们投入对方阵营。在过去的100年里，强大的易洛魁联盟，包括莫霍克人、奥奈达人、奥内达加人、卡尤加人、塞内卡人和塔斯卡洛拉人（1722年加入易洛魁联盟），通过外交结盟和战争保住了他们固有的土地。正如美国革命将殖民地居民分为革命派和保皇派一样，这场战争也使易洛魁联盟分裂为两个阵营，他们分别为英国和美国而战。

约瑟夫·布兰特：莫霍克人领袖，美国革命期间支持英国。

莫霍克人是英国的重要盟友。他们的保皇派领袖**约瑟夫·布兰特**（Joseph Brant，族名泰因德尼加［Thayendanegea］）在美加边境上为英军建立了一支强大的武装力量。他在北方的行动为他赢得了“怪物”布兰特的绰号。他既了解欧洲文化，又精通印第安文化。布兰特曾受教于传教士，说着一口流利的英语，还将新教著作译成了莫霍克文。他对保皇派家族和英国官吏非常友好。他到伦敦旅行时，受到了英王乔治三世（1760—1820年在位）的接见。

1777年，霍雷肖·盖茨（Horatio Gates）将军在纽约的萨拉托加击败了英国的约翰·柏高英（John Burgoyne）将军，使得莫霍克人的未来之路充满了危险。美军乘胜对易洛魁村庄实施了毁灭性打击，这样可以削弱他们的政治势力和军事力量。英国战败后，布兰特、莫霍克人和保皇派逃到了加拿大。

英国在萨拉托加的失败促使法国在1778年与美国结盟，并加入了战局。事实证明，法国的参战是至关重要的。法国为美军提供了补给，并迫使英国去防御其在加勒比的殖民地。法国的作用在最后一战——弗吉尼亚的约克敦（Yorktown）战役中表现得淋漓尽致（见地图22-1）。美军得到了法军和法国舰队的支持，查尔斯·康华理（Charles Cornwallis）将军向华盛顿投降，其时英国军乐队演奏了《世界颠倒过来了》（*The World Turned Upside-Down*）。

这次胜利为结束战争铺平了道路。大陆会议派代表出席和平会议，代表们受命与法国合作。美国参加和谈的代表认为，法国宁愿容忍英国力量的存在

589 也不会保证一个强大的美国，因此他们选择了与英国直接谈判，并且达成了一个宽宏大量的解决方案。《巴黎条约》（1783年）承认美国无条件独立，并为前殖民地划定了一条粗略的边界。另一方面，美国同意偿还战前欠英国商人的债务，并返还被革命者没收的保皇派财产。最后，保皇派并未受到公正的对待，有数千人逃到了加拿大。

22.2.3 建立共和制（至1800年）

在发表《独立宣言》之前，许多殖民地就已经建立了新型政府。许多州的领导人要求制宪会议起草正式宪法。起草宪法并用投票的方式批准宪法，是令欧洲人心驰神往的事。因此，许多早期的州宪法被欧洲各国翻译和出版。鉴于殖民地曾与王室统治者发生冲突，多部州宪法严格限制了行政权，并赋予立法

机构广泛的权力。许多州的宪法都包含了反对暴政的权利法案。

创建新政府

相比之下，制定国家宪法要困难得多。1777年，第二届大陆会议通过了《邦联条例》，并交由各州表决，这是美国第一部宪法。1781年，这部宪法正式生效。《邦联条例》确立了一院制立法机构，每个州拥有1票，13个州的简单多数可以通过较为次要的法案，但像宣战、征税、铸币、借款这样的重要法案需要9票才能通过。590 行政权交由一个委员会而非总统来行使。尽管这一政府存在人为的缺陷，但它还是击败了大英帝国。

许多有影响力的政治人物都意识到，邦联没有能力执行和平协议中那些不受欢迎的条款，如满足保皇派的财产要求、偿还战前债务、偿还军饷及退役军人的养老金。结果，1786年9月，弗吉尼亚州邀请其他州一起讨论政府在处理贸易问题上的失败。这次会议要求在费城召开一次新的会议。参加过独立战争的老兵在马萨诸塞州发动了起义，这使与会代表产生了危机感。

1787年5月召开的**制宪会议**完成了没有暴力的第二次革命。会议原定的主题是“使联邦政府的宪法足以应对紧急事件”。与会代表将这个主题放到了一边，在乔治·华盛顿的主持下秘密地起草了一部新宪法。

制宪会议：1787年，13州殖民地选举出来的代表召开了制宪会议，这次会议制定了美国宪法。

争论的焦点是代表权、选举程序、行政权，以及联邦政府与各州的关系。最后达成了一个妥协方案：实行立法、司法和行政的三权分立，联邦政府与各州之间也实行分权。行政首长即总统由间接选举产生，选举人由各州投票选出。

民主的局限

虽然这部宪法缔造了那个时代最民主的政府，但仍然只有少数成年人获得了全部政治权利。一些北方州反对奴隶制，而南方州的领袖却在捍卫这种制度。奴隶不允许参与政治活动，但有些蓄奴州同意在选举国会代表时，奴隶按自由民的3/5计算。这就增加了奴隶主阶级的政治力量。南方代表又将奴隶贸易和关于逃亡奴隶的条款延续了20年，直到1808年。这一条款规定，所有的州都要将出逃的奴隶送还给他的主人。

在战争期间，妇女领导了抵制英货的活动，并建立了救援组织和慈善组织。有些妇女在军中充当护士，还有个别妇女以女扮男装的方式入伍参军。尽管如此，女性在新的共和制度中并未获得政治权利。只有新泽西州允许达到财产要求的妇女和非洲裔美国人参加投票，但在1807年，州立法者废除了这一权利。

本节回顾

英国禁止新移民进入印第安人的领地，希望能减少用于防御边境的军费开支。

新的税收和商业政策在北美引起了抗议，当地人开展了抵制英货的活动。

英国和北美殖民地发生了武装冲突，这推动了大陆会议的召开和《独立宣言》的发表。

法国对美国革命的支持是非常重要的。

美国各州要求编纂一部新宪法，建立分权的政府。

22.3 法国革命（1789—1815年）

法国大革命破坏了传统君主制和世袭贵族制，也削弱了天主教教会的势力。但与美国革命不同，法国革命没能建立起持久的代议制。然而，北美的殖民地革命没有直接面对根深蒂固的教会、君主和贵族的特权。法国革命取得了许多成就，它提高了民众的政治参与度，进一步深化了从英国和美国经验中继承而来的民主传统。在法国，革命点燃了人们的政治热情，最终导致有煽动力的政治家和独裁者拿破仑上台执政。

22.3.1 法国社会与财政危机

法国社会分成了三个等级。第一等级是神职人员，法国人口约为2 800万，其中神职人员约为13万。天主教神职人员是按照等级组织起来的，大多数高级
591 教职掌握在世袭贵族手中。教会拥有大约全国10%的土地，并通过什一税和与教会相关的收费攫取了大量财富，但教会几乎不用缴税。

第二等级是贵族，约有30万人。他们掌握着30%的土地，还保持了对大多数民众的古老的权利。贵族掌握着大量的高级行政职位、司法职位、军事职位和教职。通过对一些商业行为设限，贵族成为批发贸易、银行业、制造业和采矿业的重要参与者。与神职人员一样，这个阶层也有很强的等级性。从上层到下层，贵族在财富、权力和前途上有很大差别。18世纪，许多富裕的平民通过购买行政职位和司法职位，宣称自己是贵族。

第三等级

第三等级包括了除上述两类人之外的所有人，从富有的金融家到乞丐都属

于这个等级。在18世纪，富裕平民的数量在急剧增加。贸易、金融和制造业为第三等级提供了大量财富，他们也拥有了将近全国1/3的土地。这个受过教育、有社会野心的群体，支持快速发展的出版业，资助艺术，并在巴黎和其他城市购买了许多豪宅。

在粮食丰收、物价稳定的时候，工匠、店主和小土地所有者也会拥有财产，过着体面的生活。但1780年的粮食歉收增加了他们的生活成本，也导致他们的产品销售下降。他们因为富裕，因而担心会失去财产和地位；他们因为受过良好教育，因而可以意识到对国王越来越多的批评，但他们缺乏影响政治的途径。

穷人

贫穷是普遍存在的。农民占法国人口的80%。农民家庭的贫穷和脆弱迫使他们的孩子去寻找季节性工作，这使许多孩子走上了犯罪道路或沦为了乞丐。在巴黎和其他城市，城市贫民的恶劣生活条件和有害健康的饮食使来自欧洲其他国家的人惊诧不已。城市的街道上满是乞丐和妓女。遗弃儿童的现象也从一个侧面反映出法国贫民的悲惨。在法国革命前夜，每年至少有4万个儿童遭到父母遗弃。一般说来这些孩子被收养的可能性不大。事实上，大多数弃儿因疏于照顾而离开了人世。

穷人住不起像样的房子，他们没有稳定的工作，也不能保护自己的孩子。因此，他们怒火中烧，时不时地会起来反抗。在农村地区，贵族和神职人员增加税收和其他负担的决定往往会激起暴力反抗。在城镇和城市中，面包价格的任何一点增加都会成为骚乱的导火索，因为面包价格决定了穷人的生活质量。但这些时隐时现的危机在本质上并不属于革命。骚乱者寻求的是即时救济，而不是改变社会结构。当国王想要解决财政危机的时候，

巴黎的补袜工 穷人过着极为艰辛的生活。这位妇女将废弃的酒桶作为补袜店。

社会结构的变革就来临了。

债务和税收政策

奥地利王位继承战争的花销是危机的开端。路易十五（1715—1774年在位）试图向贵族和其他特权阶层征税，但遭到了普遍反对。七年战争所带来的新债务加深了危机，这迫使国王采取紧急的财政措施。巴黎最高法院作为一个上诉
592 法庭，驳回了这些措施。增税受挫使法国当局流放了许多最高法院的法官，并强制实施了一系列不得人心的措施。

1774年，22岁的路易十六登上了王位，他面临严重的财政问题，其中还夹杂着法院日渐增强的反对声。1774年，国王的首席财政顾问提出警告，称政府几乎运转不起了。他说："第一枪［战争行为］将使国家破产。"虽然有了这样的警告，但国王还是决定支持美国革命。法国政府大量举债，并在混乱的财政账目中掩盖日益庞大的债务，想用这种方法来推迟财政崩溃。到战争结束时，法国超过一半的财政预算要用来支付债务的利息。

1787年，绝望的国王召开了一次贵族会议，希望能通过一项广泛而彻底的经济和财政政策改革。虽然与会者是国王的顾问从高级贵族、司法官和神职人员中选出来的，但这些有特权的代表既不支持改革，也不支持增加新税。

22.3.2 从抗议转向革命（1789—1792年）

三级会议：法国传统的国民议会，由法国社会的三个等级（阶层）组成：神职人员、贵族和平民。1789年召开的三级会议引发了法国革命。

国王由于受挫而解散了贵族会议，试图亲自推行改革。但他的努力遭到了司法机关和民众的反对。精英阶层在征税问题上拒绝妥协，迫使国王召开**"三级会议"**（Estates General）。三级会议是一个代表三个等级的传统咨询机构，自1614年以来就没有召开过。富人不能容忍对他们增税，正是他们这种自私和贪婪，而不是民众的饥寒交迫，为革命创造了条件。

第三等级法案

1788年末到1789年初，来自全国的三个等级的成员聚在一起，他们表达着不满，选举前往凡尔赛开会的代表。第三等级的代表大部分是富人，他们中有些人对国王的朝臣相当不满，想通过选举议会的方式将法国变为君主立宪制国家。有些贵族和神职人员也赞同第三等级的改革方案，但第一等级和第二等级之间关于程序和政策问题的分歧，削弱了他们的力量。不过，一些神职人员和贵族与第三等级站在了一起。

僵持了六个星期之后，第三等级和来自其他等级的盟友把自己的会议称为"国民议会"（National Assembly），以此来表明他们的目的。由于惧怕第三等

级代表的咄咄之势，国王锁上了会场拒绝他们进入。他们来到了一个室内网球场，发誓写出一部宪法。那个时代的进步观点——人民至上、统治的合法性建立在满足人民意愿的基础之上，使国王要解决财政危机的狭隘愿望变得微不足道了。为了对抗国民议会，路易十六命令军队向凡尔赛集结。在他还没有来得及采取行动之时，巴黎民众便介入了这一事件。

从1785年开始，农业连年歉收提高了法国全境的面包价格，降低了民众对非生活必需品的需求，并由此引发了经济危机。到召开三级会议的时候，巴黎近1/3的劳动人口失业。饥饿和愤怒在劳动阶级中蔓延。

攻占巴士底狱

国王决定向凡尔赛集结军队，希望借此控制与会代表。当巴黎民众得知这一消息时，他们开始抢夺武器。1789年7月14日，巴黎市民对巴士底狱发起了攻击，这座中世纪的城堡当时是一所监狱。在守军投降前，巴士底狱松懈的防御造成了98人丧命。愤怒的起义者处死了指挥官，并挑着他的头颅游街示众。

与此同时，农民也发动了起义。他们洗劫庄园主的房子，将记载他们传统义务的契约文书付之一炬。农民拒绝缴税，拒绝向地主交租，并且占据了公共

巴黎人猛攻巴士底狱　1789年7月14日，巴黎人攻打巴士底狱。目击者将这一划时代的事件绘制成画。7月14日成为法国国庆节。

土地。国民议会感受到了农村地区的愤怒情绪，议会以投票的方式结束了传统义务，终结了贵族和教会的特权，最终也埋葬了封建制度。农民在赢得了上述胜利后，停止了起义。

《人权与公民权宣言》

民众起义增加了国民议会与国王讨价还价的资本，也促成了**《人权与公民权宣言》**的发表。这份宣言陈述了未来宪法中的若干原则。这一宣言和美国的《独立宣言》在语言上有许多相似之处。因为起草《独立宣言》的托马斯·杰斐逊时任美国驻巴黎大使，他为起草法国的宣言积极出谋划策。但法国的宣言在语言上更加激进，其中列举的自然权利包括“自由权、财产权、安全权和反抗压迫的权利”。《人权与公民权宣言》也捍卫了言论自由、法律面前人人平等和代议制政府。

593

《人权与公民权宣言》：在法国革命刚刚爆发的时候，国民议会发表了《人权与公民权宣言》，这份宣言提出了基本的政治权利。

巴黎行动中的妇女

当代表们在凡尔赛讨论政治问题的时候，经济危机进一步将巴黎推向了痛苦的深渊。受雇于制衣业的妇女和小店主受到的冲击尤为严重。在巴黎，外出工作的妇女每天都要面对居高不下的食品价格，毕竟她们要养家糊口，所以她们的愤怒是显而易见的。城市贫民每天都在公共市场举行愤怒的集会，因而这里成了政治博弈的舞台。法国贫民所受的剥削和中产阶级的政治渴望在这里产生了共鸣，两者凝聚成了一支革命力量。

10月5日，数千名市场女摊贩步行12英里（19公里）前往凡尔赛。她们到国民议会表达诉求，高呼着“关键是我们需要面包”。抗议者冲进王室寝宫，杀死了几名国王侍卫，并到处搜寻王后玛丽·安托瓦内特（Marie Antoinette）。他们痛恨王后，因为她是一个穷奢极欲的代表。随后，他们迫使王室回到巴黎。

革命性变革的开端

拒绝民主变革的国王在巴黎人民面前屈服了。在之后的两年里，国民议会对法国社会进行了根本性改造。议会通过了一部新宪法，这部宪法极大地削弱了王权，废除了世袭贵族。经济改革打破了垄断，扫清了国内的贸易壁垒。立法者将议会更名为制宪议会（Legislative Assembly），剥夺了教会的土地并将其作为新纸币的担保物。他们要求用选举的方法产生神职人员，并将其纳入公共财政。当制宪议会强迫教士宣誓效忠时，许多天主教徒投入了反革命阵营。

起初，欧洲君主们乐见法国被削弱。但到1791年，奥地利和普鲁士扬言要干涉法国革命，它们支持君主制。战争开始时，形势对法国很不利，但法国人民用爱国主义对侵略者进行了回击。他们组建了庞大的志愿军，同时动员了各种国家资源以应对挑战。

22.3.3　恐怖（1793—1794年）

在应对国家危机和外来威胁的时候，法国大革命进入了最激进的阶段。出
逃失败后，国王和王后失去了民众最后一点支持。1792年8月10日，抗议者闯进 594
了巴黎的王宫，国王不得不向制宪议会寻求保护。这使国王丧失了权力并身陷囹圄。这些行动创建了一个新的权力机构——国民公会（National Convention）。

反革命谣言使劳动阶级陷入了恐慌。1792年9月，一群暴徒涌向了市监狱，杀害了将近一半囚犯。民众的激烈情绪促使新选举产生的国民公会宣布路易十六犯有叛国罪。路易十六被判处死刑，法国宣布为共和国。1793年1月，国王命丧断头台（见“环境与技术：断头台”）。这导致了一场规模更大的战争，敌人是由几乎所有欧洲国家组成的反法同盟。

雅各宾派

国民公会于1792年9月召开，这是法兰西共和国新的立法机构，其成员几乎全都来自中产阶级，也几乎全是**雅各宾派**——毫不妥协的民主派。但严重的政治分歧使雅各宾阵营分成了两派：一个是温和的“吉伦特派”，这一名称源于法国南部一个地区；另一个是激进的“山岳派”，他们之所以被称为山岳派，是因为他们坐在会议大厅的最高处。与吉伦特派相比，山岳派更支持巴黎劳动阶级的诉求，他们对议会的程序显得缺乏耐心。**马克西米利安·罗伯斯庇尔**（Maximilien Robespierre）成为山岳派的领袖，他是一位鲜为人知的年轻律师，深受卢梭的影响。

雅各宾派：法国革命时期的激进共和派。马克西米利安·罗伯斯庇尔于1793—1794年领导雅各宾派。

马克西米利安·罗伯斯庇尔：年轻的地方律师，领导了法国革命最激进的阶段。他被处死后，恐怖时期也告结束。

法国经济陷入了危机，巴黎面临着通货膨胀、高失业率和物质匮乏。罗伯斯庇尔利用通俗出版物和政治俱乐部，与反复无常（volatile）的巴黎劳动阶级结成了联盟。来自街头的强有力支持，使罗伯斯庇尔可以清除或处死他在国民公会中的政敌，也可以使他重建政府。他将死刑权集中到了新成立的救国委员会（Committee of Public Safety）手中，这个委员会设有特别法庭，可以寻找和处罚革命的敌人。

妇女与革命

巴黎的中产阶级妇女和劳动阶级妇女非常活跃，她们希望有权获得武器，并用手中的武器捍卫革命。在关键时刻，这些妇女起了决定性的领导作用，使革命走向扩大选举权和更加民主的形式。武装起来的妇女参与了每一次与保守势力的斗争。但讽刺的是，国民公会（革命时最激进的立法机构）对这些妇女采取了压制政策，而她们曾为国民公会的创建奠定了基础。

面对各省的起义和外国势力的入侵，罗伯斯庇尔和他的盟友将法国带入

法国革命时期的扑克牌 甚至连扑克牌都会用来攻击贵族和天主教会。在这套牌中，“平等”和“自由”取代了国王和王后。

了一个高压时期，这就是“恐怖统治”（Reign of Terror，1793—1794年）（见“多样性与主流：罗伯斯庇尔为恐怖所做的辩护和沃斯通克拉夫特对恐怖的解释”）。在恐怖时期，有4万人被处死或死在监狱中，另有30万人遭受了牢狱之灾。革命政府对教士也采取了新的打击行动，如强迫教士结婚。甚至时间也随着革命的变化而变化。共和国宣布实行新的历法：一年有12个月，每月30天，一周为10天。具有基督教含义的“星期日”从日历中消失了。

罗伯斯庇尔的末路

到1794年春天，法国革命从国内外敌人手中被拯救了出来，但高压政策仍在持续。在众多被害人中，有一些是罗伯斯庇尔在恐怖时期的亲密政治盟友，
595 杀戮前盟友无异于自掘坟墓，因为这会使他现在的盟友人人自危。1794年，法国消除了外国势力迫在眉睫的威胁。之后，国民公会中的保守派举行投票，决定逮捕罗伯斯庇尔。1794年7月，他们处决了罗伯斯庇尔及其将近100位盟友。

22.3.4 拿破仑的崛起（1795—1815年）

清除了罗伯斯庇尔的同党之后，国民公会开始着手废除激进的改革。它废除了限制价格和保护劳动阶级的紧急经济措施，也不再容忍暴力示威活动。1795年，当巴黎劳动阶级进行抗议时，国民公会调集了优势兵力。天主教会恢

环境与技术

断头台

断头台比任何机器都更能代表革命时代。这个装置使物理学家、制宪议会（Constituent Assembly）议员约瑟夫·伊尼亚斯·吉约坦（Joseph Ignace Guillotin，1738—1814年）名垂青史。1789年，吉约坦认为用断头台执行死刑会更加人道。他希望能找到新方法，以取代处决平民时所用的绞刑和处决贵族时所用的斧刑（beheadings by axe）。这两种方法不需要什么技巧，但可以显示出死亡的恐怖和痛苦。吉约坦认为，一台设计精良的装置可以带来平静和几乎无痛苦的死亡。这也有利于消除平民和贵族之间的差别，这种差别在一个人人平等的社会中是非常不合时宜的。

1791年后，斩首成为处决犯人或执行死刑时的常用方法。另一位物理学家——管理外科医学院的安东·路易（Antoine Louis）——设计了一台实用的机器。在督造了这种机器后，他成了那个时代最具代表性的技术人员。他系统地检查了机器的每一个细节，并不断进行试验，直到达到满意的效果为止。断头台受到了当时人的称赞，因为它去除了死刑中的人为因素和由死刑产生的仇恨。断头台成了恐怖时期物理学的象征。

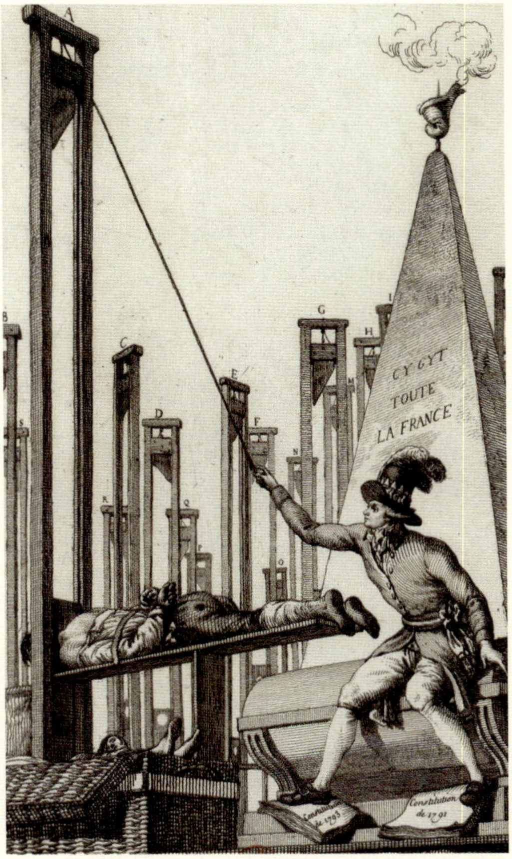

断头台　断头台作为传统死刑更人道和更民主的替代品，成了法国革命滥用暴力的象征。在当时的漫画中，制造恐怖的罗伯斯庇尔成了刽子手，他的身边到处都是断头台。

拿破仑·波拿巴： 1799年，拿破仑推翻了督政府。1804年，他成为法国皇帝。1814年，英国击败了拿破仑，他宣布退位。1815年，拿破仑短暂地获得了权力，之后再次战败，死于流放中。

拿破仑

596

复了部分影响力，但国民公会并未返还其充公的财产。国民公会还实施了一部更保守的宪法，这部宪法保护私有财产，确立了一套削弱民众权力的选举程序，设立了一个全新的行政机构——督政府（Directory）。

1797年，督政府选举失利，但拒绝交出政权，革命的共和时期就此结束。当时的政府建立在强权而非民主选举的基础之上。两年后，法军中一位声名赫赫的年轻军官夺取了政权，他就是**拿破仑·波拿巴**（1769—1821年）。美国革命和法国革命开启了现代民主，将拿破仑推上权力巅峰的军事政变则开启了另一种现代政府形式——民粹威权主义（popular authoritarianism）。

美国和法国革命的发生，部分原因是围绕代议制的冲突而引起的。如果人民是至高无上的，那么什么样的制度最能表达人民的意志呢？美国的回答是

多样性与主流

罗伯斯庇尔为恐怖所做的辩护和沃斯通克拉夫特对恐怖的解释

许多同情法国革命的欧洲人都厌恶“恐怖”。在1793年和1794年，当法国与奥地利、普鲁士、英国、荷兰和西班牙鏖战的时候，革命者在巴黎处决了2 600人，其中包括国王、王后、贵族和天主教神职人员。批评革命的人不禁要问，这样的滥杀无辜是否比君主制更坏。另一些人辩称暴力是必要的，他们认为“恐怖”是敌人造成的。

下面两种观点可以追溯到1794年，马克西米利安·罗伯斯庇尔是救国委员会的领导者，也是革命政府的领导者。罗伯斯庇尔是一位地方律师，当革命走向激进的时候，他获得了权力。在政治生命结束的前夕，他做了下面的论述。他认为，在捍卫自由时，暴力是必要的。1794年，他所推动的革命运动夺走了他的权力，并判处他死刑。

玛丽·沃斯通克拉夫特（Mary Wollstonecraft）是一个为妇女权利到处奔走的英国知识分子。处决路易十六的时候，她正好生活在巴黎。她对这些事件的讨论更像是反省而不是辩护。1792年，出版了著名的《女权辩护》之后，她来到了巴黎。英法战争爆发后，她离开了巴黎。她在欧洲知识界很有影响，直到她1797年死于分娩带来的并发症。

马克西米利安·罗伯斯庇尔：《关于政治道德的各项原则》

我们从这一切当中得出下列伟大真理：真正人民政府的本性，就是信任人民和严格要求自己。

如果你们只是在风平浪静的情况下驾驶共和国这艘船，我们的理论说到这里就够了，但是风暴在猖狂发作，你们所处的革命状况就要求你们执行另一种任务了。

法国革命基础的高度纯洁，革命目标的崇高，正是我们的力量和我们的弱点所在。它之所以是我们的力量，就是因为这使我们拥有真理对于欺骗的优势、社会利益对于私人利益的优势；它之所以是我们的弱点，就是因为这会把一切坏人团结起来：把所有那些在内心企图掠夺人民的人们，希望肆无忌惮地掠夺人民的人们，厌弃自由如同厌弃个人最大灾难的人们，以革命为职业而以共和国为战利品的人们都团结起来反对我们。因此就有这样多的怀有野心和贪欲的人们发生叛变。他们从出发的时候起就离开了我们，因为他们从旅程开始起就别有目的。仿佛有两个在彼此争论对自然界的统治的敌对的神，在人类历史这一伟大时代打起仗来，以便坚定不移地决定世界的命运，而法兰西就成了这一可怕斗争的表演场所。

一切暴君们从国外来包围你们，而暴君的一切友人们则在国内进行阴谋活动；在犯罪行为没有失败以前，他们将一直进行阴谋活动。必须镇压共和国的内外敌人，不然就会与共和国同归于尽。在目前情况下，你们政策的第一条，应当是依靠理智来管理人民，借助恐怖来统治人民的敌人。

如果在和平时期，人民管理的工具是美德，那么在革命时期，这个工具就同时既是美德又是恐怖：没有美德，恐怖就是有害的，没有恐怖，美德就显得无力。恐怖是迅速的、严厉的、坚决的正义，从而它是美德的表现，与其说它是特殊原则，毋宁说它是从祖国在极端困难时期所采用的民主一般原则得出的结论。

这里有人说，恐怖是专制政体的工具。这样看来，你们的政体不像专制制度吗？是的，在自由的英雄手中闪闪发光的宝剑很像暴政信徒用来武装自己的利剑。当专制君主借助恐怖统治自己愚昧臣民的时候，作为君主，他是对的；你们用恐怖使自由的敌人驯服，作为共和国的创立人，你们也将是对的。革命政体就是自由对暴政的专制。难道力量建立起来是为了保护犯罪，而不是为了打击傲慢不逊的人们吗？

……社会保护只是为了和平公民的。在共和国里，除了拥护共和政体的人们以外没有公民。保皇党徒、谋叛分子对于共和国说来，只是外国人或者直截了当说是敌人。难道说自由对于暴政所进行的可怕战争不是统一的吗？难道说国内敌人不是国外敌人的同盟军吗？在内部折磨祖国的杀人犯，收买
597 人民代表良心的阴谋家，出卖良心的卖国贼，被收买来造谣玷污人民事业、毁灭社会美德、挑起内乱火焰和利用道义上反革命来准备政治上反革命的下流作家们——所有这些人难道比他们所服务的暴君罪过少一些或者危害性小一些吗？[1]

玛丽·沃斯通克拉夫特:《法国大革命起源和进程中的历史观和道德观》

我几乎没有意识到我在哭泣，哦，法兰西啊！看到你昔日苦难的创伤，这苦难犹如用铁栅栏将人与人分隔开来，使所有的人都迷惑了，并且使一些人成为彻头彻尾的可怜虫；我颤抖了，我生怕见到那些不幸的人，他要从放任自由的专制中逃走，我听到了紧随其后的断头台的噼啪声，人们处死他仅仅因为他是个贵族，或者因为他为被称作罪犯的人提供了庇护。我的笔渴望记录下那些日子。在那些日子中，人们将巴士底狱［革命前用作监狱的一座修道院］踏为齑粉，并在原址上建立起了令人绝望的恐怖之塔。这个纪念性的建筑是专门用来关押那些因仇恨和怀疑而受害的人［她的意思是，对于那些等待革命审判的人来说，巴士底狱仍然是一座监狱］……

巴黎人残暴的原因

对自然权利、平等权、公民权和政治权利的剥夺，有助于减少最狡猾的社会底层的欺骗和其他行为，如偷窃、鲁莽的抢劫和谋杀。为什么？因为富人和穷人被分成了暴君和奴隶两个团伙，而且奴隶的复仇总是非常可怕。简言之，政治和法律制度与理性不一致，就像它们与人性不相符一样，使得宗教感、道德与神圣荡然无存，人类尊严也受到玷污。

唯一能解释巴黎人残暴的原因，就是他们根本不相信法律。他们经常

1 参见罗伯斯庇尔:《革命法制和审判》，赵涵舆译，商务印书馆，1965年，第175—177页。——译注

发现，法律只是捕捉小苍蝇［穷人］的蜘蛛网。他们习惯于因琐事而惩罚自己，时常仅仅因为采用了富人或寄生虫的方法而自我惩罚。事实上，当巴黎人见到处决一个贵族或神父时，他们是否超越了平民的胆量，也犯下了罪行呢？当正义和法律失去公允时，报复将伴随着血红色的复仇天空而降临，这将混淆无辜和罪恶。暴民的野蛮超过了老虎的残忍。

让我们将目光投向人类历史，没有哪个社会阶层不会因险恶的行为或血腥事件而黯然失色。让我们看一下野蛮国家中人类恶习的清单，并将它与文明人的恶习做一个对比。我们可以发现，与一个虚构生活中典型的恶棍相比，有道德的野蛮人就是天使。如果我们探究一下导致这种堕落的原因，我们不难发现：他们与政府的不公平有关，这种政府是在特定的环境中产生的，存在于世界各地。

让我们冷静而公允地思考一下政治原则形成过程中的进步，我可以自鸣得意地说，任何一个有爱心、懂得体谅别人的人都会承认，一种比迄今为止所存在政治制度还要简单的政治制度，也可以有效地查出一些热情洋溢的愚蠢行为（这些行为通过模仿而走向犯罪），并将其从正义而仁慈的政府中消除。

因此，法国成长起来了，它厌倦了病态国家的堕落。……这只是一个哲学的视角。这一视角审视了人类行为后果的本质和分量，这将有助于辨别造成如此多惨剧的原因。

资料来源：Maximilien Robespierre, “On the Moral and Political Principles of Domestic Policy,” February 5, 1794, *Modern History Sourcebook: Robespierre: Terror and Virtue, 1794, http://www.fordham.edu/halsall/mod/robespierre-terror.html*; Mary Wollstonecraft, “An Historical and Moral View of the Origin and Progress of the French Revolution,” *A Mary Wollstonecraft Reader*, ed. Barbara H.Solomon and Paula S.Berggren (New York: New American Library, 1983), 374–375, 382–383.

分析问题

为什么罗伯斯庇尔认为革命不能容忍不同意见？他的观点有说服力吗？

罗伯斯庇尔如何区分暴君的恐怖和自由的恐怖？

沃斯通克拉夫特如何解释巴黎人的“残暴”？

沃斯通克拉夫特认为暴力时期会带来什么？

596 扩大投票权和创建代表制，而法国革命则采取了“恐怖统治”。市场女摊贩和
士兵可以参与国民公会，一般民众可以参与革命法庭的审判，更多的人可以服
597 兵役，这些都是政治交流的形式，这些形式暂时满足了法国人民参与政治的愿
望。拿破仑利用了这些参政形式建立了欧洲第一个民粹独裁政府。长达10年的
危机、混乱和流血使整个社会满目疮痍，拿破仑之所以能够取得成功，是因为
他在军事方面的威望使人们看到了恢复社会秩序的希望。

拿破仑统治下的法国

拿破仑力图实现法兰西主宰欧洲的梦想，同时有效地保护国内的人民和财
产。1801年，拿破仑与天主教会达成了一项协议，给予法国天主教徒自由从事
598 宗教活动的权利，但法国政府有权任命主教和保留神父的政府编制。拿破仑按
自己的理解重修了法律，这就是1804年的《民法典》。拿破仑得到了农民和中
产阶级的支持，因为他从比较温和的革命第一阶段中继承了两条原则：法律面
前人人平等和保护私有财产。拿破仑拉拢了许多贵族成员，并于1804年成了法
兰西帝国的皇帝。尽管他想进行彻底的变革，但仍旧没有给予妇女政治权利。
《民法典》否定了妇女的基本权利，她们只能在丈夫或父亲的指导和监督下参
与经济活动。

拿破仑政权重建了秩序，但否定或限制了许多个人权利。例如，言论自由受到了限制，对政府的批评被认为具有破坏性而被禁止，大多数持不同观点的报纸也消失了。警务大臣（the minister of police）领导的密探和告密者执行了这些苛刻的政策。

法国的对外扩张及其失败

最终，拿破仑政权建立在了军事胜利之上（见地图22-2）。从拿破仑夺取政权到失败，没有哪个欧洲国家能单独击败法军。奥地利和普鲁士在战争中惨败，成了法国的盟友。只有英国才能在强大海军的保护下阻挡拿破仑称霸欧洲的步伐。

拿破仑想将法国的触角重新伸向美洲。于是，他于1807年入侵了葡萄牙，1808年入侵了西班牙。但西班牙和葡萄牙的爱国者在英国的支持下将法国拖入了战争的泥沼。面对伊比利亚半岛的失败和经济萧条，拿破仑做出了一个重大决定：入侵俄国。1812年6月，他集结了有史以来最庞大的军队（大约60万人），发动了这场战争。拿破仑的军队占领了莫斯科，但5个星期后又放弃了这座城市。在撤退的过程中，俄国严酷的冬天和俄军的攻击摧毁了拿破仑的军队。只有3万残兵败将撤回了法国。

拿破仑惨败给俄国后，奥地利和普鲁士背弃了法国，它们与英国建立了反法同盟。巴黎陷落后，拿破仑于1814年4月宣布退位，随后被流放到了意大利沿岸的厄尔巴岛（Elba）。获胜的反法同盟在法国重建了君主制。次年，拿破仑从厄尔巴岛成功出逃，重返法国。但在1815年，反法同盟在比利时的滑铁卢击败了拿破仑的军队。拿破仑再次宣布退位，被流放到了位于南大西洋的圣赫勒拿岛（St. Helena）。1821年，拿破仑在岛上辞世。

本节回顾

对美国革命的支持加重了法国的财政负担，路易十六不得不召开三级会议。

一些贵族和神职人员加入了第三等级阵营，他们组建了国民议会。

饥饿的巴黎群众用激进行动推动了改革，他们攻占巴士底狱，并强行把国王带回巴黎。

罗伯斯庇尔领导的制宪议会处决了国王，并实行了恐怖政策。

恐怖时期的暴力活动和外国军事威胁使法国筋疲力尽。拿破仑获得了法国的权力，在1814年战败之前，他一直主宰着欧洲。

22.4 革命的蔓延和保守势力的反扑（1789—1850年）

虽然拿破仑的独裁破坏了法国大革命的民主传统，但革命理念已经传遍了欧美，并站稳了脚跟。在欧洲，法国革命促进了民族主义和共和主义。在美洲，美国和欧洲的革命运动推动了新一轮的独立运动。圣多明各（今海地）是法国在伊斯帕尼奥拉岛西部的一小块殖民地，法国革命的消息动摇了殖民政权在圣多明各的统治，并引发了一场成功的奴隶起义。但在欧洲，保守的君主协力扑灭了熊熊燃烧的革命之火。他们要将革命扼杀在摇篮中。

22.4.1 海地革命（1789—1804年） 599

1789年，法属圣多明各是美洲最富庶的殖民地之一。那里的产品——糖、棉花、靛蓝和咖啡——占法国从热带进口产品的2/3，并带动了法国近1/3的对外贸易。这些财富建立在残酷的奴隶制基础之上。圣多明各奴隶所经受的严酷惩

海地奴隶为自由而战 拿破仑派军前往海地，希望恢复法国的统治。在这张画中，身经百战的法国士兵与海地军队在热带森林中展开了激战。海地人的抵抗和黄热病挫败了法国军队入侵。

罚和恶劣生活条件，在整个加勒比地区恶名昭彰。高死亡率和低生育率使圣多明各需要不断进口奴隶。因此，在1790年，殖民地有50万奴隶，其中大多数是在非洲出生的。

有色人：在海地拥有自由身份的有色人。他们希望获得更多政治权利，随后支持了海地革命。

1789年，当召开三级会议的消息传到岛上的时候，富有的种植园主也派代表前往巴黎，他们想为圣多明各争取到更多的地方自治权和更多的经济自由。自由的混血种人即**有色人**（gens de couleur）也派出了代表。他们代表自由的黑人种植园主和拥有奴隶的城市商人，他们希望限制种族歧视，但不废除奴隶制。当法国革命走向激进的时候，有色人主张与同情他们的法国激进人士结盟，因为激进派把殖民地富有的种植园主看作保皇派或贵族。

海地革命爆发

法国政局的动荡削弱了殖民统治。在这段权力真空时期，富裕的种植园主、贫穷的白人和有色人都在追求自身的利益，仇恨日益增加并走向正面冲突。奴隶憎恨残酷的统治，有色自由民也心怀不满。这就意味着，一旦奴隶主式微，暴力冲突将不可避免。樊尚·奥热（Vincent Ogé）是有色人的领袖。

地图22-2　拿破仑控制下的欧洲（1810年） 到1810年，大英帝国成为唯一一个与拿破仑抗衡的欧洲国家。1805年，英国在特拉法加海战中击败法国。拿破仑很难入侵英国，但英国却可以积极地支持西班牙和葡萄牙的抵抗运动，这有助于削弱法国的势力。

地图22-3 海地革命 在废除奴隶制和争取独立的道路上，海地革命者推翻了当地的奴隶主政权，挫败了英法的武装干涉。

1790年，他从法国回到圣多明各后，遭到了种植园主的逮捕。种植园主对他严刑拷打，并判处他死刑。自由的黑人和奴隶很快采取了以牙还牙的行动。

弗朗索瓦·多米尼克·杜桑·卢维杜尔：海地革命领袖。他解放了奴隶，击败了英法的武装干涉，领导海地获得了独立。

杜桑·卢维杜尔

1791年，在种植园精英的带领下，白人和有色人参与了战争。北方种植园爆发的奴隶起义使战争发生了变化（见地图22-3）。起义的奴隶摧毁了种植园，杀死了他们的主人和监工，还将作物付之一炬。起义领导者依靠非洲的政治实践因素和法国的革命理念，动员和领导起义的奴隶。

在**弗朗索瓦·多米尼克·杜桑·卢维杜尔**的领导下，起义的奴隶逐渐占了上风。杜桑·卢维杜尔以前是一个家庭奴隶，他建立了一支纪律严明的武装力量。1794年，激进的国民公会宣布在法国全境废除奴隶制，这给了杜桑·卢维杜尔政治上的支持。他扫清了本土的敌人，并于1798年击败了英国远征军，随

后进兵邻近的西属圣多明各。在那里，他解放了奴隶。虽然杜桑·卢维杜尔向 601
法国宣誓效忠，但在当地事务上，他并没有给法国政府什么发言权。

法国对海地革命的反应，既威胁到了废除奴隶制，又威胁到了杜桑·卢维杜尔的政治地位。督政府打算恢复奴隶制，杜桑·卢维杜尔抗议道：

> 他们认为享受自由的人能平静地接受别人将自由夺走吗？只有当他们不知道其他生活方式比奴隶制更幸福时，他们才会承受枷锁。但今天他们已经摆脱了奴隶制。就算全部牺牲，他们也不愿重新成为奴隶。[2]

1802年，拿破仑派出了大批军队，要在圣多明各重建法国的殖民统治和奴隶制（见地图22-3）。起初，法军获得了胜利，俘获了杜桑·卢维杜尔，并将其押往法国。他死在了法国的监狱中。但后来，黄热病夺走了数千条生命，革命者扭转了战局。1804年，杜桑·卢维杜尔的继任者宣布独立。自由的海地共和国作为西半球第二个独立国家与美国并肩站在了一起。

22.4.2　维也纳会议和保守派的退却（1815—1820年）

维也纳会议：欧洲君主的代表参加了这次会议，他们要求在击败拿破仑一世后重建旧秩序。

1814—1815年，英国、俄国、奥地利、普鲁士和其他国家的代表参加了**维也纳会议**，他们想重建欧洲的政治秩序。法国大革命和拿破仑的帝国野心威
胁到了欧洲旧秩序。古老的君主制被推翻，革命者取代了旧有的统治集团。长 602
期建立起来的政治制度轰然倒塌，国境线也变得模糊不清。贵族和教会岌岌可危。在奥地利外交大臣克勒门斯·冯·梅特涅（Klemens von Metternich，1773—1859年）的主持下，战胜国希望制定一份广泛的和平协议以捍卫传统秩序。

神圣同盟

维也纳会议的一个目标是建立一个强大而稳定的法国，以便最大限度地保证未来的和平。会议重建了法国的君主制，恢复了法国在1792年时的边界，这使得大多数参与反法同盟的国家在领土上获益。梅特涅认为，一个强大而稳定的法国必须受到均势的制约。为了镇压革命和以法国革命为榜样的民族主义运动，奥地利、俄国和普鲁士单独组成了同盟。1820年，这个“神圣同盟”以武力镇压了西班牙和意大利的自由主义革命。神圣同盟也试图在大学和媒体中消除共和思想和民族主义思想，希望用这种方式削弱革命思想的力量。虽然梅特涅的保守主义方案在短期内获得了成功，但与自由主义和民族主义相关的思想在整个19世纪仍是欧洲政治生活中的重要一环。

22.4.3 民族主义、改革和革命（1821—1850年）

希腊独立

虽然存在着保守君主的势力，但民众对民族自决和民主改革的支持在整个欧洲发展起来。奥斯曼帝国从15世纪起就统治着希腊。1821年，希腊的爱国者展开了一场独立运动。梅特涅和其他保守派反对希腊独立，但欧洲的艺术家和作家都醉心于古希腊的文化遗产，希望政府能介入希腊革命。经过数年抗争，俄国、法国和英国于1830年迫使奥斯曼帝国承认希腊独立。

法国和英国对革命的恐惧

1814年，获胜的反法同盟将已被处决的路易十六的兄弟路易十八推上了王位。与路易十六不同，路易十八采用了君主立宪制。他于1824年去世，他的兄弟查理十世登上了王位。保守的查理十世拒不接受宪法。1830年，巴黎爆发大规模起义，查理十世被迫退位。国王的堂兄弟路易·菲利普（Louis Philippe，1830—1848年在位）登上了王位，他同意接受宪法，并承诺扩大投票权。

法国的暴力革命使英国代表贵族保守势力的托利党惧怕民主和任何形式的群众运动。1815年，英国政府通过了限制外国粮食进口的《谷物法》。这项法案符合富裕地主的利益，却损害了穷人的利益，因为他们不得不花更多的钱购买面包。穷人组织起来，想推翻这项法案。政府则禁止公共集会，并派兵镇压了曼彻斯特的抗议活动。英国的改革者反对这些政策，他们增加下议院的权力，并将有投票权的人数增加了将近50%。虽然宪章派最激进的要求未被接受，但新的劳动改革和经济改革开始关注工人的不满（见第23章）。

1848年革命

1848年革命：民主主义革命和民族主义革命席卷了整个欧洲。法国人推翻了君主制。但德国、奥地利、意大利和匈牙利的革命却以失败告终。

虽然希腊获得了独立，英国和法国进行了有限的政治改革，但保守势力仍旧掌握着主动权。1848年，对民主改革和民族自决的追求给欧洲带来了动荡。**1848年革命**最先在巴黎爆发，巴黎的中产阶级与工人联合起来，推翻了路易·菲利普的统治，建立了法兰西第二共和国。改革者给予成年男性投票权，在法属殖民地终结奴隶制，废除了死刑，并立法保证了十小时工作制。但是，巴黎工人要求降低失业率和平抑物价，与希望保护私有财产权的中产阶级发生了冲突。当工人再次起来反抗政府时，法国军队将他们镇压了下去。为了重建秩序，法国人于1848年12月选举拿破仑皇帝的侄子路易·波拿巴为总统。三年后，他推翻了宪法，成为拿破仑三世。

603

1848年，匈牙利、意大利、波希米亚和其他地区的改革者要求更大的民族自决，从奥地利帝国独立出来。要求遭到君主拒绝后，维也纳的学生和工人走上了街头，试图迫使当局进行巴黎人民所要求的那种政治改革。革命的火焰燃

比利时的1830年革命 在1830年法国革命推翻复辟王朝之后，比利时也从荷兰获得了独立。在波兰和意大利，带有民族主义色彩的争取自治的革命却以失败告终。古斯塔夫·瓦白（Gustaf Wappers）男爵用浪漫的手法描绘了比利时起义，画中有来自中产阶级和工人阶级的男子、妇女和儿童构筑的路障，表明比利时起义的大众性质。

遍了整个奥地利帝国，保守势力的代表梅特涅化装逃出了维也纳。但大规模改革并未出现，因为奥地利帝国的新皇帝弗朗兹·约瑟夫（Franz Joseph，1848—1916年在位）借助俄国的势力和忠于皇帝的奥地利军队重建了统治。

同样，柏林的中产阶级和工人也联合在了一起。他们要求普鲁士国王接受一部自由宪法，并希望德意志能实现统一。但普鲁士同奥地利和丹麦的两场外交冲突打断了制宪议会（Constituent Assembly）编纂宪法的工作和就国家统一所进行的谈判。结果，腓特烈·威廉四世（1840—1861年在位）巩固了他的权力，他反对宪法改革和国家统一。

虽然革命者在巴黎、维也纳、罗马和柏林的街头设置了路障，展开了英勇的斗争，但1848年革命并未实现民族主义者和共和主义者的目标。君主们得到了贵族和职业军人的支持，他们从农民中大量征兵，农民并不同情城市工人。相反，革命联盟被证明是脆弱的。当工人要求提高工资，要求进行劳动改革时，他们的中产阶级盟友投入了对方的阵营。

本节回顾

在杜桑·卢维杜尔的领导下，圣多明各的奴隶推翻了奴隶制，海地获得独立。

维也纳会议和神圣同盟想要防止革命在欧洲爆发。

民族主义和民主主义导致了1830年革命和1848年革命，但大多数革命都以失败告终。

604

结 语

在18世纪最后几十年，大西洋世界出现了长期革命运动。在欧洲和亚洲、美洲殖民地进行的战争消耗了大量的财富，这迫使欧洲的君主开始征收新税，但新税使民众怨声载道。美国革命拉开了转型的序幕。击败英国后，新生的美国建立了当时最民主的政府。虽然人民没有获得全部权利，奴隶制依旧存在，但在许多欧洲人眼中，这证明了启蒙运动中最具革命性的政治理念是切实可行的。然而，对奴隶制的妥协最终使1787年宪法大打折扣。这点我们将在第24章讨论。1860年，这个新生的国家差一点就瓦解了。

法国革命带来了一种更激进的民主模式，但它也带来了使成千上万人丧命的“恐怖”、西欧军事化和一系列具有破坏性的战争。虽然付出了如此巨大的代价，但法国革命还是将美国革命树立起来的民主观念和平等理念向前推进了一步。海地革命受到了法国革命的影响，这场革命不但建立了西半球第二个独立国家，而且沉重打击了奴隶制。法国革命的过激行为和由革命引发的战争提高了拿破仑·波拿巴的政治地位，也带来了现代民主的劲敌——民粹威权主义。

每场革命都有自身的特征。与美国革命相比，法国革命和海地革命更暴力，更具破坏性。美国的革命者击败了英国，在没有推翻殖民地社会秩序的情况下实现了独立，这种社会秩序是建立在南方数州的奴隶制基础之上的。法国和海地的革命者面临着更加根深蒂固的传统和更激烈的抵抗，同时还面临着更严重的社会不平等，这是美国革命者从未遇到的。反抗传统特权阶级的活动导致了规模更大的暴力行为。法国和海地的革命者还要面对强大的外来干涉，这增加了两场革命的血腥味和破坏性。

击败拿破仑之后，保守势力的反扑得逞一时。君主制、多民族帝国和教会仍旧获得了成百上千万欧洲人的支持，也获得了许多最富有、最有影响力的人的支持。但自由主义和民族主义仍在激发着革命热情。保守派和改革派之间的斗争一直持续到19世纪。最后，民族国家、启蒙运动所提倡的理性、政治参与的扩大和世俗文化成为主流。在很大程度上，旧秩序无法满足新社会阶层的要求，这些新的社会阶层与工业经济的产生密切相关。对世袭社会制度进行简单改革阻挡不了由工业资本主义带来的物质转型，传统宗教的教义也阻挡不了快速发展的科学。

这些革命开启了西方社会的转型，但它们没有完成社会转型。只有少数人获得了全部的政治权利。直到20世纪，妇女才实现了这一目标。民主制经常遭遇挫折，就像法国革命时期出现的波折一样。而且，虽然在革命时期人们对个人自由抱有相当大的热忱，但正如第24章将讨论的那样，奴隶制在美国一直持续到了19世纪中叶。

进一步阅读文献 605

Andress, David. *The Terror: The Merciless War for Freedom in Revolutionary France*. 2006. 最近出版的一部著作，简述了这一时期的历史。

Bell, David A. *The First Total War: Napoleon's Europe and the Birth of Warfare as We Know It*. 2008.

Craveri, Benedetta. *The Age of Conversation*. 2005. 介绍了革命之前的法国贵族文化。

Damrosch, Leo. *Jean-Jacques Rousseau*. 2005. 卢梭的传记，是同类著作中最好的一本。

Dubois, Laurent. *A Colony of Citizens*. 2004. 将法国革命和海地革命同为自由和公民权而奋斗结合起来。

Fenton, William N. *The Great Law and the Long-house: A Political History of the Iroquois Confederacy*. 1998. 对这个强大的印第安联盟进行了深入研究。

Fick, Carolyn E. *The Making of Haiti: The Saint Domingue Revolution from Below*. 1990. 近来对海地革命的最好综述。

Fitzsimmons, Michael. *The Night the Old Regime Ended: August 14, 1789, and the French Revolution*. 1998.

Godineau, Dominique. *The Women of Paris and Their French Revolution*. 1998. 对这个问题做了深入介绍。

Goldstone, *Lawrence.Dark Bargain: Slavery, Profits and the Struggle for the Constitution*. 2005.

Goodman, Dena. *The Republic of Letters: A Cultural History of the Enlightenment*. 1994. 研

究了革命时代的男性知识分子和女性知识分子。

Hobsbawm, Eric. *The Age of Revolution*. 1962. 清楚地分析那个时代的社会阶层问题。

Holtman, Robert B. *The Napoleonic Revolution*. 1967. 对那个时期进行了可靠的总结。

Hunt, Lynn. *The Family Romance of the French Revolution*. 1992. 考察了革命政治中的性别问题。

James, C. L. R. *The Black Jacobins*, 2nd ed. 1963. 出色地研究了海地革命。

Lefebvre, Georges. *The Coming of the French Revolution*. Trans. R.R.Palmer. 1947. 从社会阶层的角度进行了分析。

Lindemann, Albert. *History of European Socialism*. 1983. 考察了欧洲社会改革运动的发展。

McMahon, Darrin M. *Enemies of the Enlightenment, The French Counter-Enlightenment and the Making of Modernity*. 2001. 讨论了反启蒙运动，是一本有用的书。

Norton, Mary Beth. *Liberty's Daughters: The Revolutionary Experience of American Women, 1750–1800*. 1980. 研究了革命时代的女性角色。

Rudé, George. *The Crowd in History: Popular Disturbances in France and England*. 1981. 介绍了革命时期的抗议活动。

Stearns, Peter, and Herrick Chapman. *European Society in Upheaval*. 1991. 非常有价值的总结。

Taylor, Alan. *The Divided Ground. Indians, Settlers, and the Northern Borderland of the American Revolution*. 2006. 对这个问题进行了深入分析。

Taylor, Barbara. *Eve and the New Jerusalem: Socialism and Feminism in the Nineteenth Century*. 1983. 分析了英格兰工人权利和女性权利的关系。

Te Brake, Wayne. *Shaping History: Ordinary People in European Politics, 1500–1700*. 1998. 讨论了那个时代的“下层”和“民间文化”的重要性。

Will, Gary. *Inventing America, Jefferson's Declaration of Independence*. 1978. 对这场重要运动提出了疑问。

Wood, Gordon S. *Revolutionary Characters. What Made the Founders Different*. 2006. 探讨了重要的一代人，是一本令人信服的书。

注 释

[1] 引自Ray Raphael, *A People's History of the American Revolution* (New York: Perennial, 2001), 141。

[2] 引自C.L.R.James, *The Black Jacobins*, 2nd ed. (New York: Vintage Books, 1963), 196。

第23章

早期工业革命
（1760—1851年）

本章纲要

思考

工业革命的起因是什么？

哪项关键性发明提高了生产率，推动了工业革命？

这些变化对工业国的社会和环境产生了什么影响？

工业革命如何带来新的经济理念和政治理念？

工业革命如何影响工业化和其他非工业地区的关系？

607 18世纪早期，曼彻斯特只是英格兰北部的一个小镇。一个世纪后，它成了历史上发展最快的城市。对于当时的人来说，它既令人惊讶又令人恐惧。棉纺厂周围散布着工人的住所，这些房子极尽寒酸。经济学家纳索·西尼尔（Nassau Senior）这样描述工棚区：

> 但当我穿过他们的居住区时，……我不禁怀疑，住在这里的人能否拥有最起码的健康。这些小投机商建起的城镇只关注眼前利益。……在一个地方，我们看到整条街道沿着一条壕沟而建，目的是在不花挖掘费的情况下就可以有许多深深的地窖（这些地窖是用来住人，而不是用来堆放杂物的）。在这条街上，家家都患过霍乱，……街道从未铺砌过，路中间要么堆满了脏东西，要么坑坑洼洼；这些住宅鳞次栉比，既没有通风装置也没有下水道。整个家庭拥挤在地窖或阁楼的每个角落。[1]

在新兴工业城市中，并不是每个人都为居住条件忧心忡忡。弗里德里希·恩格斯描述了他与一个富裕市民的会面：

> 一天，我与一位中产阶级绅士走进曼彻斯特。我与他谈了贫民区糟糕的卫生状况，希望他关注一下工人居住区的恶劣条件。我说，我一生中从未见过建设如此糟糕的城镇。他耐心地听着，在我们道别的那个街角，他说："但这里创造了巨额财富。先生，祝您早安。"[2]

第一座工业城市曼彻斯特 第一座棉纺厂出现在了英格兰北部的艾威尔河畔，这使曼彻斯特从乡村小镇变成了繁荣的工业城市。19世纪初，纺织厂开始用蒸汽机作纺织机的动力，用化学制剂进行漂白和染色，这使曼彻斯特成为当时世界上污染最严重的城市。

历史学家所说的**工业革命**将曼彻斯特变成了一座巨大的工业城市。在人类历史中，工业革命是人类开始农业生产以来最深刻的变革。这场革命给制造业、采矿业、交通运输业和通信业带来了巨大变化，同时也快速改变着社会和商业。社会群体之间的新关系创造了一种有利于技术革新和经济增长的环境。新技术、新的社会布局和经济布局使工业国（开始是英国，随后是西欧和美国）极大地提高了产量和生产力，也以一种前所未有的方式开发世界的自然资源，改变环境和人类生活。

工业革命：经济、环境和生活条件方面的变革，首先出现在18世纪的英国。蒸汽机的使用、生产的机械化，以及交通、通信领域的创新推动了工业革命。

工业化拉大了富人和穷人之间的差距。掌握新技术的人积累起大量财富，拥有了对自然和他人的控制权。有些人极尽奢华，但工人（包括孩子）却要在充满危险的工厂中工作很长时间，生活在拥挤而肮脏的房间里。 608

工业革命对世界各地产生了不同的影响。工业国变得富有，变得强大。但在埃及和印度，欧洲国家的经济力量和军事力量将当地的工业化扼杀在了摇篮里。没有工业化的地区很容易受到剥削。工业国和发展中国家的不平等可以追溯到19世纪早期，这种不平等一直延续到了今天。

23.1 工业革命的起因

是什么引发了工业革命？为什么它会发端于18世纪晚期的英格兰？这是两个历史谜团。这一重大事件的先决条件是人口增长、贸易扩大、农业革命和以大量创新为基础的经济增长。

23.1.1 人口增长

18世纪的人口增长是欧洲历史上从未有过的。18世纪早期，欧洲人口增长缓慢，但从1780年开始迅猛增长，其增速甚至比19世纪早期还快。英格兰和威尔士的人口从1688年的550万增加到了1801年的900万，1851年达到了1 800万。

人口增长可以归结为两个原因，一是抵御疾病的能力增强，二是原产自美洲的农作物为人口增长提供了可靠的食物来源（见第18章）。工作机会的增加可以使人们更早结婚，生育更多儿女。19世纪早期，年龄在15岁以下的英国人口达40%。年轻人所占的高比例有助于帮助我们理解为什么那个时期的英国富有活力，以及为什么当时会广泛使用童工。移民的速度也是前所未有的——从乡村到城市，从爱尔兰到英格兰，更普遍的是从欧洲到美洲。移民使美国人口从1791年的400万上升到了1820年的960万。到1860年，人口达到了3150万。美国成为当时世界上人口增长最快的国家。

农业革命：18世纪，由改进种植方法和饲养方法、推广新作物和土地兼并所引发的农业转型。土地兼并使许多佃农流离失所。

23.1.2 农业革命

马铃薯和玉米

农业方面的革命为城市居民提供了食物，也迫使较贫穷的农民离开土地。这场**农业革命**早在18世纪之前就开始了。从南美洲移植的马铃薯是农业革命的一个重要方面。在凉爽湿润的欧洲，马铃薯的亩产量比之前种植的小麦、黑麦和燕麦多两到三倍。从伊比利亚北部到巴尔干，玉米的种植遍布欧洲。芜菁、豆荚和苜蓿也不会浪费土地，它们可以用来喂养牲畜。牲畜可以提供肉和奶，它们的粪便可以成为肥料。

圈地运动

拥有土地所有权的富裕地主能承担起尝试新方法和种植新作物的风险。因此，为了保护财产，他们把地“圈”了起来。他们还从议会得到了公用土地的

大事年表

	技术	经济、社会和政治
1750年	1702—1712年，托马斯·纽科门制造了第一台蒸汽机	
	1759年，乔赛亚·韦奇伍德开办了陶瓷厂	
	1764年，珍妮纺纱机问世	
	1769年，理查德·阿克赖特发明水力纺纱机；詹姆斯·瓦特获得了蒸汽机的专利	
		1776年，亚当·斯密出版《国富论》
		1776—1783年，美国革命
	1779年，出现第一座铁桥	
	1785年，塞缪尔·克隆普顿的骡机问世	
		1789—1799年，法国革命
		1792年，玛丽·沃斯通克拉夫特出版《女权辩护》
	1793年，伊利·惠特尼获得了轧棉机的专利权	
1800年	1800年，亚历山德罗·伏特发明电池	1804—1815年，拿破仑战争
	1807年，罗伯特·富尔顿制造“北河号”	19世纪20年代，美国棉纺业起步
	1829年，“火箭号”获胜	1833年，英国颁布《工厂法》（Factory Act）
	19世纪20年代，修建伊利运河	1834年，德意志组成关税同盟；罗伯特·欧文组织了全国大统一工会
	1837年，惠兹顿和库克发明电报；摩尔斯电码问世	
	1838年，第一艘蒸汽船横跨大西洋	
	1840年，“复仇女神号”驶向中国	
	1843年，塞缪尔·摩尔斯建立从巴尔的摩到华盛顿的电报	1846年，英国废止《谷物法》
		1847—1848年，爱尔兰饥荒
		1848年，宪章运动失败；欧洲爆发革命
1850年	1851年，水晶宫在伦敦落成	1854年，印度出现了第一家棉纺厂

所有权。控制了这些土地后，富裕地主开始修建排水系统、改良土壤、饲养更好的牲畜，还引进了作物轮作制。圈地运动将佃农变成了农业工人。一些农民要到城市寻找工作，另一些人沦为流浪汉，还有一些人移民到了加拿大、澳大利亚和美国。

23.1.3 贸易和创新 609

在欧洲大部分地区，以传统方法增加产量满足了人口增加所带来的需求增长。道路的改善使公共马车（stagecoaches）跑得更快。皇家作坊教工匠如何制造瓷器、丝绸和毛毯。在乡村地区，农舍作坊也可以生产出许多产品。商人用原料交换回产品，负责加工的工匠通常是农闲时的农民。贸易随着人口和食物

地图23-1 英国工业革命（约1850年） 第一批工业出现在英格兰的北部和西部。这些地区充足的煤铁资源、潮湿的气候和快速流淌的河流为棉纺业的发展提供了基础。

供给的增加而增长。其中大部分是涉及传统商品和服务的本地贸易，但远程贸易的份额也在不断增加。

18世纪，加勒比奴隶种植园生产的糖在国际贸易中最为有利可图。平民开始喝茶、咖啡和可可，也开始享用各式各样的糕点和糖果，这带动了瓷杯和其他餐具的需求。越来越多的人穿起了丝制和棉制衣服，这些衣服的原料是从亚洲进口的。

技术

在亚洲和北美东部，受过教育的人对技术和发明十分着迷。法国《百科全书》（Encyclopédie）中有很多关于手工业和制造业的文章和说明（见“多样性与主流：亚当·斯密与劳动分工”）。英法政府向全世界派出了探险队，去收集适宜在其殖民地种植的植物。两国还悬赏征集在海上确定船只经度的方法，以便避免船舶失事，挽救成千上万海员的生命。本杰明·富兰克林（Benjamin Franklin）做了与电相关的实验。在法国，蒙哥尔费兄弟（Montgolfier brothers）发明了热气球。克劳德·查佩（Claude Chappe）制造了第一台旗语电报机
（semaphore telegraph）。美国人伊利·惠特尼（Eli Whitney）和他的助手约 610
翰·霍尔（John Hall）发明了机床，即可以制造机器的机器。这些机器极大地提高了制造业的生产力。

23.1.4 英国和欧洲大陆

英国工业化的兴起

工业化并未立刻在所有地区展开。要理解其中的原因，我们就必须明白大英帝国的特殊角色。农业丰收和繁荣的海外贸易提高了英国的生活水平。在出口工具、枪支、五金器具、钟表和其他手工制品方面，英国在世界上是首屈一指的（见地图23-1）。在采矿业和金属业工作的工程师乐于尝试新想法。英国
拥有规模最大的商业船队。与其他国家相比，英国还能生产出更多的船舶、海 611
军供给品和航海设备。

直到18世纪中叶，英国人仍旧以廉价仿制品著称，但他们将发明运用于实践的速度比其他民族快。正如1829年工程师约翰·法里（John Farey）对议院委员会（parliamentary committee）所说的那样：“英格兰和苏格兰的优秀人才将他们的新想法运用于实践，并运用得尽善尽美，但他们并不比外国人更有想象力。”[3]

英国在欧洲的优势

在1790年之前，英国也拥有一个比欧洲其他地区更易变化的社会。宫廷不那么奢华，贵族也不那么有权势，阶级之间的差异也不像其他地方那样明显。英国不像欧洲大陆那样集权，政府中也没那么多官僚。贵族们可以与商人联

姻。小商人、自耕农和城镇工匠之间的通婚十分普遍。虽然门第也很重要，但财富也会博得尊重。拥有财富的商人可以购买土地，成为议员，拥有与他们相称的社会地位。

在陆上交通成本很高的时候，英国有了发达的水上交通，这要归功于英国曲折的海岸线、便于航行的河流和日益完善的水运网。英国拥有统一的国内市场，不像法国那样关卡林立。这促进了区域的专业化（如康沃尔的矿业、兰开夏的棉纺业）和区域间的贸易。

英国也拥有更高的商业化程度，与其他主要国家相比，英国从事出口生产、贸易和金融业的人更多。英国在海外贸易中尤为活跃。这个国家的财政制度和保险制度可以为日益做大的商业企业提供支持。发明者也可以从专利制度中获得高额回报。一个人因他的发明而变得富有，变得受人尊敬，这样的例子鼓励了其他人。

18世纪，高昂的运费、举措失当的政府法规和僵化的社会结构制约了欧洲大陆的经济发展。低地国家可以依靠运河。但在欧洲其他地区修建运河不但成本很高，而且难度很大。引进英国技术和组织企业生产的努力，因缺乏市场和管理方法而失败。另外，1789—1815年，革命和战争制约了欧洲的发展。尽管战争为武器、制服和马匹供应商提供了市场，但英国与欧洲大陆之间的贸易障碍阻碍了技术传播。参战国的动荡也使商人不愿投资建厂和购买机器。

欧洲工业化的兴起

政治革命扫除了旧体制的束缚。1815年后，西欧经济体做好了工业化的准备。比利时和法国北部主导着欧洲的工业化。因为当时有一个商人到访了英国，他看到了英国的变化，并刺探出了英国工业发展的秘密。到19世纪20年代，成千上万的英国人在欧洲大陆工作，他们组装机器，用新方法培训工人，有的还开办了自己的买卖。

欧洲大陆的政府很快意识到了英国的领先地位，纷纷采取措施刺激本国工业发展。这些国家创办技术学校，着手削减国内的关税壁垒和其他贸易障碍，鼓励建立股份公司和银行，将私人存款投资于工业。到1830年，西欧的政治气候非常适于商业发展，就像半个世纪前的英国一样。

丰富的煤铁储量决定了工业集中在一个狭长地带，这个地带起于法国北部，经比利时和德意志西部的鲁尔区，到达普鲁士的西里西亚（现属波兰）。到19世纪50年代，以铁、棉花、蒸汽机和铁路为基础，法国、比利时和德意志诸邦出现了像英国一样的工业繁荣。

本节回顾

人口增长、农业革命、贸易增加和创新意愿引发了工业革命。

工业化首先在英国出现，这是因为英国社会比较容易发生变化，交通也比较便利，也因为英国社会具有创新性，欢迎有才华、有事业心的人。

受过教育的欧洲人开始热衷于像商业和科技这样的实用领域。

在欧洲大陆，1789—1815年的革命扫清了旧式贵族政体的束缚，为工业增长铺平了道路。

23.2　技术革命 612

五项创新推动了工业革命：（1）通过劳动分工进行的大规模生产；（2）新机械和机械化；（3）铁产量的激增；（4）蒸汽机；（5）电报。中国在宋代（960—1279年）就完成了前三项，但没有发展出蒸汽机和电。西方工业化的进一步发展取决于新能源。

23.2.1　大规模生产：以陶瓷业为例

陶瓷业为**大规模生产**提供了一个好例子。大规模生产是指在制造完全相同的物品时，将整个过程分解为一些简单、重复的任务。在18世纪之前，只有富人才买得起中国瓷器。中产阶级使用锡合金（pewter）餐具，穷人只能使用木碗或陶碗。皇家作坊为王室和贵族制造精美的手工制品，但他们的产品太过昂贵，一般民众根本消费不起。越来越多的欧洲人开始喝茶、可可和咖啡，因此他们就需要不会破坏热饮风味的瓷器。这一需求为富有创造力的企业家提供了机会。

大规模生产：在生产同一种产品时，将劳动分成若干重复的小任务。乔赛亚·韦奇伍德将大规模生产引入陶瓷业，理查德·阿克赖特将大规模生产引入棉纺业。

多样性与主流

亚当·斯密与劳动分工

亚当·斯密（1723—1790年）是一位苏格兰哲学家，他以其1776年首版的《国民财富的性质和原因的研究》而闻名于世。这本书首次将一个国家的经济当作一

制针作坊 图中间的人（人物2）从一个纺锤形转轴（G）拉金属丝，金属丝绕过一系列小柱桩以便被拉得笔直。坐在右下方的人（人物3）将笔直的长金属丝截成小段。左下方角落的人（人物5）在用人物6转动的旋转研磨机同时磨尖12到15根金属丝。人物4和人物7在做针头。其他的工序——如将金属丝弄成适当的厚度，弄干净后涂上锡，装铆头——画在这本百科全书里的其他雕版画中。

个系统来解释。18世纪普遍流行一种观念：政府所拥有的金银数量代表了这个国家的财富。但亚当·斯密不同意这种观点，他将财富定义为国民生产出的产品和所提供的服务的总量。按照他的定义，劳动和劳动产品是一个国家繁荣的基本要素。

在下面这段引文中，亚当·斯密对比了两种制作针的方法。一组工人采用劳动分工，每天可以生产出大量的针；而另一组工人"各自独立工作"，每天只能生产出少量的针。很明显，用劳动分工方法可以使每人每天生产出更多的针。但谁会从中获益呢？暂且不说一个制针厂归企业主所有并由其负责管理，他雇用工人并将工作分派到每一个人头上。

> 制造业是极微小的了，但它的分工往往唤起人们的注意。所以，我把它引来作为例子。一个劳动者，如果对于这职业（分工的结果，使扣针的制造成为一种专门职业）没有受过相当训练，又不知怎样使用这职业上的机械（使这种机械有发明的可能的，恐怕也是分工的结果），那么纵使竭力工作，也许一天也制造不出一枚扣针。但按照现在经营的方法，不但这种作业全部已经成为专门职业，而且这种职业分成若干部门，其中有大多数也同样成为专门职业。一个人抽铁线，一个人拉直，一个人切截，一个人削尖线的一端，一个人磨另一端，以便装上圆头。要做圆头，就需要有二三种不同的操作。装圆头，涂白色，乃至包装，都是专门的职业。这样，扣针的制造分为

十八种操作。有些工厂，这十八种操作，分由十八个专门工人担任。固然，有时一人也兼任二三门。我见过一个这种小工厂，只雇用十个工人，因此在这一个工厂中，有几个工人担任二三种操作。像这样一个小工厂的工人，虽很穷困，他们的必要机械设备，虽很简陋，但他们如果勤勉努力，一日也能成针十二磅。从每磅中等针有四千枚计，这十个工人每日就可成针四万八千枚，即一人一日可成针四千八百枚。如果他们各自独立工作，不专习一种特殊业务，那么，他们不论是谁，绝对不能一日制造二十枚针，说不定一天连一枚针也制造不出来。他们不但不能制出今日由适当分工合作而制成的数量的二百四十分之一，就连这数量的四千八百分之一，恐怕也制造不出来。[1] 613

资料来源：Adam Smith, *An Inquiry into the Nature and Causes of the Wealth of Nations*, ed. Edward Gibbon Wakefield (London: Charles Knight and Co., 1843), 7–9.

分析问题

将制针过程细化到10种或10种以上步骤时，为什么每个工人可以生产出更多的针？分工劳动的产针量比各自独立工作的产针量多多少？

图片中展示的制针作坊与亚当·斯密描述的一样吗？

与一人独自制针工作相比，在实行劳动分工的制针作坊工作有什么缺点？

从亚当·斯密的时代到今天，你还能想到什么劳动分工的例子？劳动分工还有什么优点？

1　参见亚当·斯密：《亚当·斯密〈国民财富的性质和原因的研究〉（节选本）》，郭大力、王亚南译，商务印书馆，2002年，第7—9页。——译注

韦奇伍德陶瓷

英国有许多同时制造几只盘子和杯子的陶瓷小作坊。这种作坊主要集中在英国中部的部分地方，那里有上好的黏土、用作燃料的煤炭和用来上釉的铅。1759年，陶瓷匠的儿子**乔赛亚·韦奇伍德**（Josiah Wedgwood）开办了自己的陶瓷生意。他喜欢科学，发明了一种可以测量极端高温的设备，这种设备能测量出烧制瓷器时窑内的温度。今天，韦奇伍德这个名字已经与装饰精美的昂贵瓷

乔赛亚·韦奇伍德： 首先使用工业方法生产出高质量陶瓷品的英国工业家。

劳动分工：将劳动过程分解为简单、重复的任务的制造技术，没有技能的工人也可以完成每项任务。乔赛亚·韦奇伍德首先将劳动分工运用在陶瓷业。18世纪，其他工业也开始采用这种技术。劳动分工可以提高单个劳动者的产量，同时降低产品的成本。

器联系在了一起。但韦奇伍德最重要的贡献在于他用**劳动分工**的方法制造出了廉价的普通瓷器（见“多样性与主流：亚当·斯密与劳动分工”）。

韦奇伍德将工作细分成简单的重复性劳动，如卸载黏土、混合黏土、压平坯土、为陶坯上釉、在杯子上装把儿、装窑、在工厂中运送物品。为了防止进程中断，他为工人制定了严格的纪律。他尽可能地用模具取代陶轮，这一改变不仅节省了人力，而且生产出来的盘子和碗可以堆叠在一起。

韦奇伍德是月光社（Lunar Society）的成员，他将技术用于制造业的灵感就来自这个社团。月光社由商人、科学家和工匠组成，他们会在满月时聚会，讨论如何将知识运用到实践中。1782年，博物学家伊拉斯谟·达尔文（Erasmus Darwin）鼓励他从博尔顿—瓦特公司（Boulton and Watt）购买一台蒸汽机。该社团中的另外两名成员是这家公司的创始人。韦奇伍德买来用于混合黏土和碎

614

石的机器，是最早安装在工厂中的机器之一。劳动分工和新机器不但降低了成本，而且提高了产品质量。这使韦奇伍德的产品能以更低的价格出售。他雇用了数百名工人，其工厂也远大于竞争对手的工厂。他的推销员游走在英国各地，产品也行销到了欧洲大陆。

23.2.2 机械化：以棉纺业为例

机械化：用机器进行生产。18世纪末19世纪初，英格兰的棉纺业首先实现了机械化。

理查德·阿克赖特：英国的发明家和企业家。在工业革命初期，他成为最富有、最成功的纺织厂厂主。他发明了水力纺纱机。这种机器不需要很多的人工操作，可以同时生产多股棉线。

当时规模最大的棉纺业可以说明**机械化**的作用。机械化是指用机械代替手工。很早之前，中国、印度和中东地区就开始种植棉花，当地人用手工纺棉。与羊毛相比，棉布穿起来更凉爽、更柔软，也更干净，所以富有的欧洲人愿意花钱进口棉布。势力强大的英国毛纺织业说服议会禁止进口棉布，这一禁令刺激了棉花进口和英国棉纺业的发展，也为有创新精神的发明家用机械降低成本提供了机会。

棉纺业中的发明

18世纪60年代初，一系列发明给棉纺业带来了革命性变化。第一个是1764年发明的珍妮纺纱机（jenny），这台机器可以抽出棉纤维，并将其捻成线。珍妮纺纱机比较简单，制造成本低，也易于操作。早期的机型可以同时纺6到7股线，之后提高到了80股。但纺出来的线比较软，而且粗细不匀，使用时需要加入亚麻线——一种从亚麻植物中提取出来的比较结实的线。

1769年，**理查德·阿克赖特**（Richard Arkwright）发明了另一款纺纱机：水力纺纱机。这种机器纺出来的棉线比较结实，可以单独使用，不用搭配亚麻。

阿克赖特既是一位有天赋的发明家，又是一位成功的商人。与珍妮纺纱机相比，他的机器更大，也更复杂，需要像水轮这样的动力装置，故名“水力纺纱机”。为了获得必要的动力，他将几十台机器安装在邻近急流的建筑里，这种工厂看上去就像是磨面的磨坊，因此得名“棉磨坊”（cotton mill）。

1785年，塞缪尔·克隆普顿（Samuel Crompton）获得了骡机的专利权，这种机器吸收了珍妮纺纱机和水力纺纱机的优点，可以生产出结实的棉线。这种线非常细，可以制造出高品质的平纹细布（muslin）。骡机可以生产出价格更低、质量更好的产品，其质量优于任何人工纺织品。最终，英国可以廉价倾销类似于产自印度的高品质的手工棉布。1770—1790年，英国的棉布产量增长了10倍。

棉线产量的大幅增加和对布料需求的激增促进了其他纺织环节的机械化。1815年后，动力织布机日臻完善。这个时期的其他发明还包括梳理机（carding machines）、氯漂剂（chlorine bleach）和用来在布上印图案的滚筒式印刷机。到19世纪30年代，使用蒸汽机的大型纺织厂可以完成从原棉到成品布的每一个步骤。

机械化有两个优点：一是使制造商提高了产量，二是为消费者降低了价格。在印度，纺一磅棉花需要500小时，而1790年的骡机需要3个人工小时（three person-hours），1830年改进版的自动骡机只需80分钟。棉纺厂不需要很多熟练工人，因此经营者常常会雇用童工操作纺织机。逐渐取代手工纺织的动力 615
织布机也是如此，动力织布机的数量从1813年的2 400台增加到了1850年的50万台。与此同时，1782—1812年，棉布的价格下跌了90%，而且还在继续下跌。

英国的工业化使美国的棉花成为最有价值的作物。18世纪90年代，英国绝大多数棉花来自印度。1793年，美国人伊利·惠特尼获得了轧棉机的专利权。这是一种简单的设备，它可以将棉桃和心皮从纤维中分离出来，提高棉花的经济价值。这项发明将棉花种植拓展到了佐治亚州，之后又到达了阿拉巴马州、密西西比州和路易斯安那州，最远到达了德克萨斯州。到19世纪60年代，南方各州每年可以生产出100万吨棉花，占世界总产量的5/6。

英国工匠把珍妮纺纱机、骡机和动力织布机引进了美国。在他们的帮助下，美国于19世纪20年代发展起了自己的棉纺业。到1840年，美国拥有1 200家棉纺厂，其中2/3在新英格兰地区。这些纺织厂为日渐兴旺的国内市场提供了产品。

23.2.3 冶铁业

工业革命时，冶铁业也发生了变化。从欧亚大陆到非洲，人们很早就开始用铁制造各种工具、武器和家庭日常用品。在宋代，中国的冶铁厂就可以生产出大量的生铁。宋代以后，虽然铁的产量有所下降，但它在中国依然十分常见，而且并不昂贵。但无论铁在哪里生产，对森林的砍伐最终会推高木炭（用于熔炼）的价格，从而限制了产量。而且，为了去除其中的杂质，人们要将铁不断加热和捶打，这是一个复杂而昂贵的过程。在18世纪以前，木材供给的有限性和雇用技术工人所需的高成本使铁在中国之外成为稀有、贵重的金属。

冶铁中的革新

第一个突破出现在1709年，亚伯拉罕·达比（Abraham Darby）发现焦炭（去除杂质后的煤）可以取代木炭。焦炭冶炼出的金属比木炭炼出的铁质量差，但成本较低，焦炭也比煤易得。1784年，亨利·科特（Henry Cort）发现，用长棒搅动熔铁可以去除焦炭铁（coke-iron）中的杂质。科特的方法将煤转化成焦炭，以降低生产熟铁（一种柔软且延展性好的铁）的成本。到1790年，英国4/5的铁是由焦炭炼成的，而其他国家仍在使用木炭。焦炭铁增加了单个鼓风炉的体积。英国的铁产量迅速增加，从1740年的1.7万吨增加到了1844年的300万吨，

煤矿井口 这是一个小煤矿。在图片中间，一台纽科门蒸汽机在抽水。将煤拖出煤矿的工作还是由马和骡子来完成。烟囱中冒出的烟是早期工业时代的标志。

相当于其他地区铁产量的总和。

之后，铁得到了广泛运用。1779年亚伯拉罕·达比三世（Abraham Darby III，亚伯拉罕·达比的孙子）建造了一座跨越塞文河（Severn River）的铁桥。1851年，伦敦人对**水晶宫**惊讶不已。这是一个完全由铁和玻璃制成的巨大温室，大到可以罩住最高的树。

616

水晶宫：位于伦敦的海德公园，为1851年的大博览会而建。水晶宫由铁和玻璃制成，像一个巨大的温室，是工业时代的标志。

廉价的铁促进了产品的大规模生产，如枪、五金机械和各种工具。但组装这些产品需要大量的劳动力。为了降低成本，制造商希望能实现部件标准化。到19世纪中叶，标准化部件已经应用到了火器、农用机械和缝纫机的生产中。在1851年的水晶宫博览会（Crystal Palace exhibition）上，欧洲人将其称为“制造业的美国体系”。在之后的100年，用机器批量生产商品成为美国工业的标志。

23.2.4　蒸汽机

蒸汽机：将化石燃料的能量转化为动能的机器。1712年，托马斯·纽科门制造了第一台蒸汽机。这种蒸汽机虽然比较粗糙，但可以工作。18世纪六七十年代，詹姆斯·瓦特改进了纽科门蒸汽机。随后，蒸汽机为工厂、轮船和火车机车提供了动力。

在世界历史中，曾经有一些技术创新和经济增长的时期。但以前出现这些情况时，创新和发展的动力最终会衰退。相反，工业革命却使之加速。一个原因是科学家、技术人员和商人间的互动不断增强，另一个原因是出现了廉价能源，即化石燃料。第一台将化石燃料转化成机械能的机器是**蒸汽机**。蒸汽机将工业革命与之前所有的增长和创新区别开来。

纽科门蒸汽机和瓦特蒸汽机

在18世纪之前，深层矿道中积水的速度比马抽水的速度要快。1702—1712年，托马斯·纽科门（Thomas Newcomen）制造了第一台实用的蒸汽机。这台简单但有效的机器相当于用四匹马的速度从矿井中抽水，而且可以昼夜不停地运转。纽科门的机器要消耗大量燃料，这在煤矿中不是问题，因为那里的燃料比较便宜，但这种机器运用到其他领域时就会显得成本过高。1764年，苏格兰格拉斯哥大学科学仪器制造员**詹姆斯·瓦特**（James Watt）在修理纽科门蒸汽机时发现，这种蒸汽机之所以会消耗大量燃料，是因为它的气缸要不断被加热和冷却。他设计了一个独立的冷凝器，蒸汽在完成使命后会顺着一根管道排出。这样，气缸总是热的，冷凝器总是冷的。1769年，瓦特获得了专利。他得到了制铁商马修·博尔顿（Matthew Boulton）的帮助，把他的发明变成了商品。他们卖出的第一台蒸汽机是为铜矿和锡矿抽水，那里的燃料比较贵，用不起纽科门蒸汽机。1781年，瓦特发明了太阳行星齿轮装置（sun-and-planet gear），这种齿轮可以将活塞的往返运动变为旋转运动。这样，蒸汽机就可以驱动磨坊、棉纺

詹姆斯·瓦特：苏格兰人，发明了冷凝器，对蒸汽机做了很多改进，使蒸汽机成为工业和交通业的主要动力来源。电学单位瓦特就是以他的名字命名的。

跨越大西洋的轮船赛 1838年，两艘蒸汽动力轮船——“大西部号”和“天狼星号”——从英格兰驶向纽约。虽然天狼星号早出发数日，但到达纽约港时（如照片所示），“大西部号”几乎已经追上了天狼星号，天狼星号只是早到了4个小时。这场竞赛开启了定期越洋轮船服务。

617 厂、陶瓷厂和其他工厂里的机器了。地下的煤似乎取之不尽，这就意味着蒸汽产生的能量是用之不竭的。蒸汽机可以在缺乏生物能、风能和水能的地区使用。

汽船和轮船

许多发明家从瓦特蒸汽机得到了灵感，他们将蒸汽机装到了船上。第一艘成功的商用汽船是罗伯特·富尔顿（Robert Fulton）的“北河号”（North River）。1807年，这艘船在连接纽约和奥尔巴尼（Albany）的哈德逊河上试航成功。很快，汽船就出现在了俄亥俄州和密西西比州，之后发展到了中西部地区。19世纪20年代，伊利运河（Erie Canal）将五大湖区和大西洋沿岸打通，开通了从俄亥俄州、印第安纳州和伊利诺伊州到欧洲的航线。到1830年，密西西比河及其支流上停满了汽船。美国很快成为航运业发达的国家。

与内河航运相比，跨洋的蒸汽动力轮船就要难造得多了。首先是因为蒸汽机要消耗大量的煤，而船的载煤量是有限的。1819年，横跨大西洋的“萨凡那号”（Savannah）帆船将蒸汽机作为辅助动力。在长达21天的航行中，蒸汽机只工作了90个小时。工程师很快制造出了效率更高的蒸汽机。1838年，完全以蒸汽机为动力的“大西部号”（Great Western）和“天狼星号”（Sirius）成功横跨大西洋。

23.2.5　铁路

1800年，瓦特的专利权到期后，发明家们开始设计更轻、动力更强的高压蒸汽机，瓦特曾认为它太危险而否定了这种设想。1804年，理查德·特里维西克（Richard Trevithick）制造了一款蒸汽机，这款蒸汽机比纽科门蒸汽机少用12倍的煤，比瓦特蒸汽机少用3倍的煤。在此基础上，他又建造了可以在公路上、铁道上行进的蒸汽动力机车。

到19世纪20年代，英格兰有许多用于马拉载重货车的铁路。1829年，利物浦和曼彻斯特铁路的拥有者组织了一场比赛。比赛的双方是蒸汽机车和马拉货车。乔治·斯蒂芬森（George Stephenson）和他的儿子罗伯特（Robert）赢得了比赛，他们的机车"火箭号"（Rocket）在1小时内将20吨重的货车拖行了30英里（48公里）。这场胜利后，英国展开了轰轰烈烈的铁路建设。19世纪30年代

德·威特·克林顿机车（1835—1840年）"德·威特·克林顿"（The De Witt Clinton）是美国制造的第一辆蒸汽机车。高耸的烟囱可以冷却炙热的煤灰，这样煤灰就不会点燃附近的树木。这个设计非常重要，因为当时北美洲东部地区还有大片的森林。三节旅客车厢是装上了火车轮子的马车。

末，随着乘客数量的激增，商人们开始在大城市，甚至是小城镇间修建铁路。与马车相比，铁路更便宜、更快、更舒适。数百万人借此经常出门旅行。

美国的铁路

美国的企业家在以较低的成本快速修建铁路。到19世纪40年代，有6 000英里（1万公里）的铁路从波士顿、纽约、费城和巴尔的摩辐射而出。50年代又新修了2.1万英里（3.4万公里）的铁路，许多新建的铁路跨过了阿巴拉契亚山，

618

通到了孟菲斯、圣路易斯和芝加哥。1856年后，从纽约到芝加哥的旅程只需48个小时，之前坐船或骑马要花三个星期。铁路打开了中西部的大门，使大草原变成了农田，为东部地区的工业城市提供了农产品。

欧洲的铁路

铁路也促进了欧洲的工业化（见地图23-2）。比利时在1830年获得独立后也开始仿效英国的铁路系统。法国和普鲁士的铁路建设推迟到了19世纪40年代中期。一旦开始建设，铁路不仅满足了人们对交通运输的长期需求，而且促进了冶铁业、机械制造业和建筑业的发展。

23.2.6 有线通信

1800年，意大利科学家亚历山德罗·伏特（Alessandro Volta）发明了电池，这为制造电流铺平了道路。此后，许多发明家都想将电运用到通信领域。英格兰和美国几乎同时建起了第一个**电报**系统。1837年，英格兰的查尔斯·惠兹顿（Charles Wheatstone）和威廉·库克（William Cooke）采用了一种有五条线的电报。同时，美国人塞缪尔·摩尔斯（Samuel Morse）发明了一种由点和线组成的电码，这种电码靠一条线就可以传输。

电报：通过电线进行长距离快速信息传输的装置。19世纪三四十年代，电报进入英格兰和北美，取代了可视通讯系统，如旗语。

铁路公司允许电报公司沿着铁轨铺设电报线。作为交换条件，铁路公司获得了发送站间电报的权利。这种站间电报可以通告火车进出站的情况，它使铁路变得更安全、更有效率。到19世纪40年代末，电报线在西欧和美国东部交错相通。1851年，第一条海底电报电缆铺设成功。这条电报线的起点是英格兰，终点是法国，跨越了英吉利海峡。这只是全球电报网的开端。通信再也不会受制于船舶、马匹和火车的速度了。

本节回顾

- 一系列的技术创新和管理创新改变了制造业、交通和通讯。
- 韦奇伍德开创的机械化涉及劳动分工。

本节回顾

新机械可以大规模生产棉纱和布料。

焦炭和新机器降低了铁的成本，提高了铁的产量。

蒸汽机为矿山、工厂、船舶和火车提供了动力。

电首先应用在电报中。

23.3　早期工业化的影响

工业革命给社会、政治和经济领域带来了深刻变革。起初，这种变革只是局部的，有些人变得富有，可以修建豪宅；而有些人只能住在贫民窟，与污水和浑浊的空气为伴。到19世纪中叶，部分地区的恶劣条件得到了改善，城市变得更加整洁、更加卫生。但随之出现了一些更复杂的难题，如经济周期、劳资纠纷和整个地区的工业化。在全球层面上，工业化使欧美国家可以剥削世界其他地区。

23.3.1　新的工业城市

工业化给一些城镇带来了巨大的环境变化。城镇在以前所未有的速度发展。伦敦是欧洲最大的城市之一。1700年时，伦敦拥有50万居民，1800年达到了95.9万，1850年达到了236.3万。当时，它已经成为世界历史上最大的城市了。1758年，曼彻斯特还不过是个只有2万人的小镇。一个世纪后，它的人口达到了40万，增加了20倍。1815年，纽约已经拥有了10万人口，1850年达到了60万（包括布鲁克林）。在这一地区，城镇出现了融合，形成了大都市区，如大伦敦市、英国中部、比利时中部和德国的鲁尔区。

在富裕地区，人们花钱修建舒适的住宅、教堂、博物馆和剧院。伦敦的许多美景可以追溯到工业革命时期。然而，大家都觉得工业城市发展得太快，而且大多数快速发展城市的周边是最贫穷的地区。大量贫民从农村流入城市，城市开发者为他们修建了纳索·西尼尔所描述的那种廉价、残破的排房，以供他们租住。 619

城市的环境

人口的突然增长引发了一系列城市环境问题。刚从农村步入城市的居民还带有一些农村的旧习。他们会把污水和垃圾倒出窗外，这些东西被冲进了街上的排水沟。穷人养猪养鸡，而富人养马。行走在街道上的行人如果出了问题都

地图23-2 欧洲的工业化（约1850年） 1850年，工业化在欧洲大陆尚处于起步阶段。靠近英国且煤炭储量丰富的地区率先开始了工业化，如比利时和德意志的鲁尔区。政治决定着铁路的位置。请注意星形的法国铁路网，铁路从巴黎辐射而出，可以通到德意志联邦的不同地区。

是风险自担。烧煤会污染环境，这个问题在16世纪就已经存在了，但当时变得更加严重。污水和工业废水污染了人们饮用的河水和井水。流经曼彻斯特的艾威尔河（River Irwell），用一位到访者的话来说，“与其说是条河，还不如说更像条排粪沟”[4]。

一位到访曼彻斯特的美国人写道：“我居住在这里的每一天，我都感谢上帝，我不是一个生活在英格兰拖家带口的穷人。”[5]威廉·布莱克（William Blake，1757—1827年）在他的诗《弥尔顿》（*Milton*）中表达了对英格兰破坏

“青山”和“悦人的牧场”的反感：

> 难道神圣的恩泽
> 会照耀我们这乌云遮盖的山岗？
> 难道耶路撒冷
> 建立在阴暗魔鬼般的工厂之间？

铁路修进了城镇，这给人口稠密的地区带来了噪声和烟雾。铁路公司会把火车站尽可能地建在市中心。在城市近郊，火车站、铁路旁轨和维修厂占据了数英亩的土地，其周边是数英里的仓库和工人的住所。 620

在这种条件下，疾病开始肆虐。与前工业化时期冗长的疾病清单相比，工业化又增加了许多新疾病。佝偻病是一种由于缺乏阳光而引起的骨病。在阴暗、烟雾弥漫的工业城市中，佝偻病成了地方病。蒸汽船从印度带回了霍乱，

夜间的巴黎公寓　这幅刊载于一份法国杂志的剖面图表现了19世纪40年代普遍存在的社会阶层差异。看门人和她的家人住在地下室。在一层，一个富裕家庭正在和上流社会的朋友享受晚会。中产阶级住在二层，看上去已经被楼下的噪声吵得心烦意乱。再往上一层，一个小偷已经潜入了一位艺术家的画室。一个贫穷的女缝纫工和她的孩子住在顶楼。19世纪晚期，在升降梯出现之后，不同收入的人就不在同一栋楼里居住了。

霍乱流行对贫民区的冲击尤为严重。观察者用生动的细节记录下了贫民区恐怖的生活。他们那些令人震惊的报告促成了许多市政改革，如清理垃圾、安装上下水系统、修建公园和学校。19世纪后期，这些措施缓解了疾病的蔓延。

23.3.2　乡村的环境

早在工业革命之前，英国就已经没有荒地了，西欧地区的荒地也所剩无几。农田、森林和人工牧场遍布大地。但人类还在继续改变环境。人们正如他们数百年来所做的那样，砍伐树木用来造船、建造房屋和取暖，用树木作燃料来制造砖、铁、玻璃、啤酒、面包和其他东西。

北美的环境

北美环境变化的速度比西欧还快，因为北美人将自然视为征服和驾驭的对象。加拿大政府和美国政府从印第安人手中夺取了土地，并将这些土地低价转让给白人农民和伐木厂。殖民者并未将森林当作宝贵的资源，而是将它们看成发展的障碍。拓荒者在其急速的“拓荒”过程中，伐倒树木并将其烧毁，或者

一条工业运河　18世纪末19世纪初，在铁路出现之前，英格兰开凿了许多运河，以便能以较低的价格运送材料，如为工业生产和蒸汽机准备的煤、为建筑房屋准备的石料和砖、为陶瓷业准备的黏土，以及为金属铸造业准备的矿石。图上这条流经一家铸铜厂的运河为英国工业发展做出了很大贡献。

用木材盖房子，或者干脆将其废弃，以此不断向前推进。南方培育棉花的危害尤为严重。种植者砍伐森林改种棉花，棉花在几年内就会耗尽土壤的肥力。这时，他们会继续向西，被抛弃的土地上会长出威忌州松（scrub pines）。

欧洲的环境

在欧洲，地下资源（如铁矿和煤矿）或从海外获得的原材料（如棉花）取代了曾在地上种植的原材料（如木材、干草和羊毛）。当森林覆盖率较高的国家还在用木炭冶铁时，西欧人已经开始使用焦炭这个替代品了。随着人口增加和土地变得越来越稀缺，养马的成本在增加，这就需要找到一种新的较少取材于土地的交通工具。而且，随着铁价的下跌和木材价格的上涨，许多从前用木材制造的物品，如船舶等，都改为用铁制造。

对那个时代的人来说，乡村生活最明显的变化来自新的交通体系。18世纪，法国有一个高质量的道路网，拿破仑将这一网络拓展到了意大利和德意志。在英国，地方政府忽视用于长途运输的道路，这催生了私人"收费公路托拉斯"（turnpike trusts）的形成，这种托拉斯修建了许多收费公路。18世纪晚期，重型货物量的增加给英国、法国和低地国家带来了修建运河的热潮。一些运河将煤矿与城镇或适于通航的河流连接起来，如布里奇沃特公爵（duke of Bridgewater）在英格兰的运河。还有一些运河把适于通航的河流相互连接起来，形成了全国性的运输网络。 621

运河是工程师学习技术的地方，他们可以将学到的东西运用到下一个巨大的交通系统——铁路。为了在起伏不平的乡村地区铺设铁轨，他们要深挖山丘，要在山谷中勇敢地修筑长桥。很快，喷着白烟的火车开进了长期与世隔绝的地区。

23.3.3 工作条件

工业化为有创业精神的人提供了新机会。木匠、金属制造工和机械师供不应求。一些工人成为工程师，或开始自主创业。最有闯劲的英国人移居到了欧洲大陆、美国或印度，并用他们的技术开办了新企业。

但只有少数人取得了成功。大多数工厂的工作不需要技术，这些工作简单繁重，而且十分枯燥。工厂里的工作与季节和每天时间的变化并无太大关系，只有钟表会告诉你什么时候开工，什么时候收工。在日落之后，煤气灯会继续提供光亮（见"环境与技术：煤气灯"）。工作日很长，几乎没有休息，而且还要受到工头的监视。工人不断重复一个简单的工作，他们没有什么成就感，也不觉得生产出的产品与自己有什么关系。在工厂中，事故是司空见惯的，一个事故就可能毁掉一个家庭。工人不能支配自己的工具，对劳动时间和工作本身也毫无发言权。

环境与技术

622 煤气灯

19世纪之前，夜晚出门是很危险的。由油脂和蜂蜡制成的灯笼和蜡烛价格昂贵，几乎所有人都过着日出而起、日落而息的生活。

人们非常希望得到更好的照明工具。对于工厂主来说，白天的时间太短了，尤其是冬天。如果有光的话，工厂可以在日落后继续运作。但灯笼和蜡烛太贵了，而且很不安全。富人想要点亮他们的家，商业和政府也需要光。这种需求促使发明家去寻找新的照明方法。

法国工程师菲利普·勒邦（Philippe Lebon）知道烧木制炭可以产生易燃的气体。18世纪90年代，他用管子输送这种气体，为家里和花园照明。在英国，工程师威廉·默多克（William Murdock）用炼焦炭时产生的气体点亮了一栋房子。但从科学试验到商业应用却经历了一个漫长而复杂的过程。煤气难闻、易爆，而且含有许多杂质。点燃煤气时，会释放出多种有毒气体。工程师希望能找到更有效的方法提取煤气。他们制造了结实的管子以防泄漏，并将煤气推向了市场。1806年，弗雷德里克·艾伯特·温莎（Frederick Albert Winsor）在伦敦建立了国家光热公司（National Light and Heat Company）以生产和传输煤气。到1816年，伦敦有26英里的干线将煤气输送到许多地区。同年，巴尔的摩成为美国第一个安装煤气干线和街灯的城市。在之后的几十年，工程师改进了生产煤气的方法，使之更安全、更清洁。他们发明了测量煤气消耗量的计量器，还发明了能产生更明亮光的灯头。这些改进使煤气的价格降到了油灯价格的1/3，而两者产生的亮度是相同的。从19世纪40年代到20世纪早期，煤气灯走进了家庭、商行和工厂，也走上了欧美主要城市的街头。

煤气灯 对于城市居民来说，煤气灯给他们的生活带来了巨大变化，这是他们从工业化中获得的最大益处。煤气是为冶铁业燃煤炼焦的副产品，通过铁制管道输送到大城市的富裕地区。每到黄昏，灯夫就会点燃街灯。

这一结果使城市居民感到了惊讶和欣喜。工厂可以安排两个8小时到10小时的轮班，取代了一个从日出到日落的轮班。商店可以营业到很晚，剧院也可以安排夜场演出。人们可以安全地在街上散步。夜间照明为成人教育的蓬勃发展做出了贡献，因为工人可以在下班后参加夜校。越来越多的人会熬夜看书，这提高了图书的销量。明亮的城市从依旧漆黑的农村吸引了大批移民。煤气灯驱散了夜的恐怖。

妇女与工业

工厂工作对妇女和家庭生活也产生了重要影响。雇不起佣人的妇女通常要在家里工作，如纺织、缝制衣帽、做饭、浆洗，此外还要做大量的家务劳动。在农村地区，妇女也会干些农活，特别是照顾菜园和一些小动物。

工业化早期，妇女可以在工厂中工作，但这不是劳动妇女的主要职业。大多数想找工作的妇女会去当女仆，尽管这种工作待遇比较低，很辛苦，还有受男性雇主性侵犯的风险。有孩子的妇女会争取在家工作，如洗衣、缝纫、镶边、制作女帽或收留房客。在工厂做工的妇女主要从事纺织业，因为与金属制造业、建筑业和运输业相比，纺织业需要的体力较小。女性工资平均只是男性

“爱战胜恐惧” 这是一幅维多利亚时代的作品，这张伤感的画描绘了纺织厂里的儿童。19世纪上半叶，使用童工的现象很普遍，工人要在尘土、污泥，以及危险的机器和传送带中工作。

623 的一半。1835年，经济学家安德鲁·尤尔（Andrew Ure）写道：“事实上，改进机械以完全取代人力或降低成本这一永恒目标和趋势，需要用女工和童工取代男工。”[6]年轻未婚女性的工作目标是谋生或为结婚攒钱。对于已婚女性来说，当她们的丈夫不能养家糊口时，她们也会去工厂工作。刚有孩子的母亲要面临一个两难的抉择：要么花大笔钱请保姆，要么把孩子带到环境恶劣的工厂去。越来越多的夫妻不在同一个地方工作。

在前工业化社会，父母认为孩子应该尽可能地为家里做贡献。第一代工人带着五六岁的孩子去工厂或矿山，那里没有公立学校或托儿所。雇主也喜欢雇用童工，因为他们的工资更低，更听话，也更适合去接线头或爬到机器下面清扫灰尘。在阿克赖特的棉磨坊中，有2/3的工人是童工，这些孩子每天要工作14—16个小时，一旦犯错就会受到责打。矿主雇用童工顺着低矮的矿道拉运煤车，从采煤面拉到矿井巷道。

19世纪早期，美国人还存有一些革命理念。当弗朗西斯·卡波特·洛厄尔（Francis Cabot Lowell）在马萨诸塞州建立一间棉纺厂时，他雇用了许多来自农村的未婚女孩，许诺给予她们优厚的工资和人性化管理的宿舍。其他工厂也采用了相似的做法，将利益和道德结合起来。但很快，利益就占了上风，企业主们开始延长工时，不改善工作条件，降低工资水平。当青年女工发动罢工时，他们开除了这些女工，代之以愿意接受低工资和恶劣条件的爱尔兰移民。

工业和奴隶制

棉纺业蓬勃发展的时候，非洲裔美国人用他们的自由养肥了种植园主、商人和企业家。在18世纪90年代，有70万非洲奴隶生活在美国。随着“棉花王国”的扩张，奴隶的数量也在增加。到1850年，美国有320万奴隶，其中60%在种植棉花。同样，对糖的需求促进了西印度群岛种植园的奴隶制，也将这一制度带到了巴西南部的咖啡种植区。就像美国南部的白人坚称的那样，奴隶制并非一种“特别的制度”（peculiar institution），也不是生理差异和圣经训谕的产物，而是工业革命的组成部分。

23.3.4 社会变革

英国政治家本杰明·迪斯雷利（Benjamin Disraeli，1804—1881年）在他的小说《西比尔；或两个民族》（*Sybil; or, The Two Nations*）中提到了“两个互不往来、互无同情心的民族，他们不在意彼此的习惯、思想和感情，就好像他们是来自不同地区的人，来自不同星球的居民……富人和穷人”[7]。

手工纺织者和工厂工人

624

在英国，没有人比只掌握一门过时手艺的人更惨。18世纪90年代，手工纺织者的高工资和低产量促使发明者去发展动力织布机。结果，到1811年，手工纺织者的工资减少了1/3，到1832年减少了2/3。即便工作更长时间，他们也很难摆脱贫困。与他们相比，工厂工人的生活水平并没有稳步下降，而是在宽幅波动。

进步与退步

穷人要将大部分工资用于购买食物。但在1792—1815年的战争时期，食品价格的增长速度超过了工资的增长速度，这就造成了普遍的生活困难。到19世纪20年代，实际工资和公共卫生都开始改善。物价下跌了，工资上涨了。穷人也穿得起舒适耐洗的棉制衣物。然而，在“饥饿的四十年代”（hungry forties），人们再次遇到了困难。1847—1848年，马铃薯在爱尔兰大幅减产。爱尔兰有1/4的人死于随之而来的饥荒，另外有1/4的人移民到了英格兰和北美。

中产阶级

早期工业革命的真正受益者是中产阶级。在英国，掌握土地的乡绅和商人早就拥有了财富和影响力。18世纪晚期崛起了一个新群体，那就是从制造业中获益的企业主。如同阿克赖特和韦奇伍德一样，他们中绝大多数是中等商店店主、工匠和农民的儿子。他们的企业通常是自筹经费，因为开办一家棉纺厂或机械制造厂不需要很多资本。一代人之后，到了19世纪，新致富的实业家步入了上流社会。1815年后，西欧也出现了类似的情况。

中产阶级妇女和中产阶级的态度

工业革命之前，商人的妻子经常参与家族事业；寡妇也偶尔会经营自己的买卖。随着工业革命而来的“崇尚家庭生活”（cult of domesticity），为中产阶级妇女脱离商业活动提供了理由。她们又回到家庭，负责管理家务、佣人、孩子教育和家庭的社会生活（见第27章）。不是所有妇女都接受这一变化。1792年，玛丽·沃斯通克拉夫特（1759—1797年）起草了一份主张男女平等的宣言《女权辩护》。

中产阶级将他们的成功归因于自己的努力和美德，他们认为一个人可以通过努力、节俭和自我节制来取得成功。如果没有成功，那么除了自己之外，不应该责备任何人。但很多刚进入城市的工人挣得太少，很难为长期失业攒下钱。工业城市中肮脏、悲惨的生活使发薪日的酗酒现象大量增加。中产阶级的道德观中掺杂了担忧和指责，同时面对骇人听闻的社会问题，如酗酒、卖淫和遗弃儿童，他们也会感到无助。

本节回顾

工业革命改变了人们的生活和人们居住的环境。

城市变得越来越大，对居民来说，城市并不美丽，也不健康。

公路、运河和铁路交错相通，这改变了农村地区的环境。

中产阶级妇女要照顾家庭和孩子，而劳动阶级妇女不得不在工厂和矿山中谋生。

社会上出现了许多严重的问题，如失业、酗酒和遗弃儿童。

23.4 新的经济理念和政治理念

工业革命带来的深刻变革引发了政治骚动和意识形态上的冲突。在工业化影响一切的时代里，爆发了大量的战争和革命。很明显，工业革命颠覆了社会传统，拉大了贫富差距，强化了自由放任主义和社会主义理念，激起了工人的抗议。

23.4.1 自由放任主义及其批评家

自由放任主义（laissez faire，“让他们去做”）的代表人物是苏格兰经济学家亚当·斯密（1723—1790年），他在《国富论》（1776年）中认为，如果允许个体追求个人的成功，其结果会增加全体的福利，就如同有一只“看不见的手”在引导。政府除了保护私有财产外，不应干预商业，甚至应该允许同外国进行免税贸易。亚当·斯密提倡自由市场资本主义，这就颠覆了之前经济学中的**重商主义**（mercantilism）。重商主义认为政府应该控制贸易，这样才能使贵金属储量最大化。

自由放任主义：主张政府不干涉经济。亚当·斯密在《国富论》（1776年）中经典地阐述了自由放任主义的原则。

亚当·斯密和自由放任主义

625

重商主义：16—18世纪欧洲政府所奉行的政策，鼓励一国与其殖民地进行贸易，而且要求殖民地只能与母国贸易，用这种方法来积累贵金属。英国的重商主义以《航海条例》为代表，法国的以《专营法》为代表。

1815年后，在亚当·斯密学说的影响下，许多政府解除了某些限制。英国甚至降低了进口关税。虽然如此，工业化还是导致了普遍存在的贫困。另外两个思想家托马斯·马尔萨斯（Thomas Malthus，1766—1834年）和大卫·李嘉图（David Ricardo，1772—1832年），试图给他们看到的贫困一个解释，同时又不挑战自由主义的基本前提。他们认为，工人潦倒的原因在于人口爆炸。人口爆炸使人口增加的速度超过了食物增加的速度，也导致了工资下降。工人的贫困和成功商人的财富是“自然法”的结果。工人阶级摆脱大规模饥荒的唯一途径，就是晚婚、自制和节制性生活。

英国商人希望采用自由放任主义，这样可以证明他们的行为是合理的，也可以使政府不会过多干预经济。但不是所有人都愿意接受当时被看作“沉闷科学”（dismal science）的经济学所得出的消极结论。英国哲学家杰里米·边沁（Jeremy Bentham，1748—1832年）相信，只要议会研究社会问题，并通过适当的法律，“最大多数人的最大幸福”就可以实现。德国经济学家弗里德里希·李斯特（Friedrich List，1789—1846年）否定了自由放任主义和自由贸易，因为英国用诡计“将世界其他地区，如印度，变成了它工商业关系中的奴隶”。为了从英国的竞争中保护新生工业，他认为德意志诸邦应该高筑关税壁垒，限制从英国的进口。在欧洲大陆，李斯特的观点与亚当·斯密和李嘉图的观点同样具有影响。在李斯特的影响下，大多数德意志邦国于1834年组成了关税同盟（Zollverein）。

实证主义

法国社会思想家对穷人的真诚关心，促使他们提出了一个关于正义文明的激进的新观点。圣西门（Saint-Simon，1760—1825年）和他的信徒奥古斯

实证主义：由法国圣西门发展起来的一门哲学。实证主义者认为，科学方法可以解决社会问题和经济问题，这会促使社会不断走向进步。19世纪，他的理念在法国和拉丁美洲被广为接受。

特·孔德（Auguste Comte，1798—1857年）信奉**实证主义**哲学。他们认为科学方法可以像解决技术问题一样解决社会问题。他们认为，应该在慈善商业领袖的领导下，由科学家和艺术家帮穷人组成工人社团。这些观点得到了银行家和企业家的热心支持。对于他们来说，实证主义为修建铁路、运河和其他现代化标志提供了理论依据。

23.4.2 抗议和改革

工人几乎没有从这些中产阶级哲学家的思想中获益。他们用自己的方式对恶劣的工作条件表达了不满。他们周期性地骚乱或罢工，特别是在食物价格飞涨或经济萧条使许多人失业的时候。在有些地方，工人闯进工厂，毁掉那些威胁他们生计的机器。但这样的抵制活动丝毫不能改变工厂劳动的本质。

工人组织

渐渐地，工人们组织起来要求男性普选权和缩短工作日。1834年，罗伯特·欧文（Robert Owen）组织了全国大统一工会（Grand National Consolidated Trade Union），希望能争取到8小时工作制。该组织很快就拥有了50万会员，但在政府的压制下几个月便瓦解了。随后，威廉·洛维特（William Lovett）和弗格斯·奥康纳（Fergus O'Connor）领导的宪章运动迅速兴起，这场运动吸引了许多矿工和产业工人。宪章运动要求男性普选权、无记名投票、议员支薪和每年举行一次选举。这场运动曾在一份请愿书上征集了130万个签名，但议会否决了这份请愿书。1848年，宪章运动失败，但它为工人组织留下了一笔遗产。

改革

最终，群众运动迫使英国议会去调查工厂和矿山的工作条件。1833年的《工厂法》禁止纺织厂雇用9岁以下的童工，还限制了儿童的工作时间：9—13
626 岁每天工作8小时，14—18岁每天工作12小时。1842年的《矿业法》禁止雇用妇女和不到10岁的男童。

最重要的斗争是围绕着《谷物法》展开的，这部法律涉及粮食进口的问题。1846年，在“自由贸易”的名义下，这个法案被废止了。这意味着工人可以在食物上少花钱，雇主也可以少支付工资。这一法案的废止标志着新兴工业资产阶级战胜了长期把持政治的保守地主。这些地主收获的粮食要面对廉价进口食品的竞争。

英国通过和解的方式寻求改革。但在欧洲大陆则不同，1848年革命反映了人们对专制政府的普遍不满，但这没能缓和工业化所带来的艰辛（见第27章）。

本节回顾

许多人想要对社会、经济变化做出解释，并希望找到解决之道。

一些经济学家用自由放任主义为贫富差距做辩护，亚当·斯密的自由市场理念吸引了商人的目光。

实证主义者痛心于工业化所产生的问题，但他们认为，技术进步和英明的政策可以解决这些问题。

工人的不满促使政治家去调查工厂和矿山的工作条件，特别是妇女和儿童的工作情况。

23.5 非西方国家工业革命的局限性

23.5.1 埃及

19世纪早期，工业革命的传播改变了西欧和北美同世界其他地区的关系。从1798年法国入侵起，埃及就深受欧洲观念的影响。19世纪早期，埃及开始了工业化。埃及统治者穆罕默德·阿里（Muhammad Ali，1769—1849年）推动了工业革命，他在中东和东非的历史上扮演了重要角色（见第25章和第26章）。穆罕默德·阿里想要增强埃及的经济力量和军事实力，以减少对奥斯曼帝国苏丹的依赖——奥斯曼帝国苏丹在名义上管辖着穆罕默德·阿里。为了实现这一目标，阿里从欧洲聘请了顾问和技术人员，建立了棉纺厂、铸造厂、造船厂和其他工业企业。为了向这些企业提供资金，他让农民种植小麦和棉花，政府低价收购这些产品，再出口获利。他向进口商品征收高额关税，以加快本国工业化的步伐。

穆罕默德·阿里的努力同英国的利益发生了冲突。联结欧洲和印度的最短路线要经过埃及，因此英国不希望看到一个强大的埃及威胁过境的游客和邮件。1839年，埃及爆发了反对奥斯曼帝国的战争。英国介入了战争，并以自由贸易的名义强迫穆罕默德·阿里取消了所有进口关税。失去了保护后，蹒跚学步的埃及工业很难抵挡住潮水般的英国商品。此后，埃及出口原棉，进口纺织品，成了英国的经济附庸。

23.5.2 印度

直到18世纪晚期，印度一直都是棉纺品最大的生产国和出口国。印度的棉

一座跨过尼罗河的铁路桥 19世纪后半叶，工业国（特别是英国）提供工程师和设备，为工业欠发达的地区修建铁路，如印度、南非、拉丁美洲和中东。埃及修建了连接开罗和亚历山大里亚的铁路。这是一座位于本哈（Benha）的跨尼罗河铁路桥，旁边就是金字塔。

纺品由技艺精湛的纺织工手工生产。在英国工业革命开始的时候，英属东印度公司已经掌控了印度许多地区（见第26章和地图26-2）。这使得英国工厂生产的廉价布料和纱线潮水般地涌入免税的印度市场，导致大量印度工人失业。与英国不同，印度没有工厂可以安置手工工人。他们中大多数人成为无地农民，勉强维持着动荡的生活。

印度是原材料的出口国和英国工业品的进口国，这点与其他热带地区无异。为了加快这一进程，英国企业家和殖民地官员在次大陆修建了铁路。印度铁路网的建设始于19世纪50年代。铁路顺着煤矿修建，这样可以为机车提供燃料，也便于安装连接主要城市的电报线。

一些印度企业家从英国带来的变化中发现了机会。1845年，孟买商人科瓦杰·纳勒浩·戴瓦尔（Cowasjee Nanabhoy Davar）从英国聘请了1名工程师、4名纺织工人，还进口了几台纺织机，在印度开办了第一家纺织厂。这是印度棉纺业机械化的开始。虽然有许多才华横溢的企业家，但印度的工业化依然是举步维艰。这是因为政府把持在英国手上，英国不会促进印度的工业发展。

627

23.5.3 中国

正当英国、西欧和北美先后进行工业化的时候，中国却停滞不前。中国有发展技术和经济所需的人力资源和自然资源，但保守派精英阻碍了变革（见第21章）。面对西方工业技术，中国变得更脆弱而不是更强大。

1840年1月，一艘全新的船在英国造船厂下水，这就是“复仇女神号”（Nemesis）。这是艘平底铁壳船，平底可以使它在浅水中航行，蒸汽机可以使它航行到河的上游，也可以使它逆风而行。11月，这艘装备精良的战船到达了中国海岸。虽然，帆船从欧洲驶往中国已有300年历史了，但“复仇女神号”是第一艘出现在亚洲水域的蒸汽动力铁甲战舰。一位看到这艘船的中国人写道：“铁可以使船更加结实，黑色的船体像梭子。一边是由煤火驱动的轮子，其快如奔马。……船头是一位海神，船尾和两侧是大炮，这样的外观给人一种可怕的感觉。蒸汽船是外国人了不起的发明，估计它会为许多人带来喜悦。”[8]

“复仇女神号”和其他蒸汽动力战舰并未带来喜悦，它们很快占领了中国的内河，炮击了要塞和城市。这些船在沿海和内河穿梭，运送军队和补给，其速度远快于徒步行军的中国士兵。靠着新式武器，英国这样一个远在半个地球之外的蕞尔岛国，击败了当时世界上面积最大、人口最多的国家（见第25章）。

埃及、印度和中国的例子表明，西方国家的需求和工业化给它们带来的军事优势是如何让它们干涉非工业国内政的。正如我们在第28章看到的那样，西方主导世界的时代到来了。

本节回顾

工业化使西方工业国拥有了强制非西方国家的力量。

英国扼杀了埃及和印度的早期工业化，将这些国家变成了原料出口国。

中国陷入了停滞，英国的蒸汽动力战舰击败了中国。

结　语

628

工业革命是自农业出现以来历史上最重要的变革。蒸汽机和其他新机器极大地降低了成本，提高了产品（如棉制品和铁制品）的产量，也提高了交通和通讯的速度。

但这一进程也引发了社会动荡和环境问题。许多企业主和商人变得腰缠万贯。而在污染严重的城市，工人们（其中许多是孩子）居住在拥挤的陋室里，每天要在极端恶劣的条件下工作。经济学家和哲学家提出了许多理论，希望能解决工业社会中的严重问题。

工业化在全球范围内产生了政治影响。一少部分工业国——首先是英国，之后是西欧和北美——变得更加强大。世界其他地区开始落后，沦为强国的政治附庸或经济附庸。

最后，工业国开始学会缓解他们的社会问题。但富国和穷国之间的悬殊差距则持续了两个世纪，甚至更长时间。工业化带来的环境影响也从局部地区扩大到了全球。

进一步阅读文献

Ashton, T.S. *The Industrial Revolution, 1760–1830*. 1948.描述了英国的工业革命。

Goodman, J., and K.Honeyman. *Gainful Pursuits: The Making of Industrial Europe: 1600–1914*. 1988. 讨论了英国以外的工业化。

Inkster, Ian. *Technology and Industrialization: Historical Case Studies and International Perspectives*. 1998. 从全球的视角看待工业革命。

Jeremy, David. *Artisans, Entrepreneurs, and Machines: Essays on the Early Anglo-American Textile Industry, 1770–1840*. 1998. 记述了美国工业是如何起步的。

Landes, David. *The Unbound Prometheus: Technological Change and Industrial Development in Western Europe from 1750 to the Present*, 2nd ed. 2003. 广泛论述了现代工业的发展。

McClellan, James, III, and Harold Dorn. *Science and Technology in World History*. 1999.强调了技术和科学之间的互动。

Mokyr, Joel. *The Gifts of Athena: Historical Origins of the Knowledge Economy*. 2002. 考察了知识在现代工业世界的发展中所起到的作用。

Mokyr, Joel. *The Lever of Riches: Technological Creativity and Economic Progress*. 1990. 对技术变革持乐观态度。

Pomeranz, Kenneth. *The Great Divergence: Europe, China, and the Making of the Modern World Economy*. 2000. 一部重要的著作，对比了18世纪的中国和欧洲。

629 Stearns, Peter. *The Industrial Revolution in World History*. 1993. 第一本将工业化视为全球现象的书。

Thompson, E. P. *The Making of the English Working Class*. 1963. 提到了工业化对工人的影响，是一部杰出的著作。

Tilly, Louise, and Joan Scott. *Women, Work, and Family*. 1978. 涉及工业化对妇女的影响。

Tucker, Richard, and John Richards. *Global Deforestation in the Nineteenth-Century World Economy*. 1983. 看到了工业化的消极影响。

Wilkinson, Richard. *Poverty and Progress: An Ecological Perspective on Economic Development*. 1973. 考察了工业化对环境的影响。

注 释

[1] Nassau W. Senior, *Letters on the Factory Act, as it affects the cotton manufacture, addressed to the Right Honourable, the President of the Board of Trade*, 2nd ed. (London: Fellows, 1844), 20.

[2] Friedrich Engels, *Condition of the Working Class in England*, trans. and ed. by W. O. Henderson and W. H. Chaloner (Oxford: Blackwell, 1958), 312.

[3] 引自Joel Mokyr, *The Lever of Riches: Technological Creativity and Economic Progress* (New York and Oxford: Oxford University Press, 1990), 240。

[4] 引自Lewis Mumford, *The City in History* (New York: Harcourt Brace, 1961), 460。

[5] 引自F. Roy Willis, *Western Civilization: An Urban Perspective*, vol. II (Lexington, MA: D. C. Heath, 1973), 675。

[6] 引自Joan W. Scott, "The Mechanization of Women's Work," *Scientific American* 247, no. 3 (September 1982): 171。

[7] J. P. T. Bury, *The New Cambridge Modern History*, vol. X (Cambridge: Cambridge University Press, 1967), 10.

[8] *Nautical Magazine* 12 (1843): 346.

第24章

美洲国家的建设和经济转型（1800—1890年）

本章纲要

▲ 拉丁美洲独立（1800—1830年）

▲ 秩序问题（1825—1890年）

▲ 社会与经济变革带来的挑战

▲ 结　语

多样性与主流：1828年巴西黑人的经历

环境与技术：阿根廷布宜诺斯艾利斯港的建设

思考

拉丁美洲独立运动的起因是什么?

西半球民族国家在19世纪面临哪些重大政治挑战?

经济现代化、废除奴隶制、移民和女权运动是如何改变西半球国家的?

631 19世纪，西半球新独立的国家希望借工业革命之力跟上欧洲经济的快速步伐。铁路比任何一项技术都更具这种进步的代表性。从阿根廷到加拿大，各国政府都在加快铁路建设。到1850年，美国拥有9 000英里（1.448万公里）的铁路，占世界铁路里程数的一半。拉美国家对这一问题的关注要晚于美国，但铁路很快在出口、新型工业，以及政治和文化整合方面发挥了重要作用。

1837年，墨西哥开始修建第一条铁路，但直到1873年，第一条重要的铁路线才竣工。在鼓励铁路建设的波菲里奥·迪亚斯（Porfirio Díaz）出任总统

墨西哥奥里萨巴（Orizaba）火车站（1877年） 19世纪最后几十年中，墨西哥政治领袖们积极促进经济发展。铁路成为这一理想的象征。

（1876—1380年和1884—1911年在任）之前，墨西哥几乎没有修建新的铁路。到1910年，起义者将他逐出办公室的时候，墨西哥已经拥有了1.2万英里（1.93万公里）的铁路。铁路对墨西哥的经济发展至关重要，但这个国家却在走下坡路。许多新铁路是由外国投资修建的，但对外资的依赖导致了政治抗议和经济民族主义。仍然控制着墨西哥广大农村地区的原住民，也受到了铁路发展的巨大影响。铁路使他们的土地更有价值。结果，有权势的地主凭着他们的政治影响力剥夺了农民的土地，并在这些土地上种植出口作物。美洲印第安人丧失了他们固有的土地后，农村地区不断爆发起义。

除了技术创新和经济发展之外，西半球在19世纪还经历了急剧的政治变革和社会变革。到1825年，巴西和几乎所有西属殖民地都获得了独立。不断升温的民族主义和政治自由的理念推动了这些变革，这就如同当年的美国革命和法国革命（见第22章）。墨西哥和其他西半球国家虽然获得了独立，但都面临着外国干涉和主权受损的威胁，还要面对地方主义和内战。

西半球新独立的国家要面对许多棘手的问题。如果殖民地可以反抗帝国权 632
力，那么，在文化、社会结构和经济上有较大差异的各地区，就不能反对新成立的民族国家的政治权威吗？这些从革命中诞生的国家怎样才能接受对成文宪法（哪怕是他们自己起草的宪法）的政治批评？印第安人、奴隶、新移民和妇女没有权利，这与宪法中表达的自由理念如何协调起来？

在着手解决这些政治问题时，新诞生的国家也会努力发展经济。他们引进了像铁路这样的新技术，并开放新移民区以吸引移民。殖民地经济也留下了一些问题：片面强调农产品和矿藏的出口，这就阻碍了经济多样化和工业化，正如阶级和种族差异阻碍了政治理想的实现。

24.1 拉丁美洲独立（1800—1830年）

当18世纪的大幕徐徐落下的时候，西班牙和葡萄牙在西半球拥有大量的殖民地。但与它们的对手——英国和法国——相比，这两个国家已是江河日下。18世纪，两个伊比利亚帝国改进了对殖民地的管理方式，也增强了军力（见第18章）。尽管如此，那些颠覆英国殖民统治的经济力量和政治力量还是在西属美洲和巴西出现了。

24.1.1 革命的根源（至1810年）

启蒙运动的著作和像美国《独立宣言》、法国《人权与公民权宣言》这样的革命文献在拉美地区广为流传，但几乎没有殖民地居民想要革命。当帝国的政策使殖民地的精英和中产阶级感到沮丧的时候，正是欧洲的事件把殖民地推向了独立。不是革命理念，而是拿破仑对葡萄牙（1807年）和西班牙（1808年）的入侵，造成了一场关于合法性的危机，由此动摇了殖民政府的权威，推动了拉美人民争取独立的运动。

拿破仑入侵葡萄牙和西班牙

1808年，当法军迫近里斯本的时候，葡萄牙王室逃到了巴西。国王约翰六世的宫廷在那里维持了十余年。不久拿破仑迫使西班牙国王费迪南七世将王位让给了他的长兄约瑟夫·波拿巴（Joseph Bonaparte）。在反抗法军时，西班牙爱国者创建了一个新的政权中央委员会（Junta Central），以便管理他们控制的地区。委员会宣称对西属殖民地拥有主权，并要求殖民地选举代表来参与起草一部宪法。

西属美洲殖民地的大部分居民都愿意服从中央委员会，有些殖民地还选出了自己的代表。但少数持不同意见的人表示反对，其中包括了一些知识分子精英。这些反对者认为，他们只是国王的臣民，不属于西班牙国家。他们想要建立地方委员会，管理自己的事务，直到费迪南重新获得王位。西班牙保皇派反对地方自治，这激起了武装起义。1808年末和1809年的群众运动推翻了西班牙在委内瑞拉、墨西哥和秘鲁高地（今玻利维亚）的殖民当局，并建立了地方委员会。在每次运动中，西班牙官员都会迅速夺回控制权，惩罚运动的领导人。但这种严厉措施进一步加速了殖民地民意的分化，促进了人们对美洲身份的认同。到1810年，西班牙殖民当局面临着新一轮革命浪潮，这轮革命的目标是争取独立。

24.1.2 西属南美洲（1810—1825年）

革命爆发

1811年，在加拉加斯（今委内瑞拉首都），由克利奥尔人（在殖民地出生
633 的白人）领导的革命委员会宣布独立。虽然该组织拥护代议制民主，但它的领导人是维护奴隶制、反对给黑人和混血儿全部公民权的地主。他们的目标是通过在政府和教会高层排挤西班牙人来扩大自己的特权。委员会的狭隘目标刺

大事年表

	美国和加拿大	墨西哥和中美洲	南美洲
1800年	1789年，美国宪法正式生效 1803年，购得路易斯安那 1812—1815年，1812年战争	1810—1821年，墨西哥独立运动	1808年，葡萄牙王室抵达巴西 1808—1809年，西属美洲开始独立运动 1822年，巴西独立
1825年	1836年，德克萨斯从墨西哥独立 1845年，德克萨斯州正式设立	1846—1848年，美墨战争	1831年，巴西与英国签署废除奴隶贸易条约。非法贸易仍在继续
1850年	1848年，妇女权利大会在纽约州塞尼卡瀑布城召开 1861—1865年，美国内战 1867年，加拿大自治领成立	1847—1870年，种姓战争 1857年，墨西哥新宪法限制天主教会与军队的权力 1862—1867年，法国入侵墨西哥 1867年，墨西哥皇帝马克西米利安被处决	1850年，巴西非法奴隶贸易得到抑制 1865—1870年，阿根廷、乌拉圭和巴西对巴拉圭发动战争
1875年	1876年，苏族人在小巨角河战役中击败美国军队 1890年，“吉姆·克劳”法强化南方的种族隔离 19世纪90年代，美国成为世界第一钢铁生产国		19世纪70年代，阿根廷政府和智利政府发动对原住民族的决战 1879—1881年，智利对秘鲁和玻利维亚宣战；电报、制冷技术和有刺铁丝网被引进阿根廷 1888年，巴西废除奴隶制

激了西班牙保皇派，他们聚集了数千奴隶和拥有人身自由的黑人去捍卫西班牙帝国。面对如此坚决的反对，革命运动将大权交到了军事统帅**西蒙·玻利瓦尔**（1783—1830年）的手中，他成了独立运动中卓越的领导人。

玻利瓦尔是委内瑞拉富有种植园主的儿子。他曾游历欧洲，研读启蒙运动时期的著作。他具有超凡的人格魅力，能够有效地动员政治支持和获得军队的效忠。在经过多次失败之后，玻利瓦尔成功地调整了目标，改变了政策，因而联合到了新盟友，建立了政治联盟。例如，他起初反对废除奴隶制，但后来为了获得奴隶和自由民的支持，为了从海地获得补给，他转而支持废除奴隶制。玻利瓦尔还能运用严厉的政策以确保胜利，他在1813年宣布：“任何不反对暴政

西蒙·玻利瓦尔：南美独立运动中最重要的军事领袖。生于委内瑞拉，曾在委内瑞拉、哥伦比亚、厄瓜多尔、秘鲁及玻利维亚领导过武装力量。

西蒙·玻利瓦尔

634

的西班牙人将被视为敌人，他们将受到惩罚；叛国者将被枪决。”[1]

军事优势在革命派和保皇派之间几度易手，直到玻利瓦尔征召参与过拿破仑战争的英国老兵和1820年军事政变动摇了西班牙的决心，情况才发生了变化。身经百战的英国老兵使玻利瓦尔的军队在战场上表现得更加出色。与此同时，1820年的西班牙政变迫使费迪南七世（他于1814年复位）接受了限制君主权力和教会权力的宪法。殖民地的保皇派又为维持国王和教会的权威奋战了10年，他们认为，改革所体现的自由主义是不可接受的。

随着国王支持者的分化，胜利的天平偏向了革命派。在解放了今委内瑞拉、哥伦比亚和厄瓜多尔后，玻利瓦尔的军队进入了秘鲁和玻利维亚，并于1824年彻底击败了西班牙军队。之后，玻利瓦尔及其支持者试图建立一个包括所有西属殖民地在内的联邦。第一步是创建大哥伦比亚（包括今委内瑞拉、哥伦比亚和厄瓜多尔），并统一秘鲁和玻利维亚。但到1830年，这些计划落空了（见地图24-1）。

阿根廷独立

布宜诺斯艾利斯（今阿根廷的首都）是西属南美洲第二个重要的革命中心。在布宜诺斯艾利斯，听到法军在西班牙胜利的消息之后，民兵首领、商人和农场主组建了一个委员会，他们于1810年推翻了总督。为了减少保皇派的反对，委员会宣布忠于被囚禁的国王。1814年，费迪南重新登上了西班牙王位。两年后，委员会的领导人宣布拉普拉塔联合省独立。

起初，布宜诺斯艾利斯的革命领袖想要控制拉普拉塔总督区，但乌拉圭、玻利维亚的保皇派和巴拉圭的分离主义运动阻挠了革命派的计划。即便在阿根廷内部，布宜诺斯艾利斯政府也不能消除地区冲突和政治分歧。结果，这一地区很快陷入了政治纷争中。

圣·马丁和智利

委员会延续性的不稳定，集体任期和独裁，使得阿根廷内陆大部分地区失去了控制。但布宜诺斯艾利斯政府设法支持圣·马丁（San Martín，1778—1850年）领导的智利、阿根廷联军。圣·马丁跨过安第斯山脉，袭击了西班牙在智利和秘鲁的军队。在这场战役中，圣·马丁的劲旅是由奴隶组成的，他们通过参军的方式获得了自由。在智利获得胜利后，圣·马丁于1820年兵进秘鲁，但在那里遇到了挫折。鉴于很难取得进展，圣·马丁投入了西蒙·玻利瓦尔的麾下。1824年，玻利瓦尔彻底击败了西班牙军队。

24.1.3　墨西哥（1810—1823年）

1810年，墨西哥是西班牙最富庶、人口最多的殖民地。墨西哥拥有世界上储量最丰富的银矿，殖民地的首都墨西哥城比西班牙任何一座城市都大。在各殖民地中，墨西哥也拥有为数最多的西班牙移民。当拿破仑入侵西班牙的消息传到墨西哥时，墨西哥城的西班牙保守派推翻了当地总督，因为他对克利奥尔人太过仁慈。西班牙保皇派的行为凸显了一种新情况：随着国王被法国人赶下台，殖民地政权只能依靠强力来维持。

革命首先在墨西哥中部爆发。在那里，农场主和农民霸占了美洲印第安人的土地。农业歉收和流行病折磨着乡间的贫民。与此同时，城市中的穷人也受困于飙升的物价和不断攀升的失业率。西班牙的动荡削弱了殖民当局的权力，愤怒和恐慌在墨西哥中部的城镇和乡村中蔓延。

米格尔·伊达尔戈·伊·科斯蒂利亚： 墨西哥神父，曾于1810年领导墨西哥独立战争的第一阶段。1811年被捕牺牲。

伊达尔戈和莫雷洛斯

1810年9月16日，多洛雷斯（Dolores）小镇的本堂神父**米格尔·伊达尔戈·伊·科斯蒂利亚**（Miguel Hidalgo y Costilla）敲响了教堂里的钟，吸引了大批民众。在慷慨激昂的演说中，他号召群众发动起义，反抗西班牙官吏。数万城乡贫民响应了他的号召。虽然当时没有完善的军事组织，也缺乏武器，但他们知道，压迫他们的人是西班牙人和在殖民地出生的白人，这些人拥有农场和矿山。大多数富有的墨西哥人都意识到，追随伊达尔戈的群众会对他们构成威胁，于是他们开始支持西班牙当局。战争形势很快发生了逆转。1811年，西 636
班牙军队捕获并处死了伊达尔戈。

何塞·玛丽亚·莫雷洛斯： 墨西哥神父，亦为米格尔·伊达尔戈·伊·科斯蒂利亚的学生。他领导墨西哥军队为独立而战，直到1815年被捕牺牲。

另一位神父（伊达尔戈的学生）**何塞·玛丽亚·莫雷洛斯**（José María Morelos）继续领导革命。与他的老师相比，莫雷洛斯是一位更出色的军事统帅和政治领袖。他建立了一支劲旅。1813年，他召集会议宣布独立，并起草了宪法。尽管取得了这些成就，但保皇派的军队还是在1815年击败了莫雷洛斯，并将其处死。虽然起义军还在抗击西班牙军队，但到1820年时，殖民统治似乎稳定了下来。然而，西班牙政变的消息动摇了镇压伊达尔戈和莫雷洛斯的保守派。1821年，陆军上校阿古斯汀·德·伊图尔维德（Agustín de Iturbide）和其他保皇派军官与起义军结成了联盟，他们宣布墨西哥独立。墨西哥独立从一开始就具有保守性，这一点明显表现在君主政府的建立和伊图尔维德的加冕称帝上。1823年初，军队推翻了伊图尔维德，墨西哥成为共和国。1824年，伊图尔维德从

地图24-1　1830年以前的拉丁美洲　截止到1830年，爱国武装力量已推翻西半球的西班牙帝国和葡萄牙帝国。独立后的新生国家不断受到区域性冲突、地方战争及外国干涉的挑战。

流放地返回墨西哥，随后被逮捕和枪决，就像伊达尔戈和莫雷洛斯的命运一样。

24.1.4 巴西（至1831年）

1808年，葡萄牙王室流亡巴西，这有助于维持殖民地精英的忠诚。拿破仑战败后，葡萄牙政府要求国王约翰六世回国。起初，国王不想回国，但随后爆发的自由主义叛乱迫使他返回葡萄牙，以保住王位。他将儿子佩德罗（Pedro）留在巴西摄政。

到1820年，与巴西接壤的西属殖民地已经经历了10年的革命和内战，而且阿根廷和巴拉圭已经获得了独立。许多巴西人很难对这些抗争无动于衷，他们开始重新评估巴西与葡萄牙的关系。许多巴西人对巴西经济依附于葡萄牙愤愤不平，同时，葡萄牙士兵和官吏的狂傲，也使得人们开始公开谈论独立。

佩德罗一世和巴西独立

佩德罗不愿返回葡萄牙，为了确保留在巴西的王室产业，他顺应了不断发展的潮流，于1822年宣布巴西独立。佩德罗的决定使巴西走上了一条独一无二的政治道路。与实行宪法共和制的邻邦不同，巴西以葡萄牙国王之子佩德罗一世称帝实行君主立宪制的形式取得了独立。

佩德罗一世既坚持君主政体也承认自由原则。1824年的宪法规定了设立议会，也承认了反对派的权力。但佩德罗保护了留在巴西的葡萄牙人，使他们免于被逮捕和没收财产，这令他树敌甚多。虽然拥有奴隶的阶级统治着巴西，但 637
佩德罗一世还是反对奴隶制。1823年，他匿名发表了一篇文章，称奴隶制是“蚕食巴西社会的癌症”（见“多样性与主流：1828年巴西黑人的经历”）。1831年，他批准了一份与英国的条约，禁止巴西人参与奴隶贸易，这引发了争议。他派兵控制了邻近的乌拉圭，这也遭到了反对。军事上的失败和军费激增使民众忍无可忍。持不同政见的少数派利用这些问题吸引公众的注意力来反对佩德罗一世，要求建立民主制。面对街头民主运动，佩德罗一世于1831年将皇位让给了他年仅5岁的儿子佩德罗二世。佩德罗二世在被辅佐了9年之后成为拥有全权的皇帝。1889年，共和派推翻了他的统治。

本节回顾

法国入侵葡萄牙和西班牙引发了美洲殖民地的政治危机，危机随后演变成了独立运动。

本节回顾

在西蒙·玻利瓦尔的领导下，许多拉美国家获得了独立。

在经历了长期而残酷的战争后，墨西哥获得了独立。

在葡萄牙王子的领导下，巴西获得了独立，并实行了君主立宪制。

24.2 秩序问题（1825—1890年）

所有独立的西半球国家都面临着一个难题，即如何建立稳定的政治制度。当所有新成立的国家力求确立宪法和选举议会之时，人民主权在西半球获得了广泛支持。然而，这种对宪法秩序和代议制政府的广泛支持，并没有阻止党派间的恶斗、地方主义，以及超凡政治领袖和武装起义所带来的威胁。

24.2.1 对宪法的尝试

鉴于殖民当局专横残暴的统治，美国和拉丁美洲的革命领袖非常拥护立宪。他们相信，在宪法中详细规定政治权力将最有效地保护个人权利和自由。但事实上，很多宪法是不切实际的。在美国，乔治·华盛顿和其他领袖对第一部宪法《邦联条例》非常不满。他们参与起草了一部新宪法。在拉美，几乎没有哪部宪法能在混乱的国家政治中幸存下来。例如，1811—1833年，委内瑞拉和智利批准之后又否定的宪法共有9部。

殖民统治的差异后来影响到了美洲国家的政治发展。美国颁布新宪法是长期历史进程的一个高潮，这一进程始于英国宪法，到殖民地宪章继续发展。英属殖民地为选举官员提供了许多机会，到获得独立的时候，民众对选举、政党和党派斗争已经习以为常。相反，无论是巴西还是西属美洲，都没有经历过选举和代议制度。

加拿大政府

在美洲，对民主的热情和对自治的渴望推进了许多重要的政治改革。英属加拿大包括了许多独立的殖民地和其他地区，每处都有一个独立政府。省级官员和被委任的市政顾问委员会都来自地方精英。他们主导着每块殖民地的政治
638 生活。与此同时，议会的权力也受到了限制。人们希望集会，并要求政府对此做出响应，这导致了1837年的武装起义。英国决定让每个加拿大行省实行有限自治。到19世纪60年代，地方政治领袖意识到，发展经济需要一个具有“民族国家”性质的政府。加拿大的领袖与英国展开了磋商，决定建立一个联邦，这就

是**1867年联邦**。加拿大拥有了主权，中央政府设在渥太华（见地图24-2）。

1867年联邦：曾经各自独立的安大略、魁北克、新布伦瑞克及新斯科舍等殖民地政府共同组建了加拿大联邦。中央政府设于渥太华。这一新的加拿大自治领的成立标志着加拿大国家的出现。

建立拉美国家

对于南美国家来说，通往宪政的路要曲折得多。与英属美洲殖民地的情况不同，葡萄牙和西班牙不允许选举立法机构和地方政府。起草拉美宪法的人也比较缺乏政治经验。结果，许多新生的拉美国家在尝试未经检验的政治制度。

独立后，许多拉美国家不知该如何界定天主教会的角色。在殖民时期，教会垄断着宗教，掌控着各级教育，也主宰着思想领域。许多早期宪法用教育世俗化和允许信仰其他宗教的方式来削弱天主教会的势力。教会方面则发动了有组织、有资金支持的保守运动。19世纪，主张政教分离的自由主义者和支持教会主导政治生活的保守人士发生了冲突。

多样性与主流

1828年巴西黑人的经历

巴西曾是大西洋奴隶贸易最重要的目的地。从16世纪到19世纪50年代，巴西进口的非洲奴隶人数要超过200万。从19世纪20年代起，巴西的主要贸易伙伴英国开始强烈要求终止奴隶贸易。在巴西的英国游客成为力图废除奴隶贸易的人的重要信息来源。

1828—1829年，英国牧师罗伯特·沃尔什（Robert Walsh）在巴西广为游历。他记录了奴隶和黑人自由民融入巴西社会的令人费解的、始料不及的方式。

> [在海关大楼]……我生平第一次看到黑人的生存环境，对于一位外地人来说是如此的异乎寻常。搬运和移动货物等全部劳动都由这些人完成，他们的境况惨绝人寰。这里有一些人身无片缕，除了腰间系上一块肮脏的破布。他们的皮肤由于长期暴露在太阳下而变得坚硬、粗糙、皲裂，好似粗粝的黑色兽皮，又仿佛褶皱的大象皮，上面稀稀拉拉地长着一点零散的毛发。当你凝视这些人时，你看到的他们的外形很像一种低等生物。……这些生物，一些被套在马车上，拖拉着沉重的负荷。一些颈上、腿上戴着锁链，背负重担，难以移动。一些按等级列队，头顶沉重的物品，边移动边喋喋不休、词不达

意地诉说着自己悲惨的生活。一些用力咀嚼甘蔗，好像牲口在吃绿色饲料一样。一些躺在水边光秃秃的地面上，周围全是垃圾和废料，像狗一般蜷曲着身体，好似不再期待或需要舒适的设施和膳宿了，他们所表现的生存条件和身体形态是如此非人，以至于他们早已不是在表象上，而根本就是在事实上，远远比其周围的动物还要低等。马和骡子是不会以这种方式被使用的；它们为人类提供乐趣而非劳动力。它们和黑人在同一条街道上，精神饱满，好吃好喝，盛装打扮，其生存状态远优越于黑人，它们瞧不起从身旁经过的脚戴镣铐、身负重荷的可怜人，因为它们觉得他们是比自己低等的生物……

长期以来，我一直相信，黑人同胞遭受着罪恶与困苦，这种状态只是上帝和自然安排的；他们是最低等的人类，只能与野兽联系在一起，他们与野兽的差别几乎无法察觉，其本性是如此混合难辨，以至于根本不可能分辨出这两种生物划分的界限在哪里；使他们驯服、终日繁忙和退化堕落的人不用理会他们对其列属人类的要求（现代的慈善家非常希望将他们列入其中），这也不足为怪。如今，我脑海里的第一印象动摇了我这些看法。那一刻，我没有想到，白人使一个来自非洲海岸的奴隶遭受这种艰难困苦，造成精神退化和身体衰弱，最终变成了我如今看到的从事苦力的沉闷而变形的野兽。

后来的几个小时，我看到了另一类黑人，这纠正了我对黑人人口的第一印象。我们被一阵军乐声吸引，发现声音来自一个停留在一条街道上的军团。他们的团长刚刚去世，士兵们正在组队游行举行葬礼仪式。他们全部都是肤色或深或浅的黑色人种，绝大多数是非洲黑人。他们的装备相当精良，他们身穿深色夹克，白裤子，黑色皮质的帽子和腰带，所有的设备等级都很高，包括武器在内。军乐队所奏音乐甜美怡人，由指挥亲自作曲，演奏齐整，技法纯熟。这只不过是一支民兵组织的军乐队，但设备完整，训练有素，与我们正规的军乐队相比毫不逊色。这是这个国家的黑人在人类社会中迈进的第一步；他们从尚不如牲畜的状态进入到士兵阶层，并且表示自己有能力和其他肤色人种一样遵守纪律、自我完善。

接下来，我们的注意力又被一群贩卖商品的黑人男女所吸引；一些装
639 在篮子中，一些置于木板上、箱子里，被他们顶在头上。他们属于小店主阶层，许多人在家里售卖其商品，但是更多人用这种方法贩卖，好像流动商

店。少数还属奴隶，每晚要给主人带回一定数额的钱，作为其每日工作的成果。但据我所知，大部分是自由人，为自己的利益而做着这份小职业。他们都整洁干净，礼貌得体，令人尊重，优于同一阶层和同行的白人。其商品质量可靠，保存得当，他们的售卖真诚且自信，既不想占人便宜，也不怀疑别人会占自己便宜。我在一个女商贩那里买了一些糖果，我对她谦逊的礼貌和得体的举止留下深刻印象；她是一个年轻的母亲，带着一个衣着整齐的孩子，她十分喜欢自己的孩子。我给她的孩子一点糖果（糖果包裹的坚果），孩子扬起黑色的小脸，看看她再看看我，拿了我的糖果，同时亲吻我的手。但是，由于我对这个国家的货币不甚熟悉，我身上没有可以流通的钱，只好放下商品；但是这个可怜的少妇十分信任地把商品塞到我怀里，不断地用磕磕绊绊的葡萄牙语说："下次再来，下次再来。"我很遗憾地说，"下次"不会到来，因为我无法认出她，把这小笔钱还给她，虽然我曾专程回到那个地方。

天很快黑了。我又被一群手持点燃的仿佛火炬般的大蜡烛的人们所吸引，他们聚集在一个房子前。我正要经过，手中就被一个貌似权威的人塞进了一根蜡烛，他要求我加入他们的游行队伍。他们是在准备一场葬礼，在那个场合中，我才得知，他们通常会要求一个过路的陌生人参加，如果遭到拒绝则会伤心。我加入了他们，和他们一起走向一个附近的教堂。进入教堂，我们站在一个平台的两侧，平台附近是唱诗班，台子上放着一具空棺，盖着一袭粉色丝绸，镶以金边。唱诗班的神父为葬礼吟唱圣曲，其中有一位是非洲黑人，他是一个身形高大的美男子，其乌黑的脸庞与他白色的祭衣形成了鲜明的对比。他端庄严肃地履行着自己的职责，这种神情我在唱诗班的其他人身上没有看到。然后，在棺材上撒花，用香进行烟熏，葬礼结束，人们解散。我在岸上只停留了几个小时，生平第一次，我看到了四种社会阶层的非洲黑人；在我看来，每个人的性格都取决于他所处的生存状况，以及他所受到的尊重。作为令人唾弃的奴隶，他们远比周遭的牲畜低劣；样子更为痛苦，赤身露体而更令人反感，人格更为扭曲，智力显然少于身旁经过的马和骡子。晋升入士兵阶层后，他们则变得整洁干净，遵守纪律，训练有素，并且表现得像白人一样。作为一个市民，显然他们的外表令人尊敬，端庄稳重，举止符合该阶层的人。作为一个神父，站在教堂中，专职为了社会最重要的利益而教谕社会，这一社会等级要求道德和知识，以及某种程度的优越感，他看上去比其白人同行还要更加虔诚，举止更为恰当。因此，我自然而然地得出了这样一个结论，肤色只是影响一个人外表的偶然性，至多是一件外衣，与他的内在素质毫无关系——上帝也是按照自己的形象创造的非洲人，也给了他一个不死的灵魂，与白人平等无二。欧洲人除了自己的贪婪外别无借口，因为他们不虔诚地排斥上帝所创造的和他们平等的同胞，将他们踩得比垂死的野兽的地位还要低。

资料来源：Robert Edgar Conrad, *Children of God's Fire: A Documentary History of Black Slavery in Brazil* (Princeton, N.J.: Princeton University Press, 1983), 216–220.

分析问题

作者对巴西奴隶人口的第一印象是什么？

作者的观点随后发生了转变，这是因为他观察到了什么？

奴隶制是如何让奴隶失却人性的？

巴西拥有自由身份的黑人生活改善的条件或机遇是什么？

640 在拉美，军方势力是实行宪政的又一障碍。独立战争提高了军事统帅的地位。战争结束后，他们中很少有人愿意服从政府。民主的混乱给许多人泼了冷水，他们将独裁视为保护生命、财产的有效途径。

24.2.2 人格主义领袖

人格主义领袖：指具备个人魅力，能够在宪法和法律的权威以外发动并指挥群众的政治领袖。例如，19世纪委内瑞拉的何塞·安东尼奥·派斯和美国的安德鲁·杰克逊，20世纪巴西的海图里奥·巴尔加斯和阿根廷的胡安·贝隆。

美国和拉丁美洲的革命领袖在独立战争期间得到了群众拥护，有些人利用群众拥护获得了政治权力。乔治·华盛顿主导了美国早期政治，并预见了一些革命英雄在政治上的飞黄腾达，如墨西哥的伊图尔维德和大哥伦比亚的玻利瓦尔。对于他们来说，军事成就为政治权力奠定了基础。华盛顿的不同之处在于他愿意放弃权力。但更常见的情况是，**人格主义领袖**（Personalist Leaders）的统治基础是民众的支持而非宪法和法律。在拉美，未经宪法许可而获得权力的人格主义领袖被称为“考迪罗”（caudillo）。

两个人格主义领袖：杰克逊和派斯

凭着民众的坚定支持，美国的**安德鲁·杰克逊**（Andrew Jackson）和委内瑞拉的**何塞·安东尼奥·派斯**（José Antonio Páez）可以挑战宪法对其个人权力的限制。在委内瑞拉和哥伦比亚的独立战争中，派斯（1790—1873年）是玻利瓦尔手下的一员悍将。与他大多数同伙一样，派斯出身贫寒，没受过多少教育，但身体强壮，勇敢而狡诈，天生就是一位游击队领袖。这为其日后的政治权力奠定了基础。派斯这样描述了他的权力："既然士兵赋予我最高统帅权，并愿意盲从我的意志，那我就是唯一能拯救他们的人。"[2] 部下的忠诚使他不愿接受一位遥远的总统所具有的宪法权威。

641

打败西班牙后，玻利瓦尔想按美国模式将西属殖民地整合成一个联邦。但他低估了独立战争所带来的民族主义情绪。派斯和其他委内瑞拉领导人不愿将来之不易的权力拱手让给远在波哥大的大哥伦比亚政府。1829年，当玻利瓦尔面对反对派的政治挑战时，派斯宣布委内瑞拉独立。派斯放纵自己的党羽，但对他的敌人却毫不留情。他以总统或独裁者的身份，统治这个国家长达18年。他实行了有利于精英的经济政策，但也得到了民众的拥护。虽然拥有大量的个人财产，但派斯还是努力将自己装扮成一个普通人。

何塞·安东尼奥·派斯：委内瑞拉士兵，曾领导过西蒙·玻利瓦尔的骑兵部队。在战争中成为一位成功的将军，打下了强大的政治基础。1829年，他由于不愿接受玻利瓦尔政府在遥远的波哥大的宪法权威，而宣布委内瑞拉从大哥伦比亚独立。

安德鲁·杰克逊（1767—1845年）是第一位出身贫寒的美国总统。他白手起家，最终拥有了巨额财富和超过100个奴隶。杰克逊在边境居民、城市工人和小农中拥有极高声望。虽然不检点的私生活和决斗使他声名狼藉，但他的勇敢、个人主义和挑战权威的意志使他在政治上取得了成功。他做过法官、将军、众议员、参议员和总统。

安德鲁·杰克逊：第一位出身贫寒的美国总统。他在边境居民、城市工人和小农中十分受欢迎。他做过法官、将军、众议员、参议员和总统，政治事业十分成功。1824年，他在一场充满争议的总统竞选中落选。1828年当选总统，1832年再次当选。

在杰克逊的军旅生涯中，他对文官政府缺乏耐心。他击败了克里克人（Creek）和塞米诺尔人（Seminole），这使他声名大噪。1815年，他在新奥尔良战役中击败了英军。1818年，他又从西班牙人手中夺取了佛罗里达。这些胜利将他推向了美国政治的巅峰。1824年，他获得了多数的大众选票，但没有获得选举团投票的多数，众议院推举约翰·昆西·亚当斯（John Quincy Adams）为总统，这使得拥护杰克逊的人非常愤怒。

1828年，杰克逊在大选中获得了压倒性优势，1832年再次当选，他的支持者将此视为民主对贵族政治的胜利。在任期间，杰克逊试图摆脱宪法对其权力的限制。他打击国会和高等法院，以扩大总统权力。杰克逊之所以能主宰政治，是因为他将颂扬美德和民众修养的平民政治同维护富人经济利益结合在了

地图24-2 1873年的加拿大自治领 虽然加拿大尚未独立，虽然定居点仍集中于美加边界，但是1873年时，加拿大已经对西部领地建立了有效的政治及经济控制。

一起，这点与派斯很相似。

在美国和拉丁美洲，人格主义领袖都是常有的。但拉美的宪法传统比较薄弱，对私有财产保护不力，文化水平较低，通信系统也欠发达。这些因素使受人拥护的政治家更容易实现他们的野心。拉美的人格主义领袖经常藐视宪法对其权力的限制，选举结果也常常与总统权力的归属无关。结果，到1900年，每个拉美国家都经历了独裁。

24.2.3 地方主义的威胁

独立后，新的民族国家政府通常比殖民政府还脆弱。许多国家就关税、税收、货币政策、奴隶制和奴隶贸易展开了辩论，这导致许多地方精英产生了分离的倾向。西半球一些新独立的国家卷入了这场争论，另一些国家则为领土而相互攻伐。

在西属美洲殖民地，独立后努力建构一个联邦国家的尝试失败了。新西班牙总督区包括了中美洲和墨西哥。但在1823年，当地方精英使墨西哥脱离中美洲共和国（Republic of Central America）时，这个联盟遂告瓦解。19世纪二三十年代，五个国家在地方纷争和内战中诞生了。玻利瓦尔希望将委内瑞拉、哥伦比亚和厄瓜多尔组建成大哥伦比亚，首都设在波哥大。但在1830年他辞世之前，委内瑞拉和厄瓜多尔就已经成为独立国家。在殖民地时期，阿根廷、乌拉圭、巴拉圭和玻利维亚组成了一个单一的总督区，首府在布宜诺斯艾利斯。击败西班牙后，乌拉圭、巴拉圭和玻利维亚从阿根廷独立出来。

地方主义同样威胁着美国。对州和地区利益的维护在美国宪法起草过程中起了重要作用。宪法中的许多重要条款代表了有利益冲突的州和地区领导人之间的妥协。但是，尽管存在宪法上的妥协，地方纷争仍旧威胁着国家。

奴隶制将国家分为互不相容的两个社会。19世纪三四十年代，移民潮涌 642
向北方各州，也将政治中心从南方带到了北方。南方领导人想用扩张领土的方式捍卫奴隶制。1803年，他们支持购买路易斯安那（见地图24-3）。这片南起墨西哥湾、北抵加拿大的领土就归入了美国版图。1846年的美墨战争也使美国获得了新的领土。但领土扩张引发了一场关于奴隶制的大讨论，这使亚伯拉罕·林肯于1860年当选美国总统。

林肯承诺阻止奴隶制蔓延。他的当选刺激了南方种植园精英，他们选择了一条危险的道路：脱离联邦。分裂出去的各州组成了一个新政府“美利坚南部邦联”（Confederate States of America），简称“邦联”。林肯保住了联邦，但付出了沉重的代价。美国南北战争（1861—1865年）是西半球历史上最具破坏性的战争。在1865年南方同盟投降之前，有60余万人丧生。联邦的胜利意味着奴隶制的废除，也标志着国家政治权力转移到了北方精英手中。他们承诺发展工业、修建铁路、改善国内其他条件。

与成功地破坏大哥伦比亚和其他西属殖民地联邦的运动相比，美利坚南 643
部邦联在政治上和经济上所做的准备要更为充分。但它还是失败了，部分原因在于时间安排上出了问题。西半球新独立的国家在其建立初期，面对分离主义运动时表现得极为脆弱，实际上所有成功的分裂活动都是在独立不久后发生

地图24-3 美国领土扩张（1783—1853年） 由于侵略性外交政策和对墨西哥及北美印第安人的战争，美国开始了迅猛的西进运动。铁路的发展有利于密西西比河以西地区的一体化，也促进了经济扩张。

的。美国的情况则表明，一个有经验的国家政权，经历了70多年的相对稳定，经济和人口均快速增长，因此其政府合法且强大，只要付出巨大努力便能战胜分裂。

24.2.4 外国干涉和局部战争

战争不但能影响边界，而且能决定自然资源和西半球市场的归属。获得独立后，墨西哥和其他西半球国家也要防范欧洲列强。边界冲突和地区间的仇视使西半球国家相互厮杀。到19世纪末，美国、巴西、阿根廷和智利在战争中获胜，成为区域强权。

与欧洲列强的战争

在30年的独立运动中，美国发生了与英国的第二次战争——1812年战争。1814年，英军焚毁了白宫和国会大厦，这说明新生的共和制还很脆弱。但到19世纪末，美国成了西半球的军事强国。1898—1899年的美西战争使美国的控制范围从太平洋的菲律宾一直延伸到了加勒比的波多黎各（见第28章）。

欧洲列强也侵犯了拉美国家的主权。独立后，阿根廷面临着英法的海上封锁。为了阻止奴隶贸易，英国海军入侵了巴西领海。墨西哥面临的主权威胁最为严重，1829年打退了一次西班牙的进攻，1838年击退了法国对韦拉克鲁斯市的袭击，1862年又抵御了一次法国的入侵。

对墨西哥主权的威胁

644

美国也严重威胁着墨西哥。19世纪20年代，墨西哥鼓励美国人移民到其北部的德克萨斯省。到30年代早期，德克萨斯的美国人超过了墨西哥人，他们肆无忌惮地践踏墨西哥法律，如禁止奴隶制的法律。1835年，墨西哥的自由主义者联合美国移民发动了起义，并于1836年获得独立。1845年，美国吞并了德克萨斯，次年对墨西哥宣战。1848年，墨西哥投降。美国迫使墨西哥接受了一个苛刻的条约，强迫其割让了大片领土，其中包括今天的新墨西哥、亚利桑那和加利福尼亚。墨西哥则从美国获得了1 500万美元。1848年，加利福尼亚发现金矿，墨西哥的损失可见一斑。

为了把国家从生死存亡的关头挽救回来，墨西哥的自由主义者掌握了权力，并推行改革，其中包括限制天主教教会权力和军队权力的《1857年宪法》。这引发了他们同保守势力的内战（1858—1861年）。**贝尼托·胡亚雷斯**（Benito Juárez）成为总统，击败了保守势力，保守派转向法国的拿破仑三世求援。1862年，法军入侵墨西哥，胡亚雷斯逃离了墨西哥城。法国拥立奥地利哈布斯堡王朝的马克西米利安为墨西哥皇帝。经过数年激战，在美国的外交援助下，胡亚雷斯将法军赶出了墨西哥。胡亚雷斯俘获了马克西米利安，并将其处死。

贝尼托·胡亚雷斯： 墨西哥总统（1858—1872年在任）。他出身于墨西哥贫民家庭，接受教育成为律师，晋升为墨西哥最高法院首席法官，最终成为总统。他领导墨西哥人民反抗1862年法国的入侵和马克西米利安皇帝的就任。

这次击败一个强大的外敌可以洗刷败于美国之耻，但建立民主比捍卫主权更难。虽然墨西哥宪法禁止总统连选连任，但胡亚雷斯还是一直担任总统，直到1872年去世。

美墨战争说明，西半球国家间的战争可以带来领土上的巨大变化。智利在

墨西哥皇帝马克西米利安被处决 爱德华·马奈（Edouard Manet）的这幅画展现了1867年马克西米利安及其两位将军被行刑队处决的场景。法国干涉的失败是贝尼托·胡亚雷斯所领导的墨西哥爱国人士的胜利。

美洲国家之间的战争

两次击败秘鲁和玻利维亚的联盟后（1836—1839年和1879—1883年），成为南美洲西海岸最强大的军事力量和经济力量。第二次战争被称为“太平洋战争”，在这次战争中，智利迫使玻利维亚割让了其唯一的出海口，并且得到了秘鲁最富庶的矿区。

19世纪20年代，阿根廷和巴西为争夺乌拉圭的控制权而大打出手，但军事上的胶着迫使它们承认乌拉圭独立。1865年，这三个国家结盟，对巴拉圭宣战（三国同盟战争）。经过5年战争，巴拉圭超过20%的人口和独裁者弗朗西斯科·索拉诺·洛佩斯（Francisco Solano López）在战争中丧命。巴拉圭于是被占领，不得不割地赔款。

24.2.5 原住民和民族国家

战争和外交影响到了西半球新兴民族国家同原住民的关系。在殖民后期，西班牙、葡萄牙和英国殖民政府都限制移民进入美洲印第安人的领地。随着国家的独立，殖民势力不再扮演调停者和保护者的角色。

许多依然独立的美洲印第安民族对西半球的共和国构成了威胁。内战和宪法危机削弱了这些新生国家，他们稳定边疆的能力比之前的殖民政府还差。阿根廷、美国、智利和墨西哥的印第安人在独立后，成功地收复了失地。虽然在早期战争中取得优势，但原住民的军事抵抗到1890年还是失败了。

美国和原住民

美国革命之后，成千上万的移民进入了先前受英国保护的印第安人领地。当地首领为了应对这一情况，与英属加拿大官员及其他原住民族结成了军事同盟。在俄亥俄河谷，肖尼人（Shawnee）兄弟——**特库姆塞**（Tecumseh）和“先知”（坦斯夸塔瓦［Tenskwatawa］）——建立了一个广泛而组织严密的同盟。该同盟得到了英国的支持。1812年战争期间，美军击溃了这个同盟，特库姆塞在与英军并肩作战时阵亡。

特库姆塞：肖尼人领袖，曾组织北美印第安人同盟以防止将更多领土失给美国定居者。他在1812年战争中是英国盟友，卒于此役。

整个19世纪20年代，跨过中西部和东南部的移民霸占了原住民的土地。1828年，在对原住民的早期战争中身经百战的安德鲁·杰克逊当选美国总统，他又把这个问题推到了风口浪尖。1830年的《印第安人迁移法案》（Indian Removal Act）迫使切罗基人（Cherokee）、克里克人、乔克托人和其他东部民族迁移到了密西西比河以西。近半数背井离乡的移民死在了路上，这条路后来被称为“血泪之路”。

大平原上的原住民坚决抵抗白人移民的扩张。大量白人（包括狩猎野牛的白人、牧场主和移民）到达美国西部时，原住民族学会了使用马匹和武器。这 645
些技术提高了苏族人、科曼奇人、波尼人（Pawnee）、基奥瓦人（Kiowa）和其他平原地区民族的狩猎技能和军事力量。

内战后，新一波移民涌入了大平原。美洲野牛几乎绝迹，原住民的土地也归到了农民和牧场主的名下。印第安人和美军的冲突持续了40年之久。1865年，美国政府迫使长期主宰南部平原的科曼奇人割让了他们在德克萨斯的土地。苏族人及其盟友抵抗的时间更长，他们在小巨角河战役（the Battle of Little Bighorn）中击败了乔治·阿姆斯特朗·卡斯特将军（General George Armstrong Custer）的第七骑兵队。但很快，他们也被迫接受了保留地的生活。19世纪七八十年代，美国政府又击溃了阿帕切人的抵抗。

阿根廷和智利的原住民也有着相似的经历：适应、抵抗和失败。成群的野

纳瓦霍人印第安首领聚于华盛顿进行谈判 19世纪，随着定居者的西进，北美印第安人被迫就领土问题与美国政府进行协商。这张照片展现了1874年纳瓦霍人首领及白人翻译在华盛顿的场景。

阿根廷和智利击败印第安人

牛为原住民提供了取之不尽的食物，熟练地掌握马匹也提高了他们的战斗力。阿根廷和智利的原住民使农牧业向南扩张举步维艰。两国政府很难击败这些拥有大量资源的敌人。于是，他们只能用馈赠礼物和交换战俘的方式来维持边境和平。

但到19世纪60年代，政治稳定和军事现代化使两国政府转守为攻。70年代，拥有现代装备的阿根廷军队击败了南美大平原上的原住民。50年代，内战和经济萧条削弱了智利政府。马普切人（Mapuches，又称“阿拉可尼人”［Araucanians］）收复了部分土地。但到70年代，智利军队挫败了印第安人的抵抗。

在智利、阿根廷和美国，政府将原住民族妖魔化，以证明其军事行动的正
646 当性。报纸上的社论和政客们的演讲将印第安人描述得非常残忍。1859年4月，一份智利报纸评论道：

> 我们清醒地意识到，不但惩罚阿拉可尼人［马普切人］是必要的，而

且要让他们不会伤害我们，这是消灭一百万恶魔的唯一方法。我们都知道，他们是智利危险而不受欢迎的客人。对于这个愚蠢民族来说，安抚是不会奏效的，他们是智利国家的耻辱。[3]

新生国家的政治分歧和内战为长期臣服的原住民发动起义提供了机会。在墨西哥的尤卡坦地区，大地主将玛雅人逐出了他们固有的领地，并将成千上万的玛雅人变为奴隶。国内的起义和美国的入侵削弱了墨西哥政府。1847年，玛雅人趁机发动起义。这场组织严密且拥有群众基础的起义被称为**种姓战争**（Caste War）。原住民几乎恢复了对尤卡坦的控制。300余年的积怨导致了充满血腥的暴力活动和巨大的财产损失。在美国的协助下，墨西哥夺回了许多重镇，战争也就此结束。即便如此，玛雅起义者撤到了未被占领的地区，建立了一个独立国家"十字帝国"（Empire of the Cross）。这个杂糅了传统信仰和基督教的地方政权继续抵抗墨西哥军队，直到1870年。一些玛雅人的据点一直存在到1901年。

种姓战争：1847年，玛雅人对墨西哥政府进行反抗，几乎使尤卡坦重归玛雅统治。一些玛雅起义者退至未被占领的地区，一直抵抗到1901年。

本节回顾

包括美国在内的西半球新生国家在建立宪政时均遇到困难。

超凡的军事领袖（如安德鲁·杰克逊和何塞·安东尼奥·派斯）拥有大批支持者。他们获得了权力，并挑战宪法对总统权力的限制。

分离主义运动和内战威胁到了美国和许多拉美国家。

与列强和邻邦的战争威胁着西半球国家的独立和领土完整。

西半球的原住民想保卫自己的领土，但到19世纪末，政府镇压了他们的抵抗。

24.3 社会与经济变革带来的挑战

19世纪，西半球新生国家为实现启蒙运动所提倡的自由和个体权利而奋斗，这些理念点燃了独立运动的火焰。但殖民时期留下的奴隶制和其他专制制度都阻碍了这一进程。尽管如此，到19世纪末，改革运动还是终结了奴隶贸易，废除了奴隶制，扩大了投票权，也吸引了来自亚洲和欧洲的移民。

工业化和融入世界经济有时会破坏政治稳定和社会秩序。当西半球少数国家进行工业化时，为数更多的国家还在依靠农、矿产品的出口。到19世纪末，进行工业化的国家明显比依靠原材料出口的国家富裕。无论以何种形式获得独立，所有地区的经济都变得越来越脆弱，越来越不稳定，因为它们过于依赖国际市场。与同时代的社会改革相似，捍卫经济主权的努力会催生出新的政治势力。

24.3.1 废除奴隶制

美国和拉美独立运动的领袖都坚持普适的自由和公民权这种理念，这
647
与奴隶制的现实存在强烈反差。主张废除奴隶制的人被称为**“废奴主义者”**（abolitionist）。尽管他们做了许多努力，但在西半球许多国家，奴隶制一直存在到19世纪50年代。事实证明，在农产品出口占主导地位的地区（如美国、巴西和古巴）废除奴隶制是非常困难的。

废奴主义者：指主张彻底废除奴隶制的人。废奴主义的压力使英国大西洋奴隶贸易于1808年终结，1834年，奴隶制在英属殖民地消失。在美国，废奴主义者的行为是导致内战（1861—1865年）爆发的因素之一。

美国废除奴隶制

在美国，北方各州废除奴隶制和1808年终结非洲奴隶贸易首先撼动了奴隶制。但1812年战争后，棉花种植业的利润大幅攀升，这使废奴运动陷入了停滞。在西属美洲争取独立的时候，有数万奴隶通过参军获得了自由。独立后，这些共和国禁止了奴隶贸易。但国际市场对糖和咖啡的需求不断增加，这阻碍了奴隶制的废除。随着种植园产品价格的上升，巴西和古巴增加了奴隶进口。

在美国，废奴主义者为终结奴隶制做了长期努力。他们认为这种制度有悖基督教道德，也有悖《独立宣言》中倡导的普适权利。1834年，废奴主义者西奥多·魏尔德（Theodore Weld）对反对奴隶制的宗教理由进行了总结：

> 无论出身、肤色和生活境况如何，都不能剥夺其天生的权利，这是上帝赐予每个人的权利，上帝按照自己的形象造人，使人成为一个自由的道德能动者（moral agent），那些蔑视并剥夺他人权利、破坏正义、践踏人性的人……就是冒渎地僭越了上帝的特权。[4]

宪法没有赋予妇女和非洲裔美国人全部权利，但他们在废奴运动中发挥了重要作用。美国反对奴隶制协会（American Anti-Slavery Society）的领袖中就有女性。她们为废除奴隶制做了卓有成效的宣传。最终，有成千上万的妇女参与了废奴运动。保守派攻击妇女高调的社会角色，这使许多妇女又开始争取

投票权。弗雷德里克·道格拉斯（Frederick Douglass，曾是一名奴隶）是废奴运动中最著名、最有影响力的领袖之一。一些黑人领袖宣称，和平的方法不会奏效，暴力是不可避免的。1843年，亨利·海兰·加尼特（Henry Highland Garnet）在全国黑人大会（National Colored Convention）上鼓动："弟兄们，起来，起来，起来！让每个奴隶都参与进来，奴隶制持续太久了。"[5]

19世纪50年代，新成立的共和党开始重新思考奴隶制和自由国家的关系。1860年，随着亚伯拉罕·林肯当选美国总统，南方11个州脱离联邦。内战期间，要求废除奴隶制的呼声越来越高。数万名自由黑人和出逃的奴隶加入了联邦军队。1863年，也就是俄国废除农奴制两年后（见第26章），林肯在激战正酣之际颁布了《解放宣言》（*The Emancipation Proclamation*），宣布在联邦军队未占领的南方叛乱各州废除奴隶制。1865年，第13次修订的美国宪法完全废除了奴隶制，但大多数非洲裔美国人还是生活在水深火热之中。19世纪末，南方各州通过了"吉姆·克劳"法（"Jim Crow" Laws），要求在公共交通工具、工作和学校中隔离黑人。这些法律助长了带有种族主义色彩的暴力行为。据称，每年平均有50个非洲裔美国人被处以私刑。

巴西废除奴隶制

美国废除奴隶制20余年后，巴西还保留着这一制度。巴西的主要贸易伙伴英国要求巴西结束奴隶贸易。1830年，巴西签署了禁止奴隶贸易的协议，但直到19世纪50年代英国海军迫使其就范前，巴西还是进口了50万非洲奴隶。巴西皇帝佩德罗二世和许多自由主义者都主张废除奴隶制，他们选择了一条希望奴隶主能接受的渐进式道路，但这条道路失败了。

在巴西和巴拉圭爆发战争期间（1865—1870年），大量奴隶加入巴西军队以换取自由。他们的爱国精神和英雄主义使许多人意识到奴隶制是不公正的。受过教育的巴西人认为，奴隶制不仅阻碍经济发展，而且成为民主改革的绊脚石。19世纪80年代，奴隶制的政治基础出现了动摇，越来越多的奴隶逃离了他们的主人，军方拒绝逮捕、遣返这些逃亡者。1888年，巴西最终废除了奴隶制。一年后，一场起义推翻了巴西君主政体。

在运往新世界的黑奴中，大约40%到了加勒比地区。18世纪，圣多明各爆发了奴隶起义（见第22章），这次起义震惊了加勒比地区的奴隶主。他们意识 648
到，任何动摇殖民统治的尝试都会激起叛乱。因此，在加勒比地区，很少有人会支持废除奴隶制。欧洲国家的态度才是这些殖民地废奴的关键。

一个退伍的前巴西奴隶 巴拉圭战争（1865—1870年）中自由黑人及黑人奴隶的英勇行动让很多巴西人开始谴责奴隶制。此画的原版说明写道："一个志愿兵在为保卫祖国母亲和解放奴隶而洒热血之后，从巴拉圭战争中返乡时，充满荣耀，身披桂冠，但看到自己的母亲被绑被鞭打！可怕的现实！"

加勒比地区废除奴隶制

在加勒比地区，奴隶通过起义、逃亡或巧妙地抵抗来推进废奴运动，这点与巴西或其他种植园经济区相似。虽然牙买加和古巴的奴隶起义没有重演海地革命（1791—1804年）的胜利，但这些起义表明，奴隶绝不会安于现状。

1800年后，英属西印度殖民地糖料种植园的利润开始下滑。这时，英国劳工组织、牧师和自由主义者组建了一个政治联盟，要求废除奴隶制。18世纪在美洲积极建立奴隶制的英国于1807年终止了奴隶贸易。随后，英国与西班牙、巴西和其他奴隶进口国签订了条约，要求消除奴隶贸易。英国用海军保障条约得以实施。

1834年，英属殖民地着手废除奴隶制，但“自由”的奴隶还是以“学徒”的身份继续留在原主人身边。种植园主的虐待和奴隶对学徒身份的抗拒促使1838年彻底废除奴隶制。10年后，法属加勒比殖民地废除了奴隶制。1863年，荷兰废除奴隶制，在苏里南（Surinam）解放了3.3万名奴隶，在安的列斯群岛解放了1.2万名奴隶。

在加勒比地区，奴隶制在西属古巴和波多黎各持续的时间最长。1820年后，英国用海军和外交手段遏制奴隶贸易。与此同时，两国内部也出现了废奴的呼声。与英属和法属加勒比殖民地相比，古巴和波多黎各的白人和有色自由人的数量更多，所以他们不担心废奴会使奴隶拥有优势。波多黎各大约有3万名奴隶。1373年，当地改革者保证会废除奴隶制。对于古巴来说，奴隶制要更长一些。古巴要求独立，这使西班牙殖民政府倾向于废除奴隶制。从19世纪70年代开始，西班牙通过了一系列法案，逐渐废除奴隶制，但还是要求奴隶为其以前的主人服务很长一段时间。1886年，西班牙最终废除了奴隶制。

24.3.2 移民

殖民时期，在前往西半球的移民中，欧洲人并不占多数。1500—1760年，进入西半球的非洲奴隶数量远超欧洲移民，其比例接近2:1。19世纪50年代，在废除奴隶贸易之前，又流入400万非洲奴隶。奴隶贸易结束后，数百万亚洲移民到达了西半球。这些19世纪的移民推动了经济发展，也为美国、加拿大、阿 649
根廷、智利和巴西的开疆扩土做出了贡献。到19世纪末，几乎所有快速发展的城市（如布宜诺斯艾利斯、芝加哥、纽约、圣保罗）都拥有大量移民。总体上讲，欧洲移民不会去那些有压迫奴隶和低工资传统的地区。来自中国和印度的数万契约劳动力在加勒比的种植园里工作。

欧洲移民

19世纪，欧洲人是向西半球移民的主体。起初，大多数移民来自西欧。但1870年之后，大部分移民来自东欧和南欧。19世纪30年代，美国接纳了大约60万欧洲移民，40年代接纳了150万。到1880年之前，平均每10年250万。90年代到达了惊人的520万。移民使人口从1871年的3 900万上升到了1891年的6 300万。大多数移民在城市定居。以芝加哥为例，人口从1870年的44.4万猛增到了1900年的170万。

前往拉美的欧洲移民也在迅速增长。前往阿根廷和巴西的移民从19世纪60年代的不足13万上升到了90年代的170万。到1910年，30%的阿根廷人是在国外出生的，这一数字是美国的2倍多。阿根廷对亚洲移民极具吸引力。1870—1930年，阿根廷吸引的移民数量是加拿大的2倍。即便如此，移民到加拿大的人数也在这一时期增长了10倍。

亚洲移民

1850年以后，前往西半球的亚洲移民也在增多。1849—1875年，大约有10万中国移民进入秘鲁，另有12万人前往古巴。19世纪后半叶，加拿大吸引了大约5万中国移民。1845—1882年，美国接纳了30万移民。印度同样对西半球的社会转型做出了贡献，有50万印度移民到达了加勒比地区。英属圭亚那也从南亚

加拿大温哥华的中式葬礼 19世纪90年代，温哥华是中国移民的重要目的地。这张照片展现了，传统中国文化的重要因素是如何在这座后期维多利亚风格的加拿大城市的店铺及电车之间兴旺发展的。

次大陆吸纳了23.8万移民，其中大部分是契约劳动力。

反移民运动

移民对经济发展的贡献不容忽视，但许多国家还是出现了仇视移民的现象。排外的政治运动认为，不可能将大量外国人纳入国家政治文化。19世纪

650 末，恐惧和偏见使西半球许多政府开始为移民设限，或将他们分为“值得要的”或“不值得要的”移民，通常是偏爱欧洲移民而非亚洲移民。

与欧洲人相比，亚洲人面对更多的障碍，也更容易遭受暴力和歧视。19世纪七八十年代，美国西部许多城市都出现了反华骚动。国会也受到了种族主义的影响，1882年通过了削减大多数中国移民的《排华法案》（*Chinese Exclusion Act*）。1886年，公众害怕“低等种族”会威胁到加拿大，这使政府开征了人头税，中国家庭的移民更加困难了。同一时期，秘鲁、墨西哥和古巴也出现了很强的反华歧视。在巴西和讲英语的加勒比地区，日本移民也面临着类似的歧视。

欧洲移民同样面临偏见和歧视。人们认为，意大利人是罪犯或无政府主义者。在阿根廷和美国，一些社会科学家认为意大利移民比本地人更暴力、更不

诚实。人们根深蒂固地认为，西班牙人是贪婪和不诚实的。来自东欧的犹太人希望能摆脱在家乡受到的歧视，但他们发现，无论是在美国还是拉美地区，教育和专门职业都会将他们拒之门外。对来自爱尔兰、德国、瑞典、波兰和中东地区的移民也有很多负面描述。从加拿大到阿根廷，为偏见所做的辩解大同小异。评论家认为，移民的低工资会损害本地工人的利益，他们在文化上的异质性也威胁到了民族文化。

许多知识分子和政治领袖在考虑，文化上具有差异的民族逐渐融合是否能够维持一个共同的公民社会。出于这种考虑，人们开始鼓励对移民进行同化。学校成为文化战场，那里将语言、文化价值观和爱国观灌输给移民的后代。一位讲英语的加拿大改革者对加拿大大量讲法语的人视而不见，他这样评论当时的移民："如果加拿大想成为一个真正意义上的国家，如果我们的人民要成为一个民族，我们必须说同一种语言。"[6] 这些恐惧催生了歌唱爱国歌曲、尊敬国旗和其他象征物，以及编写强调爱国主义和公民美德的本国历史。

24.3.3 美洲文化

651

虽然存在着歧视，但移民还是不断涌向西半球，他们带来了新语言、新生活方式、新技术和新习俗。移民也改变了许多国家的政治，因为他们想要影响国家政策，以便获取权力。为了弥补他们远离家乡和语言文化上的不便，大多数移民群体都组织了以民族为基础的互助社团、运动和休闲俱乐部、邻里小区。当本土居民认为移民正在威胁国家文化而变得越来越恐惧时，这些组织会为新移民提供有价值的社会支持和经济援助。与此同时，与所在国的工人、邻居和士兵分享经验不仅改变了个体移民，而且改变了移民这一集体。通过与来自不同文化的人的接触，结果发生了语言、习俗、价值观和行为方式的改变，这就是**文化适应**（acculturation）。

文化适应：指移民接受移民目的地国家的语言、习俗、价值观及行为方式。

移民的影响

另一方面，移民及其后代也对所在国文化产生了影响。他们要尽快学会所在国语言，以提高挣钱的能力。与此同时，他们语言中的词汇和习语也进入了所在国语言。意第绪语（Yiddish）和意大利语对美国英语、阿根廷西语和巴西葡语产生了巨大影响。亚洲的饮食也影响到了几乎每个美洲国家。在流行乐方面，意大利移民所带来的新乐器和管弦乐改变了基于非洲节奏的阿根廷探戈。墨西哥民谣和美国乡村音乐在美国南部融合。在布宜诺斯艾利斯，拥挤的屋子里也会上演意大利歌剧。

西半球的工会运动和选举政治也对试图影响政治、改善工作条件的新移民产生了影响。欧洲移民中的无政府主义和社会主义思想也对墨西哥、阿根廷和美国的劳工运动产生了影响。移民从新政治运动中受益。他们的慈善团体和不那么正规（less-formal）的民族协会将资源集中在一起，帮移民开办买卖、帮他们的亲属移民，或者帮助埋葬亲人。

24.3.4 妇女权利和为社会正义所做的努力

妇女权利大会：1848年，一群妇女因被国际反奴隶制大会拒之门外而被激怒。她们在纽约州塞尼卡瀑布城召开女权大会，商讨妇女权利。

1848年，一群妇女因被国际反奴隶制大会拒之门外而被激怒，她们发出号召要求召开一次讨论妇女权利的会议。结果，**妇女权利大会**在纽约的塞尼卡瀑布城（Seneca Falls）召开，会议发表了一份声明，其中提到“我们坚信一些不言自明的真理：所有的男性和女性都是平等的”。当大会谈到经济独立和法律权利时，越来越多的女性代表要求拥有投票权。还有些人主张，要为妇女在家里和家外的工作提供更好的条件，尤其是要改善纺织厂的条件。面对批评之声，萨拉·格里姆克（Sarah Grimké）为妇女的行动主义（activism）做出了辩护：

> 这是男性的立场，他们用鞭子使女性屈服。他们虐待女性的肉体，还伤害她的精神、她的心和灵魂，她作为一个有道德的人，由此受到了极大损害。女性要依靠男性，这种说法多么是根深蒂固啊！[7]

走向教育与职业

加拿大走向男女平等的步伐和拉美地区一样慢。加拿大第一位女医师是在美国受训的，因为加拿大女性直到1895年才能获得医学学位。阿根廷和乌拉圭是拉美国家中最早允许妇女接受公共教育的国家，两国还于19世纪70年代实行了男女同校制。19世纪70年代，智利妇女可以从事与医学和法律相关的职业。而在巴西，直到1882年才有女性从医校毕业。在阿根廷，第一位女医师出现在1899年。

纵观西半球，社会地位较低的工作更容易实现男女平等，因为这不会直接影响男性的经济实力。到19世纪末，妇女在小学中占据了主导地位。从加拿大到阿根廷和智利，尽管大多数工人阶级妇女没有直接参与改革运动，但她们在日常生活中成功地改变了性别关系。19世纪末，大量贫困妇女走出家门，在农场和市场中工作，并有越来越多的妇女走进了工厂。麻烦的是她们还要照顾孩子。无论男性是否认为女性应该留在家里，到19世纪末，女性已明显出现在经济舞台上（见第27章）。 652

寻求种族平等

在消除种族歧视方面，19世纪几乎没什么进展。在美国南部，黑人没有投票权，他们还要接受侮辱性的隔离——在学校、旅馆、餐厅、公交车上的座位，甚至是喷泉。对非洲人的歧视在拉美地区也很普遍。但与美国南部各州不同，拉美并未推行隔离政策，也不允许使用私刑。不同肤色的人之间没有一条强行划出的界线。来自不同背景的男性和女性可以成为技术工人或中产阶级。拉美人倾向于用一系列的体质特征来区分种族，而不是像美国一样，仅用黑和白来分别。

在拉美地区，废除奴隶制并未终结种族歧视。一些废奴运动的领袖后来开始推进种族融合。他们要求教育权、投票权，要求在经济上获得更多机会，并指出不给公民全部权利所要付出的经济代价和政治代价。他们取得了成功，一方面因为他们有严密的政治组织，另一方面因为他们与富有同情心的白人结成了同盟。黑人知识分子对种族主义的陈词滥调也做出了批评。在巴西、阿根廷、古巴和美国，政治杂志和文学杂志开始庆祝黑人文化所取得的成就，这成为反种族歧视的有力武器。当非洲裔男男女女在美国到处受到种族偏见和歧视时，拉丁美洲有成就的混血儿在前进道路上所遇到的阻力，比美国同类群体要少得多。

24.3.5 发达和欠发达

19世纪，大西洋区域经历了三次严重的经济衰退，但到1900年时，几乎所有西半球国家都比100年前富有。工业革命、世界性人口增长和日益整合的世界市场刺激了经济扩张（见“环境与技术：阿根廷布宜诺斯艾利斯港的建设”）。小麦、玉米、羊毛、肉和并不昂贵的材料进入了出口的行列。之前出口的是银、糖、染料、咖啡和棉花。美国是西半球中唯一一个实现工业化的国家，几乎每届政府都会促进新兴工业的发展，都会采用新技术。为了更好地服务远方市场，各国政府投资修建公路、铁路、运河和电报系统，并用关税和货币政策促进经济发展，实现经济多样化。虽然做了这些努力，但到1900年，只有三个西半球国家——美国、加拿大和阿根廷——的个人收入达到了西欧的水平。这三个国家都拥有可利用的土地、温和的气候、丰富多样的资源和大批的移民。

工业革命使得对铜、锌、铅、煤、锡的需求大量增加。这促进了美国西部、墨西哥和智利采矿业的繁荣。19世纪末，矿业公司都是资金雄厚的国际巨头。它们可以胁迫政府以取得优惠政策。欧美矿业巨头几乎拥有所有大型矿业公司。19世纪末，墨西哥和其他地区发现了石油，石油业也采用了上述的发展模式（见第31章对迪亚斯独裁时期墨西哥经济的讨论）。

技术的作用

新技术加速了经济整合，但新技术的高成本会带来对外国资本越来越强的依赖。多国政府用优惠政策、无偿提供的土地和垄断权来吸引国内外投资者修建铁路。结果，到1890年，铁路的发展使美国大平原的许多地区、加拿大草原、阿根廷大草原和墨西哥北部地区成为外国市场的粮仓和牧场。蒸汽船为长

653 途运输降低了成本，电报也可使商品的供需信息更易传递。

环境与技术

阿根廷布宜诺斯艾利斯港的建设

布宜诺斯艾利斯位于拉普拉塔河畔。从18世纪末起，布宜诺斯艾利斯就是重要的商业中心和港口。但是布宜诺斯艾利斯并不是一个天然良港。由于河流很浅，大型远洋航船被迫在离岸几百码的地方下锚，货物和乘客则由小船或特殊制造的大轮牛车运送。小型船只停靠在城市南边的一个港口。

19世纪80年代，欧洲消费者对肉类和谷类的需求越来越大，阿根廷经济因此发生了转型。随着出口激增和土地价值上涨，阿根廷人的工资也开始提高，同时阿根廷也成为欧洲移民所青睐的目的地。阿根廷逐渐成为拉丁美洲最富有的国家。

阿根廷的政治和经济精英们认为，国家的未来发展需要现代化和扩大港口设施。他们在两种方案间争论不休。第一种方案强调对港口进行扩大改建，对河道进行清淤。此方案得到对外国利益集团持怀疑态度的当地工程师和政治集团的支持。第二种方案则包括在城市中心附近的浅泥滩中挖掘出一个河港及深水航道。此方案最终取得了成功。这一方案更昂贵，需要依靠英国工程公司、英国银行和英国技术；此方案得到以下两类人群的支持：与欧洲出口贸易关系密切的阿根廷

经济利益集团，以及认为进步与繁荣需要模仿欧洲模式的阿根廷政治领导者。英国是阿根廷的主要债权国，阿根廷的铁路、电车、煤气厂也是由英国人开发的。

19世纪90年代建造布宜诺斯艾利斯新港马德罗港，劳动力大部分由新移民构成，英国专家管理工程人员。地方精英在与工程相关的房地产交易和房地产佣金中获利。1890年，马德罗港开始分阶段开放。然而，成本超支和腐败使得竣工日期向后拖延至1898年。截止到1910年，进出港船只已达3万、1 800万吨，但是设计上的问题迫使“改进”工作持续到20世纪20年代。

为什么阿根廷政府选择了最昂贵也是最艰难的设计呢？阿根廷政客试图展示本国的现代性，因而在港口问题上选择了最复杂、技术上最先进的方法。他们也相信英国的工程技术和英国资本是现代性的保证。虽然新的港口设备促进了进出口繁荣，巨额的公共工程预算也确实为成千上万名劳工带来了收入，但是债务、设计上的瑕疵，以及外国资本对阿根廷越来越大的影响力，也遗留下了许多问题（见第31章对胡安·贝隆的讨论）。

多项新技术的同时获得能够发挥巨大作用。在阿根廷，铁路、电报、有刺铁丝网和冷藏设备都在19世纪七八十年代出现。虽然阿根廷在殖民时代就有大量的牲畜，但与欧洲的距离阻碍了饲养户对鲜肉和活牲畜的出口。新技术克服了这些障碍。铁路降低了运费，电报提供了更多市场信息，蒸汽船缩短了跨大西洋运输，带有冷藏设备的船为肉的远距离运输提供了便利。随着土地价格的上升和牲畜饲养方法的改进，牧场主为了保护新的投资而修建了有刺铁丝网，这是在没有树的大平原上首次使用的廉价栅栏。

654

富国和穷国

到1900年，西半球各经济体间的合作和竞争不断深入，这使各国产生了巨大的结构性差异，出现了两条道路，一条是通向工业化和繁荣，即**发达**；另一条是沿用殖民时期的原料出口和低薪工业，即**欠发达**。到1900年，与拉美国家相比，讲英语的北美国家更加繁荣，经济更加多元。阿根廷拥有温和的气候、肥沃的大草原和源源不断的欧洲移民，因此成为唯一一个与美国和加拿大繁荣程度相当的拉美国家。

发达：19、20世纪引起了工业化、城市化、大量富裕中产阶级兴起、对教育巨额投资的经济进程。

欠发达：以殖民地生产形式为基础的经济境况，如出口原料、低工资的种植园经济、对教育的低投入。

国际市场的风云变幻决定着西半球新兴经济体的发展轨迹。美国独立时，世界经济经历了快速增长。商人们从事制造业、银行业和保险业，他们使经济

地图24-4 美国的扩张（1850—1920年） 西部土地的定居化和划建为州，取决于以下因素：移民、开发自然资源、重要的新技术——如促进经济与政治整合的铁路和电报。

更加多元。美国也从经济发展中获益。人口的快速增长在很大程度上要归功于移民，大量的个人财富、分布广泛的土地所有权和相对较高的识字率也推动了美国经济发展。1865年，美国拥有世界上最大的铁路网。到1915年，这个网络又增长了11倍（见地图24-4）。钢铁业也在迅速发展，19世纪90年代，美国相继超过了英国和德国。

1867年联邦使加拿大获得了更多自治权，与此同时，加拿大恰好赶上了第二波全球经济扩张。加拿大从与英国——世界上最发达的工业国——的特殊关系中获益，也从19世纪50年代后不断壮大的移民潮中获益。尽管如此，在繁荣 655
的北美国家的某些地方（如加拿大的沿海诸省和美国南部）还在沿用拉美的欠发达模式。

大部分拉美国家于19世纪20年代获得独立的时候，全球经济正在萎缩。殖民地时期，西班牙和葡萄牙鼓励它们的殖民地出口农矿产品。独立后，这些出口面临着日益激烈的竞争。虽然这些国家在19世纪也享受了繁荣期，但它们还是要面对残酷的竞争和产品价格的不断下跌。因为其他地区也开始从事生产，它们抢占了市场份额。

拉丁美洲的经济发展，也要受制于供给过剩和低价的周期性问题，从而出现繁荣和萧条。各国政府都想增加出口，因为它们面对激烈的竞争和产品价格的不断下跌。这种情况是两方面原因造成的：一方面，工会组织抗议活动，工人要求提高工资；另一方面，国内市场要对外国工业品开放。低工资和充斥市场的外国工业品交替地阻碍着拉美国家的工业化。

政府软弱、政局动荡和内战都阻碍了拉美国家的经济发展。拉美国家还要依赖外国的资本和技术，先是英国，19世纪末是美国。这些国家常常提出苛刻 656
的条件，或干脆用武力保护它们的投资。19世纪晚期，墨西哥、智利和阿根廷的国内投资（尽管从传统出口中快速积累了大量财富）没有进入制造业，这使国内外消极因素对发展的阻碍作用显露无遗。

24.3.6 环境变化

人口增长、经济发展、新技术和国外动植物的引进都极大地改变了美洲环境。19世纪早期，为了提高产糖量，古巴的种植园主砍掉了岛上的森林。对肉类需求的增加使牧场主将阿根廷、乌拉圭、巴西南部和美国西南部开垦为牧场，但那里的环境非常脆弱。其他形式的商业化农业也威胁着环境。1870年后，为在短期内提高棉花产量，南卡罗来纳州和佐治亚州的农民放弃了轮作制，这很快导致了土壤侵蚀和肥力下降。同样，巴西的咖啡种植者砍伐或烧毁了森林，改种咖啡，这种过度种植也消耗了土壤的肥力。为了促进农业和畜牧业的发展，土地从公有变成了私有，这也改变了地区的风貌。最后，新技术也对环境产生了影响。例如，钢犁铲除了北美草原和阿根廷草原上的许多草，这增加了土壤侵蚀的风险。

快速的城市化也牺牲了环境。纽约、芝加哥、里约热内卢、墨西哥城和布宜诺斯艾利斯成为19世纪发展最快的城市，政府要努力提供排水系统、清洁的水和垃圾处理。在美国，木材公司砍光了密歇根州、威斯康星州和阿巴拉契亚山的大片森林，为修建铁路、建房和造纸提供木材，也为火车机车和铸造厂提供燃料。与此同时，欧美对硬木（如桃花心木）的需求不断增加，英属洪都拉斯（今伯利兹）、尼加拉瓜和危地马拉的林业获得了迅猛发展。西半球的森林在减少，动物栖息地和当地植物在消失。

内华达州、蒙大拿州和加利福尼亚州的采矿业加剧了污染。相似的情况也出现在了其他矿区。智利的硝酸盐矿和露天的铜矿污染了环境。巴西的米纳斯吉拉斯州（Minas Gerais）出现了长期的矿业繁荣，首先是17世纪晚期的金矿，随后是19世纪的铁矿。到19世纪末期，那里的红色土地发生了龟裂，森林砍伐殆尽，土壤侵蚀已经失控。同样的破坏也在折磨着玻利维亚和墨西哥的部分地区。

到19世纪末，一些国家采取了小规模的补救措施，建立了最早的国家公园和自然保护区。在美国，大部分地区仍是欠发达的。1872年，怀俄明州的黄石公园（Yellowstone）成为第一座国家公园。西奥多·罗斯福总统（1901—1909年在任）和博物学家约翰·缪尔（John Muir）在保护西部方面起到了重要作用。1885年，加拿大在班夫（Banff）建立了第一座国家公园。两年后，公园的面积从10平方英里扩展到了260平方英里（从26平方公里到673平方公里）。但当经济增长和环境保护发生冲突时，西半球国家往往会选择前者。

本节回顾

独立后，美洲国家最终废除了奴隶贸易和奴隶制。

废除奴隶制后，大量欧洲移民和亚洲移民涌入美洲国家，这使得美洲国家的民族构成发生改变，但移民也受到了歧视。

本节回顾

为争取妇女权利和消除种族歧视所做的长期斗争改变了西半球的政治文化。

1900年，大多数西半球国家都比100年前富裕，但只有阿根廷达到了美国和加拿大的平均富裕程度；依靠原材料出口的国家依旧欠发达。

不断发展的伐木业、牧业和采矿业毁掉了西半球大片地区，但到19世纪末，环境保护的努力已经崭露头角。

结　语

657

尽管西半球国家有着不同的殖民传统，但却面临着相似的挑战。建立稳定的宪法体制的努力到处碰壁。虽然美国确立了长期宪法，但围绕奴隶制展开的斗争演变成了威胁国家生存的内战。在其他地区，大多数新宪法在一代人的时间里就垮掉了。例如，阿根廷用50年的时间才建立起一个稳定的政府。拥有大量支持者的人格主义政治领袖——如何塞·安东尼奥·派斯和安德鲁·杰克逊——要摆脱宪法对他们的束缚。地方主义、意识形态上的对抗、种族对立和与原住民的冲突也都威胁着国家的稳定。

新生国家还要面对外国的干涉和与邻邦的战争。到1850年，墨西哥一半的领土割让给了美国，1862年又要面对法国的入侵。玻利维亚和秘鲁也将领土割让给了不断扩张的智利，阿根廷、巴西和乌拉圭的同盟击败了巴拉圭。美洲国家还与原住民进行了无数场战争，到19世纪90年代还在镇压原住民的反抗。

在此期间，西半球国家还经历了一系列重要的社会变革和经济变革。奴隶贸易和奴隶制在独立后又持续了很长时间（见第19章）。但经过一个世纪的斗争和政治动员，西半球最后一个有奴隶的国家巴西于1888年解放了奴隶。奴隶制在美洲留下了种族主义和种族歧视。在有些地区，如巴西的种植园地区、加勒比地区和美国南部，制度不是最重要的。在那里，种族偏见、种族歧视、教育和国内建设上的低投入都阻碍了经济发展，动摇了民主。1890年，依靠奴隶制的国家和地区是西半球最穷的地方。

美洲印第安人被剥削了几个世纪，被迫纳入市场经济，强行迁往边疆地区。在拉丁美洲，当西班牙帝国和葡萄牙帝国瓦解的时候，印第安人已经被压迫了数个世纪。强制劳动和虐待在像危地马拉和玻利维亚这样的国家依然存在。独立后，新生国家的政府希望与依旧独立的原住民达成和解。到19世纪90年代，几乎所有国家都减少了对原住民的保护，把他们赶到了边疆地区。结果，印第安人成为西半球最穷的民族。他们贫穷、受压迫，而且没有选举权。

移民改变了许多西半球国家。19世纪，数百万欧洲移民进入了西半球。阿根廷、巴西、加拿大和美国是热门目的地，但前往巴西和美国的移民不会去以前的种植园地区。然而，数十万来自中国和东印度的契约劳动力则直接前往了那些地区。在那里，他们要面对种族主义和种族歧视。

工业化推进了西半球的转型。财富、政治权力和人口逐渐集中到了城市地区。主导国家命运的是银行家和实业家，而农民和种植园主的影响力在逐渐下降。工业化以一种惊人的方式改变着自然环境。现代工业消耗了大量的原材料能源。智利和墨西哥的铜矿、古巴的制糖业、巴西的咖啡种植业和加拿大的木材业都影响到了环境。所有这些产品都与美国市场密切相关。

1900年，每个美洲国家都比独立时更富有、教育更发展、更民主、人口更多，但这些国家对外国经济势力的依附性也更强。美洲国家分成了富国和穷国，更清楚地说，分成了富裕的北方和贫穷的南方。与邻邦相比，一些位于温带地区的国家——加拿大、美国、阿根廷和智利——成为繁荣的地区强权。当西半球大部分地区的增长还要依靠原材料和农产品（如糖、棉花、谷物、矿藏和畜牧业产品）的出口时，美国到1890年已成为主要工业国。

658

进一步阅读文献

Andrews, George Reid. *Afro-Latin America, 1800–2000*. 2004. 很好地综述了拉美地区的历史。

Barth, Gunther. *Bitter Strength: A History of Chinese in the United States, 1850–1870*. 1964. 关于这个问题的可靠介绍。

Brands, H. W. *Andrew Jackson, His Life and Times*. 2005.

Burns, E. Bradford. *The Poverty of Progress: Latin America in the Nineteenth Century*. 1980. 考察了政治的发展。

Bushnell, David, and Neil Macaulay. *The Emergence of Latin America in the Nineteenth Century*. 1988.

Careless, J. M. S. *The Union of the Canadas: The Growth of Canadian Institutions, 1841–*

1857. 1967.

Cronon, William. *Nature's Metropolis: Chicago and the Great West*. 1991. 讨论了19世纪的环境，是一本很好的著作。

Crosby, Alfred. *Ecological Imperialism: The Biological Expansion of Europe, 900–1900*. 1986. 关于环境的重要研究。

Dean, Warren. *With Broadax and Firebrand: The Destruction of the Brazilian Atlantic Forest*. 1995.

ickason, Olive Patricia. *Canada's First Nations*. 1993.

Du Bois, Ellen C. *Feminism and Suffrage: The Emergence of an Independent Woman's Movement in the Nineteenth Century*. 1984.

Ginzberg, Lori D. *Women and the Work of Benevolence: Morality, Politics, and Class in the Nineteenth-Century United States*. 1990.

Graden, Dale T. *From Slavery to Freedom in Brazil: Bahia, 1835–1900*. 2006.

Green, William A. *British Slave Emancipation: The Sugar Colonies and the Great Experiment, 1830–1865*. 1973.

Halperin-Donghi, Tulio. *The Contemporary History of Latin America*. 1993.

Kinsbruner, Jay. *Independence in Spanish America*, 2nd ed. 2000. 对独立运动时期做出了分析，是一部短小精悍的著作。

Kohl, Lawrence Frederick. *The Politics of Individualism: Parties and the American Character in the Jacksonian Era*. 1989.

Krech III, Shepard. *The Ecological Indian*. 1999.

Larson, John Lauritz. *Internal Improvement: National Public Works and the Promise of Popular Government in the Early United States*. 2001.

Martin, Ged, ed. *The Causes of Canadian Confederation*. 1990.

Miller, Francesca. *Latin American Women and the Search for Social Justice*. 1991.

Nugent, Walter. *Crossing: The Great Transatlantic Migrations, 1870–1914*. 1992.

Petulla, Joseph M. *American Environmental History*. 1973.

Quarles, Benjamin. *Black Abolitionists*. 1969.

Remini, Robert V. *Andrew Jackson and His Indian Wars*. 2001.

Rodriguez O., Jaime. *The Origins of Mexican National Politics*. 1997.

Scott, Rebecca. *Slave Emancipation in Cuba: The Transition to Free Labor, 1860–1899*. 1985.

Thomas, Victor Bulmer. *The Economic History of Latin America Since Independence*. 2003.

Worster, Donald. *Rivers of Empire: Water, Aridity, and the Growth of the American West*. 1985.

659

注 释

［1］引自Lyman L.Johnson, "Spanish American Independence and Its Consequences," in *Problems in Modern Latin American History: A Reader*, ed. John Charles Chasteen and Joseph S. Tulchin (Wilmington, DE: Scholarly Resources, 1994), 21。

［2］José Antonio Páez, *Autobiografía del General José Antonio Páez*, vol. 1 (New York: Hallety Breen, 1869), 83.

［3］引自Brian Loveman, *Chile: The Legacy of Hispanic Capitalism* (New York: Oxford University Press, 1979), 170。

［4］引自Bernard Bailyn, David Brion Davis, David Herbert Donald, John L. Thomas, Robert H. Wiebe, and Gordon S. Wood, *The Great Republic: A History of the American People* (Lexington, MA: D. C. Heath, 1981), 398。

［5］引自Mary Beth Norton et al., *A People and a Nation: A History of the United States*, 6th ed. (Boston: Houghton Mifflin, 2001), 284。

［6］J. S. Woodsworth in 1909, 引自R.Douglas Francis, Richard Jones, and Donald B. Smith, *Destinies: Canadian History Since Confederation*, 2nd ed. (Toronto: Holt, Rinehart and Winston, 1992), 141。

［7］Sarah Grimké, "Reply to the Massachusetts Clergy," in *Early American Women: A Documentary History, 1600–1900*, ed. Nancy Woloch (Belmont, CA: Wadsworth, 1992), 343.

第25章

帝国主义时代的陆上帝国（1800—1870年）

本章纲要

- ▲ 奥斯曼帝国
- ▲ 俄　国
- ▲ 清帝国
- ▲ 结　语

环境与技术：战争网

多样性与主流：中国对帝国主义的反应

思考

奥斯曼帝国坦齐马特改革的利弊是什么？

俄国是如何既成为欧洲强国又成为亚洲大国的？

欧洲帝国主义对中国的影响与对俄国和奥斯曼帝国的影响有何不同？

661 1799年，清朝乾隆皇帝的驾崩震动了朝廷。在过去的几十年里，官员们都知道，乾隆皇帝非常放纵他年轻英俊的宠臣和珅，给予他特别的荣宠和权力。朝廷大员们憎恨和珅，认为他操纵了一个无处不在的腐败网，蓄意拖延18世纪末镇压西南苗民的战争。镇压起义的捷报一份份打进京城，国库中的大笔白银成为军费。但军费的账目并不清楚，战争仍在继续。

乾隆死后，和珅的宿敌将他送进监牢。查抄和府时，他们从和珅家中查获了堆积如山的丝绸、毛皮、瓷器、家具和金银，可以说是富可敌国。新皇帝赐和珅白绫令其自尽。朝廷没收了和珅的财产，但财政仍捉襟见肘。衰落的农业很难再充盈国库，日益腐败的官僚体制挥霍了大笔财政收入。19世纪的大清帝国国库空虚、经济萧条、社会弊病丛生，同时还面临着欧美日益严峻的挑战。

不只清廷面临着这些问题。欧亚大陆的陆上帝国都面临着相似的困局。这些帝国老套、腐败的统治将国家推向了危险的境地。从海外殖民地攫取财富的

广州的贸易仓库 中国工人为茶叶和瓷器装箱时，一位欧洲商人走了进来。

欧洲工业经济体逐渐掌控了国际关系。19世纪早期，人口的快速增加和农业的缓慢增长影响了欧亚大陆的许多地区。此外，早期的军事扩张消耗了国家财富（见第21章），这使得陆上帝国在欧洲的军事压力下变得软弱不堪。应对压力的方法也是多种多样的，有的国家通过改革谋求发展，而有的国家还在恪守传统。最后，这些国家都试图迎合西欧国家的政治、经济要求，导致了对法国、英国和其他西方势力的债务。

本章将清帝国、俄国和奥斯曼帝国做了一个对比。清廷选择了保守，而其
他国家选择了改革。俄国吸收了许多欧洲文化，最终融入了欧洲。而清帝国和 662
奥斯曼帝国则要受到来自帝国主义的一直比较强大的压力。这些不同反应使我们想到了一个问题：19世纪，文化在塑造西欧和世界其他地区的关系中起了什么作用?

25.1 奥斯曼帝国

皇权衰微

18世纪，奥斯曼帝国中央政府失去了对许多省级官吏、军事统帅、民族领袖和土匪首领的控制。在帝国许多地区，地方官员和大地主都想增强独立性，将国家收入转移到自己囊中。

一个由萨乌德家族（Saud family）统治的阿拉伯王国控制了圣城麦加和麦地那，剥夺了苏丹组织年度朝圣的荣誉。这个王国奉行18世纪一个领导人穆罕默德·伊本·阿卜杜勒·瓦哈卜（Muhammad ibn Abd al-Wahhab）提出的严格的原教旨主义宗教观。在埃及，马穆鲁克集团再次具有重要的影响力。马穆鲁克原为从高加索的格鲁吉亚及其邻近的部分地区购买的男童为战争训练而成的奴隶兵，他们曾在1260—1517年统治埃及，后为奥斯曼帝国击败。现在，奥斯曼帝国的衰落使马穆鲁克集团在恢复奴隶兵传统的基础上，作为一支地方军事力量重新出现。

对于苏丹来说，前景黯淡。18世纪末，腐败的禁卫军凭着他们在伊斯坦布尔政权中的势力迫使苏丹塞利姆三世放弃了创建现代欧式军队的努力。这一状况在法国入侵埃及时出现了意外的变化。

25.1.1 埃及和拿破仑的榜样

1798年5月，拿破仑·波拿巴率领3.6万人和400艘船入侵埃及。法军很快击

败了统治埃及数十年的马穆鲁克军队，当时埃及处于伊斯坦布尔的奥斯曼苏丹的薄弱控制之下。15个月后，奥斯曼帝国陆军和英国海军阻止法军对叙利亚的入侵，拿破仑秘密离开开罗，回到法国。3个月后，他攫取了权力，随后加冕为皇帝。

穆罕默德·阿里

穆罕默德·阿里：奥斯曼帝国负责管理埃及的地方官。19世纪早期，他领导了埃及的现代化。他有自己的政治野心，他的后代一直统治埃及，直到1952年。

重返埃及后，拿破仑的将军们试图控制这个他们不甚了解的国家。英国在地中海切断了埃及与法国的联系，法军很难立足，于是在1801年撤出了埃及。三年中第二次权力易手使埃及出现了权力真空。在随后的争夺中，**穆罕默德·阿里**成为胜利者。他是阿尔巴尼亚分遣军（contingent）的指挥官。苏丹派他到埃及是为了增强帝国的控制力。1805年，他取代了奥斯曼总督。1811年，他又剥夺了马穆鲁克的土地和特权。

欧洲模式的改革

穆罕默德·阿里获得权力的过程与拿破仑一世转瞬即逝的帝业恰好同步发生。因此，他用法国的方法重建埃及国家也就不足为奇了。在军事上，他建立了培训炮兵、骑兵指挥官、军医、军乐团和其他人才的特别学校。学校课程包括了欧洲科技。穆罕默德·阿里还派遣有前途的学生赴法国深造。1824年，他创办了一家报道官方事务的报纸，这是伊斯兰世界的第一份报纸。

正如我们在第23章提到的那样，穆罕默德·阿里创办了各式各样的工厂，为他的新式军队提供装备。这些工厂虽然效率不高，但却显示出争取独立、争取与欧洲列强平起平坐的决心。

埃及在叙利亚和希腊

19世纪30年代，穆罕默德·阿里的儿子易卜拉欣（Ibrahim）入侵叙利亚，并在那里推行了在埃及曾经进行过的改革。希腊独立运动时，易卜拉欣率一支远征军支持苏丹，埃及新军的战斗力在这场战争中得到了检验。受此影响，苏丹
663 于1826也开始着手建立自己的新式军队。1839年，易卜拉欣进攻安纳托利亚时，两支军队相遇了。易卜拉欣击败了奥斯曼苏丹的军队。通向伊斯坦布尔的道路已经打开，但欧洲势力介入进来，埃及被迫后撤到今天埃及和以色列的边界一带。

虽然苏丹拥有宗主权，但穆罕默德·阿里是埃及的实际统治者。在1849年去世之前，他一直统治着埃及。他的家族对埃及的统治一直持续到1952年。他想使埃及变得强大，但与欧洲分庭抗礼的梦想却在瓦解冰消。所剩的只是他给伊斯坦布尔苏丹做出的榜样。

25.1.2 奥斯曼帝国的改革和欧洲模式（1807—1853年）

在18世纪末，苏丹塞利姆三世（1789—1807年在位）是一位有远见的君主，

大事年表

	奥斯曼帝国	俄国	清帝国
1800年		1801—1825年，亚历山大一世在位	1794—1804年，白莲教起义
	1805—1849年，穆罕默德·阿里统治埃及		
	1808—1839年，马哈茂德二世统治时期	1812年，拿破仑从莫斯科撤军	
		1825年，十二月党人起义	
		1825—1855年，尼古拉斯一世在位	
	1826年，禁卫军解散		
	1829年，希腊独立		
	1839年，阿卜杜勒·迈吉德开始了坦齐马特改革		1839—1842年，鸦片战争
1850年	1853—1856年，克里米亚战争		1850—1864年，太平天国运动
		1855—1881年，亚历山大二世在位	1856—1860年，第二次鸦片战争
		1861年，解放农奴	
	1876年，伊斯兰政府的第一部宪法		

他想跟上欧洲的步伐。他推行改革，创建欧式军队，加强对省级高官的控制，并将税收标准化。特种商品税（主要针对烟草和咖啡）为改革提供了资金。

禁卫军：出身奴隶的步兵，装备有火器，是奥斯曼帝国的精锐部队，起源于15世纪，1826年解散。

禁卫军问题

改革的失败，与其说是经济原因，不如说是政治原因。**禁卫军**对改革的抵制最为坚决，也最为暴力（见第20章）。起初，信仰基督教的男童被带出位于巴尔干的家乡，改信伊斯兰教，被迫为奥斯曼帝国终身服役。到18世纪，禁卫军在伊斯坦布尔和一些省会城市（如大马士革和阿勒颇）成为一支重要的政治力量。他们要维护自己的经济特权，因此坚决反对建立新式军队。

塞尔维亚：奥斯曼帝国在巴尔干的行省。19世纪初发动起义，反抗禁卫军的统治。“二战”后成为南斯拉夫的重要组成部分。20世纪90年代，南斯拉夫解体后，塞尔维亚领导人力争获得支配地位。

禁卫军时常发动武装叛乱。在奥斯曼帝国的**塞尔维亚**，当地居民对禁卫军的统治恨之入骨。东正教徒声称禁卫军虐待他们。针对这种情况，塞利姆威胁要把禁卫军调回伊斯坦布尔。禁卫军认为苏丹要削弱他们的政治权力，于1805年发动了叛乱，屠杀塞尔维亚的基督徒。鉴于中央很难在塞尔维亚重建统治，苏丹不得不寄希望于另一个巴尔干行省波斯尼亚的统治者。波斯尼亚军队与塞尔维亚的农民联合起来，镇压了禁卫军的叛乱。俄国威胁说要介入冲突，这使得奥斯曼帝国不敢去解除塞尔维亚人的武装。因此，塞尔维亚在事实上获得了独立。

664

苏丹马哈茂德二世

反对改革的人还包括乌里玛（穆斯林宗教学者），他们不信任塞利姆提出的法律世俗化和税收世俗化。面对反改革的声浪，塞利姆于1806年暂缓了他的

地图25-1 奥斯曼帝国和俄国（1829—1914年） 在鼎盛时期，奥斯曼帝国控制了地中海沿岸的大部分地区。但到19世纪，许多国家获得了独立，奥斯曼帝国失去了大片领土。随着俄国海军实力的增强，防御薄弱的黑海南岸成为奥斯曼帝国的软肋。俄国在黑海东岸、波斯东部和里海西岸对奥斯曼帝国展开了攻击，这引起了欧洲的恐慌，害怕俄国的势力达到印度洋。

计划。尽管如此，大规模军事政变还是在伊斯坦布尔爆发了。苏丹被废，身陷囹圄。当改革派重新占领首都时，塞利姆已被杀害。塞利姆的侄子、苏丹马哈茂德二世（Mahmud II，1808—1839年在位）谨慎地重启了塞利姆的计划。但他意识到，改革要更加系统，推行改革要更加有力。穆罕默德·阿里在埃及推行的激进改革取得了成效，就说明了这一点。正如在希腊叛乱期间，埃及军队的表现要优于奥斯曼帝国的军队。

1829年的希腊独立在国际舞台上非常重要。希腊的民族主义组织与阿尔巴尼亚人结合起来，掀起了一场独立运动。欧洲关心的是希腊罗马的古典时代，这使许多欧洲人将希腊独立运动视为从穆斯林的压迫中解放欧洲古典辉煌的战役。许多人奔赴希腊，作为志愿军参战，其中包括“疯狂、糟糕、不可思议”的英国诗人拜伦（Byron）。他在这次战争中失去了生命。一直静观其变而没有参战的英、法、俄联合舰队，突然袭击了奥斯曼帝国的舰队，并在纳瓦里诺（Navarino）海战中将其击沉。这时，希腊的胜利便指日可待了（见地图25-1）。

665

禁卫军的消亡

亲希腊的欧洲人认为，奥斯曼帝国在希腊的失败只是其衰落的一个表现，马哈茂德二世也赞同这一观点。军事失败引起了众怒，于是马哈茂德二世在1826年开始采取行动。他首先宣布建立一支新式炮兵部队，其实他一直在秘密训练这支部队。当禁卫军发动叛乱时，他命令这支部队炮击禁卫军的营地。禁卫军便正式解散了。

与穆罕默德·阿里相似，马哈茂德二世也认识到，如果不削弱宗教精英的势力，那么主要改革将举步维艰。他想重组乌里玛势力盘踞的行政机构、教育系统和司法系统。但还没等这些强硬措施付诸实施，易卜拉欣就于1839年入侵了叙利亚。战败，决定重建土耳其海军并转变立场支持埃及，以及马哈茂德去世，都在同一年发生，此后的帝国便完全依赖欧洲列强而生存下去。

坦齐马特

坦齐马特：19世纪奥斯曼帝国统治者进行的改革，旨在削弱宗教精英对民法的控制，并使军事和行政更有效率。

马哈茂德的改革理念在其后的**坦齐马特**（Tanzimat，意为“重新整顿”）中得到了充分体现。坦齐马特是他16岁的儿子阿卜杜勒·迈吉德（Abdul Mejid）1839年继承皇位后推行的一系列改革，这些改革措施得到欧洲使节的高度认同。一项措施是公审和以法律平等保护所有人，无论穆斯林、基督徒还是犹太人。改革还保护私有财产，要求平等服役（借鉴埃及的做法），并推行了一套全面而规范的税收方法。这套税制在奥斯曼帝国终结了包税制。他还花了许多年和巨大努力进行了被称为“人事调整”的官僚改革，这使许多改革有了实际意义。

随着时间的推移，涉及商业、刑事和民事程序的一部部法典逐一问世，它们取代了宗教审判权的相应位置。所有法律都以欧洲法律为蓝本。沙里阿（shari’a）或伊斯兰教法转而约束家庭事务，如婚姻和继承。沙里阿的式微使乌里玛的工作机会越来越少。

对于这次改革，欧洲观察家称赞了改革的高尚原则和对宗教影响的抵制。

奥斯曼帝国的平民则发生了更多分化，基督徒和犹太人（欧洲人对他们极为关心）比穆斯林对改革更热心。许多历史学家将坦齐马特视为中东地区现代思想和开明政府的起源。还有些人认为，排除宗教精英在政府中的影响，就等于消除了专制统治的隐患。

军事改革

与穆罕默德·阿里一样，苏丹马哈茂德也派遣军事学员到法国和德意志诸邦受训。19世纪30年代，奥斯曼帝国军事科学院成立，日后发展为伊斯坦布尔大学。除了军事史之外，从西欧来的教官还教授化学、工程学、数学和物理学。军事教育为普通教育提供了范本。1838年，第一所医科学院成立，主要培养军医和外科医生。随后又创立了一种全国性的预科学校制度，为军事院校输送了大批毕业生。学校中的教师多是外国人，所授学科也是舶来品。这就引发了一个问题：土耳其语是否应被定为教学语言。由于进口和使用外国教材比编写本土教材容易，因此法语在所有专业培训和科学培训中受到了青睐。但绝大多数学生还是在古兰经学校中学习阅读和写作，这种情况一直持续到了20世纪。

在首都伊斯坦布尔，改革创造了一个接纳欧洲语言和欧洲文化的氛围，这种氛围虽然影响有限但却普遍存在。土耳其的第一份报纸于1831年问世，它效仿了穆罕默德·阿里创办的官报。去欧洲——特别是去英格兰和法国——旅行在土耳其富人中蔚然成风。在整个19世纪，奥斯曼帝国都热衷于引进欧洲的军事技术、工业技术和商业技术。

土耳其毡帽的采用

军事领域的变革在文化、社会方面产生了意想不到的影响。土耳其人接受了一些欧洲观念：使用现代化武器和操练时，要穿新式军装；胡子是不卫生的；在炮兵中，火是危险的。但军帽却成为一个有争议的话题。欧式军帽的前方有一个皮质的帽沿，以遮挡刺眼的阳光。但穆斯林士兵不接受这种军帽，因为这会妨碍他们做礼拜时叩头。折中方案是采用一种无沿的帽子，这种帽子现在被称为土耳其毡帽（fez）。马哈茂德二世统治前期，军方和文官先后采用了这种帽子。

666 帝国的改革不仅限于军事领域。起初，受过专门训练的传统官僚家族把持着各政府部门。但在新式学校中，受过教育的人逐渐取代了他们。在19世纪晚期的奥斯曼帝国城市，欧洲服饰在觉醒的进步人士中（特别是在为政府工作的改革人士中）成为时尚，而传统服装则象征了宗教、农村和没有见识。

法律改革

世俗法典对奥斯曼帝国的非穆斯林产生了特别的影响。伊斯兰教法要求非

现代化的奥斯曼帝国军队　照片上是19世纪晚期的帝国卫队，他们的武器和军装与当时的欧洲军队非常相似。唯一的区别就是土耳其毡帽，这种无沿帽是之前改革的象征。与参加苏莱曼大帝葬礼的士兵相比，我们可以看出军装变化的程度。在18世纪，奥斯曼军人还穿着那种传统军装。

穆斯林缴纳一种特别的人头税，以替代服役。坦齐马特改革废除了这项税收，非穆斯林也可以当兵服役，除非他们想缴纳一种新的军役免除税。新法典赋予男性平等参与民事法庭的权利，而伊斯兰法庭的作用在减弱。这些措施极大地提高了非穆斯林的社会地位，但欧洲列强还是会不断关注他们的利益。在穆斯林世界中，奥斯曼帝国成为基督教传教士和那些支持犹太人的欧洲人活动的沃土。

女性地位

坦齐马特改革期间，公共权利和政治参与权只给予男性。在私生活方面——包括结婚、离婚及相关事务，宗教法仍然发挥着作用。女性参政或为女性改革教育制度从未被提上日程。这些改革很可能会削弱女性的影响。政治改革和经济改革同步展开，这也会减少女性的机会。

17世纪，当美洲的白银开始流入帝国时，工人的工资更多的是现金，而非实物，这样，与银行业和金融业相关的业务发展起来。但女性还是被禁止从事早期工业劳动和职业，一些传统的“女性工作”（如纺织）逐渐机械化并由男性从事。

尽管如此，在19世纪早期，妇女在管理、处置她们私有财产方面仍然保留了很多权利，并可获得固定份额的遗产。婚后，妇女会被迫将自己拥有的地产变卖为现金，以便将她的财产转移到她和丈夫生活的夫家。然而，在法律上，丈夫有独自供养家庭的义务。直到19世纪，许多富有的女性还为儿子设立公益信托（charitable trusts），以这种方式分配她们的财产。这些信托是在宗教法庭上确立的，因此信托要符合家庭成员的意愿。马哈茂德二世在19世纪20年代推

奥斯曼帝国财政局内景 这幅18世纪的雕版画表现了奥斯曼帝国的管理风格，当时还没有进行西化改革。到1876年，即改革末期，政府办公室和官员的着装与同时代的欧洲国家已十分相似。

667 行的世俗化改革，也并不总是能够带来令人愉快的结果，改革将公益信托的司法权从宗教法庭转移到了国家，这就结束了妇女对这种形式的财产的控制。

25.1.3 克里米亚战争及其后果

从彼得大帝（1689—1725年在位）开始，俄国就一直想向南扩张，蚕食奥斯曼帝国（见“俄国和亚洲”一节）。到1815年，俄国已经从奥斯曼手中夺走了高加索的格鲁吉亚地区。奥斯曼帝国阻止塞尔维亚独立的努力也因俄国的介入而化为泡影。当穆罕默德·阿里的埃及军队于1833年入侵叙利亚时，俄国签订了一个支持奥斯曼帝国的条约。作为回报，苏丹承认俄国是帝国境内所有东正教臣民的保护者。这就为日后导致战争的争端埋下了隐患。

东方问题

迫于英法的压力，苏丹于1852年承认法国是耶路撒冷圣墓的保护者。俄国提出抗议，但苏丹没有退让。因此，俄军入侵了奥斯曼帝国现今罗马尼亚地区，英法军队站到了苏丹一边。战争的真正原因当然不只是耶路撒冷的教会争端，而是涉及欧洲列强围绕以下问题的外交博弈：奥斯曼帝国是否应继续存在？如果帝国灭亡，谁来接管它的领土？这个复杂的问题被冠上了一个简单的名字：东方问题。1839年，包括俄国在内的各派势力都认为应该保留奥斯曼帝国。后来，英国开始怀疑俄国的野心。英国的反俄政客担心俄国会威胁到英国对印度的统治。

围攻塞瓦斯托波尔

克里米亚战争：俄国和奥斯曼帝国之间的战争，主战场在克里米亚半岛。为了阻止俄国扩张，英国和法国出兵支持奥斯曼帝国。

1853—1856年，**克里米亚战争**在罗马尼亚、黑海和克里米亚半岛展开。英国、法国和意大利的撒丁王国站到了奥斯曼一边。奥地利居中斡旋。英法在黑海围住了俄国舰队，俄舰队指挥官决定弄沉战舰，堵住通往塞瓦斯托波尔（Sevastopol）的水路。但大批的英法联军还是成功登陆，开始围攻这座城市。官员的腐败和铁路的匮乏阻碍了俄国向前线运送兵力。在罗马尼亚前线，奥斯曼帝国进行了有效的抵抗。在塞瓦斯托波尔，俄军在军事上受挫，又受到了疾病的困扰。3个月后，塞瓦斯托波尔陷落，沙皇尼古拉（Tsar Nicholas）也离开了人世，他的继任者亚历山大二世（1855—1881年在位）只好求和。

克里米亚战争给参战各方都带来了深刻影响。人们早就要求沙皇政府改革农奴制、教育和军事（见下文）。战争后，沙皇政府变得更加被动。对英法来说，这场战争伴随着一场宣传战。报纸第一次有效地动员了公众对战争的支持。英国媒体将英国参战理想化，以致产生了一个错误印象：奥斯曼帝国军队的作用是微不足道的。但在当时，英法指挥官都注意到奥军所蒙受的巨大损 668
失。主导伊斯坦布尔的法国媒体推进了法国与奥斯曼之间的联合，这使法国对土耳其城市文化的许多方面继续产生影响。

更重要的一点是，克里米亚战争标志着传统战争向现代战争的转变（见“环境与技术：战争网”）。参战者引以为豪的是，他们都可以用训练有素的骑兵冲垮对方的步兵队列。在19世纪以前，骑兵与火器一直并存。因为早期步枪不易填弹，而且射击精度欠佳，骑兵可以在射击间隙发动攻击。到19世纪三四十年代，不用将火药倒入枪膛的雷管投入使用。在克里米亚战争中，后膛枪的快速射击击溃了许多骑兵编队。当声名赫赫的英国轻骑旅（British Light Brigade）奉命援救一支被俄军包围的奥斯曼军队时，他们就蒙受了巨大损失。

商业扩张

克里米亚战争后，奥斯曼帝国加强了与欧洲的商业往来。奥斯曼帝国银行于1840年成立。几年后的货币改革将英国的“镑”作为奥斯曼金币的单位。19世纪50年代的全面改革推动了银行、保险公司和法律公司的创建。1850—1880年，热火朝天的贸易使大量农村人口转移到了城市。奥斯曼帝国的许多大城

开罗街景 这幅雕版画取自爱德华·威廉·莱恩（Edward William Lane）的颇有影响的旅行手册《现代埃及风俗录》（*Account of the Manners and Customs of the Modern Egyptians in Egypt During the Years 1833-1835*）。在欧洲人的头脑中，这本书描述的窄巷和小商店成为中东城市的标志。

市——伊斯坦布尔、大马士革、贝鲁特、亚历山大和开罗——都在扩张。人数虽少但颇有影响力的城市专业职业阶层和人数众多的工薪劳动阶层开始出现。另一类人口迁移包括了从波兰和匈牙利逃来的难民。在这一地区，欧洲列强和俄国的对抗引起了政治紧张和零星的战乱。在格鲁吉亚和高加索其他地区，俄国的扩张使许多人移民他处（见下文）。

但商业的蓬勃发展和城市化没能挽救日渐枯竭的财政，也不能使帝国政府走出腐败和慢性破产。自1856年克里米亚战争结束以来，奥斯曼帝国严重依赖外国贷款。结果，帝国不得不压低关税，以有利于欧洲的出口，而且还要允许欧洲人在各城市开设银行。在伊斯坦布尔和其他商业中心，外国人享有**治外法权**。即外国人只服从本国法律，不受奥斯曼帝国法律的制约。

外债

治外法权：指外国居民遵守本国法律，而不受东道国法律制约。在19世纪和20世纪早期，在中国某些地区和奥斯曼帝国城市中生活的欧美侨民享有这种权利。

这些措施的后果是安纳托利亚进口激增而出口极为有限，但烟草和土耳其鸦片除外。美国商人将土耳其鸦片带到中国，与英国的印度鸦片竞争。外债增加和通货膨胀加剧，这使城市居民如履薄冰。与之形成鲜明对比的是，埃及棉花出口在美国独立战争期间大幅增加，因为美国的棉花出口在大幅下滑。穆罕默德·阿里的继任者从中获益，他们（而非奥斯曼政府）成为埃及的世袭统治者。苏伊士运河于1869年开通，修建运河的部分经费就来自棉花的收益。开罗也被重新设计过了，变得更加漂亮。最后，上述工程的超支使埃及陷入了债务危机，危机影响着整个帝国。

670

奥斯曼帝国权力的衰落和社会的繁荣，对一群受过良好教育并渴求财富和权势的城市青年产生了巨大影响。他们怀疑帝国统治者和自私的坦齐马特官员能否抵抗欧洲的强权。这些奥斯曼青年党（Young Ottomans，有时也称为青年

环境与技术

战争网 669

19世纪中叶，美国、俄国、印度和中国开始在战场上使用极具杀伤力的军事技术，这种技术很快地从一场战争传播到另一场战争。军事技术的传播不仅仰赖于快速发展的通信，还取决于一种新的国际化士兵网络，在这个网络中，能够运用新技术的专家随着士兵从一个战场奔赴另一个战场。

英国的查尔斯·戈登将军（General Charles Gordon，1833—1885年）就是一例。1852年，他在英国军队中获得了军衔。当英国决定支持奥斯曼帝国时，他参与了克里米亚战争。1860年，他被派往中国。第二次鸦片战争期间，他在英军中服役，参加了对北京的洗劫。之后，他留在中国，在清廷中供职，直到1864年太平天国运动被镇压下去。他赢得了一个“中国”戈登的绰号。随后，他为奥斯曼帝国的埃及统治者工作，管理着尼罗河沿岸地区。苏丹宗教领袖马赫迪（Mahdi）发动起义后，起义军攻打喀土穆。1885年，戈登在率领埃及军队守卫喀土穆时阵亡。

在可以沟通战场的电报通信网中，新闻发挥了重要作用。伦敦的读者一周内就能获悉在克里米亚和中国所发生事件的详细信息。有的时候，几天就能知道。报刊新闻和随后的图片新闻创造出了许多战争“明星”，查尔斯·戈登和弗洛伦斯·南丁格尔（Florence Nightingale）就是其中的代表。

在19世纪的大战中，绝大多数人死于感染或流血过多，而非伤口本身。年轻的弗洛伦斯·南丁格尔（1820—1910年）对医院管理和护理产生了兴趣。她曾到普鲁士和法国学习先进技术。在克里米亚战争爆发之前，她使英国的医疗卫生上了一个新台阶。对克里米亚战争悲惨情况的报道引起了公众的关注，于是英国政府派南丁格尔前往战场。在她到达战场的一年之内，军事医院的死亡率从45%下降到了5%以下。她的同事很快采用了她的做法，如在伤员死亡后清洗他的床单、清理外面的厕所，这些措施有效地预防了败血症和痢疾。返回伦敦后，南丁格尔创办了护士学校，这些学校很快成为世界公认的领军者。她本人受到了英国公众的爱戴，并于1907年获得了功绩勋章（Order of Merit）。3年后，南丁格尔辞世。

南丁格尔在公共卫生领域进行革新的重要性，通过生活在她同一时代的玛丽·西戈尔（Mary Seacole，1805—1881年）得到了强调。克里米亚战争期间，这

克里米亚战争时期的弗洛伦斯·南丁格尔 这幅1856年的平版画展示了弗洛伦斯·南丁格尔在斯库台湖（于斯屈达尔）的医院中指导医疗护理的场景。斯库台湖隔博斯普鲁斯海峡与伊斯坦布尔相望。艺术家可能夸大了病房的整洁，但卫生措施是南丁格尔降低士兵死亡率的关键。

位牙买加妇女自愿给英军当护士，但英国当局多次拒绝。最后，她到了克里米亚，并自己出钱在那里开办了一所医院，她为此破产了。在她为战争所做的牺牲公开之后，她的行为得到了英国民众的支持。她获得了英国政府、法国政府和土耳其政府颁发的奖章。她是一位有革新精神的护士，在和平期间也是公共卫生领域的杰出人物，这点得到了南丁格尔的认可。

670 土耳其党，尽管这一术语非常适用于后来的一场运动）没有严密的组织，但他们促进了以下三个因素的融合：来自欧洲的自由理念、对奥斯曼独立的民族自豪感和伊斯兰教的现代主义视野。杰出的奥斯曼青年党人参与起草了一份新宪法。1876年，新上台的苏丹阿卜杜勒·哈米德二世（Abdul Hamid II）颁布了这部宪法。自由改革的胜利昙花一现。1877年，随着抗俄战争的阴云重新笼罩巴尔干，阿卜杜勒·哈米德为这部宪法和同年选举出的议会画上了休止符。虽然坚决反对进一步的政治改革，但他还是保留了有关普及现代教育、借鉴欧洲军事实践、聘请欧洲教官，以及使政府机构运转更加有序的改革措施。

本节回顾

法国撤出埃及后，穆罕默德·阿里获得了权力，并推行了深受法国影响的现代化。

穆罕默德·阿里的继任者们继续推进现代化，并向奥斯曼帝国发动了攻击，但是受到了欧洲列强的阻挠。

希腊起义、欧洲干涉和来自埃及的进攻迫使马哈茂德二世及其继任者开始推行西式改革。

阿卜杜勒·迈吉德主动推行了最全面的改革。

克里米亚战争标志着传统战争向现代战争的转变。这场战争也将奥斯曼帝国卷入了欧洲商业。

奥斯曼帝国权力的衰落和社会的繁荣促使了奥斯曼青年党的崛起。

25.2 俄　国

1812年，拿破仑占领了莫斯科，随后铩羽而归。与其说拿破仑败给了俄国的军队，还不如说是败给了俄国的恶劣天气，即后来沙皇所说的“一月将军和二月将军”（Generals January and February）。但欧洲人对俄国的印象发生了变化。正如拿破仑从埃及撤军促成了穆罕默德·阿里的崛起，他从俄国撤军巩固了沙皇亚历山大一世（1801—1825年在位）的地位。保守的欧洲人仍将俄国视为落后、专制的异类，但他们知道，俄国幅员辽阔，沙皇也致力于镇压遍布欧洲的革命浪潮。

俄国与奥斯曼帝国的比较

与许多专制传统根深蒂固的欧洲保守王国相比，俄国在许多方面更像奥斯曼帝国。俄国没有中产阶级，贵族统治着社会。这些贵族在乡间拥有大量地产，没有人身自由的农奴在这些土地上为他们工作。虽然俄国的工业比奥斯曼的工业更有活力，但按欧洲列强快速工业化的标准，俄国工业尚处于起步阶段。与埃及和奥斯曼帝国相似，俄国在亚历山大一世的主持下推行了自上而下的改革，但他的兄弟——保守的尼古拉一世即位后，铁一样的纪律和对现代观念的怀疑压倒了改革。

25.2.1　俄国和欧洲

1700年，只有3%的俄国人居住在城市，而且其中2/3住在莫斯科。到19世纪中期，城镇人口增加了10倍，但仍只占总人口的6%，这是因为沙皇以战争和殖民的方式极大地扩张了领土（见第21章）。这些数据表明，俄国像奥斯曼一样，绝大部分土地属于农业用地。但俄国的交通运输不及奥斯曼帝国，因为后者的许多城市之间有海路可以通行。这两个帝国都是多民族、多语言的国家。

缓步改革

直到1817年俄国才出现了修筑精良的公路。1843年，蒸汽动力船才在伏尔加河上出现。1837年，沙皇尼古拉一世在首都圣彼得堡和他的夏宫之间修建了第一条铁路。几年后，他严格要求，坚持把连接圣彼得堡和莫斯科的干线修得笔直。一群美国工程师（其中包括画家詹姆斯·麦克尼尔·惠斯勒［James McNeill Whistler］的父亲）监督了铁轨的铺设，并修建了机车车间。俄国的工
671 业化工程严重依赖外国专家。英国工程师建立了纺织厂，这为俄国的棉纺业和毛纺业提供了一个良好的平台。

沙皇尼古拉一世

直到19世纪晚期，俄国政府对工业的兴趣都比较有限。工业革命需要一批受过教育且拥有独立思想的工匠和企业家。但是，尼古拉一世害怕人们识文断字和现代教育的发展，尤其是那些与自由主义、社会主义或革命沾边的东西，因此读写能力和现代教育只能维持在培训军官和政府官员所需的最低限度。尼古拉一世喜欢农奴而非产业工人。他出口谷物和木材，进口工业品。

俄国渴望西式的经济发展，这点与埃及和奥斯曼帝国无异。当法国和英国介入克里米亚战争时，俄军装备陈旧，而且因交通落后而深陷泥沼。欧洲工程师通过后膛的一个开口在装弹加农炮上正在取得重要的突破，而此时前膛大炮仍是俄军的标准配置。

俄国和欧洲

但从另一个角度来看，俄国更像其他欧洲国家而非奥斯曼帝国。从法国和英国的角度来看，西里尔字母和基督教的俄国东正教形式看起来是异类，但又不是阿拉伯字母和伊斯兰教那样的异类。英法担心俄国会成为它们在东方的竞争对手，但也逐渐接受了沙皇尼古拉关于奥斯曼帝国的观点：奥斯曼帝国作为“欧洲病夫”（the sick man of Europe），它的命运完全掌握在欧洲列强手中。

斯拉夫派：19世纪初的一批俄国知识分子，主张抵制西欧的影响，并以传统的农民价值观和斯拉夫民族的制度为荣。

对于俄国来说，与西欧保持亲密关系是否有价值尚是个疑问。与奥斯曼帝国的坦齐马特派一样，俄国的西化主义者也寄希望于技术进步和政府改革。反对派知识分子被称为**斯拉夫派**（Slavophile），他们将农民的稳定生活和沙皇的

泛斯拉夫主义

绝对统治视为俄国文明的基石。俄国在克里米亚战争遭到惨败后，斯拉夫派提

出了**泛斯拉夫主义**（Pan-Slavism）。这是一个颇具侵略性的政治主张，扬言要把所有斯拉夫民族团结起来，其中包括奥地利和奥斯曼帝国统治下的斯拉夫民族。

泛斯拉夫主义：19世纪下半叶，俄国知识分子发起的一场运动，要求在政治上和文化上团结东欧的斯拉夫民族。

在外交层面上，沙皇属于欧洲君主，这与苏丹被欧洲排斥在外形成了鲜明对比。但欧洲还是出现了严重的恐俄心理。英国将俄国视为对印度的威胁，也非常痛恨俄国的农奴制。英国废除奴隶制27年之后，亚历山大二世才于1861年解放了农奴。另外，在克里米亚战争之后19世纪余下的时间里，战争的激情与结果一直影响着俄国、欧洲和奥斯曼帝国三方的关系。

25.2.2 俄国和亚洲

向南扩张

18世纪，俄国开始向东扩张。到18世纪末，沙皇帝国已经扩张到了太平洋和中国边境。19世纪，俄国的重点是向南扩张。俄军的落后并不重要，因为它所面对的民族没有工业基础，技术更落后。1860年，俄国在太平洋沿岸修建了一个军事基地，它最终发展成为一个重要的军港，这就是今天俄罗斯东部重镇符拉迪沃斯托克。18世纪早期，俄国控制了在中亚大草原上游牧的哈萨克族，接触到了更南边的三个乌兹别克族国家。这三个国家相继臣服，并于1865年形成了一个联合体。它的首府是塔什干，今属乌兹别克斯坦。

俄国向南扩张的第三个地区是高加索山区。在吞并位于山区腹地的若干小公国之前，俄国首先占领了信仰基督教的格鲁吉亚（1786年）和亚美尼亚（1813年），以及信仰伊斯兰教的阿塞拜疆（1801年）。1829—1864年，达吉斯坦、车臣、阿布哈西亚，以及在苏联解体后获得政治关注的其他地区并入了俄国。

向南扩张增加了俄国与周边国家的摩擦：东方的清帝国和日本、地处中亚和高加索边缘的伊朗，以及黑海东岸的奥斯曼帝国。在与伊朗和奥斯曼的摩擦中，来自俄国新占领区的穆斯林难民存在反俄情绪，尽管其中一些人受到俄国政府和教育的影响获得了现代技术和现代观念。

672

俄国和英属印度

俄国向南扩张为东方问题平添了一个新因素。在英国，许多政治家和战略家认为，一个好战的俄国将不断扩张，直到征服所有地区，这会威胁英属印度。这一前景使他们不寒而栗，因为印度为大英帝国的繁荣做出了巨大贡献。各派力量在中亚南部地区逐鹿，其结果是在阿富汗形成了僵持局面，阿富汗成为缓冲地带。在伊朗，各派势力的均衡保存了卡加（Qajar）王朝。

25.2.3 文化趋势

沙皇亚历山大一世

埃及和奥斯曼帝国在19世纪才派学生赴欧洲学习，但俄国从彼得大帝（1689—1725年在位）时就开始接触西欧文化。俄国法官通晓西方多国语言，沙皇也会雇用来自西方国家的官员和教官。彼得大帝还将受过良好教育的乌克兰神职人员收于麾下。他们掌管着俄国的东正教教会，传播西方的教育精神。与穆罕默德·阿里和马哈茂德二世相比，亚历山大一世的改革更为激进。但他的改革停留在纸上的多，付诸实施的少。俄国花了很多年才培养出一些能有效推进改革的官员。

讽刺的是，许多反对改革的人来自世家大族，而他们对西方思想根本不厌恶。他们担心的是那些出身卑微的政府官吏会成为帝国统治的代理人。这种担心在保守的尼古拉一世在位期间变成了现实，他们就像在1877年后为奥斯曼苏丹阿卜杜勒·哈米德二世的暴政服务的坦齐马特官吏一样。还有人希望看到更具自由色彩的改革，这些人包括曾在西欧服过役的军官、阅读过西方政治论著的知识分子和那些曾与西方共济会成员交流过思想的共济会成员，这些人形成了一个秘密的反对派。当亚历山大一世于1825年12月去世时，由皇位继承问题引发的混乱促使一群富有改革精神的军官试图发动起义，夺取政权。这就是所

在圣彼得堡树立亚历山大纪念碑 亚历山大一世于1825年去世后，他保守的弟弟尼古拉一世登上了皇位。但亚历山大仍然是抵抗拿破仑的英雄。1829年，人们在冬宫广场修建了纪念碑。

谓的“**十二月党人起义**”。起义以失败告终，许多参与者受到了严厉惩罚。这一事件使得新沙皇尼古拉一世在之后的13年里不再关注改革的呼声。

十二月党人起义： 1825年，沙皇亚历山大一世死后，由军官发动的起义，希望能控制政府。但以失败告终。

1856年，列强齐聚巴黎，为克里米亚战争做善后工作。他们迫使俄国归还奥斯曼帝国在亚洲和欧洲的领土。这一耻辱促使尼古拉一世的儿子——沙皇亚历山大二世（1855—1881年在位）推行新的改革，以振兴国家。1861年，他解放了农奴，这是他最重要的一项改革。他还批准成立新的股份公司，设计出将全国联为一体的铁路网，并努力实现政府部门和司法部门的现代化。

沙皇亚历山大二世

673

知识分子的觉醒

早期思想和文化在亚历山大二世时期步入了繁荣。越来越多的人开始涉足知识、艺术和专门职业。大多数精英知识分子在莫斯科大学或德意志的大学中接受教育。大学也在一些省会城市中出现，如乌克兰的哈尔科夫和伏尔加河上的喀山。学生俱乐部和共济会集会场所成为讨论新观念的地方。俄国学者和科学家对欧洲思想的贡献开始得到认可。来自神职人员家庭的年轻人希望能成为学者，他们推进了宗教教育改革。

在奥斯曼帝国坦齐马特改革之后的19世纪下半叶，奥斯曼青年党作为一支新的和充满自信的政治及文化力量而出现。与此相类似，亚历山大一世最初实行的低效改革也带来了许多文化思潮，在他的侄子亚历山大二世统治时期，这些思潮使俄国成为一个具有活力的思想、艺术和政治生活中心。因此俄国的发展具有两面性。它一方面成为19世纪欧洲政治舞台上一支不容忽视的力量，另一方面又与奥斯曼帝国颇为相似。两个帝国的统治者都在克服阻力推行改革，增强政府的权力。这些改革所产生的思想文化和政治潮流，最终却不利于沙皇和苏丹的绝对统治。然而，俄国最终与西欧发展出了紧密关系，并成为欧洲各种思想、艺术和政治潮流的舞台，而奥斯曼帝国最终屈服于欧洲的帝国主义。

本节回顾

俄国社会与奥斯曼社会有相似之处，但亚历山大一世推行了自上而下的西化改革。

尼古拉一世对西方观念心存芥蒂，这使他中止改革，延缓工业化。

克里米亚战争后，反对西化的斯拉夫派提出了泛斯拉夫主义，这助长了西方的恐俄症。

本节回顾

在向南扩张和向东扩张过程中，俄国获得了大片领土，也引起了与中国、日本、伊朗和奥斯曼帝国的摩擦。

对亚历山大一世官僚政治改革的抵制引发了“十二月党人起义”，这场起义加剧了尼古拉一世对西方思想的敌视。

克里米亚战争的屈辱促使亚历山大二世推行改革，其中包括解放农奴。

25.3 清帝国

1800年，大清帝国面临着许多问题，但中国并没有出现像苏丹塞利姆三世那样的改革运动。原因不难理解。17世纪，清朝皇帝巧妙地挫败了俄国的战略扩张和外交扩张。清帝国没有受到拿破仑入侵的威胁，相反却得到耶稣会士的称赞，他们将清朝皇帝比喻为哲学家式的开明君主。然而，1793年，英国尝试与中国建立外交关系和贸易关系的马戛尔尼使团，使欧洲人转而开始敌视中国（见第21章）。

“十三行制度”

中国最严重的危机来自国内而非国外，国内危机包括了少数民族和穷人发动的起义，以及对县官审判不公的抗议。清廷用常规方法解决这些问题，如镇压起义、罢免无能或不可靠的官员。清廷用“十三行制度”来限制和控制对外贸易，欧洲商人对此颇有微词。但清廷不大关注远来的欧洲人，对欧洲商人的抱怨也是充耳不闻。

25.3.1 经济失调和社会混乱

人口压力

清朝早期的成功和领土扩张为后期国内的政治动荡埋下了伏笔。清前期，皇帝鼓励恢复农田、开垦荒地、拓展道路、疏浚运河，这些措施扩大了农业的基础，也造成了1650—1800年的人口倍增。大量的农民、商人和散工移民到人
674 口密度比较小的地区，同时出现了由失业和无家可归的流民构成的长期流民潮。到1800年，人口压力严重破坏了中国中西部地区的环境。

当农民努力应对农业衰落时，其他组织则开始发泄对清廷的不满：中部和西南部的少数民族抗议朝廷在18世纪的繁荣期夺走了他们的土地；蒙古人也对失去土地和传统精英心怀不满。在有些地区，清朝官吏失去了对地方的控制，

民团开始取代他们履行维持治安和管理地方的职责。越来越多的人不再信任政府，他们怀疑所有的官员都是贪官污吏。外国商人和传教士不断出现在广州和澳门，加剧了这些地方周边地区的不满。

白莲教起义

在清代中国，许多地方都痛恨外国侵略者，对欧洲人的同情也持怀疑态度。1794年，受反清复明和佛陀救世观念影响的白莲教起义在中国中部地区爆发，直到1804年才被镇压下去。这场起义是19世纪一系列内部冲突的开端。日益严重的社会动荡引发了内乱，地方上的民族冲突和秘密宗教有时也起了推波助澜的作用。民团具有自卫的能力，虽然民团在南部沿海人民抗击英军入侵中被证明是有用的，但有时他们也会相互攻击，这加剧了冲突。

25.3.2　鸦片战争及其后果（1839—1850年）

来自印度的输入品

19世纪早期，欧美商人通过向中国走私鸦片获得了巨额利润。与奥斯曼不同，清廷对此知之甚少。他们也不知道这些非法所得的白银正在为英格兰和美利坚的工业转型提供资金。清朝官员只是逐渐意识到，英属印度殖民地在种植、出口鸦片，并通过新加坡的海军基地输送到东亚。

1729年，清廷首次颁布禁烟令。但到1800年，鸦片走私量增加到了每年4 000箱。虽然英国商人是这项赚钱贸易的急先锋，但中国商人也从行销毒品中获益。19世纪20年代初，英美进口商的竞争导致了一场价格战，这极大地开拓了市场。19世纪30年代，走私量达到了3万箱。烟瘾在各阶层中蔓延，其中也包括高级政府官员。皇帝和朝廷大员为弛禁还是严禁展开了争论，最后决定严厉禁绝吸食鸦片和走私鸦片的行为。1839年，朝廷派一位封疆大吏前往广州禁烟。

鸦片战争： 英国和清帝国之间的战争。从英国的角度看，这场战争是由清廷禁烟引发的。英国获胜，迫使中国签订了不平等的《南京条约》。

武备废弛

英国认为禁烟是对贸易的限制，是不能容忍的，这直接威胁到了英国经济，因此认为它是战争的理由。于是，禁烟令成为战争的导火索。1839年，英国海军抵达中国的南部海岸。在清朝官员与英国代表的谈判陷入僵局时，**鸦片战争**（1839—1842年）爆发了。这场战争表明，清帝国的世袭军人**八旗兵**完全不堪一击，就像奥斯曼帝国的禁卫军一样。英国人采取了与克里米亚战争相似的策略，他们拥有先进的航海技术，擅长海战。英军登陆洗劫沿海城市，随后扬长而去，奔赴下一个目的地。清朝没有海军，因此只能拉长陆上战线，但这很难挫败英军的进攻。即使是陆战，清军的对敌之策也是少得可怜。英国

八旗兵： 清帝国的世袭军人，多数是开国将士的后代。

可以沿海岸线迅速调动兵力，但清军只能在陆地上疲于奔命。清军从中部和东部调兵需要3个月的时间。当援军到达时，他们已经是筋疲力尽，而且几乎没有像样的武器。

八旗兵没有装备清廷在18世纪购入的步枪。清军使用的是需要士兵亲手点燃火药的火绳枪。这种武器在开火时是很危险的，而且如果在附近开火，每个士兵身上带的弹药筒也很容易爆炸，这种情况在遭到英国炮击时经常发生。当然，大多数八旗兵根本没有枪，他们的武器是剑、刀、长矛和棍棒。英军士兵（很多是印度人）使用的是带雷管的来复枪。与火绳枪相比，这种枪射击速度
675 更快，更安全，射击精度也更高。此外，英国的远程大炮可以四处移动，能够给中国东部沿海的城市和村庄以致命打击。

英国的战船

清军统帅认为，英舰吃水深，无法在中国内河航行。因此，他们削弱了内河防务。但英军装备了吃水浅的新式战船，可以在长江上穿梭自如（见第23章）。

最惠国

当侵略军抵达前明首都南京时，清廷决定议和。1842年**《南京条约》**中的条款，废除了旧的“十三行制度”。**通商口岸**（对外国人开放的城市）从一个（广州）增加到了五个（广州、厦门、福州、宁波和上海）。割香港岛给英国，英国人在中国享有治外法权。清廷同意设定税率为5%的低关税，并赔偿英国军费2 100万银圆。次年的补充条约给予英国**最惠国待遇**：中国给予其他国家的特权将自动适用于英国。这项条款加强了中国的殖民地化，因为割让土地给一国就意味着要将这块土地割让给所有国家。

《南京条约》：鸦片战争后签订的条约。通过条约，英国从清帝国获得了巨额赔款。条约侵犯了中国的关税主权和领土主权，要求清廷向英国增开口岸，并割让香港岛。

通商口岸：中外条约中规定的向外国居民开放的城市。在通商口岸，外国人享有治外法权。

最惠国待遇：商业条约中的一个条款。签约国享受给予其他国家的一切特权。

每订一次条约都会给予外国人一些新的特权。法国与中国签订的条约为外国传教士争取到了在中国乡间游历、传教的权利。1860年的新条约将鸦片贸易合法化。通商口岸的数目也在增加，到1900年超过了90个。

条约体系和治外法权使中国零星地区开始殖民地化。在那里，外国商人可以安逸地生活。当边远地区获得独立或割让给邻国时，中国会失去大片领土。在东北，1858年和1860年的条约使黑龙江以北和以南部分地区落入俄国手中。在西北，部分地区也遭到了同样的命运，现在这些地方属于哈萨克斯坦和吉尔吉斯斯坦。1865年之前，英国逐渐控制了中印边界上的部分地区。19世纪晚期，法国迫使越南停止向清帝国朝贡。与此同时，英国也在煽动西藏独立。

租界

在广州、上海和其他沿海城市，欧洲人和美国人开设事务所和工厂，并雇

用中国人作为仆役。外国人在不准华人居住的地区建造了舒适的住宅，他们在只供外国人享乐的餐厅和酒吧中娱乐。在周围，博彩业和色情业为当地人提供了许多工作机会。

无论是在城镇还是乡村，基督教传教士建立医院、庇护所和施舍处，或给加入教会的中国人发放津贴，这为他们赢得了美誉。但这些传教士有时也会被认为是邪恶的。因为他们谴责祖先崇拜，强迫穷人将儿童送进孤儿院，而且坚决反对缠足。在日益贫困和军事化的社会中，极度不满引发了愤恨，人们将矛头指向逐渐增多的外国人和他们不断膨胀的特权。

25.3.3　太平天国运动（1850—1864年）

太平天国运动：一场有基督教色彩的农民起义。这场起义撼动了清帝国。

社会的困苦与外国的入侵交织在一起，互相激荡，导致了被称为“**太平天国运动**”的内战。太平天国运动发源于广西。在那里，社会问题根深蒂固，由此引发的混乱已经持续了半个世纪之久。在这一地区，农业不稳定，许多人做着辛苦又被人看不起的工作，如拾粪、烧炭和采矿。民族分化也加剧了经济贫困。最底层的买卖通常与一个少数族群——客家人有关，客家人与汉人关系日趋紧张。在广州，鸦片贸易的剧烈波动和对欧美文化、经济影响的反应，也使问题更复杂。

“耶稣之弟”

太平天国运动的创始人洪秀全就受到了上述的影响。洪秀全是出身寒微的客家人，经过数年学习，他通过了县考，希望谋个官职。受屡试不第的打击，他在30多岁时出现了精神崩溃的症状。此后，他在广州逗留了一段时间，遇到了中国和美国的新教传道士，他们的布道启发了洪秀全。洪秀全对基督教有 676
自己的理解。他认为自己是耶稣之弟，上帝派他在地上建立一个新王国，要推翻清王朝，将满人赶出中国。此后便是天下太平。他将自己的新宗教运动称为“太平天国”。

洪秀全很快吸引了一大批信徒，其中大部分是像他一样的客家人。他们相信梦的预兆，并声称他们可以行走如飞。洪秀全和另一个领导权的竞争者［杨秀清］可以被附体。他们宣称，满人是魔鬼。官府获悉了这一消息，派兵捉拿太平天国领袖。但太平军击败了帝国军队。太平天国运动在地方上蓬勃发展，参与者成倍增加。他们开始扩大自己的控制范围。

最初，太平天国是依靠客家人的同情和宗教教义中的超凡力量来吸引参与 677

包围南京 太平天国定都南京长达10年之久。在此期间，清军想要夺回这座城市。到1864年夏天，清军用掘地法在城墙下埋设了炸药。炸药的爆炸标志着清军最终攻占了起义军的都城。

客家人对抗满人

者。但随着人数和力量的增加，他们改变了宣传策略和管理方法。他们用吸引人的华丽的反满口号，取代了曾经用来吸引客家人的反对清政府的口号。他们强迫被俘的百姓参与他们的运动。一旦参与了起义，太平军就会严格监视他们的活动。他们采用了男女分营制，这种制度是以工作和军事为基础的。他们禁止妇女缠足（客家妇女是不缠足的），要求她们完全参与农业生产或其他劳动。成建制的女兵也会开赴战场，与清军作战。

攻克南京

随着发展，太平天国运动开始向中国的东部和北部扩展。而恐慌总是先于太平军的步伐。民众惧怕太平军会强迫他们加入，而儒生对异域信仰、集权主义统治、行军、工作和武装起来的妇女都心存恐惧。对于地方守军来说，起义大军仍可发动势不可挡的攻势。太平军数量急剧增加，这就要求有一块长期的根据地。1853年，起义军攻克南京，太平天国的领袖决定在此建都。

军事改革

清军对北方的防御更成功，因为太平天国的组织问题和不断膨胀的人数削弱了其进攻势头。清军的不断成功还仰赖于帝国军事统帅在前所未有的挑战前所表现出的灵活性。此外，军事统帅还得到了一群文职行省官吏的支持，这些官员熟知地方民团为自卫而发展起来的军事技术。一些督抚大员把地方文官进

广州街景　这张照片是19世纪60年代由一位英国人拍摄的。照片上是一条比较宽阔的商业街，街上有卖墨、药品、垫子和图章等物品的广告牌。开罗街景的雕版画更具东方情调，一个裸露身体的蒙面女孩使画更完美。

行自卫和当时地形的有关知识，与有效的组织及现代武器的使用结合起来。结 678
果形成了新式军队，很多八旗兵自愿在这些文职官吏麾下效力。清廷允许他们征收特别税，这就为新式军队提供了资金。朝廷也认可了这种新型的军政集权统帅。

当太平军定都南京后，清朝新军包围了这座城市，希望困死起义军。但太平军在粮食供给和防御方面都做得非常好。太平天国还提拔了一批有才华的青年将领，他们转战东南寻找供给，并试图打破清军对南京的包围。在长达十几年的时间里，太平天国的领袖坐守南京，“天国”还在继续。

欧洲的干涉

1856年，英法从克里米亚战争中脱身，将目光投向了中国。欧美公使相继访问南京，好奇地观察着他们的基督教同伴究竟要干什么。他们的报告是令人沮丧的。洪秀全和其他领导人过着放纵的生活，不止一个公使指责他们中的同性恋行为。英法认识到，这不是一场虔诚的基督教运动。虽然太平天国没有推翻清政府的统治，但在19世纪50年代，北方爆发的捻军起义又为清廷平添了新威胁。一系列同时爆发的大规模战争真的有可能摧毁帝国。而且，鉴于清廷没有兑现鸦片战争后所签条约的全部条款，英法又想对清帝国开战了。

1856年，英法联军对沿海地区发动了一系列快速、野蛮的袭击，这就是第二次鸦片战争，又称亚罗号战争（Arrow War，1856—1860年）。战争最激烈的时候，是1860年英法联军占领了北京，洗劫了圆明园。清帝国又签订了新条约。达到了主要目的后，英法开始协助清廷镇压太平天国。试图借助国际力量，有时会引起骚乱，有时会悲惨不堪。但在19世纪60年代，流入中国的武器和资金为镇压太平天国和捻军起义提供了帮助。

太平天国运动可算是20世纪之前世界上最血腥的内战和最大规模的武装冲突。死亡人数估计在2000万到3000万之间。饥饿和疾病是导致死亡的主要原因。在大多数战役中，一方会围住另一方严密把守的城池，直到敌军死亡、投降或羸弱到不堪一击。许多围城战会持续数月。据说，人吃草、吃皮革、吃麻渣和人肉的现象十分普遍。死者只是被草草埋葬，传染病到处肆虐。

死亡和疾病

早期太平天国运动集中在中国西南地区，淋巴腺鼠疫在这里的存在已经有几个世纪。起义的火焰被扑灭后，许多太平军逃到了老挝和越南的丘陵地带。瘟疫很快传播开。几年内，疾病传到了香港，并从香港蔓延到了新加坡、旧金
679 山、加尔各答和伦敦。19世纪晚期，世界陷入了恐慌，中国移民被视为病菌携带者。这种恐惧成为美国于1882年出台排华法案的重要促成因素。

持续的毁坏

太平天国运动破坏了中国的农业中心地区。中东部的农耕发达地区出现了人口下降。有些地区几十年后仍旧无人居住，大部分农村地区直到20世纪才恢复过来。

城市也受到了严重冲击。起义爆发前，上海是个规模有限的通商口岸。难民从受战火波及的邻近省份涌入上海，这使上海的人口增加了几倍。之后，这座城市被太平军围攻了数月。几个中国东部的主要文化中心都失去了许多艺术珍品和建筑佳作，帝国的藏书阁被付之一炬，里面的藏品任人践踏，印书的书版也遭到破坏。在如何应对物质、文化破坏方面，帝国面临着巨大挑战。与此同时，北方的生态灾难也加重了帝国的负担。1855年黄河改道，洪水摧毁了贫困的鲁南地区。几十年间，鲁北的黄河故道逐渐干涸。

25.3.4 清末的地方分权（1864—1875年）

从19世纪50年代开始，清廷逐渐失去了偿还债务的能力。18世纪的腐败，19世纪早期重建水陆交通，土地税收入的减少，这一切使得国库日渐空虚。到

1850年，即太平天国运动爆发之前，清廷的开支是收入的10倍。两次鸦片战争后的赔款更是雪上加霜。在很长一段时间内，原先的水稻产区遭到破坏，民众奔走他乡，难民需要救济，镇压太平天国的帝国军队、团练、外国军队和雇佣军也在讨要欠饷。 680

外债

太平天国运动之后，英法参与了恢复时期的工作（见“主流与多样性：中国对帝国主义的反应”）。为了能偿清英国的债务，罗伯特·赫德（Robert Hart）执掌了帝国海关总税务司。他收上的关税分别流向了清廷和英国。为中国工作的英美人士成为清廷的顾问和使节，他们努力使中国和欧美的沟通变得顺畅。

多样性与主流

中国对帝国主义的反应

鸦片战争和之后的太平天国运动使中国的落后暴露无遗，但究竟怎样才能实现自强，各方莫衷一是。一些地方大员采取了有效的措施，但在中央，两种相左的意见谁也不能说服谁。

冯桂芬是一位官员，也是一位学者。太平天国时期，他往上海避难。在那里，他接触到了西方人。下面这段引文选自他在1861年的一本著作。

> 据英人《地理全志》稽之，我中华幅员八倍于俄，十倍于米，百倍于法，二百倍于英，地之大如是；……而今顾（面见）然屈于四国之下者，则非天时、地利、物产之不如也，人实不如耳。……则非天赋人以不如也，人自不如耳。……
>
> 彼何以小而强，我何以大而弱，必求所以如之，仍亦存乎人而已矣。
>
> 然则有待于夷者，独船坚炮利一事耳。……宜于通商各口拨款设船炮局，聘夷人数名，招内地善运思者，从受其法，以授众匠。工成，与夷制无辨者，赏给举人，一体会试；出夷制之上者，赏给进士，一体殿试。廪其匠倍蓰，勿令他适。
>
> 夫国家重科目，中于人心久矣，聪明智巧之士，穷老尽气，销磨于时文

试帖楷书无用之事，……今令分其半，以从事于制器、尚象之途，……中华之聪明智巧，必在诸夷之上，往时特不之用耳。上好下甚，风行响应，当有殊尤异敏，出新意于西洋之外者。始则师而法之，继则比而齐之，终则驾而上之，自强之道，实在乎是。[1]

1867年，清廷就如何抵抗外国军事压力展开了争论。任大学士的蒙古官员倭仁恪守着传统观点：

数为六艺之一，诚如圣谕为儒者所当知，非歧途可比。惟以臣所见，天文算学，为益甚微。西人教习正途，所损甚大，有不可不深思而虑及之者，
681 请为我皇上陈之。窃闻立国之道，尚礼义不尚权谋；根本之图，在人心不在技艺。今求之一艺之末，而又奉夷人为师，无论夷人诡谲，未必传其精巧；即使教者诚教，学者诚学，所成就者不过术数之士。古今来未闻有恃术数而能起衰弱者也。……

议和以来，耶稣之教盛行，无识愚民，半为煽惑，所恃读书之人。讲明义理，或可维持人心。今复举聪明隽秀国家所培养而储以有用者，变而从夷，正气为之不伸，邪气因而弥炽；数年以后，不尽驱中国之众咸归于夷不止。[2]

主张“自强”的洋务派做出回应：

臣等查阅倭仁所奏，陈义甚高，持论甚正，臣等未曾经理洋务之前，所见亦复如此，而今日不敢专恃此说者，实有不得已之苦衷。……

溯自洋务之兴，迄今二三十年矣。始由中外臣僚未得窍要，议和议战，大率空言无补。……是以臣等筹思长久之策，与各疆臣通盘熟算，如学习外国语言文字，制造机器各法，教练洋枪队伍，派赴周游各国访其风土人情，

1 参见冯桂芬:《校邠庐抗议》，戴扬本评注，中州古籍出版社，1998年，第197—199页。——译注

2 参见《倭仁奏正途学习天文算学为益甚微所损甚大请立罢前议折》，载《筹办夷务始末》（同治朝）卷四十七，中华书局，2008年，第2009—2010页。——译注

并于京畿一带设立六军，藉资拱卫：凡此苦心孤诣，无非欲图自强……

又恐学习之人不加拣择，或为洋人引诱误入歧途，有如倭仁所虑者，故议定考试必须正途人员，诚以读书明理之士，存心正大，而今日之局，又学士大夫所痛心疾首者，必能卧薪尝胆，共深刻励，以求自强，实际与泛泛悠悠漠不相关者不同。[1]

资料来源：Wm. Theodore de Bary and Richard Lafrano, *Sources of Chinese Tradition*, vol. 2, 2nd ed. (New York: Columbia University Press, 2000), 235–236, 238–239.

分析问题

这些官员都是科举正途出身，他们的观点如何反映出他们的背景？

从哪些方面可以看出这些引文对西方的理解程度不同？

与奥斯曼帝国和俄国的改革态度相比，这些观点是如何表达的？

1　参见《奕䜣等奏议覆倭仁请罢正途学天文算学折》，载《筹办夷务始末》（同治朝）卷四十七，第2019—2020页。

但真正的恢复工作掌握在靠镇压太平天国起家的地方大员手中。为了镇压 680
起义，他们有权征税，有权建立自己的军队和行政体系。战争结束后，他们没 **地方势力**
有完全失去这些特殊权力。这些封疆大吏的代表人物是曾国藩，他力主恢复农业、通信、教育和出版业，主张改革军事，将军工业现代化。 681

与许多督抚相似，曾国藩将美国（而不是英国）视为典范，并向它寻求帮助。他聘请美国顾问打理他的军械所、造船厂和军事院校。他还资助了一个大胆的计划：将中国男童送往康涅狄格州的哈特福德学习英语、科学、数学、工程学和历史。这两个地方是传教士活动的中心。回国后，他们承担了一些原本聘请洋顾问的职位。虽然曾国藩从未鼓励妇女参与公共生活，但儒学使他深信，受过教育的母亲是必不可少的。他鼓励他的女儿接受高级传统教育，有时还亲自检查。1872年，曾国藩去世，帝国失去了一支重要的改革力量。

慈禧的同盟者 19世纪六七十年代，慈禧是改革的支持者。在之后的若干年里，人们普遍认为她不但腐败而且自我中心，成了改革的障碍。她最大的盟友是宫廷太监。太监在中国由来已久，他们管理着后宫，是一支强大的政治力量。清朝前期的皇帝禁止太监干政，但在慈禧时期，他们重新成为了一个政治因素。

慈禧太后

682

中兴时期表明清帝国的基本结构发生了变化。1850年后，尽管几任皇帝都优柔寡断，但一个贵族政治集团为改革和中兴计划提供了支持。如果像曾国藩这样的地方大员的新权力没有合法化，那么帝国可能会在一代人的时间内垮掉。支持改革的贵族政治集团中一个重要成员就是慈禧，她在19世纪80年代后以“太后”的身份闻名于世。后来，中外观察家都认为她腐败和傲慢自大。但在19世纪六七十年代，慈禧对地方督抚给予了支持，他们中的一些人权倾一时，不但能管理国内事务，还可以染指外交。

掌握政权的不再是满族军事贵族和朝廷任命的汉族文官，而是富于改革精神的贵族、军事统帅、独立且拥有实权的地方官和少数洋顾问。清朝缺乏统一而强有力的中央。一旦将税收权、立法权和军事权赋予地方大员，就很难再将这些权力收回来。19世纪60年代之后，清帝国分裂为几个权力区，地方督抚将领导权交给他们的幕僚（protégé），在这种模式下，清廷最终只能进行形式上的核准。

本节回顾

在清代中国，穷人、流离失所者的不满和对欧洲势力的愤恨交织在一起，使国家日趋动荡。

清廷的禁烟活动导致了中英鸦片战争，这次战争暴露出清帝国在军事上的落后。

本节回顾

《南京条约》给予英国治外法权和其他特权，这使得西方列强获得了更多权力。

社会不满和外国入侵导致了太平天国运动。第二次鸦片战争后，清廷在英法的协助下镇压了起义。

起义破坏了农业，也导致了传染病和环境灾难，大量难民涌入了城市。

起义和战后恢复使中国出现了由改革派贵族主导的地方分权过程。

结　语

在19世纪上半叶，大多数奥斯曼帝国、俄国和清帝国的统治者并不认为欧洲的压力或竞争会决定他们的生活，他们继续按先辈的社会制度和经济制度进行统治。但到19世纪70年代，人们普遍意识到了欧洲的挑战。在克里米亚战争中，欧洲联军为奥斯曼帝国赢得了表面上的胜利，之后奥斯曼帝国被迫进行了改革。这场战争还确立了奥斯曼和俄国在军事上的弱势地位。鸦片战争对中国也是如此，但与那两个国家不同，中国还遭受了内战和区域性起义的打击。

尽管三个帝国都面临着相似的问题——改革、军事改造和财政混乱，但中国在地理上远离欧洲，因此没有卷入英俄地缘战略的冲突中。虽然英国害怕俄国染指印度，但沙皇还是欧洲阵营中的一员，而曾经统治东欧的奥斯曼帝国则被排除在欧洲外。对于许多欧洲外交人员和投资者来说，奥斯曼帝国的崩溃只是时间问题，所剩的问题只是谁将从中获益。

当今历史学家在分析三个帝国的危机时，都强调欧洲的经济压力，认为三个帝国最终都走向了破产和覆亡。然而，当时欧洲给奥斯曼人、俄罗斯人和中国人留下的最深刻的印象是军事优势，这种优势在希腊独立战争、克里米亚战争和鸦片战争中得到了充分展示。因此，对这三个帝国来说，在本章涉及的这一历史时期，应对军事危机比进行深层改革更重要。

进一步阅读文献 683

Bassin, Mark. *Imperial Visions: Nationalist Imagination and Geographical Expansion in the*

Russian Far East, 1840–1865. 1999. 谈到了俄国向东扩张鲜为人知的一面。

Blackwell, W. L. *The Beginnings of Russian Industrialization, 1800–1860*. 1968. 对这个问题做了很好的介绍。

Crossley, Pamela Kyle. *Orphan Warriors: Three Manchu Generations and the End of the Qing World*. 1990. 展示了满人看待晚清的一个视角。

Deringil, Selim. *The Well-Protected Domains: Ideology and the Legitimation of Power in the Ottoman Empire, 1876–1909*. 1998. 对阿卜杜勒・哈米德二世的另一种观点。

Field, Daniel. *The End of Serfdom: Nobility and Bureaucracy in Russia, 1855–1861*. 1976. 研究了这个时期俄国社会的主要问题。

Kappeler, Andreas. *The Russian Multi-Ethnic Empire*. 2001. 强调了民族多样性。

Lewis, Bernard. *The Emergence of Modern Turkey*, 3rd ed. 2001. 从欧洲化的角度看问题，认为奥斯曼帝国晚期的历史是一种进步。

Mardin, Serif. *The Genesis of Young Ottoman Thought: A Study in the Modernization of Turkish Political Ideas*. Reprint, 2000. 研究思想发展的杰作。

Pamuk, Sevket. *The Ottoman Empire and European Capitalism, 1820–1913: Trade, Investment, and Production*. 1987. 从经济的角度分析了奥斯曼帝国。

Polachek, James M. *The Inner Opium War*. 1992. 详细介绍了中西对抗的主要事件。

Quataert, Donald. *The Ottoman Empire, 1700–1922*, 2nd ed. 2005. 全面研究了奥斯曼帝国晚期的历史。

Raeff, Marc. *Understanding Imperial Russia*. 1984. 广泛研究了19世纪俄国的发展，挑战了许多现有观点。

Spence, Jonathan D. *God's Chinese Son: The Taiping Heavenly Kingdom of Hong Xiuquan*. 1996. 一本可读性很强的著作，重点研究了太平天国运动的宗教领袖。

Walicki, Andrzej. *The Slavophile Controversy*. 1975. 思想史研究。

Zelin, Madeleine. *The Merchants of Zigong: Industrial Entrepreneurship in Early Modern China*. 2005. 研究了当地经济的发展。

第26章

非洲、印度和新大英帝国（1750—1870年）

本章纲要

思考

非洲领袖之间和非洲民族之间是如何进行互动的？在此期间，欧洲人与非洲人的关系出现了什么变化？

英国如何维护其在印度的统治？什么样的殖民政策导致了印度民族主义的产生？

废除奴隶制和英国海外贸易的持续增长，对非洲人、印度人和亚洲人向加勒比和其他地区的移民起到了什么作用？

685 1782年，提普苏丹（Tipu Sultan）继承了迈索尔（Mysore）王位，他的父亲曾使这个王国成为印度南部最强大的国家。这位雄心勃勃而又才华横溢的新统治者对英属东印度公司的领土野心一直心存芥蒂。1785年，在东印度公司入侵迈索尔之前，提普苏丹采取了先发制人的策略。1788年，他遣使赴法，寻求建立反英同盟。提普对东印度公司的斗争没有取得成效，1792年的军事失败使他丧失了大部分沿海领土。尽管与法国结成了松散的联盟，但他还是无法阻止英国的进一步入侵。提普在1799年的都城保卫战中丧命。英国及其印度盟友瓜分了迈索尔。

这些事件表明，1750—1870年，地方势力和欧洲列强都想扩大其在南亚和非洲的影响力。在此期间，很难讲谁占了上风。英国、法国在与亚洲和非洲国家作战的同时，还互相较劲儿。1800年，这两个国家进行了自1750年以来第三次的外海争霸。

到1870年，英国赢得了绝对优势。新大英帝国包括了印度次大陆、澳大利亚和新西兰殖民地，以及一个不断扩大的贸易商栈网络。到1870年，英国已经用“合法”的海外贸易取代了非洲奴隶贸易，并率先将亚洲和南太平洋的劳工迁移到新开辟的热带殖民地。

26.1 非洲的变化与对外交流

1870年之前，非洲经历了政治巨变和外贸大发展。非洲的原住民领袖以及来自中东和欧洲的帝国主义者，建立了许多新国家，或者将传统的王国做大。英国禁止了奴隶贸易，因此其他货物的贸易迅速增长，结果非洲人也进口了大量的机织品和武器。了解非洲的不同地区有助于我们充分理解这些复杂变化。

26.1.1　新成立的非洲国家 686

1750—1870年，本土力量在撒哈拉以南的两个地区建立了一系列国家。非洲南部出现了强大的**祖鲁**（Zulu）王国。西非内陆的伊斯兰改革者创建了索科托哈里发帝国（Sokoto Caliphate）和其他同类国家（见地图26-1）。

祖鲁：今南非的一个民族。1818年，国王沙卡将其统一起来。

沙卡·祖鲁

几个世纪以来，恩古尼族（Nguni peoples）在非洲东南沿海的沃土上耕作，饲养牲畜。19世纪初，该地区遭受了一场严重的旱灾。崭露头角的军事天才沙卡（1818—1828年在位）于1818年建立了祖鲁王国。严格的军事训练和近距离作战的战术使装备牛皮盾和高杀伤力长矛的祖鲁人成为非洲南部最强大、最令人畏惧的战士。

沙卡用袭击邻邦、抢夺牲畜、劫掠妇女儿童的方式来实现扩张。脱离组织的军队把这种战争体制和建立内陆国家的方式扩散到了高原地区，最北到达了维多利亚湖。这些新王国的权力和人口不断增加，因此许多流离失所的难民也

穿着战时服装的祖鲁人（1838年）
精心设计的衣服可以使敌方感受到祖鲁人的力量。这里展现的是长矛和厚皮盾。

纷纷投奔这些国家。

为了抵抗祖鲁人，祖鲁王国周边的非洲人也建立了自己的国家。斯威士兰（Swazi）王国位于祖鲁的北边。莱索托（Lesotho）王国在南部非洲最高峰上的要塞也吸引了大批难民，这使王国不断发展壮大。斯威士兰和莱索托作为独立国家一直存在到今天。

虽然沙卡只统治了十余年，但他成功建立了一种新的民族国家认同和新王国。他将王国里所有年轻人按年龄编成团。团员们居住在一起，生活在祖鲁的传说和习俗中，并按自己的战法作战。一位名叫亨利·弗朗西斯·费恩（Henry Francis Fynn）的英国商人发现祖鲁王国到处井然有序，纪律严明，这使他惊诧不已。他目睹了向沙卡表示忠诚的公众节日。节日期间，数万青年男女围着他们的国王翩翩起舞，而且长达数小时。游行展示了国王一群群的牛。在祖鲁，牛是财富的象征。

与此同时，伊斯兰改革运动也在西非大草原上创建了许多强大的国家。几个世纪以来，伊斯兰教是这一地区的政治和城市中的重要力量，但在农村中影响有限。大多数穆斯林统治者认为，对臣民旧宗教习俗应采取宽容的态度。但到18世纪70年代，一些穆斯林学者要求改革伊斯兰仪式。他们谴责穆斯林统治者纵容旧传统，要求强行征服农村地区的“异教徒”。他们用吉哈德（jihad）来开疆扩土。在那里，政府强制推行伊斯兰教法，促进了伊斯兰教在新领土上的传播。

索科托哈里发帝国

规模最大的伊斯兰改革运动出现在豪萨城邦（位于尼日利亚北部）。奥斯曼·丹·福迪奥（Usuman dan Fodio，1745—1817年）主持了这次改革。他指责豪萨诸王，认为他们表面信仰伊斯兰教，但却是“毋庸置疑的伪教徒，因为他们在从事多神祭祀，把人们赶离神的道路”。奥斯曼对戈比尔（Gobir）王的过
687 失感到沮丧。1804年，奥斯曼号召发动圣战，推翻了他的统治。穆斯林对自己的社会地位或宗教地位感到不满，因此这场运动蔓延到了其他豪萨城邦。一位统治索科托（Sokoto）的哈里发（苏丹）率领胜利之师征服了豪萨城邦和邻近地区。**索科托哈里发帝国**（1809—1906年）成了自16世纪以后西非最大的国家。

索科托哈里发帝国：一个庞大的伊斯兰国家，成立于1809年，位于今尼日利亚北部。

这些新兴伊斯兰国家成为伊斯兰学识和伊斯兰改革的中心。教育男孩的古兰经学校发展迅速，索科托的大图书馆也吸引了许多学者。政府允许帝国境内的非穆斯林信奉自己的宗教，条件是必须缴纳特别税，但他们禁止与传统宗教

大事年表

	帝国	非洲	印度
1750年	1763年，七年战争结束		1756年，"加尔各答黑洞"
	1769—1778年，詹姆斯·库克船长发现了新西兰和澳大利亚东部		1765年，东印度公司开始统治孟加拉
	1795年，荷属东印度公司瓦解	1795年，英国占领开普殖民地	1796年，英国侵占锡兰
		1798年，拿破仑入侵埃及	1799年，东印度公司击败迈索尔
1800年	1807年，英国宣布奴隶贸易非法	1805年，穆罕默德·阿里控制了埃及	
		1808年，英国控制了塞拉利昂	
		1809年，索科托哈里发帝国成立	
		1818年，沙卡建立了祖鲁王国	1818年，东印度公司设置了"孟买管辖区"
		1821年，利比里亚成立	1826年，东印度公司吞并了阿萨姆邦和缅甸北部
	1834年，英国在殖民地解放奴隶	1831—1847年，阿尔及利亚抵抗法国入侵	1828年，梵社成立
		1836—1839年，阿非利卡人的"大迁徙"	1834年，契约劳动力移民开始
		1840年，阿曼苏丹迁都桑给巴尔	
1850年			1857—1858年，印度士兵叛乱促使东印度公司和莫卧儿帝国瓦解
	1867年，大西洋奴隶贸易结束	1869年，贾贾建立奥波博	
	1877年，维多利亚女王成为"印度女王"		

相关的舞蹈和仪式。在圣战期间，抵制穆斯林统治的人或被杀害，或被奴役，或被迫改信伊斯兰教。

索科托统治者通过跨撒哈拉贸易将战俘卖为奴隶。奴隶贸易穿越沙漠，每年将1万个奴隶（其中大部分是妇女和儿童）卖到北非和中东。奴隶制也在索科托哈里发帝国和其他新兴伊斯兰国家中获得巨大发展。据估计，到1865年，索科托帝国的奴隶比任何拥有奴隶的美洲国家都多。[1] 大多数奴隶从事粮食生产，这使得相应的伊斯兰教改革中要求妇女隐居在家成为可能。

26.1.2　埃及和埃塞俄比亚的现代化

穆罕默德·阿里

当新兴国家如雨后春笋般出现的时候，非洲东北部古国——埃及和埃塞俄

比亚——正在不断发展和进行**现代化**。1801年，拿破仑的侵略军撤出埃及，但
688 欧洲的强大和埃及的落后给人们带来的震撼持续了很长时间。在拿破仑之后统治埃及的是**穆罕默德·阿里**（见第25章），他在1805—1849年统治埃及，推行了旨在建立现代埃及的改革。19世纪30年代，穆罕默德·阿里领导了伊斯兰世界中最强大的国家，也是第一个采用西方技术的伊斯兰国家。埃及将西方技术与伊斯兰宗教和文化传统结合起来。例如，埃及印刷业开始使用阿拉伯文翻译手册，印制出了评注版的伊斯兰经典，这促进了阿拉伯语写作和文学的复兴。

现代化：效仿早期西方社会的成功经验，改革政治、军事、经济、社会和文化传统的过程，通常会与非西方社会的当地传统相协调。

穆罕默德·阿里：19世纪初，埃及现代化的领袖。他是奥斯曼帝国的埃及总督，但有建立帝国的野心。他的后代继续统治埃及，直到1952年被推翻。

在穆罕默德·阿里统治的末期，即1849年，埃及的人口几乎翻了一番，对欧贸易增加了近600%。受过教育的埃及人形成了一个新阶层，并开始取代旧有的居统治地位的贵族。埃及人正在摆脱对外国进口的依赖，刚起步的工业化可以为国家提供纺织品、纸张、武器和军服。然而，农民要服劳役和兵役，这具有很强的破坏性。

伊斯梅尔

阿里的孙子伊斯梅尔（1863—1879年在位）更加重视西化。他声称："我的国家已经不属于非洲了，它属于欧洲。"[2]在他的努力之下，聘请的欧洲顾问和从英法银行获得的贷款都越来越多。在他统治的前10年，财政收入增加了30倍，出口也翻了一番（主要归功于美国南北战争期间棉花出口的大幅增加）。到1870年，埃及有了新的灌溉系统，有了800英里（1 300公里）的铁路网和现代化的邮政服务，以及令人眼花缭乱的新首都——开罗。但美国内战结束后，埃及的棉花市场大幅萎缩。但是，埃及对英法投资者的债务，导致了其部分领土被占领。

埃塞俄比亚

埃塞俄比亚也开展了国家建设和改革，那里的统治者皈依基督教已有1 500多年。19世纪40年代初，埃塞俄比亚的统治者从欧洲购买了现代武器，组建忠于自己的强大军队。皇帝特沃德罗斯二世（Téwodros II，1833—1868年在位）还鼓励本国制造武器。在新教传教士的帮助下，埃塞俄比亚的工匠甚至建造出了巨型加农炮，这种炮可以发射重达半吨的炮弹。他想用扣押英国官员的方法获得更多的技术援助，但适得其反，英国入侵了埃塞俄比亚。英军太强大了，
689 特沃德罗斯二世为避免被俘而自杀了。英国报仇雪恨后撤出了埃塞俄比亚。在特沃德罗斯和他的继任者约翰内斯四世（Yohannes IV，1872—1889年在位）时期，帝国控制了大部分的高原地区。与古埃塞俄比亚相比，约翰内斯唯一没控

特沃德罗斯二世的巨型加农炮 与19世纪其他想实现现代化的人相比，埃塞俄比亚皇帝特沃德罗斯二世也是先从军事改革入手。1861年，他招募欧洲的传教士和工匠制造枪炮，其中包括这尊重达7吨的庞然大物，要用500人才能将其拖过山地。

制到的地区是绍阿王国（Shoa kingdom），这个国家从1865年起一直由孟尼利克（Menelik）国王统治。

26.1.3 欧洲的渗透

阿尔及利亚

法国征服阿尔及利亚预示了1870年后欧洲列强对非洲的“争夺”。阿尔及利亚长期向法国出口粮食和橄榄油。1798年法军入侵埃及时，阿尔及利亚还在为拿破仑提供军粮。法国政府未能偿还债务，这使阿法双方陷入争端，并最终导致两国于1827年断交。3年后，一个得不到民众支持的法国政府希望借一场海外胜利激起法国的民族主义，于是法国对阿尔及利亚宣战了。 690

法国政府很快被推翻，但在阿尔及利亚的战争却拖了18年。阿尔及利亚人在阿卜杜勒·卡迪尔（‘Abd al-Qadir）的领导下与外国基督教势力联合起来对抗法国。阿卜杜勒·卡迪尔是一位才华横溢、足智多谋的穆斯林圣人。为了取得胜利，法国组建了一支超过10万人的军队。法军在阿尔及利亚毁掉了农场的家畜和庄稼，屠杀了成千上万的村民，希望借此压制阿尔及利亚人的抵抗。卡迪尔被抓获，并于1847年遭到流放。此后，抵抗运动变得支离破碎，但在山区又持续了30年。欧洲的殖民者占据了阿尔及利亚富庶的沿海地区，到1871年，殖民者人数达到13万。

探险者

与此同时，由富于冒险精神的探险者组成的探险队试图去揭开非洲内陆的神秘面纱。他们有的自费，有的得到了地理学会的资助。除了探索非洲的河

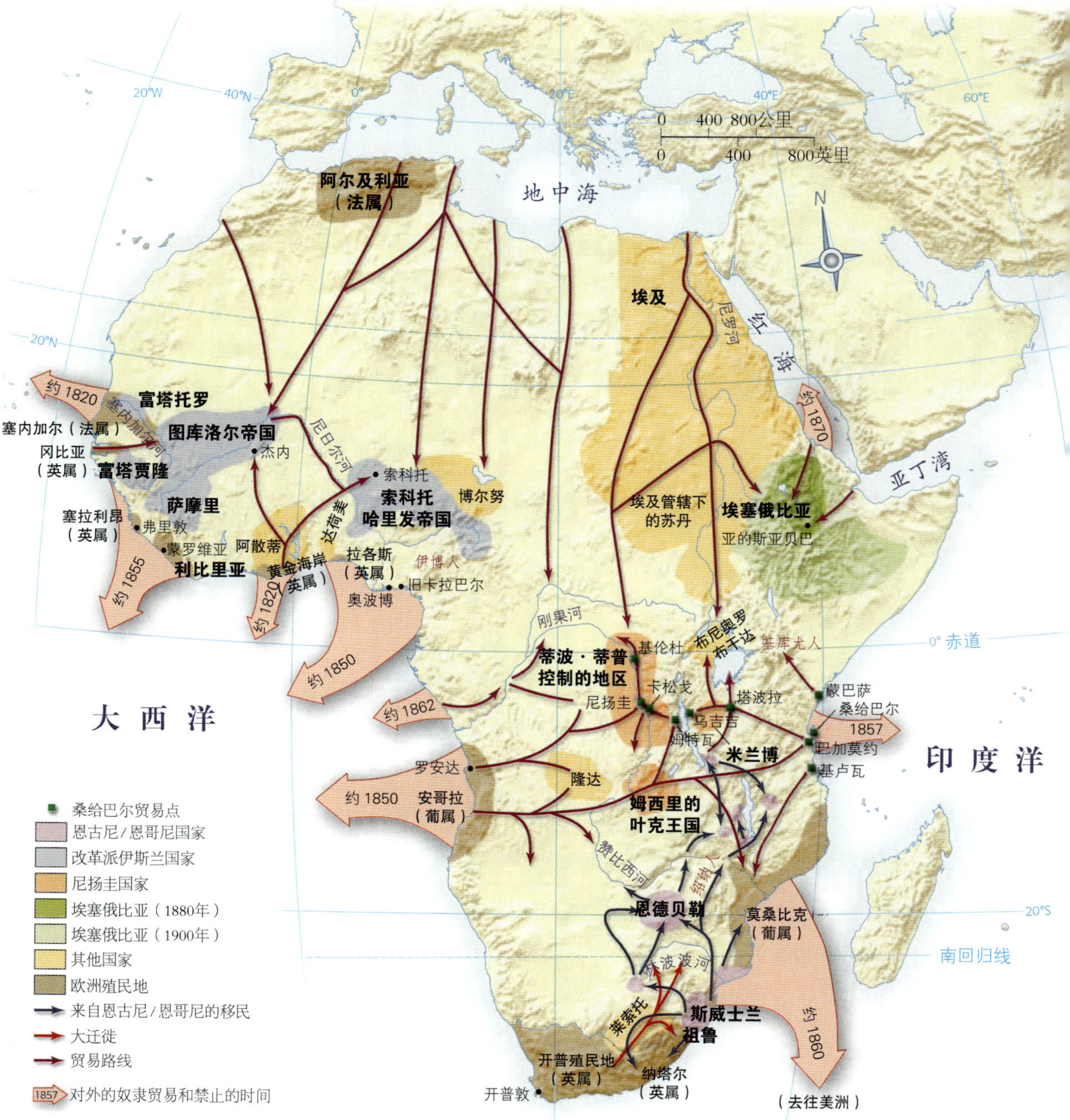

地图26-1 19世纪的非洲 日益增加的贸易将非洲许多地区卷入世界。但到1870年，外国殖民地主要集中在阿尔及利亚和非洲南部。不断发展的贸易、伊斯兰改革运动和其他内在力量，使得许多重要的新国家在非洲建立起来。

流，他们还希望考察非洲大陆的矿产资源或劝说非洲人皈依基督教。

他们中许多人热衷于考察非洲的大河。探险者发现尼日尔河自西向东流，许多支流注入几内亚湾，其实这里就是尼日尔三角洲。

北流的尼罗河同样吸引探险家去寻找其源头。1770年，埃塞俄比亚的塔纳湖被确认为是主要源头。1861—1862年，维多利亚湖被确认为是另一个主要源头。

苏格兰传教士大卫·利文斯通（David Livingstone，1813—1873年）医生探索了非洲的中部和南部。他的首要目标是寻找传教地点，但他在1853—1856年也追溯了赞比西河的源头，并以英国女王维多利亚的名字给河上最大的瀑布命了名。1871年，在探索刚果河上游时，他邂逅了记者亨利·莫顿·斯坦利（Henry Morton Stanley，1841—1904年），这位记者正在寻找“失踪”的传教士医生，此举的目的是为了宣传。斯坦利进行了大规模探险，他想越过非洲大陆。但利文斯通的探险却是平和的，他不对任何人构成威胁，因此经常能受到热情款待。

26.1.4 废除奴隶制与合法贸易

商人们一发现尼日尔河河口就派探险队顺流而上寻找贸易机会。从18世纪30年代到80年代，西非与西方的贸易额增加了一倍多，到1870年又翻了一番。[3] 1825年之前，奴隶贸易占了贸易增量的大部分。废除奴隶贸易后，非洲出口的植物油、黄金、象牙和其他商品将对外贸易推到了一个全新的高度。

奴隶贸易

18世纪90年代，圣多明各奴隶起义取得成功（见第22章），结束了西印度群岛最大种植园殖民地的奴隶制。在美洲其他地方，奴隶起义遭到了残酷镇压。当奴隶起义和镇压起义的消息传开时，人道主义者和宗教改革人士呼吁结束奴隶贸易，即使一些想保留奴隶制的美国人也支持取消奴隶贸易。1807年，英国和美国对国民宣布，从非洲进口奴隶是非法的。到1850年，大多数西方国家都通过了废除奴隶制的法案，但没有哪个国家有英国那么大的热情。

英国曾经是世界上最大的奴隶贩子，但现在却成了最积极的废奴主义者。为了执行禁令，英国派遣海军沿非洲海岸巡逻，并通过谈判达成条约，允许巡逻船搜查涉嫌贩运奴隶的他国船只。虽然英国巡逻船查获了1 635艘运送奴隶的船只，解放了超过16万被奴役的非洲人，但奴隶贸易却很难根除。古巴和巴西

“合法”贸易：19世纪非洲的出口，不包括新被取缔的奴隶贸易。

继续大量进口奴隶，这推升了奴隶的价格。一些非洲统治者和商人继续贩卖奴隶，还帮外国奴隶贩子逃避英国的巡查。奴隶贸易转移到了非洲其他地区，因此跨大西洋奴隶贸易直到1867年才结束。

棕榈油

非洲人用奴隶换回了布料、金属和其他商品。为了继续进口这些商品，非洲人还扩大了**“合法”贸易**（除奴隶以外的出口）。鉴于大西洋奴隶贸易已被封锁，他们必须恢复旧的出口或发展新的出口。西非最成功的新出口品是棕榈
691
油，英国厂商用其制造肥皂、蜡烛和润滑剂。19世纪30年代中期，虽然尼日尔三角洲仍是奴隶的主要来源，但该地也出现了棕榈油的总经销商。非洲沿海的商人从内地购买棕榈油，并将其运送到泊在沿海的欧洲商船上。

棕榈油出口大幅飙升，从世纪初的几百吨大幅增加到世纪中叶的数万吨，这改变了沿海贸易区的社会结构。沿海商人用资金购买奴隶，让他们划巨型独木舟，顺着狭窄的三角洲小溪，将棕榈油从内陆运送到贸易口岸。与新世界种植园中的奴隶相比，尼日尔三角洲的奴隶也受到了苛刻和残酷的对待，但后者有获得财富和权力的机会。负责指挥独木舟船队的男性奴隶可以获得很好的报酬，有些还富裕到可以管理沿海的“独木舟船坞”（公司）。其中最著名的是业内的领头羊“贾贾”（Jaja，约1821—1891年），他就曾是一个独木舟奴隶。1869年，为了不受那些生来自由的非洲人的歧视，他建立新港奥波博（Opobo），成为统治新港口的国王。19世纪70年代，奥波博的贾贾成为尼日尔三角洲最大的棕榈油贸易商。

被解救者

西方文化在西非的传播也抑制了奴隶贸易。1808年，英国占据了一块小殖民地塞拉利昂，作为其反奴隶贸易的海军基地。在接下来的几年里，13万男人、妇女和儿童从“俘获”的船上被解救出来，并在塞拉利昂获得自由。基督教传教士帮助这些**被解救者**（Recaptives）在首都弗里敦（Freetown）及其周边地区安顿下来。教堂和学校使其中的许多人皈依了基督教。

被解救者：19世纪，英国皇家海军从非法的奴隶贸易解救出来的非洲人，他们同时获得了自由身份。

塞拉利昂的学校也培养出了许多杰出毕业生。1821年，塞缪尔·阿贾伊·克劳瑟（Samuel Adjai Crowther，1808—1891年）在一艘贩奴船上获得自由。1864年，他成为西非圣公会的第一任主教，管理着尼日尔河下游一个主教区。詹姆斯·阿菲利加努·霍顿（James Africanus Horton，1835—1882年）的父亲是在塞拉利昂获得自由的奴隶，霍顿后来成为一名医生，他对西非也做了很多研究。

奥波博的贾贾国王 这位有才干的人原是尼日尔三角洲波尼（Bonny）港的一名奴隶，1863年成了这个城市一家主要棕榈油贸易公司——安纳佩佩公司（Anna Pepple House）的领导人。6年后，贾贾建立了自己的贸易港口奥波博，并成为那里的统治者。

在非洲出生或有非洲血统的人返回故乡也促进了西方文化的传播。1821年，拥有自由的美国黑人创建了一个定居点，这个定居点后来发展成为利比里亚共和国。当时，美国的奴隶制是合法的，而且还在蓬勃发展，这个定居点就成为一个自由的地方。美国黑人奴隶在1865年获得解放后，又有一些非洲裔美国人来到了利比里亚。埃玛·怀特（Emma White）是一位有文化的黑人妇女，来自肯塔基州。1875年，她从利比里亚迁往奥波博。国王贾贾雇她书写商业信函，并让她为孩子们开办一所学校。爱德华·威尔莫特·布莱登（Edward Wilmot Blyden，1832—1912年）出生在西印度群岛，他为自己的西非血统感到自豪。1851年，他移居利比里亚，并在新成立的利比里亚大学成为一名教授希腊语、拉丁语和阿拉伯语的教授。获得自由的黑人从巴西和古巴租船返回在西非的故乡。他们从新世界带回了罗马天主教、建筑图和服装时尚。1870年，虽然接触过西方文化的非洲人还不多，但他们的影响力却在迅速增长。

26.1.5 东非的次级帝国 692

当英国巡逻船在西非打击奴隶贸易时，奴隶转移到了非洲东部。大西洋奴隶贸易与向伊斯兰世界输送奴隶的贸易出现了汇流，并发展壮大。19世纪，120万奴隶中的2/3是从东非运往北美市场的，另外的1/3被送往美洲种植园和由欧洲控制的印度洋岛屿。

桑给巴尔

奴隶制在东非变得越来越重要。1800—1873年，在沿海地区，阿拉伯和斯瓦希里的丁香种植园主购买了70万奴隶，让他们从事收获香料的辛苦劳动。这些种植园位于桑给巴尔岛，临近阿曼。阿曼是一个位于波斯湾的阿拉伯王国，从1698年起就开始在非洲东海岸扩展它的控制范围。1840年，苏丹甚至想将宫廷搬到桑给巴尔，以便从方兴未艾的丁香贸易中获益。桑给巴尔也是一个奴隶和象牙的集散地。大多数的象牙运往印度，印度将相当一部分象牙雕刻成装饰物，再销往欧洲市场。

蒂波·蒂普

在非洲商人和阿拉伯商人的引导下，象牙商队从离海数百英里的内陆地区前往沿海地区。商队中的一些商人带着庞大的私人公司，他们用从印度银行家那里借到的资金和从欧美带回的现代武器控制着这些公司。刚果河上游最大的私人公司是由蒂波·蒂普（Tippu Tip，约1830—1905年）建立的，他是一位来自桑给巴尔的商人。利文斯通、斯坦利和其他探险者都在这个偏远地区接受过蒂波·蒂普的热情款待，他们都赞扬主人的才智和文雅。在1876年的一次访问后，斯坦利在他的杂志中称蒂波·蒂普是“一个了不起的人”，“充满活力和力量”，有“一张表露出才华的脸，举止像个朝臣”。

蒂波·蒂普将他在非洲心脏地带的冒险经历编成一本详细的回忆录，这本文集由沿海的斯瓦希里语写成。在书中，他嘲笑无知的非洲村民把他的枪声当成雷声。现代的来复枪不但能猎杀无数头大象，获取它们的象牙，而且可以给与世隔绝地区的人们带来毁灭和不幸。

欧洲人提供武器，也是象牙和丁香的主要消费者。出于这个原因，历史学家倾向于把由阿曼苏丹、蒂波·蒂普和其他人创建的东非国家称为“次级帝国”（secondary empires），以区别于由大英帝国直接建立起来的国家。同时，英国官员向阿曼苏丹施加压力，1857年终止了以桑给巴尔为起点的印度洋奴隶贸易，1873年结束了桑给巴尔的奴隶进口。

本节回顾

沙卡在非洲南部建立了一个强大的祖鲁王国。

在西非，奥斯曼·丹·福迪奥征服了以前的豪萨城邦，并形成了索科托哈里发帝国。

本节回顾

在埃及，穆罕默德·阿里将西方知识与伊斯兰传统结合起来；他的孙子伊斯梅尔开展了基础建设。

在特沃德罗斯二世皇帝及其继任者在位时期，埃塞俄比亚通过采购和生产现代武器变得更加强大。

1830年，当法国入侵阿尔及利亚时，阿尔及利亚人在穆斯林神职人员阿卜杜勒·卡迪尔的领导下联合起来，但最终失败。

欧洲和非洲的商业联系得到极大加强。

没有哪个国家在废除奴隶制上比英国更坚定。英国采取了反奴隶制的海上行动，并在塞拉利昂释放了很多奴隶。

奴隶贸易在北非和中东为奴隶开拓了市场。

26.2 英国统治下的印度

与非洲人相比，南亚人更直接、更深刻地感受到了欧洲的商业扩张、文化扩张和殖民扩张。1750—1870年，当欧洲人声称只占领了非洲一小部分时，英国几乎统治了印度全境（印度人口是非洲全部人口的3倍）。东印度公司成立于1600年，在此后的250年里，利益驱使英国强占殖民地，打击荷兰的贸易，击败法国和印度的挑战，将日薄西山、支离破碎的莫卧儿帝国重新整合起来。1763年，法国在竞争中受挫；1795年，荷属东印度公司瓦解；1858年，莫卧儿帝国最后一位皇帝退位，将广袤的南亚次大陆交到了英国手中。

26.2.1 公司职员 693

1739年，伊朗趁着印度的衰弱击败了莫卧儿帝国的军队，洗劫了德里，带着大量的战利品返回了伊朗。印度各邦也趁着帝国的衰落纷纷宣布独立。到这个世纪中叶，印度中部的马拉地联邦控制的土地比莫卧儿政府还多（见地图26-2）。**纳瓦布**（nawab）也统治着自己的强邦。纳瓦布这个词原本是指对莫卧儿皇帝负责的穆斯林王公，虽然这只是名义上的。

纳瓦布：与英属印度结盟的穆斯林王公，有半自治的地位，名义上代表莫卧儿皇帝。

18世纪，英国、荷兰和法国的公司也急于将有利可图的贸易扩大到印度。1750年，这些远来的欧洲贸易公司充满了投机和冒险精神。这些公司的成功依赖于雄心勃勃而又年轻有为的“公司职员”。在必要的时候，他们会进行艰苦

地图26-2 印度（1707—1805年） 随着莫卧儿帝国在18世纪的衰落，其他印度土邦和东印度公司纷纷扩张自己的控制范围。

的谈判和斗争，去说服印度统治者允许他们在沿海的战略要地建立贸易点。为了使设防的仓库免受攻击，他们还训练了印度**土兵**（sepoys）。在四分五裂的印度，这些私人军队有助于保持势力均衡。

土兵：南亚士兵，特别指为英国服役的南亚士兵。

东印度公司

1691年，英属东印度公司（EIC）说服印度东北孟加拉邦的讷瓦布，允许他们在加尔各答的渔港设立一个设防的据点。一个新讷瓦布要求这个繁荣的港口缴纳额外的贡赋，于是在1756年攻占了这座堡垒，将东印度公司的职员投入监狱。监狱的牢房非常小，以致许多人窒息而死。为了给死在“加尔各答黑洞”（Black Hole of Calcutta）中的同伴报仇，罗伯特·克莱夫（Robert Clive）率领一支从马德拉斯出发的东印度公司军队推翻了那个讷瓦布的统治。1765年，软弱的莫卧儿帝国皇帝授予东印度公司统治孟加拉的权力。东印度公司不但从贸易中获益，而且从财政税收中得到不少好处。到1788年，加尔各答成为一座拥有25万人的城市。 694

在印度南部，克莱夫用马德拉斯的东印度公司军队去捍卫阿科特（Arcot）讷瓦布在七年战争（1756—1763年）中取得的胜利果实，因为阿科特讷瓦布依附于英国。这样，相对于支持战争中失败一方的法国商人来说，东印度公司取得了优势。到这个世纪末，公司击败了迈索尔的提普苏丹。这不仅巩固了公司在印度南部的地位，而且可以防止法国卷土重来。

除了加尔各答和马德拉斯，英国在印度的第三个权力中心是孟买。1818年，东印度公司吞并了那里的大片土地，形成了一个核心区，即“孟买管辖区”（Bombay Presidency）。东印度公司完全接管了许多邦（像接管孟加拉一样），但仍有许多邦掌握在听命于公司的地方王公手中。

26.2.2 统治与叛乱（1818—1857年）

1818年，东印度公司控制了一个帝国，这个帝国的人口比西欧全部人口还多，是英国丧失的北美殖民地人口的5倍。英国想通过行政改革、社会改革、发展经济和引进新技术来按英国的模式改造印度，这是**英国统治**的一个目标。但与之前的莫卧儿帝国相似，东印度公司也要小心应对印度的社会习俗和宗教习俗，以免激起反抗或失去印度王公的支持。

英国统治：1765—1947年，英国对南亚的统治。起初是由东印度公司实行统治，之后英国政府接管了权力。

东印度公司的首要目标是以军事实力为后盾，建立起一个强大而高效的行政系统。公司也为基督教传教士大开绿灯。虽然很少有人皈依基督教，但传教士却在稳步推动社会改革。

英国另一个关键政策是用私人所有制取代印度复杂而重叠的土地所有制。在孟加拉，这项改革迎合了大地主的利益；而在迈索尔，农民从中获益。私人所有制可以使国家更容易获得税收，为行政管理、军队和经济改革提供资金。

这种曾经被他们称为“西式的、英国式的和现代化的”政策只是英国统治的一个方面。另一个方面是尊重传统，无论这种传统是新生的还是固有的。以传统之名，统治英属印度近一半土地的地方王公经常会从英国当局获得更大的权力和荣誉，获得比他们的前辈更长的土地保有期。同样，印度教和伊斯兰教的圣人们也可以获得比以往多得多的“传统”权力，无论这种权力是对人的还是对财富的。无论是王公、圣人还是其他印度人，在获得好处的同时，也会携传统之名反抗英国统治。英国统治者也自创了一些“传统”，其中包括精心准备的游行和展示，这些自创“传统”有一半来自欧洲皇室的盛典，另一半来自莫卧儿帝国的仪式。

英国精英和印度精英时而合作，时而斗争，但都以牺牲印度普通民众为代价。各阶层的妇女、低种姓的成员、“贱民”和种姓外的“部落民”，还有穷人，都很少能从英国的改革、新税收的压迫和提高上层人士地位的“传统”中获益。

英属印度的经济转型是把双刃剑。一方面，在英国统治下，贸易的增长和作物种植面积的扩大创造了许多就业岗位，如孟加拉种植鸦片（主要出口到中国，见第25章），锡兰种植咖啡，印度东北部的阿萨姆邦种植茶叶。另一方面，来自英国的廉价棉纺品使许多印度人放弃了手工纺织。在18世纪，印度一直是世界上最大的棉纺品出口国，但到19世纪，印度只能为英国提供原棉了。

土兵叛乱

英国统治所带来的良性经济变革因地而异，但地方叛乱却是一致的。在19世纪上半叶，英国统治者可以轻而易举地应对这些孤立的起义，但他们更关心
695 东印度公司的军队中土兵的忠诚。1857年，东印度公司雇佣了20万土兵，配合3.8万英军。土兵装备有现代来复枪，受过正规训练，这是其他组织所没有的，因此他们更容易发动一次成功的叛乱。

事实上，不满情绪正在土兵中蔓延。在东印度公司统治的早期，大多数土兵来自孟加拉——公司吞并的第一个邦。1848年后，公司将从其他民族招募的士兵编入军队，如从旁遮普招募的锡克人和从尼泊尔招募的廓尔喀人（Gurkhas）。孟加拉人对此大为不满。此外，1856年出台了一项新法案，这项法

案要求入伍的士兵能够去这个印度洋帝国的海外服役。许多高种姓印度教徒反对这项法案，因为他们的宗教禁止海洋旅行。最后，在1857年，用射击精度更高的埃菲尔德步枪取代标准步枪时也出现了问题。按要求，士兵要用牙撕开弹药包，而弹药包上却涂上了牛油和猪油。这激怒了印度教士兵和穆斯林士兵。

虽然开启弹药包的方法很快发生了变化，但最初的愤怒还是促使印度教士兵在1857年5月发动了叛乱。英国的麻烦才刚刚开始，不久，穆斯林士兵、农民和心怀不满的精英也加入了叛乱。起义军用固有的传统挑战英国的权威：德里的士兵军官宣称，他们将忠于莫卧儿皇帝。其他人聚集在马拉地领袖纳纳·萨希布（Nana Sahib）的旗下。叛乱于1858年3月被平息，但它动摇了帝国的核心。

对于1857—1858年这场事件，历史学家赋予它不同的名称和意义。19世纪的英国历史学家认为这次起义是士兵策动的非法行动，因此称之为“**士兵叛乱**”或“兵变”。现代印度史学家则认为这场运动是想要寻求独立，因而称之为“1857年革命”。事实上，这不是一场单纯的兵变，因为参与者不仅仅是士兵。但它也不算是一场民族主义革命，因为起义缺乏对印度的国家认同感。

士兵叛乱：印度士兵于1857年发动的起义，原因是当局违反了他们的宗教习俗，也称为士兵兵变。

26.2.3 政治改革与工业的影响

1857—1858年事件成为印度近代史上的转折点。此后，印度建立了新的中央政府，进入了经济快速增长期，并开始形成新的民族意识。

1858年，英国终结了莫卧儿帝国，也取消了东印度公司。英国在伦敦新设了一位负责印度事务的大臣，在德里也派驻了一位总督，以填补莫卧儿帝国和东印度公司留下的权力真空。1858年11月，维多利亚女王做出保证，印度人受到法律平等保护，他们有保留自己宗教和社会习俗的自由。但她也宣布，只要印度王公忠于女王，英国将尊重他们对领地的控制权和“他们的权利、尊严和荣誉”[4]。

1857年后，英国继续强调传统和改革。在上层，英国总督住在巨大的宫殿中，里面有数百名仆人和华而不实的豪华装饰。这是想要印度人相信，英国总督是莫卧儿皇帝的合法继承者。他们用精心准备的仪式来招待半独立的印度王公，把他们包裹在荣耀中。1877年，当维多利亚女王宣布自己成为“印度女王”时，总督们开始筹划盛大的庆典，即**接见**活动。1902—1903年，为庆祝国王爱德华七世加冕，总督寇松（Curzon）在德里举办了接见活动。他给自己鸣枪101响的礼遇，在50位印度王公和17.3万名参与者面前举行了3.4万人的阅兵。

接见

接见：在19世纪英属印度一种精心策划的展示政治权力和财富的活动，表面上是模仿莫卧儿帝国的盛会。

印度文官体系

印度文官体系：管理着英属印度的精英官僚集团。起初，由受过良好教育的英国人组成，之后也吸纳了一些符合条件的印度人。

同时，一个强大而高效的行政系统控制着印度。**印度文官体系**（ICS）中的精英们在行政和司法系统中担任高官。19世纪末，他们只有1 000人。这些人遍访他们所在地区的乡村，受理司法案件，考察民众的疾苦，并做出司法判决。

进入ICS需要经过公开的考试。理论上，任何一个英国臣民都能参加考试；但这些考试在英国进行，所以实际上将印度人排除在外了。1870年，ICS中只有一个是印度人。到1887年，随后的改革任用了57名印度人，此后便陷入了停滞。有数千人在ICS工作，但其中的印度人并不多。

696

大多数英国官员对他们统治的印度人存有一种种族主义的蔑视，这就是有资质的印度人不能进入行政高层的原因。1892年，当基奇纳勋爵（Lord Kitchener）成为印度军队的总司令时，他说：

> 欧洲人赢得了印度，他们有一种固有的优越感。但印度人或许也受过良好教育，也很聪明，也可以证明他们的勇敢。我想我们很难将他们划入哪个阶层，因为这会显得他们与英国官员是平等的。[5]

1857年后，政府投资数百万英镑修建了港口、城市、灌溉系统和其他公共设施。森林变成了茶叶种植园。印度农民改种用于出口的棉花和黄麻。工程师修建了大型水利设施，这可以缓解定期蹂躏整个地区的饥荒。其结果是印度贸易取得快速发展。

多样性与主流

帝国统治中的一些礼仪

这是印度总督爱德华·罗伯特·布尔沃-李顿伯爵（Edward Robert Bulwer-Lytton）写给维多利亚女王的一封信，信中描述了1876年印度政府为庆祝维多利亚获得“印度女王”称号而精心准备的接见活动。这封信高度评价了这些庆典对印度王公产生的影响。他们或是英国的臣属（“封臣”），或有独立地位，统治着印度的许多地方。

英国在印度的权力是建立在武力基础之上的，但信中强调，在印度的统治还要依靠与地方势力的结盟。就像信中所言，王权和组织给王公留下了深刻印象，他们希望能获得英国的支持。

前天（12月23日），我和李顿夫人及所有随从到达了德里，……地方首领和王公到［火车］站接我，……握手后……在李顿夫人的陪伴下，我骑上了我的大象，我们的两个小女孩骑上另一头象跟在我们后面。队伍经过德里前往驻地……持续了三个小时以上。……军队在街道两旁列队，长达数英里；您的士兵也将王公的士兵编成队。军队的后面是密密麻麻的群众，他们显示出很高的热情；窗户、墙壁、房顶挤满了本地人，他们向我们行穆斯林的额手礼，欧洲人也在我们经过时欢呼雀跃……

当地王公在车站给了我最热情的接待。杰波尔（Jeypore）王公对约翰·斯特雷奇（John Strachey）爵士说，印度从来没有过像这样的聚会，不仅所有当地王公都出席了（其中有许多从未谋面），而且还有从卡拉特（Khelat）、缅甸、暹罗和东方最远处来的首领和使节。他们聚集在一起，表达对您的敬意。

星期二（12月26日），从上午10点到晚上7点多，我一刻不停地接待来访的地方首领，并授予他们锦旗、勋章和您所赐的其他荣誉。接见持续了一整天，直到深夜，活动取得了巨大成功。……您威严的肖像悬挂在接见厅总督座位的上方，所有人都认为这幅肖像惟妙惟肖。地方首领带着浓厚的兴趣询问了这幅画。

星期三（12月27日），从上午10点到下午1点，地方首领像往常一样拜见我，从下午1点30分到7点30分，我进行了回访。我忘了说，星期二和星期三晚上，我为孟买和马德拉斯的官员设了国宴。我在德里的每个夜晚都是相似的，都有国宴和招待会，招待［官员，外国权贵和］许多本地杰出人士。星期四晚饭后，我举行了一个送别会，一直持续到凌晨1点。据说有2 500人参加——我相信这是历任印度总督所举办的招待会中最盛大的一场……

克什米尔［的统治者］表达了满意和兴奋，这并不是太重要，因为他先前已经向我们效忠了。但或许您会允许我说完，在我看来是，这次聚会对他和其他人的影响是显而易见的。几个月前，在我与他会面时，他同意在吉尔吉特（Gilgit）任用英国官员，我注意到，尽管他很有礼貌，但他对英国政府和我本人是极不信任的。他似乎认为我说的每一个字都有隐藏的意思，因此他时刻充满警惕。在我们会谈期间，他身边站满了参谋。在回答我提出的每个问题之前，他都会征求他们的意见。在反复酌量了一晚后，他最终同意了我的提议，但却充满了勉强和怀疑。在这次帝国聚会的次日，我又与他进行了一次私人会面，进一步商讨细节。与上次会面相比，他的态度和语言出
697 现了显著变化。[他说：]“现在我相信，你对我和我的领地没有什么恶意。我们的利益和帝国的利益是一致的。你给我下命令吧，我会服从。”

我已经向您提到了，他的一个儿子在这次聚会中充当了我的随从。我非常确定，我之前认识的所有王公，无论大小，都在这个场合里争尊斗贵。我真诚地相信，这次伟大的聚会也使我与初次见面的王公建立起了最亲密、最机密的私人关系。

如果大量的人集中在德里，并将这些人进行深入的剖析，请仔细考虑一下这些人——陛下您统治下的印度各地的最高行政长官，以及他们每人所带的管理人员；我总督府的成员，以及以总督私人客人的身份受到接待的他们的妻室；来自本地和欧洲的新闻工作者；超过1.5万名英国军人；大约450名当地王公和贵族，以及他们每人所带的2到500名随从；带着随从的外国大使和外国领事；还有一群骑着马和骆驼在外国生活的粗鲁而难以驯服的酋长；等等。这个国家每个角落都会有人在好奇心的驱使下将目光投向这里，我是说，如果这些人被全部记下，把他们聚集在一起，还为这些人提供食宿，没有人因安排上的疏漏而生病或发生事故，没有一刻的混乱和供给不足，把他们满意地送走，让他们为慷慨热情的款待高声表达谢意（我们在开销上是谨慎的），这一切，我想没有人能够否认，是完成这一事务的人的一项成就。丁库·拉奥（Dinkur Rao）先生［辛地（Sindiah）的一位大臣］对我的同僚说：“如果任何一个人想知道为什么要由英国掌控印度，那么他只需爬上旗杆，俯视一下这个绝妙的地方。让他看看秩序、清洁、纪律和完善的组织，他就会立刻意识到，这是一个种族管理其他种族的缩影。”这个逸闻使我想到了另一件事，这事可能会有助于您的权威。侯卡（Holkar）［的统治者］对我说：“印度一直就像一堆石头，有的大有的小。现在屋子已经建成了，每块石头都在正确的位置上。”

我想，卡拉特（Khelat）可汗和他野蛮的部将对我们欧洲人产生了兴趣和好奇。……对于可汗本人和他所有的将领而言，聚会给他们留下的印象比我预想的还要深。不到一年前，他们还在互相厮杀。但在离开德里时，他们相互拥抱，并持有一个非常有益的信念：他们亲眼所见的这个权力可以解决问题，此后他们应该保持和平，不要用争端破坏边界。可汗想要得到一面锦旗。有人向他解释，锦旗只能颁给女王的臣属，但他是一个独立的王公。在臣服于女王之前，他是不能得到锦旗的。他回答道："但我是女王的臣属，像其他人一样忠诚，一样顺从。我不想做独立的王公，我真的想像其他人一样获得锦旗。求求你颁给我一面吧。"

资料来源：Lady Betty Balfour, *The History of Lord Lytton's Indian Administration, 1876 to 1880* (London: Longmans, Green, and Co., 1899), 116−125.

分析问题

李顿勋爵和他的家人乘坐火车抵达德里，之后乘坐大象进城。这有什么重要性？

总督将印度的政要聚集在一起，赐予他们锦旗、奖章和其他荣誉。总督想在他们的头脑中留下什么印象？

有什么可以说明一些印度人对总督和帝国的态度发生了显著变化？印度中产阶级和失业的纺织工会有什么不同反应？

出口中大部分是农产品：棉花、鸦片、茶叶、丝绸和糖。印度则从英国进口工业品，如机织棉纺品。这严重打击了印度的手工纺织业。有些妇女在种植园中找到了报酬很低的工作，有些则在色情业发达的城市中过活。还有些妇女在操持家务，或逃离虐待她们的丈夫。在印度各地，贫穷仍然随处可见。

铁路

印度政府也鼓励引入新技术。19世纪初，河流上就有了蒸汽船。政府也修建了大量用于灌溉的沟渠。19世纪40年代初，铁路的繁荣使印度建成了第一张国家交通网，随后又建成了电报网。到1870年，印度拥有了世界第五大铁路网。英国公司掌控的铁路是用英国的铁轨和设备建成的，英国投资人分摊建设

德里的接见（1903年1月1日） 在扈从的陪伴下，坐在盛妆大象上的王公正在进行游行。这种游行活动可以培养他们对英属印度帝国的归属感。

费用，其最初的目的也是用于服务英国商业。99%的铁路员工是印度人，但欧
698 洲人占据了所有高管职位，正如一位官员在报告中所说：“这就如同油会漂在水的上面，它们会一直保持这种态势，很难使它们融合在一起”。

虽然有些印度人最初反对铁路，因为乘车时，不同种姓、不同信仰和不同性别的人会混在一起，但印度人对乘火车旅行抱有极大热情。印度人会乘火车跑买卖、朝圣和寻找工作。1870年，超过1 800万乘客在4 775英里（7 685公里）的铁道上往来，1.4万英里（2.25万公里）的电报线传送了50多万封信。

然而，朝圣者更便利的旅行和贫困的印度人如潮水般涌入城市也导致了霍乱的蔓延，这种疾病通过人类粪便污染的水传播。19世纪，因霍乱而死亡的人数迅速上升，霍乱也最终蔓延到了欧洲。在许多印度人头脑中，卡拉马里（kala mari，“黑死病”）是老天对未能阻止英国占领印度的惩罚。这种惩罚也降临到英国人头上，他们也出现了大量死亡。1867年，官方证实了霍乱和朝圣之间的紧密关系。朝圣者会在圣池和圣河中沐浴，还会喝其中的水。加尔各答

建成了新的污水处理系统（1865年），并提供过滤水（1869年），这大幅减少了死于霍乱的人数。孟买和马德拉斯也采取了类似的措施，霍乱的发病率大幅降低。但大部分印度人居住在小村庄，那里会有饥荒，卫生设施也很匮乏，因此霍乱的死亡率一直居高不下。

26.2.4 印度的民族主义

英属印度的浮沉激发了印度的民族主义。旨在推翻英国统治的1857年叛乱失败之后，一些印度人认为，如果想要重新掌控自己的命运，就要弥合社会分歧和种族分歧，提倡泛印度民族主义。

像罗姆莫罕·罗易（Rammohun Roy，1772—1833年）这样的人在沿着上一代人的路线推动社会发展。罗易来自一个孟加拉的婆罗门家庭，受过西式教育。他是东印度公司一名成功的管理者，还学习了比较宗教学。他的梵社（Brahmo Samaj，宗教团体）成立于1828年，吸引了想调和印度宗教传统和西方价值观的人。他们提倡改革一些印度教习俗，如种姓制度和童婚，主张回归到《奥义书》（古代印度教的神圣经典）的原则。他们也支持英国禁止他们认为不合理的习俗。1829年禁止焚烧寡妇，1843年废除奴隶制。改革者还想纠正其他虐待妇女的行为：寡妇再婚的禁令于1856年废除，杀害女婴也在1870年成为犯罪行为。

罗姆莫罕·罗易

699

罗姆莫罕·罗易　这幅印度改革者的画像强调了他的学识，以及印度的传统建筑和自然美。

在1857年叛乱之后，虽然梵社仍有影响力，但许多印度知识分子开始转向西方世俗价值观和民族主义，以期光复印度。在这一过程中，欧美传教士协助创立的西式教育起到了重要作用。罗易既学过印度知识也学过西方知识。1816年，他协助建立了位于加尔各答的印度大学。其他教授西方课程的学校也纷纷成立，包括加尔各答的贝休恩（Bethune）学院和第一所为印度妇女设立的世俗学校（1849

年）。1857年，印度建立了三所大学。1870年，印度有超过2.4万所小学和中学，培养的学生都接受了超越地区和宗教差异的泛印度民族主义。

印度国民大会党

许多新生的民族主义者来自靠贸易和制造业起家的中产阶级。英国的统治和偏见成为他们发展的绊脚石，这使他们非常愤怒。为增强影响力，获得更多在印度政府工作的机会，他们于1885年组建了**印度国民大会党**，其成员希望在印度文官体系中发挥更大作用。他们还呼吁减少占政府预算40%的军费，这样就可以有更多的钱用于消除贫困。不过，尽管国大党要加强不同宗教、不同社会团体间的团结，但大多数早期党员都是受过西式教育的高种姓的印度教徒和拜火教徒。除非得到群众支持，否则他们不可能动摇英国的统治。

本节回顾

1757—1857年，英国几乎完全控制了印度。

在土兵的协助下，东印度公司控制着加尔各答、马德拉斯和孟买。

英国建立了一个强大的殖民政府，并巧妙地利用了印度的传统和地方王公。要维护自己利益的印度人不断获得权力，但民众的生活仍在恶化。

1857—1858年的土兵叛乱推动了一轮改革。大量的资金用于修建港口、运河、火车和电报线，但利润落到了殖民者手中。

在现代化的推动下，印度民族主义在一个受教育程度越来越高的中产阶级中形成了。

700

26.3 英国的东方帝国

印度国民大会党：一个于1885年成立的政党，要求有更多的印度人参与政府，其成员主要是中产阶级。直到第一次世界大战，他们的要求都是温和的。甘地于1920年成为领袖后，该党越来越关注穷人，并组织了要求自治和独立的大规模抗议活动。

1750年，大英帝国以美洲的奴隶种植园和定居殖民地为中心。一个世纪后，英国主要依靠的是东方的商业殖民地。几个明显的变化推动了英国海外帝国的扩张和转型。一连串的军事胜利排挤了海外贸易和争夺殖民地的竞争对手；新政策更看重自由贸易而不是重商主义；造船业技术的进步提高了海上贸易的速度和载货量。这三个变化促进了欧洲向非洲南部、澳大利亚和新西兰的移民，也促进了新兴的契约劳动力远距离贸易。

26.3.1 殖民地和商业

18世纪末，法国仍然是印度洋的有力竞争者。但法国大革命期间的军事失败结束了拿破仑重建法国海外统治的梦想。战争还粉碎了荷兰的印度洋帝国。当法军占领荷兰时，荷兰统治者于1795年1月逃往英国。于是英国接管了荷兰的海外领地，以免其落入法国手中。1795—1796年，英军迅速占领了位于非洲南端的开普殖民地和荷兰的战略要港——扼守印度洋和南海的马六甲海峡，以及锡兰岛。

然后，英国占领了荷属圭亚那和加勒比南部的特立尼达岛。1811年，他们甚至占领了荷属东印度帝国的中心——爪哇岛。英国还占领了法国的毛里求斯群岛和位于印度洋的留尼汪（Réunion）。在拿破仑战争的末期，即1814年，英国将爪哇归还给荷兰，留尼汪归还给法国，但保留了开普殖民地、英属圭亚那（曾是荷属圭亚那的一部分）、特立尼达岛、锡兰、马六甲和毛里求斯。

阿非利卡人

开普殖民地极具战略价值，因为开普敦可以为在英国和印度间穿行的长途航行提供补给。这个港口城市有2万荷兰人和法国人的后裔，他们在内陆地区拥有农场和牧场。尽管他们的祖籍在欧洲，但这些人认为自己是非洲的永久居民，并自称为“阿非利卡人”。英国当局禁止白人移民跨过边界，因为这种扩张总会引发与非洲原住民的战争。在开普殖民地，这种限制和其他保护非洲人权利的法案（包括1834年解放奴隶）疏远了许多阿非利卡人。

1836—1839年，部分阿非利卡人进行了“大迁徙”。他们离开英属开普殖民地，向北进入了肥沃的高山草原（高原）。两年的祖鲁战争使那里的人口大量减少。大迁徙在非洲南部开辟了三块殖民地：阿非利卡人的奥兰治自由邦、高山草原上的德兰士瓦和在印度洋沿岸的英属纳塔尔殖民地。虽然火器使移民在几次关键战役中战胜了祖鲁人和其他非洲民族，但他们仍然是少数族群。他们周围独立的非洲王国不但人口稠密而且从19世纪初以来就不断壮大。

新加坡

同时，英国在东南亚又建了一个战略据点。曾在1811—1814年管理爪哇的托马斯·斯坦福·莱佛士（Thomas Stamford Raffles）成了开路先锋。在将爪哇归还给荷兰后，莱佛士于1824年在新加坡新建了一个自由港，它曾是马来人的小渔村，后来发展成一个繁华的海港。通过吸引英国商人和中国的商人及劳工，新加坡很快成为印度洋和中国之间的贸易中心和航运中心。沿着马六甲和海峡其他据点，新加坡形成了“海峡殖民地”，1876年之前一直归英属印度管理。

缅甸

英国在缅甸的扩张更迅速。到1750年，缅甸成了一个强大的王国。1785年，缅甸想要吞并在东边与其接壤的暹罗（今泰国）。但到1802年，泰国的领袖们

大迁徙 在非洲侍从和牛力车的帮助下，阿非利卡人努力穿过德拉肯斯堡山，这样他们可以到达高原，摆脱英国的控制。

联合起来，挫败了缅甸的图谋。之后，缅甸入侵了其西边的阿萨姆邦，但这挑起了与英属印度的战争。经过两年战争，印度于1826年吞并了阿萨姆邦，还占领了缅甸北部两个临海的省份。对英属印度而言，这两个省出口的稻米和木材变得愈发重要，因此永久性占领了该地。1852年，又吞并了缅甸其他沿海的省份。

701

26.3.2 帝国政策与航运业

自由贸易

1792年，英国拥有26块殖民地。到1870年，英国通过不断侵略又增加了几十块殖民地。在这几十年间，英国扩张的基本目的是贸易而不是领土。大多数新殖民地可以作为环球航运网中的港口或这个网的生产中心和集散地。

这种新型商业扩张与英国日益壮大的工业经济的需求紧密相连，也反映出海外贸易的新理念。英国并不想与其殖民地建成一个重商主义的封闭贸易网，而是想寻求与世界各地的自由贸易。考虑到前美洲殖民地纷纷独立（见第24章），自由贸易也是个明智之举。

越来越多的地区，无论其是否被殖民化，都卷入了由英国的扩张和工业化所创造的商业网中。西非没有被殖民化的地区主要向英国出口植物油和林业产品，不受欧洲控制的东非地区出口象牙，这些象牙最终会成为中产阶级和上流人士家中的钢琴键和装饰品。世界遥远的角落会为西方消费者送来咖啡、可可、茶和糖，为日益扩大的纺织厂送来靛蓝染料和棉纤维。

另一方面，工业国的工厂会以吸引人的价格提供商品。到19世纪中叶，他们大部分的纺织品是供应海外市场的。从19世纪20年代到60年代，卖到非洲的棉布增加了950%。1841—1870年，英国对印贸易增长了350%。同时，印度出口也增长了400%。与其他地区的贸易也在迅速扩大。在大多数情况下，这种贸易是互利的。但毫无疑问，工业国占据了支配地位。 703

快船

全球贸易扩张的另一个推动力是19世纪远洋船舶制造业的技术革命。19世纪的中间几十年是帆船的黄金时代。用铁将木材连接到一起可以使造船厂建造出更大的船只。在18世纪，商船很少超过300吨。但1850年后，2 000吨的**快船**在英国商船队中已是司空见惯。巨大的帆布使流线型的快船比早期船只的速度更快。17世纪，从印度航行到欧洲需要6个月的时间；但1850年之后，这段航行就只需要以前一半的航行时间了。

快船：大型、快速的新型船舶，通常由美国建造。19世纪中后期，在高桅杆上挂上了巨帆。

船只体积的增加和速度的提升降低了运输费用，进一步刺激了海上贸易。英国商船的吨位从1778年到1860年翻了两番。跑东方贸易的快船一般用柚木或其他热带硬木制成，这些木材来自英国在南亚和东南亚新开辟的殖民地。

26.3.3 澳大利亚和新西兰的殖民化

澳大利亚

在曾经遥远的南太平洋，英国殖民者取代了澳大利亚和新西兰的原住民，就像他们过去在北美的所作所为那样。葡萄牙水手在17世纪初就发现了澳大利亚，但它太遥远了，没有引起欧洲人的兴趣。然而，英国船长詹姆斯·库克在1769—1778年考察了新西兰和澳大利亚东海岸后，不断扩大的航运网络带来了越来越多的游客和移民。

在库克到达时，澳大利亚居住着大约65万人，他们靠狩猎和采集为生。这些人的祖先是美拉尼西亚人，早在4万年前就在此定居了。新西兰居住着大约25万毛利人，他们主要从事狩猎、捕鱼和简单的农业。他们的祖先是波利尼西亚人，大约在1200年到达新西兰。由于长期与世隔绝，澳大利亚和新西兰的原住民同美洲印第安人一样，在外来疾病面前显得十分脆弱。到了19世纪90年代，只有9.3万澳大利亚原住民和4.2万毛利人幸存下来，英国移民的人数超过了当地民族，他们主宰着当地民族的命运。

澳大利亚第一批永久移民是736名英国犯人，其中有188人是女性，他们于1788年被流放到这里。在之后的几十年，澳大利亚这块用于流放罪犯的殖民地发展缓慢。但1851年，澳大利亚发现了金矿，这吸引了大量自由的欧洲移民（和一些中国人），也使其摆脱了流放地的地位。淘金热过后，政府发放补贴使数万英国移民能定居在“开拓地”。虽然从英国到澳大利亚需要3个多月，但澳大利亚到1860年已经拥有了100万移民，而且移民数量在之后的15年又翻了一番。

新西兰

英国人移居新西兰的速度更慢。第一批人是临时定居者，他们住在海边，猎杀海豹，并将海豹皮卖到西方国家做男式帽子。1806年，一艘船就可以运走6万张海豹皮。到19世纪20年代早期，过度猎杀几乎使海豹绝迹。特种船也在新西兰附近大量捕杀抹香鲸，用它们的脂肪制作润滑油、肥皂和灯具，龙涎香可以制造香水，鲸须可以用于制作女士胸衣（见“环境与技术：捕鲸”）。短暂的淘金热、快船和政府补贴在1860年后吸引了更多英国移民。为缓解单身男士过剩的问题，新西兰特别欢迎女性移民。到19世纪80年代早期，这块英国最远的殖民地已经拥有了50万移民。英国鼓励澳大利亚和新西兰的移民按1867年的加拿大模式实行自治，这一模式曾将英属北美殖民地组成了单一的加拿大联邦。英国对加拿大和南太平洋殖民地的政策表明它想避免导致美国革命那样的冲突。通过将权力逐渐交给殖民地居民，英国实现了三件事：满足了殖民地居民想要自治的愿望；削弱了要求独立的呼声；使殖民地政府为自己的大多数行为负责。但是，原住民在投票中处于劣势，或者干脆被剥夺投票权。

704 北美模式也影响到了当地民族的命运。原住民没有澳大利亚的公民权。在新西兰早期选举中，读写工作要用英语完成，这使毛利人很难参与投票，但从1867年起，立法机构下议院为毛利人保留四个席位。

26.3.4 新劳动力移民

1834—1870年，成千上万的印度人、中国人和非洲人赴海外工作，特别是前往糖料种植园工作。在1870年后的半个世纪中，数万亚洲人和太平洋岛屿上的居民进行了类似的航行。

在某种程度上，这些移民与废除奴隶制有关。1834年，许多奴隶在英属殖民地获得自由后离开了种植园。为了与古巴、巴西和法属加勒比的糖料种植园

（那里仍旧使用奴隶）竞争，英属殖民地开始接纳新劳动力。

印度贫民似乎是一个不错的选择。在毛里求斯的种植园主成功引进印度劳动力之后，印度劳动力贸易于1838年转向了英属加勒比。1841年，英国政府也允许加勒比地区的种植园主招纳非洲人。这些非洲人是英国巡逻船从贩奴船上解救下来的奴隶，他们在塞拉利昂和其他地方获得了自由。到1870年，有将近4万非洲人、50万印度人和超过1.8万中国人移居到了英属殖民地。法国和荷兰于1848年废除奴隶制后，他们的殖民地也开始接纳来自亚洲和非洲的新劳动力。

古巴直到1886年才废除奴隶制，但奴隶价格的上升使这些新兴的糖料种植园在1847—1873年从中国招募了13.8万新劳动力。在从来没有奴隶劳动过的地方，契约劳动力也成为糖料种植园的支柱。1850年后，夏威夷的美国种植园主开始接纳中国人和日本人，纳塔尔的英国种植园主从印度招募劳动力，昆士兰（在澳大利亚东北部）的种植园主则依靠邻近的南太平洋岛屿上的劳动者。 705

环境与技术

捕　鲸

捕鲸的迅速发展正好说明那个时期控制自然的力量在不断增强。和当今的人们一样，当时许多人都对捕杀地球上最大的哺乳动物深恶痛绝。美国小说家赫尔曼·梅尔维尔（Herman Melville）在他史诗般的小说《白鲸》（*Moby Dick*，1851年）中表达了反捕鲸的情绪。书中的一个角色充满热情地解释了为什么这种令人毛骨悚然又十分危险的商业活动会存在：

> 尽管世人都在嘲笑我们这些捕鲸人，但他们也会无意中流露出对我们最深的敬意；而且，还有不可估量的崇拜！点燃全球的所有灯烛，就像点燃之前的神殿一样，都给我们带来了荣誉。

梅尔维尔的角色高估了鲸油在照明上的作用，但没有提到其他工业用途，也没有提到鲸须在商业上的重要性。在一段时间内，鲸须可以用来制作胸衣，让时

南太平洋的捕鲸　一艘船正在沉没，但猎鲸者杀死了一头巨鲸。

髦女性拥有时尚的细腰身材。鲸须还可以用来制伞、车轴弹簧、钓鱼竿、行李箱架、梳子、刷子和其他现在用塑料制成的物品。

与新制造技术相伴的是新狩猎技术。船舶设计上的革命使捕鲸活动从欧洲和北美一直延伸到新西兰南部海域。到19世纪，捕鲸船装备了可以发射钢制鱼叉的枪。这种鱼叉上装有倒钩，可以射入鲸体内。19世纪40年代，鱼叉头上改装了炸药，可以确保鲸立即死亡。然而，驶离新西兰远航中的小船在一望无际的大海上抛掷小型鱼叉，仍然是一项危险的工作。

在国际公约最终限制猎杀这些大型海洋生物之前，又一个世纪的大规模猎杀使多种鲸濒临灭绝。

契约：一种自愿签订的协议，规定了一个人工作的年限。期满后，签约者可以自由迁往他处。1800年以前，大多数契约劳动力来自欧洲；1800年后，大部分来自亚洲。

虽然从亚洲到加勒比地区的航行平均需要3个月，但更大更快的船使跨越半个地球的劳动力运输变得不那么昂贵。尽管密切监视了船上的状况，但拥挤的居住环境还是使霍乱和其他传染病在船上蔓延开来，这些疾病夺走了许多人的生命。

每个工人都有一份**契约**，它规定了他们的工作时间（通常是5—7年），此后他们可以自由地迁往他处。种植园主向他们提供住宿、衣服和医疗，但他们的工资很低。印度的契约劳动力如果工作到第二个5年，那么他们就可以自由

契约

告假回家一段时间。英属加勒比殖民地要为每100名男性招募40位女性，这样他们才能过家庭生活。许多印度人选择留在毛里求斯、特立尼达、英属圭亚那和斐济。到20世纪初，他们的数量约占当地人口的1/3。 706

契约劳动力贸易反映了商业不平等和西方的工业实力，但这也不是单方面造成的。很多签订契约的人也想通过移民来提高生活水平，而且许多人取得了成功。无论好坏，西方的殖民地、西方的船舶和市场影响了越来越多人的生活。

本节回顾

到1850年，大英帝国的重点不再是依靠以奴隶为基础的美洲殖民地，而是商业网和东方殖民地。

大型快船有利于英国商船队的扩张。

英国控制了非洲南部的开普殖民地、锡兰和马六甲港。新加坡成为中国和印度洋之间的贸易中心。

1778年后，越来越多的移民前往澳大利亚和新西兰，他们逐渐取代澳大利亚原住民和毛利人。在新西兰和澳大利亚，80%的原住民死于新传入的流行病。

荷兰也在英法之后废除了奴隶制，来自印度、中国、非洲和太平洋岛屿上的成千上万名契约劳动力移民到了英属殖民地。

结　语

这些在南亚、非洲和南太平洋发生的复杂政治经济变革中，究竟哪个才具有全球意义？一种观点认为，是相对强大的欧洲对非洲、亚洲和太平洋地区人民的长期剥削。按照这种观点，英国是继葡萄牙、西班牙和荷兰之后兴起的霸权，是欧洲扩张的延续。同样，英国控制南亚、东南亚、澳大利亚、新西兰是征服和殖民美洲的延续。

另一种观点认为，这个时期最重要的不是欧洲人在政治和军事上的强大，而是他们逐渐控制了世界商业，特别是控制住了远距离海运。与欧洲其他国家相似，英国介入非洲和南亚也是想得到新的原料。但英国人在19世纪的扩张也是欧洲工业生产的需要。不断增长的贸易是互利的。亚非的消费者可以得到比手工产品更加质优价廉的工业品。工业化也为亚非产品开辟了新市场，例如西非的植物油、印度和埃及的棉花。当然也存在着消极影响，如对印度的纺织业和对海豹及鲸的猎杀。

欧洲的军事力量和商业力量并没有使非洲、亚洲和太平洋地区沦为欧洲纯粹的附属区。1750—1870年，虽然实力的天平偏向了欧洲一方，但其他文化仍旧充满活力，地方仍具有能动性。伊斯兰改革运动和祖鲁王国的兴起在各自地区比西方力量具有更重要的意义。虽然存在着欧洲强权，但东南亚人还是在很大程度上掌握着自己的命运。即便是在印度，大多数人的生活和信仰也都与过去无异。

在欧洲的扩张面前，亚洲人和非洲人也不是无能为力。印度王公用合作换取了英国的优厚待遇，发动反英起义的印度人也迫使殖民体系去满足他们的要求。一些亚洲人和非洲人也开始用欧洲的教育、技术和方法来改造各自的国家。埃及、印度和其他地区的统治者也学会用西方的术语去攻击西方势力。1870年，没人知道学习西方的过程有多难，要持续多久，但亚非人民会继续创造自己的未来。

707 进一步阅读文献

Bayly, C. A. *Indian Society and the Making of the British Empire*. 1987.印度人如何接受、抵抗英国的统治。

Bennett, Norman R. *Arab Versus European: Diplomacy and War in Nineteenth Century East Central Africa*. 1986. 描述了非洲东北部的战争和敌对状况。

Bose, Sugata. *A Hundred Horizons: The Indian Ocean in the Age of Global Empire*. 2006. 讨论了英国在南亚和印度洋的统治。

Bose, Sugata, and Ayeshia Jalal. *Modern South Asia: History, Culture, Political Economy*, 2nd ed. 2003. 一本易读的著作，介绍了英国统治时期的印度。

Eltis, David. *Economic Growth and the Ending of the Transatlantic Slave Trade*. 1987. 讨论了英国海军巡逻船对贩奴船的查禁，以及他们取得的成果。

Gadgil, Madhav, and Ramachandra Guha. *This Fissured Land: An Ecological History of India*. 1993. 描述了现代化给印度环境带来的变化。

Headrick, Daniel. *The Tentacles of Progress: Technology Transfer in the Age of Imperialism, 1850–1940*. 1988. 描述了西方技术对印度的影响。

Jackson, Gordon. *The British Whaling Trade*. 2005. 对英国的捕鲸活动做出了精彩的分析。

Keith Sinclair, ed. *The Oxford Illustrated History of New Zealand*. 1996. 对新西兰进行了广泛的介绍。

Morris, Donald R. *The Washing of the Spears*. 1965. 一本非常易读的著作，介绍了沙卡的祖鲁王国的兴衰。

Northrup, David. *Indentured Labor in the Age of Imperialism, 1834–1922*. 1995. 对契约劳动力贸易的近期研究做了总结。

Rotberg, Robert I., ed., *Africa and Its Explorers: Motives, Methods, and Impact*. 1970. 解释了非洲向欧洲人的“开放”。

SarDesai, D. R. *Southeast Asia: Past and Present*, 5th ed. 2004. 很好地说明了东南亚历史的复杂性。

Whitlock, Gillian, and David Carter, eds. *Images of Australia: An Introductory Reader in Australian Studies*. 1992. 提供了一个多文化和性别的视角。

Woodruff, William. *Impact of Western Man: A Study of Europe's Role in the World Economy, 1750–1960*. 1982. 对于本章涉及时段的总体看法。

注　释

［1］Paul E. Lovejoy and Jan S. Hogendorn, *Slow Death for Slavery: The Course of Abolition in Northern Nigeria, 1897–1936* (New York: Cambridge University Press, 1993).

［2］引自P. J. Vatikiotis, *The History of Modern Egypt: From Muhammad Ali to Mubarak*, 4th ed. (Baltimore: Johns Hopkins University Press, 1991), 74。

［3］David Eltis, “Precolonial Western Africa and the Atlantic Economy,” in *Slavery and the Rise of the Atlantic Economy*, ed. Barbara Solow (New York: Cambridge University Press, 1991), table 1.

［4］引自Bernard S. Cohn, “Representing Authority in Victorian India,” in *The Invention of Tradition*, ed. Eric Hobsbawm and Terence Ranger (Cambridge, England: Cambridge University Press, 1983), 165。

［5］James Truslow, *Empire of the Seven Seas: The British Empire 1784–1939* (New York: Charles Scribners Sons, 2007), 268.

世界历史上的问题

708

国家权力、人口普查与身份问题

从美国革命到19世纪最后几十年里，欧洲和美国出现了转型。古代的王权和宗教权威崩溃了，代之以新的世俗方式组织起来的政治、经济和文化生活。1870年的西方世界与一个世纪前截然不同。一个没有预兆但具有重大意义的变革是政府统计工作的巨大发展。

民族国家的兴起与现代行政体系的发展有关，这种行政体系依靠统计来判断国家的成败。民族国家，无论其是否民主，都在以之前难以想象的规模开发着资源。现代国家更强大，更富裕，也更有野心，更具攻击性。这些国家实力的增强可以从军队现代化中找到一些端倪，这仰仗于国内的进步，如铁路和国家收入的增加。近些年，历史学家开始关注国家实力增强的另一种表现，这种表现形式虽然不易引起注意但却同样重要，那就是普查。

在很早之前，中央和地方政府就可以统计人口。我们对1500年西半球印第安人人口的最好推算全部来自传教士基于受洗人数的推测。西班牙和葡萄牙国王想要统计原住民的人口，因为“印第奥人”（indios，成年男性印第安人）要服劳役和缴税。所以16世纪中期之后，帝国官员经常会用在欧洲已经实行的方法对印第安人进行普查。

人口统计和人口分类的方法在18世纪的最后几十年发生了变化，当时欧洲政府的性质也开始改变。启蒙运动相信科学方法同样可以运用到人类社会，这一观点不但吸引了像法国革命者这样的政治激进派，也吸引了像玛丽亚·特蕾西亚（Maria Theresa）这样的开明君主。启蒙哲学家认为，科学政府可以去除长期破坏人类繁荣和幸福的低效和不合理，法国思想家孔多塞（Condorcet）在1782年写道：

> 大多数科学是在我们生活中创造出来的，科学的客体是人本身，科学的目标是人类的幸福，科学的发展正如物理学的发展。……在探究道德科学［社会科学］本质时，一个人不得不认识到：由于在用物理学的方法观察世界，所以他们必须遵循物理学的方法，还要学会用同样准确的语言，达到同等精确的程度。[1]

“科学”这个词以前曾用来描述关于社会的数字统计，即政治算术，随着对“科学”信心的增强，政府和从业者放弃了这个词，改用“统计数据”这个词，它可以清楚地表明“状态”。19世纪，孔多塞和其他人进一步将其完善，这不但使大学开始培养统计员，也使政府有了统计核算。

在新时代，政府的野心是很大的。民族国家在自觉地改造社会、发展经济、办教育、改善医疗和福利。他们用数字衡量政策的效果，其结果是，他们几乎对每件事都开始感兴趣。他们统计小酒馆的数量，城市建筑物的数量，出生和死亡的人数，以及逮捕和定罪的人数。他们还用一种前所未有的方法统计人口。随着统计报告在欧美趋于一致，各国政府不仅可以衡量自己的发展，也可以衡量邻居和对手的发展。

法国革命政府对革命胜利后的人口普查进行了现代化改造。他们花了很多钱，雇用了许多调查员，投入了大量精力去培养设计调查和分析结果的人。英国于1801年成立了官方普查机构，但到19世纪30年代才建立了一个特殊的行政架构。在西半球，几乎每个独立国家都会有“科学的”人口调查。美国宪法规定每10年要进行一次人口普查。19世纪，人口普查在受战争困扰的拉美国家并不定期进行，但即使是最贫穷的国家，也会在允许的情况下进行普查。就好像普查可以证实政府的存在，可以证明它的现代性和严肃性。

直到最近，历史学家用这些资料研究经济状况、种族和民族问题，研究家庭生活、生育率和死亡率，但很少关注普查的政治意义。有什么比这些数字更客 709
观？主管普查的人强调统计数据的重要性，他们毫无顾忌地宣传可靠数字对于其政府的用处。1860年，国际统计大会在伦敦召开，一位发言人说：“我认为，‘统计数据’的真正意义不在于数据的收集，而在于从完全出于应用原则而收集的数据中，推断出国家的重大问题。”[2]希望数据有用，意味着统计数据不是完全客观的。

主观性是普查中一个不可避免的问题。普查需要确定本国公民和外国居民的居住地、性别、年龄、家庭关系以及职业和文化程度。这些判断有时是主观的。现代学者已经证明，普查员也往往少算穷人和在农村地区生活的人。

普查员作为民族国家的代表，是起作用的。他们会关心国籍，在美洲会关心种族，因为这些特征一般会决定政治权利和公民权。在政治客观性方面，判断、记录国籍和种族在这些新兴社会科学中是最有问题的。

对于传统君主而言，国籍并不是个核心问题。但对于一个正在形成的民族国家来说，国籍就至关重要了。国家力量很大程度上取决于人口的增长，曾有一个标准认为，少数民族人口的增长是很危险的。谁是法国人？谁是奥地利人或匈牙利人？欧洲调查员将“使用的语言”和“母语”作为判断国籍的标准，第一个标准有足够的灵活性，可以分析出少数民族的同化；第二个标准暗示了一个基于原语言的长期身份认同。这两个标准迫使双语民族去简化他们的复杂身份。少数民族一旦确认身份，有时就会受到歧视，如不许进入军队或大学。在西属美洲的部分地区，语言还成为划分种族的标准。在感觉上，说西班牙语的人属于公民，尽管他们的外形与印第安人没有明显区别。说当地民族语的人则是“印第奥人”，他们要缴纳特别税，要服劳役，还会失去投票权。

除了为持续存在的歧视进行辩护以外，为了符合官僚和政客的想法，人口普查也在分类上对人口类型进行了压缩和歪曲。以墨西哥、秘鲁和玻利维亚为代表的美洲国家，大量居民都是欧洲人和美洲印第安人的后裔，加勒比地区的居民是欧洲人与非洲人的后裔。人口普查分类却从未对这些生物上和文化上的混血儿做出准确描述。我们现在知道，穷人一般被认定为“印第安人”或“黑人”，而富人则有不同的称呼：“美洲人”“克利奥尔人”，甚或是“白人”。这种人口普查的做法掩盖了身份的复杂性，因此作为了解一个地区人口的民族及种族分布的手段，它本身并不具有可靠性。

在欧洲，给人口普查员造成类似难题的则是国籍问题，这也为那些少数民族带来了类似的危险。语言上的少数民族和种族上的少数民族一直与政治上占据主导地位的民族生活在一起，例如德语民族统辖地区的犹太人和波兰人，法语地区的德国人，以及匈牙利民族中说塞尔维亚—克罗埃西亚语的人。这些少数民族界限模糊。由于性结合和通婚司空见惯，一个家族的两代人或多代人常常住在一个大家庭里，长幼所持语言各不相同。他（她）是哪国人？在真正意义上，国籍就像美洲的种族一样，最终也是由人口普查决定的，民族国家会对丰富多样的民族和文化，强制进行出于政治目的的功利性简单分类。

注　释

[1] 引自 James C. Scott, *Seeing like a State. How Certain Schemes to Improve the Human Condition Have Failed* (New Haven: Yale University Press, 1998), 91。

[2] 此讨论主要依据Eliza Johnson（现姓Ablovatski），“Counting and Categorizing: The Hungarian Gypsy Census of 1893”(M.A.Thesis, Columbia University, 1996), 尤其是Chapter III. 作者引自*Proceedings of the Sixth International Statistical Congress Held in London, 1860,* 379。

第七篇

全球差异和全球统治（1850—1945年）

711 1850年，全球在社会和文化方面存在着巨大差异。在之后的一个世纪中，欧洲、美国和日本控制着世界许多地方，他们希望其他民族采用他们的文化和生活方式。

在欧洲，不断升级的紧张关系导致了1914—1918年的第一次世界大战。俄国和中国爆发革命。不久之后，当英法占据了奥斯曼帝国的阿拉伯省份时，奥斯曼帝国的核心地区蜕变成了现代土耳其。

20世纪30年代，欧洲国家重建了战后四分五裂的政治、经济体系。当资本主义国家陷入萧条时，苏联却以惊人的速度实现着工业化。在德国和日本，极端主义者想用军事征服来化解国内矛盾。

第二次世界大战使数千万人丧命，并破坏了无数座城市。这场战争也削弱了欧洲的海外帝国。亚洲、拉丁美洲和非洲的民族主义者渴望独立，并希望从工业化中获益。印度于1947年获得独立。两年后，毛泽东领导的中国共产党也取得胜利。拉丁美洲领导人采取了民族主义的政治、经济政策。而在众多强权中，只有美国和苏联还在进行全球争霸。

第27章

新的势力平衡
（1850—1900年）

本章纲要

思考

1850—1900年出现了什么新技术和新产业？它们是如何影响全球经济的？

在此期间，工业国家的社会发生了怎样的改变？

工业化是如何推动社会主义和工人运动的？

民族主义是如何从革命意识形态转变为保守意识形态的？

民族主义是如何影响欧洲大国的？

713 1853年7月8日四艘美国军舰——其中有两艘是蒸汽动力船——出现在日本首都附近的江户湾（Edo Bay）。舰队司令**马修·佩里（Matthew Perry）准将**递交了一封美国总统的国书，要求日本开放贸易口岸。日本的锁国政策使其与世界其他地区隔绝了两个半世纪，佩里的“黑船”（black ships）首先突破这一障碍。从没有外国入侵者给日本带来如此的震撼，正是他们带来的机械震撼了日本人。

马修·佩里准将：海军准将。1853年7月8日，他成为打破日本锁国令的第一个外国人，这个锁国政策已经持续了250年。

一年后，佩里去而复返，他得到了日本政府的回复。美国人也带来了微型铁路、短程电报和其他西方技术奇迹。在之后的20年，攘夷派和开国派展开了激烈争论。但毫无疑问，只有工业化才能使日本摆脱弱国的命运，免遭欧美国家占领。

19世纪晚期，少数“强权”国家统治着世界。英国、法国和俄国在工业时代之前就是强权国家。19世纪晚期，俄国像德国、美国和日本一样进行了工业化。第24章已经涉及了美国的崛起；这里，我们要聚焦那个时代的其他强权国家。下一章会论述“新帝国主义”（1870—1914年），我们将看到这些国家是如何利用它们的实力，在亚非建立殖民帝国并控制拉美的。总之，第27章和第28章描述了一个时代，在这个时代中，史上最强大的少数富裕工业国统治了世界其他民族。

714

27.1 新技术和世界经济

工业革命标志着全球大转型的开始。19世纪，第23章中讨论的新技术——

抵达东方　1853年，马修·佩里准将的舰队驶抵江户（今东京）湾。这是日本海域出现的第一批蒸汽动力战舰，在日本引起了轰动。在明治维新后出现的印刷品中，穿着传统服装的地方武士出海抵抗神秘的“黑船”。

纺织厂、铁路、轮船、电报和其他成果——从英国传播到了世界其他地区。到1890年，德国和美国已超越大英帝国，成为世界领先的工业国。工业化还带来了全新的技术，这些技术不但在日常生活中起了革命性作用，而且还改变了世界经济。商业、工程学和科学联合推动了工业化的第二阶段。到19世纪中叶，三者的组合在工程学校和研究实验室（首先出现在德国，其次是美国）中开始制度化。新动力首先推动了电力、钢铁和化工业。

27 1.1　铁路

铁路：蒸汽（之后是电力或柴油机）动力机车在铁（之后是钢）轨上高速拖拽一长串车厢。19世纪30年代，英国首先修造了铁路。英国铁路的成功给全世界带来了一个建筑铁路的高潮，这个高潮一直持续到了20世纪。

到19世纪中叶，蒸汽机在工商业中得到了广泛应用。这一点在**铁路**的发展中得到充分印证。到1850年，早期铁路取得了巨大成功。所以，几乎每个正在工业化和希望工业化的国家都开始修建铁路。在之后的50年里，世界铁路网迅速扩大。英国短时间内修建了许多新线，总里程数在19世纪70年代达到了2万英里（超过3.2万公里）。法国、德国、加拿大和俄国的里程比英国还要长。日本也于19世纪70年代修建铁路网，并雇用了数百名英美工程师。但到80年代，日本用新培养的本国工程师取代了外籍专家。

铁路并不是工业化国家独有的，任何地方都可以修建铁路，它对商业或政府都是有益的。其中包括盛产原料或农产品的地区，如南非、墨西哥和阿根廷，以及像埃及那样人口密集的国家。为了控制印度，发展对印贸易，英国在印度修建了世界第四大铁路网。

欧美工程师用从西方进口的设备为其他地区修建铁路，但有一个例外。1855年，也就是佩里准将离开日本仅一年后，日本器具制造者田中久重（Tanaka Hisashige）造了一个蒸汽火车模型，得到人们的称赞。19世纪70年代，日本政府聘请英国工程师修建了第一条铁路，这条铁路从东京到横滨。日本政府在培养出日本工程师后，就解雇了英国工程师。在短短数年内，日本就开始制造自己的设备。

铁路要占用大量土地。为了给火车站、铁路轨道、旁轨、仓库和维修店提供土地，许多老城市的规模扩大了一倍。在农村，修铁路需要建桥梁、隧道和路基。铁路建设还要消耗大量的木材，比如用于枕木和修造桥梁，铁路一侧数英里内的树木几乎被砍伐殆尽。纵观全世界，人类会为农业、采矿和其他自然资源的利用而开辟新土地。

27.1.2 蒸汽船和电报电缆

19世纪中叶，一系列快速发展改变着海洋运输。一开始，船体从木制变为铁制（随后是钢制）。螺旋桨取代了桨轮，工程师制造出动力更强、更节约燃料的引擎。货轮的平均吨位从1850年的200吨上升到了1900年的7 500吨。世界各地都为大型船只修建了有加煤站的港口。1869年修建的苏伊士运河缩短了欧洲与亚洲之间的距离，也促进了从帆船到蒸汽船的更新换代（见第28章）。

商船队吨位从1850年的900万吨上升到了1910年的3 500万吨。航运公司为赶时间的乘客、邮件和易腐货物提供快速、准时、可靠的服务。同时，总部设在欧洲或北美的公司调遣货船从一个港口驶向另一个港口。

海底电报电缆：在海底或大洋底下铺设用于电报传输的铜制电缆。第一条短程电缆铺设于1815年，它横跨了英吉利海峡。1866年，第一条横跨大西洋的电缆成功铺设。

为了指挥船只，船运公司使用了新的通信方法：**海底电报电缆**。到世纪之交，电缆连接到了每个国家和几乎每个有人居住的岛屿。电缆成为现代船运和商业中必不可少的工具，公众和新闻界称赞它“消灭了时间和空间”。

大事年表

	政治事件	社会、文化和科技事件
1850年	1853—1854年，马修·佩里准将到达日本	1851年，大多数英国人住进了城市 1856年，贝塞麦转炉；第一种合成染料 1859年，查尔斯·达尔文出版《物种起源》
1860年	1860—1870年，意大利统一 1861—1865年，美国内战 1862—1908年，慈禧太后执政（中国） 1868年，明治维新开启了日本的现代化	1861年，解放农奴（俄国） 1866年，阿尔弗雷德·诺贝尔改进了炸药 1867年，卡尔·马克思出版《资本论》 1868—1894年，日本经历了西式工业化和社会变革
1870年	1870—1871年，普法战争 1871年，德国统一	1879年，托马斯·爱迪生发明了白炽灯
1880年		
1890年	1894年，中日甲午战争	
1900年	1900年，义和团运动（中国） 1904—1905年，日俄战争 1905年，俄国革命 1910年，日本吞并朝鲜	

27.1.3 钢铁业和化工业 715

钢：铁的一种形式，既耐用又有可塑性。首次大规模生产钢是在19世纪60年代，之后迅速推广。钢在建筑、机械和铁路设备方面得到广泛应用。

到19世纪为止，只有技艺精湛的铁匠才能炼出少量的**钢**，用于制造剑、刀、斧头和钟表的发条。之后一系列的创新使钢成为最廉价、用途最多的金属。19世纪50年代，美国人威廉·凯利（William Kelly）和英国人亨利·贝塞麦（Henry Bessemer）发现，用强力泵将空气注入熔融态生铁可以在不额外添加燃料的情况下将生铁转化为钢。另一项发现使人们可以用废铁这种日益重要的原料和西欧常见的高磷生铁矿炼钢。钢变得廉价和充足，可以用于建造铁路、桥梁和船舶，甚至是用完一次就可以扔掉的“锡”罐。

化工业的发展也遵循了相似的模式。1856年，英国人威廉·珀金（William Perkin）从煤焦油中制造出了第一种合成染料苯胺紫（aniline purple），欧洲很快进入了“紫色的十年”，时尚妇女的衣服都是这个颜色。工业开始大规模生产其他包含碳原子的有机化学制品。19世纪世纪末，德国化学家也人工合成了红色、紫色、蓝色、棕色和黑色的染料。这些亮丽、持久的颜色生产成本比较低，与自然染料相比，产量也比较大。这些染料取悦了消费者，却毁了印度的靛蓝种植园。在制造业蓬勃发展的时候，化学也取得了重要发展。其中比较典型的是硝化甘油。硝化甘油非常危险，动摇时就会爆炸。1866年，瑞典科学家阿尔弗雷德·诺贝尔（Alfred Nobel）找到了一种方法，可以将硝化甘油转变为稳定的甘油炸药。这种和其他种类的新型炸药对采矿业是十分有用的，在铁路和运河建设方面也至关重要。这些炸药还为强国的海军和陆军装备了日益精准和威力更大的枪炮。

化工业的日益复杂使它成为科学和技术在日常生活中进行互动的第一个领域。这种发展对德国有利，因为德国拥有当时最高级的工程学校和科研机构，德国政府也为研究提供资助，鼓励大学和工业进行合作。到19世纪末，德国在生产染料、药物、合成肥、氨和用于制造炸药的硝酸盐方面，取得了世界领先地位。

环境问题

716

工业化对工业区附近整个地区都产生影响，如英格兰中部、德国的鲁尔区、美国宾夕法尼亚的部分地区、日本东京和大阪周围的地区。新建钢铁厂的占地面积堪比整个城镇，它会喷出烟雾和颗粒物，留下堆积如山的矿渣和其他废品。火车机车和其他蒸汽引擎用煤烟污染了空气。染料和其他化学品所产生的有毒污水被排放到了附近的河流中。环境规章制度对工业化毫无约束力，这极大地破坏了自然，损害了附近居民的健康。

27.1.4 电

电：一种能源形式。19世纪40年代后用于电讯，还用于电灯和工业发动机，19世纪80年代后开始用于铁路。

19世纪晚期，没有什么科技进步比电更能改变人们的生活。作为能源，**电**更加灵活，比水力或固定蒸汽机更易使用。起初，生产电是很昂贵的，只有电镀和电报才会用到电。之后，在1831年，英国人迈克尔·法拉第（Michael Faraday）发现，在磁场中移动铜线可以产生电流。基于这项发现，发明家于19世纪70年代设计出了发电机，它可以将机械能转化为电流。

托马斯·爱迪生

托马斯·爱迪生：美国发明家，以发明灯泡闻名，还发明了留声机和电影。

电有了许多新用途。弧光灯照亮了公共广场、剧院和商店。但在一段时间内，家庭只能继续使用发出柔光的煤气灯。1879年，美国人**托马斯·爱迪生**（Thomas Edison）发明了适于点亮小房间的白炽灯。1882年，爱迪生在纽约铺设了世界上第一张供电网。到世纪之交，在欧洲和北美，电力照明快速取代了煤气灯。

电在其他方面也得到快速应用。在欧洲和北美的城市中，电车和地铁开始运送乘客。电动机取代了蒸汽机和传动带，提高了生产力和工人安全系数。随着电力需求的增加，工程师修建了水电站。在加拿大安大略省和纽约州之间

用电点亮的巴黎（1900年） 电灯泡是在美国和英国发明的，但巴黎大规模地采用了这项新技术，并以此获得了一个昵称“光之城”。为了突出1900年的巴黎世博会，一串串的灯泡点亮了埃菲尔铁塔和周围建筑物，聚光灯的强光划破夜空。

的尼亚加拉大瀑布上兴建的发电厂于1895年投入运行时，产生了令人难以置信的1.1万马力。在日本新成立的帝国工程学院，英国人威廉·埃尔顿（William Ayrton）成为世界上第一位电力工程学教授；他的学生后来进入大型企业和政府研究机构。

27.1.5 世界贸易和金融 717

1850—1913年，世界贸易增长了10倍。欧洲从美国和印度进口小麦，从澳大利亚进口羊毛，从阿根廷进口牛肉，同时将煤炭、铁路设备、纺织品和机械出口到亚洲和美洲。蒸汽船比帆船更高效，运费也降低了50%—95%，这使远程运送廉价和沉重的货物也有利可图。

世界贸易的增长以多种方式改变着世界不同地方。西欧和北美率先实现了工业化，这促进了经济的繁荣和多元化。大规模工业生产为日益壮大的中产阶级，甚至是工人阶级提供了消费品：肥皂、罐头、带包装的食品、成衣、日用品，以及像化妆品和雕刻品这样的小型奢侈品。

经济周期和全球化

然而，资本主义经济也会在经济周期中沉浮——繁荣之后就是衰退。在衰退时期，工人会失业，投资者会血本无归。由于工业国的经济彼此密不可分，所以在1873年，一家奥地利银行的破产引发了一场经济危机，危机随后蔓延到美国，造成大量失业。19世纪80年代中期和19世纪90年代也出现了全球经济衰退。

关税不能使国家摆脱经济周期，因为资金可以在世界各地畅行无阻。英国的金融实力是全球经济相互依存的主因，它控制着贸易、金融和信息。1900年，世界2/3的海底电缆属于英国或通过英国，世界航运的一半归英国人所拥有。英国将其财富的1/4用于海外投资，其中一部分投给了美国和阿根廷。英国投资修建铁路、港口、矿山和欧洲以外的其他大项目。虽然其他货币会出现波动，但英镑却像黄金一样坚挺，90%的国际贸易使用英镑结算。

非工业地区也前所未有地与世界经济紧密联系在一起。与工业国相比，这些地区更容易受到价格波动和需求变化的影响，因为许多非工业国生产原材料，这些原材料可能被人工合成品（如染料）和替代品所取代。然而，直到1913年，热带国家的出口值与它们的人口增长仍基本协调。

本节回顾

贸易和新技术将工业化传播到世界各地。

西方国家在各大洲投资兴建的铁路，改变了城市，也扩大了城市规模。

蒸汽船和电报电缆将各大洲连在一起，同时促进了贸易发展。

在三个新兴行业——钢铁、化工和电力，美国和德国超越了英国。

世界贸易在全球化时代蓬勃发展。

27.2 社会变革

人口快速增长使城市规模空前膨胀，成百上千万欧洲人移民到了美国。资本家和产业工人之间的紧张关系催生了工人运动和新型政治。无论在家还是在公共场合，妇女的生活都发生了巨大变化。

27.2.1 人口和移民

欧洲移民

1850—1914年，欧洲人口增长速度比以往任何一个时期都快，从2.65亿几乎倍增到了4.68亿。在人口主要是白人的非欧洲国家——美国、加拿大、澳大利亚、新西兰和阿根廷，人口增长速度更快，因为有大量欧洲人涌入这些国家。造成这一时期大规模移民的原因是多方面的：1847—1848年的爱尔兰饥荒；犹太人在俄国遭到迫害；意大利、西班牙、波兰和斯堪的纳维亚的贫困；人口增加以及英国和英语国家之间的文化纽带。同样重要的是，廉价、快速的轮船和铁路可以为两端的旅客提供服务（见“环境与技术：铁路和移民”）。1850—1900年，平均每年有40万欧洲人移居海外；1900—1914年，这一数字超过了100万。1850—1910年，美国和加拿大的人口从2 500万上升到9 800万，欧洲人在世界人口中所占的比例从1/5上升到1/3。 718

为什么欧洲人及其海外后裔的人口数量如此急剧增长？很大程度上是因为发生流行病和饥荒的频率在降低，因此死亡率也在降低。爱尔兰饥荒是欧洲在和平时期的最后一场饥荒。农民将北美大平原开垦为麦田，其中相当一部分小麦运往欧洲，食物供给的增幅大于人口涨幅。罐头和冷藏技术可以使食物一年不变质。欧洲人和北美人的饮食在肉类、水果和蔬菜方面得到改善。无论冬夏，油都成为城市居民日常消费的一部分。

亚洲移民

在此期间，大量亚洲人也以契约劳动力的身份进行移民，他们在种植园、矿山和铁路上工作。印度人前往非洲、东南亚和其他英属热带殖民地。华人和印度人移民到东南亚、东印度群岛和加勒比海地区，他们在糖料种植园工作。日本人前往巴西和拉美其他地区。许多日本人、中国人和菲律宾人，前往夏威夷和加利福尼亚从事农业和低报酬的贸易工作。在那里，他们受到了欧裔美国人的敌视。

27.2.2 城市化和城市环境

1851年，英国成为第一个城镇人口占多数的国家。到1914年，英国有80%的人口住在城市，这个比例在德国和法国分别是60%和45%。城市达到了空前的规模。伦敦人口也从1850年的270万上升到1900年的660万。纽约在1800年还是个仅有6.4万人的小镇，但到1900年，它的人口达到了340万，增长了50倍。1800年，纽约位于曼哈顿岛的最南端，其面积仅是岛屿面积的1/4，大约3平方英里（约8平方公里）；但到1900年，纽约面积达到150平方英里（约390平方公里）。在英格兰中部、德国的鲁尔区和东京湾沿岸，许多城镇联为一体，曾经使它们相互隔离的田野和森林消失了。

随着发展，城市的特性也发生了变化。新建的铁路不但能将货物准时送抵城市，还可以使人们住得更远。起初，只有殷实之家才能坐得起火车；但到世纪之交，电车和地铁可以使工薪阶层在距工作地点几英里外的地方生活。

卫生设施

在前工业化和早期工业化的城市，穷人挤在一起住，卫生条件很差，污水污染水源，黑暗使生命处于危险之中。新的城市技术，以及政府力量与责任的日益增强，使城里所有人（社会最底层除外）的生活都得到了改善。最重要的变革是安装了上下水管，由此可以引入清洁水和排泄污水。最初的煤气灯和随后的电灯使城市在晚上更加安全。19世纪末20世纪初，市政府建立了警察和消防队，提供卫生设施和垃圾清运服务，建立卫生机构、学校、公园和其他一个世纪以前闻所未闻的设施。

卫生条件的改善控制了传染病，城市的死亡率首次低于出生率，婴儿死亡率的下降尤为明显。在确定孩子不会幼年夭亡后，夫妇开始控制孩子的数量，像杀婴、弃婴这样的古代恶习也在减少。

住房

为了给日益增长的人口提供居所，建筑工人修建了许多新住宅区：从为穷人建设的拥挤陋室到为新贵修建的豪宅。在美国，规划者在矩形网格中兴建了许多新城，如芝加哥，中产阶级家庭移居到了城市边缘的新开发区。在巴黎，拥有狭窄、曲折街道和危房的老城区被夷为平地，取而代之的是宽阔的林荫大道和现代公寓楼。电灯和煤气灯使巴黎灯火通明，它成为“光之城”，也成了新德里和布宜诺斯艾利斯的蓝本。富人继续住在建有纪念碑、教堂和早期宫殿的城市，而工人则移居市郊。

较低的人口密度和更便利的交通将城市分为工业区、商业区和住宅区，不同阶层占据着不同的区。任何一项改进，如供水系统和污水处理、电力系统和
719 电车，总是先惠及富人，其次是中产阶层，最后才是工人阶级。城市生活变得复杂，各种商业活动层出不穷，一些行业——工程、会计、科研、新闻和法律等——变得越来越重要。新兴的中产阶级在漂亮的房子中受人服侍，并用优雅的娱乐活动向人们展示着自己的财富。

环境与技术

铁路和移民

在19世纪晚期和20世纪早期，为什么有那么多欧洲人移民到了北美？简单的回答是，成百上千万的人们渴望摆脱贫穷或本国暴政，在一块充满自由和机会的

移民候车室 美国西部地区的开放吸引了来自美国东海岸和欧洲的移民。在19世纪晚期的一次淘金热中，移民正在等着火车将他们带往达科他州的布莱克丘陵（Black Hills）。

土地上开始新生活。但个人愿望还不足以解释移民现象。毕竟，贫困和暴政在19世纪晚斯之前已经存在很久了。还有两个因素可以帮助人们决定何时移民和移民到何处：是否允许他们移民和他们是否有能力移民。

19世纪，亚洲人被招募去修建铁路或在农场工作。但从19世纪90年代起，美国和加拿大对非欧洲移民关闭了大门，因此无论他们想干什么，都不能去北美了。但是，欧洲移民在第一次世界大战后还可以移民到这些地区。

交通的改善提高了旅行的能力。直到19世纪90年代，大部分移民来自爱尔兰、英国或德国。这些国家完善的铁路运输可以将他们送到港口，低廉的船票使其能到达北美。随着铁路网扩展到东欧和南欧，来自意大利、奥地利、匈牙利和俄国的移民越来越多。

同样，直到19世纪70年代，大多数欧洲移民都集中在北美的东海岸。之后，随着铁路向西延伸，他们开始在中部和西部的农场定居。铁路可以使人们随心所欲地迁移。

空气污染

720 当城市环境在许多方面得到改善时，空气质量却在恶化。用于取暖和驱动蒸汽机的煤污染着空气，释放出令人不快甚至是危险的“黄色浓雾”，到处都覆盖着肮脏的粉尘。成千上万匹拉车的马产生的排泄物遍布街道，散发出可怕的恶臭。电力的应用缓解了这些环境问题，电动机和电灯不会污染环境，发电厂一般会远离城市。随着电力机车和电车取代马拉车和燃煤机车，城市变得更清洁、更健康。但电力给环境带来的大部分好处在20世纪才体现出来。

维多利亚时代：英国女王维多利亚在位时期，这个词还用于描述19世纪晚期的社会。当时的社会有严格的道德标准，明确区分男性和女性的角色，以及中产阶级妇女和劳动阶层妇女的角色。

“各自领域”：19世纪西方社会的观念，认为男性和女性（尤其是中产阶级）在社会中应扮演不同的角色：妇女作为妻子和母亲，应该操持家务；而男性挣钱养家、经商、参与政治。

27.2.3 中产阶级妇女的“各自领域”

在英语国家，1850—1901年被称为“**维多利亚时代**”。这个词不仅指维多利亚女王（1837—1901年在位）的执政期，而且也指行为规范以及围绕家庭和男女关系的一种意识形态。维多利亚时代的人将具有力量、勇气的男子汉理想与具有美丽、善良的女性美德当作一对比较范畴，并将家庭理想化为一个在资本主义激烈竞争中充满和谐与爱的庇护所。

有人认为维多利亚时代的道德是普适的，但它最适合上流社会家庭和中产阶级家庭。男性和女性被认为属于“**各自领域**”（separate spheres）。成功的商人会把时间花在事业上，或在男士俱乐部放松。他们认为妻子应该负责培养孩子，操持家务，通过花钱来提高家庭的社会地位。

中产阶级家庭

在电力得到应用之前，维持一个中产阶级家庭需要做大量工作。不仅家庭规模大，而且中产阶级夫妇还要经常进行奢华的娱乐活动。佣人们要负责打理这些事情。一个家庭的地位和“女主人”的活动、生活方式取决于佣人的办事能力。至少雇用一个全职佣人的家庭才能称得上是中产阶级。

在世纪之交，现代技术开始改变中产阶级家庭。管道设施淘汰了抽水机和室外厕所。集中供暖取代壁炉和火炉，这意味着人们不用去地下室取煤，也可以避免无穷无尽的灰尘。天然气和电力可以在无烟无尘的情况下点亮屋子、烹制食物。20世纪早期，富裕家庭首先获得了真空吸尘器和洗衣机。这些技术进步并未减少妇女的家务劳动。一个家庭购置了新的技术设备，但他们也提高了清洁的标准，因此需要的劳动和以往一样多。

中产阶级妇女最重要的责任是抚养孩子。维多利亚时代的母亲会亲自照料婴儿，以表明对孩子的爱和关心。即便雇得起家庭教师，她们也会为教育孩子
721 出一份力。女孩教育与男孩教育有很大不同。当男孩为经商和未来职业做准备

英国的“各自领域”：在维多利亚时代，中产阶级和上层阶级的男性和女性过着各自不同的生活。在《艾米莉阿姨的到访》（1845年）中，我们可以看到，妇女和儿童在一位仆人的服侍下待在家里。另一方面，《伦敦交易所》则反映了这里是男人进行交易的地方。

时，女孩在学习刺绣、绘画、音乐，以及社交礼仪和准备结婚所需要的技能。

工作和职业

年轻的中产阶级妇女在结婚前是可以工作的，但她们只会在像商店和办公室这样的体面地方工作，绝不会进入工厂。19世纪80年代，当打字机和电话出现在商业活动中时，商人们发现可以用更低的工资雇用受过教育的女性，这些女性会比男性干得更好，操作这类机器好像是为女性量身定做的工作。

但最专业的职业还是与女性无缘，因为没有大学会为女性授予学位。在美国，女性只能在东部的精英学院和中西部的师范学院接受高等教育。欧洲妇女的机会就更少了。1914年以前，很少有妇女能成为医生、律师或专业音乐家。相反，人们认为妇女适合教导儿童和女孩，直到女孩结婚，这是维多利亚时代母亲的职责范围。人们希望妇女在婚后马上怀孕，并留在家里照顾自己的孩子，而不是别人的孩子。

女权论者

家庭生活（无论多么繁忙）并不能使中产阶级妇女感到满意。有些人志愿成为义务护士或社工，还有些人组织起来反对卖淫、酗酒和童工。到世纪之交，一些女性开始挑战由男性主导的领域，如政治和法律。在英国的埃米琳·潘克赫斯特（Emmeline Pankhurst）、美国的伊丽莎白·卡迪·斯坦顿（Elizabeth Cady Stanton）和苏珊·B.安东尼（Susan B. Anthony）的领导下，女权论者要求获得投票权。到1914年，美国妇女已经在12个州获得了投票权，而英国妇女直到1918年才拥有投票权。

27.2.4 劳动阶层的妇女

家庭佣人

在新兴工业城市，男性和女性无论是在家里还是在家外都不在一起工作。这种工作与家庭分开，对女性的影响比对男性的影响大。当劳动阶层的妇女成为纺织业和家庭佣人的主力军时，她们还要操持家务和抚养孩子。因此，她们过着辛劳、痛苦的生活。父母希望女孩长到10岁就可以为家里出力。在日本、爱尔兰和英国，佃农受到了税收和地租上涨的压力，他们被迫将女儿送到纺织厂工作。还有些女孩成了佣人，她们每天至少工作16个小时，一周工作6天半，以此换得主人提供的食宿，但她们只能住在阁楼或地下室里。由于没有什么设备，所以她们的工作需要很强的体力：拖煤、提水上楼、用手洗衣服。

产业妇女

年轻女性更倾向于在工厂工作，而不是去做家庭佣人。男性一般在建筑、钢铁、重型机械和铁路上工作；女性则在纺织、制衣和传统家务劳动的领域工作（见“物质文化：棉制服装”）。鉴于工业化早期对妇女儿童的虐待，大多数
723 国家都通过了保护法，限制工作时间或禁止女性从事最艰苦、最危险的职业，如禁止她们在采矿业和铸造厂工作。这样的立法强化了工业中的性别差异，妇女只能获得工资低且次要的职位。

被捕的埃米琳·潘克赫斯特 英国妇女参政运动的领导者经常抗议对妇女的歧视，这种抗议因违法而广受关注。在照片中，她正被警察逮捕，并送往监狱。

物质文化

棉制服装 722

在所有东西里，没有什么比棉布更能带给我们舒适感。棉布可以制作衣服、床单和毛巾，是世界上最受欢迎的纺织品。毫无疑问，棉布比较贴身，可以染上明亮的颜色，可以吸收水分。与其他纺织品（如羊毛面料）相比，棉布也容易浆洗。

用棉制衣有很长的历史，可以追溯到公元前3000年的印度河流域。起初，棉花种植和棉纺织仅限于印度、墨西哥、秘鲁和其他热带地区。玛雅人可以生产出很好的棉纺织品，并使它们行销中部美洲。印度棉布的品质非常好，出口到中国和罗马后成为奢侈品。在中国，棉布取代了大麻织物，蒙古人用棉布来制作头巾、裤子和其他衣物。阿拉伯人将棉花种植和棉纺织推广到了中东和西班牙。到20世纪，棉花成为伊朗和周边地区的主要作物。许多棉织物的名字都来自于印度的城市名，如“卡里科布”（calico，取名于卡利卡特［Calicut］）或“马德拉斯布”（madras），或者来自于中东的城市名，如“大马士克布”（damask，取名于大马士革［Damascus］）或“马士林布”（muslin，取名于伊拉克的摩苏尔［Mosul］）。

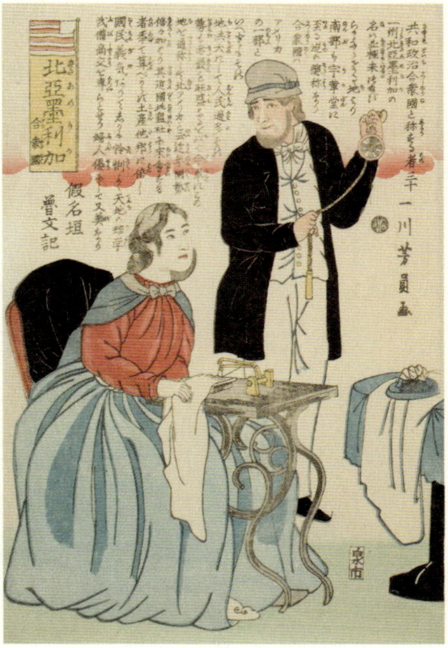
Harvard Art Museums/Arthur M. Sackler Museum, Bequest of William S. Lieberman

缝纫机 1868年明治维新之后，日本从西方引进了许多新事物，其中最受欢迎的是西式服装和缝纫机。在日本，缝纫是女性的工作，男性在一旁观看，这点与西方无异。

大约公元前800年，阿拉伯商人将棉布带到了欧洲。在那里，棉布像丝绸一样珍贵。18世纪，随着珍妮纺纱机和水力纺纱机的发明，棉布变得不那么珍贵，也更容易生产。棉纱和棉布的大规模生产始于工业革命，这对印度、美国南部和其他国家产生了深远影响。

大规模生产意味着大规模消费。19世纪，穷人第一次穿得起颜色鲜艳的衣服。更重要的是，他们也洗得起。几乎所有衣物都是由妇女生产的。富裕的欧洲家庭会雇用女裁缝，她们拿走布料，几天后送来成衣。其他妇女也会为自己和家人缝制衣物。

手工缝制衣物要耗费大量时间，这增加了成本，与衣物价格下降的趋势背道而驰。到19世纪中叶，社会繁荣和欧美生活节奏的加快促进了纺织机械的推广。1850年，艾萨克·辛格（Isaac Singer）制造出了第一台用于商业的实用机器。几年后，他又设计出了带有铁架和脚踏板的“辛格家用缝纫机”。到1891年，已有1 000万台辛格生产的缝纫机行销欧美。一些机器卖给了新兴服装区的成衣制造商，而另一些则是工人阶级也买得起的家用型。甚至还有便携式的，裁缝可以将这款机器带到客户家里。

棉布和缝纫机的组合给制衣业带来了革命性变革。机器生产一件衬衫需要75分钟，而手工制作则需要14.5小时；生产一件围裙需要9分钟，而不是之前的一个半小时。现在，穷人也能买得起衬衫、裙子、裤子，甚至是内衣。境况较好的家庭主妇可以订阅时尚杂志，购买模样，自己制作衬衫、礼服，甚至像裙撑和衬裙这样复杂的部件。在过去，这些衣服用手工制作很麻烦。

今天，棉布是最常用的材料。中国是棉布的最大生产国（和消费国），其次是美国、印度和巴基斯坦。几乎所有的在售棉布都是由亚洲和拉美的发展中国家用电脑操控的机器生产出来的。

723

工人家庭

人们希望有孩子的已婚妇女待在家中，即使她们的丈夫不能养家糊口。但她们也要挣钱贴补家用。有空闲地方的家庭，即便是一张床或厨房的一个角落，都会接纳寄宿者。许多妇女会打些零工，如制作衣帽、手套或编制篮子。最辛苦、报酬最低的工作是给别人洗衣服。许多妇女会在小孩的协助下每天在家工作10—12小时，这样的工作时间在工厂中都是被禁止的。如果没有电力照明和室内管道，即便是像洗衣做饭这样的家务劳动也是沉重的负担。

本节回顾

随着欧洲人口的增长，成百上千万人移民到其他地区。

城市规模迅速扩大，这改变了城市的特性，也带来了住房、卫生和环境等问题。

本节回顾

中产阶级妇女生活在“各自领域”中，她们将自己的生活贡献给了家庭和家人，但很少有人会去争取平等权利。

劳动阶层的妇女要边工作边持家，她们的生活非常艰苦。

27.3　社会主义和劳工运动

18世纪晚期的革命理念与工业化息息相关，它带来了两项影响后世的运动：社会主义和工会。**社会主义**是由激进思想家提出的，他们质疑私有财产的神圣性，支持工人反抗资本家。**工会**是由产业工人组成的，它在与资方的谈判中维护工人的利益。社会主义运动不等于工人运动。在大多数情况下，它们是联盟的关系；而有时它们也是相互抵触的。

社会主义：19世纪30年代起源于欧洲的政治思想。社会主义者认为，政府应该保护工人，使其免受资本家剥削；政府应该将工业国有化。19世纪后半叶，这种思想使欧洲建立了许多社会主义政党和工人党。

27.3.1　马克思和社会主义

到目前为止，最知名的社会主义者是**卡尔·马克思**（1818—1883年），他是一位德国作家和记者，他的大部分时间是在英国度过的，与另一位社会主义者弗里德里希·恩格斯（1820—1895年）建立了合作关系。恩格斯于1845年发表了《1844年英国工人阶级状况》。他们一起将德国哲学、法国革命思想和英国工业状况结合起来。

工会：工业和贸易中的工人组织。通过罢工和与资方谈判来维护会员的利益。

马克思在《共产党宣言》（1848年）中简要地表达了他的观点（见“多样性与主流：马克思、恩格斯论全球贸易和资产阶级”），在《资本论》（1867年）中又做了详细阐述。他将历史视为两个阶级的长期冲突，最近一次是财产所有者（资产阶级）和劳动者（无产阶级）之间的冲突。他认为，资本主义制度允许资本家剥削工人的剩余价值，就是说，工人的工资不等于其所产商品的价值。他看到，在每个经济衰退期，企业会变得更大、更具垄断性，而工人会更多、更加贫困。他得出了一个结论：这种冲突将不可避免地引发革命，推翻资产阶级，随后工人将建立一个没有阶级的共产主义社会。

共产党宣言

卡尔·马克思：记者和哲学家，马克思主义创始人。代表作：《共产党宣言》（1848年）和《资本论》（1—3卷，1867—1894年）。

马克思所说的“科学社会主义”为批评原工业资本主义提供了一个知识框架。19世纪晚期，商业大亨用挥霍的方式炫富，这与工人的贫困形成了鲜明对比。即便工人并没有像马克思说的那样变得越来越穷，但工人和雇主之间残酷的阶级斗争也确实存在。马克思为产生对抗的原因提供了一个有说服力的解释。

多样性与主流

马克思、恩格斯论全球贸易和资产阶级

724 1848年，卡尔·马克思（1818—1883年）和弗里德里希·恩格斯（1820—1895年）出版了《共产党宣言》。他们在书中解释了为什么企业所有者即“资产阶级”会在像英国这样的工业化国家中成为最富有、最有权力的阶级，以及为什么工人即“无产阶级”会生活在贫困中。他们认为，资产阶级的统治摧毁了人类文化的多样性，将欧洲和所有文化中的各个阶层变为出卖劳动的无产阶级。

在《共产党宣言》中，马克思和恩格斯号召工人起来革命，推翻资产阶级，建立一个没有私有财产和政府的新社会。他们的宣言很快被译为多国文字，成为阐述激进的共产主义意识形态的著名文献。

从全球史的视角来看，马克思和恩格斯的观点特别有趣，因为他们将资产阶级的兴起与世界贸易和工业技术联系起来。下面这段引文就解释了这种联系。

> 到目前为止的一切社会的历史都是阶级斗争的历史。……
>
> 在过去的各个历史时代，我们几乎到处都可以看到社会完全划分为各个不同的等级，看到由各种社会地位构成的多级的阶梯。在古罗马，有贵族、骑士、平民、奴隶，在中世纪，有封建领主、陪臣、行会师傅、帮工、农奴，而且几乎在每一个阶级内部又有各种独特的等第。
>
> 从封建社会的灭亡中产生出来的现代资产阶级社会并没有消灭阶级对立。它只是用新的阶级、新的压迫条件、新的斗争形式代替了旧的。
>
> 但是，我们的时代，资产阶级时代，却有一个特点：它使阶级对立简单化了。整个社会日益分裂为两大敌对的阵营，分裂为两大相互直接对立的阶级：资产阶级和无产阶级。……
>
> 美洲的发现、绕过非洲的航行，给新兴的资产阶级开辟了新的活动场所。东印度和中国的市场、美洲的殖民化、对殖民地的贸易、交换手段和一般的商品的增加，使商业、航海业和工业空前高涨，因而使正在崩溃的封建社会内部的革命因素迅速发展。……
>
> 大工业建立了由美洲的发现所准备好的世界市场。世界市场使商业、航

海业和陆路交通得到了巨大的发展。这种发展又反过来促进了工业的扩展，同时，工业、商业、航海业和铁路愈是扩展，资产阶级也愈是发展，愈是增加自己的资本，愈是把中世纪遗留下来的一切阶级都排挤到后面去。……

资产阶级在历史上曾经起过非常革命的作用。……

资产阶级揭示了，在中世纪深受反动派称许的好勇斗狠，是以懒散怠惰作为相应的补充的。它第一个证明了，人的活动能够取得什么样的成就。它创造了完全不同于埃及金字塔、罗马水道和哥特式教堂的奇迹；它完成了完全不同于民族大迁徙和十字军东征的远征。……

不断扩大产品销路的需要，驱使资产阶级奔走于全球各地。它必须到处落户，到处创业，到处建立联系。

资产阶级，由于开拓了世界市场，使一切国家的生产和消费都成为世界性的了。不管反动派怎样惋惜，资产阶级还是挖掉了工业脚下的民族基础。 725
古老的民族工业被消灭了，并且每天都还在被消灭。它们被新的工业排挤掉了，新的工业的建立已经成为一切文明民族的生命攸关的问题；这些工业所加工的，已经不是本地的原料，而是来自极其遥远的地区的原料；它们的产品不仅供本国消费，而且同时供世界各地消费。旧的、靠本国产品来满足的需要，被新的、要靠极其遥远的国家和地带的产品来满足的需要所代替了。过去那种地方的和民族的自给自足和闭关自守状态，被各民族的各方面的互相往来和各方面的互相依赖所代替了。物质的生产是如此，精神的生产也是如此。各民族的精神产品成了公共的财产。民族的片面性和局限性日益成为不可能，于是由许多种民族的和地方的文学形成了一种世界的文学。

资产阶级，由于一切生产工具的迅速改进，由于交通的极其便利，把一切民族甚至最野蛮的民族都卷到文明中来了。它的商品的低廉价格，是它用来摧毁一切万里长城、征服野蛮人最顽强的仇外心理的重炮。它迫使一切民族——如果它们不想灭亡的话——采用资产阶级的生产方式；它迫使它们在自己那里推行所谓文明制度，即变成资产者。一句话，它按照自己的面貌为自己创造出一个世界。

资产阶级使农村屈服于城市的统治。它创立了巨大的城市，使城市人口比农村人口大大增加起来，因而使很大一部分居民脱离了农村生活的愚昧状态。正像它使乡村从属于城市一样，它使未开化和半开化的国家从属于文明的国家，使农民的民族从属于资产阶级的民族，使东方从属于西方。……

资产阶级在它的不到一百年的阶级统治中所创造的生产力，比过去一切世代创造的全部生产力还要多，还要大。自然力的征服，机器的采用，化学在工业和农业中的应用，轮船的行驶，铁路的通行，电报的使用，整个整个大陆的开垦，河川的通航，仿佛用法术从地下呼唤出来的大量人口，——过去哪一个世纪料想到有这样的生产力潜伏在社会劳动里呢？[1]

资料来源：Karl Marx and Frederick Engels, *Manifesto of the Communist Party*, Authorized English Translation: Edited and Annotated by Frederick Engels (Chicago: Charles H. Kerr & Company, 1906), pp. 12−20.

分析问题

欧洲发现美洲以后，世界贸易的增长是如何影响欧洲社会阶级关系的？

将马克思、恩格斯的观点与你在第23章读到的亚当·斯密的观点进行对比。它们彼此冲突吗？或者，亚当·斯密描述的制针解释了马克思、恩格斯所说的"现代大工业"的兴起吗？

贸易和工业的增长对全世界产品、知识分子创作和消费取向产生了什么影响？

1 参见中共中央马克思、恩格斯、列宁、斯大林著作编译局编：《马克思恩格斯选集》（第一卷），人民出版社，1972年，第250—256页。——译注

724

27.3.2 工会和工会运动

工人从19世纪初期就组建了"友谊会"，以期在生病、失业或伤残时能互相帮助。19世纪50年代，英国废除了禁止工人罢工的法案，其他欧洲国家也相继废除。工会不但要求提高工资待遇，还要求改善工作条件，提高应对疾病、意外事故、伤残和老龄的保险。工会发展缓慢，因为它们需要专职的工作人员和维持罢工工人生活的大笔资金。尽管如此，到19世纪末，英国工会有200万人，德国和美国工会也各有100万人。

男性普选权

工会力求分享资本主义经济的好处，而选举政治恰恰为工人提供了一个参

与现有政治的机会。19世纪，欧美逐渐扩大了选举权。美国在1870年用法律的形式确定了男性普选权，德法在1871年，英国在1885年也赋予了男性普选权，其他欧洲国家也很快做到了这点。由于大量工人获得了投票权，社会主义政治家希望能在议会中获得更多席位。社会主义者不想用革命的方式夺取政权，他们希望政府让步，并最终由他们组建政府。

劳动阶层的妇女要承担工作的压力，要对家庭负责，没有时间去关心政治。男性主导的工会和激进的政党也不欢迎女性。一些激进的女性，如德国社会主义者罗莎·卢森堡（Rosa Luxemburg）和美国**无政府主义者**爱玛·高德曼（Emma Goldman）成为著名革命家，但其追随者并不多。将工人和妇女的要求协调起来并不是件易事。1889年，德国社会主义者克拉拉·蔡特金（Clara Zetkin）写道："男性工人依附于资本家，正如女性依附于男性。只要女性在经济上不独立，她就很难摆脱依附地位。工作是获得经济独立的必要条件。"6年后，她意识到，解放妇女就要改变她们在工人阶级中的地位。"无产阶级妇女不可能通过争取男女平等的运动来实现自己的最高理想，只有解放劳动力才能真正拯救她们。"[1]

725

女性革命

无政府主义者：主张用暴力废除私有财产和政府的革命者，希望由自由协会来取代政府。

本节回顾

卡尔·马克思希望工人发动革命，但之后的社会主义者希望通过选举扩大影响。

劳工运动和工会致力于提高工资和改善工作条件。

27.4 民族主义和意大利、德国、日本的兴起

726

19世纪最有影响力的思想是**民族主义**。起先，人被认为是君主的臣民，但后来法国革命者将人定义为国家的公民——这个概念基于国家所管辖的领土和民族文化。

27.4.1 1871年之前欧洲的语言和民族认同

在建立民族团结感的过程中，语言是一个至关重要的因素。它既是团结国民的一种重要方式，也是政治领袖鼓舞支持者的一种重要说服手段。语言是新

民族主义：强调人在民族国家中的身份的一种政治意识形态，民族国家是通过共同的文化、历史和领土来达到认同的共同体。18世纪晚期到19世纪早期，民族主义在西欧是一支推动统一的力量。在19世纪晚期，它加速了奥匈帝国和奥斯曼帝国的解体。20世纪，它为摆脱殖民主义、争取独立的国家提供了思想基础。

自由主义

自由主义：主张公民权，代议制政府和保护私有财产的政治思想。这一思想起源于启蒙运动，在欧美的中产阶级中有很大影响。

一代政治激进分子（其中大部分是律师、教师、学生和新闻工作者）的工具。但语言和公民身份又往往不一致。

与其他大国相比，法国和法语的关系要更加紧密，尽管有些说法语的人住在法国以外，也有些法国人会说其他语言。然而，说意大利语和德语的人却分属不同的小邦国。生活在奥地利帝国的人在讲德语、捷克语、斯洛伐克语、匈牙利语、波兰语和其他语言。即便在说同一语言的地区，人们也分属于不同的宗教和制度。例如，同样是说英语，大部分爱尔兰人信奉天主教，而英国人主要信奉新教。

以语言、宗教或文化差异来重新划分国家边界的想法是革命性的。1871年，意大利和德意志将许多小邦国整合成新的大国。而在中欧和东欧，民族主义威胁要将大国分裂为众多小国。

直到19世纪60年代，民族主义都与**自由主义**密切相关。源自法国大革命的中产阶级革命思想要求人民主权、宪法政府、国家议会和言论自由。19世纪早期最著名的民族主义者是意大利自由主义者朱塞佩·马志尼（Giuseppe Mazzini，1805—1872年），他领导了1848年的意大利革命，但没有获得成功。马志尼想要在意大利半岛建立一个统一的国家，为受暴君和外国人压迫的人民带来完整的国家和自由。俄国、普鲁士和奥地利政府审查这些新思想，但却不能消除它们的影响。

1848年革命使各国政府确信，不能永远将民众排除在政治之外，如果加以管理，民众参政将会巩固国家而不是削弱国家。新一代保守派政治领袖学会了如何通过公共教育、普及兵役和殖民征服来维持现状，而所有这些方法建立了一种民族统一的意识。

27.4.2 意大利统一（1860—1870年）

到19世纪中叶，民众都希望意大利能统一起来。而教皇庇护九世（Pope Pius IX）反对统一，他憎恶一切与现代化相关的东西；奥地利也反对统一，它控制着意大利的两个省：伦巴底和威尼斯（见地图27-1）。皮德蒙特—撒丁王国的首相卡米洛·奔索·迪·加富尔伯爵（Count Camillo Benso di Cavour）将法奥失和视为统一意大利的机会。他与法国秘密结盟，于1858年发动了对奥战争。意大利中北部举行起义响应这场战争，起义军纷纷加入由开明的立宪君主

地图27-1　意大利的统一（1859—1870年）　在法国的帮助下，皮德蒙特—撒丁王国统一了意大利。

维克托·伊曼纽尔（Victor Emmanuel）领导的撒丁王国。

加富尔和加里波第

如果说自上而下的传统方法在北方获得成功，那么南方则适用一个更激进的方法。1860年有着火一样革命热情的**朱塞佩·加里波第**（Giuseppe Garibaldi）率领一小队人在西西里登陆，随后攻入意大利南部，推翻了西西里王国，并筹划建立一个民主共和国。保皇派的加富尔利用这种动荡的局势劝退了加里波第，

727 使撒丁王国控制了意大利。1866年和1870年，威尼斯和教皇国也分别归属了撒丁王国，意大利实现了统一。

朱塞佩·加里波第：意大利民族主义者和革命家，1860年征服了西西里和那不勒斯，并将这两个地区交给了统一的意大利。

统一进程表明，民族主义放弃了激进民主理念而趋向一种保守方式，支持建立一个强有力的中央集权政府，即使这个政府是贵族和君主政府。

27.4.3 德意志统一（1866—1871年）

大多数说德语的民族在1871年统一成为一个单一的国家，这对世界产生了重大影响。直到19世纪60年代，中欧地区说德语的民族由普鲁士、奥地利帝国西半部和许多小国构成（见地图27-2）。一些德意志民族主义者希望所有的德国人由奥地利统一起来。而另一些人则将奥地利排除在外，因为奥地利有许多非德语民族，他们希望普鲁士能统一德语地区。两国在宗教上也有区别：奥地利和德意志西南部信奉天主教；而普鲁士和东北部信奉路德宗。普鲁士有两个优势：（1）莱茵兰地区有先进的工业；（2）普鲁士军队是第一支使用铁路、电报、后膛枪、钢炮和其他现代工业品的欧洲军队。

俾斯麦对奥地利和法国作战

728 在国王威廉一世（1861—1888年在位）统治时期，普鲁士由一个有才气的专制贵族控制着，他就是首相**奥托·冯·俾斯麦**（Otto von Bismarck，1815—1898年）。俾斯麦决心利用普鲁士的工业和德意志人的民族主义来使普鲁士成为德国的主导力量。1866年，普鲁士击败了奥地利。让所有人感到惊讶的是，普鲁士并未强占奥地利的领土。普鲁士和北部的一些小邦国建立了北德意志邦联，这成为日后德国的核心。1870年，俾斯麦击败法国。普鲁士联军凭借着超凡的武器和战术迅速获得了胜利。“铁血”成为新德意志帝国的基础。

奥托·冯·俾斯麦：1862—1871年担任普鲁士首相，随后成为德国首相。他是一个保守的民族主义者，率领普鲁士战胜奥地利（1866年）和法国（1870年），1871年负责创建德意志帝国。

战争的战利品包括一大笔赔款和法国与德国接壤的两个省份：阿尔萨斯和洛林。法国轻松地支付了赔款，却对丧失两个省怀恨在心。对德国人来说，这个地区属于德国，因为大部分居民讲的是德语。对法国人来说，这个地区属于法国，因为大部分居民认为自己是法国人。对民族主义的两种不同理解使德法之间

地图27-2　德意志的统一（1866—1871年）　通过几场短暂而成功的战争，普鲁士分别于1866年和1871年击败奥地利和法国，统一了德国。

的仇恨积累了几十年。从上述事实不难发现，民族主义成了离心力而非凝聚力。

27.4.4 西方对日本的挑战

幕府

在日本，天皇受人尊敬但毫无权力。相反，统治日本的是德川幕府——一个由军事统帅（“将军”）控制的世俗政府，将军从1600年起就开始掌权（见第21章）。领主称为“大名”，统治着自己的领地和子民，幕府很少干涉。

当外来威胁出现时，这个体系显得相当脆弱。一方面，它不能协调各方力量抵御外来入侵。为了减少日本与外国势力的接触，16世纪早期，幕府禁止外国人进入日本，也不允许日本人走出国门，违禁者将被处死。但许多日本人仍旧视禁令为无物。最明目张胆的违禁者是日本南部的强藩，他们成功地进行海盗活动或经营黑市。他们从事工商业发展的活动得益于幕府政治的地方割据。但是，真正的外来威胁——1792年俄国和英国的船只就出现在了日本海岸——使领主意识到日本太弱，力量太分散，不能抵抗外来入侵。结果，一些地方大名开始改革自己的军队，建立自己的兵工厂和船厂。

到19世纪，日本南部的两个强藩——长州藩和萨摩藩——的财政收入和人口迅速增加，他们变得富庶，也变得更有野心。远离首都江户和充满活力的经济使他们形成了一种强烈的自立意识。

佩里叩关

1853年，美国准将马修·佩里抵达日本海岸，要求日本开放贸易口岸，允许美国船只在中国和加州之间航行时能在日本补充燃料和供给。他承诺一年后返回日本，听取日本的答复。佩里的要求引发了幕府的危机。鉴于中国在两次鸦片战争中的惨败，在与地方大名进行协商后，幕府答应了佩里的要求。1854年，佩里返回日本，与日本代表签订了《神奈川条约》。这个条约类似于中国与西方签订的不平等条约。一些地方统治者对此非常愤怒，也非常失望。他们发动了一场秘密运动，号召推翻德川幕府，驱逐外国人。

19世纪60年代初，幕府与地方统治者（特别是长州藩和萨摩藩）之间的紧张关系进一步加剧。有抱负、受过教育的年轻人成了地方领导人，他们在僵化的幕府体制下面对平庸的未来。1864年，为了保护外国人，英法舰队抵达日本西南海岸。这激怒了地方武士，他们反对《神奈川条约》，憎恨幕府无力保护国家。1867年，长州藩的领导人山县有朋和伊藤博文终于意识到，他们应该停止与萨摩藩的争斗，联合起来推翻幕府统治。

27.4.5 明治维新和日本的现代化（1868—1894年） 729

内战非常惨烈，但很快就结束了。1868年，地方大名推翻了德川幕府，宣布“还政”于年轻的天皇睦仁（1868—1912年在位）。新领导人根据天皇睦仁的年号称其王政为**“明治维新”**（明治的意思是“开明的统治”）。人们称新的统治者为“明治寡头政治家”（Meiji oligarchs），他们非常能干，也很有远见。为了使日本免受西方帝国主义的欺凌，他们决定用世界级的工业实现“富国强兵”的目标。通过上述努力，明治维新使日本实现了像法国大革命一样的深刻变革。

明治维新：1868年，德川幕府倒台后进行的政治改革。在明治维新中，一群年轻的领导人使日本走上了中央集权、工业化和帝国主义的道路。

730

寡头政治家并没有幻想在不改变日本制度与社会的情况下能够抵御西方人。在1868年发表的《五条誓文》中，年轻的天皇有这样一句话：“求知识于世界，大振皇国之基业。”这句话成了新日本的座右铭，使日本采纳所有外国的思想、制度和技术来巩固国家。在当时，日本的识字率是亚洲最高的。寡头们巧妙地引入了新的教育系统、募兵制和新的通信手段。19世纪早期数十年的工业发展和各藩的资金使政府可以发展重工业。寡头们试图在募兵制和新教育体制的基础上培养一种新型公民，他们要有文化、有能力，而且还要忠诚和顺从。

明治时期的日本领袖从德意志帝国借鉴了政府结构，从英国学习海军，从普鲁士学习陆军。他们还引进了西式邮政、电报服务、铁路、港口、银行、钟表和日历。为了解西方强大的秘密，他们向英国、德国和美国派出了数百名留学生。西式服装、发型、花园派对和社交舞会逐渐流行起来。 731

政府对西方技术尤为感兴趣。政府开办了职业学校、技术学校和农业学校，创办了四所帝国大学，并聘请外国专家指导医学、科学和工程。为鼓励工业化，政府创建了国有企业，生产用于出口的布料和其他廉价消费品。在初期，日本残酷剥削本国工人，这点与欧美国家无异。1881年，政府将国有企业卖给私人投资者，主要是卖给大财阀或大集团。此外，政府也鼓励个人技术创新。1906年，木匠丰田佐吉（Toyoda Sakichi）创办了丰田织机厂（现为丰田汽车公司），10年后，他拥有了世界上最先进自动织机的专利。

27.4.6 民族主义和社会达尔文主义

1870—1871年的普法战争改变了欧洲的政治气候，使法国更加自由。意大利王国实现了半岛统一。德国、奥匈帝国（奥地利帝国于1867年改称奥匈帝国）和俄国依旧保守，它们用民族主义来维持现状。

民族主义和议会选举使所有党派的政治家都开始关注民意。新闻界给了他们很大帮助，特别是那些廉价的日报。这些报纸靠刊登有关海外征服和外在威胁的轰动性文章来增加销量。政府逐渐意识到了人才的重要性，于是国家在每个城镇创办公立学校，首次允许妇女在公共服务领域供职。政治家和记者开始关注穷人的情绪，他们将穷人的愤怒从雇主转移到外国人身上，把他们的选票从社会主义政党转移到民族主义政党。

在有些国家，统治集团用民族主义将他们的语言、宗教和习俗强加到少数族群身上。俄国想将国内各少数民族“俄罗斯化”。西班牙政府强制说巴斯克语（Basque）和加泰罗尼亚语（Catalan）的省份在学校、报纸和法院中使用西班牙语。到美国的移民被要求学习英语。

查尔斯·达尔文

732

19世纪末的西方文化认为，强者优于弱者，男性优于女性，富人优于穷人，欧洲人优于其他种族，人类优于自然。有些人为政治统治寻找科学依据。英国生物学家查尔斯·达尔文（1809—1882年）是19世纪最有影响力的科学家之一，他的观点被广泛引用，也经常被曲解。

在1859年出版的《物种起源》中，达尔文认为，地球比我们设想的要古老很多。他提出，在几十万年的进化过程中，生物要么为争取生存而进化，要么就走向灭绝。

哲学家赫伯特·斯宾塞（Herbert Spencer，1820—1903年）等人吸收了达尔文的“自然选择”和“适者生存”的观点，并将其运用于人类社会。社会达尔文主义者发展了宣扬种族差异的伪科学理论，声称这些差异不是历史造成的，而是生物的差异。他们将种族差异视为自然进化的结果，反对政府消除不平等。虽然没有任何科学依据，但这些观点给了特权者的权力一个冠冕堂皇的理由。

本节回顾

作为19世纪最有影响力的思想，民族主义主要是依靠语言来定义民族。

1860—1870年，加里波第推动了意大利统一；1866—1871年，俾斯麦统一了德国。

本节回顾

为了抵制西方入侵，日本的领主发动了明治维新，很快将日本改造成一个现代工业化国家。

在那个时代，为了论证少数特权者权力的合理性，查尔斯·达尔文的进化论经常会被曲解。

27.5 欧洲强权（1871—1900年）

19世纪后半叶，政治家和记者发现，涉及外国人的小事经常会激起反对邻国的民愤。工业制造的武器所展现出的可怕威力给军官留下了深刻印象，他们开始认为这些武器是无敌的。对殖民地的争夺，不同的意识形态，小规模边界纠纷或贸易摩擦，这些都使国家关系变得越来越紧张。

27.5.1 中欧的德国

许多国际关系都是围绕着德国展开的，因为它地处欧洲中心，拥有欧洲大陆最强大的陆军。1871年德国完成统一后，俾斯麦宣布，德国没有进一步的领土野心，将致力于维护欧洲和平。俾斯麦很少与法国往来，他与另外两个保守势力奥匈帝国及俄国结成了联盟。尽管他们对巴尔干存有野心，但俾斯麦和他盟友的关系保持了20年。

德国的社会政策

在维护国内团结方面，俾斯麦也是个老手。为了削弱中产阶级自由派的影响，他赋予所有成年男性投票权，这样可以使社会党在帝国国会或议会中赢得更多席位。俾斯麦对进口的工业品和农产品课以重税，这样既能得到莱茵兰地区富有资本家的支持，也能得到德国东部大地主的支持，他们是国家权力的传统竞争者。他在许多方面完成了社会立法，如医疗保险、失业保险、残疾保险及养老金，这比其他工业国家要早很多。他的政府还支持公共教育和技术教育。在他的领导下，德国人形成了很强的国家感，并以本国的工业力量和军事力量为骄傲。

威廉二世

1888年，威廉一世的孙子威廉二世（1888—1918年在位）继承了皇位。这位既不可靠又很傲慢的统治者试图用好战言论去争取别人的尊重。登基两年后，他弃用了俾斯麦，改用阿谀之人。他大谈他的“全球政策”，想要建立一个殖民帝国。威廉二世统治的国家拥有欧洲最强大的军队和规模最大的工业经济，他觉得德国称得上是“一个沐浴着阳光的地方”。

27.5.2 自由力量：法国和英国

法国

733 法国曾是欧洲大陆的霸主，因此很难接受屈居次席。法兰西共和国虽然拥有繁荣的农业和广阔的殖民地，但也有一些严重缺陷。例如，它的人口鲜有增长；1911年时，法国只有3 900万人，而德国拥有6 400万人。在军队规模和国家实力息息相关的时代，法军规模只是德军规模的2/3。

法国人对国家性质的看法导致了他们的严重分裂：有些人是保皇派和天主教徒，但越来越多的人倾向于共和和反教权的观点。然而，法国政治看上去很脆弱，经常出现危机，但民众参与政治的长期传统和强烈的国家感，通过良好的公共教育制度而得到了强化，使法国人形成了深层的凝聚力。

英国和爱尔兰

英国在议会选举和政党竞争方面已经历了一个较长的时期。英国政权在自由党和保守党之间平稳易手，富人和穷人之间的差距在逐渐减小。尽管如此，随着时间推移，有些问题开始浮出水面。其中之一是爱尔兰人不满英国的统治。民族主义巩固了英格兰、苏格兰和威尔士之间的关系，使它们整合成不列颠。但并没有将爱尔兰包括在内，因为爱尔兰比较穷，而且信仰天主教。爱尔兰人将英国视为外来占领者。

另一个问题是英国的经济。英国在许多重要产业上落后于美国和德国，如钢铁、化工、电力和纺织品。即便在造船业和航运业这样的传统优势领域，德国也渐渐赶了上来。

大英帝国

英国专注于它那快速成长的庞大帝国。对投资者而言，这个帝国是其财富来源，也招来了其他帝国主义国家的羡慕。但英国的财政不断被这个帝国吸干，因为它要在世界各地维持昂贵的海军舰队。

在19世纪大部分时间里，英国都在追求“光荣孤立”。英国对印度的关注导致英国政治家夸大了俄国对奥斯曼帝国的威胁，以及对中亚通往印度之路的威胁。周期性的“俄罗斯恐惧”和英国与其老对手法国在殖民地上的争夺，转移了英国的注意力而忽视了德国的崛起。

27.5.3 保守力量：俄国和奥匈帝国

民族主义的力量削弱了俄国和奥匈帝国。与德国、法国和英国相比，俄国和奥匈帝国境内的人民在社会方面和民族方面差异更大。

在巴尔干的争夺

民族主义在欧洲中南部加剧了分裂。在那里，讲不同语言的族群比邻而居。1867年，奥地利帝国更名为奥匈帝国，以平抚匈牙利的不满情绪。奥匈帝国想促进斯拉夫语少数民族的文化，但没有换来他们在政治上的支持。然而，奥匈帝国仍将自己视为可以统治巴尔干的强权。这一策略激怒了俄国，它认为自己是所有斯拉夫民族的保护者。

俄国的少数民族

民族多样性也威胁到了俄国的稳定。波兰民族在1830年和1863—1864年发动起义。沙皇帝国还包括芬兰、爱沙尼亚、拉脱维亚、立陶宛、乌克兰，高加索地区，以及1865—1881年征服的中亚穆斯林。而且，在欧洲部分，俄国还有大量的犹太人，严厉的反犹法律和定期的大屠杀迫使许多犹太人逃往美洲。俄国在臣服民族中强行推广俄语也加剧了分裂。

解放农奴

1861年，温和的保守派沙皇亚历山大二世（1855—1881年在位）从农奴制中解放了农民。他这样做，一方面是真的希望能拉近君主和人民之间的关系，另一方面是想用扩大劳动力的方式促进工业化。但这些缺乏诚意的措施只是将农奴变为农业工人，他们既没有技术也没有资本。虽然获得“解放”，但绝大多数俄罗斯人没受过多少教育，没有法律赋予的权利，在政府中也没有发言权。1881年，亚历山大二世遇刺身亡，他的继任者亚历山大三世（1881—1894年在位）和尼古拉二世（1894—1917年在位）在推行社会改革方面比较消极。

小客栈 19世纪晚期的城市更多的是一种物质进步而非社会进步。在马科夫斯基（Makovsky）的画中，圣彼得堡宽阔的街道和引人注目的新式建筑与群众的贫穷形成鲜明对比。

俄国的商业中产阶级规模比较小，也没什么影响力。工业化主要包括国家资助的项目，如铁路、铸铁厂和兵工厂，这导致城市工人的骚乱。富裕的土地贵族把持了俄国的法院和行政部门，这阻碍了大多数改革。

734

日俄战争和革命

俄国社会和政府的软弱在1904—1905年的日俄战争中表现得尤为突出。战争在中国东北打响，远离位于欧洲的俄国。靠低效的西伯利亚铁路运送补给的俄国军队被训练有素和装备精良的日军击败。1905年，日本舰队在对马海峡击沉了从欧洲和非洲调过来的俄国海军。

战败引发的震动在1905年激起了一场革命，革命迫使沙皇尼古拉二世批准了一部宪法，成立由选举产生的国家杜马（议会）。但是，他一重建军队和警察，就恢复了沿袭下来的专制。社会精英的富裕和一般民众的贫困形成了鲜明对比，这激怒了一小群激进的知识分子，他们开始策划旨在推翻沙皇专制统治的暴力革命。

本节回顾

统一的德国成为欧洲最强大的国家，在威廉二世时期，德国开始威胁和平。

尽管采用了民主制度，但法国和英国还是在国内外遇到了许多难题。

俄国和奥匈帝国是两个保守国家，它们没有采用促进社会现代化的政策。

27.6 中国、日本和西方势力

1850年后，东亚两个最大的国家中国和日本都感受到了前所未有的来自西方的压力，但它们的应对却截然不同。中国排斥西方，变得越来越弱；而日本将其自身改造为主要的工业强国和军事强国。造成这种差异的一个原因是西方列强深涉中国事务，但对日本却比较宽松，毕竟日本是离欧洲最远的国家。更重要的一个原因是两国精英阶层对外国文化的态度不同。

27.6.1 动荡中的中国

1850—1864年的太平天国运动重创了中国（见第25章），英法乘虚而入，

义和团运动 1900年，中国的一个秘密社会组织——义和拳在慈禧太后的支持下发动起义，他们袭击外国人和外国公司。西方媒体称他们为“拳师”。图上的人正在张贴告示。

要求清廷开放供他们自由贸易的通商口岸。英国掌控了中国海关，在1917年之前，一直允许进口鸦片。中国的“自强运动”想推行旨在减少政府支出和消除腐败的重要改革，但徒劳无功。**慈禧太后**（1862—1908年当政）反对铁路和其他外国技术，因为这些新技术会将外国的影响延伸至中国内地。不敢与西方人进行直接冲突的朝廷官员，则秘密鼓动百姓去破坏从西方引进的设施。这样的确可以降低外国的影响，但他们也放弃了抵抗西方压力的最有力武器。 735

慈禧太后：清朝的皇太后。她囚禁了光绪帝，支持排外运动，反对政府改革和军事改革。

27.6.2 日本对中国的挑衅

19世纪末，欧洲势力如日中天，他们的傲慢也到了无以复加的地步。欧洲国家开始推行“新帝国主义”，疯狂地瓜分世界上最后的无主土地。但在此时，两个非欧洲国家也加入了强权的行列。一个是美国——这里的居民主要来自欧洲。像阿万克西·德·托克维尔（Alexis de Tocqueville）这样敏锐的法国观察家，在19世纪初就预言了美国的大国地位。另一个是日本，它在1850年对于欧洲来说看起来是那么遥远和具有异国情调，没有欧洲人会想到它也将加入大国行列。

日本帝国主义

山县有朋：明治维新时期的一位领袖。

日本改革的动机是抵御西方势力，但自强的方法使日本也走上了对外扩张之路。明治时期的政治寡头**山县有朋**为日本的帝国主义指明了方向。他认为，日本想要保持独立就要有一个“势力范围”，这个势力范围包括朝鲜和中国的东北。如果其他国家控制了这些地方，那么日本就危险了。山县有朋认为，要想保住这个势力范围，日本就要大力推进军事工业化，将发展海军当作第一要务。

日本日渐强大，而中国却日渐衰弱。1894年，两国在朝鲜爆发了战争。中日战争持续了不到半年，中国被迫放弃朝鲜，割让台湾和辽东半岛，还要支付一大笔赔款。日本的崛起震动了法国、德国、英国、俄国和美国，它们以维护中国“领土完整”的名义迫使日本放弃了辽东半岛。作为对“保护”的酬谢，西方列强要求中国在领土和贸易上做出让步，其中包括90个通商口岸。

义和团运动

1900年，慈禧太后周围的大臣纵容了一系列排外活动，这就是义和团运动。美国、日本和欧洲列强的联军镇压了这场运动，并占领了北京。中国的不堪一击刺激了日本和俄国，它们开始争夺矿藏丰富的东北地区。

736

日本参与镇压义和团运动证明了它在东亚的军事实力。1905年，日本在日俄战争中击败俄国，震惊了世界。《朴次茅斯条约》宣告了战争的结束，日本成为朝鲜的保护国。尽管西方想遏制日本这个小伙伴，但日本还是在继续扩大它的影响力。日本获得了中国东北的南部地区的控制权，那里的工业和铁路使日本的实力进一步提升。1910年，日本最终吞并了朝鲜，加入到世界殖民帝国的行列。

本节回顾

太平天国运动、慈禧操控的反动政权和西方列强的要求削弱了中国。

相反，日本有了工业实力和军事实力，成了又一个帝国主义国家。它趁中国虚弱之时强占了朝鲜、中国台湾和中国东北的南部地区。

结 语

第一次世界大战于1914年爆发后，许多人，特别是欧洲人，都将1850—

1914年这段时间视为黄金时代。对某些人来说，这个时期从某种意义上讲的确是黄金时代。工业化这股激流改变了欧洲、北美和东亚。当航运业和铁路运输四通八达时，电力、钢铁、化工和全球电报网等新技术使工业国变得富强。

有了这些新技术，人们开始渐渐地遗忘了大灾难——饥荒、战争和传染病。清洁的饮用水、电灯和铁路开始改变城市居民，甚至是穷人的生活。市政服务使城市变得更安全、更有秩序。来自远方，甚至是来自另一个大陆的大批商品源源不断地出现。中产阶级妇女还是专注于家庭事务，她们生活在与男性完全不同的“各自领域”。许多劳动阶层的妇女在纺织厂找到了工作，但这样的外出工作并没有减少她们对家庭、对抚养孩子的责任。

虽然卡尔·马克思预言工人和资本家将展开激烈斗争，但在欧美，社会主义在更大程度上变成了一场思想运动。通过工会的努力，工人得到了一些尊重，工作环境也变得更安全了。到世纪之交，西欧进行了自由主义政治改革。在美国，男性普选权成了法律赋予的权利。许多欧洲国家也在19世纪80年代承认了男性普选权。

民族国家是这些变革的主体。直到19世纪60年代，民族主义都与自由主义息息相关，但保守派用公共教育、兵役和殖民征服树立了国家感。到1871年，意大利和德意志都成了统一国家。在日本，明治维新恢复了天皇的权力，也反映出了西方的影响。

世界经济、国际政治，甚至文化和社会问题都是围绕着少数几个强国展开的，它们相信自己掌握了世界命运。这些强国包括前一个世纪最强大的欧洲国家和三个新兴国家——德国、美国和日本。

进一步阅读文献 737

Anderson, Benedict. *Imagined Communities: Reflections on the Origin and Spread of Nationalism*. 1991. 介绍了民族主义是如何在欧洲传播的。

Branca, Patricia. *Silent Sisterhood: Middle-Class Women in the Victorian Home*. 1975.讨论了维多利亚时代的道德是如何影响妇女的。

Craig, Gordon A. *Germany, 1866–1945*. 1980.很好的观点。

Duus, Peter. *The Rise of Modern Japan*, 2nd ed. 1998.对日本明治维新做出了清楚的解释。

Fairbank, John King. *The Great Chinese Revolution, 1800–1985*. 1987.综述了中国的衰落和复兴。

Hobsbawm, E. J. *Nation and Nationalism Since 1780*. 1990.主要关注欧洲。

Landes, David. *The Unbound Prometheus: Technological Change and Industrial Development in Western Europe from 1750 to the Present*.一部经典的叙述史。

Lindemann, Albert. *A History of European Socialism*. 1983. 也涉及劳工运动。

Moore, Barrington. *The Social Origins of Dictatorship and Democracy*. 1966.一篇关于欧洲社会的经典文章。

Pflanze, Otto. *Bismarck and the Development of Germany*. 1990.在俾斯麦的传记中，这本书是最好的。

Read, Donald. *The Age of Urban Democracy: England, 1868–1914*. 1994.一部非常好的社会史。

Rogger, Hans. *Russia in the Age of Modernization and Revolution, 1881–1917*. 1983.讨论了西方影响如何侵蚀沙皇帝国。

Sked, Alan. *The Decline and Fall of the Habsburg Empire, 1815–1918*. 1989.讨论了民族主义如何毁灭奥地利。

Spence, Jonathan D. *The Search for Modern China*. 1990.对复杂社会的经典说明。

Stearns, Peter. *The Industrial Revolution in World History*. 1993.关于工业化第一部真正的全球史。

Tilly, Louise, and Joan Scott. *Women, Work, and Family*. 1987.全面讨论了西方妇女的历史。

Weber, Eugen. *Peasants into Frenchmen*. 1976.描述了法国作为一个国家的形成。

注 释

[1] 引自Bonnie S. Anderson and Judith P. Zinsser, *A History of Their Own: Women in Europe from Prehistory to the Present*, vol. 2 (New York: Harper & Row, 1988), 372, 387。

第28章

新帝国主义
（1869—1914年）

本章纲要

思考

工业国征服新领土的动机是什么？他们用了什么方法？

为什么帝国主义者要攫取非洲的自然资源？他们的出现对非洲环境有什么影响？

帝国主义在亚洲产生了什么社会影响和文化影响？

在拉丁美洲，帝国主义的经济动机是什么？

帝国主义如何推动世界经济的增长和全球化？

739

苏伊士运河：在埃及苏伊士地峡开凿的航船运河，由斐迪南·德·雷赛布设计。1869年通航，缩短了欧洲到亚洲的航程。它在战略上的重要性促使英国于1882年占领了埃及。

1869年，埃及赫迪夫（khedive，总督）伊斯梅尔邀请了所有信仰基督教的欧洲贵胄和信仰伊斯兰教的亚非王公（除了他名义上的君主奥斯曼苏丹）来庆祝**苏伊士运河**竣工，这条运河是19世纪最伟大的工程。1 600名来自中东和欧洲的政要齐聚塞得港（Port Said）。一名法国记者写道：

> 这些来自世界各地的人呈现出了一幅丰富多彩而又单一的景象。我们看到，所有种族都出席了这场人类文明的庆典，东方人穿着五光十色的衣服，非洲部落酋长穿着宽大的外套，切尔克斯人穿着军装，来自印度的英国军官戴着饰有薄纱的平顶筒状军帽，匈牙利巨头穿着他们的民族服装。[1]

伊斯梅尔想用这样的场景突出欧亚非民族间的和谐与合作，也表明埃及不但是个独立的国家，而且可以与列强平起平坐。为了庆祝苏伊士运河的竣工，伊斯梅尔还邀请了伊斯兰教、东正教和天主教的神职人员。一位记者写道："伊斯梅尔想用这些来象征人类的团结和神面前的手足之情，没有宗教差别；东方首次举办含有如此深意的聚会，一起庆祝并祝福一个重要事件和一项伟大工程。"[2]

运河确实是项伟大的成就，但与伊斯梅尔理解的有所不同。通过苏伊士运河，欧洲和印度之间的航行时间缩短为不到两周，而绕行非洲至少要一个月。运河降低了运费，促进了航运业和轮船制造业的发展，使拥有重工业和大量海外贸易的国家（相较于那些商船不多的陆上帝国和国家）更加受益。英国是得利最多的国家。法国提供了一半的资金和大部分的工程师，但它与亚洲的贸

苏伊士运河开通 当运河于1869年开通时，成千上万的知名人士和普通百姓在围观通过的船只。

易少于英国，因此是第二大受益国。埃及提供了另一半的资金和大部分的劳动力，因此是输家。苏伊士运河并没有使埃及变得强大和独立，却为英国提供了侵略和占领埃及的借口。

运河没有开启一个新时代，即三个大洲信仰三种宗教的不同民族和谐共处 740
的新时代，它反而掀起了一波欧洲统治亚非的高潮。1869—1914年，德国、法国、英国、俄国、日本和美国凭借工业技术，将自己的意志强加给世界非工业地区。历史学家将这种行为称为**新帝国主义**。

新帝国主义：历史学家术语，指19世纪末20世纪初由欧洲列强、美国和日本掀起的一波征服。为了获得利益，这些国家对新占领的地区采取了既剥削又发展的政策。

28.1 新帝国主义：动机和方法

欧洲的帝国主义有很长的历史，可以追溯到12世纪。在19世纪的前六七十年，欧洲列强继续扩大它们在海外的影响（见第26章）。新帝国主义的特征是迅速占领，其占领速度比16世纪西班牙人的征服还要快。1869—1914年，欧洲人在以一种前所未有的速度抢占土地。欧洲人攫取了非洲和中亚的部分地区，欧洲人和美国人也抢占了东南亚和太平洋地区的土地。在此期间，欧美国家统治了大约1 000万平方英里（2 600万平方公里）和1.5亿人。

新帝国主义并不只是攫取土地。帝国主义国家还凭借经济和技术手段对依附于它们的地区进行重构，将这些地区卷入世界经济，让它们提供原材料，消费工业品。在非洲和世界其他地区，征服和殖民统治就起到了这样的作用。尽管拉丁美洲的共和国在政治上取得了独立，但它们的经济还是依附于欧美国家。

是什么驱使欧美国家进行海外冒险，把它们的意志强加给其他社会呢？这些行为都有政治、文化和经济三方面的动机。

28.1.1 政治动机

19世纪后期，无论是强大的国家还是像意大利、葡萄牙、比利时这样稍弱一点的国家，都对自己的地位很敏感，都在争取自己的地位。1871年普法战争失败后（见第27章），法国领导人想通过海外扩张来重建国家威信。英国是世界上最大的帝国，它需要在非洲东部和东南亚占领殖民地，以确保印度无虞。德国首相奥托·冯·俾斯麦对获取殖民地没多大兴趣。但很多德国人认为，像德国这么重要的国家需要有一个引人关注的海外帝国。

并不是只有宗主国首都的政治家才有政治动机。殖民地总督，甚至是派驻到最远殖民据点的官员，都在施展着自己的外交手腕。他们经常在竞争对手到达某一地区之前宣布对这一地区拥有主权。边境冲突表明，战胜邻邦比保持和平还要容易。面对边境冲突时，在殖民地的统治者会先用军队占领邻邦的土地，之后才通知本国政府。各国政府都觉得有义务支持自己一方。欧洲列强用这种方法强占了许多西非和东南亚的土地，以及太平洋上的岛屿。

28.1.2 文化动机

19世纪晚期，基督教在欧洲和北美复兴，天主教和新教都建立了新的差会（missionary societies）。他们不仅有宗教目的——使那些不信上帝的“异教徒”皈依基督教，还有文化目的。他们想废除非洲的奴隶制，将西方的教育、医药卫生和一夫一妻制推广到全世界。

宗教工作吸引很多妇女投身差会，赴海外充当教师和护士。虽然她们没有直接挑战殖民主义，但她们的影响往往有助于柔化残酷的殖民统治，例如，她们呼吁人们关注妇女的生育问题和健康问题。英国传教士玛丽·斯莱索尔
741 （Mary Slessor）与尼日利亚东南部的人民生活了40多年，她反对奴隶制、人祭

大事年表

	非洲	亚太地区	拉丁美洲
		1862—1895年，法国占领中南半岛 1865—1876年，俄军进入中亚	
1870年	1869年，苏伊士运河开通 1874年，英国和阿散蒂（黄金海岸）爆发战争 1877—1879年，英国与科萨人和祖鲁人（南非）爆发战争 1882年，英国占领埃及 1884—1885年，柏林会议；利奥波德二世获得刚果自由邦	1878年，美国获得了帕果帕果港（萨摩亚） 1885年，英国完全征服缅甸 1887年，美国获得珍珠港（夏威夷）	1870—1910年，阿根廷、巴西和墨西哥出现了修建铁路的热潮
1890年	1896年，埃塞俄比亚在阿杜瓦战役中击败意大利 1898年，恩图曼战役	1894—1895年，中国在甲午战争中战败 1898年，美国吞并了夏威夷和关岛，并从西班牙手中购买了菲律宾	1895—1898年，古巴人发动起义，反抗西班牙的统治 1898年，美西战争；美国吞并了波多黎各和夏威夷
1900年	1899—1902年，在南非，阿非利卡人和英国人爆发战争 1902年，阿斯旺水坝竣工	1899—1902年，美军占领了菲律宾 1903年，俄国建成了西伯利亚铁路 1904—1905年，俄国在日俄战争中战败	1901年，美国将《普拉特修正案》强加给古巴 1903年，美国支持巴拿马从哥伦比亚独立 1904—1907年，1916年，美军占领多米尼加共和国 1904—1914年，美国修造巴拿马运河
1910年	1908年，比利时吞并刚果		1912年，美军占领了尼加拉瓜和洪都拉斯

和杀双胞胎，还为妇女权利而奔走。在印度，传教士谴责童婚和殉节（在丈夫的葬礼上焚烧寡妇）的习俗。这些观点经常会与当地人的习俗相冲突。

种族主义

道德责任感和文化优越感不是传教士独有的。许多欧美人将技术创新等同于进步。这些人认为，西方技术反映出他们在观念、习俗和文化上的优越。更有害的是种族主义观念，它将非欧洲人视为永恒的劣等民族。种族主义者将生物进化的不同阶段和不同的人种、文化进行了一一对应（见第27章）。他们以体貌特征将人类划分为几个不同人种，将他们按等级排列起来，从高到低分别是“文明”“半野蛮”“野蛮”和最低等级的“蒙昧”，而白人总属于最高等级。

这些观念常常成为他们永远统治亚洲人和非洲人的借口。

在和平时期，年轻人在国内没有获得冒险和荣耀的机会，就赴海外去寻找。起初，欧洲人和议会对海外冒险不屑一顾，甚至是反对。但在19世纪80年代，一些轻松的胜利使他们转向积极。在这个时期，美国完全专注于向西扩张。但到90年代，公众的注意力开始转向美国以外的地区。19世纪后半叶，报
742 纸拥有大量读者。这些报刊发现，报道战争和征服可以提高销量。到19世纪90年代，帝国主义成为一种公共事业——那个时期民族主义的海外扩张。

28.1.3 经济动机

欧洲和北美的工业化扩大了对原材料的需求——制造电线需要铜，制作金属罐需要锡，钢铁行业需要铬和锰，蒸汽机需要煤，而最重要的是黄金和钻石。对工业原料作物（如棉花和橡胶）的需求在增加，对刺激品（如糖、咖啡、茶和烟草）的需求也在增加。这些热带产品从来都是供不应求。

一场从19世纪70年代中叶持续到90年代中叶的经济危机使许多欧洲商人开始寻求保护，以抵挡来自国外的竞争。他们认为，本国政府应保证热带原材料的供应安全，也要保护工业品的销售市场。本国商机的减少促使企业家和投资者去亚洲、非洲和拉丁美洲寻找利润。由于赴异国投资是非常危险的，因此商人们希望得到政府的支持，更确切地说是希望得到军队的支持。

这些就是欧洲人和美洲人向外扩张其影响力的原因。然而，这些动机并不足以解释那个时代发生的所有事。使他们能够征服非洲、促使“异教徒”皈依基督教和开办种植园的，是他们陡然增强的实力，这种实力使工业民族能够控制非工业民族。先进的技术既可以解释新帝国主义的动机也可以解释它的结果。

28.1.4 帝国主义者的手段

为了取得成功，构建帝国的人需要找到一些途径，以合理的代价达到他们的目标。工业革命为他们提供了这些途径（见第23章）。19世纪早期，技术创新使天平偏向了欧洲一方。

航运

欧洲人从大约1500年就开始主宰海洋，轮船的诞生更使他们如虎添翼。第一艘蒸汽船于1825年到达印度，19世纪30年代出现了规范的邮政服务。苏伊士运河的落成和更高效的发动机促进了印度洋航运和东亚航运的繁荣。连接欧洲

和北美的海底电报电缆于19世纪60年代铺设完成，70年代连接到了拉丁美洲和亚洲，80年代连接到了非洲，1904年成功地跨越了太平洋。

炮舰

欧洲人的炮舰政策在中国、缅甸、中南半岛和刚果盆地取得了很大成功。虽然炮舰为欧洲人入侵各大河流域开启了大门，但侵略者经常还会遇到其他自然障碍。恶性疟疾只存在于非洲，对欧洲人是致命的，19世纪50年代以前，患病的探险者很难幸存下来。1854年，一名英国医生发现了奎宁，只要每天按时服用，就可以不患这种恶性疟疾。这种防疫措施降低了西非白人的年均死亡率，死亡率从19世纪早期每千人死亡250—750人下降到1850年每千人死亡50—100人。死亡率的下降为商人、官员和传教士进入非洲创造了条件。

枪炮

杀伤力更强的新式武器在19世纪六七十年代出现，这打破了欧洲人和其他民族的力量平衡。其中一项是后膛枪。后膛枪准确射击的速度是普通步枪的10倍，射程也是普通步枪的5—6倍。70年代，欧美所有军队都装备了这种新式来复枪。连发步枪可以在15秒内发射15枚子弹。90年代，欧美军队开始使用每秒发射11枚子弹的机枪。欧洲武器的改进加大了火力上的差距，殖民征服比以往更容易了。到19世纪八九十年代，由数百人组成的欧洲军队可以击败成千上万人的非欧洲军队。非洲和亚洲的士兵用前膛枪和长矛与最先进的武器抗衡，无论他们有多少人，无论他们有多勇敢，都没有取胜的机会。

恩图曼战役：英国于1898年战胜苏丹马赫迪的战役。基奇纳将军率领了一支装备快枪和机枪的英埃联军。

743

最典型的例子是苏丹的**恩图曼战役**（Battle of Omdurman）。1898年9月2日，为了报1885年败于查尔斯·戈登将军之仇（见第25章），4万苏丹人袭击了一支顺尼罗河而上的英埃联合探险队，这支探险队由6艘轮船和4艘其他船只组成。赫瑞修·基奇纳将军（General Horatio Kitchener）的部队装备了20挺机枪和4门火炮；而苏丹人使用的是普通步枪和长矛。在几小时之内，1.1万苏丹军阵亡，而英军仅阵亡48人。

28.2.5　殖民者和殖民政府

一旦殖民者占领了某一地区，宗主国政府就希望他们能弥补占领的成本，如果可能的话，还应回馈给宗主国一些好处。为宗主国的利益管理和剥削殖民地，这一体系被称为**殖民主义**。例如，在西非或中南半岛沿岸，可以向大量的贸易征税。而在其他地区，只有投资和对原住民社会的彻底改造才能产生利润。殖民者将现代科技和工业手段用于殖民地，改造亚非的社会和自然风貌，

殖民主义：一个国家管理外国的领土，并为殖民国家的利益开发殖民地资源的政策。

恩图曼战役 19世纪晚期，欧洲军队与非洲军队之间的战争大多出现了一边倒的情况，因为双方在武器装备和战术上有较大差距。1898年的恩图曼战役就是个生动的例子。马赫迪军——其中一部分人在马上——装备的是长矛和单发步枪。英埃联军站在前沿，他们的连发枪和机枪比苏丹军的单发步枪射击速度快。因此，苏丹军伤亡惨重，而英埃联军伤亡很少。

这一进程一直持续到今天。

白人移民

那个地方是否有欧洲移民是一个重要因素。在加拿大、澳大利亚和新西兰，到1869年白人已占人口的大多数，英国鼓励他们选举自己的议会，实行自治。在阿尔及利亚和南非等地，欧洲移民虽然数量巨大，但仍是社会中的少数，殖民者和宗主国力求控制原住民。在鲜有白人移民的殖民地，欧洲总督则实行独裁统治。

在新帝国主义刚刚出现的时候，殖民地的行政体系包括总督及其部属，维持秩序的军队以及少量收税官和地方官员。殖民主义的运作要依靠当地的精英，因为殖民政府的财政能力只能为不多的官员支付薪水。在多数情况下，殖
744 民地总督要与当地统治者进行合作。殖民政府也要培训一些年轻人从事文员、

一位在殖民地的夫人 19世纪，许多热带殖民地没有几条好路，但劳动力十分充足。欧洲殖民官员和他们的妻子经常乘坐轿夫（porter）抬着的轿子出行。这是1828年一位夫人在印度的形象。

护士、警察和海关检查员之类的“现代”工作。因此，殖民主义要依靠两类相互对抗的本土精英。

白人妇女

欧美妇女很少参与早期殖民扩张。之后，随着和平的殖民主义取代了征服，轮船和铁路的发展使旅行变得愈发容易，殖民地官员和移民开始把他们的妻子带到殖民地。在亚洲和非洲，白人妇女的到达加剧了当地的种族隔离。尼日利亚殖民地官员的妻子西尔维亚·李兹-罗斯（Sylvia Leith-Ross）解释说：“当你独自一个人，而周围是成千上万不认识的不可预测者时，奇怪的景象和声音会使你头晕目眩，奇怪的生活方式和思维方式会把你惊呆，你需要知道你是谁，你从哪儿来，你的标准是什么。”[3]许多到达殖民地的妻子发现，她们可以对无数侍从发号施令，她们需要遵守殖民地复杂的礼节，以便和丈夫的职位相称。一些妇女只要发现有机会便会主动做些工作，通常是涉及当地妇女和儿童的慈善活动。尽管是出于善意，但她们的努力一般要从属于男性的工作。

本节回顾

1864—1914年，欧洲人和美国人征服了1 000万平方公里的土地和1.5亿人。

本节回顾

欧洲列强扩张的动力来自于它们的政治竞争。

传教士和新闻界支持对外征服。商人也希望能对外投资，销售他们的商品，获得原材料。

新工业技术（炮舰、来复枪和奎宁）使得欧洲人可以征服其他地区。

殖民地官员改造了殖民地社会及其所统治的民族，白人妇女也参与了这项事业。

28.2 瓜分非洲

直到19世纪70年代，内部势力和伊斯兰教的传播一直主导着非洲历史（见第26章）。除了阿尔及利亚和非洲南部，只有极少数的欧洲人到访过非洲内陆，欧洲国家只在沿海地区占据一些小据点。1879年的时候，非洲人还主宰着90%的非洲大陆。但在10年之内，欧洲列强开始入侵、争夺非洲，这一运动通常被称为**“瓜分”非洲**（见地图28-1）。埃及是重要的例子，因为它是非洲最富有、人口最多的国家。我们就从埃及说起。

“瓜分”非洲：19世纪八九十年代欧洲列强对非洲的突然征服。英国获得了非洲东部的大部分地区，法国获得了非洲西北部大部分地区。其他国家（德国、比利时、葡萄牙、意大利和西班牙）也获得了少量领土。

28.2.1 埃及

具有讽刺意味的是，欧洲国家之所以会介入埃及，是因为埃及想摆脱奥斯曼帝国的统治。整个19世纪中叶，埃及赫迪夫努力使军队现代化；修建运河、
745 港口、铁路和其他公共工程；调整农业结构，促进农业产品（特别是棉花）出口（见第23章和第26章）。修建苏伊士运河也是这些政策的一部分。赫迪夫伊斯梅尔甚至想把埃及变成一个大帝国的中心，这个帝国向南延伸至苏丹和埃塞俄比亚。

为了实现这些野心，埃及总督向欧洲债权人借贷了巨额高息贷款。到1876年，埃及的外债已上升至1亿英镑，仅利息一项，就消耗掉了外贸出口收入的1/3。为了避免破产，埃及政府将苏伊士运河的股份卖给了英国，并让四名外国“债务委员”监控本国财政。英法的银行家还不满意，他们游说本国政府采取更严厉的措施以保证贷款安全。1878年，两国政府迫使伊斯梅尔任命一名法国人担任公共工程大臣，任命一名英国人担任财政大臣。当高税收使国家举步
746 维艰、民怨沸腾的时候，英国和法国向奥斯曼帝国苏丹施压，要求废黜伊斯梅

尔。外国的干涉引起了军官阿拉比·帕夏（Arabi Pasha）领导的武装起义，这场起义威胁到了苏伊士运河。

英国占领埃及

1882年，英国向埃及派遣了军队，以保护其投资。苏伊士运河对英国的海上霸权至关重要，因此英国把持运河长达70年之久。在这些年里，英国"间接地"统治着埃及，也就是说，他们保留了埃及政府，给人一种埃及拥有主权的假象，但实权操控在英国人手中。

为了促进埃及的棉花生产，英国派工程师和承建商到埃及，在尼罗河上修建一座水坝，这座水坝在上埃及的阿斯旺，于1902年建成，它终止了尼罗河每年的洪水泛滥，使水量终年保持平稳。这样，农民就可以一年种两季或三季作物。英国给埃及带来了经济发展，但只有一小部分精英地主和商人（其中还有一部分是外国人）从中受益。埃及农民还要承担重税，这些重税主要用于偿还沉重的外债以及为英国驻军买单。西方的行为与伊斯兰教教义发生了冲突——如饮酒和妇女相对的自由，这触犯了穆斯林宗教领袖。多数埃及人认为，英国的统治比奥斯曼的统治还差。19世纪90年代，埃及的政治家和知识分子要求英国撤离埃及。

利奥波德二世：比利时国王（1865—1909年在位），他鼓励对中非的探险，并成为刚果自由邦的统治者（直到1908年）。

亨利·莫顿·斯坦利：英裔美籍探险家，以寻访大卫·利文斯通的探险著称。斯坦利帮国王利奥波德二世建立刚果自由邦。

28.2.2 西非和赤道非洲

当英国占领埃及的时候，法国正计划在西非内陆地区开疆扩土。法国的计划起于塞内加尔沿岸，那里已经被法国占领几个世纪之久了。法国人希望修建一条从塞内加尔河上游到尼日尔河上游的铁路，以便为法国商人打开内陆地区。这次轮到法军征服苏丹西部了。

萨沃尼昂·德·布拉柴：为法国工作的意大利探险家，法国政府派他宣布赤道非洲的部分地区属于法国，并于1880年建立了法属刚果的首都布拉柴维尔。

与此同时，有三个人而非政府占领了刚果盆地，这是一大片位于赤道非洲中心地带的森林（见地图28-1）。1879年，美国记者**亨利·莫顿·斯坦利**考察了这一地区（见第26章），并说服比利时国王**利奥波德二世**（Leopold II）将他的个人财产用于投资"开发"赤道非洲。得到利奥波德资助后，斯坦利返回了非洲。1879—1884年，他在刚果河南岸建立了许多贸易据点。与此同时，在法军中供职的意大利军官**萨沃尼昂·德·布拉柴**（Savorgnan de Brazza）同一位居住在对岸的非洲统治者签订了一份条约，将那片地区置于法国的"保护"之下。

柏林会议：德国首相奥托·冯·俾斯麦为协调瓜分非洲而召开的会议，使比利时国王利奥波德二世获得了刚果自由邦。

柏林会议

这些事件引发了一系列外交活动。1884—1885年，德国首相俾斯麦召集了关于非洲的**柏林会议**。在会上，主要大国一致同意，"有效占领"将取代以前

地图28-1 1878年和1914年的非洲 1878年，欧洲的殖民仅限于少数沿海地区、阿尔及利亚和南非的部分地区。但到1914年，欧洲人已经占领了除埃塞俄比亚和利比里亚之外的整个非洲。

非洲与欧洲之间的贸易关系。每个有殖民野心的国家都要派军队到非洲参与瓜分。作为对开启“瓜分”的回报，利奥波德二世以个人名义领有“刚果自由邦”，而法国和葡萄牙则占据了其余大部分非洲赤道地区。用这种方法，欧洲列强和利奥波德国王在纸上就瓜分了非洲。

“有效占领”需要许多年的努力。在西非内陆地区，穆斯林统治者抵抗法国入侵长达30年之久。法国鼓励德国对该地部分地区宣誓主权，鼓励英国从沿海贸易据点向北推进，直到三个国家完全占领了这一地区。

由于西非的贸易繁荣已经持续了很长时间，所以新统治者从现成的贸易网中受益匪浅。他们可以向商人和农民征税，投资利润丰厚的铁路和港口，向欧洲股东分红利。在黄金海岸（今加纳），英国贸易公司廉价收购非洲农民种植的可可，并在转售中获得了巨额利润。法属西非的内陆地区比较落后。虽然这一地区出产棉花、花生和其他作物，但在1914年之前，落后的运输制约了发展。

与西非相比，赤道非洲人口较少，也没有什么贸易。在刚果自由邦、法属刚果、安哥拉和莫桑比克的葡萄牙殖民地，殖民当局并不想直接管理这些辽阔的领土，它们将大片土地转给私人公司，允许他们垄断区内的自然资源和贸易。这些公司还有权雇佣士兵，向原住民征税。当局对这些公司的放任自流使
它们可以用枪口对着原住民，强迫他们种植经济作物，让他们把产品背到最近 747
的铁路或适于航行的河流。最严重的虐待行为发生在刚果自由邦。那里繁荣的橡胶业使私人公司有利可图，它们强迫非洲人进入森林，从蔓生植物中收集乳胶。一位刚果难民告诉负责调查这一暴行的英国领事罗杰·凯斯门特（Roger Casement）：

> 我们乞求白人放过我们，说我们再也搞不到橡胶了，但白人和他们的士兵说：“滚，你们这群畜生，你们就是块臭肉（nyama）。”我们经常深入森林，当我们没有搞到橡胶或橡胶太少时，士兵就会到我们的镇子上来，对我们大开杀戒。有些人被枪杀，有些人被割掉耳朵，还有些人被拴住脖子和身体，他们被带走了。[4]

1906年后，英国报业开始报道这些骇人听闻的事件。舆论随之哗然，橡胶业的繁荣也随之结束，比利时政府于1908年接管了利奥波德的私人帝国。

刚果河的蒸汽船 欧洲人占领刚果盆地后不久，新来的殖民统治者意识到他们需要改善交通。由于刚果河下游水流湍急，蒸汽船无法从海洋进入河流，要分解成部件由数千名刚果人拖过这段难以行进的地区。在这张图上，各种部件已经运抵斯坦利潭（Stanley Pool），正在等待重新组装。

28.2.3 南非

阿非利卡人：南非人，17世纪荷兰、法国移民的后裔。19世纪，他们在大迁徙后创建了新殖民地。虽然是南非人中的少数，但他们在1910年后一直掌握着政权，推行种族分离制度，这种制度在1949年后被称为种族隔离。

1869—1914年，南非的历史在许多重要方面与非洲大陆其他地区的历史有明显不同。其中一点是这片土地一直在吸引移民。非洲的农牧民已经在这一地区定居几百年了。荷兰移民的后裔**阿非利卡人**生活在好望角。整个19世纪，他们都在向内陆迁徙。19世纪后期，英国的勘探者和移民到达了南非；最后，英国人还带来了印度人，这些印度人就留在了当地。

南非之所以会吸引欧洲移民，是因为它有优质的农牧场和丰富矿藏，如钻石、黄金、铜、煤炭和铁矿石。这是帝国主义者从西班牙帝国鼎盛时期就梦寐以求的新“黄金国”（El Dorado）。

钻石

748

1868年，在金伯利（Kimberley）发现了钻石，这吸引了成千上万的欧洲人和非洲人来南非找工作。英国（开普殖民地的统治者）于1871年吞并了钻石区，这触怒了阿非利卡人。在内陆，英国于1877年和1878年击败了科萨人。1879年，他们开始面对祖鲁人。祖鲁人是这一地区最强大的非洲民族。

塞奇瓦约（Cetshwayo）国王领导下的祖鲁人对阿非利卡人和英国人的步步进逼十分恼火。1879年，祖鲁人引以为豪的军事传统使他们同英国人爆发了战争。他们在伊桑德尔瓦纳（Isandhlwana）击败英军，但几个月后他们就战败了。塞奇瓦约被俘，随后遭到流放。祖鲁人的土地划归到白人农场主名下。然而，在那些痛苦的岁月里，祖鲁人的国家意识依然很强。

英国人和阿非利卡人的关系在英军入侵时就已经很紧张。当德兰士瓦的阿非利卡人共和国于1886年发现黄金时，双方的关系进一步恶化。淘金热很快出现，英国人的人数也迅速超过了阿非利卡人。

塞西尔·罗兹（Cecil Rhodes，1853—1902年）的野心对英国入侵南非起到了推波助澜的作用。他曾经宣称，如果可能的话，就连“星星也要吞并”。罗兹从金伯利的钻石矿获得了财富，建立了德比尔斯联合公司，这家公司从那时起就主导着世界钻石贸易。之后他开始从政。他鼓励一家特许公司——英国南非公司——向北进入中部非洲，在那里，他以自己的名字命名了两块殖民地：南罗得西亚（今津巴布韦）和北罗得西亚（今赞比亚）。居住在这一地区的恩德贝勒人（Ndebele）和绍纳人（Shona）奋起抵抗英国的侵略，但英军的机枪最终击败了他们。

塞西尔·罗兹：英国企业家和政治家，参与大英帝国从南非到非洲中部的扩张。南罗得西亚（今津巴布韦）和北罗得西亚（今赞比亚）就是以他的名字命名。

英国人与阿非利卡人对抗

英国想要吞并两个阿非利卡人的共和国——德兰士瓦和奥兰治自由邦，说英语的白人也涌入黄金产区和钻石产区，这些因素导致了南非战争。这场战争从1899年一直持续到1902年。开始的时候，阿非利卡人占据了主动权，因为他们有很强的机动性，拥有现代步枪，而且熟悉地形。但到1901年，英国45万大军击败了阿非利卡人的军队。而具有讽刺意味的是，阿非利卡人在1902年的失败却将他们引向了最终的胜利。由于维持海外事务耗资巨大，所以英国政府希望非洲的欧洲殖民地能像加拿大、澳大利亚和新西兰那样实行自治。因此，欧洲移民于1910年建立了南非联邦。在这个国家中，阿非利卡人成为一股占主导地位的力量。

与加拿大、澳大利亚和新西兰不同，南非人的主体是原住民，还有大量印度人和混血儿。但欧洲人也为数众多，足以要求自治；他们的力量也很强，完全可以不给上述三种人投票权和其他公民权。1913年，南非议会通过了《原住民土地法》，将非洲人赶入保留地，并禁止他们在其他地方拥有土地。这项法案和其他种族主义政策将南非变成一块充满种族隔离和压迫的土地。

28.2.4 政治影响和社会影响

在欧洲人入侵的时候，非洲有着多种多样的社会形式。非洲大陆的部分地区有由贵族统治的古老王国，也有商人阶层主导的商业城镇。而在另一些地区，农业民族居住在村子里，他们不受任何政府制约。还有些地区，牧民是以军事化编制的。在一些偏远地区，人们靠狩猎和采集为生。这些社会用不同方式反抗欧洲的入侵也就不足为奇了。

合作者和抵抗者

有些民族对入侵者采取了欢迎的态度，他们要联合这些外来者对抗本地敌人。一旦确立了殖民统治，他们就会去政府或欧洲公司求职，并将他们的孩子送到教会学校。作为回报，他们会优先享受诊所和使用道路。但游牧民族或尚武的民族就会进行顽强抵抗。这样的例子很多，从南非的祖鲁人和恩德贝勒人，到西南非洲（今纳米比亚）游牧的赫雷罗（Herero）人。赫雷罗人于1904年发动了反抗德国人的起义。为了镇压起义，德国屠杀了2/3的赫雷罗人。在撒哈拉以南的萨赫勒草原，一群有感召力的领导人以纯洁伊斯兰教的名义，聚集了一大批战士，发动了一次被称为吉哈德的反抗，这次反抗既有宗教的因素，也有建国的色彩。这些领导人最终都参与了反对欧洲军队的战斗，但却以失败告终。

阿散蒂：位于黄金海岸的非洲王国，1860年后开始迅速扩张。阿散蒂参与了大西洋经济，出口黄金、奴隶和象牙。在1902年并入英属黄金海岸殖民地之前，阿散蒂抵抗英国长达25年之久。

749

一些与欧洲有长期贸易关系的商业国家也起来反抗。黄金海岸的**阿散蒂**王国在彻底被征服之前，于1874年、1896年和1900年发动了起义。在尼日尔三角洲，有着丰富艺术宝藏的古城贝宁，直到1897年还在抵抗殖民统治。英国发动了一次“讨伐”，将贝宁付之一炬，艺术品则被运往欧洲。

埃塞俄比亚的胜利

孟尼利克：埃塞俄比亚皇帝（1889—1911年在位）。他将埃塞俄比亚扩张到现在的版图，在阿杜瓦击败了意大利的入侵（1896年）。

有一场抵抗运动取得了成功，不但震惊了非洲人，而且也震惊了欧洲人。1889年，当**孟尼利克**成为埃塞俄比亚皇帝的时候（见第26章），他的国家在西面受到苏丹穆斯林的威胁，在东面受到控制红海沿岸的法国和意大利的威胁。在许多年里，埃塞俄比亚购买了大量欧洲和美国的武器。当意大利想成为埃塞俄比亚的保护国时，他们发现埃塞俄比亚军队装备了成千上万支来复枪，甚至还有机枪和大炮。意大利派出2万军队进攻埃塞俄比亚。但在1896年，规模更大、训练更好的埃塞俄比亚军队在阿杜瓦（Adowa）击溃了意军。

大多数没有参加对欧作战的非洲人还在以传统的方式生活着。他们发现维持传统生活越来越困难，因为殖民统治颠覆了每一个传统社会。殖民官员的出现，意味着当地人将很难再控制土地权、商业交易和法律纠纷，意味着旧有的统治者将失去权力，除非欧洲人还继续用他们进行统治。

非洲的土地和劳动力

土地所有权的变化尤其具有破坏性，因为大多数非洲人都是农夫和牧人，对他们来说，土地是必不可少的。在人口密度高的地区，如埃及和西非，殖民者让农民待在原地，要他们种植经济作物，然后在收获时征税。在其他地方，新统治者将未被种植的土地视为“闲置的”，将其分给私人公司或欧洲的农牧场主。在肯尼亚、北罗得西亚和南非，欧洲人非常喜欢当地的土地和气候。白人移民将非洲人变成新开垦地的定居者、佃农，或让他们在世代耕种的土地上当帮工。在南非，他们迫使许多非洲人离开他们的土地，进入“保留地”。

虽然殖民者对非洲的土地怀有野心，但他们对劳动力更感兴趣。他们不想支付能吸引工人的高工资。相反，他们还在强行征收林林总总的税，如户头税和人头税，完全不顾及非洲人的收入。为了筹到钱，非洲人除了接受欧洲人提供的工作外别无选择。非洲人就以这种方式进入了种植园、铁路和其他现代企业。在南非，非洲矿工的平均工资只是欧洲人的1/10。

多样性与主流

两个非洲人对欧洲人到来的回忆 750

我们从征服者的角度了解了很多欧洲人深入非洲内陆的情况，但我们对非洲人如何看待这些事件知之甚少。下面是两个非洲妇女的陈述，一个来自北尼日利亚，英国人夺走了她的土地；另一个来自刚果自由邦——比利时国王利奥波德二世的殖民地。她们的叙述不但能说明非洲人如何看待欧洲的殖民统治，而且可以说明非洲人看法的多样性。

尼日利亚妇女卡洛的巴巴（Baba）对她童年的回忆：

欧洲人刚到的时候我还是个少女。我们当时还非常小，马拉姆（malams）曾经说，欧洲人要坐一种叫火车的东西来，他们要坐一种叫汽车的东西来，他们坐在里面，一刹那就到了。他们将停止战争，他们将修正世界，他们将终结压迫和无法无天的行为，我们可以与他们和平共处。我们经常静静地坐着，听这些预言。

我记得欧洲人是骑马到的卡洛（Karo），一些步兵进了镇子。每个人都跑出去看他们，但在哲勒瓦（Zerewa），当地人没有见过欧洲人。卡洛的每一个人都奔跑呼喊："欧洲人来啦，欧洲人来啦！"

当时于苏甫（Yusufu）是卡洛的国王。他不喜欢欧洲人，不希望他们来，也不会和他们签条约。之后，他说他不得不签，于是就签了。我们哈伯人（Habe）希望欧洲人来，但富兰尼人（Fulani）却不喜欢他们来。欧洲人到了哈伯，如果你为他们工作，他们就会给你工钱。他们并不像富兰尼人，天天叫喊着："平民，给我这个！平民，给我那个！"是的，哈伯人希望欧洲人能来，他们认为欧洲人不会伤害他们。

欧洲人说将不再有奴隶；如果一个人说"奴隶"，你可以去找阿尔卡利（alkali）控告他。阿尔卡利将惩罚说这话的奴隶主，法官会说："这是欧洲人已颁布法令规定的。"第一道命令说，任何奴隶，如果他比你小，他就是你的弟弟，如果他比你大，他就是你的哥哥——在主人的家中，所有人都是兄弟。所有人都不能再用"奴隶"这个词。废除奴隶时，在我们伦基（rinji）什么都没发生，只有一些被带到市场的奴隶逃跑了。我们的父亲去他的农场干活儿，他和他的儿子拿起了他们的大锄头；他们将闲置的农场租了出去。我的父亲陶虎（Tsoho）与我的兄弟卡迪雷（Kadiri）和巴巴波（Babambo）一起工作，他们种植高粱、粟、花生和其他的东西；在过去，他们监督着奴隶干就可以了，但他们现在要亲自干了。

刚果妇女伊兰格（Ilanga）讲述她被刚果自由邦当局抓捕的经过：

……我们都在种植园里忙着锄地，因为是雨季，所以杂草长得特别快，这时一个人跑进村子，说来了一大群人，他们都戴着红色的帽子，穿着蓝色衣服，拿着枪和长刀，还有许多白人跟着他们，为首的是克巴兰嘎（Kibalanga）（米乔克斯［Michaux］）。尼恩多（Niendo）立刻将头人叫进他的屋子，这时敲响了召集全村人的鼓声。经过长时间的磋商，他们告诉我们，安静地到田里去，为新来的战士摘花生和木薯，为白人准备山羊和家禽。妇女们带着篮子下地，将东西装满了篮子，然后把篮子放在路上，东西太多，把路都堵住了。之后，尼恩多命令人们回去，安静地坐在屋子里等他的指令。我们就照做，安静地坐着，这时尼恩多和头人去见白人的首领了。我们不知该想些什么，出现这么多全副武装的人，大多数人都有些不祥的预感；但尼恩多认为，既然我们给了他们这么多食物，他就可以说服他们不伤害我们。事实的确如此，士兵们拿走了篮子，然后在白人的命令下穿村而过。许多士兵都向屋里张望，还向我们喊些我们听不懂的话。他们走了之后，我们感到很高兴，因为我确实非常害怕这些白人和那些奇怪的士兵，众所周知，他们走到哪里，就会把战争带到哪里…… 751

他们走了之后，我们又去干活儿了，希望他们别再回来；但他们很快就回来了。像上次一样，我们给了他们大量的食物；但这次克巴兰嘎没有很快离开，而是在村子附近扎下营寨，他的士兵来偷我们的山羊和家禽，还糟蹋我们的木薯。但我们都顾不上了，只要他们不伤害我们。第二天早上，白人离开了；但太阳爬上山头后不久，一大队士兵开进了村子，我们只好坐在屋子里。我们坐下不久，士兵们大叫着横冲直撞，还用枪威胁尼恩多。他们冲进屋子，把人都拽了出去。有三到四个士兵也闯进我家，去抓我，还有我的丈夫奥勒卡（Oleka）和我的姐妹卡婷格（Katinga）。他们把我们拽到路上，用绳索系住我们的脖子，这样我们就逃不掉了。我们放声大哭，到现在我们终于明白了，我们将被带走，成为奴隶。士兵们用他们枪上的铁棒打我们，把我们集中到克巴兰嘎的营地，克巴兰嘎命令将妇女分开绑，一条绳索上拴十个，男人也是如此。他们把我们集中起来，这时我们才发现，这里还有其他村子的人，还有许多旺涅多人（Waniendo），士兵们让我们拎着装有食物的篮子，一些篮子里装的是熏制的人肉。

我们很快出发了。我的姐妹卡婷格怀里抱着她的婴儿，所以没有提篮子；但我的丈夫奥勒卡却要带一只山羊。我们一直走到中午，然后在一条小溪旁安顿下来，我们终于喝到水了，我们太渴了。我们什么也没吃，因为士兵什么都不给我们，我们只好躺在地上，就这样睡了一夜。第二天，我们继续前行，中午休息的时候我们得到了一些玉米和车前草，这些东西是从附近的村子搜罗来的，村里的人已经跑了。我们每天都在走，到第五天，士兵抢走了我姐妹的孩子，把他扔到草丛里，任其死去。他们让她拿一些从废弃的村庄中找到的烹饪用具。到第六天，我们已经非常虚弱了，因为我们缺乏食物，还要不断赶路，而且每天要睡在湿草里。我丈夫和那只山羊掉队了，他连站都站不住了，他坐在路边，再也不走了。士兵们开始打他，但他还是不走。一个士兵用枪托打他的头，他倒在了地上。一个士兵牵过山羊，另外两三个士兵用枪上的刺刀扎入了他的身体。我看到血喷了出来，之后就再也看不到了，因为我们刚刚跨过一道斜坡，他不在我的视野中了。他们用同样的方法杀了许多年轻人，还将许多婴儿丢进草丛，任其死去。有些人逃跑了；但我们被看得滴水不漏，逃跑势比登天。

资料来源：M. F. Smith, ed., *Baba of Karo: A Woman of the Muslim Hausa* (New York: Philosophical Library, 1955), 66–68. Edgar Canisius, *A Campaign Amongst Cannibals* (London: R.A.Everett & Co., 1903), 250–256. Used by permission of the Philosophical Library.

分析问题

巴巴和伊兰格如何回忆欧洲人到来之前的生活？

第一次听说欧洲人要来的时候，她们有什么期待？之后，在她们身上、她们亲戚的身上和她们的家乡发生了什么？

如何解释两种叙述的差异？

750 一些非洲人进入城市和矿区，去寻找比务农更好的生活。有些人移民到了很远的地方，一待就是几年。大多数移民是男性，他们把妻子、孩子留在位于保留地的家中。有些时候，当局不允许他们携带家小，不允许他们永久居住在城镇里。这使非洲妇女陷入了困境，因为当男人不在的时候，她们不得不为家人种地谋食或去照顾生病和年老的工人。夫妻间的长期分居助长了卖淫行为，也加速了性病的传播。

非洲妇女

一些非洲妇女对殖民统治表示欢迎，因为它可以结束争斗和抓捕奴隶，但还是有些妇女被捕获了（见“多样性与主流：两个非洲人对欧洲人到来的回忆”）。一些妇女成为富商或者拥有大量的牲畜。但总体说，在殖民主义所带来的经济变革中，妇女所受益处要少于男性。在有些地方，殖民者用私有财产取代了共有财产。而财产权是归一家之主的，也就是说，是归男性的。几乎所有的工作都对非洲人开放，甚至那些在欧洲被认为“属于女性的工作”，如护理和家政服务等，也都提供给了男性。

28.2.5 文化反应 751

非洲人接触传教士比接触其他欧洲人的机会要多。无论男女传教者，都开办学校，向乡村儿童教授阅读、写作和算术。他们也会教男孩一些手艺，如木工和锻造；教女孩一些持家的本领，如做饭、洗衣和育儿。

除了基本技能，教会学校培养的第一代非洲人还要学习西方的正义观 **教会学校**
和进步观。塞缪尔·阿贾伊·克劳瑟是一个从奴隶制下解放出来的约鲁巴人（Yoruba）。他幼年就读于塞拉利昂的教会学校，后来成为一名圣公会牧师，1864年成为第一任非洲主教。克劳瑟认为，非洲的精神进步和经济发展需要欧洲的协助：

> 非洲既没有知识也没有技术，……只能为了进步而贡献它的资源。……如果认为非洲只是非洲人的非洲，那么就意味着非洲将继续保持无知。……毫无疑问，除非有外来的帮助，否则一个国家很难发展起来。[5]

在培养了第一代人之后，教会学校中的许多老师开始由非洲人担任，非洲 752
人开始办自己的教会教育。他们发现，基督教的理想与殖民剥削的现实发生了冲突。一个皈依者于1911年写道：

> 尼亚萨兰（Nyasaland）的所有欧洲人有着太多的失败。传教士、政府和公司（或营利机构）这三个部分组成的联合体，形成了一致的嘲讽眼光看待当地人。如果我们有权和欧洲进行沟通的话，我们将建议他们别自称为基督教王国，而应称为欧洲王国。因为这个联合体太具有欺骗性，太具有窃取性，太喜欢嘲弄他人。他们说“索取”而非“给予”。这极大破坏了上帝的纯洁律法。[6]

不是只有欧美传教士才给非洲带来了宗教变革。在非洲的中部和南部，非洲本土牧师将基督教和非洲价值观及习俗结合起来，创建了新型的埃塞俄比亚教会。

基督教可以使传统宗教的信徒皈依基督教，但却很难撼动穆斯林的信仰。相反，伊斯兰教在非洲的北部和东部长期占有优势，而且还随着穆斯林教师在乡村建立的古兰经学校和穆斯林兄弟会而向南传播。欧洲殖民主义无意中推动了伊斯兰教的传播。通过建立城市和增加贸易，殖民者允许穆斯林在新地区定居。随着伊斯兰教（一个没有殖民主义污点的宗教）与非洲人的关系越来越密切，撒哈拉以南的非洲的穆斯林数量在1869—1914年翻了一番。

本节回顾

19世纪末，欧洲列强瓜分了非洲。

当埃及无力偿还债务时，英国占领了埃及。

比利时国王利奥波德二世占据了刚果。

黄金和钻石在南非的发现引发了英国人和阿非利卡人之间的冲突，英国逐渐取胜。

非洲人用多种多样的形式抵抗入侵；有些人合作，有些人抵抗，但很少有人从中获益。

只有拥有大量火器的埃塞俄比亚捍卫了自己的独立。

许多非洲人抛家舍业，移民到了城市和矿区。

许多非洲人改信基督教或伊斯兰教。

28.3 亚太地区的帝国主义

欧洲人从16世纪初就在亚洲沿海和东印度进行贸易。到1869年，英国已经控制了印度和缅甸的大部分地区；西班牙占领了菲律宾；荷兰控制了东印度（今印度尼西亚）的大片地区。1862—1895年，法国征服了中南半岛（今越南、柬埔寨和老挝）。让我们看看新帝国主义对中亚、东南亚、印度尼西亚、菲律宾和夏威夷的影响。

28.3.1 中亚

被亚欧草原游牧民族支配了七个多世纪的俄罗斯人从黑海扩张到了太平洋。蒙古统治者成吉思汗（1206—1227年在位）统一了各游牧部族，他们战胜了俄罗斯人。当蒙古势力衰落时，俄罗斯人进入了大草原。当俄罗斯人学会使用现代步枪和大炮时，势力此消彼长的古老场景也告终结。

俄罗斯帝国主义

1865—1876年，俄国的势力进入了中亚。住在里海东岸的哈萨克人进行了英勇抵抗，但以失败告终。肥沃的哈萨克农田吸引了20万俄罗斯移民。虽然沙皇亚历山大二世（1855—1881年在位）和亚历山大三世（1881—1894年在位）声称不干预原住民的习俗，但他们把当地集体牧场视为“闲置”的，转交给俄国农民。到19世纪末，游牧民陷入忍饥挨饿的境地。与其他欧洲帝国主义者有相同的理念，一位杰出的俄国法学家声称：“对待半野蛮民族时，可以不考虑国际权利。” 753

哈萨克草原南端是点缀着绿洲的沙漠，绿洲上有许多传说中的城市，如塔什干、布哈拉和撒马尔罕，这些城市为中国到中东的商队贸易提供服务。到19世纪六七十年代，俄国可以轻而易举地征服其他地区的原住民族。俄国获得了大量适于种植棉花的土地和大量日益增加的穆斯林人口。俄国废除了奴隶制，修筑了通往欧洲的铁路，种植了数十万亩的棉花。与英国在印度的行为不同，俄国并不想改变臣服民族的习俗、语言或宗教信仰。

28.3.2 东南亚和印度尼西亚

东南亚半岛和印度尼西亚群岛上的人民已经与其他地区的人——华人、印度人、阿拉伯人和欧洲人——接触了几个世纪。爪哇和香料岛很早之前就臣服于葡萄牙，随后又被荷兰统治。但到19世纪中叶，该区域的大部分地区还是独立的王国。

与非洲相似，该区域不同地区的历史呈现出了多样性。但到19世纪，它们都受到了帝国主义的强大压力。19世纪，英国逐渐占领了与印度接壤的缅甸。1885年，英国吞并了缅甸的最后一块土地。法国步步蚕食中南半岛，直到1895年将其完全吞并。同样，在19世纪七八十年代，马来亚（今马来西亚）也处于英国的统治之下。荷兰于20世纪初征服了苏门答腊北部。只有暹罗（今泰国）仍然保持了独立，虽然它也失去了边境上的几个省份。

热带农业

虽然这些国家的政治史各不相同，但它们却有着相同的特征，如肥沃的土地、持续高温和多雨。此外，该地区的人民在精耕细作、灌溉和梯田方面也有悠久的历史。在人口密度不大的地区，欧洲人可以从中国和印度轻松招募到许多无地劳动力。这一地区另一个致富的原因是有商业价值的作物从世界其他地区移植到了该地区，如美洲的烟草、金鸡纳霜（一种抗疟疾药物）、树薯（一种可食用的块根作物）、玉米和天然橡胶，印度的糖，中国的茶，以及非洲的咖啡和油棕。到1914年，世界上主要的商业经济作物产品都来自东南亚和印度尼西亚，比如几乎所有橡胶都来自这一地区（参见“环境与技术：帝国主义和热带生态学”）。

东南亚和印度尼西亚的大部分富裕地区都向欧洲和北美出口产品。作为回报，该地区的居民从殖民统治中获得两点好处：和平和可靠的粮食供给。结
755 果，他们的人口以前所未有的速度增长。例如，爪哇（该岛的面积与宾夕法尼亚相似）的人口翻了一番，从1870年的1 600余万，增加到1914年的3 000万。

社会变革

殖民主义和人口增长带来了许多社会变革。从事农业和商业的民族逐渐进入山区和林区，他们取代了原先在那里从事狩猎和采集或正转向农耕的居民。爪哇人移民到婆罗洲和苏门答腊只是其中一个例子。来自中国和印度的移民（见第26章）改变了这一地区每个国家的人种构成和文化。因此，马来半岛上的人口有一部分是马来人，有一部分是中国人，还有一部分是印度人。

756 欧洲传教士像在非洲那样，试图在殖民保护伞下传播基督教。但伊斯兰教在吸引新信徒方面更成功，因为其在这一地区已经存在数个世纪了，当地人没有将伊斯兰教视为外国人强加给他们的宗教。

民族主义

教育和欧洲思想影响了东南亚和印度尼西亚民族的政治观。同样重要的是，他们的亚洲邻邦觉醒了：在印度，19世纪80年代出现了民族主义运动；在中国，有现代意识的人撼动了清王朝的权威；特别是在日本，它在日俄战争（1904—1905年，见第27章）中完胜俄国而将它的工业化推向了高潮。我们可以从一个越南年轻人的作品中，看到日俄战争后新兴一代人的精神：

> 我是个懵懂的学生，有机会研究新书和新学说。我在日本近来的历史中找到了他们战胜欧洲强国的原因。这就是为什么我们要建立一个组织。……我们选出了最有活力、最勇敢的安南［越南］青年，把他们送往日本深造。……几年过去了，法国人并没有察觉到这场运动。……我们唯一的目标是为将来准备人才。[7]

环境与技术

帝国主义和热带生态学 755

与之前所有的征服者相似，19世纪的欧洲帝国主义者也对臣服者横征暴敛。但为了增加经济作物的生产，他们也会把农业专家和植物学家派到热带殖民地，这在根本上改变了当地的自然风貌。

人为引进的新作物给当地带来了巨大影响。19世纪初，茶从中国传播到了印度和锡兰。19世纪50年代，英国和荷兰的植物学家把金鸡纳树的种子从安第斯山脉偷偷带到了印度和爪哇。有了这些种子，欧洲人开始建立金鸡纳种植园，生产用于治疗疟疾和调配开胃水的奎宁。在19世纪70年代，英国人将亚马逊雨林中的橡胶树种子带到了马来亚和苏门答腊。

金鸡纳树的一枝　金鸡纳树的树皮可以制作奎宁。奎宁是20世纪40年代之前唯一一种抗疟疾的药物。奎宁使欧洲人在热带地区的生活更加安全。

在引进新物种之前，广袤的森林覆盖了印度高原、东南亚和印度尼西亚，新植物在这些土地上长势良好。因此，欧洲种植者砍倒了大片森林，改种有利可图的经济林和经济作物，它们一排排整齐地栽种着，由当地人精心照料，以满足远方消费者的需求。这些以改变环境为代价的作物给欧洲种植园主和帝国主义国家带来了巨额财富。1909年，英国植物学家约翰·威利斯（John Willis）用下面的话为这种转变做了辩解：

热带地区的种植是否要一直处于欧洲人的管理下，这是另外一个问题，但北方国家不会允许富裕而不发达的国家仅为本国人提供衣食，这太浪费了，因为它们还可以为寒带地区提供许多必不可少的产品。

这段话提出了一个重要问题，即贸易和自给自足之间的冲突。如果一个地区只为本地居民提供衣食，那能否算是“太浪费了”？如果一个地区（如热带）将产品出口到另一个地区（如寒带），那将得到什么好处呢？贸易是一种义务吗？世界的一个地区（如“北方国家”）应该让其他地区发展停滞，只让它们出口“必不可少的产品”吗？你能否想到一个强国逼迫弱国进行贸易的例子呢？

资料来源：The quotation is from John Christopher Willis, *Agriculture in the Tropics: An Elementary Treatise* (Cambridge: Cambridge University Press, 1909), 38-39.

756

28.3.3 夏威夷和菲律宾（1878—1902年）

到19世纪90年代，美国人口迅速增长，工业也在迅猛发展。除了满足本国市场之外，美国产品有了大量剩余。商人和银行家开始寻求海外市场。政治气氛也倾向于扩张，许多人都赞同海军战略家阿尔弗雷德·塞耶·马汉（Alfred T. Mahan）的观点：“无论愿意与否，现在美国人必须把眼光转向国外，这是生产日益扩大的需要。”

吞并夏威夷

一些美国人往外找寻了许久，特别是把目光投向了太平洋彼岸的中国和日本。1878年，美国获得了萨摩亚的帕果帕果（Pago Pago）港，将其作为加煤站和海军基地。出于同样的目的，美国在1887年又占领了夏威夷的珍珠港。1898年，在威廉·麦金莱（William McKinley）总统执政时期（1897—1901年），美国公开进行帝国主义活动，它吞并了夏威夷，将其作为通往亚洲的跳板。随着美国越来越多地介入亚洲事务，夏威夷的战略地位使美国军人开始涌向那里，夏威夷肥沃的土地也使种植园主不断吸纳来自日本、中国和菲律宾的劳动力。移民数量很快超过了夏威夷原住民。

埃米利奥·阿吉纳尔多：菲律宾反西独立运动（1895—1898年）的领袖。他于1899年宣布菲律宾独立，但他领导的运动未获成功，1901年被美军俘获。

美国征服菲律宾

当亚洲大片地区陷入殖民统治的时候，菲律宾人民对西班牙统治者早已心存怨恨。秘密社会的领袖**埃米利奥·阿吉纳尔多**（Emilio Aguinaldo）领导了一

埃米利奥·阿吉纳尔多 1896年，埃米利奥·阿吉纳尔多领导了一场革命，希望能将西班牙人逐出菲律宾。两年后，美国未经菲律宾人民许可就从西班牙手中购买了菲律宾。阿吉纳尔多继续反抗美军占领，直到1901年被捕。在这张照片中，他骑在马上，周围是他的部队。

场起义，并于1899年宣布成立共和国。革命者得到了获得独立的天赐良机，因为当时西班牙把全部精力都放在古巴革命上。但有一件事对阿吉纳尔多非常不利：美国于1898年4月对西宣战，并迅速击败了西班牙在菲律宾和古巴的军队。打败西班牙后，麦金莱总统认识到，其他帝国主义势力可能会染指菲律宾。日本在甲午战争中击败了中国（1894—1895年），吞并了台湾（见第27章），正想要进行帝国扩张。德国也是如此。在19世纪80年代，德国吞并了新几内亚、萨摩亚和一些太平洋群岛。于是麦金莱捷足先登，花2 000万美元从西班牙手中购得了菲律宾。

菲律宾人并不希望从一个主人换到另一个主人。有一段时间，阿吉纳尔多想与美国合作，使菲律宾实现完全独立。当计划受挫时，他于1899年再次发动起义，宣布菲律宾独立。尽管国内受到反帝国主义者的抨击，但美国政府相信，美国的利益高过菲律宾人民的利益。在起义地区，美军虐待战俘，烧毁村庄和庄稼，并迫使居民进入“集中营”。到1902年起义结束时，有5 000名美国人和20万菲律宾人失去了生命。

757 起义结束后，美国想用公共工程和经济发展来推行怀柔政策，在马尼拉市修建了许多新建筑，兴建公路、港口和铁路，这样菲律宾经济与美国经济的联系更加紧密。1907年，菲律宾人可以选举立法会议员，但最终的决定权还掌握在美国总统任命的总督手中。1916年，菲律宾是第一块获准独立的美国殖民地，但美国在30年后才履行承诺。

本节回顾

俄国在获得现代武器之后征服了许多中亚国家，并开始向当地移民。

英国、法国和荷兰将它们在东南亚和印度尼西亚的殖民地变为热带作物生产基地。

美国于1898年占领了夏威夷；经过四年的战争，美国从西班牙手中夺走了菲律宾，并镇压了菲律宾起义。

28.4 拉美地区的帝国主义

美洲国家走上了两条不同的道路（见第24章）。加拿大和美国有发达的制造业、强大的企业和富裕的金融机构，两国走上了崛起之路。拉丁美洲和加勒比地区出口原材料和粮食，进口工业品。在这些国家，民众处于贫困中，精英占有主动权，世界经济的压力使它们越来越依附于工业国。它们的政治体系可以使它们保持独立，但它们的自然资源又会使它们成为包括美国在内的工业国竞相操控的对象，这种操控以一种称为**自由贸易帝国主义**的经济依附形式进行。在比较大的南美各共和国，压力主要来自金融和经济方面。在中美洲和加勒比地区，美国的军事干涉也是压力的一个来源。

自由贸易帝国主义：一个弱国在法律上保持独立的情况下，强国对弱国的经济统治。19世纪晚期，拉丁美洲各共和国和英美的关系是自由贸易帝国主义的代表。

28.4.1 铁路和自由贸易帝国主义

拉丁美洲有巨大的经济潜力，因为那里有工业国所需的农产品和矿产品。需求意味着发展。铁路似乎是个完美的答案。

758 外国的商人和银行家以及拉丁美洲的地主和政治家都欢迎这项新技术。从19世纪70年代起，几乎每一个拉美国家都在修建铁路。铁路通常会把农矿区和最近的港口连接起来，而不是把国内的不同地区连接起来。所有的设备和建筑材料都来自英国或美国，资金、修建和维护铁路的工程师，以及铁路的运营者也都来自这些国家。

阿根廷有着肥沃的土地，盛产小麦、牛肉和皮革，在拉丁美洲的国家中它拥有里程最长并且最发达的铁路网。到1914年，英国公司控制着86%的阿根廷铁路，40%的员工是英国人，铁路的官方语言不是西班牙语而是英语。同样，外国势力也控制着拉美的工矿企业和公用事业。

印度和爱尔兰也有类似的情况，它们用原材料和农产品换取了铁路网。阿根廷民族主义者胡安·茹斯托（Juan Justo）看到了这种平行关系：

> 英国资本做到了英国军队做不到的事。今天我们国家附庸于英格兰，……英国资本家从阿根廷拿走的黄金或产品对我们带来的损害，与英国领主从爱尔兰获取收入相比，更加糟糕。[8]

所不同的是，印度和爱尔兰在这个问题上没有多少发言权，因为它们处于英国的统治中。而拉美的政治精英之所以对外国公司让步是因为这是使国家实现现代化和使有产者致富的最快捷的方法。但没有人会顾及民众的意见，他们也很难从铁路的繁荣中受益。

28.4.2 美国的扩张主义和1898年美西战争

古巴是离美国最近、最富庶的加勒比岛屿，美国对这块西班牙殖民地的兴趣由来已久。美国商人将大量资金投向古巴的制糖业和烟草业，成千上万的古巴人也移民到了美国。1895年，古巴民族主义者何塞·马蒂（José Martí）发动了一场反西班牙革命。美国的报纸向读者讲述西班牙的暴行，这些耸人听闻的故事使读者不寒而栗；商人们担心自己的投资；政治家要求美国政府协助古巴解放。

1898年2月15日，美国战舰“缅因号”在哈瓦那港突然爆炸，266名美国水兵丧生。美国政府立刻将矛头指向西班牙，并发出最后通牒，要求西班牙撤出古巴。西班牙接受了最后通牒的要求，但美国新闻界和国会还是想付诸武力，麦金莱总统也未加阻止。

美西战争很快就结束了。1898年5月1日，美国舰队在菲律宾的马尼拉击溃西班牙舰队。两个月后，美国海军又在古巴的圣地亚哥击沉西班牙的大西洋舰队。8月中旬，西班牙求和。美国国务卿海约翰称之为“一场辉煌的小小战争”。美国从西班牙手中购得了菲律宾，却武装夺取了波多黎各和关岛。这两个岛屿至今都是美国的领土。古巴获得独立，但却屈从于美国。

28.4.3 美国对加勒比地区和中美洲的干涉（1901—1914年）

加勒比和中美洲的国家既小又穷，而且政府腐败，政局不稳，政府经常破产。它们为外国干涉打开了方便之门。政府要借钱来发展铁路、港口、电力和其他现代化的东西。一旦它们不能偿还贷款，欧美银行就会求助于本国政府，而这些政府有时会以干涉相威胁。为了抗衡欧洲的干涉，美国不止一次动用海军。

美国总统西奥多·罗斯福（1901—1909年在任）、威廉·塔夫脱（1909—1913年在任）和伍德罗·威尔逊（1913—1921年在任）都感受到介入这一地区的急迫性，虽然关于美国对南面的小国应该采取什么样的恰当政策，他们之
759 间分歧很大。罗斯福鼓励这些国家对美国示好；塔夫脱想通过美国银行的贷款对它们施加影响；而富于道德感的威尔逊希望用武力帮它们建立廉洁的政府。

在把古巴从西班牙手中“解放”出来后，美国于1901年迫使古巴政府接受了《普拉特修正案》，这份修正案给了美国政府维护古巴秩序的“干涉权”。通过这个借口，美国于1906—1909年、1912年、1917—1922年三次占领古巴。美国成了古巴的保护国，古巴只是在名义上保持独立。美军还于1904年和1916年占领多米尼加共和国，1912年占领尼加拉瓜和洪都拉斯，1915年占领海地。美国虽然给这些国家带去了卫生设施和物质上的进步，但在政治方面却毫无建树。

美国在哥伦比亚巴拿马省的势力尤为强大。这里的问题不在于腐败或债务，而在于一项更重要的利益。在获得夏威夷和菲律宾后，美国需要一条运河，以便使军舰能从大西洋迅速转移到太平洋。主要障碍来自哥伦比亚，因为它拒绝给美国一块领土。1903年，美国政府对巴拿马反抗哥伦比亚的起义给予了支持，并很快承认巴拿马独立。作为交换条件，美国有权开凿一条运河，并占有运河两侧5英里（8公里）宽的地区。开凿运河的工作于1904年拉开序幕。1914年8月15日，**巴拿马运河**开通。

巴拿马运河：一个横跨巴拿马地峡的航船运河，由一位美军工程师设计，1915年通航。这条运河极大地缩短了从北美东海岸到西海岸的航程。2000年1月1日，美国将运河交还巴拿马。

英美与拉丁美洲精英合作，共同从经济上剥削拉丁美洲各共和国；铁路的发展起到了关键性作用。

1898年击败西班牙后，美国派军前往古巴以及其他加勒比和中美洲国家；通过《普拉特修正案》，美国获得了干涉古巴内政的权力。

为了开凿巴拿马运河，美国帮助巴拿马从哥伦比亚独立出来。

本节回顾

28.5　世界经济和全球环境

新帝国主义者与西班牙征服者不同，他们不再是传统的征服者或帝国创建者。虽然新帝国主义者征服的范围更广，但他们不但要控制新的地区和民族，而且还要控制自然世界和原住民社会，并迫使原住民以一种前所未有的高效方式工作。他们用那个时代的陈词滥调来表达他们对进步及其良好愿望的信念："征服自然""消除时间和空间""开发荒野"和"我们的文明使命"。

28 5.1　世界经济的扩张

几个世纪以来，欧洲一直是一个香料、糖、丝绸和其他外来产品或热带产品的现成市场。工业革命进一步扩大了这些需求。19世纪，食品和刺激品（如茶、咖啡和可可）的进口大幅增加。工业原材料贸易增长更快。有些是农产品，如棉花、编制袋子用的黄麻、制造肥皂和滑润剂的棕榈油。有些是矿产品，如钻石、黄金和铜。还有些是人工培育的林产品，如用于建筑和铁路的木材、金鸡纳树的树皮、用于制作轮胎和雨衣的橡胶和用于制作绝缘电缆的杜仲胶（一种东南亚树木的树液）。

传统的生产方法和非工业社会的运输方法不能满足工业国日益增长的需要。19世纪60年代，当美国内战中断了对英棉花出口的时候，英国开始向印度和埃及购买棉花。但他们很快发现，在从印度内地运往港口的路上，雨水和灰尘会毁掉棉花。为了不让新征服地区的落后技术破坏本国的工业扩张，帝国主义者力求把这些地区带进主流世界市场。

交通运输革命

一项重大变革发生在交通运输领域。苏伊士运河和巴拿马运河极大地减少了航行时间，降低了运费。轮船的数量与日俱增，吨位增加，这要求修建新的深水港。欧洲人也在世界范围修建铁路；1915年，印度拥有铁路3.7万英里（约 761

6万公里），与德国和俄国的铁路里程数相当。铁路深入拉美、加拿大、中国和澳大利亚的内陆地区。1903年，俄国建成了西伯利亚铁路，这条铁路从莫斯科一直延伸到太平洋的符拉迪沃斯托克。有人甚至想修建从欧洲到印度、从埃及到南非的铁路。

28.5.2 全球环境的改变

欧美带来的经济变革也改变了全世界的环境。从中国进口的茶叶数量有限，不能满足英国对茶的渴求，于是英国人将茶叶种植引入了锡兰和印度东北部。在爪哇的部分地区，人们将数千平方英里的热带雨林变成了茶园。

经济植物学

经济植物学和农业科技应用到了每一种有经济价值的植物种类。欧洲植物学家长期收集世界各地的植物，并将其分类。19世纪，他们在爪哇、印度、毛里求斯、锡兰、牙买加和其他热带殖民地建立植物园。这些植物园不仅收集当地的植物，还把有商业价值的植物从一个地方传播到另一个地方。金鸡纳、烟草、糖和其他农作物的相继被引入并进一步完善，极大地拓展了东南亚和印度尼西亚的殖民地（见“环境与技术：帝国主义和热带生态学”）。可可和咖啡的种植遍布巴西和非洲的大部分地区；尼日利亚和刚果盆地也建立了油棕种植园。1910年后，东南亚种植园提供了用于制作防水服装和自行车轮胎的橡胶。

曾经遍布森林或实行刀耕火种农业的热带地区变成了永久性的农场或种植园。即便在没有发展出口农业的地区，人口增长对土地的压力也越来越大。在爪哇和印度，人们砍伐森林以获得耕地和木柴。他们将山坡修成梯田，排干沼泽中的水，还挖了水井。

灌溉

灌溉和对水的控制也改变着热带的干旱地区。英国工程师在印度修建了许多新的灌溉渠，将之前数千英亩贫瘠土地变成水源充沛、人口稠密的农田。移民中的欧洲专家把最先进的灌溉工程技术传播到了世界各地。到19世纪末20世纪初，灌溉工程将河流引入干旱地区。在埃及和中亚，灌溉在40年内改变的土地数量就超过了以往的总和。

铁路贪婪地吞噬着土地和资源。铁路打通了山脉，跨越了江河和峡谷。货场和几个世纪前的城市差不多大。铁路还消耗了大量的铁、用于固定的木材、用于燃料的煤和木柴。最重要的是，铁路将人口、城市、农田和工业带到了之前人口稀少的地区。

南非的钻石矿　1868年，南非的金伯利发现了钻石，这一发现吸引了来自欧洲和美国的大批采掘者。在浅层采掘殆尽后，他们认为只有拥有重装备的大公司才能进行深层挖掘。到20世纪初，钻石来自像照片中的普雷米尔矿这样的主要工业矿山。

勘探者寻找宝贵的矿藏时，地球展现了它的富有。矿藏深埋在地下，挖矿时带出的岩石和泥土在矿井口附近堆积成山。开矿在地面上形成了月球陨石坑般的景观，矿中的有毒物质污染了方圆几英里的水源。加工矿石的冶金厂用成堆的矿渣和有毒的废水污染着环境。 762

本节回顾

欧洲“进步”的观念推动了世界经济的发展。运河和铁路提供了廉价、快速的运输，这也促进了世界经济1860—1914年的发展。

亚洲、非洲和拉丁美洲为欧洲提供原材料和农产品，也逐渐走入了工业品市场。

欧洲人研究植物，并通过灌溉将大片土地变为农田。

铁路改变了大地，矿业对大地造成了污染。

结　语

帝国主义列强受多种动机驱使。各国政府用殖民地提高他们的威望和权力。传教士不仅要当地人皈依基督教，还要使他们的行为更加“文明”。对自然资源需求的日益增长成为殖民者的关注点。帝国主义用轮船、军舰和改进的武器建立起他们的帝国。

对非洲的瓜分始于19世纪70年代。英国力保苏伊士运河的安全，并在尼罗河上修建了一座大坝。在其他地区，欧洲公司还染指橡胶种植园、钻石矿和其他资源。不同地区对殖民统治的反应也千差万别，因为传统地区所采用的模式遭到了破坏。社会和文化习俗上的变革影响到了每一个非洲人。

虽然所有地区的经济变革都是有利于欧洲人而非当地人，但殖民主义对亚洲还是有着多种多样的影响。东南亚土地肥沃，而且雨水较多，这使许多作物（特别是橡胶）都有利可图。在夏威夷，美国人和外国劳动力的数量超过了原住民。欧洲人对原住民文化和原住民宗教采取了不同政策。俄罗斯人并未将他们的习俗、语言或宗教信仰强加给中亚人，而基督教传教士却在东南亚传播他们的信仰。但在伊斯兰教和印度教长期盛行的地方，他们的努力鲜有收获。

拉丁美洲有很大的经济潜力。拉丁美洲国家用英美的资金和设备修建了连接内陆和港口的铁路。美国人对古巴的制糖业和烟草业投下巨资。为了修建巴拿马运河，美国支持巴拿马反抗哥伦比亚的起义。

帝国主义，无论其正式与否，都给世界带来了日益增长的贸易和日益方便的交通。航运、运河和铁路是全球化最明显的手段。农业、采矿业、劳动力迁移和城市化也受到深刻影响。在这个过程中，自然环境以前所未有的方式发生着改变。种植园取代了森林。灌溉把旱地变为了农田。铁路和采矿业破坏了自然风貌，给大地留下了伤痕和污染。

763

进一步阅读文献

Achebe, Chinua. *Things Fall Apart*. 1958.一部经典的小说，描述了殖民主义对尼日利亚社会的影响。

Cook, Scott B. *Colonial Encounters in the Age of High Imperialism*. 1996.一部介绍新帝国主义的著作。简捷，但写得非常好。

Headrick, Daniel R. *The Tools of Empire: Technology and European Imperialism in the Nineteenth Century*, 1981; and *The Tentacles of Progress: Technology Transfer in the Age of Imperialism, 1850–1940*. 1988. 这两本书强调了技术在征服时代和殖民时代的重要性。

Healy, David. *Drive to Hegemony: The United States in the Caribbean, 1898–1917*. 1989.关于“美元外交”的最好总结。

Hochschild, Adam. *King Leopold's Ghost: A Story of Greed, Terror, and Heroism in Colonial Africa*. 1998.生动地记述了对比属刚果的征服和开发。

Hopkirk, Peter. *The Great Game: The Struggle for Empire in Central Asia*. 1994. 描述了俄国和英国的敌对关系。

Huttenback, Robert. *Racism and Empire: White Settlers and Colored Immigrants in the British Self-Governing Colonies, 1830–1910*. 1976. 分析了澳大利亚、加拿大、新西兰和南非的种族主义和种族关系。

Iriye, Akira. *Across the Pacific: An Inner History of American-East Asian Relations*. 1992.描述了美国对日本和中国的政策。

Karnow, Stanley. *In Our Image: America's Empire in the Philippines*. 1989.美国是如何占领、统治菲律宾的。

MacKenzie, John. *Imperialism and the Natural World*. 1990.经济发展和农业对殖民地环境的影响。

McCracken, Donal. *Gardens of Empire: Botanical Institutions of the Victorian British Empire*. 1997.英国植物学家如何促进植物在热带地区的传播，如何推动商业农业在热带地区的发展。

Northrup, David. *Indentured Labor in the Age of Imperialism, 1834–1922*. 1995.殖民公司如何从中国和印度吸纳劳动力，并让他们在东南亚、大洋洲、加勒比地区和非洲的矿山及种植园工作。

Oliver, Caroline. *Western Women in Colonial Africa*. 1982.殖民官员的妻子和女性传教士在殖民地所扮演的角色。

Oliver, Roland, and Anthony Atmore. *Africa Since 1800*, new ed. 1994.一部关于非洲现代史的杰作。

Vandervort, Bruce. *Wars of Imperial Conquest in Africa, 1830–1914*. 1998.简述了欧洲人和非洲人在新帝国主义时期的冲突。

注 释

[1] *Journal Officiel* (November 29, 1869)，引自Georges Douin, *Histoire du Règne du Khédive*

Ismaïl (Rome: Reale Societá di Geografia d'Egitto, 1933), 453。

[2] E. Desplaces in *Journal de l'Union des Deux Mers* (December 15, 1869), 引自 ibid., 453。

[3] Michael Adas, *Islamic and European Expansion* (Philadelphia: Temple University Press, 1993), 365.

[4] "Correspondence and Report from His Majesty's Consul at Boma respecting the Administration of the Independent State of the Congo," *British Parliamentary Papers, Accounts and Papers, 1904* (Cd. 1933), lxii, 357.

[5] Robert W. July, *A History of the African People*, 3d ed. (New York: Charles Scribner's Sons, 1980), 323.

[6] George Shepperson and Thomas Price, *Independent African* (Edinburgh: University Press, 1958), 163–164, 引自 Roland Oliver and Anthony Atmore, *Africa Since 1800*, 4th ed. (Cambridge: Cambridge University Press, 1994), 150。

[7] Thomas Edson Ennis, *French Policy and Development in Indochina* (Chicago: University of Chicago Press, 1936), 178, 引自 K. M. Panikkar, *Asia and Western Dominance* (New York: Collier, 1969), 167。

[8] 引自 Stanley J.Stein and Barbara H.Stein, *The Colonial Heritage of Latin America* (New York: Oxford University Press, 1970), 151。

第29章

帝国主义秩序的危机（1900—1929年）

本章纲要

▲ 欧洲和中东地区危机的起源

▲ 第一次世界大战和俄国革命（1914—1918年）

▲ 欧洲的和平与混乱（1919—1929年）

▲ 中国和日本：相异的命运

▲ 新中东

▲ 工业世界的社会、文化和技术

▲ 结　语

多样性与主流：第一次世界大战后的中东

环境与技术：民航的诞生

思考

什么导致了第一次世界大战的爆发?

战争如何引发了俄国革命?

战争在削弱欧洲统治方面起到了什么作用?

在此期间，为什么中国和日本走上了不同的道路?

战争如何改变了中东?

欧洲、北美的社会和技术在战后发生了怎样的变化?

765 1914年6月28日，奥匈帝国皇储弗朗茨·斐迪南（Franz Ferdinand）大公坐在一辆敞篷车里穿行萨拉热窝。奥地利在6年前吞并了这个城市。当车停下瞬间，塞尔维亚青年加费格里·普林西普（Gavrilo Princip）两枪击毙了大公夫妇。

这两声枪响引发了全球性冲突。之前所有的战争都会带来死亡和毁灭，但

第一次世界大战中的西线战场　在一个遭战火破坏的地区，两个士兵冲向弹坑和焚烧剩下的森林以寻找掩体。

它们也会带来英雄主义和荣誉。但这场持续了4年的新战争没有一方获胜，没有一方获利，没有荣誉，只有数百万将士陈尸疆场。战争向全球蔓延，奥斯曼帝国参与了对英作战，日本强占了德国在中国的势力范围。法国和英国全面卷入了战争，它们把非洲人、印度人、澳大利亚人和加拿大人带到欧洲前线，或参战，或服劳役。最后，美国于1917年参战。

接下来的三章讲述了一个关于暴力和希望的故事。在本章中，我们将考察战争的起因，冲突给欧洲、中东和俄国带来的影响，以及给中国和日本带来的动荡。与此同时，我们还将回顾技术的变化。这些变化使战争变得更加危险，但也使越来越多的人生活得更健康、更舒适、更有乐趣。

29.1　欧洲和中东地区危机的起源

当20世纪的大幕徐徐拉开的时候，世界被牢牢地掌控在几个强国手中（见第27章）。在20世纪的前10年，世界大部分地区都享受着相对的和平和经济增长。几项新技术——飞机、汽车、无线电和电影——引起了人们的兴趣。列强巩固了之前几十年征服的殖民地，并建立起了势均力敌的同盟。这一时期仅有的一场国际冲突是日俄战争（1904—1905年），日本迅速击败了俄国，取得了决定性的胜利。

但两个重要变化破坏了表面上的稳定。德国不断增长的工业实力和军事实
力挑战了英国的海上霸权和法国在摩洛哥的势力，这在欧洲引发了紧张局势。 766
奥斯曼帝国变得更加衰弱，留下了一个危险的权力真空。巴尔干地区的动荡使
欧洲列强逐渐陷入了一个彼此充满敌意的网络之中。

29.1.1　奥斯曼帝国和巴尔干

15—19世纪，奥斯曼帝国是最强大的国家之一。但到19世纪末，它在经济、技术和军事方面落到了后面。欧洲人将奥斯曼帝国称为“欧洲病夫”。

随着奥斯曼帝国的衰落，它丧失了许多临近欧洲的省份：1902—1903年丢掉马其顿，1908年丢掉波斯尼亚，1909年丢掉克里特岛，1910年丢掉阿尔巴尼亚。1912年，意大利征服了利比亚，奥斯曼失去了最后一个在非洲的立足之地。1912—1913年，塞尔维亚、保加利亚、罗马尼亚和希腊将土耳其人赶出了欧洲，奥斯曼只保留了君士坦丁堡周围的一小片地区。

青年土耳其党

在这种情况下，土耳其人开始镇压少数民族起义，抵抗外来干涉。军队是土耳其社会欧化最严重的部分，许多军官将帝国的衰落归罪于苏丹阿卜杜勒·哈米德二世（1876—1909年在位）。一个自称“青年土耳其党”（Young Turks）的组织密谋迫使苏丹接受宪法。与其他反奥斯曼组织不同，他们主张中央集权和将少数民族土耳其化。

1909年，青年土耳其党控制的议会推翻了阿卜杜勒·哈米德。新政权开始改革警察、官僚机构和教育系统。与此同时，它还打击希腊和亚美尼亚的少数民族。巴尔干战争的失败刺激了土耳其人，为了实现土耳其军队的现代化，他们聘请了一位德国将军。但是，现代军队和民族主义的危险组合不仅仅局限于奥斯曼帝国。

29.1.2 民族主义、结盟和军事战略

弗朗茨·斐迪南遇刺事件引发了军事、政治领袖难以控制的连锁反应。战争的隐患在几年前就埋下了，因而暗杀可以升级为全球战争。第一个隐患是民族主义，它强化了人的民族意识。只要有人登高一呼，他们就会杀掉他们心目中的敌人。第二个隐患是列强用于自卫的结盟体系和军事计划。第三个是德国试图主宰欧洲的野心。

民族主义

民族主义使法国人、英国人和德国人团结在各自政府周围，这给了他们强大的凝聚力和图强的意愿。只有最强烈的情感才能使上千万的人奔赴战场，才能使人民坚持过几年苦日子。

民族主义也能成为一种离心力。幅员辽阔但相当脆弱的多民族国家——俄国、奥匈帝国和奥斯曼帝国——有许多种族上和宗教上的少数派。这些政府压迫少数派数百年，因此不可能得到他们的全力支持。塞尔维亚的独立点燃了斯拉夫人的希望，煽动了他们的仇恨，这威胁到了奥匈帝国。

大多数秉持民族主义的人都将战争视为争取自由的途径和对歧视迟到已久的复仇。在19世纪，人们逐渐忘记了拿破仑战争带来的尸横遍野和苦难，他们的厌战情绪在逐渐减退。克里米亚战争（1853—1856年）和普法战争（1871年）伤亡有限，没有产生长期影响。而在新帝国主义战争中（见第28章），欧洲人用少量的资金和人力就可以取得胜利。

结盟体系将一个在巴尔干地区发生的事件转变为一场冲突，这场冲突将所

大事年表

	欧洲和北美	中东	东亚
1900年			1900年，中国义和团运动
	1904年，英法协约		1904—1905年，日俄战争
1910年	1907年，英俄协约	1909年，土耳其人推翻了苏丹阿卜杜勒·哈米德	1911年，孙中山领导的革命党推翻了清王朝
	1912—1913年，巴尔干战争	1912年，意大利占领了利比亚，这是奥斯曼帝国在非洲的最后一块领土	
	1914年，弗朗茨·斐迪南大公遇刺，“一战”爆发		
		1915年，英国在加利波利受挫	1915年，袁世凯与日本签署《二十一条》
	1916年，凡尔登战役和索姆河战役	1916年，阿拉伯半岛发生叛乱	
	1917年，俄国爆发革命；美国参战	1917年，《贝尔福宣言》1919—1922年，土耳其和希腊爆发战争	
	1918年，“一战”结束		
	1918—1921年，俄国爆发内战		
	1919年，凡尔赛条约		1919年，中国爆发五四运动
1920年	1920年，首个商业无线电广播（美国）	1922年，埃及获得了有名无实的独立	
	1923—1928年，俄国新经济政策	1923年，穆斯塔法·凯末尔建立了土耳其共和国	
	1927年，查尔斯·林白飞越大西洋		1927年，国民党占领上海

有强国卷入其中。位于中欧的德国拥有欧洲最发达的重工业。德军训练有素，装备精良。德国建造了“无畏”级战舰，这挑战了英国海军的霸权。1882年，德国与奥匈帝国和意大利形成了三国同盟。随后，法国和俄国也结成了同盟。1904年，英法签订了协约。1907年，俄国也加入进来。欧洲形成了两个实力大致相当的阵营（见地图29-1）。

严格的军事计划将结盟体系推向了战争。1914年，西欧和中欧有着高度发
达的铁路网络，但汽车为数不多。欧洲有上千万的现役士兵和预备役部队。将 767
这些部队调往前线需要成千上万列准时运行的列车。一旦出现这种情况，国家很难在不引发骚乱的前提下终止或推迟动员。

在第一次世界大战爆发前数年，德法的军事人员就制定了详细的铁路时刻表，以便在几天内动员各自的军队。俄国幅员辽阔，铁路系统不完善，动员军队需要数周的时间。英国只有一支小规模的志愿军，并没有制订动员方案，并且德国认为英国不会参与欧洲大陆的战争。因此，德国可以避免同时和法俄作

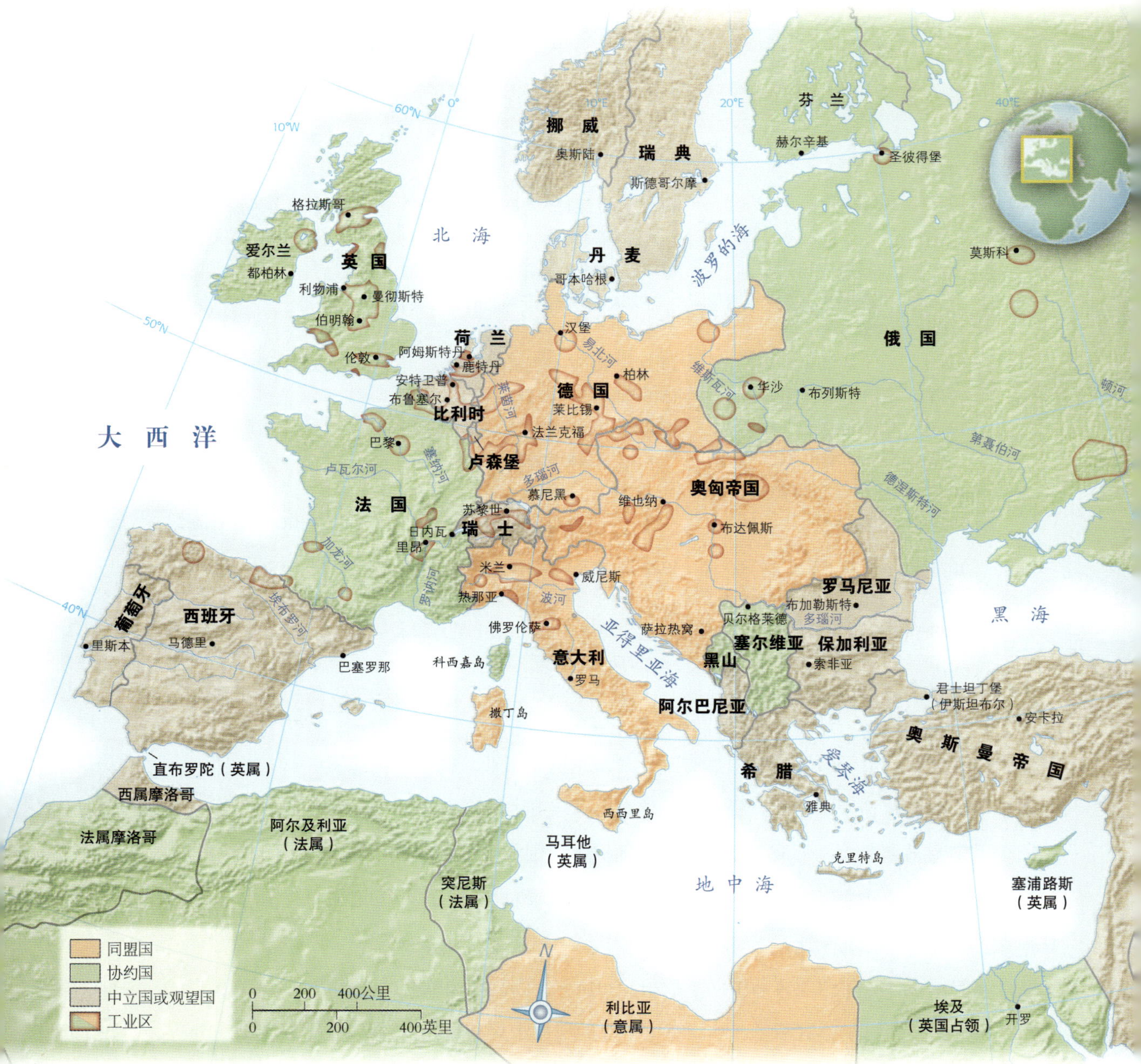

地图29-1　1913年的欧洲　在第一次世界大战前夕，欧洲国家和它们的殖民地分成了两大阵营：同盟国（德国、奥匈帝国和意大利）和协约国（法国、英国和俄国）。这些联盟并不稳定。当战争爆发时，意大利退出了三国同盟，但奥斯曼帝国加入了进来。

战。德军高层希望能迅速击败法国，并在俄国完全动员起来之前，用火车将整个军队调往俄国边界。

7月28日，奥匈帝国对塞尔维亚宣战。宣战触发了俄国、法国和德国的总动员方案。7月29日，俄国政府下达总动员令，迫使奥匈帝国收回宣战声明。8月1日法国开始总动员。几分钟后，德国也下达总动员令。由于有着严格的铁路时刻表，战争自动地展开了。 战争爆发

德国的计划是迂回到中立的比利时，从那里进入法国西北部。德国总参谋部预计，在英国参战前法国就投降了。但在8月3日，当德军进入比利时的时候，英国要求他们撤军。德国拒绝了这一要求，英国对德宣战。

本节回顾

随着奥斯曼帝国的衰落，自称青年土耳其党的民族主义者试图创建一个新的土耳其。

民族主义、敌对同盟和以铁路为基础的严格的军事计划，使暗杀演变为一场战争。

29.2 第一次世界大战和俄国革命（1914—1918年） 768

在整个欧洲，人们用游行和旗帜来迎接战争的爆发，他们希望能速战速决。奔赴前线的德军高呼着“攻克巴黎”，法国民众则高呼“把德国皇帝的胡子给我捎回来”，以此为行进中的法军打气。德国社会学家马克斯·韦伯写道：“虽然这场战争非常可怕，但它还是波澜壮阔的。它值得我们去体验。”[1]当战争爆发时，没有人相信自己一方会输，没有人预见到这是一场没有赢家的战争。

29.2.1 僵局（1914—1917年） 769

1914年爆发的战争被称为“世界大战”，直到20世纪40年代一场更大规模的战争取代了它的位置。战争的形式使交战各方的将军和士兵都惊诧不已。在每一个军官都会关注的经典战役中，最大胆的将军指挥的机动性最好的部队往往会掌握主动。1914年，将军们精心制订的计划从一开始就出现了偏差。法国

的将军相信，发动猛攻可以取得胜利。他们命令穿着红蓝军服的法军进攻固若金汤的德国边界，结果遭受了重大失败。在接下来的战役中，人数占优的德军击败了英法联军。到9月初，德军占领了比利时和法国北部，并迅速向巴黎推进。

德国的胜利好像指日可待了。但战斗了一个月的德军已显疲态，他们的将军也开始动摇。在马恩河一线，德军两个集团军之间出现了一个空隙，约瑟夫·霞飞（Joseph Joffre）元帅用法军最后的预备队插入了这一地区。在马恩河会战（1914年9月5—12日）中，德军撤退了几十英里。

堑壕战

西线："一战"时用战壕和工事构筑起来的战线，从瑞士一直延伸到北海。德国和英法之间大多数战斗都是在西线进行的。

在之后的一个月，双方都将军队展开，形成了一条长达300英里（约500公里）的战线。这条战线从北海一直延续到瑞士边境。沿着这条**西线**，双方都进入了防御状态。他们最有力的武器是机枪，机枪是防守利器，但对进攻却没什么用，因为机枪太沉了，一个士兵拿不动，而且架设起来也比较费时。

为了躲避致命的子弹，士兵开始在地上挖坑，随后将坑连成堑壕，又将堑壕挖通，并与后方相连。几个星期内，战场上就遍布了纵横交错的战壕。这些战壕有几英尺深，上面用沙袋加以保护，坑底铺有厚木板。堑壕并不是什么新鲜事物。但特别的是，西线的堑壕都连成一体，不给对方进攻留下任何空隙（见地图29-2）。那么，哪一方还有获胜的希望呢？

在4年的时间里，双方将领一再命令其军队进行攻击。在一场又一场的战役中，成千上万的年轻人爬出战壕，冲向开阔地，然后倒在敌人的机枪下。攻击的一方会对敌方阵地实施饱和式炮击，希望借此消灭对方的机枪。但对于防御者来说，这种战术无异于提醒他们对方即将展开攻击，他们可以增援，架设新机枪。

1916年见证了"一战"中几场最血腥、最徒劳的战役。德军进攻凡尔登要塞，损失了28.1万人，法军也遭受了31.5万人的伤亡。为了报复，英军向索姆河一线的德军发动了进攻，伤亡达42万人，其中仅第一天就伤亡6万人；德军伤亡45万人，法军伤亡20万人。

从来没有发生过这样的战争。这是一场在充满泥土、钢铁和血肉之躯的荒野中的大屠杀，这些荒野看上去就像是月球的表面。双方都在进行攻击和防御，但没有一方能取胜，战壕和机枪把战事拖入僵局。4年战争的血腥程度是前所未有的。在西线，无论用何种方法也只能推进几英里。

海战

海上战争也难分伯仲。战争一爆发，英国就切断了德国的海外电报电缆，封锁了德国和奥匈帝国的海岸，并在海上捕获或击沉所有敌船。耗巨资建造的德国远航舰队很少离开港口。它只在1916年迎战过一次英国海军。英德在丹麦日德兰半岛附近海域爆发激战，双方的损失大致相当，德国海军返回了港口。

1915年初，为了应对英国海军的封锁，德国宣布用潜艇封锁英国。德国潜艇袭击他们能攻击到的每一艘船。其中一个受害者是英国远洋客轮“路西塔尼亚号”（Lusitania）。这次袭击的死亡人数为1 198人，其中有139名美国人。美国提出抗议，为了使美国保持中立，德国停止了潜艇战。

飞机主要用于侦察而非空战。1915年，西线战场开始使用毒气，毒气造成的伤亡符合预期，这进一步增加了战争的恐怖。战争的最后几个星期，原始坦克在德军崩溃的过程中起到了推波助澜的作用，但不是主因。虽然这些武器在“一战”中的作用有限，但通过它们，人们可以洞察到未来战争。

29.2.2 后方和战时经济

771

战壕中的军队需要更多的武器、弹药和食品。因此，平民不得不努力工作，节衣缩食，并缴纳更多的税。纺织品、煤炭、肉类、油脂和进口产品（如糖、茶）要实行严格的配给。政府严格控制了经济的各个方面。

战时经济改变了平民的生活。在法国和英国，根据需要来分配口粮，以改善穷人的饮食。失业现象消失了。成千上万的非洲人、印度人和中国人赴欧从事重体力劳动。雇主开始雇用妇女，以填补服役的男性所留下的空白。一些妇女成为电车司机、邮递员和警察；另一些则受雇于新兴的政府机构。还有些妇女服务于军事后勤机构，充当医生、护士、技工和救护车司机。1917年后，由于大量年轻男性在战争中牺牲，英国政府为陆军、海军和空军设立了由妇女组成的辅助机构。这些职位使成千上万的妇女有了参战的感觉，也让她们尝到了个人独立和经济独立的味道。

英国海军切断了德国的海外贸易，因此德国平民在战争中付出了很高的代价。面粉消失了，取而代之的是黑麦，之后是马铃薯和芜菁，再往后是橡树果和栗子，最后只能用锯屑充饥了。1916年，马铃薯歉收，人们度过了一个“芜菁冬天”。当时，人们只能靠每天1 000卡路里的热量生存，这个数只是成年人正常需求量的一半。妇女、儿童和老人的生活尤为艰苦。前线的士兵要发动攻

Clark & Sherwell Ltd., London, 1916

第一次世界大战中的妇女 妇女在“一战”中比在以前的战争中起了更重要的作用。成百上千万的男性应征入伍，雇主开始雇用女性从事重要的战争工作。这张海报称赞了妇女在提供军需品方面的重要作用。

击，在敌方阵地上寻找食物。

战争中的非洲

战争也使非洲殖民地陷入了困境。战争开始时，英法占领了位于非洲西海岸的德属殖民地多哥。位于非洲西南部更大的一块德属殖民地喀麦隆也于1915年被征服。直到战争结束，德国还保留着在东非的殖民地。欧洲人在非洲征收粮食，对当地人课以重税，还强迫非洲人种植出口作物，并以低价销售。在非洲的欧洲人也参与了战争，对非洲人日益严重的压迫加上欧洲统治力量的薄弱，导致了持续数年的起义。超过100万非洲人为军队服务，可能有300万人被迫充当搬运工运输军事装备。法国年轻人出现了短缺，于是法国政府征召非洲人参军，非洲人开始与欧洲人并肩战斗。

美国

有一个国家在战争期间变得富有，那就是美国。在两年半的时间里，美国表面上保持中立，但它向英法提供物资的生意却很兴隆。美国于1917年参战时，在战争中从事生产的企业已获得了惊人的利润。有人劝说平民将积蓄用于购买战争债券，在后院种食物并称之为“胜利花园”。战争创造了就业机会，而这些就业机会促进了非洲裔美国人的移民，他们从南部乡村移居到了北部城市。

29.2.3 奥斯曼帝国参战

1914年8月2日，土耳其与德国秘密结盟。11月，土耳其参战，希望从俄国夺得土地。在高加索战役中，土耳其人怀疑亚美尼亚人亲俄，于是将他们从家乡赶到了安纳托利亚东部。在被迫的迁移中，有数十万人死于饥饿和寒冷。

地图29-2　欧洲的第一次世界大战　德国取道比利时攻入法国北部。西线战场的僵持局面维持了4年之久，德军深陷其中不能自拔。在东线战场，德军在1917年和1918年初占领了俄国大片土地。虽然在东线取得了辉煌的胜利，但德国在具有战略价值的西线遭到了失败，这使德国输掉了战争。

加利波利和阿拉伯起义

费萨尔：阿拉伯王公，“一战”期间领导阿拉伯人起义。1921年，英国将他扶植为伊拉克国王。在英国的保护下，他的政权一直存在到1933年。

土耳其人还封锁了地中海和黑海之间的达达尼尔海峡（见地图29-2）。鉴于在西线取胜无望，英国希望能打通达达尼尔海峡，于是在1915年派陆军前往附近的加利波利半岛（Gallipoli Peninsula）登陆。土耳其军队击退了入侵者。英国向麦加的埃米尔（王公）侯赛因·伊本·阿里（Hussein ibn Ali）许下诺言，只要发动一场反土耳其起义，他就可以拥有一个王国。1916年，侯赛因发动起义，并成为汉志（Hejaz，阿拉伯西部）国王。他的儿子**费萨尔**（Faisal）率领阿拉伯军协助英军从埃及推进到巴勒斯坦和叙利亚。1916年的阿拉伯起义并没有影响到欧洲的战争，但它确实加速了奥斯曼帝国的失败。

英国和犹太民族国家

西奥多·赫茨尔：奥地利记者，犹太复国主义运动奠基人，要求在巴勒斯坦建立犹太人国家。

英国人也向犹太人许下了诺言。几个世纪以来，尽管中东欧的犹太人经常受到迫害，但他们还是创造了繁荣的文化。20世纪早期，**西奥多·赫茨尔**（Theodore Herzl）领导了一场被称为犹太复国主义的民族主义运动，号召犹太人返回位于巴勒斯坦的故乡。许多欧洲人将犹太家园的概念视为解决反犹问题的一剂人道主义良方。

1917年，英国的犹太复国主义领导人哈伊姆·魏茨曼（Chaim Weizmann）说服了几个英国政客，提出巴勒斯坦的犹太家园应该从奥斯曼帝国独立出来，置于英国保护之下，这样可以巩固同盟。11月，英军开进耶路撒冷，外交大臣亚瑟·贝尔福伯爵（Sir Arthur Balfour）写道：

> 英王陛下政府赞成在巴勒斯坦为犹太人民建立一个民族家园，并将尽最大的努力来达到此目的。但应该清楚地了解，不得有任何行动使巴勒斯坦现存的非犹太集团的公民权益和宗教权利受到损害。[2]

《贝尔福宣言》：1917年，由英国外交大臣亚瑟·贝尔福发布的宣言，支持犹太人在巴勒斯坦建国。

英国人没有预见到这一宣言（被称为**《贝尔福宣言》**）会导致巴勒斯坦人和犹太定居者之间的冲突。

29.2.4 俄国的两次革命

战争开始时，俄国拥有世界上规模最大的军队，但它的将领无能，补给匮乏，士兵缺乏训练且装备落后。1914年8月，俄军分两路进入德国东部，但均被击退。

1916年，在遭受一连串失败后，俄军的弹药和其他重要补给出现了短缺。

士兵赤手空拳地奔赴战场，只能捡死去战友的枪。铁路因缺乏燃料和零部件而停运，农作物则烂在田间。平民面临着物资匮乏和不断蔓延的饥饿。城市缺乏食品和燃料。1916—1917年的严冬，为了得到食物，工人和家庭主妇不得不在拂晓前到食品杂货店排队。而沙皇尼古拉二世的宫廷还是一如既往地奢侈腐败。

布尔什维克：激进的马克思主义政党，由弗拉基米尔·列宁于1903年创立。在列宁的领导下，布尔什维克于俄国革命期间（1917年11月）夺取权力。

1917年3月初（俄历二月），首都彼得格勒（圣彼得堡）出现了食品匮乏。妇女举行了大规模示威，士兵哗变并加入了工人罢工，他们组织了苏维埃（代表会议）以便接管工厂和军营。几天后，沙皇退位。议会中的政党领袖在亚历山大·克伦斯基（Alexander Kerensky）领导下组成了临时政府，开始了俄国人所说的‘二月革命”。

列宁和布尔什维克

被沙皇警察追捕的革命党人都藏了起来。其中大多数是社会革命党人，他们主张将土地分给农民。孟什维克鼓吹选举政治，要求对传统的欧洲社会主义进行改革，他们得到了大量知识分子和工人的支持。他们的对手是**布尔什维克**，这个组织虽然规模不大，但却是个有着严格纪律的激进组织。成员都服从领袖**弗拉基米尔·列宁**（1870—1924年）的意志。

弗拉基米尔·列宁：布尔什维克（即后来的共产党）领袖。早年流亡瑞士，1917年返回俄国，领导布尔什维克取得革命和内战的胜利。

列宁出身于一个政府官员家庭，十几岁的时候，他哥哥因密谋杀害沙皇而被处死，从此他就走上了革命的道路。他过了几年流放的生活，先是在西伯利亚，随后是在瑞士。在那里，他的所有精力都用于组织他的支持者。他的目标是建立一个政党，这个政党将组织一场革命，而不是等待革命到来。

773

1917年4月初，德国当局希望破坏俄国的稳定，于是允许列宁乘一节密封列车车厢从瑞士回到俄国。一到彼得格勒，列宁就宣布了他的计划：立即实现和平，一切权力归苏维埃，让农民拥有土地，工人拥有工厂。被战争搞得筋疲力尽的士兵和工人坚决拥护这一计划。

接下来的几个月，临时政府和彼得格勒的各革命派进行了角力。克伦斯基下令对德国进行新一轮的攻击，但数十万俄军士兵扔掉了手中的枪，返回了家乡。随着德军的步步逼近，政府失去了最后一点支持。

十月革命

与此同时，布尔什维克得到了彼得格勒的工人、士兵和水兵的支持。1917年11月6日（俄历10月24日），他们发动起义，控制了彼得格勒，这就是“十月革命”。他们的突然行动震惊了其他革命组织，这些与布尔什维克意见相左的组织认为，“社会主义革命”只有在“资产阶级”统治多年后才能爆发。列宁更感兴趣的是夺取政权，而非马克思主义中的条条框框。他领导布尔什维克推翻了临时政府，拘捕了孟什维克、社会革命党和其他反对者。

控制彼得格勒只是第一步，俄国的其他地区仍旧一片混乱。布尔什维克将私有土地收归国有，并要求农民无偿交出农产品。从地主那里获得土地的农民反对这一政策。在城市，布尔什维克接管了工厂，将工人编成义务劳动队。为了加强统治，列宁创建了契卡（Cheka），这是一个秘密警察机关，有权逮捕和处决反对派。

布尔什维克希望与德国和奥匈帝国实现和平。到1918年3月3日签订《布列斯特和约》，俄国丧失了大片领土，这些领土上有全国1/3的人口和财富。波兰、芬兰和波罗的海国家（爱沙尼亚、拉脱维亚和立陶宛）成为独立的共和国。中亚和高加索地区的殖民地也暂时脱离了俄国的控制。

伍德罗·威尔逊：美国总统（1913—1921年在任），1919年巴黎和会的关键人物。他未能说服美国国会批准《凡尔赛条约》，也未能说服国会批准美国加入国联。

“十四点”：1918年1月，伍德罗·威尔逊总统向美国国会提交一份和平计划，呼吁德国撤出占领地区、调整边界、用自决的方式解决领土纠纷、成立国联以维护和平，保证各国的领土完整。这份计划遭到德国拒绝，但它使威尔逊在“一战”末期成为协约国的道德领袖。

774

29.2.5 西欧战事的结束（1917—1918年）

和很多美国人一样，**伍德罗·威尔逊**总统想置身于欧战之外。在近三年的时间里，他使美国保持中立，并力促各方达成和解。但到1916年下半年，德国决定用潜艇击沉向英国运送食品和补给的船，想用饥饿迫使英国投降。德国人知道，无限制潜艇战很可能使美国参战。但他们愿意冒这个险，因为他们认为英法在美国参战前会崩溃。

1917年2月1日，德国恢复了潜艇战，但他们的冒险失败了。英国派驱逐舰保护商船队，威尔逊总统于4月6日要求国会对德宣战。

1918年1月，威尔逊总统提出了他的**“十四点”**，这一和平计划呼吁德国撤出其占领的地区，以当地居民自决的方式解决领土争端，建立国联以维护各国的独立和领土完整。作为回应，埃里希·冯·鲁登道夫（Erich von Ludendorff）将军发动了一系列出人意料的攻击，又向巴黎推进了40英里（64公里），但胜利并没有眷顾他。与此同时，每月有25万美军开往欧洲前线。8月，协约国发动反击，德军撤退的脚步再也停不下了。

10月下旬，鲁登道夫辞职，德国水兵发动起义。两个星期后，新一届德国政府签署了停战协议。11月11日上午11时，西线平静了。

本节回顾

欧洲人欢庆战争的爆发。

一个月之内，德军攻入了比利时和法国，但西线的战壕阻挡了他们的脚步。

大战造成了数以万计的伤亡，但没有一方获胜。

在后方，平民面临物资短缺，妇女开始工作，而美国却日益强盛。

奥斯曼帝国的参战并没有打破平衡。

英国承诺为犹太人在巴勒斯坦建立一个“民族家园”。

随着俄国的衰弱，列宁的布尔什维克1917年11月夺取了政权。

1917年美国参战，德军开始撤退。

战争于1918年11月11日结束，德国战败。

29.3 欧洲的和平与混乱（1919—1929年）

第一次世界大战持续了4年之久。战争造成了数百万人的伤亡，政治紧张和不满情绪弥漫在空气中。到20世纪20年代中，国民经济仍处于萧条中。20年代末终于露出了和平和繁荣的曙光，但这一希望最终化为了泡影。

29.3.1 战争的影响

有800万到1 000万人在战争中丧生，他们几乎都是青年人。死者中大约有200万德国人、170万俄国人和170万法国人。奥匈帝国损失了150万人，大英帝国损失100万人，意大利损失46万人，美国损失11.5万人。伤员的数量可能是上面数字的两倍，伤病会困扰他们终生。

难民和移民

战争与革命迫使大约200万俄国人、75万德国人和40万匈牙利人逃离家园。战争也迫使数十万希腊人和土耳其人离开安纳托利亚和希腊。许多难民赴法国寻求庇护，法国接纳了150万人，以弥补其在人口上的损失。在1921年和1924年的美国移民法向东欧人和南欧人关闭大门之前，约有80万移民涌入美国。加拿大、澳大利亚和新西兰对移民也采取了类似限制。拉美国家欢迎欧洲难民，但移民不想去那些贫困的国家。

流感

意想不到的是，战争导致了1918—1919年的大流感，这场大流感最早在西线爆发。这种病毒蔓延到了全世界，其死亡率约为2.5%。50万美国人死于这种传染病，这一数字是阵亡人数的5倍。在世界范围内，流感夺走了2 000万条生命。

对环境的破坏

战争也严重破坏了环境。破坏最严重的是西线战场，它给法国和比利时留下了一道疤痕。战争破坏了森林，毁灭了城镇。大地遍布壕沟和弹坑，地上满是弹药、破损的武器、混凝土块和无数士兵的遗骸。战后要花10年时间来清理废墟，重建城镇，还要修建几十个战士陵园。在那里，一排排的十字架绵延数英里。

29.3.2 和平条约

1919年初，战胜国的代表齐聚巴黎。战败国只能在外面等待结果。俄国没有参加和会。

从一开始，三巨头就把持了巴黎和会，他们是美国总统威尔逊、英国首相大卫·劳合·乔治和法国总理乔治·克里孟梭。他们并没有重视1915年加入协约国的意大利，甚至也不重视欧洲小国的代表。日本要求对所有民族一视同仁，他们回绝了这一要求。他们忽视了非洲裔美国人W. E. B. 杜波依斯（W. E. B. Du Bois）组织的泛非议会（Pan-African Congress），这一组织要唤起人们对全世界非洲人的关注。他们轻视上万名不代表主权国家的与会者——阿拉伯领导人费萨尔、犹太复国主义者哈伊姆·魏茨曼和一些亚美尼亚代表，这些人到巴黎也各有目的。用英国外交大臣贝尔福的话说，"这三个拥有全部权力，但却非常无知的人坐在那里划分世界"[4]（见地图29-3）。

国际联盟：1919年成立的国际组织，旨在促进世界的和平与合作，但美国的缺席极大地削弱了国联的作用。事实证明，它无法制止意大利、日本和德国在20世纪30年代的侵略活动。1945年，联合国取代了国联。

国际联盟

775

威尔逊是一个高尚的理想主义者，他要用自决原则解决欧洲事务。他想以语言或民族作为建立国家的依据。他倡导建立**国际联盟**，想用这一国际组织捍卫和平，促进国际合作。他的理想与欧洲人的顽固和自私发生了冲突。劳合·乔治认为德国应支付巨额赔款。克里孟梭希望德国归还阿尔萨斯和洛林，这两个省在1871年之前是属于法国的。

《凡尔赛条约》："一战"后，法国、英国、美国和其他协约国强加给德国的条约。条约要求德国解除武装，将一部分土地归还给波兰。这份条约引起了许多德国人的不满。

《凡尔赛条约》

一系列的妥协使各方都不满意。欧洲国家组建了国际联盟，但美国国会拒绝让美国加入。法国收回了阿尔萨斯和洛林，但不得不接受一个暧昧的承诺：如果德国重新武装起来，法国将得到英国和美国的保护。英国在非洲和中东获得了新殖民地，但人口减少和贸易中断极大削弱了英国。

1919年6月28日，德国代表勉强签署了**《凡尔赛条约》**。条约禁止德国拥有

地图29-3　第一次世界大战后欧洲疆界的变化　虽然最惨烈的战斗发生在西欧，但西欧在边界方面的变化并不大。相反，东欧地区的疆界却有很大的变化。奥匈帝国的解体和俄国的战败使这一地区出现了很多小国家，这些小国的范围北到芬兰，南抵南斯拉夫。

空军，只能象征性地保留陆军和海军。德国还要将东部大片领土归还给刚复国的波兰。协约国要求德国支付赔款，以弥补战胜国的损失，但没有确定具体的赔偿金额和期限。“罪责条款”强迫德国承担在战争中“造成损失和破坏的责任”，这招来了后来德国人多年的不满。这份条约给德国带来了屈辱，但并没有过分削弱德国。和平既不是建立在惩罚的基础上，也不是建立在和解的基础上，这是历史上的重大失败。

同时，奥匈帝国解体了。在俄国、德国和奥匈帝国丧失的土地上出现了几个新兴国家：波兰（自被瓜分100多年后得以复国）、捷克斯洛伐克（在奥匈帝国北部的1/3领土上建立）、南斯拉夫（塞尔维亚和奥匈帝国南部的斯拉夫省合并而成）。语言是划分新边界的依据，但每个国家都有心怀不满的少数民族。这些小国只有在德国和俄国战败和衰落的时候才是安全的。

29.3.3 俄国内战和新经济政策

1918年12月，俄国内战爆发。1918年3月后，布尔什维克改称共产党。他们控制着俄国的中心地区，但周边的省份都起来反抗他们。前沙皇军官领导的反革命军队获得了协约国的武器和物资。在3年的时间里，双方都烧毁农场，征用农作物，由此导致的饥荒使300万人丧生，超过了俄国在长达7年的战争中的死亡数。到1921年，共产党打败了大部分敌人。

芬兰、波罗的海国家和波兰仍然是独立的，但红军逐一征服了沙皇帝国的其他地区。1922年，乌克兰与俄国合并，成立了苏维埃社会主义共和国联盟（USSR），简称苏联。1920—1921年，红军重新征服了高加索地区，俄罗斯人取代当地人成了那里的领导人。1922年，新的苏维埃共和国格鲁吉亚、亚美尼亚和阿塞拜疆加入了苏联。这样，布尔什维克控制了沙皇帝国的土地和人口。

新经济政策：弗拉基米尔·列宁于1923年颁布的政策。为了促进苏联经济复苏，国家允许出现一些小私营企业。1928年，约瑟夫·斯大林终止了新经济政策，取而代之的是一系列的五年计划。

数年的战争、革命和治理不善摧毁了俄国经济。工厂和铁路因缺乏燃料、原材料和零部件而关闭。毁坏农田和屠宰牲畜使城市陷入饥饿。鉴于国内一片萧条，列宁于1923年颁布**新经济政策**（NEP）。新政策允许农民拥有土地和销售他们的农作物，允许私商进行贸易，允许私人作坊生产商品并在自由市场上出售。但政府仍旧控制着重要行业，如银行、铁路和工厂。

放松管制取得了立竿见影的效果。产品产量上升，食物和其他商品也不再紧缺。但新经济政策并不意味着苏共的最终目标发生了改变，它只是提供了喘

演说家列宁　这位布尔什维克的领导人是位出色的演说家。照片中，列宁于1920年在莫斯科的斯维尔德洛夫广场（Sverdlov Square）向红军发表演说。

息之机，列宁称之为“退两步进一步”。苏共想在废除私有财产的前提下建立现代工业经济，这意味着要投资于重工业和电气化，还要将农民迁入城市，让他们在新工厂工作。这也意味着，为了给城市工人提供食品，政府还要从农民手中廉价购买农产品。换句话说，占苏联人口大多数的农民要为苏联的工业化买单。这一政策使他们站到了政府的对立面上。

斯大林和托洛茨基

列宁于1924年1月去世后，他的同志展开了权力之争。两个有力的竞争者是红军领袖列夫·托洛茨基和苏共总书记约瑟夫·斯大林。托洛茨基得到了许多在革命前入党的“老布尔什维克”的支持。在流亡多年后，他认为革命的星星之火将点燃世界无产阶级革命。只领导共产党而没有在国外生活过的斯大林认为，“在一个国家”可以先实现社会主义。 776

斯大林在党内建立了个人崇拜。1926—1927年，斯大林以“偏离党的路线”为由开除了托洛茨基的党籍，1929年1月又迫使其流亡国外。之后，斯大林成为党的绝对领袖，他以惊人的速度实现了苏联的工业化。

29.3.4　短暂的和平

战争使人们付出了巨大牺牲，幸存者的期望很高但不切实际，这些希望很快化成了泡影。英法的保守派希望回到战前的稳定时期——社会分为若干阶层，世界贸易繁荣，欧洲统治世界其他地区。在世界其他地区，战争中的花言巧语给人们带来了希望，但战争结果却把希望打得粉碎。在欧洲，德国人有种
777 被骗的感觉，因为他们本来似乎胜利在望；意大利人也十分失望，他们付出了牺牲，但没有在领土方面得到回报。阿拉伯人和印度人渴望独立；中国希望得到社会正义，减少外来入侵；日本人则希望扩大在华势力。在苏联，政府急于巩固政权，向世界其他地区输出革命。

德国的恶性通货膨胀

1923年，德国暂停赔款。为了报复，法国占领鲁尔区，德国政府拼命印钞，造成了世界上前所未有的恶性通货膨胀。马克迅速贬值，满满一手推车的钱只能买到一条面包。德国走到了内战的边缘，激进的民族主义者想要推翻政府。最后，德国政府改用新币，并承诺继续支付赔款，法国同意从鲁尔区撤军。

20年代中期的繁荣

从1924年起，世界享受了几年的和平与繁荣。1923年德国危机结束后，西欧国家走向缓和，德国也加入了国联。棘手的赔偿问题似乎也消失了，德国从
778 纽约借钱支付对英法的赔款，英法则用这笔钱偿还战时从美国获得的贷款。三角形的资金流是建立在信用基础上的，这促进了欧洲经济的迅速复苏。法国开始重建饱受战争蹂躏的北部地区；德国摆脱了恶性通货膨胀；美国开始了长达5年的繁荣期。

虽然经济蓬勃发展，但各国政府变得更加谨慎和务实。在列宁逝世后，苏联也开始放弃输出革命。但苏德两国都不接受它们之间出现的小国。1922年，双方签署了一项秘密协议，苏方允许德军在苏联进行演习（这违反了《凡尔赛条约》），以换取德国协助苏联重建工业和军事。

国联在处理卫生、劳动关系、邮政和电报通信等技术问题上富有成就。但没有美国的参加，国联的制裁相当无力。

本节回顾

战争带来了成百上千万的死伤和难民。

法国、英国和美国主导巴黎和会，拒不听取其他声音。

美国没有参加国际联盟，这削弱了国联的作用。

《凡尔赛条约》使德国受到屈辱，但并没有削弱德国，这是历史上的严重错误。

本节回顾

奥匈帝国和俄国解体，欧洲出现了一些小国，这为冲突埋下了隐患。

布尔什维克赢得内战后，俄罗斯经济衰败不堪，斯大林上台执政。

德国于1923年解决了恶性通货膨胀后，世界经济从1924年起步入繁荣。

29.4　中国和日本：相异的命运

中国和日本都受到了西方压力，但它们的近现代历史却截然不同。与日本相比，中国更难摆脱传统的社会结构和经济，因此陷入了混乱和革命。日本经历了前文提到的改革（见第27章），建立了工业和强大的军队，正好对中国乘虚而入。它们对西方压力的不同反应使两个大国走上了对抗之路。

29.4.1　社会变革和经济变革 779

1900年，中国有4亿人口，是世界上人口最多的国家，而且人口还在增长。在1900年，农民人均土地占有量为1—4英亩（不足2公顷），而两代人之前的人均土地占有量是这个数字的两倍。耕作方法已经沿用了几百年，收成的一半多要用于缴纳地租和税收。大多数中国人不停地工作，靠粮食和蔬菜维生，还要担心洪水、土匪和税收。

在农民之上，中国社会分为许多群体和阶层。地主靠佃户的地租为生。由考试制度精心选出的官员利用税收和政府对盐、铁及其他产品的垄断中饱私囊。上海是中国的金融中心和商业中心，这座城市以富有的外国人、鸦片瘾君子、妓女和流氓而闻名。

虽然对外贸易只占中国经济的一小部分，但与外界的接触还是对中国政治产生了巨大影响。生活在通商口岸的年轻男性没有在旧科举和官场中发展的机会。有些人进入教会学校或出国留学，他们接受了外国的观念。在通商口岸，多数城市居民的贫穷生活与外国人的奢华形成了对比，这激怒了中国的有识之士。

日本的自然资源比较匮乏，耕地也比较有限，所以很难为持续增长的人口提供食物。台风经常袭击日本南部地区，而且其位于环太平洋断层上，经常会发生波及全国的地震。1923年的关东大地震摧毁了整个横滨和半个东京，导致

上海外滩 外滩是上海最重要的一条街，银行、公司总部和豪华酒店面临着码头区，那里停靠着来自世界各地的船。虽然上海是中国的工业和商业中心，但许多工人还是徒手装卸船只或用黄包车拉富裕的客人。

20万人丧生。

1925年，日本人口达到6 000万，每年还会增加100万。日本的工业化始于明治维新（见第27章），并在第一次世界大战期间得以加速发展。当时日本的经济增长速度是西欧的4倍、中国的8倍。

“暴发户”

经济增长使社会更加紧张。“暴发户”的西式生活方式与传统的节俭发生了冲突。在大城市，摩登少男和摩登少女的西式行为震惊了传统人士，他们一起跳舞，穿短裙和紧身裤，行为就像美国人。有危险思想的学生被称为“马克思青年”（Marx boys）。

经济繁荣的主要受益者是财阀或大集团，其中四个集团（三菱、住友、安田和三井）控制了日本的工商业。占人口数量一半的农民依旧贫困；有些人绝望地将女儿卖进纺织厂或卖给别人当女佣。工会力量薄弱，而且受制于警察。

日本的繁荣仰赖于对外贸易。日本出口丝绸和轻工制品，而所需的燃料、原材料和机械工具几乎全部依赖进口，有时甚至还要进口食物。虽然日本并不像中国那样受制于气候，但它更容易受世界经济波动的影响。

29.4.2　革命和战争（1900—1918年）

1898年，慈禧太后靠宫廷政变掌握了权力。1900年，她怂恿秘密社团义和团发动起义，希望将所有的外国人驱逐出中国。当义和团威胁外国驻京使馆的时候，西方列强和日本组成的联军占领了北京，并迫使中国支付了巨额赔款。这些事件震惊了很多中国学生，他们认为中国需要一场革命，以推翻清王朝，建立现代化的国家。

孙中山：中国民族主义革命家，国民党的创建者和领导者。他想使中国成为一个自由民主的国家，但遭到了军阀的阻挠。

孙中山和袁世凯

780

慈禧于1908年去世，**孙中山**（1867—1925年）领导的同盟会准备发动起义。孙中山在日本、英国和美国生活了许多年，他一直密谋推翻清王朝。他的思想吸收了民族主义、社会主义和儒家观念。他的爱国之心、远大抱负和顽强精神吸引了大批追随者。

军方挫败了孙中山的计划。1895年甲午战败之后，清廷同意为军队装备现代步枪和机枪。再加上军队掌握在地方大员而非中央政府手中，这对清廷构成了威胁。1911年10月，地方军队发生兵变，最有实力的**袁世凯**拒绝为清廷效力。1911年12月，独立各省的代表在南京召开会议，推举孙中山为中华民国临时大总统。为了避免军事冲突，几个星期后，孙中山辞职，新一届国会选举袁世凯为中华民国总统。

袁世凯：中国的军事统帅，中华民国第一任总统（1912—1916年在任），阻挠孙中山的民主运动。

袁世凯是位能干的军事统帅，但他没有政治纲领。孙中山将他的追随者改组为**国民党**，袁世凯不愿建立西式政府，对国民党横加阻挠。这样，争取建立新中国的第一轮斗争的胜利，走向了军事争斗。

国民党：1912年，孙中山按民主原则建立起来的民族主义政党。1925年后，蒋介石成为国民党领袖，使该党日益独裁化。

与此同时，日本很快加入了协约国。他们认为，欧洲列强自顾不暇之际正是日本得利之时。日本迅速占领了德国在北太平洋和中国沿海的殖民地，然后将目光投向了中国其他地区。1915年，日本提出“二十一条”，想成为中国的保护国。英美的外交压力迫使日本做出了让步，但他们还是牺牲了中国，允许日本接管德国在中国沿海的殖民地和路矿权。为了表示抗议，中国各地爆发了反日和抵制日货的活动。于是两国展开了长达30年的艰苦斗争。

29.4.3　中国军阀和国民党（1919—1929年）

在巴黎和会上，列强同意日本接管德国殖民地。对许多中国人来说，这是一个奇耻大辱。1919年5月4日，学生聚集在北京紫禁城前。虽然政府下达了禁令，但五四运动还是扩展到其他地区。成长起来的新一代敢于挑战旧官僚，敢于挑战地方军阀和外国人。

20世纪20年代初，孙中山想在广州卷土重来。他虽然不是共产党员，但对列宁革命策略的高效留下了深刻印象。他聘请了苏联顾问，按列宁路线改组了国民党。他还欢迎中共党员加入国民党。

蒋介石

蒋介石：中国的军事领袖和政治领袖。1925年，接替孙中山出任国民党领袖；1928—1949年领导中国政府；反对中国共产党和日本侵略者。

1925年，孙中山逝世，**蒋介石**（1887—1975年）成为国民党领袖。蒋介石是一名军官，曾任军校校长，培育了数百名日后忠于他的年轻军官。1927年，他决定铲除军阀。他的军队以广东为基础，进行北伐。他与共产党展开了短暂合作。但在部队占领上海后，蒋介石开始打击工会，屠杀共产党员，因为他将共产党视为威胁。随后，他击败或制服了其他军阀，建立了独裁统治。

蒋介石政府制订了雄心勃勃的计划，它要修建铁路、发展工农业、自上而下地推进现代化。但他的属下既没有卓越的领导者也没有具备现代意识的人。相反，他的政府吸引了成千上万的机会主义者，他们以“升官发财”为目标，对商业横征暴敛。在农村，税吏和地主对农民的剥削愈发沉重，甚至在发生自然灾害时也不手软。上缴国库的钱少之又少，这些钱还要支付军费。因此，在清朝灭亡20年后，官僚腐败和自然灾害使中国依旧贫困。

本节回顾

在“一战”期间，日本蓬勃发展，迅速实现了现代化，并开始觊觎中国。

清王朝于1911年灭亡后，袁世凯统治中国，打击孙中山的国民党。

孙中山逝世后，蒋介石建立了腐败的军事独裁统治。

781

29.5 新中东

第一次世界大战结束后，阿拉伯民族希望对战后安排拥有发言权。但获胜的英国和法国打算对中东地区实行殖民统治。这样导致了中东的不稳定，这种不稳定一直持续到今天。

29.5.1 委任统治制度

在巴黎和会上，法国、英国、意大利和日本提议瓜分德国殖民地和奥斯曼帝国的领土，但他们的野心与美国总统威尔逊提倡的民族自决发生了冲突。最后，胜利者达成了一个妥协方案，这就是**委任统治制度**：殖民统治者管理领土，但为了“当地居民的物质和精神幸福及其社会进步”需要对国际联盟负责。

委任统治制度：“一战”后，将德国的殖民地和奥斯曼帝国的领土分给战胜国，在国联的监督下进行管理。

C类委任统治地（人口最少的地区）由征服者作为殖民地对待。南非取代德国管理西南非洲（今纳米比亚），英国、澳大利亚、新西兰和日本接管了德国在太平洋上的岛屿。B类委任统治地是比C类要大但仍然处于不发达状态的地区，在国联的监督下以当地居民的利益为基础加以统治。大部分德属非洲殖民地属于这一类。

奥斯曼帝国的阿拉伯语地区属于A类委任统治地。国际联盟宣布，它们已经“达到一种发展状态，这种状态就是，在由委任统治者提供管理建议和帮助的前提下，它们作为独立国家而存在可以暂时得到承认”。阿拉伯人将这种措辞含糊的表述理解为承诺他们获得独立，英法派军队到该地区是“为了当地居民的利益”。巴勒斯坦（今以色列）、外约旦（Transjordan，今约旦）和伊拉克（原美索不达米亚）成为英国的委任统治地；法国委任统治了叙利亚和黎巴嫩（见地图29-4）（见“多样性与主流：第一次世界大战后的中东”）。

29.5.2 现代土耳其的兴起

“一战”结束后，奥斯曼帝国走到了崩溃的边缘。法国、英国、意大利等国看到了扩大自己帝国的机会，希腊则着眼于希腊人居住的安纳托利亚地区。1919年，法国、英国、意大利和希腊的军队占领了君士坦丁堡和安纳托利亚部分地区。到签订《塞夫尔条约》（1920年）的时候，协约国使奥斯曼苏丹丢掉了大部分领土。

1919年，穆斯塔法·凯末尔（Mustafa Kemal）在部将的支持下在安纳托利亚中部组建了国民政府。1922年后，在与希腊人激战后，他的军队夺回了安纳托利亚和君士坦丁堡周围地区。获胜的土耳其人将数十万希腊人逐出他们世代居住的安纳托利亚，希腊政府则将所有穆斯林驱离希腊。

人们将凯末尔视为战斗英雄和国家的救星，认为他可以给人民带来根本 782
变革。凯末尔是个坦诚而又有现代意识的人，他希望土耳其向欧洲靠拢，而且越快越好。他废除了苏丹，宣布土耳其是一个世俗的共和国，并引进了欧洲法

穆斯塔法·凯末尔·阿塔图尔克 “一战”后，穆斯塔法·凯末尔决定仿效西方，实现土耳其的现代化。在照片中，他穿着西装，正在教授拉丁字母。

律。他与伊斯兰教传统迅速决裂，停办宗教法庭和学校，抑制宗教秩序，并用拉丁字母取代了阿拉伯字母。

凯末尔还想将传统的土耳其家庭西化。妇女获得平等的公民权，包括投票权和参选国会议员的权利。他废除了一夫多妻制，制定了世俗结婚和离婚的制度。凯末尔还进行了服饰改革，他强烈反对妇女戴面纱，随后，欧洲宽沿帽取代了土耳其男子的传统毡帽。他要求每个人都要有姓，他自称为**阿塔图尔克**（Atatürk，意为“土耳其之父”）。他的改革在城市迅速展开，但在伊斯兰传统势力占优的农村地区，人们在很长时间内都排斥改革。

阿塔图尔克：现代土耳其的缔造者。“一战”期间，他在加利波利一战成名。1921—1922年，他将希腊远征军逐出安纳托利亚。1923年，他以土耳其共和国取代了奥斯曼帝国。担任总统期间，他采取激进措施推行西化，并改革了土耳其社会。

多样性与主流

第一次世界大战后的中东

第一次世界大战期间，协约国军队入侵并占领了巴勒斯坦、美索不达米亚和叙利亚。这留下了一个问题：战后如何处理这些领土？将它们归还奥斯曼帝国？将它们简单地纳入英法的殖民帝国？还是支持它们成为独立的阿拉伯国家？

下面的文件说明了不同组织的各种战后规划：英国主要关心击败德国和维持大英帝国；美国的政策立足于崇高的原则；来自中东的阿拉伯代表寻求自决。

20世纪早期，欧洲兴起了反犹主义。作为回应，欧洲的犹太人展开了一场复国主义运动。西奥多・赫茨尔领导的复国主义运动希望犹太人能回到祖先居住的地方。2000年以来，那片土地是许多帝国（罗马帝国、拜占庭帝国、阿拉伯帝国和奥斯曼帝国）的行省，讲阿拉伯语的人居住在那里，其中大多数信奉伊斯兰教。

"一战"期间，英国政府同意在巴勒斯坦建立一个犹太人国家。这样做的目的是为了赢得战争，但也包括了长远考虑。其结果是由英国外交大臣亚瑟・詹姆士・贝尔福写给罗斯柴尔德男爵（Baron Rothschild，在英国，他是犹太复国主义运动的著名支持者）的一个政策声明，这个被称为《贝尔福宣言》的声明，此后一直困扰着中东。

1917年《贝尔福宣言》

亲爱的罗斯柴尔德勋爵：

我很愉快地代表英王陛下政府将下列对犹太复国主义者的志向表示同情的宣言转达给你，这个宣言已提交内阁并被批准：

陛下政府赞成在巴勒斯坦为犹太人民建立一个民族家园，并将尽最大的努力来达到此目的。但应该清楚地了解，不得有任何行动使巴勒斯坦现存的非犹太集团的公民权益和宗教权利受到损害，亦不应损害在任何其他国家犹太人所享有的权利和政治地位。

如果你能把这个宣言通知犹太复国主义者联盟，我将很感激。[1]

亚瑟・詹姆士・贝尔福

于外务部

1917年11月2日

1918年1月8日，美国总统伍德罗・威尔逊发表了旨在结束战争的著名的"十四点"建议。他的讲话主要关注欧洲事务和国际关系，但其中两条涉及了阿拉伯世界。

1　参见北京大学国际政治系：《国际关系史资料选辑》（近代部分下册），第287页。——译注

伍德罗·威尔逊的“十四点”

我们所要求的是：让世界适合人类生活和安居乐业，尤其是让热爱和平的国家感到安全，就像我们自己的国家一样，按自己的生活方式去生活，由自己决定国家制度，让世界其他民族公正地对待它，使其免受暴力和自私的侵略。事实上，全世界各民族在这一方面都有共同利益，就我们本身而言，我们十分清楚地看到，要想让别人公正地对待我们，我们必须首先要公正地对待别人。因此，世界和平的方案，就是我们的方案；而依我们所见，这个方案，这个唯一可行的方案，应是这样的：

……

十二、对于当前奥斯曼帝国的土耳其本土，应保证其主权安全，但对现在处于土耳其人统治下的其他民族，则应保证他们有确实安全的生活，和绝
783 对不受干涉的自主发展的机会……[1]

战争结束后，战胜的协约国齐聚巴黎，其中一项任务是确定奥斯曼帝国前阿拉伯省的命运。阿拉伯国家的领导人有理由怀疑列强（特别是英国和法国）的企图。协约国认为阿拉伯人还没做好独立的准备，要对阿拉伯国家进行托管。阿拉伯的领导人在下面的声明中表达了他们的疑虑：

1919年7月2日叙利亚国民大会的备忘录

1919年7月2日，星期三，叙利亚国民大会的代表齐聚大马士革。我们来自三个地区，即南区、东区和西区。各地区的人民——穆斯林、基督徒和犹太人——赋予了我们信任和权力。我们代表选民，同意下面的声明：

1. 我们要求叙利亚在政治上完全独立……

……

3. 居住在叙利亚地区的阿拉伯人和其他更发达种族一样有天赋，他们绝不低于获得独立时的保加利亚人、塞尔维亚人、希腊人和罗马尼亚人。鉴于上述事实，我们反对国际联盟盟约的第22款。这个条款认为我们只是中等发

1 参见张鑫编译:《美国的梦想——美国总统演讲精选》，中国经济出版社，2008年，第33—35页。——译注

达，需要被托管。

4. ……在声明中，威尔逊总统反对发动战争，要终结征服和殖民的野心，……并坚信美国不想殖民，对我们国家也没有政治野心，我们要向美国寻求经济援助和技术援助，并规定这些援助不超过20年。

5. 如果美国不给予援助，我们将向英国寻求援助，同样要保证这不会损害国家的完全独立和团结，也不会超过上一条款所提到的期限。

6. 我们不接受法国政府在叙利亚任何地方提出的任何要求，也拒绝它对我们的援助或在任何地方插手任何事务。

7. 我们反对犹太复国主义者在叙利亚南部，即巴勒斯坦，建立犹太人国家，也反对犹太复国主义者移民到我们国家的任何地区；因为我们不认为他们有这个资格。从民族、经济和政治方面看，我们认为他们是威胁。我们的犹太同胞应该享受我们共同的权利，履行我们共同的义务。

资料来源：The Balfour Declaration, *The Times* (London), November 9, 1917. Memorandum of the General Syrian Congress, *Foreign Relations of the United States: Paris Peace Conference*, vol. 12 (Washington, DC: Government Printing Office, 1919), 780–781.

分析问题

《贝尔福宣言》中赞同“为犹太人民建立一个民族家园”与“不得有任何行动使巴勒斯坦现存的非犹太集团的公民权益和宗教权利受到损害”的承诺之间是否有冲突？如果有，为什么他要做出相互矛盾的许诺？

伍德罗·威尔逊宣言中的“不受干扰的发展机会”是如何运用于巴勒斯坦的？

为什么叙利亚国民大会的代表反对托管奥斯曼帝国以前的行省？他们提出了什么替代方案？

为什么代表们反对建立一个犹太人国家？

29.5.3 阿拉伯地区和巴勒斯坦问题

伪装为委任统治制度的殖民主义激起了阿拉伯人的反抗和起义。阿拉伯人认为，欧洲人的存在不是将他们从奥斯曼帝国的压迫中解放出来，而是使他们

地图29-4 第一次世界大战后中东版图的变化 奥斯曼帝国的战败和解体使这一地区出现了全新的政治版图。土耳其共和国继承了安纳托利亚和巴尔干的一小部分地区，而奥斯曼帝国的阿拉伯省份则被法国和英国瓜分。只有伊朗和埃及没有改变。

被外国占领。

“一战”后，中东社会发生了巨大变化。卡车取代骆驼商队。失去土地的农民迁往规模日益扩大的城市。据估计，1914—1939年，该地区的人口增加了50%，像君士坦丁堡、巴格达和开罗这样的大城市人口翻了一番。

土耳其的改革激励了城市中产阶级和商人，他们接受了西方的观念和习俗，住西式房子，穿西式服装。有些家庭把儿子送到欧洲的世俗学校或教会学校，然后去开罗和贝鲁特上大学，准备日后在政府和企业中工作。一些妇女成
为教师或护士。不同地区有很大差异，黎巴嫩深受法国影响，而阿拉伯和伊朗 784
还在恪守他们的传统文化。

与欧洲关系最密切的是马格里布地区——阿尔及利亚、突尼斯和摩洛哥，法军将这里视为殖民地。法国在当地旧居住区旁兴建了主要供欧洲人居住的现
代住宅区。1830年，法国占领了阿尔及利亚，并积极吸纳欧洲移民。欧洲移民 785
可以获得最好的土地，垄断政府和企业中的工作。阿拉伯人和柏柏尔人仍然贫穷，而且遭受严重歧视。

英国在中东

英国试图用贿赂和恐吓控制中东地区。他们支持阿拉伯革命领袖伊拉克国王费萨尔，并用轰炸机平息农村地区的叛乱。1931年，英国与费萨尔政府达成一项协议：英国允许伊拉克独立；伊拉克允许英国保留两个空军基地，维持军事同盟，并保证石油供给。与此同时，法国派数千军队镇压了叙利亚和黎巴嫩的起义。

埃及和伊拉克相似，英国用表面上的独立掩盖了事实上的殖民统治。1922年，英国承认埃及独立，但仍然拥有驻军权。为了确保战时与印度的联系，英国继续把持着苏伊士运河。最令华夫脱党（Wafd Party，国民党）难堪的是，英国想把埃及军队赶出苏丹，但很多埃及人将苏丹视为本国殖民地。英国与福阿德国王（King Fouad）和保守政治家结成了联盟，他们既害怕世俗激进主义又害怕宗教极端主义，这使英国成功地把埃及推下了深渊——埃及既不是独立国家也不是殖民地。

犹太人向巴勒斯坦移民

战前，犹太人作为少数民族居住在巴勒斯坦和其他阿拉伯国家。19世纪以来，有少量犹太人移民到巴勒斯坦。英国托管巴勒斯坦和1917年的《贝尔福宣
言》使大量犹太人从欧洲迁往这一地区。其中大多数移民到了城市，但还有一 786
部分人到了集体农场。他们的目标是自给自足，与祖先的土地重建联系。犹太

巴勒斯坦的犹太人定居点　为了躲避欧洲的迫害和歧视，成千上万犹太人移居到了巴勒斯坦，并在那里建立了集体农场。这张照片拍摄于1912年，一位来自俄罗斯的84岁的移民正在学习耕地。

人购买土地的行为激怒了当地的巴勒斯坦人，尤其是那些因犹太移民而被驱逐的佃农。1920—1921年，犹太人和阿拉伯人之间爆发了冲突。犹太移民超出了英国的预期，他们开始着手限制移民，但抑制犹太人并没有安抚住阿拉伯人。复国主义组织帮助越来越多的犹太人偷渡到巴勒斯坦。20世纪30年代，罢工和游击战破坏了国家，英国逐渐对其失去控制。在这一过程中，斗争双方和其他阿拉伯民族都对英国怀恨在心。

本节回顾

奥斯曼帝国的阿拉伯语地区成为法国和英国的“委任统治地”。

穆斯塔法·凯末尔·阿塔图尔克驱逐了居住在安纳托利亚的希腊人，他建立了土耳其共和国，并推行了世俗改革。

中东的现代化使阿拉伯人在政治上更加活跃，但他们还是不得不接受委任统治。

犹太人向巴勒斯坦移民，这使得犹太人、阿拉伯人和英国的关系日益紧张。

29.6 工业世界的社会、文化和技术

和平条约为4年的战争画上了休止符，各国开始努力营建未来。科学进步使人们可以洞察到自然和宇宙的惊人奥秘。美国领导的新技术改变着人们的日常生活。

29.6.1 阶级和性别

战争对欧洲的社会和文化产生了深远影响。战争结束后，阶级差别开始消失。许多欧洲贵族战死沙场，他们曾长期主导军队、外交和其他社会精英部门。与欧洲社会不同，美国和加拿大从未有过严格意义上的阶级，也没有复杂的传统和礼仪。在大西洋两岸，工程师、商人、律师和其他专业人士地位上升，这增加了中产阶级的相对重要性。

战争期间，各国不断扩大政府职能，这就需要新增成千上万的官员。政府修建住房、公路、学校和公共卫生设施，还提供广播和其他服务。百货商场、银行、保险公司和其他企业也扩大了白领队伍。但工人阶级的数量并未增加。新型设备和组织方法（如亨利·福特设计的汽车流水线）提高了工人的生产力，因此同样数量的工人可以生产出更多产品。

妇女的生活

妇女生活在20世纪20年代的变化速度超过以往任何时候。战争的结束标志着战时工作的消失，但一些妇女仍在工作。与她们的母亲在战前的生活相比，富有的年轻女性过着更个性化的自由生活。她们开车，做各种体育运动，独自旅行并在公共场所吸烟。而对于另外一些人来说，战争带来的是痛苦而非自由。成百上千万妇女在战争和大流感中失去了父亲、兄弟、儿子、丈夫和未婚夫。战争结束后，不少单身女性过着孤独、贫困的生活。

在欧美地区，倡导妇女权利的人从19世纪90年代起就主张妇女应有选举权。新西兰是20世纪之前唯一一个赋予妇女投票权的国家。1915年，挪威妇女在欧洲首先获得投票权。苏俄妇女于1917年获得投票权，加拿大和德国的妇女于1918年获得投票权。1918年，英国允许30岁以上的妇女投票，随后扩展到年轻女性。1920年，美国《宪法》“第十九修正案”赋予妇女选举权。土耳其妇女于1934年拥有投票权。大多数国家在1945年后才允许妇女参加投票。但她们的政治影响力不如女权主义者希望的那么大，这使保守人士松了一口气。虽然她们并没有改变政府和政治，但投票权仍是个重要象征。

除参政外，妇女在其他领域也很活跃。欧美妇女积极投身社会改革运动，
787 反对虐待妇女、儿童和产业工人。这些社会改革在美国得到了像简·亚当斯（Jane Addams，1860—1935年）这样的进步党党员的支持。她在贫穷的社区建立了“社区服务中心”（settlement house），并获得了1931年的诺贝尔和平奖。在欧洲，改革者同社会主义者和劳动党展开了合作。

玛格丽特·桑格：美国的护士和作家，计划生育运动的先驱。她召集会议，并建立了节育诊所。

马克斯·普朗克：德国物理学家，他创建了量子理论，并于1918年获得诺贝尔物理学奖。

美国妇女**玛格丽特·桑格**（Margaret Sanger，1883—1966年）主张的节育是最富争议，也是最有效的改革。政府将节育等同于色情，而她的主张与政府的意见相悖。最终，她于1923年在纽约建立了一家节育诊所。在法国，政府于1920年禁止避孕和堕胎，他们努力提高人口出生率以弥补年轻男性在战争中的损失。另一方面，出于意识形态的考虑，苏联共产党允许堕胎。

29.6.2 科技革命

新物理学

阿尔伯特·爱因斯坦：德国物理学家，他创建了相对论，认为时间、空间和质量都是相对的，不是固定的。

在19世纪末，物理学界的革命击碎了所有关于自然的旧理论。物理学家发现原子——物质的基本组成部分——不是不可分的，而是由远小于原子的亚原子颗粒组成的。在1900年，德国物理学家**马克斯·普朗克**（1858—1947年）发现原子辐射或吸收分立的能量，称为量子。这些发现似乎很奇特，但真正推翻牛顿物理学的是**阿尔伯特·爱因斯坦**（1879—1955年）发明的相对论。在1916年，爱因斯坦发现不仅物质是由非实物的颗粒组成，而且时间、空间、能量和质量也是不确定的，它们之间是彼此相关的。其他物理学家认为，光要么是一种波，要么是由粒子组成的，这个依赖于观察者，并且通过实验只能测定光的速度或光粒子的位置，而不能两者同时测定。

西格蒙德·弗洛伊德：奥地利精神病学家，精神分析学的创始人。他认为，心理问题是由创伤引起的，儿童早期的性经历会压抑其日后生活。他的观点在心理学家和公众中引发了巨大争议。虽然他在性方面的观点未被广泛接受，但他的精神分析方法仍有很大的影响。

对于非科学家而言，似乎用晦涩难懂的数学公式表达出的理论正在代替物理事实或常识。然而，新物理学不仅仅在做推测，而且还揭开了物质的秘密，为人类提供了丰富的——也是存在潜在危险的——能量来源。

新社会科学

与新物理学相比，新社会科学更令人不安，因为它挑战了维多利亚时代的道德、中产阶级价值观和西方优越论。**西格蒙德·弗洛伊德**（1856—1939年）是一位维也纳医生，他开创精神分析法，以探究病人的内心世界。他发现社会约束不仅可以压抑理性，还可以压抑深层情绪和欲望。他警告说：“人们不能祛除原始而野蛮的邪恶冲动，这些冲动会一直存在，虽然是以一种被压抑的状态。”[5]与此同时，无论在西方还是非西方，社会学家和人类学家都开始对社

会进行实证研究。战前，法国社会学家涂尔干（1858—1917年）得出了令当时人们震惊的结论：“不存在错误的宗教，一切宗教都是真实的，有其自己的流行方式。”[ϵ]

如果“原始”“野蛮”这样的词既适用于欧洲人又适用于其他民族，如果宗教都同样是“真实的”，那么怎么解释西方文明的优越性呢？文化相对主义这种研究人类社会的新方法和物理学中的相对论一样令人不安。

虽然这些理论在1914年之前就已经提出了，但战争还是让人们质疑西方对理性和进步的信仰。有些人积极接受新观念；有些人对新观念持批判态度，他们坚信，“秩序”和“进步”使欧美文化在战前充满活力。然而，还有些人充满了不确定感和绝望感，认为在这个世界，人类已失去其存在意义和生存目标。

29.6.3　新的现代技术

人们对科学的看法见仁见智，但对新技术却都抱有浓厚兴趣。在北美，即便是工薪阶层也买得起包含发明人聪明才智的科技新产品。欧洲的大众消费比较落后，但科技发达，人们疯狂迷恋各种新发明。

788

航空

莱特兄弟：美国的自行车机师。1903年12月7日，他们在北卡罗来纳州的基蒂霍克（Kitty Hawk）制造了第一架飞机。

飞机是那个时代最吸引人的发明。1903年，两位年轻的美国机械师**维尔伯·莱特和奥维尔·莱特**（Wilbur and Orville Wright）建造了第一架比空气重的飞机，而且还可以在飞行中进行操纵。从这时起，飞机就开始令人着迷。在战争期间，飞行员的功绩使新闻不再单调。飞行在20年代成为一项运动，成为一种娱乐活动。许多勇敢的飞行员赢得了非凡的声誉，其中三个美国飞行员就曾名噪一时。阿米莉亚·埃尔哈特（Amelia Earhart）是第一位飞越大西洋的女飞行员，她为妇女投身飞行做出了榜样。理查德·伯德（Richard Byrd）于1926年飞越北极。最令人钦佩的是查尔斯·林白（Charles Lindbergh），他于1927年完成了独自飞越大西洋的创举（见“环境与技术：民航的诞生”）。

电和无线电

从19世纪90年代起，工业发电就改变了人们的家庭生活（见第27章）。经济耐用的钨丝灯泡使电力照明首先走进了千家万户。在家里有了电线后，制造商开始推销电熨斗、电风扇、洗衣机、轻便电炉和其他家用电器。

无线电这种点对点的通信方式在战时为船舶和军队服务。战争结束后，业余爱好者用富余的无线电设备进行交谈。1920年，匹兹堡设立了第一家商业广播电台。到1923年，有600家广播电台播放新闻、体育赛事、肥皂剧和广告，其覆盖范围遍及整个北美洲。到1930年，1 200万个家庭拥有了收音机。在欧洲，政府不但要为文化节目和官方节目预留波段，而且还要向拥有收音机的人征收服务费，因此无线电普及得比较慢。

电影

电影这种媒介在20世纪20年代也得到迅速普及。1895年，电影在法国诞生，随后热遍整个欧洲，欧洲的兴趣是再现舞台剧。但美国制片人的目的是娱乐观众，他们并不想保留优秀的文艺演出。他们用幽默和令人兴奋的场景来争取喜欢新奇电影的观众。

多样性是早期电影的特征。"一战"后，电影在日本、印度、土耳其、埃及和美国好莱坞得到蓬勃发展。由于无声片不存在语言问题，所以欧美电影制片厂可以成功地出口他们的影片。1927年，美国推出了第一部有"说话"动作的有声电影——《爵士乐歌手》，这改变了所有的电影规则。

在美国，看电影的人数从1922年的4 000万人激增到1930年的1亿人。他们要在扣人心弦的冒险片和令人心碎的爱情片中看他们喜爱的明星。欧洲拥有技术和艺术，但没有美国的财富和巨大市场。好莱坞电影公司直到今天还在传播美国文化。

健康

健康和卫生也是现代性的一个部分。医学方面的发展（有些是在战争中获得的发展）挽救了许多生命。人们对伤口进行定期消毒，而X光机可用于诊断骨折。城市花巨资建造了供水系统和污水处理系统。到1920年，室内管道和抽水马桶得到广泛应用，甚至走入了工薪阶层家庭。讲卫生改变了人们的私生活。医生和家政专家告诫妇女如何消除细菌。肥皂和其他产品的制造商在妇女杂志上大做广告，告诉家庭妇女他们的产品如何使住宅和衣服一尘不染，如何能做出新鲜而有益健康的美餐。在此期间，婴儿死亡率下降，公共卫生得到改进，人们可以活更长的时间，这在很大程度上要归功于医学的发展。

29.6.4 技术与环境

新建筑

789

两项新技术——高层建筑和汽车——改变了城市环境，其意义比19世纪的铁路还深远。19世纪末，建筑师用可以承重的钢结构和客用电梯设计出更高层的建筑。芝加哥和纽约的大公司竞相建造世界上最大胆的建筑，如纽约55层高的伍尔沃斯（Woolworth）大厦（1912年）。20世纪20年代后期，人们掀起了一波建筑摩天大厦的浪潮，1932年建成的86层纽约帝国大厦使这波浪潮达到高潮。

环境与技术

民航的诞生

因创作儿童读物《小王子》而闻名的安东尼·德·圣埃克絮佩里（Antoine de Saint-Exupéry）是一名航空邮政公司的飞行员，这家法国航空公司主要在南美发展。他在小说《夜航》中讲述了一个悲惨的故事，一位飞行员被阿根廷上空的暴风雨刮到海上：

> 在巴塔戈尼亚的科摩多罗·里瓦达维亚中途着陆站，一个无线电报务员突然打了个手势，于是，所有的人全都聚集在这个人周围，他们在这个无线电站无能为力地守候着飞机的消息。
>
> ……
>
> “是暴风雨吗？”
>
> 无线电报务员点了点头。静电噪声妨碍了他听清信号。
>
> 而后，他写下几个潦草的符号。而后，是字。而后，整篇电文出来了：
>
> “困于风暴之上，3 008米高处。我们向正西飞，往内地飞去，因刚才漂移到了海上。不知是否仍在海面上飞行。请告风暴是否延及内陆。”
>
> ……
>
> 布宜诺斯艾利斯让人传话道：“内陆全有风暴。还剩多少汽油？”
>
> “半小时。”
>
> 于是，这句话又一站一站地传回布宜诺斯艾利斯。
>
> 这个机组注定要在30分钟内扎进台风，被它一直摔到地面。[1]

今天，飞机比汽车更安全。但在20世纪20年代，刚开始有定期航班的时候，航空旅行是危险的。这些用木头和布料制作的飞机是由“一战”时的轰炸机改造而成的。飞行员和导航员的座舱是露天的，乘客坐的是柳条椅。飞行员要靠城镇

1　参见安东尼·德·圣埃克絮佩里：《夜航》，汪文漪、何友齐译，外国文学出版社，1981年，第68—69页。——译注

一架早期客机 “一战”结束后，飞行员和飞机制造商把注意力转向了民用航空，他们用飞机运送邮件和乘客，给庄稼撒农药。在这张1924年之前的照片中，是一架英国制造的德·哈维兰（De Havilland）34型双翼飞机，设计载客10人。

和铁路线定位。所以在夜间和多云的时候，他们经常会迷失方向。但驾驶着这些机器，他们征服了天空。

资料来源：Antoine de Saint-Exupéry, *Vol de nuit* (Paris: Gallimard, 1939), 147–149.

790 欧洲城市限制建筑物的高度以保护其建筑遗产。巴黎规定，建筑物不得超过56英尺（17米）。20世纪20年代，瑞士建筑师查尔斯·爱德华·让雷内（Charles Edouard Jeanneret，1887—1965年，他以“勒·柯布西耶”的名字为人所知）提出了一套新建筑法，这套建筑法的特点是：形式简约，表面没有装饰，建造起来比较简单，建筑材料也比较便宜。其他建筑师——包括芬兰人埃罗·沙里宁（Eero Saarinen）、德国人路德维希·密斯·凡·德·罗（Ludwig Mies van der Rohe）和瓦尔特·格罗皮乌斯（Walter Gropius）、美国建筑师弗兰克·劳埃德·赖特（Frank Lloyd Wright）——也为日后闻名的“国际风格”做出了贡献。

与此同时，汽车使市郊扩展到了乡村。亨利·福特发明的流水线可以提高产品产量，降低产品价格。到1929年，每五个美国人就拥有一辆汽车，美国拥有世界上5/6的汽车。汽车取代了马车，马匹和以吨数计的马粪从城市街道上消失了。因此，人们认为汽车可以解决城市污染问题。 **汽车与市郊**

汽车推动了城市的扩张，这是它最重要的影响。中产阶级可以住在公共交通遥不可及的独家独院中。中产阶级和工薪阶层都可以买车，所以市郊出现了大量汽车。洛杉矶是第一座真正的汽车城，它的郊区有数百平方英里，宽阔的街道将郊区连在一起。许多美国人认为洛杉矶预示着美好的未来，到那时，每个人都会有车。

技术进步也改变着农村环境。有车的人可以在周末或假日驾车去乡间。农民购买汽车或轻型卡车运送乘客和产品。政府修建新路，改造老路，以使汽车通行更加顺畅和安全。 791

1915年，福特推出了燃油拖拉机。到20年代中叶，这些多功能机器取代了马匹。这项发明使大农场获益，小农则卖掉土地，移居城市。拖拉机和其他昂贵的设备使农业从家庭经营转变为企业运作。

在印度、澳大利亚和美国西部，靠天吃饭的处女地已经不复存在，工程师修建了用于灌溉旱地的水坝和沟渠。水坝还可以发电，因此格外受欢迎。虽然灌溉会产生长远的消极后果，如土地盐渍化和威胁野生动物的生存，但它给土地、粮食和发电带来的短期益处大于其带来的长期危害。

本节回顾

政府官僚机构和中产阶级在战后得到壮大，但工人阶级的数量并未增加。

在许多国家，妇女获得了投票权，并领导了改革运动。

马克斯·普朗克和阿尔伯特·爱因斯坦领导了物理学革命。

弗洛伊德等社会科学家揭示出人性黑暗的一面，这破坏了欧洲文化固有的确定性。

莱特兄弟发明飞机后，其他飞行员纷纷创造飞行纪录。

电、无线电和电影改变了人们的生活方式和文化，讲卫生有利于健康。

摩天大厦改变了美国城市，汽车加速了市郊的发展。

结 语

20世纪20年代后期，第一次世界大战的战胜国似乎可以重建战前的繁荣和欧洲的全球霸权。但20年代并不是真正的和平，它酝酿着更大的风暴。

第一次世界大战调整了各国关系。英法两大殖民势力虽然获得了胜利，但两国经济开始下滑。战争给德国带来了失败和耻辱，但并没有削弱它的军事实力和工业实力。大战摧毁了俄国旧政权，并导致内战和革命，获胜的苏维埃开始自我孤立。两个传统帝国——奥匈帝国和奥斯曼帝国——被肢解为若干更小更弱的国家。

日本借欧战之机发展本国工业，并觊觎动荡的中国。美国成为最繁荣和最有发展潜力的国家，但许多美国人抱有孤立主义情绪，这阻碍了美国的发展。

在中东，奥斯曼帝国的瓦解唤起了土耳其人、阿拉伯人和犹太移民的建国热情。但英法将它们的统治强加给奥斯曼帝国的前统治区，这给建国理想泼了冷水，于是产生了冲突和敌对。

战争以多种形式挑战着社会传统。妇女保住了战时获得的工作机会，并获得了投票权和其他权利。各国政府承担起教育、公共卫生和社会福利方面的责任。欧美人对汽车、电影、无线电和航空抱有很高的热情。科学（尤其是物理学和心理学）的进步破坏了文化固有的确定性，节育和计划生育引来了保守人士的反对。

792

进一步阅读文献

Bianco, Lucien. *Origins of the Chinese Revolution, 1915–1949*. 1971. 简明地介绍了共产主义在中国的兴起。

DuBois, Ellen. *Woman Suffrage and Women's Rights*. 1998.介绍了20世纪初的妇女运动，是这方面最好的一本书。

Figes, Orlando. *A People's Tragedy: The Russian Revolution, 1891–1924*. 1996.纵览了俄国革命，写得非常好。

Fritzsche, Peter. *A Nation of Fliers: German Aviation and the Popular Imagination*. 1992.关于航空业在德国的兴起。

Fromkin, David. *A Peace to End All Peace*. 1989.一部介绍20世纪中东史的优秀著作。

Higonnet, Margaret, et al., eds. *Behind the Lines: Gender and the Two World Wars*. 1987.记述了妇女在战争期间的贡献。

Hughes, H. Stuart. *Consciousness and Society: The Reorientation of European Social Thought, 1890–1930*. 1958. 20世纪早期，欧洲的知识史和文化史。

Keegan, John. *The First World War*. 1999.一位杰出军事史学家创作的简史。

Nye, David E. *Electrifying America: Social Meanings of a New Technology*. 1990.一部关于美国电器化和现代化的文化史。

Remarque, Erich Maria. *All Quiet on the Western Front*. 1928.这部名著从士兵的角度描述了战争。

Roberts, A. D., ed. *Cambridge History of Africa*, vol. 7, *1905–1940*. 1986.分析了20世纪早期的非洲史，内容完整，较为易读。

Sontag, Raymond. *A Broken World, 1919–1939*. 1971. 记述了"一战"遗留的问题是如何引发"二战"的。

Tuchman, Barbara. *The Guns of August*. 1962. 记述"一战"第一个月的杰作，较为易读。

注 释

793

[1] Frank B. Tipton, *A History of Modern Germany since 1815* (Berkeley: University of California Press, 2003), 295.

[2] Walter Z. Laqueur and Barry Rubin, eds., *The Arab-Israeli Reader: A Documentary History of the Middle East Conflict*, 4th ed. (New York: Penguin Books, 1984), 18.

[3] David Shub, *Lenin: A Biography* (Garden City, N.Y.: Doubleday, 1948), 257.

[4] David Vital, *A People Apart: The Jews of Europe, 1789–1939* (Oxford: Oxford University Press, 1999), 756.

[5] Ragnhild Fiebig von Hase and Ursula Lehmkuhl, *Enemy Images in American History* (Oxford: Berghahn Books, 1997), 5.

[6] Emile Durkheim, *The Elementary Forms of Religious Life*, trans. by Karen Elise Fields (New York: Free Press, 1995), 2.

第30章

旧秩序的崩溃
（1929—1949年）

本章纲要

思考

苏联在斯大林时期发生了什么变化，付出了什么代价?

大萧条的成因是什么，它对世界产生了什么影响?

意大利和德国的法西斯如何导致了第二次世界大战?

日本侵略中国东北的经济原因是什么?

战争是如何进行的，为什么日本和德国会战败?

科技如何改变战争的性质?

795 第一次世界大战前，意大利诗人菲利波·马里内蒂（Filippo Marinetti）称颂暴力是崇高的、有男子气概的：“我们歌颂战争，这是清洁世界的唯一手段。它消除军国主义、英勇事迹、无政府主义的破坏者、带来死亡的美好理想、妇女的从属地位。”[1]他的朋友加布里埃尔·邓南遮（Gabriele D’Annunzio）补充说：“如果煽动民众施暴是一种犯罪，那我将以此为荣。”[2]诗人的先见之明有时超过他们的想象力。

19世纪，各强国的政客用民族主义操纵着政府。在国际上，列强用军事和经济手段维持国际秩序。全球经济建立在自由资本主义之上，工业国用工业品换取非工业国的农矿产品。

第一次世界大战带来的创伤使世界回到了美国总统沃伦·哈定（Warren Harding）所说的“正常状态”：欧美繁荣，欧洲人对亚非实行殖民统治，美国主宰着拉美，到处充满了和平。但到1929年，这种常态消失了。随着大萧条蔓延到全世界，绝望中的各国政府为维护自身民众的生计，开始以邻为壑、彼此为敌。

大多数战争的幸存者都憎恶暴力。但对于少数人来说，战争和统治是一个信条、一个目标、一个解决问题的途径。为了摆脱大萧条，日军挑起了侵华战争，这激起了中国的反抗。在德国，人们指责共产党和犹太人，他们接受了纳粹。纳粹想用压迫其他国家的方式来拯救德国社会。在苏联，斯大林用铁腕和大清洗实现了共产主义式的工业革命。

旧秩序的崩溃把世界卷入了第二次世界大战。这次战争波及的范围和破坏性远远超过第一次世界大战。与第一次世界大战的堑壕战不同，这次是一场运动战，整个国家可以在几周内被攻占。它也是一场机械战：袭击平民的战斗机和轰炸机、坦克、航空母舰，最后是可以摧毁整座城市的原子弹。

在第二次世界大战结束时，欧洲和东亚的许多地区成为一片焦土。上千万饥寒交迫的难民为避难远走他乡。殖民势力要么一败涂地，要么受到削弱，再也不能阻止亚洲和非洲的属国寻求独立。

30.1 斯大林革命 796

20世纪20年代，苏联从十月革命和随后的内战中恢复过来（见第29章）。斯大林于1929年掌权后，领导了苏联的经济转型和社会转型，把苏联变成了一个工业强国和军事强国，全世界都在用既钦佩又恐惧的目光看着苏联。

30.1.1 五年计划

约瑟夫·斯大林（1879—1953年）是一个穷鞋匠的儿子。在投身革命之前，他曾为成为一名神职人员而学习。斯大林（俄语意为“钢人”）参加了1917年的十月革命，但在其中起的作用不大。他不但勤奋而且有能力，因此在党内扶摇直上，并将忠于他的人提拔到高层。由此他独掌权力，改变了苏联社会。

约瑟夫·斯大林：布尔什维克革命者，1924年后为苏联共产党领导人，1928—1953年为苏联领导人。他用铁腕手段领导苏联，通过五年计划增加工业产量，对所有反对派实行恐怖政策。

斯大林想要把苏联变成一个工业国，但工业化的目的与其他国家不同。苏联的工业化并不是要向市场提供消费品或使人们致富。相反，它的目的是增强苏共在国内的权力和苏联影响其他国家的能力。

斯大林决心使苏联不再重蹈1917年惨败给德国的覆辙。他的目标是在5年内将发电量提高5倍，重工业产量——铁、钢、煤炭和机械——翻一番。为了实现这一目标，他制订了一系列的**五年计划**。从1928年10月起，苏联共产党和苏联政府白手起家，创建了整个工业和城市体系，然后训练了成百上千万的农民到新建的工厂、矿山和机关中工作。这一切都像在打仗一样，斯大林时期的苏联好像是一个战争中的国家。

五年计划：约瑟夫·斯大林制订的计划，旨在使苏联迅速完成工业化，始于1928年。他们为钢产量、发电量和机械产量制定了目标，其他事务则由警察负责。五年计划使苏联在“二战”前成为一个主要的工业强国。

快速的工业化加速了环境的变化。水电站使河流上出现了许多水库，道路、沟渠和铁路纵横交错。森林和草原变成了农田。从环境的角度看，五年计划与美国和加拿大在几十年之前发生的变化相似。

30.1.2 农业集体化

苏联仍然是一个农业占主导的国家。因此，进行大规模投资、获取劳动力和养活成百上千万新产业工人的唯一方法就是压榨农民。于是斯大林进行了当时最激进的社会试验：农业集体化。

797 集体化意味着把小农组织起来，让他们在公有土地上进行集体劳动。每个集体农场要向政府缴纳固定数目的粮食，剩余的粮食归农场成员分配。集体农场成为露天工厂，人们进行大规模生产，用机械加工粮食。集体化的目的是控制农民，使他们再也不能像1918—1921年内战期间那样拒交粮食。

富农

宣布集体化的时候，政府展开了大规模宣传。他们派党员下乡，去争取农民的支持。起初，一切似乎都进展顺利，但富农，即较富裕的农民，很快便拒绝交出他们的财产。士兵用枪逼着他们加入集体农场，并烧毁他们的庄稼，捣毁他们的设备，宰杀他们的牲畜。在短短几个月内，他们宰杀了苏联一半的马和牛，以及2/3的绵羊和山羊。斯大林下达了一条残酷的指令——“将富农作为一个阶级进行清算”，并煽动贫农攻击他们富裕的邻居。政府逮捕了超过800万富农。许多人被处决，其余人被送往劳改营。在那里，大部分人因饥饿而死。

798

饥荒

除富农之外的其他农民，这些在集体化之前曾经是最不成功的人，后来也证明他们是最没能力的人。他们中的许多人进入工厂工作，其余的人被禁止离开农场。由于失去了一半牲口，

苏联农业的集体化 集体化的目标之一是采用现代农业机械。在这张海报上，兴高采烈的农民正在使用拖拉机和打谷机。

大事年表

	美国、欧洲和北非	亚太地区
1920年	1928年，斯大林实行五年计划和农业集体化	
	1929年，大萧条在美国出现	
1930年	1931年，大萧条蔓延到欧洲	1931年，日军占领中国东北地区
	1933年，希特勒在德国掌权	
1935年	1936年，希特勒派兵进入莱茵兰地区	1934—1935年，毛泽东领导共产党进行了长征
	1939年（9月1日），德军入侵波兰	1937年，日军入侵中国，并占领了沿海省份；蒋介石逃往四川
		1937—1938年，日军占领南京
1940年	1940年（3—4月），德军攻占了丹麦、挪威、荷兰和比利时	
	1940年（5—6月），德军占领法国	
	1940年（6—9月），不列颠之战	
	1941年（6月21日），德军入侵苏联	1941年（12月7日），日军偷袭珍珠港
	1942—1943年，盟军和德军争夺北非的控制权	1942年（1—3月），日军占领了泰国、菲律宾和马来亚
		1942年（6月），美国海军在中途岛战役中击败日军
	1943年，苏联获得了斯大林格勒保卫战的胜利	
	1943—1944年，红军逐渐将德军赶回德国本土	
	1944年（6月6日），美国、英国和加拿大的军队在诺曼底登陆	
1945年	1945年（5月7日），德国投降	1945年（8月6日），美国向广岛投掷了原子弹
		1945年（8月14日），日本投降
		1945—1949年，中国爆发内战
		1949年（10月1日），在击败国民党后，毛泽东宣布中华人民共和国成立

他们既不能种植庄稼，也不能获得足够的肉去满足城市日益增加的需求。但政府人员拿走了他们能找到的一切东西，几乎什么都不给农民留下。1933年和1934年的歉收使饥荒席卷农村，大约有500万人丧生，死亡人数约占农民总数的5%。

1933—1937年的第二个五年计划中，斯大林起初想要生产消费品。但当纳粹于1933年控制德国后（见下文），斯大林改变了计划，着重发展可以生产军备的重工业。1927—1937年，苏联的金属产量和机器产量增加了14倍，但消费品变得匮乏，食品也要靠配给。斯大林执政10年后，苏联人民的衣、食、住比战前还差。

30.1.3 恐怖和机遇

20世纪30年代给苏联人民带来了恐怖和机遇。苏联用强迫的方式完成了工业化和农业集体化，并铲除了数百万人。为了防止可能出现的反抗或叛乱，内务人民委员会（NKVD）——斯大林的秘密警察部队——创造了充满怀疑和恐怖的气氛。

早在1930年，斯大林就以莫须有的反革命思想罪和破坏罪逮捕了数百名工程师和技术人员。3年后，他又以同样罪名开除了100万共产党员（占党员数量的1/3）。之后，斯大林将目光投向了他最信任的同志。

大清洗

1934年12月，列宁格勒（今圣彼得堡）市委书记谢尔盖·基洛夫遇刺，这可能是斯大林指使的。斯大林对基洛夫表示哀悼，并把罪责推到别人身上。之后，他展开了大清洗，指控列宁生前的同志许多都犯有叛国罪。1937年，斯大林处决了8名最高军事统帅和一批高级军官，这极大地削弱了红军。在酷刑或心理压力之下，几乎所有人都承认了自己的“罪行”。

古拉格

当“老布尔什维克”和高级官员受到清洗时，恐怖开始逐步向下蔓延。政府经常提出一些人们无法满足的要求，所以每个人都因不遵守规范或其他原因而获罪。各行各业的人都受到冲击，有些人仅仅因心怀嫉妒的同事或邻居的怀疑、诬告而被捕，有些人只是因为表达了怀疑，或者工作太努力或不够努力，有些人是受到了连累，还有些人根本就没有理由。上千万的人未经审问就被宣判。在高度恐怖中，约800万人被送到古拉格（Gulags，劳改营）。在那里，每年约有100万人死于营养不良或寒冷。对受害者来说，恐怖似乎是难以捉摸的，是随机的。但大清洗将忧郁的人和愤世嫉俗的人变成了努力工作的良民。

虽然遭受了恐惧和苦难，但许多苏联公民还是支持斯大林政权。大量的人突然离去以及工业和城市的兴建，为幸免的人特别是穷人和年轻人，提供了机会。妇女获得了之前难以企及的职业和工作，她们成了钢铁工人、医生和办公室管理人员；但她们还保有持家和抚养子女的职责，男性并不会帮她们的忙（见“多样性与主流：妇女、家庭观念和俄国革命”）。迁入城市的人都很有工作热情，他们希望能在党、军队、政府或专业领域平步青云——那里有许多特权和奖金。

斯大林的铁腕手段使苏联的工业化速度超过了其他国家。到20世纪30年代，苏联成为世界第三大工业国，仅次于美国和德国。对外国观察者来说，苏

799

联的繁荣伴随着建设工程和劳动力短缺。即便是持反共观点的观察家也承认政府的计划是有成效的。对于上千万以国家实力为傲的苏联公民，对于将苏联的情况与西方的失业和绝望进行比较的外国人，在他们看来，斯大林的成就似乎是无与伦比的。

本节回顾

斯大林获得权力后，制订了推进苏联工业化的五年计划。

苏联在推进农业集体化的时候，数百万农民因抵制集体化而被处决或遭到流放，其余的人也受到饥饿的折磨。

在恐怖氛围中，斯大林处决了许多将军和政府官员，并将数百万人送进劳改营。

斯大林的措施控制住了俄国人，并使苏联成为第三大工业国。

30.2 大萧条

1929年10月24日（“黑色星期四”）纽约的股市暴跌。几天之内，市值蒸发了一半。熊市延续了3年，成百上千万人血本无归。挤兑潮使成千上万家银行倒闭。

30.2.1 经济危机

股市崩盘很快演变成为历史上最严重的经济危机。随着消费萎缩，企业减产，上千万人失去了工作。女性员工是裁员的首要对象，因为男人必须养家糊口，而女性工作只是为了挣“零花钱”。失业的男性抛弃家庭。小农破产并失去了土地。到1932年年中，美国经济萎缩了一半，失业率达到了创纪录的25%。许多观察家认为，自由企业资本主义已走到了尽头。

为了保护美国工业不受外来竞争的影响，美国于1930年通过了《斯姆特—霍利关税法》，把关税提到了历史最高点。其他国家也采取报复性措施，纷纷在“以邻为壑”的贸易保护主义浪潮中提高关税。结果，出口行业和世界贸易大幅萎缩。1929—1932年，全球工业生产减少了36%，世界贸易下降了惊人的62%。

多样性与主流

800

妇女、家庭观念和俄国革命

布尔什维克在对待妇女方面有两个态度。他们反对资产阶级道德，也反对资本主义制度压迫妇女——特别是压迫劳动妇女。他们想怎样对待妇女呢？

在谈到妇女权利时，亚历山德拉·柯仑泰（Alexandra Kollontai）是布尔什维克中最坦率的一个。她倡导女性自由，主张用公共食堂和洗衣店取代家务劳动，也不回避离婚问题。在社会主义社会，爱情、性和婚姻是完全平等的，是互利的，不受经济束缚。生育应该受到鼓励，但抚养孩子超出了个体家庭的范围："劳动阶级的母亲……必须牢记，从今以后，孩子是属于国家的，属于全体工人的。"

1921年，在斯维尔德洛夫大学的一次讲座中，柯仑泰提出：

> ……保障妇女的利益与幼儿，使妇女能并行兼顾地尽她们的义务。苏联自从革命后的第一日起，即努力创造以下的生活条件：即使妇女不致牵着儿子，无路可走，不得已跟随着没有爱情的丈夫；被丈夫遗弃的妇女，不致因求助无门，因此而自杀或杀戮子女。我们苏维埃共和国的援救劳动妇女不是什么博爱事业，或什么卑鄙的慈善事业，而是努力减轻为社会建设而斗争的劳动者农民的战友——母性之重荷。……
>
> 与母性问题有直接关系的另一问题，尚有来说一说的必要，即苏联政府对于堕胎的态度。苏维埃共和国于1920年11月20日公布法律，承认堕胎为无罪，这项法律，由共产党妇女部提议而实施。至于对这个问题，为什么要抱这样的态度？苏联不但没有感到劳动力的过剩，而且正深感不足，所以我们感到劳动力是非常贵重的。那为什么会认堕胎是无罪呢？
>
> 堕胎，是一般国家都有的现象，而且是很盛行着，任你用怎样的法律与刑罚，都不能禁绝，而秘密地在实行，这种秘密的堕胎，常常使妇女成残疾，或者永远为国家堕胎，减少了劳动力的分量。假使堕胎能在正常的外科手术下实行，其所受的损伤与危险，也可减少，手术以后，就可以劳动。而且苏维埃政府知道，因母性保护与社教机关的普遍设计，可使妇女深切地意

识到生育健康的幼儿是妇女对社会的义务，那时候，堕胎即可没有。就因此才许可了公然的健全的堕胎。

苏维埃共和国对这问题的处理，是要使母性保护事业广泛地发展，以便加强妇女中健全的母性的本能，使她们能安适地做母亲同时又为集团而劳动，这样，就没有堕胎的必要了。苏维埃共和国就这样将资本主义国家中的妇女不能解决的问题，逐步解决。

资本主义国家的妇女，在世界大战后，生活更加痛苦，一方面为了金钱而做工，另一方面要做母亲，在这双重重荷下苦闷着；而苏联，女工与农妇，都帮助共产党建设经济的新基础，摧毁了将妇女处于奴隶状态的旧生活。

随着妇女成为国民经济上不可缺的劳动单位，就寻出了解决这错综复杂的妇女问题的关键。……妇女解放，需要根本地改革生活，才能实现，同时也只有生产根本地建筑在社会主义经济的新基础上，生活才能改变。在我们 801
的眼前，生活的革命很广泛也很深切地进行着，同时实际的妇女解放也在生活中深入了。[1]

15年后，约瑟夫·斯大林改变了苏联关于堕胎的政策：

禁止堕胎和给予母亲物质奖励的法律草案一公布，就在全国引起了强烈反响。成百上千万人就此展开热议。毫无疑问，这将强化苏维埃家庭。……

当谈到加强苏维埃家庭时，我们就要提到资产阶级对婚姻、妇女和孩子的态度。所谓的“自由恋爱”和“随意的性生活”完全是资产阶级的东西，与社会主义原则、苏维埃公民的道德和行为准则相去甚远。社会主义学说表明了这一点，而且它也从生活本身中得到了证明。

我们国家的精英——最优秀的苏维埃青年——基本都是深爱孩子的好父亲。相反，对婚姻不负责任，会为一己私欲抛弃孩子的男人也通常是不称职的工人，他们不会富有。

1 参见柯仑泰：《新妇女论》，沈兹九、罗琼合译，生活·读书·新知三联书店，1951年，第222—224页。——译注我们不能将现在的家庭状况和苏维埃政权之前的家庭状况相提并论。最重要的区别是，现在的家庭更稳定、更人道、更和谐。成百上千万妇女获得了经济独立，不用再看男人脸色，她们可以发出自己的声音。例如，现在集体农场中的女工人有时比她们的丈夫挣得还多。与她们相比，革命前的农村妇女则完全依靠她们的丈夫，很难从家务中脱身。家庭关系没有发生根本变化吗？难道家庭没有加强、没有变得更合理吗？结婚、组建家庭的动机更加纯洁，剔出了原始和野蛮的因素。婚姻不再是买卖关系。今天集体农场中没有一个父亲将女儿送掉（或者我们应该说“卖掉”？），因为她们现在已成为自己的主人，没人能再将她们当作筹码送人，她们可以与相爱的人结婚。……

我们可以为劳动妇女提供所有条件，她们既可以履行公民的义务，也能担负起生儿育女的责任。

我们应该体恤无子女的女性，因为她们无法享受生活的全部欢乐。苏维埃妇女是世界上最自由国家的真正公民，可以享受做母亲的幸福。我们必须捍卫家庭，培养健康的苏维埃英雄！

资料来源：First selection from Alexandra Kollontai, “The Labour of Women in the Revolution of the Economy,” in *Selected Writings of Alexandra Kollontai*, translated by Alix Holt (Lawrence Hill & Company, 1978), pp. 148–149. Used with permission of Lawrence Hill Books. Second selection from Joseph Stalin, *Law on the Abolition of Legal Abortion* (1936).

分析问题

柯仑泰希望妇女如何摆脱男性，既能成为工人又能成为母亲？苏维埃社会是如何将其实现的？

为什么亚历山德拉·柯仑泰要称赞苏俄的堕胎合法化？她认为堕胎是项永恒的权利还是权宜之计？

为什么斯大林要将“不负责任的婚姻态度”和“随意的性生活”视为“彻头彻尾的资产阶级”的东西？

斯大林设想的苏维埃家庭与柯仑泰设想的有何不同？斯大林的观点与柯仑泰的观点是稍有不同还是截然相反？

30.2.2 工业国家的经济萧条 800

到1931年，大萧条蔓延到了欧洲。各国政府纷纷削减赔款和战争贷款，但想拯救世界经济为时已晚。虽然经济停滞不前，但法国和英国经受住了大萧条，因为它们可以让殖民地购买自己的产品。靠出口换取食物和燃料的国家受到的冲击更大。1932年，德国有600万人失业，这个数字是英国的两倍。一半德国人口生活在贫困中，保住工作的人也面临着减薪和生活水平下降。在日本，受大萧条冲击最大的是农民和渔民。

这场大规模的经济危机产生了深远的政治影响。民族主义者要求实行专制或脱离世界经济。1932年，富兰克林·罗斯福当选美国总统，他推行了旨在振兴经济的“新政”。虽然美国、英国和法国采取了经济干预措施，但它们仍是
民主国家。在德国和日本，经济危机加剧了政治不满。激进派上台掌权，他们 801
把国家变为一部战争机器。这些人想用扩展领土的方式建立起足以支撑其自给自足经济的帝国，为此他们不惜一战。

30.2.3 非工业地区的经济萧条

大萧条还蔓延到亚洲、非洲和拉丁美洲，但影响的程度不同。1930年，印度筑起了关税壁垒，以保护蹒跚学步的本国工业；印度的生活水平停滞不前，但并没有下降。中国与其他国家进行贸易，受到的冲击有限；在中国，政治问题比经济问题更棘手。

大萧条重创了依赖出口的国家。世界大部分天然橡胶来自马来亚、中南半 **亚洲**
岛和荷属东印度。当欧美的汽车产量减半时，它们对橡胶的需求也在减少，这摧毁了橡胶产地的经济。依靠棉花出口的埃及也受到了影响，在由此引发的政治斗争中，政府变得专制，不得人心。

在整个拉美地区，失业和无家可归现象明显增加。阿根廷和巴西的工业倒 802
退了10年，甚至更长。拉美国家与自由政治渐行渐远，军人掌控了多国政权。 **拉丁美洲**
他们有意识地效仿欧洲专制政权，采取控制经济、刺激本地工业和抑制进口的政策。

除苏联之外，南非是20世纪30年代唯一一个蓬勃发展的国家。其他商品价 **非洲**
格的下跌彰显了黄金的价值。在北罗得西亚（今赞比亚）和比属刚果发现的铜

矿比智利铜矿更有价格优势。但矿业繁荣只惠及少数欧洲人和南非白人矿主。这对于非洲人来说喜忧参半：矿业为男人提供了工作和收入，而他们的妻子留在乡下，独自抚养孩子，从事农牧业生产。

本节回顾

1929年，纽约股市崩盘，这导致了企业和银行倒闭，造成了大规模失业。

大萧条很快蔓延到所有工业国，特别是德国和日本。

非工业国——特别是那些依赖出口的国家——也遭受了重创；只有南非幸免。

面对这一危机，有些国家为拯救本国经济走上了独裁之路。

30.3 法西斯的兴起

俄国革命和斯大林主政使欧美有产者不寒而栗。在西欧和北美，中高收入的选民转向保守政治。在中南欧，战胜困难的期盼变成了苦涩的失望。许多人指责少数族裔，特别是犹太人，认为他们带来了麻烦。他们怀念有家庭农场和小商店的神话般的过去。越来越多的人不满代议制政府，并且希望有更激进的解决方案。

激进的政治家很快学会用战时的宣传策略鼓动浮躁的群众。他们承诺用一切必要手段促进充分就业，阻止共产主义的蔓延，实现在第一次世界大战时没有获得的领土要求。他们虽然声称要从共产主义的威胁中捍卫私有财产，但他们还是借鉴了共产主义的政治形式：一党制和秘密警察。

贝尼托·墨索里尼：意大利的法西斯独裁者（1922—1943年）。他使意大利占领了埃塞俄比亚，与德国组成轴心国，并在第二次世界大战时与德国结盟。1943年，盟军进攻意大利时被推翻。

30.3.1 墨索里尼的意大利

意大利首先走向了激进。不受欢迎的第一次世界大战给意大利留下了成千上万的退伍军人，他们既没有在战场上获得荣誉也没有在战后找到工作。失业的老兵和激进的青年组成了法西斯战斗团，他们向政客施压，要求采取行动。当工人以罢工相威胁时，工厂主和有产者雇用了一群法西斯分子保护他们。

贝尼托·墨索里尼（Benito Mussolini，1883—1945年）曾经支持意大利参

战。墨索里尼是一个富有煽动性的演说家，他很快成为**法西斯党**的领袖，这个党歌颂战争和意大利。到1921年，法西斯党拥有30万党员，他们中许多人用暴力手段镇压罢工，恐吓选民，并把持了市政府。一年后，墨索里尼声称，如果不任命他为总理，他就要向罗马进军。由胆怯的议员组成的政府妥协了。

法西斯党：墨索里尼在第一次世界大战期间创建的政党，奉行侵略性民族主义。法西斯党是墨索里尼在1922—1943年对意大利实行独裁统治的工具。

墨索里尼将法西斯党党员安插到各政府部门，并镇压反对党，将异己者送入监狱。法西斯党将新闻界、公共教育和青年活动置于其掌控之下，还允许雇主约束他们的工人。法西斯分子降低了生活水平，但减少了失业，提供了社会保障和公共服务。事实证明，他们既不是残忍的激进分子，也不是有能力的管理者。

法西斯主义

墨索里尼和法西斯运动真正擅长的，是夸夸其谈的演讲、壮观的游行和到处宣扬“领袖永远正确”。墨索里尼的天才之处在于他将现代大众传播和广告技术运用到政治生活中。之前，电影和广播新闻从未在和平时期以这种方式煽动过群众。他煽动群众热情的方法屡试不爽。到20世纪30年代，法西斯运动在大多数欧洲国家，以及在拉美、中国和日本都出现过。法西斯主义可以吸引那些惧怕快速变革的人，并寄希望于有魅力的领袖。在效仿墨索里尼的人中，没有一个像希特勒那么险恶。

803

30.3.2 希特勒的德国

德国在第一次世界大战中功败垂成。1923年的恶性通货膨胀使中产阶级家庭的存款不值一文。在不到10年的时间里，大萧条给德国造成的失业和痛苦远胜他国。上千万的德国人将他们的痛苦归罪于社会主义者、犹太人和外国人。

阿道夫·希特勒：生于奥地利，“一战”期间成为激进的民族主义者。20年代领导了德国国家社会主义工人党，1933年成为德国的独裁者，把欧洲拖入了第二次世界大战。

阿道夫·希特勒（1889—1945年）于1914年参军，曾在前线受伤。后来，他还可以清晰地记起战场上的长官和战友之情。战后，他利用其在讲演方面的才华领导了一个自立门户的小政治团体——德国国家社会主义工人党，缩写为**“纳粹党”**（Nazis）。在短暂入狱期间，他写了《我的奋斗》，这本书勾勒了他的目标和信念。

纳粹党：阿道夫·希特勒领导的德国政党，宣扬民族主义、种族主义和战争。1933年希特勒成为德国总理后，纳粹党成为唯一合法政党，沦为希特勒独裁的工具。纳粹党正式名称为德国国家社会主义工人党。

纳粹种族主义

1925年出版时，《我的奋斗》并没有引起什么反响。书中的观点似乎太疯狂了，以致没人会正视该书和它的作者。希特勒的思想远远超过了一般的民族主义。他认为，德国应该统一所有讲德语的地区，即便那些地区归属于邻国。他把人种分为不同等级，雅利安人（他指的是德国人、斯堪的纳维亚人和英国人）是“优等种族”，法国人和意大利人是退化的“阿尔卑斯”种族，俄罗斯人和东欧斯拉夫人是劣等种族，只适合给优等种族当奴隶。希特勒对犹太人深恶痛绝，他将德国遭遇的所有灾难——特别是1918年的战败——都归罪于犹太人。他鼓吹暴力和战争，他认为，在即将到来的战争中，“优等种族”将征服其他种族。

希特勒的第一个目标是消除《凡尔赛条约》给德国带来的屈辱和军事限制。其次，他计划吞并所有的德语地区，组建大德意志，然后从波兰和苏联获取“生存空间”。最后，他想根除欧洲的犹太人。

1924—1930年，希特勒的信众寥寥无几，大多数德国人都认为他的想法太极端了。但当大萧条席卷而来的时候，纳粹党人得到了失业者和有产者的支持，前者相信纳粹党会为他们找到工作，后者则对共产主义的盛行心存忌惮。

第三帝国

1933年3月，希特勒出任德国总理，上台后他迅速走向独裁。纳粹党把持了政府机关、教育机构和专业组织。他取缔其他政党，并将这些政党的领导人关进集中营。纳粹党剥夺了犹太人的公民身份和公民权，禁止犹太人和“雅利安人”通婚，禁止他们从事特定职业，而且还没收了他们的财产。1934年8月，希特勒宣布自己成为元首（“领导者”），他将德国称为“第三帝国”，前两个帝国是中世纪的神圣罗马帝国和1871—1918年的德意志帝国。

纳粹党的经济政策和社会政策卓有成效。政府承担了大规模公共工程项目，企业得到了武器订单，纳粹党还呼吁妇女将工作让给男性。到1936年，德国商业繁荣，失业率降到了20世纪20年代以来的最低值，人们的生活水平有所提高。对大多数德国人来说，经济繁荣比自由更可贵。

30.3.3 走向战争之路（1933—1939年）

然而，希特勒的目标不是繁荣和群众支持，而是征服。他一掌权就开始扩军。与此同时，他做了一系列惊人的动作，结果只引起了和平抗议，由此测试了其他国家的反应。

1933年，德国退出国联。两年后，希特勒宣布德国将征兵建军，并且创建空军——这是违反《凡尔赛条约》的。英法两国都不愿冒战争的风险去抑制德国。

804

法西斯的侵略

民主国家的软弱助长了法西斯国家的气焰。1935年，意大利入侵埃塞俄比亚。埃塞俄比亚是非洲最后一个独立国家，也是国联成员。国联和民主国家虽

一场纳粹党集会 希特勒在纽伦堡组织了大型集会，以增强民众对其政权的支持，并向德国年轻人灌输尚武精神。成千上万穿着军装的人在希特勒和纳粹高层面前列队接受检阅。

然表示抗议，但并未对意大利实行石油禁运，也没有封锁苏伊士运河。次年，希特勒派军进入法比边界的莱茵兰地区，其他国家也只是表示抗议。

1938年，希特勒认为他的整军计划已达到要求。3月，德国入侵奥地利。大多数奥地利人讲德语，因此并未采取反抗。下一个目标是捷克斯洛伐克。在那里，讲德语的少数民族居住在邻近德国的边境地区。希特勒首先要求他们从捷克斯洛伐克获得自治权，随后他们加入了德国。整个夏天，希特勒都在威胁发动战争。在1938年9月的慕尼黑会议上，法国、英国和意大利的领导人在未与捷克斯洛伐克协商的前提下满足了希特勒的一切要求。希特勒再次表示，他已经没有其他领土要求了。

绥靖政策

民主国家的软弱——现在称之为“绥靖”——是三个原因造成的。首先，经历过第一次世界大战的人都对战争有着深层恐惧。与专制国家不同，民主国家的政治家不能忽视选民的和平意愿。大多数人认为，如果他们热切渴望和平，战争的威胁就可能会消失。第二个原因是保守人士惧怕共产主义，他们觉得斯大林比希特勒更可怕，因为希特勒还声称保护基督教和私有财产。第三个原因是法西斯的策略非常新颖。英国首相内维尔·张伯伦（Neville Chamberlain）认为，政治领袖（布尔什维克除外）都是值得尊敬的人，协议应像商业契约一样有效。因此，当希特勒承诺只把讲德语的人纳入德意志，并声称“没有进一步的领土要求”的时候，张伯伦相信了他。

同盟

慕尼黑会议之后，阻止希特勒发动战争为时已晚。德国和意大利组建了轴心国同盟。1939年3月，德国吞并了捷克斯洛伐克的其他地区。当意识到希特勒可能失信的时候，英法开始向苏联寻求帮助。但斯大林不相信“资产阶级”，
805 就像资产阶级不相信他一样。当希特勒主张苏德两国瓜分波兰的时候，斯大林接受了。1939年8月23日，两国签订《苏德互不侵犯条约》，这解除了希特勒两线作战的顾虑，也为斯大林赢得了建设军队的时间。一个星期后的9月1日，德军闪击波兰，战争爆发了。

本节回顾

大萧条给承诺繁荣和秩序的极端民族主义政客提供了机会。

法西斯党领袖墨索里尼于1922年成为意大利的独裁者，他镇压了所有反对派。

1933年掌权后，希特勒开始改造德国的经济和社会，并重建了德国军队。

由于害怕再次爆发战争，民主国家对德国和意大利的扩张并未采取行动，但当德国入侵波兰时，希特勒的侵略意图已经昭然若揭。

30.4 东亚（1931—1945年）

当大萧条席卷而来的时候，对丝绸和大米需求的下降毁掉了成千上万日本农民的生计；为了生存，他们将女儿卖进妓院，把儿子送去当兵。极端民族主义者对国家依赖外贸的状况心存不满。他们认为，只要日本拥有了殖民帝国，那么他们将不必再依赖世界其他地区。但欧洲人和美国人已经占据了亚洲最有潜力的殖民地。日本民族主义者希望通过征服拥有庞大人口和丰富资源的中国来解决本国问题。

30.4.1 1931年“九一八”事变

与此同时，在中国，日益强大的国民党准备挑战日本在中国东北地区的势力，这里拥有丰富的煤矿和铁矿。日军下级军官不顾军方高层的谨慎态度，采取了行动。1931年9月的一次铁路爆炸——这可能是提前安排好的——给了他们一个侵略全东北的借口。在东京，软弱的各部大臣默许了这次攻击，以免丢脸。于是，日本承认中国东北以“满洲国”的名义“独立”。美国政府谴责了日本的入侵，国际联盟也拒绝承认满洲国，并敦促日本从中国撤军。西方列强不进行武力干预的做法纵容了日本，日本退出了国际联盟。

在接下来的几年里，日本人在中国东北建设了铁路和重工业，并加速整军。在国内，日本将工业军事化，特别是建造战舰。政府变得更加独裁，把成千上万持不同政见者送进监狱。有极端爱国思想的下级军官几次发动兵变或刺杀政治人物。参与兵变的人只是受到了轻微的惩罚，赞成他们观点的陆海军将军取代了温和的政治家。

蒋介石：中国的军事领袖和政治领袖。1925年，接替孙中山出任国民党领袖；1928—1949年领导中国政府；反对中国共产党和日本侵略者。

30.4.2 长征

日本占领东北后，中国政府似乎才着手恢复国家。**蒋介石**政府所面临的主要挑战来自共产党。1921年，几位知识分子创建了中国共产党。在之后的几年，中国共产党一直生活在国民党的阴影里。1927年，蒋介石逮捕并处决了一批共产党员和工人领袖，使中国共产党努力在产业工人中发展党员的努力化为乌有。少数共产党人躲过了大逮捕，转移到位于中国东南部的江西省深山中。

毛泽东：中国共产党的领袖（1927—1976年）。他领导共产党完成了长征（1934—1935年），在抗战时期（1937—1945年）重建了共产党和红军。第二次世界大战后，领导共产党战胜了国民党。1966年发动了“文化大革命”。

到达江西的人中，其中一个就是**毛泽东**（1893—1976年），他是农民的儿子，后来离家学习哲学。毛泽东是个实干家，他首先想到的是提倡“蛮力”：“骑突枪鸣，十荡十决，喑呜颓山岳，叱咤变风云。”毛泽东在20世纪20年代早期接触到了马克思的作品，加入了共产党，很快成为中国共产党的领导人之一。

毛泽东和毛泽东思想

在江西，毛泽东研究了农民的状况，这一问题之前并未引起共产党人的关注。他计划把更富裕的农民的土地分给贫农，以获得群众支持，反抗国民党军队。他的目标是一场彻底的自下而上的社会革命。毛泽东依靠农民的做法与一些人理解的马列主义有出入，他们强调农民的落后性，把希望寄托在工人

806

身上。

毛泽东还主张妇女的平等权利。1927年之前，中国共产党在上海将纱厂女工组织起来。在中国，她们是受剥削最重的工人。之后，在江西苏区，中国共产党又将劳动妇女组织起来，允许离婚，禁止包办婚姻和缠足。但大多数党员还是男性，他们的主要任务是对敌作战。

国民党军队追击共产党也进入到山区，并在农村地区建立据点。毛泽东采用游击战，不与敌人进行有风险的直接对抗。他依托有利地形和农民的支持，采用打了就跑的战术，以弥补部队的弱点。鉴于国民党军队经常欺辱老百姓，毛泽东要求他的部队帮助农民，公平买卖，尊重妇女。

长征

虽然得到江西农民的支持，但中国共产党还是逐渐被国民党军队包围了。1934年，毛泽东和他的支持者决定离开南部山区，前往陕西，这是中国西北部一个更偏远的省份。在国民党军队围追堵截和飞机轰炸下，红军在一年时间里跋山涉水，途经草地和荒漠，总共行进了约2.5万里，这就是**长征**。1934年10月，有10万共产主义者离开江西。但一年后，只有4 000人到达陕西。蒋介石政府认为这是消灭共产党的最后机会。

长征：中国共产党长达2.5万里的转移，从中国东南部转移到西北部。毛泽东领导的共产党面临蒋介石军队的围追堵截。4 000名长征幸存者成为共产主义运动的核心。第二次世界大战后，共产党战胜了国民党。

30.4.3 抗日战争（1937—1945年）

日本的政治家、高级官员和商界领袖在如何解决国内经济问题上存在分歧。有些人要求迅速征服中国，而有些人则主张对苏作战。当上层犹豫不决的时候，少壮派军官决定掌握主动。

1937年7月7日，日军袭击了北平附近的中国军队。发动袭击的下级军官很快获得了上峰的支持，之后又得到了政府不情愿的支持。几周之内，日军占领了北平、天津、上海和其他沿海城市，日本海军封锁了中国全部海岸线。

美国和国际联盟再次指责日本的侵略行径。但西方列强的注意力都放在欧洲局势和本国经济问题上，不愿在亚洲冒军事对抗的风险。当日军在长江炮击英国船只、击沉美国军舰的时候，英美政府的回应只是义愤和虚伪的决议。

中国军队虽然规模庞大、作战勇敢，但装备差，指挥也有问题，因此屡战屡败。日本轰炸城市，破坏堤防，焚毁村庄，屠杀了成千上万的百姓。一年之内，日本就控制了中国的沿海省份、长江下游地区和黄河流域，这是中国最富庶、人口最稠密的地区。

虽然日军有很强的组织力和战斗力，但对华作战并未取得所期望的胜利。无论是国民党领导的军队还是共产党领导的军队，中国人民都没有放弃抵抗。日本陷入中国战场不能自拔。随着税收增加，食物和燃料短缺，以及越来越多的年轻人应征入伍，日本人的生活变得更加困苦。

中日之间的战争异常残酷。1937—1938年的冬天，南京陷落。日军强奸了
约2万名妇女，屠杀了约30万战俘和平民，洗劫并焚毁了这座城市。为了阻挡日
军，蒋介石下令炸毁黄河堤坝，所造成的洪水毁掉了约4 000座村庄，约1 250万
人无家可归。两年后，中国共产党展开大规模攻击，日军以“烧光、杀光、抢 807
光”来报复，摧毁了成百上千座村庄，杀掉最后一个人，毁掉最后一所房屋，
抢走最后一头家畜。

国民党

蒋介石领导的国民政府逃到了位于中国中部的四川山区[1]。在那里，蒋介石
建立了庞大的军队，不是为了抗日，而是为了以后对抗中国共产党。这支军队
超过了300万人，但只有100万支枪，甚至连食物和军装也不是人人有份。在饿殍 808
遍野、农民靠树皮为生的时候，国民党还在向农民增税。但这样的税收也养不起
庞大的军队和成千上万的官僚及逃到重庆的随行人员。为了避免向支持国民政府
的富人征税，政府开始滥发钞票，这造成了通货膨胀、囤积居奇和腐败横生。

共产党

毛泽东在陕西的延安也建立了军队和政府。与国民党不同，共产党会听取农民（特别是贫农）的意见。他们没收地主的土地，把地分给农民。他们给干部和士兵定下严格的纪律。虽然装备比较差，但共产党可以获得沦陷区农民所提供的支持和情报。

本节回顾

日本认为侵略可以解决其经济问题。1931年，日本侵占中国东北地区。

毛泽东领导的共产党转移到了中国北部的山区。蒋介石领导的国民政府既抗日又反共。

1937年，日军占领了中国沿海各省；在随后的战争中，日本并未获得切实利益。

蒋介石逃到了内陆地区，为反共做准备。

1 指重庆。——译注

30.5 第二次世界大战

很多人害怕第二次世界大战是第一次世界大战的重复。但相反，它在各方面都超过了第一次世界大战。世界各地都卷入了这场战争，从挪威到新几内亚，从夏威夷到埃及，战火烧遍各大洋。第二次世界大战比第一次世界大战造成了更大伤亡，动用了一切人力与物力，也表明了高效的工业、科学和民族主义可以用来进行大规模破坏。

30.5.1 运动战

在第二次世界大战中，机械武器表现出了进攻方面的优势。在应对快速运动的敌军时，胜利取决于指挥官的冒险精神、所获取的军事情报，以及军队的数量和装备。

闪电战

德国国防军首先明白了这个道理。闪电战不仅包括坦克、卡车和战斗机，还包括协同战术：先用战斗机打乱敌军，进行通信干扰，用坦克突破敌方防线，之后在步兵的协助下包围、俘获敌军。在海上，日本和美国有了航空母舰，可以派飞机攻击数百英里以外的目标。

军队的活动范围很大，一个国家在几天或几周内就可以被攻占。交战双方调动了整个大陆的经济，到处寻找资源。它们不仅试图用封锁、潜艇攻击和轰炸击败敌军，还要破坏支持对方军事力量的经济。它们认为平民是合法的攻击目标，后来攻击平民就像消灭害虫一样。

30.5.2 欧洲战场和北非战场

德军不到一个月就攻陷了波兰（见地图30-1）。英法对德宣战，但并未采取军事行动。与此同时，苏军占领了波兰东部和波罗的海国家。虽然波兰人作战英勇，但他们的步兵和骑兵抵挡不住德国和苏联的坦克。1939—1940年的冬天，德国和西欧民主国家的军队相遇，但进行的是士兵们所说的“假战”（phony war）。

1940年3月，希特勒发动攻势，不到两个月就攻占了丹麦、挪威、荷兰和比利时。5月，德军进攻法国。虽然法军在兵力、坦克和飞机上与德军实力相当，但其士气低落，因此迅速崩溃。到6月底，希特勒控制了苏联至西班牙之间的所有欧洲地区。

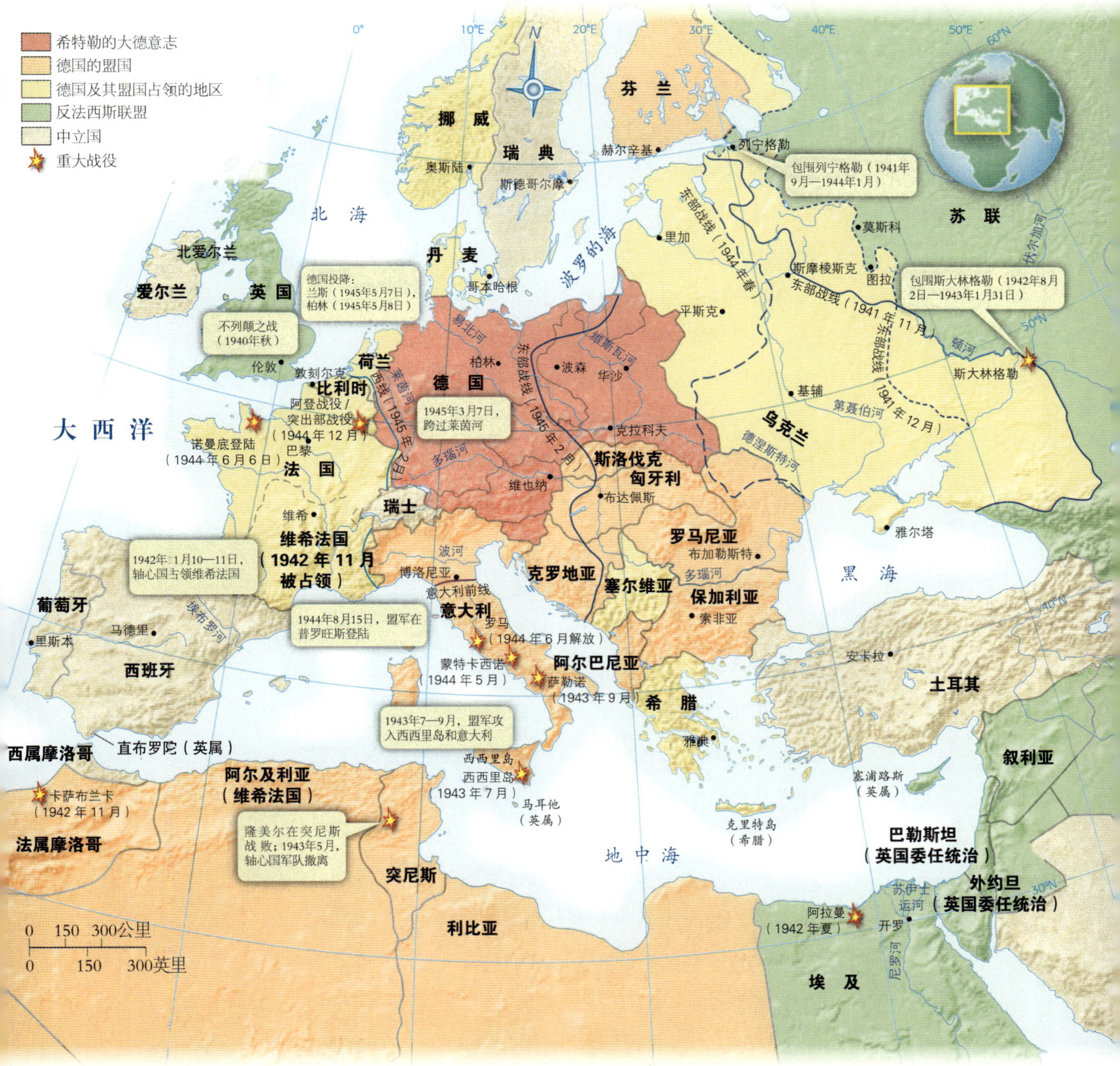

地图30-1　第二次世界大战的欧洲和北非　从1939年9月到1941年12月，一系列快速而有决定性的战役使德国占领了欧洲和北非的许多地区。经过3年苦战，盟军逐步从德国手中收复了失地。

不列颠之战

德国还不得不面对英国。英国陆军实力有限，但它有其他资本：英吉利海峡、皇家海军和皇家空军，以及一位强硬的新首相温斯顿·丘吉尔。德国人明白，要想入侵英国就要获得英吉利海峡的制空权，因此他们发动了大规模空
809 袭，这就是不列颠之战。不列颠之战从6月一直持续到9月。皇家空军破解了德军密码，并用雷达侦察到正在到来的德国飞机，因此德军的攻击失败了。

苏德战争

希特勒虽然害怕两线作战，但在西线受阻后，他将目光投向了东方。到那时为止，他与斯大林进行了最大限度的合作。斯大林向德国提供粮食、石油和一些战略性原料。但希特勒总想向东拓展“生存空间”，奴役那里的斯拉夫民族。如果再等下去，他怕斯大林会拥有一支异常强大的军队。1941年6月，希特勒发动了史上最大规模的进攻，参战部队有300万士兵和数以千计的飞机、坦克。5个月内，德军占领了波罗的海国家、乌克兰和苏联在欧洲的一半领土。德军抓获100万战俘，打开了通往莫斯科和列宁格勒的大门。苏联似乎已经处
810 在崩溃的边缘。但之后天气转冷，机器被冻结，战争也停了下来。像拿破仑一样，希特勒忽视了苏联环境给他带来的危险。

斯大林格勒

斯大林格勒：俄罗斯城市（今伏尔加格勒），苏联红军于1942—1943年在此战胜德军。斯大林格勒战役是苏德战争的转折点。

次年春天，德军再次发动进攻。德军包围了列宁格勒，有100万人在此丧生。德军把莫斯科放在一边，转攻高加索，以夺取油田。8月，德军进攻**斯大林格勒**（今伏尔加格勒），这座城市是伏尔加河上的重镇，也是石油供给的关键。在几个月的时间里，双方进行了逐个街道、逐个房屋的巷战。冬天来临后，红军展开反攻，包围了这座城市。1943年2月，斯大林格勒的德军残部投降。希特勒损失了20万军队，也失去了战胜苏联、赢得战争的最后机会（见地图30-1）。

北非

战争从欧洲蔓延到了非洲。法国于1940年沦陷的时候，墨索里尼认为实现其野心的时候到了。意大利军队迅速占领了英属索马里，随后入侵埃及。但他们的胜利是短暂的，当英国展开反攻时，意大利的抵抗土崩瓦解。1941年，英军占领了意属东非，并进入了利比亚。意大利的失败使德国派兵增援北非。1942年，德军和英联邦的军队在利比亚和埃及展开拉锯战。在埃及北部的**阿拉曼**，英军占了上风，因为他们拥有更好的武器和供给，也获得了更多的敌方作战情报。1943年5月，德军最终撤离非洲。

阿拉曼：埃及城镇。1942—1943年，英国的伯纳德·蒙哥马利元帅在此战胜号称“沙漠之狐”的埃尔温·隆美尔将军率领的德军。

30.5.3 亚太战场

法国沦陷和英苏参战为日本提供了一个梦寐以求的机会。欧洲在东南亚的

殖民地盛产石油、橡胶和其他战略物资。日本占领这些地方的时机好像一下就成熟了。1941年7月，当法国政府坐视日军占领中南半岛时，美国开始对日禁运钢材、废铁、石油和其他日本迫切需要的物资。日本只有三种选择：如美国所愿放弃侵略，面对经济崩溃，扩大战争。日本选择了战争。

日本的战争计划

日本舰队司令、海军大将山本五十六对首相近卫文麿说："如果要我不顾后果地打，我可以驰骋六个月或一年，但到第二年、第三年，我就完全没信心了。……我希望你能努力避免日美战争。"战争内阁没有理会他的意见，制订了偷袭美国海军的计划，随后入侵了东南亚。他们并不指望能击败美国，只是想重创奉行孤立主义的美国人，使他们接受日本占领东南亚的事实，就像他们默许希特勒在欧洲的扩张一样。

珍珠港： 位于夏威夷的海军军港，1941年12月7日遭到日本飞机袭击，多艘太平洋舰队战舰被击沉。"珍珠港事件"促使美国参战。

811

珍珠港

1941年12月7日，日本飞机轰炸了美国海军基地**珍珠港**，击沉击坏数十艘美国军舰，但日军没有摧毁在海上的美国航母。之后，在1942年初，日本占领了东南亚和荷属东印度群岛。日军很快开始索取食品和原材料，并强迫当地人从事重体力劳动。

日本的东亚帝国梦似乎已经触手可及了，它的胜利甚至超过了希特勒在欧洲取得的胜利。但美国已经准备参战了。1942年4月，美国飞机轰炸了东京。5月，美国海军在珊瑚海击败日本舰队，挫败了其征服澳大利亚的计划。在一个月后的**中途岛战役**中，日本失去了6艘航母中的4艘。没有了航母，日本只能面对一场漫长而无望的战争。

中途岛战役： 1942年6月，美国海军在中途岛战役中战胜了日本舰队，日本损失了4艘航母。它成为第二次世界大战的转折点之一。

30.5.4　战争结束

斯大林格勒战役后，苏联获得了东线战场的优势。到1943年，苏联和美国工厂向红军提供的物资越来越多。反攻由慢而快，红军将德军赶回了德国本土。

812

诺曼底登陆

与此同时，盟军分两路反攻欧洲。1943年7月，盟军占领西西里岛，随即攻入意大利，反攻的大幕就此拉开。意大利签署了停战协议，但德军又抵抗了两年之久。1944年6月6日——被永远铭记的诺曼底登陆日（D-day），由英国、美国和加拿大组成的15.6万盟军在法国西部的诺曼底海岸登陆，这是有史以来规模最大的舰载攻击。一周之内，盟军在法国的兵力就超过了德军。到9月，德军要面对200余万盟军和50万辆各种战车。

虽然红军已经出现在了德国东部边境，准备给德军最后一击，但希特勒还是把部分德军调到了西线。不可思议的是，德国又坚持了将近一年。这是两个原因造成的，一是德军士兵训练有素，二是纳粹灌输的恐怖思想——服从到最后一刻。1945年5月7日，即希特勒自杀一个星期后，德军将领投降。

太平洋战争

日本坚持的时间要长一些，因为美国主要把军队放在对德作战上。占领太平洋岛屿要靠两栖登陆，双方的伤亡率都很高。1944年6月，美国开始轰炸日本，美国潜艇击沉日本商船，切断了石油和其他原材料的供给。1945年5月后，日本战斗机因缺乏燃料而停飞。美军飞机开始摧毁日本的航运、工业和城市。

广岛：日本城市，1945年8月6日被第一枚原子弹摧毁。这次袭击加速了第二次世界大战的结束。

虽然本土遭到重创，但日本还在亚洲保持着强势。虽然打着“大东亚共荣圈”的名义，但日本的占领是残酷而野蛮的。到1945年，亚洲人渴望看到日本人离开，但也不欢迎欧洲人回来。相反，他们期待独立（见第31章和第32章）。

广岛和长崎

1945年8月6日，美国向**广岛**投下了一枚原子弹，瞬间造成了约8万人死亡，另有约12万人因烧伤和辐射痛苦地死去。3天后，另一枚原子弹摧毁了长崎。8月14日，裕仁天皇颁布停战诏书。两个星期后，日本领导人签署了投降书。战

原子弹爆炸后的广岛 1945年8月6日，原子弹摧毁了这座城市，造成约8万人丧生。在这张照片中，城中心成为一片废墟，只有少数几座建筑物幸存。

争正式结束。

必须使用核武器吗？当时美国人认为，攻占日本本土至少需要一年的时间，要牺牲数一万美国士兵的生命。虽然有些人认为日本会抵抗到底，但也有些人认 813
为，只要保留天皇日本是可以投降的。温斯顿·丘吉尔写道："认为原子弹决定了日本的命运是错误的。在第一枚原子弹落下之前，日本就已必败无疑了。"[3]

30.5.5 国民党的失败和共产党的胜利

1945年9月，日本正式投降使国民党感到惊讶。美国向国民党提供了数百万美元的援助和武器，同时敦促它实行"民族团结"，与共产党组成"联合政府"。但蒋介石用一切手段来准备内战。到1945年底，在美国的支持下，他控制了中国的城市，并拥有270万人的军队，这个数量是共产党军队的两倍多。但国民党的行为削弱了民众对他们的支持。他们收复日占区时更像占领军。他们对其所"解放"的人征收的税比日本人征收的还重，他们查抄供给品，中饱私囊，失去了民众的支持。蒋介石政府滥发货币，货币迅速贬值。在农村，国民党的残暴使他们疏远了农民。

与此同时，共产党从苏联手中获得了日本装备，这些装备是苏联在第二次世界大战的最后几周从日本手中夺取的；共产党还从国民党士兵手中获得了美式装备。在共产党势力最强的东北地区，他们推行了激进的土地改革，将富裕地主的土地分给最贫穷的农民。在反对国民党的战争中，较高的士气和群众的支持胜过了国民党的重武器。在国民党军队中，成千上万的士兵开了小差。

到1949年，国民党军队的溃败随处可见，与其说他们败在共产党手下，还
不如说是败在自己的贪婪和无能上。随着共产党的胜利进军，国民党高层逃往 814
台湾。1949年10月1日，毛泽东宣布中华人民共和国成立。

本节回顾

第二次世界大战是一场机械战，波及各大洲各大洋。

希特勒的军队迅速占领了西欧，但空袭英国失败了。

1941年德国进攻苏联，但1942—1943年冬季在斯大林格勒的失败决定了其命运。

本节回顾

美国对日本实施物资禁运后，日本飞机于1941年12月轰炸了珍珠港；几个月以后，日本占领东南亚和印度尼西亚。

从1942年下半年开始，美军将日本从太平洋逐回，并开始轰炸日本本土。

1944年6月6日，盟军在诺曼底登陆，随后攻入德国；同时，两枚原子弹迫使日本宣布投降。

日本投降后，蒋介石的军队因无能而失败，毛泽东的共产党解放了中国。

30.6 战争的特征

第二次世界大战造成了大量死亡。最近估计，死亡人数接近6 000万，是第一次世界大战的6到8倍。超过一半是死于屠杀、饥荒和炸弹的平民。苏联死亡2 000万至2 500万人，比其他国家都多。中国损失1 500万人；波兰死亡大约600万人，其中一半是犹太人；另有300万犹太人在波兰境外丧生。德国死亡人数超过400万，日本超过200万，英国40万，美国30万。在世界许多地方，人们都在悼念亲人。

世界上许多地区遭遇了洪水，造成了大量难民。中国有9 000万人为躲避日本侵略而背井离乡。在欧洲，上千万人为躲避纳粹或苏联红军而逃离家园，或按政府命令到处转移。许多难民再也没有回到自己的家园。

交战各方不但将对方士兵视为敌人，甚至把整个民族都视为敌人。有些人还把自己的少数民族贴上“敌人”的标签。新技术是造成毁灭的另一个原因，这些新技术可以对敌方领土造成巨大打击，其破坏程度远超传统战争。战争中的新技术和道德上的变化构成了一个致命的组合。

30.6.1 战争中的科学与技术

随着战争蔓延到全世界，动员人力财力和军队的机动性变得愈发重要。与此同时，战争中的新要素也变得重要起来。化学家找到了由煤或石油制造合成橡胶的新方法。物理学家完善了雷达，可以对敌方逼近的飞机和潜艇发出警告。密码专家破译了敌方密码，可以获取秘密军事通信（见“环境与技术：恩尼格玛密码机”）。药理学家研制出了抗生素，挽救了大量伤员的生命。如果在以前的战争中，这些伤员可能会因感染而死。

军用飞机

飞机的发展尤其引人注目。随着战争的临近，德国、英国和日本的飞机制造业得到迅速发展，它们主要生产具有机动性的战斗机。美国工业特别关注能实行大规模编队，并把数吨炸弹投向敌方城市的重型轰炸机。德国也进行了全新设计，其中包括第一架喷气式战斗机，能低空飞行的喷射推进式炸弹，最后是没有任何预警、很难防御的V2导弹。

原子弹

军方希望科学家能提供可毁灭敌人的秘密武器。1939年10月，罗斯福总统收到了一封来自物理学家阿尔伯特·爱因斯坦的信。这位从纳粹德国逃到美国的犹太难民对危险的核力量发出了警告：“我们身边充满了可利用的亚原子能，这点毋庸置疑。总有一天，人类会释放并控制这几乎是无穷的力量。我们不能阻止人们这样做，只是希望他们别用它攻击邻国。”罗斯福将美国政府的大量资源交给物理学家和工程师支配。1945年，他们制造了两枚原子弹，每一枚都足以毁灭整座城市。

30.6.2 轰炸

鉴于空军（尤其在夜间）很难找出个体建筑的具体位置，英国空军元帅、被称为“轰炸机”的亚瑟·哈里斯（Arthur Harris）决定：“现在，行动应该着眼于敌方平民，特别是产业工人的士气。”

1942年5月，1 000架英国飞机将燃烧弹投向了科隆，这座古老的城市顿时陷入一片火海。1943年7月24日至8月2日，3 330架英美飞机向汉堡投掷了燃烧弹，造成5万人丧生，其中大多数是妇女和儿童。后来，空袭摧毁了柏林、德累斯顿和其他德国城市。对德轰炸造成60万人死亡，其中多半是妇女和儿童，另有80万人受伤，但他们未能削弱德国人的士气。直到1944年底，德国军工产量仍在增加，德国人仍旧服从命令，努力工作。但到1945年初，对油库和合成燃料厂的轰炸使德国很难再战。 815

日本城市也成为美国空袭的目标。早在1942年4月，有6架飞机从航母上起飞，轰炸了东京。随后，美军占领了日本周边的岛屿，袭击愈演愈烈。日本城

环境与技术

恩尼格玛密码机

恩尼格玛密码机 第二次世界大战期间，德军开始使用恩尼格玛密码机，就像这位在车里的德国坦克指挥官一样。有了恩尼格玛密码机，他们可以加密和解密无线电信号，防止敌方窃取（他们认为是这样）。

自古以来，各国政府和军队就使用各种方法加密信息，以便使不掌握编码（有密码本，用一些词汇取代另一些词汇）或密码（用数字代替字母）的人无法读取信息。无线电很容易被敌方监听，因此密码在外交和战争中是必不可少的。但加密和解密信息需要专业的密码员，这个过程也比较费时。而且，每个国家都会用几种密码，并会定期更换。破解一个密码也不会对破解其他密码有帮助。

第一次世界大战后，多国发明家开始着手研制能自动编码和解码的密码机，希望这些密码比人工密码更难破译。一家德国公司于1923年制造出的恩尼格玛密码机（Enigma Machine）最为成功。恩尼格玛密码机包括一套打字键盘、触点、一组含有电线的转子和一系列标志字母的灯。当操作员键入字母时，电流就会通过转子形成一个不同的字母。每次按键，转子也会发生变化。因此，下次键入同一个字母也会亮起不同的灯。在接收端，如果操作员将转子设置得与发信机一样，输入的加密字母就会点亮原文所表示的字母。人们可以得到恩尼格玛密码机，但无法得知转子设置。要想破解加密信息就要尝试无数种设置。这可能需要数月或数年的时间，到那时，这份信息早就没价值了。

随着战争迫近，德国军方购买了成千上万台便携式打字机大小的恩尼格玛密码机。恩尼格玛密码机在海陆空三军都有应用。德国人认为他们的密码是牢不可破的，他们的机密是安全的。但他们错了。战争开始之前，波兰密码专家就知道了恩尼格玛密码机的工作原理，并制作了一批仿制品。他们还设计了一部叫"邦巴"（bomba）的机电装置。这台机器会以惊人的速度改变转子设置，直到出现一个表达，如"希特勒万岁"，出现的通常是德语消息。战争爆发后，这批密码专家逃到法国。邦巴的秘密落到了位于伦敦北部布莱切利园（Bletchley Park）的英国密码专家手中。

有了这一进展，英国在1940年不列颠之战时截获了很多德国空军的信号。破解德国陆军和海军的恩尼格玛密码机就要难得多，他们使用了更多转子，变换设置也更加频繁，最重要的是，他们学会避免使用现成词组。然而，到1942年春天，布莱切利园的1 500名工作人员每月可以截获大约4万份德军情报。在1942年盟军在北非抗击隆美尔将军的战役中和1943年在大西洋打击德国U型潜艇的战役中，破获的德军情报起了重要作用。

市多为木制建筑，因此对日空袭比对德空袭造成的破坏还大。1945年3月，炸弹点燃了东京，空袭造成8万人死亡，100万人无家可归。

30.6.3 大屠杀 816

在第二次世界大战中，被故意杀死的平民人数首次超过了阵亡士兵。在屠杀手无寸铁的平民方面，纳粹超过了其他国家。他们的屠杀不是军事行动的副产品，而是有预谋的种族灭绝。

纳粹的第一个目标是犹太人。希特勒一上台就剥夺了德国犹太人的公民资格和法律权利。纳粹统治东欧后，他们将犹太人赶进了各大城市的犹太人区。在那里，许多人死于饥饿和疾病。随后，在1942年初，纳粹决定执行希特勒的"犹太问题最终解决方案"，即用现代工业技术屠杀人类。成千上万的普通德国公民支持这次种族灭绝，并提供了相应的协助。每天有数列运畜车抵达东欧灭绝营，卸下成千上万的俘虏，以及在路上死亡的死者的尸体。强壮的幸存者要去工作，但他们几乎没有什么吃的，直到死去。妇女、儿童、老人和病人

奥斯威辛集中营：纳粹位于波兰的集中营，大屠杀时期最大的屠杀场所。近百万的犹太人、吉普赛人、共产主义者和其他人士在那里被杀害。

大屠杀：纳粹在第二次世界大战期间屠杀了600万犹太人，还有数以百万计的波兰人、吉普赛人、共产主义者、社会主义者和其他人士也在大屠杀中丧生。

则被塞进毒气室，因毒气窒息而亡。**奥斯威辛集中营**是最大的工业化设计的集中营，每天可以屠杀1.2万人。有600万犹太人在大灭绝（现在称为**大屠杀**）中丧生。

除了犹太人，纳粹还屠杀了300万波兰天主教徒，特别是专业人士、军官和受过教育的人。他们还屠杀同性恋者、耶和华见证人、吉普赛人、残疾人和精神病患者——所有这些都是为了“种族纯洁”。如果一个德国人在被占领国丧生，那么纳粹就会烧掉一整座村庄，屠杀所有居民作为报复。入侵苏联后，德军下令处决所有被抓获的共产党员、政府职员和官员。他们还使数百万战俘累死或饿死。

30.6.4 欧洲和亚洲的后方

第一次世界大战的时候，“前线”和“后方”有显著差别。但第二次世界大战就不是这样了，快速的军事行动和空中力量将战争拓展到了人们的家门口。对于中国、日本、东南亚和欧洲的平民来说，战争比最可怕的噩梦还恐怖。军队扫荡大地，席卷了食品、燃料和其他一切有价值的东西。轰炸机和重炮将城市变为一片废墟，只留下残垣断壁，幸存者只能在地窖中瑟瑟战栗。即便是未遭空袭的城市，时时响起的空袭警报也使人彻夜难眠。在被德国占领的国家，警察逮捕平民，许多人死在集中营或在军工厂被人奴役。数百万人因恐惧逃离家园，他们失去了家人和朋友。即使在英国，儿童和老人也被疏散到了乡下。

平民的贡献

这场战争需要平民做出巨大而长期的贡献，这点在有些国家更为突出。1941年，苏联1 500余座工厂迁移到乌拉尔山和西伯利亚地区。在那里，他们生产出的坦克和大炮比轴心国更多。

817

战争期间，1939年的船只有一半沉没海底，但美国造船厂可以弥补盟军部分损失，而轴心国的航运到1945年时已经减少到了零。飞机、卡车、坦克和其他物资的生产也出现了类似的失衡。虽然轴心国努力增加产量，但它们还是赶不上苏联的坦克和美国的物资援助。

战争中的妇女

苏联红军最终招募了2 200万名男性，苏联妇女承担了超过一半的工业劳动和3/4的农业劳动。在其他同盟国，妇女在战争中也发挥了重要作用，她们在田间、工厂和办公室取代了男性。相反，纳粹认为德国妇女应留在家中抚养孩子，他们吸纳了700万“外来工”（guest workers）——这是对外国俘虏的委婉说法。

30.6.5 美国的后方

美国在战争期间获得了繁荣。隔着大西洋的美国人感受不到炸弹，看不到敌军，没有平民伤亡，军事伤亡也少于其他国家。1940年后，美国经济进入了长期繁荣。1944年，美国的生产量是轴心国总和的两倍多。军需订单提供了充裕的工作，排队领面包的现象消失了，人们的营养状况和健康状况也有所改善。大多数美国人有了存款，这为战后的消费繁荣奠定了基础。后来，许多美国人回顾这场战争时，都认为这是一场“好战争”。

美国妇女

第二次世界大战也削弱了许多传统观念，雇主招募女性和少数族裔从事以前白人从事的工作。战争期间，600万妇女获得了工作，其中250万人在从事“男性的工作”。在一本名为《造船厂女焊接工日记》（1944年）的书中，奥古斯塔·克劳森（Augusta Clawson）回忆了她在俄勒冈造船厂的经历：

> 我之前说过，这份工作体现了我的坚强信念。使一位女焊接工筋疲力尽的不是工作、炎热和体力要求，而是来自对技术不足和缺乏信心的忧虑，但这些可以通过适当的培训加以克服。……所以，虽然要面对攀爬带来的不便、重型设备和炎热，但我还是很喜欢今天的工作，因为我能够胜任。[4]

许多男性反对女性出去工作，怕这样她们会远离家人。但随着劳工短缺的加剧，雇主和政界人士不得不承认，政府应该为有孩子的女工提供幼儿日托。妇女参加劳动是战争带来的最重要的影响之一。

少数族裔

战争也减少了种族问题的羁绊。为了在军需企业寻找工作，120万非洲裔美国人移居到了北部和西部。在西南部，墨西哥移民开始从事农业和军需工业。但在工业城市中，没有为移民兴建新的住房，许多人遭受着过度拥挤和歧视之苦。此外，11.2万生活在美国西海岸的日裔美国人被关进了沙漠中的拘留营，直到战争结束。表面上看，是怕他们从事间谍活动和破坏活动，但实际上是因为他们的种族。

30.6.6 战争和环境

在大萧条时期，建筑和工业几乎停滞不前，这减少了对环境的压力。战争扭转了这一局面，环境压力骤增。

818 战争本身就是环境变化的原因之一。战争使大地伤痕累累，到处是用过的弹药和被遗弃的装备。中国军队和荷兰军队在撤退时制造了波及大片地区的洪水。在城市，几十年后仍然可以看到轰炸留下的废墟。

建设

但对环境的主要压力并不是来自战争本身，而是来自与战争息息相关的经济。战争中的50万架飞机需要成千上万的空军基地，其中许多基地遍布在太平洋、中国、非洲和世界其他地方，这些地方之前很少见到飞机。军营、船坞、码头、仓库和其他军事设施也在各大洲出现。

军需工业的繁荣带动了原材料需求。为了提供战略资源，许多矿业公司在非洲兴建了新的矿山和城镇。拉美国家取消了工业品进口，开始兴建自己的钢铁厂、造船厂和其他工厂。在印度、中国和欧洲，伐木的速度远超过造林的速度，森林变成了一片片荒地。但在有些时候，战争也是有利于环境的。例如，潜艇战威胁到了捕鱼和捕鲸。因此在若干年之内，鱼和鲸的数量都有所上升。

本节回顾

“二战”使6 000万人丧生，其中大部分是平民。战争也造成了大量难民。

科技（特别是飞机的设计）提高了战争的机动性和残酷程度。

盟军的轰炸使欧洲和日本的城市陷入一片火海。

纳粹屠杀了数百万犹太人、波兰人、吉普赛人和其他民族。

工业经济（特别是在美国和苏联）动员大量平民从事军需生产。

美国的经济繁荣为妇女和非洲裔美国人提供了工作。

战争地区的环境遭到严重破坏，战争期间的建设改变了多国环境。

结　语

第一次世界大战结束之后，世界似乎又回到了战前的状态，但这只是个假象。在苏联，约瑟夫·斯大林决定不惜代价使国家迅速实现工业化。到1941

年，苏联对德作战的准备比1914—1917年时要充分。

在经历了几年的繁荣后，纽约股票市场于1929年崩盘。几个月之内，世界经济陷入了大萧条，全世界有成百上千万人失去了工作。英法迫使殖民地购买其商品，因此渡过了危机。像德国、日本这样依靠出口的国家受到的冲击更大。只有苏联和南非在20世纪30年代保持着繁荣。

在意大利，墨索里尼使法西斯党党员占据了所有政府部门的工作，并把异己者投入监狱。在德国，经济危机使民众选择了阿道夫·希特勒和纳粹分子，他们很快建立了集权政府。纳粹德国重建了军队，随后吞并了奥地利和捷克斯洛伐克。西方民主国家采取了绥靖政策，直到德国的意图昭然若揭。

日本受到了大萧条的沉重打击，它将中国视为一块可以提供各种资源的潜在殖民地，以便解决日本的经济问题。1931年，日本占领了中国东北地区。美国和国际联盟只是表达了抗议，并未采取任何行动。1937年开始的对华战争持续了很长时间，而且非常残酷。这场战争拖住了日本经济，也使其资源捉襟见肘。与此同时，毛泽东领导的共产党逐渐获得了农民的支持。

1939年，德国占领了波兰，战争蔓延到了欧洲。之后，丹麦、挪威、荷兰和法国于1940年沦陷。1941年，随着德国入侵苏联，日本袭击美国，第二次世界大战成为全球性战争。1943年，苏联红军开始反攻。1944年6月，在充裕的美国工业资源的支持下，英美军队在西线发动了反攻。美国海军凭借在太平洋上取得的胜利和核武器击败了日本。1945年，战争结束。

第二次世界大战是史上最血腥的战争。现代化的机械部队席卷整个国家和大洋。他们的目标不仅限于军队，平民也被纳入攻击范围。虽然德国有科技方面的优势，但战争的天平还是偏向了拥有大多数重工业的美国和苏联。盟军用燃烧弹摧毁了德国和日本的城市，美国在广岛和长崎投下两枚原子弹。在战争中丧生的6 000万人当中，大部分是平民。

进一步阅读文献 819

Burleigh, Michael. *Third Reich: A New History*. 2000.深刻地分析了纳粹德国的历史，也包括了最近的见解。

Chang, Iris. *The Rape of Nanking: The Forgotten Holocaust of World War II*. 1997. 记述了中

日战争期间的大部分肮脏事件，是一部畅销书。

Chang, Jung. *Wild Swans: Three Daughters of China*. 1991. 记述了三代中国女性的经历，她们经历了20世纪的战争和革命。

Conquest, Robert. *The Great Terror: A Reassessment*. 1990. 斯大林在20世纪30年代实行大清洗和恐怖政策的记述。

Dower, John. *War Without Mercy: Race and Power in the Pacific War*. 1987.从双方面研究了种族主义，它使太平洋战争变得异常残酷。

Frank, Anne. *The Diary of a Young Girl*. 1952.这部名著描述了一个犹太家庭在纳粹占领时期躲藏在荷兰的经历。

Hsiung, James, and Steven Levine, eds. *China's Bitter Victory: The War with Japan, 1937–1945*. 1992.关于中日战争的文献和记述。

Keegan, John. *The Second World War*. 1990.一位杰出军事史学家创作的第二次世界大战简史，是这方面最好的一本书。

McElvaine, Robert. *The Great Depression: America, 1929–1941*. 1993.简要地叙述了20世纪30年代的艰难困苦，写得非常好。

Rhodes, Richard. *The Making of the Atomic Bomb*. 1986.一部关于曼哈顿计划及其影响的佳作。

Solzhenitsyn, Alexander. *One Day in the Life of Ivan Denisovich*. 1978.这部小说率先披露了斯大林的集中营。

Spector, Ronald. *Eagle Against the Sun*. 1988. 关于太平洋战争的通俗历史著作。

Terkel, Studs. "*The Good War*": *An Oral History of World War Two*. 1984.对几位美国人的访谈，了解他们在第二次世界大战期间的经历。

Volkogonov, Dmitrii. *Stalin*: *Triumph and Tragedy*. 1991.斯大林的传记，是一部佳作。

Wiesel, Eli. *Night*. 1960.这部杰作叙述了大屠杀的恐怖。

注　释

[1] Apollonio Umbro, ed., *Documents of Twentieth Century Art: Futurist Manifestos* (New York: Viking Press, 1973), 23.

[2] Richard F. Hamilton and Holger H. Herwig, *Decisions for War, 1914–1917* (Cambridge: Cambridge University Press, 2004), 199.

[3] Gar Alperowitz, *Atomic Diplomacy: Hiroshima and Potsdam* (New York: Simon & Schuster, 1965), 176–181 and 236–242.

[4] Rosalyn Fraad Baxandall, Linda Gordon, and Susan Reverby, eds., *America's Working Women* (New York: Random House, 1976), 253.

第31章

争取独立：印度、非洲和拉丁美洲（1900—1949年）

本章纲要

思考

为什么受过教育的印度精英希望独立？普通印度人希望什么？

外国统治给非洲带来了什么变化，非洲人有什么反应？

为了实现社会正义和经济发展，拉美人民需要做什么？这两个目标是相辅相成的吗？

821 现代技术最早出现在欧美富裕国家。当这些技术传播到亚洲、非洲和拉丁美洲的时候，它们使亚非拉国家更加依赖工业国，也拉大了其内部各社会阶层之间的差距。由现代化所引发的紧张局面推动了旨在争取独立和社会公平的人民运动。

前两章侧重于战争和革命给世界带来的震撼。两次世界大战波及了欧洲、东亚、中东和美国，并在俄国和中国引发了暴力革命。未受战争波及的地区在此期间也经历了深刻变革，一部分原因来自国内，另一部分原因来自外部的战争和革命。

本章将考察发生在印度，在撒哈拉以南的非洲，以及在墨西哥、巴西和阿根廷的变化。这三个地区文化迥异，但也有很多共性。印度和非洲是欧洲的殖民地，欧洲不但控制它们的政治，而且还控制它们的经济。拉美国家虽然在政治上取得了独立，但它们的出口还依赖欧洲和美国，依赖这些国家的工业品、技术和资本。这三个地区的独立运动都试图摆脱外国势力的控制，改善人民生活。它们充其量只取得了部分成功。

31.1 印度独立运动（1905—1947年）

在英国的统治下，印度获得了铁路、港口、现代城市、棉纺厂、钢铁厂，以及一个活跃而世俗的中产阶级。印度的经济转型唤醒了受过教育的中产阶级的民族自尊心，他们要实现政治理想。英国也采取了相应措施，在全面控制印度的同时，也逐步赋予印度有限的自治权。宗教矛盾和部落之间的矛盾被掩盖

大事年表

	印度	非洲	拉美
1900年	1905年，寇松总督将孟加拉省一分为二；大规模示威 1906年，全印穆斯林联盟成立 1911年，英国将印度首都从加尔各答迁到德里	1900年代，铁路连通了港口和内陆 1912年，非洲人国民大会成立	1876—1910年，波菲里奥·迪亚斯成为墨西哥独裁者 1911—1919年，墨西哥革命
1920年	1919年，阿姆利则惨案 1929年，甘地领导了“走向大海”运动	20世纪20年代，J. E. 凯斯利·海福德在英属西非组织了政治运动	1917年，墨西哥实行新宪法 1928年，普鲁塔尔科·埃利亚斯·卡列斯组建了墨西哥国民革命党
1930年	20世纪30年代，甘地要求独立；他多次被捕		1930—1945年，热图利奥·瓦加斯成为巴西独裁者 1934—1940年，拉萨罗·卡德纳斯任墨西哥总统 1938年，卡德纳斯将墨西哥石油工业国有化；瓦加斯宣布在巴西成立“新国家”
1940年	1939年，英国使印度卷入了第二次世界大战 1940年，穆罕默德·阿里·真纳要求穆斯林独立建国 1947年，印巴分治	1939—1945年，100万非洲人在“二战”中服役	1943年，胡安·贝隆在阿根廷发动军事政变 1946年，贝隆当选阿根廷总统

起来，当英国于1947年撤离时，暴力冲突使印度四分五裂。

31.1.1　土地和人口 822

印度有许多肥沃的土地，但周期性季风容易带来干旱。1896—1900年的干旱使200万人死于饥饿。

尽管遭遇周期性饥荒，但印度人口还是从1900年的2.5亿升至1921年的3.19亿，1941年达到3.89亿。人口增长给许多地区造成了压力。没有土地的年轻人涌入城市，人数超过了缓慢发展的工业所提供的就业岗位。19世纪覆盖南亚次大陆的热带硬木林大部分遭到砍伐，木材用于修筑铁路和其他建设，清理出来的土地成为茶园和橡胶园。虽然有了毁林开荒和大规模灌溉，但农民手中的土地还是在逐代减少。普通印度人很难从经济发展中受益。

阶级和语言

印度人分为若干阶级。农民占人口大多数，他们要向地主交租，向农村放贷人付利息，还要向政府缴税。他们没有钱去改善土地，提高生活水平。政府保护有产者，从乡村放贷人一直到拥有大量地产的王公或统治者。城市里挤满
823 了工匠、商人和从事各种工作的人，他们大多数是穷人。虽然英国禁止在丈夫的葬礼上烧死寡妇，但在其他方面，妇女的生活几乎没有改善。

印度人的语言也是多种多样。随着英国的统治以及贸易和旅行的增加，英语成为受过西式教育的中产阶级的沟通媒介。新兴的中产阶级包括讲英语的官僚、专业人士和商人，他们在独立运动中发挥了领导作用。

宗教

大多数印度人信奉印度教，他们分属于许多种姓，每个种姓都与特定职业相关。印度教禁止不同种姓之间的通婚和社会交往，也不允许他们与非印度教徒通婚和交往。穆斯林统治者在18世纪被英国人取代之前，一直主宰着印度的中部和北部。虽然穆斯林只占印度人口的1/4，但他们在孟加拉的西北部和东部是人口主体。他们觉得自己受到了英国人和印度教徒的歧视。

印度国民大会党：一场运动，也是一个政党。印度国民大会党于1885年成立，希望更多印度人能在政府工作。党员主要是中产阶级，直到第一次世界大战，态度都比较温和。1920年，莫罕达斯·卡拉姆昌德·甘地领导了国大党。之后，国大党对穷人更有吸引力。该党组织了大规模群众抗议活动，要求实现自治和独立。

31.1.2 英国统治和印度民族主义

印度殖民地由英国派遣的总督统治，由几千名文官管理行政。这些人（多是英国绅士）认为，他们有责任保护印度人民不受工业化的威胁，有责任防止印度民族主义者抢占他们的职位。

作为欧洲人，他们崇尚现代技术。他们发展铁路、港口、电报和其他通信技术，以及灌溉种植园，因为这些可以增加印度外贸，加强英国统治。但为了使印度避免欧洲工业革命时产生的那种社会动荡，也为了使英国工业免受来自印度的竞争，他们抑制当地棉纺厂和钢铁厂的发展，对培训印度工程师做出限制。

824

种族主义和印度国民大会党

在世纪之交，大多数印度人（尤其是农民、地主和王公）接受了英国的统治。但欧洲人对黑皮肤者的种族主义态度激怒了那些懂英语、接受了自由和代议制政府观念的印度人。他们发现，公务员、官员和著名的乡村俱乐部因种族主义配额将他们排除在外。

1885年，一批讲英语的知识分子组建了一个政治组织，名为**印度国民大会党**。在20年的时间里，国大党成员恳求政府能让他们担任更高级的行政职务，希望能参与政府决策，但收效甚微。为了提高行政效率，总督寇松于1905年将

孟加拉省一分为二。这项决定未与任何人协商，该决定不但激怒了受过教育的印度人，他们认为这削弱了他们的影响力，而且激怒了上千万没有受过教育的孟加拉印度教徒，他们发现穆斯林的人数在东孟加拉超过了他们。不久，孟加拉出现了示威和抵制英货的活动，甚至演变为反英暴力事件。

1906年，当孟加拉印度教徒抗议政府拆分孟加拉省时，由于害怕印度教在其他地区取得优势，穆斯林组建了**全印穆斯林联盟**。为了应对这一局势，政府决定按财产赋予印度人有限的公民权。但这也存在问题，许多贫困的低种姓印度教徒为躲避种姓上的歧视改信伊斯兰教，因此总体上来说，穆斯林比印度教徒贫穷。正是注意到了这些宗教差异，英国决定区别对待，为印度教徒和穆斯林设定了不同的投票标准。1911年，英国将印度首都从加尔各答迁到了莫卧儿皇帝的故都德里。这些变化打乱了印度人的阶级和宗教，提高了他们的政治觉悟。西化知识分子过去最关心的政治问题演变成了两场群众运动：一场是由印度教徒发动的，另一场是由穆斯林发动的。

英国地质学家为英国工业寻找其所需的原料，如煤矿或锰矿。但当印度地质部门唯一的一个印度人博斯（Pramatha Nath Bose）想要寻找铁矿时，他被辞退了，因为政府不希望印度钢铁企业与英国钢铁企业竞争。之后，博斯与孟买纺织巨头贾姆谢特吉·塔塔（Jamsetji Tata）展开合作。塔塔决定不顾英国反对生产钢铁。在德国和美国的工程师和设备的帮助下，塔塔的儿子多拉普吉（Dorabji）于1911年在印度贾姆谢德布尔（Jamshedpur）镇创办了第一家钢铁厂，这座城镇的名字就是为了纪念他的父亲。虽然它只能生产印度所需的一小部分钢，但贾姆谢德布尔成为印度民族自豪的重要象征。这也促使印度民族主义者提出一个问题：为什么一个能够自行生产钢铁的国家需要外国人来管理政府？

第一次世界大战期间，印度人积极支持英国，120万人主动参军，数百万人自愿向政府捐钱。有些人认为，英国会用政治让步回报他们的忠心。有些人则组织起来，要求加入政府。为了平抚民心，英国政府于1917年宣布："印度责任政府是大英帝国的有机组成部分，因此今后将逐步发展自治制度。"这听上去像是一个允许自治的承诺，但时间表太过含糊，民族主义者指责这是有意拖延印度独立。

1919年4月13日，雷吉纳德·戴尔（Reginald Dyer）将军命令部队向阿姆利

孟加拉：印度东北部地区，是英国于18世纪占领的第一块印度土地，也是19世纪英属印度的经济中心。1905年，英国将这一地区分割为以印度教徒为主的西孟加拉和以穆斯林为主的东孟加拉（今孟加拉国），这激起了反英骚乱。

穆斯林联盟

全印穆斯林联盟：1906年成立的政治组织，旨在保护穆斯林在印度的利益。穆罕默德·阿里·真纳成为领袖后，穆斯林联盟与印度国大党展开磋商。1940年，联盟要求穆斯林独立建国，国名为巴基斯坦。

印度的钢铁工业

825

阿姆利则惨案

则市1万名和平示威者开火，造成至少379人死亡，1 200人受伤。英国上议院投票支持戴尔的行为，并为他设立了基金以示表彰，随即一波愤怒的示威活动席卷印度。印度人将英国的行为理解为对殖民地臣民的蔑视。在这种紧张气氛中，英印之间的调适期走向了终结。

31.1.3 圣雄甘地和好战的非暴力

莫罕达斯·卡拉姆昌德·甘地：印度独立运动领袖，主张非暴力不合作。他在英国接受教育，并成为一名律师。之后，他返回印度，于1920年成为国大党领袖。他关注穷人，组织多次反英示威，几次入狱。印度独立后，他试图阻止印度教徒和穆斯林的暴力冲突，为此遇刺身亡。

在接下来的20年，印度一直游走在暴力反抗和残酷镇压（甚至很可能是战争）的边缘。印度没有屈服要归功于**莫罕达斯·卡拉姆昌德·甘地**（1869—1948年），其追随者称他为“圣雄”，意为“伟大的灵魂”。

甘地出身高贵。家里非常富有，能支持他去英国接受教育。学成后，他旅居南非，为当地的印度人小社区提供法律帮助。“一战”期间，他回到印度，参加了印度国大党。他是国大党中几个受过西方教育的知识分子之一。

与那个时期其他激进思想家不同，甘地不赞同权力、斗争、战斗这样的流行思想。相反，他受到了印度教和基督教理念的启发，提倡非暴力（ahimsa）和追求真理（satyagraha）这样的圣洁美德。他拒绝支持追随者的暴力行为，当示威演变成暴力时，他几次取消了示威活动。

1921年，甘地放弃了律师穿的西式套装和印度富人的衣服，改穿简单的农民服装：一件长过腰的粗布衣服和一条能遮住身体的披肩（见“环境与技术：甘地和技术”）。他将农民和贱民称为“神的子民”（harijan）。他在穷人和不识字的人中赢得了大批支持者，他们非常尊重甘地；他将印度独立运动由一场知识分子主导的精英运动变为一场带有宗教色彩的群众运动。

甘地是一位杰出的政治策略家，也是一位善于动员民众的大师。例如，在1929年，他举行了一场声势浩大的活动。为抗议政府对食盐的垄断，他率领一些人步行80英里（129公里）到达海滩，从海中取盐。但他发现，发动群众是一回事，掌握事态发展则是另一回事。在他发动“走向大海”运动的几天里，全印度都爆发了示威活动。在这些示威活动中，警察杀害了100名示威者，逮捕了超过6万人。

20世纪30年代，为了使警察和群众不使用暴力，为了争取独立，甘地几次绝食，并声称要坚持“到死”，有几次还真与死亡擦肩而过。他多次被捕，总共在监狱里待了6年之久。但每次被捕后他都更受欢迎。他不但在印度受人崇拜，还得到了西方媒体的关注。用历史学家珀西瓦尔·斯皮尔（Percival Spear）的话说，他在“英国人珍视的正直和道德方面，使他们感到十分不舒服”。他使印度人感到，他们的道德是高尚的。

31.1.4 印度走向独立

在20世纪20年代，英国人缓慢而不情愿地将“国家”领域中的教育、经济和公共建设工程等方面的控制权交给了印度人。他们也逐渐允许更多的印度人进入行政机构和军官行列。

环境与技术

甘地和技术 826

20世纪所有政治领袖都在追求现代工业技术。但甘地是个例外。

在决定只穿手工布后，甘地将进口的机织布付之一炬。他每天花半小时用简单的纺车纺线，并将这一工作称之为“圣礼”。纺车成为他所领导的运动的象征，后来被画进了印度国旗。任何想见他的人都要穿土布。

甘地宣振传统纺织的原因是多方面的。一是他反对“不断追求物质享受”，这种邪恶做法使欧洲人“变成了奴隶”。他将印度人的贫穷归罪于英格兰和日本的棉花产业，它们毁掉了印度曾经自给自足的传统棉纺织。甘地回顾了印度沦为英国殖民地之前的历史，那时，“妇女用自己的棉花纺出上等的线，以贴补家用”。他认为纺车在“一年中无事可做的四个月为上千万人提供了工作”。回归纺车可以给印度人提供数百万个就业机会，也可以成为“民族意识的象征和每个人为国家做贡献的标志”。

但甘地是一个懂得利用现代手段动员群众、组织支持者的精明政治家。他戴手表，用电话机和印刷机同支持者保持联系。他乘火车旅行时，他会坐三等车厢，但那是一个属于自己的三等车厢。他的目标是祖国的独立，他会用一切非暴力的手段实现这一目标。

甘地的思想促使我们反思技术的初衷。他在原则上反对一切现代发明吗？他是一个机会主义者，利用那些为其政治目的服务的发明而排斥那些对他无用的发明吗？或者说，他是否有一个更高的原则，可以解释他愿意用电话和火车而不愿穿机织布呢？

贾瓦哈拉尔·尼赫鲁：印度政治家，接替甘地成为国大党领袖。他与英国展开磋商，结束了英国在印度的殖民统治，成为第一任印度总理。

第二次世界大战前，印度的政治家获得了权力，他们可以提高关税，在与外国竞争中保护本国蹒跚学步的工业。在这些保护下，印度企业家创办企业，生产铁、钢、水泥、纸、纺织品、糖和其他产品。早期工业化没能为农民和城市贫民提供工作，没能改善他们的生活，但却创造了一个富有的商人阶层，他们支持国大党和该党要求独立的诉求。虽然他们很尊敬甘地，但他们更希望他指定的继承人**贾瓦哈拉尔·尼赫鲁**（Jawaharlal Nehru，1889—1964年）成为国大党领袖。与甘地不同，尼赫鲁希望建立一个拥有现代工业的印度。

“二战”时的印度

国大党的政治家们赢得了地方选举，但继续被排除在总督内阁这个真正的权力中心之外。“二战”爆发后，总督林利斯哥（Linlithgow）勋爵未征求任何一个印度人的意见就把印度带入了战争。国大党主导的各个省政府以辞职的方式表示抗议，这为他们赢得了更多支持。英国承诺战后允许印度独立，甘地要求立刻获得完全独立。他发起的“退出印度”（Quit India）运动引起了大规模的反英示威，

827

这招致了一场大逮捕，他自己也身陷囹圄。“二战”使印度人产生了分裂。大多数印度士兵觉得自己是为保卫祖国而战，而非支持大英帝国。与“一战”相似，印度人为盟军做出了巨大贡献，他们提供了200万士兵和大量资源，特别是应急建筑所需的木材。但也有少量印度人出于反英的目的，站到了日本一边。

穆罕默德·阿里·真纳：印度穆斯林政治家，创建了巴基斯坦。他早年攻读法律，1913年加入全印穆斯林联盟，20年代成为联盟领袖。他与英国和国大党展开磋商，希望穆斯林能参与印度政治。从1940年开始，他领导印度穆斯林追求独立建国。1947年，巴基斯坦成立。

31.1.5 分治和独立

“二战”结束后，英国新上台的工党政府准备让印度独立，但印度教徒和穆斯林之间的芥蒂使这一过程变得错综复杂。双方关系的破裂始于1937年。当时，国大党赢得了地方选举，但拒绝与穆斯林联盟分享权力。1940年，穆斯林联盟领袖**穆罕默德·阿里·真纳**（Muhammad Ali Jinnah，1876—1948年）要求实现穆斯林多年的梦想：建立一个属于自己的国家，这个国家叫巴基斯坦。

随着独立的到来，尼赫鲁和真纳的谈判以失败告终，双方划定了战线。印度教徒和穆斯林爆发了暴力冲突。他们对甘地呼吁的宽容和合作置若罔闻。为了使印度保持统一，英国提出了各种疯狂的方案，但它的权威在迅速流失。

1947年初，印度国大党接受了分治方案，印度分为两个国家，一个归印度教徒，另一个归穆斯林。8月15日，新印度和巴基斯坦取代了英属印度。尼赫鲁领导的国大党组建了第一届印度政府；真纳和穆斯林联盟建立了一个管辖数省的巴基斯坦政府。

暴力

828

穆斯林和印度教徒之间的暴力冲突为独立的喜悦蒙上了阴影。为了抗议日益严重的混乱局面，甘地拒绝参加独立日的庆祝活动。在整个地区，穆斯林和邻近的印度教徒大打出手，一种宗教的武装人员一定会将信仰另一种宗教的人追杀到底。大家都抛弃了自己的财产，印度教徒逃离穆斯林占优势的地区，穆斯林逃离印度教徒占优势的地区。一种信仰的成员，会攻击和屠杀大量持另一信仰的绝望的难民，或把他们扔在沙漠中心。在几个月之内，约有1 200万人离开了世代居住的家园，有50万人丧生。1948年1月，一位愤怒的印度教难民枪杀了甘地。

在教派屠杀和难民迁徙后，穆斯林在印度各邦中都是少数，但有一个邦例外，这就是克什米尔邦，位于喜马拉雅山山麓极具战略价值的地区。印度吞并了克什米尔，因为那里的王公信奉印度教，又因为它位于灌溉河流的源头。如果可以投票决定归属的话，那么大多数居民都会选择加入巴基斯坦。克什米尔问题使印度和巴基斯坦势同水火，在过去的50年中，双方围绕这一问题曾发生过多次战争。

本节回顾

在英国统治下，印度人口有所增加，但仍存在着宗教差异和种姓差异。

英国引入了许多现代技术，但为了避免与本国工业竞争，英国当局限制印度工业发展。

英国的种族政策、残忍和傲慢唤醒了印度知识分子的独立国家意识。

印度国大党和全印穆斯林联盟都要求独立。

圣雄甘地用非暴力原则领导了独立运动，将社会上层的反抗转变为全国性的群众运动。

本节回顾

甘地的继承者尼赫鲁希望印度实现现代化，国大党在“二战”期间反抗英国统治。

1947年，英国离开印度时，印度分裂为两个国家。在这两个国家中，骚乱和屠杀在印度教徒和穆斯林中蔓延。

31.2 撒哈拉以南的非洲（1900—1945年）

在所有大陆中，非洲是最后一个处于欧洲人统治之下的大陆（见第28章）。20世纪上半叶，当民族主义运动威胁到欧洲人在亚洲的殖民统治时（见“多样性与主流：一位越南民族主义者抨击法国殖民主义”），非洲还处于典型的殖民主义时期。“一战”后，英国、法国、比利时和南非瓜分了德属非洲殖民地。之后，意大利于20世纪30年代入侵埃塞俄比亚。“二战”前，殖民帝国可谓如日中天。

31.2.1 作为殖民地的非洲：经济和社会变迁

在阿尔及利亚、肯尼亚和南非之外的非洲，几乎没有欧洲人居住。1930年，386名英国官员和8 000名军警（其中150人来自欧洲）统治着2 000万尼日利亚人。但如此之少的欧洲人也给当地带来了深刻的社会变革和经济变革。

为了给工业世界输送原材料，殖民者将铁路从沿海城市修到了地处内陆的矿山和种植园，但非洲人很难从这些变化中获益。殖民政府从非洲人手中获得土地，并将这些土地租售给欧洲公司或白人移民。大型欧洲公司主宰着批发，印度人、希腊人和叙利亚人则控制着大部分零售贸易。

非洲的农民

只有在把土地分给小农的地区，一部分非洲人才从繁荣中获益。在黄金海岸，农民受惠于可可的高价。尼日利亚的棕榈油生产者和东非的咖啡种植者也从高价中得利。在非洲大部分地区，妇女成为零售贸易的主力军，她们在市场中出售布匹、食品、锅碗瓢盆和其他东西。许多人认为，妇女的经济独立和同丈夫分开理财是殖民时期之前就存在的习俗。

不过，对许多非洲人来说，经济发展就意味着在欧洲人拥有的矿山和种植园中被迫劳动。殖民政府想把辖区内的资源置于掌控之下，但他们又不愿支付能吸引工人的高工资。相反，他们通常会动用警察力量，强迫非洲人在恶劣的条件下工作，而且报酬少得可怜或根本没有。在20世纪20年代，法属赤道非洲政府决定兴建一条从布拉柴维尔到大西洋沿岸的铁路。这条长达312英里（502公里）的铁路动用了12.7万人在高山和雨林中修建路基。由于缺乏食品、衣服和医疗，有2万人为此丧命，平均每修1英里铁路就要死64人。 829

非洲的卫生

欧洲人认为他们给非洲带去了现代医疗卫生，并一直以此为傲。但事实上，在20世纪30年代之前，殖民主义在许多方面都使当地的公共卫生雪上加霜。移民和士兵带去了梅毒、淋病、结核病和疟疾。昏睡病和天花在整个中非地区肆虐。除了强迫男性工作，殖民政府还耗尽了农民种植庄稼所需的土地。为工人强征食物导致其余人口营养不良，很容易患病。直到20世纪30年代，殖民政府才意识到其劳工政策的负面影响，开始为非洲人投资发展农业和医疗保健。

1900年，在撒哈拉以南的非洲城市，只有尼日利亚的伊巴丹（Ibadan）的人口超过10万人；50年后，有几十座城市达到了这一规模。大量非洲人涌入城市，他们希望找到工作和刺激，也有一小部分人去寻找发家致富的机会。

移民大多数是男人，他们把妻子留在家里种地、抚养孩子，因此人口流动破坏了家庭生活。城市也反映殖民主义者的态度。在殖民时期兴建的城市，住房、俱乐部、餐馆、医院和其他设施都有种族隔离的色彩。在非洲东部和南部的白人殖民地，种族歧视现象最为严重。

31.2.2 宗教变革和政治变革

外国统治、移民和突然到来的经济变化，给非洲人的生活带了变化，但传统的宗教信仰无法对此做出解释。因此，许多人皈依了基督教和伊斯兰教。

西方传教士将基督教传入非洲，但拥有本土信仰的埃塞俄比亚除外。基督教在深受欧洲影响的西非和南非最为成功。基督教的教会学校具有很强吸引力，这些学校培养基本的读写能力，也传授一些手艺，学生毕业后可成为小职员、教师和店主。教会学校还可以培育出新式精英，他们不但要学习技术和文 830

基督教和伊斯兰教

多样性与主流

一位越南民族主义者抨击法国殖民主义

独立运动是一个普遍存在的现象。不同民族用迥异的方法实现着自己的理想。在所有的殖民地中，印度是个特例，因为圣雄甘地领导的民族主义运动进行着非暴力的消极抵抗。而在其他地方，革命运动和武装起义总是如影随形。法属中南半岛就是个例子。

1862—1895年，法国在遭到强烈抵抗后占领了中南半岛。随后，法国建立了现代化的城市和灌溉系统，并将茶叶、水稻和天然橡胶培育成那里的支柱产业。这就意味着，大量无地农民要进入新兴的种植园，这破坏了传统的社会结构。为了统治中南半岛，法国派出了比英属印度更多的士兵和官员，虽然印度比中南半岛要大。在粉碎了农民和旧式精英的抵抗后，法国开始培养会说法语的新式精英。这些年轻人接受了法国的自由观和国家观，又受到中国革命的鼓舞，于是他们成为两场革命运动的中坚力量。

一股力量是胡志明（1890—1969年）于1925年组建的越南青年革命同志会，它是中南半岛共产党的前身。另一股是教师阮太学（Nguyen Thai Hoc，1904—1930年）于1927年建立的越南国民党。这个党主要吸收政府雇员、士兵和小商人。起初，阮太学想劝说殖民政府实行改革，但以失败告终。2年后，他走上了革命道路。1930年2月，他发动了安沛起义，但很快被法军镇压。4个月后，阮太学和其他革命者被处决，胡志明领导的共产党成为越南民族主义革命的旗手。

在等待处决的时候，阮太学给法国众议院写了下面这封信，说明他发动起义是正当的。

先生们：

我，正如落款所写，叫阮太学，是一名越南公民，今年26岁，越南国民党的主席和创始人。我现在被关在安沛的监狱里，很荣幸能告诉你们下面的事实：

根据正义原则，每个人都有权在国家遭到外敌入侵时保卫自己的祖国。根据人道原则，每个人都有义务保护处于困境或危险的同胞。就我自身而言，我知道我的祖国已经被你们法国占领了超过60年。我意识到，在你们专制的枷锁下，我的同胞过着非常艰苦的生活。赤裸裸的自然选择无疑会将越南人民消灭殆尽。因此，我的权利和义务促使我用一切方法抵抗你们的侵略和占领，从危难中解救我的同胞。

为了我的同胞、祖国和人民，我起初想与法国当局合作，特别是在那些经济和文化发达的地区。说到经济发展，1925年，我向总督瓦雷讷（Varenne）递交了一份备忘录。这份备忘录涉及了保护本地工业和中南半岛商业，它表达了我们的全部诉求。在这封信中，我还强烈主张在东京（Tongking）建立一所“工业发展高级学校”。1926年，我又上书当时的总督，清楚地表达了改善穷人困苦生活的建议。1927年，我第三次上书给东京的地方长官，要求他同意发行一本旨在保护和鼓励当地工商业的周刊。在文化领 831
域，1927年我再次上书总督，提出以下要求：（1）为下层民众的子女创办免费学校，特别是工人和农民的孩子；（2）允许在工业中心自由创办出版社和公共图书馆。

每一个建议都遭到拒绝，这真是荒唐透顶。我的信没有回音；我们的计划无人理睬；我的要求被人漠视；就连我投到报社的文章也要被审查，最后拒绝发表。我从这些失败的经历中意识到，法国根本不想帮助我的祖国和人民。我也认识到，我们必须赶走法国人。因此，我从1927年起开始组建革命党，我将这个党命名为越南国民党，目标是推翻压迫我们祖国的独裁统治。我们希望建立越南共和国，由真正关心人民幸福的人主政。我们党是一个秘密组织，1929年2月被秘密警察查获，大部分党员遭到逮捕。52人被判处强制劳动，刑期从2年到20年不等。虽然许多人被捕，许多人遭到不公正的指责，但我们党并未停止活动。在我的领导下，我们党继续为实现理想而努力。

在安沛起义时，有人杀死了法国官员。当局指责我们党组织实施了这次起义。他们指控我下达了屠杀命令。事实上我并未下达这样的命令，在出席安沛刑事法庭前，我提交的所有证据都能证明这是子虚乌有。同时，有些党员对指控他们参与的事件也毫不知情。法国当局烧毁了他们的房子。当局派法军占领了他们的村子，士兵抢夺并瓜分了他们的粮食。不仅是我们党员遭到了这样不公正的对待——我们应称之为残酷而非不公正，而且那些每日在田间工作、过着牛马般生活的普通农民也遭到了报复。到目前为止，数万男女老幼在许多地区已遭到了屠杀。他们或是死于饥饿，或是因法国当局焚烧了他们的房子而受冻致死。因此，我含泪恳求你们，请停下这些杀戮人民、玷污法国荣誉、泯灭所有人类良知的不公正行为……

如果法国想在中南半岛太平度日，如果法国不想被革命运动搞得焦头烂额，它就应该立即更正现在实行的那些残酷的、非人道的政策。法国人应该像越南人的朋友，而不是实行残忍压迫的主人。他们应该留心越南人在物质上和精神上所受的困苦，而不是残酷和冷漠。如果这样，先生们，请接受我的感激。

资料来源：Harry Benda and John Larkin, *The World of Southeast Asia* (New York: Harper & Row, 1967), 182–185.

分析问题

阮太学何时参与政治？他对法国殖民主义的看法是什么？

他最初的要求是什么？法国殖民当局是如何回应的？

什么促使阮太学发动起义？法国采取了什么对策？

将阮太学的观点、方法以及法国的反应同印度的相应状况做对比。

830 化知识，还要学习西方政治理念。许多非洲人将自己的遭遇同摩西讲的故事和耶稣做的比喻联系起来，因此他们对皈依基督教抱有很高热情。教会将一些聪明学生培养成传道师、教师和神职人员。独立的教会将基督教信仰同种族平等和参与政治联系起来。

阿拉伯和非洲商人从非洲东海岸和萨赫勒将伊斯兰教传入非洲内陆。伊斯
832 兰教也重视文化——是阿拉伯语文化而非欧洲文化，这些文化与非洲传统习俗更接近，如一夫多妻制。

早期政治运动

在塞内加尔的达喀尔和南非的开普敦，只有少量非洲人才能接受中等教育，能赴欧洲或美国念大学的人更是少之又少。虽然人数微乎其微，但他

们成为政治运动的领袖。西方教育灌输的自由理念和殖民统治下的种族歧视形成强烈反差，这推动了民族主义在非洲知识分子中的兴起。在塞内加尔，**布莱兹·迪亚涅**（Blaise Diagne）主张非洲人应参与政治，主张在第一次世界大战期间和20世纪20年代，非洲人应在法军中受到公正对待。J. E. 凯斯利·海福德（J. E. Casely Hayford）在英属西非组织了规模更大的自治运动。来自美国W. E. B. 杜波依斯和马库斯·加维（Marcus Garvey）等泛非主义者提出的思想（他们主张非洲民族同全世界团结起来）以及欧洲的自由理念和国家理念推动了这些民族主义运动。为了捍卫非洲人的利益，受过西式教育的律师和记者于1912年在南非成立了**非洲人国民大会**。但在"二战"之前，这些民族主义运动规模较小，影响也比较有限。

布莱兹·迪亚涅： 塞内加尔政治领袖。他成为第一个进入法国国民议会的非洲人。"一战"期间，为了能让塞内加尔人得到公民权，他协助招募非洲人在法军服役。战争结束后，他在非洲领导了一场运动，希望废除强制劳动。

非洲人国民大会： 一个政治组织，要求南非黑人也能享受到平等的投票权和公民权。于1912年成立，最初叫南非土著人国民大会，1923年改为现称。虽然该组织被取缔，领导人也被囚多年，但南非最终实现了多数决定原则（majority rule）。

"二战"时的非洲

"二战'对非洲民族产生了深远影响，那些远离战争威胁的民族也不例外。战争带来艰难困苦，如更多的强制劳动、通货膨胀和对原材料需求的增加。但战争也带来了希望。在埃塞俄比亚抗击意大利的战争中，**海尔·塞拉西**（Haile Selassie）皇帝率军进入首都亚的斯亚贝巴，宣布复位。有100万非洲人在缅甸、北非和欧洲参加战斗或负责运送物质，他们意识到了非洲在协助盟军上所起到的作用。他们听了盟军的宣传，这些宣传支持欧洲的解放运动和反纳粹种族主义斗争。回到祖国时，他们有了全新的激进思想。

本节回顾

殖民统治发展了非洲经济，但影响了民众的生活和健康。

许多非洲人皈依基督教或伊斯兰教；有些人——特别是那些参加过第二次世界大战的人开始要求独立。

31.3 墨西哥、阿根廷和巴西（1900—1949年）

19世纪，拉丁美洲从西班牙和葡萄牙获得独立，但没有实现工业化。大多数拉美国家都受困于意识形态分歧、政局不稳和暴力骚乱。它们用本国产品换来外国的工业品和投资，在经济上依赖美国和英国。它们的社会分为两个阶层，一个是富裕的地主，另一个是极度贫穷的农民。

墨西哥、巴西和阿根廷拥有拉美超过一半的土地、人口和财富，它们的对

海尔·塞拉西：埃塞俄比亚皇帝（1930—1974年在位），是非洲独立的象征。1935年抗击意大利入侵。“二战”期间，在英国击败意大利后，他恢复了皇位。他用传统的独裁方式统治埃塞俄比亚，1974年被推翻。

外关系和经济也都非常相似。但当巴西和阿根廷一片和平景象的时候，墨西哥经历了一场社会革命。

31.3.1 革命背景：1910年的墨西哥

20世纪初，墨西哥社会出现了贫富分化，居民也分为西班牙人、印第安人和混血儿。不到1%的人口源自西班牙的富裕家庭，占有85%的墨西哥土地，其中多数是大庄园。几家美国公司和英国公司控制着墨西哥的铁路、银矿、种植园和其他生产性企业。社会的另一端是印第安人，他们中有一部分不会讲西班牙语。欧洲人和印第安人的混血儿梅斯蒂索人情况稍好一些；他们大部分是农民，在大庄园或邻近祖居村庄的小块公共土地上劳动。

1821年获得独立后，富有的墨西哥家庭和美国公司用行贿和强迫的方法占
833
有了墨西哥南部数百万英亩的良田。农民们不但失去了土地，而且很难得到木柴和用以饲养动物的牧场。除了去庄园工作外，他们别无选择。为了生存，他们不得不从地主的商店中赊账购买食品和其他生活必需品；最终，他们陷入了永无止境的债务中。

迪亚斯政权

波菲里奥·迪亚斯（1830—1915年）将军用“自由、秩序、进步”的口号统治了墨西哥34年。迪亚斯的“自由”意味着富裕的庄园主和外国投资者获得更多土地的自由。政府强加的“秩序”，是通过操纵选举、收买迪亚斯的支持者和对反对者进行司法判决来实现的。“进步”主要意味着引进外国资本、机械和技术人员，让他们利用墨西哥的劳动力、土地和自然资源。

迪亚斯执政时期（1876—1910年），墨西哥城变成了一座大舞台，那里有铺砌好的街道、路面电车、街道照明和公共公园。新的铁路和电报线连接着墨西哥的城镇。但物质上的进步仅仅使一部分商人受惠，却降低了墨西哥百姓的生活水平。

虽然自己也是一个梅斯蒂索人，但迪亚斯却非常歧视占墨西哥人口大多数的非白人。他和他的拥护者想要根除墨西哥农村地区的传统。在上流社会和中产阶级，法式料理取代了墨西哥传统菜肴，富人用欧式着装取代了墨西哥宽边帽。对于受过教育的中产阶级（他们是唯一拥有墨西哥国家观念的群体）来说，墨西哥文化的沦丧标志着迪亚斯政权没有能在外国的影响下保护本国利益。

31.3.2　墨西哥的革命和内战

墨西哥革命是一场社会革命，而革命碰巧都是在富有野心而能力有限的领袖的领导下展开的，每一次都反映了墨西哥社会的不同侧面。第一位是弗朗西斯科·马德罗（Francisco I. Madero，1873—1913年），他出身于富裕的地主和矿主家庭，在美国接受教育。当一场小规模起义于1911年爆发时，政府垮台，迪亚斯逃往国外。马德罗成为总统，虽然他得到一部分人拥护，但还是遭到像**埃米利亚诺·萨帕塔**（Emiliano Zapata，1879—1919年）这样的农民领袖的反对。1913年，在当了2年总统后，马德罗以前的部属维克托里亚诺·韦尔塔（Victoriano Huerta）将军将他推翻，并致其于死地。为了表达不满，美国总统伍德罗·威尔逊（1856—1924年）派遣海军占领了韦拉克鲁斯。

埃米利亚诺·萨帕塔： 革命者，墨西哥革命时期的农民领袖。他发动墨西哥中南部的无地农民，试图没收并重新分配富裕地主的土地。虽然在一段时间里获得成功，但最终兵败被杀。

社会的不平等和外国投资的优势激怒了墨西哥中产阶级和产业工人。他们拥护地主贝努斯蒂亚诺·卡兰萨（Venustiano Carranza）和教师阿尔瓦罗·奥布雷贡（Alvaro Obregón）为领袖，自称立宪派。卡兰萨和奥布雷贡组织了私人军队，并于1914年推翻了韦尔塔。至此，革命拓展到了农村。

埃米利亚诺·萨帕塔　萨帕塔是墨西哥革命期间南部农民起义军的领袖，他站在那里，身上全是革命的标志：剑、枪、子弹带、靴子和宽边帽。

834

萨帕塔和比利亚

萨帕塔是一位印第安农民，他在墨西哥城南面莫雷洛斯山区（见地图31-1）领导了一场反抗大庄园的起义。他的士兵是马背上的农民，装备有手枪和步枪。在几年的时间里，他们定期下山，烧毁庄园建筑，把土地归还给原来的印第安主人。

另一位领袖出现在北方的奇瓦瓦州（Chihuahua）。在那里，17个人拥有2/5的土地，95%的人根本没有土地。**弗朗西斯科（潘乔）·比利亚**（Francisco "Pancho" Villa，1877—1923年）曾放过牧，赶过驴，当过强盗。1913年起，他组织了一支3 000人的武装，其中大部分是牛仔，他们将大庄园分成了较小的家庭庄园。

弗朗西斯科（潘乔）·比利亚：墨西哥革命期间一位受人爱戴的领袖。年轻时曾当过强盗。革命爆发后，他在墨西哥北部组建了一支骑兵，并与埃米利亚诺·萨帕塔合作，为无地农民而战。1923年遇刺身亡。

萨帕塔和比利亚都受到群众的热烈拥护，但他们没有走出各自的区域和农民身份，去领导一场全国性革命。虽然立宪派的实力不及萨帕塔和比利亚，但他们占据了大城市，用石油收入购买了现代武器。立宪派逐渐控制了整个墨西哥。1919年，他们击败并杀害了萨帕塔；比利亚也于4年后遇刺身亡。约有200万人在内战中丧生，墨西哥许多地区成为一片焦土。

《1917年宪法》

立宪派在争取支持以反对萨帕塔和比利亚的时候，他们推行了与对手相近的土地改革，如恢复莫雷洛斯印第安人的公共土地。立宪派还计划推进社会改革，以吸引工人和中产阶级。《1917年宪法》承诺普选，规定总统不得连任；州立教育将穷人从天主教会的束缚中解脱出来；终止劳役偿债制度；限制外国人的财产所有权；用法律的形式规定最低工资和最高工时，以保护劳动者。虽然这些改革因成本太高而无法立刻实现，但它们具有重要的象征意义。因为改革强调了墨西哥人的尊严，规定印第安人、梅斯蒂索人和白人是平等的，农民和城市居民也是平等的。

在20世纪20年代初，也就是10年内战使各阶层心力交瘁的时候，墨西哥革命失去了动力，总统奥布雷贡和他的亲信走向了独裁。他的继任者普鲁塔尔科·埃利亚斯·卡列斯（Plutarco Elías Calles）组建了国民革命党，简称PNR（西班牙语名称的缩写）。国民革命党是一个议政平台，在这里，所有施压集团和既得利益者——劳工、农民、商人、地主、军人和其他人——达成了妥协。国民革命党的建立使墨西哥革命重新具有了活力。

拉萨罗·卡德纳斯：墨西哥总统（1934—1940年在任）。他给墨西哥带来了许多重要改变，如将数百万英亩的土地分给农民，让工农代表进入政治核心，将石油工业国有化。

卡德纳斯改革

卡列斯挑选的接班人**拉萨罗·卡德纳斯**（Lázaro Cárdenas）于1934年成为总统。他吸纳工人和农民加入国民革命党，把军事将领排挤出政府。之后，他

弗朗西斯科（潘乔）·比利亚 弗朗西斯科（潘乔）·比利亚领导了一支牛仔部队，革命期间称雄墨西哥北部。他没收大庄园，并将土地分给穷人，因此得到了群众的拥护。1916年3月，他率500人进入美国，袭击了新墨西哥的哥伦布市，这成为美国入侵墨西哥的导火索。1923年，比利亚遭到暗杀。

开始着手实施《1917年宪法》承诺的改革。卡德纳斯将440万英亩（17.6万公顷）的土地分配给农民公社，用官办学校取代教会学校，并将铁路和其他公用事业收归国有。 835

1938年，卡德纳斯没收了外资石油公司。英美石油公司希望本国政府能出手相助，甚至是武装干涉。但是墨西哥和美国选择用谈判的方式解决问题，墨西哥保留了对石油工业的控制权。

当卡德纳斯于1940年卸任时，墨西哥仍然有大量贫苦农民，工业基础也很薄弱。但革命带来了天翻地覆的变化。政治体制告别了混乱和独裁。少数富人不再垄断土地和其他资源。军队变得中规中矩；天主教会不再控制教育；石油国有化证明墨西哥已经摆脱了外国公司，也不惧怕外国军事干涉。

墨西哥革命没有实现马德罗竞选时的民主承诺，相反，它使一个政党把持政府长达80年。但革命使更多人参与了政治，使总统执政期不超过6年。革命还带来了长期社会改革，如免费教育、提高工人工资和给农民重新分配土地。这些长期改革在卡德纳斯执政时期得以贯彻。改革没有实现革命人士的理想，但

地图31-1 墨西哥革命 墨西哥革命在两个地区爆发。一个是墨西哥城南面多山和人口稠密的地区，特别是埃米利亚诺·萨帕塔的家乡莫雷洛斯。另一个是干燥、人口稀少的北部牧区，这里是潘乔·比利亚的故乡。如图所示，战斗是沿着铁路干线展开的。

为随后进行的工业化奠定了基础。

836

革命艺术

墨西哥革命也激发了巨大的艺术创造力。何塞·克莱蒙特·奥罗斯科（José Clemente Orozco）和迭戈·里维拉（Diego Rivera）创作的政治壁画与弗里达·卡洛（Frida Kahlo）的绘画作品都聚焦于社会，向世人展现了革命的场景。这些艺术作品给墨西哥人提供了民族团结感和完成革命的自豪感，这种感觉在革命热情消退后又持续了很长时间。

31.3.3 阿根廷的转型

阿根廷大部分地区是大草原和适宜耕种的平坦沃土，就像美国和加拿大中部的大草原一样。19世纪末，铁路和使肉类运输更加安全的冷藏船不但改变了阿根廷的出口结构，而且也影响到了土地本身。欧洲消费者喜欢松软的林肯羊肉和赫里福德牛肉，但这些食用紫花苜蓿和燕麦的贵重动物需要精心照料。为了保护它们，人们分割草原，改造土地，并用铁丝网将土地围了起来。围起来后，这些土地就可以用来种植小麦或生产牛羊肉。几年之内，一望无际的大草原变成了农田。南美草原成为世界最大的小麦和肉类出产地之一，就像北美中部地区一样。

寡头

阿根廷政府代表了寡头的利益，这些寡头是一群为出口而种植小麦和饲养牲畜的富裕地主。他们在仿照巴黎建成的布宜诺斯艾利斯拥有豪宅，经常去欧洲旅行，挥霍无度。但他们对养殖之外的生意毫不关心。他们任由英国公司在阿根廷修铁路，建加工厂，经营公用事业。在出口农产品的同时，阿根廷的工业品几乎都是从欧洲和美国进口的。英国的利益在阿根廷经济中举足轻重，因此是英国而不是西班牙成为铁路的主要使用者，布宜诺斯艾利斯最大的百货公司是伦敦哈洛德（Harrods）百货公司的分店。

31.3.4 巴西和阿根廷（至1929年）

第一次世界大战之前，巴西的咖啡和可可种植面积在世界上首屈一指，印第安人从亚马逊雨林中采集天然橡胶。种植咖啡和可可的庄园主和橡胶出口商是巴西的精英，与他们的阿根廷同行一样挥霍无度。他们在里约热内卢修造宫殿，把歌剧院建到了亚马逊河深处。与阿根廷人相似，他们允许英国公司修筑铁路、港口和其他基础设施，大部分工业品依赖进口。在那个时候，似乎每个国家都相得益彰。如果英国不种咖啡，巴西为什么要造火车机车呢?

阿根廷和巴西的中产阶级虽然规模不大，但颇为坦率。他们要参与政府，要向欧洲看齐。中产阶级下面是穷人。在阿根廷，穷人主要是说西班牙语和意大利语的无地农业劳动力，以及在包装厂工作的城市工人。巴西有大量的小佃农和农业工人，他们中许多人是奴隶的后代，这是个庞大的阶层。

1912年后，来自东南亚种植园的廉价橡胶摧毁了南美的橡胶出口。1914

伊波利托·伊里戈延：阿根廷政治家，1916—1922年和1928—1930年出任阿根廷总统。他是赋予男性普选权后第一个民选总统，起初主张改革，后趋保守。

年“一战”爆发后，进口也变得十分困难，因为英法工业都在从事军需物资的生产，而德国则被完全封锁了。旧有贸易模式的瓦解削弱了拥有土地的阶层。1916年，在阿根廷城市的中产阶级获得了无记名投票权和男性普选权，他们将自由派政治家**伊波利托·伊里戈延**（Hipólito Irigoyen）推上了总统宝座。在某种程度上，美国取代了欧洲，它向南美出口机械，并进口那里的咖啡。欧洲移民兴建了生产纺织品和家居用品的工厂。

战后的繁荣

第一次世界大战之后，南美洲进入了繁荣期。对欧贸易回暖；农产品出口价格保持高位；阿根廷和巴西用战时积累下来的利润改善交通和公共事业，并努力使它们实现工业化。但这也是一个社会动荡的时期，工人和中产阶级要求社会改革，要求在政治上获得更多发言权。在阿根廷，学生和工人的示威活动
837 遭到残酷镇压。在巴西，下级军官几次起来反对政府。虽然收效甚微，但这些活动为之后的改革运动奠定了基础。两国中产阶级都未能从富裕地主手中夺取权力。相反，两个阶层分享了权力，牺牲了无地农民和城市工人的利益。

但随着阿根廷和巴西的发展，新技术使两国再度依赖发达的工业国。“一战”后，航空业进入了南美。欧美公司——如航空邮政公司（Aéropostale）和泛美航空公司——在各大城市之间开通航线，把拉丁美洲同美国和欧洲连接起来。

在“一战”前和“一战”期间，无线电只用作点对点通信。可以将信息进行跨海洋、跨大陆传送的大功率发报机异常复杂和昂贵：它们的天线占地数英亩，用电量堪比一座小城镇。为了在国际商业和新闻报道中占得先机，战争一结束，列强就在各大陆争相修建功能强大的发报机。当时，拉美国家在技术上和资金上都很难修建自己的发报机。四大无线电公司——它们分别来自英国、法国、德国和美国——联合控制了拉美全部的无线电通信。因此，即便巴西和阿根廷接管了铁路和老旧产业，主要工业国家还是控制着新出现的航空和无线电技术。

31.3.5 大萧条和巴西的瓦加斯政权

大萧条对拉美的冲击不亚于对欧美的冲击，在许多方面，它标志着这一地区一个比两次世界大战还重要的转折点。许多长期客户取消了订单，农产品价格在1929—1932年下跌了2/3。阿根廷和巴西无力进口工业品。经济危机也动摇了他们摇摇欲坠的政治制度。和许多欧洲国家一样，阿根廷和巴西选择了承诺

解决经济问题的专制政权。

热图利奥·瓦加斯：1930—1945年和1951—1954年的巴西独裁者。1930年大选失败后，他推翻了政府，建立了“新国家”。执政期间实行独裁，大力推进工业化，并采取了有利于城市工人的政策，但在解决农民的问题上毫无建树。

1930年，一位州长**热图利奥·瓦加斯**（Getulio Vargas，1883—1954年）发动政变夺权。事实证明，他是一个老练的政治家。他制定的新宪法扩大了公民权（franchise），规定总统不得连任。他还提高了关税，鼓励国有公司和国有企业的发展。到1936年，巴西工业生产翻了一番，纺织品和小商品产量的增加尤为明显。在他的领导下，巴西逐步转变为一个工业国。瓦加斯的政策为其他拉美国家树立了榜样，它们也想摆脱新殖民主义。

环境

巴西工业化对环境的影响与其他国家类似。功能强大的机器使人们可以重新开采旧矿，挖掘新矿。城市里满是背井离乡进城寻找工作的穷苦农民。在里约热内卢和圣保罗，穷人将陡峭的山坡和荒地变为棚户区。

农村地区也发生了变化。灌木丛被改造为农场或种植小麦、玉米和甘蔗的农田。即便是占巴西面积一半的亚马逊雨林也受到了影响。1930年，美国实业家亨利·福特斥资800万美元，在塔帕若斯（Tapajós）河沿岸清出了一片土地，准备在那里建设世界上规模最大的橡胶种植园。福特的计划遭到了巴西工人和政治家的反对，因为橡胶树容易患病。他不得不放弃他的计划，但那时已经砍伐了300万英亩（120万公顷）的雨林。

瓦加斯的遗产

虽然瓦加斯实行了许多有利于城市工人的改革，但他拒绝采取措施帮助数百万无地农民，也不愿损害大地主的利益。1938年，鉴于他制定的宪法禁止总统连任，他发动了另一场政变，废除了这部宪法，建立了“新国家”（Estado
Novo），成为独裁者。他取缔了政党，将反对派领袖投入大牢，把巴西变成了 838
一个法西斯国家。第二次世界大战爆发后，他派遣军队和船只支援盟军。

虽然取得了经济成就，但瓦加斯还是伤害了巴西。他践踏宪法和法律，侵犯别人的权利。他的政治暴力不但影响了巴西，而且传染给了整个南美洲。

31.3.6 1930年后的阿根廷

在经济方面，大萧条对阿根廷的伤害几乎与巴西一样。但在政治方面，大萧条所带来的后果在几年后才显现出来。1930年，何塞·乌里布鲁（José Uriburu）将军推翻了民选总统伊里戈延。在接下来的13年里，几位实行寡头政治的将军都没有缓解工人的贫困和中产阶级的不满。“二战”爆发时，阿根廷宣布中立。

胡安·贝隆

胡安·贝隆：阿根廷总统（1946—1955年、1973—1974年在任）。他是一位军官，维护工人利益。在夫人伊娃·贝隆的帮助下，他赢得了1946年大选。贝隆促进阿根廷工业发展，在城市贫民中拥有很高声望，但他的政策损害了国家经济。

839

伊娃·贝隆：胡安·贝隆的妻子，阿根廷穷人的领袖。她是一位天才演说家和一位深受欢迎的政治领袖。她主张建立学校、医院，提供社会福利，以改善城市贫民的生活。

1943年，**胡安·贝隆**（Juan Perón，1895—1974年）上校发动了一场军事政变。政变的意图很明确：

> 文官永远不会理解我们的伟大理想；因此，我们将必须将他们逐出政府，给他们的唯一相应的使命：工作和服从。[1]

一旦拥有了权力，这些人就占据了政府和商业中的最高职位，大量花钱用于购买武器装备和支付自己的工资。他们受到了纳粹胜利的鼓舞，想要征服南美洲。

当战争演变为反抗纳粹时，这些军人发现自己已经得不到人民的支持了。但贝隆还有其他计划。在夫人**伊娃·贝隆**（Eva Duarte Perón，1919—1952年）的帮助下，他获得了城市工人的支持。伊娃·贝隆成为“无衫者”的领袖，为社会公益和妇女儿童事业而四处奔走。在妻子的帮助下，贝隆赢得了1946年总统大选，建立了一个效仿巴西瓦加斯的民粹独裁政权。

与巴西相似，阿根廷的工业化在政府主导下得以迅速发展。贝隆在社会福

胡安·贝隆和伊娃·贝隆 胡安·贝隆能当选阿根廷总统（1946—1955年），取决于工人阶级对他——特别是他夫人伊娃——的支持。为了维持知名度，他们经常组织游行，仿效欧洲的法西斯独裁者。这张照片展现的是他们于1952年在布宜诺斯艾利斯的游行。

利和军事上都非常舍得花钱，这耗尽了“二战”期间积累下来的资本。虽然他煽动了陆军与海军的互斗，以及这两种军队与工会之间的对立，以此坐收渔利，但他也没有建立起一个稳定的政府。伊娃于1952年去世，贝隆失去了他的政治手腕（或者应该说这些手腕是属于贝隆夫人的），随后被另一场军事政变推翻。

本节回顾

墨西哥社会分裂为两个阶层：富裕地主和穷人。

迪亚斯政权引进了现代技术，但穷人的生活变得更糟了。

1910年，墨西哥革命爆发，多位领导人开始争夺权力。

20世纪20年代，立宪派出现，并统治了墨西哥。

拉萨罗·卡德纳斯实现了部分革命承诺，将石油工业国有化。

阿根廷实行地主寡头政治，它成为牛肉和小麦的主要出口国，同时对欧洲工业品进口产生了依赖。

“一战”后，阿根廷和巴西获得繁荣，但仍旧依赖美国和欧洲的先进技术。

大萧条重创了巴西和阿根廷；20世纪30年代，瓦加斯独裁政权实现了巴西的现代化，但大多数人依然贫穷。

胡安·贝隆统治下的阿根廷也实现了工业化，但政权并不稳定，贝隆政府于50年代垮台。

结 语

1900—1949年席卷北半球的战争和革命影响到了印度、撒哈拉以南的非洲和拉丁美洲。当地民众有着强烈愿望，希望能改善生活。撒哈拉以南的非洲和印度仍处在殖民统治中，当地精英渴望获得独立，这成为他们政治生活的主轴。与此同时，普通民众希望得到社会正义。墨西哥、阿根廷和巴西在政治上是独立的，但它们的经济与工业国经济紧密相连，这与非洲和印度十分相似。当大萧条席卷而来的时候，三个国家都采取了干预政策。与所有进行工业化的国家相似，它们的发展也牺牲了自然环境。社会的两极分化和对工业国的依赖所造成的压力不符合人民的期望。

在墨西哥，这些压力导致了长期的暴力革命，墨西哥人民由此形成了持久的国家认同感。阿根廷和巴西用社会动乱、军国主义和专制换来了更加独立的
840 经济。这些国家在只维护富裕地主利益的保守政权下走向衰退，其间还偶尔夹杂着军事政变和民粹主义煽动。在印度，越来越高的期望与殖民统治的现实形成鲜明反差，这催生了独立运动，也加剧了使国家陷入分裂的种族对立。在撒哈拉以南的非洲，1949年后才出现了民族自决和发展经济的要求。

在20世纪早期，民族主义和渴望社会公平是推进变革最有力的两种力量。这些理念起源于工业国，但在拉美独立国家和像印度以及撒哈拉以南的非洲这样的殖民地产生了共鸣。然而，这些理念也不总能团结人民反抗殖民统治者和外国压迫者。相反，它们经常会造成社会分裂、种族分裂和宗教分裂。受过西式教育的社会精英将工业化视为实现现代化的途径，并尽量保证自己在这一过程中的位置。而农民和城市工人之所以支持民族主义者和革命运动，是因为他们想改善生活。这两个目标通常是有冲突的。

进一步阅读文献

Achebe, Chinua. *Arrow of God*. 1964.这部名著记述了传统信仰与基督教在尼日利亚乡村的冲突。

Adelman, Jeremy. *Frontier Development: Land, Labour and Capital on the Wheatlands of Argentina and Canada, 1890–1914*. 1994. 分析了两个美洲国家截然相反的发展道路。

Boahen, Adu. *African Perspectives on Colonialism*. 1987.这部著作记述非洲人对殖民统治的反应。

Brown, Judith M. *Gandhi: Prisoner of Hope*. 1989.印度领袖的经典传记。

Burns, E. Bradford. *A History of Brazil*, 3rd ed. 1993.一个大国历史的权威著作。

Collins, Larry, and Dominique Lapierre. *Freedom at Midnight*. 1975. 关于印度独立和分治的通俗著作。

Dean, Warren. *Brazil and the Struggle for Rubber: A Study in Environmental History*. 1987.记述了对雨林的毁坏，以及当地居民被迫为汽车繁荣生产橡胶。

Gadgil, M., and R.Guha, *This Fissured Land: An Ecological History of India*. 1993.印度环境史的经典著作。

Jefferson, Mark. *Peopling the Argentine Pampas*. 1971.来自西班牙的移民和意大利的移民

如何形成了阿根廷民族。

Knight, Alan. *The Mexican Revolution*, 2 vols. 1986.关于革命的权威著作。

Krauze, Enrique. *Mexico: Biography of Power: A History of Modern Mexico, 1810–1996*. 1997.动荡国家的政治史。

Machado, Manuel. *Centaur of the North: Francisco Villa, the Mexican Revolution, and* 841
Northern Mexico. 1988.那位著名的强盗革命家的传记。

Meyer, Michael, and William Beezley, *Oxford History of Mexico*. 2000.可信的记述。

Oliver, Roland, and Anthony Atmore, *Africa Since 1800*, 4th ed. 1994.关于现代非洲的知名历史著作。

Sarkar, Sumit. *Modern India, 1885–1947*. 1983.关于独立运动的杰出历史著作。

注 释

[1] George Blankstein, *Perón's Argentina* (Chicago: University of Chicago Press, 1953), 37.

世界历史上的问题

842

饥荒和政治

人类历史上充满了各种关于饥荒的故事，当农作物歉收、粮食用罄之时，人民忍饥挨饿。

由自然引发的饥荒

依赖季风雨的印度尤其容易发生饥荒，一个世纪之中要发生2—4次。只要降水有几年不正常，饥荒就会不期而至。18世纪的3次饥荒使数百万人丧命。19世纪更糟，印度分别在1803—1804年，1837—1838年，1868—1870年和1876—1878年发生了饥荒。1876—1878年的饥荒也影响到了中国北方，有900万到1300万人死于饥饿和由营养不良引发的疾病。当时甚至出现了人吃人的现象，饥饿的成年人吃掉了饥饿的儿童。

当旱灾来袭的时候，干旱不但会使人口减少，而且会使人们赖以耕种运输的牲畜丧生。一旦河流和运河水位下降，食物就很难通过水路运往灾区。

由商业引发的饥荒

19世纪出现了天翻地覆的变化。铁路和蒸汽船可以不受天气影响，将粮食进行快速的长途运输。英国开始依赖对小麦和牛肉的进口。但19世纪中叶以来，全球死于饥饿的人数比以往任何一个时期都多。这是为什么？

看看爱尔兰。到19世纪初，马铃薯成为爱尔兰人的主要营养来源。马铃薯产量高，所含的热量也比其他作物高，这为人口激增创造了条件。

1845年，一种枯萎病使田间的马铃薯变成了黑色的糊状物，根本不能食用。次年也出现了歉收。1847年虽有所好转，但1848年又再度恶化。数万人死于饥饿，数十万人死于痢疾、伤寒和霍乱。旅行者看到尸体在简屋陋舍里或道路两侧腐烂。总之，至少有100万人丧命，另有100万人移居他国，爱尔兰的人口减少了一半。

在那些年，爱尔兰的小麦出口到了英国，因为英国人有钱购买。食物价格居高不下，爱尔兰人比饥荒之前更加贫穷，根本买不起小麦或面包。英国政府认为，干预市场只能使事情变得更糟。救济也是半心半意的，政府的态度是让爱尔兰事件“由自然调节”。

英国的另一块殖民地印度也出现了类似情况。1876—1878年的干旱使德干地区有500万人丧生，而英国政府只是袖手旁观。一个障碍来自交通运输。19世纪70年代，货物主要靠牛车运输，但干旱时死了很多牛。另一个障碍来自政治。在那个时候，政府为百姓提供食物是件不可思议的事。因此，当德干有数百万人死于饥饿的时候，旁遮普还在向英国出口小麦。

在接下来的20年里，历史上最容易受季风异常影响的地区修建了所谓的饥荒铁路。当干旱在世纪末再次席卷而来的时候，铁路就可以将食物运送到只靠牛车运输的地方。但灾区百姓根本没钱购买那些少得可怜的食物，政府还是不愿干涉企业。粮商购买了所有的存粮，囤积待涨，然后用铁路将其运出灾区，运往收成较好的富裕地区。

在20世纪，由商业造成的饥荒并不多见。因为各国政府已经意识到，他们不但有责任为本国国民提供粮食，还有责任为他国人民提供援助。但商业引发的饥荒并未销声匿迹。1974年，特大洪水侵袭了半个孟加拉国。政府组织混乱，导致库存粮食无法用于赈灾。这时，商人尽可能地购买粮食，并将其出口到了印度。成千上万人死亡，但有更多人因迟到的他国援助而幸存下来。

由政治引发的饥荒

说政府有义务提供粮食，并不意味着它们是在为人民的利益尽责。有些政府确实这样做了，但对它们来讲，食物是一种武器。在20世纪，全球粮食供给基本上是充足的，交通也很少出问题，但这个世纪却见证了有史以来最严重的饥荒。 843

商业饥荒在减少，但战争带来的饥荒却十分普遍。1921—1922年俄国爆发了内战，1942—1945年日本占领了中南半岛，1967—1969年尼日利亚爆发了比夫拉战争（Biafran war）。这些战争——或是摧毁庄稼，或是强征粮食——引发了饥荒。

1942年，日军占领了缅甸——一块盛产水稻的殖民地。在从缅甸进口水稻的孟加拉，当地的粮食供给下降了5%。随着价格的上升，商人开始购买储备粮，囤积居奇，希望价格继续上涨。为了还地主和乡村放贷人的债，小佃农卖掉了手中的存粮。与此同时，和平时期可以用于运粮的铁路全被军方控制。1943年10月，当总督韦维尔（Wavell）命令军队给孟加拉运粮的时候，已经有150万到200万人死于非命。

政府政策导致的饥荒是最触目惊心的。最典型的例子是1932—1933年由斯大林的农业集体化政策所带来的饥荒。他们让农民放弃土地和牲畜，加入集体，农民要更努力地工作，为城市和工业提供粮食。当农民抵制加入集体时，他们的农作物就被没收。有数百万人因饥饿而死。

在20世纪70年代和80年代非洲干旱期间，大部分灾民获得了国际粮食援助。但是，埃塞俄比亚政府和苏丹政府为了粉碎叛乱，否认发生饥荒，并阻止运粮船与灾民发生接触。

在当今世界，发生自然灾害的频率与以往无异，许多国家都面临粮食短缺。没有人会说，国家没有向饥民提供粮食的责任。虽然分配不均，但现在的粮食足够养活每一个人，在可预见的未来也不会出现短缺。但人道主义情感与政治事务并不合拍，由政治造成的饥荒的幽灵还在世上游走。

第八篇

全球共同体面临的危险及其承诺（1945年至今）

NASA / NOAA / GSFC / Suomi NPP / VIIRS / Norman Kuring

卫星拍摄的地球照片

从太空拍摄的照片给绘制地图带来了革命性变革。在照片中，地球的物理特质比政治边界更重要。而且，这种照片提供了清晰的瞬间特写，如云的分布和风暴的云图。更专业的拍摄技术可以用于评估自然资源和环境问题。

845 第二次世界大战后，世界联系日益紧密，人们看到了希望，也感受到了威胁。在维护和平、促进国际合作和捍卫人权方面，联合国起到了重要作用。殖民地人民赢得了独立，全球贸易也在不断扩大。

然而，冷战言论与核僵局粉碎了世界和平的梦想。在朝鲜、越南、尼加拉瓜和阿富汗爆发的战争都反映了美国与社会主义阵营的对抗。冷战结束后，核扩散和恐怖主义成了焦点问题。在“9·11”事件中，恐怖分子袭击了世界贸易中心和五角大楼，这成为美国发动“全球反恐战争”的导火索。随后发生的阿富汗战争和伊拉克战争，使中东成了世界上最危险的地方。

包括德国和日本在内的工业国从第二次世界大战的废墟中站了起来。其他地区的经济也逐渐得到发展，特别是韩国、巴西、阿根廷，以及在2000年之后的中国和印度。而在非洲和其他贫困地区，人口增长抵消了经济发展的成果。

虽然20世纪60年代的绿色革命和90年代的基因工程缓解了全世界的饥饿情况，但工业增长和汽车使用量的增加带来了污染和对石油资源的争夺。国际社会开始关注全球变暖、过度捕捞、砍伐森林和野生物种的危险处境。

全球化也影响到了文化。跨国公司的产品威胁到了地方企业，西方流行文化也引起了人们对文化帝国主义的忧虑。互联网和作为世界语言的英语促进了国际交流，但人们也担心这样会失去文化多样性。

第32章

冷战和非殖民化
（1945—1975年）

本章纲要

▲ 冷 战

▲ 非殖民化和建国

▲ 两极之外的世界

▲ 结 语

环境与技术：绿色革命

多样性与主流：南非的种族和追求公正的斗争

思考

在冷战期间，世界和平的主要威胁是什么？

在这个时期，亚洲、非洲和拉丁美洲的经历有什么相似之处？

冷战时期，超级大国间的对抗是怎样影响到世界其他地区的？

847 1959年1月1日，菲德尔·卡斯特罗（Fidel Castro）在推翻了富尔亨西奥·巴蒂斯塔（Fulgencio Batista）的独裁统治后进入古巴首都哈瓦那。卡斯特罗于1953年开始革命，他率军攻打一座兵营，但这次行动没有取得成功。在法庭上，卡斯特罗进行了慷慨激昂的辩护，这就是他后来出版的《历史将宣判我无罪》。他要在古巴重建民主，还提出了一个雄心勃勃的计划。这份计划既包括经济改革又包括社会改革，他希望能使国家走上振兴之路。

1960年9月26日，卡斯特罗在联合国大会上发表演讲。他的政策使古巴和美国走向了对抗。在演讲中，卡斯特罗从国际主义和反帝国主义的角度对发达国家和联合国提出了批评。他批评了联合国在刚果所扮演的角色，指责联合国支持了蒙博托·塞塞·塞科（Mobutu Sese Seko，一个帝国主义的代理人）而非帕

菲德尔·卡斯特罗抵达哈瓦那 卡斯特罗及其支持者推翻了残酷的独裁政权，给古巴带来了革命性变革。这使古巴和美国走上了对抗之路。

特里斯·卢蒙巴（Patrice Lumumba，被美国认定为一个危险的激进分子）。卡斯特罗还强烈支持阿尔及利亚人民反抗法国的独立运动。

在这次演讲中，卡斯特罗简要介绍了古巴的改革，这些改革可谓雄心勃勃。他声称，为了保护投资者的利益，美国曾支持巴蒂斯塔独裁政权。卡斯特罗一回到古巴就开始推行经济改革，其中一项措施是将大多数美国投资收归国有。1961年，美国想推翻卡斯特罗，但并未成功，这把古巴推到了冷战的风口浪尖。卡斯特罗宣布实行社会主义，并与苏联结成了经济同盟和军事同盟，这酿成了1962年的古巴导弹危机。

冷战的剑拔弩张及与之相伴随的核武器威胁掩盖了战后一些更重要的事件。新帝国主义的殖民帝国土崩瓦解，西方国家在亚洲、非洲和拉丁美洲的势力和影响力在不断下降。这些新生国家的领导人有时可以利用冷战的紧张关系，为本国争取经济援助和军事援助。一些像卡斯特罗这样的政治领袖参与了冷战，但大多数领导人关注的是国家建设。

每块前殖民地都有自己的历史，都以自己的方式获得了独立。因此，这些新的国家很难发出同一个声音，它们要在两个超级大国间做出选择，要么亲美，要么亲苏。一些新独立的国家明确选择了美国或苏联，但也有一些国家团结在一起，选择了一条中间路线。所有国家都需要经济援助和技术援助，都需要富裕国家尽义务以满足它们在这些方面的要求。 848

冷战的军事对抗促进了武器及相关技术的进步，但许多新生国家面临的基本问题是国民教育、发展工业以及打破前帝国主义宗主国强加的经济限制。石油为发达国家的经济发展做出了贡献，但石油的开采和运输，以及贫困地区的毁林和城市化严重破坏了环境。无论在富裕国家还是在贫穷国家，人们都没有充分意识到这些环境变化所带来的危害。

32.1 冷 战

一个多世纪以来，西方工业国的政治领袖和经济领袖都认为社会主义会威胁自由市场，会破坏投资。虽然存在这些结构性差异，但美国、英国和苏联在战时还是结成了联盟。然而，随着德国战败，苏联在欧洲拥有了越来越多的支持者，共产党人在中国和其他地区也高歌猛进，世界范围的革命使西方领袖产

铁幕:温斯顿·丘吉尔用来描述冷战的术语,冷战将世界分成了苏联主导的东方和美国主导的西方。

冷战:社会主义(苏联)和资本主义(美国)在意识形态上的斗争,双方都想扩大对世界的影响。1991年,苏联解体,冷战结束。

北大西洋公约组织:西欧国家和北美国家于1949年组成的军事同盟,旨在对抗苏联及其东欧盟友。

华沙条约组织:苏联和东欧国家于1955年建立的同盟,旨在与北大西洋公约组织抗衡。

生了危机感。

西方领导人相信苏联在支持世界革命。他们认为苏联是一个军事强国,有能力发动一场战争,这场战争的破坏性和恐怖程度会不亚于刚结束的第二次世界大战。1946年初,英国前首相温斯顿·丘吉尔在密苏里州发表演讲时说:"从波罗的海的斯德丁到亚得里亚海边的的里雅斯特,一幅横贯欧洲大陆的铁幕已经降落下来。……大战期间,我对我们俄国朋友和盟友的观察所得的印象使我坚信,他们所钦佩的莫过于实力,而他们最瞧不起的是军事上的虚弱。""**铁幕**"成了**冷战**的代名词,美苏两大阵营间出现了政治紧张和军事对抗。

1949年,美国和西欧国家建立了**北大西洋公约组织**(北约)。苏联正在努力弥补战争所带来的巨大损失,但它感到自己已经被敌对势力包围了。于是,苏联组织了自己的军事联盟,这就是1955年的**华沙条约组织**(华约)。国际事务中的许多问题都可以体现出两个阵营之间的猜忌和不信任,联合国也成为它们角力的场所。

32.1.1 联合国

联合国:1945年建立的国际组织,目标是促进世界的和平与合作。成立后,联合国取代了国际联盟。

1944年,来自美国、英国、苏联和中国的代表起草了多份提案,这些提案构成了《联合国宪章》。1945年10月24日,《联合国宪章》正式生效。与之前的国际联盟相似,**联合国**有两个主要机构:一是所有会员国都可以参加的联合国大会,另一个是由5个常任理事国(中国、法国、英国、美国和苏联)和7个非常任理事国组成的联合国安全理事会。联合国秘书长领导一个处理日常事务的机构。此外,联合国还有一些处理特殊事务的机构,如联合国儿童基金会(UNICEF)、联合国粮食及农业组织(FAO)和联合国教育、科学及文化组织(UNESCO)(见"环境与技术:绿色革命")。国际联盟需要与会各方达成一致,而联合国则采用多数票原则,但安理会5个常任理事国拥有否决权。

政治分歧和联合国

849

所有签署《联合国宪章》的国家都宣布放弃战争和领土扩张。但对于安理会来说,维护和平是一个令人头疼的问题,因为常任理事国会用手中的否决权保护自己的盟友,维护自身利益。纵观冷战,联合国很少能预防或平息冲突,它只是偶尔派遣观察员或维和部队去监督停战协议或其他国际协定的执行情况。

亚非国家的独立增加了联合国大会的席位,但并未扩大安理会的规模。许

大事年表

	冷战	非殖民化
1945年		
	1947—1948年，苏联封锁柏林	1947年，印巴分治
	1949年，北约成立	1949年，荷兰撤离印度尼西亚
1950年	1950—1953年，朝鲜战争	
	1952年，美国试爆第一颗氢弹	
	1954年，在美国中央情报局的支持下，一场军事政变推翻了危地马拉的哈科沃·阿本斯政权	1954年，美国中央情报局插手危地马拉；奠边府战役失败后，法国结束了对越南的占领
1955年	1955年，华沙条约组织成立	1955年，万隆会议
	1956年，匈牙利事件	
	1957年，苏联发射第一颗人造地球卫星	1957年，加纳成为第一个独立的英属非洲殖民地
		1959年，在古巴，卡斯特罗领导的革命取得了胜利
1960年		1960年，沙佩维尔惨案；尼日利亚独立
	1961年，东德修筑柏林墙	
	1961年，猪湾事件（古巴）	
	1962年，古巴导弹危机	1962年，阿尔及利亚赢得独立
	1968年，《核不扩散条约》	
1970年		1971年，孟加拉国从巴基斯坦独立
	1975年，《赫尔辛基协定》；越南战争结束	

多新独立的国家向联合国寻求物质援助，这些国家也走上了更宽广的政治舞台。安理会常任理事国之间的对立阻碍了哪怕是间接涉及冷战问题的行动，联合国大会成了辩论非殖民化问题和发展问题的地方。

在联合国成立初期，联大决议有很高的地位。1947年决议就是一例，这份决议将巴勒斯坦地区分成独立自主的犹太人国家和阿拉伯国家。但联合国的新成员逐渐掌握了多数席位。与冷战相比，它们更关注贫困问题、种族歧视，并且反对帝国主义。因此，西方列强越来越漠视联合国大会，实际上给予了新生国家发言权，但这也有效地阻止了这些国家采取任何有损它们利益的集体行动。

32.1.2 资本主义和共产主义

1944年7月，当盟军的胜利已成定局的时候，超过40个国家的经济学家齐聚美国新罕布什尔州的布雷顿森林，讨论如何建立新的国际货币体系。与会国最终同意实行固定汇率制，决定建立国际货币基金组织（IMF）和**世界银行**。国际货币基金组织用会员国的货币储备为暂时性的贸易赤字提供资助，世界银行则为欧洲战后重建和需要援助的国家提供资金。

世界银行：联合国的特别机构，为需要发展经济、扩大贸易和整合债务的国家提供贷款，原名为国际复兴开发银行。

两种不同的经济体制

850

苏联也出席了布雷顿森林会议，并签署了相关协议，这些协议于1946年正式生效。但苏联和英美之间的对抗破坏了合作。为了维持货币体系的稳定，美国储存黄金，世界其他各国则储备美元。而苏联及其东欧社会主义盟友则建立了一个独立的货币体系。在西方国家，供求关系决定着优先生产哪种产品以及产品的价格；苏联则实行计划经济，政府部门负责分配产品。政府决定优先生

环境与技术

绿色革命

第二次世界大战造成的破坏和贸易混乱导致了严重的粮食短缺，这促使人们关心世界粮食问题。战争结束后，粮食的供应量有所增加。联合国粮农组织、洛克菲勒基金会和福特基金会在推动农作物研究和农业教育方面起到了关键性作用。1966年，国际水稻研究所（1960—1962年成立）开始推广改良的IR8水稻。由这种水稻和其他新品种带来的农作物产量的提高，以及农业技术的改进，开始使人们看到一个被称为“绿色革命”的农业新时代。

成功地推广水稻新品种后，科学家又开始研发新型玉米和小麦。在洛克菲勒基金会长达20年的资助下，国际玉米和小麦改良中心于1966年在墨西哥成立。4年后，该机构的领导人诺曼·勃劳格（Norman Borlaug）获得了诺贝尔和平奖。国际玉米和小麦改良中心推广了新型小麦，这种小麦不但具有抗病能力，而且易于吸收肥料。

到1970年，各地又建立了多个研究热带农业的组织。但专家认为，绿色革命不是单靠一方面的努力就可以取得成功的。国际农业研究咨询小组与世界银行、私人基金、国际组织和国家援外机构展开合作，在全世界的支持下努力增加粮食产量，改进自然资源管理。

起初，人们对这些成就抱有很大希望，但现在希望破灭了。虽然新的作物品种、改良的化肥和灌溉可以提高产量，但太昂贵了，贫穷的农民根本承受不起。这就意味着，随着农业生产的发展，土地集中到了富人手中，穷困的农民不得不移居城市或进城务工。

产哪种产品，市场的因素可以忽略不计。

许多国家摆脱了欧洲殖民势力，获得了独立。这些国家的领导人更欣赏苏联的社会主义制度，而非前宗主国的资本主义制度。因此，东方经济模式和西方经济模式之争成了冷战的组成部分。双方都会大力宣传自己取得的经济成就，如工业产量的增加、人均收入的变化和生产力的提高。 851

美国和西欧的复苏

第二次世界大战期间，军费的增长和征兵提高了美国的就业率和工资。这使美国摆脱了大萧条（见第30章）的影响。战争期间，一些美国工厂不再生产消费品，而是改为生产武器。随着和平的到来，对消费品的需求使美国进入了快速增长的繁荣期。欧洲需要在战争的废墟上进行重建，因此开始落到后面。

第二次世界大战严重打击了西欧经济。炸弹将城市夷为平地，铁路、港口和通信网络也遭到严重破坏。人们的积蓄化为乌有，而且还要努力寻找工作。为了防止欧洲政治走向激进，美国决定支持欧洲重建。到1961年，**马歇尔计划**和其他援助方案向欧洲提供了超过200亿美元。在美国的援助下，欧洲走向了复苏，1963年欧洲经济的总产量比1940年翻了一番。

马歇尔计划：第二次世界大战后，美国援助西欧重建的计划。到1961年，美国提供了超过200亿美元的资金。

西欧政府逐渐恢复了元气，它们想从美国手中夺回经济主导权。以英国为例，20世纪50年代初上台的工党政府对煤炭、钢铁、铁路和医疗实行了国有化。同样，法国政府也将部分公用事业国有化，如汽车、银行、保险和部分采

Elliott Erwitt / National Archives Catalog

1959年的冷战对抗 参加莫斯科的博览会时，美国副总统理查·尼克松与苏联部长会议主席赫鲁晓夫发生了激烈争论。两年前，苏联发射了世界上第一颗人造卫星。

矿业。这些措施为重建提供了大量资金和新技术。

欧洲经济一体化

欧洲经济共同体（共同市场）：1957年，欧洲将之前签订的有约束力的条约合并在一起，建立了一个旨在促进欧洲经济合作的组织，这个组织就是欧洲经济共同体。之后，又有一些国家陆续加入。1993年，欧共体发展为欧洲联盟（EU）。

1948年，欧洲国家开始进行经济合作，它们组建了欧洲经济合作组织（OEEC），从而走上了一体化之路。欧洲国家展开了煤钢联营。这些工业主要集中在有领土争议的地区，也曾是战争的导火索。获得上述成就后，一些经合国家开始降低关税，希望借此促进贸易发展。1957年，法国、西德、意大利、荷兰、比利时和卢森堡签署了一项条约，建立了**欧洲经济共同体**，这个共同体也被称为**共同市场**。到20世纪70年代，这个经济联盟的工业生产已经与美国不分伯仲。1973—1995年，英国、丹麦、希腊、爱尔兰、西班牙、葡萄牙、芬兰、瑞典和奥地利陆续加入了欧共体。1993年，欧共体更名为欧洲联盟（EU），这反映了不断增强的政治一体化。

852

随之而来的繁荣给西欧社会带来了巨大变化，工资和社会福利都有所提高。各国政府开始增加对医疗、失业救济、养老、公共住房和贫困家庭的投入。经济增长和收入再分配提高了民众的生活水平，也刺激了消费品需求，这促进了大众消费社会的发展。

苏联模式

苏联的经验则截然不同。1917年后，苏联经济快速增长。苏联的成就颠覆了西方关于经济发展和社会政策的种种学说。从20世纪20年代起，苏联就由政府机关控制商品的生产、销售和价格。政府控制着社会各个方面，包括住房、医疗、零售、工厂和土地。虽然存在许多问题，但苏联的工业生产确实得到了迅猛发展。

与西欧相似，苏联和东欧的经济也遭到了第二次世界大战的严重破坏，但双方却走上了完全不同的重建之路。苏联的计划经济掌握着大量的自然资源、人口和能源。在20世纪30年代和战争期间，苏联向科技教育和重工业投入了大量资金，这也使苏联获益颇多。

因此，战后初期的迅速复苏为现代化和经济增长奠定了基础。但世界工业生产的重点是消费品，而不是煤和钢铁。于是，计划经济的低效率逐渐显露了出来。到70年代，苏联和西方的差距逐渐拉大。苏联工业无法满足民众对服装、住房、食品、汽车和消费电子产品的需求，苏联农业也很难满足国内需求。

32.1.3 东西方在欧洲和朝鲜半岛的对峙

对德国人、奥地利人和日本人来说，战争结束意味着外国军事占领和战胜国控制本国政府。起初，苏联愿意接受邻国出现多党联合执政的政府，只要它们不威胁当地的共产党和苏联。在中东欧国家，人们认为苏联是反法西斯的，因此对当地共产党给予了热情支持。20世纪40年代末，共产党在东欧取得了一系列政治胜利，这使苏联和西方的关系进一步恶化。波兰、捷克斯洛伐克、匈牙利、保加利亚、罗马尼亚、南斯拉夫和阿尔巴尼亚建立了共产党政权，西方国家的领导人认为这表明了苏联不断增强的侵略性。

冷战

到1948年，美国已经把苏联当成了对手和威胁。在第二次世界大战末期，苏联想通过博斯普鲁斯海峡和达达尼尔海峡进入地中海，美国似乎顺应了这一要求，但到1947年，美国开始采取行动，协助土耳其和希腊抵抗苏联的军事压力，防止当地共产主义者的颠覆。为了进一步抗衡苏联，西方国家将希腊和土耳其拉入北约，并决定重新武装西德。另一方面，1955年成立的华沙条约组织则成为苏联的战略筹码。

不断增强的敌意并没有使两大阵营间出现军事对抗。但苏联采取了一些针对西方的行动。1947—1948年，苏联封锁了英国、法国和美国控制的西柏林（柏林位于苏联控制的东德）。1961年，苏联又修建了柏林墙，以防东德人逃往西柏林。

另一方面，西方国家试图瓦解华沙条约组织，1956年在匈牙利爆发的反苏骚乱就有西方的影子。最后，苏军平息了这场骚乱。1968年，苏军强行终止了捷克斯洛伐克的和平改革。毫无疑问，苏联也会像西方一样捍卫自己的势力范围。鉴于上述行为未能撼动苏联，西方国家开始接受冷战确立起来的政治界线和意识形态界线。

朝鲜战争

第二次世界大战结束的时候，苏联军队控制了朝鲜半岛“三八线”以北的地区，美国军队控制了“三八线”以南的地区。两国不能就全国大选问题达成一致，于是1948年在北方出现了共产主义的朝鲜，在南方出现了非共产主义的韩国。两年后，朝鲜攻入韩国。在苏联代表缺席的情况下，联合国安理会谴责了朝鲜的行为，并号召成员国保卫韩国。朝鲜战争一直持续到1953年，美国是韩国的主要盟友，朝鲜则得到了中华人民共和国的支持。

美国担心入侵中国会使苏联参战，因此战争并未超出朝鲜半岛。美国和 853
韩国的军队击败了朝鲜，这使中国决定参战。双方在“三八线”附近形成了僵局，随后双方正式达成了一个停战协定，但并未签署和平条约。因此，直到冷战结束之后，朝鲜半岛再次爆发战争的可能性依然存在。

32.1.4 美国在越南的失败

战后最重要的共产主义运动出现在东南亚的法属中南半岛。第一次世界大战期间，越南领导人胡志明（1890—1969年）曾在法国生活过几年，并在那里加入了共产党。在莫斯科学习了一段时间之后，他于1930年创建了中南半岛共产党。第二次世界大战期间，胡志明避居中国。日本入侵越南后，他与美国展开了合作。

战争结束后，法国政府决心维护殖民统治。在中华人民共和国的支持下，胡志明领导的民主主义联盟——越南独立同盟（Viet Minh）——展开了反法斗争。经过艰苦卓绝的斗争，法国的奠边府要塞于1954年陷落，法国的殖民统治也就此终结。胡志明政府控制了越南北部，另一个非共产党政权则控制了越南南部。

美国在越南

艾森豪威尔担任总统时（1953—1961年在任），美国对法国的支持非常有限。美国最终决定不支持法国在越南实行殖民统治，因为美国意识到，欧洲的殖民帝国已经走到了尽头。获得独立后，北越政府支持一场共产党的游击战——越共（Viet Cong）反对非共产主义的南越政府。主要分歧是独立后的越南选择哪种意识形态和哪种经济模式。

约翰·肯尼迪总统（1961—1963年在任）改变了美国的政策，他决定支持吴庭艳领导的南越政府。虽然他知道吴庭艳政府非常腐败而且不得民心，但他担心共产党的胜利会使共产主义运动蔓延到整个东南亚，这将会打破冷战的势力平衡。肯尼迪一方面增加美国军事顾问的人数，另一方面支持推翻吴庭艳的运动，吴庭艳最终被处死。

肯尼迪遇刺后，林登·约翰逊接任美国总统（1963—1969年在任）。在国会的支持下，他最终部署了50万军队。南越政府的新领导人像吴庭艳一样腐败，一样不得人心，因此南越民众比较支持越共。美国虽然在**越南战争**的战场上取得了成功，但并未获得越战的全面胜利。1968年，越共游击队和北越联合发动了大规模的春节攻势，虽然展示了战斗力，但结果蒙受了巨大损失。战争的胜利遥遥无期，这使美国国内掀起了反战浪潮（见下文）。

越南战争：北越政府和南越共产党游击队同南越政府之间的战争。1961年，美国介入越南战争。

855

1973年，北越政府和美国签订了和平条约，承诺在未来进行选举。这份条约使美国得以从越战中脱身。两年后，条约成了一纸空文。越共和北越军队击败了南越军队，攻克了南越首都西贡，并将其改名为胡志明市。北越政府统一了越南。有100余万越南人和5.8万美国人在战争中丧命。

美国国内抗议活动

约翰逊开始进行一项广泛的社会改革和提高公民权利的计划，这个被称为"伟大社会"的计划有助于通过公民权利立法，以满足马丁·路德·金领导的争取投票权和种族平等的运动。随着美军陷入越战，大规模反战运动开始采用民权运动的策略，希望借此结束战争。日益严峻的经济问题和反战浪潮降低了约翰逊的支持率，他不得不放弃连任。

32.1.5 争夺核优势

原子弹彻底摧毁了广岛和长崎（见第30章），核武器为朝鲜战争和越南战争提供了战略选择。在这两场冲突中，美国都没有扩大战事，以免刺激苏联和中国（中国于1964年拥有了原子弹）。1949年，苏联试爆了第一枚原子弹。1952年，美国研制出了威力更强大的氢弹，重新获得了优势。不到一年，苏联也拥有了氢弹。两次世界大战重创了世界，因此核武器的威胁使全世界陷入了绝望。

1954年，艾森豪威尔总统警告苏联领导人不要进攻西欧。为了应对苏联的威胁，他说美国可以使苏联"在两个小时内成为冒着烟、充满核辐射的废墟"。几年后，苏联领导人尼基塔·赫鲁晓夫做出了同样强硬的表态："我们会埋葬你们。"他指的是经济竞争，但美国人是按字面意思理解"埋葬"的。先不管修辞问题，这两个人和他们的继任者确实有能力将他们的威胁变成现实。世界上每个人都清楚，全面核战争将为全球带来空前的灾难。

1962年，苏联在古巴部署了核导弹，这将双方推到了战争的边缘。美国想要推翻古巴政府，赫鲁晓夫和菲德尔·卡斯特罗决定在古巴部署核武器，迫使美国接受现状。发现导弹后，美国一方面进行海上封锁，另一方面为入侵古巴做准备，迫使赫鲁晓夫撤除导弹。**古巴导弹危机**使人不寒而栗，但超级大国用外交手段避免战争也使人们看到了一丝希望：核武器是可以遏制的。

古巴导弹危机：苏联在古巴部署可以发射核武器的导弹，这使美国和苏联走到了战争的边缘。

核不扩散

对核浩劫的恐惧促使各国努力限制核武器的扩散。1963年，英国、美国和苏联同意，禁止在大气层、太空和水下进行核试验，这样可以减少放射性沉降物的危险。1968年，美国和苏联联合提议签署一个制止核武器进一步扩散的条约，这促进了《核不扩散条约》（NPT）的出台，有137个国家签署这份条约。但直到1972年，两个超级大国才就削减核武器展开谈判。但是，谈判困难重重，进展缓慢。

拥有核武器的法国和英国财力有限，跟不上美苏的军备竞赛。但它们可以领导欧洲国家缓和紧张局势。1972—1975年，来自欧洲37个国家和美国、加拿大的代表在赫尔辛基召开了欧洲安全与合作会议（CSCE）。苏联要求欧洲接受华沙条约国的政治边界，这是进行广泛合作的基础。最后，**《赫尔辛基协定》**承认了这些边界，并要求两个阵营进行经济交流、社会交流，以及政府层面和民间层面的交流。

《赫尔辛基协定》：苏联和西欧国家在芬兰赫尔辛基签订的一份协议，内容涉及政治和人权。

太空探索是另一种形式的核军备竞赛。这种竞赛可以制造出更大、精度更高的导弹，这促使超级大国通过发射空间卫星来证明他们的火箭发射技术。1957年10月，苏联将一颗小型人造卫星送入了环地球轨道。3个月后，美国也拥有了自己的卫星。在空间领域取得的成就等同于在军事领域取得的成就。1969年，尼尔·阿姆斯特朗和埃德温（巴兹）·奥尔德林成功登月，这表明美国在技术上取得了领先地位。

856

本节回顾

为了解决国际纷争，促进非殖民化和发展，各国共同组建了联合国。

美国推出了帮助欧洲复兴的马歇尔计划。

两大军事集团——北约和华约——展开了冷战，双方分别采用资本主义制度和社会主义制度。

美国和苏联避免直接冲突，但冷战还是导致了朝鲜战争和越南战争。

核武器的发展威胁到了人类的生存，因此《核不扩散条约》应运而生。

32.2 非殖民化和建国

第一次世界大战后，德意志帝国、奥匈帝国和奥斯曼帝国轰然倒塌，许多殖民地和属国成了战胜国（特别是英国和法国）的囊中之物。第二次世界大战后20年，几乎所有的殖民地都获得了独立。各个殖民地间存在着明显的差异。一些亚洲国家有很长的殖民史，所以新生国家已经拥有了工业、通信网络和教育系统。但一些新独立的非洲国家则面临着国家分裂和严重的经济问题，国家分裂很大程度上是由语言差异和种族差异造成的。

19世纪，大多数拉丁美洲国家获得了政治上的独立（见第22章）。第二次世界大战后，这一地区的大规模政治运动主要是想解决经济主权问题，人们希望摆脱美国经济的束缚。英国和其他欧洲国家在第二次世界大战后仍然保留着加勒比地区的殖民地。20世纪60年代，巴巴多斯、圭亚那、牙买加、特立尼达和多巴哥从英国获得了独立。70年代和80年代，又有一些规模较小的殖民地脱离了英国，就像苏里南从荷兰获得独立一样。

亚非拉国家之间虽然存在着分歧，但彼此还是产生了亲切感。所有国家都分享着重生的喜悦。北美、欧洲和中国陷入了冷战的僵局，而世界其他国家关注的是独立和国家发展。

32.2.1 南亚和东南亚的新生国家

1947年实行分治后，印度和巴基斯坦的差异令人瞠目结舌。以宗教立国的巴基斯坦出现了军人掌权的局面。印度则变成了一个由总理贾瓦哈拉尔·尼赫鲁领导的世俗共和国。印度从英国继承了大量工业资源和教育资源。此外，印度还有一批训练有素的公务员和军官。

印度和巴基斯坦

西北部查谟和克什米尔（今俗称克什米尔）的印度教统治者所做的决定为本不平静的独立过程（见第31章）又平添了紧张。该地区大部分居民是穆斯林，但统治者未与他们协商就加入了印度。1947年，印度和巴基斯坦爆发战争，最后签订了一个脆弱的停战协议。1965年，双方再次爆发战争，这次两国都投入了大量部队，并动用了空军。克什米尔仍然是一个火药桶，该地区于1999年和2000年又爆发了冲突。

印度有许多说不同语言的邦，但大多数印度人意识到，团结使大家都受益。这个国家走上了一条兼具民主和社会主义的发展道路。但巴基斯坦却出现了分裂，说孟加拉语的东巴基斯坦成了独立的孟加拉国。在双方陷入纷争的时候，印度军队再次攻击了巴基斯坦。虽然拥有共同的政治遗产，但印度、巴基斯坦和孟加拉国很难展开合作，它们在经济、政治、宗教和社会方面大相径庭。 857

东南亚的独立

第二次世界大战期间，为了削弱敌军，日本支持反英的印度民族主义者；

日本人还煽动东南亚被占领国家的民族主义情绪。许多亚洲人看到日军击败英国、法国和荷兰的殖民军队，认为这显示了亚洲人民的军事力量。在荷属东印度群岛（即印度尼西亚），艾哈迈德·苏加诺（1901—1970年）与日本展开了合作，希望能赶走荷兰人。荷兰从17世纪起就在经济上控制着这一地区。1949年，荷兰最终撤离了印度尼西亚，苏加诺主宰了这个资源丰富但不发达的国家。1965年，一场军事政变推翻了他的统治，这场政变还残酷地镇压了该国一度强大的共产党。

1948年，缅甸从英国获得独立。同年，英国建立了马来联邦。新加坡曾是联邦中的一个成员，1965年获得独立，成为一个城市国家。1946年，美国履行了战后让菲律宾独立的承诺，但两国仍然有密切的经济关系，美国仍在菲律宾设有军事基地。

32.2.2 非洲争取独立的斗争

阿尔及利亚独立

1952—1956年，突尼斯和摩洛哥从法国获得了独立，但法国仍然在阿尔及利亚实行殖民统治。法国控制阿尔及利亚长达150年之久，并积极进行殖民活动；1950年，阿尔及利亚10%的人口祖籍在法国或欧洲。法国还赋予移民政治权利，要实现法国和阿尔及利亚的政治一体化和经济一体化。但在现实中，很少有人会从中受益，大多数人都对殖民地的地位感到不满。

1954年，受越南抗法军事胜利的鼓舞，阿尔及利亚的民族主义者发动起义，交战双方都采取了一些野蛮行动。阿尔及利亚革命组织民族解放阵线（FLN）得到了埃及和其他阿拉伯国家的支持，这些国家希望能解放所有阿拉伯民族。法国移民认为这个国家是属于他们的，誓言血战到底。当阿尔及利亚于1962年获得独立的时候，大批愤怒的移民回到了法国。在阿拉伯人中，很少有人受过技术方面的培训。因此，移民的离开破坏了阿尔及利亚的经济。虽然战争损害了双方的感情，但两国仍然保持着密切的经济联系，大量的阿尔及利亚人移居法国，从事低级工作。

非洲独立

撒哈拉以南的非洲的大多数地方，获得独立的方式是协商而非革命。但在白人移民为少数的殖民地，人们还是会像阿尔及利亚一样，用暴力争取独立。虽然非洲的民族主义者要克服很多障碍，但他们也会从殖民统治带来的变化中受益。20世纪五六十年代的经济发展为非洲解放提供了支撑，也缓解了独立后可能出现的政治问题和经济问题。而且，医疗卫生的进步使非洲人口迅速增加，非洲的年轻人接受了独立的观念。

西方的民族主义观念和平等主义观念也为殖民地的抵抗运动增添了动力。非洲独立运动的领导人大部分是当地社会最西化的人。第二次世界大战时在盟军服役的非洲老兵也接触到了人民主权和民族自决的思想。此外，一些领导人毕业于殖民政府开办的教育机构，还有少数人在欧洲和美国接受了高等教育。

非洲民族主义者还可以利用殖民统治带来的其他有利条件。学校、劳工组织和殖民地的行政机构本身就是滋养民族主义的沃土。殖民政府推广的语言成了各民族间的纽带，公路网和铁路网促进了对外贸易，这有助于民族认同和新的政治意识的形成。

投身于民主主义运动的青年政治领袖将自己的一生奉献给了解放家乡的 859
事业。克瓦米·恩克鲁玛（Kwame Nkrumah，1909—1972年）就是一个例子。1957年，他成了加纳（原黄金海岸）的总理。在所有英属西非殖民地中，加纳是第一个获得独立的国家。从一所天主教教会学校和政府开办的教师培训学院毕业后，恩克鲁玛花了10年的时间在美国研究哲学和神学。在那里，他接受了杜波依斯和马库斯·加维提出的黑人自豪和独立的观点。

在短暂逗留英国的时候，克瓦米·恩克鲁玛与肯尼亚民族主义者、人类学博士乔莫·肯雅塔（Jomo Kenyatta）共同组建了一个为非洲争取自由的组织。1947年，恩克鲁玛回黄金海岸领导独立运动。他回国恰逢其时。当时，英国民众不再强烈支持殖民主义，英国的政治领袖也不愿耗费大量的资源去维护殖民统治。1951年，恩克鲁玛领导的政党在大选中获胜，英国总督任命他为总理。1957年，黄金海岸完全独立。虽然他仍是殖民地人民的国际代言人，但他领导的政府还是在1966年被一场军事政变推翻了。

不久，其他英属西非殖民地也从英国获得了独立，其中包括面积较大、人口较多的尼日利亚（1960年独立）。但在英属东非殖民地和南非殖民地，当地的白人移民反对独立。在肯尼亚，一群富有的咖啡种植园主建立了一个组织，这个组织虽然规模不大，但颇具影响力。该组织在基库尤人（Kikuyu）中发动了一场抗议活动，他们想证明非洲人没有做好自治的准备。移民将这场运动称为“茅茅”（Mau Mau），这名字是虚构出来的，意思是唤起原始的野性。1952年后，移民与反殖民武装之间的冲突不断升级，英国军队逮捕了运动的领导人，并将基库尤人重新安置到防卫森严的村庄里。英军宣布全国进入紧急状态，禁止非洲人进行政治抗议，还囚禁了肯雅塔和其他民族主义者。1961年获释后，肯雅塔同英国人展开协商，为独立的肯尼亚编写了一部宪法。1964年，他当选肯尼亚首届总统。事实证明，肯雅塔是一位有能力，但带有几分专制色彩的统治者。与加纳和其他前殖民地相比，肯尼亚更加稳定，也更加繁荣。

法属非洲的独立

与英属非洲相比，撒哈拉以南法属殖民地的非洲领导人更不愿意完全独立。1944年，自由法国运动的夏尔·戴高乐将军在布拉柴维尔会议上做出许诺，使法属赤道非洲在不独立的情况下发生巨大变化。有了军队的支持和法属非洲殖民地的供给，戴高乐承诺为非洲人带来更民主的政府和更广泛的选举权，而且非洲人会有更多的机会在殖民政府中供职。他还承诺改善教育和医疗，去除殖民制度中的弊端。他没有许诺独立，但战后殖民地的自治政府却走向了独立。

改革后，选进政府机构的非洲人大多是受过培训的公务员。由于法国采用
860 了岗位轮换制，因此他们有机会在不同的殖民地工作，这开拓了他们的眼界。他们意识到，像象牙海岸这样的殖民地有良好的经济发展前途，因为那里可以出口咖啡和可可，有渔业和硬木林；而像尼日尔这样的内陆国家则没有那么好的经济前景。而且他们也意识到了法国公共投资的重要性。1947—1956年，法国向这一地区投资了10亿美元。这些公务员自己也要靠工资为生。因此，他们希望以渐进的方式实现自治。

1958年，夏尔·戴高乐重新执政，那时阿尔及利亚战争已经到了白热化。他警告称，马上独立会付出巨大代价，他说："很难想象，获得独立后，法国会继续援助阿尔及利亚。"但最后，法属西非和法属赤道非洲还是出现了爱国主义浪潮。在塞古·杜尔（Sékou Touré）的领导下，几内亚于1958年实现了完全独立。1960年，其他国家也脱离了法国。

比属刚果

比属刚果的独立不但混乱而且充满暴力。相互对立的政治组织和民族都得到了外国势力的支持。一些得到了古巴和苏联的支持，另一些则得到了西方和以富裕矿山为依靠的商团的支持。内战、外国雇佣军和冷战的剑拔弩张把这一地区搅得乌烟瘴气，造成大量的人员伤亡和财产损失。1965年，蒙博托·塞塞·塞科发动军事政变夺取了政权，并杀害了首任总理帕特里斯·卢蒙巴。在

1997年被赶下台之前，蒙博托控制着该地区最腐败的政府之一。

南非

欧洲移民的反抗延缓了南部非洲去殖民化的过程。移民想要维护白人的尊贵地位，而非洲人领导的解放运动则想创建一个没有种族歧视的社会，这个社会应该是由大多数人进行管理的。20世纪60年代，非洲游击队成功地推翻了葡萄牙在安哥拉和莫桑比克的统治。1974年，游击队的军事行动埋葬了葡萄牙在这两个国家的专制政权，次年两国获得独立。经过10年的抗争，英属南罗得西亚的欧洲移民终于在1980年接受了由非洲人主导的政治。新政府将国家更名为津巴布韦，意思是“石头城”。那座石头城是在欧洲移民到来前很久，由非洲人建立起来的。

少数欧洲移民仍然控制着南非和邻近的纳米比亚。1961年，拥有大量白人移民的南非获得了独立，但黑人和混血儿仍处于从属地位。而且南非还实行了种族隔离政策。荷兰移民和英国移民的后代只占全国人口的13%，但他们却占有肥沃的土地，把持着工业、矿业、商业和政府。同时，种族歧视和在住房、教育以及就业方面实行的种族隔离，禁锢了混血儿（占人口10%）和南亚人（占人口不到3%）的生活。

占人口74%的非洲原住民在住房、迁徙、就业和使用公共设施方面受到了严格的限制。政府给非洲人建立了虚幻的“家园”，希望借此打消他们获得公民身份和政治权利的念头。与美洲印第安人的保留地不同，这些“家园”位于远离繁华城市和工业区的穷乡僻壤。在拥挤不堪、缺乏投资的“家园”里，他们过着贫穷的生活，既享受不到服务，也找不到什么机会。

成立于1912年的非洲人国民大会（非国大）反对种族隔离（见“多样性与主流：南非的种族和追求公正的斗争”）。1960年，沙佩维尔镇的黑人举行了示威活动，警察向人群开火，随后禁止非洲人进行政治性的和平示威。事件发生后，一位叫作纳尔逊·曼德拉（Nelson Mandela，1918年出生）的律师组建了一支隶属于非国大的游击队。1964年，政府囚禁了曼德拉，并取缔了非国大，但这扑灭不了斗争的火焰。面对越来越强大的国际压力，南非政府于1990年释放了曼德拉，并同意让非洲人参政（见第34章）。

32.2.3　拉丁美洲追求经济自由

虽然拉丁美洲在100多年前就结束了殖民统治，但欧洲和美洲的经济统治在那里建立了半殖民秩序（见第28章和第31章）。外国人控制着智利的铜、古巴的糖、哥伦比亚的咖啡和危地马拉的香蕉。因此，到20世纪30年代，越来越多的人开始支持经济民族主义。在20世纪三四十年代，民粹主义政治领袖开始限制外国资本，促进本国工业发展（见第31章对热图利奥·瓦加斯和胡安·贝隆的讨论）。

861

拉美争取经济平等的斗争

在墨西哥，1917年的革命宪法开启了经济民族主义的新时代。1938年，墨西哥没收了外国石油公司，经济民族主义达到了顶峰。20世纪90年代之前，革命制度党或PRI（西班牙语名称的缩写）一直控制着墨西哥。在该党的领导下，墨西哥在第二次世界大战期间出现了经济繁荣。但贫富差距依然存在。虽然政府主导着重要工业（如石油工业和限制外商投资的工业），但向墨西哥城和其他城市的疯狂移民、人口的迅速增长和政治腐败使振兴国家的努力付诸东流。社会上层控制着经济，2 000个精英家庭掌握着国家大部分财富。而社会的另一端是上千万的穷人，他们挣扎在生死线上。

危地马拉和美国中央情报局

1950年，危地马拉的情况最能代表拉丁美洲。美国的联合果品公司是危地马拉最大的地主，这家公司还控制着许多基础设施，如港口和铁路。为了限制香蕉产量，维持香蕉的高价，联合果品公司使危地马拉许多土地处于休耕状态。1951年，哈科沃·阿本斯·古斯曼（Jacobo Arbenz Guzmán）当选总统，他采取了与贝隆和瓦加斯相似的政策——限制外国资本。他进行了土地改革，将休耕的土地转移到了贫农手中，这激怒了联合果品公司。同时，阿本斯还想削弱美国的政治影响，这使华盛顿担心他会靠近苏联。阿本斯进行了土地改革，而且有报告称他对共产主义抱有好感，因此美国中央情报局（CIA）的海外分支机构于1954年发动了一场军事政变。中情局推翻了阿本斯，但危地马拉的政治动荡和暴力冲突持续了几十年。

古巴革命

20世纪50年代，美国公司主宰着古巴经济。他们控制着制糖业（全国最重要的行业）、银行、交通运输、旅游和公用事业。美国也是古巴最重要的出口市场和最重要的进口来源地。因此，美国的需求在很大程度上决定了古巴对外贸易的起落。1956年，食糖出口占古巴对外贸易的80%，占国家收入的25%。但受制于美国的需求，糖业公司所有的土地中只有39%的土地在进行生产，因此古巴受到了长期就业不足的困扰。同样，古巴的镍矿也未被开发，因为拥有这些矿山的美国政府将这些矿藏视为一种储备资源。

高失业率和缓慢的经济增长折磨着古巴，北边的美国和少数古巴富人却获得了很多经济利益。古巴政府也因腐败和迎合美国利益而声名狼藉。为了赢得大选，富于改革精神的古巴年轻人组织了起来。1953年，前军事统帅、前总统富尔亨西奥·巴蒂斯塔发动军事政变再次上台。人们仇视巴蒂斯塔，痛恨腐败，对外国经济主导本国政府也心怀不满。于是，一场革命爆发了，革命的领导人是菲德尔·卡斯特罗。

菲德尔·卡斯特罗（1927年出生）是一位年轻的律师。1953年，他领导了一次起义，但起义并未取得成功。法院判他有罪，并将其流放他处。回到古巴后，卡斯特罗在农村地区领导了一场非常成功的革命运动。这场运动包括了学生组织、工会和古巴传统政党的支持者。1959年，卡斯特罗和年轻的革命党人取得了政权，他们发誓不再重蹈阿本斯和危地马拉改革者的覆辙。卡斯特罗的主要助手切·格瓦拉（Che Guevara）是一位拉美的共产主义革命理论家，他 862
亲眼看到了中情局在危地马拉发动的军事政变。他和卡斯特罗相信，与美国进行对抗将是不可避免的。于是他们调整了军事领导层，并以革命的方式改革经济。

多样性与主流

南非的种族和追求公正的斗争

思想家和社会活动家史蒂夫·比科（Steve Biko，1946—1977年）是为反对南非种族隔离而牺牲的人之一。比科是黑人觉醒运动的创始人之一，这场运动关注的是白人移民如何剥夺非洲人的自由。1975—1977年，警察逮捕、审问过他4次。1977年8月被捕后，警察对他严刑拷打，而且不给他进行治疗。比科在关押期间丧生，这引起了全世界的公愤。

我们所涉及的不是这些人［支持种族隔离的人］，与我们相关的是那些奇特的非英国国教徒，他们用消极术语来解释他们的参与：一群在各种名称下（如自由主义者、左派等等）失败的不实际的社会改良家。有人会说，他们不应该对白人种族主义和国家“对黑人的不人道行为”负责。还有人会说，他们感受到的压迫和黑人一样强烈，因此他们应该和黑人团结起来，为光明的未来而奋斗。总之，会有人说，虽然他们有白人的皮肤，但他们也有黑人的心。

白人自由主义者在南非黑人历史中所扮演的角色是很奇特的。绝大部分黑人组织都是由白人领导的。事实上他们也是如此，白人自由主义者知道什么对黑人有利并告诉黑人。令人惊异的是黑人一直相信他们。直到20世纪50年代，黑人才开始要求自己保护自己。

他们认为，只有用自由主义的手段由白人和黑人共同参与才能解决这个国家的问题，这表明了到处存在的自由主义观念的自负。总体而言，那些想要改变自己现状的南非人需要非常认真地按这个方法去做。因此，多种族政治团体、多种族政党和“非种族主义”学生组织都要促进融合，融合不但是目标，也是手段。

他们所说的融合首先是虚伪的，因为它是对有意操控的回应，而不是对内心灵魂要求的回应。换言之，形成融合体的人来自各种不同的种族隔离社会，他们的内心具有优越情结和自卑情结，这些甚至在“非种族主义”融合体的建立过程中不断得到证明。结果，如此获得的融合只是一条单行道，白人说，黑人听。我想说，我反对把种族隔离看成一种必然的自然秩序。然而，一个群体在现实中以另一群体为代价拥有特权，考虑到这一事实，显然，一种草率的融合并不是解决问题的途径。这就像期望奴隶与主人的儿子合作来取消造成奴役的条件。

……

黑人声称他们生活在一个把他们永远当作16岁以下未成年人的社会，当意识到这一点时，对真正的融合感兴趣的任何人来说，完全不是时间错乱。一个人不需要计划或积极促进真正的融合。一旦一个社会中的不同群体明白并主张，他们必须相互尊重，那么才会出现真正的和有意义的融合。真正的融合的核心，是以每个人、每个群体提出和获得内心自我为条件。每个群体都必须获得自己的经验，这种经验不能受到其他经验的破坏和阻挠。这种互相尊重和拥有自决的自由，就会使各个群体的生活方式真正融合在一起。这才是真正的融合。

这样，问题就清楚了，只要黑人还有自卑感（这种自卑感是由300年的压迫、贬低和嘲笑造成的），那么他们就不能参与建设一个每个人都可以维护自己利益的正常社会。因此，作为任何一件即将到来的事情的开端所必需的，就是一种从底层建立起来的强烈的黑人意识，这种意识使黑人能够学会表达自己的意见，提出他们正当的要求。

因此，自由主义者通过采取非种族主义手段，还在耍以前的把戏。他们
声称“只有他们才能做出智慧和道德的判断”，为实现黑人的心愿设计出方
式和进程。他们希望保持在一个既有黑人的世界又有白人的世界方案之内。
他们回避各种形式的“极端主义”，谴责“白人优势论”，因为这和“黑人
权力”一样糟糕。他们在两个世界间摇摆，一方面用华丽的辞藻表达黑人的
抱怨，另一方面巧妙地从白人特权中抽取他们所需要的东西保留下来。如果 863
你让他们提出一个他们打算实行的有意义的方案，那么你将看到他们会真正
站在哪一边。他们的抗议旨在唤起白人的意识，他们所做的一切都旨在最终
说服白人候选人相信，黑人也是人，将来他们也应被给予同白人一样的待遇。

在下面这段选文中，英国圣公会主教德斯蒙德·图图（Desmond Mpilo Tutu，1931年出生）表达了对史蒂夫·比科之死的悲痛之情，他总结了比科为争取南非社会正义所做的贡献。1984年，图图获得诺贝尔和平奖。1988年，他被任命为大主教。1995—1998年，他担任真相与和解委员会主席，这个委员会致力于调查种族隔离时期在南非发生的暴行。他的目标是建立“一个民主、正义、没有种族分裂的社会”。

当我们听到“史蒂夫·比科死了”这个消息的时候，我们惊呆了，这太令人难以置信了。不，这不是真的！不，这一定是个可怕的噩梦，我们会从梦中醒来，发现事实并非如此——史蒂夫还活着，虽然他仍然身陷囹圄。但是，亲爱的朋友，他确实已经走了，我们陷入了巨大的悲痛中，痛苦地呻吟着：“哦，上帝，您在哪里？哦，上帝，您真的关心我们吗？您怎么能让这样的事降临到我们身上？”

一个极有才华的人就这样毫无意义地逝去了，一个年轻的生命就此凋谢。为什么会发生这样的惨剧？上帝，您真的爱我们吗？一定要做到的事，

我们不能去做；一定要说的话，我们也忍了上千遍，哦，这么多年了，我们想要的是上帝的儿女理应得到的，那就是他们不可剥夺的权利——在我们深爱的祖国能有一片充满阳光的地方。哦，上帝啊，我们还要等多久？我们还要多久才能得到一个更有秩序的世界？在这个世界中，人们不会在意出生时的偶然因素，不会在意生理上的细枝末节，黑人和白人能团结在一起——这是个既可以接纳黑人，又可以接纳白人的世界，因为我们都是按照您的形象造成的人。

上帝召唤他建立了黑人觉醒运动，这场运动就是要反对我们所谴责的。这是一场上帝引导的运动，要通过史蒂夫唤醒黑人作为上帝儿女的内在价值。作为黑人，他不需要为现在的环境道歉，他要唤起黑人对上帝的崇敬，因为黑人也是上帝创造的。史蒂夫是个聪明人，他经常可以看到事物的本质。他意识到，除非黑人意识到自己的人性和人格，否则他们很难使南非达成和解。因为，真正的和解在很大程度上属于个人行为。只有当人们坚定自己的人格，懂得相互尊重的时候，才会有真正的和解。难道你会和你的狗协调一致吗？史蒂夫真诚地相信，亲近黑人并不等同于反对白人。黑人觉醒运动并不是“憎恨白人运动”，虽然你们可能听过反命题。他太看重人与人的相互尊重了，因此不能在现有的旧框架下解决问题。

所有见过他的人都会有很深的印象，他是个热心的人。正像一个与他熟识的知名人士对我说的，他是一个不朽的人，拥有大智慧，却沉默寡言；他有着不可动摇的原则，他承诺用和平方法给南非带来彻底变革。他知道什么是真正的和解，他是上帝的和平使者。他承诺解放所有的南非人，无论是黑人还是白人。他要建立一个更加公正、更加开放的南非。

资料来源：First selection from Steve Biko, *I Write What I Like*, ed. by Aelred Stubbs C.R. Reprinted with the permission of Bowerdean Publishing Co., Ltd.; second selection from Bishop Desmond Tutu, *Crying in the Wilderness: The Struggle for Justice in South Africa*, ed. John Webster (William B. Eerdmans Publishing Co., 1982), pp. 61–63. Reprinted by permission of the Continuum International Publishing Group.

分析问题

史蒂夫·比科在哪些方面反对南非的白人自由主义者？

按照比科的观点，白人应该在反种族隔离运动中扮演什么角色？

图图主教的悼词和史蒂夫于1970年完成的文章在政治理念和政治观点上有何不同？

按照图图主教的观点，比科最大的特点是什么？这些特点在比科的文章中有所体现吗？

在一年内，卡斯特罗政府没收并重新分配了土地，同时降低城市的房租， 862
提高工资，将国家收入的15%从富人手中转移到了穷人手中。在两年内，卡斯
特罗政府将美国公司和古巴上层的财产收归国有。为了实现革命目标，他还向 863
苏联寻求经济援助。

另一方面，美国想动摇古巴经济，颠覆卡斯特罗政府。美国的惩罚性措
施、经济国有化和对巴蒂斯塔支持者的打击，使数万人离开了古巴。起初，大
多数移民来自富裕家庭和中产阶级。但当经济改革的失败已成定局的时候，许 864
多穷人也逃到了美国或其他拉美国家。

在革命前，没有迹象表明卡斯特罗信奉共产主义。但想要驱逐美国在古巴的经济势力和政治势力，完成彻底的社会改革，卡斯特罗就要选择一条疏美亲苏的路线。1961年4月，美国中情局训练、武装的古巴反政府军在猪湾登陆，他们想要推翻卡斯特罗，就像在危地马拉推翻阿本斯一样。古巴军队在很短时间内就挫败了这一图谋。艾森豪威尔政府制订了入侵古巴的计划，新总统约翰·肯尼迪同意实施这一方案，但却陷入了窘境。这次军事失败突然导致了古巴导弹危机。为了应对美国新的入侵，卡斯特罗和赫鲁晓夫在古巴部署了核武器、导弹和轰炸机。

猪湾的失败使美国和中情局颜面扫地，这鼓舞了拉美的革命者。但以古巴为榜样的武装革命运动并未获得成功。1967年，美国训练的玻利维亚军队俘获并处决了切·格瓦拉。尽管如此，卡斯特罗已经证明，挑战美国势力的革命运动可以取得成功，西半球也可以进行激进的经济改革和政治改革。

本节回顾

独立后，印度和巴基斯坦爆发了克什米尔战争，克什米尔问题持续引发冲突。

本节回顾

经过长期的残酷斗争，阿尔及利亚从法国获得独立。

通过协商，西非殖民地最终从英国和法国获得了独立，但比属刚果出现了独裁政权。

拥有大量白人移民的非洲南部殖民地不希望独立，南非的白人实行了种族隔离政策。

在拉美国家，经济民族主义希望削弱或消除美国的经济影响。

美国中情局在危地马拉发动了军事政变。中情局在古巴也想如法炮制，但却引发了古巴导弹危机。与此同时，卡斯特罗建立起社会主义经济。

32.3 两极之外的世界

东西两个超级大国主宰着国际事务，这点毫无疑问。但新生国家关心的是国内问题和地区问题。它们面临的挑战是在冷战两极结构中追随其中的一极——并且尽可能从两极对抗中获利。新生国家的民族主义者希望在政治上和经济上获得独立，美苏两国会向这些国家提供军事支持和政治支持，即便它们的目标与超级大国的目标并不一致。对于其他国家来说，超级大国在军备竞赛上的巨额花销为它们的工业发展和外贸增长创造了机会。简而言之，超级大国主宰着世界，但它们控制不了世界。

32.3.1 第三世界

作为非殖民化运动的领袖，印度尼西亚总统苏加诺是承办万隆会议的合适人选。1955年，29个亚非国家在印度尼西亚的万隆召开了会议，会议号召反抗殖民统治的国家加强团结。这次会议标志着许多新成立的非欧洲穷国摆脱了殖民主义，要在国际事务中发挥更大作用。在之后的若干年里，**“不结盟国家”**和**“第三世界”**成为常用术语，这些国家在美苏争霸的冷战中保持着共同立场。如果说以美国为代表的西方和以苏联为代表的东方是两个誓不两立的世界，那么第三世界就包括了这两个世界之外的所有人。

不结盟国家：指在冷战中宣布保持中立的发展中国家。

第三世界：指在冷战口奉行不结盟政策的发展中国家。

不结盟运动

865

第三世界的领导人奉行不结盟政策，这表示他们要摆脱苏联或美国的控制。西方领导人注意到，苏联支持许多国家的民族解放运动。他们也注意到，不结盟运动包括了一些社会主义国家，如中国和南斯拉夫。因此，他们并没有把“不结盟”当成一回事。在两极世界中，他们认为苏加诺、尼赫鲁、恩克鲁玛和埃及的迦玛尔·阿卜杜尔·纳赛尔（Gamal Abd al-Nasir）正在为共产主义控制世界做掩护。一些苏联领导人可能也是这么想的，因为他们很快向这些不结盟国家提供了军事援助和经济援助。

然而，对于这场运动的领导人来说，“不结盟”主要是从一个或两个超级大国获取资金和支持的筹码。一个国家通过与苏联或其盟友中华人民共和国保持良好关系，可以得到武器、培训和贸易协定，这些贸易协定可以使农矿产品在西方主导的世界市场之外多一个选择。这种良好关系也可以使美国及其盟国为其提供援助、贷款、廉价或免费的余粮，以及对工业和基础设施的投资。

不结盟国家有时候也会利用冷战中相互敌对的双方。纳赛尔（1952年发动军事政变推翻了埃及的君主制）和他的继任者安瓦尔·萨达特（Anwar al-Sadat）就是玩弄这种游戏的高手。美国帮助埃及在尼罗河上的阿斯旺修建了一个水坝，以提高发电量和灌溉能力，但当埃及于1956年向华约购买武器的时候，美国停止了援建。埃及与西方关系恶化后，纳赛尔将苏伊士运河收归国有，苏联承诺为埃及修建大坝。同年，以色列、英国和法国联合入侵埃及，它们希望推翻纳赛尔，重新夺回运河，消除埃及对以色列的威胁。入侵埃及的行动在军事上取得了胜利，但在美国和苏联的施压下，侵略军撤出了埃及，纳赛尔政府得以幸存下来。1972年，萨达特驱逐了苏联军事顾问，但一年后他用苏制武器进攻以色列。战争失败后，他转向了美国，向美国寻求援助。

其他国家也采取了相似的平衡策略。无论依靠哪一极，地方领导人都是为了寻求发展本国经济、维护本国利益。利用超级大国是实现这些目标的手段，并不是出于什么意识形态上的取向。

32.3.2　日本和中国

与其他国家相比，日本和中国更有效地利用了超级大国之间的关系。1951
年，日本与大多数之前的敌对国签订了和平条约。次年，日本结束了美军占
领，重新获得独立。日本声明放弃军国主义和帝国主义（见第27章），没有直 866
接参与朝鲜战争。在美国的监督下，日本于1946年制定了一部新宪法。这部宪
法规定，日本只能保留有限的自卫力量，不得在海外驻军。另外，这部宪法还
给予了妇女投票权。

日本的经济发展

日本人将他们的资源集中用在重建工业和扩大贸易上。日本与东南亚国家签订的和平条约规定，日本将以提供商品和服务的形式对这些国家进行补偿。因此，重新回到这一地区时，日本已经不再是军事占领者，而是一支推动经济发展的力量。日本与西方保持着密切的贸易关系，因而从战后的复苏中得到了很多好处。与此同时，和平环境使日本在冷战时期的军费开支一直都比较低，这为日本的经济发展创造了良好环境。

政府的援助和新技术使三大产业迅速发展起来，这成了日本经济腾飞的关键。1975年后，日本成为经济上的超级大国。1950年，日本出现了电力短缺，东京长期受到电力不足的困扰。为了缓解用电紧张，日本上马了许多项目。1951—1970年，日本的发电量达到了6 000万千瓦，其中大部分来自水力发电项目。1960—1970年，钢铁业和造船业也得到了迅猛发展，日本在这两个领域成了世界的领头羊。

中国与冷战

日本不用将大笔经费花在冷战带来的军费上，这使日本获益颇多。但与此同时，中国却处在冷战政治的中心。1949年，毛泽东和中国共产党人击败了国民党，建立了中华人民共和国（PRC）。苏联是中国的主要盟友，为中国提供了大量武器装备。但到1956年，中国和苏联出现了政治分歧，一方面是因为苏联否定了斯大林主义，另一方面是因为中国不愿受制于苏联。毛泽东和中国共产党主要依靠农民，但苏联并不重视农民，它依靠的是产业工人。

1958年，毛泽东发动了“大跃进”运动。他充分发展小规模的村级工业，推动大规模的农业合作化，希望用这种方法使中国进入世界工业国的行列。这些政策表明，在中国面临苏联和传统经济学家的批评之时，毛泽东想要进行他自己设计的大规模的经济和社会建设。

1966年，毛泽东发动了“文化大革命”，大量的中国青年成为红卫兵。红卫兵批斗教师、中共官员和知识分子，称这些人有“资产阶级价值观”。毛泽东的妻子江青和激进派控制着“文化大革命”的最后几年，他们严格限制思想和艺术活动。1976年，“文化大革命”结束。

中苏关系的恶化为美国总统理查德·尼克松（1969—1974年在任）恢复同中国的关系铺平了道路。1971年，美国同意中华人民共和国进入联合国，中
867 国也恢复了在安理会的席位。次年，尼克松到访中国，开启了中美合作的新纪元。

32.3.3 中东

中东的阿拉伯国家逐渐获得了独立。第二次世界大战后，叙利亚和黎巴嫩从英国获得了独立。伊拉克、埃及和约旦在两次世界大战之间就获得了独立，但在20世纪50年代之前，它们一直受英国的间接控制。1952年，一场军事政变推翻了埃及的法鲁克国王。1958年，另一场军事政变推翻了伊拉克的费萨尔二世。苏伊士运河危机爆发后，约旦国王侯赛因于1956年解除了英国军官的职务，但他那可怜的沙漠国家仍要依靠英国和美国的财政援助。

巴以冲突的开端

然而，阿拉伯国家与以色列的冲突，在所有阿拉伯的政治中占有突出的位置。这清楚地表明，在危险的国际争端面前，超级大国有时也会束手无策。英国的巴勒斯坦政策一直摇摆不定。英国时而帮助犹太复国主义——《贝尔福宣言》鼓励犹太人前往巴勒斯坦，时而支持原先就居住在巴勒斯坦的阿拉伯人，他们怀疑犹太复国主义想要建立一个独立的国家。越来越多的犹太人想寻找一个躲避纳粹迫害的避风港，阿拉伯人的危机感与日俱增。1936年，阿拉伯人发动了反英起义。几年后，犹太人也开始武装起来。有时阿拉伯人会反抗犹太人，有时犹太人会反抗阿拉伯人，双方相互厮杀。很明显，在巴勒斯坦地区实现和平共处是很困难的，甚至是不可能的。

第二次世界大战后，在安置犹太难民的巨大压力下，英国将巴勒斯坦问题移交给联合国处理。1947年，联合国大会投票决定，在巴勒斯坦分别建立一个犹太国家和一个阿拉伯国家。犹太人准备宣布独立，但巴勒斯坦人认为分治是不公平的，他们采取了武装斗争。1948年5月以色列宣布独立，邻近的阿拉伯国家派兵支持巴勒斯坦人，他们想摧毁这个新生国家。

在这场战争中，以色列占据上风。大约70万巴勒斯坦人沦为难民，他们前往联合国设在约旦、叙利亚、黎巴嫩和加沙地带（位于埃以边境的一小片临海地区）的难民营寻找庇护。这些难民返回家园的权利是阿拉伯政治关注的焦点。为了应对埃及纳赛尔的军事威胁，以色列采取了先发制人的军事行动，空袭了埃及和叙利亚的空军基地。在六日战争中，以色列大获全胜。约旦参战后，以色列攻占了原属约旦的耶路撒冷东城区和约旦河西岸地区。犹太人一直希望能返回圣城，这次他们如愿以偿了。但巴勒斯坦人仍坚持在耶路撒冷建都，穆斯林也对以色列控制伊斯兰教圣殿圆顶清真寺感到不满。以色列还占领了加沙地带、叙利亚南部战略要地戈兰高地和整个西奈半岛。这导致了新一轮的巴勒斯坦难民潮。

多方声称对巴勒斯坦享有主权一直困扰着中东政治。亚西尔·阿拉法特（Yasir Arafat）领导的巴勒斯坦解放组织（PLO）对以色列发动了游击战，他们经常采用恐怖主义行为。以色列可以削弱或承受这些袭击，也可以对暗杀事件和爆炸事件采取报复行动。美国坚定地支持以色列，苏联则为阿拉伯国家提供武器。但在石油变成政治问题之前，两个超级大国都没有将犹太复国主义和巴勒斯坦民族主义之间的斗争当作一件大事。

欧佩克

战后经济复苏带动石油需求大幅增加。这时，石油的惊人价值才在中东地区——沙特阿拉伯、伊朗、伊拉克、科威特、利比亚、卡塔尔、巴林和阿拉伯联合酋长国——充分表现出来。随着世界需求的增加，产油国于1960年成立了**石油输出国组织**（欧佩克），以保障较高的财政收入，维护共同利益。

石油输出国组织：为了保证石油收入、维护共同利益，产油国于1960年成立了石油输出国组织。

869

在1973年10月的赎罪日战争期间，石油政治和阿以冲突交织在了一起。叙利亚和埃及的突然袭击曾一度使以色列陷入混乱，但以色列最终赢得了战争。在美国的军事援助下，以军击退了叙利亚军队，并将一支埃及军队围困在苏伊士运河南岸。随后，美国促成了停火，双方军队脱离战斗。但在此之前，阿拉伯的产油国对美国和荷兰实施了石油禁运，以惩罚它们对以色列的支持。

石油被当成一种经济武器，这使世界石油工业深感不安。石油价格伴随着焦虑感一起上升。为了结束石油市场的混乱局面，欧佩克于1974年将石油价格提高了四倍。这使大量财富转移到了产油国，而石油消费国则产生了危机感。

32.3.4 开始关心环境问题

冷战和大规模投资促进了战后经济复苏。政府把注意力放在技术创新和大型项目上，如水电站和核电站。很少有人意识到不成熟的技术和工业扩张会破坏环境。超级大国尤其不重视杀虫剂、除草剂、汽车尾气、工业废物和辐射对环境的影响。

1968年和70年代早期，学生运动的浪潮席卷了世界许多地区，这使人们开始意识到环境问题，并要求采取环保行动。年轻人采取激进行动后，西方政府通过了许多新的环保法规，1970年的《清洁空气法》就是其中之一。1970年设立了地球日，这表明人类的环保意识又上了一个台阶。同年，美国也设立了环境保护局。

石油价格的飞涨使人们意识到了自然资源的有限性。美国就是否要制造效率更高的汽油发动机和家庭供暖系统，以及是否要在高速公路上限速以节约燃油展开了辩论。与此同时，欠发达国家则在努力筹措金钱以购买石油。1972年，一份名为《增长的极限》的研究报告预测，在21世纪必须减少对自然资源的消耗。人们对生态问题和环境问题的关注，就像人们关注超级大国的对抗和第三世界的国家建设那样，同样得到了重视。 870

本节回顾

摆脱殖民统治后，新生国家发起了“不结盟运动”，它们想在美苏对抗中走中间路线。

1967年和1973年，以色列击败了阿拉伯国家，领土有所扩大，但以色列和巴勒斯坦之间的紧张关系和暴力冲突持续了很长时间。

1973年，欧佩克对支持以色列的国家实行了石油禁运，这导致石油价格大幅攀升，产油国获得了巨额财富。

20世纪70年代，年轻人领导了一场全球性运动。他们要求节约自然资源，保护环境。

结　语

第二次世界大战结束后，苏联和以美国为首的西方国家没能继续维持战时的同盟关系。战后不久，双方就各自建立了军事同盟，走上了对抗之路。两个阵营都想左右从轴心国获得解放的新生国家。这场对抗延伸到了太空，双方想通过发射卫星和登月展示自己的技术实力。

双方将这种紧张关系描述为两种根本对立的社会制度和经济制度之间的斗争，每一方都强调对手的腐败、非正义和不公平。在1946年的演说中，温斯顿·丘吉尔将苏联对东欧的控制比喻为一幅铁幕，暗示苏联体制事实上是一座监狱。

大量装备精良的军队驻扎在两大阵营的边界上，他们甚至拥有比在日本投下的原子弹威力还大的核武器。冷战迅速扩展到了全球，其他地区的内战、地区冲突和民族主义革命中都有冷战的影子，两个敌对集团希望借此扩大自己在全球的优势。

殖民地的人们希望摆脱殖民统治，建立独立的国家，这为那个时代平添了许多不稳定因素。西方国家认为第二次世界大战是在为自由和民族自决而战斗。自由法国运动答应给非洲殖民地更多的自主权，美国利用越南和菲律宾的民族主义抗击日本，参加第二次世界大战的英军也来自大英帝国的各个属地。民族主义的力量一旦被调动起来，就一定会推翻殖民统治。民族主义是战后最强的一支力量，人们渴望主宰自己的命运。

在非洲、中东、南亚和拉丁美洲，人们希望摆脱外国势力的控制，因此有一批国家在20世纪70年代获得了独立。每一个国家的斗争都有自己的特点。凭借着这种热情，印度获得了独立，中国也推翻了屈从于外国势力的软弱政府，建立了社会主义政权。在非洲、中东和加勒比许多地区，民族主义推翻了殖民统治。在中东，以色列的建立为当地的自治蒙上了一层阴影。拉丁美洲在一个世纪前就获得了独立，民族主义者希望摆脱经济上的附属地位，结束外国势力的干涉。

日本退出朝鲜和越南后，当地都出现了两个政权，分别得到了美国和苏联的支持。外国势力很快介入了随后爆发的内战。在两场战争中，苏联和中国支持共产主义政权，美国则出兵保护反共政权。这使美国在朝鲜陷入了僵局，并最终输掉了越南战争。虽然战争中包含了超级大国的因素，但两场战争都没有扩大化，这样可以避免直接冲突和核战争。

这个时期也出现了国际环保运动。民众越来越关注资源管理、保护濒危物种和污染问题。为了顺应民意，美国和西欧通过了第一批环保法。美国的《清洁空气法》和其他环保措施收到了直接的效果，但政策制定者和民众逐渐意识到，他们还面临更严峻的挑战。20世纪70年代的石油危机给人们增添了紧迫感。

871

进一步阅读文献

Allison, Graham. *Essence of Decision: Explaining the Cuban Missile Crisis*. 1971.分析了导致危机的决策，是一本有影响的著作。

Barraclough, Geoffrey. *An Introduction to Contemporary History*. 1964.一部早期著作，有助于理解历史的全貌。

Chamberlain, M. E. *Decolonization: The Fall of the European Empires*, 2nd ed. 1999.对这个问题进行了全面概述。

De Witte, Ludo, trans. Ann Wright. *The Assassination of Lumumba*. 2003.

Dower, John. *Embracing Defeat: Japan in the Wake of World War II*. 1999.研究了美国占领日本的历史，是一部很好的著作。

Gelvin, James. *The Modern Middle East: A History*. 2007.对这一地区的可靠记述。

Hitchcock, William. *The Struggle for Europe: The Turbulent History of a Divided Continent 1945–2002*. 2003.一部比较新的著作，研究了冷战时期的欧洲。

Karnow, Stanley. *Vietnam: A History*, 2nd ed. 1997.一部详细的历史著作。

Kyle, Keith. *Suez 1956*. 1991.考察了针对这场短暂战争的国际纠纷。

Lapping, Brian. *End of Empire*. 1985.涉及了大英帝国的瓦解。

Leffler, Melvyn P., and David S.Painter, eds. *Origins of the Cold War: An International History*. 1994.对早期历史的再思考。

Low, D. A. *The Egalitarian Moment: Asia and Africa, 1950–1980*. 1996.探讨了殖民时代的终结。

MacDougall, Walter. *The Heavens and the Earth: A Political History of the Space Age*. 1985.涉及了政治、技术和国际竞争。

Mazower, Mark. *Dark Continent*. 1999.重新评价了20世纪的欧洲史。

Meisner, Maurice. *Mao's China and After: A History of the People's Republic*, 3rd ed. 1999.一份获得高度评价的调查。

Merrill, John. *Korea: The Peninsular Origins of the War*. 1989. 既把朝鲜战争当成内战和革命，又把其视为冷战的一部分。

Nakamura, Takafusa. *A History of Showa Japan, 1926–1989*. 1998.研究了裕仁天皇时期的日本。

Rabe, Stephen. *The Most Dangerous Area in the World: John F. Kennedy Confronts Communist Revolution in Latin America*. 1999. 对这个时期的有价值的研究。

Reynolds, David. *One World Divisible: A Global History Since 1945*. 2000. 讨论了最近发生的一些事件。

Smith, Charles D. *Palestine and the Arab-Israeli Conflict*, 6th rev. ed. 2007.涉及了当下的危机。

Walker, Martin. *The Cold War: A History*. 1993.很好的史学著作。

Zubok, Vladislav, and Constantine Pleshakov. *Inside the Kremlin's Cold War: From Stalin to Khrushchev*. 1997.论述了冷战时期的苏联，是同类著作中最好的一本。

第33章

冷战的结束与经济发展及移民的挑战（1975—2000年）

本章纲要

▲ 后殖民危机和亚洲经济腾飞

▲ 两极世界的终结

▲ 人口增长带来的挑战

▲ 不平等发展与人口流动

▲ 技术进步与环境变化

▲ 结　语

多样性与主流：全球政治经济变革时代争取女性权利的斗争

环境与技术：计算机走进千家万户

物质文化：快　餐

思考

在20世纪七八十年代，冷战如何影响拉美和中东的政治?

什么因素导致了苏联解体?

世界各文化区有着不同的人口增长率，如何解释这种差异?

国家间的贫富差异如何影响移民模式?

在近些年，技术进步如何影响全球环境?

873 20世纪70年代末，中国进行了雄心勃勃的经济改革。中国是世界上人口最多的国家，在经济上远远落后于欧美发达的工业国，也落后于周边的日本和韩国。改革开放后，中国经济迅速发展起来，成功地过渡到了市场经济，这在社会主义国家中是比较罕见的。虽然取得了令人瞩目的成就，但到2000年，中国仍有1亿多贫困人口。古老的技术和贫穷与现代性和富裕在中国紧密相连。贫穷和不均衡是世界普遍存在的问题。在技术飞速进步的时代，贫穷仍在蔓延。到2008年，世界上有12亿人的日收入不到1美元。

到20世纪末，许多发展中国家的人口增长依然超过经济的承受能力。富裕的工业国也面临着相似的问题，政治家和社会改革者对人口增长所带来的失业、家庭破裂、浪费和流离失所忧心忡忡。在20世纪最后几十年，一方面是工业革命（见第23章）、经济迅速发展、日益加深的全球经济一体化和技术的飞速发展，另一方面则是社会混乱和不平等。这一时期最重要的历史事件是亚洲新兴工业国的崛起和苏联社会主义阵营的消亡。

33.1 后殖民危机和亚洲经济腾飞

从1975年到20世纪末，战争和革命给世界最不发达的地区带来了死亡和破坏。在大多数情况下，冲突都与殖民主义和外国干涉有关，但每场战争又有各
874 自的历史特征。在几十年的冲突中，两个超级大国既想避免直接的军事对抗，又想取得战略优势。美国会向对抗苏联的国家提供军事援助和经济援助，苏联也会采取类似的行动。一旦与某个超级大国走上了对抗之路，那么局部战争就

会变得更加残酷。当冲突爆发时，两个互相仇视的超级大国会向争斗的派别或政党提供经济援助和军事援助，这样的战争被称为**代理人战争**（proxy wars）。

代理人战争：冷战期间，两个超级大国分别为局部战争的双方提供武器、训练和资金。

在拉丁美洲，超级大国将围绕着政治权利、社会公平和经济政策所进行的有限冲突变成了由革命、军事独裁和外国干涉所组成的暴力循环。在伊朗和阿富汗，人们对外国干涉的不满和对世俗文化的仇视给当地带来了革命性变革。同样，超级大国的野心和区域性政治动荡也导致了战争和经济衰落。但这种情况不是普遍存在的。在这个时期，一些亚洲国家实现了经济的快速发展。日本成了世界领先的工业强国，其他亚洲经济体也步入了工业强国和商业强国的行列，其中包括进行了社会主义市场经济改革的中国。

20世纪80年代末，苏维埃制度在东欧瓦解，冷战结束。但东欧国家向民主和市场经济的过渡却举步维艰。前社会主义国家向外国投资和外国竞争开放市场，这种行为和发展本身都给这些国家带来了痛苦的社会转型。日益增强的全球化与国家间的不平等相伴而生，但也有一些发展中国家从技术进步和世界经济一体化中获益。

这个时期也出现了世界人口激增和国际移民潮。人口增长和工业化水平的提高给环境带来了巨大压力，每一个大洲都感受到了森林覆盖率下降、土壤侵蚀和污染所带来的消极影响。与人口快速增长的贫穷国家相比，人口增长缓慢的富裕国家更容易应对环境所带来的挑战。

33.1.1 拉丁美洲的革命、镇压和民主改革

20世纪70年代，拉丁美洲进入了政治暴力的黑暗时代。当革命运动挑战既定秩序的时候，许多国家的军队推翻了民主政府，并采取了镇压措施。1960年，民主薄弱的地区出现了军事独裁。直到15年后，这些独裁政权仍然对民众的自由和人权嗤之以鼻。

菲德尔·卡斯特罗和美国政府之间的对抗（见第32章）加深了该地区的危机。美国政府推翻古巴政府的图谋并未取得成功，这个共产主义政权鼓舞了全拉丁美洲的左派。为了防止革命在拉美蔓延，美国向其政治盟友和军事盟友提供了大量援助，受美国训练的军事将领在这一时期发动了多次军事政变。

巴西解决方案

巴西是第一个对古巴革命做出保守反应的国家。巴西军方认为民选政治领袖不能阻止共产主义颠覆巴西。1964年，一场军事政变推翻了若奥·古拉特

（João Goulart）总统领导的宪法政府。军方废除了宪法，取缔了所有政党，并流放了前总统和反对派领袖。行刑队（Death squads）是政府批准的非法准军事组织，该组织囚禁、拷打并处决了成千上万人。独裁政府还实行了雄心勃勃的经济计划，政府想用进口替代的方式促进工业化，还想用税收政策和关税政策迫使外资公司增加对制造业的投资。

萨尔瓦多·阿连德： 社会主义政治家。1970年当选智利总统，1973年被一场军事政变推翻，他也在军事冲突中丧生。

875

这种由独裁、暴力镇压和政府促进工业化结合在一起的解决办法被称为“巴西解决方案”。这一地区的大部分地方也采用了这个“解决方案”中的一些因素。1970年，智利新总统**萨尔瓦多·阿连德**（Salvador Allende）进行了大刀阔斧的社会改革。他将智利的重工业和矿山收归国有，其中还包括控制智利经济的美国铜业公司。从阿连德上台伊始，尼克松政府（1969—1973年）就想颠覆智利。1973年，智利出现了通货膨胀和消费者大规模的抗议活动，对外贸易也在萎缩。在美国的支持下，奥古斯托·皮诺切特（Augusto Pinochet）将军发动军事政变，推翻了阿连德。阿连德总统和成千上万的智利人在政变中丧生，另有数千人在未经审判的情况下遭到关押、拷打和囚禁。掌权后，皮诺切特废除了阿连德的改革措施，同时减少政府对经济的控制，鼓励外国投资。

“肮脏战争”： 阿根廷军政府（1976—1983年）打击左派的行动。军政府的非法监禁、酷刑和处决成了肮脏战争的特征。

桑地诺主义者： 尼加拉瓜的左派。1979年推翻了安纳斯塔西奥·索摩查的独裁政权，试图推行社会主义经济。美国武装并资助了反桑地诺主义者。1990年，桑地诺主义者在大选中失败。

继巴西和智利之后，阿根廷也于1976年走向了独裁。胡安·贝隆去世后，他的妻子伊萨贝尔·马丁内斯·德·贝隆（Isabel Martínez de Perón）于1974年接任总统（见第31章）。贝隆曾在1955年被驱逐，但他在1973年再次当选总统。伊萨贝尔·贝隆的政府要面对游击队叛乱、通货膨胀和劳动者的抗议活动。军方对总统的政策缺乏耐心，于是他们夺取了政权，并终止了宪法。在之后的7年里，军政府展开了反对恐怖主义的**“肮脏战争”**（Dirty War）。在此期间，有超过9 000人丧生，另有成千上万人受到拘捕和拷问。

中美洲的革命与反革命

当左派势力在南美洲受到打击的时候，尼加拉瓜的革命派于1979年推翻了安纳斯塔西奥·索摩查（Anastasio Somoza）的独裁政权。革命者和改革者建立了广泛的联盟，他们自称为**桑地诺主义者**（Sandinistas）。这个称呼源于奥古斯托·塞萨尔·桑地诺（Augusto César Sandino），他领导了1927—1932年的反美斗争。获得权力后，桑地诺主义者实行了苏联和古巴式的计划经济，并将尼加拉瓜上层人士和美国公司的财产收归国有。

876

美国总统吉米·卡特（1977—1980年在任）在西半球倡导人权，拒绝让美国武器流入声名狼藉的国家。卡特还同意在1999年末将巴拿马运河交还给巴拿

大事年表

	美洲	中东和非洲	亚洲	东欧
1970年	1970年，萨尔瓦多·阿连德当选智利总统 1973年，阿连德被推翻 1976年，军方控制了阿根廷 1979年，尼加拉瓜的桑地诺主义者推翻了安纳斯塔西奥·索摩查	1979年，伊朗革命推翻了伊朗国王的统治	1975年，越南战争结束 1979年，中国开始进行经济改革	1978年，苏联入侵阿富汗
1980年	1983—1990年，阿根廷、巴西和智利重新获得了民主 1989年，美国入侵巴拿马	1980—1988年，两伊战争 1989年，苏联从阿富汗撤军	1986年，日本的人均收入赶上了美国	1985年，米哈伊尔·戈尔巴乔夫成为苏联领袖 1989年，柏林墙倒塌 1989—1991年，东欧社会主义瓦解
1990年	1990年，桑地诺主义者在大选中失败 1998年，乌戈·查韦斯当选委内瑞拉总统	1990年，伊拉克入侵科威特 1991年，海湾战争 1994年，纳尔逊·曼德拉当选南非总统；卢旺达的图西人遭到屠杀	20世纪90年代，日本出现经济衰退 1997年，亚洲金融危机爆发	1990年，德国统一 1992年，南斯拉夫解体，克罗地亚和斯洛文尼亚成为独立国家 1992—1995年，波斯尼亚危机

马，但他未与桑地诺主义者达成共识。

在接下来的大选中，卡特输给了罗纳德·里根。里根承诺扭转尼加拉瓜革命的局势，扑灭萨尔瓦多的革命火焰。美国国会拒绝对尼加拉瓜和萨尔瓦多动武，对军事援助也严格设限。因此，里根政府对尼加拉瓜实施了经济制裁，并招募、培训反桑地诺主义的尼加拉瓜人（他们被称为反桑地诺主义者，即反革命分子），希望用这种方法镇压革命。

反桑地诺主义者认为自己得到了大多数尼加拉瓜人和美国的支持，但美国国会几乎切断了对他们的援助。桑地诺主义者要求在1990年举行自由选举，但他们打错了政治算盘。10余年的暴力冲突使民众筋疲力尽，大多数尼加拉瓜选民没有支持桑地诺主义者，他们选举出了由维奥莱塔·查莫罗（Violeta Chamorro）领导的联合政府，这个政府走的是中间路线。

在邻邦萨尔瓦多，法拉本多·马蒂民族解放阵线（FMLN）似乎已经与政权近在咫尺了。在这种情况下，里根政府向萨尔瓦多提供了数亿美元的军事援助，并培训了大量的政府军。萨尔瓦多政府下属的行刑队暗杀了奥斯卡·罗梅罗（Oscar Romero）大主教和其他神职人员，另有数千非战斗人员遭军队杀害，而这些军队正是美国训练出来的，上述行为使美国的努力前功尽弃。但尼加拉瓜桑地诺主义者的选举失利和苏联解体（见下文）迫使解放阵线坐到了谈判桌前。经过协商，该组织成为一个合法政党。

同一时期，拉美左派和右派之间的政治恶斗也渐趋缓和。1983—1990年，巴西、智利和阿根廷的右翼军事独裁政权逐一垮台，一方面是因为独裁者的行为太过肆无忌惮，另一方面是因为民众希望重建宪法政府。到2000年，随着冷战的结束，95%的拉美人口生活在文官政府的管理之下。

877

美国对拉美的影响

与此同时，美国的影响力在大幅上升。美国的军事代理人挫败了尼加拉瓜和萨尔瓦多的左派。1983年，美国入侵了加勒比小国格林纳达。1989年，美国又入侵了巴拿马，推翻并逮捕了独裁者曼纽尔·诺列加（Manuel Noriega）将军。这些行动使拉美人想起了美国之前插手拉美事务的行为（见第24章）。美国的军事行动也在提醒拉美各国，苏联阵营的垮台表明社会主义已今非昔比，所以最好不要漠视美国的力量。

美国的强势地位使拉美国家不得不放宽对外国投资的限制，降低社会福利，削减公共部门的就业。于是，拉美国家将一些公共部门的行业（如航空、生产设备和公共事业）卖给了外国公司。虽然得到了民众的支持，但拉美的新自由主义却因政治丑闻和世界经济增速放缓而迅速消亡。2001—2002年，阿根廷出现了严重的经济衰退和政治危机，这使拉美的左派重新抬头，他们要求废除新自由主义的改革措施（见“多样性与主流：全球政治经济变革时代争取女性权利的斗争”）。1998年，乌戈·查韦斯（Hugo Chávez）当选委内瑞拉总统，他对新自由主义和美国的影响进行了严厉批评。

33.1.2 伊朗和阿富汗的伊斯兰革命

虽然阿以冲突和石油危机（见第32章）与两个超级大国有关，但两国都不太可能进行直接的军事干预。但当伊朗和阿富汗出现突发危机的时候，重要的战略问题就浮出了水面。两国都与苏联接壤，所以苏联对其进行军事干预的可能性是很高的。而在越南战争后，美国变得比较小心，因此采取了克制的态度。苏联的大胆行动最终将其引向了灾难。

1941年，穆罕默德·礼萨·巴列维（Muhammad Reza Pahlavi）继承父亲的王位，成了伊朗国王。在美国中央情报局（CIA）的秘密支持下，他于1953年平息了反王权运动，重新夺回了权力。甚至在他将外国主导的石油工业收归国有的时候，美国也依然支持他。20世纪70年代，随着石油价格的攀升，国家收入也大幅增加，美国游说巴列维购买美制武器装备伊朗军队。同样在70年代，拥护国王的社会上层的暴富引起了民众的不满。政府的残酷、效率低下、渎职和腐败招致了大规模抗议活动。

阿亚图拉·鲁霍拉·霍梅尼（Ayatollah Ruhollah Khomeini）成了反对派领袖。霍梅尼是什叶派的哲学家和神职人员。在80余年的生涯中，他的大部分时间都用于研究宗教问题和学术问题。1979年，大规模抗议活动迫使巴列维流亡海外，伊朗的君主制就此结束。在之后成立的伊朗伊斯兰共和国中，阿亚图拉·霍梅尼成为至高无上的宗教领袖。他废除了欧式议会制，主张用宗教约束立法和公众行为。保皇派、共产主义者和其他反对派不能参与选举。没有受过多少相关培训的什叶派神职人员占据了政府高层的职位，他们采取措施，严厉打击西方生活方式和西方文化。政府暂时关闭了大学，他们要清除各个院系中的世俗主义者和保皇派。妇女在室外必须穿庄重的伊斯兰服装。半官方的义务警员委员会（vigilante committees）负责维持道德，该组织为娱乐活动和社会生活蒙上了一层阴影。

阿亚图拉·鲁霍拉·霍梅尼：什叶派的哲学家和神职人员。1979年，霍梅尼推翻了伊朗国王的统治，建立了伊斯兰共和国。

878

多样性与主流

全球政治经济变革时代争取女性权利的斗争

女权运动是20世纪和21世纪最重要的社会运动之一。虽然女权运动超越政治边界和文化界限，表现出了许多共性，但欠发达国家的妇女在制定目标和策略时，还是要考虑各国在实力和财富上的不均衡。秘鲁的格拉迪斯·阿科斯塔（Gladys Acosta）是一位激进的女权主义者。在下面这段引文中，她提出了苏联解体和新自由主义兴起后的新时期女权运动的目标。

新自由主义：在拉丁美洲和其他发展中国家，这个词用来描述自由市场政策，其中包括降低能保护本国工业的关税；将公共行业——如国营航空公司和公用事业——卖给私人投资者或外国公司；降低社会福利，减少公共部门的就业岗位。

在拉丁美洲，**新自由主义**一词指美国鼓吹的自由市场政策。新自由主义的主要特征是：不保护本国工业、降低社会福利、减少公共部门的就业岗位、承诺偿还外债、减少对外国投资的限制。许多拉美人认为，新自由主义是另一种形式的帝国主义。

关于我们这个时代伟大的历史性制度的争论，没有人能够回避得了。甚至我们当中试图从女性主义视角来改变复杂的人类关系之网的人，也是如此。人们都在谈论意识形态的终结。但在我们思考现在这些国际大事的重要性和后果之前，我们需要明确我们的疑虑，找到我们的空白点。资本主义是我们生活的主轴，因为我们一出生就受到了它的影响。资本主义包含着霸权。……

性别是人与人之间的主要差别，但在大多数哲学的、政治的和经济的讨论中被忽略了。之所以会这样，是因为妇女参与这些讨论的程度比较低。但这不是全部原因，另一个原因是妇女并不总是能够意识到还存在着一个屈从和压迫的制度，这个制度违背了我们的意志。我们需要找到一个具有性别特性的方法来使妇女团结起来。但这并不意味着要消除我们之间的全部差异，如社会地位、文化或年龄。……

新自由主义的行为

对于我们这些生活在资本主义制度影响之下的人来说，情况就不一样了。当我谈到新自由主义的时候，我指的是财政紧缩措施、外债、那些有钱有势者日益增加的自由。现在，我们遇到了新形式的资本积累。世界经济体系处于变革中，资本越来越集中。我不想提已经不存在的国家，但现在意识形态却在扮演其他角色。理解发展动力是很重要的，否则历史责任就会变得模糊不清，我们不再知道我们要与谁斗争。如果我们从女性的视角看待新自由主义，那么我们将很难看清它的凶恶嘴脸。要想建立更加人性的社会，我们就必须反对新自由主义，要满怀希望地将死气沉沉的现实变成充满活力的未来。新自由主义不但带来了商品循环，而且也使人们开始交流观念和梦想。现在，我们体会到了资本主义在意识形态上强大的进攻性。资本主义商业无处不在：所有东西都可以进行买卖，所有东西都有其自身的价格。

新自由主义政治所产生的后果

我们妇女在日益国际化的经济中扮演着重要角色，因为我们依然是可供剥削的劳动力。许多研究表明，跨国公司存在着“非正式”的转包链，次级承包商雇用的主要是妇女。从根本上说，我们要为融入世界市场做好准备，这个市场要把我们的家变成它销售商品的地方。很明显，这份工作不但报酬低，而且完全得不到保护，也得不到工会争取来的社会权利。对于我们来说，最重要的是抓住企业的运作流程。这样，我们就可以知道商品如何到达其最终的目的地。在世界范围内，资本主义还在以特定的方式促进旅游业的发展。在旅游业的带动下，色情业在迅猛发展。庞大的国际性团伙吸纳了许多来自贫穷国家的妇女，她们受到了剥削。有报道称，菲律宾妇女被卖到了西德市场，这使我们感到不寒而栗。……在那里，你还能谈得上什么自由？ 879

财政紧缩措施如何影响妇女生活

当雇主考虑工人需求与工人产出之间的比例关系时，外债就变成了我们国家最不人道的剥削方式之一。专家已经就现有的贸易和投资结构如何建立起国际金融体系的问题做出了解释，这个金融体系将全体人民置于非人道的条件之下。全球经济发展模式确实与性别有关，但有人会觉得这个观点有些疯狂。如果奢侈品的价格出现问题，那倒不会产生严重后果。但现在，基本商品中布满了陷阱，每位家庭妇女每天都要受到贫困的折磨。在外债面前，她们是最脆弱的。

当购物、照顾生病的孩子或交不起孩子学费的时候，“脱贫”的梦想就会立刻破灭。这不光是个经济问题，因为这种环境所带来的长期紧张会导致死亡或心力交瘁。人们受到了巨大的心理创伤。这种情况已经出现了。……财政紧缩会冲击社会福利事业，这将直接影响到妇女。对于她们来说，每天的生活简直就是地狱。缺乏最起码的社会福利会使妇女（和儿童）在工作日陷入窘境。她们要不断消耗精力，完全没有休息的机会！没有放松，没有休息……如果把目光转向家庭内部，我们会发现，女性的收入在家庭收入中所占的比例是最低的。她们要么把一切都献给了孩子，要么就出外挣钱。结果，妇女的营养不良率迅速增加，但她们的频繁怀孕展现了她们身体超人的一面。

我们不应忽视任何形式的暴力，……这与我描述的那种艰难境况紧密相连。对于女性来说，性暴力、家庭虐待和强势女性所受的歧视已经不是什么新鲜事，这不但是她们生活的特征，而且也是她们母亲生活的特征。现在的问题是，怎么才能不让这些行为影响到下一代。

资料来源：Gladys Acosta, "The View of a Peruvian Militant," in *Compañeras. Voices from the Latin American Women's Movement*, edited by Gaby Küppers (London: Latin American Bureau, 1994). Reprinted with permission of the publisher.

分析问题

什么是新自由主义？

根据阿科斯塔的观点，新自由主义推动的全球经济一体化如何影响女性工人的生活？

阿科斯塔认为外债导致了财政紧缩措施，这些紧缩措施如何影响贫穷国家的家庭？

878 卡特总统曾批评巴列维的专制政权，但长期盟友的垮台和伊斯兰共和国的建立损害了美国的威信。新的伊朗政权采取了反以色列和反美的立场。霍梅尼将美国视为反伊斯兰的“大撒旦”，他要求伊斯兰革命运动打击美国和以色列。
879 1979年11月，伊朗激进分子占领了美国驻德黑兰大使馆，将52名外交人员扣押了444天。美国无力营救人质，也不能通过谈判将他们解救出来，这使美国感到无地自容。

1980年秋天，在解救人质的谈判刚刚开始的时候，伊拉克的统治者

萨达姆·侯赛因（Saddam Husain）入侵了伊朗，他想推翻伊斯兰共和国。萨达姆的统治是建立在世俗化和阿拉伯民族主义哲学基础之上的。他与苏联保持着长期的友好关系，苏联为他提供了许多先进武器。萨达姆担心伊朗革命将鼓舞本国的什叶派，这会威胁他的统治。在这场战争中，伊朗使用的是美制武器，伊拉克使用的是苏制武器，但两个超级大国都在避免直接介入这场长达8年的流血冲突。但在暗中，美国通过以色列将武器交给伊朗，希望能救出黎巴嫩伊斯兰激进组织扣押的其他美国人质，也希望借此为尼加拉瓜政府的反桑地诺战争提供资金。这个协议于1986年曝光后，随之而来的政治丑闻使美国更加敌视伊朗。里根总统派遣美国海军前往波斯湾，表面上是为了保护非交战国的船只，但实际上是在公开支持伊拉克。这个举措迫使伊朗于1988年接受停火协议。

萨达姆·侯赛因：1979年起担任伊拉克总统，直到2003年被美国推翻。1980—1988年，萨达姆发动了两伊战争。1990年，他入侵科威特，这导致了1991年的海湾战争。

880

苏联入侵阿富汗

当美国应对伊朗的时候，苏联在阿富汗遇到了更严重的问题。1978年，一个推进世俗化的马克思主义政党掌握了政权。该政党在教育方面进行了改革，还赋予女性权利，这得罪了传统的民族与宗教领袖，于是他们发动了一场军事政变，推翻该政党。苏联派兵进入阿富汗，想在那里建立一个共产党政权。美国、沙特阿拉伯和巴基斯坦为阿富汗的反苏武装提供资金、装备和训练，苏联发现自己很难取胜，就像当年美国陷入越战的泥潭一样。1989年，日益严峻的经济问题和国内的反战声浪迫使苏联领导人决定从阿富汗撤军。3年后，反苏武装控制了整个阿富汗。之后，其内部出现了权力之争。

33.1.3　亚洲的转型

虽然日本资源匮乏，石油依赖进口，但日本经受住了70年代油价上涨的冲击，日本经济要好于欧美经济。事实上，日本20世纪七八十年代的平均经济增长率约为10%，快于其他发达经济体。与此同时，日本的人均收入也在快速增长。1986年，日本的人均收入赶上了美国。但到了90年代，日本陷入了长达10年的经济衰退，国内生产总值（GDP）和人均收入的增长速度大幅放缓。

日本的经济增长和经济危机

日本工业模式与美国工业模式有很大差异。美国占领期间，日本打破了财阀（见第29章）对工业的垄断。虽然这分散了主要工业的所有权，但又出现了新的工业联盟。经济迅速发展时期出现六大**财团**（keiretsu），每个财团都采用了连锁所有制结构，业务涉及银行业、工业、商业和建筑业。一些小财团会受到像丰田这样的大公司的控制。

财团：企业和银行之间的联盟，财团主宰着日本经济。

关税和进口管控抑制了外来竞争，这对日本工业的早期发展是至关重要的。20世纪七八十年代，进口管控和工业品的大量出口使日本获得了巨额贸易顺差。虽然美国和欧共体与日本展开了艰难的谈判，希望迫使日本开放市场，但收效甚微。1990年，日本的贸易顺差是1985年的两倍。许多专家认为，竞争优势将使日本超越美国，成为世界杰出的工业国，但日本经济于20世纪90年代出现了深度衰退，而且再也没有恢复过来。在危机爆发前，贸易顺差促进了房地产业和股市投机，房地产价格和股市市值被严重高估。政府、银行和工业之间的紧密关系也催生了投机和腐败。随着危机的加剧和价格的暴跌，有证据表明，工业、政府和银行之间的紧密关系是引发问题的一个因素，它支撑了低效率的公司。到90年代末，日本GDP的损失超过了美国GDP在大萧条时的损失，危机留给了日本巨额债务。

亚洲四小龙

20世纪70年代，其他亚洲国家也走上了日本式的发展之路。这些国家在外国竞争中保护本国新生工业，并建立起工业和银行之间的紧密联系。韩国是其中最成功的国家，它用廉价劳动力、完善的技术教育和国内剩余资本为工业化提供支持。韩国不但在重工业方面（如钢铁业和造船业）具有世界一流水平，在消费品制造方面（如手机和消费电子品）也在世界市场上占有一席之地。

亚洲四小龙：指韩国、新加坡，以及中国的台湾、香港。20世纪七八十年代，这些国家和地区成了重要的经济力量。

881

中国的台湾和香港地区以及新加坡也成了发达工业体。快速的发展使它们和韩国并称为**“亚洲四小龙”**（Asian Tigers）。中国台湾地区在经济上得到迅速发展，这很大程度上是受惠于它在中国大陆的投资。中国香港地区和新加坡资源比较匮乏，但它们也出现了快速经济增长。在历史上，中国香港地区和新加坡是亚洲重要的港口和商业中心，之后又发展了制造业、银行业和商业。

新兴工业经济体：指20世纪末迅速发展起来的工业体，其中包括了亚洲四小龙。

这些**新兴工业经济体**（NIEs）有许多共同的特征，这些特征可以解释它们迅速实现工业化的原因。它们都有遵守纪律、努力工作的劳动力，都向教育投入了巨额资金。例如，在20世纪80年代早期，韩国有许多从德国、英国和瑞典高校毕业的工程师。这些国家或地区都有高额的个人储蓄（个人储蓄约占GDP的35%），这为新技术提供了资金，它们还都强调外向型出口战略。像日本一样，政府的资助和保护起到了很大作用。虽然维持着发展动力，但该地区还是受到了1997年金融危机的严重冲击。与日本经历的衰退相似，不良贷款、脆弱的银行和国际热钱的炒作加剧了危机。只有美国、日本和像国际货币基金组织这样的国际机构才能稳定住局势。

33.1.4 中国重新融入世界经济

1976年，毛泽东逝世。之后，中国共产党开始了经济改革，如放松国家对经济的控制，让一部分人先富起来。经济改革取得了显著成效。在**邓小平**的领导下，中国开始引进外资，这在新中国的历史上尚属首次。1979—2005年，外商对华直接投资达到了6 180亿美元，麦当劳、通用汽车、可口可乐、空中客车和其他外资公司开始进入中国市场。中国成了主要的工业品出口国，同时跃居世界第六大贸易国。虽然出现了上述变化，但中国仍然有超过1亿人在国有企业中工作，大多数外资公司只能进入特定的经济领域。因此出现了两种工业部门：一种是现代化的、具有高效率和与国际市场相联系的工业，另一种是遵从行政命令的工业。虽然中国没有实行土地私有化，但农民可以出售农产品。到1984年，中国93%的农业用地承包给了个人，这些土地的使用效率非常高。

邓小平：中国共产党领导人。毛泽东逝世后，他领导了中国的经济改革。

到2009年，中国已经超过德国，成为世界第三大经济体，但中国的人均收入仍然较低。2009年，中国的人均国内生产总值达到了2 360美元，仍低于墨西哥。经济改革、大量的投资和发达国家的技术转移使中国在21世纪初成为世界主要工业国。2008年全球范围的经济危机对日本的冲击要大于对中国的冲击。

本节回顾

20世纪七八十年代，拉丁美洲出现了政治暴力，美国是幕后的推手，因为美国害怕共产主义在拉美蔓延。

美国镇压了尼加拉瓜和萨尔瓦多的革命运动。

90年代，美国迫使拉美国家进行了新自由主义改革，这些改革放宽了对外国投资的限制。

1979年，阿亚图拉·霍梅尼领导了一场激进的伊斯兰革命，这场反美革命在伊朗取得了成功，但导致了长达10年的两伊战争。

1979年，苏联入侵阿富汗，但没有击败由美国和巴基斯坦支持的地方反苏势力。

经历了30年经济高速发展后，日本于20世纪90年代陷入了深度衰退。

“亚洲四小龙”的经济迅速成长。中国在邓小平的领导下进行了改革，实现了经济现代化。

882

33.2 两极世界的终结

第二次世界大战结束后，美苏两大阵营的竞争奠定了两极格局。在每次冲突中，无论这些冲突的根源局限在多么小的一个范围内，我们总能看到一个或两个超级大国的影子。朝鲜战争、非洲的去殖民化、越南战争、古巴革命和阿以冲突都使两个拥有核武器的超级大国之间的关系变得更加紧张。在这一系列的相互挑衅之下，两个阵营为两种相互竞争的制度谁更具有优越性展开了争论，这种争论支配了世界各地的政治。

在1980年，没有人想到苏联会解体。西方观察家认为社会主义国家都大同小异，且都唯苏联马首是瞻。但在20世纪80年代之前，社会主义国家间就已经存在着巨大分歧。苏联境内那些曾经拥有独立地位的加盟共和国和族群，在80年代末重新出现了民族主义，这股民族主义浪潮冲击了共产主义。

33.2.1 苏联的危机

在美国总统罗纳德·里根和苏共总书记列昂尼德·勃列日涅夫执政时期，冷战中的唇枪舌剑依然激烈。由于与美国的军备竞赛加重了苏联的经济负担，物资短缺已经成了苏联生活的一部分。陈旧的工厂和扼杀人们主动性的集中规划，使苏联的生活水平落后于西方。与此同时，官僚机构的独断专行、贫困和对消息的封锁也带来了道德危机。

虽然阿富汗战争不得人心，国内的不满情绪也与日俱增，但勃列日涅夫拒不改变失败的政策，因此对他的批评声不绝于耳。对当局进行批评的地下出版物广泛流行，尽管政府设法查禁，但没有效果。亚历山大·索尔仁尼琴（Alexander Solzhenitsyn）发表了一系列掷地有声的作品，这些作品抨击了苏联的制度。他还赢得了诺贝尔文学奖。1974年，苏联当局认为他犯有叛国罪，将其驱逐出境。

米哈伊尔·戈尔巴乔夫：1985—1991年担任苏联领导人。戈尔巴乔夫想与西方改善关系，但在改革失败后，他失去了权力。这导致共产主义政权在东欧瓦解。

调整：米哈伊尔·戈尔巴乔夫推行的政策，重点是将苏联的共产主义制度自由化。

当**米哈伊尔·戈尔巴乔夫**（Mikhail Gorbachev）于1985年上台的时候，阿富汗战争已显疲态，经济出现了衰退，民众的抗议也达到了临界点。戈尔巴乔夫抛弃了勃列日涅夫的强硬路线，开始着手进行重大改革，希望借此扭转局面。他的政治公开（glasnost）政策允许人们对政府和共产党提出批评。他的**调整**（perestroika）政策，想通过减少国家干预的方式解决长期存在的经济问题。1989年，戈尔巴乔夫结束了不得人心的阿富汗战争。

33.2.2 苏联阵营的瓦解

1980年，波兰造船厂工人在格但斯克市举行了大规模的抗议活动，**团结工会**应运而生，工会的会员很快达到了900万人。1978年，卡罗尔·沃伊蒂瓦（Karol Wojtyla）当选罗马教皇，他就是约翰·保罗二世（John Paul II）。他给予抗议活动道德上的支持，波兰的天主教会也因此得到巩固。

团结工会：波兰的工会，于1980年成立，要求改善工作条件，反对政治压迫。之后，团结工会成为民族主义组织，1989年领导了反共产主义运动，这促使东欧社会主义政权瓦解。

为了应对团结工会及其盟友日益壮大的力量，波兰政府于1981年通过了《戒严法》，并在政治上严格控制军队。团结工会受到了严格控制，许多工会领导人被捕入狱，苏联决定不干涉。但团结工会还有完善的组织，有全国公认的领袖，因此仍是一支重要的力量。1985年后，戈尔巴乔夫放松了对苏联的政治控制。各处的共产党领导人都对苏联失去了信心，但波兰和全东欧的批评家和改革者却对此欢欣鼓舞。

东欧剧变

陷入困境的华约各政府在放松控制和镇压反对派之间摇摆不定。波兰的天主教神职人员支持团结工会，其他地区的反对派也得到了新教和东正教领袖的支持。民族主义与宗教势力的合作为反共势力提供了坚实基础。共产主义政府开始与西方进行贸易，向西方寻求经济援助，希望借此平息抗议的声浪。这些政府也对西方的游客、观念、流行时尚和资金敞开了大门，这些做法使人们更加希望变革。

到1989年末，东欧的共产主义政府倒台，拆除柏林墙就是这一变革的生动写照。波兰、匈牙利、捷克斯洛伐克和保加利亚领导人认为变革已不可避免，而罗马尼亚的尼古拉·齐奥塞斯库（Nicolae Ceausescu）却拒绝交出权力，结果政权被推翻，他自己也被处决。1990年，这些变革的全面影响显露无遗，团结工会领袖列赫·瓦文萨（Lech Walesa）当选波兰总统，反对派作家瓦茨拉夫·哈维尔（Vaclav Havel）当选捷克斯洛伐克总统。 883

柏林墙倒塌后，一股爱国主义浪潮撼动了曾强大一时的东德政府。之后的几个月出现了混乱的局面，大量东德人逃到了西德，东德政府几近瘫痪。东德政府于1990年垮台后，两德迅速实现了统一。

苏联解体

苏联领导人意识到，同样高涨的民族主义情绪也出现在苏联内部。1990年，苏联于1939年吞并的三个波罗的海小国——立陶宛、爱沙尼亚和拉脱维亚——宣布独立。1991年，苏联突然解体。党内走强硬路线的人发动了一场反对戈尔巴乔夫的政变。此后，人们的不满达到了无以复加的程度。俄罗斯总统鲍里斯·叶利钦（Boris Yeltsin）逐渐成为最有力的领导者。俄罗斯是苏联最大的共和国，它取代了解体后的苏联。1991年9月，人民代表大会（苏联的中央立法机构）进行了投票，决定解散苏联。之后，中央失去了控制力。12月，独立国家联合体（CIS）成立，戈尔巴乔夫宣布辞职。

南斯拉夫解体

促使苏联解体的民族问题和宗教问题也压垮了巴尔干的南斯拉夫。1991年，南斯拉夫掉进了分裂主义的陷阱，国家分裂为互相敌视的民族和宗教团体。1992年，西部信奉罗马天主教的斯洛文尼亚和克罗地亚获得了独立。波斯尼亚和黑塞哥维那的人口构成更加复杂：40%是穆斯林，30%是塞尔维亚的东正教徒，18%是天主教徒。波斯尼亚于1992年宣布独立后，信奉东正教的塞尔维亚人试图将穆斯林清除出去，这就是所谓的**种族清洗**（ethnic cleansing）。电视报道向人们展现了种族清洗的残暴和它所造成的巨大破坏，于是美国开始插手此事，并最终促成了1995年的和解。

种族清洗：通过大屠杀、破坏历史建筑和文化资料的方法消灭一个民族和该民族的文化。20世纪90年代南斯拉夫解体的时候，斗争的双方都进行了种族清洗。

884

1999年，南斯拉夫最南端的科索沃又出现了战争和种族清洗。塞尔维亚人将科索沃视为自己的家乡，但那里的主要人口是穆斯林和阿拉伯人。在塞尔维亚拒绝停止军事行动后，美国、英国和法国以北约的名义对科索沃实施了空袭，迫使塞尔维亚从科索沃撤军。

33.2.3 非洲的进步与冲突

获得独立后，撒哈拉以南的非洲经历了政治动荡、军事政变、内战和争夺资源所引发的冲突。那里仍然是世界最贫穷的地区。但1991年之后，南非出现了巨大进步，武装冲突也在减少。南非的关键性变革出现在1994年。当时，因政治原因遭到长期囚禁的纳尔逊·曼德拉和他领导的非国大在南非首次不分种族的大选中获胜。经过了几十年的军事统治后，非洲人口最多的尼日利亚看到了重新获得民主的希望。1999年，前政变领导人奥卢塞贡·奥巴桑乔（Olusegun Obasanjo）当选尼日利亚总统，2003年连任，但选举中存在严重的违规行为。同样，在2002年，肯尼亚人将一个执政长达39年的政党选下了台。

卢旺达的种族灭绝

非洲也出现了种族清洗。1994年，卢旺达的政治领袖煽动胡图人（Hutu）屠杀图西人（Tutsi）。主要大国曾承诺干涉这场种族灭绝，但它们并不将这场大屠杀称为“种族灭绝”。在没有外国干预的情况下，有75万人丧生，100余万人沦为难民。最后，美国和其他国家干预了此事，联合国设立了一个审判这场种族灭绝的特别法庭。1998年，暴力活动蔓延到了卢旺达的邻邦刚果（金）。在刚果（金），民众的不满和自身健康原因迫使约瑟夫·蒙博托（Joseph Mobutu）下台，结束了他在那里长达30年的独裁暴政。各种恢复和平的努力都未成功。到2003年中，有300余万刚果（金）人死于疾病、营养不良和战争。

33.2.4　海湾战争

海湾战争是苏联解体、冷战结束后第一场重要战争。伊拉克统治者萨达姆·侯赛因向邻国科威特借了很多钱，但科威特王室并没有减免这些债务。此外，萨达姆还想控制科威特的油田。他相信这个军事力量薄弱的小国将会迅速战败。而且，他相信美国不会干预此事。1990年8月，伊拉克入侵了科威特。

但美国决定对此事做出反应。沙特阿拉伯（美国的重要盟友和主要产油国）也支持干预此事。在联合国和伊斯兰国家的支持下，美国总统乔治·赫伯特·沃克·布什（George H.W.Bush）于1991年初采取了军事行动。伊拉克军队全线溃败，但萨达姆仍然掌握着权力，他还在战争结束几个月后镇压了一场起义。美国对伊拉克强加了许多条件，使海湾地区的局势一直高度紧张，这为2003年的第二次海湾战争创造了条件。

本节回顾

社会动荡和民众的不满导致了苏联阵营的瓦解，冷战也就此终结。米哈伊尔·戈尔巴乔夫的改革政策加速了这一过程。

南斯拉夫的民族主义导致了战争和种族屠杀。

南非、尼日利亚和肯尼亚告别了暴政，但数十万人却在卢旺达和刚果（金）的暴力冲突中丧生。

萨达姆·侯赛因入侵科威特后，美国及其盟友在1990年的第一次海湾战争中击败了伊拉克。

33.3　人口增长带来的挑战

在人类历史的大部分时间里，政府都希望看到人口增长，因为人是国家的财富和力量。但18世纪晚期以来，越来越多的专家和政治家对人口增长发出了警告，他们担心食物供给跟不上人口增长。19世纪后期，一些社会批评家担
885
心人口增长将带来阶级斗争和种族矛盾。到20世纪后半叶，人们对人口增长的担忧主要与环境问题有关。城市扩张、污染和土壤侵蚀是人口增长的必然结果吗？人们的质疑和争论一直持续到今天。但毫无疑问，人口增长既是全球日益相互依存的原因，也是全球日益相互依存的结果。

33.3.1 人口转变

托马斯·马尔萨斯：18世纪英国知识分子。他警告人口增长将威胁未来数代人。按照他的观点，人口增长总是快于农产品数量的增加。

1850—1914年，欧洲人口几乎翻了一番，这给农村土地、城市住房和提供危机援助的公共机构带来了巨大压力（见第27章）。人口增长加速了跨大西洋移民潮，移民潮推动了西半球的发展，促进了大西洋经济的繁荣（见第24章）。人口增长降低了劳动力成本，增加了消费需求，这为欧洲的工业革命做出了贡献。

托马斯·马尔萨斯

在19世纪的欧洲，有些人认为人口增长是件好事，但另一些人则将其视为灾难。其中最著名的悲观论者是英国的**托马斯·马尔萨斯**。1798年，他提出了自己的观点：不受控制的人口增长将超过食物生产的速度。在展望欧洲前景的时候，马尔萨斯用带有偏见的中国形象来恐吓他的读者。他说，一个去中国的人不会惊异于"母亲杀死或抛弃她的许多孩子，父母把女儿贱卖，……以及有大量的强盗。令他惊异的是，还有比这更可怕的事情发生"[1]。

人口转变：指人口增长率的变化。在转变之前，出生率和死亡率都很高，这会使人口缓慢增长；之后，死亡率下降，而出生率依旧保持高位，这会导致人口爆炸；最后，出生率下降，人口增长放缓。

对于第二次世界大战后的一代人而言，马尔萨斯的理论并不重要，因为工业和农业生产力使食物及其他生活必需品的供应量成倍增加。与此同时，与女性就业、老年婚姻和高效计划生育相关的文化变革降低了人口增长率。到20世
886
纪60年代，欧洲和其他工业国实现了**人口转变**，走向了低出生率（每位妇女的平均生育数量）和低死亡率。事实上，发达国家的出生人数只能勉强维持现有的人口水平。

人口政治

到20世纪70年代末，第三世界国家仍然没有实现人口转变，人口问题开始政治化。一些发展中国家的领导人还在提倡多子女家庭，他们认为人口增加将会增强国家的实力。当工业化国家（绝大多数是白人国家）对亚洲、非洲和拉丁美洲的人口快速增长提出担忧的时候，这些地区的民粹主义领导人怀疑这种担忧是种族主义在作怪。

这一疑问表现了人口问题争论中的种族主义影响，倡导控制人口的西方人也只好暂时偃旗息鼓。但是，20世纪七八十年代的经济动荡，揭示了贫穷国家的脆弱性，发展中国家放弃了促进人口增长的政策。墨西哥就是个好例子：70年代，政府鼓励生育，人口年增长率达到了3%。到80年代，政府放弃了这一政策，开始控制人口。因此，90年代的人口年增长率降到了1.7%。

世界人口变化的节奏

20世纪出现了人口爆炸，1950—1995年，世界人口翻了一番还不止（见表33-1）。虽然80年代的人口增长有所放缓，但世界人口每3年的增加量就相当于美国人口的总和。如果保持现在的生育率，即平均每位妇女生育2.5个孩子，那么到2150年，世界人口将达到300亿，这个数字是2050年世界人口预测值的3倍（见表33-1）。这不太可能成为现实，因为许多发展中国家的生育率在下降。因此，大多数专家认为，到2150年，世界人口总量将不会超过100亿。

移民增加、商业扩张和交通的改善为疾病传播提供了便利。因此，有些地方的死亡率也在上升。艾滋病的快速传播就是个这样的例子。艾滋病是传染率最高、死亡率最高的疾病，但在那些公共医疗资金比较匮乏的欠发达地区，用于预防、治疗这种疾病的经费几乎为零。例如，在俄罗斯，艾滋病病毒携带者的数量从1997年的不到5 000人上升到了2001年的9万余人。艾滋病在非洲的蔓延速度最快，对非洲的破坏也最为严重。全球4 000万艾滋病感染者中，有2 800万人的家乡在非洲。

33.3.2 工业化国家

西欧的发达工业国和日本生育率非常低，如果不接收移民，人口将会下降。平均每位日本妇女有1.4个孩子，而意大利妇女只有1.2个孩子。虽然瑞典 887
采取了鼓励生育的措施，如现金补贴、税收优惠和鼓励家庭成员专职照顾孩子，但每位妇女的平均生育数仍仅为1.4。相比之下，非洲妇女的平均生育数为5.1。工业国女性较高的受教育程度和就业率，消费文化中的物质主义价值观，以及避孕和堕胎措施，这些因素造成了成熟工业国家的低生育率。意大利的博洛尼亚是世界上生育率最低的城市，一位博洛尼亚妇女这样说："我是独生女，如果可能的话，我想生不止一个孩子。但据我所知，大多数夫妻到30岁才有孩子。人们希望拥有自己的生活，希望有一个成功的职业生涯。当你这样看待生活的时候，孩子成了实现这些目标的障碍。"[2]

工业国的人口老龄化

工业国的国民预期寿命在增加，而生育率在降低。充裕的食物、改善了的卫生条件、更有效的药物和更好的医疗护理都有助于延长人们的寿命。2000年，发达国家中20%的人口达到或超过了65岁。到2050年，这一比例将上升至1/3。在意大利，50岁以上的人与5岁儿童的比例将达到20:1。受惠于移民和移民的高生育率，美国的老龄化速度比西欧国家慢。到2050年，欧洲的年龄中位数将为52，而美国是35。

表33-1 世界和主要地区的人口（1750—2050年）

人口规模（百万）							
主要地区	1750年	1800年	1850年	1900年	1950年	1995年	2050年*
世界	791	978	1262	1650	2521	5666	8909
非洲	106	107	111	133	221	697	1766
亚洲	502	635	809	947	1402	3437	5268
欧洲	163	203	276	408	547	728	628
拉丁美洲和加勒比地区	16	24	38	74	167	480	809
北美	2	7	26	82	172	297	398
大洋洲	2	2	2	6	13	28	46
人口分布百分比							
主要地区	1750年	1800年	1850年	1900年	1950年	1995年	2050年*
世界	100	100	100	100	100	100	100
非洲	13.4	10.9	8.8	8.1	8.8	12	23.7
亚洲	63.5	64.9	64.1	57.4	55.6	61	57.1
欧洲	20.6	20.8	21.9	24.7	21.7	13	5.3
拉丁美洲和加勒比地区	2.0	2.5	3.0	4.5	6.6	8	9.4
北美	0.3	0.7	2.1	5.0	6.8	5	4.1
大洋洲	0.3	0.2	0.2	0.4	0.5	1	0.5

注：*估算

资料来源：J. D. Durand, "Historical Estimates of World Population: An Evaluation" (Philadelphia: University of Pennsylvania, Population Studies Center, 1974, mimeographed); United Nations, *The Determinants and Consequences of Population Trends*, vol. 1 (New York: United Nations, 1973); United Nations, *World Population Prospects as Assessed in 1963* (New York: United Nations, 1966); United Nations, *World Population Prospects: The 1998 Revision* (New York: United Nations, forthcoming); United Nations Population Division, Department of Economic and Social Affairs, http://www.un.org/esa/population/publications/WPP2004/2004Highlights-finalrevised.pdf.

生育率的下降和国民预期寿命的增加给工业国带来了挑战，这个挑战与马尔萨斯预见的有所不同。这些国家一般会提供广泛的社会服务，如发放退休金、医疗服务和为长者提供住房补助。随着退休人数超过就业人数，这些花销开始变得难以为继。经济学家用“潜在支持比”（PSR）追踪这个问题，“潜在支持比”就是15—64岁的人（很可能是工作者）与65岁以上的人（很可能是退休者）之间的比例。[1] 1950—2000年，潜在支持比从12下降到了9，到2050年将进一步下降到4。

在俄罗斯和前社会主义国家，现在的出生率要低于死亡率。在共产党执 888
政时期，这些国家的出生率本来就很低，现在的经济问题又使出生率进一步下降。1975年之后，前社会主义国家的生育率下降了20%—40%。在20世纪80年代初的东欧国家，堕胎像生育一样普遍。与此同时，人们的预期寿命也在降低。自从1980年起，俄罗斯男性的平均寿命减少了将近10岁，现在仅为52岁。高失业率、低收入、食物短缺和社会主义时代福利制度的消失也降低了东欧国家人们的预期寿命。

33.3.2　发展中国家

按现在的比例计算，未来95%的人口将来自发展中国家（见表33-1）。欧洲和非洲的对比可以说明这一变化。1950年，欧洲人口是非洲人口的两倍。但到1985年，非洲人口已与欧洲人口大致相当。据预测，到2050年，非洲人口将是欧洲人口的3倍。

进入21世纪后，其他发展中国家的人口也在迅速增加。在所有的发展中国家，每1 000名居民的平均生育数为33.6，伊斯兰国家更是达到了42.1‰的生育率。发达国家的生育率为13.1‰，只有发展中国家的1/3。拉丁美洲和亚洲也出现了人口膨胀，但人口增长速度比撒哈拉以南的非洲和伊斯兰国家慢。虽然生育率在下降，但拉丁美洲的人口从1950年的1.65亿增加到了1999年的5.11亿。据预测，2050年将达到8.09亿。

印度和中国在努力控制家庭规模，但两国的人口仍在继续增长。今天，中

1　“潜在支持比”是反映人口老龄化影响的指标，计算每1个65岁以上人口相应的15—64岁人口数，以表明劳动年龄人口潜在的赡养负担。潜在支持比为4，即每1个65岁以上老年人相应4个劳动者。——译注

印两国的人口总量大约占到了世界人口总量的1/3。中国推行了独生子女政策。印度的强制绝育政策引发了众怒，执政的国大党因此在选举中失败。但两个国家都取得了成功。1960—1982年，印度的生育率从48‰下降到了34‰，中国的生育率下降得更快，从39‰降低到了19‰。即便如此，到2025年，中国和印度都将拥有15亿人口。

33.3.4 老年人口和年轻人口

人口统计学家构建的人口金字塔清楚地表明，第二次世界大战后，人们的
890 生育模式和平均寿命出现了显著变化。图表33-1展示了2001年巴基斯坦、韩国和瑞典的年龄分布，这三个国家分别代表了经济发展的三个阶段。瑞典是一个成熟的工业国。韩国正在进行快速的工业化，它在工业产量和人均财富方面超过了许多欧洲国家。巴基斯坦是一个比较贫穷的传统伊斯兰国家，该国只实现了初步工业化，教育程度比较低，也缺乏有效的计划生育政策。

2001年，将近50%的巴基斯坦人不到16岁，这给经济带来了沉重的负担。每年约有15万人达到65岁，另有120万人达到16岁。因此，巴基斯坦每年要新增100万个就业岗位，否则就会造成失业率上升和工资下降。瑞典面临的问题有所不同，越来越多的老年人需要得到社会福利，而劳动力的数量却在不断下

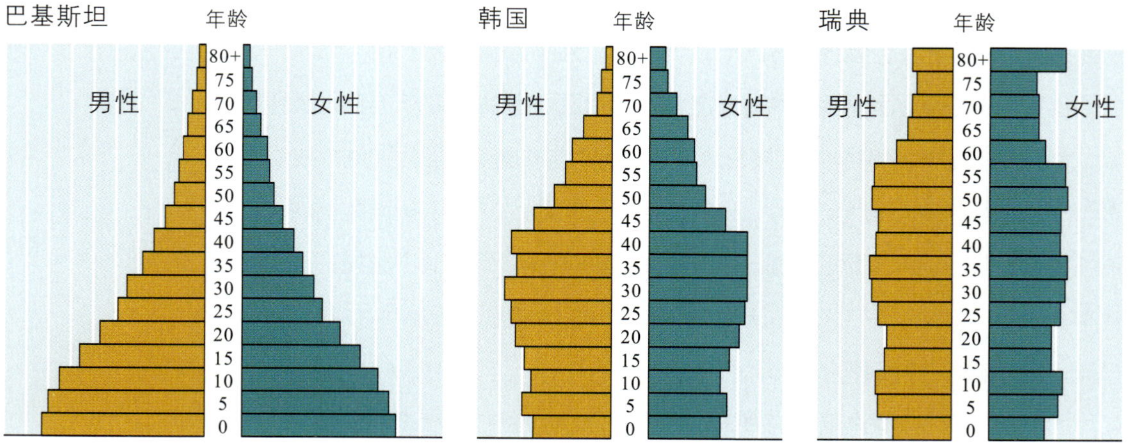

图表33-1 年龄结构对比

注：2001年的伊斯兰国家（巴基斯坦）、非伊斯兰发展中国家（韩国）和发达国家（瑞典）。

资料来源：U.S.Bureau of the Cenus, *International Database*, 2001.

降。这就意味着，瑞典工业将失去竞争力，生活水平也可能下降。在韩国，生育率的急速下降改变了儿童和成年人之间的比例关系，韩国的年龄分布与西欧相似。

本节回顾

20世纪，发达国家出现了低生育率，而发展中国家出现了高生育率。

1950—1995年，世界人口总量翻了一番。

在富裕国家，出生率下降，而国民预期寿命在增加，因此人口增长比较缓慢。在苏联，出生率和人均寿命同时下降，人口出现了负增长。

虽然中国和印度采取了控制人口的措施，但未来的大部分人口还是将来自发展中国家。

33.4 不平等发展与人口流动

世界人口流动经济学

战后世界的两个特征已显露无遗。第一，虽然由政府主导的经济发展了几十年，但1960年时的穷国在2000年依然贫困。只有一些亚洲工业国和少数石油输出国获得了快速发展。第二，世界人口总量达到了惊人的水平，其中大部分人口增长来自最贫穷的国家，而且这一趋势在未来也不会发生变化。

人口增长和棘手的贫困引发了国际移民潮。移民引发的争议达到了空前的水平。甚至连温和派也会认为移民是一种民族间的竞争。来自贫穷国家的合法移民和非法移民大量涌入除日本之外的发达工业国。发展中国家内部的大规模移民也存在着类似的情况。20世纪70年代后，亚洲、非洲和拉丁美洲的农村贫民开始进入城市（见表33-2）。这种国内移民经常成为向外移民的跳板。

33.4.1 发展不平等的问题

1945年后经济增长的速度超过了以往任何一个时期。更快、更便宜的通信和交通以及工农业技术进步所带来的物质丰富，可能会使那些经历第一次工业革命（见第23章）的人瞠目结舌。经历了经济快速发展后，北半球工业国所占世界财富的比例比一个世纪之前还高。到1998年，发达工业国占世界经济总量的74%，这个数据令人感到震惊。

表33-2 人口超过1 000万的世界大城市（单位：百万）

城市		1950年	城市		1975年	城市		2000年	城市		2015年
1	纽约	12.3	1	东京	19.8	1	东京	26.4	1	东京	35.5
			2	纽约	15.9	2	墨西哥城	18.1	2	孟买	21.9
			3	上海	11.4	3	孟买	18.1	3	墨西哥城	21.6
			4	墨西哥城	11.2	4	圣保罗	17.8	4	圣保罗	20.5
			5	圣保罗	10.0	5	纽约	16.6	5	纽约	19.9
						6	拉各斯	13.4	6	德里	18.6
						7	洛杉矶	13.1	7	上海	17.2
						8	加尔各答	12.9	8	加尔各答	17.0
						9	上海	12.9	9	达卡	16.8
						10	布宜诺斯艾利斯	12.6	10	雅加达	16.8
						11	达卡	12.3	11	拉各斯	16.1
						12	卡拉奇	11.8	12	卡拉奇	15.2
						13	德里	11.7	13	布宜诺斯艾利斯	13.4
						14	雅加达	11.0	14	开罗	13.1
						15	大阪	11.0	15	洛杉矶	13.1
						16	大马尼拉	10.9	16	马尼拉	12.9
						17	北京	10.8	17	北京	12.8
						18	里约热内卢	10.6	18	里约热内卢	12.7
						19	开罗	10.6	19	大阪－神户	11.3
									20	伊斯坦布尔	11.2
									21	莫斯科	11.0

资料来源：From the International Migration Report 2002, United Nations, Department of Economic and Social Affairs, Population Division. © United Nations, 2003; the 2015 projection is from United Nations World Urbanization Prospects: The 2007 Revision. © United Nations, 2008.

富国和穷国

891

1945年后，富国和穷国之间的差距变得越来越大。2001年，卢森堡和瑞士的人均国民总收入在全球居首，分别为39 840美元和35 630美元；美国是34 280美元；欧盟中最穷的希腊是11 430美元。前苏联国家和东欧国家的人均国民总收入比一些第三世界的发展中国家还低。2001年，俄罗斯的人均国民总收入为1 750美元，低于墨西哥的5 530美元和南非的2 820美元，但高于菲律宾的1 030美元。在其他发展中国家，尼日利亚、印度的人均国民总收入不足1 000美元。

在工业化世界内部也有富人和穷人之分。美国现在的财富不平等和1929年股市崩盘时一样严重。据学者估算，在美国，1%的最富裕家庭掌握着超过30%的国家财富，而最贫穷家庭的平均收入不到5 000美元。在欧洲，税收和继承法可以重新分配财富。即便如此，失业、无家可归和身居陋室的现象仍变得越来越普遍。

33.4.2 国内移民：城市的发展

在发展中国家，从农村地区向城市中心区的移民数量在1925—1950年增长了3倍；之后，移民的进程进一步加快（见表33-2）。虽然主要城市中的贫民窟成了社会崩溃和经济衰落的象征，但总体来讲，城市贫民窟的生活要优于农村
地区的生活。根据世界银行的研究，在进入城市的移民中，有75%的人得到了 892
经济利益。例如，在撒哈拉以南的非洲，城市居民喝到安全饮用水的概率是农村居民的6倍。一个没有技术的巴西人从落后的东北地区移民到里约热内卢后，他或她的收入可以增加3倍。

随着国内移民的增加，这些好处开始变得越来越虚无缥缈。在发展中国家，人口的快速增长使城市的基础设施不堪重负。像在墨西哥城和马尼拉这样的大城市，成千上万的人到垃圾场找食物。仅在里约热内卢就有大约35万被遗弃儿童，他们生活在街头和公园，靠乞讨、贩卖毒品、盗窃和卖淫为生。一些国家想使移民重新回到农村。例如，从1969年起，印度尼西亚政府重新安置了超过50万城镇居民回到农村。

33.4.3 全球移民

每年有几十万人从发展中国家移民到发达国家。1960年后，移民数量急剧上升，这导致了民族关系紧张和种族关系紧张。在德国，政治难民和移民面临着残酷的暴力；在法国，越来越强的反移民情绪推动了右翼政治运动，并导致了大规模的城市移民骚乱；而美国政府也加强了对南部边界的控制。

移民政治

来自发展中国家的移民也为东道国做出了很多贡献，就像一个世纪前欧洲移民对美国的贡献一样。第二次世界大战期间，美国招募了大量墨西哥工人。60年代，欧洲的经济发展导致了劳动力短缺，各国政府都采取了吸纳外国工人
的措施。但随着移民规模的扩大，人们对移民的态度也发生了变化，这点在经 893

济萎缩时期表现得尤为明显。在压力之下，本国工人将移民视为竞争者，认为他们乐于接受低工资，而且不愿意支持工会。

移民的高生育率加剧了这种紧张关系。大多数年轻的移民对早婚和大家庭持肯定态度。与东道国居民相比，他们的生育率较高。以德国为例，在1975年的时候，移民占总人口的7%，但他们的孩子却占新生儿的15%。因此，即便没有新移民，移民群体人口的增长速度也会比当地人快。21世纪，随着前往欧美的移民不断增加，由此带来的文化冲突将会挑战“公民权”和“国籍”的定义。

本节回顾

第二次世界大战后，随着世界经济的发展，富国和穷国之间的差距越来越大。

在发展中国家，大量的人从农村移居城市，这使城市人口迅速增加。

在国际移民中，大部分人会从穷国移民到富国。

33.5 技术进步与环境变化

技术创新为第二次世界大战后的经济发展提供了动力。新技术提高了生产力和创造力，也改变了人们的生活、工作和娱乐。发达的工业国获得了大部分经济利益。因此与发展中国家相比，技术增强了它们的实力。但即便在发展中国家内部，技术创新也没有平等地惠及所有阶级、产业和地区。有赢家就必定会有输家。

人口增长、移民水平的提高和城市化使耕地的数量和工厂的数量成倍增加，也对环境构成了严重的威胁。到20世纪末，热带雨林的消失、土壤侵蚀、全球变暖、空气污染、水污染和物种灭绝，不但威胁到了人们的生活质量，而且也威胁到了人类社会的存在。在经济实力比较强的国家，政府开始利用新技术保护环境。

33.5.1 新技术和世界经济

第二次世界大战时出现的原子能、喷气式发动机、雷达和录音带给消费者的生活带来了巨大影响。新技术提高了工业生产率，降低了对劳动力的要求，加速了信息流通，这样可以使市场变得更有效率。消费电子工业开发出了许多新产品，使音乐产业发生了变化，从黑胶唱片发展到8轨磁带，再到CD，然后到MP3技术。

技术和经济增长

20世纪五六十年代，对现有技术的改进提高了世界的生产力，交通和通信变得更快、更有效率，这不但降低了成本，而且拓展了市场。但新技术也很重要。政府花大笔的资金发展、建设核电站，对新技术的研发也毫不吝啬。在过去30年间，没有什么比计算机更具影响力，它既改变了人们的工作，又改变了人们的休闲（见“环境与技术：计算机走进千家万户”）。第一台计算机不但昂贵、体积庞大，而且运行缓慢，只有企业、政府机构和大学才能用得起。之后，每一代计算机都会更小、更便宜，运算速度也更快。结果，台式电脑、笔记本电脑和掌上电脑促进了商业、教育和政府的转型。

计算机也进入了生产领域。现在，大多数工厂都会用小型专用计算机控制、监督机器。在发达国家，工厂会用机器人提高生产效率和产品质量。继日本之后，欧洲和美国也开始使用机器人，特别是在汽车制造业和采矿业。 894

环境与技术

计算机走进千家万户

第二次世界大战后，世界出现了一轮又一轮的技术革新。计算机对人们工作、学习和生活的影响超过了其他的技术进步。直到20世纪70年代，大多数计算工作还是由昂贵的大型计算机完成。这些大型计算机主要进行数据的储存和分析，只有政府机构、大学和大型企业才使用这些计算机。

今天，大多数计算机属于个人，它们主要用于交流和信息检索，这一转变的标志就是谷歌的市场价值超过了IBM（它主要研发大型计算机和个人计算机）。没有人预见到，最近30年的计算机小型化将为电脑产业带来革命性的变革。微处理器的发展使计算机更小、更便宜，而微处理器是一片硅片，它相当于计算机的大脑。

互联网是通信革命的第二个关键。20世纪60年代，网络的最初作用是为美国的国防服务。体积更小、速度更快的计算机和相关设备成为用于搜索的门户网站。通过这些网站，人们可以得到关于研究、舆论、娱乐和商业的海量国际信息。小型个人电脑和网络对现代文化产生了巨大影响，它们可以使个人在没有政府、企业或大型机构的支持下收集和传播信息，人们比以往任何一个时期都自由（见第34章）。

在最近10年，新技术使之前互不相关的设备连接到了一起。结果，软件供应商和硬件供应商经常会将小型笔记本电脑、手机和MP3播放器的功能融合在一起，创造了新的商业用途、专业用途和娱乐用途。从移动电话发展出的掌上“综合机”（convergence devices）使用户可以打电话，发电子邮件，上网，储存和播放音乐、视频，储存电子文本。技术革命的一个结果是产生了自我认同的即时社群，如博客、脸书（Facebook）和聊天室，这些是对基于民族、地区或经济的传统社群的超越或补充。

全球化

895

跨国公司是推动技术革新的主要力量。20世纪，工业国跨国公司经济实力的增强使它们可以在欠发达地区直接投资矿业、种植园和公用事业。第二次世界大战后，许多公司成了真正意义上的跨国公司，它们在所有制上和管理上都是跨国的。国际贸易条约和各国市场的开放加速了这一进程。福特（Ford）、日产（Nissan）和其他汽车公司不但在汽车的产销上实现了国际化，而且股东、工人和管理人员也来自不同国家。

海外汽车制造厂的选址和外国买家的并购促成了跨国公司产品的国际化。20世纪七八十年代，美国的李维斯（Levi’s）、可口可乐、万宝路、吉列、麦当劳和肯德基出现在了世界各地（见“物质文化：快餐”）。但与此同时，街边的霓虹灯和摩天大楼的巨型屏幕上也做着亚洲品牌（日立、索尼、三洋、三菱）和欧洲品牌（雀巢、奔驰、倍耐力、贝纳通）的广告。

跨国的制造商、农业集团和金融巨头变得更富裕、更强大，它们逐渐摆脱了各国政府对它们的控制。如果日本的劳动力成本太高，美国的防污染措施太严格，英国的税收太高，那么跨国公司会搬到其他地方，或者它们会威胁这样做。例如，1945年，美国的纺织工业位于工资比较低的南方各州，纺织厂不但控制着本国市场，而且还将产品出口到世界各地。但随着南方各州工资的提高和全球竞争的加剧，制造商于20世纪80年代将工厂搬到了波多黎各。1994年，北美自由贸易协定（NAFTA）生效后，他们又将工厂搬到了墨西哥。现在，中国是纺织品的主要生产国。

物质文化

快 餐

896

帝国和商业企业很早就将食物和饮料从一个国家传到另一个国家，从一个文化区传到另一个文化区。这样的例子很多，如糖、咖啡、茶、巧克力、玉米、木薯、马铃薯、小麦、葡萄酒、啤酒、蒸馏酒、西红柿和香蕉。这些食物和饮料走出它们的原产地，走进了新的大陆和民族。在每一次传播过程中，接受者将这些东西纳入本地菜肴的同时也改变了这些东西的烹制过程和文化内涵。在阿兹特克上流社会，巧克力是一种带有苦味的饮料。但欧洲人往其中加入了糖，使它变得更甜，巧克力很快成为一种大众饮料。

在现代，工业国的快餐迎合了不断变化的需求。在现代工业社会中，人们结婚越来越晚，或根本不结婚。家庭成员一起吃饭的机会也因繁忙的工作和学习变得越来越少。因此，快餐店随处可见，它们可以为四处奔波的人们提供服务。2006年，世界快餐市场较上年增长了将近7%，销售额达到1 550亿美元。

移民和旅游越来越频繁，文化交流也日渐增多，这促进了电影、电视和网络的发展，也将全球化的理念带入了食物的烹饪和运输中。麦当劳在119个国家开设了超过3.1万家分店。当一家加盟店在科威特城开业的时候，汽车通道中的购买者排了十几公里长。一般来说，不同地区的快餐价格却是相同的。在世界上最富裕的美国，麦当劳为人们提供了廉价食品；而在贫穷的巴基斯坦，吃麦当劳是很奢侈的。对于发展中国家的许多人而言，快餐食品、餐厅的装潢和烹饪方法代表了现代性和精致，而不像发达国家的人对墨西哥、泰国或埃塞俄比亚的餐厅及美食所表现出的热情。

的确，麦当劳只是众多全球快餐中的一个例子。截至2005年，肯德基在中国开设了1 500家分店，超过了麦当劳。棒约翰（Papa John's）在首尔开设了40家分店，在上海也开设了20家。此外，温迪（Wendy's）、达美乐（Dominos）、喜来饼（Cinnabon）和赛百味（Subway）也纷纷抢滩国际市场。

许多人认为这是美国的帝国主义行为，或是有害的全球文化同化。这样的例子数以万计，有些人甚至因攻击这些外国文化渗透的象征物而身陷囹圄。就像早期不平等的文化交流那样，地方文化会将自己的口味和价值观添加到这些跨国公司的商业活动中。在新加坡，麦当劳用米糕，而不是小圆面包来做它标志性的汉堡。在以色列，麦当劳也要按犹太教的饮食规定烹饪食物。肯德基是中国最成功的美国快餐连锁店。它在中国推出了老北京鸡肉卷，早餐时间也提供米粥。印度拥有大量的素食主义者，麦当劳、必胜客和其他成功的特许店有75%的食物是素食。

每个社会都会制造出一些产品，这些产品既是阶级和文化的象征，也是一种自我表现的形式。在现代，世界食物将消费者区分为“传统的”和“高雅的”，或“富裕的”和“贫穷的”。全球快餐公司的成功和人们对快餐的反对说明了文化交流形式的复杂性。

897

33.5.2 资源节约和资源共享

20世纪60年代，环保人士和政治家对人口增长、工业化和农业拓荒扩张所带来的严重环境污染发出了警告。破坏热带雨林、物种消失，以及河流和海洋的污染，增强了公众的环保意识。发达国家和发展中国家都出现了环境污染。苏联的环境状况最糟糕，因为工业废料和核废料会被随意丢弃，政府完全不关心这些东西对环境的污染。

在发达国家，工业增长的速度要快于人口增长的速度，能源（煤炭、电力和石油）的消费也在相应增加。的确，第二次世界大战后，依靠消费拉动的经济成了解决环境问题的障碍，因为现代经济就是建立在挥霍消费品和资源的基础之上的。当消费放缓的时候，工业国也进入了衰退。美国、德国和日本在不降低企业利润、工资和失业率的前提下如何将消费模式转向环保？

1945年后，发展中国家的人口大幅增加，这些国家也面临着巨大的环境压力。以巴西、印度和中国为例，粮食需求量的增加导致了毁林开荒，贫瘠土地上也出现了牧场。其结果是可想而知的，这会带来土壤侵蚀和水污染。上述三国和其他发展中国家都希望实现工业化，因为人们相信，只有将农业转变为制造业才能供养不断增长的人口。但关键问题是，为什么在美国、欧洲和日本变得越来越富的时候，印度和巴西依旧贫困呢？

33.5.3　应对环境威胁

虽然环境污染对人们构成了严重威胁，但一些环保举措还是卓有成效的。20世纪70年代，美国通过了《清洁空气法》《清洁水法案》和《濒危物种法案》，欧共体和日本也采取了相应的环保措施。基层政治运动和媒体宣传提高了人们的环保意识，大多数发达国家都强化了反污染法，鼓励资源的循环利用。许多政府还鼓励节约资源，如奖励节能企业和生产低耗油汽车的企业，鼓励使用可再生能源（如太阳能和风能）。

发达国家的环保改革

环保工作取得了显著成效。西欧和美国的空气质量有了明显改善。1970—2000年，美国汽车数量增加了80%，但烟雾程度减少了1/3。铅和二氧化硫的排放量也在下降。到20世纪末，五大湖区、长岛湾和切萨皮克湾也比1970年更干净。

新技术也功不可没。例如，新技术可以减少汽车、飞机和工厂排出的有害气体。与此同时，世界各地的环保意识都在增强。在发达国家，政治组织的努力和环保意识的不断增强使环保政策逐步得到完善。但在发展中国家和大多数前苏联阵营国家，人口的压力和政府的软弱成了环保政策的主要障碍。20世纪90年代以后，中国的工业不断发展，这给环境带来了巨大压力。 899

现在看来，工业国需要为全球环境改善提供资金，这将是一笔不小的开销。但环境的持续恶化说明，我们还要推进广为人知的改革。媒体应该把注意力转向快速消融的秘鲁安第斯冰川和面积不断减小的巴西热带雨林。但富裕国家间并未运成广泛协议，要让世界各派经济力量和政治力量在环保问题上在全球范围内采取行动，这并不容易。1997年，来自世界各地的代表在日本京都就一份具有意义深远的条约展开磋商，但美国总统乔治·沃克·布什没有参加这次会议。甚至在几乎所有国家都批准了《京都议定书》后，美国仍拒绝签署。

本节回顾

对原有技术的改进和新技术的诞生（如计算机）不但提高了生产效率，而且改变了人们的休闲方式。

全球化使世界经济进一步融为一体，将来自不同国家和地区的生产者和消费者连在了一起。一个国家很难在国际冲击下独善其身，哪怕这个冲击来自一个遥远的地方。

发达国家的环保举措卓有成效，这些国家减少了污染，改善了资源管理。但发达国家和发展中国家缺乏合作，这阻碍了全球环保进程。

结　语

1975—2000年，世界发生了深刻变化。美国和苏联担心世界各地的战争和政权更迭会危及自身利益，因此两个超级大国都会介入别国的内战和革命，每场冲突都有美苏对峙的影子。每次战争都会造成难以估量的生命、财产损失，但收益却微不足道。随着军费的增加，苏联体制最后以失败告终。1991年，苏联和华约走到了尽头，世界舞台发生了变化。

经济发展和一体化、人口增长和流动、技术进步和环境变化也在改变着世界。第二次世界大战后，随着工业国的经济复苏以及日本、亚洲四小龙和近些年来中国大陆的腾飞，世界经济出现了强劲增长。新技术的开发和应用促进了经济发展。国际市场更加开放，一体化程度也比以往任何一个时期都高。但也不是所有国家都从战后的新财富和新技术中受益。资本主义的西方和一些亚洲国家变得更富有、更强大，但世界大多数国家依然贫穷。

发展中国家的人口增长是分化的原因之一。在最近几十年，世界大多数新增人口出现在发展中国家，但这些国家的经济增长却有限。在发展中国家，人们找不到合适的工作，因此只能勉强糊口。于是，他们移民到其他地区，希望能改善生活条件。移民运动为发达国家的工厂和农场输送了宝贵的劳动力，但这也带来了文化上、种族上和民族上的紧张关系。在未来的几十年，不平等问题、人口增长和国际移民将继续挑战全球共同体。

人口增长和发展迫使人们开发贫瘠土地和新资源。为了养活快速增长的世界人口，海洋资源也承受了很大压力。世界人口达到了60亿，最大的城市拥有2 000万人口，这就需要生产、运输原材料和成品，环境因此变得不堪重负。20

世纪90年代，中国和印度的快速发展加重了环境的负担。

与此同时，新技术和经济发展所创造的财富使世界上最富裕的国家可以执行雄心勃勃的环保方案。因此，富裕国家减少了汽车和工厂制造的污染。现在的问题是，像中国和印度这样快速发展的国家是否会比成熟的工业国更快地使用这些新技术。

进一步阅读文献： 900

Adriaasen, W. L. M., and J.G.Waardensburg, eds. *A Dual World Economy: Forty Years of Development Experience*. 1989.说明了发展的复杂性。

Bakhash, Shaul. *The Reign of the Ayatollahs: Iran and the Iranian Revolution*. 1990.研究了伊朗革命和伊朗伊斯兰共和国的早期历史。

Berry, John A., and Carol Pott Berry, eds. *Genocide in Rwanda: A Collective Memory*. 1999.涉及了一场容易被遗忘的灾难。

Dyson, Tim, et al., eds. *Twenty-first Century India: Population, Economy, Human Development, and the Environment*. 2005.一个大型研究项目的成果。

Edgerton, Robert. *The Troubled Heart of Africa: A History of the Congo*. 2002.考察了刚果这个国家的历史，一本令人信服的著作。

Foster, John Bellamy. *Economic History of the Environment*. 1994. 一份重要的综合分析。

Gaddis, John Lewis. *The Cold War: A New History*. 2005.一份可靠的概述。

Kenez, Peter *A History of the Soviet Union from the Beginning to the End*. 2006.研究了苏联的解体。

Kennedy, Paul M. *Preparing for the Twenty-first Century*. 1993.讨论了世界资源是否能满足未来的人口增长。

Krugman, Paul. *The Age of Diminished Expectations: U.S. Economic Policy in the 1990s*. 1997.批评了美国的经济政策。

Lardy, Nicholas R. *China's Unfinished Economic Revolution*. 1998.对经济变革进行了深入研究。

Maier, Charles. *Dissolution: The Crisis of Communism and the End of East Germany*. 1997.涉及了东欧剧变。

McNeill, John R. *Something New Under the Sun: An Environmental History of the Twentieth Century World*. 2000.一份调查报告，涉及了历史研究的兴起。

Meredith, Martin. *The Fate of Africa: From the Hopes of Freedom to the Heart of Despair*. 2005.综述了当代非洲史。

Rostow, W. W. *The Great Population Spike and After: Reflections on the 21st Century*. 1998. 一份具有挑战性的工作，考察了发达国家生育率下降所带来的结果。

Rubin, Barnett. *The Fragmentation of Afghanistan*. 1995. 出色地研究了苏军与穆斯林抵抗派之间的斗争。

Sampson, Anthony. *Mandela: The Authorized Biography*. 2000.介绍了曼德拉的人生经历和政策。

Shenkar, Oded. *The Chinese Century: The Rising Chinese Economy and Its Impact on the Global Economy, the Balance of Power, and Your Job*. 2004.评价了蓬勃兴起的中国经济。

Skidmore, Thomas E., and Peter H. Smith. *Modern Latin America*, 6th ed. 2005.出色地总结了1975—1991年的历史。

Stiglitz, Joseph E. *Globalization and Its Discontents*. 2003.一位经济思想家所做出的总结。

Thompson, Leonard. *A History of South Africa*, 3rd ed. 2005.研究了一个重要的非洲国家。

Westad, Odd Arne. *The Global Cold War: Third World Interventions and the Making of Our Times*. 2005.讨论了冷战对发展中国家的影响。

Wolf, M. *Revolution Postponed: Women in Contemporary China*. 1985.

901

注 释

［1］引自Antony Flew, “Introduction,” in Thomas Robert Malthus, *An Essay on the Principle of Population and a Summary View of the Principle of Population* (New York: Penguin Books, 1970), 30。

［2］“Population Implosion Worries a Graying Europe,” *New York Times*, July 10, 1998.

第34章

新千年的挑战

本章纲要

- ▲ 全球化与经济危机
- ▲ 价值观问题
- ▲ 全球文化

多样性与主流：文明与冲突

环境与技术：全球变暖

思考

日益加强的政治一体化、经济一体化和文化一体化有哪些利弊？

宗教信仰和世俗意识形态在当今世界发挥了什么作用？

技术是如何推进全球互动的？

903 2001年9月11日清晨，位于曼哈顿下城的世贸中心迎来了一个普通的工作日。5万名在那里工作的人走向了这座110层高的建筑。上午8点46分，一架载有92名乘客的美国航空公司波音767客机以470英里的时速（时速756公里）突然撞上世贸北楼，撞击位置是94—98层之间，并点燃了1万加仑（3.8万升）的航空燃油。大约9点3分，一架载有65名乘客的美国联合航空公司客机以相似的载油量撞上了南楼78—84层处。

熊熊燃烧的航空燃油吞没了碰撞区，人们挣扎通过布满烟雾的走廊，通过楼梯向外逃生。很多人被困在了撞击点以上的楼层，他们用手机向至亲至爱的人道别。一些人忍受不了火焰和烟雾，从楼上跳了下来，就这样失去了生命。

大约10点，华氏2 300度（1 260摄氏度）的高温软化了南楼的钢筋骨架。上层首先垮塌，随后下面的楼层也逐一垮塌，浓密的尘埃云吞噬了曼哈顿下城。28分钟后，北楼也以相似的方式倒塌了。多数人在大厦倒塌前逃了出来，这是一个奇迹。除了飞机上的人之外，约有2 600人丧生，其中包括大约400名协助疏散的警察和消防员。

同一个早晨，另一架美国航空公司的客机撞上了位于华盛顿特区的五角大楼，机上64名乘客和大楼内125名工作人员丧生。第四架飞机上的乘客试图制服劫机者，这架客机在宾夕法尼亚州的乡间坠毁，机上45人全部丧生。

这四架飞机是被一伙中东男子劫持的，他们制服了空乘人员和飞行员，控制了飞机。在19名劫机者中，有15人来自沙特阿拉伯。这些人与一个伊斯兰极端组织“基地”有关，这个组织的首脑是沙特富翁奥萨马·本·拉登。美国在中东的政治影响、军事影响和文化影响激怒了本·拉登。他受过教育，游历甚广，曾居住在美国，会讲英语。有些“基地”成员受过飞行方面的训练，因此可以驾驶被劫持的飞机。

劫机犯没有留下什么行踪，但他们的行为表明了他们的身份。世贸中心是国际商贸的焦点，五角大楼是美国军事总部。第四架飞机可能针对的是国会或白宫，这两个地方是世界唯一超级大国的立法机构和行政中心。 904

9月11日发生的事件，即通常所称的“9·11”事件，可以从多个层面来理解。劫机者和同情他们的人认为这些人在进行圣战，反抗他们认为邪恶的经济制度、政治制度和军事制度。受直接影响的人、世界各地的政治领袖和大多数电视观众认为这次袭击是针对无辜者的恶劣行为。

要想理解为什么有些人将他们视为英雄，有些人将他们视为恐怖分子，就要探究历史背景，即千年之交的全球性变化，以及这些变化所引发的意识形态上的紧张关系。对于美国在全球一体化各个方面的突出地位及其对海外亲美政府的支持，同样存在截然相反的观点。

34.1 全球化与经济危机

千年之交见证了始于20世纪70年代的**全球化**趋势的加强。日益增长的贸易、旅行和新技术使世界所有地区在经济、政治和文化方面联系更加紧密，互动更加频繁。苏联解体使20世纪最大的国家分崩离析。独立的民族国家（数量约有200个）成为普遍标准，有越来越多的国家选择民主体制。但日益增强的相互依存也成为全球经济危机的推手。2008年，当美国金融机构无法应对积累下来的巨额债务时，全球性金融危机爆发了。

全球化：由日益增多的贸易、旅行和技术交流所带来的经济、政治、文化的一体化和世界各地的互动。

34.1.1 相互联系的经济

贸易和“9·11”

贸易扩张、全球相互联系和国有企业私有化在20世纪90年代苏联式社会主义经济解体后得到推动，但在“9·11”事件后迅速降温。世界贸易增长率从2000年的13%下降到了2001年的1%。

石油价格

中国和印度很快就恢复了增长，这两个国家的庞大人口表明，它们是未来的经济强国。两国的经济增长对世界能源供应产生了压力，尽管美国消耗的石油仍然占了世界产油量的1/4。欧佩克（OPEC）操纵着世界石油价格，加上中东地区的政治动荡，造成了原油价格从1973年到1985年的一路飙升。除了那些年，石油的平均价格在20世纪下半叶一直低于每桶20美元（根据通货膨胀而调

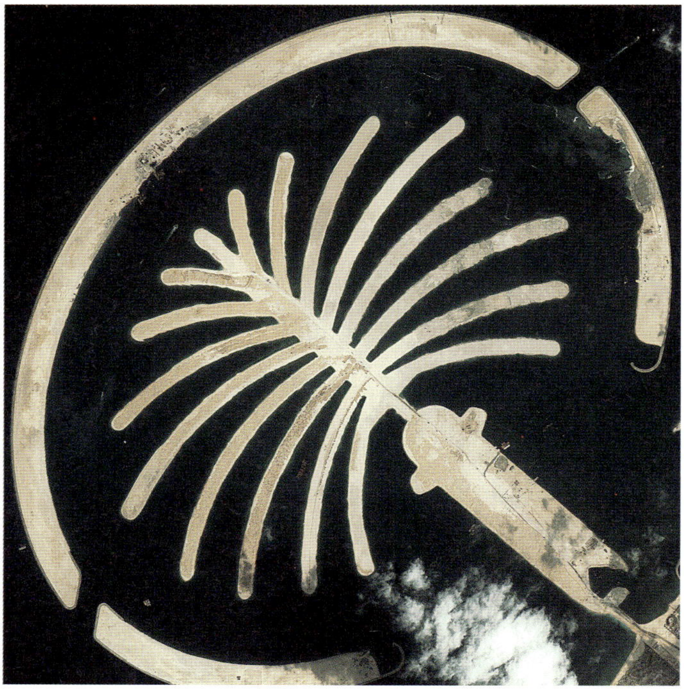

迪拜的棕榈岛 波斯湾的产油国似乎拥有无尽的财富，它们开始推行雄心勃勃的发展计划，阿拉伯联合酋长国迪拜的计划就是其中一例。宣传者声称，“棕榈岛”将包括2000栋别墅、40座豪华酒店、商业中心、电影院和中东“首个水上公园”。他们还宣称，从月球上都能看到棕榈岛。

整）。但在2000年，石油价格开始了新一轮上涨，涨价的推手不是欧佩克而是过热的世界经济。到2006年中，原油价格突破了每桶70美元，2008年达到每桶145美元。油价上涨为产油国——如俄罗斯、沙特阿拉伯和波斯湾沿岸的一些小酋长国——雄心勃勃的经济计划注入了活力。随着2008年金融危机的到来，油价受到重挫，这使上述国家陷入了困境。

区域性贸易组织

为了促进经济增长，降低成员国的经济脆弱性，以及不是那么明显地，平衡美国的经济优势，区域性贸易组织应运而生。由27个成员国组成的欧盟（EU）最为成功。2002年，12个成员国开始采用共同货币，欧元在投资领域和
905 银行领域与美元逐鹿市场。但在2009年，当世界经济低迷破坏了证券市场和失业率增加时，欧盟成员国之间的发展不平衡导致了它们之间的矛盾和摩擦。

1994年，美国、加拿大和墨西哥签署北美自由贸易协定（NAFTA），该协
906 定消除关税，管理着世界最大的自由贸易区。但来自墨西哥的非法移民和反西班牙裔的偏见在美国引来了热议，这影响了民众对该协议的热情。第三大自由贸易区是阿根廷、巴西、巴拉圭和乌拉圭于1991年创立的南方共同市场（Mercosur），该组织后来又吸纳了5个成员国。其他自由贸易组织也在西非、非

大事年表

	政治	经济和社会
2000年	2000年，“基地”组织在也门袭击了美国驱逐舰“科尔号”	
2001年	2001年，乔治·沃克·布什当选美国总统 2001年9月11日，恐怖分子摧毁了世贸中心，破坏了五角大楼 2001年，美军推翻了阿富汗的塔利班政权	2001—2003年，恐怖袭击导致全球经济低迷 2001年，上海合作组织成立
2002年		2002年，12个欧洲国家使用欧元
2003年	2003年，美国和英国以拥有大规模杀伤性武器为由入侵并占领了伊拉克	

洲南部、东南亚、中美洲、太平洋沿岸和加勒比地区初见端倪。

上海合作组织（SCO）成立于2001年，由中国、俄罗斯和苏联在中亚的4个共和国组成。该组织最初的目的是巩固地区安全，如打击分裂主义和恐怖主义。然而，在2008年伊朗（上合组织5个观察员国之一）总统马哈茂德·艾哈迈迪内贾德正式申请加入上海合作组织时，上合组织宣布计划在20年内消除贸易壁垒和人口流动的障碍，这就向前迈进了一步。在全球金融危机爆发的前夜，伊朗的石油经济与高速发展的中国及同样拥有丰富石油的俄罗斯联系在一起，预示了世界经济与政治图景将更加复杂。

为了减少贸易壁垒，增进国际协调，世界主要贸易国于1995年建立了**世界贸易组织**（WTO）。虽然拥有153个会员国，但在召开部长级会议时，世贸组织还是经常遭到批评和街头抗议。有些抗议者害怕廉价的外国商品会减少较富裕国家的工作机会；还有些反对者主张继续用关税保护本地农民。

世界贸易组织

世界贸易组织：1995年成立的国际机构，旨在推动贸易的发展，维护贸易秩序。

国际货币基金组织、世界银行（见第32章）和有能力进行对外援助的富裕国家都在关注陷入经济困境的国家，并努力为这些国家提供援助。但没人会怀疑，经济全球化将成为每个人不安的根源。

34.1.2　全球金融危机　908

2008年爆发的全球金融危机根源于1998年的亚洲金融危机。来自欧洲和美国的巨额投资给泰国、印度尼西亚、韩国和其他东亚国家制造了经济繁荣的假

Peter Souza / White House

奥巴马在开罗的苏丹·哈桑清真寺 美国总统奥巴马在开罗对穆斯林发表的演讲在某种程度上缓和了美国和穆斯林世界的紧张关系。这次演讲是他在上任不到5个月时发表的，他赞扬了伊斯兰的积极因素，也意识到美国对伊拉克战争的政策和布什政府采取的严厉反恐措施所造成的消极影响。站在总统和国务卿希拉里·罗德姆·克林顿之间的是充当向导的伊曼·阿卜杜勒·法帖（Iman Abdel Fateh）。

象。但在1997年，投资泡沫爆裂，这些地区陷入了严重的经济衰退。经济企稳后，大量投资人的谨慎态度降低了资金流动性。美国成了一片投资沃土，投资推高了股市和房价，也促使进口额大幅攀升。美国人开始热衷于贷款买房、贷款买车和用信用卡消费。美国国库中的海外投资也在低税率的情况下支撑了阿富汗战争和伊拉克战争（见下文）。美国债务大幅攀升。

房市崩溃

2008年，房价泡沫破裂，许多房主深陷抵押债务的泥沼，很多人失去了房子。但他们的抵押债务不再由银行以传统方式持有。基于假设房价会继续上涨的新型借贷方式是有风险的，这种方式给美国和全世界银行系统带来了大量坏账。当雷曼兄弟（美国最重要的金融公司之一）于9月宣布破产时，经济低迷演变为一场灾难性的经济危机。股价下跌，银行挣扎在破产的边缘，消费锐减，雇主裁员促使失业率攀升，这些影响到了全世界。有学识的政治领袖和经济学家认为这是自20世纪30年代大萧条以来最严重的经济危机。

奥巴马的金融计划

奥巴马对这场危机有着清晰的认识，也有能力带领国家走出危机，这帮助了他的总统竞选。2009年1月，入主白宫不久的奥巴马采取了一系列措施，其中包括用大规模政府支出提振经济。但没人能保证他的计划会奏效，也没人指望经济能迅速恢复。在21世纪初，标志着全球化的贸易扩张已经被人们遗忘，在 909
经济增长时期形成的相互依存关系对许多国家来说已经变成了不可承受之重。

34.1 3 全球化与民主

20世纪的最后10年见证了民主制度的扩展和个人自由度的提高。许多人认识到，选举是解决阶层差异、文化差异和地区差异的和平方法。虽然多数选票可以从一个政治派别转移到另一个，但民主有助于保持政治稳定。而且，两个完全民主的国家之间也很难爆发战争。

东欧

东欧国家在苏联解体后采用了民主制度，但这些新兴民主国家经常受到选民情绪波动的影响。在经过几十年国家严管后，私有企业开始出现，但这种变化只使少数人受益。带有冷战色彩的贸易壁垒消失后，新开放的市场吸引了大量西方投资。

但到2008年，失业率的上升以及出口和股价的下降威胁到了这些尝试自由选举和自由市场的国家。一些小国，如西方的冰岛和曾属于苏联的拉脱维亚，出现了政府危机。人们害怕政治不稳定会扩展到其他地方。在俄罗斯，深受欢迎的领导人弗拉基米尔·普京完成了第二个总统任期。按照宪法的规定，他于2008年卸任。但普京巧妙地处理了选举，他的伙伴德米特里·梅德韦杰夫接任总统，他出任总理。

亚洲的民主

事实证明，亚洲的民主更加稳定。1999年，人口众多的印度尼西亚开始自由选举议会，从而摆脱了长期而腐败的专制统治，走向了更加开放的政治体制。在接下来的几年里，苏门答腊北部的亚齐地区出现了争取独立的暴力活动。在经历了多年残酷的军事占领后，东帝汶于2002年从印度尼西亚独立。2004年，恐怖分子在巴厘岛制造了爆炸事件。同年发生了一场毁灭性的地震，并由此引 发了海啸。但民主选举还是如期举行。失败的竞选者可以和平地交出权力，广大民众也能接受选举结果。

1998年，印度也出现了政治变化，印度人民党（BJP）在选举中获胜，终止了国大党长达40年的统治。印度人民党的成功在于它唤起了印度的民族主义，他们指责对印度实施暴力活动的穆斯林，反对提高低种姓者（在传统上，910 这些人只能从事最低贱的工作）的社会地位和经济地位。但国大党于2004年夺回了政权，政府比以前更加稳定。2008年，当巴基斯坦武装分子对孟买实施恐怖袭击时，印度政府也经受住了考验。

巴基斯坦的动荡

在巴基斯坦，民主出现了更多的不确定性。总统、前军队司令佩尔韦兹·穆沙拉夫突然将巴基斯坦最高法院首席大法官解职，再加上他支持布什政府发动战争的政策不得人心，他的做法引来了抗议和要求弹劾总统的呼声。2008年，穆沙拉夫辞职。继任者是阿西夫·阿里·扎尔达里，他的妻子娜齐尔·布托是前总理的女儿，是位很有魅力的女性。在妻子遇刺后，扎尔达里接替她的职位，出任巴基斯坦人民党联合主席。在组建强有力的政府方面，扎尔达里面临许多困难。一方面，不断发展的巴基斯坦塔利班独立为政；另一方面，在边远地区，穆斯林恪守着严格的行为准则；而且，民众也反对美国在阿富汗进行的反恐战争。

非洲政权

在撒哈拉以南的非洲，民主的结果好坏参半。1994年，非洲人国民大会（ANC）领袖纳尔逊·曼德拉在首次不分种族的大选中当选总统，他于1999年卸任。副总统、非国大领袖塔博·姆贝基成为新一任总统。2008年，在一片混乱中，姆贝基宣布辞职。但民主制度并未受到动摇。但在其他地方，一些选举产生的领导人，如津巴布韦的罗伯特·穆加贝，用暴力和恐吓的方式维持着权力。而另外一些国家，如刚果（金），则陷入了内部骚乱和内战。2003年，利比里亚摆脱了长达14年的内战。两年后，埃伦·约翰逊-瑟利夫当选为非洲首位民选女总统。1989年，奥马尔·巴希尔将军发动了军事政变，成为苏丹总统。2009年，国际刑事法院指控他犯有屠杀罪和反人类罪，成为第一个被指控的在任国家元首。苏丹西部达尔富尔地区的冲突不断恶化，导致数十万人丧生，超过200万人流离失所，这是巴希尔遭指控的主要原因。

34.1.4 伊拉克和阿富汗的政权更迭

大规模杀伤性武器

“9·11”事件后，美国发动了伊拉克和阿富汗战争，因此大多数人都会密切关注两国的民主进程。阿富汗成了奥萨马·本·拉登和“基地”组织的避风港，这为美国于2001年12月推翻带有宗教性而又好战的塔利班政权落下了口实。

但入侵伊拉克的理由就没这么明显了。在发动战争时，美国政府坚称伊拉克对美国构成了明确而现实的威胁，因为它拥有**大规模杀伤性武器**（WMDs）：核武器、化学武器和生物武器。这些武器可能会提供给像本·拉登这样的恐怖分子。

大规模杀伤性武器： 可以造成大量人员伤亡的核武器、化学武器和生物武器。

当联合国核查人员并未发现任何违禁武器的时候，国际社会出现了分歧，许多国家主张继续核查，而美国主张武装干涉。美国决定采取单边行动。2003年3月20日，美国主导的“自愿联盟”（coalition of the willing）对巴格达实施了大规模空袭，入侵伊拉克。25天后，美国宣布“主要战斗”已经结束。但没人会意识到，游击队叛乱、教派冲突和经济破坏会持续数年。

由于联军规模过小，或对抢劫、破坏政府设施和其他违法行为未加防备，伊拉克陷入了混乱。联军则开始彻查大规模杀伤性武器。搜查一无所获，也未能找到伊拉克前独裁者萨达姆·侯赛因参与“9·11”事件的证据。

朝鲜和伊朗

但美国对大规模杀伤性武器的关注并未停止。朝鲜有制造核武器的公开计划。据推测，伊朗有一个秘密核计划，一位巴基斯坦的核项目负责人曾秘密地向伊朗提供核技术。2005年，公开反美和反以色列的艾哈迈迪内贾德当选为伊朗总统，朝鲜的领导人金正日也对美国造成了巨大挑战。但是，布什的幕僚选择军事入侵伊拉克，妨碍了外交上的主动。

911

美国没有在伊拉克找到大规模杀伤性武器，这影响了战争。美国总统乔治·沃克·布什宣称，美国发动伊拉克战争实际上是想解放伊拉克人民，用民主取代压迫。随后，美国国内开始热议布什政府是否以欺骗手段将国家拖入战争。但战争是否取得最终胜利取决于阿富汗和伊拉克是否建立起民主制度。

塔利班的回归

不幸的是，2004年选出的阿富汗新政府控制不了全国。到2008年，塔利班再次构成了严重威胁。鸦片是导致该国陷入动荡的关键因素，而2008年的鸦片产量比以往任何时候都高。虽然美国可以邀请北约部队保护阿富汗，但这个国家的前途依旧黯淡。2009年，奥巴马接替布什出任总统，他将实现和平稳定和打击恐怖主义作为其外交政策的核心。

“增兵”伊拉克

美国在伊拉克一再宣称，该国最终摆脱了混乱，正行进在民主法治的道路上。实际上，虽然伊拉克实施了2006年颁布的宪法，但直到2008年，联军部队和新组建的伊拉克安全部队仍然遭到了强烈抵抗。这样，美国政府采取了“增兵”（the surge）政策，用金钱瓦解抵抗运动，使它们加入到联军一方。

在“增兵”之前，人们会经常问一个问题：伊拉克是否已经处在内战的边缘，或者说已经爆发了内战。但暴力程度有所下降，因此我们有希望看到，美军有序撤离后，伊拉克可以获得一个稳定和重建的机会，一个弥合政治分歧和教派分歧的机会。美国总统奥巴马在当选后不久宣布，美国作战部队将于2010年8月撤出伊拉克，但仍会留下相当一部分部队。这些美军将训练伊拉克军队，打击恐怖主义活动。

中东其他国家看到美国以民主的名义对阿富汗和伊拉克进行的破坏之后，不愿按照美国的要求在政治体制内推行自由化。虽然波斯湾沿岸的一些小产油国家谨慎地走向了民主，如科威特允许妇女在2006年参与投票，但像埃及和叙利亚这样的大国继续压制着大多数不同意见。这些国家担心自由选举会使一些伊斯兰政治派别分享到权力，就像什叶派在首次伊拉克选举中所做的那样。

真主党

912

在2005年的议会选举中，什叶派的黎巴嫩真主党赢得了128个席位中的23个。在2006年巴勒斯坦立法委员会选举中，主张武力抵抗以色列的哈马斯获得了多数席位。这些事实表明，上述的担心并非杞人忧天，因为这两个组织在政策上都有很强的宗教性。由于以军士兵遭到绑架，以色列向真主党和哈马斯发动了袭击。这表明，防止伊斯兰运动在未来掌权比在中东推行民主更重要，尽管美国更偏向民主。

哈马斯

2007年上台的哈马斯政府成功地将它在巴勒斯坦的对手逐出了加沙地带。在接下来的几个月里，反以色列者发射了大量精度不高的火箭弹，这成了以色列政治中的主要议题。约旦河西岸的隔离墙几乎消除了来自巴勒斯坦的自杀式炸弹袭击，虽然火箭弹造成的伤亡不大，但还是激起了公愤。在公开支持以色列的布什政府执政的最后一个月，以色列国防军断然解决了加沙地带的哈马斯。空袭和地面军队的入侵造成1 000多名巴勒斯坦人丧生。而以色列的伤亡情况可以忽略不计。但没有迹象表明，哈马斯这个政治派别遭到了重创。加沙局势引起世界关注，对以色列的批评声也不绝于耳。但美国还在回避哈马斯，除非它放弃消灭以色列的立场。在民主的层面上，以色列和巴勒斯坦的政治制度都能创造出有能力进行真正和谈的政府。

本节回顾

冷战后，经济一体化影响到了全球政治关系。

为了掌控经济变化，许多国家都加入了各种各样的贸易组织，自由贸易政策引发了广泛争议。

本节回顾

全球的相互依存、经济的快速扩张和投机行为导致了2008年的全球金融危机，这场危机将世界带入了自20世纪30年代大萧条以来最严重的经济下滑。

全球出现了民主化趋势，这种趋势在一些亚洲国家尤为明显。

然而，美国入侵伊拉克和阿富汗的事实表明，用武力植入民主是很困难的。在中东，巴以僵局阻碍了根本性政治变革。

34.2　价值观问题

当世界各地的人们第一次面对全球化所带来的机会，第一次感受到全球性经济危机带来的恐惧时，他们都试图用自己的价值体系来理解这些变化。地球上有60多亿人，世界很大，可以容纳多种观点，无论是宗教的还是世俗的，地区性的还是国际性的，传统的还是想象的。但在许多情况下，不同的观点会引发暴力冲突。

34.2.1　信仰与政治

原教旨主义

在20世纪下半叶，宗教信仰左右政治行为的情况不断增多。进入新世纪后，这种情况有愈演愈烈之势。虽然，在美国人看来，这一变化改变了两个世纪以来不断进行的世俗化，但西方分析家对宗教复兴的原因观点不一。

在美国政治中，福音派新教徒在布什总统任内成为一支强大的保守力量。在世界各地，教皇约翰·保罗二世、2005年继任的教皇本笃十六世和追随他们的天主教保守派，都坚定地重申了带有政治敏感性的教义：反对堕胎，反对同性恋，反对神父结婚，反对任命女性为神职人员。在以色列，被称为哈勒丁派（haredim）的极端正统的犹太人，在处理1967年以色列占领的巴勒斯坦领土方面起到了关键作用，他们在2005年坚决反对以色列单方面从加沙撤军，也反对随后的以军从约旦河西岸撤军的计划。在印度，印度教狂热分子使印度人民党成为一支强大的政治力量。

恐怖主义

913

但大多数关于信仰和政治的讨论集中在伊斯兰教（见“多样性与主流：文明与冲突”）。1979年革命后成立的伊朗伊斯兰共和国彰显了穆斯林在政治上的自信。在之后的20年里，其他伊斯兰国家也建立了这种自信。到2000年，一些

恐怖主义：一种政治信仰，相信极端的和公然随意的暴力袭击可以动摇政府，使恐怖分子获得政治利益。虽然恐怖主义古已有之，但世界大众传媒的发展使之在20世纪末备受关注。因为新闻报道加剧了人们对恐怖事件的恐惧。

非伊朗的穆斯林团体所声称的出于宗教原因所采取的**恐怖主义**行为占据了新闻头条。

恐怖主义是一种政治策略，通过这种策略，相对弱小的好战分子用非常规的、非人道的和致命的行为使惊恐的民众相信，危险无处不在，政府无力保护他们。虽然恐怖主义有着悠久历史，但从20世纪80年代起，卫星通信带来的媒体即时传播，以及新闻媒体曝光暴力的传统，增加了恐怖袭击的效果。

爆炸、绑架和暗杀使各式各样的政治组织为人们所知，例如，长期与以色列对抗的巴勒斯坦各派别、斯里兰卡的泰米尔分裂组织、西班牙的巴斯克分裂组织、俄罗斯的车臣分裂分子、北爱尔兰具有天主教和新教色彩的极端组织。但一些伊斯兰组织最吸引人们注意力，因为他们将美国和欧洲作为袭击目标。这些组织在全世界范围招募穆斯林，并有效地利用了新闻报道和视频通讯。

奥萨马·本·拉登

奥萨马·本·拉登：出生于沙特阿拉伯的穆斯林极端分子，创建了“基地”组织。“基地”组织发动了多次恐怖袭击，其中包括2001年的“9·11”事件。

他们的媒体之星和意识形态上的发言人是**奥萨马·本·拉登**。本·拉登出身于沙特的一个富裕家庭，曾攻读工程学。他曾在阿富汗抗击苏联，并在那里招募和培训了“基地”组织的核心成员。虽然离开了家族，被沙特剥夺了公民权，但他还是号召发动圣战。拉登将美国描述成一位木偶师，它操纵非伊斯兰国家（如以色列、印度、俄罗斯）和伊斯兰国家（如埃及、阿尔及利亚和沙特阿拉伯）去谋杀和压迫无辜的穆斯林。他的说法在上千万的穆斯林中引起了共鸣，尽管只有极少部分人追随他参战。

1998年，“基地”组织在美国驻肯尼亚和坦桑尼亚大使馆制造了爆炸事件，2000年，又在也门袭击了美国驱逐舰“科尔号”。最轰动的是在“9·11”事件中袭击了世贸中心和五角大楼。布什总统宣布的“全球反恐战争”未能消灭本·拉登，他的神秘感更强了。恐怖袭击还在继续。2002年，印度尼西亚人袭击了巴厘岛上的游客；2004年，几个北非人在马德里的一列市郊火车上制造了爆炸；2005年，在英国出生的穆斯林袭击了伦敦的交通系统；2008年，几个巴基斯坦人袭击了印度孟买的豪华酒店。这些事件清楚地表明，由“基地”组织引发的暴力事件不再只针对一个国家，而且“基地”组织的分支机构可能也不再受命于本·拉登。同时，恐怖活动的中心转移到了伊拉克，自杀式炸弹袭击已经成了常事。随着逊尼派和什叶派的关系趋于紧张，大多数炸弹袭击都会造成穆斯林的伤亡，针对西方的自杀式袭击看上去正在减少。

多样性与主流

文明与冲突 914

1993年，哈佛大学教授塞缪尔·亨廷顿在《外交季刊》上发表了《文明的冲突?》。这篇文章引起了热议，特别是在袭击世贸中心和五角大楼的“9·11”事件之后。有些人认为，文章准确地描述了后冷战的世界，在这个世界中，伊斯兰国家注定要与欧美国家发生暴力冲突。但也有些人认为，这篇文章并不严谨，因为它没有阐明什么是“文明”，它也表现出了帝国主义，因为它坚信西方优越论，并助长了反穆斯林的偏见。

人们的文明身份在未来将越来越重要，世界在宏观上将由7种或8种主要文明的相互作用而形成，它们包括西方文明、儒教文明、日本文明、伊斯兰文明、印度文明、斯拉夫—东正教文明、拉美文明以及可能的非洲文明。未来最大的冲突将沿着分隔这些文明的断裂带进行。为什么这么说呢?

首先，文明间的差异不仅是现实的差异而且还是基本的差异。文明通过历史、语言、文化、传统和最重要的宗教而把人与人区分开来。不同文明的人们既对权利和义务、自由和权威、平等和等级的关系上何者更重要有分歧，也在神人关系、个人与集体关系、市民与国家关系、双亲和孩子关系、夫妇关系等方面持不同看法。这些差异作为历史的积淀非短期所能消除，它们比政治意识形态和政治权力间的差异更为根本。差异并不必然意味着冲突，冲突也并不必然意味着暴力。然而，许多世纪以来，文明的差异一直是持续时间最长、最激烈的冲突的导因。

第二，世界正在变小，不同文明间人们日益频繁的交往强化了文明意识，加深了人们对同一文明和不同文明间的差异的认识，推动了文明间差别和敌意的发展和文明内寻根意识的增强。

第三，遍及世界的经济现代化和社会变革进程使人们游离于长期的地方特性，削弱了作为身份来源的民族国家，许多世界性宗教常以所称的“原教旨主义运动”形式填补缺口。在许多国家和宗教中热衷于原教旨主义运动的为年轻人、受过大学教育的人、中产阶级技术人员、专业人士和商人。……

正如人们以种族、宗教关系确认身份一样，他们很喜欢在自身与其他种族、其他宗教的人们间发现那种“我们”和“他们”的区别。文化和宗教差异造成了从人权、移民、环境到贸易等一系列政策问题的分歧。更重要的是，西方国家为了维护自身军事、经济利益优势地位而积极地将自己的民主自由价值观作为普遍价值观予以推广，这激起了来自其他文明的反对。……

文明间相互作用在使用暴力的倾向上有很大的差异。美欧这两大西方次文明间以及美日间占主导地位的冲突形式显然是经济竞争。但在欧亚大陆，以极端的“种族清洗”为缩影的种族冲突扩散并激化，总的来讲不是偶然的，这里，分属不同文明的集团间冲突极为频繁和严酷。文明间巨大的历史断裂带在欧亚的再度燃烧突出地表现在沿着从非洲突出部到中亚的新月形的伊斯兰国家集团的边界上。以伊斯兰为一方的暴力冲突正发生在他们与以色列犹太人、印度的印度教徒、缅甸的佛教徒以及菲律宾的天主教徒的斗争中，伊斯兰有着一条血淋淋的边界。[1]

质疑亨廷顿论文的人认为，这篇文章为布什政府在“9·11”事件后采取的侵略政策做了铺垫。相反，他们强调和平国家共有价值观和不同文化间的相互理解。伊朗总统穆罕默德·哈塔米希望为此事提供一个积极构想，在他的建议下，联合国宣布2001年为“不同文明之间对话年”。与此同时，伊斯兰会议组织在《德黑兰不同文明之间的对话宣言》中详细阐述了这一观点。伊斯兰会议组织是一个总部设在沙特阿拉伯的国际组织，拥有57个成员，这些国家拥有庞大的穆斯林人口。

《德黑兰不同文明之间的对话宣言》

一切赞颂，全归真主，先知，亲族和队伍永享和平幸福；

伊斯兰会议组织成员国国家元首和政府首脑的代表……［回顾］联合国大会第53/22号决议，其中把2001年定位联合国不同文明之间对话年；

指导本会的最崇高的伊斯兰教义和人的尊严、平等、宽容、和平及人类

1　参见亨廷顿:《文明的冲突?（一）》，张铭、谢岳译，周士琳校，载《现代外国哲学社会科学文摘》，1994年第8期，第2—4页。——译注

公正等价值观念，以及推广美德，禁止恶毒；

根据伊斯兰的原则：赞颂人的多样性，承认知识的不同来源，推动对话和互相理解真正相互尊重人与人的交往，以及鼓励按照理性和逻辑开展礼貌 915
文明对话；

重申各国政府承诺促进不同文化和文明之间的对话和理解，以期达成全球共识，在信仰、共同道德以及当代各文明道德价值的基础上为下一个千年建立新的秩序；

请伊斯兰会议组织秘书长向第八届伊斯兰首脑会议主席提出此声明，征求首脑会议赞同，并向第二十六届伊斯兰外交部长会议提出，请采取适当行动：

A. 不同文明之间对话的总原则

1. 尊重所有人的尊严和平等，不论国家大小，无任何差别；

2. 诚意接受文化多样性为人类社会的永恒特征，为全人类进步和幸福的珍贵财产；

3. 相互尊重和宽容不同文化和文明的观点和价值，以及所有文明成员均有保存其文化遗产和价值的权利，摈斥对道德、宗教和文化价值、圣物和圣所的亵渎；

4. 承认整个时、空中的知识有各来源；必须在诚心诚意地相互滋润中借鉴每个文明的长处、智慧和丰富内容；

5. 摈斥有人企图文化支配和文化控制，以及煽动文明之间对抗和冲突的理论和做法；

6. 在文明之间和文明内部寻找共同基础，迎接共同面临的全球性挑战；

7. 接受合作和追求理解，认为是推广共同的全球价值观、消除全球性威胁的良好机制；

8. 承诺使所有国家和各国人民参与本国以及全球决策和参与价值传播，不得有任何歧视……[1]

几年后，联合国批准了西班牙政府和土耳其政府的联合提案，由此促成了

1　参见联合国官方网站：http://www.un.org/chinese/dialogue/doc/a54_116.pdf。——译注

“不同文明联盟”（Alliance of Civilizations）的建立。该组织的重要原则体现在2006年它的“高级别小组”（High-Level Group）的报告中，这个小组聚集了来自世界各地的政治人物、知识分子和思想家。

不同文明联盟高级别小组的报告

一、弥合世界的分歧

1. 我们的世界令人震惊地失去了平衡。对许多人来说，20世纪带来了空前的进步、繁荣和自由。而对另一些人来说，却是一个被征服、羞辱和剥夺的时代。我们生活在一个极不平等和自相矛盾的世界：在这个世界，三个最富裕者的收入要远远超过世界上最不发达国家收入的总和；现代医药每天都在发生奇迹，而每年却有300万人死于本来可以预防的疾病；我们对前人从不知晓的遥远宇宙有了更多了解，却有1.3亿儿童得不到教育；尽管有多边协商和制度的存在，国际社会在面对冲突与种族屠杀时却时常表现得无能为力。对大多数人来说，摆脱贫困与恐惧而获得自由，似乎依旧虚无缥缈。

2. 我们也生活在一个日益复杂的世界，在这个世界中，两极分化的观念在不公平和不平等的催化下时常导致暴力和冲突，威胁世界的稳定。过去几年中，战争、占领和恐怖行动加剧了各个社会之间及社会内部的相互猜疑和恐惧。一些政治领导人和媒体部门及激进群体利用了这一环境，描绘了一个由相互排斥的文化、宗教或文明（它们具有历史的独特性和注定要相互冲突）组成的世界的映像。

3. 很遗憾，“文明冲突”论所引起的焦虑与混乱，歪曲了一种话语——关于这个世界所面临困境的真实本质的话语——的表述。不同文化之间的关系史不仅仅是战争与冲突的历史，它也是许多世纪以来建设性交往、跨文化交流、和平共存的历史。而且，按照文明之间生硬的界线来对内部易变的不同社会进行分类，妨碍了以具有启发性的方法来理解认同的、动机的和行为的问题。有权者和无权者之间，富人和穷人之间，不同政治群体、不同阶级、不同职业和不同民族之间的鸿沟，比这种文化分类更有解释力。的确，后者这种陈词滥调，只能起到加强业已存在的两极分化观念的作用。更糟糕的是，强化被误导的观点——不同的文化正行进在一条不可避免要碰撞的道路上，把可以通过谈判解决的争论转变成了难以处理的、以认同为基础的、民众颇为关注的冲突。因此，克服这种陈词滥调和误解（它们加深了不同社会的敌意和猜疑），是非常关键的。

资料来源：Samuel P.Huntington, “The Clash of Civilizations?,” Reprinted by permission of *Foreign Affairs* 72, no. 3 (Summer 1993). Copyright 1993 by the Council on Foreign Relations, Inc. www.ForeignAffairs.com; “The Tehran Declaration on Dialogue Among Civilizations,” Organization of the Islamic Conference, www.isesco.org.ma/english/publications/dig/CH11.php; “High-Level Group Report,” Alliance of Civilizations, available online at www.unaoc .org/content/view/64/94/lang,english/.

分析问题

文化和宗教（作为反抗主流意识形态和经济不平等的因素）在解释当今世界冲突中有多重要？

这些宣言反映了国际关系和不同社群间关系的真实情况吗？还是说它们仅仅体现了发布宣言者的政治利益？

这些关于文化的一般性宣言在个人关系方面——如邻里、工作和学习中——可以发挥作用吗？

34.2.2 普适权利

917

除了宗教对政治的影响日益扩大外，捍卫普适人权的努力也在增加。现代人权运动源于一些世俗的宣言，如法国的《人权宣言》（1789年）、美国的《宪法》（1788年）和《权利法案》（1791年）。1948年，联合国大会通过了**《世界人权宣言》**，认为人权是“作为所有人民和所有国家努力实现的共同标准”。这份包括30条的宣言谴责了奴役、酷刑、残忍和不人道的惩罚，任意逮捕、拘留和放逐。宣言呼吁拥有组织运动、集会的自由和思想的自由。宣言认为，人人有权享有生命、自由和人身安全；有权接受公正、公开的审讯；有受教育、工作和闲暇的权利。平等原则第二条中表现得尤为充分：

《世界人权宣言》：一份1948年通过的联合国公约，要求签署国尊重特定的人权。

人人有资格享有本宣言所载的一切权利和自由，不分种族、肤色、性别、语言、宗教、政治或其他见解、国籍或社会出身、财产、出生或其他身分等任何区别。[1]

这段话反映了国际社会在反种族主义和帝国主义方面达成了共识，也反映出国际社会逐渐认识到了社会平等和经济平等的重要性。大多数加入联合国的新独立国家都自愿签署这份声明，因为其中含蓄地谴责了欧洲的殖民制度。

非政府组织

非政府组织：非营利性国际组织，致力于调查侵犯人权的现象和提供人道主义援助。20世纪90年代，有两个非政府组织获得了诺贝尔和平奖：国际反地雷组织（1997年）和无国界医生组织（1999年）。

除了联合国和各国政府之外，经由**非政府组织**（NGOs）的个人人权活动也是促进人权的一支重要力量。非政府组织认为生命权是最基本的权利，所以他们努力救济饥荒，为难民提供帮助，促进世界各地卫生事业的发展。无国界医生成立于1971年。该组织因向受灾者提供医疗援助而获得1999年的诺贝尔和平奖。

虽然，非政府组织时常是在一些特定的国家工作，但其普适目标写入了一些国际协定。这类协定认定种族灭绝是犯罪，并致力于保护海洋、南极洲和大气（见“环境与技术：全球变暖”）。美国和其他几个国家极为关注这些条约，因为它们认为这些条约会损害其主权或威胁其国家利益。出于这个原因，美国国会到1986年才批准一份1949年通过的关于种族灭绝的公约。最近，美国要求国际刑事法院在其权限内豁免美国人，这引来了广泛的批评。2002年审判国际罪犯时，美国宣称，在“全球反恐战争”中囚禁“敌方战斗人员”不适用于《日内瓦第三公约》中关于在战争期间人道对待战俘的条款。

奥巴马和人权

2008年当选的巴拉克·奥巴马是美国第一位黑人总统。人们普遍认为，美国对国际人权问题的态度将发生改变。这不但表明美国人在选举领导人时不再看肤色，而且奥巴马在进入白宫后立即宣布将关闭饱受批评的关塔那摩监狱。这座监狱位于美国在古巴关塔那摩湾的海军基地，关押着“敌方战斗人员”。在选择男女阁员时，奥巴马也充分考虑到了人权和国家自然遗产的保护。

918

环境与技术

全球变暖

直到20世纪80年代，环境问题还都是区域性的，如空气污染、水污染、有毒物质泄漏、废物管理和荒漠消失。但到90年代，计算机和复杂生态互动模式的发展使人们开始从全球范围来认识环境问题。

科学家和政策制定者开始关注全球变暖，低层大气温度的缓慢上升对环境构成了威胁，这需要全世界采取预防性措施。气候变暖是由大气中的气体（二氧化碳、甲烷、氮氧化物和臭氧）造成的。这些气体使太阳辐射到达地球，并使地球变暖，但不让地球表面辐射的红外能（热）返回太空。这叫温室效应，这一过程可以使地球表面的温度适于生物存活。但温室气体排放的增多——大多数是工业和交通运输业燃烧化石燃料时排放的——使这一隔离层增厚了。

最近一些事件证实了关于全球气温上升和冰川冰盖融化的预测。格陵兰冰川和北冰洋海冰以空前的速度在融化，巨大的冰山脱离南极冰架，漂往他处。安第斯冰川的面积在迅速减小，并可能在10年内消失，饮用水、灌溉和水力发电都处于危险中。近些年，干旱影响到了美国许多地区。澳大利亚遭遇了一个世纪以来最严重的“大旱”。

虽然各种迹象已经十分明显，但排放温室气体的工业国政府却迟迟拿不出减少排放的有力措施。它们列举了这些措施可能对本国经济产生的消极影响。出于这些担心，许多国家勉强签署了1997年的《京都议定书》。这份国际协议第一次规定了对未实现减排国的处罚。2001年3月，日本签署了《京都议定书》，这是环保的巨大胜利。但美国总统乔治·沃克·布什拒绝签署，这震惊了多国领袖。

2008年美国大选为摆脱疑虑、采取行动控制气候提供了契机。在当选后不久，奥巴马对科学家和关心气候的人士发表演说：“你们放心，美国将积极参与磋商，将世界带入一个合作解决气候问题的新纪元。”

34.2.3 妇女的权利

妇女的权利（早在19世纪大西洋两岸就开始了女权运动）成为20世纪最重要的人权问题。妇女权利首先被西方国家认可，之后也出现在新摆脱殖民统治的国家的《宪法》中。1979年，联合国大会通过了《消除对妇女一切形式歧视公约》。1985年，联合国提高妇女地位司主持召开的妇女地位国际大会在肯尼亚首都内罗毕召开。10年后，第二次会议在北京召开，会议为这场运动增添了力量。到2007年，有183个国家已经签署了1979年的公约。

妇女权利大会

919

除了关注妇女在全世界面临的问题，几次国际会议还涉及许多其他方面的问题。在世界各地推动妇女解放的西方女权主义者已经习惯于对议程发号施令。她们狭隘的关注范围和傲慢的态度有时会受到指责。一些非西方妇女对西方女权主义者提倡的性解放和西方国家家庭生活的恶化颇有微词。她们发现，与贫困和疾病问题相比，西方女权主义者的关注点——如舒适的服装——过于琐碎也不甚得体。

其他文化也受到了相应的批评。西方妇女和一些伊斯兰国家的世俗领袖反对有些国家（如伊朗和沙特）用法律的形式要求妇女戴面纱、穿长袍。但许多穆斯林妇女坦言，她们是自愿穿长袍的。有些人是为了表达个人信仰，有些人是为了抵抗世俗专政，还有些人是为了对付粗野的男性。

关于人权的争论

这些会议的重要性在于对妇女问题的关注，而非采取了什么措施。这些努力使人权成为全球关注的问题，这迫使各国政府在制定外交政策时要考虑到人权问题。但怀疑者认为，虽然西方国家可以迫使非西方国家改善人权，例如
920
为妇女提供更好的教育机会和工作机会，但西方国家对别人的批评常常置若罔闻，例如对美国死刑的批评。有些人提出了批评，人权运动没有努力使世界变得更加人性，而是西方文化帝国主义的另一种形式。

本节回顾

20世纪下半叶，宗教信仰越来越多地影响到了政治。

伊斯兰激进派兴起，他们反对伊斯兰国家的独裁压迫，并认为美国是独裁主义的幕后黑手。

作为普适标准的人权受到广泛接受，并成为联合国、个体国家和非政府组织工作的基础。

人权的概念已经扩展到了防止种族灭绝和环境保护。

关于女性权利的全球热议涉及经济、政治和社会方面的问题，也体现了文化价值的冲突。

34.3 全球文化

今天，电子技术的发展使政治、经济事件可以在瞬间影响到世界各地。全球语言、全球教育体系和全球艺术形式都应运而生。贸易、旅游和移民必将创

造出共同流行文化。有些人因这些变化而致富，有些人对变化充满了欣喜，但也有些人对此怒不可遏。

34.3.2　媒体和信息

事实上，全球文化中的大多数元素都来自西方，于是人们在许多方面开始担心**文化帝国主义**。批评者抱怨说，娱乐集团使电影电视充斥着西方影像，而中国、印度尼西亚等国生产的低附加值产品占据了世界市场。从这种角度来看，全球市场似乎格外阴险，基于资本主义意识形态的单一西方观点一方面塑造着世界，另一方面又在压迫或毁坏传统文化，改变着其他思想体系。美国作为资本主义世界的领导者，被当成了罪魁祸首。

文化帝国主义

文化帝国主义：一种文化通过政策或经济、技术优势控制另一种文化。

在第二次世界大战后的经济恢复期，文化全球化的步伐开始加快。风靡欧洲和亚洲部分地区的好莱坞电影和美国爵士乐唱片继续向其他地区传播。而电子技术的诞生惠及了那些看不起电影和买不起唱片的人。

电子媒体

电子媒体的第一步是靠几节电池工作的廉价晶体管收音机。1948年，在贝尔电话实验室工作的美国科学家完善了固态电子晶体管，随后它在无线电和其他设备中取代了耗电量大又不太可靠的电子管。小型便携式晶体管收音机迅速进入世界各地缺电的家庭，就像电子管收音机在战前几十年风靡欧美一样。

1928年，电子扫描枪（electron-scanning gun）的发明为电视机的发明铺平了道路。20世纪50年代，电视机在西方已经走进了千家万户。廉价晶体管的批量生产降低了电视机的成本，因此直到20世纪八九十年代，世界较贫穷地区才普及了电视。在美国以外，电视播送通常是由政府垄断的，就像电报、邮政和广播的管理模式。政府希望新闻报道和其他节目能发出同一个声音。

但是，向美国肥皂剧、冒险故事连续剧和情景喜剧开放市场后，政府垄断受到了冲击，因为其制作电视节目的成本过高。20世纪90年代，全球卫星网使私人电视传媒能传播到世界偏远地区，录像机也提供了多样的节目。在接下来的10年，DVD播放器延续了这一趋势。随着电视节目的广泛传播，人们熟悉了英语当中和其他语言中的不同方言。那些在20世纪60年代很难听懂巴西葡语的葡萄牙人开始热捧巴西肥皂剧。移民到意大利的阿尔巴尼亚人和北非人可以从电视上学习意大利语，因为他们家中就能收到信号。

全球通信

1991年海湾战争时，CNN（有线电视新闻网）从巴格达发回了直播报道。

因此其在战争期间成为收视率最高、最有信息量的新闻节目。之后，CNN开拓了国际市场。其他24小时新闻台也遵循了这一路线。与CNN一样，它们也基本921 采用美国观点。但卡塔尔的半岛电视台（Al-Jazeera）在2001年后开始播发奥萨马·本·拉登的声明。2003年伊拉克战争期间，它提供的录像和说明与美国的报道大相径庭。

互联网

将学术、政府和商业电脑连接在一起的互联网是20世纪60年代由美国国防部逐渐发展起来的。21世纪初，互联网开始改变世界文化。20世纪80年代，个人电脑增多。1994年出现容易操作的万维网（World Wide Web）界面后，互联网用户数量暴增。无数新成立的公司在探索“电子商务”，这是互联网的商业维度。学生花在传统阅读上的时间越来越少，他们在网上寻找信息或进行娱乐。通过博客，世界上每一个人都能向网友发表自己的意见，分享自己的经验，展现自己富于创造性的努力。

技术进步经常会带来意想不到的后果，这在历史上屡见不鲜。虽然大多数通信技术和娱乐手段都来自美国的发明、工业和文化创造，但日本和其他工业国家主导着电子设备的制造和发展。越来越多的人用手机照相和传送图片。用手机上网的人数也在增加。那些使用电话比较晚、铜线网络比较有限的非西方国家从通信进步中受益最大。而美国在2007年人均使用手机数量仅位列世界第72位。

34.3.2 流行文化的传播

在大部分历史时期，大众文化包括民间故事和具有很强地方特色的服装、烹饪、音乐及视觉表现形式。只有少数识字的人才能接触到广博的“伟大传统”，如儒学、伊斯兰教或佛教。在现代，国家教育系统不但提高了识字率，而且倡导特定的价值观和文化品位。教育中规定的语言减少了地方语言的使用和传统的传承。在这种情况下，出现了**全球流行文化**。

全球流行文化：国际通行的大众文化行为和规则，如音乐、互联网、电视、食品和时装。

最初，互联网的内容有很浓的美国味道。达累斯萨拉姆（坦桑尼亚）和曼谷（泰国）的青年人对歌星迈克尔·杰克逊的熟悉程度不亚于美国歌迷。各家企业请世界级名人（如篮球明星迈克尔·乔丹和参加锦标赛的高尔夫球手“老虎”伍兹）代言他们的产品。美国的电视节目紧随美国电影之路，获得了大批的追随者，引起各地纷纷模仿。

但美国并未垄断全球流行文化。拉美的肥皂剧和连续剧在美国、东欧和其他地方赢得了大量观众。印度孟买是世界上最大的电影基地，它更多是为国际观众制作电影，如2009年赢得奥斯卡奖的《贫民窟的百万富翁》（*Slumdog Millionaire*）。香港的功夫片在高投入的国际大片市场中独树一帜，如李安导演的《卧虎藏龙》（2000年），仰赖香港武术指导的《黑客帝国》（*Matrix*）三部曲（1999—2003年）。 922

34.3.3 正在浮现的全球精英文化

全球精英文化：21世纪初，受过良好教育的人所持有的态度，这些人比较富裕，且认同西方。全球精英文化大多依托于欧洲语言，特别是英语。

虽然流行文化的全球化饱受批评，但文化在精英层面跨越国家和种族界限并未引发争议。冷战结束后，以前的敌对国家开始了知识和文化方面的接触，这使俄美空间合作和与过去的对头增加商业联系成为可能。英语、现代科学和高等教育成为**全球精英文化**的关键因素。

非殖民化与语言

大英帝国将本国语言带到了遥远的殖民地，于是英语开始成为首个世界语言。第二次世界大战结束后，大多数获得独立的殖民地继续用英语作为官方语言，因为英语不但能维持国家团结，而且更容易与外界交流，这是地方语言做不到的。那些将地方语言作为官方语言的国家往往达不到预期的目的。印度民族主义者力推北印度语为官方语言。但他们发现，学习北印度语的学生很难参与国际竞争，因为这些学生缺乏英语知识。1956年，斯里兰卡将僧伽罗语（Sinhala）作为其官方语言。但1989年，据当地记者报道，很多高官都将子女送到讲英语的私立学校。此后，政府的态度发生了变化。

作为世界语言的英语

虽然后殖民语言的发展也扩大了法语、西班牙语和其他欧洲语言的影响，但美国在战后国际事务中的地位极大促进了英语作为第二语言的使用。苏联解体后，大量东欧学生放弃了俄语，改学英语。虽然一个加拿大机构为学习法语的学生提供巨额现金奖励，但九成柬埔寨（前法属殖民地）学生还是选择了英语。20世纪90年代，中国将英语作为第二语言，普遍从初中就开始学习。

国际学术会议、商务会议和外交会议大多会采用英语。许多国际组织（如联合国和欧盟）对各种语言一视同仁，但非正式的委员会会议一般采用英语。在世界许多城市，各种标志和公告都会由当地语言和英语写成。用英语写小说的非洲作家和印度作家，以及用法语写小说的加勒比作家和阿拉伯作家都可以获得很高荣誉。但世界文学在形式上和语言上仍然保持着高度多样性。

全球科学

相反，科技在全球文化中出现了标准化。虽然帝国主义将生物学、化学和物理学带到了世界各地，但这些学科在非殖民化后变得更加重要，因为新独立国家的学生要在国际范围内进行竞争。科学术语、度量衡和计算机编码的标准化为商业的全球性扩张奠定了基础。

全球大学教育

除了科学和世界语言之外，全球精英文化的第三根支柱是大学。现代大学的结构和课程在全世界都大同小异，学生的视野不再局限于一国之内。各地的纯科学教学如出一辙。美国大学中的一些博士科研项目大多会招收非西方国家的学生来进行。在应用科学领域，如工程学和医学，标准化已十分普遍。与之相比，社会科学领域的标准化也只是稍逊一筹。在人文学科方面，虽然研究课题和研究方法多种多样，但世界各地的教授和学生都对最新的文学理论和历史影响方面的话题感兴趣。

虽然大学在用多种语言授课，但英语的传播速度最快。这是因为新发现总是首先用英语发表，而科学、商业和国际关系方面的优等生只有懂得英语才能
923 了解最新的学术发展。一些北欧国家早已采用英语授课，欧洲其他国家也如法炮制，这为欧盟鼓励的出国留学提供了便利。波斯湾的一些小酋长国在劝说美国大学开放分支学科和研究生课程方面走在了前列。

34.3.4 持久的文化多样性

虽然有些批评人士认为世界在“美国化”，但仔细考察后不难发现，文化全球化是十分复杂的。正如英语是第二语言，全球文化也只是第二文化，它可以主导某些方面，但却很难取代其他传统。从这个角度看，美国的音乐、快餐和时装是为社会增添了一种选择，而不是取代了当地文化。

日本和文化多样性

日本首先证明，非西方国家也可以高效地实现工业化。日本更注重集体主义而不是个性。无论你是一个雇员、运动队的成员，还是班里的学生，你都要融入集体。而且，日本人认为，直接反对、纠正或拒绝其他人的要求是不礼貌的。从西方的角度来看，这些日本习俗似乎妨碍了个人的主动性和个性的发展，维护了传统的层次结构。例如，虽然日本妇女也外出工作，但她们对欧美女权主义者倡导的经济平等和社会关系平等并不热心。但日本的社会关系也很好地适应了工业经济。日本从1945年的一个工业基础毁坏殆尽的战败国转变成了20世纪80年代的经济强国。在此转变过程中，日本工人引以为豪的高效和团结发挥了巨大作用。

日本的文化和社会对经济产生了影响，认识到这一点后，中国台湾地区、韩国、新加坡和中国香港地区也开始大力发展自己的工业经济。今天，印度和中华人民共和国走上了一条相似的道路，它们并未放弃自己民族的取向和传统。

多样性和主流的未来

这并不意味着世界文化的多样性没有受到威胁。每十年就有几个小语种失传。为游客播放的民族典礼或民族表演可能有助于保留民间习俗和服饰，使之免于失传，但这些也可能会使相似的典礼消失。一个世纪之前，我们可以从一个人的穿着打扮上判断出他的国籍。在今天，虽然妇女的着装丰富多彩，但全世界城市男性的服装都大同小异。虽然社会习俗的消失和商业化都会使人感到遗憾，但人类学家普遍认为，变化是文化健康的标志。一成不变的文化有消失的危险。

本节回顾

西方文化在全球的扩张使人们开始质疑美国的文化帝国主义。

"二战"后，技术（如广播、电视、互联网）在传播西方文化方面发挥了重要作用。

技术也促进了全球流行文化的出现，这种文化融合了来自不同国家的多种文化元素。

全球精英文化的发展结合了英语、科学和高等教育。

在全球化的影响下，文化依然保持着高度多样性，但文化多样性不是绝对安全的。

进一步阅读文献

924

Appadurai, Arjun. *Modernity at Large: Cultural Dimensions of Globalization*. 1996.考察了高端文化（high culture）和通俗文化之间的关系。

Barber, Benjamin R. *Jihad vs. McWorld: How Globalism and Tribalism Are Reshaping the World*. 1995.多角度描述了千年之交的世界。

Bulliet, Richard W. *The Case for Islamo-Christian Civilization*. 2004.质疑了塞缪尔·亨廷顿的"文明冲突"理论。

Chua, Amy. *World on Fire: How Exporting Free Market Democracy Breeds Ethnic Hatred and Global Instability*. 2003.对全球化和世界贸易表达了悲观的观点。

Devine, Carol, and Carol Rae Hansen. *Human Rights: The Essential Reference*. 1999.关于这个问题的优秀著作。

Friedman, Thomas L. *The Lexus and the Olive Tree*. 1999.分析了未来发展的另一条道路，较为易读。

Hoffman, Bruce. *Inside Terrorism*, 2nd ed. 2006.关于复杂话题的有条理的著作。

Huntington, Samuel P. *The Clash of Civilizations and the Remaking of the World Order*. 1996.一篇有争议的论文，认为伊斯兰和西方注定要发生冲突。

Kaplan, Robert. *Of Paradise and Power: America and Europe in the New World Order*. 2002.考察了美国和欧洲之间日益增宽的鸿沟。

Kupchan, Charles A. *The End of the American Era: U.S. Foreign Policy and the Geopolitics of the Twenty-first Century*. 2002.用现实主义观点审视了世界力量的平衡。

Mamdani, Mahmood. *Good Muslim, Bad Muslim: America, the Cold War, and the Roots of Terror*. 2004.探究了穆斯林对西方实行军事对抗的根源。

Moore, Mike. *A World Without Walls: Freedom, Development, Free Trade and Global Governance*. 2003.世界贸易组织前总干事对世界经济的观点。

Norris, Pippa. *Rising Tide: Gender Equality and Cultural Change Around the World*. 2003.调查了妇女的状况。

Pennycock, Alistaire. *The Cultural Politics of English as an International Language*. 1994.英语作为全球沟通手段的兴起。

Priest, Dana. *Mission: Waging War and Keeping Peace with America's Military*. 2003.批评了美国在21世纪的军事政策。

注　释

[1] "Universal Declaration of Human Rights," in Twenty-five Human Rights Documents (New York: Center for the Study of Human Rights, Columbia University, 1994), 6.

索 引

（说明：本索引中的页码为原书的页码，即本书的边码）

A

B

C

D

E

F

G

H

I

J

K

L

M

N

O

P

Q

R

S

T

U

V

W

X

Y

Z

图书在版编目（CIP）数据

大地与人：一部全球史：全二册 /（美）理查德·W.布利特等著；刘文明，邢科，田汝英译.—北京：商务印书馆，2020（2021.9重印）
（二十世纪人文译丛）
ISBN 978－7－100－12410－2

Ⅰ.①大…　Ⅱ.①理…　②刘…　③邢…　④田…　Ⅲ.①世界史　Ⅳ.①K10

中国版本图书馆CIP数据核字（2016）第173102号

大 地 与 人
一部全球史
（全二册）
〔美〕理查德·W.布利特 等 著
刘文明　邢　科　田汝英　译

商 务 印 书 馆 出 版
（北京王府井大街36号　邮政编码 100710）
商 务 印 书 馆 发 行
山东韵杰文化科技有限公司印刷
ISBN 978－7－100－12410－2

2020年6月第1版　　开本 787×1092　1/16
2021年9月第3次印刷　　印张 91

定价：352.00元